# Comunicação de marketing
*integrando propaganda, promoção e outras formas de divulgação*

**Dados Internacionais de Catalogação na Publicação (CIP)**
**(Câmara Brasileira do Livro, SP, Brasil)**

Crescitelli, Edson
   Comunicação de marketing: integrando propaganda, promoção e outras formas de divulgação / Edson Crescitelli, Terence A. Shimp; tradução Martha Malvezzi Leal; revisão técnica Iná Futino Barreto. – São Paulo: Cengage Learning, 2012.

   Título original: Integrated marketing communication in advertising and promotion.
   "Baseado na 8. ed. norte-americana"
   ISBN 978-85-221-1054-4

   1. Comunicação em marketing 2. Marketing direto 3. Publicidade I. Shimp, Terence A. II. Título.

12-03315                                           CDD-658.8001

**Índice para catálogo sistemático:**

1. Comunicação em marketing : Administração de empresas 658.8001

# Comunicação de marketing
## *integrando propaganda, promoção e outras formas de divulgação*

Baseado na 8ª edição norte-americana

### Edson Crescitelli
*Professor Doutor FEA/USP e ESPM*

### Terence A. Shimp
*Professor Emérito – Universidade da Carolina do Sul*

**Tradução**
Martha Malvezzi Leal

**Revisão Técnica**
Iná Futino Barreto
Doutoranda em Administração de Empresas pela FEA-USP,
mestre em Administração de Empresas pela FEA-USP

Austrália • Brasil • Japão • Coreia • México • Cingapura • Espanha • Reino Unido • Estados Unidos

**Comunicação de marketing – integrando propaganda, promoção e outras formas de divulgação**
Baseado na 8ª edição norte-americana

**Edson Crescitelli e Terence A. Shimp**

Gerente Editorial: Patricia La Rosa

Supervisora Editorial: Noelma Brocanelli

Editora de Desenvolvimento: Gisela Carnicelli

Supervisora de Produção Editorial:
Fabiana Alencar Albuquerque

Título Original: *Integrated Marketing Communications in Advertising and Promotion, 8 ed*
(ISBN 10: 0-324-66531-8; ISBN 13: 978-0-324-66531-4)

Tradução: Martha Malvezzi Leal

Revisão: Henrique Z. de Sá, Olivia F. Zambone,
Olivia Y. Duarte, Aline N. Marques,
Maria Dolores S. Mata, Rosângela R. da Silva

Revisão Técnica: Iná Futino Barreto

Diagramação: PC Editorial Ltda.

Capa: Souto Crescimento de Marca

Editora de direitos de aquisição e iconografia: Vivian Rosa

Pesquisa iconográfica: Josiane C. Laurentino

© 2010, 2007 South-Western, parte da Cengage Learning
© 2012 Cengage Learning Edições Ltda.

Todos os direitos reservados. Nenhuma parte deste livro poderá ser reproduzida, sejam quais forem os meios empregados, sem a permissão, por escrito, da Editora. Aos infratores aplicam-se as sanções previstas nos artigos 102, 104, 106 e 107 da Lei nº 9.610, de 19 de fevereiro de 1998.

Esta editora empenhou-se em contatar os responsáveis pelos direitos autorais de todas as imagens e de outros materiais utilizados neste livro. Se porventura for constatada a omissão involuntária na identificação de algum deles, dispomo-nos a efetuar, futuramente, os possíveis acertos.

> Para informações sobre nossos produtos, entre em contato pelo telefone **0800 11 19 39**
>
> Para permissão de uso de material desta obra, envie seu pedido para
> **direitosautorais@cengage.com**

© 2012 Cengage Learning. Todos os direitos reservados.

ISBN-13: 978-85-221-1054-4
ISBN-10: 85-221-1054-9

**Cengage Learning**
Condomínio E-Business Park
Rua Werner Siemens, 111 – Prédio 20 – Espaço 04
Lapa de Baixo – CEP 05069-900 – São Paulo – SP
Tel.: (11) 3665-9900 – Fax: (11) 3665-9901
SAC: 0800 11 19 39

Para suas soluções de curso e aprendizado, visite
**www.cengage.com.br**

Impresso no Brasil.
*Printed in Brazil.*
1 2 3 4 5 6 7 15 14 13 12

# sumário

Prefácio — xiii
Sobre os autores — 1

## Parte 1
**Comunicação integrada de marketing: processos, *brand equity* e papel da comar na introdução de novas marcas** — 3

### Capítulo 1
**Visão geral da comunicação integrada de marketing** — 4

- Introdução — 6
- As ferramentas de comunicações de marketing — 7
- A integração da comunicação de marketing — 7
  - *Por que integrar?* — 9
  - *Céticos da CIM* — 10
  - *CIM e sinergia* — 10
  - *E agora uma definição de CIM* — 10
- Características-chave da CIM — 11
  - *Característica-chave # 1: o consumidor ou empresa consumidora deve representar o ponto de partida para todas as atividades de comunicação de marketing* — 11
  - *Característica-chave # 2: use toda e qualquer ferramenta de comar que seja adequada à tarefa* — 13
  - *Característica-chave # 3: mensagens múltiplas devem falar com uma voz única (tema central)* — 17
  - *Característica-chave # 4: criar relacionamentos em vez de se envolver em "namoros" rápidos* — 18
  - *Característica-chave # 5: não perca o foco do objetivo final: afetar o comportamento* — 19
  - *Obstáculos à implementação das características--chave da CIM* — 20
- O processo de tomada de decisões das comunicações de marketing — 20
  - *Decisões fundamentais de comar* — 21
  - *Decisões de implementação da comar* — 23
  - *Tema central* — 23
  - *Efeitos da comar* — 25
  - *Avaliação do programa* — 26
- Resumo — 26
- Apêndice — 27
- Questões para discussão — 28
- Notas — 29

### Capítulo 2
**Desafios da comunicação de marketing: promover *brand equity*, influenciar comportamento e avaliar resultados** — 30

- Introdução — 32
- *Brand equity* — 32
  - ***Brand equity* com base na perspectiva da empresa** — 32
  - ***Brand equity* com base na perspectiva do consumidor** — 34
  - *A composição do **brand equity*** — 37
  - *Promovendo o **brand equity*** — 38
  - *Gerenciamento estratégico de marcas* — 42
  - *Quais são os benefícios resultantes da promoção do **brand equity**?* — 45
  - *Características das marcas de classe mundial* — 45
- Afetar comportamentos e avaliar os resultados da comar — 46
  - *Dificuldade em mensurar a eficácia da comar* — 47
  - *Avaliando os efeitos com o modelo de marketing mix* — 48
- Resumo — 50
- Questões para discussão — 50
- Notas — 51

### Capítulo 3
**Promover o sucesso de novas marcas** — 54

- Introdução — 56
- Comar e adoção da marca — 56
  - *Características da marca que facilitam a adoção* — 58
  - *Quantificando as características que influenciam a adoção* — 61
- Escolha do nome da marca — 63
  - *O que constitui um bom nome de marca?* — 64
  - *O processo de escolha do nome da marca* — 69
  - *O papel dos logos* — 71

| | |
|---|---|
| Embalagem | 71 |
| *Estrutura da embalagem* | *72* |
| *Avaliando a embalagem: o modelo VIEW* | *74* |
| *Quantificando os componentes VIEW* | *78* |
| *Criando uma embalagem* | *79* |
| Resumo | 80 |
| Questões para discussão | 80 |
| Notas | 81 |

# Parte 2

## As decisões fundamentais da comar: segmentação, posicionamento, definição dos objetivos e orçamento — 85

### Capítulo 4
### Segmentação — 86

| | |
|---|---|
| Introdução | 88 |
| Segmentação comportamental | 88 |
| *Segmentação comportamental on-line* | *89* |
| *Questões de privacidade* | *90* |
| Segmentação psicográfica | 90 |
| *Perfis psicográficos customizados* | *91* |
| *Perfis psicográficos de propósito geral* | *91* |
| Segmentação geodemográfica | 94 |
| Segmentação demográfica | 96 |
| *A mobilidade social no Brasil* | *97* |
| *A estrutura da mudança etária* | *98* |
| *O sempre mutável lar* | *104* |
| *Desenvolvimentos da população étnica* | *105* |
| Resumo | 110 |
| Questões para discussão | 111 |
| Notas | 111 |

### Capítulo 5
### Posicionamento — 114

| | |
|---|---|
| Introdução | 116 |
| Conceito de posicionamento: criar significado | 116 |
| *O significado do Significado* | *116* |
| *Transferência de significado: da cultura ao objeto ao consumidor* | *117* |
| Posicionamento na prática: aspectos principais | 118 |
| *Posicionamento por meio dos benefícios* | *120* |
| *Posicionamento com base nos atributos* | *123* |
| *Reposicionando uma marca* | *123* |
| Implementando o posicionamento: conheça seu consumidor | 124 |
| *O modelo de processamento do consumidor (MPC)* | *125* |
| *O modelo experiencial hedônico (MEH)* | *131* |
| Resumo | 132 |
| Questões para discussão | 132 |
| Notas | 133 |

### Capítulo 6
### Definição dos objetivos e orçamento — 136

| | |
|---|---|
| Introdução | 138 |
| Definindo os objetivos da comar | 138 |
| *A hierarquia dos efeitos da comar* | *139* |
| *Requisitos para a definição de objetivos adequados da comar* | *141* |
| *Os objetivos da comar devem ser definidos em termos de vendas?* | *144* |
| Orçamento da comar | 146 |
| *Orçamento em teoria* | *147* |
| *Orçamento na prática* | *149* |
| Resumo | 155 |
| Questões para discussão | 156 |
| Notas | 156 |

# Parte 3

## Gerenciamento de propaganda — 159

### Capítulo 7
### Visão geral do gerenciamento de propaganda — 160

| | |
|---|---|
| Introdução | 162 |
| A magnitude da propaganda | 163 |
| *Proporções vendas-propaganda* | *166* |
| *Os efeitos da propaganda são incertos* | *168* |
| Funções da propaganda | 170 |
| *Informar* | *170* |
| *Influenciar* | *170* |
| *Relembrar* | *171* |
| *Agregar valor* | *171* |
| *Auxiliar os outros esforços da empresa* | *171* |
| O processo de gerenciamento de propaganda | 171 |
| *Gerenciando o processo de propaganda: a perspectiva do cliente* | *172* |

| | |
|---|---|
| *O papel das agências de propaganda* | *172* |
| *Remuneração da agência* | *177* |
| Considerações sobre o investimento em propaganda | 177 |
| *Argumentos a favor de investir em propaganda* | *178* |
| *Argumentos a favor de não investir* | *178* |
| *Qual posição é mais aceitável?* | *178* |
| Resumo | 182 |
| Questões para discussão | 183 |
| Notas | 183 |

## Capítulo 8
## Mensagens de propaganda criativas e eficazes — 186

| | |
|---|---|
| Introdução | 188 |
| Criando uma propaganda eficaz | 188 |
| *Criatividade: os elementos CAN* | *189* |
| *Fazendo que as mensagens "colem"* | *189* |
| *Exemplos de ações de propagandas criativas e com aderência* | *191* |
| *Sucessos e erros na propaganda* | *194* |
| Construindo um *brief* | 196 |
| Estilos alternativos de propaganda criativa | 197 |
| *Estilo criativo de proposição única de venda* | *200* |
| *Estilo criativo da imagem da marca* | *200* |
| *Estilo criativo de ressonância* | *200* |
| *Estilo criativo emocional* | *201* |
| *Estratégia criativa genérica* | *201* |
| *Estilo criativo preemptivo* | *202* |
| *Resumo da seção* | *202* |
| Cadeia meio-fim e o método *laddering* como guias para a formulação da propaganda criativa | 203 |
| *A natureza dos valores* | *204* |
| *Quais valores são mais relevantes para a propaganda?* | *204* |
| *Aplicações de propaganda das cadeias meio-fim: o modelo MECCAS* | *205* |
| *Identificando cadeias meio-fim: o método laddering* | *206* |
| *Questões práticas na identificação das cadeias meio-fim* | *207* |
| Imagem corporativa e propaganda de defesa | 208 |
| *Propaganda da imagem corporativa* | *208* |
| *Propaganda corporativa de defesa* | *208* |
| Resumo | 209 |
| Questões para discussão | 209 |
| Notas | 210 |

## Capítulo 9
## Apelos das mensagens e endossantes — 212

| | |
|---|---|
| Introdução | 214 |
| Promovendo a motivação, a oportunidade e a habilidade dos consumidores para processar os anúncios | 214 |
| *Motivação para prestar atenção às mensagens* | *215* |
| *Motivação para processar mensagens* | *217* |
| *Oportunidade para decodificar informações* | *217* |

| | |
|---|---|
| *Oportunidade de reduzir o processamento do tempo* | *217* |
| *Habilidade para acessar estruturas de conhecimento* | *217* |
| *Habilidade para criar estruturas de conhecimento* | *218* |
| *Resumo da seção* | *219* |
| O uso de celebridades endossantes na propaganda | 219 |
| *Atributos do endossante: o modelo CESAR* | *220* |
| *Considerações sobre seleção de endossantes* | *222* |
| *O papel das Pontuações Q* | *225* |
| O papel do humor na propaganda | 226 |
| Apelos aos medos do consumidor | 227 |
| *A lógica do apelo ao medo* | *227* |
| *Intensidade apropriada* | *227* |
| *O caso relacionado de apelos à escassez* | *228* |
| Apelos à culpa do consumidor | 228 |
| O uso do sexo na propaganda | 229 |
| *Qual é o papel do sexo na propaganda?* | *229* |
| *A desvantagem potencial dos apelos sexuais na propaganda* | *230* |
| Mensagens subliminares e símbolos ocultos | 230 |
| *Por que é improvável que a propaganda subliminar funcione?* | *231* |
| As funções da música na propaganda | 232 |
| O papel da propaganda comparativa | 234 |
| *A propaganda comparativa é mais eficaz?* | *235* |
| *Considerações que ditam o uso da propaganda comparativa* | *235* |
| Resumo | 236 |
| Questões para discussão | 236 |
| Notas | 237 |

## Capítulo 10
## Medindo a eficácia da mensagem de propaganda — 242

| | |
|---|---|
| Introdução à pesquisa de propaganda | 244 |
| *Não é fácil nem barato* | *244* |
| *O que a pesquisa de propaganda envolve?* | *244* |
| *Padrões do setor para a pesquisa de mensagem* | *245* |
| *O que os gerentes de marca e as agências querem descobrir com a pesquisa de mensagem?* | *247* |
| Duas formas gerais de pesquisa de mensagem | 247 |
| *Pesquisa qualitativa de mensagem* | *247* |
| *Pesquisa quantitativa de mensagem* | *248* |
| Medidas de reconhecimento e lembrança | 249 |
| *Starch Readership Service* | *249* |
| *Testes Bruzzone* | *250* |
| ***Day after recall*** *(teste do dia seguinte)* | *254* |
| Medidas das reações emocionais | 256 |
| *Neurociência e imagem cerebral* | *256* |
| *Medidas de autorrelatórios* | *258* |
| *Testes psicológicos* | *258* |
| Medidas de persuasão | 259 |
| *O método Next*TV da Ipsos* | *259* |
| *O método de persuasão ARS* | *259* |
| Medidas de reação das vendas (sistemas de fonte única) | 260 |
| *ScanTrack da ACNielsen* | *261* |
| *BehaviorScan da IRI* | *261* |
| Algumas conclusões importantes sobre a propaganda na TV | 262 |

    *Conclusão 1 – Nem todos os comerciais são criados iguais: o texto do anúncio deve ser distinto*    262
    *Conclusão 2 – Mais não é necessariamente melhor: peso não é suficiente*    264
    *Conclusão 3 – Todas as coisas boas acabam um dia: a propaganda, por fim, se desgasta*    265
    *Conclusão 4 – não seja teimoso: a propaganda funciona logo ou não funciona*    265
  Resumo    266
  Questões para discussão    266
  Notas    267

## Capítulo 11
## Mídia de propaganda:
## Planejamento e análise    270

  Introdução    272
    *Alguns termos úteis: mídia **versus** veículos*    272
    *Mensagens e mídia: um relacionamento íntimo*    272
    *Selecionando e comprando mídia e veículos*    273
  O processo de planejamento de mídia    274
  Selecionando o público-alvo    276
  Especificando os objetivos de mídia    276
    *Alcance*    276
    *Frequência*    277
    *Peso*    279
    *Continuidade*    284
    *Planejamento de recência (também conhecido como modelo de espaço na prateleira)*    286
    *Considerações de custo*    288
    *A necessidade de fazer **trade-offs***    289
  Software de cronograma de mídia    289
    *Ilustração hipotética: um cronograma de um mês em um revista para os Esuvee-H*    291
  Revisão dos planos de mídia    293
    *O plano Diet Dr. Pepper*    294
    *Plano de mídia Saab 9-5*    294
    *Plano de mídia da câmera Olympus*    297
  Resumo    300
  Questões para discussão    301
  Notas    302

## Capítulo 12
## Mídia tradicional    304

  Introdução    306
    *Alguns comentários preliminares*    306
  Jornais    306
    *Comprando espaço em jornais*    306
    *Pontos fortes e limitações da propaganda nos jornais*    307
  Revistas    309
    *Comprando espaço em revistas*    309
    *Pontos fortes e limitações da propaganda em revistas*    312
    *Aferição do público das revistas*    313
    *Ferramentas disponíveis para a realização de planos e simulações de mídia*    314
    *Revistas customizadas*    315
  Rádio    316
    *Comprando espaço no rádio*    316
    *Pontos fortes e limitações da propaganda no rádio*    316
    *Aferição da audiência do rádio*    318
  Televisão    319
    *Grade de programação diária na TV*    319
    *Propaganda na TV aberta, regional, independente, a cabo e local*    320
    *Pontos fortes e limitações da propaganda na TV*    322
    *Infomerciais*    325
    *Brand placement em programas de TV*    326
    *Aferição da audiência da TV*    327
  Resumo    329
  Questões para discussão    329
  Notas    330

## Capítulo 13
## Propaganda na Internet    332

  Introdução    334
    *Os dois "Is" da Internet: Individualização e Interatividade*    334
    *A Internet comparada a outras formas de mídia*    335
  Formatos de propaganda na Internet    336
  Websites    336
  Anúncios de **display** ou **banner**    337
    *Taxa de cliques*    338
    *Padronização dos tamanhos dos anúncios de banners*    338
  **Rich media: pop-ups, floaters,** intersticiais, supersticiais e anúncios em vídeo    338
    *Anúncios em vídeo e Webisódios*    339
  Blogs, **Podcasts** e Redes Sociais    342
    *Blogs*    342
    *Podcasts*    342
    *Redes sociais*    343
  Propaganda por e-mail    343
    *E-mail opt-in versus Spam*    344
    *Revistas eletrônicas (E-zines)*    345
    *Propaganda por e-mail sem fio*    345
    *O caso especial dos telefones celulares*    346
  Propaganda por buscadores    348
    *Os princípios fundamentais da propaganda por buscadores*    348
    *Compra de palavras-chave e seleção de websites orientados para o conteúdo*    349
    *Problemas do sistema de busca*    350
  Propaganda via direcionamento comportamental    351
  Aferição da eficácia da propaganda na Internet    352
    *Medidas para aferir o desempenho da propaganda na Internet*    352
  Resumo    353
  Questões para discussão    354
  Notas    355

## Capítulo 14
## Outras formas de mídia    358

  Introdução    360

| | |
|---|---|
| Propaganda via mala direta | 360 |
| *Exemplos de campanhas via mala direta bem-sucedidas* | 360 |
| *Características distintas da mala direta* | 363 |
| *Quem usa a mala direta e qual função ela realiza?* | 364 |
| *O caso especial dos catálogos e mídia audiovisual* | 364 |
| *O uso de banco de dados* | 365 |
| Brand placement em filmes e programas de TV | 368 |
| *Brand placement em filmes* | 369 |
| *Brand placement em programas de TV* | 370 |
| Propaganda em guias e listas | 370 |
| *Características distintas da propaganda em guias e listas* | 371 |
| Propaganda em videogame (*Advergaming*) | 371 |
| *Aferição do público de videogames* | 372 |
| Propaganda no cinema | 372 |
| Várias mídias alternativas | 372 |
| Resumo | 374 |
| Questões para discussão | 375 |
| Notas | 376 |

# Parte 4

## Gerenciamento das promoções de vendas     379

### Capítulo 15
### Promoções de vendas e promoções para o canal de distribuição     380

| | |
|---|---|
| Introdução | 382 |
| *A natureza da promoção de vendas* | 382 |
| *Alvos das promoções* | 384 |
| Aumento dos recursos para as promoções | 384 |
| *Fatores responsáveis pela mudança* | 384 |
| *As modalidades promocionais* | 387 |
| Quais são as capacidades e limitações das promoções de vendas? | 389 |
| *O que as promoções podem fazer* | 389 |
| *O que as promoções não podem fazer* | 393 |
| O papel das promoções de vendas | 393 |
| *Escopo e objetivos das promoções de vendas* | 394 |
| *Ingredientes para um programa bem-sucedido de promoção para o canal de distribuição* | 394 |
| Verba promocional | 395 |
| *Principais formas de uso da verba promocional* | 396 |
| *Consequências indesejáveis do desconto no faturamento: antecipação de compra e desvio* | 399 |
| Esforços para retificar os problemas com as aplicações da verba promocional | 401 |
| *Preço baixo todo dia (PBTD)* | 401 |
| *Programas de pagamento por desempenho* | 402 |
| *Promoções customizadas: trade marketing* | 403 |
| Generalizações sobre as promoções | 403 |
| *Generalização 1: as reduções temporárias de preço no varejo aumentam substancialmente as vendas – mas apenas no curto prazo* | 404 |
| *Generalização 2: quanto maior a frequência das ofertas mais baixa será a receptividade a elas* | 404 |
| *Generalização 3: a frequência das ofertas muda a referência de preço do consumidor* | 404 |
| *Generalização 4: os varejistas repassam menos de 100% das ofertas feitas para o canal de distribuição* | 404 |
| *Generalização 5: marcas com maior **share** de mercado têm menos elasticidade de ofertas* | 405 |
| *Generalização 6: promoções anunciadas podem resultar no aumento do tráfego na loja* | 405 |
| *Generalização 7: a propaganda feita pelo varejista e as exibições operam em sinergia para influenciar as vendas das marcas em oferta* | 405 |
| *Generalização 8: as promoções em uma categoria de produto afetam as marcas em categorias complementares ou concorrentes* | 405 |
| *Generalização 9: os efeitos de promover marcas de qualidade superior e inferior são assimétricos* | 406 |
| Resumo | 406 |
| Questões para discussão | 406 |
| Notas | 407 |

### Capítulo 16
### Sistemas de amostras e tipos de brindes     410

| | |
|---|---|
| Introdução | 412 |
| *Por que usar as promoções ao consumidor?* | 412 |
| *Objetivos da gerência de marca e recompensas aos consumidores* | 413 |
| *Classificação dos métodos de promoção* | 414 |
| Amostras | 415 |
| *Principais práticas de distribuição de amostras* | 416 |
| *Quando o sistema de amostras deve ser usado?* | 420 |
| *Problemas com o sistema de amostras* | 421 |
| Brindes | 422 |
| *Brindes sem vínculo de compras* | 423 |
| *Brindes com vínculo de compras* | 423 |
| *Brindes dentro e anexos à embalagem* | 424 |
| *Brindes autoliquidantes (self-liquidating)* | 425 |
| *O que faz uma boa oferta brinde?* | 425 |
| O papel das agências de promoção | 425 |
| *A ascensão das agências de promoção on-line* | 425 |
| Resumo | 426 |
| Questões para discussão | 426 |
| Notas | 427 |

### Capítulo 17
### Outras modalidades promocionais     428

| | |
|---|---|
| Introdução | 430 |

| | |
|---|---|
| Descontos no preço | 430 |
| Embalagens bônus | 430 |
| Vale-brinde | 431 |
| *Evitar a confusão* | *434* |
| Abatimentos por reembolso (rebate) | 434 |
| Sorteios e concursos | 435 |
| *Sorteios* | *435* |
| *Concursos* | *436* |
| *Sorteios e concursos on-line* | *438* |
| Promoções de fidelização | 438 |
| Promoções integradas e conjuntas | 439 |
| *Programas com ações integradas* | *439* |
| *Promoções conjuntas* | *439* |
| Sistema de cupons | 440 |
| *Background do sistema de cupons* | *440* |
| *Distribuição de cupons no ponto de venda* | *441* |
| *Cupons entregues por correio e mídia* | *442* |
| *Cupons dentro e sobre as embalagens* | *442* |
| *Cupons on-line* | *442* |
| *O processo de resgate dos cupons e a fraude* | *443* |
| Promoções dos varejistas | 443 |
| *Cupons do varejo* | *443* |
| *Programas de fidelidade* | *443* |
| *Ofertas de preço especial* | *444* |
| *Amostras e prêmios* | *444* |
| *Legislação promocional* | *444* |
| Avaliação das ideias de promoção de vendas | 445 |
| *Um procedimento para avaliar as ideias de promoção* | *445* |
| *Análise pós-realização* | *446* |
| Resumo | 447 |
| Questões para discussão | 448 |
| Notas | 449 |

# Parte 5
## Outros instrumentos da comar — 451

### Capítulo 18
### Relações públicas/Publicidade orientadas para marketing e gerenciamento do boca a boca — 452

| | |
|---|---|
| Introdução | 454 |
| *Publicidade **versus** propaganda* | *454* |
| Relações públicas orientadas para o marketing | 455 |
| *Relações públicas proativas* | *455* |
| *Relações públicas reativas* | *456* |
| *Gerenciamento de crise* | *458* |
| O caso especial dos rumores e lendas urbanas | 459 |
| *Qual a melhor maneira de lidar com um rumor?* | *461* |
| A influência do boca a boca | 462 |
| *Elos fracos e fortes* | *462* |
| *O papel dos formadores de opinião na disseminação do BB* | *463* |
| *Impedir o BB negativo* | *463* |
| Criar *buzzmarketing* | 464 |
| *Algumas evidências anedotais* | *464* |
| *Perspectivas formais sobre a criação do **buzzmarketing*** | *465* |
| Resumo | 469 |
| Questões para discussão | 469 |
| Notas | 470 |

### Capítulo 19
### Patrocínios de eventos e causas — 472

| | |
|---|---|
| Introdução | 474 |
| Patrocínio de eventos | 474 |
| *Selecionando os eventos patrocinados* | *475* |
| *Criando eventos customizados* | *477* |
| *Marketing de guerrilha em eventos* | *478* |
| *Medindo o sucesso* | *478* |
| Patrocínio de causas | 479 |
| *Os benefícios do MRC* | *481* |
| *A importância do ajuste* | *481* |
| *A prestação de contas é fundamental* | *481* |
| Resumo | 482 |
| Questões para discussão | 482 |
| Notas | 482 |

### Capítulo 20
### Mídia exterior e merchandising – comunicação dentro e fora do ponto de venda — 484

| | |
|---|---|
| Introdução | 486 |
| Sinalização comercial externa à loja | 486 |
| *Tipos de sinalização externa* | *486* |
| *O A-B-C da sinalização externa* | *486* |
| *Procurar ajuda profissional* | *487* |
| Mídia exterior (anúncios externos) | 489 |
| *Formas de anúncios em mídia exterior* | *489* |
| *Compra de espaço em outdoors* | *491* |
| *Pontos fortes e limitações dos anúncios em outdoors* | *492* |
| *Medindo o tamanho e as características do público dos outdoors* | *493* |
| *Um estudo de caso da eficácia dos outdoors* | *494* |
| *Outras formas de mídia exterior* | *494* |
| Merchandising – comunicação no ponto de venda | 495 |
| *O espectro dos materiais de merchandising* | *496* |

| | |
|---|---|
| O que o merchandising realiza? | 497 |
| A influência do merchandising sobre o comportamento do consumidor | 497 |
| Evidência da tomada de decisão dentro da loja | 500 |
| Evidências da eficácia do display | 502 |
| O uso ou não do merchandising | 503 |
| Medindo o público do merchandising | 504 |
| Resumo | 504 |
| Questões para discussão | 505 |
| Notas | 506 |

# Parte 6
## Limitações da comar — 509

### Capítulo 21
### Questões éticas, regulamentares e ambientais — 510

| | |
|---|---|
| Introdução | 512 |
| Questões éticas na comunicação de marketing | 512 |
| A ética da segmentação | 512 |
| Questões éticas na propaganda | 515 |
| Questões éticas nas relações públicas | 518 |
| Questões éticas na embalagem e branding | 518 |
| Questões éticas nas promoções de vendas | 519 |
| Questões éticas no marketing on-line | 519 |
| Promover comunicações de marketing éticas | 519 |
| Regulamentação da comunicação de marketing | 521 |
| Quando a regulamentação é justificada? | 521 |
| Regulamentação pelas agências federais | 522 |
| Autorregulamentação da propaganda | 523 |
| Comunicação de marketing ambiental | 524 |
| Iniciativas de marketing verde | 524 |
| Diretrizes para o marketing verde | 528 |
| Resumo | 529 |
| Questões para discussão | 529 |
| Notas | 530 |

## Glossário — 533
## Índice remissivo — 539

# prefácio

## Resposta a um mundo dinâmico

O campo da comunicação de marketing está sempre mudando. Os gerentes de marca continuamente tentam obter vantagens sobre os concorrentes e buscam alcançar parcelas de mercado e rentabilidade maiores para as marcas que gerenciam. A comunicação de marketing, ou *comar* para resumir, é apenas um dos elemento do marketing *mix*, mas é inegável que a propaganda, as promoções de vendas, as relações públicas, o patrocínio, o marketing direto e as demais formas *comar* têm papéis cada vez mais relevantes no desempenho das organizações, sejam de natureza comercial ou não. A veiculação de anúncios nas mídias tradicionais (televisão, rádio, revista etc.) demanda, cada vez mais, maiores investimentos. Isso está fazendo o orçamento para comunicação de marketing migrar da mídia tradicional para outros tipos de mídia, como a Internet, que, além de ser meio eficaz para alcançar grupos de difícil acesso (por exemplo, consumidores universitários), proporciona uma opção economicamente viável para transmitir mensagens comerciais.

Os gerentes da comunicação de marketing percebem agora, mais do que nunca, que devem ser considerados financeiramente responsáveis por sua propaganda, suas promoções e outros investimentos de *comar*. À medida que as empresas buscam meios para se comunicar com o público-alvo com maior eficácia e eficiência, os gerentes são continuamente desafiados. Eles precisam usar métodos de comunicação que vençam obstáculos, como a animosidade em relação às mensagens comerciais, a atual saturação dos comerciais veiculados, alcancem o público com mensagens interessantes e persuasivas, que promovam a valorização da marca e impulsionem as vendas. Além disso, devem garantir às empresas que os investimentos em *comar* rendam retorno adequado. Para enfrentar tantos desafios, as empresas, cada vez mais, adotam uma estratégia de Comunicação Integrada de Marketing (CIM), na qual se busca a integração de todos os elementos da *comar*, os quais devem ser vistos como responsáveis pela transmissão de mensagens consistentes, gerando maior sinergia e ampliando os efeitos da comunicação.

## Foco do texto

Independentemente de os alunos estarem interessados nesse tema para aprender mais sobre a natureza dinâmica desse campo ou como parte de um planejamento de carreira em gestão de comunicação, *Comunicação de marketing - integrando propaganda, promoção e outras formas de divulgação* apresenta uma visão contemporânea do papel e da importância da comunicação de marketing. O texto enfatiza a importância da CIM na valorização das marcas e propicia cobertura completa de todos os aspectos de um programa de CIM: planejamento de CIM, envolvendo público-alvo, posicionamento, objetivos e orçamentos, gerenciamento de marca, gerenciamento de propaganda, promoção, comunicações no ponto de vendas, relações públicas orientadas para o marketing, criação de comunicação boca a boca e patrocínios voltados para a causa, além de aspectos legais e éticos envolvendo a comunicação de marketing. Esses tópicos se tornam mais acessíveis por meio do uso amplo de exemplos e aplicações. E, é claro, o texto apresenta teorias acadêmicas e conceitos apropriados para fornecer estrutura formal a ilustrações e exemplos.

*Comunicação de marketing - integrando propaganda, promoção e outras formas de divulgação* é voltado para cursos de graduação ou pós-graduação em administração, gestão de negócios, marketing, comunicações de marketing, publicidade e propaganda, gestão comercial, relações públicas ou outros cursos semelhantes na área de humanidades. Tanto os professores quanto os alunos perceberão que este livro é substancial, mas de fácil leitura e eminentemente atual, integrando, em todos os capítulos, conceitos teóricos, exemplos e casos reais, oferecendo ampla visão sobre o tema abordado, o que facilita não só a compreensão, mas a aplicabilidade da comunicação de marketing. Além dessas características, *Comunicação de marketing - integrando propaganda, promoção e outras formas de divulgação* visa oferecer uma visão global de *comar*, destacando sempre peculiaridades dos temas abordados nos mercados norte-americano e brasileiro, ressaltando suas similaridades e diferenças.

## Características da obra

*Comunicação de marketing - integrando propaganda, promoção e outras formas de divulgação*, de acordo com sua proposta, reflete os seguintes pontos:

- A cobertura atualizada da principal literatura acadêmica e de obras de profissionais sobre todos os aspectos das comunicações de marketing. Esses escritos são apresentados em nível acessível e ilustrados com exemplos e suplementos especiais – características de dicas de *comar*, boxes com Foco de CIM e suplementos de Foco Global;
- Dicas de *comar* – cada capítulo começa com uma dica de comunicação de marketing que corresponde ao tema do capítulo, desperta o interesse dos alunos e ilustra o conteúdo;
- Foco de CIM – cada capítulo inclui características que ilustram conceitos-chave de CIM, usando situações reais de empresas que mostram como os vários aspectos das comunicações de marketing são colocados em prática;
- Foco Global – essas características melhoram a perspectiva global do texto e destacam aplicações internacionais dos princípios de *comar*;
- A obra tem 21 capítulos, cobrindo todos os principais pontos que envolvem a comunicação de marketing e organizados em uma sequência lógica coerente com o desenvolvimento do processo de *comar*.
  A sequência dos temas e os conteúdos básicos está distribuída da seguinte forma:
    - O Capítulo 1 aborda os princípios fundamentais de CIM, apresenta um modelo de processo de *comar*, descreve as formas de *comar* e também traz uma estrutura útil para o entendimento dos aspectos estratégicos e táticos das comunicações de marketing;
    - O papel da *comar* na promoção do *brand equity* e na influência sobre o comportamento do consumidor são temas tratados no Capítulo 2. O capítulo enfatiza a importância da avaliação de resultados da *comar* e inclui discussão sobre o retorno do investimento em marketing e esforços para medir a eficácia da *comar*;
    - O Capítulo 3 analisa o papel da *comar* na aceitação de novos produtos e como as comunicações de marketing facilitam a adoção e a difusão do produto. Esse capítulo apresenta ainda descrições detalhadas dos elementos iniciais responsáveis pela imagem de uma marca: nome, logo e embalagem;
    - Os capítulos 4 a 6 focam nas decisões fundamentais de *comar* baseadas no modelo de processo de *comar* introduzido no Capítulo 1. Esses capítulos incluem uma cobertura completa do público-alvo (Capítulo 4), do posicionamento (Capítulo 5) e dos objetivos e do orçamento (Capítulo 6) da *comar*. O Capítulo 4 introduz a segmentação como elemento-chave nas comunicações de marketing e inclui a apresentação de fatos e dados demográficos; o Capítulo 5 aborda o posicionamento da marca do ponto de vista da *comar* e também examina o posicionamento da perspectiva do consumidor, enquanto o Capítulo 6 completa a abordagem das decisões fundamentais da *comar*, examinando a definição dos objetivos e o orçamento;
    - O Capítulo 7 apresenta princípios fundamentais sobre o papel e a importância da propaganda, apresenta as proporções vendas-propaganda de vários setores e descreve as funções que a propaganda desempenha. O capítulo dedica a maior parte ao processo de gerenciamento de propaganda e também apresenta uma perspectiva para o caso de investir ou não em propaganda.
    - O Capítulo 8 pesquisa o aspecto criativo do processo de propaganda. São discutidos requisitos gerais para a produção de mensagens eficazes e o papel da criatividade, com ênfase na originalidade e na conveniência;
    - O Capítulo 9 examina o uso de vários apelos de mensagens na propaganda e o papel dos endossantes. A abordagem inicial foca nos esforços dos gerentes para promover a motivação, a oportunidade e a habilidade dos consumidores para processar mensagens de *comar*;
    - O Capítulo 10 traz a avaliação da eficácia da mensagem, discutindo padrões para a pesquisa de mensagem e os tipos de informação;
    - O Capítulo 11 apresenta uma abordagem completa das quatro atividades principais envolvidas no planejamento e na análise de mídia: seleção do público-alvo; especificação objetiva; seleção de mídia e veículo e compra de mídia;
    - O Capítulo 12 analisa a mídia tradicional, com atenção especial para a avaliação das quatro mídias principais: jornais, revistas, rádio e televisão;
    - O Capítulo 13 estuda o uso da Internet como mídia, incluindo a magnitude da propaganda on-line e seu forte crescimento potencial;

- O Capítulo 14 cobre uma variedade de outras mídias: mala direta/correio, anúncios nas páginas amarelas, em videogames, colocação da marca em filmes, propaganda no cinema e outras mídias alternativas;
- O Capítulo 15 dá uma visão geral das promoções de vendas, explicando os alvos dos esforços promocionais e as razões subjacentes ao rápido crescimento das promoções; e apresenta as características e limitações das promoções;
- Os Capítulos 16 e 17 lidam com formas de promoções de vendas voltadas para o consumidor. São abordadas as modalidades promocionais do tipo: sistema de amostra e as várias formas de programas de amostras modelos de brindes, incluindo a abordagem de brindes com e sem vínculo de compra e autoliquidantes, promoções de desconto, embalagem bônus, vale-brindes promocionais, abatimentos por reembolso (rebate), sorteios/concursos. Também é abordada a questão da legislação sobre distribuição de brindes;
- O Capítulo 18 examina o tópico das relações públicas orientadas para o marketing junto da influência do boca a boca;
- O Capítulo 19 examina os patrocínios orientados a eventos e causas. A abordagem inclui discussão sobre os fatores específicos que uma empresa deve considerar quando seleciona um evento para patrocinar – como a convergência da imagem, a adequação do público-alvo e a viabilidade econômica. Os benefícios do marketing orientado para causas são detalhados;
- O Capítulo 20 examina dois importantes aspectos dos programas de *comar* das empresas que costumam receber pouca atenção nos textos sobre comunicações de marketing: comunicação externa (fora do ponto de venda) e a comunicação interna (dentro do ponto de venda);
- O Capítulo 21 trata de questões éticas, regulamentares e ambientais – para entender que os gerentes de comunicação de marketing trabalham com limitações que restringem certas ações, mas que beneficiam os mercados livres, as empresas e os clientes que deles participam.

# Agradecimentos

Não é possível fazer uma obra desse porte sem a colaboração de muitas pessoas, mas um dos colaboradores merece especial destaque, pois sua participação neste projeto foi muito além da colaboração. Ela esteve envolvida em todas as etapas do processo, desde a estruturação inicial até a revisão final. Iná Futino Barreto, nosso muito obrigado.

Também agradecemos, sinceramente, as preciosas colaborações de entidades (no fornecimento de dados e informações), de empresas (pelas informações e seções de fotos ilustrativas), de professores (pela elaboração de casos e contribuições conceituais) e dos alunos (pelo trabalho de pesquisa e montagem dos casos). Em especial, agradecemos a:

Alan Sawyer (University of Florida)
Ana Akemi Ikeda (FEA-USP)
Avery Abernethy (Auburn University)
Barbara M. Brown (San Jose State University)
Bob D. Cutler (Cleveland State University)
Carla Winter Afonso (FGV)
Carolina Compagno (FEACAP)
Carolyn Tripp (Western Illinois University)
Charles S. Areni (Texas Tech University)
Chris Cakebread (Boston University)
Cindy Raines (University of Tennessee)
Claudia Colaferro (Philips)
Cláudio Melo (Emporium Negócios e Comunicação)
Clayton Hillyer (American International College)
Clotilde Perez (PUC-SP / ECA-USP)
Craig Andrews (Marquette University)
D. Nasalroad (Central State University)
Daniel Galindo (Universidade Metodista)
Daniela Motta Romeiro Khauaja (ESPM)
Darrel D. Muehling (Washington State University)
Darrel Muehling (Washington State University)
David Sprott (Washington State University)

Denise Essman (Drake University)
Douglas Stayman (Cornell University)
Edward Riordan (Wayne State University)
Elnora Stuart (University of South Carolina Upstate)
Fabiano Galão (Universidade UNOPAR)
Fabio Mestriner (ESMP / Associação Brasileira de Embalagens)
Geoffrey Lantos (Bentley College)
George R. Franke (University of Alabama)
Geraldo Luciano Toledo (FEA-USP)
Gordon C. Bruner II (Southern Illinois University)
Gordon G. Mosley (Troy State University)
Guy R. Banville (Creighton University)
Heloisa Omine (3D Retail / ESPM)
Iná Futino Barreto (FECAP)
J. Danile Lindley (Bentley College)
James Finch (University of Wisconsin, LaCrosse)
Jane A. Marques (EACH-USP)
Jayanthi Rajan (University of Connecticut)
Jeff Stoltman (Wayne State University)
John A. Taylor (Brigham Young University)
John McDonald (Market Opinion Research)

John Mowen (Oklahoma State University)
Josh Wiener (Oklahoma State University)
Josmar Andrade (EACH-USP / ESPM)
Karen Faulkner Walia (Long Beach City College)
Kate Ternus (Century College)
Kavita Miadaira Hamza (Universidade Mackenzie)
Ken Manning (Colorado State University)
Kent Nakamoto (Virginia Tech University)
Leandro Guissoni (Markestrat)
Linda L. Golden (University of Texas, Austin)
Linda Swayne (University of North Carolina, Charlotte)
Liz Yokubison (College of DuPage)
M. Elizabeth Blair (Ohio University)
Marcos Cortez Campomar (FEA-USP)
Marcos Machado (Top Brand / ESPM)
Mike Barone (University of Louisville)
Monica Sabino (FEA-USP)
Monle Lee (Indiana University, South Bend)
Murillo Boccia (Editora Abril)
Newell Chiesl (Indiana State University)
Nusser Raajpoot (Central Connecticut State University)
P. Everett Fergenson (Iona College)

Patricia Kennedy (University of Nebraska, Lincoln)
Paula Bone (West Virginia University)
Paulo Carramenha (GFK Custom Reasearch Brasil)
Renata Fernandes Galhanone (FEA-USP)
Robert Dyer (George Washington University)
Robert Harmon (Portland State University)
Ronald Bauerly (Western Illinois University)
Ronald Hill (Villanova University)
Russell Laczniak (Iowa State University)
Scott Swain (Boston University)
Selma Peleias Felerico Garrini (ESPM)
Sérgio Souza e Silva (QG Propaganda)
Stanley Scott (Boise State University)
Stephen Grove (Clemson University)
Stewart W. Husted (Lynchburg College)
Susan Kleine (Bowling Green State University)
Therese A. Maskulka (Lehigh University)
Tracy Dunn (Benedict College)
Wendy Macias (University of Georgia)
William C. Lesch (University of North Dakota)
Willian Ramalho Feitosa (FGV)

Por fim, agradecemos muito o excelente trabalho da equipe da Cengage por seus notáveis esforços para a conclusão desta obra. Agradeço especialmente o apoio e a orientação de Susan Smart; a gerência de produção extensiva de Corey Geissler; a valiosa edição de Magie Sears; o encorajamento de Mike Roche e Melissa Acuña; os esforços de marketing de Mike Aliscad e as contribuições de muitos colaboradores que participaram do livro. No Brasil, agradecemos à equipe editorial, em especial: Gisela Carnicelli, Noelma Brocanelli e Patrícia La Rosa.

Terence A. Shimp
Professor Emérito Distinto
University of South Carolina
Maio de 2011

Edson Crescitelli
Professor Doutor FEA/USP e ESPM
Maio de 2011

**Nota da Editora:**
Até o fechamento desta edição, todos os sites contidos neste livro estavam no ar com funcionamento normal. A Cengage Learning não se responsabiliza caso ocorra a suspensão dos mesmos.

# sobre os autores

## Edson Crescitelli

Edson Crescitelli tem pós-doutorado pela Chapman School of Business da Florida International University, curso de especialização em *business management* pela Robert Anderson Graduate School of Management / University of New México, doutorado em Administração pela FEA-USP, mestrado em Administração pela PUC-SP, pós-graduação em Marketing pela ESPM e graduação em Comunicação Social pela FAAP.

É professor-doutor da FEA-USP em cursos de graduação, pós-graduação e Professor Master da ESPM, onde também exerce o cargo de Diretor Acadêmico da Pós-Graduação.

Crescitelli é autor dos livros Marketing de Incentivo, Comunicação Integrada de Marketing (em coautoria com Prof. James Ogden) e Marketing Promocional (em coautoria com Prof. Antonio Costa). Tem mais de 30 anos de experiência profissional no segmento de marketing e comunicação, atuando em diversas empresas e agências. Foi sócio-diretor de planejamento da MV Comunicações e consultor de diversas empresas e agências de comunicação.

Ex-membro do Conselho da Ampro (Associação de Marketing Promocional) e do Popai Brasil (Point of Purchase Advertising International). Eleito profissional de promoção do ano de 2001 pelo Globes Awards promovido pela APMA (Association Promotion Marketing Agency) e Ampro. Jurado de prêmios de comunicação, como Prêmio Colunistas, Festival About e ECA-USP / Jornal Valor.

O acadêmico publicou e apresentou mais de 60 trabalhos na área de marketing e comunicação em diversas revistas, além de congressos nacionais e internacionais.

## Terence A. Shimp

Terence A. Shimp recebeu seu doutorado pela University of Maryland e lecionou por quatro anos na Kent State University antes de se mudar para a University of South Carolina, onde foi membro do corpo docente por 29 anos. Na University of South Caroline, Shimp foi W.W. Johnson Distinguished Foundation Fellow e, por 12 anos, Presidente do Departamento de Marketing na Moore School of Business. Hoje ele é Professor Emérito Distinto, mas continua a pesquisar, escrever, lecionar ocasionalmente e a trabalhar com alunos Ph.D.

Shimp ganhou uma série de prêmios de educação durante sua carreira, incluindo o Amoco Foundation Award, que o nomeou professor de destaque na University of South Carolina, em 1990. Publicou várias obras nas áreas de marketing, comportamento do consumidor e publicidade. Seu trabalho foi incluído em publicações como *Journal of Consumer Research*, *Journal of Marketing Research*, *Journal of Marketing*, *Journal of Advertising*, *Journal of Advertising Research*, *Journal of Consumer Psychology* e *Journal of Public Policy and Marketing*. "A Critical Appraisal of Demand", publicado com Eva Hyatt e David Snyder, no *Journal of Consumer Research*, recebeu o prêmio do jornal como melhor artigo publicado no período de 1990-1991. "Endorses in Advertising: The Case of Negative Celebrity Information", em coautoria com Brian Till, foi nomeado o artigo de destaque publicado em 1988 no *Journal of Advertising*. Em 2001, Shimp recebeu o prêmio da American Academy of Advertising pelas contribuições notáveis para pesquisa em publicidade. Foi eleito Fellow da Society for Consumer Psychology em 2003. Shimp é ex-presidente da Association for Consumer Researh e ex-presidente da equipe de política do *Journal of Consumer*. Por muitos anos foi membro da equipe de política editorial de jornais como *Journal of Consumer Research*, *Journal of Consumer Psychology*, *Journal of Marketing*, *Marketing Letters*, *Journal of Public Policy & Marketing* e *Journal of Advertising*. Representou a Federal Trade Commission em várias agências estaduais como especialista em questões relativas a engano e injustiça.

## Sobre a revisora técnica
## Iná Futino Barreto

Doutoranda em Administração de Empresas pela FEA-USP, mestre em Administração de Empresas pela FEA-USP (2007). Possui graduação em Comunicação Social pela Escola Superior de Administração, Marketing e Comunicação (2003). Atualmente, é docente do curso de graduação em administração da Fundação Escola de Comércio Álvares Penteado (FECAP) e do curso de MBA da Fundação Instituto de Administração (FIA).

## CAPÍTULOS

### 1
Visão geral da comunicação integrada de marketing

### 2
Desafios da comunicação de marketing: promover *brand equity*, influenciar comportamento e avaliar resultados

### 3
Promover o sucesso de novas marcas

# Parte 1

## Comunicação integrada de marketing: processos, *brand equity* e papel da comar na introdução de novas marcas

A Parte 1 apresenta aos alunos os princípios fundamentais da comunicação integrada de marketing (CIM). O Capítulo 1 apresenta uma visão geral da CIM e discute a importância das comunicações de marketing (comar). O capítulo enfatiza a necessidade de integrar os vários elementos da comar (propaganda, promoções de vendas, patrocínio, marketing direto etc.) em vez de tratá-los como ferramentas separadas e independentes. A recompensa de uma abordagem de CIM é a sinergia – ferramentas múltiplas trabalhando juntas para alcançar resultados de comunicação mais positivos do que o seriam se as ferramentas fossem usadas de maneira isolada. O capítulo descreve cinco características-chave de CIM e apresenta um modelo do processo de tomada de decisão da comar. Essa estrutura integrativa postula o programa de comar consistindo em um conjunto de decisões fundamentais que determinam os resultados do programa no que diz respeito à promoção do *brand equity* e na influência sobre o comportamento do público-alvo. O componente final do modelo é a avaliação do programa, que requer a aferição dos resultados das atividades de comunicação, avaliação do retorno e a indicação de medidas corretivas.

O Capítulo 2 explica como a CIM promove o *brand equity*, influencia o comportamento do público-alvo e permite controle das ações. Um modelo proposto conceitua o *brand equity* a partir da perspectiva do consumidor e mostra como o valor da marca é promovido elevando-se a percepção e criando associações de marca. Por fim, discute-se que o desafio final da comar é influenciar o comportamento do consumidor, gerar valor para a marca, afetar o volume de vendas e avaliar o retorno dos investimentos de marketing.

O Capítulo 3 analisa o papel da comar na aceitação de novos produtos e como as comunicações de marketing facilitam a adoção e a difusão do produto. Apresenta ainda descrições detalhadas dos elementos iniciais responsáveis pela imagem de uma marca: nome, logo e embalagem. Esta seção explora os requisitos para um bom nome de marca, os passos envolvidos para chegar a esse nome, e o papel dos logos nesse processo. Mostra também uma estrutura útil que descreve as características visuais, informativas, emocionais e funcionais que determinam o sucesso da embalagem.

# 1
# Visão geral da comunicação integrada de marketing

A State Farm é uma grande e muito bem-sucedida empresa de seguros. De fato é a maior seguradora de residências e automóveis nos Estados Unidos. Uma pesquisa realizada pela empresa, no entanto, revelou que a State Farm era considerada uma marca para consumidores mais velhos e tinha pouca atração para jovens de 18 a 25 anos. Então, surgiu o desafio: Como a marca State Farm poderia ser revigorada para atrair essa faixa etária?

A pesquisa de marketing concluiu que a State Farm era muito respeitada entre esse grupo mais jovem, mas, ao mesmo tempo, eles a consideravam basicamente irrelevante para suas necessidades financeiras. A solução: a State Farm e sua agência de publicidade desenvolveram um programa de comunicação integrada de marketing chamado campanha "E agora?" ("Now What?"), para atingir os jovens de 18 a 25 anos. A campanha teve várias ramificações, incluindo anúncios na TV e na mídia impressa, malas diretas, um website dedicado a ela, e o lançamento no festival de música Lollapalooza em Chicago – uma campanha de comunicação integrada de marketing verdadeiramente multifacetada. Um anúncio na TV, por exemplo, apresentava um homem instalando um ar-condicionado em um dia quente e depois, rapidamente, deliciando-se com ar frio produzido por seu novo aparelho. Então, para seu aborrecimento, o aparelho instalado impropriamente caiu da janela sobre seu carro. Na tela apareciam as palavras ...nowwhat.com.

Esse comercial de TV, em particular, assim com outros na campanha, demonstra os dilemas enfrentados por jovens consumidores quando acontecem coisas ruins que requerem uma solução de seguro. Um anúncio semelhante publicado em uma revista mostra um carro deslizando ao lado de um prédio. Ao lado está a frase nowwhat.com, que foi usada para interligar todos os anúncios da campanha para atingir o público jovem. Além disso, malas diretas, como uma exibindo a parte de trás de um carro que foi amassada por outro veículo, foram enviadas a centenas de milhares de consumidores em potencial na faixa etária desejada. A mensagem dizia: "Descubra como resolver uma confusão dessas antes que ela arranhe a sua carteira, em nowhat.com/crushed".

Curiosamente, nenhum dos anúncios de TV ou impressos revelavam a marca State Farm. Essa informação era obtida apenas depois que os consumidores interessados acessavam o site nowwhat.com. Um porta-voz da empresa explicou que essa estratégia fazia que os receptores das mensagens fizessem a seguinte pergunta mental: "Se [a situação apresentada no anúncio] acontecesse comigo, aonde eu iria [para encontrar a solução]?" A campanha publicitária, portanto, tinha o potencial de atrair consumidores que, até então, consideravam o produto um tanto irrelevante para suas necessidades, mas que podiam prontamente imaginar ter de enfrentar um problema que requeria uma solução de seguro.

Os resultados logo indicaram que a campanha estava obtendo um sucesso considerável. O site nowwhat.com recebia 10 mil ou 20 mil visitas por dia; e havia comentários em geral positivos em blogs escritos (e direcionados) pelo grupo-alvo constituído por jovens de 18 a 25 anos. O sucesso da campanha pode ser atribuído em grande parte ao fato de que as diversas mensagens publicitárias não tentaram vender em excesso a marca State Farm, mas foram planejadas para chamar a atenção com anúncios bem-humorados, exibindo situações da vida real, que despertaram a curiosidade e deram aos jovens consumidores uma boa razão para buscar informações adicionais no site nowwhat.com.

*Fonte*: **Adaptado de "Better Coverage", de Deborah L. Vence,** *Marketing News***, 15 de janeiro de 2007, 13-4.**

## Objetivos do capítulo

*Após ler este capítulo, você será capaz de:*

1. Entender a prática das comunicações de marketing e reconhecer as ferramentas da comar usadas pelos profissionais.

2. Descrever a filosofia e prática de CIM.

3. Entender as cinco características-chave de CIM.

4. Reconhecer as atividades envolvidas no desenvolvimento de um programa de CIM.

5. Identificar obstáculos à implementação de um programa de CIM.

6. Entender os componentes contidos em um modelo integrativo de processo de tomada de decisão de comar.

>>**Dica de comar:**
Atrair os jovens e revigorar a imagem da marca: a campanha **nowwhat.com** da State Farm.

# Introdução

Todas as empresas empregam comunicações de marketing (comar) em um nível ou outro e não importa se seus esforços são direcionados aos consumidores – ou seja, as pessoas como você e eu em nossas atividades diárias de consumo – ou focalizados em consumidores empresariais. Considere os seguintes exemplos de programas de comunicação integrada de marketing (CIM). O primeiro exemplo é em um contexto business-to-consumer (B2C), ou seja, de empresa para o consumidor pessoa física; o segundo é em um ambiente business-to-business (B2B), ou seja, de empresa para empresa e o terceiro representa um programa de comar que é direcionado tanto aos consumidores pessoas físicas quanto empresas.

Quando a Buick, divisão da General Motors/GM, lançou seu veículo utilitário esportivo Rainier, ela precisou de um programa de comar que criasse a percepção para o Rainier e promovesse a imagem do nome Buick. Essas tarefas foram realizadas por meio de um programa integrado que combinava publicidade na Internet e na TV, junto a uma atrativa promoção de vendas. A contratação de Tiger Woods como endossante da linha de veículos da Buick tornou o trabalho mais fácil. Uma série de filmes com duração de cinco minutos apresentando o famoso jogador de golfe foi exibida no site da Buick (http://www.buick.com). Com um comercial de 30 segundos que era exibido todos os dias em redes de TV abertas e a cabo, a Buick encorajava os consumidores a visitar seu site. Os visitantes podiam entrar em um concurso que dava aos vencedores a oportunidade de jogar uma partida de golfe com Tiger Woods e a chance de ganhar uma Rainier. Dois milhões de visitantes foram atraídos paras o site em apenas dois meses depois do início do programa e a percepção da perua Rainier aumentou 70%, ao mesmo tempo que percepções positivas da Buick aumentaram 122%.[1]

Um programa desenvolvido pela General Electric (GE) ilustra uma bem-sucedida aplicação de CIM em B2B. Com o objetivo de aumentar a percepção dos consumidores para o fato de que a GE é uma empresa que faz mais do que fabricar lâmpadas e aparelhos eletrônicos, sua agência de comunicação deu início a uma campanha com o título "Trabalhando com imaginação" ("Imagination at Work") para estabelecer que a GE também é bem-sucedida na produção de turbinas movidas a vento, sistemas de segurança e motores de avião, entre outros produtos.

A intensa campanha envolveu propaganda na TV, mídia impressa (anúncios em revistas especializadas como Business Week, Forbes e Frotune) e Internet. Por exemplo, um brilhante comercial de TV mostrava um avião da era Wright Brothers equipado com um motor moderno da GE.

A campanha, que foi conduzida na Europa e nos Estados Unidos, alcançou um tremendo sucesso conseguindo mudar a percepção que os consumidores tinham da GE. Uma pesquisa realizada após a campanha indicou que a percepção da GE como uma empresa inovadora aumentou 35%; opiniões acerca da GE como uma empresa que oferece soluções de alta tecnologia aumentaram 40%; e percepções da empresa como sendo dinâmica aumentaram 50%. Por qualquer desses aspectos, essa foi uma campanha altamente bem-sucedida que combinou elementos múltiplos e integrados de comunicação para alterar as percepções sobre a GE de modo positivo.[2]

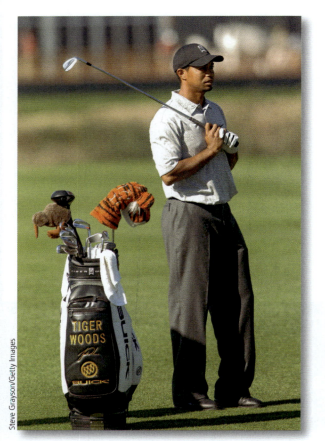

Steve Grayson/Getty Images

Quando a AT&T foi adquirida pela SBC Communications, ela desenvolveu uma intensa campanha de CIM para introduzir a nova marca aos consumidores, às empresas consumidoras e ao público governamental. Usando a frase "Seu Mundo Entregue" ("Your World Delivered"), a "nova" AT&T foi apresentada a esses diversos segmentos de público com o logo corporativo redesenhado. O objetivo da campanha foi estabelecer que as duas empresas – SBC e AT&T – haviam se fundido e que a empresa que surgiu dessa combinação seria conhecida como AT&T.

O slogan "Your World Delivered" foi usado para transmitir a mensagem de que a nova AT&T é uma empresa inovadora que cumpre suas promessas e melhora a vida das pessoas. O programa global de CIM incluiu uma extensa publicidade em TV, revistas e Internet. A AT&T também patrocinou eventos como Dick Clark's New Year Rockin'Eve, as Olimpíadas de Inverno, a Copa do Mundo de futebol, a Cotton Bowl Classic de futebol americano e o torneio de golfe em Pebble Beach.

Em menos de um ano essa campanha integrada aumentou três vezes a percepção da marca da AT&T e quatro vezes a percepção em publicidade.[3]

Caso semelhante ocorreu depois da união das operações brasileiras dos bancos Santander e Real. Em 2007, banco Santander e banco Real se fundiram, mas, inicialmente, mantiveram seus trabalhos e suas ações de marketing e comunicação desvinculadas. Em meados de 2008, quando a integração tecnológica entre os bancos começou a ser posta em prática, as ações de comunicação também passaram a trabalhar mais fortemente a união das duas marcas.

Para promover a fusão das empresas e para divulgar a imagem de formação de uma nova cultura colaborativa que englobaria as melhores práticas das duas instituições, o novo banco lançou uma campanha de comunicação com o *slogan* "vamos fazer juntos". Toda a comunicação tinha por objetivo enfatizar a importância do trabalho em equipe e da soma de esforços. Para isso, lançou-se mão de diferentes ferramentas de comunicação e de diferentes mídias. Foram desenvolvidas propagandas de televisão apresentando as melhores práticas dos dois bancos que seriam somadas na nova instituição. Além disso, o banco patrocinou outros exemplos de união e soma de esforços: por exemplo, foram desenvolvidos programas de rádio com radialistas de diferentes emissoras trabalhando juntos e assinantes dos dois principais jornais de São Paulo (Folha de S. Paulo e O Estado de S. Paulo) receberam, um dia em suas casas, os dois jornais unidos, com um anúncio do banco, a proposta de união de esforços.

Todos esses trabalhos de comunicação somados auxiliaram na percepção positiva do público com relação à fusão dos bancos.

## As ferramentas de comunicações de marketing

Como mostram os exemplos anteriores, a comunicação de marketing é um aspecto crítico da missão geral de marketing das empresas e um fator determinante do sucesso ou fracasso delas. Como vimos na introdução, todas as organizações – sejam elas empresas que atuam no B2B, B2C, ou organizações que prestam serviços sem fins lucrativos (museus, orquestras sinfônicas, instituições de caridade etc.) – usam as ferramentas de comar para promover suas ofertas e alcançar seus objetivos, sejam eles financeiros ou não.

O leque de opções de ferramentas de comar é bastante amplo e inclui desde formas tradicionais (propaganda, patrocínio e promoção de vendas), passando pelas formas complementares (eventos, comunicação de ponto de venda, *product placement*) até as formas mais inovadoras (marketing viral e buzz marketing), dentre várias outras formas diferentes de comunicação. A Tabela 1.1 apresenta uma lista completa de elementos de comunicação de marketing.

Coletivamente, essas ferramentas de comunicação e as mídias constituem o que foi tradicionalmente chamado de componente de *promoção* (comunicação) do composto de marketing, ou "marketing *mix*" (conhecido também como os quatro Ps do marketing: *produto, preço, ponto e promoção*, que formam um conjunto de áreas de decisões de mercado inter-relacionadas).

Embora essa caracterização tenha levado ao uso amplo do termo *promoção* para descrever as comunicações com consumidores atuais e em potencial, *comunicação de marketing* é a expressão que a maioria dos profissionais da área e muitos educadores preferem. É preciso, portanto, atentar para o fato de que, muitas vezes, o termo *promoção* do marketing *mix*, que significa *comunicação*, é confundido com o termo *promoção de vendas*. Na verdade, são termos distintos. Enquanto o primeiro refere-se à *promoção* no sentido amplo de divulgação, o segundo, *promoção de ven*das, é uma das ferramentas específicas do conjunto de comunicação (*promoção*) e indica a oferta de algum benefício pela compra de um produto. É uma forma de aceleração das vendas.

Usaremos a expressão *comunicação de marketing* – ou, para resumir, comar – por todo o livro, como referência ao conjunto formado pela propaganda, promoções de vendas, relações públicas, marketing de eventos e outros dispositivos de comunicação que estão identificados na Tabela 1.1. O texto cobre todos esses tópicos, exceto a venda pessoal, que deve ser abordada em um curso dedicado apenas a esse tópico.

## A integração da comunicação de marketing

A empresa de telefonia móvel Oi, quando de sua entrada no mercado de São Paulo, um dos mais concorrentes e competitivos do Brasil, em outubro de 2008, percebeu a importância de um trabalho eficiente de comunicação. Com o tema central "liberdade de escolha", a empresa buscou atingir diferentes públicos, por meio de diferentes formas de comunicação como propaganda intensa, promoção de vendas e patrocínio.

Com o objetivo de apresentar a Oi como uma marca diferente e como aquela que respeita a liberdade de escolha do consumidor, foi desenvolvida uma campanha de comunicação integrada que apresentava o mesmo mote (a liberdade de escolha) de diferentes formas e em diferentes momentos.

A campanha de comunicação se iniciou antes mesmo do início de suas operações no estado (em outubro de 2008) por meio de propagandas veiculadas na TV, em mídia exterior e mídia impressa que anunciavam a chegada da empresa.

**tabela 1.1**
**As ferramentas das comunicações de marketing**

| Elementos de comunicação | Principal característica | Tipo de mídia mais usual |
|---|---|---|
| **Tradicionais** | | |
| Propaganda | Criação de imagem/posicionamento | Televisão, rádio, revista, jornal, *outdoor* e cinema |
| Publicidade | Criação de imagem/posicionamento | Televisão, rádio, revista e jornal |
| Relações Públicas | Imagem na sociedade (opinião pública) | Televisão, rádio, revista e jornal |
| Patrocínio | Associação de imagens | Mídia *indoor* e *outdoor* |
| Promoção de vendas | Estímulo de vendas por meio de benefício extra | Televisão, rádio, revista, jornal e ponto de venda |
| Marketing direto | Contato personalizado | Correio, Internet e telefone |
| Venda pessoal | Mensagem personalizada, interativa e modulada | Contato pessoal |
| **Complementares** | | |
| *Product placement* | Inserção de marca ou produto em programas de TV, filmes ou games | Televisão e cinema |
| Ações cooperadas | Campanhas conjuntas com canais de distribuição | Tablóide e encarte |
| Marketing digital (Comunicação on-line) | Flexibilidade, rapidez e baixo custo | Internet |
| Eventos | Contato com público específico (evento técnico), exposição e valorização de marca (shows) | Feira, congresso e show |
| *Merchandising* | Comunicação no ponto de venda | Materiais de ponto de venda |
| Folhetos/catálogos | Informações detalhadas | Material impresso, vídeo e Internet |
| Marketing de relacionamento | Contato com clientes ativos | Correio, Internet e telefone |
| Mídia exterior | Comunicação "ao ar livre", *out-of-home* | Mobiliário urbano, painéis, imóveis e placas |
| **Inovadoras** | | |
| *Advertainment* | Associação de mensagem comercial com entretenimento | Televisão e evento |
| Marketing viral | Disseminação de mensagem on-line | Internet |
| *Buzz marketing* | Colocar um assunto em evidência, torná-lo relevante por um momento | Boca a boca, Internet e mídias tradicionais |
| Marketing de guerrilha | Ações inusitadas para gerar impacto | Boca a boca, Internet e mídias tradicionais |

**Fonte:** Adaptado da Figura 3.1 de Ogden, J. e Crescitelli, E. *Comunicação Integrada de Marketing*. 2ª Ed. – São Paulo: Prentice Hall, 2007.

Além disso, lojas e quiosques foram colocados em funcionamento e ofereciam o serviço de desbloqueio dos aparelhos de celular gratuitamente, para que os aparelhos passassem a funcionar com os chips de outras operadoras.

Além disso, a empresa também trabalhou um canal direto com o ouvinte de Rádio paulistano criando a Oi FM, que começou sua operação em julho de 2008 e se apresentou pelo *slogan*: uma rádio diferente. Mas a cartada final para conseguir entrar firme no mercado de São Paulo foi a promoção de vendas oferecida pela operadora. A promoção permitia que o cliente experimentasse o serviço Oi por três meses de graça com bônus diário de R$ 20 para fazer ligações locais para Oi ou telefone fixo, enviar mensagens de texto para qualquer operadora no Brasil e também fazer chamadas de longa distância pelo código 31.

A estratégia de comunicação utilizando diferentes ferramentas e, principalmente, trabalhando sempre a mesma mensagem central (liberdade de escolha) foi fundamental para consolidar a marca Oi no mercado do Estado de São Paulo. Em contraste, muitas empresas tratam os vários elementos de comunicação – propaganda, promoções de vendas, relações públicas etc. – como atividades isoladas em vez de ferramentas integradas que operam juntas para alcançar um objetivo comum. Os profissionais responsáveis pelos anúncios, às vezes, deixam de coordenar seus esforços de forma adequada com as equipes responsáveis pelas promoções de venda ou de publicidade. Muito embora a falta de integração em ações de comunicação seja uma fenômeno que tende a diminuir com o tempo em função das demandas atuais do mercado (alta competitividade e saturação de mensagens comerciais), muitas marcas ainda sofrem com programas fracos de comunicação integrada de marketing, pois seus gestores e suas agências de comunicação parecem ainda não terem despertado para essa nova realidade.

## Por que integrar?

A lógica subjacente à integração parece tão clara e persuasiva que o aluno provavelmente está se perguntando: "O que há de tão especial nisso? Por que as empresas não praticaram sempre a CIM? Por que há relutância em integrar?" Boas perguntas, mas nem tudo que soa razoável na teoria é sempre fácil de ser colocado em prática.[4] As organizações tradicionalmente lidaram com a propaganda, as promoções de vendas, as ações de *merchandising* e outras ferramentas de comunicação como práticas separadas, porque unidades diferentes dentro das organizações se especializaram em aspectos diferentes das comunicações de marketing – propaganda, *ou* promoções de vendas, *ou* relações públicas etc. – em vez de ter um conhecimento e experiência generalizados de todas as ferramentas de comunicação. Para piorar esse quadro, internamente, as diferentes ações de comunicação eram (e em muitos ainda são) gerenciadas por diferentes departamentos. Vejamos alguns exemplos de situações muito típicas em grandes organizações: a comunicação feita para o consumidor final fica a cargo do departamento de marketing. Já a comunicação com o *trade* (canal de distribuição) fica sob responsabilidade da área de vendas. A comunicação feita para os *steakholders* (outros públicos de interesse, no caso, imprensa, governo, entidades do terceiro setor, investidores etc.) fica com o departamento de comunicação coorporativa, departamento, em geral, ligado à presidência. E, por fim, a comunicação com os públicos internos (funcionários em geral, mas especialmente os que têm contato com clientes e consumidores, como SACs e assistência técnica), fica sob responsabilidade da área de recursos humanos. Assim, não é difícil imaginar que fazer que todos esses diferentes departamentos emitam uma comunicação integrada não é tarefa fácil, pois muitas vezes a integração é dificultada por visões e concepções diferentes do que seja comunicação, falta de processos internos que facilitem a integração e até mesmo eventuais divergências ou conflitos entre áreas. Muito embora possa parecer, à primeira vista, que esses processos não estão relacionados entre si, pois envolvem fontes de emissão e públicos receptores diferentes, isso não é verdade. Todo o processo de comunicação de mercado vai convergir, em última instância, no consumidor final, na sociedade como um todo. Portanto, a formação da imagem da marca – e consequentemente seu *brand equity* – será construído pelo fluxo de informações recebidas pelo público. E o público não está preocupado em identificar ou considerar que possam existir diferentes processos de comunicação e seus possíveis conflitos. Para ele é um conjunto atuando de forma única, uns fluxos atuando de forma positiva e outros de forma negativa e sempre prevalecerá o fluxo de maior intensidade (podendo ser tanto o positivo quanto o negativo) formação do *brand equity*.

Além do mais, os fornecedores externos (como agências de publicidade, agências de relações públicas e agências de promoções de vendas) também se especializaram em facetas únicas das comunicações de marketing em vez de desenvolver habilidades em todas as áreas.

Houve uma relutância em sair desse modelo de função única, especialista, devido ao paroquialismo gerencial (por exemplo, os publicitários, às vezes, enxergam o mundo exclusivamente de uma perspectiva de propaganda e são cegos a outras formas de comunicação) e pelo medo de que a mudança pudesse levar a cortes no orçamento em suas áreas de controle (como propaganda) e reduções em sua autoridade e poder. Propaganda, relações públicas e agências de promoção também resistiram à mudança devido a uma relutância em ampliar suas funções para além do aspecto único das comunicações de marketing no qual desenvolveram habilidades e construíram suas reputações.

Nos últimos anos, uma quantidade de agências de propaganda expandiu seus papéis fundindo-se com outras empresas ou criando novos departamentos especializados em áreas de comunicação com forte crescimento, como promoções de vendas, relações públicas voltadas para o marketing, patrocínios de eventos e marketing direto. Muitas empresas, incluindo fornecedores de serviços de comunicações de marketing juntos com seus clientes gerentes de marca, adotaram, de forma crescente, uma abordagem integrada às suas atividades de comunicação.

Visando atender a essa demanda por comunicação integrada, muitas agências deixaram de atuar como agências de propaganda tradicionais e passaram a oferecer uma gama de serviços de comunicação, são as chamadas agências *full service*. Contudo, é sempre bom considerar que algumas delas não incorporam novas competências, mas, simplesmente, terceirizam algumas ações de comunicação, especialmente as de caráter mais segmentadas. Esse tipo de atividade, quando não bem conduzida e compartilhada com a empresa contratante, pode gerar maior dificuldade no processo de integração das ações de comunicação, além de aumentar os custos. Cabe ao gestor de comunicação decidir qual modelo de fornecedor irá adotar. Contratar uma agência do tipo *full service*, gerenciar um *pool* de agências especializadas ou mesmo delegar a uma agência tradicional só de propaganda a contratação e gerenciamento dos demais fornecedores. Cada um desses modelos traz vantagens e desvantagens; portanto, nenhum deles é, *a priori*, melhor do que outro. Cabe ao gestor avaliar e decidir qual modelo mais adequado conforme sua realidade.

## Céticos da CIM

Alguns sugerem que a CIM é pouco mais que uma moda de gerenciamento que não durará muito.[5] Há evidências sobre o que sugerem que a CIM não é passageira, mas, ao contrário, tornou-se uma característica permanente do cenário das comunicações de marketing por todo o mundo e em muitos tipos diferentes de organizações de marketing.[6] Existem algumas condições que reforçam esse ponto de vista. Uma delas é a alta competitividade (muitos produtos disputando as preferências dos consumidores). Outra, a tendência de segmentação dos mercados (os consumidores apresentam padrão de comportamento cada vez mais individualizado ou se integram em grupo bastantes específicos). Existe ainda a saturação de mensagens comerciais (atualmente há uma grande quantidade de anúncios, especialmente nas mídias de massas). Esse fenômeno fica agravado, pois todos os anúncios são concorrentes entre si, independentemente do tipo e categoria do produto ofertado, já que a disputa é pela atenção do público. E também pela baixa credibilidade da propaganda convencional (muitos consumidores já são conscientes de que as propagandas são sempre positivas e não raro trazem promessas exageradas com relação aos efeitos e benefícios dos produtos).[7] Esse conjunto de condições, por suas próprias características de importância reforçam que a CIM não é uma moda, muito ao contrário, deve se tornar um conceito obrigatório para um processo de comunicação eficaz.

Em uma análise final, a chave para a implementação bem-sucedida de CIM é que os gerentes de marketing devem ligar intimamente seus esforços com fornecedores externos de serviços de comar (como agências de publicidade) e as duas partes devem estar comprometidas em garantir que todas as ferramentas de comunicação estejam cuidadosa e harmoniosamente integradas.[8]

Embora exista um movimento em direção ao aumento da implementação da CIM, nem todos os gerentes de marca ou suas agências a adotaram. Na verdade, gerentes experientes são mais inclinados do que os novos a praticar a CIM. Empresas envolvidas em serviços (em vez de produtos) e empresas B2C (com relação às B2B) estão mais inclinadas a praticar a CIM. Empresas com cultura de gestão mais evoluída também estão mais voltadas a CIM.[9]

## CIM e sinergia

A CIM é um objetivo que vale a pena ser buscado, porque o uso de ferramentas múltiplas de comunicação em conjunto pode produzir melhores resultados do que quando essas ferramentas são usadas de modo individual e descoordenado. Ou seja, métodos múltiplos combinados podem render resultados de comunicação mais positivos do que aconteceria se as mesmas ferramentas fossem utilizadas de maneira individual ou descoordenada. Existe um efeito *sinérgico* do uso bem-coordenado das ferramentas múltiplas da comar. Um estudo da marca Levi Straus's Docker de calças cáqui ilustra o valor da sinergia.[10] Usando técnicas de análise sofisticadas, os pesquisadores determinaram que o uso tanto da TV quanto da propaganda impressa produziu um efeito sinérgico na venda de calças que foi significativamente adicional aos efeitos individuais de cada meio de comunicação.

Outro estudo demonstrou que a propaganda em TV e Internet, utilizadas em conjunto, produziram efeitos sinérgicos positivos que foram adicionais aos efeitos individuais de cada mídia. Produziram mais atenção, mais pensamentos positivos e uma credibilidade maior da mensagem do que o fez a soma das duas mídias quando usadas individualmente.[11]

## E agora uma definição de CIM

Os proponentes da CIM apresentaram perspectivas levemente diferentes sobre essa prática de gerenciamento, e nem todos os educadores ou profissionais concordam quanto ao significado preciso de CIM. Não obstante as diferenças, uma definição acerca do tópico se faz necessária.

> *A CIM é um processo de comunicação que envolve planejamento, criação, integração e implementação de diversas formas de comunicação, atreladas a um tema central único, que são apresentadas durante certo tempo aos consumidores alvo e demais públicos de interesse de uma marca.*
>
> *Além da definição, CIM também pode ser melhor compreendida a partir de algumas premissas básicas, como:*

- *O objetivo da CIM é influenciar ou afetar diretamente o comportamento do público-alvo.*
- *A CIM considera todos os pontos de contato, ou fontes de contato, que um consumidor atual ou potencial tenha com a marca, como canais potenciais de mensagens, e faz uso de todas as ferramentas de comunicação relevantes aos consumidores atuais/potenciais e aos demais públicos de interesse da marca.*
- *O processo de CIM torna necessário que o consumidor atual/potencial seja o ponto de partida para determinar os tipos de mensagem e mídia que melhor servirão para informar, persuadir e induzir ação.*[12]
- *A CIM pode ser desenvolvida a partir de três pilares: tema central único (conceito integrador), uso do mix de ferramentas (propaganda, promoções de vendas,* merchandising, product placement, *comunicação online etc.) e o envolvimento de todos os públicos de interesse da marca (consumidores, intermediários, formadores de opinião etc.).*[13]

*O sucesso de um processo de CIM depende da atuação coordenada e alinhada de todas as diferentes fontes emissoras de mensagens mercadológicas da empresa, o que envolve diferentes departamentos internos e seus diversos fornecedores de serviços de comunicação.*

# Características-chave da CIM

Inerentes à definição de comunicação integrada de marketing, existem várias características essenciais que fornecem a fundação filosófica para essa prática. Essas características estão listadas na Tabela 1.2 e exigem uma discussão detalhada. Antes de prosseguir, é importante observar que esses elementos são interdependentes e que não há uma ordem específica de importância sugerida na listagem da Tabela 1.2. Também é essencial que você reconheça que as cinco características são críticas para o entendimento da filosofia da CIM e do que deve ser realizado para colocar essa filosofia em prática. É importante que essas cinco características fiquem retidas na memória.

## Característica-chave #1: o consumidor ou empresa consumidora deve representar o ponto de partida para todas as atividades de comunicação de marketing

Essa característica enfatiza o ponto de que o processo da comar deve *começar com o consumidor atual ou potencial* e depois voltar ao comunicador da marca para determinar as mensagens e a mídia mais apropriadas para informar, persuadir e induzir os consumidores atuais e potenciais a agir de modo favorável para com a marca do comunicador. A abordagem da CIM evita uma abordagem "de dentro para fora" (da empresa para o consumidor) na identificação dos veículos de comunicação e, em vez disso, começa com o consumidor ("de fora para dentro") para determinar as ferramentas de comunicação que melhor servirão às necessidades de informação dos consumidores e os motivarão a comprar a marca.

### Consumidores no controle

É amplamente reconhecido que as comunicações de marketing são governadas por uma realidade-chave: o consumidor quer cada vez mais estar no controle! Os profissionais da comar devem aceitar o fato de que as comunicações de marketing devem ser *centradas no consumidor*. Um respeitado crítico publicitário caracterizou essa nova realidade da comar nos seguintes termos:

> *O fato é que as pessoas se importam profundamente – às vezes, até de maneira crítica – com os bens de consumo... O que elas não gostam é que lhes digam com o que ou quando devem se preocupar... Isso pode ser culturalmente difícil de aceitar para os publicitários, que passaram dois séculos tentando subjugar/seduzir públicos cativos. Mas, tenha coragem. Quando o consumidor estiver no assento do motorista, ele, com frequência, conduzirá o veículo alegremente em sua direção.*[14]

Há inúmeras indicações de que os consumidores controlam quando, como e onde eles dedicam sua atenção às mensagens da comar. Os desenvolvimentos tecnológicos como gravadores de vídeo digitais (por exemplo, TiVo), MP3 players (por exemplo, iPods), e telefones celulares de alta tecnologia (por exemplo, iPhones) capacitaram os consumidores a desfrutar programas de televisão, música, *podcasts*, e outras formas de entretenimento quando e onde desejarem. Assim, os consumidores têm a habilidade de prestar atenção a mensagens comerciais, ou ignorá-las! A Internet e o mundo digital permitem que os consumidores busquem informações sobre os produtos e serviços que desejam – via blogging, e-mail, mensagens de texto, YouTube e redes sociais como Facebook, MySpace – em vez de ficarem passivamente cativos das mensagens que os comunicadores de marketing querem que recebam. (Ver a seção *Foco Global* para um programa de comar na China que coloca os consumidores no controle.)

Os consumidores não apenas recebem de maneira passiva as mensagens da comar, mas agora são participantes ativos na criação de mensagens por meio da mídia gerada pelo consumidor como as mencionadas anteriormente. Essa ideia de mídia gerada pelo consumidor e marketing centrado no consumidor significa que os consumidores não mais assistem aos comerciais de TV ou veem anúncios em revistas ou jornais? Bem, é claro que não, como você pode provar refletindo sobre suas próprias experiências com esse tipo de mídia e os anúncios colocados neles. Significa, no entanto, que os consumidores – em particular os jovens que nasceram e cresceram na era digital – podem obter informação, de

| | |
|---|---|
| 1. Comece com o consumidor atual ou potencial. | **tabela 1.2** |
| 2. Use qualquer forma de contato relevante ou ponto de contato. | |
| 3. Fale com uma voz única (tema central). | **As cinco características-chave da CIM** |
| 4. Crie relacionamentos. | |
| 5. Afete comportamentos. | |

## foco global

### Criando um comercial da Pepsi na China

Em um esforço para alcançar a juventude que sabe muito de Internet e despertar o interesse dela pela Pepsi, os profissionais de marketing criaram o concurso Desafio Criativo da Pepsi (Pepsi Creative Challenge). Os consumidores foram convidados a criar um comercial da Pepsi com a participação de Jay Chow (também grafado Chou), que é um superstar do mundo do entretenimento em toda a Ásia. Os participantes do concurso foram instruídos a mandar roteiros para um comercial com o máximo de 200 palavras. Outros consumidores que acessavam o site liam os roteiros e atribuíam pontos a eles. Um painel constituído pelos executivos da Pepsi e o Sr. Chow, então, selecionava as cinco melhores ideias entre as 100 que receberam melhores notas durante um período de duas semanas. No fim de seis semanas 15 finalistas foram identificados. Os 15 roteiros foram colocados no site e consumidores interessados votaram no melhor. O vencedor recebeu US$12.500 e uma oportunidade de participar da produção do comercial. Os outros 14 finalistas ganharam US$1.250 em dinheiro pelos esforços e foram convidados para a festa de lançamento do novo comercial.

Como foi informado pelo executivo da Pepsi, a resposta foi extremamente positiva, com mais de 27 mil roteiros apresentados. Um pesquisador de marketing afirmou que "a razão pela qual as campanhas de marketing interativo digitais, como o Desafio Criativo da Pepsi, funcionam é que elas acrescentam valor criando um mecanismo para que o consumidor se envolva." É claro que "se envolver" é apenas outro modo de dizer que o controle do consumidor sobre o conteúdo da publicidade está aumentando – tanto na China quanto em qualquer outro lugar do mundo.

*Fonte*: Adaptado de Normandy Madden: "Consumers to Create Pepsi Spot in China", *Advertising Age*, 5 de junho de 2006, 15; "Wharto's Take on the Internet in China", 17 de abril de 2007; http://www.edelmanapac.com/edelman/blog/2007/04/17/Whartons-Take-on-the-Internet-in-China.html. (Acesso em: 4 de julho de 2007).

maneira ativa, sobre suas marcas preferidas em vez de depender do recebimento passivo de informações não desejadas transmitidas em momentos inoportunos.

### Dependência reduzida da mídia de massa

Muitos gestores de comar agora percebem que outros veículos de comunicação além da mídia de massa, com frequência, atendem melhor as necessidades de suas marcas. O objetivo é contatar consumidores atuais e potenciais de modo eficaz, usando pontos de contato que os alcancem onde, quando e como eles quiserem ser contatados. A comunicação na mídia de massa nem sempre é o caminho mais eficaz ou eficiente em termos de custo para alcançar tal objetivo. Os programas de rádio e TV e as páginas de revistas e jornais (coletivamente, a mídia de massa) nem sempre são os contextos mais atraentes para colocar mensagens de marketing. É por essa razão que os gestores de comar estão cada vez mais usando os patrocínios, os eventos, a Internet, a comunicação via celular e outras formas de mídia digital como contextos nos quais colocar suas mensagens. Um exemplo da mudança para a comunicação via Internet: a Nike – em um movimento que chocou a comunidade publicitária – abandonou sua agência publicitária de 25 anos porque estava insatisfeita com a falta de habilidade digital dela.[15] Na verdade, muitas agências de publicidade foram lentas para se adaptar ao uso crescente da Internet por parte dos anunciantes e não contam com funcionários que possuam habilidade e experiência digital.[16] Além da Nike, várias outras empresas estão revendo seus fornecedores de serviços de comunicação, visando a busca de agências com expertise nessas novas formas de comunicação na mídia digital.

Embora a comunicação de marketing na mídia digital esteja crescendo com rapidez, isso não significa que a comunicação na mídia de massa deixou de ser importante ou está ameaçada de extinção. O ponto em questão é que outras mídias de comunicação devem receber uma consideração cuidadosa *antes* que se presuma que a comunicação na mídia de massa é a *solução*. De fato, é fácil montar a defesa de que os gerentes de marca devem se voltar para meios alternativos de comunicação de marketing como opção de primeira escolha em vez de automaticamente negligenciar a comunicação de marketing na mídia de massa.

Além do crescimento da Internet e outras formas de mídia digital com alternativas viáveis à mídia de massa, os gerentes de marca e suas agências reduziram o papel da TV em seus orçamentos de comar, porque a propaganda na TV não é tão eficaz nem eficiente em termos de custo como era no passado. A audiência da TV está mais fragmentada do que nos anos anteriores e, relativamente, um número menor de consumidores pode ser alcançado pelos anúncios colocados em um determinado programa. Além do mais, outras mídias, com frequência, são superiores à TV para alcançar os objetivos dos gerentes de marca. Por exemplo, a marca do sabão em pó Wisk, da Unilever, foi sempre anunciada pesadamente na TV. Os gerentes da marca Wisk® desenvolveram um plano de mídia que minimizava a TV no orçamento de comunicação substituindo-a pelo uso da mídia on-line para alcançar as pessoas onde "as suas paixões as deixam sujas". Especificamente, anúncios em *banners* foram colocados em websites alvo onde os consumidores estavam aprendendo mais sobre suas paixões (por exemplo: Foodies on Foodnetwork.com®; faça-você-mesmo em DIY.com® etc.) e outros pontos de contato direcionavam os consumidores ao Wisk®website onde mais informações estavam disponíveis. O *slogan*: "Wisk®. Suas paixões o deixam sujo. Nosso pó o deixa limpo."[17] O Burger King é também um exemplo de empresa que, sem abandonar a mídia tradicional, sabe explorar com muita propriedade os recursos da mídia digital. Exemplos disso são ações como a clássica "Subservient chicken" de 2004 e mais recentemente o "Whopper freakout" e o "Whopper face".[18]

Com o objetivo de reduzir a dependência da propaganda na TV, o McCann Worldgroup, uma agência de publicidade muito respeitada, desenvolveu um conceito de uma *abordagem midianeutra* ao aconselhar seus clientes na seleção de ferramentas apropriadas de comar.

Essa abordagem requer que o profissional de marketing da marca identifique, em primeiro lugar, os objetivos para os quais o programa de comar é desenvolvido (criar a percepção da marca, criar boca a boca, influenciar comportamento etc.) e depois determinar o melhor meio de alocar o orçamento do profissional de marketing.[19] Essa abordagem de mídia neutra está em perfeito acordo com nossa discussão anterior sobre a seleção da ferramenta de comunicação mais apropriada à tarefa que se tem em mãos.

> **Aprendizado da característica-chave #1 da CIM:** *descubra as preferências de mídia e o estilo de vida de seus consumidores atuais e potenciais para saber quais são os melhores contextos (mídia, eventos etc.) e como alcançá-los com suas mensagens da marca. Em resumo, adote uma abordagem "de fora para dentro". Reconheça e se adapte ao fato de que os consumidores estão cada vez mais no controle de suas escolhas de mídia para adquirir informações sobre marcas.*

## Característica-chave # 2:
## use toda e qualquer ferramenta de comar que seja adequada à tarefa

Para entender por completo essa segunda característica-chave de CIM será útil fazer uma analogia entre as ferramentas disponíveis aos gestores de comar (que incluem propaganda, promoções de vendas, patrocínios e outras ilustradas na Tabela 1.1), e aquelas usadas por pessoas em indústrias artesanais como carpintaria, hidráulica e consertos de automóveis. Cada um desses profissionais possui uma caixa de ferramentas cheia de diferentes tipos de instrumento. A caixa de ferramentas de um carpinteiro, por exemplo, contém itens como martelos, alicates, chaves de fenda, furadeiras, equipamentos para lixar, prendedores etc. Quando estão diante de um novo trabalho de construção ou reparo, os carpinteiros usam as ferramentas que são mais apropriadas para a tarefa. Em outras palavras, algumas ferramentas são mais apropriadas que outras para propósitos específicos. Um carpinteiro pode bater um prego com a extremidade não afiada de uma chave de fenda, mas um martelo pode fazer o trabalho com mais eficiência. O mesmo acontece com as comunicações de marketing: nem todas as ferramentas (mais uma vez: propaganda, promoções de vendas, patrocínios etc.) são igualmente eficazes para todas as tarefas. Um comunicador de marketing, verdadeiramente profissional, seleciona as melhores ferramentas para o trabalho. A metáfora da caixa de ferramentas é um bom modo de pensar sobre o que um comunicador de marketing profissional deve fazer. A falta de conhecimento das propriedades de cada ferramenta (indicadas na Tabela 1.1) pode levar o gestor de comar a utilizar uma ferramenta de forma inadequada e, claro, com resultados não satisfatórios. Voltando a analogia com a caixa de ferramentas de um carpinteiro, usar o martelo para apertar um parafuso, não dará certo mesmo. Porém, o que se vê em muitos casos é o gestor culpar a "ferramenta", e não sua falta de conhecimento. É como se o carpinteiro culpasse o martelo pelo fato de não conseguir apertar o parafuso. Por isso, é essencial para o gestor conhecer as propriedades e funções de cada uma das ferramentas de comunicação disponíveis antes de aplicá-las.

### Pontos de toque contato e *branding* de 360 graus

No que diz respeito às comunicações de marketing, os profissionais da CIM precisam ser receptivos ao uso de todas as formas de **pontos de contato**, como canais potenciais (ou mídias) de transmissão da mensagem. **Pontos de contato** significam qualquer meio de mensagem capaz de alcançar os consumidores-alvo e apresentar a marca sob uma luz, preferencialmente, favorável. A característica-chave desse elemento de CIM é que ela reflete um desejo por parte dos gestores da marca de usar quaisquer meios de comunicação que sejam apropriados para atingir o público-alvo. Os comunicadores de marketing que colocam esse princípio em prática não estão pré-comprometidos com nenhum meio ou subconjunto específico de mídia. Pelo contrário, o desafio e a oportunidade relacionados estão na seleção daquelas ferramentas de comunicação que são mais adequadas para alcançar o objetivo específico que foi estabelecido para a marca em um determinado momento.

Em muitos aspectos isso significa cercar os consumidores atuais e potenciais com a mensagem da marca em todas as oportunidades possíveis e permitir que eles usem quaisquer informações a respeito da marca que considerarem mais úteis.[20] Essa noção de cercar o consumidor atual ou potencial com as mensagens de comar da marca é chamada *branding de 360 graus*, uma frase que sugere que os pontos de contato de uma marca devem estar em todos os lugares onde o público-alvo se encontra. Um gerente de marketing dos caminhões da Ford explica: "Queremos estar em todos os lugares que façam sentido para nosso consumidor. Nós vamos onde ele está".[21]

A Toyota Motor Sales USA e sua agência de publicidade Saatchi & Saatchi exemplificam o uso da estratégia de pontos de contato múltiplos durante a introdução do automóvel subcompacto Yaris.[22] Em um esforço para alcançar um mercado de pessoas entre 18 e 34 anos de idade, a agência de publicidade da Toyota promoveu a marca Yaris em locais de entretenimento que alcançavam esse grupo-alvo. A estratégia de pontos de contato múltiplos incluiu os seguintes elementos: (1) Uma série de 26 episódios transmitidos por telefone celulares, que derivavam da série *Prison Break*; cada episódio de dois minutos foi precedido de um anúncio do Yaris com a duração de 10 segundos. (2) Um concurso na Internet permitia que os consumidores criassem seus próprios comerciais de três segundos para o Yaris, como tema "O que você faria com seu Yaris?" (3) O Yaris foi o patrocinador de *vídeo games* especialmente desenvolvido. (4) O Yaris foi apresentado em vários eventos patrocinados, como o festival de música South by Southwest, em Austin, Texas. (5) Por fim, o subcompacto Yaris foi integrado a uma comédia de TV – *Mad TV* – através de uma série de esquetes que foram criados com base no carro.

Em geral, os pontos de contato da marca incluem inúmeras possibilidades, como se vê nos exemplos a seguir:

- A Mastercard forneceu salgadinhos, jogos, quebra-cabeças e fones de ouvido em voos selecionados da American Airlines durante o período de Natal.
- Os gerentes de marca da Procter & Gamble colocaram o logo do sabão Tide em porta-guardanapos em pizzarias e churrascarias em Boston e Filadélfia. Os guardanapos traziam impressos o logo Tide e a mensagem "Porque os guardanapos nunca estão no lugar certo na hora certa".
- O pudim JELL-O foi promovido com o uso de adesivos com nome JELL-O colados em bananas – um produto (bananas) foi usado como canal de contato para alcançar os consumidores e informá-los sobre outro produto (JELL-O).
- Na cidade de Nova York, anúncios foram colocados em grandes lençóis de vinil que cobriam andaimes em locais de construção. Esses anúncios, às vezes, estendiam-se por todo um quarteirão e transmitiam a mensagem do anunciante de uma maneia proeminente e enfática.

- A marca alemã de tênis Puma se promoveu durante a Copa do Mundo de futebol no Japão, destacando sua nova marca de chuteiras Shudoh em restaurantes de sushi nas principais cidades da Ásia e Europa. As chuteiras eram colocadas em displays atraentes feitos de bambu e vidro e colocados em cima das mesas.
- A Hershey Food Corporation, fabricante dos Hershey's Kisses, entre muitos outros itens, criou um enorme display de 15 andares no bairro Times Square, em Nova York.
- A BriteVision desenvolveu um ponto de contato singular na forma de anúncios em invólucros isolantes em copos de café que impedem que as pessoas queimem as mãos ao segurá-los.
- Em sociedade com o dono de 125 shopping centers, a 20th Century Fox desenvolveu uma solução criativa para o marketing de cinema. Sob um contrato de exclusividade, os novos filmes da 20th Century Fox foram anunciados em grandes faixas nos estacionamentos dos shoppings, em bandejas nos restaurantes e em outros locais nos shoppings.
- Uma empresa de mídia externa na Dinamarca inventou um modo criativo de alcançar os consumidores com mensagens publicitárias. A empresa deu aos pais o uso gratuito de carrinhos de bebê de alta qualidade que levavam os nomes das empresas patrocinadoras nas laterais.

Esperamos que os exemplos anteriores tenham deixado claro que os seguidores da CIM não estão presos a nenhum método de comunicação (como propaganda na mídia de massa em televisão ou revistas), mas, ao contrário, usam quaisquer pontos e métodos de contato que melhor capacitem o comunicador a transmitir as mensagens da marca ao público-alvo. O objetivo da CIM é alcançar o público-alvo de maneira eficaz e eficiente, usando os pontos de contato apropriados. O presidente e CEO da Young & Rubicam, uma importante agência de publicidade na Madison Avenue, captou, de modo resumido, mas eloquente, a essência dessa discussão ao afirmar: "No fim das contas, [as agências de comar] não apresentam anúncios, nem mala direta, nem programas de relações públicas e de identidade corporativa. Nós apresentamos resultados".[23]

### Existem ainda outros pontos de contato

Além dos pontos de contato tradicionais e mais comumente explorados, como os anteriormente abordados, é importante considerar que o número de pontos de contato pode ser bem mais amplo que se possa imaginar à primeira vista. A rigor, todo o tipo de canal de comunicação por onde possa transitar uma mensagem pode se considerado como um ponto de contato. Nesse sentido, a Figura 1.1 ilustra a diversidade de pontos de contato possíveis para uma marca. Nela pode-se notar que, além das comunicações convencionais ou inovadoras, as quais sempre emitirão mensagens favoráveis, existem vários outros pontos, como influenciadores, imprensa, funcionários, comunicação boca a boca etc., os quais podem emitir para o público-alvo final mensagens favoráveis e também não favoráveis com relação à marca.

Por essa razão é dever do gestor de comar monitorar permanentemente os pontos de contato para detectar como eles estão atuando e, assim, poder potencializar efeitos positivos e tentar neutralizar efeitos negativos sobre a imagem da marca. Ignorar esses pontos de contato pode comprometer toda a estratégia de construção de marca. Existem casos de

figura 1.1 — Pontos de contato no processo de comar

marca que não gozam de boa imagem no mercado e essa situação certamente não foi gerada pelas ações de comunicação da empresa, a qual jamais faria ações desfavoráveis a sua própria marca. Então, de onde surgiu essa imagem negativa da marca? Certamente pelos outros pontos de contato. Alguns setores como o de serviços e de B2B são especialmente

## foco c.i.m.

### Seda Cocriações – um caso de reposicionamento apoiado pela oferta de informação, interatividade e entretenimento.

Grandes mudanças ocorrem no cenário de mídia. Com a multiplicação das fontes de informação, fragmentação das mídias e a avalanche de mensagens publicitárias atingindo o público-alvo, a atenção tornou-se um bem escasso e bastante disputado. Dentre as soluções aventadas para enfrentar esse novo cenário, destaca-se a de tornar a própria marca fonte de informação, entretenimento e experiências.

Um caso marcante dentro dessa nova abordagem é o reposicionamento da marca Seda. Chancela líder em xampus no Brasil, com penetração em todas as classes sociais, buscou um posicionamento mais *premium*, em linha com a crescente demanda dos consumidores por produtos de qualidade superior. A ação foi global, mas devido à relevância e às especificidades do mercado brasileiro, diversas atividades foram desenvolvidas localmente.

A transformação começou pela modificação de toda a linha de cuidado com os cabelos. A proposta era unir a tecnologia de produção da Unilever ao conhecimento dos sete melhores especialistas mundiais em cabelo. Essa união denominou-se Cocriação, neologismo que designa a tendência de criar coletivamente, utilizando talentos complementares, de forma mais colaborativa.

Para divulgar a iniciativa e o desenvolvimento dos novos produtos, a comunicação focalizou dois pilares: o universo da moda e o dos salões de cabeleireiros. A divulgação não se limitou à propaganda. Sob o conceito "Seda. Seu cabelo com um toque de expert" foram desenvolvidas diversas ações de distribuição de conteúdo editorial feitas pela Seda em parceria com especialistas nacionais e internacionais. Esses conteúdos foram disponibilizados em vídeos no site de Seda, blogs e em redes sociais como Orkut, Facebook, Twitter e YouTube. Contudo, a marca não foi a única provedora de conteúdo, pois os próprios usuários puderam compartilhar fotos e comentários de suas experiências com os produtos.

Para atingir formadoras de opinião e avançar no universo da moda, a marca montou um salão-conceito na Rua Oscar Freire, em São Paulo, chamado Seda Urban Salon, no qual convidadas recebiam diagnóstico capilar e tinham seus cabelos tratados com os produtos da nova linha. Na Internet também foi lançado um luxuoso salão de beleza em 3D para que os usuários pudessem conferir detalhes dos conceitos aplicados pelos especialistas e conhecer toda a linha de produtos.

Também se procurou a aproximação com os cabeleireiros profissionais dos salões que, além de especificadores, podem se tornar multiplicadores da mensagem de marca. Surgiu então o Seda Experts Club. Trata-se de clube de vantagens que oferece eventos e cursos para profissionais.

Seguindo a estratégia de qualificação da marca, Seda também patrocinou uma edição do São Paulo Fashion Week (SPFW), maior evento de moda do Brasil. Contudo, a marca não se limitou a atuar apenas como patrocinador, também foi provedora de conteúdo dos bastidores do evento por meio de uma série de minidocumentários com personalidades do SPFW como Celso Kamura, Glória Coelho, Wanderley Nunes e Alexandre Herchcovitch.

A orquestração das atividades de comunicação do novo posicionamento produziu resultados. Segundo os últimos números divulgados, a marca conquistou 2,3 pontos percentuais em participação de mercado e alcançou penetração de 57% em todas as classes econômicas. Além disso, cerca de um milhão de novos lares começaram a consumir a marca. O movimento de reposicionamento também permitiu a expansão da linha de produtos que agora também conta com itens de maior valor agregado, como cremes para pentear da tecnologia Memorizers, formulados em parceria com os especialistas de Seda.

*A proposta deste case é servir de referência para reflexão e discussão sobre o tema e não para avaliar as estratégias adotadas. O case foi desenvolvido com base em informações divulgadas nos seguintes meios:* Cabelos mais saudáveis para mulheres mais felizes. Centro de História da Unilever, 2010. Disponível em: <http://www.unilever.com.br/Images/Seda_tcm95-107549.pdf>. Acesso em: 17 dez. 2010; CASTELLÓN, Lena. Seda ganha toque premium. M&M Online: 18/08/2009. Disponível em: <http://www.mmonline.com.br/noticias.mm?url=Seda_ganha_toque_premium>. Acesso em: 17 dez. 2010; SÁ, Sylvia. Com mais de 40 anos, marca ganha produtos com nova fórmula, conceito e identidade visual. Mundo do Marketing: 29/03/2010. Disponível em: <http://www.mundodomarketing.com.br/1,13544,seda-se-reposiciona-com-foco-na-moda.htm>. Acesso em: 17 dez. 2010; MARSOLA, Cristiane. Seda quer se associar à moda. Propmark: 05/04/2010. Disponível em <http://www.propmark.com.br/>. Acesso em: 17 dez. 2010; Case Seda. Disponível em: <www.newcontent.com.br>. Acesso em: 17 dez. 2010; <http://www.seda.com.br/seda-na-rede>. Acesso em: 17 dez. 2010.

Caso elaborado pelo Prof. Sérgio de Souza e Silva, mestre em administração pela FEA-USP, professor da ESPM e FAAP e diretor de planejamento da QG Propaganda.

sensíveis aos pontos de contatos como "comunicação boca a boca" e "influenciadores", pois, por vezes, esses pontos de contato têm maior impacto na formação da imagem da marca que os meios tradicionais.

O modelo apresentado na Figura 1.1 é genérico, pois cada tipo de marca terá um conjunto diferente de pontos de contato conforme sua natureza e setor de atuação. Cabe ao gestor de comar identificar, classificar e monitorar os pontos de contatos de sua marca.

### Nem todos os pontos de contato são igualmente atrativos

Ao concluir esta seção, é importante enfatizar que nem todos os pontos de contato são igualmente eficientes – um comentário um tanto óbvio, mas que requer uma explicação mesmo assim. Os comunicadores de marketing aprenderam que uma mensagem idêntica causa um impacto diferencial dependendo do meio que a transmite. Para dizer isso de outra forma, o contexto no qual uma mensagem de marketing aparece influencia o impacto que ela tem. Os contextos, ou pontos de contato, que são mais relevantes e envolventes promovem a eficácia da mensagem. Por exemplo, uma mensagem recebida em um contexto de um site muito relevante apresenta possibilidade mais forte de influenciar os consumidores de modo positivo do que a mesma mensagem transmitida, digamos, em um programa de TV sem muito interesse. Existe, em outras palavras, um efeito sinérgico entre o meio da mensagem (ponto de contato) e o conteúdo dela.

Essa noção de que o contexto é importante, de que nem todos os pontos de contato são igualmente eficazes, foi chamada de *compromisso* pelos profissionais de comar. Passaremos agora a outras características-chave da CIM, mas retornaremos ao conceito do compromisso em vários pontos durante o texto.

*Aprendizado da característica-chave # 2 da CIM: use todos os pontos de contato que comunicam com eficácia a mensagem da marca. Cerce os consumidores atuais e potenciais com a mensagem, mas não a ponto da presença dela se tornar irritante.*

## Característica-chave # 3: mensagens múltiplas devem falar com uma voz única (tema central)

Inerente à filosofia e prática da CIM está a exigência de que os elementos de comunicação da marca escolhidos devem se esforçar para apresentar a mesma mensagem e transmiti-la de modo consistente pelos diversos pontos de contato. As comunicações de marketing devem, em outras palavras, *falar com uma única voz*. A coordenação das mensagens e da mídia é absolutamente crítica para alcançar uma imagem forte e unificada da marca e levar os consumidores a agir. O fracasso em coordenar intimamente todos os elementos de comunicação pode resultar em esforços duplicados ou, ainda pior, em mensagens contraditórias sobre a marca.

Uma vice-presidente de marketing da Nabisco reconheceu totalmente o valor de falar com uma única voz quando descreveu sua intenção de integrar todos os contatos de comunicação de marketing para a marca de biscoitos Oreo, da Nabisco. Essa executiva captou a qualidade essencial de "uma única voz" ao afirmar que, sob sua liderança, "sempre que os consumidores veem Oreo, eles veem a mesma mensagem".[24]

Um gerente geral da Mars, Inc., fabricante de doces, expressou um sentimento semelhante quando disse: "Costumávamos ver a propaganda, as relações públicas, os planos de promoções, cada um como uma parte separada. Agora, cada parte da comunicação, desde a embalagem até a Internet, tem de refletir a mesma mensagem".[25]

Em geral, o princípio da voz única envolve a seleção de uma declaração específica de posicionamento para a marca. Uma **declaração de posicionamento** é a ideia-chave que traduz o que a marca significa na mente de seu mercado-alvo e, então, de maneira consistente, transmite a mesma ideia por todos os canais de mídia. Os profissionais de CIM, como sabem a vice-presidente de marketing da Oreo e o gerente geral da Mars, Inc., é fundamental que eles continuem a transmitir a mesma mensagem em todas as ocasiões em que a marca entra em contato com o público-alvo. Uma estrutura apresentada mais adiante neste capítulo discutirá em mais detalhes o papel do posicionamento e o Capítulo 5 cobrirá o tópico do posicionamento aplicado ao contexto publicitário.

*Aprendizado da característica-chave # 3 da CIM: todos os pontos de contato devem apresentar uma mensagem unificada com base na estratégia de posicionamento da marca, ou, em outras palavras, comunicar com "uma voz única".*

## Característica-chave # 4: criar relacionamentos em vez de se envolver em "namoros" rápidos

Uma comunicação de marketing bem-sucedida requer a criação de relacionamentos entre as marcas e seus consumidores/clientes. Um **relacionamento** é um elo durável entre a marca e seu consumidor. Os relacionamentos bem-sucedidos entre consumidores e marcas levam à repetição das compras e, idealmente, à lealdade para com a marca.

O valor da retenção do consumidor foi comparado a um "balde furado", cuja lógica é fácil de entender por meio da seguinte citação:

*Quando uma empresa perde consumidores por causa do vazamento no balde, ela precisa continuar a acrescentar novos consumidores no topo do balde. Se a empresa puder, ainda que parcialmente, parar o vazamento, o balde continua cheio. Então será necessário um número menor de consumidores novos para alcançar o mesmo nível de lucratividade. É mais barato e lucrativo manter aqueles consumidores que estão no balde. Os executivos inteligentes sabem que gastam cinco a 10 vezes mais tempo e mais recursos para conseguir um novo consumidor que para manter os que eles já têm. Também reconhecem que aumentar o número de consumidores que eles mantêm por uma pequena porcentagem pode duplicar os lucros.*[26]

### Programas de fidelidade

Um método bem conhecido para criar relações com os consumidores é o uso de *programas de fidelidade,* que são também chamados programas de lealdade ou relacionamento. Os programas de fidelidade têm o objetivo de criar consumidores que sejam comprometidos com a marca e encorajá-los a satisfazer a maior parte de suas necessidades do produto ou serviço a partir das organizações que os oferecem.[27] Companhias aéreas, operadoras de cartão de crédito, hotéis e muitos outros negócios dão aos clientes pontos de bônus – ou outra forma de recompensa acumulada – por seu uso contínuo.

Por exemplo, para encorajar seus consumidores a usar o cartão de débito/presente e permanecer compradores leais, a rede Caribou Coffee criou um incentivo no qual os clientes que usavam o Cartão Caribou e gastavam pelo menos US$1,50 por visita em 10 visitas recebiam um crédito de US$ 4,00 no Cartão Caribou.[28] A rede Pizza Hut encorajou a compra repetida por parte de seus consumidores promovendo um programa com base em uma taxa, no qual os clientes pagavam uma taxa anual de US$ 14,99 e em troca recebiam uma primeira pizza grande grátis e uma pizza grátis adicional a cada mês, se fizessem dois pedidos por mês. Esse programa permitiu que a Pizza Hut mantivesse seus melhores consumidores, desencorajando-os de transferir sua fidelidade para outra pizzaria.[29] Muito embora não seja um programa de fidelidade dentro dos moldes clássicos, os programas tipo " junte 10 cupons e troque por uma pizza", modalidade muito comum entre as pizzarias de São Paulo, também pode ser considerado um exemplo de estímulo à fidelização de clientes pela oferta de uma recompensa.

Em consonância com o movimento centrado no consumidor, discutido no contexto da característica-chave #1, os programas de fidelidade são criados cada vez mais de maneira que deixem os consumidores no controle de como usar seus pontos de recompensa em vez de restringi-los ao uso determinado pelo gerente da marca. Como exemplo, o Programa de Recompensa de Milhas Aéreas da Canadá permite que seus passageiros regulares usem suas milhas de recompensa para fazer compras em mais de 100 estabelecimentos patrocinados e também na compra de ingressos de cinema, equipamentos eletrônicos, ingressos para a Disney World, cartões de presente e, literalmente, centenas de outros produtos da escolha do consumidor.[30] O setor aéreo é repleto de exemplos de programas de fidelização que envolve parcerias com empresas de outros setores na acumulação de pontos. Nos programas de fidelidade da Gol e TAM, por exemplo, o cliente pode ganhar milhas a partir de compras de serviços de hotelaria, combustível e pagamentos com cartões de créditos.

Outra modalidade de fidelização são programas compartilhados por um *pool* de empresas, ofertado e gerenciados por uma empresa especializada nesse tipo de programa, como é, por exemplo, o programa Dotz (www.dotz.com.br).

### Programas experimentais de marketing

Outro meio pelo qual os relacionamentos entre as marcas e os clientes são estimulado é a criação de experiências da marca que causam impressões positivas e duradouras. Isso é feito por meio da criação de eventos especiais ou do desenvolvimento de cenários excitantes que tentam provocar a sensação de que a marca patrocinadora é relevante à vida e ao estilo de vida do consumidor.

Por exemplo, a cerveja Molson, em Toronto, realizou a campanha Molson Outpost, que levou 400 ganhadores de sorteios para um fim de semana em um acampamento com atividades radicais. A fabricante de automóveis Lincoln, uma das patrocinadoras do torneio de tênis US Open, converteu um prédio não usado na USTA National Tennis Center em um complexo que contava aos visitantes a história do tênis. O prédio contava com palcos de som, docas falsas com água de verdade e imagens da evolução do tênis no mundo. Pelo menos 30 mil perspectivas de vendas foram obtidas das pessoas interessadas nos automóveis Lincoln, o que levou o coordenador de comunicações de marketing da empresa a comentar: "o marketing experimental está permeando todo o nosso marketing *mix*."[31]

*Aprendizado da característica-chave #4 da CIM: Como é mais econômico manter os clientes atuais do que recrutar novos, use os programas da comar que encorajam as compras repetidas e promovem a lealdade para com a marca sempre que possível.*

## Característica-chave # 5:
## não perca o foco do objetivo final: afetar o comportamento

Uma característica final da CIM é o objetivo de *afetar o comportamento* do público-alvo. Isso significa que as comunicações de marketing devem fazer mais que apenas influenciar a percepção da marca ou promover as atitudes dos consumidores com relação a ela. Pelo contrário, uma CIM bem-sucedida exige que os esforços de comunicação sejam dirigidos para encorajar alguma forma de resposta comportamental. O objetivo, em outras palavras, é *levar as pessoas a agir*. Uma campanha publicitária para um candidato político não é bem-sucedida simplesmente porque aumenta o reconhecimento do nome e faz que as pessoas gostem do candidato. O sucesso é determinado pelo fato de as pessoas votarem ou não nele – o voto é o comportamento desejado. Uma campanha publicitária que faz as pessoas se lembrarem da tragédia em Nova Orleans após o furacão Katrina é ineficaz se apenas provocar nas pessoas o sentimento de pesar pelos moradores. Em vez disso, a eficácia é demonstrada pelas pessoas contribuindo com dinheiro para um fundo de ajuda às vítimas do furacão – a contribuição financeira é o comportamento desejado. Um programa de comar para uma marca é igualmente ineficaz se as pessoas aprenderem sobre ela e tiverem pensamentos e sentimentos favoráveis para com a marca, mas não a comprar nas quantidades necessárias para justificar os gastos com a comar – a compra é o comportamento desejado.

Para entender melhor o objetivo de afetar o comportamento, considere a situação enfrentada pelos produtores de comida natural. Pesquisas realizadas para medir os sentimentos dos consumidores a respeito de 10 produtos naturais (frango caipira, frutas orgânicas etc.) revelou que esses produtos tinham uma boa imagem, mas poucas pessoas os compravam. Apenas 6% dos consumidores pesquisados tinham adquirido frango caipira durante o ano anterior à pesquisa, contudo, 43% consideravam o frango caipira superior ao convencional.[32] Esse é um exemplo clássico de comportamento do consumidor que não é diretamente coerente com suas atitudes. Em um caso como esse o objetivo do comunicador de marketing deve ser o de converter esses bons sentimentos para com os produtos naturais em consumo dos produtos – pouco ajuda se os consumidores gostam de seu produto, mas não o compram.

Um desafio semelhante é enfrentado pelos defensores do antitabagismo. Embora muitas pessoas entendam intelectualmente que fumar causa câncer, enfisema e outras doenças, essas mesmas pessoas frequentemente, pensam, que o câncer e outros problemas acontecerão com outros fumantes, não com elas. Portanto, os anúncios antitabagistas podem servir para tornar as pessoas conscientes dos problemas associados ao fumo, mas essas campanhas são ineficazes se as pessoas continuarem a fumar. O objetivo da CIM nessas campanhas é desenvolver anúncios mais chamativos que influenciem os fumantes a parar com essa prática. Uma abordagem criativa diferente da mensagem padrão "fumar-é-ruim-para-você" é necessária para redirecionar o comportamento. Apelos a influências normativas (por exemplo, "fumar não é legal") podem representar uma adesão superior à iniciativa antitabagista para reduzir essa prática insalubre, em especial entre os jovens.

Devemos tomar cuidado para não interpretar esse ponto de modo errado. Um programa de CIM deve ser julgado, *acima de tudo*, pelo fato de influenciar ou não o comportamento, mas seria simplista e irreal esperar que uma ação resultasse de cada esforço de comunicação. Antes de comprar uma marca nova, os consumidores, em geral, devem ter consciência da marca e de seus benefícios e ser influenciados a desenvolver uma atitude favorável para com ela. Os esforços de comunicação direcionados a alcançar esses objetivos intermediários, ou pré-comportamentais, são totalmente justificáveis. Porém, no fim das contas – e melhor que seja logo – um programa bem-sucedido de comar deve alcançar mais que o encorajamento dos consumidores a gostar da marca ou, pior ainda, torná-los apenas familiarizados com a existência dela. Isso explica, em parte, por que as promoções de vendas e o anúncio direto ao consumidor são usados de modo tão extensivo – as duas práticas rendem resultados mais rápidos que as outras formas de comunicação de marketing como a propaganda, por exemplo.

> **Aprendizado da característica chave #5 de CIM:** *o objetivo final da comar é afetar o comportamento do público-alvo. Não fique satisfeito em apenas alcançar os objetivos intermediários como a criação da percepção da marca e afetar de modo positivo as atitudes. Mantenha os olhos no prêmio final, que é levar o público-alvo a agir.*

## Obstáculos à implementação das características-chave da CIM

Os gerentes de marca usam fornecedores externos, ou serviços especializados, para ajudá-los no gerenciamento de vários aspectos das comunicações de marketing. Entre esses fornecedores estão as agências de publicidade, as de relações públicas, as agências de promoções de vendas, as empresas de marketing direto e os organizadores de eventos especiais. Temos aqui uma das razões principais por que os esforços de comunicação de marketing, frequentemente, não atingem os ideais descritos anteriormente. A integração requer uma coordenação ajustada entre todos os elementos de um programa de comar. Todavia, isso se torna complicado quando diferentes serviços especializados operam de forma independente uns dos outros.

Talvez o maior obstáculo à integração seja o fato de que poucos provedores de serviços de comunicação de marketing têm habilidades múltiplas para planejar e executar programas que incluam todas as principais formas de comunicações de marketing. As agências de propaganda, que tradicionalmente oferecem uma quantidade maior de serviços que outros especialistas, são bem qualificadas para desenvolver campanhas de propaganda em mídia de massa. A maioria, entretanto, não tem a mesma habilidade para conduzir marketing direto e uma quantidade ainda menor conta com departamentos para promoções de vendas, eventos especiais e ações de publicidade. Embora muitas agências de propaganda tenham expandido seus serviços e agências do tipo *full service* (que executam vários tipos de ações de comunicação) tenham surgido, a CIM ainda espera por grandes mudanças na cultura dos departamentos de marketing e provedores de serviço antes de se tornar uma realidade em grande escala. Em uma análise final, embora muitos profissionais de marketing se considerem proponentes da CIM, o maior desafio que eles e suas agências encontram é garantir que todas as ferramentas de comar usadas em uma execução específica de marketing sejam empregadas com consistência.[33] Isso pode parecer óbvio e fácil de ser conseguido, mas para quem tem um conhecimento mínimo de ambiente corporativo, pode imaginar a dificuldade para desenvolver um processo de CIM consistente.

Os fornecedores da comunicação de marketing, como as agências de publicidade, as agências de promoção de vendas e as agências de relações públicas, têm historicamente oferecido uma porção limitada de serviços. Agora é cada vez mais importante que esses fornecedores ofereçam serviços múltiplos – o que explica por que algumas grandes agências de publicidade expandiram suas ofertas para além dos meros serviços de publicidade, incluindo assistência em promoção de vendas, relações públicas, marketing direto e suporte a marketing de eventos. Na verdade, os gerentes de marketing podem se transformar em agências de "serviço total" que forneçam todas as formas de comar e não apenas anúncios, promoção de vendas e publicidade em si.

# O processo de tomada de decisões das comunicações de marketing

Até agora discutimos a importância da integração ajustada de todos os elementos de comar de modo que uma mensagem unificada seja transmitida onde quer que o consumidor atual ou potencial entre em contato com a marca. Esta seção apresenta uma estrutura útil conceitual e esquemática para pensar sobre os tipos de decisões práticas que os comunicadores de marketing tomam. A estrutura é apresentada na Figura 1.2. É muito importante nesse momento que você examine e tenha um entendimento básico dos componentes do modelo na preparação para a discussão a seguir, que dá substância ao esqueleto do modelo.

A Figura 1.2 conceitua os diferentes tipos de decisões de comar no nível da marca e os resultados desejados dessas decisões. Observaremos que o modelo consiste em um conjunto de decisões fundamentais, um conjunto de decisões de

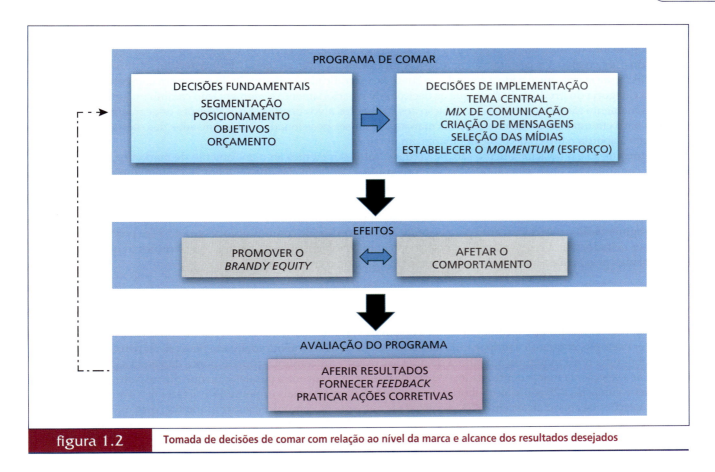

**figura 1.2** — Tomada de decisões de comar com relação ao nível da marca e alcance dos resultados desejados

implementação e um de avaliação de programa. O modelo na Figura 1.2 mostra que as *decisões fundamentais* (segmentação, posicionamento, definição de objetivos e orçamento) influenciam as *decisões de implementação* no que diz respeito à mistura dos elementos de comunicação e a determinação de mensagens, mídia e período. Os *resultados* esperados dessas decisões é gerar impactos no *brand equity* e no comportamento do público-alvo. Subsequente à implementação das decisões de comar, a *avaliação do programa* – na forma de aferição dos resultados dos esforços da comar, fornecendo feedback (ver a seta pontilhada na Figura 1.2) e tomando ações corretivas – é essencial para determinar se os resultados coincidem com os objetivos. A ação corretiva se faz necessária quando o desempenho fica abaixo da expectativa.

O objetivo das comunicações de marketing é promover o *brand equity* como um meio de levar os consumidores a uma *ação favorável com relação à marca* – ou seja, experimentá-la, comprá-la repetidas vezes e, idealmente, tornar-se fiel a ela. Promover a marca e afetar o comportamento dependem, é claro, da conveniência de todos os elementos do marketing *mix* – por exemplo, qualidade do produto e nível de preço – e não apenas da comar em si. Não obstante, os esforços da comar desempenham uma papel fundamental informando os consumidores acerca das novas marcas e suas vantagens relativas e reforçando as imagens de marcas já estabelecidas. Como veremos em mais detalhes no capítulo seguinte, o *brand equity* é promovido quando os consumidores se familiarizam com a marca. Quando os consumidores se tornam conscientes de uma marca, seu *brand equity* dependerá de quão favorável é a percepção que eles têm das características e benefícios dela em comparação com as marcas concorrentes, do quanto essas percepções ficarão na memória.

## Decisões fundamentais de Comar

### Segmentação

A segmentação permite que os gestores de comar transmitam mensagens com mais precisão e evitem uma cobertura desperdiçada atingindo pessoas que estão fora do público-alvo. Portanto, a seleção do segmento-alvo é um passo crítico em direção às comunicações de marketing eficazes e eficientes tanto para empresas B2B quanto B2C. As empresas identificam mercados-alvo potenciais em aspectos demográficos (classe social, idade etc.), geográficos (região, cidade etc.), psicográficos (estilo de vida) e comportamentais (padrões de uso do produto). A segmentação será abordada em detalhes no Capítulo 4.

## Posicionamento

O posicionamento de uma marca representa a característica-chave, benefício ou imagem do que ela significa na mente coletiva do público-alvo. Os gestores de marca e a equipe de marketing, em geral, devem decidir sobre uma *declaração de posicionamento da marca*, que é a ideia central que envolve o significado e a distinção da marca em comparação às concorrentes na categoria do produto. É óbvio que as decisões de posicionamento e segmentação caminham juntas: as decisões de posicionamento são feitas sempre com relação aos segmentos alvos desejados e as decisões de segmentação são tomadas com base em uma ideia clara de como as marcas devem ser posicionadas e diferenciadas das ofertas concorrentes. O Capítulo 5 aborda o tópico do posicionamento em detalhes.

A segmentação e o posicionamento são, na verdade, fatores inerentes ao planejamento de marketing, ao qual o processo de comunicação deve estar subordinado e integrado. Sem definição dos segmentos a serem atingidos e do posicionamento pretendido em cada segmento não há como se desenvolver ações de comunicação, em outras palavras, sem plano de marketing não há como fazer plano de comunicação. Por essa razão, na falta de um planejamento de marketing, o gestor de comar ou sua agência de comunicação são obrigados a "invadir" a área de marketing assumindo as decisões de segmentação e posicionamento para elaboração do processo de comunicação. Contudo, esse procedimento deve sempre ser evitado, pois a segmentação e o posicionamento envolvem outros aspectos e implicações os quais podem ser contemplados pela área de marketing e não o serão pela área de comunicação.

## Objetivos

As decisões dos comunicadores de marketing devem se fundamentar nas metas, ou objetivos, subjacentes a ser alcançados pela marca. É claro que o conteúdo desses objetivos varia de acordo com a forma de comunicação de marketing usada. Por exemplo, enquanto a propaganda na mídia de massa é idealmente adequada para criar a percepção do consumidor sobre uma nova marca, ou a melhora de uma já existente, as comunicações no ponto de venda são perfeitas para influenciar a seleção da marca dentro da loja e a venda pessoal não encontra paralelos no que diz respeito a informar consumidores e varejistas B2B sobre as melhorias no produto. A pergunta mais importante a se fazer é: "O que se espera que as comunicações façam ou alcancem?"[34] A escolha da ferramenta de comunicações de marketing e da mídia apropriadas deriva naturalmente da resposta a essa pergunta-chave. A definição dos objetivos é abordada no Capítulo 6.

## Orçamento

Os recursos financeiros são orçados em elementos específicos da comar para alcançar os objetivos desejados. As empresas usam diferentes procedimentos de orçamento ao alocar fundos para os gerentes de comunicação de marketing e outras unidades organizacionais. Em um extremo está o *orçamento top-down (TD)*, no qual a gerência sênior decide quanto cada subunidade receberá. Na outra extremidade está o *orçamento bottom-up (BU)*, no qual os gerentes das subunidades (como no nível da categoria do produto) determinam a quantia necessária para alcançar seus objetivos. Essas quantias são, então, combinadas para estabelecer orçamento total de marketing.

A maioria das práticas orçamentárias envolve a combinação do orçamento *top-down* e *bottom-up*. Por exemplo, no *processo bottom-up/top-down (BUTD)* os gerentes das subunidades apresentam requisições de orçamento a um CMO (chief marketing officer) (por exemplo, um vice-presidente de marketing), que coordena as várias requisições e depois apresenta um orçamento geral ao gerente superior para aprovação. O processo *top-down/bottom-up process (TDBU)* reverte o fluxo de influência: em primeiro lugar os gerentes superiores estabelecem o tamanho total do orçamento e depois o divide entre as diversas subunidades. Pesquisas revelam que a combinação dos métodos orçamentários (BUTD e TDBU) são usadas com mais frequência que os métodos extremos (TD ou BU). O processo BUTD é de longe o mais utilizado, especialmente em empresas nas quais os departamentos de marketing têm mais influência do que as unidades financeiras.[35] O tópico orçamento é abordado no Capítulo 6 junto com o estabelecimento dos objetivos.

## Um mantra para concluir

*Mantra* é uma palavra hindu que significa encantamento ou recitação (de uma canção, palavra, frase ou passagem). A declaração a seguir serve como mantra para captar a discussão anterior sobre as decisões fundamentas de comar. Eu o aconselho, leitor deste texto, a memorizar esse mantra e transformá-lo em um ponto constante de referência sempre que estiver em uma posição que exija a tomada de decisão de comar. Regularmente faça a si mesmo – e a seus colegas – perguntas como estas: Nossa marca está claramente posicionada? Nossa comunicação é dirigida a um público específico? Que objetivo específico nossa comunicação (propaganda, promoção de vendas, ou evento etc.) está tentando alcançar? Nossa estratégia proposta está dentro da disponibilidade orçamentária, ou precisamos solicitar um orçamento maior?

> Todas as comunicações de marketing devem ser: *(1) segmentadas, ou seja, direcionadas a um* público-alvo *específico; (2) claramente* posicionadas*; (3) criadas para alcançar um* objetivo específico *e (4) empreendidas para realizar os objetivos dentro dos limites do orçamento.*

## Decisões de implementação da comar

As decisões fundamentais descritas anteriormente são conceituais e estratégicas. Comparativamente, as decisões de implementação são práticas e táticas. E é aqui que a situação se complica. Os gerentes de marketing precisam tomar uma série de decisões para conseguir colocar em prática as estratégias traçadas e alcançar seus objetivos. Inicialmente, eles precisam escolher como melhor integrar, ou combinar, os diferentes elementos de comunicação para alcançar os resultados com relação ao mercado-alvo e dentro dos limites do orçamento. Depois, devem decidir que tipos de mensagem atingirão o posicionamento desejado, quais mídias são apropriadas para transmitir as mensagens e que grau de impacto é necessário para apoiar o esforço de mídia. Consulte novamente a Figura 1.2 para obter uma visão da "floresta" antes de examinar as "árvores" específicas.

## Tema central

A primeira e essencial decisão de implementação de uma programa de comar é a definição do tema central, a "voz única" presente em todas as ações e peças de comunicação. Portanto, o tema central deve ser único e funcionar como um elemento de integração ou um ponto em comum entre diferentes peças e ações de comunicação. Para que o tema central funcione como tal, sua definição tem que atender a algumas condições importantes. Primeiro, ele tem que traduzir o posicionamento, pois funciona com uma espécie de reflexo do posicionamento no mercado. A definição do posicionamento é uma medida de caráter interno e o tema central da CIM é a parte externa, a parte visível desse posicionamento. Por isso, estar em sintonia e estar alinhado ao posicionamento não basta. O tema central precisa "ser", representar o posicionamento. Além disso, o tema central deve ser de fácil compreensão do público-alvo e não pode gerar interpretações dúbias. Também é importante que o tema central seja flexível o suficiente para ser adaptado a todo tipo de peças e ações utilizadas no processo de CIM. Resumindo, um bom tema central deve:

- Traduzir o posicionamento.
- Ser interpretado adequadamente pelo público-alvo.
- Permitir adaptações para todas as formas de comunicação.

Um bom exemplo de tema central que se encaixa nas condições citadas e, portanto, eficiente no processo de CIM, é o conceito "Priceless" da Mastercard. Ele funciona como o tema central da comunicação da empresa, pois traduz o posicionamento da marca, é explorada de alguma forma em todas as ações de comunicação da empresa há mais de uma década em mais de 100 países e permite adaptações para qualquer tipo de ação ou peça de comunicação. No Brasil, o conceito aparece como "Não tem preço" e usa o *slogan* "tem coisas que o dinheiro não compra. Para todas as outras existe Mastercard". Na Internet, incluindo o site da empresa (http://www.mastercard.com/br/sobre_nos/pt/campanhas.html), é possível encontrar vários exemplos.

Outro bom exemplo é o processo de comunicação da cerveja Skol que, desde 1997, usa como tema central "A cerveja que desce redondo" em suas campanhas de comunicação, anúncios de TV, *spot* de rádio, anúncio de revista, eventos, materiais de PDV, brindes etc. É um dos casos mais bem-sucedidos de CIM no Brasil e que, com certeza, contribuiu muito para o sucesso da marca, que é *top of mind* em uma categoria extremamente disputada. Exemplos podem ser facilmente encontrados em diversos sites sobre marketing e comunicação na Internet, além dos sites http://www.skol.com.br e http://www.fnazca.com.br/.

Nem sempre uma campanha de comunicação com várias ações é necessariamente uma campanha de CIM. Muitas vezes ela é uma campanha do tipo "adaptada", ou seja, cria-se uma peça, por exemplo, um filme de TV e depois esse filme é adaptado para outras peças. O áudio vira um *spot* de rádio, um frame vira um cartaz de ponto de venda e assim por diante. Isso não é uma campanha de CIM e não traz os efeitos proporcionados pela CIM. A Campanha de CIM é "integrada", ou seja, cria-se primeiro um tema central, uma voz única, adequado ao posicionamento e depois todas as peças e ações de comunicação são desenvolvidas a partir desse tema. É importante observar essa diferença, pois não raro encontramos agências propondo campanhas "adaptadas" como se fossem de CIM e, claro, com custos maiores e efeitos inferiores.

## Mix de comunicação

Uma questão fundamental que confronta todas as empresas é a de decidir exatamente como alocar recursos entre as várias ferramentas de comunicação de marketing. O *mix* de comunicação poderá apresentar composições específicas conforme as características da empresa/produto e do perfil do mercado de atuação. Para muitas empresas, a propaganda ainda é a ferramenta mais utilizada, enquanto, para outras, a venda pessoal ou o marketing direto passa a ser a mais importante. Muito embora seja uma decisão estratégica de cada gestor, para empresas B2B, a combinação mais indicada envolve: venda pessoal, mala direta, marketing pela Internet, feiras comerciais, propaganda da marca e telemarketing.[36] Para profissionais de marketing de bens de consumo, as decisões combinadas são, em muitos aspectos, mais complicadas porque há mais opções de ferramentas e mais formas de trabalhar as ferramentas existentes. A questão se resume em grande parte a uma decisão de quanto alocar para propaganda, ou seja, toda comunicação fora do ponto de venda e promoção de vendas, toda comunicação feita dentro do ponto de venda. (Observação: seguindo a convenção dos profissionais, a palavra *promoção* daqui para frente será usada alternativamente com *promoção de vendas*.) A tendência nas duas últimas décadas foi a de investir mais em promoções e menos em propaganda. Esse fenômeno é motivado, em parte, pelo crescente poder de barganha dos canais de distribuição que pressionam os fabricantes a ampliarem investimentos no ponto de vendas e isso é feito, em geral, em detrimento dos investimentos em propaganda (fora do ponto de venda).

A composição do *mix* de comunicação a ser utilizado depende dos objetivos fixados, da avaliação das ações dos concorrentes (tipo de comunicação e quantidade de recursos aplicados) e do conhecimento das características das ferramentas de comunicação (descritas na Tabela 1.1). Porém, além desses fatores, a composição do *mix* de comunicação deve levar em conta os recursos disponíveis, pois o tamanho do orçamento de comar afeta o número e a intensidade das ações de comunicação e consequentemente a escolha das ferramentas. Definir um *mix* de comunicação abrangente, mas que não atenda aos objetivos ou que demande investimentos fora da realidade da empresa é esforço perdido e certeza de ineficiência. A aplicação dessas três variáveis no processo de decisão torna a composição do *mix* de comunicação uma ação estratégica importante. O melhor *mix* é o que faz uso dos elementos de forma apropriada, ou seja, o desafio é formar um *mix* de comunicação que maximize os efeitos da comunicação dentro limites impostos pelos recursos.[37]

Existe uma *combinação ótima* de despesas entre propaganda e promoção (comunicação dentro e fora do ponto de venda)? Infelizmente, não, porque o *mix* das comunicações e decisões de marketing constitui um *problema mal-estruturado*.[38] Isso significa que em um determinado nível de despesa, não há como determinar a alocação matemática ótima entre propaganda e promoção que maximizará a receita ou o lucro. Há dois fatores principais dessa inabilidade em determinar uma combinação matematicamente ótima. Primeiro, a propaganda e as promoções podem se alternar – ambas as ferramentas podem realizar objetivos comuns, atuando de forma complementar. Por isso, é impossível saber com precisão qual ferramenta, ou combinação de ferramentas, é melhor em cada situação. Segundo, a propaganda e as promoções produzem um efeito sinérgico – seus resultados combinados são maiores do que conseguiriam individualmente. Isso torna difícil determinar os efeitos exatos que diferentes combinações de propaganda e promoção de vendas podem gerar.

Embora seja impossível determinar uma mistura matematicamente ótima de despesas com propaganda e promoção, uma combinação satisfatória pode ser formulada levando em consideração os propósitos diferentes de cada uma dessas ferramentas de marketing. Enquanto a propaganda visa à valorização da imagem da marca, a promoção prioriza a venda do produto. Uma atua em longo prazo (propaganda) e outra em curto prazo (promoção). Uma consideração estratégica chave é determinar se planos a curto ou longo prazo são mais importantes, dado o estágio do ciclo de vida da marca e as realidades da concorrência. Uma combinação apropriada para marcas maduras será diferente da combinação para marcas recentemente introduzidas. Novas marcas requerem maiores investimentos em promoções como amostragem e demonstração para gerar compras de teste, ao passo que marcas maduras podem precisar de investimentos proporcionalmente maiores em propaganda para manter ou promover a imagem da marca.

Considerações a respeito do *brand equity* também têm seu papel na avaliação de uma combinação satisfatória de propaganda e promoções. Promoções mal planejadas ou muito recorrentes podem prejudicar o *brand equity* desvalorizando a imagem da marca. Se uma marca está sempre em liquidação ou se algum tipo de negócio (redução de preços, descontos) é oferecido com regularidade, os consumidores podem adiar a compra até que o preço seja reduzido. Isso pode fazer que a marca seja comprada mais por seu preço que por seus outros atributos e benefícios (Figura 1.2). A questão de combinar apropriadamente propaganda e promoção está bem resumida na citação a seguir:

> *Ao vermos as oportunidades inerentes em garantir o equilíbrio apropriado entre propaganda e promoção, deve ficar bem claro que as duas devem ser usadas como se estivéssemos tocando um órgão, puxando certas paradas e empurrando outras, conforme mudam as situações e circunstâncias. Regras rígidas, ou a aplicação contínua de porcentagens inflexíveis de propaganda/promoção não servem a nenhum propósito real e podem ser contraproducentes no ambiente de marketing dinâmico e sempre mutável dos dias de hoje. Uma solução de curto prazo que cria um problema de longo prazo não é de fato uma solução.*[39]

A "solução de curto prazo" se refere a investir de forma excessiva em promoções para criar vendas rápidas, enquanto se deixa de investir o suficiente na propaganda para criar valor de longo prazo da marca. Ou seja, promoções em excesso podem prejudicar o futuro de uma marca. Uma combinação apropriada envolve investir o suficiente em promoções para garantir o volume de vendas em curto prazo enquanto, simultaneamente, investe-se o suficiente em publicidade para garantir o crescimento e a preservação da posição de *brand equity*. O mercado é repleto de exemplos de marcas líderes e bem-sucedidas, que exploram esse conceito com muita competência, certamente, um dos fatores que contribui para o sucesso por elas alcançados.

### Criação de mensagens

Uma segunda decisão de implementação é a criação de mensagens na forma de anúncios, releases publicitários, promoções, projetos de embalagens e qualquer outra forma de mensagem de comar. Os capítulos subsequentes abordarão questões específicas das mensagens relativas a cada ferramenta de comar. Nesse momento, é suficiente dizer que a tomada de decisão sistemática (versus *ad hoc*) requer que o conteúdo da mensagem seja ditado pela estratégia de posicionamento da marca e alinhado ao objetivo das comunicações para o público-alvo designado.

### Seleção das mídias

Todas as mensagens de comunicação de marketing requerem um instrumento, ou meio, para sua transmissão. Embora o termo *mídia* seja tipicamente aplicado a propaganda (televisão, revistas, rádio, Internet etc.), o conceito de *mídia* é relevante a todas as ferramentas da comar, pois mídia envolve toda e qualquer forma de transmissão de uma mensagem. Assim, não existe limite para as mídias, pois, *a priori*, qualquer espaço pode ser transformado em mídia (bandeja de lanchonete, encosto de poltrona de avião, banheiro de bares/restaurantes, elevadores etc.). Para cada tipo de ferramenta de comunicação existirá um conjunto de mídias mais adequado. O fator norteador para a busca de novas mídias é justamente identificar oportunidades para atrair a atenção do público-alvo em momentos de disponibilidade e baixa concorrência (sem outros anunciantes por perto, como acontece, por exemplo, em uma revista). Fugir das mídias convencionais (saturadas de mensagens, caras e com grande dispersão) e explorar mídias alternativas ou inovadoras é certamente o maior desafio dos gestores de comunicação e de suas agências. Por exemplo, as mensagens de venda pessoal podem ser transmitidas via comunicação face a face ou por telemarketing. Essas alternativas de mídia têm custos e eficácia diferentes. Materiais de ponto de venda são exibidos por meio de sinalização nas lojas, eletronicamente, por música e de outras maneiras. Cada um representa uma mídia diferente.

Discussões detalhadas sobre mídia são reservadas para capítulos específicos no livro. A mídia de propaganda é discutida em detalhes especiais e uma atenção considerável também é dada à mídia de promoções ao consumidor. Correndo o risco de ser redundante, é importante observar mais uma vez que as decisões de mídia são determinadas, em grande medida, pelas decisões fundamentais feitas anteriormente com relação à escolha do público-alvo, à estratégia de posicionamento, o tipo de objetivos a serem alcançados, e à quantia que deve estar orçada para a marca durante cada período orçamentário.

### Estabelecer o *momentum* (esforço)

A palavra *momentum* se refere à força ou velocidade de movimento de um objeto – seu ímpeto. Um trem tem *momentum* quando corre sobre os trilhos; uma nave espacial tem *momentum* quando é lançada em órbita; um jogador de hockey tem *momentum* quando desliza, passando pela defesa do time adversário; um estudante tem *momentum* quando consegue desenvolver um trabalho depois da demora em começar. Os programas de comunicação de marketing também têm, ou não, *momentum*. Desenvolver simplesmente uma mensagem publicitária, criando uma campanha viral que gera rumores, ou releases publicitários, não é suficiente. A eficácia de cada uma dessas formas de mensagem requer uma quantidade suficiente de esforço e continuidade desse esforço. Esse é o significado do *momentum* no que diz respeito às comunicações de marketing. Momentum insuficiente é ineficaz, na melhor das hipóteses, e um desperdício, na pior.

Fundamental ao conceito de *momentum* é a necessidade de manter um esforço em vez de apenas começar a anunciar por algum tempo, parar por um período, recomeçar, parar de novo, e assim por diante. Em outras palavras, algumas empresas jamais criam ou mantêm o *momentum* porque sua presença no mercado é inadequada. O ditado "fora da vista, fora da mente" é, provavelmente, mais relevante para marcas no mercado do que para pessoas. Em geral, não esquecemos nossos amigos e familiares, mas o amigo de uma marca hoje é o estranho de amanhã a menos que ela seja mantida diante de sua consciência. Como os consumidores fazem centenas de decisões de compras em muitas categorias diferentes de produtos, os lembretes contínuos ou o nome das marcas e seus benefícios são necessários para que essas marcas tenham uma forte chance de se tornar sérias candidatas à compra.

Certa vez a Toyota Motor Corporation tinha um estoque do Camry – um sucesso de vendas – que duraria apenas 16 dias. Mesmo assim, ela lançou uma grande campanha publicitária encorajando agressivamente os consumidores a adquirir os Camrys. Os críticos afirmaram que foi imprudente por parte da Toyota anunciar um produto cuja quantidade não era suficiente para atender aos pedidos. Em resposta, o vice-presidente da Toyota Motor Sales, U.S.A, declarou que mesmo quando a demanda é alta é importante "manter seu *momentum* presente no mercado".[40] Esse executivo com certeza entende o valor de alcançar e manter o *momentum* da marca. Muitos comunicadores de marketing e gerentes de alto nível não o fazem. Por exemplo, a comunicação de marketing é um dos primeiros itens cortados em época de crises econômicas, mesmo quando com a continuação da comunicação a marca anunciada poderia obter parcelas de mercado maiores do que as das marcas que foram suspensas ou que sofreram graves cortes em seus orçamentos.

## Efeitos da comar

Voltando à nossa estrutura conceitual para as decisões de comunicações de marketing, podemos ver que os resultados de um programa de comar se dividem em dois: promover o *brand equity* e afetar o comportamento. A Figura 1.2 mostra uma seta com duas pontas entre esses resultados, o que significa que um influencia o outro. Se, digamos, uma campanha publicitária para uma marca nova gera percepção da marca e cria uma imagem positiva dela, os consumidores podem ficar inclinados a experimentar a nova marca. Em tal situação, o *brand equity* foi alcançado e isso, por sua vez, afetou o comportamento do consumidor para com a marca. Do mesmo modo, uma promoção para a marca nova, como uma amostra grátis, pode encorajar os consumidores a, inicialmente, tentar e depois comprar a marca. Uma experiência positiva com a marca leva a percepções positivas dela. Nessa situação, uma promoção afetou o comportamento do consumidor, o que promoveu o *brand equity*.

Como vimos anteriormente, um princípio fundamental de CIM é que os esforços de comar devem por fim ser aferidos pelo fato de *afetar o comportamento*. A promoção de vendas é a ferramenta de comar com maior capacidade de afetar diretamente o comportamento do consumidor. Contudo, a confiança excessiva nas promoções pode prejudicar a reputação de uma marca criando uma imagem de preço baixo e talvez de baixa qualidade. É por essa razão que os gestores de comar buscam primeiro promover o *brand equity* como base para influenciar o comportamento. De fato, muitos, se não a maioria, dos esforços de marketing são destinados a promover o *brand equity*. Precisamos, portanto, explorar totalmente o conceito de *brand equity* e entender o que é e como pode ser influenciado pelos esforços da comar. Examinaremos o tema em detalhes no Capítulo 2.

## Avaliação do programa

Depois que os objetivos das comunicações de marketing estão definidos, os elementos selecionados e combinados, as mensagens e a mídia escolhidas, e os programas implementados e possivelmente mantidos, deve haver uma avaliação do programa. Isso acontece medindo os resultados em comparação com os objetivos que foram estabelecidos no início. Para um anunciante local – digamos, uma loja de artigos esportivos que está fazendo uma promoção especial para tênis por um período de dois dias em maio – os resultados são a quantidade de Nike, Reebok, Adidas e outras marcas vendidas. Se você tentar vender um carro usado pelos classificados, os resultados serão a quantidade de telefonemas recebidos e se conseguiu vender o carro. Para um fabricante nacional de um produto anunciado, os resultados não ocorrem tão rapidamente. Ao contrário, uma empresa investe em comunicações no ponto de venda, promoções, propaganda e então espera, por semanas, para ver se esses programas resultam no volume de vendas desejado. Para cada tipo de ação de comar existe uma métrica diferente[41] e além das diferentes métricas, os resultados devem ser avaliados em função dos objetivos traçados. Outro fator importante é que a avaliação pode ser feita por ação ou para os objetivos da CIM como um todo. Porém, mesmo que seja uma atividade complexa, independente da situação, a avaliação dos resultados dos esforços de comar é algo vital. Em todo o mundo dos negócios existe uma demanda cada vez maior de *prestação de contas*, o que exige que sejam realizadas pesquisas e dados sejam obtidos para determinar se as decisões de comar implementadas atingiram os objetivos esperados.[42] Os resultados podem ser medidos considerando-se o impacto comportamental ou baseados em resultados de comunicação.

Os *resultados comportamentais* se relacionam a atitudes efetivas geradas, como por exemplo: número de inscritos em uma promoção, tempo de navegação em um Website e, em muitos casos, o volume de venda. Porém, no caso de relacionar efeitos da comar com vendas é preciso ter muito cuidado, pois as venda dependem de outros fatores que estão além dos limites da CIM, como preço e distribuição. É possível usar tal critério desde que as outras variáveis que afetam as vendas tenham sido consideradas e de alguma forma neutralizadas, sob pena de obter resultados distorcidos.

As medidas dos *resultados de comunicação* incluem percepção da marca, compreensão da mensagem, atitude para com a marca e intenções de compra. Todos eles são objetivos de comunicação (em vez de comportamentais) no sentido de que um anunciante tentou transmitir uma determinada mensagem ou criar uma impressão geral. Assim, o objetivo para um anunciante de uma marca relativamente não conhecida pode ser aumentar 30% da percepção da marca no mercado-alvo dentro de seis meses do início da campanha publicitária. Esse objetivo (aumento de 30% na percepção) seria baseado no conhecimento do nível de percepção anterior ao lançamento da campanha. A aferição após a campanha revelaria, então, se o nível almejado foi atingido.

É essencial medir os resultados de todos os programas de comar. Deixar de atingir os resultados almejados exige uma ação corretiva (ver a seta pontilhada na Figura 1.2). Esta ação corretiva demandará um investimento maior, uma combinação diferente de elementos de comunicação, uma estratégia criativa revisada, uma diferente alocação de mídia, ou um conjunto de outras possibilidades. Apenas estabelecendo objetivos de modo sistemático e aferindo os resultados é que se torna possível saber se os programas de comar estão funcionando como deveriam e como os esforços futuros podem melhorar o passado.[43]

# Resumo

Este primeiro capítulo apresentou uma visão geral dos princípios fundamentais de CIM e também uma estrutura para pensar em todos os aspectos do processo de decisão da comar. A CIM é um esforço unificado e coordenado de uma organização para promover uma consistente mensagem de marca por meio do uso de ferramentas múltiplas de comunicação que "falam com uma única voz", ou seja, apresentam um tema central único. Uma das várias características-chave da CIM é o uso de todos os pontos de contato da empresa ou da marca como canais potenciais de transmissão da mensagem. Outra característica-chave é que o processo da CIM começa com o consumidor atual ou potencial e não com o comunicador da marca decidindo os métodos mais apropriados e eficazes para desenvolver programas persuasivos de comunicações.

Os consumidores estão cada vez mais no controle das comunicações de marketing, em suas escolhas ativas dos meios de mídia e gerando suas próprias comunicações relacionadas com a marca – por meio de *podcasting*, blogs e criando mensagens em sites de comunidades como MySpace, YouTube e Facebook.

Este capítulo apresentou um modelo de processo da comar para servir como um útil mecanismo integrativo para melhor estruturar e entender os tópicos abordados no restante do texto. O modelo (Figura 1.2) inclui três componentes: um programa de comar consistindo em decisões fundamentais, de implementação, resultados (promover o *brand equity* e afetar o comportamento), e avaliação do programa. As decisões fundamentais incluem escolher os mercados-alvo, estabelecer um posicionamento da marca, definir os objetivos e determinar um orçamento de comar. As decisões de implementação envolvem determinar uma combinação de ferramentas de comunicação de marketing (propaganda, promoções, eventos, esforços nos pontos de compra etc.) e estabelecer planos de mensagem, mídia e *momentum*. Essas decisões são avaliadas por meio da comparação dos resultados obtidos com os objetivos das comunicações do nível da marca.

Esperamos, sinceramente, que este capítulo introdutório tenha despertado seu interesse a participar de palestras e discussões em sala de aula e fornecido a você um entendimento básico dos muitos tópicos que você estudará ao ler este texto. As comunicações de marketing são de fato um assunto fascinante e dinâmico. O tema combina arte, ciência, tecnologia e dá ao profissional uma liberdade considerável para desenvolver meios eficazes para fazer as coisas funcionarem. Será bastante útil para seus estudos e em sua carreira em marketing permanecer sempre atento aos elementos-chave da CIM descritos neste capítulo. As organizações que são verdadeiramente bem-sucedidas em suas buscas de comar devem aceitar e praticar esses elementos-chave.

Como o campo das comunicações de marketing envolve muitas formas de prática, uma série de associações de comércio especializada se desenvolveu com o passar do tempo. O apêndice a seguir traz uma visão geral, em ordem alfabética, de algumas das associações mais influentes nos Estados Unidos e também do Brasil. Sites são fornecidos para facilitar a sua busca por informação adicional acerca dessas organizações. (Muitos países, além dos Estados Unidos, têm associações semelhantes. Os alunos que estiverem interessados podem fazer uma pesquisa na Internet para identificar tais associações em seu país de interesse.)

# Apêndice

## Algumas importantes Associações Comerciais dos Estados Unidos no campo da comar:

### Associações nos EUA

**Advertising Research Foundation** (ARF, http://www.arfsite.org) – a ARF é uma associação sem fins lucrativos, dedicada ao aumento da eficácia da publicidade por meio da realização de pesquisas objetivas e imparciais. Os membros da ARF são anunciantes, agências de publicidade, empresas de pesquisas e empresas de mídia.

**American Association of Advertising Agencies** (AAAA, http://www.aaaa.org) – A Four As (*Quatro As*), como é referida informalmente, tem a missão de melhorar a atuação das agências de publicidade nos Estados Unidos, promovendo desenvolvimento profissional, encorajando altos padrões de criatividade e negócios, e atraindo funcionários de primeira linha ao mundo publicitário.

**Association of Coupon Professionals** (ACP, http://www.couponpros.org) – Associação de comércio de redenção de cupons se esforça para fazer do sistema de cupons uma ferramenta promocional viável e para melhorar as condições de operação dessa indústria.

**Association of National Advertisers** (ANA, http://www.ana.net) – Enquanto a AAAA atende principalmente aos interesses das agências de publicidade, a ANA representa os interesses das organizações que anunciam em nível regional e nacional. Os membros desta associação representam coletivamente mais de 80% de todas as despesas feitas com publicidade nos Estados Unidos.

**Direct Marketing Association** (DMA, http://www.thedma.org) – A DMA se dedica a encorajar e avançar o uso eficaz e ético do marketing direto. A associação representa os interesses dos profissionais de marketing direto junto ao governo, à mídia e ao público em geral.

**Incentive Manufacturers and Representatives Alliance** (IMRA, http://www.imraorg.net) – Os membros da IMRA são fornecedores de itens promocionais. A associação serve a esses membros promovendo altos padrões profissionais na busca da excelência na indústria de incentivos.

**Internet Advertising Bureau** (IAB, http://www.iab.net) – A missão a IAB é ajudar empresas de mídia de televisão interativa e *broadcasting* interativo on-line, por e-mail e sem fio a aumentar sua renda.

**POPAI – The Global Association for Marketing at Retail** (POPAI, http://www.popai.org) – Essa associação comercial serve aos interesses de anunciantes, varejistas e produtores/fornecedores de produtos e serviços em pontos de compra.

**Promotional Products Association International** (PPAI, http://www.ppa.org) – A PPAI serve aos interesses de produtores, fornecedores e usuários de produtos promocionais. As empresas que a PPAI representa costumavam ser referidas como indústria da especialidade publicitária, mas produtos promocionais é o termo atual preferido.

**Promotion Marketing Association** (PMA, http://www.pmalink.org) – A missão da PMA é promover o avanço do marketing promocional e facilitar um melhor entendimento do papel e importância das promoções no processo total de marketing.

### Associações no Brasil

**Associação Brasileira de Anunciantes** (ABA, www.aba.com.br) – A missão da ABA é representar coletivamente e defender os interesses das empresas anunciantes associadas e aglutinar, desenvolver e disseminar melhores práticas para potencializar melhores resultados para os anunciantes.

**Associação Brasileira de Agência Digitais** (ABRADi, rede abradi.ning.com) – A ABRADi é uma associação sem fins lucrativos que tem como missão desenvolver, normatizar e aculturar o mercado de Internet.

**Associação Brasileira de Agências de Publicidade** (ABAP, www.abap.com.br) – A ABAP tem pro função defender os interesses das agências associadas.

**Associação Brasileira de Marketing Direto** (ABEMD, www.abend.org.br) – A ABEMD é uma associação direcionada exclusivamente para o marketing direto. Dentre seus objetivos e funções destacam-se zelar pelo cumprimento do código de autorregulamentação do marketing direto, trabalhar com a formação de profissionais, propiciar contatos profissionais e disseminar informações sobre a área.

**Associação de marketing promocional** (AMPRO, www.ampro.com.br) – A AMPRO reúne e representa todos os setores do marketing promocional do país: agências de promoção e publicidade, clientes, veículos, fornecedores, alunos e profissionais. Seu site oferece diversos serviços específicos para o setor, além de informações atuais sobre o mercado promocional.

**Internet Advertising Bureau** (IAB BRASIL, http://iabbrasil.ning.com/) – Trata-se da partição nacional da associação IAB. A missão a IAB é ajudar empresas de mídia de televisão interativa e *broadcasting* interativo on-line, por e-mail e sem fio a aumentar sua renda.

**Mundo do marketing** (www.mundodomarketing.com.br) – O Mundo do Marketing é uma revista eletrônica especializada que informa, discute e promove o mercado de marketing. O site é voltado para profissionais de marketing, comunicação social e administração.

**POPAI Brasil** – The Global Association for Marketing at Retail (www.popaibrasil.com.br) – Trata-se da partição nacional da associação POPAI, que serve aos interesses de anunciantes, varejistas e produtores/fornecedores de produtos e serviços em pontos de compra.

**União Brasileira dos Promotores de Feiras** (UBRAFE, www.ubrafe.com.br) – A UBRAFE é uma entidade que representa o setor de feiras de negócios, exposições e eventos.

# Questões para discussão

1. Uma característica básica da CIM é a ênfase em afetar o comportamento e não apenas seus antecedentes (como percepção da marca e atitudes favoráveis). Para cada uma das situações abaixo, indique o(s) comportamento(s) específico(s) que as comunicações de marketing devem tentar afetar: (a) os esforços de propaganda em sua universidade; (b) a promoção de um time de beisebol profissional para um jogo específico; (c) os esforços de uma organização sem fins lucrativos para recrutar mais voluntários e (d) o patrocínio do Gatorade de um torneio de voleibol.

2. Imagine que você é responsável por angariar fundos para uma organização em seu campus – como a atlética ou o centro acadêmico, ou qualquer outro tipo de organização. Sua tarefa é identificar um projeto adequado e gerenciar as comunicações de marketing do projeto. Para o propósito deste exercício, identifique o projeto de uma ideia para angariar fundos e aplique o subconjunto do modelo envolvendo as decisões fundamentais. Em outras palavras, explique como você posicionaria seu projeto para angariar fundos, quem seria seu público-alvo, quais objetivos você estabeleceria e quanto (uma estimativa) você destinaria no orçamento para os esforços de comar.

3. A citação a seguir é de um executivo de publicidade e apareceu no capítulo na seção característica-chave #2 da CIM: "No fim das contas, [as agências de comar] não apresentam anúncios, nem mala direta, nem programas de relações públicas e de identidade corporativa. Nós apresentamos resultados". Em sua opinião, o que esse executivo quis dizer com essa declaração?

4. Explique o conceito de *momentum* e apresente uma explicação sobre por que ele é importante para uma marca específica de sua escolha.

5. Explique o significado de "branding de 360 graus". Quais são as vantagens e potenciais desvantagens dessa prática?

6. Em sua opinião, por que a tendência do orçamento da comar é de aumento dos investimentos em promoções e redução dos gastos com propaganda?

7. Baseado em suas experiências e de seus amigos com quem você discute esses assuntos, qual será o futuro papel das mídias de redes sociais (por exemplo, MySpace, Facebook e YouTube) na disseminação de informações sobre marca? Com base em sua experiência, a maioria das informações relacionadas à marca que aparecem nesses sites é positiva ou negativa?

8. Qual é a diferença entre orçamento *top-down* (TD) e *bottom-up* (BU)? Por que o BUTD é usado em empresas que são mais voltadas para o marketing, ao passo que o TDBU é mais encontrado em empresas mais voltadas para a esfera financeira?

9. Que medidas podem os comunicadores de marketing tomar para permitir que os consumidores exerçam seu controle de quando, onde e como recebem as mensagens da marca? Dê exemplos específicos para apoiar suas respostas.

10. O posicionamento da marca e a segmentação também são necessariamente interdependentes. Explique essa interdependência e dê um exemplo para apoiar sua opinião.

11. Explique o que significa dizer que os consumidores estão no controle das comunicações de marketing. Dê um exemplo a partir de sua experiência que apoie a afirmação de que a comar está ficando cada vez mais centrada no consumidor.

12. Objetivos e orçamentos são necessariamente interdependentes. Explique essa interdependência e apresente um exemplo.

13. O uso combinado das diferentes ferramentas de comar – como propaganda de marca na TV com o patrocínio de um evento – pode produzir um efeito sinérgico para a marca. O que o conceito de sinergia significa neste contexto? Apresente um exemplo prático de como duas ou mais ferramentas de comar, quando combinadas, são capazes de produzir resultados maiores do que a soma de suas contribuições individuais.

14. Imagine que você é responsável por anunciar um produto que é voltado especificamente para estudantes universitários. Identifique sete métodos de contato (inclua não mais que duas formas de propaganda em mídia de massa) que você pode usar para alcançar esse público.

15. Explique como sua faculdade ou universidade usa as comunicações de marketing para recrutar alunos.

# Notas

1. Essa descrição é adaptada de Jean Halliday, "Buick Build Buzz for SUV On-, Off-Line", *Advertising Age*, 11 de agosto de 2003, 34.
2. Kate Maddox, "Special Report: Integrated Marketing Success Stories", BtoBonline.Com, 7 de junho de 2004, http://www.btobonline.com (acesso em: 7 de junho de 2004).
3. Kate Maddox, "Integrated Marketing Success Stories", *BtoB*, 14 de agosto de 2006, 28-29.
4. Bob Hartley e Dave Pickton", Integrated Marketing Communications Requires a New Way of Thinking", *Journal of Marketing Communications* 5 (junho de 1999), 97-106; Philip J. Kitchen, Joanne Brignell, Tao Li e Graham Spickett Jones, "The Emergence of IMC: A Theoretical Perspective", *Journal of Advertising Research* n. 44 (março de 2004), 19-30.
5. Joep P. Cornelissen e Andrew R. Lock, "Theoretical Concept or Management Fashion?" Examining the Significance of IMC", *Journal of Advertising Research* n. 40 (setembro/outubro de 2000), 7-15. Para posições contrárias, ver Don E. Schultz e Philip J. Kitchen, "A Response to 'Theoretical Concept or Management Fashion?'", *Journal of Advertising Research* n. 40 (setembro/outubro de 2000), 17-21; Stephen J. Gould, "The State of IMC Research and Applications", *Journal of Advertising Research* n. 40 (setembro/outubro de 2000), 22-23.
6. Don E. Schultz e Philip J. Kitchen, "Integrated Marketing Communications in U.S. Advertising Agencies: An Exploratory Study", *Journal of Advertising Research* n. 37 (setembro/outubro de 1997), 7-18; Philip J. Kitchen e Don E. Schultz, "A Multi-Country Comparison of the Drive for IMC", *Journal of Advertising Research*, n. 39 (janeiro/fevereiro de 1999), 21-38.
7. Crescitelli, Edson, "Crise de credibilidade da propaganda", *Revista FACOM*, n. 12 – 1º semestre de 2004.
8. Stephen J. Gould, Andréas F. Grein, e Dawn B. Lernan, "The Role of Agency-Client Integration in Integrated Marketing Communications: a complementary Agency Theory-Interorganizational Perspective", *Journal of Current Issues and Research in Advertising* n. 21 (primavera de 1999), 1-12.
9. Essas descobertas são baseadas em pesquisas realizadas por George S. Low, "Correlates of Integrated Marketing Communications", *Journal of Advertising Research* n. 40 (maio/junho de 2000), 27-39.
10. Prasad A. Naik e Kalyan Raman, "Understanding the Impact of Synergy in Multimedia Communications", *Journal of Marketing Research* n. 40 (novembro de 2003), 375-388.
11. Yuhmiin Chang e Esther Thorson, "Television and Web Advertising Synergies", *Journal of Advertising* n. 33 (verão de 2004), 75-84.
12. Essa é uma adaptação do autor de uma definição desenvolvida pelo corpo docente de comunicações de marketing na Medill School, Northwestern University. A definição original foi republicada em Don E. Schultz, "Integrated Marketing Communications: Maybe Definitions Is in the Point of View", *Marketing News*, 18 de janeiro de 1993, 17.
13. IKEDA, Ana Akemi e Crescitelli, Edson, "O efeito potencial da Comunicação Integrada de Marketing", *Revista Marketing*, São Paulo, v. 352, 51-58, 2002.
14. Bob Garfield, "The Chaos Scenario 2.0: The Post Advertising Age", *Advertising Age*, 26 de março de 2007, 14.
15. Suzanne Vranica, "On Madison Avenue, a Digital Wake-up Call", *The Wall Street Journal Online*, 26 de março de 2007, http://online.wsj.com (acesso em: 26 de março de 2007).
16. Brian Steinberg, "Ogilvy's New Digital Chief Discusses Challenges", *The Wall Street Journal Online*, 4 de abril de 2007, http://online.wsj.com (acesso em: 4 de abril de 2007).
17. Weber Shandwick, 919 Third Avenue, Nova York, NY, 10022.
18. Para saber mais sobre essas campanhas acesse: http://www.bk.com/en/us/campaigns/subservient-chicken.html; http://www.bk.com/en/us/campaigns/whopper-freakout.html; http://www.youtube.com/watch?v=lBvtANapQwU
19. Lisa Sanders, "Demand Chain' Rules at McCann", *Advertising Age*, 14 de junho de 2004, 6.
20. David Sable, "We're Surrounded", *Agency* (primavera de 2000), 50-51.
21. Amy Johannes, "A Cool Moves Front", *Promo*, agosto de 2006, 21.
22. Marc Graser, "Toyota Hits Touch Points as It Hawks Yaris to Youth", *Advertising Age*, 1º de maio de 2006, 28.
23. Peter A. Georgescu, "Looking at the Future of Marketing", *Advertising Age*, 14 de abril de 1997, 30.
24. Judann Pollack, "Nabisco's Marketing VP Expects 'Great Things'", *Advertising Age*, 2 de dezembro de 1996, 40.
25. Stephanie Thompson, "Busy Lifestyles Force Change", *Advertising Age*, 9 de outubro de 2000, s8.
26. Essa citação é da autora Vicki Lenz citada em Matthew Grimm, "Getting to Know You", *Brandweek*, 4 de janeiro de 1999, 18.
27. A importância de criar consumidores compromissados é verificada de modo empírico em Peter C. Verhoef, "Understanding the Effect of Customer Relationship Management Efforts on Customer Retention and Customer Share Development", *Journal of Marketing*, n. 27 (outubro de 2003), 30-45.
28. Amy Johannes, "Coffee Perks", *Promo*, setembro de 2006, 41.
29. Samar Farah, "Loyalty Delivers", *Deliver*, setembro de 2006, 10-15.
30. Amy Johannes, "Top of Wallet", *Promo*, julho de 2007, 20-22.
31. Dan Hanover, "Are You Experienced?", *Promo*, fevereiro de 2001, 48.
32. Leah Rickard, "Natural Products Score Big on Image", *Advertising Age*, 8 de agosto de 1994, 26.
33. Uma pesquisa com mais de 200 profissionais de marketing revelou que tanto os profissionais de marketing da marca quanto as agências consideram a consistência da execução o maior desafio da integração de estratégias da comar. Ver Claire Atkinson, "Integration Still a Pipe Dream for Many", *Advertising Age*, 10 de março de 2003, n. 1, 47.
34. Don E. Schultz, "Relax Old Marcom Notions, Consider Audiences", *Marketing News*, 27 de outubro de 2003, 8.
35. Nigel F. Piercy, "The Marketing Budgeting Process: Marketing Management Implications", *Journal of Marketing* n. 51 (outubro de 1987), 45-49.
36. Carol Krol, "DMA: Direct Response Gets Largest Share to B-to-B Marketing", *BtoB*, 7 de maio de 2007, 3.
37. Crescitelli, E. e Ikeda, A. A., Considerations about the allocation of resources in integrated marketing communications, Artigo publicado no *14a. Asian Pacific Conference*, California State University, Fresco,CA (2002). www.asiapacific.edu
38. Thomas A. Petit e Martha R. McEnally, "Putting Strategy into Promotion Mix Decisions", *The Journal of Customer Marketing* 2 (inverno de 1985), 41-47.
39. Joseph W. Ostrow, "The Advertising/Promotion Mix: A Bland or a Tangle", *AAAA Newsletter*, agosto de 1988, 7.
40. Citado em Sally Goll Beatty, "Auto Makers Bet Campaigns Will Deliver Even If They Can't", *The Wall Street Journal Online*, 13 de outubro de 1997, http://online.wsj.com (acesso em: 13 de outubro de 1997).
41. Farris, Paul; Bendle, Neil T.; Pfeifer, Philip E. e Reibstein, David J. *Métricas de Marketing*. Porto Alegre: Bookman, 2007.
42. Schultz, Dom e Barnes, Beth. Campanhas estratégicas de comunicação de marcas. Rio de Janeiro: Qualitymark, 2001.
43. Tim Ambler, *Marketing and the Bottom Line: The New Metrics of Corporate Wealth* (Londres: Pearson Education Limited, 2000), especialmente o Apêndice A.

# 2
# Desafios da comunicação de marketing: promover *brand equity*, influenciar comportamento e avaliar resultados

Os pesquisadores de marketing estão constantemente entrevistando as pessoas a respeito do que elas gostam e não gostam, suas intenções de voto, suas opiniões sobre que artistas devem ganhar os Prêmios da Academia etc. É desnecessário dizer que os pesquisadores de opinião também investigam os pensamentos e sentimentos dos consumidores no que se refere às marcas. A Harris Interactive, a décima segunda maior firma de pesquisa de marketing do mundo, realiza uma pesquisa anual – pesquisa Top of mind – pedindo aos consumidores americanos que indiquem quais marcas eles consideram as melhores. Uma única pergunta foi feita aos entrevistados: "Gostaríamos que vocês pensassem em marcas ou nomes de produtos e serviços que conhecem. Considerando tudo, quais as três marcas que vocês consideram as melhores?" Em outras palavras, eles pediram aos entrevistados que identificassem de maneira espontânea três marcas que eles pessoalmente consideravam as "melhores". No Brasil, pesquisa semelhante é realizada pelo Datafolha, um dos maiores e mais respeitados institutos de pesquisa do país, que pesquisa a lembrança espontânea de marcas em forma geral e por categoria. São pesquisadas mais de 40 categorias. Os resultados da pesquisa identificaram as 10 marcas mais mencionadas pelos públicos norte-americano e brasileiro:[1-2]

| Mercado norte-americano | |
|---|---|
| Marca | Posição |
| Coca-Cola | 1 |
| Sony | 2 |
| Toyota | 3 |
| Dell | 4 |
| Ford | 5 |
| Kraft Foods | 6 |
| Pepsi-Cola | 7 |
| Microsoft | 8 |
| Apple | 9 |
| Honda | 10 |

| Mercado brasileiro | |
|---|---|
| Marca | Posição |
| Coca-Cola | 1 |
| Omo | 2 |
| Nestlé | 3 |
| Adidas | 4 |
| Avon | 5 |
| Brastemp | 6 |
| Natura | 7 |
| Nike | 8 |
| Philips | 9 |
| Seda | 10 |

Críticos dessa forma de pesquisa com apenas uma pergunta sugerem que elas não são indicadores verdadeiros do *brand equity*, pois indicam apenas as marcas mais lembradas e não que tipo de lembrança elas invocam, se positiva, negativa, indiferente, agradável etc. A Ford Motors, por exemplo, é uma das melhores marcas quando a palavra "melhor" é baseada em indicadores objetivos como lucratividade, parcela de mercado, crescimento de vendas e confiança do consumidor. Como pode uma marca excitante e inovadora como a Apple ser superada por outras oito marcas, incluindo algumas que estão basicamente acomodadas em glórias do passado (pense na Ford, Dell etc.)?

Ao que parece, essa pesquisa das "melhores marcas" é mais uma aferição da percepção da marca do *brand equity* e reflete conquistas passadas em vez do desempenho atual.[3] Em outras palavras, quando pediram aos entrevistados para indicar de forma espontânea as três melhores marcas que viessem à mente, muitos deles, especialmente em resposta a uma pergunta on-line, mencionaram aquelas marcas que vinham à mente com mais facilidade e rapidez. Contudo, esse tipo de lembrança, embora um bom indicador da percepção da marca, não é equivalente a uma aferição da força, do valor ou do *brand equity*. Este capítulo discute em detalhes os conceitos de percepção e *brand equity*, e ao completar a leitura deste material você terá um entendimento completo da razão pela qual a simples percepção é um indicador necessário, mas insuficiente, de *brand equity*.

## Objetivos do capítulo

*Após ler este capítulo, você será capaz de:*

1. Explicar o conceito de *brand equity* tanto da perspectiva da empresa quanto do consumidor.
2. Descrever os resultados positivos da promoção de *brand equity*.
3. Entender o modelo de *brand equity* a partir da perspectiva do consumidor.
4. Entender como os esforços da comar devem influenciar o comportamento e alcançar a volorização financeira da marca.

>> **Dica de comar:**
Quando as pesquisas não revelam o contexto completo.

# Introdução

O capítulo anterior apresentou a filosofia e prática da comunicação integrada de marketing (CIM) e também uma estrutura pra pensar sobre todos os aspectos do processo da comar. Você se lembra de que essa estrutura incluía quatro componentes: (1) um conjunto de decisões fundamentais (direcionamento, posicionamento etc.); (2) um grupo de decisões de implementação (combinação de elementos, criação de mensagens etc.); (3) dois tipos de resultados dessas decisões (promover *brand equity* e afetar o comportamento); e (4) um regime para avaliar os resultados da comar e tomar medidas corretivas. Este capítulo foca o terceiro componente dessa estrutura, ou seja, os resultados desejados dos esforços de comar.

As questões básicas abordadas são: o que os gestores de marketing podem fazer para promover o *brand equity* e, além disso, afetar o comportamento de seus consumidores atuais e potenciais? Também, como os gestores de marketing podem justificar seus investimentos em publicidade, promoção de vendas e outros elementos de comar e demonstrar a valorização financeira? O capítulo discute em primeiro lugar o conceito de *brand equity* e explora esse tópico tanto da perspectiva da empresa quanto do consumidor. Uma seção seguinte aborda, então, a importância de afetar o comportamento, incluindo uma discussão sobre responsabilidade.

# Brand equity

Uma **marca** existe quando uma entidade de marketing – por exemplo, um produto, um ponto de venda no varejo, um serviço ou mesmo um local geográfico como um país, região, estado ou cidade – recebe seu próprio nome, termo, sinal, assinatura, desenho ou qualquer combinação específica desses elementos na forma de identificação. A American Marketing Association (AMA) define marca como um nome, termo, sinal, símbolo, desenho ou uma combinação de todos eles, que visa a identificar os bens e serviços de um vendedor ou grupo de vendedores e diferenciá-los dos concorrentes.[4] Sem uma marca reconhecível, um produto é apenas uma *commodity* (uma mercadoria genérica). Muitos especialistas em comar acreditam que todos os produtos podem receber uma marca. Um observador chegou a afirmar que a palavra "*commodity*" é uma admissão clara de falência de marketing.[5]

Mas uma marca é mais que *apenas* um nome, termo, símbolo etc. Uma marca é tudo o que uma oferta específica da empresa representa em comparação a outras marcas na categoria do produto. Uma marca representa um conjunto de valores que seus profissionais de marketing, funcionários seniores da empresa e outros funcionários consistentemente abraçam e comunicam por um período estendido.[6] Por exemplo, a Natura é sinônimo de natureza e de sustentabilidade; a Harley-Davidson incorpora a liberdade e o individualismo (ver *Foco CIM*); a Sony representa alta qualidade e confiabilidade; Chanel nº 5 significa eloquência; o Prius da Toyota personifica consciência ambiental; e os relógios Rolex se traduzem em artesanato de alta qualidade e sofisticação. Cada uma dessas marcas envolveu e comunicou determinado conjunto de valores. Todas essas marcas possuem alta qualidade porque os consumidores acreditam que elas têm a habilidade e a disposição de cumprir suas promessas.[7]

O conceito de *brand equity* pode ser considerado tanto da perspectiva da organização que a detém quanto do ponto de vista do consumidor. Dedicaremos uma discussão mais detalhada ao *brand equity* do ponto de vista do consumidor, mas será útil inicialmente examinar o conceito a partir da perspectiva da organização que detém a marca.

## *Brand equity* com base na perspectiva da empresa

O *brand equity* baseado no ponto de vista da empresa foca nos resultados obtidos dos esforços para promover o *valor* da marca. O termo *brand equity*, nesse sentido, deve entendido como "ativo da marca", ou seja, o valor da marca como um ativo da empresa; a marca como um patrimônio e não como, genericamente, "valor de marca", que é uma forma muito imprecisa para definir o conceito de *brand equity*. O *brand equity* não é algo espontâneo e tem que ser gerenciado. Para isso existe a atividade de *branding*, que é justamente o processo de criar e manter o valor da marca ao longo do tempo. Então, sob a ótica da empresa *branding* é o processo de dotar uma marca de *brand equity*.

Uma definição bastante referenciada de *brand equity* é a de Aaker,[8] que define *brand equity* como um conjunto de ativos e passivos ligados a uma marca, ao nome e ao símbolo, que se somam ou se subtraem do valor proporcionado por um produto ou serviço para uma empresa e/ou para os consumidores dela. À medida que o valor da marca aumenta, ocorrem muitos resultados positivos. Entre eles estão: (1) alcançar maior participação de mercado; (2) aumentar a lealdade à marca; (3) obter capacidade de cobrar preço mais alto que a concorrência; e (4) ganhar receita adicional.[9] Os dois primeiros resultados são claros e não precisam de uma discussão mais aprofundada. Em termos simples, marcas com alto valor obtêm um nível maior de lealdade do consumidor e tendem também a conquistar maior participação de mercado (*market share*). O terceiro resultado, obter capacidade de cobrar preço mais alto que a concorrência, significa que a elasticidade da demanda da marca diminui à medida que aumenta seu valor. Em outras palavras, as marcas com mais valor podem cobrar preços mais altos que as marcas com baixo valor. Considere as marcas de calça, como as da C&A ou Renner versus Calvin Clein ou Ralph Lauren. O diferencial de qualidade entre as marcas C&A e Renner e as marcas de designers é consideravelmente menor que o diferencial de preço entre elas. Esse diferencial de preço é o valor da marca (o *brand equity*) em ação.

O quarto resultado, ganhar receita adicional, é um resultado especialmente interessante de alcançar níveis mais altos de *brand equity*. **Receita adicional** é definida como o diferencial da receita entre um item *com marca* e um item correspondente *sem marca* (aqui se considera produto sem marca não uma *commodity*, mas sim um produto com marca que serve apenas como um identificar de produto e tem uma marca de valor, com *brand equity*). Com a renda igualando o produto do preço-volume líquido de uma marca, um item *com marca* tem uma receita superior à do item *sem marca*, podendo, assim, cobrar um preço mais alto e/ou gerar maior volume de vendas. Na forma de equação, a receita adicional para produto *com marca* (*m*) comparada ao item *sem marca* (*sm*) correspondente é a seguinte:

$$\text{Receita adicional}_m = (\text{volume}_m)(\text{preço}_m) - (\text{volume}_{sm})(\text{preço}_{sm}) \quad (2.1)$$

Foi demonstrado que as marcas de consumo que possuem valor mais alto geram receitas adicionais maiores. Por sua vez, existe uma correlação forte e positiva entre as marcas com receita adicional e a parcela de mercado que elas detêm.[10] A habilidade para cobrar preços mais altos e gerar maiores volumes de venda se devem em grande parte os esforços de comar que criam imagens favoráveis para torná-las marcas fortes. Em outras palavras, muitas marcas sem valor agregado, como alguns casos de marcas próprias (marcas de varejistas como os produtos vendidos nos supermercados Carrefour, Walmart e Extra com suas próprias marcas em vez das marcas dos fabricantes dos produtos) têm níveis de qualidade equivalentes às marcas dos fabricantes; não obstante, muitos consumidores preferem as marcas dos fabricantes mais caras e as compram com regularidade em vez de adquirir as marcas próprias, em geral, mais baratas. Essas marcas de fabricantes, portanto, obtêm uma receita adicional porque possuem um valor mais alto, o que é um tributo aos esforços de marketing eficazes. Contudo, atualmente, no Brasil, algumas dessas grandes redes varejistas citadas anteriormente abandonaram a estratégia de marca própria sem valor agregado e passaram a atuar com uma estratégia de valorização de marca semelhante a dos fabricantes, possivelmente motivadas pelo efeito proporcionado pela receita adicional.

Por fim, outra forma de valor de marca com base no ponto de vista da empresa é um tanto semelhante à noção de receita adicional já descrita. Podemos chamar essa forma única de valor de marca "sabor-premium". Apenas um estudo publicado documentou essa forma singular de valor, por isso seria inapropriado dar a esse tipo distinto de *brand equity* o mesmo *status* conferido às quatro formas que foram descritas previamente.

A rede de *fast-food* McDonald's foi o foco de um estudo envolvendo as percepções de gosto de uma amostragem feita com crianças em idade pré-escolar vindas de comunidades de baixa renda.[11] O estudo consistia em fazer que cada criança experimentasse duas versões de cinco produtos (hambúrguer, nugget de frango, batatas fritas, suco de maçã e cenoura). Em uma versão (a versão com a embalagem do McDonald's) cada produto foi apresentado às crianças em uma embalagem com os símbolos do McDonald's. Na segunda versão (a versão com a embalagem simples, branca), os mesmos produtos foram apresentados em embalagens sem a identificação do McDonald's. (Observe que podemos equiparar essa versão na embalagem simples, branca, às marcas sem valor agregado no caso da forma receita adicional de *brand equity*.) Com exceção das cenouras, que não são vendidas nas lanchonetes McDonald's, todos os outros itens eram verdadeiros produtos da rede, independentes da embalagem na qual foram apresentados às crianças. Após experimentar as duas versões de cada produto, as crianças foram instruídas e indicar se (1) não tinham preferência entre as duas versões; (2) preferiam o gosto da versão do McDonald's; ou (3) preferiam o gosto da versão simples, branca. É importante observar que os assistentes de pesquisa não perguntaram de fato às crianças se elas preferiam a versão do McDonald's ou a outra, mas simplesmente pediram que identificassem a versão da qual mais gostaram e colocaram os alimentos/bebidas do lado esquerdo ou direito da bandeja onde as duas versões foram colocadas.

A Tabela 2.1 apresenta os resultados do estudo em termos de três porcentagens para cada um dos cinco produtos: (1) a porcentagem de crianças que gostaram mais dos itens na embalagem do McDonald's; (2) a porcentagem de crianças que acharam que as duas versões tinham o mesmo gosto ou não responderam quando perguntadas: "diga se elas têm o mesmo gosto ou aponte para a comida (bebida) que você acha que tem gosto melhor"; e (3) a porcentagem de crianças que considerou mais gostosos os itens colocados na embalagem simples, branca.

As porcentagens na Tabela 2.1 deixam claro que as crianças participantes preferiram o sabor de todos os cinco itens (comida e bebida) da embalagem do McDonald's aos itens idênticos contidos na embalagem simples. A porcentagem de crianças que preferiram as batatas fritas do McDonald's foi um gritante 76,7%. Mesmo para as cenouras, que não é um item do cardápio da rede, 54,1% consideraram a cenoura dentro da embalagem do McDonald's mais gostosa, em oposição aos 23,0% que preferiram a cenoura servida na outra embalagem.

| tabela 2.1 Preferências das crianças (em porcentagem) | Comida ou bebida | Preferiram a versão do McDonald's | Acharam que as duas versões tinham o mesmo gosto ou não deram resposta | Preferiram a versão simples, branca | Valor-P* |
|---|---|---|---|---|---|
| | Hambúrguer | 48,3% | 15,0% | 36,7% | 0,33 |
| | Nugget de frango | 59,0% | 23,0% | 18,0% | < 0,001 |
| | Batatas fritas | 76,7% | 10,0% | 13,3% | < 0,001 |
| | Suco de maçã | 61,3% | 17,7% | 21,0% | < 0,001 |
| | Cenouras | 54,1% | 23,0% | 23,0% | 0,006 |

* O nível de probabilidade baseado em um teste de diferença significativa entre as porcentagens. Os valores-P de 0,05 ou inferiores são convencionalmente considerados estatisticamente importantes.

Esses resultados indicam de maneira convincente o *brand equity* em ação. A mera colocação de produtos em embalagens identificadas com os bem conhecidos símbolos do McDonald's levou as crianças a considerarem esses itens superiores em sabor quando comparados a itens idênticos contidos nas embalagens simples. Além do mais, análises adicionais revelaram que a preferência pela versão do McDonald's (*versus* a da embalagem simples) dos itens de comida e bebida foi especialmente forte entre as crianças que moravam em casas com mais de um aparelho de TV e que comiam no McDonald's com maior frequência. Como veremos na seção seguinte, sobre o *brand equity* com base no ponto de vista do consumidor, esses resultados demonstram que o papel das abordagens fale-por-si-mesma e voltadas para a mensagem desempenham na promoção de *brand equity*.

## *Brand equity* com base na perspectiva do consumidor

Do ponto de vista do consumidor – seja um ele B2B ou B2C – uma marca possui valor na medida em que as pessoas estão familiarizadas com ela e guardaram na memória associações favoráveis, fortes e únicas com a marca.[12] As **associações** (ou mais tecnicamente, associações mentais) são os pensamentos e sentimentos específicos que os consumidores têm na memória ligados a determinada marca, do mesmo modo que mantemos na memória pensamentos e sentimentos sobre outras pessoas. Por exemplo, que pensamentos/sentimentos vêm à mente de imediato quando você pensa em seu melhor amigo? Sem dúvida, você associa seu amigo a certas características, pontos fortes, e talvez fracos. Do mesmo modo, as marcas são ligadas a nossa memória com associações específicas de pensamentos e sentimentos.[13]

Outro modo de pensar a respeito do *brand equity* consiste em duas formas de conhecimento relacionadas a ela: *percepção da marca* e *imagem da marca*. Uma abordagem subsequente do *brand equity* baseada na percepção do consumidor descreverá em detalhes cada um desses aspectos do conhecimento da marca e provocará a discussão em torno da Figura 2.1. Será útil examinar integralmente essa figura antes de prosseguir a leitura.

### Percepção da marca

A **percepção da marca** é uma questão de saber se o nome da marca vem à mente quando os consumidores pensam em determinada categoria de produto e a facilidade com que o nome é evocado. Pare de ler por um momento e considere todas as marcas de pasta de dente que lhe vem à mente de imediato.

Para estudantes brasileiros a resposta provavelmente seria Colgate (Colgate é o *top of mind* na categoria pasta de dente com 44%), porque é a líder de mercado entre as marcas de pasta de dente comercializadas no Brasil. Talvez você também tenha pensado em CloseUp e Sorriso, pois elas também representam uma grande parcela das compras de pasta de dente. Mas, você pensou em Prevent ou Signal? Provavelmente não. Essas marcas não são tão conhecidas ou frequentemente compradas quanto suas concorrentes mais bem sucedidas. Assim, elas têm um nível mais baixo de percepção que, digamos, a Colgate. Agora repita o mesmo exercício para marcas de tênis. Sua curta lista provavelmente contém Nike, Rainha e talvez Reebook. E Converse, Puma e Asics? Mais uma vez, essas últimas marcas possuem níveis de percepção mais baixos para a maioria das pessoas e, sendo assim, têm menor valor que uma marca como a Nike.

A percepção da marca é a dimensão básica de seu valor. É o quanto ela é conhecida. Do ponto de vista do consumidor, uma marca não tem valor a menos que ele seja pelo menos consciente dela. Alcançar a percepção da marca é o desafio inicial para as novas marcas. Manter altos níveis de percepção da marca é a tarefa a ser realizada por todas as marcas estabelecidas. Portanto, o primeiro passo no sentido de gerar *brand equity* para uma marca é torná-la conhecida e investir em sua percepção. Não há como uma marca ser reconhecida (ter valor) se não for conhecida (ser percebida). Uma marca pode ter alto índice de percepção, ou seja, ser bem conhecida, mas isso não significa que ela tenha valor, ou seja, que ela seja reconhecida, que desperte algum tipo de sensação junto o consumidor. O *brand equity* vem do reconhecimento e não do conhecimento.

A Figura 2.1 mostra dois níveis de percepção: o reconhecimento e a recordação da marca. O *reconhecimento da marca* reflete um nível relativamente superficial de percepção, ao passo que a *recordação da marca* indica uma forma mais profunda. Os consumidores podem ser capazes de identificar uma marca se ela for apresentada a eles em uma lista ou se

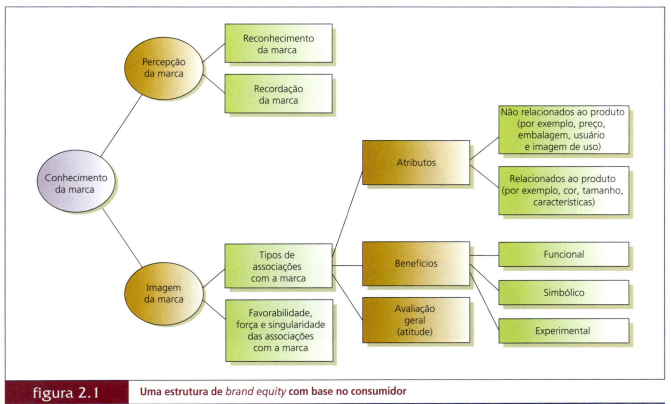

**figura 2.1** Uma estrutura de *brand equity* com base no consumidor

Fonte: Adaptado de Kevin Lane Keller, "Conceptualizing, Measuring, and Managing Customer-Based *Brand equity*", *Journal of Marketing*, 57 (Janeiro de 1993), 7.

sugestões/dicas foram fornecidas. No entanto, um número menor de consumidores conseguirá recordar o nome de uma marca sem nenhum lembrete. É a esse nível mais profundo de percepção – a recordação da marca – que os profissionais de marketing aspiram. Por meio de esforços eficazes e consistentes da comar, algumas marcas ficam tão bem conhecidas que praticamente todas as pessoas vivas com inteligência normal podem se lembrar delas. Por exemplo, se pedissem às pessoas que mencionassem nomes de automóveis de luxo, a maioria delas incluiria Mercedez-Bens na lista. Requisitadas a lembrar de nomes de tênis, a maioria das pessoas mencionaria Nike, Rainha, e talvez Olympikus.

O imperativo da comar é mover as marcas de um estado de não percepção para o reconhecimento, depois a recordação e, por fim, a percepção *top of mind*. Esse ponto mais alto da percepção do nome da marca existe quando a marca de sua empresa é a primeira da qual os consumidores se recordam quando pensam a respeito de marcas em uma categoria específica de produtos. A Figura 2.2 ilustra essa progressão da percepção da marca desde a ausência (não percepção da marca) até o *status top of mind*.

## Imagem da marca

A segunda dimensão do conhecimento da marca com base no consumidor é a imagem dela. A **imagem da marca** representa as associações que são ativadas na memória quando as pessoas pensam sobre uma marca específica. Como vimos na Figura 2.1, essas associações podem ser conceituadas em termos de *tipo, favorabilidade, força* e *singularidade*.

Para ilustrar esses pontos será útil considerar uma marca específica e as associações que um consumidor em particular guardou na memória para tal marca. (Será muito útil se referir à Figura 2.1 antes de ler a descrição a seguir.) Considere o caso de Henry e a rede de *fast-food* McDonald's. Universitário de 27 anos morando em Chicago, Henry frequenta o McDonald's desde que tinha 2 anos. Ele pode ser descrito como um fã vitalício de *fast-food* e em particular do McDonald's. Ele fica literalmente com a boca cheia de água (como o cachorro nos conhecidos experimentos de condicionamento de Pavlov) quando o nome McDonald's é mencionado. Henry se lembra vividamente de ir ao McDonald's de sua cidade natal com os pais e os irmãos. Nada era mais agradável que ir ao McDonald's local em um dia frio de outono depois de limpar as folhas do jardim e fazer outras tarefas. Ronald McDonald's, os arcos dourados e o aroma pungente dos hambúrgueres e batatas fritas são alguns dos pensamentos que entram de imediato na mente de Henry. Ele gosta especialmente das batatas fritas do McDonald's e as considera superior às vendidas em outras redes. Como se tornou mais maduro e consciente da saúde, ele está muito satisfeito com o fato de que as fritas do McDonald's agora não contêm gordura transgênica. Também gosta da decoração simples da lanchonete. E não esquece dos dias agradáveis de que ele e seus colegas de escola desfrutavam juntos depois da aula ou depois de um jogo de futebol e basquete. Até hoje Henry

**figura 2.2** — A pirâmide da percepção da marca

Fonte: Adaptado de David A. Aaker, *Managing Brand equity* (Nova York: Free Press, 1991), 62.

adora o McDonald's. A única coisa da qual ele não gosta é o fato de que os funcionários às vezes são mal treinados, ineficientes e não muito amigáveis.

Todos esses pensamentos e sentimentos representam *tipos* de associações sobre o McDonald's na memória de Henry. Todas essas associações, com a exceção de um serviço ocasional medíocre e funcionários rudes, representam elos *favoráveis* com o McDonald's na opinião de Henry. Essas associações são mantidas *fortemente* na memória de Henry. Algumas delas são *singulares* em comparação a outras redes de *fast-food*. Apenas o McDonald's tem arcos dourados e Ronald McDonald's. Nenhuma outra rede de *fast-food* tem isso. Na mente de Henry, nenhuma outra rede de *fast-food* tem fritas com gosto tão bom quanto as do McDonald's.

A partir dessa ilustração e no contexto dos elementos específicos apresentados na Figura 2.1, podemos ver que Henry associa o McDonald's a vários *atributos* (por exemplo, arcos dourados) e *benefícios* (por exemplo, batatas fritas com um ótimo sabor) e que ele possui uma avaliação, ou *atitude*, geral favorável para com a marca. Essas associações para Henry são mantidas fortemente, são favoráveis e, de certa forma, singulares. McDonald's adoraria ter milhões de Henry em seu mercado, o que sem dúvida a rede tem. Até onde podemos dizer que Henry é um exemplo típico de consumidor, é possível afirmar que o McDonald's tem um alto *brand equity*. Em contraste com o McDonald's, muitas marcas têm valor relativamente pequeno. Isso acontece porque os consumidores são (1) apenas vagamente conscientes delas ou, ainda pior, não têm nenhuma percepção delas, ou (2) se tiverem a percepção não têm associações fortes, favoráveis e singulares com elas.

Embora a imagem de uma marca seja baseada em uma variedade de associações que os consumidores desenvolveram com o tempo, as marcas – assim como as pessoas – têm suas personalidades próprias e únicas. Por isso, uma das técnicas utilizadas por especialistas para descobrir a imagem ou associações feitas pelo consumidor com relação a determinada marca é pedir para ele comparar a marca a uma pessoa. Algo como "se determinada marca fosse uma pessoa, como ela seria para você?" Ou "descreva determinada marca como você descreveria uma pessoa". Pesquisas identificaram cinco dimensões de personalidade que descrevem a maioria das marcas: sinceridade, excitação, competência, sofisticação e robustez.[14] Ou seja, as marcas podem ser descritas como possuindo algum grau de cada uma dessas dimensões, variando de "a dimensão não descreve a marca de modo algum" para "a dimensão capta a essência da marca". Por exemplo, uma marca pode ser considerada alta em sinceridade e competência, mas baixa em sofisticação, excitação ou robustez. Outra marca pode representar sofisticação e excitação, mas ser considerada fraca em todas as outras dimensões.

As cinco dimensões de personalidade relacionadas à marca são descritas e ilustradas a seguir. Lembre-se de que cada exemplo tenta captar uma única dimensão de personalidade quando, de fato, as marcas, como as pessoas, são multifacetadas com respeito a suas características de personalidade.

1. **Sinceridade** – Essa dimensão inclui marcas que são percebidas como realistas, honestas, saudáveis e alegres. A sinceridade é precisamente a personalidade que a Disney imbuiu em sua marca.
2. **Excitação** – As marcas com alta pontuação nessa dimensão são vistas como ousadas, vivas, imaginativas e atualizadas. A Apple/iPhone talvez incorporou essa dimensão de personalidade quando foi introduzida, em 2007, entre muito barulho e até frenesi dos consumidores, pois os compradores queriam ser os primeiros a possuir esse telefone celular especial.
3. **Competência** – As marcas com alta pontuação nessa dimensão de personalidade são consideradas confiáveis, inteligentes e bem sucedidas. Na categoria de automóveis, poucas marcas são consideradas mais competentes que a Toyota. Os veículos da Toyota não são particularmente excitantes nem robustos, mas os consumidores os consideram confiáveis e competentes. A J. D. Power, um instituto que pesquisa donos de automóveis para avaliar níveis de satisfação, relata anualmente que a Toyota está no topo, ou perto dele, dos índices de satisfação. Isso, é claro, deve-se ao sucesso e confiabilidade geral da marca.

4. **Sofisticação** – As marcas consideradas de classe superior e charmosas têm alta pontuação nessa dimensão. Automóveis de luxo, joias, perfumes caros, vinhos e moda de alta costura são apenas alguns das muitas categorias de produtos que incluem marcas com alta pontuação nessa dimensão, na qual se encontram as "marcas de luxo, de grife", como Rolex, Cartier, Ferrari, Loius Vuitton, Hermés, que são, dentre tantas outras, marcas sofisticadas bem conhecidas.
5. **Robustez** – Marcas robustas são consideradas fortes e relacionadas a atividades ao ar livre. Timberland é um exemplo típico de marca considerada forte e relacionada a atividades ao ar livre. Na categoria automóveis, o Land Rover, com seu apelo aos consumidores, que gostam da vida ao ar livre, é outro exemplo de marca que teria alta pontuação nessa dimensão.

## A composição do *brand equity*

Uma marca é a soma dos atributos intangíveis de um produto: seu nome, sua embalagem, seu preço, sua história, sua reputação e o modo como é divulgada. Uma marca também é definida pelas impressões e experiências dos clientes. O *brand equity* pode ser discutido sob as perspectivas da empresa e do consumidor. Cada um desses grupos tem uma visão distinta do que isso representa para eles. De forma clara, as marcas acrescentam valor a cada um desses grupos de forma diferente. Para as empresas, o *brand equity* cria uma vantagem diferencial que a permite gerar maior volume de vendas e receitas. O *brand equity* provê uma plataforma para apresentar os novos produtos ou mesmo para estender uma linha já existente. Todavia, essas características não serão relevantes se a marca não tiver significado para o consumidor. Em outras palavras, só haverá valor para a empresa se houver valor gerado para o consumidor. Assim, é importante entender como esse valor é criado e sustentado na mente do consumidor e como esse valor se traduz em comportamento de compra e consumo.

Assim, tanto da perspectiva da empresa quanto do consumidor uma questão importante e recorrente são os elementos que contribuem para a formação do *brand equity* e como eles se relacionam. Existem muitos conceitos e modelos diferentes que abordam essa questão. Em um levantamento recente foram identificados mais de 50 diferentes constructos para a formação do *brand equity*. A Figura 2.3 identifica os 10 constructos mais importantes para a formação do *brand equity*, segundo uma pesquisa feita com cerca de 20 especialistas em gestão de marcas. Com o ajuda do modelo de dinâmica de sistemas foi possível identificar também como esses constructos estão relacionados entre si no sentido de contribuírem para formação do *brand equity*. Mesmo que não possa ser considerado um modelo definitivo para explicar quais os elementos formadores do *brand equity* – esse desafio parece ainda longe de ser equacionado –, o modelo traz um diagrama causal representando o modelo mental de especialistas em relação à composição do *brand equity* e representa como a construção do *brand equity* é uma atividade complexa para os gestores de marca, pois o estudo demonstra que, embora todos os constructos contribuam na formação do *brand equity*, eles não exercem as mesmas influências no processo. Ao contrário, alguns são mais impactantes enquanto outros são mais impactados.[15]

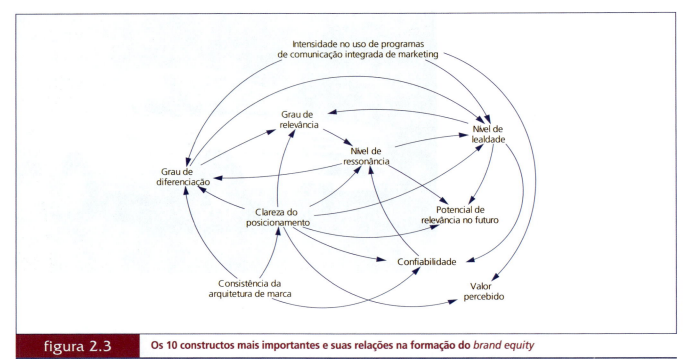

**figura 2.3** — Os 10 constructos mais importantes e suas relações na formação do *brand equity*

Fonte: Crescitelli e Figueiredo, "Uso de diagramas causais na construção de um modelo de *brand equity*". EMA da ANPAD, 2010.

## Promovendo o *brand equity*

Em geral, os esforços para promover o valor de uma marca são realizados por meio de uma escolha inicial da identidade positiva da marca (ou seja, por meio da seleção de um bom nome e logo da marca), mas principalmente por meio de programas de marketing e comar que criam associações favoráveis, fortes e singulares com a marca na mente do consumidor.

Não é possível promover o *brand equity* só com intensificação dos esforços de marketing ou de comar, pois o *brand equity* depende de lastro, de garantias reais que possam sustentar o promessa feita. Em outras palavras, o valor da marca não pode ser gerado de forma artificial. As marcas que têm – ou querem ter – seu valor atrelado a alta qualidade, precisam ser efetivamente de boa qualidade. Porém, esforços eficazes e consistentes de comar são necessários para criar e manter o *brand equity*.

Uma imagem favorável não acontece automaticamente. Comunicações de marketing contínuas são em geral requeridas para criar associações favoráveis, fortes e talvez singulares sobre a marca. Por exemplo, poderíamos alegar que uma das maiores marcas do mundo, a Coca-Cola, é pouco mais que água colorida com gás e açúcar. Essa marca, não obstante, possui um imenso *brand equity* porque seus gestores desde o primórdio da marca, há mais de um século, sempre tiveram em mente a necessidade da comunicação contínua para manter a imagem da marca em evidência em todo o mundo.

Só nos Estados Unidos, a Coca-Cola Company há pouco tempo representava 43% do mercado de refrigerantes carbonatados, com um total superior a 50 bilhões de dólares em renda. A Coke Classic (Coke) manteve uma parcela de mercado individual de aproximadamente 18%, enquanto sua concorrente mais forte, a Pepsi, teve 11%.[16] No Brasil, a situação da Coca-Cola não é muito diferente, uma vez que a empresa ocupa a liderança de mercado. Os consumidores não compram essa "água colorida com gás e açúcar" apenas por seu sabor; em vez disso, eles compram um estilo de vida e uma imagem ao preferir a Coca a outras marcas disponíveis. A propaganda eficaz, as promoções de venda excitantes, os patrocínios criativos e outras formas de comunicações de marketing são responsáveis pela imagem positiva da Coca-Cola e sua enorme participação de mercado. A Coca-Cola supera a Pepsi não porque necessariamente tem um gosto melhor, mas porque ela desenvolveu uma imagem mais positiva junto a um grande número de consumidores. Para uma revisão das evidências que apoiam essa declaração, leia a seção *Foco CIM*.

Que ações podem ser tomadas para promover o valor de uma marca? Como o *brand equity* é uma função da favorabilidade, força e singularidade de associações mantidas nas memórias dos consumidores – como detalhado previamente no contexto da Figura 2.1? A resposta é simples: criar associações mais fortes, mais favoráveis e mais singulares. Mas isso levanta a questão sobre como isso é realizado. Na verdade, as associações são criadas de várias maneiras, algumas das quais iniciadas pelos profissionais de marketing (por exemplo, via propaganda) e outras não.[18] A discussão a seguir identifica três meios pelos quais o *brand equity* pode ser promovido e os denomina (1) abordagem fale-por-si-mesma; (2) abordagem focada para a mensagem; e (3) abordagem de alavancagem.

## foco c.i.m.

### Neuromarketing e o caso: Por que a Coca-Cola vende mais que a Pepsi?

A Coca-Cola (Coke) e a Pepsi são dois refrigerantes carbonatados muito bem conhecidos que estão no mercado há mais de 100 anos. Essas marcas travam uma batalha feroz há décadas, descrita, às vezes, como "a guerra das colas". Uma batalha sensacional começou em 1975 quando a Pepsi patrocinou um teste em todo o território americano para determinar qual marca, Coca ou Pepsi, era considerada melhor quanto ao gosto. Depois do teste, a Pepsi lançou uma campanha publicitária (chamada "O Desafio Pepsi" ["Pepsi Challenge]) que comparou diretamente a Pepsi e a Coca e alegou que as evidências obtidas em pesquisas (por exemplo, os assim chamados testes "cegos" de sabor) revelaram que os consumidores preferiam Pepsi à Coca. Se de fato a Pepsi tem um sabor melhor que a Coca, por que a Coca é o refrigerante mais popular e o que mais vende? Para obter uma resposta vamos entrar no mundo do neuromarketing e da tecnologia da imagem do cérebro.

Neuromarketing é uma aplicação específica do campo da pesquisa sobre o cérebro chamada neurociência. Os neurocientistas estudam a ativação do cérebro por estímulos externos com o uso de máquinas de escaneamento que obtêm imagens funcionais por ressonância magnética (IFRM).[17] O escaneamento do cérebro com as máquinas de IFRM revela quais áreas do cérebro são mais ativadas em resposta a estímulos externos. Como essa breve definição em mente, podemos descrever a pesquisa conduzida por um neurocientista no Baylor College of Medicine, no Texas; pesquisa que pode ser descrita como o "Desafio Pepsi do século XXI."

O cientista, Read Montague, realizou sua nova versão do Desafio Pepsi escaneando o cérebro de 40 participantes do estudo depois que eles tomaram doses intermitentes de Pepsi e Coca. Quando estavam "cegos" quanto à marca que experimentavam, a Pepsi foi a clara vencedora. Ou seja, o centro de recompensa do cérebro, o núcleo ventral, revelou uma preferência bem maior pela Pepsi à Coca quando os participantes não sabiam qual marca estavam experimentando. Todavia, o resultado mudou quando Montague alterou o procedimento contando aos participantes o nome da marca que iam experimentar. Agora uma região diferente do cérebro foi ativada e a Coca-cola foi a vencedora nesse teste que não foi realizado "às cegas". Em especial, a ativação no córtex pré-frontal medial – uma área do cérebro associada às funções cognitivas como pensamento, julgamento, preferência e autoimagem – revelou que os participantes agora preferiam a Coca. Em resumo, com os testes "às cegas" a Pepsi foi a vencedora. Com os testes não realizados "às cegas" a Coca prevaleceu. Por quê?

A resposta aparente é a diferença nas imagens das marcas, com a Coca possuindo uma imagem mais atraente, obtida durante anos de esforços eficazes de marketing e comunicação. Quando os participantes sabiam que estavam tomando a Coca, sua preferência por essa marca foi mediada por experiências passadas e associações positivas com a marca coincidindo com a autoimagem deles – como foi refletido na ativação do córtex pré-frontal medial. Quando não tinham nenhuma ideia da identidade da marca, o centro "cru" de recompensa do cérebro, o núcleo ventral revelou que a Pepsi era a vencedora, presumivelmente porque é um refrigerante com um gosto melhor. Mais interessante é o fato de que esforços de comar da Coca-Cola permitiram que a marca chegasse ao topo. Campanhas como "Coca Cola é isso aí", "Emoção pra valer" e "O lado Coca Cola da vida" possivelmente ressoaram mais positivamente junto aos consumidores do que o marketing da Pepsi, que se concentrou mais em alinhar a marca com celebridades que acabaram se tornando não muito bem vistas, como Michael Jackson e Britney Spears. Em resumo, esse "Desafio Pepsi do século XXI" demonstra mais uma vez a importância dos esforços eficazes de comar e o papel que uma imagem positiva da marca desempenha na determinação de seu *brand equity* e na influência sobre a escolha dos consumidores.

*Fontes*: Edwin Colyer, "The Science of Branding", *Brandchannel*, 15 de março de 2004, http://brandchannel.com (acesso em: 22 de março de 2004); Clive Thompson, "There's a Sucker Born in Every Medial Prefrontal Cortex", *The New York Times*, 26 de outubro de 2003, http://rickross.com. (Acesso em: 20 de julho de 2004); David Wahlberg, "Advertisers Probe Brains, Raise Fears", *The Atlanta Journal-Constitution*, 1 de fevereiro de 2004, http://cognitiveliberty.org. (Acesso em: 20 de julho de 2004); Melani Wells, "In Search of the Buy Button", *Forbes.com*, 1 de setembro de 2003, http://forbes.com. (Acesso em: 20 de julho de 2004); "The Cola Wars: Over a Century of Cola Slogans, Commercials, Blunders, and Coups", http://geocities.com/colacentury. (Acesso em: 21 de julho de 2004).

### Promovendo o valor fazendo que a marca fale-por-si-mesma

Como consumidores, nós, com frequência, experimentamos marcas sem ter nenhum conhecimento prévio delas. Os consumidores formam associações favoráveis (ou talvez desfavoráveis) relacionadas à marca apenas pelo ato de consumi-la sem nenhum conhecimento significativo anterior ao da experiência do uso. Na verdade, a marca "fala-por-si-mesma" ao informar aos consumidores sobre suas qualidades, aspectos desejáveis e adequação para satisfazer os objetivos dos con-

sumidores a ela relacionados. Os consumidores aprendem se uma marca é boa (ou ruim) e quais benefícios ela traz (ou não) por meio da tentativa e uso dos produtos. Fica evidente que na abordagem fale-por-si-mesma os gestores de marketing desempenham um papel limitado, pois não vão muito além, nesses casos, da criação de materiais atraentes nos pontos de venda ou do desenvolvimento de ações de promoções de vendas que motivem os consumidores a adquirir a marca. É como se a marca só pudesse contar consigo mesma para criar seu *brand equity*. Nesse tipo de situação, a qualidade e desempenho intrínsecos da marca são vitais para seu sucesso.

### Promovendo o valor por meio de mensagens atraentes

Os profissionais da comar em suas várias capacidades podem criar (ou tentar criar) associações positivas relacionadas à marca por meio de afirmações repetidas acerca das características que uma marca possui e os benefícios que ela traz. Esse tipo de criação de *brand equity* é conhecido como "abordagem focada para a mensagem". Tal abordagem é eficaz se as mensagens da comar forem criativas, chamarem a atenção e forem críveis e memoráveis. É desnecessário dizer que as abordagens "fale-por-si-mesma" e voltada para a mensagem não precisam ser independentes; ou seja, as associações dos consumidores relacionadas a determinada marca resultam tanto do que eles aprenderam em primeira mão sobre a marca, por meio do uso, quanto do que adquiriram por meio da exposição às mensagens de comar a respeito da marca. Mais que dependentes, essas duas formas de abordagens (que são extremamente comuns no mercado) precisam ser integradas e sinérgicas.

### Promovendo o valor por meio da alavancagem

A terceira estratégia de criação de valor, que está sendo usada cada vez mais, é a "alavancagem".[19] As associações com as marcas podem ser moldadas e o valor promovido fazendo que uma marca alavanque associações positivas que já estão contidas no mundo das pessoas, lugares e coisas. Ou seja, os sistemas culturais e sociais nos quais os consumidores aprendem sobre as marcas e como as comunicações de marketing acontecem são carregados de significado. Por meio da socialização as pessoas aprendem valores culturais, formas de crenças, e se tornam familiarizadas com as manifestações físicas, ou artefatos, desses valores e crenças. Os artefatos da cultura são repletos de significado, que é transferido de geração para geração. Por exemplo, o Lincoln Memorial e a Ellis Island são símbolos de liberdade para os americanos. Para os brasileiros o Cristo Redentor representa nossa hospitalidade, e o carnaval, a alegria. Para os alemães e muitas outras pessoas por todo o mundo, o agora derrubado Muro de Berlim significava opressão e desesperança. Comparativamente, fitas amarelas significam crises e esperança pela libertação de reféns e o retorno em segurança dos militares. Fitas cor-de-rosa representam apoio às vítimas do câncer de mama. Fitas vermelhas se tornaram o símbolo internacional de solidariedade às pessoas com HIV. A bandeira da Libertação Negra, com suas listras vermelhas, pretas e verdes – representando sangue, realização, e a fertilidade da África – simboliza direitos civis.

Os comunicadores de marketing extraem o significado do mundo *culturalmente constituído* (ou seja, o mundo diário repleto de sinais e artefatos como os exemplos citados anteriormente) e transfere esse significado para os bens de consumo. Os comunicadores de marketing praticam a *transferência de significado* quando conectam um bem de consumo a uma representação do mundo culturalmente constituído. "As propriedades conhecidas do mundo culturalmente constituído passam, desse modo, a existir nas propriedades desconhecidas do bem de consumo e ocorre a transferência do significado do mundo para o bem [de consumo]".[20]

Em outras palavras essa declaração afirma que os comunicadores de marketing *alavancam* o significado e criam associações para suas marcas ligando-as a outros objetos que já possuem significado bem conhecido. A Figura 2.4 retrata como as marcas alavancam as associações, formando conexões com (1) outras marcas; (2) lugares; (3) coisas; e (4) pessoas. Existem inúmeros meios de alavancar associações favoráveis com marca, e a Figura 2.4 é um bom ponto de partida para entender essa opções. (Será importante estudar a Figura 2.4 antes de prosseguir a leitura).

*Alavancando associações a partir de outras marcas*   Entre as formas de alavancagem, a Figura 2.4 mostra como uma marca pode desenvolver associações a partir de *outras marcas*. Recentemente, vem se tornando cada vez mais

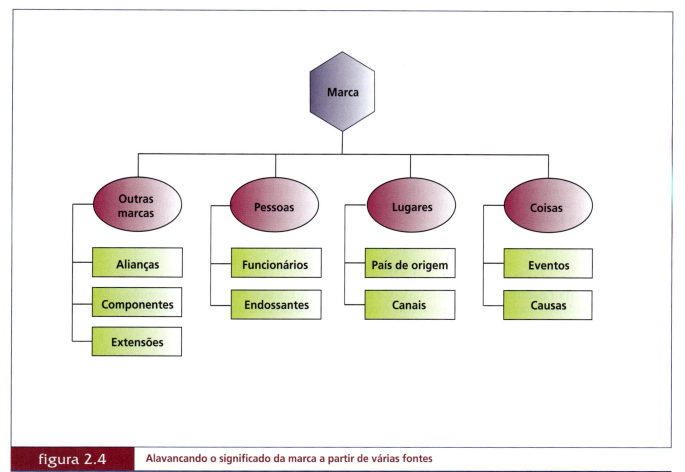

**figura 2.4** Alavancando o significado da marca a partir de várias fontes

Fonte: Kevin Lane Keller, "Brand Synthesis: The Multidimensionality of Brand Knowledge", *Journal of Consumer Research* 29 (Março de 2003), 598. Com autorização da University of Chicago Press.

frequente que duas marcas formem aliança que potencialmente serve para promover o valor e a rentabilidade de ambas. Você só precisa observar seu cartão bancário (por exemplo, Visa) para ver que ele traz o nome de uma organização como seu banco, seu posto de combustível, sua loja preferida, sua companhia aérea ou sua seguradora. As duas instituições formaram uma aliança, ou uma relação de co-marca, para benefício mútuo. Seu banco provavelmente se junta a outras organizações promotoras de eventos esportivos ou musicais dando a prédios e instalações o nome da organização que concede apoio financeiro. Credicard Hall, Espaço Unibanco e HSBC Music Hall são alguns exemplos.

Os exemplos de alianças de marca são praticamente infindáveis; muitos deles você observou como um participante diário do mercado. O tema comum é que as marcas que formam alianças o fazem com base no fato de que suas imagens são semelhantes, que atingem o mesmo segmento de mercado, que a iniciativa de junção das marcas possui um *ajuste comum* e que os esforços de comar combinados maximizam as vantagens das marcas individuais ao mesmo tempo em que minimizam as desvantagens.[21] Foi demonstrado que as alianças são mais eficazes quando as duas partes experimentam um aumento do valor como resultado da união.[22]

A *junção de marcas por componente* é um tipo especial de aliança entre as partes. Por exemplo, a Lycra, uma marca de fibra elástica da DuPont, iniciou um esforço publicitário global de milhões de dólares para aumentar as vendas de um jeans feito com Lycra. Semelhante à campanha da "Intel Inside", os anúncios da Lycra mostravam jeans feitos com o material, confeccionados pela Levi Strauss, Diesel, DKNY e outros fabricantes. A Dupont começou a campanha com um esforço para se diferenciar da fibra elástica mais barata, sem marca, produzida na Ásia.[23] Outros exemplos muito conhecidos de junção por componen-

te incluem várias marcas de panela que destacam o fato de que suas frigideiras são feitas com a cobertura antiaderente Teflon da DuPont. Embora a junção das marcas por componente seja em muitos casos benéfica tanto para os componentes quanto para as marcas "hospedeiras", uma desvantagem potencial para a marca hospedeira é que o valor do componente da marca pode ser tão grande que supera a marca hospedeira. Isso aconteceria, por exemplo, se os consumidores soubessem que suas panelas possuem o antiaderente Teflon, mas não tivessem a percepção da empresa que de fato produziu as panelas. Para se tornar uma ação eficaz, a alavancagem de associações por meio de outras marcas, como visto anteriormente, precisa atender a algumas condições específicas que nem sempre são facilmente encontradas no mundo real dos negócios. Por isso, esse tipo de associação não é tão frequente.

*Alavancando associações a partir de pessoas*   Além de alavancar a imagem de uma marca associando-a a outra, a Figura 2.4 mostra que uma marca pode promover seu valor juntando-se a *pessoas*, como os próprios funcionários da empresa ou endossantes. Em um outro capítulo será discutido em detalhes o papel dos endossantes, por isso nada mais será dito neste momento além de uma observação de que as associações da marca com endossantes podem ser extremamente bem sucedidas (lembre-se de Cacá e a Gilette ou Pelé e a Pfizer na campanha do Viagra) ou potencialmente desastrosas (lembre-se do Ator Kiefer Sutherland, astro da série 24 Horas, preso acusado de dirigir embriagado na mesma época em que protagonizava o comercial de lançamento do Citroën Pallas C4. Tiger Wood com os escândalos extraconjugais, que nesse caso afetou várias empresas ao mesmo tempo, é um outro exemplo).

*Alavancando associações a partir de coisas*   Outras formas de alavancagem incluem a associação da marca a *coisas* como eventos (por exemplo, o patrocínio da Copa do Mundo de futebol) e causas (por exemplo, o patrocínio de uma campanha de ajuda ao Graac). Mais uma vez, não apresentaremos aqui uma discussão detalhada desse tópico porque o Capítulo 19 descreve em profundidade essas formas de associação.

*Alavancando associações a partir de lugares*   Por fim, o *brand equity* pode ser promovido associando a marca a *lugares*, como o canal no qual ela é distribuída ou a imagem de um país (*país de origem*, na Figura 2.4). Imagine, por exemplo, a diferença entre a imagem de uma marca – mantendo todo o resto constante, como produto, qualidade e preço – se ela fosse vendida em uma loja de uma grande rede de varejo, como a Walmart, comparada a ser distribuída em uma loja de departamentos voltada para consumidores de alta renda. Em qual loja a marca seria considerada de modo mais positivo?

Alavancar uma marca enfatizando seu *país de origem* é um modo potencialmente eficaz de promover seu valor.[24] Por exemplo, as marcas com uma herança alemã ou suíça são consideradas de alta qualidade em fabricação. Os produtos eletrônicos japoneses não encontram paralelo em inovação, qualidade e confiabilidade.

Qual a importância do país de origem da marca no que diz respeito a afetar seu valor e determinar o sucesso comercial? Falando com sinceridade, não há uma resposta simples para essa pergunta e as pesquisas sobre essa questão são confusas.[25] O processo de internacionalização de marcas brasileiras no mercado global é fortemente impactado pela imagem da marca Brasil.[26] De forma generalizada, a marca Brasil está associada a flexibilidade e criatividade, mas também a falta de seriedade e de confiabilidade, isso para ficar apenas no que tange a negócios. Assim, a marca Brasil pode ajudar e ao mesmo tempo dificultar a imagem de uma marca brasileira no exterior.[27]

Sem dúvida, alguns segmentos de consumidores dão mais importância ao país de origem da marca que outros. Os consumidores mais velhos, por exemplo, são, em geral, mais preocupados com o local de origem da marca que os consumidores mais jovens, que se sentem mais confortáveis vivendo em um mundo globalizado e adquirindo produtos com base em outras considerações que não o lugar onde eles são feitos. Na verdade, as pesquisas revelam que os estudantes universitários americanos não fazem ideia de onde se originam as marcas que eles consomem.[28] Por exemplo, apenas 4,4% entre mil estudantes sabiam que os telefones celulares da Nokia eram produzidos na Finlândia (53% pensavam que a Nokia fosse japonesa), e apenas 8,9% sabiam que os telefones celulares da LG eram da Coreia. Quase 50% acreditavam que as roupas da Adidas são originárias dos Estados Unidos em vez de seu verdadeiro país de origem, Alemanha. Mais de 40% dos entrevistados acreditavam erroneamente que a Motorola, uma marca americana há muito tempo conhecida, fosse japonesa. Caso essa mesma pesquisa fosse aplicada no Brasil, muito provavelmente os resultados seriam bastante semelhantes. Provavelmente poucos consumidores sabem que Topper é uma marca brasileira, assim como a rede de *fast-food* Bob's.

Quando uma marca alavanca seu país de origem, é possível que ela se beneficie dessa associação, ou se prejudique, se o país não for visto sob uma luz positiva. É óbvio que para os profissionais de marketing da marca é interessante que seu país de origem seja visto sob uma ótica favorável.

## Gerenciamento estratégico de marcas

Desde sua função inicial, que era a de identificação do fabricante e de distinguir um produto de outro no ponto de venda, a função da marca evoluiu significativamente ao longo do tempo. Como já abordado, a marca é atualmente um importante ativo da empresa, quer do ponto de vista financeiro, quer do potencial de negócios que ela detém. Por isso, a gestão de marcas tornou-se uma atividade complexa que envolve várias ramificações ou alternativas para o desenvolvimento de estratégias de marcas, como a *extensão de marca, licenciamento de marca* e *marca própria*.

***Extensão de marca*** – Envolve o uso de uma marca para outros produtos. A intenção da empresa é transferir o valor de uma marca já estabelecida para um produto novo e, com isso, otimizar os efeitos, tanto para a marca, quanto para o novo produto.[29] A marca fica mais forte por ampliar seu domínio, por estar mais presente no mercado, e o novo produto ganha por levar uma marca já reconhecida, facilitando sua adoção pelos consumidores. Essa prática é muito usual atualmente, em especial pelo grande esforço demandado na construção do *brand equity* de uma marca nova e também pelo alto custo de manutenção de marcas estabelecidas no mercado. A marca Nescau, da Nestlé, é um bom exemplo de extensão de marcas. Originalmente, a marca Nescau (que é a abreviatura de Nestlé Cacau) era apenas a marca de um achocolatado em pó. Porém, como a marca se tornou muito forte ao longo do tempo, hoje é utilizada em 12 produtos, dentre eles biscoito, cereal e sorvete. (Para ver todos os produtos da família Nescau, acesse: http://www.nestle.com.br/site/marcas/nescau.aspx.) Contudo, a extensão de marca não pode ser usada de forma indiscriminada, pois ela tem um limite, ou seja, a força da marca tem determinada amplitude – uma espécie de guarda-chuva da marca – e fora dela o efeito da extensão pode ser exatamente o inverso do esperado. Por amplitude de marca podemos entender a imagem que ela tem no mercado, o tipo de associação na qual ela está envolvida. Atuando fora de sua amplitude, fora de seus limites, a marca não agrega valor ao novo produto e também se enfraquece, pois perde seu foco e distorce seu posicionamento. Por exemplo, voltando ao caso do Nescau, alimentos sabor chocolate estão dentro da amplitude da marca (biscoitos, sorvetes, cereais) e os efeitos devem ser os esperados. Mas, se a marca for usada em um novo computador ou um artigo esportivo, provavelmente os efeitos pretendidos com a extensão de marca não serão atingidos.

***Licenciamento de marca*** – A estratégia de extensão de marcas pode ser adotada não só para marcas/produtos de uma mesma empresa, como também entre empresas diferentes, quando uma empresa detentora de uma marca a "empresta" para que outra empresa a coloque em seu produto. Esse processo é conhecido como licenciamento de marca ou franquia de marca. Claro que nesses casos existe uma série de exigências e restrições (pagamentos de *royalties*, normas para uso da logomarca etc.) regidas por rigorosos contratos, afinal a empresa não pode correr riscos de perder o controle sobre sua marca). A marca Ferrari, um dos carros mais glamorosos do mundo, pode ser encontrada em vários produtos não ligados à empresa, como perfumes, relógios e gravatas. A Mattel licencia vários acessórios que levam a mesma marca de sua famosa boneca Barbie. Porém, o segmento onde a prática de licenciamento é mais intensamente explorada é, sem dúvida, de personagens (Harry Potter, Pokemon, Ben 10, Batman etc.), que pela tendência de serem marcas mais efêmeras – apresentam um ciclo de vida curto ou ficam pouco tempo em evidência – seus detentores veem no licenciamento uma forma eficiente de potencializar o valor de marca em curto espaço de tempo. Aqui também valem os efeitos da amplitude da marca comentados no item anterior, mas no caso de personagens ela é bem mais ampla que para marcas de empresas. Pare um pouco e observe a quantidade de produtos licenciados pelo personagem da moda, no momento em que você lê este texto.

***Marca própria*** – O termo não pode ser entendido pelo significado literal, mas sim como designação de marcas de varejistas. O setor supermercadista é o líder nessa prática. Há tempos as grandes redes varejistas oferecem marcas próprias de produtos em praticamente todas as categorias: alimentos, higiene pessoal, limpeza etc. Inicialmente era mais comum os produtos levarem a marca do próprio varejo, daí adoção da expressão "marcas próprias". A intenção era oferecer uma opção, em geral, de preço mais baixo em ralação às marcas tradicionais de fabricantes, usando a força da marca do próprio varejo para isso (Bom Preço do Walmart e Aro do Makro, produtos com marca Carrefour e produtos com a marca Extra). Porém, com o tempo, algumas redes de varejo adotaram políticas diferentes para marcas próprias, adotando estratégias de gestão de marcas próprias nos mesmos moldes dos fabricantes. Dessa forma, hoje, algumas redes têm várias marcas como posicionamentos bem definidos e atendendo a segmentos específicos e nem sempre atuando na categoria "baixo preço". O Grupo Pão de Açúcar, por exemplo, tem um portfólio de marcas exclusivas que inclui Taeq (produtos saudáveis), Casino (produtos importados), Qualitá (produtos para o dia a dia) e Club des Sommelier (vinhos). As vendas de produtos com marca própria representam 4,6% das vendas (em reais), incluindo supermercados, atacadistas e farmácias. São mais de 350 marcas diferentes, distribuídas em cerca de 270 categorias e envolvendo 55.000 produtos, segundo pesquisa Nielsen publicada pela ABRAS.[30]

# foco global
## Mundo Verde

O conceito de sustentabilidade é alicerçado em três pilares: econômico, social e ambiental. Poucos duvidam da necessidade do bom relacionamento do homem com o meio para garantir o futuro de nosso planeta. Dada sua importância, a sustentabilidade ganhou muito espaço nos discursos corporativos. Há a crença de que é imperativo ser percebido como sustentável ou adepto da sustentabilidade de alguma maneira

A primeira loja Mundo Verde foi aberta em 1987, em Petrópolis, no Rio de Janeiro. A empresa familiar foi pioneira no conceito de vida saudável no Brasil, associando a saúde do corpo e da mente ao consumo consciente. Seus fundadores acreditam que uma alimentação saudável não é suficiente, sendo preciso ter também uma vida saudável. Por isso, foram pioneiros em oferecer livros de autoajuda, incensos e música *new age* em suas lojas, além dos alimentos naturais, orgânicos e saudáveis.

O perfil do consumidor da marca é mais feminino (70%), constituído por pessoas de todas as classes sociais que se preocupam com o bem-estar, a ecologia e o consumo consciente e querem viver de forma mais saudável. Esse estilo de vida foi traduzido no posicionamento da marca, sintetizado na "filosofia verde de viver". Atualmente, a empresa se posiciona como a "maior rede de lojas de produtos naturais, orgânicos e bem-estar da América Latina".

A história da criação da marca é muito peculiar. Os fundadores buscavam um nome para a empresa e, decidiram, a princípio, incluir a palavra "verde", por acreditarem que ela denotava esperança, saúde e ecologia (assunto ainda não muito discutido à época). A sugestão de Mundo Verde foi feita pela filha da fundadora, que tinha apenas 7 anos. O registro da marca foi feito cerca de três anos após a fundação da empresa e já está registrada em cerca de 50 países. Hoje, a marca é considerada muito forte, pois, segundo um dos fundadores, "tem pessoas que olham a Mundo Verde como olham um time de futebol; outros, como uma religião". Ele relatou, inclusive, que uma senhora deixou sua casa de herança para a empresa.

Diversas iniciativas demonstram a preocupação da Mundo Verde com questões relativas à sustentabilidade: foi uma das primeiras redes varejistas no Brasil a aderir às sacolas retornáveis para substituir o uso de sacolas plásticas nas compras; lançou vários modelos de *ecobags*; adotou uniformes para os funcionários feitos com fibras de garrafas pet; desde 2002, divulga e comercializa a vassoura ecológica, feita de garrafas pet por comunidades assistidas pelo projeto Recicla Três Rios, no interior do estado do Rio de Janeiro; abraçou o movimento Amazônia para Sempre, recolhendo assinaturas para o manifesto em suas lojas e aderiu ao Fórum Amazônia Sustentável (FAS), para promover ações que visem à sustentabilidade das comunidades amazônicas.

Atualmente, o composto de produtos inclui alimentos integrais, orgânicos, funcionais, sem glúten, sem lactose, *diet* e *light* e dieta Kosher; complementos alimentares e suplementos para atletas; livros e CDs de música clássica, *new age* e étnica; incensos; cosméticos naturais e outros produtos voltados para a saúde do corpo e da mente.

As principais formas de comunicação da marca no Brasil são feitas via site da empresa e nos pontos de venda. O site recebe, aproximadamente, 90 mil pessoas por mês, o que é considerado expressivo pelo fundador. No site, não são efetuadas vendas; há apenas informações e serviços, como receitas e dicas de sustentabilidade. Nos pontos de venda, há nutricionistas e atendimento direcionado para transmitir informação aos clientes e comunicar o conceito da marca. Há, também, serviço de atendimento ao consumidor, via linha telefônica gratuita (0800), com nutricionistas ("Alô Nutricionista"). A empresa conta, ainda, com a *Revista Mundo Verde*, publicação quadrimestral focada em matérias sobre esportes, meio ambiente, alimentação e ecoturismo, distribuída gratuitamente nas lojas da rede. Além disso, a empresa investe em publicidade via assessoria de imprensa.

No início da década de 1990, surgiram os primeiros pedidos de franquias, solução adotada para a expansão da rede. A Mundo Verde conta com 175 lojas no Brasil, em 20 estados e no Distrito Federal; 150 mil clientes por dia; mais de 30 mil produtos cadastrados (média de 5 mil por loja) fornecidos por cerca de mil fornecedores cadastrados, sendo 85% micro e pequenas empresas. A internacionalização ocorreu em 2007, por meio de duas lojas franqueadas em Angola e Portugal, sendo que neste país há uma máster franquia internacional, deixando clara a intenção de expansão para outros países.

Seguindo a filosofia do próprio negócio, em determinado momento os fundadores da empresa estavam com cerca de 50 anos e queriam mais tempo para aproveitar a vida. Como ocorre em muitas empresas familiares bem-sucedidas – a rede apresentava lucratividade de 1,5 milhão de reais por ano –, enfrentavam problemas de sucessão. Portanto, em 2009, decidiram vender a rede para o grupo Axxon, que atua no mesmo ramo, com participação em empresas de produtos naturais na Europa.

A visão atual da empresa é "ser marca mundial em bem-estar". Os objetivos e as estratégias da nova administração incluem a expansão para 450 lojas no Brasil e no exterior até 2015 e o investimento em produtos de marca própria.

A proposta deste case é servir de referência para reflexão e discussão sobre o tema e não para avaliar as estratégias adotadas. O case foi desenvolvido com base em informações divulgadas nos seguintes meios: ARINI, J. "De Petrópolis para o Mundo (Verde)". *Revista Gol Linhas Aéreas Inteligentes*. São Paulo, n. 102, p. 152-8, set. 2010; KHAUAJA, D. M. R. Gestão de marcas na estratégia de internacionalização de empresas: estudo com franqueadoras brasileiras. São Paulo, 2009. Tese (Doutorado em Administração) – Programa de Pós-Graduação em Administração, Faculdade de Economia, Administração e Contabilidade da Universidade de São Paulo ; LAVORATO, M. L. A. "Sustentabilidade, o princípio da lógica e coerência". *Revista da ESPM*. São Paulo, v. 17, ed. 1, jan./fev. 2010; MUNDO VERDE. Disponível em: <http://www.mundoverde.com.br>. Acesso em: 8 de dezembro de 2010.

Caso elaborado pela Profa. Dra. Daniela M. R. Khauaja, consultora e pesquisadora nas áreas de marketing e branding, professora e coordenadora da área de marketing da pós-graduação da ESPM.

## Quais são os benefícios resultantes da promoção do *brand equity*?

Um importante subproduto dos esforços para aumenta o *brand equity* é que a *lealdade do consumidor* também pode aumentar.[31] De fato, o crescimento e lucratividade de longo prazo dependem em grande parte da criação e reforço da lealdade da marca. A citação a seguir, de dois respeitados profissionais de marketing, resume a natureza e a importância da lealdade para com a marca:

*Embora os profissionais de marketing há muito tempo considerem a marcas um ativo, o verdadeiro ativo é a lealdade para a com a marca. Uma marca não é um ativo. A lealdade para com ela é um ativo. Sem a lealdade de seus consumidores, a marca é apenas uma marca registrada, um símbolo identificável que pode ser possuído, sem muito valor. Com a lealdade de seus consumidores uma marca é mais que uma marca registrada. Uma marca registrada identifica um produto, um serviço, uma corporação. Uma marca identifica uma promessa. Uma marca forte é uma promessa confiável, relevante, distinta. É mais que uma marca registrada. É uma marca de confiança de enorme valor. Criar e aumentar a lealdade para com a marca resulta em um aumento correspondente do valor da marca de confiança.*[32]

Pesquisas revelaram que quando as empresas comunicam suas mensagens singulares e positivas por meio da propaganda, venda pessoal, promoções, eventos e outras ferramentas, elas são capazes de diferenciar com eficiência suas marcas das ofertas concorrentes e se isolam de uma futura competição de preços.[33] Os gestores de comunicação de marketing desempenham um papel essencial na criação do valor positivo da marca e de uma forte lealdade para com ela. Porém, isso nem sempre é alcançado com o uso da propaganda tradicional ou outra forma convencional de comunicação. Hoje muitas organizações exploram prioritariamente formas de comunicação não tradicionais para a construção do *brand equity* de suas marcas. Nesse sentido, a publicidade – em detrimento da propaganda – tem sido utilizada com maior frequência. A Microsoft e a Apple talvez sejam bons exemplos. Compare as campanhas de comunicação dessas empresas e será possível observar com elas diferem das campanhas tradicionais baseadas em propaganda. Outro exemplo, a Starbucks, ícone de café de alto nível, faz muito pouca propaganda, contudo sua marca tem seguidores que quase se assemelham a um culto. Não obstante, o presidente da Starbucks expressou preocupação com o fato de que os esforços para aumentar as vendas e os lucros – por exemplo, introduzindo itens de café da manhã em algumas lojas e substituindo as máquinas convencionais de café expresso por máquinas automáticas – podem ter prejudicado a reputação da Starbucks de propiciar uma experiência única de consumo.[34] Um ex-CEO e presidente da PepsiCo fez uma declaração que serve como uma conclusão adequada sobre a importância dos esforços de uma empresa para criar o valor de suas marcas:

*Em minha opinião, a melhor coisa que uma pessoa pode falar acerca de uma marca é que ela é a sua favorita. Isso tem um significado maior que apenas gostar da embalagem ou do sabor. Significa que as pessoas gostam de tudo – da empresa, imagem, valor, qualidade e assim por diante. Por isso, quando pensamos nas medidas de nosso negócio, se olhamos apenas para o fechamento e os lucros deste ano, não estamos vendo o cenário completo. Devemos olhar para a parcela de mercado, mas também observar a posição em que estamos em comparação a nossos concorrentes no que se refere à percepção do consumidor e consideração por nossa marca. Sempre sabemos onde estamos [em relação a lucro e perda] porque vemos isso todos os meses. Mas o que precisamos saber, com quase o mesmo senso de imediatismo, é onde estamos em relação a nossos consumidores e clientes.*[35]

## Características das marcas de classe mundial

Algumas marcas têm um valor tão excepcional que merecem o rótulo de "classe mundial". A bem conhecida pesquisa EquiTrend, realizada pelo instituto de pesquisa de mercado Harris Interactive, é realizada a cada dois anos nos Estados Unidos e inclui respostas de mais de 25 mil consumidores que de forma coletiva, e não individual, avaliam mais de mil marcas. Cada participante avalia cada 80 marcas nos seguintes termos: (1) se ele *conhece* a marca; (2) qual é a *qualidade* da marca; e (3) se ele *consideraria comprar* a marca. A pontuação desses três itens é então combinada para formar a pontuação do valor para cada marca, com uma variação teórica de 0 a 100.[36] As marcas que recebem pontuação mais alta de valor são bem conhecidas, consideradas de alta qualidade e prováveis candidatas à compra. As marcas que recebem pontuações altas de valor com base na aferição da EquiTrend tendem a fazer promessas francas aos consumidores e cumpri-las por longos períodos de tempo. Em resumo, essas marcas possuem alto valor porque são bem conhecidas e têm associações fortes e favoráveis na memória dos consumidores.

Outra análise de posição de marca é feita anualmente pela Interbrand, que avalia 100 marcas top globais.[37] Seu método de avaliação de marca é baseado no seguinte cálculo: (1) a porcentagem da renda de uma empresa que pode ser creditada à marca; (2) a força de uma marca quanto à influência sobre a demanda do consumidor no ponto de venda; e (3) a habilidade da marca de garantir uma contínua demanda do consumidor como resultado da lealdade para com a marca e a probabilidade de recompra. Apenas as marcas que fornecem dados financeiros públicos (excluindo assim as empresas privadas) e que obtêm pelo menos um terço de sua renda de operações internacionais são candidatas potenciais para a inclusão no *ranking* de "melhores marcas globais" da Interbrand. Esse último fator explica por que algumas das marcas norte-americanas com mais pontuações Equitrend não estão incluídas na lista das marcas mais valorizadas da Interbrand.

Situação similar encontramos no Brasil, mesmo sem uma pesquisa similar à da EquiTrend. Se compararmos, por exemplo, as marcas mais lembradas na pesquisa *Top of mind* com o *ranking* da Interbrand exclusivo para marcas brasileiras,[38] será possível notar que nem todas as marcas ocupam posição correspondente. Essa diferença indica que o *brand equity* tem atualmente duas dimensões diferentes. Uma avalia a partir da força, do prestígio da marca, sendo, portanto mais subjetiva. Nessa dimensão estão os conhecidos modelos de *brand equity* de Aaker e de Keller. Na outra, a avaliação financeira da marca, ou seja, seu valor mensurado monetariamente, como os métodos desenvolvidos pela Interbrand e de várias outras empresas especializadas em marca, como a MillwardBrown, Brand Finance e Brandz.[39]

## Afetar comportamentos e avaliar os resultados da comar

No Capítulo 1, quando discutimos os princípios subjacentes à CIM, enfatizamos um ponto principal de que os esforços da comar devem ser direcionados para afetar comportamentos e não apenas para promoção do valor. Criar a percepção da marca e impulsionar a imagem dela têm pouco efeito positivo a menos que as pessoas, no fim das contas, façam as compras ou desenvolvam outra forma de comportamento desejável – por "comportamento" queremos dizer que o consumidor pratica uma *ação*, como contribuir para uma instituição de caridade, parar de fumar, votar em um candidato político, seguir uma dieta, assistir a um show, trabalhar para finalizar um projeto em vez de ficar contemplando seu início etc. Todos esses comportamentos, ou atos, contrastam com as cognições ou emoções pré-comportamentais por meio das quais alguém apenas pensa que fazer algo é uma boa ideia ou se sente bem com a perspectiva de fazer algo. O valor do comportamento está na *ação*.

O desafio final da comar é influenciar o comportamento, seja qual for a natureza dele. Para simplificar a discussão a seguir, daqui para frente nos referiremos a comportamento apenas dentro do contexto de organizações comerciais, em vez de falarmos sobre muitas outras formas de comportamento. A partir dessa perspectiva, comportamento essencialmente equivale a comportamento de compra. O comportamento de compra é, é claro, um conceito baseado no consumidor (por exemplo, o consumidor compra, ou adquire, produtos e serviços). Do ponto de vista dos profissionais de marketing, o comportamento desejado dos consumidores corresponde ao volume de vendas e receita, com a receita representando o equivalente monetário do volume de vendas (ou seja volume x preço líquido = receita). Observado dessa maneira, o objetivo da comar é, no fim das contas, afetar o volume de vendas e a receita.

O efeito da comar, ou seus elementos específicos como a propaganda, podem então ser medidos nos termos de gerar um retorno de renda razoável do investimento em comar. Essa ideia de retorno do investimento, que é bem conhecida de qualquer pessoa que tenha feito um curso básico de contabilidade, finanças ou economia, é referida nos círculos de marketing como **retorno sobre o investimento em marketing (ROI-M ou ROMI)**. Em um mundo no qual a responsabilidade aumenta, como discutido no Capítulo 1, é imperativo que os profissionais de marketing em todas as áreas, incluindo os praticantes da comar, demonstrem que os investimentos adicionais em, digamos, propaganda, rendam retornos que alcancem ou excedam as aplicações alternativas dos fundos corporativos. Os CEO(s)[chief executive officers] assim como os CMO(s) [chief marketing officers] e CFO(s) [chief financial officers] estão perguntando cada vez com mais frequência: "o que é ROI-M?" A grande maioria dos executivos de marketing considera a aferição do desempenho de marketing uma prioridade importante; e os acadêmicos da área junto com os praticantes estão ativamente envolvidos para desenvolver meios de medir o desempenho de marketing com o objetivo de alcançar a responsabilidade financeira para as ações de marketing.[40] Duas motivações principais são subjacentes a esse aumento do foco na mensuração do desempenho de marketing, como explica a citação a seguir:

Em primeiro lugar, exigências maiores para a avaliação de resultados na função de marketing colocadas pelo CEO, a Diretoria, e os outros executivos demandam um foco maior na mensuração. Para que um CMO verdadeiramente comande uma posição igual na tabela executiva, ele deve definir e cumprir medidas quantitativas para a corporação. E essas medidas devem ser comunicadas de modo claro e convincente ao público adequado. Um segundo, mas igualmente importante, motivador é o imperativo para que CMO se aperfeiçoe no que faz. Como as batalhas de orçamento se tornam mais frequentes e desconfortáveis, um CMO pode transformar o marketing em uma organização mais eficaz apenas aferindo e entendendo o que está funcionando e o que não está.[41]

## Dificuldade em mensurar a eficácia da comar

Embora a maioria dos executivos de marketing concorde que a mensuração do desempenho de marketing seja fundamentalmente importante, ainda hoje poucas organizações estão fazendo um trabalho sofisticado. Isso acontece não porque os executivos de marketing estejam desinteressados em determinar que aspectos de seus esforços de comar estão ou não funcionando com mais eficácia; pelo contrário, o problema está na dificuldade em medir a eficácia da comar. Várias razões são responsáveis por essa complexidade: (1) obstáculos para identificar uma medida apropriada de eficácia; (2) complicações em fazer que as pessoas por toda a organização concordem que determinada medida é a mais adequada; (3) obstáculos para conseguir dados precisos para avaliar a eficácia; e (4) problemas para determinar o efeito exato que elementos específicos de comar têm sobre a medida que foi escolhida para indicar a eficácia. Além dessas razões existe ainda um aspecto importante a ser considerado quando se trata de mensuração de efeitos de comar que contribui para complexidade do tema. A receita obtida com a venda de um produto depende também de variáveis que estão aquém dos esforços de comar, como preço, distribuição e qualidade, por exemplo.

### Escolhendo uma medida

Um problema inicial é a determinação de quais medidas específicas devem ser usadas para julgar a eficácia da comar. Antes de discutir a importância de selecionar a medida ou as medidas corretas em um contexto de comar, será útil ver a escolha da medida para avaliação do desempenho de um jogador de futebol. No fim da temporada, como podemos aferir se o jogador teve um bom desempenho? Uma medida usada com frequência é o número de gols marcados. Mas essa medida é imperfeita, pois o jogador pode ter um bom desempenho individualmente – digamos, deu várias assistências para seus companheiros marcarem gols – mas ele mesmo não marcou muitos. Também pode não ter marcado muitos gols – embora tenha se empenhado bastante – porque seus companheiros não jogaram bem e isso o prejudicou. Para medir se sua temporada foi boa ou não, a medida poderia ser o número de vezes que jogou, mas isso depende de contusões, condições físicas, opções estratégicas do técnico. Talvez o tempo que ficou com a bola nos pés, mas isso também pode ser afetado pelo esquema tático adotado pelo treinador do time, que não favorecia seu estilo de jogar. Então, quem sabe, pelo número de jogadas boas ou ruins que praticou, mas isso depende de como seus companheiros atuaram e também do que pode ser considerado uma jogada boa.

O número de passes errados, o quanto ele correu (quantidade percorrida em campo) em uma partida, o número de desarmes feitos e o de faltas cometidas são, em geral, alguns dos pontos avaliados pela equipe técnica e podem ser usados (de forma absoluta, cruzados entre si gerando índices ou comparativamente a outros atletas) como indicadores de desempenho. No futebol são as chamadas "estatísticas do jogador".

Essa digressão para o futebol é relevante para o marketing por estabelecer que independentemente de qual seja o domínio do desempenho que está sendo julgado, várias medidas são possíveis; entretanto, nem todas são igualmente boas para julgar o desempenho. Retornemos ao mundo dos negócios para uma discussão adicional das medidas.

Considere, por exemplo, o caso de um fabricante de automóveis que aumentou seu orçamento anual de comar em 25% acima do orçamento do ano anterior para um modelo específico. A empresa anunciará esse modelo específico usando uma combinação de propaganda em TV, revistas e Internet. Também patrocinará um torneio de voleibol profissional e terá presença em vários outros eventos esportivos e de entretenimento. Além disso, usará um atraente programa de descontos para encorajar os consumidores a adquirir logo o produto em vez de adiar a compra. Que medida(s) a empresa deve usar para aferir a eficácia dos esforços de comar? Possíveis opções incluem mudanças na *percepção da marca* antes e depois que um programa agressivo de comar seja implantado; melhoria nas *atitudes* para com o modelo do automóvel; aumento das *intenções de compra*; e maiores *volumes de venda* comparados ao desempenho do ano anterior. Todas essas opções apresentam problemas. Por exemplo, a percepção é uma boa medida da eficácia da comar apenas se os aumentos na percepção forem traduzidos em alguma proporção conhecida de aumentos de vendas; do mesmo modo, melhora nas atitudes de intenções de compra são medidas adequadas apenas se previsivelmente refletirem aumento de vendas nos períodos atual e subsequente de prestação de contas. E as vendas em si constituem uma medida imperfeita, pois os esforços da comar no período atual de prestação de contas podem não aumentar o volume de vendas de modo significativo até um período posterior. Em resumo, não há tipicamente nenhuma medida perfeita pela qual a eficácia da comar possa ser avaliada. Todas as medidas apresentam falhas de algum modo, embora algumas sejam superiores às outras.

A dificuldade para determinar a melhor maneira de medir o retorno sobre investimento de marketing é ilustrado por um estudo recente que a Association of National Advertisers (ANA) realizou com seus membros.[42] Em resposta a uma pergunta-chave que pedia aos participantes que identificassem qual medida era a mais próxima da definição de ROI-M de suas empresas, mais de 15 versões de ROI-M foram reveladas. Fica evidente a partir desse estudo que as empresas se diferenciam muito em seu conceito de como medir o ROI-M. As cinco medidas mais frequentemente usada são: (1) receita de vendas incrementada, gerada pelas atividades de marketing (66% dos participantes identificaram essa medida); (2) mudanças na percepção da marca (57%); (3) receita total de vendas gerada pelas atividades de marketing (55%); (4) mudanças na intenção de compra (55%); e (5) mudanças nas atitudes para com a marca (51%).[43] (A soma das porcentagens é superior a 100 porque algumas empresas usam medidas múltiplas.) Também é digno de nota o fato de que três das medidas mais usadas (ou seja, mudanças na percepção, atitudes e intenções de compra) não chegam nem a envolver a receita de vendas, mas, em vez disso, são baseadas em diagnósticos pré-vendas.

### Chegando ao consenso

Como é geralmente o caso, quando pessoas inteligentes, representando diferentes interesses organizacionais, têm de escolher uma solução específica para um problema, falta consenso. Isso não acontece necessariamente porque as pessoas não cooperam, mas porque indivíduos com *backgrounds* diferentes e variados interesses organizacionais com frequência veem seu "mundo" de maneira diferente ou operam com ideias diferentes sobre o que melhor indica um desempenho adequado. Enquanto as pessoas da área financeira são inclinadas a ver as coisas em termos de *fluxo de caixa descontado* e *valores líquidos presentes* das decisões de investimento, os executivos de marketing historicamente tendem a usar medidas de percepção, imagem e *brand equity* para indicar sucesso.[44] Assim, alcançar um sistema adequado para aferir o desempenho da comar requer que se chegue a um consenso entre os diferentes profissionais da empresa, que provavelmente têm visões diferentes sobre o modo como o desempenho deve ser avaliado.

### Coletando dados precisos

Seja qual for a medida escolhida, qualquer esforço para avaliar significativamente o desempenho da comar necessita de dados que sejam confiáveis e válidos. Voltando ao exemplo do fabricante de automóveis, suponha que o volume de vendas seja a medida usada para julgar a eficácia dos esforços de comar desse ano. Parece ser uma simples questão de avaliar com precisão quantas unidades do modelo do automóvel foram vendidas durante o atual período fiscal. Contudo, algumas das unidades vendidas são vendas de frotas a empresas, vendas essas que são inteiramente independentes dos esforços de comar diretos ao consumidor. O modo como as vendas devem ser calculadas também é problemático, devido à diferença entre as unidades vendidas às agências e aquelas vendidas ao consumidor final. Concluindo, coletar dados precisos não é simples.

### Calibrando efeitos específicos

Nosso hipotético fabricante de automóveis empregará várias ferramentas de comar (várias mídias de propaganda, eventos e descontos periódicos) para "levar" os automóveis aos consumidores. Por fim, os gerentes de marca e outros executivos de marketing estão interessados em saber mais que apenas a eficácia geral do programa de comar. Também precisam identificar a eficácia relativa dos elementos individuais do programa para tomar as melhores decisões no futuro sobre como melhor alocar os recursos. Esse é, talvez, o problema mais complicado de todos. Quanto efeito relativo cada elemento do programa tem sobre, digamos, o volume de vendas, comparado aos efeitos de outros elementos? Uma técnica chamada *modelo de marketing mix* é usada cada vez mais para esse propósito.

## Avaliando os efeitos com o modelo de marketing *mix*

Para entender a natureza e o papel do modelo de marketing *mix* (MMM) voltemos a nosso exemplo do profissional de marketing do automóvel que aumentou seu orçamento de comar em 25% acima do orçamento do ano anterior, para um modelo específico. Para anunciar e promover a marca, as seguintes ferramentas de comar forma usadas: (1) propaganda via mídia de TV, revistas e Internet; (2) patrocínio de um torneio de voleibol profissional e de vários outros eventos esportivos e de entretenimento; e (3) uso de um atraente programa de descontos para encorajar os consumidores a comprar agora e não depois.[45]

Cada uma dessas atividades pode ser considerada um *elemento* individual que constitui o *mix* de comar da marca. A questão abordada pelo modelo de marketing *mix* é: que efeito cada um desses elementos produziu para afetar o volume de vendas desse modelo de automóvel em um período anterior? O modelo de marketing *mix* emprega técnicas estatísticas econométricas bem conhecidas (por exemplo, análise regressiva multivariada) para estimar os efeitos que as várias formas de propaganda, promoção e outros elementos de comar têm sobre o volume de vendas. Embora esteja além do escopo deste livro oferecer uma explicação técnica da análise regressiva, ou de outras técnicas analíticas mais

## foco c.i.m.

### Harley-Davidson – Um cavalo de ação para individualistas rústicos, incluindo mulheres!

Há alguns anos os gerentes de Harley-Davidson Motor Co. publicaram uma propaganda em uma revista que captou a essência dessa famosa fabricante de motocicletas. O anúncio mostrava uma motocicleta Harely-Davidson, sem motorista, em uma estrada aberta no oeste americano, de uma maneira que lembrava um mustangue selvagem em uma cena semelhante. A manchete do anúncio declarava: "Até as vacas derrubam a cerca de vez em quando", e era apoiada por um texto que dizia:

> Está bem a sua frente. Estrada, vento, campo. Uma motocicleta Harley-Davidson. Em outras palavras, liberdade. Uma chance de viver por si mesmo por algum tempo... Todo mundo que experimentou sabe: a vida é melhor do lado de fora.

Essa mensagem publicitária era sutil, mas clara: se você gosta de liberdade, independência e talvez uma sensação de ter afinidade com outros que pensam como você, a Harley-Davidson é sua motocicleta. O espírito do *cowboy* foi inserido nesse posicionamento, que tacitamente equiparou as motocicletas Harley a cavalos (Harley-Davidson equivale a "cavalo de ferro"). Compradores potenciais das motocicletas Harley-Davidson provavelmente quando jovens viam a si mesmo cavalgando no velho-oeste americano.[46]

O que faz das motocicletas Harley-Davidson uma marca tão especial e forte; de fato uma marca que tem *status* de ícone? Observadores informados e estudantes de marketing de marca sugerem que a Harley, mais que a maioria das marcas, tem uma profunda ligação emocional com proprietários atuais e potenciais.[47] Como captado na descrição prévia de um anúncio da Harley, a marca foi divulgada como sinônimo da cultura americana e valores de liberdade pessoal, rebeldia e individualismo rústico; e de fato assim se tornou.[48] A Harley também criou um senso de comunidade entre proprietários de sua marca, que compartilham um forte companheirismo.[49] De fato, quando a Harley celebrou seu 100º aniversário, mais de 250 mil pessoas de todo o mundo foram para Milwaukee, Wiscosin, para participar da venda festa. Desnecessário dizer que poucas marcas em qualquer lugar do mundo têm seguidores tão leais e devotados.

Um aspecto especialmente interessante da comunidade consumidora da Harley é que ela se torna cada vez mais feminina – as mulheres são um segmento com rápido crescimento no negócio de motocicletas, com compras anuais superando os 100 mil ciclos![50] Aproximadamente uma em oito vendas das motocicletas Harley é para mulheres, o que se atribui em grande parte ao esforço concentrado para alcançar o segmento feminino. Por exemplo, suas agências organizam "festas de garagem", reuniões organizadas nas quais os representantes das agências informam as mulheres sobre as motocicletas Harley-Davidson, apelam para seus sonhos de possuir uma motocicleta e tentam reduzir o medo delas.[51]

sofisticadas usadas em no modelo de marketing *mix*, as bases conceituais são diretas. Vamos demonstrar essa abordagem usando a seguinte equação regressiva multivariada:

$$Y_i = \beta_0 + \beta_1 X_{1i} + \beta_2 X_{2i} + \beta_3 X_{3i} + \beta_4 X_{4i} + \beta_5 X_{5i} + \beta_6 X_{6i} \qquad (2.2)$$

onde:

- $Y_i$: Número de automóveis vendidos durante o período de análise, designado como período i
- $X_{1i}$: Despesas com propaganda de TV (designadas como elemento 1) durante o período iº
- $X_{2i}$: Despesas com propaganda em revistas (elemento 2) no período iº
- $X_{3i}$: Despesas com propaganda na Internet (elemento 3) no período iº
- $X_{4i}$: Quantia gasta com o patrocínio do torneio de voleibol (elemento 4) no período iº
- $X_{5i}$: Quantia gasta com o patrocínio de outros eventos menores (elemento 5) no período iº
- $X_{6i}$: Quantia gasta em descontos (elemento 6) durante o período iº
- $\beta_0$: Vendas de linha base sem nenhuma propaganda ou promoções
- $\beta_1, \beta_2, \beta_3, \beta_4, \beta_5, \beta_6$: Estimativas dos efeitos individuais que os diferentes elementos de propaganda e promoção tiveram sobre as vendas.

Para empregar o modelo de marketing *mix*, uma série relativamente longa de dados longitudinais é necessária. Os dados para cada período incluiriam o nível de vendas durante aquele período ($Y_i$) junto com as despesas correspondentes com propaganda, promoção e patrocínio para cada elemento do programa ($X_{1i}$ até $X_{6i}$). Imagine, por exemplo, que nosso hipotético fabricante de automóveis registra vendas semanais e tem registros meticulosos sobre quanto é gasto por semana em cada elemento de propaganda e promoção por um período de dois anos completos. Registros desse tipo produziriam uma série de 104 observações (52 semanas x 2 anos) que resultaria em um número suficiente de observações para produzir estimativas de parâmetros confiáveis para os vários elementos do programa.

O aspecto analítico do modelo de marketing *mix* propicia evidência estatística referente aos efeitos relativos que cada elemento do programa teve na influência sobre as vendas desse modelo específico de automóvel. A partir dessas análises, os gerentes descobrem quais elementos têm melhor desempenho que outros, e podem usar essa informação estatística para mudar os orçamentos de um elemento do programa para outro. Obviamente, elementos mais eficazes receberiam no futuro orçamentos relativamente maiores em comparação aos elementos menos eficazes.

O modelo do marketing *mix* foi usado de maneira intermitente por quase um quarto de século, mas o uso atual está em alta, com empresas líderes como a Procter & Gamble (P&G) e a Clorox Company se beneficiando muito com o uso dessa abordagem analítica. Em um ano recente, por exemplo, a aplicação do modelo de marketing *mix* pela P&G resultou na mudança, por parte da empresa, do modo como ela gastou mais 400 milhões de dólares de seu orçamento para propaganda e promoção.[52] Baseado em seu modelo, a P&G substancialmente aumentou seu orçamento de propaganda. Em comparação, o uso do modelo de marketing *mix* pela Clorox levou a empresa a mudar uma parte do dinheiro da propaganda para promoções. O ponto importante é que cada aplicação do modelo de marketing *mix* é baseado em um conjunto único de circunstâncias de marketing. O que é bom para um (digamos, a P&G) não é necessariamente bom para o outro (digamos, a Clorox). Em outras palavras, uma solução não serve para todos.

O modelo de marketing *mix* é amplamente usado por empresas de produtos que são consumidos todos os dias pelos consumidores, como P&G e Clorox, mas também tem sido cada vez mais usado por outras empresas no ambiente B2C e também por empresas B2B. Qualquer empresa pode empregar as técnicas do modelo de marketing *mix* desde que mantenha (ou possa adquirir de fontes sindicalizadas) dados de vendas em uma base período a período, bem como registros meticulosos de todas as suas despesas em uma base período a período para toda a sua propaganda, promoção e outros elementos da comar. O exemplo que estamos estudando – o modelo de automóvel – é, na verdade, simplista, pois uma análise completa de marketing *mix* consideraria não apenas as despesas com, digamos, uma mídia específica de propaganda como a televisão, mas desagregaria os dados para os tipos específicos de despesas de TV (por exemplo, rede de TV *versus* TV a cabo), e até diferentes partes do dia (durante o dia, *prime time* etc.). Quanto mais desagregados forem os dados, os analistas terão mais facilidade em determinar quais elementos específicos de marketing *mix* são mais ou menos eficazes para motivar as vendas.

# Resumo

Este capítulo discutiu a natureza e a importância do *brand equity*. O conceito de *brand equity* é descrito como o valor de uma marca resultante da alta percepção do nome dela e das associações fortes, favoráveis e talvez singulares que os consumidores têm na memória a respeito de determinada marca. Os esforços de marketing desempenham um papel importante na promoção do *brand equity*. O valor promovido, por sua vez, sustenta a lealdade do consumidor para com a marca, aumenta a parcela de mercado, diferencia a marca das ofertas concorrentes e permite a cobrança de preços relativamente mais altos. O capítulo também discute a importância de não restringir a avaliação do desempenho da comar apenas às medidas de valor de marca, mas também considerar se os esforços da comar influenciaram o comportamento. Examinando o efeito que a comar produz no comportamento, é possível aferir a responsabilidade financeira e, assim, melhor prover os comunicadores de marketing quando eles requerem orçamentos maiores. A técnica do modelo de marketing *mix* propicia um método analítico para avaliar a eficácia dos elementos individuais da comar e determinar como os orçamentos devem ser mudados entre os elementos do programa.

# Questões para discussão

1. Compare e contraste as abordagens fale-por-si-mesma e voltada para a mensagem para promover o *brand equity*.

2. Presuma que sua faculdade ou universidade teve dificuldades para fazer que os moradores, não alunos, da comunidade local assistam aos jogos de futebol. O diretor atlético da escola pede que uma organização à qual você pertence (digamos, um escritório local da American Marketing Association) desenvolva um programa de comunicação para alcançar os moradores locais e encorajá-los a assistir os jogos. Que medidas você usaria para avaliar se o programa de comunicação que você desenvolveu foi eficaz? Como você pode avaliar o ROI-M da campanha?

3. Apresente vários exemplos de junção de marca ou de componente, além dos apresentados no capítulo.
4. Por que avaliar resultados é imperativo para os praticantes da comar?
5. Ao discutir o *brand equity* a partir da perspectiva da empresa, foi explicado que à medida que o valor de marca aumenta, acontecem vários resultados positivos: (1) uma maior participação de mercado; (2) o aumento da lealdade para com a marca; (3) habilidade para cobrar preços mais altos; e (4) capacidade e ganhar uma renda prêmio. Selecione uma marca que você gosta e explique como seu valor relativamente maior comparada a uma marca inferior na mesma categoria de produto se manifesta nos termos de cada um dos quatro resultados.
6. O que significa dizer que as comunicações de marketing devem ser direcionadas, no fim das contas, a afetar o comportamento em vez de apenas promover o valor de marca? Dê um exemplo para apoiar a resposta.
7. Apresente exemplos de marcas que em sua opinião são posicionadas de uma maneira que reflete as cinco dimensões de personalidade: sinceridade, excitação, competência, sofisticação, e robustez.
8. Descreva a estratégia de alavancagem para promover o *brand equity*. Escolha uma marca de sua preferência e, referindo-se à Figura 2.4, explique como essa marca conseguiu criar associações positivas, portanto, promovendo seu valor, ligando-se a (a) lugares, (b) coisas, (c) pessoas, e (d) outras marcas. Seja específico.
9. Um ex-CEO da PepsiCo foi citado no texto dizendo: "Em minha opinião, a melhor coisa que uma pessoa pode falar acerca de uma marca é que ela é a sua favorita". Identifique duas marcas que você considera suas favoritas. Descreva as associações específicas que você faz com cada uma dessas marcas e, assim, por que elas são suas duas marcas favoritas.
10. Usando a estrutura na Figura 2.1, descreva todas as associações pessoais que as seguintes marcas criam em você: (a) Banco Santander; (b) veículos Honda; (c) bebida energética Red Bull; (d) o jornal *Folha de São Paulo*; (e) a apresentadora Fátima Bernardes; e (f) o automóvel Pajero.
11. Selecione uma marca de veículo (automóvel, caminhão, motocicleta, perua etc.) e com essa marca descreva o tipo, a favorabilidade, a força e a singularidade das associações com a marca que você guarda na memória.
12. Com referência à seção *Dica de comar*, que abriu o capítulo, e de acordo com a seção detalhada sobre o *brand equity*, posteriormente no capítulo, explique por que a percepção da marca é um indicador necessário, mas insuficiente, de *brand equity*.

# Notas

1. The Harris Poll #71, Harris Interactive, 17 de julho de 2007, http://consumerist.com/consumer/branding/coca+cola-is-the--best-brand-microsoft-beats-apple-279388.php (acesso em: 25 de julho de 2007).
2. Datafolha pesquisa Top of mind 2008, http://datafolha.folha.uol.com.br/mercado/top_index.php (acesso em: 24 de setembro de 2010).
3. Matthew Creamer, "Is Your Brand the Best? What Polls Really Mean", *Advertising Age*, 23 de julho de 2007, 1.
4. American Marketing Association (AMA). http://www.marketingpower.com/_layouts/Dictionary.aspx? dLetter=B (acesso em: 28 setembro de 2010).
5. Declaração feita por Terry O'Connor, citado em Bob Lamons, "Brand Power Moves BASF Past *Commodity*", *Marketing News*, 15 de março de 2004, 6.
6. Jacques Chevron, "Unholy Grail: Quest for the Best Strategy", *Brandweek*, 11 de agosto de 2003, 20.
7. A credibilidade da marca inclui as dimensões de perícia, ou habilidade, e confiabilidade, ou a disposição de cumprir com consistência as promessas da marca. Ver Tülin Erdem e Joffre Swait, "Brand Credibility, Brand Consideration, and Choice", *Journal of Consumer Research*, 31 (24 de junho de 2004), 191-8.
8. David Aaker, *Marcas: brand equity, gerenciando o valor da marca*. Negócio Editora, 1998.
9. Arjun Chaudhuri e Morris B. Holbrook, "The Chain of Effects from Brand Trust and Brand Affect to Brand Performance: The Role of Brand Loyalty", *Journal of Marketing*, 65 (abril de 2001), 90; Peter Doyle, *Value-Based Marketing: Marketing Strategies for Corporate Growth and Shareholder Value* (Chichester, Inglaterra: John Wiley & Sons, 2000), 300.
10. Kusum L. Ailawadi, Donald R. Lehmann, e Scott A. Neslin, "Revenue Premium as an Outcome Measure of *Brand equity*", *Journal of Marketing*, 67 (outubro de 2003), 1-17.
11. Thomas N. Robinson, Dina L. G. Borzekowski, Donna M. Matheson, e Helena C. Kraemer, "Effects of the *Fast-food* Branding on Young Children's Taste Preferences", *Archives of Pediatric & Adolescent Medicine*, 161, 2007, 792-7.
12. Kevin Lane Keller, "Conceptualizing, Measuring, and Managing Customer-Based Brand Equitiy", *Journal of Marketing*, 57 (janeiro de 1993), 2.
13. Um método útil para identificar associações com a marca é apresentado por Deborah Roedder John, Barbara Loken, Kyeongheui Kim, e Alokparna Basu Monga, "Brand Concept Maps: A Methodology for Identifying Brand Association Networks", *Journal of Marketing Research*, 43 (novembro de 2006), 549-63.
14. Jennifer L. Aaker, "Dimensions of Brand Personality", *Journal of Marketing Research* 34 (agosto de 1997), 347-56. Ver também, Jennifer Aaker, Susan Fournier, e S. Adam Brasel, "When Good Brands Do Bad", *Journal of Consumer Research*, 31 (junho de 2004), 1-16.
15. Edson Crescitelli e Júlio Bastos Figueiredo. Uso de Diagramas Causais na Construção de um Modelo de *Brand equity*. Projeto de pesquisa apresentado no *Encontro de Marketing – EMA da ANPAD*, em Florianópolis/SC, em maio de 2010.
16. "Special Issue: All-Channel Carbonated Soft Drink Performance in 2005", *Beverage Digest*, 48 (8 de março de 2006).
17. Para uma discussão mais técnica, mas acessível, da máquina IFRM, ver o Apêndice em Carolyn Yoon, Angela H. Gutchess, Fred Feiberg, e Thad A. Polk, "A Functional Magnetic Resonance Imaging Study of Neural Dissociations between Brand and Person Judgments", *Journal of Consumer Research*, 33 (junho de 2006), 31-40.
18. Esse e outros comentários subsequentes nesta seção são adaptados de Kevin Lane Keller, "Brand Synthesis: The Multidimensionality of Brand Knowledge", *Journal of Consumer Research*, 29 (março de 2003), 595-600.
19. Ibid.
20. Grant McCracken, "Culture and Consumption: A Theoretical Account of the Structure and Movement of the Cultural Meaning of Consumer Goods, "*Journal of Consumer Research*, 13 (junho de 1986), 74.
21. Citado por Kevin Lane Keller in *Strategic Brand Management: Building, Measuring, and Managing Brand equity* (Upper Saddle

River, NJ: Prentice Hall, 1998), 285. Para excelentes abordagens teóricas da questão, ver C. Whan Park, Sung Youl Jun e Allan D. Shocker, "Composite Branding Alliances: An Investigation of Extension and Feedback Effects", *Journal of Marketing Research*, 33 (novembro de 1996), 453-66; e Bernard L. Simonin e Julie A. Ruth, "Is a Company Known by the Company It Keeps?" Assessing the Spillover Effects of Brand Alliances on Consumer Brand Attitudes", *Journal of Marketing Research*, 35 (fevereiro de 1998), 30-42.

22. Ed Lebar, Phil Buehler, Kevin Lane Keller, Monika Sawicka, Zeynep Aksehirli, e Keith Richey, "*Brand equity* Implications of Joint Branding Programs", *Journal of Advertising Research*, 45 (dezembro de 2005), 413-25.
23. Sandra Dolbow, "DuPont Lycra Stretches Out Into Jeans", *Brandweek*, 2 de julho de 2001, 8.
24. Para uma leitura adicional, ver Terence A. Shimp, Saeed Samiee, e Thomas J. Madden, "Countries and Their Products: A Cognitive Structure Perspective", *Journal of the Academy of Marketing Science*, 21 (1993), 323-30.
25. Ver, por exemplo, Saeed Samiee, Terence A. Shimp, e Subhash Sharma. "Brand Origin Recognition Accuracy: Its Antecedents and Consumers' Cognitive Limitations", *Journal of International Business Studies*, 36 (2005), 379-97.
26. Daniela Motta Romeiro Khauaja, *Gestão de marcas na estratégia de internacionalização de empresas: estudo com franqueadoras brasileiras*. Tese (Doutorado) FEA– Universidade de São Paulo, 2010.
27. Janaína Giraldi e Edson Crecitelli. Desenvolvimento de Marca-País: uma Abordagem Teórica sobre as Dificuldades e Similaridades com o Desenvolvimento de Marca para Produtos. *Anais eletrônicos do II Encontro de Marketing EMA da ANPAD*, 2006.
28. "New National Research Study: It's from Where? College Students Clueless on Where Favorite Brands Come From", Anderson Analytics, 24 de maio de 2007, http://www.andersonanalytics.com (acesso em: 31 de julho de 2007); Beth Snyder Bulik, "Ditch the Flags; Kids Don't Care Where You Come From", *Advertising Age*, 4 de junho de 2007, 1, 59.
29. Kevin Keller e Marcos Machado, Gestão estratégica de marcas. São Paulo: Prentice Hall, 2006.
30. Dados divulgados pelo comitê de Marcas Próprias da Associação Brasileira de Supermercados – ABRAS, http://www.abras-net.com.br/comites/marcas-proprias/pesquisa-marcas-proprias/ (acesso em: 06 de outubro de 2010).
31. Para discussões mais sofisticadas sobre o relacionamento entre a *brand equity* e a lealdade para com ela, consulte as seguintes fontes: Tülim Erdem e Joffre Swait, "*Brand equity* as a Signaling Phenomenon", *Journal of Consumer Psychology*, 7, 2(1998), 131-58; Chaudhuri e Holbrook, "The Chain of Effects from Brand Trust and Brand Affect to Brand Performance: The Role of Brand Loyalty".
32. Larry Light e Richard Morgan, *The Fourth Wave: Brand Loyalty Marketing* (Nova York: Coalition for *Brand equity*, 1994), 11.
33. William Boulding, Eunkyu Lee e Richard Staelin, "Mastering the Mix: Do Advertising, Promotion, and Sales Force Activities Lead to Differentiation?" *Journal of Marketing Research*, 31 (maio de 1994), 159-72.
34. Janet Adamy, "Starbucks Chairman Says Trouble May Be Brewing", *The Wall Street Journal Online*, 23 de fevereiro de 2007 (acesso em: 24 de fevereiro de 2007).
35. "The PepsiCo Empire Strikes Back", *Brandweek*, 7 de outubro de 1996, 60.
36. Press release da Harris Interactive, 20 de junho de 2006, http://www.harrisinteractive.com (acesso em: 26 de julho de 2007).
37. Interbrand Report, "Best Global Brands 2010", http://www.interbrand.com/en/knowledge/best-global-brands/best-global-brands-2008/best-global-brands-2010.aspx (acesso em: 27 de setembro de 2010).
38. The best Brazilian brand http://www.interbrand.com/en/Interbrand-offices/Interbrand-Sao-Paulo/Best-Brazilian-Brands-2010.aspx (acesso em: 24 de setembro de 2010).
39. Ver detalhes dos modelos de *brand equity* no Capítulo 9 de Philip Kotler e Kevin Keller. Administração de marketing. 12. ed. São Paulo: Prentice Hall, 2006.
40. Por exemplo, ver Sunil Gupta, Donald R. Lehmann, e Jennifer Ames Stuart, "Valuing Customers", *Journal of Marketing Research* 41 (fevereiro de 2004), 7-18; Roland T. Rust, Katherine N. Lemon e Valarie A. Zeithaml, "Return on Marketing: Using Customer Equity to Focus Marketing Strategy", *Journal of Marketing*, 68 (janeiro de 2004), 109-27; "Measures and Metrics: The Marketing Performance Measurement Audit", The CMO Council, 9 de junho de 2004.
41. The CMO Council, "Measures and Metrics: The Marketing Performance Measurement Audit", 9 de junho de 2004, 3.
42. Hillary Chura, "Advertising ROI Still Elusive Metric", *Advertising Age*, 26 de julho de 2004, 8.
43. Ibid.
44. O *valor presente líquido (VPL)* de um investimento representa o valor presente, ou descontado, das futuras entradas de caixa menos o valor presente do investimento. O conceito relacionado de *fluxo de caixa descontado* expressa o valor do fluxo de caixa futuro em dólares atuais. Por exemplo, se o custo de empréstimo de dinheiro de uma firma é 10%, US$ 100,00 que não serão recebidos por três anos têm valor presente de cerca de US$ 75,00. Ou seja, se você investiu US$ 75,00 hoje e recebeu 10% de juros sobre esse investimento, em três anos ele alcançará o valor de US$ 100,00. O conceito de fluxo de caixa descontado simplesmente reverte essa lógica e examina o que um fluxo de caixa futuro vale em dólares de hoje. Se isso continuar confuso, por favor, acesse a Internet e consulte a fonte que discute o conceito de *valor do dinheiro no tempo*.
45. O exemplo apresentado aqui foca apenas nos elementos de comunicação de marketing. Na verdade, um MMM completo incluiria todos os elementos do marketing *mix* de uma empresa (por exemplo, preço, canais de distribuição) e não apenas os elementos de marketing.
46. Para uma análise etnográfica fascinante dos proprietários de motocicletas Harley-Davidson e mais detalhes sobre a metáfora "Harley como cavalo", ver John W. Schouten e James H. McAlexander, "Subcultures of Consumption: An Ethnography of the New Bikers", *Journal of Consumer Research*, 22 (junho de 1995), 43-61.
47. Alguns dos comentários desse texto são adaptados de James D. Speros, CMO da Ernst & Young e presidente da Association of National Advertisers, em "Why the Harley Brand's So Hot", *Advertising Age*, 15 de março de 2004, 26.
48. Para uma abordagem interessante do individualismo rústico no contexto de marketing/publicidade, ver Elizabeth C. Hirschman, "Men, Dogs, Guns, and Cars", *Journal of Advertising*, 32 (primavera de 2003), 9-22.
49. Para uma leitura adicional sobre comunidades de marca, ver Albert M. Muniz Jr. e Thomas C. O'Guinn, "Brand Community", *Journal of Consumer Research*, 27 (março de 2000), 412-32.
50. Clifford Krauss, "Harley Woos Female Bikers", *The New York Times Online*, 25 de julho de 2007, http://www.nytimes.com (acesso em: 25 de julho de 2007).
51. Ibid.
52. Jack Neff, "P&G, Clorox Rediscover Modeling", *Advertising Age*, 29 de março de 2004, 10.

# 3
# Promover o sucesso de novas marcas

O Ford Taurus, introduzido em 1986, foi um dos modelos de maior sucesso na história dos automóveis da Ford. Durante seus primeiros 20 anos de produção – de 1986 a 2006, quando a produção foi temporariamente suspensa – a Ford vendeu mais de 7,5 milhões de veículos Taurus. Entre 1992 e 1996, o Taurus foi o automóvel mais vendido dos Estados Unidos, embora em 1997 tenha sido superado pelo Toyota Camry e daí em diante continuou a perder parcelas de mercado para concorrentes estrangeiros, incluindo o Camry e o Honda Accord. Os executivos da Ford decidiram parar a produção do Taurus em 2006, quando o Ford Five Hundred entrou no mercado no lugar do Taurus.

Em retrospecto, era óbvio que os executivos da Ford tomaram uma decisão errada. O Taurus era um automóvel com alto nível de percepção por parte dos consumidores e, em geral, tinha uma imagem positiva – os ingredientes para um valor positivo da marca (ver a discussão no capítulo anterior). O Five Hundred, em comparação, era um modelo novo com percepção zero de marca quando introduzido. Na verdade, depois de dois anos no mercado, o Five Hundred não conseguiu alcançar o nível de percepção necessário para que a marca alcançasse um alto nível de sucesso de vendas. Além das limitações do Five Hundred, muitos consumidores leais da Ford se sentiram traídos com o fato de que o Ford Taurus, um veículo que admiravam e do qual gostavam muito, não mais existia. A Ford Motor Company viu-se então diante de uma situação duplamente complicada: proprietários infelizes do Taurus e um novo modelo – o Five Hundred – que não atraía muitos consumidores novos para a Ford Motors.

Então, em 2007, um novo CEO, Alan Mulally, assumiu a Ford. Uma de suas decisões iniciais foi abandonar o Five Hundred e ressuscitar o Taurus em seu lugar. Mulally acreditava que levaria muitos anos para que o Five Hundred chegasse ao nível de *brand equity* que o Taurus tinha alcançado nos 20 anos em que foi um dos líderes de venda entre os automóveis norte-americanos. O novo Taurus, como o modelo Five Hundred que substituiu, competirá em um mercado de nível mais alto do que o Taurus da geração anterior, cujos concorrentes consistiam em veículos de nível médio, como o Accord e o Camry.

Só o tempo dirá se o novo Taurus chegará perto do nível de sucesso que teve em sua versão anterior. Uma certeza, no entanto, é que os profissionais de marketing do Taurus terão de investir em comunicações de marketing para reintroduzir com sucesso esse outrora

Jeff Smith/Shutterstock

orgulhoso automóvel e reensinar ao mercado que o novo Taurus é um veículo muito diferente (por exemplo, maior, melhor) que o da antiga geração.

*Fonte*: Renée Alexander, "Ford Taurus–Dead Bull?" http://www.brandchannel.com (acesso em: 2 de julho de 2007); "Ford Taurus", http://en.wikipedia.org/wiki/Ford_Taurus. (Acesso em: 11 de agosto de 2007).

## Objetivos do capítulo

*Após ler este capítulo, você será capaz de:*

1. Entender o papel da comar para facilitar a introdução de novas marcas.
2. Explicar a característica relacionada à inovação que influencia a adoção de marcas novas.
3. Entender o papel desempenhado pelos nomes das marcas para promover o sucesso de marcas novas.
4. Explicar as atividades envolvidas no processo de escolha do nome da marca.
5. Entender o papel dos logos.
6. Descrever os vários elementos subjacentes à criação de embalagens eficientes.

>>**Dica de comar:**
Primeiro era o Taurus, depois veio o Ford 5000, mas o Taurus voltou.

# Introdução

Lançar novas marcas é algo crítico para alcançar um crescimento continuado e o sucesso em longo prazo, e este capítulo examina os fatores gerais que influenciam a probabilidade de novas marcas serem aceitas no mercado e de suas vidas econômicas serem bem-sucedidas. Também faremos aqui considerações envolvidas no desenvolvimento do nome das marcas e criação de embalagens, dois elementos que desempenham papel-chave na influência sobre o sucesso inicial de novas marcas e o sucesso contínuo de marcas maduras.

Introduzir um fluxo de novas marcas é absolutamente essencial para o crescimento em longo prazo da maioria das empresas. Mas apesar dos enormes investimentos e esforços concentrados na introdução de novas marcas, muitas nunca alcançam sucesso. Embora seja impossível detalhar a porcentagem exata de novas marcas malsucedidas, os índices de fracasso variam entre 35 e 45%, e podem estar crescendo.[1] Este capítulo explicará a função das comunicações de marketing para promover a introdução bem-sucedida de novas marcas e, em especial, enfatizará o papel desempenhado pelo nome da marca, os logos e as embalagens, para gerar resultados bem-sucedidos para marcas novas (e estabelecidas).

# Comar e adoção da marca

A aceitação de ideias novas, incluindo marcas novas, é tradicionalmente referida como *adoção de produto*, embora a ênfase aqui seja dada às marcas específicas em vez de categorias inteiras de produto. Começamos esta discussão conceituando o processo pelo qual os consumidores e clientes B2B se tornam conscientes das novas marcas, fazem compras de teste e, possivelmente, repetem as compras.[2] As noções de compra de teste e compra repetida são particularmente adequadas para produtos baratos que são consumidos todos os dias, mas mesmo produtos duráveis mais caros como automóveis são testados por meio de *test-drives* e compras repetidas em índices de intercompras mais longas que caracterizam os bens de consumo. Do mesmo modo, os produtos comprados por consumidores B2B também estão sujeitos a ser testados e comprados repetidamente.

O modelo na Figura 3.1, chamado Processo de Adoção da Marca, indica – com círculos – os três principais estágios pelos quais um indivíduo adota uma nova marca. Esses estágios são as categorias dos conscientes, dos testadores e dos repetidores, cujo termo se refere a uma categoria de consumidores e clientes que ocupam o mesmo estágio com respeito ao fato de apenas ter consciência de uma marca, tê-la testado ou a comprado repetitivamente. Os blocos cercando os círculos são em sua maioria ferramentas de comar que desempenham um papel movendo os consumidores da percepção inicial, passando pelo teste, e por fim transformando-os em compradores repetitivos. Observe que essas ferramentas são designadas (entre parênteses) como sendo usada principalmente nos ambientes B2C, B2B ou em ambos.

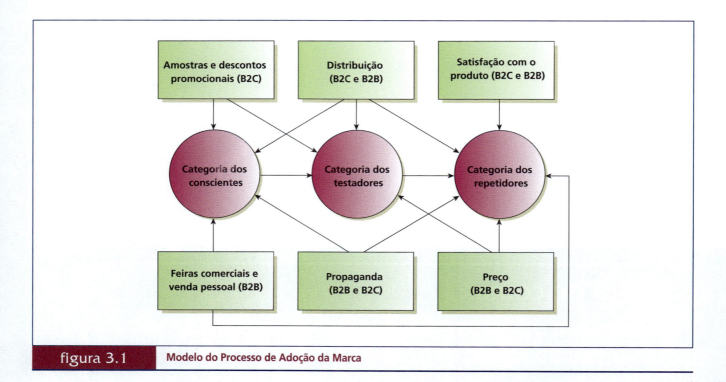

figura 3.1 Modelo do Processo de Adoção da Marca

A entrada da marca H2OH! no mercado é um exemplo desse processo. H2OH! inaugurou uma nova categoria de produtos no Brasil. Não era exatamente um refrigerante nem uma água especial. H2OH! é uma bebida levemente gaseificada, zero açúcar, zero caloria, com suco natural de limão e fonte de vitaminas. Para conseguir penetrar no mercado, portanto, a empresa precisava conscientizar o consumidor sobre esse novo produto e sobre a marca, romper a barreira à experimentação (e estimular os testadores) e, por fim, conseguir fidelizar clientes. Para isso, a empresa trabalhou fortemente com ações de comunicação. As propagandas veiculadas buscavam explicar o que era o produto, as características do produto e criar simpatia pela marca (Figura 3.2).

O primeiro passo para promover a adoção é tornar o consumidor consciente da existência de um produto. A Figura 3.1 ilustra quatro elementos determinantes da **categoria dos conscientes**: amostras grátis e descontos promocionais; feiras comerciais e venda pessoal; propaganda; e distribuição. Os três primeiros são claramente atividades de comar; o quarto, distribuição, fica muito próximo deles, pois os materiais de ponto de venda e colocação em prateleira são aspectos da distribuição de uma marca. A introdução bem-sucedida de marcas novas requer uma campanha de propaganda eficaz, ações de publicidade, ampla distribuição apoiada em materiais de ponto de venda e, no caso de produtos de consumo diário, ampla distribuição de amostras e descontos promocionais. A H2OH!, por exemplo, teve uma extensa amostragem quando introduzida; e havia descontos promocionais que reduziam os gastos para os consumidores experimentarem um produto desconhecido. No mercado B2B, feiras comerciais e esforços de vendas pessoais são meios valorosos de tornar consumidores em potencial conscientes das novas ofertas. Embora não esteja incluída no Modelo do Processo de Adoção da Marca, a comunicação boca a boca, forma de divulgação gratuita, também tem uma função importante na promoção da percepção da marca. (Um capítulo posterior descreverá em detalhes os esforços feitos pelos comunicadores de marca para criar rumor envolvendo a introdução de marcas.)

Quando os consumidores e clientes se tornam conscientes do novo produto ou marca, aumentam as probabilidades de que eles de fato testem a nova oferta.[3] Descontos promocionais, distribuição e preço são os fatores que afetam a **categoria dos testadores** (ver Figura 3.1). Ou seja, a ampla distribuição nas lojas, material de ponto de venda, descontos e degustação estimulam a experimentação das novas marcas. Para bens duráveis, o teste pode envolver um *test-drive* de um novo automóvel ou a visita a uma loja de aparelhos eletrônicos para adquirir experiência prática com, digamos, uma nova câmera digital, um novo telefone celular ou um computador. No caso de produtos de consumo diário, os testes, em geral na forma de degustação ou simulações de aplicação do produto realizadas no próprio ponto de venda envolvem a compra da marca nova para testar suas características de desempenho – o sabor, a capacidade de limpeza ou quaisquer atributos e benefícios pertinentes à categoria do produto.

A compra repetida, demonstrada pela **categoria dos repetidores**, é uma função das cinco forças primárias: venda pessoal, propaganda e publicidade, preço, distribuição e satisfação com o produto. Em outras palavras, os clientes e consumidores são mais inclinados a repetir a compra de determinada marca se os esforços de venda pessoal e propaganda continuam a lembrá-los da marca; se o preço for considerado razoável; se o produto ou serviço é de fácil acesso; e se a qualidade do produto é considerada satisfatória. Nesse último ponto, é inegável que os esforços de comar são críticos para impulsionar a compra repetida, mas não podem compensar o desempenho fraco de um produto ou um preço não competitivo. A satisfação do consumidor com a marca é o fator determinante principal para a compra repetida. Os consumidores não se aterão a marcas que não cumprem suas expectativas.

**figura 3.2**

Anúncio exemplificando o Processo de Adoção de Marca

O segredo para manter o nível de interesse dos consumidores alto é, como fica evidente pelas abordagens anteriores, utilizar um *mix* de ferramentas de comar diversificado, explorando de forma adequada as características das ferramentas em relação ao estágios do processo de adoção das marcas por parte dos consumidores.

## Características da marca que facilitam a adoção

Até agora identificamos as ferramentas de comar que afetam a adoção de um produto. A explicação agora se volta para as cinco características relacionadas com a marca que influenciam as atitudes do consumidor para as marcas novas e aumentam a probabilidade de sua adoção. São elas: (1) vantagem relativa; (2) compatibilidade; (3) complexidade; (4) testabilidade e (5) capacidade de ser observada.[4] É importante notar que a discussão se refere a novas *marcas*, e não novos *produtos*, mas a perspectiva é que as novas marcas sejam também novos produtos e não apenas inscrições posteriores feitas por empresas retardatárias em categorias de produtos bem estabelecidos.

### Vantagem relativa

Representa o grau no qual os consumidores percebem uma nova marca como sendo melhor que as alternativas existentes, com respeito a atributos ou benefícios específicos. A **vantagem relativa** é uma função da percepção do consumidor, e não importa se uma marca nova em uma nova categoria de produto é realmente melhor segundo padrões objetivos. A vantagem relativa está positivamente correlacionada ao índice de adoção da inovação. Ou seja, quanto maior for a vantagem relativa da inovação, comparada às ofertas existentes, mais rápido será o índice de adoção, mantidas constantes todas as outras considerações. (Reciprocamente, a desvantagem relativa de uma marca nova – preço alto, dificuldade para aprender como usar o produto novo, e assim por diante – retardarão o índice de adoção.) Em geral, existe uma vantagem relativa quando a nova marca oferece (1) um desempenho melhor em comparação às outras opções; (2) economia em tempo e esforço; ou (3) recompensa imediata.

Considere os seguintes exemplos de vantagens relativas (ver também a seção *Foco Global* a seguir para verificar outros exemplos de vantagens relativas para máquinas de lavar roupas em países em desenvolvimento):

- Câmeras digitais que dão aos fotógrafos a oportunidade de ver as imagens antes de transformá-las em fotografia. Além do mais, essas imagens podem ser transmitidas eletronicamente de maneira digitalizada, evitando assim as despesas, os aborrecimentos e o tempo associados ao envio de fotos pelo correio.
- A marca de adoçante Splenda propicia aos consumidores a distinta vantagem relativa de ter gosto de açúcar, mas não conter calorias.
- Os automóveis híbridos (como os carros Flex) oferecem vantagens relativas significativas, pois são mais eficientes no que diz respeito à economia de combustíveis e ao fato de prejudicarem menos o meio ambiente que os automóveis movidos exclusivamente a gasolina.
- Aparelhos de TV de tela plana ocupam menos espaço, pesam menos e apresentam melhor resolução que os aparelhos convencionais. Essa tecnologia era cara, na época do lançamento, para a maioria dos consumidores, o que explica o baixo índice de adoção nos lares, mas bares e restaurantes representaram uma grande mudança dos aparelhos convencionais para as TVs de tela plana; o mesmo está acontecendo com os lares agora que os preços estão caindo.
- As marcas na categoria conhecida como "limpeza rápida" explodiram nos últimos anos. Essa categoria inclui itens como o Swiffer, da Procter & Gamble, um sistema de limpeza doméstica que permite ao consumidor esfregar superfícies pesadas com facilidade colocando folhas eletrostáticas que pegam a sujeira, em almofadas presas às manivelas do esfregão.
- MP3 players como o Apple iPod oferecem grande capacidade de armazenagem de música e portabilidade. Não é de surpreender que o sucesso do iPod tenha gerado uma série de concorrentes.
- A Unilever introduziu um produto há muito desejado pelos pais: picolés que derretem menos. Com o nome de Slowmelt Pops, esses picolés especialmente formulados demoram mais para derreter e ficam mais tempo no palito.
- E finalmente, o *video game* da Nintendo, chamado Wii, tem a vantagem relativa de permitir que os jogadores estejam fisicamente ativos enquanto movem uma raquete de tênis virtual, participam de uma luta de boxe ou realizam uma série de outras atividades virtuais que exigem um nível de esforço físico – e, por isso, o envolvimento com qualquer jogo que esteja em progresso – raramente alcançado por um papel que um jogador desempenha em *video games* mais passivos.

### Compatibilidade

O grau no qual se percebe que uma inovação se encaixa em como uma pessoa faz as coisas é chamado **compatibilidade**. Em geral, uma nova marca é mais compatível na medida em que atende às necessidades do consumidor e coincide com seus valores pessoais, crenças e práticas passadas de consumo. Marcas incompatíveis são aquelas percebidas como incongruentes com o modo como as pessoas aprenderam a satisfazer suas necessidades de consumo. Por exemplo, embora a carne de cavalo seja uma alternativa à carne bovina em alguns países da Europa, como a Bélgica, França, Itália e Espanha, é difícil imaginar os consumidores brasileiros ou norte-americanos alterando sua preferência profundamente arraigada pela carne bovina por essa alternativa mais magra e de sabor doce.

## foco global

### Máquinas de lavar roupa para classes populares em países emergentes

Milhões de pessoas em todo o mundo, em especial nos países em desenvolvimento e nas classes mais baixas da população, ainda lavam suas roupas manualmente ou em máquinas não totalmente automáticas, como os tanquinhos. Mas a Whirlpool Corp. (que no Brasil tem as marcas Consul e Brastemp) tem o objetivo de mudar o modo como as pessoas lavam as roupas. O segredo para o sucesso está em criar máquinas totalmente automáticas que sejam funcionais e esteticamente atraentes, ao mesmo tempo acessíveis financeiramente para que as classes populares as comprem. Essas vantagens relativas sobre as soluções tradicionais (lavadoras não automáticas) para lavar roupas também renderão grandes lucros para a Whirlpool em sua empreitada global para mudar o comportamento de lavar roupas.

A Whirlpool desenvolveu uma máquina com o nome Ideale para distribuir em países emergentes como Brasil, China e Índia e outros países em desenvolvimento. O preço no varejo oscila entre US$ 150 e US$ 200 comparado à média das lavadoras automáticas nos Estados Unidos, que custa aproximadamente US$ 500. Cerca de um quarto dos lares brasileiros tem lavadoras automáticas, ao passo que os níveis de penetração na China e na Índia são inferiores a 10%. É importante salientar que a Whirlpool desenvolveu essas máquinas de lavar para atender unicamente aos hábitos de consumo e as preferências em cada país. Por exemplo, no Brasil, os consumidores têm o costume de lavar o chão por baixo dos móveis e eletrodomésticos; por isso, a Ideale para o Brasil foi feita para se apoiar em quatro pés. Também porque as donas de casa brasileiras gostam de ver a máquina funcionar, a Whirlpool equipou a Ideale com uma tampa acrílica, transparente. Na China, as famílias em geral colocam prateleiras sobre as lavadoras, por isso as tampas das máquinas para aquele país são dobráveis. Além disso, como as limitações de espaço na China fazem que as famílias coloquem seus eletrodomésticos na sala, era importante que a lavadora fosse esteticamente atraente aos consumidores naquele país. Na Índia, as lavadoras geralmente são motivo de orgulho nos lares, mas são movidas de um lugar para outro dentro da casa, por isso, para esse mercado as máquinas têm rodas para facilitar a mobilidade. As preferências de cor também variam de país para país. No Brasil, a Ideale vem apenas na cor branca, porque os brasileiros associam essa cor à limpeza. Mas os chineses não gostam de eletrodomésticos brancos porque fica muito evidente quando estão sujos e encardidos, por isso a Whirlpool produz máquinas azuis-claras e cinza para consumidores na China. Os consumidores na Índia podem escolher entre máquinas brancas, azuis ou verdes.

Porém, no Brasil, a estratégia de preço não funcionou exatamente como o esperado, pois a máquina de lavar Ideale, que tem no baixo preço um de seus maiores atrativos, tem o preço em média de R$ 700, muito acima se comparados aos R$ 400 dos "tanquinhos", produto mais consumido pelas classes C e D. O preço maior pode ser explicado, em certa medida, pela alta carga tributária do país.

*Fontes*: Adaptado de Miriam Jordan e Jonathan Karp, "Machines for the Masses", The Wall Street Journal Online, 9 de dezembro de 2003, http://online.wsj.com e adaptado de Christian Carvalho Cruz, "*A LAVADORA POPULAR DA WHIRLPOOL*". IstoÉDinheiro, fevereiro de 2004, http://www.istoedinheiro.com.br/noticias/6646_A+LAVADORA+POPULAR+DA+WHIRLPOOL. Acesso em: 01 de outubro de 2011.

---

Considere também a maneira tradicional pela qual as garrafas de vinho são "arrolhadas". Por centenas de anos a rolha verdadeira – a casca externa dos carvalhos – forneceu o material a ser usado para fechar as garrafas de vinho. Alternativas às rolhas verdadeiras começam a servir como substitutas, incluindo tampas plásticas e mesmo metálicas. Embora esses tipos mais novos sejam tão eficientes quanto as rolhas (e talvez até superiores porque não podem contaminar o vinho com o cheiro às vezes rançosos das rolhas), muitos tradicionalistas os consideram inaceitáveis. Na opinião de muitas pessoas, as rolhas representam o vinho bom, ao passo que os vinhos com tampas de outro material são considerados substitutos pobres. Uma pesquisa com os membros do comércio de vinhos nos Estados Unidos (proprietários e gerentes de restaurantes, compradores de vinho para hotéis etc.) revelou que esses especialistas acreditam que seus consumidores pensam que as tampas de outro material que não a rolha depreciam uma garrafa de vinho, e que a razão pela qual os consumidores preferem as rolhas é simplesmente uma questão mais de tradição que de desempenho.[5] Em outras palavras, as tampas de outro material não têm compatibilidade com a intensidade com que os consumidores e aficionados acreditam que uma garrafa de vinho deva ser "arrolhada".

Em geral, a velocidade da adoção é aumentada quando a compatibilidade é maior. Inovações compatíveis com as situações dos consumidores são menos arriscadas, mais significativas e requerem menos esforço para serem incorporadas à prática de consumo de uma pessoa. É provável que os automóveis híbridos tenham um índice relativamente mais lento de adoção porque a ideia da gasolina combinada e um automóvel elétrico, ou híbrido, é um tanto incompatível com o conceito do consumidor sobre como um automóvel deve ser energizado. Contudo, com o rápido aumento dos preços da gasolina, os consumidores começam a aceitar mais os automóveis híbridos por causa de seu custo mais baixo de operação.

Às vezes, a única maneira de superar as percepções de incompatibilidade é por meio de uma intensa campanha propaganda para convencer os consumidores sobre um jeito novo de fazer as coisas é superior à solução existente. Considere o caso da Parmalat e outras marcas de leite de ultra alta temperatura (UHT – são os leites de caixas longa vida), produto tratado por um processo de aquecimento que dura até seis meses fechado e tem o mesmo sabor do leite "regular". O leite estável em prateleira é um produto padrão na maior parte da Europa e América Latina, com parcelas de mercado bem acima dos 50% em muitos países. Nos Estados Unidos, todavia, as vendas do UHT são desprezíveis. A marca italiana Parmalat entrou no volumoso mercado norte-americano com planos de mudar a preferência da América para o leite estável em prateleira. Porém, após mais de uma década no mercado norte-americano, a parcela de mercado da Parmalat empalidece quando comparada às vendas do leite refrigerado. Trata-se de um problema de incompatibilidade: os norte-americanos são "casados" com o leite refrigerado. A marca Parmalat, junto de outros produtos UHT, terá de desenvolver uma forte campanha publicitária para influenciar um grande número de consumidores norte-americanos a comprar o leite UHT com regularidade, em vez da variedade refrigerada convencional. É claro que, como o sucesso leva a outro sucesso, as marcas que sofrem com imagens de incompatibilidade com frequência não têm fundos suficientes para superar a situação.

Outro exemplo é o café solúvel no Brasil. Pelo hábito do brasileiro, o bom café sempre foi entendido como aquele café "fresquinho", feito na hora. Cafés instantâneos, ou solúveis, sempre tiveram menor penetração no mercado, apesar de sua maior facilidade de preparo. Segundo dados da ABIC (Associação Brasileira da Indústria de Café), o café torrado e moído foi consumido por 93% dos consumidores de café no Brasil em 2009. Já o instantâneo teve um consumo de apenas 12% no mesmo ano. Mas percebe-se, nos últimos cinco anos, um aumento do consumo de café instantâneo pelos consumidores de classe C, o que pode representar uma oportunidade de crescimento. Está aí um grande desafio aos produtores de café instantâneo.[6]

Os produtores de "leite" de soja também reconheceram que precisam anunciar de modo agressivo para superar os problemas de incompatibilidade. Embora as bebidas de soja possuam a vantagem relativa de ser mais saudáveis que o leite tradicional de vaca, muitos consumidores evitam comprá-las por acreditar que um produto feito à base de um vegetal provavelmente teria um gosto estranho e estragaria, em vez de melhorar, o gosto dos produtos consumidos com leite, como cereal ou café. Em tentativa de superar os problemas de incompatibilidade, os produtores das marcas de leite de soja, como Ades, aumentaram seus orçamentos de propaganda na esperança de atrair novos usuários à categoria e desenvolveram, inclusive, campanhas apresentado o leite de soja sendo utilizado em diversas situações (como café com leite) em substituição ao leite tradicional.

### Complexidade

A **complexidade** se refere ao grau de dificuldade percebido de uma inovação. Quanto mais difícil de entender ou usar uma inovação, mais lento é o índice de adoção. Embora no século XXI isso pareça improvável, quando surgiram os computadores pessoais eles demoraram para ser adotados porque muitas pessoas os achavam muito difíceis de entender e usar. A adoção de aparelhos de TV programáveis com discos rígidos (por exemplo, NetHDMax) também foi mais lenta que se esperava, porque muitos consumidores acreditavam ser incapazes de usar a tecnologia com sucesso.

O sucesso do iMac da Apple, no fim da década de 1990, demonstra o valor de tornar o produto simples. O iMac foi de fato um sucesso instantâneo, vendendo por volta de um quarto de milhão de unidades nas primeiras seis semanas após o lançamento, tornando-se um dos produtos mais vendidos no mercado durante as férias. Embora seja um PC muito bom, o preço a varejo do iMac de US$ 1.299 representava uma recompensa quando comparado aos PCs funcionalmente concorrentes. Na verdade, em termos de especificações, o iMac original não tinha nada de excepcional, com apenas 32 MB de RAM, um disco rígido de 4 GB e um chip processador de 233-MHZ. No entanto, o design era especial. Com uma escolha de cinco cores novas, estojo translúcido, unidade de uma peça, com a forma redonda (em vez de angular) e um software preinstalado, o iMac era diferente de qualquer outro PC. Além de seu design único, era talvez o computador mais fácil de usar que já surgiu no mercado. Essencialmente o usuário apenas tinha que plugar e ligar o aparelho – nenhum arranjo, nenhuma complicação. Isso talvez explique por que quase um terço dos compradores do iMac eram pessoas que estavam adquirindo um computador pela primeira vez e que aparentemente acreditavam que o iMac não excederia seus limites de complexidade. As mesmas condições parecem se repetir em favor da Apple no caso dos tablets. O iPad demonstra potencial para dominar esse novo segmento em relação às demais marcas, como Nook, Sony Reader e, especialmente, Kindle, que apesar de ter sido a marca pioneira na categoria, parece que não irá resistir por muito à concorrência do iPad.

### Testabilidade

O ponto até onde uma inovação pode ser usada por um tempo limitado antes de se fazer um compromisso absoluto é chamado **testabilidade**. Em geral, marcas novas que se permitem a testabilidade são adotadas com um índice mais rápido. A testabilidade está intimamente ligada ao conceito de risco percebido. Fazer o *test-drive* de novos automóveis, degustar produtos alimentícios grátis nos supermercados e testar uma nova raquete de tênis antes de comprá-la são exemplos de comportamentos de teste. A experiência de teste serve para reduzir o risco de o consumidor ficar insatisfeito com o produto depois de ter se comprometido de maneira permanente com ele por causa de uma compra direta. Como discutiremos em detalhes em um capítulo posterior, a amostragem é um método promocional incomparável para encorajar experimentações, reduzindo o risco que acompanha o gasto de dinheiro com um produto não testado.

A realização de testes é mais difícil com produtos duráveis que com produto de consumo. Os fabricantes de automóveis permitem que os consumidores façam *test-drive*s, mas o que fazer ser você é, por exemplo, um fabricante de computadores ou de cortadores de grama? Se você for criativo fará o que as empresas como a Apple Computer e John Deere fizeram em esforços novos para dar às pessoas a oportunidade de testar seus produtos. A Apple desenvolveu uma promoção "Test Drive a Macintosh" que deu aos consumidores interessados a oportunidade de testar o computador no conforto de seus lares, por 24 horas, sem nenhum custo. John Deere ofereceu um período gratuito de 30 dias de teste, durante o qual os compradores em potencial do cortador de grama podiam testá-lo e depois devolvê-lo, sem nenhuma restrição imposta, se não estivessem completamente satisfeitos. A Land Rover britânica iniciou um método único de oferta de retorno de dinheiro para encorajar as compras do modelo Discovery Series II SUV. Os compradores em potencial podiam dirigir o veículo por 30 dias, ou 1.500 milhas, e depois devolvê-lo, obtendo a devolução total do dinheiro se não ficassem satisfeitos com seu desempenho. O setor de serviço também pode explorar essa modalidade, ainda que com mais dificuldades que uma empresa de produtos de consumo. Uma revista pode oferecer assinatura promocional grátis por seis meses; um hotel pode oferecer diárias de cortesia no período de baixa temporada ou usar o excedente da taxa de ocupação; um salão de beleza pode ofertar um serviço de manicure grátis. Todos esses casos são formas de provocar a experimentação de serviços.

### Capacidade de ser observada

A **capacidade de ser observada** é o grau no qual o usuário de uma marca nova, ou outras pessoas, podem observar os efeitos positivos do uso de um novo produto. Quanto mais o comportamento de consumo possa ser sentido (visto, cheirado etc.), mais observável, ou visível, ele é. Assim, usar um novo perfume com uma fragrância sutil é menos "visível" que adotar um penteado *avant-garde*; e dirigir um automóvel com um novo tipo de motor é menos visível que dirigir um com um design único, como o BMW Mini Cooper ou o Hummer. Em geral, as inovações com alta capacidade de observação obtêm uma adoção mais rápida se também possuírem vantagens relativas, forem compatíveis com os estilos de consumo, e assim por diante. Produtos cujos benefícios não têm capacidade de ser observados têm, em geral, uma adoção mais lenta.[7]

O papel importante da capacidade de ser observada é demonstrado pelo costume de longa data da Nike de mostrar a tecnologia em seus tênis, como a marca Shox. Inserções altamente visíveis na sola dos tênis comunicavam os benefícios da estabilidade, sistema de amortecimento e elevação aumentada por meio de pequenos absorvedores de impacto que facilitam os saltos (ver Figura 3.3). A Nike podia criar os tênis de modo que os absorvedores de impacto ficassem escondidos; em vez disso, a empresa tornou essa característica algo evidente "expondo a tecnologia" e, ao fazer isso, deu a si mesma o ponto facilmente comunicável de que os tênis da Nike permitem maior capacidade de saltar que as marcas concorrentes. A prática de expor a tecnologia da Nike reconhece que os consumidores estão mais inclinados a adotar um produto novo quando suas vantagens são observáveis.

Como o *status* da propriedade da marca é uma forma de vantagem de consumo, embora mais simbólica que funcional, talvez não seja de surpreender que muitas marcas de roupas muito conhecidas envolvam seus itens com o nome da marca e logos em destaque, que são observáveis ao mundo. Os consumidores se tornaram outdoors ambulantes para marcas de designers, um claro caso de visibilidade.

## Quantificando as características que influenciam a adoção

Até agora descrevemos cada um dos cinco fatores que influenciam a probabilidade de uma nova marca ser adotada e o índice em que essa adoção ocorrerá. Seria útil ir além da mera descrição e ter um procedimento por meio do qual

**figura 3.3**

Anúncio ilustrando a capacidade de ser observada

as cinco características pudessem ser quantificadas em uma base caso a caso para determinar se um conceito proposto de um produto tem boa chance de ser bem-sucedido.

A Tabela 3.1 mostra um procedimento para alcançar esse objetivo. Cada uma das cinco características é classificada, em primeiro lugar, em termos de sua *importância* na determinação do sucesso de um novo produto proposto e depois com respeito ao desempenho da nova marca em cada característica, sua *pontuação de avaliação*.

Para propósitos de ilustração, considere a questão de remoção de pelos. Muitas mulheres (e alguns homens) procuram médicos e salões de estética para remover com *laser* os pelos indesejados. Estima-se que a remoção de pelos feita por um profissional nos Estados Unidos gera um mercado que excede 2,5 bilhões de dólares anuais.[8] No Brasil não há dados precisos, mas é visível o potencial de crescimento desse setor. A remoção de pelos via *laser* retarda o crescimento dos folículos com o uso de uma luz a uma frequência e onda que é absorvida pelos folículos, mas não pelo tecido da pele ao redor. Imagine como esse procedimento seria popular se existisse um produto para *uso doméstico*. Ou não? Bem, a Gillette, empresa famosa por suas lâminas e aparelhos de barbear, aposta que tal produto seria altamente procurado. A Gillette se juntou a uma empresa pequena, a Palomar Medical Technologies Inc., para desenvolver um produto à base de *laser*, de uso doméstico, para remoção de pelos. A Palomar foi a pioneira no campo da remoção de pelo a *laser* e foi a primeira empresa a obter a aprovação da Food and Drug Administration para tal procedimento.[9] Embora tal produto ainda não esteja disponível comercialmente, vamos presumir que esteja e aplicaremos o modelo na Tabela 3.1 para quantificar o sucesso potencial dele.

Como demonstrado na Tabela 3.1, as vantagens relativas e testabilidade são vistas como as mais importantes considerações na determinação do sucesso desse novo produto a *laser*, ambas com a importância avaliada em 5. Esse produto para remoção de pelos, de uso doméstico, deverá concorrer com procedimentos mais tradicionais (por exemplo, lâminas, ceras ou substâncias químicas) no que se refere à facilidade da remoção, à duração da eficácia e à quantidade de esforço e dor envolvidas. A nova marca proposta (chamemos de LaserGillette, por conveniência) deve possuir essas *vantagens relativas* em comparação aos produtos já existentes, para ter alguma chance de sucesso. Do mesmo modo, é extremamente importante que os compradores em potencial tenham a capacidade de testar o produto antes de comprá-lo de fato, portanto, a *testabilidade* também recebe uma importância pontuada em 5. A *compatibilidade*, no entanto, tem importância moderada (uma pontuação de três) à medida que os usuários em potencial do LaserGillette estejam dispostos a adotar um método um tanto radical de remoção de pelos, se o procedimento tiver vantagens relativas distintas que justifiquem o que, sem dúvida, será uma opção mais cara comparada aos métodos convencionais. A *complexidade do uso*, com a importância pontuada em 4, é considerada um importante elemento determinante da adoção do produto, visto que muitos usuários em potencial ficariam relutantes em trocar o procedimento de remoção de pelos que utilizam agora – digamos, o uso de lâminas –, se o procedimento a *laser* por percebido como difícil de usar. Por fim, a *capacidade de ser observada* recebe uma pontuação de importância de apenas 1, pois a adoção do produto não envolve a verificação, por parte de

**tabela 3.1**

Ilustração hipotética da quantificação das características que influenciam a adoção

| Características | Importância (I)* | Avaliação (A)+ | I x A |
|---|---|---|---|
| Vantagem relativa | 5 | 5 | 25 |
| Compatibilidade | 3 | 3 | 9 |
| Complexidade | 4 | –2 | –8 |
| Testabilidade | 5 | –1 | –5 |
| Capacidade de ser observada | 1 | 0 | 0 |
| Pontuação total | | | 21 |

\* A importância é avaliada em uma escala que varia de 0 a 5. Uma avaliação 0 indicaria que uma característica específica não é importante nesse caso em particular. Valores positivos mais altos indicam níveis de importância aumentando progressivamente.

+ A avaliação é pontuada em uma escala com valores variando de –5 a 5. Uma pontuação 0, o ponto do meio da escala, indicaria que o novo produto proposto não tem um desempenho nem favorável nem desfavorável no que se refere à característica em questão; os valores negativos indicam um desempenho fraco, com –5 representando o pior desempenho possível; valores positivos indicam desempenho favorável, com 5 representando o melhor desempenho possível.

outras pessoas, do bom funcionamento dele, já que se trata de uma questão particular mais bem avaliada pelo usuário do produto.

Com os índices de importância determinados, podemos nos voltar para a avaliação do LaserGillette em cada uma das cinco características que influenciam a adoção. No item vantagens relativas, essa nova marca recebe a mais alta pontuação possível – 5. O produto aritmético do índice de importância multiplicado por sua pontuação na avaliação resulta no recebimento, por parte do LaserGillete, uma pontuação combinada de vantagem relativa (I x A) de 25 pontos nessa única dimensão. Como o produto não é drasticamente diferente de outros procedimentos de remoção de pelos (todos envolvem o movimento de um objeto, como uma lâmina, sobre a pele) sua pontuação de avaliação de compatibilidade é três, o que leva a uma pontuação combinada I x A de 9. Porém, podemos ver na Tabela 3.1 que o LaserGillette tem pontuação negativa com respeito à complexidade e testabilidade. O produto é considerado um tanto difícil de usar e só pode ser testado antes da compra por meio de um vídeo disponível no ponto de venda. Como a capacidade de ser observada não é de fato uma questão, a pontuação I x A da marca LaserGillette nessa dimensão é 0. A pontuação total, como demonstrado na Tabela 3.1, é 21. Com base nos esforços passados para a introdução de produtos novos, vamos presumir que a Gillette aprendeu que todas as marcas com pontuação 18 ou mais alta são bem-sucedidas quando lançadas no mercado. Por isso, com uma pontuação total de 21, é bem provável que o LaserGillette seja um sucesso.

Embora esse exemplo seja hipotético, ele mostra que é possível quantificar os cinco fatores determinantes da adoção e chegar a uma pontuação total que indica a probabilidade de sucesso de um novo produto. Modelos como esse são invariavelmente um tanto subjetivos, mas uma equipe de gerência de marca, junto com suas diversas agências de comar, devem ser capazes de fazer tais julgamentos com algum grau de confiabilidade. É óbvio que a pesquisa do consumidor também pode ser aplicada para determinar como os membros de um público-alvo em potencial pontuam uma nova marca proposta em cada uma das características e quanta importância dão a cada uma em sua decisão de adotar. Os gerentes de marca podem fazer planilhas e mexer com os números no processo de averiguar quais mudanças são necessárias para aumentar as chances de sucesso de um novo produto. Por exemplo, como o LaserGillette não é avaliado de modo favorável no item testabilidade, a equipe de gerência de marca pode considerar seriamente a criação de um procedimento dentro da loja que permita aos usuários em potencial testar o produto de maneira segura e higiênica.

# Escolha do nome da marca

Escolher um nome apropriado para a marca é uma decisão crucial, em grande parte porque essa escolha pode influenciar os primeiros testes de uma marca nova e afetar o futuro volume de vendas. Na verdade, o nome da marca foi descrito como os "interruptores cerebrais" que ativam imagens na mente coletiva do público-alvo.[10] Pesquisas mostraram que mesmo as crianças (com 3 ou 4 anos de idade) têm a percepção do nome da marca e, quando chegam aos 10, o nome da marca assume uma importância conceitual por meio do qual as crianças pensam sobre o nome da marca como algo mais que apenas outra característica do produto. Em outras palavras, o nome cria "vida própria", e as crianças julgam as marcas com base na reputação por elas adquiridas e avaliam as pessoas pelas marcas que usam.[11] O nome da marca de um produto desempenha um papel principal na determinação de seu sucesso imediato quando introduzido e sua prosperidade continua quando amadurece.

É importante agora mencionar que o nome escolhido para a nova marca é uma decisão de muita importância. Uma marca nova pode alcançar sucesso apesar de ser marcada com um nome "ruim", mas as chances de sucesso são impulsionadas se ela tiver um nome eficaz. Um bom nome de marca evoca sentimentos de confiança, segurança, força, durabilidade, velocidade, *status* e muitas outras associações desejáveis. O nome escolhido para uma marca (1) influencia a velocidade com a qual os consumidores se tornam conscientes dela; (2) influencia a imagem da marca; e assim (3) tem papel importante na formação da *brand equity*. Alcançar a percepção do consumidor quanto ao nome da marca é o aspecto inicial crítico da promoção de seu valor. A percepção do nome da marca é caracterizada como a passagem para o aspecto mais complicado do aprendizado e da retenção, por parte do consumidor, das associações que constituem a imagem de uma marca.[12] Por meio do nome da marca, uma empresa pode criar excitação, elegância, exclusividade e influenciar as percepções e atitudes dos consumidores.[13]

Uma dificuldade adicional na definição de nomes para marcas aparece nos casos de marcas globais, uma tendência em função da otimização de esforços e de recursos para a construção de marcas que possam atuar no mundo todo. O desafio é encontrar nomes com o mesmo significado em vários países, o que nem sempre é possível. A Mitsubishi teve problemas com sua marca Pajero, pois em alguns países da América Central, "pajero" significa "masturbador", o que, convenhamos, não é um bom nome para um carro tipo 4x4 ou de qualquer outro tipo. A Ambev teve que alterar a marca da sua cerveja Brahma na Guatemala para Brahva, pois a pronúncia dessa palavra significa "cadela no cio". A Kia trouxe para o Brasil uma van cuja marca era Besta. Embora não seja um caso inaceitável, todavia, não é bom ter uma marca como essa, que é sinônimo de idiota, no país. Porém, existem casos mais graves. No final da década de 1970, a Ford cogitou produzir no Brasil seu modelo compacto de muito sucesso nos Estados Unidos, o Ford Pinto. Óbvio que se fosse em frente com o projeto teria que trocar o nome da marca, pois aqui, como sabemos, a palavra pinto, dentre outros significados, quer dizer "pênis".[14]

## O que constitui um bom nome de marca?

Essa é uma questão complexa que não tem uma resposta simples. Para ganhar perspectiva, vamos mudar a pergunta e colocá-la nos seguintes termos: o que determina se o nome de uma pessoa é bom? (Por favor, pense um pouco sobre isso antes de prosseguir a leitura). Ao ponderar essa pergunta você provavelmente chegou rapidamente à conclusão de que os nomes das pessoas diferem dramaticamente e que nenhuma regra simples pode afirmar se o nome da pessoa é bom. Talvez você também tenha chegado à conclusão de que o nome de alguém ser "bom" depende em grande parte do fato de ele "se encaixar" ao nome, personalidade e características sociodemográficas da pessoa. De maneira simples, há muitos modos de ter um bom nome, tanto para uma pessoa quanto para uma marca.

Consideremos um nome verdadeiro de uma marca e a lógica utilizada para a escolha dele. Em 2006, a Microsoft introduziu um vídeo e *music player* para concorrer com marcas como iPod, da Apple, e deu ao produto o nome Zune. Na verdade, o Zune se tornou o nome da marca para o próprio *media player*, para o hardware da Microsoft e também para a loja virtual com o nome de Zune Marketplace, que permite que os consumidores adquiram músicas, filmes, programas de TV e software. Por que o nome Zune? Como geralmente acontece com a escolha do nome para uma marca nova, a Microsoft selecionou uma empresa especializada em escolha de nomes – a Lexicon Branding Inc., no caso – para criar o nome. O CEO da Lexicon justificou a escolha do nome Zune nos seguintes comentários feitos a um repórter do *Wall Street Journal*:[15]

- A letra Z conota uma aura de força e confiabilidade e, na língua inglesa, está entre os sons mais vivos e energéticos.
- O objetivo era encontrar uma palavra curta, porque palavras curtas são mais fáceis de pronunciar e lembrar, e essa palavra reflete o tamanho pequeno do *media player* da Microsoft.
- Ao escolher o nome Zune, a Lexicon Branding considerou mais de 4,5 mil nomes possíveis. Dentro de três meses, Zune acabou ganhando como o "melhor" nome.
- Além de sugerir força, confiabilidade e energia, o nome Zune foi selecionado devido ao tom de familiaridade, como a facilidade em passar da palavra "tune" (afinação, melodia) para Zune.
- E por fim, um alto executivo de marketing da Microsoft explicou que eles queriam um nome de marca que soasse ativo e pudesse ser usado tanto como verbo quanto como substantivo, o que acontece, por exemplo, com o nome Google.

Além dessa escolha do nome, os profissionais e pesquisadores de marketing tentaram especificar fatores que determinam a qualidade no nome da marca. Embora o conhecimento acumulado não chegue nem perto de uma identificação de princípios científicos, existe uma concordância geral de que os nomes das marcas devem satisfazer vários requisitos fundamentais.

Primeiro, um bom nome de marca deve distingui-la das ofertas concorrentes. Em segundo lugar, deve promover o aprendizado de associações desejáveis com a marca, sugerindo ou descrevendo atributos.

Em terceiro lugar, é importante que o nome alcance compatibilidade com a imagem desejada para a marca e com o design e a embalagem do produto. Em quarto lugar, é útil para o nome ser fácil de guardar, pronunciar e escrever.[16]

Por fim, embora não discutida subsequentemente como um quinto requisito, outra consideração importante é a adequação do nome da marca para anunciá-la em vários países. Idealmente, o nome da marca deve satisfazer todos os requisitos, do primeiro ao quarto, de maneira positiva equivalente em todos os países onde for vendida. É desnecessário dizer que a maioria dos nomes não consegue satisfazer esse ideal. Por exemplo, foi sugerido que o nome Zune lembra uma palavra profana em hebraico. Embora isso tenha sido contestado, a possibilidade de que o nome evoque algo profano pode diminuir o potencial sucesso da marca em Israel e em outros mercados com grande população judaica.

O valor de uma marca depende da eficácia de seu processo de gerenciamento, porém sem um bom nome e logo sem trabalho fica bem mais complicado. Por isso, na concepção da marca é importante atender a alguns quesitos,[17] como:

- Ter nome curto, sonoro e de fácil pronúncia (se a marca for global, em diferentes países).
- Ser original (ajuda a se destacar na categoria).
- Ter referencial positivo (deve estimular associações favoráveis).
- Ter relação com o ramo de atividade (facilita a identificação e memorização).
- Ser flexível (permitir "sobrenomes" para extensões de linhas).
- Estar livre para registro (garante a propriedade e evita problemas jurídicos).

### Requisito 1: Distinguir a marca das ofertas concorrentes

É desejável para uma marca ter identidade única, algo que claramente a diferencie das concorrentes. O fracasso em distinguir uma marca das ofertas concorrentes cria confusão e aumenta as chances de os consumidores não lembrarem o nome ou erroneamente escolherem outra marca. A Clinique selecionou o nome Happy [Feliz] para sugerir precisamente esse sentimento a sua marca de perfume, uma escolha de nome que é notável em sua diferenciação dos nomes em geral sexualmente sugestivos escolhidos para perfumes, como Passion [Paixão], Allure [Sedução] e Obsession [Obsessão].

Entre as companhias aéreas com preços baixos, os profissionais de marketing da marca escolheram nomes singulares como Ted Airlines, Song, Spirit Airlines e JetBlue Airways – nomes únicos que dão a cada companhia aérea uma identidade distinta. Compare esses nomes com os enfadonhos apelidos que historicamente dominaram o setor nos Estados Unidos – nomes como United, Continental, TWA, Delta, American, Northwest, Southwest etc. O objetivo dos novos nomes das empresas aéreas parece ser o de transmitir personalidades da marca que sugerem que elas oferecem algo mais além da mera funcionalidade. Além disso, todas são fáceis de memorizar e pronunciar (ver Requisito 4). No Brasil, a Gol é um bom exemplo de nome diferenciado no setor aéreo, assim como o nome da agência de propaganda África é um nome muito diferente do usual no setor de comunicação, no qual predominam nomes com siglas ou nomes dos fundadores.

Em vez de usar o nome da marca para se diferenciar dos concorrentes, alguns profissionais de marketing pegam carona no sucesso de outras marcas, usando nomes parecidos com o de marcas mais conhecidas e respeitadas. Contudo, o Federal Trademark Dilution Act de 1995 protege os proprietários de nomes e logos de marcas de outras empresas que usam nomes idênticos ou similares. (Em termos legais, nomes de marcas e logos são referidos como *marca registrada*). No Brasil, o Inpi (Instituto Nacional de Propriedade Industrial)[18] é o órgão governamental responsável pelo registro de marcas e de patentes, o que garante o direito de propriedades e uso das marcas. O objetivo desses órgãos é proteger as marcas registradas de perder sua distinção.[19] Casos de violação às marcas registradas ocorrem com certa regularidade. Para reforçar a propriedade sobre a marca e desestimular usos indevidos, muitas marcas aparecem com um discreto símbolo agregado, o "®", "MR" ou "TM", que significam respectivamente "registrada" (a marca), "marca registrada" e *"trademark"*.

### Requisito 2: Promover o aprendizado do consumidor de associações com a marca

Como descrito no Capítulo 2, quando discutimos o *brand equity* baseado no ponto de vista do consumidor, a imagem de uma marca representa as *associações* ativadas na memória quando as pessoas pensam a respeito de uma marca em particular. É desejável que os esforços da comar criem associações favoráveis, fortes e preferencialmente singulares. O nome de uma marca pode facilitar o aprendizado do consumidor no que diz respeito às associações, descrevendo ou sugerindo os atributos e benefícios-chave de uma marca. Em outras palavras, o nome de uma marca faz que os consumidores saibam o que esperar dela e também desempenha a importante função de capacitar os consumidores a relembrar informações importantes acerca da marca. Ou seja, o nome da marca serve como *dicas de memória* que facilitam a lembrança dos atributos ou benefícios do produto e também preveem seu desempenho.[20]

Post-it (bloco de notas), Unibanco. Banco único (banco), Soya (óleo de soja; soy é soja em inglês), Sentir Bem (linha de produtos saudáveis do Walmart), Adocil (adoçantes), CompreBem (supermercados), Limpol (detergente lava-louças) e Locaweb (hospedagem sites) são exemplos de nomes de marcas que se destacam na descrição (ou sugestão; ver discussão posterior) dos atributos ou benefícios de seus respectivos produtos. Considere também o nome Liquid-Plumr, que é o nome da marca de um produto líquido que é despejado em pias para desentupir os canos. O nome sugere que usar o produto é como ter seu próprio encanador, sem, é claro, incorrer nas despesas e inconveniência de contratar um encanador de verdade.

Ponderemos também citar alguns nomes de marca usados na categoria telefones celulares. Alguns nomes sugerem uma sofisticação técnica usando uma combinação de letras e números. Exemplos incluem M300, da Samsung; W300, da Sony Ericsson; e série VX (VX5300, VX8300, VX8550 e VX9900), da LG. Existem também nomes de telefones celulares que descrevem ou sugerem características ou benefícios específicos da marca. Entre eles estão a Samsung Hue (*faceplates* múltiplos disponíveis em diferentes cores); o Samsung Sync (sugerindo comunicações claras ou sincronização entre quem liga e quem recebe a chamada); o Motorola RAZR (sugerindo um telefone pequeno e fino como uma lâmina); o iPhone da Apple (indicando uma habilidade em acessar a Internet) e o enV da LG (uma versão truncada da palavra "envy" [inveja], para sugerir que os outros terão inveja do dono dessa marca).

### *Sugestividade do nome da marca:*

A Transmeta Corp., fabricante de *chips* de computador que concorre com a muito maior Intel e sua classe Pentium de produtos, lançou um *chip* supereficiente voltado para laptops. Esse novo *chip* prometia estender o uso do laptop sem recarga de bateria por muitas horas além do padrão de duas ou três horas permitido pelos *chips* convencionais. A Transmeta deu ao novo *chip* o nome de Crusoe, inspirado no famoso personagem fictício Robinson Crusoé. Esse nome de marca sugere (a qualquer pessoa que conheça a história de Robinson Crusoé) que um laptop equipado com o *chip* Crusoe permite que um usuário "encalhado" continue a trabalhar por muitas horas sem acesso a uma tomada elétrica. Embora a relação nome-benefício seja um tanto abstrata nesse caso, esperava-se que Crusoe sugerisse prontamente um benefício de utilidade a muitos compradores potenciais de laptops.

Pesquisadores examinaram cuidadosamente a questão da sugestividade do nome da marca. Nomes de marcas *sugestivos* são aqueles que denotam atributos ou benefícios no contexto da categoria do produto. Crusoe é um nome de marca sugestivo. Também o é Healthy Choice [Escolha Saudável] para produtos alimentícios, indicando que essa marca tem índices baixos de gordura e calorias. O nome Outback para a perua da Subaru sugere um produto durável e áspero – capaz de enfrentar o desafio das famosas regiões ermas da Austrália. Ford Explorer é um nome que sugere aventura para os compradores em potencial de pickups que buscam a emoção de dirigir no campo. O enV da LG sugere que os proprietários desse telefone celular serão invejados por outros. O nome Crocs (sapatos de borracha) sugere que a marca é apropriada para usar tanto na água quanto na terra e que é tão resistente quanto a pele de um crocodilo.

Nomes de marcas sugestivos tornam mais fácil para o consumidor se lembrar dos benefícios anunciados que são consistentes em significado com o nome da marca.[21] Os nomes sugestivos reforçam na memória do consumidor as associações entre o nome e a informação sobre o benefício semanticamente relacionado com a marca.[22] Reciprocamente, esses mesmos nomes sugestivos podem reduzir a capacidade do consumidor de relembrar os benefícios anunciados depois que uma marca foi reposicionada para significar algo diferente de seu significado original.[23]

*Nomes de marcas inventados:* Para comunicar os atributos/benefícios da marca, os criadores às vezes criam nomes em vez de selecioná-los de palavras reais contidas nos dicionários. Como vimos anteriormente, Zune, da Microsoft, é um nome inventado. Muitos nomes de automóveis em uso hoje ou usados no passado são inventados, incluindo Acura, Lexus, Lumina e Sentra. Esses nomes foram criados com *morfemas*, os núcleos semânticos das palavras. Por exemplo, a Compaq, que agora se juntou à Hewlett-Packard, combinou dois morfemas (com e paq), e ao fazer isso sugeriu o benefício de um computador pequeno. O nome do automóvel Acura deriva de "accurate" [preciso] e sugere precisão no desenho e engenharia do produto. O nome Lexus, em comparação, parece ser inteiramente inventado e não sugere nenhum benefício ou característica do produto em particular.

*Simbolismo do som e escolha do nome:* As pesquisas revelam cada vez mais que o simbolismo do som tem um papel muito importante na determinação do modo como os consumidores reagem aos nomes das marcas e formam julgamentos sobre elas.[24]

Sons individuais, chamados *fonemas*, são a base dos nomes das marcas. Os fonemas servem não apenas para formar sílabas e palavras como também para dar significado a uma marca por meio de um processo de *simbolismo do som*.[25] Considere, por exemplo, o uso de vogais "de frente" em um nome de marca (por exemplo, vogais como *"e"*, em *"bee"* [pronúncia "bii" – "abelha"]; e *"a"* em *"ate"* [pronúncia "ei" – "comeu"]), comparadas às vogais "de trás" (como *"u"* em *"food"* [pronúncia "uu" – "comida"]; e *"o"* em *"home"* [prolonga-se um pouco o *"o"* na pronúncia – "lar"]). Pesquisas demonstraram que os nomes de marcas que incluem vogais de frente (em oposição às de trás) transmitem qualidades de atributos como pequenez, leveza, moderação, fineza, feminilidade, fraqueza e beleza.[26]

Um estudo feito com sorvete como produto alvo criou os nomes Frosh e Frish para uma suposta marca nova. Esses nomes se diferenciam apenas no que se refere a seus sons fonéticos, como Frosh e Frish baseados nos sons *"ä"* (vogal de trás) e *"i"* (vogal de frente), respectivamente. O estudo determinou que o nome Frosh evocava associações mais positivas com os atributos da marca e avaliações mais favoráveis da marca que o nome Frish. O estudo revelou ainda que o efeito do simbolismo do som do nome da marca ocorreu de maneira automática, sem esforço e sem envolvimento cognitivo. Em outras palavras, esses nomes da marcas tiveram efeitos diferentes nas percepções e avaliações de supostas marcas novas de sorvete, mas os participantes da pesquisa não sabiam que seus julgamentos eram baseados no simbolismo do som. Não obstante, foi esse simbolismo que levou os participantes a avaliar o sorvete Frosh de modo mais favorável que o Frish.

### Requisito 3: Alcançar compatibilidade com a imagem desejada para a marca e com o design e a embalagem do produto

É essencial que o nome escolhido para a marca seja compatível com a imagem desejada dela e também com seu design ou embalagem. Suponha, por exemplo, que você queira escolher um nome de marca de todos os produtos naturais que não contenham cor, sabor, nem conservantes artificiais, com uma linha de produtos orgânicos que foram cultivados sem fertilizantes ou pesticidas sintéticos. Que nome você daria a essa marca? A rede de supermercados Publix, na Flórida, escolheu o nome GreenWise [Sabedoria verde] para essa linha de alimentos – nome compatível com a imagem desejada. Muitos mercados têm seções de alimentos naturais e orgânicos que levam suas próprias marcas (ver Figura 3.4). Healthy Choice [Escolha saudável] é um nome ideal para uma categoria de alimentos sem gordura ou

**figura 3.4**

**Há muitas marcas compatíveis com a imagem nas seções de produtos naturais e orgânicos nos mercados**

# foco c.i.m.

## Red Bull no Brasil: posicionamento único, comunicação integrada na prática e resultados de fato

Muito se fala das dificuldades em construir uma nova marca nos dias de hoje. Tais dificuldades são verdadeiras por uma série razões: número excessivo de novos produtos, novas categorias de produtos, fragmentação da mídia, custo excessivo da mídia etc.

Por isso, nestes tempos desafiadores, chama atenção o sucesso de uma marca lançada no Brasil apenas em 1998 (1987 no mundo) e com praticamente apenas dois itens de produto (com e sem açúcar). O que teriam feito eles de diferente?

Na realidade, a marca seguiu uma receita consagrada na literatura, mas que poucas marcas conseguem de fato praticar: produto adequado às necessidades de um segmento de público naquele momento, posicionamento único e relevante, criatividade e consistência na implementação da comunicação integrada. Nada novo, portanto, inclusive no tópico comunicação integrada (o mais relevante para este livro). Há anos se fala da importância da comunicação integrada, mas dificilmente se consegue a devida integração de todos os pontos de contato da marca. Portanto, o que teria feito Red Bull de diferente?

Em primeiro lugar, a marca tem um posicionamento único, relevante e simples. Como dizem autores consagrados em branding, o posicionamento é o ponto de partida para a construção bem-sucedida de uma marca. Segundo Keller (2008) o posicionamento identifica os principais valores da marca, valores estes (pontos de paridade e pontos de diferença) que deverão permear todo o processo de comunicação da marca. Para Aaker (1998), o posicionamento tem mais chances de ser único se passar pela construção de uma personalidade de marca única, baseada em valores emocionais.

O produto é funcionalmente um enérgico que promete (e entrega) disposição para inúmeras atividades. A bebida, que tem alta concentração de cafeína, foi desenvolvida a partir de uma bebida que era utilizada como estimulante na Ásia (mais precisamente por caminhoneiros na Tailândia).

Sob o ponto de vista emocional, a comunicação explora com criatividade, irreverência e até simplicidade, a liberdade que essa disposição dá ao consumidor. O *slogan*, "Red Bull te dá aaaasas" captura de maneira direta, curta e simples a essência do posicionamento. Talvez porque o posicionamento seja realmente simples.

As iniciativas de patrocínio vão desde uma equipe própria e vencedora na Fórmula 1, até o Red Bull Flug Tag, em que pessoas comuns criam engenhocas "supostamente voadoras", para se apresentar em uma represa. No entanto, os eventos e esportes patrocinados são inúmeros, sempre com presença de disposição e liberdade, claramente presentes no posicionamento da marca. Adicionalmente, a forma de execução de toda a sua plataforma de comunicação confere à marca uma personalidade irreverente e criativa, em total identificação com seu público-alvo.

Os filmes ou animações para TV poderiam ser classificados como "toscos" tal sua simplicidade, mas, dado o caráter assumido pela personalidade da marca, são vistos como irreverentes, ousados e criativos.

Essa boa e simples ideia permite, depois, inúmeras possibilidades de seu uso na comunicação integrada de todos os pontos de contato da marca, em que todas as iniciativas devem transmitir tais valores. Essa consistência e criatividade permitem, inclusive, que a marca não seja uma grande compradora da mídia de massa. Em parte, porque de fato não precisa. Em parte porque o marketing "boca a boca" (potencializado mais que nunca pela internet) se encarrega de espalhar.

Segundo o gerente da marca no Brasil, Marcelo Nicolau, o sucesso da comunicação integrada da marca depende de consistência com os valores apresentados pelo posicionamento e afirma que é fundamental:

*manter e intensificar a coesão de nossa comunicação em todas as plataformas de experiência com o consumidor, sempre transmitindo de forma genuína os valores e essência que acreditamos.*

Marcelo Nicolau, acrescenta ainda que grande parte da criatividade das ações de comunicação depende de:

*explorar o brand content gerado pelas plataformas culturais e esportivas, através de formatos inovadores que possam gerar experiências fantásticas e diferenciadas ao consumidor, adaptando-se a seus novos hábitos de vida.*

O que se observa das declarações anteriores e dos resultados obtidos pela marca no Brasil é que houve uma feliz combinação de consistência com criatividade. Prova de que se pode (e se deve) ser criativo, com consistência estratégica.

Os resultados, aliás, são liderança incontestável com cerca de 50% de participação de mercado, em um mercado praticamente construído pela marca. Mercado que cresceu cerca de 20% ano nos últimos cinco anos.

Recentemente a marca retirou o apoio a um projeto de futebol para alunos jovens carentes no interior de SP com base no argumento tradicional de que "não se enquadrava nas políticas da marca". Em função disso, a marca recebeu algumas críticas na imprensa especializada (*Meio e*

*(Continua)*

*(Continuação)*

*Mensagem*, 17 de novembro de 2011). Mais importante que o fato de a marca ter errado ou não (penso que não errou, aliás), é o *status* adquirido por ela. Um dos resultados de sua estratégia consistente, da implementação muitas vezes irreverente, é que as ações e atitudes da marca, por menores que pareçam, não passam mais despercebidas. Fruto de seu próprio sucesso, a marca passa agora de estilingue (mais adequada a sua irreverência) à vidraça. Novos tempos em que os cuidados com comunicação integrada devem abranger um novo público (jornalistas, profissionais de marketing, governo) que vai além de seus consumidores apenas.

A proposta deste case é servir de referência para reflexão e discussão sobre o tema e não para avaliar as estratégias adotadas. O case foi desenvolvido com base em informações divulgadas nos seguintes meios Andrea Licht, "Red Bull, receita turbinada de marketing", *Meio e Mensagem*, 23 de março de 2011; Regina Augusto, "O deslize da Red Bull", *Meio e Mensagem*, 17 de janeiro de 2011; http://redbull.com.br. (Acesso em: 14 de fevereiro de 2011); Marcelo Nicolau, Gerente da Marca Red Bull no Brasil (entrevistado em 11 de fevereiro de 2011); AAKER, D. & JOACHIMSTHALER, E. (2007). *Como Construir Marcas Líderes*. Porto Alegre: Bookman; KELLER, K. (2008). *Strategic Brand Management*. New Jersey: Pearson Prentice Hall

Caso elaborado por Prof. Me. Marcos Machado, Professor nos MBAs da ESPM e FIA, Graduado em Administração de Empresas pela EAESP/FGV, Mestre em Administração pela PUC/SP e Doutorando em Administração pela FEA/USP.

com baixo teor de gordura, voltados a consumidores preocupados com o peso e a saúde. O nome sugere que o consumidor tem uma escolha e que a Healthy Choice é essa escolha.

Outro nome que se encaixa muito bem com a imagem desejada para a marca é Swerve. Tratava-se de uma bebida (que hoje não mais existe) feita com leite, produzida pela Coca-Cola e cujo público-alvo eram crianças e adolescentes. A definição de *swerve* no dicionário é fazer uma volta abrupta no movimento ou direção. Assim a empresa prometia aos usuários em potencial da Swerve uma bebida fora do comum e que os faria participar de um "movimento" – talvez se afastando dos refrigerantes comuns. Os desenhos na embalagem da Swerve reforçavam o nome, mostrando uma vaca sorridente usando óculos escuros, sugerindo uma marca da moda para jovens que desejem sua própria identidade e, talvez, dancem ao som de sua própria música. No entanto, nem mesmo um bom nome pode salvar um produto que não consegue agradar o público-alvo. Por razões que desconheço, Coca-Cola cancelou a Swerve depois de apenas três anos no mercado.

### Requisito 4: Ser fácil de guardar, pronunciar e escrever

Por fim, um bom nome de marca deve ser fácil de guardar na memória e pronunciar. Embora uma palavra curta não seja um ingrediente essencial para um bom nome, muitos nomes curtos, formados por apenas uma palavra, são mais fáceis de memorizar e pronunciar (Omo, Tide, Gol, TAM, Shout, Claro, Tim, Vivo, Swatch, Smart, Extra, Crocs etc.). Provavelmente poucas palavras são tão fáceis de memorizar como aquelas que aprendemos logo cedo, quando crianças, e entre as primeiras aprendidas estão os nomes de animais. Isso explica a tendência dos profissionais de marketing de escolher nomes de animais como marcas; por exemplo, os fabricantes de automóveis usam nomes como Corsa, Fox, Mustang, Corcel, Thunderbird, Cougar, Lynx, Firebird, Puma e Jaguar. Além da facilidade de memorização, os nomes de animais evocam imagens vívidas. Isso é muito importante para os gestores de marketing porque imagens vívidas e concretas facilitam o processamento de informações por parte do consumidor. O sabonete Dove [palavra em inglês que significa "pombo"], por exemplo, sugere maciez, graça, gentileza e pureza. Ram [carneiro] (para os caminhões Dodge) denota força, durabilidade e firmeza.

Ao empregar nomes memoráveis, as empresas com frequência tomam liberdades com a ortografia padrão dos dicionários. Por exemplo, a Campbell (famosa por suas sopas), introduziu uma linha de bebidas energéticas para jovens. O nome escolhido para a marca foi Invigor8. O nome, obviamente, é uma derivação de *"invigorate"* [revigorar], que significa literalmente se sentir vivo e com energia. Esse é um nome excelente para a imagem desejada da marca (Requisito 3) e também é fácil de memorizar e pronunciar. A grafia, que substitui o sufixo *"ate"* pelo número 8 [ambos com a mesma pronúncia] dá ao nome uma distinção ao mesmo tempo em que facilita a pronúncia. Curiosamente, também é provável que a Campbell, que produz o conhecido suco V8, esteja tentando alavancar o valor dessa marca madura, de modo sutil. Seja qual for o caso, Invigor8 é um nome de marca cativante. O uso dele é apoiado por pesquisas que mostram que nomes com grafias incomuns promovem o reconhecimento e a lembrança por parte do consumidor, o que explica por que a LG deu a seu celular o nome enV, em vez de Envy; e a Motorola chamou seu telefone de RAZR, em vez de Razor (lâmina).[27]

### Algumas exceções às "regras"

A discussão anterior identificou quatro diretrizes para a escolha do nome da marca (e também mencionou uma quinta, embora esta – a compatibilidade por várias culturas – não tenha sido discutida em detalhes). O estudante observador notará, por exemplo, que alguns nomes de marca bem-sucedidos parecem ser totalmente fora das "regras". Em primeiro lugar, algumas marcas alcançam sucesso apesar de seus nomes. (De forma análoga, algumas pessoas conseguem destaque embora seus nomes não sejam aqueles que elas teriam escolhido). A primeira marca em uma nova categoria de produto pode ter um enorme sucesso independentemente de seu nome, se ela oferecer aos consumidores vantagens distintas sobre soluções alternativas aos problemas deles. Em segundo lugar, em todos os aspectos da vida existem exceções às regras, mesmo na escolha do nome da marca.

Uma terceira exceção significativa às "regras" é que os gerentes de marca e os consultores de seus nomes às vezes escolhem intencionalmente nomes que, a princípio, não têm significado algum. Por exemplo, a palavra *"lucent'* [reluzente], em Lucent Technologies, foi selecionada porque para a maioria das pessoas ela tem pouco significado e poucas associações — a *filosofia do vaso vazio* da escolha do nome da marca. A expressão vaso vazio sugere que quando um nome não tem muito significado preexistente, as comunicações de marketing subsequentes são capazes de criar o significado exato desejado sem ter de enfrentas associações passadas já acumuladas na memória das pessoas. Em outras palavras, em vez de escolher um nome já rico em significado e repleto de associações, existem vantagens em usar um nome relativamente neutro que a campanha de comar pode dotar de significado desejado.

### Elementos complementares da marca

A identidade de uma marca pode ser formada também por alguns elementos complementares, os quais embora não façam parte da marca em si, como nome e logo, podem desempenhar um papel importante na construção e manutenção do *brand equity*. Slogans e símbolos são esses elementos.

- *Slogan* – é uma frase, ou um conjunto de palavras, em geral, curta e de forte efeito integrada à marca, tanto fisicamente (sempre aparece junto do logo, em geral na parte inferior) como conceitualmente (traduz o posicionamento pretendido da marca, compondo sua identidade). Os *slogans* são peças importantes na construção do *brand equity*. Alguns *slogans* se tornam tão famosos que se fundem com a própria marca. "Se é Bayer é bom" (Bayer), "Você conhece você confia" (Volkswagen), "Mil é uma utilidades" (Bom Bril), "Feito para você" (Banco Itaú), "A cerveja que desce redondo" (Skol), "Uma boa ideia" (Caninha 51) e "Não tem comparação" (Brastemp). Observe que esses *slogans*, além de clássicos, podem ser considerados eficientes porque, acima de tudo, traduzem de forma simples e impactante o posicionamento da marca.
- Símbolos – são imagens ou personagens com vida própria que estão diretamente relacionados à marca e por isso funcionam com um representante da marca, ampliando os esforços de construção do *brand equity*. Por terem vida própria podem se relacionar de forma mais intensa com os consumidores. Funcionam com uma espécie de embaixadores da marca, pois podem falar, se movimentar e interagir com os consumidores e o melhor, sempre de forma absolutamente controlada, afinal são personagens, não pessoas. Existem muitos exemplos de personagens símbolos de marcas muito atuantes, como Ronald McDonald (um palhaço muito conhecido pelas crianças), Bib da Michelin (um bonequinho feito de pneus), Tony da Kellog's (um simpático tigre) até mesmo o às vezes temido leão da Receita Federal.

## O processo de escolha do nome da marca

A escolha do nome da marca envolve um processo direto e franco determinado por uma pesquisa com mais de 100 produtos e gerentes de marca que representam tanto produtos B2C quanto B2B. A Figura 3.5 lista os passos e a discussão a seguir descreve cada um deles.

### Passo 1: Especificar objetivos para o nome da marca

Como acontece com todas as decisões gerenciais, o passo inicial é identificar os objetivos a serem alcançados. A maioria dos gerentes procura selecionar um nome que posicionará a marca com sucesso na mente do público-alvo, criará uma imagem apropriada para a marca e a distinguirá das concorrentes.[28] Como foi explicado anteriormente, o nome Zune para o *media player* da Microsoft foi escolhido por ser curto e conotar energia, força e confiabilidade.

### Passo 2: Criar nomes candidatos para o nome da marca

Os nomes candidatos são em geral selecionados com o uso de exercícios de pensamento criativo e sessões de *brainstorming*. As empresas com frequência usam os serviços de consultores especializados para gerar nomes candidatos, como

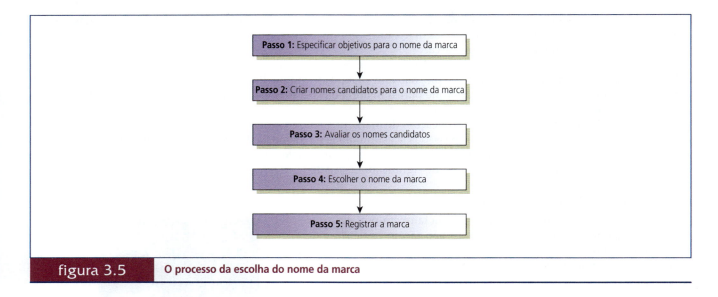

**figura 3.5** O processo da escolha do nome da marca

foi o caso na escolha de JetBlue, Verizon, Accenture e Lucent. A pesquisa de produto e os gerentes de marca mencionadas previamente determinaram que quase 50 nomes eram criados em cada sessão do processo.[29]

### Passo 3: Avaliar os nomes candidatos

Os vários nomes gerados são avaliados com o uso de critérios como relevância para a categoria do produto, favorabilidade de associações geradas pelo nome e apelo geral. Os gestores de marca consideram crítico que os nomes sejam facilmente reconhecidos e lembrados.

### Passo 4: Escolher o nome da marca

Os gerentes usam os critérios observados nos passos 1 e 3 para selecionar o nome final entre os candidatos. Em muitas empresas essa escolha é mais uma questão de julgamento subjetivo que o produto de uma rigorosa pesquisa de marketing. Por exemplo, o nome da companhia aérea JetBlue foi escolhido subjetivamente com base em pressentimento e visão.[30] O CEO da JetBlue e seus associados estavam incertos quanto ao que queriam em relação ao nome de sua nova companhia aérea, mas tinham certeza absoluta do que não queriam – não queriam (1) uma localização geográfica como sudoeste ou nordeste e (2) uma palavra inventada como nomes de marcas populares no marketing automobilístico (por exemplo, Lexus e Acura).

A equipe de marketing da "New Air", o nome operacional da empresa enquanto a seleção de um nome permanente era aguardada, considerou inúmeras possibilidades, incluindo New York Air, Gotham, Taxi, Big Apple, Imagine Air, Yes! e Fresh Air. Taxi foi o nome que mais agradou a um alto executivo de marketing, que acreditava que o nome tinha "uma sensação de Nova York" e permitiria um único design de avião, em xadrez amarelo e preto na cauda (lembrando a aparência dos táxis da cidade de Nova York). O nome Táxi acabou sendo rejeitado porque o uso da palavra como verbo descreve o que os aviões fazem nas pistas, e a Federam Aviation Administration não permitiu esse uso para um nome de marca. Além disso, alguns receavam que os táxis de Nova York tivessem uma imagem negativa associada a preços altos, serviço que deixava a desejar e insegurança.

Os executivos da "New Air" então consideraram outras possibilidades, como Blue e até Egg [Ovo]. Os três nomes foram rejeitados, e, como último recurso, a empresa contratou a Landor Associates, empresa especializada em escolha de nomes. Finalmente, a Landor sugeriu seis nomes candidatos: Air Avenues (muito sugestivo da ostensiva Park Avenue em Nova York – associação inapropriada para uma companhia aérea com preços baixos); Hiway Air (um nome inventado e um tanto tolo); Air Hop (outro nome tolo); Lift Airways (rejeitado por sugerir uma situação de emergência contida no som semelhante da palavra "airlift" [ponte aérea]); Scout Air (rejeitado porque sugeria um destino de aventura e o nome de organizações como os escoteiros); e True Blue. True Blue foi o nome escolhido a princípio. Um membro-chave da equipe de marketing revelou: um processo longo e árduo foi finalmente completado e a nova empresa estava pronta para anunciar seu nome atraente – True Blue. Mas há apenas duas semanas antes de lançar as campanhas de relações públicas e propaganda, a empresa descobriu que o nome True Blue já pertencia à Thrifty-Rent-A-Car, que tinha registrado a marca para usar em um programa de serviço ao consumidor. (O fato de o nome já ter sido registrado escapou à análise legal da Landor, para o aborrecimento dessa respeitada empresa de escolha de nomes.) Apenas uma semana antes de anunciar a nova companhia aérea, um membro da equipe de marketing recomendou o nome JetBlue. Todos concordaram que o nome funcionaria e a New Air se tornou JetBlue Airways – uma companhia aérea principiante que pode se tornar uma das principais entre as empresas aéreas norte-americanas.

### Passo 5: Registrar a marca

A maioria das empresas registra a marca. Algumas empresas apresentam apenas um único nome para registro, ao passo que outras apresentam vários opções em ordem de preferência. Uma pesquisa revelou que para cada nome registrado três são rejeitados.[31] Esse é um grande problema enfrentado pelas empresas ao tentarem registrar novas marcas. Muitas vezes o nome escolhido, depois de muito esforço, não pode ser usado. Às vezes nem a segunda, a terceira e a quarta opção. Então, o nome que acaba prevalecendo é um nome "estranho" e distante do idealizado pela empresa. Veja o caso da empresa tentando dar um nome para um novo achocolatado. Claro que a preferência é que o novo nome lembre chocolate ou cacau e para isso deve conter parte ou variações dessas palavras, como "choco", "choc" e "cau". Porém, as chances de ainda existirem palavras com essas características disponíveis para registro são mínimas. Nescau, Choquito, Chocomix, Choco Soy, Maxi Choco, Choco-Choco, Chocolat, Chocotone, New Choco e Choco Mais são algumas das marcas já existentes.

## O papel dos logos

Relacionado ao nome da marca está sua parte visual, que pode ser um logotipo, se for formada somente por letras, e uma logomarca, se for um elemento gráfico. Esses elementos gráficos, ou logos, podem ser considerados um modo taquigráfico de identificar a marca. Para identificar suas marcas, as empresas usam logos com ou sem o nome delas.[32] Nem todas as marcas possuem um logo distinto, mas muitas têm. Por exemplo, o logo da Nike é tão famoso quanto o nome da empresa; assim como os logos da Shell Oil, Coca-Cola, e outras marcas. Os consumidores memorizam esses logos e facilmente reconhecem as marcas que representam. (Para testar isso, pare um momento e visualize os logos das seguintes marcas bem conhecidas: Pepsi, Polo da Ralph Lauren, Tommy Hilfiger, Natura, Hering, Casas Bahia, Starbucks, Mercedes-Benz e Petrobras).

Os modelos dos logos são incrivelmente diversos, variando de desenhos altamente abstratos àqueles que representam cenas da natureza; e das representações mais simples às mais complexas. Em geral, os bons logos (1) são reconhecidos de imediato; (2) transmitem essencialmente o mesmo significado a todos os membros do público-alvo e (3) evocam sentimentos positivos.[33] Embora os logos tenham, sem dúvida, um valioso papel de comunicação e influenciem o *brand equity* por meio de seu efeito sobre a percepção e a imagem da marca, não há muitas pesquisas publicadas sobre eles. Todavia, um estudo importante determinou que a melhor estratégia para promover a simpatia de um logo é escolher um desenho que seja moderadamente elaborado em vez de um muito simples ou muito complexo.

Desenhos naturais (em oposição a ilustrações abstratas) produzem reações mais favoráveis por parte dos consumidores.[34]

### Atualizando os logos

Como os logos se tornam ultrapassados com o tempo, as empresas ocasionalmente fazem atualizações para deixá-los em sintonia com a época. Por exemplo, o logo representando a marca Betty Crocker, da General Mills, é uma pessoa inventada que recebeu o nome de Betty Crocker. Esse personagem representou a marca por mais de 85 anos e passou por uma série de mudanças. A Figura 3.6, por exemplo, mostra a evolução da embalagem e do logotipo do tradicional leite condensado Moça, da Nestlé. A tradicional "moça" está presente na embalagem do produto desde o início das atividades da marca no Brasil, em 1921, e, além disso, é esse elemento (a "moça") que dá nome ao produto. Apesar de sua importância marcante, ao longo dos anos percebeu-se a importância de modernizar o logotipo. A "moça" estava com *layout* antigo e precisava de um rejuvenescimento. Em 2003, a camponesa suíça das latas de Leite Moça ficou mais moderna, com traços mais definidos. E, acompanhando essas mudanças, em 2004 foi lançada a nova lata do produto, em formato anatômico.[35]

Muitas outras marcas atualizam seus logos com regularidade. Na verdade, o difícil é encontrar casos de marcas que não sofreram nenhuma alteração ao longo do tempo. Uma rápida pesquisa pesquisas do Google/imagens com o termo "logo evolutions" mostrará mais de 166 mil respostas e trará casos curiosos e de marcas "novas" que já mudaram muito, como Nike, Microsoft, Starbucks e Apple.[36]

# Embalagem

A embalagem de uma marca é, claro, o invólucro que protege e ajuda a vender o produto. Os produtos encontrados nas prateleiras das lojas estão, em sua maioria, em garrafas, caixas ou embalados de outra maneira. O uso do termo embalagem no contexto presente inclui também garrafas de bebidas, caixas de cereais, de CDs e DVDs, de sapatos etc. Os

**figura 3.6** Alterações de logotipo e embalagem de Leite Moça Nestlé

especialistas em comar entendem o papel crucial de comunicação desempenhado pela embalagem da marca; o que fez surgir expressões como "a embalagem é a forma mais barata de propaganda", "toda embalagem é um comercial de cinco segundos", "a embalagem é um vendedor silencioso", e "a embalagem é o produto".[37] A embalagem tem um papel-chave nas comunicações e comercialização no ponto de venda considerando que os compradores passam um período incrivelmente curto – por volta de 10 a 12 segundos – vendo as marcas antes de escolher um item e colocá-lo no carrinho de compras.[38]

O crescimento de supermercados, hipermercados (como Walmart) e outros pontos *self-service* de venda a varejo gerou a necessidade de que a embalagem realizasse funções de marketing além do tradicional papel de conter e proteger o produto. A embalagem também serve para (1) chamar a atenção para a marca, (2) destacar-se da concorrência no ponto de venda, (3) justificar o preço e o valor ao consumidor, (4) representar as características e benefícios da marca, (5) atrair emocionalmente e (6) motivar os consumidores a escolher a marca. A embalagem é particularmente importante para diferenciar marcas similares ou pouco atraentes de produtos substitutos disponíveis, por meio da afirmação ininterrupta sobre o que é a marca, como ela é usada e o que pode fazer para beneficiar o usuário.[39] Em resumo, as embalagens desempenham um papel importante na promoção do *brand equity* criando ou reforçando a percepção da marca e criando imagens dela por meio de benefícios funcionais, simbólicos e experienciais (lembre-se do modelo de *brand equity* apresentado no Capítulo 2).

Claro que o peso da embalagem não é o mesmo para todas as categorias de produtos. Ele vai perdendo força à medida que se afasta do setor de bens de consumo em autosserviço (onde é mais importante), passando por bens duráveis (no qual sua função prioritária ainda é proteger o produto – imagine uma embalagem de um fogão ou uma geladeira, por exemplo), até chegar ao setor de bens industriais (são embalagens funcionais sem nenhum tipo de apelo, que trazem somente informações técnicas e a marca do fabricante).

## Estrutura da embalagem

Uma embalagem comunica o significado da marca por meio de seus vários componentes simbólicos: cor, desenho, forma, tamanho, materiais físicos e informações no rótulo.[40] Esses componentes reunidos representam aquilo que é referido como *estrutura da embalagem*. Esses elementos naturais devem interagir com harmonia para evocar junto aos compradores o conjunto de significados objetivados pelo profissional de marketing da marca. A noção subjacente a uma boa embalagem é *gestalt*. Ou seja, as pessoas reagem ao todo unificado – a gestalt – e não às partes individuais.

As seções seguintes descrevem os diferentes componentes da estrutura da embalagem. Como essas descrições são mais especulativas que científicas, você deve considerá-las instigantes, mas não definitivas. Os estudantes interessados podem acrescentar exemplos pessoais às listas para cada um dos seguintes componentes da embalagem.

## O uso da cor na embalagem

As cores das embalagens têm a habilidade de comunicar muitos significados cognitivos e emocionais aos compradores em potencial.[41] Pesquisas mostraram de modo convincente o importante papel que a cor desempenha para afetar nossos sentidos. Por exemplo, em um estudo os pesquisadores alteraram a tonalidade de um pudim acrescentando corantes de alimentos para criar "sabores" marrom-escuro, marrom-médio e marrom-claro. Na verdade, o pudim era idêntico em todas as versões – tinha o sabor de baunilha. Entretanto, a pesquisa revelou que os participantes acharam que as três versões na cor marrom tinham gosto de chocolate. Além do mais, para os participantes, o pudim marrom-escuro foi considerado o melhor sabor de chocolate e o mais espesso. O pudim marrom-claro foi considerado o mais cremoso, talvez porque todo creme é branco.[42] Esse estudo, embora não conduzido em um contexto de embalagem em si, com certeza tem implicações para o uso da cor no desenho da embalagem.

O uso estratégico das cores na embalagem é eficaz porque elas afetam as pessoas de modo psicológico e emocional. Por exemplo, as assim chamadas cores de comprimento de onda alto – vermelho, laranja e amarelo – possuem forte valor de excitação e induzem a elevados estados de humor.[43] A cor *vermelha* é com frequência descrita como ativa, estimulante, energética e vital. Marcas que a usam como sua cor principal incluem a Claro (celular), Santander (banco), Tylenol (medicamento), Coca-Cola (refrigerante) e Pringles (batatinhas). A cor *laranja* é apetitosa e em geral associada a alimentos. Entre os nomes de marcas populares que usam embalagens na cor laranja estão Minute Maid (suco de laranja), Hot Pocket Sadia (congelados), Cheetos Elma Chips (salgadinhos), Uncle Ben's (arroz), Bob's (*fast-food*) e Wickbold (pão de forma). A cor *amarela* é boa para chamar a atenção; é uma cor quente que produz um efeito alegra nos consumidores. Kodak (filme), McDonald's (*fast-food*), Ninho (leite em pó) e Mazola (óleo de milho) são apenas algumas das muitas marcas que usam embalagens amarelas.

A cor *verde* tem conotação de abundância, saúde, calma e serenidade. As embalagens verdes são, às vezes, usadas para bebidas (por exemplo, a cerveja Heineken e os refrigerantes 7-Up e Sprite); com frequência para vegetais (por exemplo, Ervilhas Jurema, Sopas Maggi); quase sempre para produtos mentolados (por exemplo, pastilhas Valda); e para muitos outros produtos (filme Fuji, por exemplo). A cor verde também passou a representar produtos que não prejudicam o meio ambiente, sugerindo ao consumidor produtos com baixo teor de gordura, ou sem gordura (por exemplo, os produtos Activia, iogurte). A cor *azul* sugere algo frio e refrescante. O azul é com frequência associado a produtos de limpeza de casa e roupa (por exemplo, o produto de limpeza Veja); e produtos para a pele (por exemplo, loção para pele Nívea; creme para pele Noxzema). Finalmente, *branco* significa pureza, limpeza e moderação. Dove (loção corporal), Sensodyne (creme dental) e Pantene (xampu) são algumas marcas que apresentam embalagens brancas.

Além do impacto emocional que a cor confere à embalagem, o uso de superfícies polidas e reflexivas e misturas de cores usando branco e preto, ou prateado e dourado, podem acrescentar elegância e prestígio aos produtos. As embalagens de cosméticos com frequência usam embalagens douradas (por exemplo, MoistureStay Lipcolor da Revlon) ou prata metálica (por exemplo, a maquiagem Almay Sheer).

É importante observar que o significado da cor varia de cultura para cultura. Os comentários feitos aqui são baseados na cultura ocidental e não são necessariamente aplicados em outros lugares. Os leitores de outras culturas devem identificar exceções a esses comentários e encontrar exemplos de embalagens que não se aplicam aos casos apresentados. Curiosamente, há um website que apresenta resultados de uma pesquisa global conduzida por mais de uma década sobre os significados que determinadas cores transmitem. Mais de 30 mil pessoas participaram e identificaram as cores que associam a significados específicos. Por exemplo, que cores sugerem a você os seguintes significados ou emoções: dignidade, felicidade, confiabilidade, alta qualidade e poder? Para ver o que os outros pensam e fazer a pesquisa, acesse http://www.colormatters.com/brain.html. Para informações adicionais acerca do simbolismo das cores, acesse o website apresentado em nota.[44]

## Sugestões do modelo e da forma na embalagem

O modelo se refere à organização dos elementos na embalagem. Um modelo eficaz de embalagem é aquele que permite um bom fluxo do olhar, dá ao consumidor um ponto focal e transmite significado sobre os atributos e benefícios da marca. Os designers de embalagens reúnem vários elementos para ajudar a definir a imagem da marca. Esses elementos incluem – além da cor – a forma, o tamanho e o desenho do rótulo.

Uma maneira de evocar sentimentos diferentes é a escolha das inclinações, comprimento e espessura das linhas em uma embalagem. *Linhas horizontais* sugerem calmaria e silêncio, evocando sentimentos de tranquilidade. Parece haver uma razão psicológica para tal reação – é mais fácil para as pessoas mover os olhos no sentido horizontal que no vertical; o movimento vertical é menos natural e produz uma tensão maior nos músculos oculares que o movimento horizontal. *Linhas verticais* induzem sentimentos de força, confiança e até orgulho. Energizer (pilhas) e Aquafresh (pasta de dente) apresentam linhas verticais em suas embalagens. Podemos até pensar em uniforme esportivo como um tipo de embalagem, e linhas verticais às vezes aparecem em uniformes (por exemplo, o uniforme do Botafogo do Rio de Janeiro ou do Grêmio de Porto Alegre com suas famosas listras). *Linhas inclinadas* sugerem movimentos para cima para a maioria das pessoas no mundo ocidental, que leem da esquerda para a direita e assim veem as linhas inclinadas como se estivessem subindo e não descendo. Fotótica e Gatorade (bebida energética) também usam linhas inclinadas em suas embalagens.

As formas também provocam certas emoções e têm conotações específicas. Em geral, linhas redondas, curvas, denotam feminilidade, ao passo que linhas angulares e agudas sugerem masculinidade. A forma de uma embalagem também afeta o volume aparente do invólucro. Em geral, se duas embalagens têm o mesmo volume, mas uma forma diferente, a mais alta dará a impressão de ter um volume maior, pois a altura é usualmente associada ao volume.

Para embalagens em forma retangular, pesquisas revelaram que várias proporções entre as dimensões de altura, largura e profundidade dessas embalagens (por exemplo, a proporção entre a altura da caixa e sua largura) afetam a escolha da marca por parte do consumidor.[45] Isso pode parecer estranho, mas matemáticos, arquitetos, artistas e outros observaram que a proporção retangular de aproximadamente 1,62 é "de ouro", e apareceu nos blocos das Grandes Pirâmides, na fachada do Partenon e em algumas pinturas famosas.[46] Algumas proporções em objetos de forma retangular parecem promover percepções de harmonia, equilíbrio e até beleza. Em um contexto de consumo, pesquisadores estudaram embalagens reais em quatro categorias de produtos – cereais, cookies, sabões e detergentes – e determinaram que as proporções dos lados das caixas fazem um prognóstico da parcela de mercado da marca. Essa evidência sugere que a forma da embalagem é uma decisão estratégica que requer uma consideração cuidadosa e testes de mercado. Em resumo, uma caixa é mais que um simples invólucro. É também um receptáculo repleto de informações e sugestões sutis da atratividade, e talvez da qualidade, do produto.

### Tamanho da embalagem

Muitas categorias de produtos estão disponíveis em vários tamanhos. Os refrigerantes, por exemplo, vêm em garrafas de 330 ml, 600 ml, 1,5 L e 2 L; e em embalagens com 6, 12 e 24 unidades. Os fabricantes oferecem recipientes com tamanhos diferentes para satisfazer as necessidades específicas de vários segmentos de marketing, para representar situações de uso distintas e para ganhar mais espaço nas prateleiras nos pontos de venda a varejo. Uma questão interessante surge da perspectiva do consumidor no que se refere ao tamanho do recipiente. Em particular, a quantidade de produto consumida varia dependendo do tamanho do recipiente? Por exemplo, os compradores consomem mais conteúdo de uma embalagem maior que de uma versão menor? Uma pesquisa preliminar dessa questão revela uma tendência dos compradores a, de fato, consumir mais conteúdo de embalagens maiores. Uma razão para esse comportamento é que os consumidores percebem que obtêm preços menores por unidade em embalagens maiores.[47] Essa descoberta não é universal, porque o consumo para alguns produtos (como alvejantes ou vitaminas) é relativamente invariável. As pesquisas também revelam que embalagens com formas incomuns são vistas como contendo maiores quantidades comparadas a embalagens mais convencionais, mesmo quando estas são mais altas. A razão disso é que as embalagens com formas incomuns, ou irregulares, chamam mais a atenção dos consumidores, e como existe uma tendência das embalagens maiores chamarem mais atenção que as menores, o julgamento dos consumidores em relação a volume é influenciado diante de embalagens com formas irregulares. Ou seja, como tanto as embalagens maiores quanto as irregulares chamam mais a atenção, os consumidores, de forma subconsciente, associam as formas irregulares a maiores quantidades de conteúdo.[48]

### Materiais físicos na embalagem

Outra consideração importante se refere ao material usado na embalagem. Há um aumento de vendas e lucros quando materiais superiores são usados para tornar as embalagens mais atraentes e eficazes. O material usado na embalagem pode despertar emoções nos consumidores, em geral de maneira subconsciente. Embalagens de metal costumam denotar leveza, limpeza e, talvez, produtos mais baratos. Materiais macios, como veludo, camurça e cetim, são associados à feminilidade. Folhas metálicas conferem uma imagem de alta qualidade e provocam sentimentos de prestígio. Bebidas como cervejas e vinhos espumantes com frequência usam folhas metálicas para dar aparência de refinamento e elegância. Às vezes, a madeira é usada em embalagens para despertar sentimentos de masculinidade. Além dos efeitos estéticos e práticos gerados pelo tipo de material utilizado na embalagem, um fator adicional vem ganhando importância crescente: a questão ecológica. Embalagens de materiais recicláveis, retornáveis e que usem matérias-primas e processos produtivos pouco agressivos ao meio ambiente serão as preferidas dos consumidores e serão vistas de forma simpática por ONGs, governos e a sociedade em geral. Um caso ilustrativo é o uso de garrafa PET (feita de um tipo específico de plástico) que quando foi lançada era muito mais prática que a garrafa de vidro, pois não precisa ser retornada. Isso facilitou a vida do consumidor, além de outros benefícios de produção e distribuição. Porém, tempos depois, com o descarte inadequado, as garrafas PET se tornaram um grande problema ambiental, virando uma espécie de grande vilã em relação ao meio ambiente. Contudo, mais recentemente, por ser reciclável, a embalagem PET – descartada de forma adequada – está se transformando em vários outros produtos e assim é menos agressiva ao meio ambiente e mantém suas qualidades como embalagem. Claro que ela ainda representa, a exemplo de praticamente todas as demais embalagens existentes, um problema ambiental a ser resolvido, cuja solução passa também pela sensibilização e educação ambiental da sociedade.

## Avaliando a embalagem: O modelo VIEW

Até agora destacamos uma série de características individuais no que se refere àquilo que uma embalagem comunica aos compradores, mas, o que exatamente constitui uma boa embalagem? Embora, como sempre, não exista uma única resposta adequada a todas as situações, quatro características gerais podem ser usadas para avaliar uma embalagem em particular: visibilidade, informação, apelo emocional e funcionalidade [em inglês essas características (*visibility; information; emotional apppeal, workability*) formam o acrônimo VIEW, que significa vista].[49]

### V=Visibilidade

Visibilidade significa a habilidade de uma embalagem em *chamar atenção* no ponto de venda. O objetivo é fazer que uma embalagem se destaque na prateleira, mas não a ponto de separá-la da imagem da marca. Embalagens coloridas e chamativas são muito eficazes para atrair a atenção do consumidor. Desenhos, tamanhos e formas novas também promovem a visibilidade da embalagem e, assim, atraem a atenção do consumidor.

Muitas marcas em categorias de produtos como refrigerantes, cereais e doces alternam as embalagens durante o ano, utilizando embalagens especiais em datas e períodos específicos, como meio de chamar a atenção além de se adequar ao período do ano. Ao alinhar a marca com o espírito de compra que acompanha a estação do ano, as empresas dão aos consumidores mais uma razão para selecionar a marca, com vantagem sobre as marcas mais monótonas que jamais variam sua embalagem. A embalagem em forma de árvore de natal, ou de coração, da marca Ferrero Rocher chama especial atenção no natal e no dia dos namorados (Figura 3.7).

**figura 3.7**
Um eficiente modelo sazonal de embalagem

### I=Informação

Esse segundo elemento do modelo VIEW lida com várias formas de informação sobre o produto apresentado nas embalagens (por exemplo, ingredientes, instruções de uso, benefícios, informação nutricional e alertas). O objetivo é fornecer o tipo e a quantidade certos de informação sem carregar a embalagem com informações excessivas que podem interferir com a mensagem principal ou depreciar a aparência da embalagem.

## foco c.i.m.

### Embalagem como ferramenta de marketing – *Case* Del Valle

Quando chegou ao Brasil no final dos anos 1990 vinda do México, a Del Valle encontrou um cenário competitivo onde existiam apenas os sucos concentrados em garrafa de 500 ml, cujo líder era Maguary, o concentrado em lata de 1.000 ml congelado Lanjal e o suco pronto para beber Parmalat "refrigerado" em embalagem cartonada de 1 litro da TetraPak, oferecido em único sabor (laranja). Não existia no mercado o suco pronto para beber em embalagem longa vida, vendido na temperatura ambiente. Portanto, o Suco Del Valle inaugurou essa nova categoria.

O grande desafio de começar uma categoria nova é a falta de referência para o consumidor que não sabe onde procurar o produto, pois não existe ainda local determinado para sua exposição. Como não dispunha de verba para investir no marketing do produto nem em seu lançamento, a empresa optou pela utilização de forma estratégica dos poucos recursos de que dispunha.

*(Continua)*

*(Continuação)*

O foco da estratégia foi o lançamento de embalagens diferentes para atender os três canais de distribuição que se pretendia inicialmente, ou seja: (1) "Vending Machines" e cantinas escolares com a lata de alumínio com 335 ml (inédita em sucos), (2) consumo residencial com a embalagem Tetra Square de 1 litro (longa vida com tampa de rosca) e (3) consumo em movimento com a embalagem Tetra Bric de 200 ml.

O ponto forte do produto era a surpresa que seu sabor provocava no consumidor que o experimentava, pois se tratava não de um suco, mas de um *néctar de frutas,* tipo de produto inédito no mercado.

A combinação de qualidade e sabor surpreendentes com a estratégia multicanais com embalagens diferenciadas foi a chave do sucesso alcançado pela marca Del Valle no Brasil.

Ao adotar embalagens voltadas para os diversos momentos e locais de consumo, a empresa promoveu a experimentação em situações diferentes, ampliando seu campo de atuação.

A lata de alumínio permitia o consumo imediato do produto gelado, tanto bebido na própria lata como acompanhado de copos descartáveis ou de vidro fornecidos pelas lanchonetes, bares e cantinas escolares onde o produto era vendido.

A embalagem longa vida permitia estocar várias unidades em casa para serem servidas no café da manhã, acompanhando as refeições e em momentos de consumo livre, pois a embalagem permanecia na geladeira (encaixava na porta).

Já a embalagem longa vida de 200 ml podia ser levada para a escola, trabalho, merenda escolar, podendo ser consumida a qualquer hora e lugar com o canudinho que vinha acoplado à embalagem.

Definida a estratégia geral, chegou a vez do design, que foi sem dúvida outro fator-chave para o sucesso da marca e dos produtos.

Como a Del Valle era desconhecida no país e a categoria *néctar de frutas pronto para beber* não existia, optou-se por adotar uma estratégia de design diferente da adotada no México e criar um padrão exclusivo e adequado ao mercado brasileiro.

Em uma linha de produtos com muitos sabores, pode-se adotar duas estratégias distintas: fazer que as embalagens enfatizem as diferenças de sabor entre os produtos, como era feito no México, onde cada sabor tinha uma cor diferente associada a fruta, (limão, verde; maracujá, amarelo; uva, roxo...), ou criar uma identidade de linha unificada, fazendo que as embalagens trabalhem para a marca e não para o produto.

A estratégia de design adotada para as embalagens Del Valle foi a ênfase na marca, fazendo que todas as embalagens fossem iguais e formassem no ponto de venda uma grande mancha cromática que chamasse a atenção para o produto.

Isso era necessário porque não havia recursos para anunciar a chegada de algo novo, que não existia antes e que precisava ser notado pelos consumidores. Não adiantava neste caso ser conservador, pois a empresa tinha apenas "one shot" – não se lança um produto duas vezes.

A escolha do padrão vermelho intenso e absoluto nas embalagens foi extremamente ousada se considerarmos que os sucos de pêssego, uva, pera, maçã, manga, goiaba... todos tinham embalagens vermelhas cor de extrato de tomate! Atualmente, com o sucesso conquistado fica mais fácil aceitar essa proposição de design, mas na época era totalmente chocante.

Para viabilizar tecnicamente o projeto das embalagens, os diversos fabricantes das tintas utilizadas nas diferentes técnicas de impressão e materiais trabalharam juntos para criar uma nova cor de modo a garantir que tanto as embalagens de papel como as de alumínio fossem idênticas.

Elas criaram assim o "Vermelho Del Valle", uma cor exclusiva.

Essa foi, sem dúvida uma opção arrojada e de grande risco, pois poderia ser totalmente rejeitada pelos consumidores. Não houve pesquisa, foi uma decisão pragmática e corajosa da diretoria de marketing da empresa que decidiu arriscar tudo!

Vencida a fase de experimentação, que acabou consagrando o sabor do suco Del Valle, a empresa não parou de criar novos produtos e usou a embalagem como fator estratégico. Primeiro foi o Del Valle Light, primeiro suco light do mercado, cuja embalagem metalizada acabou firmando o padrão que seria adotado pela categoria para sinalizar ao consumidor que o produto era light. Todos os que vieram depois seguiram o padrão metálico estabelecido pela Del Valle. Depois chegou a vez dos personagens infantis, que foram criados para aproximar o produto das crianças e inseri-lo mais fortemente nas lancheiras da merenda escolar.

Dessa vez houve pesquisa com as crianças. Foi decisivo fazer isso, pois elas têm conceitos muito claros e fortes sobre suas escolhas. As *frutinhas personagens* foram criadas de acordo com a orientação dada pelas crianças, com olhos grandes e bem abertos e segurando nas mãos a caixinha para mostrar que elas *"não morreram para fazer o suco"*!

O case Del Valle pode ser resumido da seguinte forma:

- Estratégia de posicionamento multicanais, acompanhando os momentos e os locais de consumo.
- Embalagens diferenciadas para cada momento/local.
- Design de linha com embalagens iguais, trabalhando para a marca e não para o produto.
- Design arrojado e corajoso fugindo totalmente dos padrões estabelecidos, adotando e, posteriormente, apropriando-se de uma cor exclusiva, o "Vermelho Del Valle".
- Lançamento de novos produtos que ampliaram a linha com produtos e embalagens diferenciados, que confirmaram a postura vanguardista da marca.

Só anos depois de haver conquistado o mercado e se tornado conhecida, a marca decidiu fazer uma campanha publicitária.

O case Del Valle é um exemplo marcante de como construir uma marca forte em um mercado novo, dispondo de poucos recursos, mas utilizando de forma intensiva e eficiente a embalagem como ferramenta de marketing.

*A proposta deste case é servir de referência para reflexão e discussão sobre o tema e não para avaliar as estratégias adotadas. O case foi desenvolvido com base em informações divulgadas nos seguintes meios*: Mestriner, F. Embalagem curso básico. São Paulo, 2001; Cavalcante, P.; Chagas, C. História da embalagem no Brasil. São Paulo: Abre – Associação Brasileira de Embalagem, 2006.; Mestriner, F. Design de embalagem - Curso básico. 2.ed. São Paulo: Makron Books, 2001.; Mestriner, F. Gestão estratégica da embalagem. São Paulo: Pearson, 2007.

*Caso elaborado por Prof. Dr. Fabio Mestriner, coordenador do Núcleo de Estudos da Embalagem ESPM, coordenador do Comitê de Estudos Estratégicos da ABRE e autor dos livros: Design de embalagem – curso avançado e Gestão estratégica de embalagem.*

Os rótulos nas embalagens têm papel influente no comportamento de compra do consumidor. Por exemplo, pesquisas demonstraram que apresentar visuais gráficos em embalagens de cigarros com o propósito de destacar as consequências negativas de fumar resulta em um número maior de pessoas que resolvem parar de fumar e encorajam os outros a fazer o mesmo.[50] As pesquisas também revelaram que rótulos indicando baixos teores de gordura em produtos alimentícios têm o efeito perverso de aumentar a ingestão de comida em até 50% em comparação aos alimentos que não têm essa informação nos rótulos.[51] Esse aumento no consumo de comida ocorre para consumidores com peso normal na maioria das vezes com alimentos considerados relativamente saudáveis, mas, para pessoas que estão acima do peso, o aumento se observa no consumo de todos os tipos de alimentos. A razão por trás desse relacionamento entre os rótulos indicando baixo teor de gordura e o aumento do consumo de alimentos acontece por duas razões: (1) esses rótulos levam as pessoas a acreditarem que os produtos são menos calóricos que realmente o são; e (2) a culpa dos consumidores como resultado de comer em excesso é reduzida quando os alimentos ingeridos são rotulados não calóricos. Algumas pessoas, quando consomem esse tipo de alimento, acreditam que a ingestão de maiores quantidades não apresenta nenhum problema, sem considerar que eles podem ter níveis mais baixos de gordura, mas não necessariamente menos calorias. Por conseguinte, essas pessoas comem em excesso, mas sem se sentir culpadas por isso.

A questão da informação nas embalagens envolve um aspecto importante – e por vezes um ponto de divergência com nutricionistas – que é a forma como são apresentadas as informações técnicas sobre a composição dos produtos. Muito embora exista no Brasil legislação bastante completa que regulamente as informações técnicas sobre composição, proporções, origem e data de validade, algumas embalagens são alvo de críticas por exagerarem nos apelos de consumo em detrimento das informações técnicas, especialmente no caso de alimentos. O desafio é buscar nas informações um equilíbrio ético e legal entre apelos de consumo e informações técnicas.

Em alguns casos, colocar um *slogan* curto e memorável na embalagem é uma sábia tática de marketing. *Slogans* ou embalagens são mais bem usados quando uma forte associação é criada entre a marca e o *slogan*, por meio da propaganda extensa e eficaz. O *slogan* na embalagem, um lembrete concreto da propaganda da marca, pode facilitar a captação do conteúdo da propaganda por parte do consumidor, e, portanto, aumentar as chances de uma compra teste. Essa prática de colocar um *slogan* publicitário em uma embalagem, para se juntar à propaganda na mídia, tem a vantagem de um princípio psicológico conhecido como *especificidade codificada*. No Capítulo 20, ao abordarmos o papel das comunicações no ponto de venda, descreveremos esse princípio em detalhes.

### E=Apelo emocional (Emotional Appeal)

O terceiro componente do modelo VIEW, apelo emocional, diz respeito à habilidade da embalagem para evocar um sentimento ou humor desejado. Os designers de embalagem tentam despertar sentimentos como elegância, prestígio, alegria e diversão, por meio do uso da cor, forma, materiais e outros dispositivos. Algumas embalagens não têm nenhum elemento emocional e, em vez disso, enfatizam conteúdo informacional, enquanto outras enfatizam o conteúdo emocional e contêm bem poucas informações. A embalagem do *ketchup* Heinz ilustra bem o valor emocional dela. A Heinz, como outras marcas nessa categoria, sempre foi embalada em garrafas de vidro. Então a empresa começou a embalar o *ketchup* em recipientes de plástico. Tanto as garrafas quanto os recipientes de plástico eram relativamente desinteressantes. Para atrair as crianças, que consomem a maior quantidade de *ketchup*, a Heinz criou uma embalagem emocionalmente atrativa, que denota diversão, com cores vivas e um desenho listrado em vários tons. As crianças adoram as cores diferentes de *ketchup* (vermelha, verde e roxa) e as embalagens nas mesmas cores.

O que determina se a informação ou emoção é enfatizada em uma embalagem? O principal fator determinante é a natureza da categoria do produto e o comportamento subjacente do consumidor. Se os consumidores escolhem as marcas com base em objetivos como obter a melhor compra ou fazer uma escolha prudente, a embalagem deve fornecer informações concretas suficientes para facilitar essa escolha. Quando, porém, a escolha do produto e da marca é feita buscando diversão, fantasia ou estimulação sensorial, a embalagem deve conter o requisito emocional para ativar o comportamento de compra.

Isso não significa que todas as embalagens enfatizam ou informações ou emoções. Embora em algumas categorias elas de fato enfatizem uma ou outra, existem muitas categorias em que é necessária a mistura do conteúdo informativo e emocional para atrair, ao mesmo tempo, as necessidades racionais e simbólicas do consumidor. Os cereais são um exemplo. Os consumidores precisam da informação nutricional para escolher corretamente entre dúzias de marcas; e as pesquisas indicam que essa escolha na categoria cereal é realmente influenciada por componentes nutricionais como proteína, gordura, fibra, sódio, açúcar, vitaminas e minerais.[52] A escolha do cereal também é motivada por fatores emocionais – salubridade, nostalgia, excitação etc.

### F= Funcionalidade (Workability)

O último componente do modelo VIEW, a funcionalidade, refere-se ao modo como uma embalagem funciona em vez de como se comunica. Destacam-se aqui várias questões de funcionalidade: (1) a embalagem protege o conteúdo do produto? (2) Facilita a armazenagem por parte dos vendedores e consumidores? (3) Simplifica a tarefa do consumidor em acessar e usar o produto? (4) Protege os vendedores de quebras acidentais quando os consumidores manuseiam o produto, e também de furtos? (5) A embalagem não prejudica o meio ambiente?

Inúmeras inovações em embalagens nos últimos anos promoveram a funcionalidade. Nessas inovações estão incluídos bicos despejadores para óleo de motor e açúcar; recipientes fáceis para despejar (como o *ketchup* Heinz); recipientes que podem ser colocados no forno de micro-ondas; embalagens *zip-lock* para queijo e outros itens de alimentação; saquinhos e caixas para servir apenas uma vez; alimentos em tubos (por exemplo, iogurte, molho de maçã e pudim); pacotes mais finos para 12 unidades de cerveja ou refrigerante, que ocupam menos espaço na geladeira e outros.

A introdução do iogurte Go-Gurt para crianças é um exemplo de como uma embalagem "funcional" pode alterar o comportamento do consumidor e aumentar as vendas. Como para tomar o iogurte em um recipiente padrão é necessário o uso de uma colher, as crianças e adolescentes não estavam consumindo iogurte nas escolas. Portanto, a embalagem-padrão do iogurte essencialmente restringia as vendas de iogurte a adultos e a uma quantidade relativamente pequena de crianças e adolescentes que estavam dispostos a levar uma colher para a escola. Os executivos de marketing da divisão Yoplait da General Mills desenvolveram uma solução simples, mas lucrativa, para o problema quando introduziram a marca Go-Gurt de iogurte em um tubo. No primeiro ano depois de seu lançamento a Go-Gurt alcançou mais de 100 milhões de dólares em vendas nacionais e quase duplicou a proporção de consumidores de iogurte com menos de 19 anos de idade. A escolha de Go-Gurt como nome da marca facilitou a adoção do produto por significar que o tubo contém iogurte e sugerir que a marca era para ser consumida no caminho.[53] A Yoplait também desenvolveu um produto semelhante para adultos, chamado Yoplait Express.

As empresas também desenvolveram "embalagens inteligentes" com faixas magnéticas, código de barras e *chips* eletrônicos que podem se comunicar com eletrodomésticos, computadores e consumidores. Por exemplo, a embalagens de produtos que podem ser colocados no forno de micro-ondas no futuro serão programadas para "dizer" aos aparelhos por quanto tempo o item deve ser cozido. A Procter & Gamble (P&G) testou uma programa de embalagem inteligente que envia informações a respeito da venda de um produto a um banco de dados assim que um consumidor retira uma marca P&G da prateleira. Pequenos *chips* de computador presos à embalagem enviam um sinal à prateleira da loja, que contém placas de circuitos impressas. O objetivo, é claro, é enviar à empresa dados imediatos de venda que facilitarão o gerenciamento de suprimento.[54]

Uma série de inovações em embalagens serve para aumentar o que pode ser chamado funcionalidade ambiental. Muitas mudanças incluíram a troca do plástico por papel reciclável; por exemplo, muitas redes de *fast-food* eliminaram o uso de embalagens de isopor; e outras empresas transformaram suas embalagens de plástico em papelão. Outra iniciativa ambiental significativa foi o aumento de embalagens *spray* como substitutas das latas aerosol, que prejudicam a camada de ozônio. É inegável, todavia, que muitas embalagens representam um desperdício porque usam quantidades excessivas de papelão, plástico e outros materiais que acabam descartados em aterros sanitários e que geram uma enorme quantidade de dióxido de carbono, que provoca o aquecimento global, em sua fabricação. As empresas precisam se esforçar mais para reduzir a quantidade de materiais de embalagem usados para envolver e proteger suas marcas.

## Quantificando os componentes VIEW

Concluindo, a maioria das embalagens não tem um bom desempenho em todos os critérios VIEW, mas nem sempre precisam ser exemplares nos quatro componentes porque a importância relativa de cada critério varia de uma categoria de produto para outra. O apelo emocional domina em alguns produtos (por exemplo, perfumes); a informação é mais importante para outros (por exemplo, alimentos básicos e medicamentos); ao passo que a visibilidade e a funcionalidade são geralmente importantes para todos os produtos em graus variáveis. Em uma análise final, a importância relativa dos requisitos das embalagens depende, como sempre, do mercado específico e da situação competitiva.

Embora tenhamos apresentado descrições simples e diretas dos quatro componentes VIEW, seria útil ir além de uma mera descrição e ter um procedimento pelo qual os componentes possam ser qualificados em uma base caso a caso, para determinar se a proposta de uma nova embalagem tem boa chance de sucesso. A Tabela 3.2 apresenta um procedimento para alcançar esse objetivo e o aplica ao novo tipo de lata de tinta, mais fácil de utilizar. Semelhante ao que aconteceu na quantificação das cinco características determinantes da adoção, (Tabela 3.1) cada componente VIEW pode ser avaliado em primeiro lugar segundo sua *importância* na determinação da conveniência de uma nova embalagem proposta, e depois com respeito ao desempenho dela em cada componente – sua *pontuação de avaliação*. A aplicação desse modelo multiplicativo direto à lata de tinta gera uma conjunto hipotético de pontuações da importância e da avaliação. Como a funcionalidade é considerada o componente VIEW mais importante para a aplicação dessa embalagem em questão e como a nova lata de tinta da Dutch Boy é avaliada com desempenho "alcançando o máximo" nesse componente, o novo modelo de embalagem recebe uma pontuação total altamente adequada de 49. Fica aparente que as pontuações de importância para cada componente da embalagem sofrerão mudanças de situação para situação e que as pontuações

| Componente VIEW | Importância (I)* | Avaliação (A)⁺ | I x A |
|---|---|---|---|
| Visibilidade | 3 | 4 | 12 |
| Informação | 2 | 5 | 10 |
| Apelo emocional | 2 | 1 | 2 |
| Funcionalidade | 5 | 5 | 25 |
| Pontuação total | | | 49 |

**tabela 3.2** Ilustração hipotética da quantificação dos componentes do modelo VIEW

* A importância é avaliada em uma escala que varia de 0 a 5. Uma avaliação 0 indicaria que um componente específico da embalagem não é importante nesse caso em particular. Valores positivos mais altos indicam níveis de importância aumentando progressivamente.

+ A avaliação é pontuada em uma escala com valores variando de –5 a 5. Uma pontuação 0, o ponto do meio da escala, indicaria que a nova embalagem proposta não tem desempenho nem favorável nem desfavorável no que se refere à característica em questão; os valores negativos indicam um desempenho fraco, com –5 representando o pior desempenho possível; valores positivos indicam desempenho favorável, com 5 representando o melhor desempenho possível.

de avaliação serão diferentes para cada protótipo de embalagem sob consideração. Um modelo simples desse tipo não pretende engessar uma decisão que, no fim das contas, é subjetiva, mas estruturar o pensamento de uma pessoa para chegar a essa decisão.

## Criando uma embalagem

Como a criação da embalagem é algo crítico para o sucesso da marca, recomenda-se uma abordagem sistemática. A Figura 3.8 apresenta um processo de criação da embalagem em cinco passos. A discussão subsequente descreve cada passo.[55]

### Passo 1: Especificar os objetivos de posicionamento da marca

Esse estágio inicial requer que a equipe de gerência da marca especifique como a marca será posicionada na mente do consumidor e contra as marcas concorrentes. Que identidade ou imagem é desejada para a marca? Por exemplo, quando a Pfizer Inc. desenvolveu a Listerine PocketPaks, um tablete higienizador bucal com Listerine, o objetivo era criar uma embalagem que fosse ao mesmo tempo funcional e atraente do ponto de vista estético. Especificamente, a embalagem foi desenvolvida de maneira que o produto pudesse ser usado fora de casa, fosse fácil de carregar e acessível a homens e mulheres em uma variedade de situações.[56] O nome da marca, PocketPaks, descreve como a embalagem foi criada literalmente para caber no bolso da calça ou jaqueta.

### Passo 2: Conduzir uma análise de categoria de produto

Tendo estabelecido o que a marca representa (Passo 1), e assim o que a embalagem deve transmitir, é essencial estudar a categoria do produto e as categorias relacionadas para determinar tendências relevantes ou prever acontecimentos que venham a influenciar a decisão quanto à embalagem. Em outras palavras, estar prevenido é estar previamente equipado.

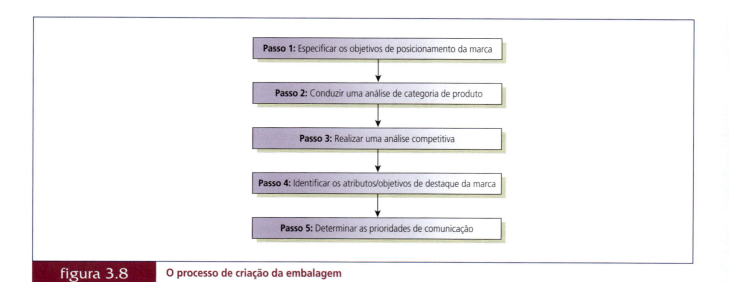

**figura 3.8** O processo de criação da embalagem

### Passo 3: Realizar uma análise competitiva

Munido de conhecimento sobre o uso das cores, formas, características gráficas e materiais das embalagens dos concorrentes, o designer fica assim preparado para criar embalagem que transmita a imagem desejada (Passo 1) e seja suficientemente única e diferenciada (Passo 2) para chamar a atenção do consumidor.

### Passo 4: Identificar os atributos ou benefícios de destaque da marca

Como observamos antes, as pesquisas revelam que os compradores gastam um período incrivelmente curto de tempo – cerca de 10 a 12 segundos – vendo as marcas antes de escolher um item. É imperativo, portanto, que a embalagem não seja muito repleta de informações e que identifique os benefícios mais importantes ao consumidor. Uma regra geral para exibir os benefícios de uma marca na embalagem é "quanto menos, melhor".[57] Para ser eficaz como dispositivo de comunicação, uma embalagem deve enfatizar um ou dois benefícios-chave em vez de ficar lotada com uma lista de benefícios que não chamarão a atenção dos consumidores nem influenciarão as decisões de compra.

### Passo 5: Determinar as prioridades de comunicação

Tendo identificado os benefícios de mais destaque da marca (Passo 4), o designer nesta fase do processo deve estabelecer prioridades verbais e visuais para a embalagem. Embora talvez três benefícios tenham sido identificados no Passo 4 como essencialmente iguais em importância, o designer deve priorizar qual dos três captará mais atenção visual ou verbal na embalagem. Trata-se de uma decisão muito difícil porque é tentador dar atenção igual a todos os benefícios importantes da marca. É fundamental que o designer da embalagem reconheça que a "propaganda" dela no ponto de venda ocorre em um ambiente incrivelmente lotado, com duração muito curta. O reconhecimento desse fato torna muito mais fácil dedicar espaço na embalagem para o benefício mais importante da marca.

## Resumo

A introdução contínua de novas marcas é fundamental para o sucesso da maioria das empresas. As comunicações de marketing podem auxiliar no processo de adoção da marca comunicando as vantagens relativas da nova marca, mostrando como ela é compatível com as preferências de compra e valores dos consumidores, reduzindo a complexidade real ou percebida, promovendo a comunicabilidade, e tornando fácil seu teste.

O nome da marca é o elemento mais importante encontrado em uma embalagem e desempenha um papel influenciador na determinação do sucesso da marca nova. O nome da marca opera junto com os desenhos da embalagem e outras características do produto para comunicar e posicionar a imagem da marca. O nome da marca identifica o produto e o diferencia dos outros no mercado. Um bom nome pode evocar sentimentos de confiança, segurança, força, durabilidade, rapidez, *status* e muitas outras associações desejadas. Um bom nome deve satisfazer vários requisitos fundamentais: deve descrever os benefícios do produto, ser compatível com a imagem do produto, ser fácil de memorizar e pronunciar. Uma seção importante neste capítulo foi dedicada ao processo de cinco passos para selecionar o nome da marca. Outra seção abordou a natureza e o papel dos logos.

A embalagem é talvez o componente mais importante do produto como dispositivo de comunicação. Ela reforça as associações estabelecidas na propaganda, rompe o bloqueio da concorrência no ponto de venda e justifica o preço e o valor ao consumidor. O modelo da embalagem recorre ao simbolismo para apoiar a imagem da marca e transmitir a informação desejada ao consumidor. Uma série de sugestões na embalagem são usadas com esse propósito, incluindo cor, desenho, forma, nome da marca, materiais físicos e informações no rótulo do produto. Essas sugestões devem interagir de maneira harmoniosa para evocar nos compradores um conjunto de significados que são os objetivos do comunicador de marketing. Os modelos de embalagem podem ser avaliados aplicando-se o modelo VIEW, que contém os elementos de visibilidade, informação, apelo emocional e funcionalidade. Uma seção de conclusão descreveu o processo de cinco passos para a criação da embalagem.

## Questões para discussão

1. Baseado em sua experiência pessoal de uso de telefone celular, proponha um modelo de novo aparelho que, em sua opinião, faria sucesso entre os consumidores de sua faixa etária. Com base nos novos atributos/benefícios do celular que você propôs, escolha um nome da marca e justifique a escolha.
2. Considerando apenas o componente funcionalidade do modelo VIEW, dê exemplos de várias embalagens que, em sua opinião, representam níveis mais altos ou mais baixos de funcionalidade.
3. Faça o mesmo exercício da Questão 2, mas agora crie um nome para uma nova marca de suco pronto. Talvez o nome mais conhecido nessa categoria seja Sucomais, que obviamente é uma junção de *suco* e *mais*.
4. Escolha uma categoria de produto vendida em supermercados e analise as várias marcas nessa categoria no que se refere às características da embalagem desenvolvidas para atrair a atenção dos consumidores. Identifique as características das embalagens que fazem que algumas marcas nessa categoria sejam mais ou menos chamativas que as outras.
5. Selecione uma categoria de produtos de seu interesse pessoal e analise os nomes de três marcas concorrentes. Avalie cada nome de acordo com os requisitos funda-

mentais descritos no capítulo. Coloque as três marcas na seguinte ordem: melhor nome, segundo melhor nome, pior nome. Justifique sua classificação com razões específicas.

6. Analise a estrutura da embalagem para uma marca de sua escolha. Descreva por que a estrutura dessa marca é eficaz para a categoria do produto e para o nome da marca escolhido.

7. Imagine que você trabalha para uma empresa que cria nomes para os clientes. Um de seus clientes é uma importante empresa automobilística. Essa empresa está no processo de lançar um novo automóvel híbrido para concorrer com o Prius da Toyota. Sua tarefa é desenvolver um nome para esse novo automóvel – uma palavra real ou um nome inventado como Lexus ou Acura. Apresente e justifique sua escolha do nome da marca.

8. Identifique vários logos de marcas além dos apresentados neste capítulo e indique por que, em sua opinião, eles são eficazes.

9. Escolha uma marca nova e descreva em detalhes como ela satisfaz ou não os seguintes requisitos de sucesso: vantagens relativas, compatibilidade, comunicabilidade, testabilidade e capacidade de ser observada. Observação: para os propósitos desta tarefa é melhor selecionar uma marca que represente uma categoria inovadora de produto em vez de uma simples extensão de uma categoria já estabelecida.

10. Selecione uma categoria de produto barato de consumo diário, e aplique o modelo VIEW a três marcas concorrentes nessa categoria. Defina todos os quatro componentes do modelo e explique como cada um se aplica ao produto selecionado. Depois, use os procedimentos a seguir para pesar cada componente no modelo de acordo com sua percepção da importância relativa da embalagem para a categoria de produto que você escolheu:

    a. Distribua dez pontos entre os quatro componentes, com uma quantidade maior de pontos significando mais importância e a soma dos pontos alocados totalizando exatamente dez (esse procedimento de pesagem envolve o que os pesquisadores de marketing chamam de escala soma constante).

    b. Em seguida, avalie cada marca de acordo com sua percepção do desempenho delas em cada componente da embalagem, atribuindo uma pontuação de 1 (não tem bom desempenho) até 10 (tem excelente desempenho). Então, atribua um total de 12 pontos: quatro para cada componente VIEW das três marcas diferentes.

    c. Combine as pontuações para cada marca multiplicando o desempenho da marca em cada componente pelo peso dele (Item a) e depois somando os produtos dessas quatro pontuações pesadas.

    d. A pontuação somada para cada uma das três marcas escolhidas refletirá sua percepção do desempenho da embalagem da marca segundo o modelo VIEW – quanto mais alta for a pontuação, melhor é a embalagem em sua opinião. Resuma as pontuações para as três marcas para uma avaliação geral de cada embalagem.

11. O que determina se um novo produto ou serviço tem vantagens relativas sobre as ofertas concorrentes? Identifique as vantagens relativas de cada um dos seguintes produtos: câmeras descartáveis, automóveis flex, TVs de LED. Como cada um desses produtos também tem desvantagens relativas em comparação aos concorrentes, apresente uma afirmação geral (ou seja, uma afirmação aplicável universalmente) que explique por que os consumidores estão dispostos a adotar novos produtos mesmo quando estes invariavelmente apresentam desvantagens relativas.

12. As SUVs (veículo esporte utilitário) têm nomes como Ford Explorer, Chevrolet Captiva, Hyundai Tucson, Toyota Hilux, Mitsubishi Pajero e assim por diante. Imagine que você trabalha em uma empresa automobilística e que ela desenvolveu uma perua anunciada como sendo mais segura que as outras. Que nome você daria a esse novo veículo? Como você justifica a escolha?

13. Um atacadista de diamantes em Boston desenvolveu um modo especial de cortar diamantes que dá a eles simetria perfeita e brilho extra. O atacadista desenvolveu um dispositivo de visão (chamado escopo da proporção) que permite aos consumidores ver um diamante com oito corações e setas perfeitos quando olham através dele. O inventor desse diamante cortado de modo especial deu a ele o nome de Corações em Fogo. Avalie o nome aplicando os conceitos deste capítulo.

# Notas

1. William Boulding, Ruskin Morgan, e Richard Stalin, "Pulling the Plug to Stop the New Product Drain", *Journal of Marketing Research* 34 (fevereiro de 1997), 164.

2. A discussão a seguir é adaptada de Chakravarthi Narasimhan e Subrata K. Sem, "New Product Models for Test Market Data", *Journal of Marketing* 47 (inverno de 1983), 13-4.

3. Uma análise empírica sofisticada e completa dos fatores que influenciam a probabilidade de que as pessoas façam compras de teste de produtos de consumo diário, é feita por Jan-Benedict E. M. Steenkamp e Katrijn Gielens, "Consumer and Market Drivers of the Trial Probability of New Consumer Packaged Goods", *Journal of Consumer Research* 30 (dezembro de 2003), 368-84.

4. Everett M. Rogers, *Diffusion of Innovations*, 5ª ed. (Nova York: Free Press, 2003).

5. Becky Ebenkamp, "Survey Says: Put a Cork in It!", *Brandweek*, 6 de março de 2006, 18.

6. Fonte: Pesquisa Tendências do Consumo de Café no Brasil em 2009 – ABIC. Disponível em http://www.abic.com.br/estat_pesquisas.html. Acesso em: 29 de setembro de 2010.

7. Para uma discussão adicional sobre o papel da capacidade de ser observada, ver Robert J. Fisher e Linda L. Price, "An Investigation into the Social Context of Early Adoption Behavior", *Journal of Consumer Research* 19 (dezembro de 1992), 477-86.

8. Shari Roan, "Laser Hair Removal Is Coming to the Home", http://www.courier-journal.com, 2 de agosto de 2007 (acesso em: 14 de agosto de 2007).

9. "Palomar Medical and Gillette Sign Agreement to Develop a Home-Use, Light-Based Hair Removal Device for Women", http://

www.prnewswire.com, 29 de fevereiro de 2007 (acesso em: 14 de agosto de 2007).
10. Rob Osler, "The Name Game: Tips on How to Get It Right", *Marketing News*, 14 de setembro de 1998, 50.
11. Gwen Bachmann Achenreiner e Deborah Roedder John, "The Meaning of Brand Names to Children: A Developmental Investigation", *Journal of Consumer Psychology* 13, n. 3 (2003), 205-19.
12. Joseph W. Albaj, Wesley Hutchinson, e John G. Lynch, "Memory and Decisions Making", in *Handbook of Consumer Behaviour*, ed. Thomas S. Robertson e Harold H. Kassarjian (Englewood Cliffs, NJ: Prentice Hall, 1991), 1-49.
13. France Leclerc, Bernd H. Schmitt, e Laurette Dubé, "Foreign Branding and Its Effects on Product Perceptions and Attitudes", *Journal of Marketing Research* 31 (março de 1994), 263-70.
14. Matt Haig, *Brand Failures: The Truth about the 100 Biggest Branding Mistakes of All Time*. Kogan Paper, 2005.
15. Mark Boslet, "It's Alive! It's Also Small, Simple: The Ideas behind the Name 'Zune'", http://online.wsj.com, 16 de novembro de 2006 (acesso em: 16 de novembro de 2006).
16. Esses requisitos representam um resumo das visões de uma variedade de fontes, incluindo Kevin Lane Keller, *Strategic Brand Management: Building, Measuring, e Managing Brand Equity* (Upper Saddle River, NJ: Prentice Hall, 1998), 136-40; Allen P. Adamson, *Brand Simple* (Nova York: Palgrave MacMillan, 2006), capítulo 7; Daniel L. Doden, "Selecting a Brand Name That Aids Marketing Objectives", *Advertising Age*, 5 de novembro de 1990, 34; e Walter P. Margulies, "Animal Names on Products May Be Corny, but Boost Consumer Appeal", *Advertising Age*, 23 de outubro de 1972, 77.
17. Baseado em Gilberto Strunck, *Como criar identidades visuais para marcas de sucesso*, Rio de Janeiro: Rio Books, 2003.
18. Para saber mais sobre registro de marcas acesse o site do Instituto Nacional de Propriedade Industrial – Inpi, http://www.inpi.gov.br/principal?navegador=Firefox&largura=1366&altura=768 (acesso em: 30 de setembro de 2010).
19. Para abordagem excelente das violações às marcas registradas, reveja as seguintes fontes: Jeffrey M. Samuels e Linda B. Samuels, "Famous Marks Now Federally Protected Against Dilution", *Journal of Public Policy & Marketing* 15 (outono de 1996), 307-310; Daniel J. Howard, Roger A. Kerin e Charles Gengles, "The Effects of Brand Name Similarity on Brand Source Confusion: Implications for Trademark Infringement", *Journal of Public Policy & Marketing* 19 (outono de 2000), 250-64.
20. Chris Janiszewski e Stijn M. J. Van Osselaer, "A Connectionist Model of Brand-Quality Associations", *Journal of Marketing Research* 37 (agosto de 2000), 331-50.
21. Kevin Lane Keller, Susan E. Heckler, e Michael J. Houston, "The Effects of Brand Name Suggestiveness on Advertising Recall", *Journal of Marketing* 62 (janeiro de 1998), 48-57. Ver também J. Colleen McCracken e M. Carole Macklin, "The Role of Brand Names and Visual Clues in Enhancing Memory for Consumer Packaged Goods", *Marketing Letters* 9 (abril de 1998), 209-26; e Richard R. Klink, "Creating Brand Names with Meaning: The Use of Sound Symbolism", *Marketing Letters*, 11, n. 1 (2000), 5-20.
22. Sankar Sem, "The Effects of Brand Name Suggestiveness and Decision Goal on the Development of Brand Knowledge", *Journal of Consumer Psychology* 8, n. 4 (1999), 431-54.
23. Keller et al., "The Effects of Brand Name Suggestiveness on Advertising Recall". Todavia, para uma perspectiva alternativa, ver Sen, "The Effects of Brand Name Suggestiveness and Decision Goal".
24. Por exemplo, Richard R. Klink, "Creating Brand Names with Meaning: The Use of Sound Symbolism", *Marketing Letters* 11 (fevereiro de 2000), 5-20; e Eric Yorkston e Geeta Menon, "A Sound Idea: Phonetic Effects of Brand Names on Consumer Judgments", *Journal of Consumer Research* 31 (junho de 2004), 43-51.
25. Yorkston e Menon, "A Sound Idea", 43.
26. Klink, "Creating Brand Names with Meaning".
27. Tina M. Lowery, L.J. Shrum, e Tony M. Dubitsky, "The Relation Between Brand-Name Linguistic Characteristics and Brand-Name Memory", *Journal of Advertising* 32 (outono de 2003), 7-18. Ver também Dawn Lerman e Ellen Garbarino, "Recall e Recognition of Brand Names: A Comparison of Words e Nonword Name Types", *Psychology & Marketing* 19 (julho/agosto de 2002), 621-39. Esse último artigo fornece evidências preliminares de que nomes inventados (por exemplo, nomes que não são palavras já existentes) geram índices mais altos de reconhecimento que nomes baseados em palavras reais.
28. Chiranjeev Kohli e Douglas W. LaBahn, "Observations: Creating Effective Brand Names: A Study of the Naming Process", *Journal of Advertising Research* 37 (janeiro/fevereiro de 1997), 67-75.
29. Ibid., 69
30. Essa descrição é adaptada de Rebbeca Johnson, "Name That Airline", *Travel & Leisure*, outubro de 1999, 159-64; Bonnie Tsui, "JetBlue Soars in First Months", *Advertising Age*, 11 de setembro de 2000, 26; "JetBlue Airways Open for Business" (Company Press Release), 11 de janeiro de 2000, http://www.jetblue.com/learnmore/pressDetail.asp?newsId=10 (acesso em: 11 de janeiro de 2000).
31. Kohli e LaBahn, 73.
32. Quando os nomes das marcas são usados, os logos são representados com uma grande variação de tipos. Os modelos dos tipos podem causar um impacto substancial nas impressões formadas quando o logo é visto. Uma pesquisa fascinante sobre essa questão é apresentada por Pamela W. Henderson, Joan L. Giese, e Joseph A. Cote, "Impression Management Using Typeface Design", *Journal of Marketing* 68 (outubro de 2004), 60-72.
33. Pamela W. Henderson e Joseph A. Conte, "Guidelines for Selecting or Modifying Logos", *Journal of Marketing* 62 (abril de 1998), 14-30. Este artigo é uma leitura obrigatória para qualquer pessoa interessada em aprender mais sobre logos.
34. Henderson and Cote, "Guidelines for Selecting or Modifying Logos".
35. http://www.nestle.com.br/moca/quememoca.aspx.
36. http://www.google.com.br/images?hl=pt-BR&q=logo+evolutions&um=1&ie=UTF-8&source=univ&ei=vpamTKv6BcOB8gbD5umeDw&sa=X&oi=image_result_group&ct=title&resnum=5&ved=0CDoQsAQwBA&biw=1366&bih=631.
37. Algumas dessas frases foram mencionadas em Michael Gershman, "Packaging: Positioning Tool of the 1980s", *Management Review* (agosto de 1987), 33-41.
38. Peter R. Dickson e Alan G. Sawyer, "The Price Knowledge and Search of Supermarket Shoppers", *Journal of Marketing* 54 (julho de 1990), 42-53; John Le Boutillier, Susana Shore Le Boutillier, e Scott A. Neslin, "A Replication and Extension of the Dickson and Sawyer Price-Awareness Study", *Marketing Letters* 5 (janeiro de 1994), 31-42.
39. John Deighton, "A White Paper on Packaging Industry", Dennison Technical Papers, dezembro de 1983, 5.
40. Um artigo interessante acerca do significado da embalagem é encontrado em Robert L. Underwood e Julie L. Ozanne, "Is Your Package an Effective Communicator? A Normative Framework for Increasing the Communicative Competence of Packaging", *Journal of Marketing Communications* 4 (dezembro de 1998), 207-20.
41. Para uma abordagem mais profunda do papel da cor na embalagem e outras formas de comunicação de marketing, ver Lawrence L. Garber Jr., e Eva M. Hyatt, "Color as a Tool for Visual Persuasion", em *Persuasive Imagery: A Consumer Response Perspective*, eds. Lina M. Scott e Rajeev Batra (Mahwah, NJ: Lawrence Erlbaum, 2003), 313-36.
42. Gail Tom, Teresa Barnett, William Lew, e Jodean Selmants, "Cueing the Consumer: The Role of Salient Cues in Consumer Perception", *The Journal of Consumer Marketing* 4 (primavera de 1987), 23-7.
43. Esse comentário e partes da discussão a seguir são baseados em declarações contidas em Joseph A. Bellizzi, Ayn E. Crowley, e Ronald W. Hasty, "The Effects of Color in Store Design", *Journal of Retailing* 59 (primavera de 1983), 21-45.
44. Para informações acerca do simbolismo das cores, acesse http://www.colormatters.com/brain.html.

45. Priya Raghubir e Eric A. Greenleaf, "Rations in Proportion: What Should the Shape of the Package Be?" *Journal of Marketing* 70 (abril de 2006), 95-107.
46. Ibid., 96.
47. Brian Wansink, "Can Package Size Accelerate Usage Volume?" *Journal of Marketing* 60 (julho de 1996), 1-14.
48. Valerie Folkes and Shashi Matta, "The Effect of Package Shape on Consumer's Judgments of Product Volume: Attention as a Mental Contaminant", *Journal of Consumer Research* 31 (setembro de 2004), 390-401.
49. Dik Warren Twed, "How Much Value Can Be Added through Packaging", *Journal of Marketing* 32 (janeiro de 1968), 61-5.
50. Jeremy Kress, Scot Burton, J. Craig Andrews, e John Kozup, "Tests of Graphic Visuals and Cigarette Package Warning Combinations: Implications for the Framework Convention on Tobacco Control", *Journal of Public Policy & Marketing* 25 (outubro de 2006), 212-23.
51. Brian Wansink and Pierre Chandon, "Can 'Low-Fat' Nutrition Labels Lead to Obesity?" *Journal of Marketing Research* 43 (novembro de 2006), 605-17.
52. George Baltas, "The Effects of Nutrition Information on Consumer Choice" *Journal of Marketing Research* 41 (março/abril de 2001), 57-63.
53. Sonia Reyes, "Groove Tube", *Brandweek's Marketers of the Year*, 16 de outubro de 2000, M111-M116.
54. Greg Dalton, "If These Shelves Could Talk", *The Industry Standard,* 2 de abril de 2001, 49-51.
55. Essa discussão é adaptada de Herbert M. Meyers e Murray J. Lubliner, *The Marketer's Guide to Successful Package Design* (Chicago: NTC Business Books, 1998), 55-67.
56. Catherine Arnold, "Way Outside the Box", *Marketing News,* 23 de junho de 2003, 1315.
57. Meyers e Lubliner, *The Marketer's Guide to Successful Package Design,* 63.

## CAPÍTULOS

**4**

Segmentação

**5**

Posicionamento

**6**

Definição dos objetivos e orçamento

# Parte 2

## As decisões fundamentais da comar: segmentação, posicionamento, definição dos objetivos e orçamento

A Parte 2 estabelece uma base para o entendimento da natureza e função das comunicações de marketing apresentando visões gerais práticas e teóricas de quatro decisões fundamentais da comar: segmentação, posicionamento, definição dos objetivos e orçamento. O *Capítulo 4* apresenta a segmentação como um elemento-chave nas comunicações de marketing. O capítulo foca quatro grupos de características que definem o público-alvo. Essas características, individualmente ou combinadas, influenciam o modo como as pessoas reagem aos programas de comar: comportamentais, psicográficas, demográficas e geodemográficas. Cada uma delas é discutida em detalhes, com maior ênfase (1) na estrutura etária da população; (2) na mudança na composição dos lares (por exemplo, aumento no número de lares com pessoas solteiras); e (3) nos desenvolvimentos das populações étnicas.

O *Capítulo 5* aborda o posicionamento da marca a partir do ponto de vantagem do profissional da comar e também examina o posicionamento a partir da perspectiva do consumidor. A declaração de posicionamento é descrita como a ideia central que envolve o significado e a distinção de uma marca, e explica que uma boa declaração de posicionamento deve refletir uma vantagem competitiva da marca e motivar os consumidores a agir. Pontos de partida potenciais para o desenvolvimento de declarações de posicionamento são discutidos em seguida, assim como o tema do reposicionamento da marca. O texto dedica uma atenção especial à maneira como os consumidores processam a informação da comar. Detalhes específicos são aplicados à descrição das atividades de comar necessárias para promover a atenção, a compreensão e o aprendizado das mensagens da comar por parte dos consumidores.

O *Capítulo 6* completa a abordagem das decisões fundamentais da comar, examinando a definição dos objetivos e o orçamento. A importância de definir os objetivos é discutida inicialmente, e apresenta-se uma ferramenta chamada *hierarquia dos efeitos*, que auxilia na definição correta de objetivos de comar. São detalhados requisitos para a definição de objetivos adequados da comar. Em seguida, o texto discute se os objetivos da comar devem ser formulados com base nas metas de vendas ou pré-vendas (comunicação). A seguir, o capítulo trata da formulação do orçamento da comar mostrando como os orçamentos devem ser estabelecidos na teoria e na prática, discutindo em detalhes métodos orçamentários. Seções separadas cobrem os quatro métodos orçamentários: orçamento porcentagem de vendas, orçamento objetivo e tarefa, orçamento via método de paridade competitiva (com tratamento detalhado das avaliações de parcela de voz e parcela de mercado) e orçamento via método de recursos disponíveis.

# 4 Segmentação

Os adolescentes são um público-alvo conhecidamente difícil de atingir. Isso acontece porque muitos adolescentes não gostam de ler jornais e revistas, e suas preferências em TV, rádio e Internet são muito diversificadas. Como é difícil alcançar os adolescentes por meio de canais de mídia tradicionais, os profissionais de marketing estão constantemente procurando meios não tradicionais e eficazes em termos de custo para atingir esse público-alvo evasivo. Uma abordagem criativa que alguns profissionais estão usando é atrair o grupo mais amplo de alunos participando de suas atividades fora do ambiente escolar, como eventos. As líderes de torcida são em geral muito populares na escola norte-americana, e o uso de determinada marca por parte delas pode influenciar um grupo ainda maior de adolescentes por meio do poder da propaganda boca a boca.

A Procter & Gamble (P&G), a grande empresa de bens de consumo localizada em Cincinnati, Ohio, é uma das maiores participantes de eventos de líderes de torcida. Nesses eventos, a P&G distribui amostras grátis de produtos e presta assistência às líderes de torcida em áreas como informação nutricional e dicas de maquiagem, dadas por profissionais da área, e quanto ao uso da linha de cosméticos da empresa – a CoverGirl. Muitas outras empresas também distribuem amostras e cupons nesses eventos na esperança de que esse grupo influente retorne a suas escolas como embaixadoras das marcas novas e das já estabelecidas.

*Fonte*: Adaptado de Brian Steinberg, "Gimme an Ad! Brands Lure Cheerleaders", *The Wall Street Journal Online*, 19 de abril de 2007, http://online.wsj.com. (Acesso em: 19 de abril de 2007).

## Objetivos do capítulo

*Após ler este capítulo, você será capaz de:*

1. Entender a importância de direcionar as comunicações de marketing para grupos específicos de consumidores e perceber que a decisão de segmentação é a inicial e mais importante de todas as decisões de comar.

2. Entender o papel das características comportamentais na segmentação.

3. Descrever a natureza da segmentação psicográfica.

4. Entender os principais desenvolvimentos demográficos, como as mudanças na estrutura etária da população e o crescimento da população étnica.

5. Explicar o significado das características geodemográficas e entender sua função nessa forma de segmentação.

6. Reconhecer que nenhuma característica individual dos consumidores – seja a idade, etnia, ou nível de renda – é suficiente para uma sofisticada segmentação da comar.

>>**Dica de comar:**
Alcançar os adolescentes recorrendo às líderes de torcida.

# Introdução

Este capítulo expande a discussão sobre a segmentação que foi introduzida no Capítulo 1. Você deve lembrar que o Capítulo 1 apresentou um modelo de processo de comar e descreveu várias formas de decisões "fundamentais" e "de implementação". A seção sobre decisões fundamentais foi concluída com o seguinte conceito:

> *Todas as comunicações de marketing devem ser: (1) segmentadas, ou seja, direcionadas a um público-alvo específico; (2) claramente posicionadas; (3) criadas para alcançar um objetivo específico; e (4) empreendidas para realizar os objetivos dentro dos limites do orçamento.*

A segmentação pode ser considerada o ponto de partida para todas as decisões de comar. Assim, o propósito deste capítulo é descrever como os praticantes da comar miram consumidores em potencial. A segmentação permite que os gestores de comunicação de marketing transmitam suas mensagens com precisão e evita que se desperdicem esforços abordando aqueles que não fazem parte do público-alvo. A segmentação, então, implica eficiência e esforço. Não segmentar equivale a chutar uma bola de futebol aleatoriamente no ar, sem dirigi-la para o gol. Já é difícil o suficiente acertar o chute a uma distância de 12 metros quando essa é a intenção. Imagine como seria improvável acertar o chute se você não se concentrar com consciência no alvo específico. É isso que acontece quando os esforços da comar não são concentrados em um público-alvo.

Segmentar o mercado nada mais é que identificar conjuntos de consumidores com preferências e comportamentos específicos em comum em relação aos componentes do mercado. Portanto, um segmento representa uma parte de um mercado. O objetivo é agrupar aqueles que tenham comportamento semelhante e separar aqueles que se comportem de forma diferente. O primeiro passo para realizar a segmentação é, portanto, definir os critérios de segmentação, ou seja, determinar quais características podem identificar comportamentos similares entre os consumidores.

Este capítulo foca quatro conjuntos de características de consumidores que, individualmente ou combinadas, influenciam o que as pessoas consomem e como elas respondem às comunicações de marketing, a saber: comportamentais, psicográficas, demográficas e geodemográficas. Observe que o sufixo "gráficas", presente nas características, é um termo que se refere a *características mensuráveis* do público-alvo. O prefixo para cada tipo de variável segmentadora representa o modo *como* o público é medido. Especificamente, *características comportamentais* representam as informações acerca do comportamento do público – no que se refere ao comportamento de compra passado ou atual – em uma categoria específica de produto ou conjunto de categorias relacionadas. As características *psicográficas* captam aspectos da composição psicológica e estilos de vida dos consumidores, incluindo suas atitudes, valores e motivações. Os aspectos *demográficos* refletem as características mensuráveis da população, como idade, renda, classe social e etnia. E os aspectos *geodemográficos* são baseados nas características demográficas de consumidores que residem em blocos geográficos, com áreas de mesmo CEP (Código de Endereçamento Postal), regiões e cidades.

As seções subsequentes são dedicadas a todos os quatro grupos de características que definem o público, ou variáveis segmentadoras. Em primeiro lugar, todavia, será útil distinguir os quatro grupos gerais de variáveis segmentadoras em duas considerações: (1) a facilidade ou dificuldade para obter dados (ou seja, *medida*) da característica na qual uma decisão de segmentação deve ser tomada; e (2) a capacidade de *prognóstico* da característica em relação ao comportamento de escolha do consumidor. O gráfico apresentado na Figura 4.1 apresenta essas duas considerações nas dimensões vertical (facilidade de medir) e horizontal (previsibilidade do comportamento). É possível ver que os dados demográficos são relativamente fáceis de obter, mas que a informação demográfica é a que menos prevê o comportamento de escolha do consumidor. No outro extremo, os dados comportamentais são relativamente difíceis e/ou caros de se obter, mas são altamente capazes de prever o comportamento de escolha. Os dados geodemográficos e psicográficos ficam entre esses extremos. A discussão prossegue da variável com mais capacidade de prever o comportamento (a comportamental) para a que tem capacidade menor (demográfica).

# Segmentação comportamental

Vamos viajar 10 anos no futuro. Imagine que você é um empresário bem-sucedido que tem uma loja bem conceituada em uma região que está na moda. Sua loja atende principalmente empresários e executivos. Desde o início de seu negócio, há cinco anos, você mantém registros impecáveis das compras de cada consumidor. Você sabe com precisão quando eles fizeram as compras, que itens selecionaram e quanto gastaram. Agora, suponhamos que você vai realizar uma liquidação em determinada linha de produtos e anunciará essa liquidação por meio de uma combinação de mala direta e e-mail. Embora pudesse enviar anúncios postais a todos os seus clientes, você quer ser mais eficiente na seleção para não desperdiçar dinheiro com consumidores menos prováveis.

Como você tomaria a decisão de segmentação? Na verdade, você não precisa lançar mão da segmentação com base nas características demográficas dos consumidores (digamos, selecionando apenas entre a faixa etária de 25 e 39 anos) nem nos perfis psicográficos porque tem uma base muito melhor para fazer a seleção. Em particular, você sabe se os

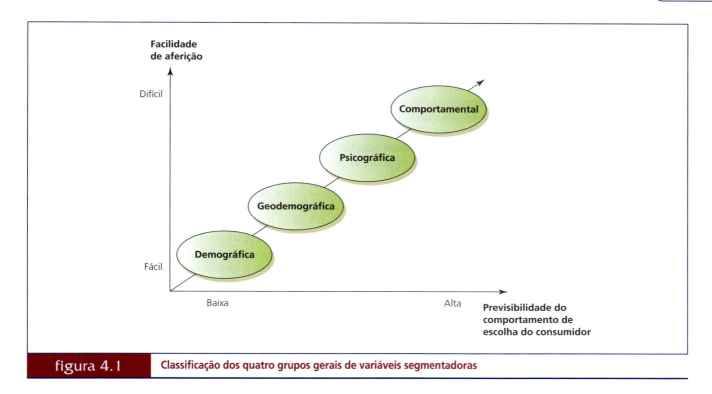

figura 4.1　Classificação dos quatro grupos gerais de variáveis segmentadoras

consumidores fizeram compras passadas da linha de produtos que está em liquidação. Portanto, baseado nos perfis de comportamento passado dos consumidores, você sabe quais pessoas reagem melhor a uma liquidação e sabe quais consumidores já compram e quais nunca compraram os itens que estão sendo liquidados. Então, você envia os anúncios da liquidação a todos os consumidores que já compraram os itens em questão. Focando o comportamento passado deles você aumentou as chances de um bom retorno sobre os investimentos de marketing de sua propaganda via mala direta ou e-mail e sabe que não desperdiçou reais adicionais dirigindo os anúncios a pessoas que provavelmente não se interessarão por descontos em mercadorias que não costumam comprar.

Esse cenário, embora simplista, descreve a essência da segmentação comportamental: ou seja, essa forma de segmentação é baseada no modo como as pessoas se comportam (em relação a uma categoria de produtos específica ou classe de produtos relacionados), e não em suas atitudes e estilos de vida (segmentação psicográfica), idade, renda ou etnia (demográfica) ou onde elas moram (geodemográfica). A segmentação comportamental fornece a melhor base para levar as mensagens da comar aos consumidores, considerando que a melhor maneira de prever o comportamento futuro de alguém é seu comportamento passado. Na verdade, há pouca necessidade de mirar consumidores usando quaisquer outras variáveis segmentadoras se os detalhes comportamentais estiverem disponíveis. No entanto, em algumas situações de comar esse tipo de informação não está disponível e os gestores de comunicação de marketing recorrem a bases "inferiores" para a segmentação, por questão de necessidade.

Por exemplo, os profissionais de marketing de produtos verdadeiramente inovadores não têm nenhuma informação sobre o comportamento passado, por meio da qual possa identificar os melhores consumidores em potencial. Do mesmo modo, muitos fabricantes de produtos que são vendidos em pontos de venda nos quais não há máquinas que fazem a leitura ótica não têm como acompanhar o comportamento de compra do consumidor. Em contraste, profissionais de marketing de produtos de consumo diário têm registros detalhados do comportamento de compra dos consumidores; registros esses que são disponibilizados por empresas que acompanham – por meio de leitura ótica em supermercados e outros pontos de venda – os itens específicos que as pessoas adquirem e as condições nas quais cada compra é realizada (por exemplo, a vista ou a prazo). De maneira semelhante, a maioria dos profissionais de marketing B2B tem registros detalhados do comportamento de compra do cliente e, por isso, estão em uma situação favorável para direcionar comunicações futuras aos "melhores" clientes em potencial, com base em seus padrões passados de compra.

## Segmentação comportamental on-line

Além da segmentação com base no comportamento em contextos convencionais de varejo, um local ainda mais ideal para essa forma de segmentação é a Internet. Os sites estão cada vez mais acompanhando o comportamento de escolha on-line por parte de seus usuários, de modo que permitem que os anunciantes direcionem sua propaganda. Empresas como Google e a IDC ou os portais como UOL e o Terra acompanham o comportamento de usuários na Internet e fornecem essa informação a anunciantes que desejam atingir consumidores em potencial com base no comportamento deles de busca on-line. Por exemplo, suponha que um fabricante de raquete de tênis (uma empresa como Wilson, Prince e Babolat) deseje alcançar os melhores consumidores em potencial para adquirir seu mais novo produto – uma raquete que custa R$ 800,00 ou mais. Recorrendo a uma empresa como Google, IDC, UOL ou Terra, a Wilson pediria à prestadora de serviço que identificasse consumidores em potencial que passam muito tempo acessando sites relacionados a tênis. Com o conhecimento sobre esses indivíduos, é tecnologicamente simples (inserindo "cookies" nos computadores que identificam o comportamento de escolha de site dos usuários) colocar anúncios do novo produto da Wilson nos sites acessados por esses "internautas interessados em tênis" – sejam tais sites relacionados a tênis ou não. A essência da segmentação comportamental on-line é, portanto, uma questão de dirigir anúncios on-line apenas àqueles indivíduos mais interessados – como indica o comportamento da escolha on-line de site – em tomar a decisão de compra para uma categoria de produto em particular.

Um axioma básico das comunicações de marketing direcionadas é "mire onde os patos estão voando". Em outras palavras, em vez de atirar para cima aleatoriamente e esperar que um pato esteja passando, um caçador de patos aumenta suas chances de atingir um pato se esperar e só atirar quando identificar os patos voando. Mas nem todos os praticantes da comar seguem esse conselho. A segmentação comportamental é uma abordagem que incorpora o axioma "mire onde os pássaros estão voando".

A American Airlines contratou um instituto de pesquisa especializado para identificar os melhores consumidores em potencial e direcionar seus anúncios on-line. As pessoas que visitavam sites contendo artigos sobre viagens foram apontadas presumindo-se que viajavam pelo menos ocasionalmente. Então, foram colocados anúncios da American Airlines no site do *The Wall Street Journal* (http://online.wsj.com); esses anúncios eram mostrados sempre que indivíduos identificados como pessoas que viajam a negócios visitavam o site. Essa campanha de segmentação comportamental teve um sucesso considerável.[1]

Para promover a Aquafina Alive, nova marca de água acrescida de vitamina e com baixa caloria, a Pepsi-Cola também contratou um instituto de pesquisa especializado para identificar as melhores páginas da Web para alcançar consumidores preocupados com a saúde. O instituto que acompanha uma rede de 4 mil sites seguiu por um mês o tráfego de sites que apresentavam estilos de vida saudáveis. Foram, então, inseridos anúncios pop-up sobre o produto apenas nos sites com maior e melhor tráfego. Os resultados da campanha publicitária revelaram que em comparação a campanhas anteriores, a Pepsi aumentou em três vezes o número de pessoas que clicaram os anúncios da Aquafina Alive.[2]

## Questões de privacidade

Como costuma acontecer, os avanços tecnológicos em marketing aumentam a capacidade de servir aos consumidores, mas também apresentam o risco da invasão de privacidade. Em relação ao contexto da segmentação comportamental on-line, os usuários da Internet são cada vez mais bem servidos com anúncios de produtos muito relevantes a seus interesses. Contudo, essa vantagem tem um preço: institutos de pesquisa especializados em Internet têm acesso ao nosso comportamento de busca na Web *sem nossa aprovação ou conhecimento*. O que há de errado nisso? É fácil argumentar cada lado da questão. O lado positivo é receber apenas aqueles anúncios que mais nos interessam. Em contrapartida, quem quer o Big Brother (do clássico livro *1984* de Geoge Orwell) vigiando o que fazemos? Você gostaria que alguém observasse, se isso fosse possível, todos os programas de TV aos quais você assistiu durante um ano? Provavelmente não. A mesma questão se aplica à Internet. Você quer que firmas comerciais sigam seu comportamento on-line? Como sempre acontece na vida, há trocas a serem feitas. Esse tema foi tratado por Seth Godin em sua obra *Marketing de permissão* já em 2000,[3] na qual se abordava que as novas tecnologias da comunicação criariam um ambiente favorável para uma comunicação de permissão (aquela feita somente com consentimento do consumidor) em detrimento de uma comunicação invasiva (aquela feita sem a permissão do consumidor, como é tradicionalmente feita a comunicação de marketing). Porém, o que se pode notar, após mais de uma década, é que, apesar dos avanços da tecnologia da informação, a comunicação de permissão não evoluiu muito. Ao contrário, a comunicação invasiva parece ter simplesmente migrado para os meios digitais e se tornado até mais invasiva. Os famosos e indesejáveis "spams" são um representativo exemplo dessa situação. Porém, a questão da privacidade é um tema complexo, polêmico e não está restrito à questão de comunicação de marketing ou mesmo a questões comerciais. Hoje esse tema envolve vários aspectos da sociedade moderna e se torna mais amplo à medida que avançam tecnologias da informação, pois elas criam oportunidades que estão mudando comportamentos, culturas, valores e crenças da sociedade.

# Segmentação psicográfica

Historicamente, gestores de marketing basearam suas decisões de comunicação quase exclusivamente em variáveis demográficas – considerações como idade, classe social, gênero, nível de renda e etnia. Os profissionais mais sofisticados, no entanto, finalmente perceberam que as informações demográficas contam apenas parte da história das preferências de compra, hábitos de uso da mídia e comportamentos de compra dos consumidores. É por essa razão que os gestores de comunicação de marketing também começaram a investigar as características psicográficas para ter um entendimento mais completo sobre como influenciar melhor os consumidores a reagir favoravelmente aos esforços da comar.

Considere, por exemplo, como você identificaria consumidores-alvo se estivesse se dirigindo a possíveis passageiros de cruzeiros. As informações demográficas, como idade e renda, sem dúvida teriam seu papel na definição do público adequado, ou seja, você pode esperar indivíduos um pouco mais velhos (acima de 35 anos) e com renda média ou alta. Mas nem todos com a mesma renda ou

na mesma faixa etária reagiriam igualmente a, digamos, anúncios de cruzeiros no Caribe. Nem todas as pessoas que fazem parte da geração pós-Segunda Guerra Mundial são bons candidatos a cruzeiros; apenas aqueles que fazem parte de dois segmentos psicográficos específicos – "indulgentes" e "exploradores globais" – são os principais consumidores em potencial.[4]

Em geral, o termo psicográfico se refere a informações acerca de atitudes, valores, motivações e estilos de vida dos consumidores em relação aos comportamentos de compra em determinada categoria de produto. Por exemplo, um estudo psicográfico para peruas esportivas (SUVs) avaliaria o tipo de atividades praticadas por proprietários desse tipo de automóvel (por exemplo, acampar, pescar, acompanhar eventos esportivos, transportar equipamento de jardinagem e materiais do tipo faça você mesmo) e aferiria seus valores e atitudes com respeito a questões relacionadas a ter ou não uma perua (por exemplo, o valor que elas dão à segurança, suas opiniões acerca de questões ambientais e a necessidade de exercer controle). Essas informações seriam úteis na criação de mensagens publicitárias e para selecionar as mídias adequadas.

## Perfis psicográficos customizados

Inúmeros institutos de pesquisa de marketing realizam estudos psicográficos para clientes individuais. Esses estudos são tipicamente customizados para a categoria específica de produto do cliente. Os itens do questionário incluídos em um estudo psicográfico customizado são selecionados de acordo com as características singulares da categoria do produto. Um exemplo desse tipo de segmentação foi feito com consumidores de serviços bancários. Para isso, foi feita uma pesquisa em que uma série de afirmações sobre atividades bancárias eram apresentadas aos consumidores e pedia-se que eles dissessem até que ponto concordavam ou não com cada afirmação. As afirmações apresentadas eram, por exemplo: "É mais provável que um banco local me empreste dinheiro", "Os bancários não sabem tanto quanto os corretores sobre investimentos", "Eu confio no conselho de um bancário para lidar com dinheiro" ou "Minha dívida é muito alta", dentre outras. Os pesquisadores então analisaram os resultados e, com base nas respostas aos itens, categorizaram os mil participantes em quatro grupos psicográficos – "tradicionalistas preocupados", "legalistas", "investidores seguros" e "frugais". A pesquisa revelou que as pessoas classificadas nesses grupos se diferenciavam substancialmente no que se referia aos vários comportamentos bancários.[5] O banco regional que patrocinou esse estudo usou os resultados para melhor servir aos quatro segmentos criando novos serviços apropriados para cada um e se comunicando de modo diferente com cada grupo. Por exemplo, as comunicações direcionadas aos "tradicionalistas preocupados" enfatizavam a segurança pessoal e patrimonial, ao passo que o índice de retorno dos investimentos recebeu uma ênfase maior nas comunicações voltadas aos "investidores seguros".

## Perfis psicográficos de propósito geral

Além dos estudos psicográficos que são customizados às necessidades particulares de um cliente, os gerentes de marca podem comprar dados psicográficos "gerais" a partir de serviços que desenvolvem perfis psicográficos de pessoas, independentemente de qualquer produto ou serviço específico. Um dos mais conhecidos é o esquema de segmentação psicográfica Yankelovich MindBase. O Yankelovich MindBase consiste em oito segmentos gerais de 32 subsegmentos específicos. Os oito segmentos gerais de Yankelovich MindBase[1] são:

- **Sou expressivo** e meu lema é *carpe diem* por viver a minha vida sem receio de expressar como sou. Minhas outras características abrangem ser ativo e envolvido, tendo necessidade de "viver o presente".
- **Motivação**. Meu lema é *nada tentado, nada ganho*. Sou ambicioso em todos os sentidos, e busco me mostrar como alguém autoconfiante e diligente, determinado a exibir controle nas coisas que faço.
- **Sou "no limite"**: meu lema é *tempo é essencial*, pois levo uma vida corrida. É por isso, também, que sou exigente, pois quero gastar meu tempo com as coisas importantes da vida.
- **Ser firme como uma rocha**. Sigo o lema *faça a coisa certa*, sempre sendo positivo. Meu lar e minha família me dão energia para ter uma vida honesta e condições de tomar decisões precavidas.
- **Sou realista!** Por isso meu lema é *vá com calma*. Minha vida é vivida no meu ritmo, e para melhorá-la, tento inovar, provando coisas e experiências novas.
- *Razão e sensibilidade*. Esse é meu lema. Sou inteligente, honesto e sofisticado. Faço um trabalho excepcional. Tenho muitas expectativas, tanto para mim quanto às empresas com as quais estou envolvido.
- **Eu verifico duas vezes**, não à toa meu lema ser *uma dose de prevenção*. Sou maduro e busco concretização e realização, pois quero que meu futuro seja saudável, seguro e compensador.
- **Devotado**. Meu lema é *lar é onde o coração está*, pois curto estar no conforto do meu lar. Sou satisfeito com minha vida e não busco novidades constantes, seja ela qual for.

Os profissionais de marketing direto e outros gestores de comunicação de marketing podem usar esses perfis para desenvolver campanhas de comunicação criativas compatíveis com atitudes, valores e estilos de vida do público-alvo.

Um segundo esquema de segmentação psicográfico clássico e bem conhecido é o sistema VALS™ da SRI Consulting Business Intelligence (SRIC-BI's). O esquema de segmentação VALS coloca os consumidores adultos em um dos oito segmentos baseados nas características psicológicas relacionadas ao comportamento de compra e várias variáveis demográficas, como idade e renda familiar. O VALS do Japão e Reino Unido estão disponíveis para entender os consumidores nesses países. Embora não esteja, ainda, disponível para consulta um modelo de questionário VALS específico para o Brasil, você pode determinar seu grupo de segmentação fazendo uma autoavaliação respondendo às perguntas no site http://www.sric-bi.com/VALS/presurvey.shtml.

A Figura 4.2 apresenta os oitos segmentos VALS. A dimensão horizontal nessa figura representa as *motivações primárias* dos indivíduos, no que se refere à busca de princípios, à necessidade de realização ou à motivação para se autoexpressar. A dimensão vertical reflete os *recursos* dos indivíduos, com base em suas realizações educacionais, níveis de renda, saúde, energia e nível de consumo. Por exemplo, como vemos na Figura 4.2, os "Satisfeitos" e os "Crentes" são ambos motivados pela busca de princípios, mas os "Satisfeitos" têm mais recursos que os "Crentes". Do mesmo modo, tanto os "Experimentadores" quanto os "Fazedores" são motivados pela necessidade de se autoexpressar, mas os "Fazedores" têm menos recursos que os "Experimentadores". A seguir, são descritos cada um dos oito segmentos da estrutura VALS.[6]

*Os **Inovadores** são pessoas bem-sucedidas, sofisticadas, que assumem responsabilidades e têm alta autoestima. Como têm recursos abundantes, exibem as três motivações primárias (ou seja, princípios, realizações e autoexpressão) em graus variáveis. São líderes de mudanças e mais receptivos a novas ideias e tecnologias. Os Inovadores são consumidores muito ativos, e suas compras refletem o gosto por produtos e serviços de alto nível.*

*Os **Satisfeitos** são motivados por princípios. São pessoas maduras, satisfeitas, confortáveis e reflexivas que valorizam ordem, conhecimento e responsabilidade. Costumam ter bom nível educacional e buscam ativamente informações durante o processo de tomada de decisão. São bem informados a respeito do mundo e eventos nacionais e alertas a oportunidades de expandir seu conhecimento. Os Satisfeitos têm um respeito moderado pelas instituições estabelecidas de autoridade e decoro social, mas são abertos a considerar novas ideias. Embora sua renda lhes permita muitas escolhas, os Satisfeitos são consumidores conservadores e práticos; procuram durabilidade, funcionalidade e valor em todos os produtos que adquirem.*

*Os **Crentes**, como os Satisfeitos, são motivados por princípios. São pessoas conservadoras, convencionais, com crenças concretas baseadas em códigos tradicionais estabelecidos: família, religião, comunidade e nação. Muitos Crentes expressam códigos morais que estão profundamente enraizados e são interpretados de maneira literal. Seguem rotinas estabelecidas e organizadas em grande parte em torno de lar, família, comunidade e organizações sociais ou religiosas às quais pertencem. Como consumidores, os Crentes são previsíveis; escolhem produtos conhecidos e marcas estabelecidas. Dão preferência aos produtos locais e são em geral consumidores leais.*

---

[1] Baseado em: http://www.yankelovich.com/index.php?option=com_content&task=category&sectionid=21&id=42&Itemid=88. Yankelovich © 2005.

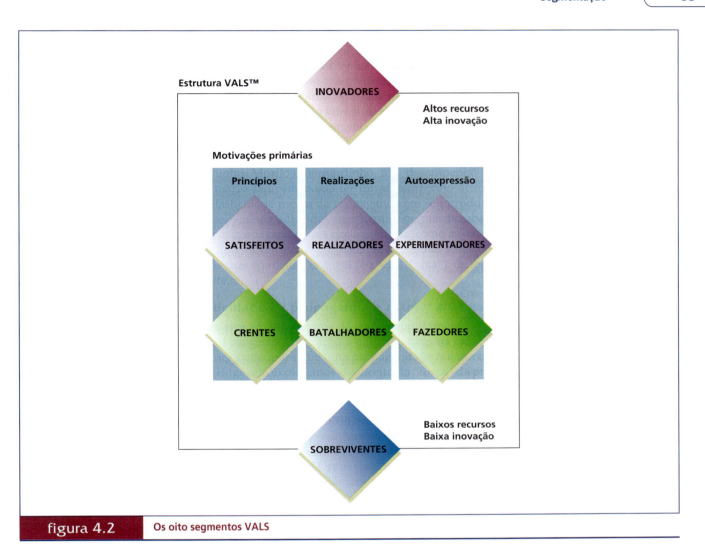

**figura 4.2** Os oito segmentos VALS

Os **Realizadores**, que são motivados pelo desejo de realização, têm estilos de vida voltados para suas metas e um profundo comprometimento com a carreira e a família. A vida social deles reflete esse foco e é estruturada em torno da família, o lugar de culto e o trabalho. Os Realizadores vivem vidas convencionais, são politicamente conservadores e respeitam a autoridade e o status quo. Valorizam o consenso, a previsibilidade, estabilidade em oposição ao risco, intimidade e autodescoberta. Com muitos desejos e necessidades, os Realizadores são ativos no mercado de consumo. A imagem é importante para eles; preferem produtos e serviços estabelecidos e de prestígios que demonstram sucesso aos colegas. Devido a sua vida ocupada, com frequência se interessam por dispositivos que ajudam a economizar tempo.

Os **Batalhadores** seguem tendências e gostam de diversão. Como são motivados pelas realizações, os Batalhadores se preocupam com as opiniões e aprovações dos outros. O dinheiro define o sucesso para eles, que não têm o suficiente para realizar seus desejos. Preferem produtos com estilo que imitam as compras de pessoas com renda mais alta. Muitos veem a si mesmos como alguém com um emprego em vez de seguir uma carreira; a falta de habilidades e foco com frequência os impedem de seguir adiante. Os Batalhadores são consumidores ativos porque fazer compras é ao mesmo tempo uma atividade social e uma oportunidade para demonstrar aos colegas a capacidade de comprar. Como consumidores, são tão impulsivos quanto suas circunstâncias financeiras lhes permitirem.

Os **Experimentadores** são motivados pela autoexpressão. Como consumidores jovens, entusiastas e impulsivos, os Experimentadores rapidamente se tornam entusiastas em relação a novas possibilidades, mas são igualmente rápidos para se desinteressar. Eles buscam variedade e excitação, saboreando aquilo que é novo, incomum e arriscado. Sua energia encontra saída nos exercícios físicos, esportes, atividades de recreação ao ar livre e atividades sociais. Os Experimentadores são consumidores ávidos e gastam uma proporção comparativamente alta de sua renda em artigos da moda, diversão e socialização. Suas compras refletem a ênfase que colocam na boa aparência e em ter coisas "legais".

*Os **Fazedores**, como os Experimentadores, são motivados pela autoexpressão. Eles se expressam e experimentam o mundo trabalhando com ele – construindo uma casa, educando filhos, consertando um carro ou cultivando vegetais – e têm habilidade e energia suficientes para conduzir seus projetos com sucesso. Os Fazedores são pessoas práticas que têm habilidades construtivas e valorizam a autossuficiência. Vivem dentro de um contexto tradicional de família, trabalho prático e recreação física e têm pouco interesse pelo que acontece fora desse contexto. Os Fazedores suspeitam de ideias novas e grandes instituições, como as grandes empresas. Respeitam a autoridade governamental e o trabalho organizado, mas não gostam da interferência do governo nos direitos individuais. Não se impressionam com posses materiais além daquelas que têm um propósito prático ou funcional. Como preferem valor a luxo, compram produtos básicos.*

*Os **Sobreviventes** têm uma vida limitadamente focada. Com poucos recursos, eles com frequência acreditam que o mundo está mudando muito depressa. Sentem-se confortáveis com as coisas conhecidas e estão mais preocupados com segurança pessoal e patrimonial. Como precisam focar mais em atender às necessidades que realizar desejos, os Sobreviventes não mostram uma forte motivação primária. Os Sobreviventes são consumidores cuidadosos. Representam um mercado modesto para a maioria dos produtos e serviços. São leais às marcas favoritas, especialmente se podem adquiri-las com desconto.*

Para determinar o melhor consumidor em potencial a um novo produto ou serviço, a equipe de desenvolvimento de produto de uma empresa pode trabalhar com o grupo de consultoria SRIC-BI. Imagine, por exemplo, que um fabricante de automóveis está interessado em aferir a receptividade de um inovador design de automóvel. É possível estabelecer uma série de grupos foco, sendo que cada grupo é composto de apenas um tipo VALS (por exemplo, um grupo foco formado por Inovadores, outro por Realizadores etc.). Em geral, o tipo VALS reage de modo diferente aos diversos benefícios e características do produto. A obtenção de *feedback* dos grupos foco com tipos VALS permite que a equipe do novo produto selecione o público-alvo que responde de modo mais positivo ao novo conceito de design. Tendo um público-alvo claramente definido e um entendimento preciso de suas preferências e necessidades, a equipe de design está capacitada para focar seu trabalho com eficácia. Mais tarde, no processo, o conhecimento do alvo VALS ajudará os gestores de comunicação de marketing a decidir o melhor posicionamento de seus produtos e quais apelos criativos serão mais eficazes.

*Um exemplo de pesquisa de perfil psicográfico é a pesquisa desenvolvida pela Gfk Reports Worldide (www.gfkcr.com.br) com o objetivo de identificar e monitorar tendências de comportamento dos consumidores e suas relações com as marcas. A pesquisa de âmbito mundial realizada em 30 países com mais de 300 mil entrevistas realizadas desde 1997. No Brasil, a pesquisa envolveu 1,5 mil entrevistas com homens e mulheres, com idade entre 13 e 65 anos das classes A a D e residentes nas principais regiões metropolitanas do país. A pesquisa classificou os consumidores em relação às preferências por marcas em seis grupos, os quais, no Brasil, apresentaram proporções diferentes de outros países, como segue: Trabalhadores (7%), Devotos (26%), Altruístas (16%), Criativos (13%), Intimistas (25%) e Divertidos (11%).*

# Segmentação geodemográfica

O termo geodemográfico é uma conjunção de *geografia* e *demografia*, que descreve essa forma de segmentação. A premissa subjacente à segmentação geodemográfica é que as pessoas que moram em áreas semelhantes, como vizinhanças ou a mesma área de CEP, também compartilham similaridades demográficas e de estilos de vida. Portanto, o conhecimento do local onde as pessoas moram também fornece algumas informações acerca do comportamento geral de consumo delas. Várias empresas desenvolveram serviços que delineiam áreas geográficas em grupos, ou agrupamentos, comuns onde moram pessoas com características demográficas e estilos de vida semelhantes. Essas empresas (e seus serviços, entre parênteses) incluem CACI (ACORN), Donnelly Marketing (ClusterPlus), Experian (MOSAIC), Claritas (PRIZMNE) e SRIC-BC (GeoVALS™). A seguir, descreve-se o sistema PRIZMNE da Claritas de definição de perfil geodemográfico. Os sistemas de agrupamento geodemográfico são desenvolvidos em muitos países além dos Estados Unidos – incluindo o Canadá, a maioria dos países do oeste europeu, alguns países da África, a Austrália e o Japão.[7] No Brasil, empresas como a Tactician-Brasil, a Accenture Brasil, o Serasa Experian, a SD&D, dentre outras, trabalham com serviços de segmentação geográfica.

PRIZMNE é um acrônimo em que PRIZM significa Índice de Avaliação de Mercados Potenciais com base no CEP, e NE representa a "nova evolução" do sistema original de segmentação da Claritas. O sistema de classificação PRIZMNE delineia todas as vizinhanças nos Estados Unidos em um dos 66 agrupamentos com base em uma análise das características demográficas da vizinhança. Essas características incluem variáveis como nível educacional, etnia, variação etária predominante, realização ocupacional e tipo de moradia (por exemplo, própria *versus* alugada). Uma análise estatística sofisticada dessas características demográficas capacitou a Claritas a identificar 66 grupos, ou agrupamentos, de vizinhanças que compartilham perfis demográficos similares. Cada agrupamento é rotulado com termos pitorescos e descritivos. Nomes ilustrativos incluem "Upper Crust", "Big Fish, Small Pond", "Bohemian Mix", "Country Casuals", "White Picket Fences", "Heartlanders", "Suburban Pioneers" e "City Roots". Vamos caracterizar três desses agrupamentos para que você tenha uma noção de como isso é feito.[8]

*Bohemian Mix* capta um grupo de jovens moradores de áreas urbanas, que representam os estilos de vida mais liberais do país. Os *Bohemian Mixers* são uma mistura de jovens solteiros e casados; estudantes e profissionais – hispânicos, ásio-americanos, afro-americanos e brancos. São pessoas que rapidamente adotam as coisas novas – assistem logo aos mais recentes lançamentos de filmes, frequentam os *nightclubs* mais novos ou adquirem o laptop mais moderno. Os lares *Bohemian Mix* representam quase 2% de todos os lares norte-americanos. O morador médio de um lar *Bohemian Mix* tem menos de 35 anos e uma renda aproximada de US$ 50.000,00, provavelmente não é casado, aluga um apartamento, tem nível universitário e é profissional liberal ou executivo. Não é definido por nenhuma raça ou etnia em particular.

*White Picket Fences* representa lares que estão na metade da escala socioeconômica dos Estados Unidos. As pessoas que vivem nesses lares são predominantemente jovens, de classe média, casados e com filhos – um estereótipo dos lares norte-americanos das gerações anteriores. Agora, contudo, em vez de serem quase exclusivamente brancos, os *White Picket Fencers* representam uma diversidade étnica com um grande número de lares afro-americanos e hispânicos. Eles representam quase 1% de todos os lares norte-americanos. O ocupante médio de um lar *White Picket Fences* está em uma faixa etária que varia de 25 a 44 anos, tem renda aproximada de US$ 40.000,00, é casado, tem filhos, tem nível universitário e trabalha em uma variedade de empregos, desde trabalhos manuais a burocráticos.

*Suburban Pioneers* incluem vizinhanças onde os moradores vivem estilos de vida ecléticos e incluem uma combinação de jovens solteiros, recém-divorciados e pais ou mães solteiros que mudaram para bairros mais antigos e que estão fora dos limites das cidades. Moram em casas velhas e prédios de apartamento com dois ou três andares. A maioria dos moradores, composta por afro-americanos, latinos e brancos, trabalha em ocupações manuais e braçais e tem um estilo de vida da classe assalariada. O morador médio de um lar *Suburban Pioneer* tem menos de 45 anos, uma renda aproximada de US$ 33.000,00 e nível de educação médio ou inferior. Um pouco mais de 1% dos lares norte-americanos se insere nesse agrupamento.

Muitos profissionais de marketing usam o PRIZMNE, o Donnelly's ClusterPlus ou outro serviço de agrupamento demográfico para ajudá-los a tomar importantes decisões de comar. A seleção de locais geográficos para limitar a segmentação dos anúncios de TV e a identificação de lares apropriados para receber mala direta são apenas duas das decisões de comar facilitadas pela disponibilidade de dados demográficos. É desnecessário dizer que os dados geodemográficos são extremamente úteis para outros propósitos de marketing, como decidir onde instalar novas lojas.

No Brasil, algumas empresas também já exploram o critério geodemográfico, às vezes também chamado geomarketing, como supermercados, que usam esse tipo de estudo para identificar potencial de uma cidade, determinar a melhor localização da loja e formação do *mix* de produtos etc. Na Tabela 4.1 há um exemplo de um estudo de geomarketing para segmentação que foi feito pela empresa SD&W, especializada nesse tipo de estudo, publicado no site Mundo do Marketing[9] (http://www.mundodomarketing.com.br/8,12357,o-que-e-e-como-se-faz-geomarketing.htm).

**tabela 4.1 — Segmentação com base em geomarketing**

| Algumas cidades | Segmento |
|---|---|
| Serra Branca (PB), Quixeramobim (CE), Cocal (PI), Xique-Xique (BA), Santa Luzia (MA)... | Carentes de recursos (1.569) |
| Belém, Boa Vista, ABC, Cuiabá, Palmas, Ribeirão Preto, Caxias do Sul, Londrina... | Centros urbanos (103) |
| Primavera do Leste (MT), Coxim (MS), Bonito (MS), Sorriso (MT), Sapezal (MT), Lucas do Rio Verde (MT)... | Em busca de oportunidades (881) |
| Brasília, Salvador, Recife, Santos, Belo Horizonte, Porto Alegre, Curitiba, Florianópolis, Campinas, Fortaleza, Niterói, Vitória e Goiânia. | Metrópoles desenvolvidas (13) |
| Bebedouro, Matão, Cravinhos, Novo Airão (AM), Colorado (PR)... | Movimento iminente (347) |
| Brumadinho (MG), Inconfidentes (MG), Acará (PA), Itaguatins (TO), Atagoiânia (GO)... | Núcleos agropecuários (590) |
| Marília, São Gonçalo, Nova Iguaçu, Franca, Anápolis, Araraquara, Barretos, Ji-Paraná... | Núcleos regionais (717) |
| São Bento do Sul (SC), Gaspar (SC), Concórdia (SC), Eldorado dos Carajás (PA), Sinop (MT)... | Polos de agroindústria (397) |
| Duque de Caxias, Guarulhos, Osasco, Diadema, Betim, Sumaré, Coari, Manaus, Jacareí... | Polos industriais (191) |
| Parati, Cabo Frio, Campos do Jordão, Guarapari, Maragogi, Caldas Novas, Caxambú... | Polos turísticos (105) |
| Harmonia (RS), Encantado (RS), Ituporanga (SC), Marechal Cândido Rondon (PR), Rorainópolis (RR)... | Rural desenvolvido (649) |
| Apenas os municípios de São Paulo e Rio de Janeiro. | São Paulo (1) e Rio de Janeiro (1) |

*Fonte*: Adaptado de SD&W publicado em http://www.mundodomarketing.com.br/8,12357,o-que-e-e-como-se-faz-geomarketing.htm. Acesso em: 01 de out. de 2011.

Veja a seção *Foco Global* para uma descrição de uma forma de segmentação geodemográfica que foi usada para vender equipamentos de ultrassom para médicos nas áreas rurais na Índia.

# Segmentação demográfica

Esta seção examina os três principais aspectos demográficos que têm relevância considerável para os profissionais de comar: (1) a estrutura etária da população (por exemplo, crianças); (2) a mudança na composição dos lares (por exemplo, o aumento de lares com pessoas solteiras); e (3) os desenvolvimentos da população étnica. O foco é nas características das populações norte-americana e brasileira. Embora as mesmas considerações sejam relevantes em outros lugares, as peculiaridades são específicas do país. Antes de examinar as características das populações norte-americana e brasileira, será útil colocar esses tópicos em contexto examinando, em primeiro lugar, o crescimento populacional e a distribuição geográfica do mundo.

No momento em que este livro é escrito, a população total de seres humanos na terra é estimada em aproximadamente 6,67 bilhões de pessoas. (Para uma atualização diária das projeções sobre as populações do mundo e dos Estados Unidos, acesse http://www.census.gov/main/www/popclock.html.) Acredita-se que a população do mundo chegará a aproximadamente 8 bilhões de pessoas até o ano 2025, e 9 bilhões até 2050. A Tabela 4.2 exibe uma lista dos 25 maiores países do mundo desde 2007. Podemos ver que a China e a Índia têm populações que excedem 1 bilhão de pessoas, com uma grande queda em comparação ao terceiro maior país – os Estados Unidos – com uma população estimada de cerca de 301 milhões. (Observe que as projeções do tamanho da população variam um pouco dependendo da fonte, porque os avaliadores usam pressupostos um tanto diferentes sobre índices de fertilidade, níveis de longevidade e outros fatores que entram na equação.)

## foco global

### A General Electric vendendo equipamento de ultrassom para os indianos

A General Electric (GE) foi extremamente bem-sucedida na venda de equipamentos de ultrassom na Índia, incluindo vilas pequenas, rurais. Um escaner de ultrassom pode custar apenas US$ 8,00, o que nas áreas rurais equivale ao salário de uma semana. Como os escaners se tornaram acessíveis à maioria dos indianos, o uso deles agravou um problema social de longa data, ou seja, a preferência dos casais indianos por bebês do sexo masculino. Essa preferência aumentou pelo fato de que ter filhas é caro, porque os pais de meninas são obrigados a fazer o pagamento de um dote quando elas se casam. (O dote é uma prática histórica em que se requere aos pais da noiva que façam pagamentos à família do noivo como condição para o casamento. Os noivos com frequência exigem grandes somas em dinheiro ou esperam presentes como animais de fazenda, produtos eletrônicos, móveis ou outros itens de valor monetário equivalente.) Embora a GE e sua sócia Indiana, Winpro Ltd., tenham sido enfáticas em insistir que as máquinas de ultrassom não deviam ser usadas para a determinação do sexo do bebê, a realidade é que o equipamento está sendo usado dessa maneira. Estima-se que centenas de milhares de fetos femininos são abortados anualmente. A proporção feminino-masculino caiu vertiginosamente de 945 meninas para cada mil meninos em 1991, para 927 meninas para cada mil meninos uma década depois. Em algumas partes da Índia a proporção é inferior a 800.

O sucesso da GE em vender as máquinas de ultrassom na Índia é atribuído à boa segmentação. O produto era oferecido a médicos de cidades pequenas, a preços acessíveis. Consciente dos problemas sociais criados pela súbita disponibilidade do equipamento, a GE exigiu declarações por escrito dos consumidores de que eles não usarão as máquinas para determinar o sexo dos bebês. Essas medidas resultaram em certa perda no volume de vendas para a GE, mas o problema mesmo assim permanece. Essa situação representa um caso clássico onde uma sólida estratégia de marketing e boas práticas de segmentação resultaram em vantagens e desvantagens: Por um lado, a pronta disponibilidade das máquinas de ultrassom, em particular nas áreas rurais onde os cuidados médicos são escassos, foi benéfica para tornar os partos mais seguros; por outro lado, as máquinas são usadas com propósitos errados por alguns médicos.

*Fonte*: Adaptado de Peter Wonacott, "India's Skewed Sex Ratio", *The Wall Street Journal Online*, 18 de abril de 2007, http://online.wsj.com. (Acesso em: 18 de abril de 2007).

| Posição | País | População | Posição | País | População |
|---|---|---|---|---|---|
| 1. | China | 1.321.851.888 | 14. | Alemanha | 82.400.996 |
| 2. | Índia | 1.129.866.154 | 15. | Egito | 80.335.036 |
| 3. | Estados Unidos | 301.139.947 | 16. | Etiópia | 76.511.887 |
| 4. | Indonésia | 234.693.997 | 17. | Turquia | 71.158.647 |
| 5. | Brasil | 190.010.647 | 18. | Congo (Kinshasa) | 65.751.512 |
| 6. | Paquistão | 164.741.924 | 19. | Irã | 65.397.521 |
| 7. | Bangladesh | 150.448.339 | 20. | Tailândia | 65.068.149 |
| 8. | Rússia | 141.377.752 | 21. | França | 63.718.187 |
| 9. | Nigéria | 135.031.164 | 22. | Reino Unido | 60.776.238 |
| 10. | Japão | 127.433.494 | 23. | Itália | 58.147.733 |
| 11. | México | 108.700.891 | 24. | Coreia do Sul | 49.044.790 |
| 12. | Filipinas | 91.077.287 | 25. | Birmânia (Miamar) | 47.373.958 |
| 13. | Vietnã | 85.262.356 | | | |

**tabela 4.2**
Os 25 maiores países do mundo a partir de 2007

Fonte: http://www.census.gov/cgi-bin/ipc/idbrank.pl, U.S. Census Bureau, International Database.

Um aspecto particularmente interessante da população dos Estados Unidos é a diversidade ancestral de seus residentes. Conhecidos como "caldeirão", os Estados Unidos atraíram imigrantes de todas as partes do mundo, fazendo do país um amálgama de pessoas cujos ancestrais tinham culturas e *backgrounds* diferentes. Hoje muitos imigrantes chegam aos Estados Unidos vindo da América Latina, Ásia e Leste Europeu, embora historicamente a maioria tenha vindo de países do Oeste Europeu. Curiosamente, um pouco mais de 7% da população dos Estados Unidos agora se refere a si mesma como simplesmente "americanos" – mais que os 5% em 1990.[10] Em outras palavras, muitos residentes norte-americanos não reconhecem nenhuma ascendência em particular – provavelmente devido ao orgulho e também por causa do caráter híbrido das linhagens dos norte-americanos.

A população brasileira também conta com uma grande parcela de pessoas descendentes de imigrantes, vindos de diversos países. Como a imigração é motivada por condições socioculturais e econômicas pontuais, tanto dos países de origem quanto do Brasil ela ocorre em "ondas", ou movimentos imigratórios. A Tabela 4.3 mostra o volume de imigrantes entre 1884 e 1933.

## A mobilidade social no Brasil

Qualquer análise demográfica brasileira atual irá demonstrar um fenômeno de extrema importância que vem ocorrendo nas duas últimas décadas, que é a mobilidade social no país. Segundo dados do PNAD/IBGE, a renda média dos brasileiros saltou de R$ 883,00 em 2004 para R$ 1.036,00 em 2008. Fruto da estabilidade econômica iniciada em meados da década de 1990 e impulsionada pelas condições favoráveis da economia mundial, ela vem proporcionando melhor distribuição de renda, que sempre foi um problema crônico do Brasil. Entretanto, isso ocorreu em ritmo menor que o desejado, pois em 2008 a concentração de renda ainda se mantinha alta (os 10% com os maiores rendimentos concentravam 42,7% do total das remunerações no país). Contudo, essa mobilidade tem gerado uma migração de pessoas das classes sociais mais baixas para as mais altas na hierarquia social, especialmente das classes D e E para a classe C (Figura 4.3). Isso

| Imigração no Brasil, por nacionalidade – períodos decenais 1884-1893 a 1924-1933 | | | | | | |
|---|---|---|---|---|---|---|
| | Efetivos decenais | | | | | |
| Nacionalidade | 1884-1893 | 1894-1903 | 1904-1913 | 1914-1923 | 1924-1933 | Total |
| Alemães | 22.778 | 6.698 | 33.859 | 29.339 | 61.723 | 154.397 |
| Espanhóis | 113.116 | 102.142 | 224.672 | 94.779 | 52.405 | 587.114 |
| Italianos | 510.533 | 537.784 | 196.521 | 86.320 | 70.177 | 1.401.335 |
| Japoneses | – | – | 11.868 | 20.398 | 110.191 | 142.457 |
| Portugueses | 170.621 | 155.542 | 384.672 | 201.252 | 233.650 | 1.145.737 |
| Sírios e turcos | 96 | 7.124 | 45.803 | 20.400 | 20.400 | 93.823 |
| Outros | 66.524 | 42.820 | 109.222 | 51.493 | 164.586 | 434.645 |
| **Total** | **883.668** | **852.110** | **1.006.617** | **503.981** | **717.223** | **3.963.599** |

**tabela 4.3**
Imigração no Brasil por nacionalidade

Fonte: Brasil: 500 anos de povoamento. Rio de Janeiro; IBGE, 2000. Apêndice: Estatística de 500 anos de povoamento. p. 226.

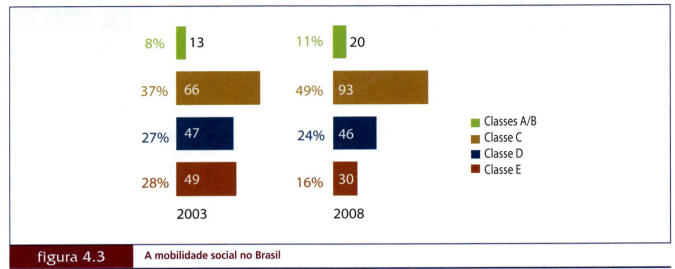

**figura 4.3** — A mobilidade social no Brasil

Fonte: Ministério da Fazenda. Elaborado com base em IBGE, FGV e LCA. Disponível em: http://www.fazenda.gov.br/portugues/documentos/2010/p300810.pdf. Acesso em: 01 de outubro de 2011.

representa em termos de negócios um aumento significativo da massa de consumidores com maior poder de compra e, por consequência, um aumento do potencial de mercado para praticamente todos os segmentos de produtos e serviços.

## A estrutura da mudança etária

Uma das características mais marcantes da população norte-americana é seu inexorável envelhecimento. A idade média dos norte-americanos era 28 em 1970; 30 em 1980; 33 em 1990; 36 em 2000; e está projetada para cerca de 38 em 2025. A Tabela 4.4 apresenta números populacionais distribuídos por grupos de idade. As seções seguintes examinam os principais grupos etários e as implicações para os esforços de comar. Movimento semelhante vem se verificando no Brasil. Enquanto em 1991 aproximadamente 35% da população tinha até 14 anos, esse número tende a cair para 28% em 2010 e 24% em 2020. Ao mesmo tempo, em 1991, apenas 7% da população aproximadamente tinha mais de 60 anos. Em 2010 esse número tendeu a 9,5%, e 12% em 2020.[11] A discussão aborda desde os grupos mais jovens, crianças em idade pré-escolar, chegando aos mais velhos.

### Crianças e adolescentes

O grupo de jovens norte-americanos (19 anos e menos) caiu drasticamente de 40% da população em 1969 (durante o auge do *baby boom*) para um pouco mais de 27% da população em 2006. Contudo, ainda se mantém como um grupo substancial, com mais de 80 milhões de pessoas. (Ver a Tabela 4.4 para as indicações específicas por grupo etário, ou seja 5; 5 a 9; 10 a 14; e 15 a 19.) No Brasil, entre 1991 e 2000, esse mesmo grupo caiu de 45% da população para 40% (ver Tabela 4.5).

Os profissionais de marketing se referem ao grupo com idade de 4 a 12 anos como "crianças", para diferenciar dos bebês e adolescentes. As crianças nesse amplo grupo gastam diretamente ou influenciam os gastos de bilhões de dólares em compras a cada ano. Os gastos feitos por essas crianças ou para elas praticamente duplicaram em cada década nas décadas de 1960, 1970 e 1980 e triplicou na década de 1990. O que tornou esse mercado potencialmente atrativo, especialmente no Brasil, para muitas empresas foi uma mudança no comportamento sociocultural da população, em que as crianças passaram a ter maior poder de decisão de compra. Hoje, as crianças não só influenciam, como em muitos casos decidem a compra, escolhendo o produto e a marca. Essa mudança de comportamento torna as crianças o público-alvo prioritário das ações de comunicação, com os pais desempenhando papéis secundários.

***Crianças em idade pré-escolar:*** As crianças em idade pré-escolar, 5 anos ou menos, representam um grupo que cresceu substancialmente nos últimos anos. Mais bebês nasceram nos Estados Unidos em 1990 (4,2 milhões) que em qualquer outra época desde o pico do *baby boom* de 4,3 milhões de bebês nascidos em 1957. Os profissionais de marketing de brinquedos, móveis, roupas, alimentos e muitos outros produtos e serviços rotineiramente se voltam para os pais dessas crianças, ou, em alguns casos, diretamente para elas. No Brasil, no entanto, não se observa tendência semelhante. Mas, apesar de crianças nessa faixa etária não representarem um grupo em crescimento, isso não significa que sejam um segmento menos atrativo.

| Idade | População (milhões) | Porcentagem do total |
|---|---|---|
| *Crianças e adolescentes (<20)* | | |
| Com menos de 5 anos | 20,42 | 6,8 |
| 5-9 | 19,71 | 6,6 |
| 10-14 | 20,63 | 6,9 |
| 15-19 | 21,32 | 7,1 |
| **Total** | **82,08** | **27,35** |
| *Jovens adultos (20-34)* | | |
| 20-24 | 21,11 | 7,0 |
| 25-29 | 20,71 | 6,9 |
| 30-34 | 19,71 | 6,6 |
| **Total** | **61,53** | **20,51** |
| *Meia-idade (35-54)* | | |
| 35-39 | 21,19 | 7,1 |
| 40-44 | 22,48 | 7,5 |
| 45-49 | 22,80 | 7,6 |
| 50-54 | 20,48 | 6,8 |
| **Total** | **86,95** | **28,98** |
| *Mais velhos (55-64)* | | |
| 55-59 | 18,22 | 6,1 |
| 60-64 | 13,36 | 4,5 |
| **Total** | **31,58** | **10,52** |
| *Idosos (65-74)* | | |
| 65-69 | 10,38 | 3,5 |
| 70-74 | 8,54 | 2,8 |
| **Total** | **18,92** | **6,31** |
| *Muito idosos (+75)* | | |
| 75-79 | 7,38 | 2,5 |
| 80-84 | 5,67 | 1,9 |
| +85 | 5,96 | 2,0 |
| **Total** | **19,01** | **6,34** |
| **População total dos Estados Unidos** | **300,07** | **100%** |

**tabela 4.4** — População dos Estados Unidos por grupo etário, em 2006

Fonte: Year Age Groups for the United States, Population Division, U.S. Census Bureau, 17 de maio de 2007.

**Crianças em idade de ensino fundamental:** Esse grupo inclui crianças de 6 a 14 anos. Elas influenciam diretamente a compra de produtos e indiretamente influenciam o que os pais compram. As crianças nesse grupo influenciam a escolha dos pais quanto a roupas e brinquedos, como mostra a Figura 4.4, e até mesmo na escolha da marca de produtos como pasta de dente e produtos alimentícios. Anúncios e outras formas de comunicações de marketing voltadas para crianças pequenas, ou suas famílias, aumentaram de modo significativo nos últimos anos. Inúmeros produtos novos chegam todos os anos às prateleiras para atender ao gosto das crianças. Por exemplo, a Mattel, que é conhecida por sua linha de carros de brinquedo Hot Wheels, expandiu a marca para *skateboards*, *snowboards* e equipamentos de esportes radicais sob o nome Hot Wheels. A personagem Hello Kitty oferece, em lojas temáticas exclusivas, uma ampla gama de produtos com a foto da personagem para meninas. A Walt Disney Company lançou o Disney Dream Desk PC, uma combinação de computador e monitor na qual o monitor tem a forma das orelhas do Mickey Mouse. Vários restaurantes oferecem menu especial para crianças com pratos alegres e coloridos. Os profissionais de marketing estão cada vez mais alcançando esses jovens consumidores, em especial meninas, por meio das comunidades on-line. O site Barbie Girls, por exemplo, tem milhões de usuárias registradas.[12] (Para obter mais informações sobre como as crianças são socializadas como consumidoras e desenvolvem o entendimento da propaganda, o leitor é encorajado a examinar os artigos identificados na nota).[13] Além disso, observam-se algumas comunicações de marketing de produtos destinados a adultos, mas que apelam ao público infantil. Crianças, como destacado anteriormente, influenciam não só a compra de produtos infantis, como também a compra de produtos destinados à família. Recentemente foi lançada no Brasil a campanha "Poupançudos da Caixa". Nessa campanha um grupo de monstrinhos simpáticos, os Poupançudos, apresentava a poupança da Caixa Econômica Federal. Além disso, aqueles que abrissem poupanças no banco ganhariam um boneco Poupançudo. A campanha foi um sucesso tanto em resultados de vendas quanto na melhora e no rejuvenescimento da imagem do banco.[14]

Porém, nem todos os setores da sociedade veem com bons olhos esse mercado infantil. Em vários países existem legislações específicas sobre esse tema, cuja rigidez está relacionada à cultura e aos valores locais. No Brasil, a pressão para uma legislação que controle os estímulos ao consumo infantil vem aumentando com o tempo. Existem hoje vários projetos de lei (alguns aprovados e outros em discussão) sobre o tema e também iniciativas adotadas pelo próprio se-

| tabela 4.5 | Idade | População (milhões) | Porcentagem do total |
|---|---|---|---|
| **População do Brasil por idade, em 2000** | *Crianças e adolescentes (<20)* | | |
| | Com menos de 5 anos | 16.714.366 | 9,97% |
| | 5-9 | 16.225.987 | 9,67% |
| | 10-14 | 17.099.545 | 10,20% |
| | 15-19 | 17.294.243 | 10,31% |
| | **Total** | **67.334.141** | **40,15%** |
| | *Jovens adultos (20-34)* | | |
| | 20-24 | 16.478.357 | 9,82% |
| | 25-29 | 14.309.931 | 8,53% |
| | 30-34 | 13.014.895 | 7,76% |
| | **Total** | **43.803.183** | **26,12%** |
| | *Meia-idade (35-54)* | | |
| | 35-39 | 12.013.828 | 7,16% |
| | 40-44 | 10.361.939 | 6,18% |
| | 45-49 | 8.722.876 | 5,20% |
| | 50-54 | 6.999.253 | 4,17% |
| | **Total** | **38.097.896** | **22,71%** |
| | *Mais velhos (55-64)* | | |
| | 55-59 | 5.350.659 | 3,19% |
| | 60-64 | 4.347.905 | 2,59% |
| | **Total** | **9.698.564** | **5,78%** |
| | *Idosos (65-74)* | | |
| | 65-69 | 3.375.748 | 2,01% |
| | 70-74 | 2.581.844 | 1,54% |
| | **Total** | **5.957.592** | **3,55%** |
| | *Muito idosos (+75)* | | |
| | 75-79 | 1.596.709 | 0,95% |
| | +80 | 1.235.898 | 0,74% |
| | **Total** | **2.832.607** | **1,69%** |
| | **População total dos Estados Unidos** | **167.723.983** | **100,00%** |

*Fonte*: IBGE, Projeção da população residente, segundo o sexo e grupos de idade – 1991/2020. www.ibge.gov.br

**figura 4.4**

Apelo aos pais de crianças em idade pré-escolar

tor. O Conar – Conselho Nacional de Autorregulamentação Publicitária (http://www.conar.org.br) tem várias normas sobre o tema e tem sido muito rigoroso ao julgar casos de denúncia de abusos nas comunicações para crianças. A proibição de brinquedos que imitem armas de fogo, por estimular a violência, é um exemplo dessa tendência.

***Pré-adolescentes:*** A categoria de crianças que os profissionais de marketing denominaram *"pré-adolescentes"* – não são mais crianças, mas ainda não são adolescentes – é um grupo etário ativamente envolvido no consumo. Os pré-adolescentes são em geral classificados como crianças entre 8 e 12 anos. Elas geralmente têm ideias bem formadas sobre quais marcas gostam ou desgostam e são muito influenciadas por seus colegas a possuir produtos e marcas considerados "legais". Varejistas como a Limited Too ou a Colcci direcionam muitos de seus esforços de comar atiçando o crescente desejo dos chamados *teens* por roupas da moda (https://www.limitedtoo.com e www.colcci.com.br). Uma linha cobrand entre o Boticário e a Revista Capricho também oferece vários produtos de beleza para esse público.

Um estudo importante realizado com os pré-adolescentes (incluindo também alguns adolescentes entre 13 e 14 anos) examinou os valores materialistas deles e como esses valores se relacionam a uma série de variáveis demográficas, comportamentos relacionados com compras e envolvimento com anúncios e promoções.[15] Para aferir o *materialismo* – que inclui o desejo de comprar e possuir produtos, desfrutar tais produtos, e o desejo de ter dinheiro para a aquisição desses produtos – os pesquisadores desenvolveram uma medida chamada "escala de materialismo dos jovens" (YMS – *youth materialism scale)*. Os participantes responderam a 10 perguntas com as opções variando de "discordo muito" a "concordo muito". Exemplos das declarações incluem "eu prefiro passar o tempo comprando coisas a fazer qualquer outra coisa", "eu gosto muito de fazer compras" e "quando você crescer, quanto mais dinheiro você tiver, mais feliz será". Com base em uma amostragem nacional de lares norte-americanos, quase mil jovens entre 9 e 14 anos completaram a YMS e responderam a uma série de outras perguntas. Os pesquisadores correlacionaram estatisticamente as pontuações na YMS com essas outras medidas e produziram o seguinte conjunto de descobertas ilustrativas:

1. Os meninos são mais materialistas que as meninas.
2. Os jovens de lares com renda mais baixa são mais materialistas.
3. Jovens altamente materialistas fazem compras com mais frequência.
4. Os jovens altamente materialistas: (a) têm mais tendência a assistir aos comerciais de TV, (b) têm mais tendência a pedir aos pais que comprem produtos porque os viram na TV, (c) reagem mais aos endossos de celebridades, (d) têm mais tendência a exercer pressão sobre os pais para comprar produtos, (e) são inclinados a gastar mais consigo em compras de Natal e aniversário, e (f) tendem a gostar menos da escola e ter notas mais baixas.

***Adolescentes:*** Os consumidores neste grupo etário têm um enorme poder de ganho e uma influência considerável ao fazer compras pessoais e para o lar.[16] Em geral, faz-se referência aos adolescentes como membros da *Geração do Milênio* ou *Geração Y* (em contraste à geração que a precedeu – a *Geração X* – que será discutida em uma seção posterior). É importante observar que não há uma definição específica sobre quando as pessoas nasceram na geração do milênio, e nenhum período é universalmente aceito. Para manter uma continuidade com a geração que a precedeu, a Geração X (definida neste livro como aquela que nasceu entre 1965 e 1981), consideraremos a **Geração Y** aquelas pessoas que nasceram entre os anos de 1982 e 1996. Assim, a partir de 2009 a Geração Y inclui todas as pessoas entre 13 e 27 anos, ou cerca de 60 milhões de norte-americanos e aproximadamente 50 milhões de brasileiros. O texto a seguir foca apenas o subgrupo de adolescentes que fazem parte dessa geração do milênio.

**figura 4.5**
Um apelo aos adolescentes

Um estudo realizado pela Teenage Research Unlimited, que segue tendências e atitudes dos adolescentes, estimou que os adolescentes norte-americanos gastam mais de 150 bilhões de dólares ao ano.[17] Eles exercem poder e influência de compra mais forte que nunca, o que explica o crescimento de programas de comar voltados para esse grupo. Por exemplo, a Hewlett-Packard mudou a estratégia de marketing de computadores vendidos no período "volta às aulas" (quando, nos Estados Unidos, os produtos são mais baratos e com isenção de impostos), de apelos aos pais com anúncios destacando o preço e colocados na mídia convencional, para o uso de apelos com senso de humor colocados na mídia on-line que alcança os adolescentes.[18]

Observa-se que os adolescentes são consumidores altamente conformistas, narcisistas e inconstantes. Essas características oferecem grandes oportunidades e também desafios para os gestores de comunicação de marketing. Um produto aceito pode se tornar um grande sucesso quando os adolescentes escolhem uma marca como sinal pessoal para fazer parte do grupo da moda. Porém, é sabido que os adolescentes não gostam de ser "guiados pelo marketing". Como acontece com todos os consumidores, é importante que os gestores de comunicação de marketing forneçam informações úteis, mas os adolescentes preferem obter as informações por si mesmos – como na Internet ou com amigos – em vez de tê-las impostas. Por isso, os profissionais da comar "pisam em ovos" ao comunicar informações úteis aos adolescentes ao mesmo tempo em que precisam evitar o excesso. A Internet é um meio óbvio de comunicação para atingir esse público-alvo. Sites de redes sociais como MySpace e Facebook se tornaram meios particularmente eficazes para influenciar o comportamento de consumo dos adolescentes e jovens adultos. Com relação especificamente aos jovens adultos, a marca de cerveja Skol, por exemplo, mantém uma equipe especialmente dedicada para criar e gerenciar perfis da marca em redes sociais. Esses gestores, além de postar comentários e conteúdos, também são responsáveis por acompanhar os comentários feitos pelos consumidores e respondê-los. Além disso, por se tratar de um produto destinado a adultos, a empresa toma também uma série de cuidados para que seu esforço de comar não atinja equivocadamente jovens menores de idade.[19]

## Jovens adultos

O tratamento acadêmico dado a essa faixa etária, em geral referida como **Geração X**, identifica-a como indivíduos nascidos entre 1961 e 1981.[20] Todavia, para evitar uma sobreposição com a geração *baby boom* (1946 a 1964) e a Geração Y (1982 a 1996), é conveniente definir esse grupo etário como as pessoas nascidas entre 1965 e 1981. Por isso, a partir de 2009, a Geração X constituía mais de 65 milhões de norte-americanos e mais de 40 milhões de brasileiros na faixa etária entre 28 e 44 anos de idade. Como os membros dessa geração nasceram logo depois do *baby boom*, que terminou em 1964, são também chamados de *baby busters*. Os rótulos não terminam aqui. A Geração X recebeu mais clichês que qualquer outro grupo da história, muitos dos quais depreciativos: folgados, cínicos, chorões, apáticos e sem esperança. Como costuma acontecer quando um grupo é estereotipado, esses rótulos caracterizam apenas um subgrupo da Geração X e são muito gerais para sequer começar a captar a complexidade desse grupo e as diferenças entre seus membros.

Uma empresa bem conhecida de pesquisa de marketing classificou os membros da Geração X em quatro grupos, com base nos perfis de suas atitudes: *Promissores, Espectadores, Playboys e Preguiçosos*. Os *Promissores* têm níveis mais altos de educação e renda e representam cerca de 28% dos membros da Geração X. Eles tendem a focar recompensas intangíveis em vez de riqueza material e são confiantes em si mesmos e em seu futuro. Claramente não é um grupo de pessoas que se encaixa nos rótulos estereotipados da Geração X. Os *Espectadores* representam quase 37% dessa geração e consistem predominantemente em mulheres afro-americanas e hispânicas. Embora a renda de que dispõem seja relativamente baixa, esse subsegmento da Geração X tem um gosto por moda e adora fazer compras. Os *Playboys* são em sua maioria homens brancos que representam quase 19% da Geração X. Eles adotam um estilo de vida "o prazer antes do dever" e são absorvidos em si mesmos, adoram diversão e são impulsivos. Os *Preguiçosos* constituem o menor subconjunto – 16% da Geração X. Esse grupo está mais próximo do estereótipo dessa geração. São frustrados com sua vida, têm os níveis educacionais mais baixos, buscam segurança e *status* e escolhem marcas que oferecem uma sensação de pertencimento e autoestima.[21]

Esses agrupamentos deixam aparente que, contrário ao retrato estereotipado, a Geração X não é monolítica. As generalizações são incorretas e, em sua maioria, injustas. Como grupo, esses indivíduos não são mais cínicos, desprivilegiados ou chorões que a maioria das pessoas. As comunicações de marketing dirigidas à Geração X devem usar apelos direcionados a subgrupos específicos, como os *Promissores*, em vez de estereótipos que não alcançam nenhum subsegmento de modo adequado.

Mais uma vez, é importante enfatizar que a faixa etária da Geração X, não importa como seja rotulada, não é um grupo unificado em termos de aspectos demográficos ou preferências de estilo de vida e não deve ser entendida erroneamente como um único grupo para segmentação das mensagens de comar. Na verdade, os quatro grupos descritos anteriormente são, em si, simplificações, mas oferecem algumas sutilezas sobre as diferenças gerais entre os mais 65 milhões de norte-americanos e mais de 40 milhões de brasileiros que de maneira simplista caíram em uma única categoria.

## Consumidores de meia-idade e maduros

Embora um tanto arbitrário, podemos pensar na **meia-idade** como começando aos 35 e terminando aos 54, ponto em que a maturidade é alcançada. Na verdade, existem discordâncias sobre o ponto de divisão entre a meia-idade e a maturidade. Às vezes é usada uma classificação 65 anos e acima, porque 65 anos é em geral a idade que marca a aposentadoria. Neste livro usaremos a designação do U.S. Census Bureau, que classifica as **pessoas maduras** como aquelas acima de 55 anos.

*Pessoas de meia-idade:* Em 2006 havia aproximadamente 87 milhões de norte-americanos entre as idades de 35 e 54 (ver Tabela 4.4) e mais de 54 milhões de brasileiros nessa mesma faixa etária. Esses indivíduos representam duas gerações de pessoas: *baby boomers* mais jovens e membros mais velhos da Geração X. A discussão a seguir foca os *baby boomers*, ou "*boomers*", porque a Geração X já foi discutida.

*Baby boomers* são aqueles que nasceram logo depois da Segunda Guerra Mundial, em 1946, até o ano de 1964. É claro que esse tipo de divisão não se ajusta exatamente à realidade brasileira, em que a guerra não apresentou marcas culturais tão fortes como em outras nações, os Estados Unidos, por exemplo. Esse amplo grupo de pessoas, a assim chamada *geração baby boom*, oferece um tremendo potencial para muitos profissionais de marketing. O que torna os *boomers* um grupo tão atraente é que eles são relativamente afluentes e, assim, representam um bom público-alvo geral para casas de veraneio, veículos de qualidade, investimentos (seguro, imóveis e títulos), viagens, produtos de autoajuda, cirurgia cosmética e "brinquedos" para adultos como equipamento de golfe, automóveis conversíveis (o comprador médio desses automóveis tem 50 anos de idade),[22] – e motocicletas – os melhores consumidores da Harley-Davidson são homens de meia-idade, e o comprador típico tem idade média de 46 anos.[23] Devido a sua relativa afluência, os *baby boomers* também representam um público-alvo atraente para uma série de produtos "de luxo". Por exemplo, a fabricante de eletrodomésticos Whirlpool (no Brasil responsável pelas marcas Consul e Brastemp) faz apelos para os *boomers* afluentes que desejam a melhor qualidade, com uma linha de itens denominada Whirlpool Gold. E os profissionais de marketing de produtos de luxo para cuidar da pele tiveram um aumento das rendas introduzindo caros produtos anti-idade como Absolute, da L'Oréal.

Além do mais, o fato de os *baby boomers* estarem envelhecendo não significa necessariamente que estão se tornando velhos do ponto de vista psicológico ou que estejam alterando de modo significativo seus padrões de consumo.[24] Em vez disso, há indicações de que os *baby boomers* retêm muitos de seus hábitos de consumo de quando eram jovens e, em certo sentido, não desejam mudar. Por exemplo, o significativo aumento das compras de produtos para tingir o cabelo, por parte dos *baby boomers*, reflete a tendência entre eles de prolongar a juventude e adquirir produtos que apoiam essa obsessão por se manter jovem. Os fabricantes de itens de cuidado com a saúde, cosméticos, equipamentos para exercícios físicos e alimentos apelam de modo ativo para a paixão dos *baby boomers* por permanecer jovens. A Figura 4.6 representa um apelo aos membros dessa geração.

figura 4.6

**Um apelo às mulheres da geração** *baby boom*

Como os *boomers* representam o "epicentro da sociedade", os publicitários seguirão de perto esse grupo e continuarão a refletir suas características e apelos a seus interesses e necessidades de compra.[25] Por exemplo, os fabricantes de tênis como a New Balance atraem os *baby boomers* oferecendo produtos com tamanhos mais largos que apenas a opção média oferecida no passado. Mesmo o fabricante da bebida energética Red Bull, conhecido por seu apelo a adolescentes e jovens adultos, agora se volta para os jogadores de golfe britânicos – muitos dos quais estão acima dos 40 anos – tornando o produto disponível nas lojas, restaurantes e hotéis nos campos por toda a Grã-Bretanha.[26]

Um importante ponto de esclarecimento se faz necessário antes de concluir esta seção e seguir para o próximo grupo etário. É tentador pensar nos baby boomers como um grupo monolítico de pessoas que pensam do mesmo modo, agem do mesmo modo e compram produtos idênticos. Tal impressão é errada. Os *baby boomers* não representam um verdadeiro segmento de mercado no sentido mais estrito do termo. Ou seja, só porque milhões de indivíduos têm uma coisa em comum (ter nascido entre 1946 e 1964), isso não significa que são clones uns dos outros. Dentro desse grupo etário há diferenças distintas entre as pessoas com respeito à idade cronológica, idade subjetiva, vitalidade, renda, etnia, escolhas de estilos de vida e preferências por produtos/marcas. Por isso, embora seja conveniente falar sobre os *baby boomers* como um único grupo, seria um erro concluir que eles representam um segmento de marketing ativo. É importante entender que esforços significativos e lucrativos de segmentação de comar exigem que o público-alvo compartilhe uma combinação de características demográficas, de estilo de vida, e possivelmente geográficas; grupos mais amplos como os *baby boomers* são muito genéricos para satisfazer as características de um segmento de marketing significativo.

Em resumo, os *baby boomers* formam um significativo grupo etário e em conjunto representam uma poderosa força econômica, mas não constituem uma base suficiente para segmentação de programas de marketing. Assim, por exemplo, os profissionais de marketing da Absolute, da L'Oréal não devem considerar seu público alvo todos os *baby boomers*, mas apenas o subgrupo de pessoas nessa faixa etária que têm personalidade indulgente (um traço psicográfico) e renda suficiente para adquirir produtos caros.

***Consumidores maduros:*** Voltando a atenção para os consumidores maduros (também chamados seniores), em 2006 eles representavam quase 70 milhões de cidadãos nos Estados Unidos com 55 anos ou mais – quase 23% da população total do país. Em outras palavras, quase um quarto de todos os norte-americanos são cidadãos seniores. No Brasil, em 2005, indivíduos dessa faixa etária somavam mais de 20 milhões e representavam aproximadamente 13% da população. No entanto, prevê-se aumento do percentual de brasileiros seniores, que podem chegar a 17% em 2020. Historicamente, muitos profissionais de marketing ignoraram os consumidores mais maduros ou os trataram de maneira não muito lisonjeira, focando "kit de produtos reparadores", como dentaduras, laxantes e remédios para artrite.[27] Os consumidores maduros não são apenas numerosos, mas também mais ricos e mais dispostos a gastar mais que nunca. Os norte-americanos maduros controlam quase 70% do valor líquido de todos os lares do país.

As pessoas com 65 anos ou mais encontram-se particularmente em uma boa situação financeira, tendo a maior renda discricionária (renda não afetada pelas despesas fixas) e mais bens que qualquer outro grupo. O número de pessoas nessa categoria de 65 anos ou mais é grande, totalizando cerca de 38 milhões nos Estados Unidos (aproximadamente 13% da população total) e mais de 10 milhões no Brasil (aproximadamente 6% da população total) em 2006 e 2005 respectivamente. Uma variedade de implicações acompanha os esforços de comar direcionados aos consumidores maduros.

Na comunicação direcionada a eles é aconselhável mostrá-los como pessoas ativas, vitais, ocupadas, que olham para o futuro, preocupam-se com a aparência e são românticas. Agora, os publicitários em geral apelam para os seniores de modo lisonjeiro, por exemplo, usando modelos atraentes para representar roupas, cosméticos e outros produtos que costumavam ser domínio exclusivo dos modelos jovens.

É importante reiterar que só porque os consumidores maduros compartilham algo em comum (por exemplo, ter 55 anos ou mais), eles não representam de modo algum um segmento de marketing homogêneo. De fato, o Census Bureau divide as pessoas com 55 anos ou mais em três segmentos etários distintos: 55 a 64 (mais velhos), 65 a 74 (idosos) e 75 ou mais (muito idosos) (ver Tabela 4.5). Com base apenas na idade, os consumidores em cada um desses grupos diferem – às vezes de modo drástico – em termos de estilos de vida, interesse no mercado, razões para comprar e capacidade de gastar. Além do mais, é importante notar que apenas a idade não é o melhor indicador do modo como um indivíduo vive ou que papel o consumo desempenha nesse estilo de vida. Na verdade, uma pesquisa identificou quatro grupos de consumidores maduros com base em uma combinação de características de saúde e autoimagem. Os resultados de uma pesquisa norte-americana feita por correspondência com mais de mil pessoas com 55 anos ou mais levaram à classificação dos seniores em quatro grupos: Ermitões Saudáveis – 38%; Doentes Sociáveis – 34%; Reclusos Frágeis – 15%; e Saudáveis – 13%.[28] Seguem breves descrições:

- Ermitões Saudáveis – Embora tenham boa saúde, estão psicologicamente afastados da sociedade. Representam um bom mercado para vários serviços como aconselhamento legal e sobre impostos, serviços financeiros, diversão em casa e produtos faça você mesmo. Mala direta, Internet e anúncios impressos são a melhor forma de mídia para alcançar esse grupo.
- Doentes Sociáveis – São diametralmente opostos aos Ermitões Saudáveis. Embora não gozem de boa saúde, são socialmente ativos, preocupados com a saúde e interessados em aprender coisas novas. Cuidados médicos em casa, produtos dietéticos, comunidades planejadas para aposentados e serviços de entretenimento são alguns dos produtos e serviços que esse grupo mais deseja. Eles podem ser alcançados pela Internet e mídia de massa selecionada, voltada para a autoimagem positiva e um estilo de vida social e ativo.
- Reclusos Frágeis – Estão afastados socialmente e não gozam de boa saúde. Vários produtos e serviços médicos e de saúde, diversão em casa e serviços de assistência doméstica (por exemplo, cuidar do jardim) podem obter sucesso junto a esse grupo por meio da propaganda via mídia de massa.
- Saudáveis – São vigorosos, têm uma situação financeira relativamente boa e são socialmente ativos. Eles são independentes e querem aproveitar a vida ao máximo. Os consumidores maduros nesse grupo representam um bom mercado para serviços financeiros, lazer/viagens, roupas, artigos de luxo e produtos e serviços *high-tech*. É possível alcançá-los por meio de promoções em lojas, mala direta, mídia impressa especializada e Internet.

## O sempre mutável lar

Um lar representa uma entidade independente de moradia, seja uma propriedade alugada (por exemplo, um quarto ou um apartamento) ou própria (um condomínio, uma casa ou um apartamento). A partir de 2006 havia cerca de 114,4 milhões de lares nos Estados Unidos, dos quais 77,4 milhões (68%) eram lares habitados por famílias (duas ou mais pessoas de mesmo parentesco ocupando a moradia) e 37 milhões (32%) habitados por pessoas que não constituíam famílias. A média de pessoas ficava em 2,5 pessoas por lar.[29]

Os lares estão crescendo em quantidade, diminuindo de tamanho e mudando de caráter. A tradicional família norte-americana – ou seja, casais com filhos com menos de 18 anos – representa menos de um terço dos lares dos Estados Unidos, ao passo que em 1960 tais famílias constituíam quase 50%. O número de novos lares duplicou tão rápido quanto a população, enquanto a quantidade de membros diminuiu. Em 1950, as famílias constituíam cerca de 90% de todos os lares; em 2006, menos de 70% são unidades familiares.[30]

Tendências de mudança na composição dos lares também são sentidas no Brasil. Segundo dados da Pnad (Pesquisa Nacional por Amostra de Domicílios) de 2009, a quantidade de lares com apenas um morador vem aumentando. Em 2004, apenas 10,4% dos lares eram formados por pessoas que moravam sozinhas. Em 2009, esse úmero subiu para 12%. Já as residências maiores, com cinco ou mais indivíduos, representavam 23,3% dos lares em 2004. Em 2009, esse número caiu para 18,3%. Percebe-se, portanto, redução consistente do tamanho dos lares brasileiros.[31] A composição mutável dos lares traz grandes implicações para os gestores de comunicação de marketing, talvez em especial para os publicitários. A propaganda tem de refletir a ampla variedade de situações de vida existentes. Isso é particularmente verdade no caso de lares com moradores solteiros. Casais solteiros e sem parentesco ou amigos morando juntos representam um grupo grande e crescente. Muitos publicitários fazem apelos especiais aos interesses de compra e necessidades dos solteiros, como nos anúncios de alimentos que atendem às necessidades de facilidade e rapidez no preparo, simplicidade de manutenção e porções pequenas. Alcançar os solteiros requer uma seleção especial dos esforços de mídia, porque eles não costumam ser grandes espectadores do horário nobre da TV, mas preferem os programas que passam mais tarde (depois das 23h); assistem muito mais TV a cabo que o resto da população e leem uma quantidade bem maior de revistas. Muitas revistas atendem aos interesses dos solteiros, e são produzidos programas de TV que representam seus estilos de vida reais ou idealizados – programas como *The Office, Lost, Gossip Girl, How I Met Your Mother, Two and a Half Man, Friends* e *Sex and the City* (essas duas últimas séries ainda são repetidas na TV, mas não são mais produzidas).

No Brasil, um recente estudo feito pela Serasa Experian em parceria com a USP e o IBGE procurou identificar novos segmentos da sociedade brasileira a partir da nova realidade econômica. O estudo avaliou vários fatores além do econômico para melhor identificar comportamentos similares. Esse trabalho é um exemplo de segmentação com base nos cruzamentos de variáveis geodemográfica, demográfica e comportamental. Abaixo o perfil de alguns segmentos identificados. No site http://www.serasaexperian.com.br/mosaic/segmentacao.html é possível encontrar todos os estratos.

---

**OS NOVOS ESTRATOS BRASILEIROS**

**Quem são os jovens da baixa renda**

O estudo identificou seis grupos dentro do estrato Jovens de Periferia. Dentre eles, as Famílias Assistidas, formadas por cidadãos amparados por programas sociais. Outros são os Jovens Trabalhadores de Baixa Renda, que trabalham em serviços que exigem pouca qualificação, compatível com a formação escolar mais fraca.

**Os brasileiros que vivem na zona rural**

Com 16,5% de participação, vivem de agricultura familiar e comércio local. No grupo, destaca-se "A pequena Alemanha no Brasil" (1,28%). "São compostos de comunidades que mantêm a língua nativa e os costumes do mercado alemão". Têm formação escolar elevada, com baixo índice de analfabetismo.

**Aposentadoria com mais conforto**

O grupo "aposentadoria tranquila" representa 15% da população brasileira. Em destaque, estão os aposentados que gostam de viajar, não possuem dependentes e têm grande potencial consumidor. Do total, 5,77% vivem afastados dos centros urbanos, preferindo o interior. Possuem baixo índice de atividade financeira.

**Brasileiros em ascensão social**

Os Aspirantes Sociais estão divididos em quatro grupos: Profissionais em Ascensão Social, Boa vida no interior, Jovens em busca de oportunidades e Consumidores Indisciplinados. Nas cidades encontram-se jovens, em sua maioria mulheres entre 26 e 40 anos, casados e com alto grau de escolaridade. No interior, comerciantes e empresários.

**Jovens de olho em futuro promissor**

No grupo de "assalariados urbanos", que representam 8,93%, estão os "jovens promissores". Habitam área de classe média de cidades desenvolvidas e investem na formação profissional. Solteiros e com idade de até 30 anos, têm predileção por planejamentos de longo prazo. Geralmente trabalham e estudam.

**Ricos, sofisticados e influentes**

Formado por empresários de sucesso e executivos formadores de opinião, representa 1,86% da população. São formados em sua maioria por um público masculino, materializam seu *status* social pelo consumo de produtos exclusivos, com os maiores rendimentos da sociedade brasileira. Têm entre 46 e 60 anos.

*Fonte*: Serasa Experian, em parceria com pesquisadores da Universidade de São Paulo (USP) e do Instituto Brasileiro de Geografia e Estatística (IBGE). Estudo sobre nova classificação, com base em 400 variáveis, dentre elas educação, comportamento de crédito, profissão e renda. Reportagem de Carolina Alves, publicada no jornal *Brasil Econômico* de 4 de fevereiro de 2010. 1º Caderno, p. 14-15.

## Desenvolvimentos da população étnica

Os Estados Unidos sempre foram um caldeirão. Ainda mais nas últimas décadas. Os maiores grupos étnicos nos estados Unidos são os hispânicos e os afro-americanos. As minorias étnicas agora representam quase uma em três pessoas nos Estados Unidos. Em reconhecimento ao papel crescente dos grupos étnicos, as seções seguintes examinam os desenvolvimentos populacionais e as implicações da comar para afro-americanos, hispânicos e ásio-americanos.

# foco c.i.m.

## Uma organização centenária e o desafio de sua comunicação Institucional junto à Geração Y

**Organização:** Instituto Presbiteriano Mackenzie (www.mackenzie.br)

**Perfil da Instituição:** Fundada há 140 anos na cidade de São Paulo, a Universidade Mackenzie possui pouco mais de 40 mil alunos. Trata-se de uma instituição de ensino completa, que oferece a seus alunos a possibilidade de estudarem desde a Educação Infantil até a Pós-Graduação. Atualmente 30 mil alunos estão distribuídos por 30 cursos de graduação, e a instituição conta também com 63 cursos de pós-graduação *Lato Sensu* e dez programas de mestrado e doutorado. Esse contingente de capital humano é atendido nas unidades de São Paulo, Tamboré, Campinas, Rio de Janeiro e Brasília. A instituição conta com o suporte de seus 3 mil funcionários.

**O contexto:** A história do Mackenzie remonta ao ano de 1870, na cidade de São Paulo, cuja vocação desenvolvimentista e o forte crescimento econômico abrigavam agora uma escola de proposta inovadora chamada "Escola Americana" onde seus fundadores, os missionários George Whitehill Chamberlain e Mary Annesley, ensinavam a liberdade religiosa, racial e política, justamente em uma época em que predominava a hegemonia da elite monarquista e o regime escravocrata.

Em 1952, com a junção de quatro faculdades – a Escola de Engenharia, a Faculdade de Arquitetura, a Faculdade de Ciências Econômicas e a Faculdade de Ciências e Letras e diversos cursos, muitos deles pioneiros no Brasil –, nascia a Universidade Mackenzie. Em outubro de 2010, o Mackenzie completou 140 anos, reconhecido como uma instituição confessional presbiteriana, que objetiva educar o ser humano, criado à imagem de Deus, para o exercício pleno da cidadania. Seu posicionamento pode ser resumido em: Mackenzie – Educação e Cidadania desde 1870.

**O desafio:** Apresentar aos jovens pré-vestibulandos a Universidade Mackenzie como uma escola de larga tradição no campo do ensino e comprometida com a inovação, constituindo-se em uma excelente opção para sua carreira profissional e formação humanística. No entanto, esse processo comunicacional tem um caráter especial, pois temos como emissor uma instituição de ensino confessional com 140 anos de existência e como receptores, jovens na faixa etária de 17 a 23 anos classificada como Geração Y, Geração Internet ou Geração do milênio; jovens multitarefa, voltados à tecnologia. Portanto, o desafio se faz presente tanto na forma como no conteúdo de uma mensagem com duas realidades: a tradição (história) e a inovação (tecnologia nos processos).

**A proposta:** A gerência de comunicação e marketing do Instituto Presbiteriano Mackenzie e a agência Chleba Marketing Interativo optaram pelo envolvimento, pelo interativo e pelo lúdico que caracteriza esse público ávido por desafios. A proposta inicial ocorreu no final de 2006, com o desenvolvimento de uma ação denominada "Mack Game". Foi disponibilizado a esse público um "quiz" via Messenger. Para tanto, os participantes se cadastravam e começavam jogar, respondendo a questões sobre pontos da história da instituição e sobre aspectos de inovação, usando como referências as várias dicas disponibilizadas no site, via links que permitiam ao internauta estudar o assunto e responder com assertividade. O critério de pontuação contemplava a resposta correta dada no menor tempo.

O brinde aos três primeiros colocados eram modelos do aparelho iPod. Para maior envolvimento e como estímulo adicional, os internautas poderiam consultar "O NERD", ou seja, uma central de dicas que poderia ajudar, ou ainda "colar" do Google, mas isso reduzia a pontuação proporcionalmente às demais respostas diretas.

Dessa forma estava montado o jogo, alinhado ao perfil dos participantes e atendendo aos objetivos da instituição que exibia sua tradição como a de uma escola de engenharia com 110 anos, ou ainda personalidades como ex-presidente Jânio Quadros e Ulisses Guimarães que atuaram como professores. Por sua vez, resgatava a ideia de inovação, mostrando toda a infraestrutura do *campus*, o núcleo de pesquisa de Astrofísica e Radioastronomia, o Laboratório de Robótica, além do laboratório de TV Digital que participava oficialmente de uma pesquisa para auxiliar na escolha do padrão de TV Digital que o país deveria adotar.

Nessa ação os participantes foram ativados por mídias essencialmente on-line, como o TAB MSN Messenger, half banners do MSN Messenger, Link Text no MSN Messenger, E-mail marketing para o mailing do Mackenzie e ainda contava com uma ação viral dentro do game, denominada "Desafie um amigo".

Ampliando essa estratégia, foi desenvolvida, no final de 2007, uma ação denominada: "Desafio Mackenzie", cuja proposta era apresentar o *campus* e reforçar as informações de histórias e de inovações. Para tanto foi desenvolvido um verdadeiro *tour* virtual, em que, por meio de fotos aéreas do *campus* o internauta poderia explorar cada canto, apenas passando o mouse e clicando nos prédios para obter informações, disponibilizadas com recursos multimídias, em que textos, imagens e áudio possibilitavam o reconhecimento dos espaços e suas respectivas informações. Todos os dias, durante quatro semanas, o internauta tinha que responder a perguntas sobre diversos assuntos ligados à instituição, cujas respostas estavam no site www.desafiomackenzie.com.br. Para maior envolvimento com essa ação, cada usuário poderia instalar em seu computador um *gadget* que, por meio de um sinal sonoro, informava a chegada de novas dicas, motivando o participante a responder rapidamente; afinal, o vencedor ganhava um intercâmbio de um mês na Irlanda.

Nessa ação os participantes foram ativados por mídia on-line nos principais portais da Internet e por meio de Blitz realizadas durante 20 dias, nos principais colégios de São Paulo, objetivando cadastrar os participantes nesta ação.

**Os resultados:** no "Mack Game", obteve-se mais de 170 mil participações completas no "quiz" em 20 dias, tendo cada usuário respondido a 10 questões. Ainda foi possível a geração de um cadastro com 90 mil e-mails e, entre os três ganhadores, dois foram de localidades onde não existem nenhum *campus* da instituição, ou seja, Curitiba e Belo Horizonte.

Na ação Desafio Mackenzie, foram computados em torno de 20 mil cadastros, o site obteve um milhão de "page views" e foram realizados 15 mil downloads do *gadget*, em que os participantes usuários recebiam dicas e informações.

*A proposta deste case é servir de referência para reflexão e discussão sobre o tema, e não para avaliar as estratégias adotadas. O case foi desenvolvido com base em informações obtidas com a gerência de comunicação e marketing – vladimir.cruz@mackenzie.br e com a agência Chleba Marketing Interativo – www.chleba.net*

Caso elaborado por Prof. Dr. Daniel Galindo, doutor em Comunicação Científica e Tecnológica pela Universidade Metodista de São Paulo, onde é professor do programa de Pós-Graduação em Comunicação Social e no programa de MBA da ESPM – SP – galindo@sti.com.br

Algumas estatísticas prepararão o terreno para as discussões seguintes. Em primeiro lugar, com base em uma projeção do último censo do U.S. Census Bureau, a população norte-americana a partir de 2010 está projetada para se distribuir da seguinte maneira:[32]

| | |
|---|---|
| Brancos; não hispânicos | 64,3% |
| Hispânicos, de qualquer etnia | 15,3% |
| Negros, não hispânicos | 12,9% |
| Asiáticos | 4,6% |
| Outros* | 2,9% |
| Total | 100% |

*Inclui indígenas norte-americanos, havaianos nativos, insulanos do Pacífico, alasquianos e pessoas de etnias misturadas.

A parcela da população dos Estados Unidos representada pelos brancos não hispânicos está projetada para diminuir de 64,3% da população total em 2010 para apenas 50% em 2050.[33] A implicação é óbvia: os profissionais e os gestores de comunicação de marketing precisam desenvolver estratégias de comar que atendam os desejos/necessidades específicos dos grupos étnicos porque a etnia desempenha um importante papel na segmentação do comportamento do consumidor.[34] A Tabela 4.6 apresenta um cenário das principais representações populacionais dos grupos étnicos nos Estados Unidos do ano 2000 a 2050. As seções seguintes fornecem mais detalhes para os três grupos étnicos principais: afro-americanos, hispânicos (latinos) e ásio-americanos. Os grupos étnicos remanescentes (por exemplo, indígenas americanos e insulanos do Pacífico) são importantes para a malha cultural dos Estados Unidos, mas representam forças econômicas relativamente limitadas devido a seu tamanho pequeno.

No Brasil, a diferenciação de comportamento por origem étnica não é tão marcante como na cultura norte-americana. Ainda assim, pode ser útil compreender as diferenças de comportamento das etnias norte-americanas como forma de auxílio na tomada de decisão de comar no Brasil e/ou internacionalmente. A Figura 4.7 apresenta a evolução da composição étnica da população brasileira, em que se pode notar uma diminuição da raça branca ao longo dos anos contra um aumento da raça parda. As próximas seções trarão, portanto, a discussão dos padrões de comportamento étnico observado em mercados norte-americanos.

### Afro-americanos

As projeções indicam que a população afro-americana não hispânica constituirá aproximadamente 40,5 milhões de indivíduos a partir de 2010, ou um pouco mais que 13% da população dos Estados Unidos (ver Tabela 4.6). Os afro-americanos são caracterizados mais por sua herança comum que pela cor da pele – uma herança com base em um início na escravidão, um histórico de discriminação, oportunidades limitadas de moradia e, historicamente, uma participação

| tabela 4.6 | Grupo étnico | 2000 | 2010 | 2020 | 2030 | 2040 | 2050 |
|---|---|---|---|---|---|---|---|
| **Representação da população dos grupos étnicos nos Estados Unidos, 2000-2050 (em milhões)** | Afro-americanos | 35,82* | 40,45 | 45,37 | 50,44 | 55,88 | 61,36 |
| | | 12,7% | 13,1% | 13,5% | 13,9% | 14,3% | 14,6% |
| | Hispânicos** | 35,62 | 47,76 | 59,76 | 73,06 | 87,59 | 102,56 |
| | | 12,6% | 15,5% | 17,8% | 20,1% | 22,3% | 24,4% |
| | Asiáticos | 10,68 | 14,24 | 17,99 | 22,58 | 27,99 | 33,43 |
| | | 3,8% | 4,6% | 5,4% | 6,2% | 7,1% | 8,0% |
| | População total (principais grupos étnicos) | 82,12 | 102,45 | 123,12 | 146,1 | 171,5 | 197,4 |
| | | 29,1% | 33,2% | 36,7% | 40,2% | 43,7% | 47,0% |
| | População total dos Estados Unidos | 282,13 | 308,94 | 335,81 | 363,58 | 391,95 | 419,85 |

*Interpretação: havia 35,82 milhões de afro-americanos nos Estados Unidos a partir de 2000, o que constituía aproximadamente 12,7% da população total.
**Inclui hispânicos de qualquer raça.

*Fonte*: U.S. Census Bureau, 2004, "U.S. Interim Projections by Age, Sex, Race, and Hispanic Origin," http://www.census.gov/ipc/www/usinterimproj. Acesso em: 01 de outubro de 2011

**figura 4.7** Evolução da população étnica no Brasil

*Fonte*: PNAD – IBGE (www.ibge.gov.br)

apenas parcial em muitos aspectos da cultura majoritária.[35] Embora essa situação tenha mudado para melhor, ainda existem diferenças distintas entre a cultura branca majoritária e os negros, diferenças que são manifestas no mercado.

Quatro razões explicam por que os afro-americanos são consumidores atraentes para muitas empresas: (1) a idade média dos negros norte-americanos é consideravelmente mais baixa que a dos brancos, (2) os afro-americanos estão geograficamente concentrados, com aproximadamente três quartos da população negra vivendo em apenas 16 estados (Califórnia, Texas, Illinois, Louisiana, Alabama, Geórgia, Flórida, Carolina do Sul, Carolina do Norte, Maryland, Michigan, Ohio, Pensilvânia, Virgínia, Nova York e Nova Jersey), (3) os afro-americanos tendem a comprar produtos de prestígio e de nome em proporções maiores que os brancos, e (4) o poder de gasto total dos afro-americanos é considerável, totalizando quase 800 bilhões de dólares em um ano recente.[36]

Apesar desses números impressionantes, muitas empresas não fazem nenhum esforço especial para se comunicar com os afro-americanos. Isso não é uma atitude sábia, porque as pesquisas indicam que os negros respondem bem à propaganda colocada na mídia voltada a eles e a anúncios que fazem apelos personalizados usando modelos afro-americanas e contextos com os quais os negros se identificam. As empresas grandes estão cada vez mais desenvolvendo programas de comar para se comunicar com os consumidores negros. Entre as corporações norte-americanas que fazem o melhor trabalho de comunicação com esse segmento de consumidores estão Altria Group, Ford Motor, General Motors, Procter & Gamble e Walmart.[37]

Embora um número cada vez maior de empresas perceba a importância de dirigir esforços especiais de comar aos afro-americanos, é importante enfatizar que os consumidores negros não formam um mercado único, assim como o mercado dos consumidores brancos. Os afro-americanos exibem diversos comportamentos de compra de acordo com seus estilos de vida, valores e fatores demográficos. Portanto, as empresas devem usar diferentes mídias publicitárias, canais de distribuição, temas publicitários e estratégia de preços quando desejam alcançar os vários subsegmentos da população afro-americana.

Em um estudo desenvolvido no Brasil por Soares, em 2002, o pesquisador buscou compreender o universo de consumo de indivíduos negros, bem-sucedidos, pertencentes à classe média alta. Dentre seus achados, Soares identificou que, na visão desse público, o consumidor negro ainda é muito pouco focado no Brasil (assim como nos Estados Unidos). Os esforços de comunicação, mídia ou produtos desenvolvidos e direcionados a eles ainda são praticamente inexistentes.[38]

### Hispano-americanos (latinos)

A população latina dos Estados Unidos[39] cresceu de apenas 4 milhões em 1950 a uma população projetada de quase 48 milhões em 2010, e agora é a maior minoria norte-americana, com uma pequena margem acima dos afro-americanos na parcela da população total dos Estados Unidos.[40] Os latinos nos Estados Unidos representarão cerca de um quarto da população total em 2050 (ver Tabela 4.6) e logo constituirão uma população de quase 40 milhões de residentes – um número maior que a população total do Canadá! A maior porcentagem dos latinos é composta de mexicanos-americanos – cerca de 70% –, mas uma grande quantidade de porto-riquenhos americanos, latino-americanos das Américas do Sul e Central e "cubanos americanos" também residem nos Estados Unidos.

Os hispano-americanos historicamente se concentram em poucos estados, como a Califórnia, Texas, Nova York, Flórida, Illinois, Arizona e Nova Jersey. Todavia, os latinos estão se mudando cada vez mais e começaram a sair dos poucos estados nos quais se concentraram originalmente. A Tabela 4.7 fornece informações pertinentes aos 10 principais mercados hispânicos nos Estados Unidos. Essa tabela mostra que os latinos representam a maioria, ou quase, da população total em várias grandes cidades dos Estados Unidos. Em Los Angeles, por exemplo, há mais de 8 milhões de latinos, representando 47% da população da cidade.

No passado, as comunicações de marketing davam atenção insuficiente aos hispano-americanos, mas essa atenção aumentou substancialmente desde que o Census Bureau anunciou um aumento de 58% no número de hispano-americanos entre 1990 e 2000. Mesmo assim as empresas anunciam para os latinos muito menos que justificaria o tamanho da parcela de mercado que eles representam. Pesquisas mostraram que a frequência com que os hispânicos aparecem em comerciais de TV é consideravelmente menor que a proporção desse segmento na população.[41] Muitas empresas estão cada vez mais dedicando uma parte maior de seus orçamentos à mídia que alcança os consumidores latinos, mas parece que os profissionais de marketing em grande parte estão gastando menos que deveriam em esforços voltados para esse segmento grande e crescente da população dos Estados Unidos.[42]

Os gestores de comunicação de marketing precisam estar mais conscientes de vários pontos importantes quando tentam alcançar os consumidores latinos: como uma grande porcentagem de hispânicos usa principalmente a mídia em língua espanhola, é importante direcionar mensagem a alguns (mas não a todos) os latinos que usam essa mídia. Um ponto chave no desenvolvimento de uma propaganda eficaz para os hispânicos é anunciar a eles em sua língua predominante.[43] Como aproximadamente metade dos hispano-americanos fala apenas ou predominantemente espanhol em casa, atingir esses consumidores requer o uso dessa língua. No entanto, para os hispânicos com a língua inglesa é dominante, como acontece com muitos jovens latinos, é óbvio que faz mais sentido usar o inglês na propaganda que reflete seus valores e sua cultura.

É vital reconhecer que os latinos não representam um mercado único, unificado. Existem fortes diferenças intraétnicas entre cubanos, mexicanos e porto-riquenhos que necessitam de apelos específicos para cada grupo latino. Além

**tabela 4.7** — Os 10 maiores mercados hispânicos (estimativa a partir de 2006)

| Mercado | Estado | Porcentagem hispânica da população total de mercado |
|---|---|---|
| Chicago | Ilinois | 19,5 |
| Dallas-Fort Worth | Texas | 24,5 |
| Houston | Texas | 33,6 |
| Los Angeles | Califórnia | 46,7 |
| McAllen | Texas | 94,0 |
| Miami* | Flórida | 48,6 |
| Nova York | Nova York | 20,7 |
| Phoenix-Prescott | Arizona | 26,6 |
| San Antonio | Califórnia | 53,8 |
| São Francisco | Califórnia | 23,7 |

*FL ¼ Fort Lauderdale

Fonte: "Hispanic Fact Pack, 2007 Edition", Advertising Age's Annual Guide to Hispanic Marketing and Media (New York: Crain Communications Inc., 23 de julho de 2007), 46.

disso, como acontece com todos os grupos gerais, existem grandes diferenças dentro de cada um deles em termos da capacidade de falar inglês, tempo de residência nos Estados Unidos (e, portanto, grau de aculturação), nível de renda etc. É errado falar de um mercado hispânico, um mercado mexicano ou de qualquer outro grupo bruto de pessoas que compartilham suas descendências como o único fator de definição.

Algumas empresas de destaque – Coca-Cola, Pepsi, Procter & Gamble, Sears, McDonald's, Dunkin' Donuts, Best Buy, Toyota, Anheuser-Bush, para citar apenas algumas – agora investem em propaganda voltada para os hispânicos ou em patrocínios de eventos que alcançam esse público-alvo em suas comunidades locais. Patrocinar os eventos do Cinco de Mayo (trata-se de uma data histórica e celebrada pelos mexicanos), por exemplo, está começando a assumir a mesma proporção de colocar um comercial nas celebrações do Dia de St. Patrick.

## Ásio-americanos

Os asiáticos nos Estados Unidos representam muitas nacionalidades: indianos asiáticos, chineses, filipinos, japoneses, coreanos, vietnamitas e outros. Os ásio-americanos foram anunciados como o mais novo mercado étnico "da moda". Os fatores demográficos sustentam essa visão otimista. Em 2010 haverá cerca de 14 milhões de asiáticos vivendo nos Estados Unidos; esse número aumentará para mais de 33 milhões em 2050 (ver Tabela 4.6). Os maiores grupos asiáticos nos Estados Unidos são os chineses e os indianos, ambos com populações de cerca de 2,5 milhões. Os ásio-americanos em média têm um nível educacional mais alto, rendas mais altas e ocupam posições profissionais de mais prestígio que qualquer outro segmento da sociedade norte-americana.

É importante enfatizar que assim como não existe um mercado específico afro-americano ou hispânico, com certeza não existe um mercado unicamente ásio-americano. Além do mais, diferente de outros grupos étnicos, como os hispânicos, que compartilham uma língua comum, os ásio-americanos falam línguas variadas. Entre as nacionalidades asiáticas existem diferenças consideráveis nas escolhas de produtos e preferências por marcas. Mesmo dentro de cada nacionalidade há variações em termos de domínio da língua inglesa e situação financeira. Muitos ásio-americanos não falam inglês fluentemente, e alguns vivem em lares onde nenhum adulto fala inglês.

Algumas empresas foram bem-sucedidas ao se dirigir a grupos asiáticos específicos, customizando programas de marketing aos seus valores e estilos de vida em vez de apenas traduzir programas americanos. A principal corrente de profissionais de marketing tem disponíveis várias opções de mídia para chegar aos ásio-americanos: estações de rádio que transmitem em línguas asiáticas estão agora alcançando áreas onde moram grandes concentrações de asiáticos; e o marketing direto por meio de mala direta é um importante meio para micromarketing de grupos específicos de ásio-americanos. A Internet também é um meio valioso para alcançar os ásio-americanos, considerando que esse grupo representa uma quantidade desproporcionalmente alta de usuários on-line em comparação a outros grupos de norte-americanos, incluindo a população branca majoritária.

# Resumo

Este capítulo enfatizou a importância de direcionar as mensagens de comar. Determinar como os esforços da comar devem ser dirigidos a grupos específicos de consumidores – com base em considerações comportamentais, psicográficas, demográficas ou geodemográficas – é a decisão inicial e mais fundamental entre todas as decisões de comar. Todas as decisões subsequentes (posicionamento, definição de objetivos, e determinação do orçamento) estão indissoluvelmente entrelaçadas com essa decisão inicial de segmentação. Portanto, ela é de importância vital.

Talvez, a variável segmentadora mais capaz de predizer a resposta e o comportamento futuro de um cliente seja seu comportamento de compras passado na categoria de produto em questão. Munido de informações referentes ao comportamento dos consumidores no passado, é possível projetar com uma precisão considerável como eles se comportarão no futuro. Assim, os programas de comar podem ser direcionados àqueles consumidores cujos perfis comportamentais indicam que eles são os principais candidatos a receber e reagir a anúncios e outras mensagens. Além disso, a segmentação comportamental pode ser utilizada também na Internet. O conhecimento do comportamento de busca on-line por parte dos consumidores capacita a segmentação de anúncios para marcas que coincidem com as características dos consumidores que acessam esses sites.

Os gestores de comunicação de marketing também miram nos consumidores usando o conhecimento que têm de suas atividades, interesses e opiniões (ou, coletivamente, seus estilos de vida), para entender melhor o que as pessoas querem e como elas provavelmente reagirão à propaganda, mala direta e outras formas de comunicações de marketing. Estudos customizados são realizados para identificar segmentos psicográficos diretamente aplicáveis à categoria de produto e à marca em questão, mas sistemas de pesquisas como o VALS da SRI também fornecem informações úteis para a tomada de importantes decisões de comar. O sistema VALS classifica as pessoas em um dos oito grupos, com base em uma combinação de sua auto-orientação e recursos.

Outra base para segmentar os consumidores é a geodemográfica. Essas formas de segmentação basicamente identificam agrupamentos de consumidores que vivem em vizinhanças onde os moradores compartilham características demográficas similares e estilos de vida relacionados. O ClusterPlus, da Donnelly, e o PRIZMNE, da Claritas, são dois conhecidos e respeitados sistemas americanos de agrupamentos que identificam grupos significativos de unidades geográficas, como áreas de CEP comum. A seção sobre segmentação geodemográfica abordou o PRIZMNE e indicou que esse sistema de agrupamento delineia a população dos Estados Unidos em 66 grupos rotulados com nomes pitorescos, como *Bohemian Mix*, *Country Casuals*, *Suburban Pioneers* e *City Roots*. As informações geodemográficas são especialmente úteis quando os profissionais tomam decisões sobre marketing direto, selecionam pontos de venda ou colocam anúncios em mercados selecionados.

A seção final do capítulo reviu três principais desenvolvimentos demográficos: (1) a estrutura etária da população, (2) os lares mutáveis e (3) etnia. Alguns dos principais desenvolvimentos demográficos discutidos incluem (1) o progressivo envelhecimento da população e (2) o aumento na porcentagem de adultos solteiros.

# Questões para discussão

1. A maioria dos leitores deste texto está inserida na Geração X ou Y. Só porque você compartilha esse ponto em comum com todos os membros da Geração X ou Y, isso representa uma base suficiente sobre a qual o profissional da comar pode direcionar seus esforços de propaganda?
2. Identifique anúncios de revistas que refletem apelos a pelo menos três dos grupos VALS. Descreva detalhadamente a vizinhança na qual você cresceu. Crie um rótulo (semelhante aos nomes dos agrupamentos PRIZMNE) que capte a essência de sua vizinhança.
3. Os demógrafos nos dizem que os lares estão diminuindo em número de pessoas. Que informações específicas essa mudança representa para empresas que fabricam e anunciam produtos como eletrodomésticos, eletrônicos e automóveis?
4. Baseado em sua experiência pessoal e usando o sistema VALS, como você categorizaria a maioria dos adultos com os quais você e sua família se relacionam?
5. Quais são suas opiniões sobre direcionar produtos a crianças com idades entre 4 e 12 anos? Além de suas opiniões pessoais, discuta a questão da comunicação segmentada direcionada a crianças, a partir de duas perspectivas adicionais: primeiro, a de um gerente de marca que é responsável pela lucratividade de um produto voltado para crianças; e segundo, do ponto de vista de um especialista em ética. Imagine o que cada uma dessas pessoas diria a respeito da prática de direcionar comunicação a crianças.
6. A qual segmento do VALS você pertence? (Acesse http://www.sric-bi.com/VALS/presurvey.shtml.)
7. Quando discutimos o mercado maduro, observamos que a propaganda direcionada a esse grupo deve retratá-lo como vital, ocupado, com olhos para o futuro, atraente e romântico. Entreviste vários consumidores maduros e una suas visões sobre como eles percebem a propaganda direcionada a eles e a seus colegas. Os resultados de sua entrevista junto com os de seus colegas devem levar a uma interessante discussão em aula.
8. Se você fosse conduzir um estudo psicográfico para uma nova cadeia de lojas de café, que planeja competir com a Starbucks, que características de estilo de vida (por exemplo, interesses das pessoas, seus valores e atividades das quais participam) você consideraria como indicadoras do possível interesse das pessoas por suas novas lojas?
9. Em que sentido a segmentação on-line com base em fatores comportamentais é uma potencial invasão de privacidade?
10. Explique as razões do inexorável envelhecimento da população e discuta algumas implicações que isso terá sobre o marketing e as comunicações de marketing em um futuro próximo.
11. Em suas próprias palavras, explique como funciona a segmentação on-line com base em fatores comportamentais.
12. Em que sentido a informação sobre os fatores comportamentais a respeito dos consumidores é mais capaz de predizer seu comportamento de compra futuro do que, digamos, a informação demográfica?

# Notas

1. Kris Oser, "Targeting Web Behavior Pays, American Airlines Study Finds", *Advertising Age*, 17 de maio de 2004, 8.
2. Emily Steel, "How Marketers Hone Their Aim Online", *The Wall Street Journal Online*, 19 de junho de 2007, http://online.wsj.com (acesso em: 19 de junho de 2007).
3. Seth Godin, Marketing de Permissão. Rio de Janeiro: Campus, 2000.
4. Carol M. Morgan e Doran J. Levy, "Targeting to Psychographic Segments", *Brandweek*, 7 de outubro de 2002, 18-9.
5. James W. Peltier, John A. Schibrowsky, Don E. Schultz e John Davis, "Interactive Psychographics: Cross-Selling in the Banking Industry, *Journal of Advertising Research* 42 (março/abril de 2002).
6. Essas descrições são de http://www.sric-bi.com/VALS/types.shtml.
7. Michael J. Weiss, *The Clustered World: How We Live, What We Buy, and What It All Means About Who We Are* (Boston: Little, Brown and Company, 2000).
8. As descrições e os dados são baseados em documentação fornecida pela Claritas, Inc., em material enviado ao autor por Susan Fuller, executiva de contas, datado de 16 de junho de 2004.
9. Sylvia de Sá. "O que é e como se faz Geomarketing." *Mundo do Marketing*. Rio de Janeiro, dezembro de 2009, http://www.mundodomarketing.com.br (acesso em: 10 de dezembro de 2009).
10. "A Country-by-Country Look at Ancestry", *USA Today*, 1 de julho de 2004, 7A.
11. "Projeção da população residente, segundo o sexo e grupos de idade – 1991/2020" Instituto Brasileiro de Geografia e Estatísti-

ca, IBGE, 2000, http://www.ibge.gov.br/seculoxx/arquivos_xls/palavra_chave/populacao/grupos_de_idade.shtm (acesso em: 4 de outubro de 2010).
12. Emily Bryson York, "The Hottest Thing in Kids Marketing? Imitating Webkinz", *Advertising Age*, 8 de outubro de 2007, 38.
13. Deborah Roedder John, "Consumer Socialization of Children: A Restrospective Look at Twenty-Five Years of Research", *Journal of Consumer Research* 26 (dezembro de 1999), 183-213; Elizabeth S. Moore e Richard J. Lutz, "Children, Advertising, and Product Experiences: A Multimethod Inquiry," *Journal of Consumer Research* 27 (junho de 2000), 31-48.
14. Prêmio Marketing Best – 2007 – CDROM
15. Marvin E. Goldberg, Gerald J. Gorn, Laura A. Perachio, e Gary Bamossy, "Understanding Materialism among Youth", *Journal of Consumer Psychology*, 13, n. 3 (2003), 278-88.
16. Para um estudo acadêmico sobre o assunto, ver Sharon E. Beatty e Salil Talpade, "Adolescent Influence in Family Decision Making: A Replication with Extension", *Journal of Consumer Research* 21 (setembro de 1994), 332-41; e Kay M. Palan e Robert E. Wilkes, "Adolescent-Parent Interaction in Family Decision Making", *Journal of Consumer Research* 24 (setembro de 1997), 159-69.
17. Becky Ebankamp, "Youth Shall Be Served", *Brandweek*, 24 de junho de 2002, 21.
18. Beth Snyder Bulik, "Forget the Parents: HP Plans to Target Teenagers Instead", *Advertising Age*, 30 de julho de 2007, 8.
19. Portal Exame, http://portalexame.abril.com.br/exametv/negocios/twitter-orkut-sao-coisa-seria-skol-5e4465ca02637fb3f32d1f8812c39c01.shtml.
20. William Strauss e Neil Howe, *Generations: The History of America's Future, 1584-2069* (Nova York: William Morrow and Company, Inc., 1991). Para uma abordagem menos técnica escrita por uma profissional de propaganda, ver Karen Ritchie, *Marketing to Generation X* (Nova York: Lexington Books, 1995).
21. Yankelovich Partners, citado em "Don't Mislabel Gen X", *Brandweek*, 15 de maio de 1995, 32, 34.
22. Michelle Higgins, "Cushier Convertibles for Aging Boomers", *The Wall Street Journal Online*, 1 de setembro de 2004, http://online.wsj.com (acesso em: 1 de setembro de 2004).
23. Margaret G. Zackowitz, "Harley's Midlife Crisis", *National Geographic*, agosto de 2003.
24. Para uma discussão interessante sobre idade subjetiva (*versus* cronológica) e seu papel na influência sobre o comportamento de consumo, ver George P. Moschis e Anil Mathur, "Older Consumer Responses to Marketing Stimuli: The Power of Subjective Age", *Journal of Advertising Research* 46 (setembro de 2006), 339-46.
25. A expressão "epicentro da sociedade" é atribuída a Fred Elkind, um executivo da agência de propaganda Ogilvy & Mather, e citado em Christy Fisher, "Boomers Scatter in Middle Age", *Advertising Age*, 11 de janeiro de 1993, 23.
26. Hannah Karp, "Red Bull Aims at an Older Crowd", *The Wall Street Journal Online*, 7 de junho de 2004, http://online.wsj.com (acesso em: 7 de junho de 2004).
27. A expressão "kit de produtos reparadores" é de Charles D. Schewe, "Marketing to Our Aging Population: Responding to Psychological Changes", *The Journal of Consumer Marketing* 5 (verão de 1988), 61-73.
28. A pesquisa foi realizada por George P. Moschis e está relatada em "Survey: Age Is Not Good Indicator of Consumer Need", *Marketing Communications*, 21 de novembro de 1988, 6. Ver também George P. Moschis e Anil Marthur, "How They're Acting Their Age", *Marketing Management* 2, n. 2 (1993), 40-50.
29. Todas as estatísticas no parágrafo são do U.S. Census Bureau, Current Population Survey, Table HH-1, Households by Type: 1940 to Present. Data de lançamento na Internet: 27 de março de 2007 (acesso em: 8 de novembro de 2007).
30. http://www.census.gov/population/www/socdemo/hh-fam.html#ht. Table FM-1, Families by Presence of Own Children, Under 18: 1950 to Present (acesso em: 8 de novembro de 2007).
31. Pesquisa nacional por amostra de domicílios, 2009, http://www.ibge.gov.br/home/estatistica/populacao/trabalhoerendimento/pnad2009/default.shtm.
32. U.S. Census Bureau, 2004, "U.S. Interim Projections by Age, Sex, Race, and Hispanic Origin", http://www.census.gov/ipc/www/usinterimproj (acesso em: 8 de novembro de 2007).
33. Ibid.
34. Ver Douglas M. Stayman e Rohit Deshpande, "Situational Ethnicity and Consumer Behavior", *Journal of Consumer Research* 16 (dezembro de 1989), 361-71; e Cynthia Webster, "Effects of Hispanic Ethnic Identification on Marital Roles in Purchase Decision Process", *Journal of Consumer Research* 16 (setembro de 1994), 319-31.
35. Essa caracterização é baseada em James F. Engel, Roger D. Blackwell, e Paul W. Miniard, *Consumer Behavior*, 8ª ed. (Forth Worth: The Dryden Press, 1995), 647.
36. Deborah L. Vence, "Mix It Up", *Marketing News*. 15 de outubro de 2006, 19.
37. Lisa Sanders, "How to Target Blacks? First, You Gotta Spend", *Advertising Age*, 3 de julho de 2006, 19.
38. J. Soares, *A singularidade invisível*. Dissertação de Mestrado. Rio de Janeiro: Coppead/UFRJ, 2002.
39. Hispânico é um termo inventado pelo governo que abrange descendentes de espanhóis ou latino-americanos ou com *background* de língua espanhola. Muitos descendentes de latino-americanos preferem ser referidos como Latinos.
40. U.S. Census Bureau, 2004, "U.S. Interim Projections by Age, Sex, Race, and Hispanic Origin".
41. "Hispanic Characters Remain Scarce on Prime-Time TV", *The Wall Street Journal Online*, 24 de junho de 2003, http://online.wsj.com (acesso em: 24 de junho de 2003).
42. Dana James, "Many Companies Underspend in Segment", *Marketing News*, 13 de outubro de 2003, 6.
43. Sigfredo A. Hernandez e Larry M. Newman, "Choice of English vs. Spanish Language in Advertising to Hispanics", *Journal of Current Issues and Research in Advertising* 14 (outono de 1992), 35-46.

# 5 Posicionamento

Quando o nome McDonald's vem à mente, você, como muitas pessoas, pensa nos arcos dourados, Ronald McDonald, batatas fritas, Bic Macs, funcionários com atitudes positivas etc. Do mesmo modo, quando falamos da rede Starbucks, você provavelmente pensa em café com gosto forte e bebidas especiais caras, como os expressos, *cappuccinos* e *mochas*. Mas qual seria sua visão do McDonald's se a rede vendesse bebidas especiais feitas à base de café (expressos, *cappuccinos* etc.) e como você consideraria a Starbucks se oferecesse sanduíches e outros itens de café da manhã que não fossem sobremesas?

Bem, a Starbucks de fato experimentou em algumas lojas oferecer itens não tradicionais de café da manhã, produtos alimentícios tipicamente mais associados a redes de *fast-food* que a cafés. Talvez um fato ainda mais interessante seja o McDonald's oferecer bebidas à base de café. A rede acrescentou essas bebidas especiais em várias lojas nos Estados Unidos e no Brasil e intenciona expandir as bebidas especiais para mais lojas. Como o serviço rápido é uma exigência para o sucesso do McDonald's (em comparação com a atmosfera mais tranquila da Starbucks), a rede utilizará máquinas rápidas, de apenas um botão, para fazer as bebidas especiais com rapidez. O preço dessas bebidas será um pouco mais barato que na Starbucks.

Podemos nos perguntar: por que o McDonald's está seguindo nessa direção?

É desnecessário dizer que a Starbucks foi muito bem-sucedida como pioneira da distribuição em massa de bebidas especiais à base de café nos Estados Unidos e em outros países, incluindo o Brasil, e agora está madura o suficiente para despender esforços competitivos para tomar parcelas de mercado. Estima-se que 20% dos norte-americanos diariamente bebem algum tipo de bebida à base de café, e espera-se que o mercado cresça a um índice anual de 4% nos próximos anos. Além disso, as margens de lucro para essas bebidas especiais são muito atraentes em comparação à maioria dos itens existentes no menu do McDonald's. São grandes os incentivos para que o McDonald's siga nessa direção. O presidente da rede nos Estados Unidos afirma que o objetivo é transformar sua empresa em ponto de referência para bebidas, e que a conveniência, a rapidez do serviço e o valor do McDonald's farão da rede um competidor formidável no segmento de bebidas especiais.

Contudo, existe um grande problema para a entrada do McDonald's nesse novo ramo de negócios: muitos donos de franquia se opõem com veemência à iniciativa por causa do investimento estimado de US$ 100 mil necessários pra cobrir as renovações e o custo do novo equipamento. Os franqueados acreditam que há pouco interesse dos consumidores em comprar as bebidas especiais feitas de café no McDonald's e que levará anos para recuperar o investimento. Por sua vez, os executivos da empresa estimam que a oferta desses produtos aumentará a renda anual de cada loja em aproximadamente US$ 125 mil.

**Fontes**: Janet Adamy, "McDonald's Is Poised for Lattes", 1 de março de 2007, *The Wall Street Journal Online* (acesso em: 21 de novembro de 2007); Ashley M. Heher, "Big Mac, Fries and a Latte?", 19 de novembro de 2007, *ABC News Online*. (Acesso em: 21 de novembro de 2007).

## Objetivos do capítulo

*Após ler este capítulo, você será capaz de:*

1 Entender o conceito e a prática do posicionamento da marca.

2 Explicar que o posicionamento envolve a criação do significado e que o significado é um processo construtivo que envolve o uso de sinais e símbolos.

3 Dar detalhes sobre o modo como os profissionais de marketing posicionam as marcas, criando significado a partir do mundo culturalmente constituído.

4 Descrever como as marcas são posicionadas em termos dos vários tipos de benefícios e atributos.

5 Explicar duas perspectivas que caracterizam o modo como os consumidores processam a informação e descrever a relevância de cada perspectiva para o posicionamento da marca.

>>Dica de comar:
"McBucks: não é o McDonald's que você conhece"

# Introdução

Este capítulo aborda o posicionamento da marca. O **posicionamento** de uma marca é a característica, o benefício ou a imagem-chave do que ela representa para a mente coletiva do público-alvo. Os comunicadores da marca e a equipe de marketing devem identificar uma *declaração de posicionamento*, que é a ideia central que envolve o significado da marca e sua distinção comparando-se aos concorrentes. Deve ser óbvio que as decisões de posicionamento e segmentação – tema do Capítulo 4 – andam lado a lado: as decisões de posicionamento são tomadas com respeito aos segmentos pretendidos, e as decisões de segmentação são baseadas em uma ideia clara da maneira como as marcas são posicionadas e distintas das ofertas concorrentes.

Voltando à vinheta *Dica de comar* do início do capítulo, as duas marcas apresentadas – McDonald's e Starbucks – historicamente têm francas posições de marca. O McDonald's é conhecido por seu menu limitado de itens baseados no valor e sua atmosfera voltada para famílias, em que as crianças e seus pais podem desfrutar de refeições em lojas relativamente parecidas, adornadas com arcos dourados e imagens do Ronald McDonald. A Starbucks, em comparação, direciona-se a um público-alvo com renda mais alta, consistindo principalmente em executivos, profissionais e estudantes, mas também tem um posicionamento claro como uma rede de bebidas especiais de alta qualidade, feitas à base de café, e um lugar onde os consumidores podem tomar café prazerosamente enquanto conversam com os amigos, acessam a Internet ou leem um livro, uma revista ou um jornal. Tanto o McDonald's quanto a Starbucks estão posicionados apropriadamente para seus respectivos públicos-alvo.

# Conceito de posicionamento: criar significado

A ideia de *significado* é fundamental ao conceito e à pratica do posicionamento. Esta seção discute a natureza do significado, usando uma perspectiva conhecida como semiótica. A **semiótica**, falando de modo geral, é o estudo dos sinais e da análise dos eventos de produção de significado.[1] Um importante ponto a ser enfatizado é que a perspectiva semiótica vê o significado como um *processo construtivo*. Ou seja, o significado é determinado pela escolha da fonte da mensagem dos elementos de comunicação e, igualmente importante, pelo *background* sociocultural e mentalidade do receptor no momento em que ele é exposto à mensagem. Em outras palavras, o significado não é imposto aos consumidores; pelo contrário, os consumidores são ativamente envolvidos da construção do significado a partir das mensagens de comar; significado esse que pode ou não ser equivalente àquilo que o comunicador pretendia transmitir. A meta da comar é, claro, fazer todo o possível para aumentar as chances de que os consumidores interpretem as mensagens exatamente como elas são pretendidas.

O conceito fundamental em semiótica é o *sinal*, o substantivo correspondente do verbo *significar*. (Cantores cantam, corredores correm, dançarinos dançam e sinais significam!) As comunicações de marketing em todas as suas várias formas usam sinais na criação das mensagens. Ao ler a palavra *sinal*, você provavelmente pensa em como ela é usada todos os dias – como os sinais de rua (pare, perigo ou sinais de direção), sinais em lojas, sinais anunciando um carro ou casa à venda e sinais de conceitos menos tangíveis, como felicidade (o rosto sorridente). O conceito geral de sinal envolve essas noções diárias, mas inclui outros tipos de sinais, como palavras, visualizações, objetos táteis e qualquer outra coisa que seja perceptível aos sentidos e tenha o potencial de comunicar algum significado ao receptor, que, em termos semióticos, é também referido como um intérprete.

Formalmente, um **sinal** é algo físico e perceptível que significa alguma coisa (a referência) a alguém (o intérprete), em certo *contexto*.[2] O símbolo do real (R$), por exemplo, é entendido por muitas pessoas em todo o mundo como a moeda corrente no Brasil. O sinal do polegar para cima (Figura 5.1) significa uma reação positiva, ou elogio, a uma ação ou evento. Por exemplo, os críticos de filmes às vezes indicam que gostaram de um filme novo mostrando um sinal de polegar para cima. Os pais mostram o polegar voltado para cima quando seus filhos têm um bom desempenho em eventos artísticos ou atléticos. Curiosamente, no Oriente Médio, o polegar para cima tem um significado completamente diferente que no Ocidente – lá, esse gesto representa uma expressão ofensiva não muito diferente que o dedo do meio esticado aqui. Essa diferença no uso dos sinais antecede a discussão a seguir, o que explica que o significado está contido na pessoa que interpreta e não no sinal em si; em outras palavras, o significado é ao mesmo tempo idiossincrático e dependente do conceito – o significado é *construído*!

**figura 5.1**
O sinal do polegar para cima

## O significado do Significado

Embora usemos sinais para compartilhar significados com as outras pessoas, os dois termos (*sinais* e *significado*) não são sinônimos.[3] Os sinais são simplesmente estímulos usados para evocar um significado desejado em outra pessoa. Mas palavras e sinais não verbais não têm um significado em si; pelo contrário, *as pessoas dão significados para os sinais*. Os significados são respostas internas das pessoas aos estímulos externos. Muitas vezes as pessoas dão diferentes significados às mesmas palavras ou gestos, como já aconteceu com todos nós quando, digamos, tentamos explicar alguma coisa a alguém com background ou cultura diferentes. A partir desses pontos, concluímos que os significados *não* estão contidos em uma mensagem de comar em si, mas são percebidos pelo receptor da mensagem. Assim, o desafio em posicionar uma marca é garantir que os consumidores interpretem os sinais da forma pretendida pelos gestores de comunicação de marketing.

O resultado desejado tem mais chance de ser alcançado quando os sinais são comuns aos campos de experiência do emissor e do receptor. Um campo de experiência, também chamado *campo perceptível*, é a soma total das experiências de uma pessoa que são guardadas na memória. Quanto maior for a sobreposição, ou ponto em comum, nos campos perceptivos, maior a probabilidade de os sinais serem interpretados pelo receptor/intérprete da maneira desejada pelo emissor. A eficácia da comunicação é severamente comprometida quando, por exemplo, os gestores de comunicação de marketing usam palavras, visualizações ou outros sinais que os consumidores não entendem. Isso é especialmente problemático no desenvolvimento de programas de comunicação para consumidores em outras culturas.

Até o momento nos referimos ao significado em abstrato. Agora uma definição se faz necessária. O **significado** pode ser entendido como os *pensamentos e sentimentos* evocados em uma pessoa quando diante de um sinal em determinado *contexto*.[4] É importante ficar claro que o significado é interno, e não externo, para um indivíduo. O significado, em outras palavras, é subjetivo e muito dependente do contexto. Mais uma vez devemos lembrar que o significado não nos é imposto, mas construído pelo intérprete dos sinais, como os consumidores que diariamente são expostos a centenas de anúncios e outras mensagens de comar.

## Transferência de significado: da cultura ao objeto ao consumidor

Os sistemas culturais e sociais nos quais as comunicações de marketing ocorrem são repletos de significado. Por meio da socialização, as pessoas aprendem valores culturais, formam crenças e se tornam familiarizadas com as manifestações físicas, ou artefatos, desses valores e crenças. Os artefatos da cultura são repletos de significado, que é transferido de geração para geração. Por exemplo, o Lincoln Memorial e a Ellis Island são sinais de liberdade para os norte-americanos, assim como o Monumento do Ipiranga é para os brasileiros. Para os alemães e muitas outras pessoas em todo o mundo, o hoje derrubado Muro de Berlim significava opressão e desesperança. Assim como no Brasil uma mão em figa representa sinal de sorte. Em comparação, fitas amarelas significam crises e esperança pela libertação de reféns e o retorno seguro de militares. Fitas cor-de-rosa sinalizam apoio às vítimas de câncer da mama. Fitas vermelhas se tornaram um símbolo internacional de solidariedade para as vítimas da Aids. A bandeira com arco-íris é um símbolo dos gays. A bandeira da Libertação Negra, com listras vermelhas, pretas e verdes – representando sangue, conquista e a fertilidade da África – simboliza os direitos civis.

Os gestores de comunicação de marketing, quando no processo de posicionar suas marcas, extraem o significado do *mundo culturalmente constituído* (ou seja, o mundo diário cheio de significados, como vimos nos exemplos anteriores) e intencionam transferir esse significado a suas marcas. Contudo, é bom ressaltar que nem sempre os gestores são bem-sucedidos nesse processo. Às vezes, o mercado cria um significado diferente do pretendido. A propaganda é um instrumento especialmente importante da transferência do significado e posicionamento. O papel da propaganda em transferir o significado foi descrito da seguinte maneira:

> *A propaganda opera como um método potencial de transferência de significado unindo o bem de consumo e a representação do mundo culturalmente constituído em uma estrutura de determinado anúncio... As propriedades conhecidas do mundo culturalmente constituído passam então a residir nas propriedades desconhecidas dos bens de consumo, e a transferência de significado do mundo para o bem [de consumo] é realizada.*[5]

Ao ser exposto a uma propaganda (ou qualquer outra forma de mensagem de comar), o consumidor não apenas retira informações da propaganda, mas está ativamente envolvido em atribuir significado à marca anunciada.[6] Dito de outra maneira, os consumidores abordam as propagandas como textos a serem interpretados.[7] (Note que o termo *texto* refere-se a qualquer forma de palavras faladas ou escritas e imagens, o que claramente inclui as propagandas.) Para demonstrar os pontos precedentes, leve em consideração os seguintes exemplos de propaganda.

Em primeiro lugar, um anúncio para o Honda Accord que foi criado há alguns anos quando os consumidores norte-americanos não confiavam nos automóveis japoneses, e talvez até considerassem antiamericano comprar um modelo que não fosse norte-americano. Logo depois que a Honda Motor Company começou a produzir automóveis nos Estados Unidos, ela lançou uma campanha de propaganda, utilizando mídia impressa, para transmitir a mensagem de que quatro entre cinco Accords vendidos nos Estados Unidos são fabricados no país. Além de declarar esse fato, o anúncio de duas páginas apresentava fotos grandes de cinco ícones da cultura norte-americana: um hambúrguer, botas de *cowboy*, uma bicicleta tamanho extragrande (não como as elegantes bicicletas de corrida asiáticas ou europeias), um taco de beisebol e um conjunto de *jazz*. Ao se associar a esses símbolos bem conhecidos da cultura de consumo norte-americana, a Honda extraiu o significado do "mundo culturalmente constituído" de seu público-alvo, cuja maioria reconheceria de imediato os

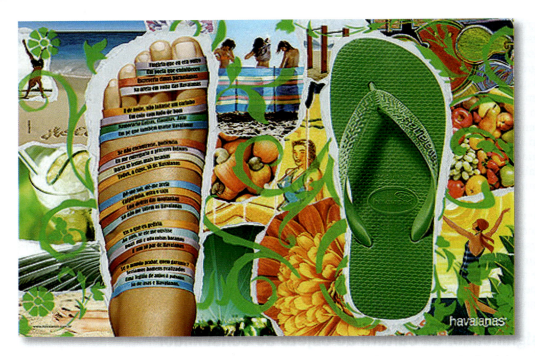

cinco ícones como unicamente norte-americanos. Processo semelhante se deu no Brasil com várias montadoras entrantes no mercado nacional a partir da década de 1990, que utilizaram semelhante estratégia em suas propagandas, como Peugeot, Toyota e a própria Honda. O objetivo óbvio foi sutilmente transmitir aos consumidores o significado de que o carro, inserido entre ícones das culturas norte-americana e brasileira, é feito no continente americano e, por isso, é norte-americano ou brasileiro. Se a agência de propaganda tivesse feito essa afirmação na forma verbal ("Honda *é* um automóvel norte-americano ou brasileiro!"), a maioria dos leitores teria duvidado e mantido a percepção de que a Honda é de origem japonesa. Mas, ao apresentar a mensagem em um nível não verbal e meramente por associação com ícones, os consumidores provavelmente ficaram um tanto inclinados a aceitar a marca como menor resistência.

Outro exemplo é a brasileira Havaianas. Com o intuito de consolidar seu posicionamento de marca brasileira (orgulho nacional) e de produto vinculado com praia e verão, a empresa utilizou em sua propaganda elementos reconhecidamente vinculados ao nordeste brasileiro, como o caju e as fitinhas do Senhor do Bonfim. Assim, a marca procura relacionar, à imagem de seu produto, associações já estabelecidas com os signos utilizados.

# Posicionamento na prática: aspectos principais

O posicionamento da marca é uma atividade preliminar essencial para desenvolver um programa de comar bem-sucedido. Com uma declaração de posicionamento clara, a equipe de gerenciamento da marca está comprometida a transmitir uma mensagem consistente em todas as ferramentas de comar. O posicionamento é ao mesmo tempo uma noção conceitual e um valioso instrumento estratégico.

Conceitualmente, o termo *posicionamento* sugere duas ideias inter-relacionadas. A primeira é que os gestores de comunicação de marketing desejam criar um significado específico para a marca e que ela fique guardada com firmeza na memória do consumidor (posicionada na mente do consumidor). A segunda é que o significado da marca na memória do consumidor se destaque em comparação àquilo que ele já sabe e pensa sobre as marcas concorrentes na categoria do produto ou serviço (posicionada contra a concorrência). O posicionamento então envolve duas ações inter-relacionadas: posicionar a marca *na* (mente do consumidor) e *contra* (as estratégias de posicionamento da concorrência). Em outras palavras, o posicionamento é a atividade de criar significado para uma marca nas mentes coletivas dos consumidores em comparação ao que eles pensam ou sentem sobre as marcas concorrentes.

Do ponto de vista estratégico e tático, o posicionamento é uma declaração curta – até uma palavra – que representa a mensagem que você quer imprimir nas mentes dos consumidores.[8] Essa declaração diz como sua marca é diferente e superior às concorrentes. Ela dá uma razão pela qual os consumidores devem comprar sua marca e não a do concorrente, e promete uma solução às necessidades ou desejos dos consumidores. Como observamos antes, a *declaração de posicionamento* representa o modo como queremos que os consumidores atuais e potenciais pensem e sintam a respeito da marca. Esses pensamentos e sentimentos devem se destacar em comparação às ofertas concorrentes e motivar o consumidor atual ou potencial a consumir a marca. Uma boa declaração de posicionamento deve satisfazer a dois requisitos: (1) deve refletir uma *vantagem competitiva* da marca (em comparação às ofertas concorrentes na mesma categoria de produto). Porém, é imperativo que essa vantagem tenha lastro. Ou seja, que seja efetivamente sustentável; e (2) deve *motivar* os consumidores a *agir*.[9] A Figura 5.2 capta esses dois requisitos mostrando se uma estratégia de posicionamento proposta reflete uma vantagem competitiva e motiva a agir. Considerando, de maneira simples, que a resposta a cada quesito é "não" ou "sim", quatro conclusões sobre um posicionamento proposto são possíveis: (1) é um posicionamento *Perdedor*

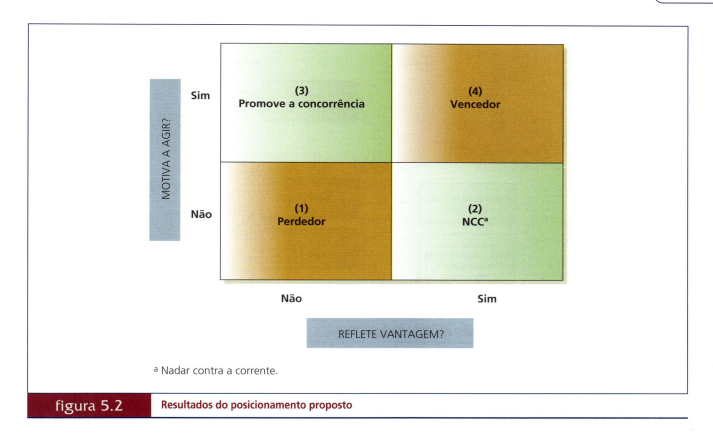

**figura 5.2** Resultados do posicionamento proposto

[a] Nadar contra a corrente.

(Quadrante Não/Não); (2) uma decisão de *Nadar contra a corrente*, ou NCC (Quadrante Sim/Não); (3) uma opção *Promove a concorrência* (Quadrante Não/Sim); ou (4) um posicionamento *Vencedor* (Quadrante Sim/Sim).

Em primeiro lugar, o rótulo "Perdedor" caracteriza uma proposta de posicionamento em que a marca não possui nenhuma vantagem competitiva, e a base para o posicionamento não é suficientemente importante para motivar os consumidores a adquirir a marca. Em segundo lugar, a situação "NCC" ocorre quando o posicionamento proposto representa uma vantagem competitiva para um produto ou um benefício trivial, mas não representa algo que dará aos consumidores razões fortes para selecionar a marca e adquiri-la de fato. Portanto, qualquer esforço para promover uma marca nessas bases seria equivalente a nadar contra a corrente – haverá um esforço muito grande para pouco resultado. Em terceiro lugar, a descrição "Promove a concorrência" caracteriza uma declaração de posicionamento que não reflete uma vantagem competitiva, mas representa uma razão importante para a decisão de escolha da marca na categoria do produto. Por isso, qualquer esforço para posicionar "nossa" marca nessas bases serviria essencialmente para ajudar as outras marcas que de fato têm uma vantagem competitiva no que diz respeito a uma característica ou benefícios específicos do produto. Pois, se motivamos o consumidor a adquirir nosso produto, mas não apresentamos nenhum benefício específico de nosso produto em relação aos concorrentes, o que estamos fazendo de fato é motivando o consumidor a adquirir qualquer produto da categoria. Por fim, a perspectiva "Vencedor" caracteriza uma situação em que posicionamos nossa marca em uma característica ou um benefício do produto no qual temos uma vantagem sobre os concorrentes, e que dá aos consumidores boas razões para testá-la. Ao considerar qual a melhor maneira de posicionar uma marca, é essencial avaliar com objetividade e muita crítica se o posicionamento proposta dá "sua" marca uma vantagem competitiva e se essa vantagem é importante o suficiente para encorajar os consumidores a, pelo menos, fazer uma compra teste da marca.

Para tornar essa ideia de posicionamento ainda mais concreta, estudemos a estrutura de *brand equity* sob a perspectiva do consumidor, apresentada no Capítulo 2. Para nossos propósitos atuais, será útil reproduzir a parte *imagem da marca* da estrutura como um gráfico útil para expandir nossa discussão acerca do posicionamento. Como podemos ver na Figura 5.3, a imagem da marca consiste em tipos, favorabilidade, força e singularidade das associações da marca. Nosso foco agora será limitado aos *tipos* de associações. Por favor, observe na Figura 5.3 que os tipos de associações incluem atributos, benefícios e avaliação geral, ou atitude, em relação à marca. Os *atributos* da marca incluem características relacionadas e não relacionadas ao produto. Os atributos não relacionados ao produto incluem, por exemplo, o preço, as percepções do consumidor, ou o tipo de pessoa que usa a marca (imagem do usuário), e as ocasiões em que a marca é usada (imagem do uso). Os *benefícios* da marca consistem em meios pelos quais a marca satisfaz as necessidades de desejos dos consumidores; e são classificados como funcionais, simbólicos ou experienciais.

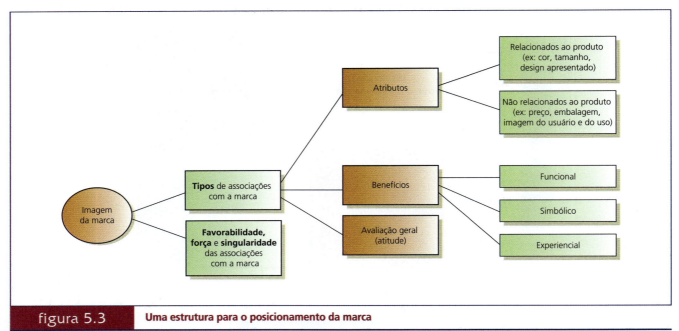

**figura 5.3**   Uma estrutura para o posicionamento da marca

*Fonte*: Adaptado de Kevin Lane Keller, "Conceptualizing, Measuring, and Managing Customer-Based Brand Equity", *Journal of Marketing* 57 (janeiro de 1993), 7.

Com a Figura 5.3 e a terminologia anterior em mente, podemos agora estudar as opções disponíveis aos gestores de comunicação de marketing para posicionar suas marcas. De modo geral, podemos posicionar uma marca focando os *atributos ou benefícios* do produto. Como os benefícios dão aos consumidores B2C e B2B razões mais fortes para selecionar determinada marca que os atributos do produto em si, examinaremos primeiro o posicionamento por meio dos benefícios e depois dos atributos.

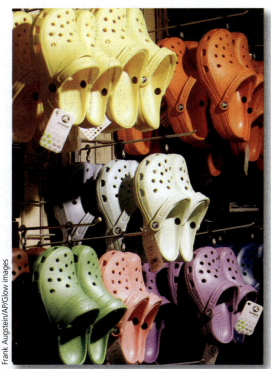

**figura 5.4**

Anúncio da Croc ilustrando o apelo às necessidades funcionais

## Posicionamento por meio dos benefícios

O posicionamento por meio dos benefícios do produto pode ser feito recorrendo-se a qualquer uma das três categorias de *necessidades* básicas do consumidor: funcionais, simbólicas e/ou experienciais.[10] Com uma rápida revisão da estrutura de *brand equity* sob a perspectiva do consumidor (Figura 5.3), você verá que essas três categorias são exibidas como um tipo específico de associação denominado *benefícios*. Observe que a distinção entre benefícios e necessidades simplesmente envolve uma questão de perspectiva. Assim, os benefícios são as características de um produto que satisfazem as necessidades. Em resumo, necessidades e benefícios podem ser considerados os dois lados da mesma moeda.

### Posicionamento com base nas necessidades funcionais

Uma marca posicionada com base nas **necessidades funcionais** tenta apresentar soluções aos problemas atuais ou potenciais dos consumidores relacionados ao consumo, comunicando que a marca possui benefícios específicos capazes de resolver esses problemas. Trata-se de apelos a necessidades em essência concretas. Os apelos às necessidades funcionais são a forma predominante de posicionamento por meio dos benefícios. No marketing B2B, por exemplo, os profissionais de vendas tipicamente apelam às necessidades funcionais que seus consumidores têm de produtos de melhor qualidade, tempo de entrega mais rápido ou de melhor serviço. Os profissionais de marketing de produtos de consumo em geral apelam para as necessidades de conveniência, segurança, boa saú-

## CIM >> foco c.i.m.

### Não é adorável, mas é um sucesso

Crocs é uma marca de calçado muito usada por pessoas de todas as idades. Muitas pessoas possuem vários pares desse calçado de aparência um tanto estranha, que é feito de uma resina de espuma parecida com plástico. E para cada dono do produto, há várias outras pessoas que não se deixariam ser vistas calçando Crocs. Independentemente de sua opinião, o fato é que a Crocs se tornou uma marca de sucesso rapidamente. A empresa com sede em Colorado foi fundada em 2002 por três amigos que costumavam viajar de barco juntos. Certa vez, enquanto eles velejavam pelo Caribe, um dos amigos usou um par de tamancos de espuma que tinha comprado no Canadá. A reação favorável das outras pessoas encorajou os amigos a começar sua própria empresa para divulgar um calçado que foi chamado Crocs. Eles compraram o produto de uma empresa canadense que tinha os direitos de propriedade da resina de espuma da qual a Crocs é feita. Essa resina, chamada Croslite, é leve, antibacteriana e assume a forma do pé. Depois de acrescentar uma tira na parte de trás dos tamancos originais, os sócios começaram a vender a Crocs em shows de barcos e outros eventos que atraíssem compradores em potencial. Não demorou muito para que a influência boca a boca resultasse em um rápido aumento de vendas e uma ampla distribuição em muitos tipos diferentes de varejistas.

Depois de vender apenas o equivalente a US$ 1 milhão em 2003, em 2007 a Crocs gerou vendas de mais de US$ 800 milhões com calçados vendidos em mais de 40 países! Grande parte do sucesso da marca se deve ao fato de ela atender às necessidades funcionais dos consumidores de um calçado confortável e descontraído – coloque-os e tire-os para lavar quando estiverem sujos. As conquistas fenomenais da marca podem também ser atribuídas ao marketing criativo que afiliou a Crocs a universidades, times de esportes profissionais e outras associações de alto valor. Em certo sentido, ao comprar a Crocs, o consumidor adquire um produto funcional ligado emocionalmente a sua própria universidade.

*Fonte*: Vivian Manning-Schaffel, "Crocs–Still Rocking," http://www.brandchannel.com, 27 de agosto de 2007. (Acesso em: 19 de novembro de 2007); Evelyn M. Rusli, "Crocs Is Still a Buy," http://www.forbes.com, 12 de novembro de 2007. (Acesso em: 20 de novembro de 2007).

---

de, limpeza etc. – todas são necessidades funcionais que podem ser satisfeitas pelos benefícios da marca. Por exemplo, a marca Crocs (ver Figura 5.4) apela ao desejo dos consumidores de ter calçados leves, confortáveis e resistentes ao odor.

### Posicionamento com base nas necessidades simbólicas

Outras marcas são posicionadas em termos de sua capacidade de satisfazer necessidades não funcionais ou simbólicas. O posicionamento com base nas necessidades simbólicas tenta associar a posse da marca a um grupo, papel ou autoimagem desejados. Os apelos às **necessidades simbólicas** incluem aqueles dirigidos aos desejos de autopromoção, fazer parte de um grupo, afiliação, altruísmo e outras necessidades abstratas que evolvem aspectos do consumo não solucionados por benefícios práticos do produto (Veja a seção *Foco Global* para uma discussão sobre a importância crescente dos apelos aos consumidores alegando que os produtos agrícolas fazem parte do "comércio justo" [*fair trade*]). Os profissionais de marketing em categorias de produtos como beleza pessoal, joias, bebidas alcoólicas, cigarros e automóveis, com frequência, apelam às necessidades simbólicas.

### Posicionamento com base nas necessidades experienciais

As **necessidades experienciais** dos consumidores representam seus desejos por produtos que dão prazer sensorial, variedade e, em alguns casos de produtos, estimulação cognitiva. As marcas posicionadas com base nas necessidades experienciais são promovidas como sendo fora do comum e com alto valor sensitivo (parecer elegante, sentir-se bem e bonito, ter gosto ou aroma muito bons, soar agradável, ser divertido etc.), ou ricas em potencial para a estimulação cognitiva (excitante, desafiadora, divertida mentalmente etc.).

É importante reconhecer que as marcas costumam oferecer uma mistura de benefícios funcionais, simbólicos e experienciais. Argumenta-se que um posicionamento bem-sucedido requer uma estratégia de comunicação que incite *um único tipo* de necessidade de consumo (funcional, simbólica ou experiencial) em vez de tentar ser tudo para todos.[11] De acordo com esse argumento, uma marca com uma imagem genérica (múltipla personalidade) é difícil de gerenciar porque: (1) concorre com mais marcas (aquelas com imagens puramente funcionais, puramente simbólicas, puramente experienciais, ou misturadas); (2) pode ser difícil para os consumidores entender de imediato o que a marca representa e quais são suas características definidoras. Esse argumento, embora baseado em uma lógica sensata, *não* é irrefutável. Na

## foco global

### O simbolismo de atestar produtos como sendo parte do comércio justo

A maioria dos consumidores norte-americanos sabe que os produtos agrícolas com frequência são importados de outros países em vez de ser cultivados internamente. No entanto, a maioria das pessoas dos Estados Unidos vai aos supermercados ou quitandas sem saber que os trabalhadores agrícolas em outros países em geral recebem salários baixos e que muitas vezes os donos das fazendas têm dificuldades em obter lucros. Os índices baixos de salários e os lucros minúsculos, quando não há perdas, devem-se em grande parte às características da economia de cultivo de produtos de origem primária. O café, por exemplo, é amplamente cultivado no Brasil e na Colômbia, e também em países africanos e, cada vez mais, no Vietnã. Muitas vezes o fornecimento de café excede a demanda, e qualquer pessoa que saiba um pouco de economia básica entende que o efeito desse desequilíbrio é a queda dos preços. A intensa concorrência reduziu tanto o preço e os salários que os produtores têm dificuldade para se manter, e os trabalhadores sofrem para alimentar suas famílias. Em contrapartida, os preços baixos do café beneficiam os varejistas e os consumidores nos países que importam café a preços baixos. Em outras palavras, não se trata de uma situação em que todos ganham, mas o que acontece é que as empresas e os consumidores em países com mais vantagem econômica ganham à custa de produtores e trabalhadores das economias em desenvolvimento. Existe uma solução para esse desequilíbrio? Talvez sim; continue a ler.

A solução não é o mercado competitivo, porque a economia do desequilíbrio fornecimento-demanda inevitavelmente leva a uma baixa constante dos preços das mercadorias. Por isso, o único meio possível para os produtores e trabalhadores agrícolas receberem lucros e salários maiores é um tipo de intervenção "artificial" – ou seja – forças, que não sejam a economia de mercado, entram em cena. Isso aconteceu, na verdade, porque muitos consumidores nas economias mais avançadas estão dispostos a pagar preços mais altos para que produtores e trabalhadores muito pobres possam sobreviver. Esses consumidores foram chamados "LOHAS", que significa "Lifestyles of Health and Sustainability" [estilo de vida de saúde e sustentabilidade]. Cerca de um terço dos adultos nos Estados Unidos, ou por volta de 50 milhões de pessoas, é classificado como LOHAS segundo estudo recente.

Mas mesmo que um consumidor seja inclinado a ser LOHAS, como ele pode saber quais produtos comprar? Cada vez mais os produtos de origem primária, como café, uva, manga, abacaxi e outros recebem adesivos com os dizeres "Atestado pelo Comércio Justo". Esse rótulo significa que os trabalhadores em economias em desenvolvimento recebem salários e benefícios mais altos por seus esforços que o desequilíbrio fornecimento-demanda normalmente ditaria. Grandes redes de varejo – como McDonald's, Dunkin' Donuts e Starbucks – oferecem o café do comércio justo; e muitos supermercados estão vendendo mais produtos com o certificado do comércio justo. Outro rótulo em uso que também significa comércio justo é o "Rainforest Allied Certified" [Aliança pela floresta tropical]. Os produtos à base de café da Procter & Gamble trazem esse rótulo.

O movimento LOHAS revela que as necessidades simbólicas dos consumidores – a sensação de ser justo e socialmente responsável – às vezes superam a necessidade funcional de pagar o menor preço possível. Essa forma de altruísmo permite que os trabalhadores e os produtores agrícolas em países em desenvolvimento se mantenham e continuem a plantar e colher os produtos dos quais sua economia depende. O comércio justo traz um resultado mais próximo da situação em que todos ganham do que o desequilíbrio países ricos ganham/países pobres perdem.

*Fonte*: Adaptado de Katy McLaughlin, "Is Your Grocery List Politically Correct?" *The Wall Street Journal Online*, 17 de fevereiro de 2004. Para informações adicionais sobre o comércio justo e seus produtos, ver http://en.wikipedia.org/wiki/Fair_trade.

---

verdade, um contra-argumento sensato afirma que uma marca posicionada com apelos, por exemplo, funcionais e simbólicos, tem o potencial de atrair possíveis usuários que desejam coisas diferentes de uma categoria de produto. Por isso, de acordo com essa contraperspectiva, um posicionamento com "múltipla personalidade" permite que os consumidores vejam na marca exatamente aquilo que estão procurando.

Qual argumento é mais correto? A única conclusão possível é que são as circunstâncias competitivas e a dinâmica do consumidor em certa situação que determinam se um posicionamento de tipo único ou múltiplo é mais eficaz. O que funciona bem para uma marca em uma categoria de produto não necessariamente funciona do mesmo modo para outra marca em uma categoria diferente. Como os estudiosos gostam de dizer, trata-se de um elemento empírico, o que significa que não existe nenhuma explicação lógica ou teórica para resolver a questão. A experiência de tentativa e erro e a evidência obtida com pesquisas de marketing são os árbitros finais.

## Posicionamento com base nos atributos

Uma marca pode ser posicionada em termos de um atributo ou característica particular, desde que o atributo represente uma vantagem competitiva e possa motivar os consumidores a comprar essa marca em vez da oferta concorrente. Os atributos dos produtos, como mostrado na Figura 5.3, podem ser *relacionados ao produto* ou *não relacionados ao produto*.

### Relacionados ao produto

Um design elegante, materiais superiores e mais opções de cores são apenas alguns dos infinitos atributos que podem construir a base para o posicionamento da marca. Se sua marca tem uma vantagem de produto, mostre-a ostensivamente, em especial se a vantagem for algo que os consumidores desejam de verdade na categoria do produto, e isso os motivará a agir. Por exemplo, em um apelo a pessoas que estão preocupadas com a segurança do produto, um anúncio do Toyota Highlander afirma que nenhum outro veículo na categoria Highlander tem mais características que atendam aos padrões de segurança. Esse é um posicionamento distintamente relacionado ao produto, dirigido a consumidores que estão preocupados com sua segurança pessoal e, talvez, em especial, o bem-estar de uma "carga preciosa", como filhos e netos.

### Não relacionados ao produto: imagem do uso e do usuário

Uma marca posicionada de acordo com a imagem associada ao modo como ela é usada, sua *imagem do uso*, retrata a marca em termos de usos específicos, e presumivelmente únicos, que se tornam associados a ela. Por exemplo, os anunciantes às vezes posicionam SUVs e peruas de passageiros com base em sua capacidade singular de passar por estradas de terra e terrenos ásperos. Tais anúncios criam a impressão de que apenas a marca anunciada é capaz de cruzar riachos, subir montanhas e rodar por áreas de difícil travessia.

As marcas também podem ser posicionadas quanto ao tipo de pessoas que as usam. Essa *imagem do usuário* se torna então o carimbo oficial da marca; a marca e as pessoas que são retratadas usando-a se tornam praticamente sinônimas. Posicionar uma marca por meio da imagem do usuário consiste em associá-la ao tipo de pessoas retratadas nos anúncios como usuários típicos. Considere o anúncio da Ralph Lauren na Figura 5.5. O anúncio fala pouco sobre a ampla linha de itens de vestuário oferecida pelo varejista. A característica mais proeminente do anúncio é a modelo atraente que reflete o posicionamento da Ralph Lauren, ou seja, a imagem do comprador típico de sua mercadoria. Em certo sentido, as roupas Ralph Lauren e essa imagem do usuário típico são indivisíveis. Trata-se de um posicionamento inteligente para uma categoria de produto como vestuário, porque as decisões de compra são baseadas tanto na projeção de uma imagem desejada quanto na satisfação de uma necessidade funcional.

### Reposicionando uma marca

Há momentos no ciclo de vida de uma marca em que os gerentes precisam alterar o que ela representa para aumentar sua competitividade. Essa é, sem dúvida, uma das tarefas com maior grau de dificuldade na gestão de marketing, pois mudar a percepção é muito difícil. Convencer os consumidores de que a marca não é mais aquela que pensam ou creem que seja exige muito esforço, tempo e recurso. Imagine uma pessoa que você conhece há algum tempo e, portanto, já tem uma imagem formada sobre ela. Mas, em dado momento, ela lhe diz que não é mais a mesma pessoa, que mudou. Provavelmente sua reação inicial será de desconfiança. Depois você quer conferir, vai testar e pode até ficar confuso entre a velha e a nova imagem se não se sentir convencido. E o pior, pode não aceitar a nova imagem de seu conhecido. Isso também acontece com uma marca quando tenta se reposicionar. E se esse reposicionamento for de um fator "negativo" para um "positivo" (situação muito comum no mercado), os desafios serão ainda maiores, pois a mudança é mais radical. Considere o exemplo a seguir de reposiciona-

**figura 5.5**

**Anúncio da Ralph Lauren ilustrando o posicionamento com base na imagem do usuário**

mento bem-sucedido em um contexto B2B. A MeadWestvaco Corporation é líder mundial em produtos para embalagens, coberturas e papéis especiais, entre outros itens. Um de seus muitos produtos é um papel para impressoras que foi denominado TexCover II. Embora um excelente produto, com desempenho consistente, o TexCover II detinha apenas a quinta maior parcela de mercado em sua categoria e gerava rendas inferiores a 40 milhões de dólares. Como a marca tinha um desempenho inferior ao desejado, apesar de sua excelente qualidade e reputação uma agência de propaganda – a Mobium Creative Group – foi contratada para melhorar a performance do TexCover II.

Algumas palavras sobre a Mobium Creative Group serão úteis antes de descrever a estratégia desenvolvida pela agência para reposicionar o TexCover II. Diferentemente da maioria das agências B2B, que são conhecidas por ser relativamente não excitantes, para não dizer aborrecidas, a Mobium se orgulha de ser uma empresa criativa; um tanto excêntrica. Por exemplo, sua página de abertura do site (http://www.mobium.com) afirma "amigo, você pode criar um paradigma", que é uma variação inteligente da expressão do período da depressão – "amigo, pode me dar um trocado?".

A expressão do paradigma da Mobium sugere que é isso que essa criativa agência faz – criar novos paradigmas a seus clientes. Na verdade, o sistema de valor e modelo de negócios fundamentais e não tradicionais da agência está retratado em seu site (http://www.mobium.com/work) em termos que caracterizam as empresas clientes como movidas por emoções e pela lógica. A Mobium Creative Group está, portanto, posicionando seu trabalho criativo como algo fora do comum se comparado aos de outras agências de propaganda e marca no contexto B2B.

Com esse histórico em mente, a Mobium assumiu a tarefa de reposicionar o papel para impressora TexCover. A agência fez uma significativa mudança estratégica mudando o nome da marca para um mais atraente – Tango – e posicionando a marca como "sempre se apresentando". O nome Tango é fácil de lembrar, embora não seja naturalmente relacionado aos atributos ou benefícios desse tipo de papel. A estratégia de posicionamento da marca recém-nomeada ("sempre se apresentando") foi reforçada por uma série de anúncios chamativos que ilustravam com inteligência esse posicionamento de maneira engraçada e cativante.

Essas inovações de comar resultaram em um aumento de 27% da renda no primeiro ano. Apesar da recessão no setor industrial, os rendimentos do Tango continuaram a subir. Em um período de apenas quatro anos, essa marca B2B aumentou seu rendimento total em 126 milhões de dólares com um investimento de comar de apenas 2 milhões! Isso obviamente representa um enorme retorno (superior a 6%) sobre um investimento modesto e demonstra como o sucesso pode ser alcançado quando uma marca é posicionada apropriadamente, recebe um nome inteligente e é sustentada de forma adequada.[12]

Outro exemplo são as sandálias Havaianas. Líder no mercado brasileiro, a Havaianas iniciou suas atividades posicionando-se como as "sandálias que não deformam nem soltam as tiras". Esse posicionamento, baseado em características do produto, com o tempo se mostrou insuficiente e a empresa começou a sentir quedas expressivas de venda. A partir de 1994, então, a Havaianas vivenciou uma verdadeira guinada de posicionamento. Em primeiro lugar, buscou atingir um público-alvo mais amplo, incorporando indivíduos de classes sociais mais elevadas (até então o grande público das Havaianas era composto por classes sociais mais baixas).

O trabalho de reposicionamento da marca Havaianas não foi feito, no entanto, apenas com atividades de comar. Novos produtos foram lançados, novos pontos de venda foram trabalhados e muita comunicação foi feita para transmitir uma nova imagem de marca. Em 1994 foi lançado um novo produto, as Havaianas Top, mais coloridas e mais bonitas.

O posicionamento desenvolvido a partir de então deixou de focar o produto (não deforma nem solta as tiras) e focou o usuário: "Havaianas, todo mundo usa". Foram veiculadas na televisão propagandas com personalidades como Malu Mader, Luana Piovani e Bebeto mostrando seus pés e afirmando que usavam Havaianas em diversas ocasiões de seu cotidiano. A comunicação e o reposicionamento da marca foram um sucesso possibilitando, inclusive, a exportação da marca para outros mercados ao redor do mundo.[13]

A Fiat passou por um processo similar no Brasil. Sua imagem como fabricante de automóveis sofria por certo preconceito com a marca. Mas a Fiat mudou essa percepção e hoje é uma marca respeitada e bem posicionada no mercado. Porém, isso só foi conseguido como muito esforço ao longo de muitos e muitos anos. Mesmo assim, até hoje ainda é possível encontrar pessoas que não acreditam plenamente na mudança da marca. A Hering é outro caso de reposicionamento bem-sucedido de marca. Ela mudou seu posicionamento de uma marca de produtos básicos, simples para produtos mais sofisticados. Porém, para isso mudou seu *mix* de produtos, estilo de roupas, identidade visual, *layout* e localização das lojas, dentre outras medidas.

# Implementando o posicionamento: conheça seu consumidor

Os gestores de comunicação de marketing direcionam seus esforços para influenciar as *crenças, atitudes, reações emocionais* e *escolhas* dos consumidores em relação à marca. O objetivo é encorajar os consumidores a escolher "nossa" marca, e não uma concorrente. Para atingir essa meta, os gestores de comunicação de marketing desenvolvem mensagens publicitárias, promoções, embalagens, nomes de marcas, apresentações de vendas e outras formas de mensagens relacionadas à marca – tudo isso é feito com o objetivo de destacar o significado da marca, seu posicionamento. Esta seção aborda o posicionamento a partir da perspectiva do consumidor, examinando como os indivíduos recebem e são influenciados pelas mensagens da comar.

A discussão é baseada em perspectivas diferentes sobre como os consumidores processam as informações da comar e, por fim, como usam tais informações para escolher entre as alternativas disponíveis no mercado. Chamaremos isso *modelo de processamento do consumidor (MPC)* e *modelo experiencial hedônico (MEH)*. Da perspectiva do processamento do consumidor (MPC), o processamento da informação e a escolha são considerados racionais, cognitivos, sistemáticos e sensatos.[14] Do ponto de vista hedônico, experiencial (MEH), as emoções em busca de diversão, fantasias e sentimentos conduzem o processamento das mensagens da comar e o comportamento dos consumidores de forma menos racional.[15]

Um ponto muito importante precisa ser enfatizado antes de discutirmos cada estrutura: o comportamento do consumidor é muito complexo e diverso para ser captado com perfeição por dois modelos extremos. Pense neles como perspectivas bipolares que ancoram um contínuo de possíveis comportamentos dos consumidores – variando, falando metaforicamente, da "fria" perspectiva MPC à "quente" MEH (ver Figura 5.6). Na extremidade MPC está o comportamento do consumidor baseado na *razão pura* – frio, lógico e racional. Na extremidade MEH está o comportamento do consumidor baseado em *paixão pura* – quente, espontâneo e talvez até irracional. Entre as extremidades está o volume maior do comportamento do consumidor, cuja maior parte não é baseada em razão pura nem em pura paixão; não é "fria" nem "quente". Em vez disso, a maioria do comportamento varia – mais uma vez em termos metafóricos – de "fresco" para "morno". Em uma análise final, examinaremos as duas perspectivas um tanto extremas do comportamento do consumidor, mas reconhecendo que com frequência as duas perspectivas são aplicáveis ao entendimento de como e por que os consumidores se comportam de determinada maneira.

## O modelo de processamento do consumidor (MPC)

A situação que os consumidores enfrentam de processamento de informações e os correspondentes imperativos de comunicação para os gestores de comunicação de marketing foram assim descritos:

> *O consumidor é constantemente bombardeado por informações que podem impactar suas escolhas. As respostas dos consumidores a essas informações, como elas são interpretadas, e como são combinadas ou integradas a outras informações pode ter um impacto crucial sobre a escolha. Por isso, as decisões [dos gestores de comunicação de marketing] sobre quais informações fornecer aos consumidores, quanto fornecer e como requerem o conhecimento do modo como os consumidores processam, interpretam e integram essas informações às escolhas.*[16]

As seções seguintes abordam o processamento de informação por parte do consumidor em termos de um conjunto de estágios inter-relacionados.[17] Embora os esforços de comar desempenhem um papel importante afetando todos os estágios desse processo, focaremos exclusivamente os primeiros seis estágios, porque os dois últimos (tomada de decisão e ação) são determinados por todos os elementos do *mix* de marketing e não só pelas comunicações de marketing em si:

Estágio 1: Ser *exposto* às informações

Estágio 2: Prestar *atenção*

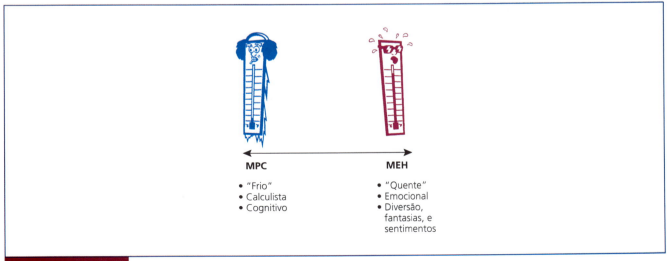

**figura 5.6** Comparação entre os modelos MPC e MEH

Estágio 3: *Compreender* as informações
Estágio 4: *Concordar* com as informações compreendidas
Estágio 5: *Reter* as informações aceitas na memória
Estágio 6: *Recuperar* as informações da memória
Estágio 7: *Decidir* entre as alternativas
Estágio 8: *Agir* com base na decisão

### Estágio 1: Ser exposto às informações

A tarefa fundamental dos gestores de comunicação de marketing é transmitir mensagens aos consumidores, que, espera-se, processarão as mensagens, entenderão o posicionamento da marca e, se o posicionamento for adequado à estrutura de preferência dos consumidores, empreenderão o curso de ação defendido pelo profissional de marketing. Por definição, **exposição** significa simplesmente que os consumidores entram em contato com a mensagem do comunicador (eles veem um anúncio em revista, ouvem um comercial no rádio, observam um *banner* na Internet etc.). Embora a exposição seja uma fase preliminar essencial aos estágios subsequentes do processamento de informações, o mero fato de expor os consumidores à mensagem não garante que ela terá qualquer impacto. Ganhar exposição é uma condição *necessária*, mas *insuficiente* ao sucesso da comunicação. O sucesso final geralmente depende da qualidade e frequência da mensagem. Essa afirmação acrescentou um qualificador ao declarar que o sucesso "geralmente" depende da qualidade e frequência, porque há evidências de que a simples exposição repetida à mensagem aumenta a probabilidade de que o receptor passa a considerá-la como verdadeira. Isso é chamado *efeito verdade*.[18]

Em termos práticos, expor os consumidores a uma mensagem da marca é uma função de duas decisões-chave: (1) proporcionar um orçamento suficiente de comar; e (2) selecionar mídias apropriadas com as quais apresentar a mensagem da marca. Em outras palavras, uma alta porcentagem do público-alvo será exposta à mensagem da marca se fundos adequados forem alocados e escolhas sábias de mídia forem feitas; orçamento insuficiente e seleção de mídia fraca com certeza resultarão em baixos níveis de exposição. Por essa razão, os gestores de Comar precisam escolher o *mix* de comunicação adequado ao recurso (investimento disponível). Se o gestor dispuser de muito recurso e o concentrar em poucas ferramentas de comar, pode estar simplesmente desperdiçando recursos ou até saturando o mercado com suas mensagens, o que gerará um efeito negativo para a marca. E, ao contrário, se o gestor dispuser de pouco recurso (situação muito mais comum que a anterior) e usar um *mix* muito amplo, os efeitos da comunicação serão tão diluídos que pouco impacto gerarão (Figura 5.7). Observe que o ponto de maior impacto é o P1; porém, se o recurso for reduzido de R1 para R2, o ponto de otimização do impacto passa a ser P3.

### Estágio 2: Prestar atenção

Os leigos usam a expressão "prestar atenção" referindo-se ao fato de que se alguém está realmente ouvindo e pensando a respeito quando um palestrante (como um professor, por exemplo) está falando ou se a mente da pessoa está vagando em seu próprio mundo de pensamentos. Para os psicólogos, o termo *atenção* significa fundamentalmente a mesma coisa.

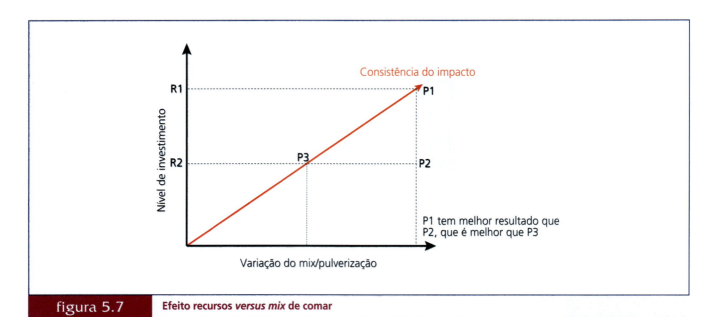

**figura 5.7** Efeito recursos *versus mix* de comar

**Atenção**, em seu uso formal, significa focar recursos cognitivos em uma mensagem à qual alguém é exposto e pensar sobre ela. Na verdade, os consumidores prestam atenção a apenas uma pequena fração das mensagens de comar. Isso acontece porque se exige muito de nossa atenção (somos bombardeados por anúncios e outras mensagens comerciais), mas a *capacidade* de processar informações *é limitada*. Uma utilização eficaz da capacidade limitada de processamento requer que os consumidores aloquem seletivamente a energia mental (a capacidade de processamento) apenas às mensagens que são *relevantes e de interesse para os objetivos presentes* (ou seja, os objetivos atuais do indivíduo). Somos expostos a cerca de 1,6 mil mensagens comerciais por dia, desde o momento em que acordamos e olhamos para o logotipo do fabricante do rádio-relógio na cabeceira de nossa cama até o momento em que vamos dormir e assistimos ao último comercial de TV antes de pegar no sono. Mas, como nossa atenção é seletiva, de todos esses impactos apenas cerca de 80 mensagens são percebidas e apenas 12 delas acabam provocando algum tipo de reação.[19] Portanto, não é fácil imaginar o tamanho do desafio para que uma mensagem de comar cumpra sua finalidade. O funil tem um gargalo muito estreito e, certamente, a maioria das mensagens acaba se perdendo pelo caminho. Eis um grande desafio para os gestores de comar, especialmente aqueles que ainda acreditam nas formas mais convencionais de comar.

Por exemplo, quando sua curiosidade inicial é satisfeita, a maioria das pessoas que *não* estão no mercado para adquirir um novo automóvel, em especial uma marca luxuosa como a Mercedes-Benz, prestaria pouca atenção a um anúncio com comentários detalhados sobe o veículo, porque o produto tem pouca relevância para elas. Em contraste, as pessoas que estão ansiosas por comprar um automóvel de luxo dedicariam uma *atenção consciente* a um anúncio de um Mercedez-Benz porque ele teria um alto nível de relevância ao interesse delas. Observe que a expressão "atenção consciente" foi enfatizada na sentença anterior. Isso foi feito para distinguir essa forma deliberada e controlada de atenção de uma forma *automática* de atenção relativamente superficial que ocorre quando, por exemplo, um indivíduo reage a um barulho alto ainda que a fonte do barulho tenha pouco, ou nenhuma, relevância pessoal.[20]

Como a seletividade da atenção pode ser evitada? A resposta direta é que os gestores de comunicação de marketing podem ganhar com eficácia a atenção do consumidor criando mensagens que verdadeiramente apelem às necessidades deles pelas informações relevantes ao produto. A probabilidade de que os consumidores prestem atenção a um anúncio ou outra forma de mensagem de comar também é aumentada ao se criar mensagens que são novas, espetaculares, esteticamente atraentes, chamativas, e assim por diante. Adiaremos uma discussão mais profunda acerca dessas estratégias para atrair a atenção até o capítulo seguinte, quando detalharemos os meios de aumentar a motivação dos consumidores em prestar atenção às mensagens da marca.

Em resumo, a atenção envolve alocar a capacidade limitada de processamento de maneira seletiva. As comunicações de marketing eficazes são desenvolvidas para ativar os interesses dos consumidores, apelando àquelas necessidades que são mais relevantes ao público-alvo. Não é uma tarefa fácil; os ambientes de comar (lojas, mídia publicitária, escritórios barulhentos durante apresentações de vendas) estão inerentemente abarrotados de estímulos e mensagens que também competem pela atenção do consumidor em potencial; e é um fato bem conhecido que o *excesso* reduz a eficácia da mensagem.[21]

### Estágio 3: Compreender as informações

Compreender significa entender e criar significado a partir de estímulos e símbolos. A comunicação é eficaz quando o significado, ou posicionamento, que os gestores de comunicação de marketing desejam transmitir coincide com o que os consumidores de fato vão extrair da mensagem. O termo **compreensão** costuma ser usado alternadamente com *percepção*; os dois termos se referem à *interpretação*. Como as pessoas respondem a suas percepções do mundo e não ao mundo como ele realmente é, o tópico da compreensão, ou percepção, é um dos assuntos mais importantes nas comunicações de marketing.[22]

O processo perceptivo de interpretar estímulos é chamado **codificação perceptiva**. Há dois estágios principais envolvidos. A **análise das características** é o estágio inicial em que o receptor examina as características básicas de um estímulo (como tamanho, forma, cor e ângulos) e daí faz uma classificação preliminar. Por exemplo, somos capazes de distinguir uma motocicleta de uma bicicleta examinando características como tamanho, presença de um motor e quantidade de controles. Limões e laranjas são distinguíveis por suas cores e formas. O segundo estágio da codificação perceptiva, a **síntese ativa**, vai além de apenas examinar as características físicas. O *contexto* ou situação em que as informações são recebidas desempenha um papel importante na determinação do que é percebido e interpretado, ou, em outras palavras, que significado é obtido. A interpretação é feita combinando características dos estímulos em si com expectativas do que deve encontrar no contexto no qual um estímulo está contido. Por exemplo, um casaco de pele sintética colocado na vitrine de uma loja de roupas que oferece desconto (o contexto) provavelmente será percebido como uma imitação barata; no entanto, o mesmo casaco exibido de maneira atraente em uma loja cara (um contexto diferente) poderá ser considerado uma peça de vestuário de alta qualidade e estilo.

O ponto importante é que a compreensão dos consumidores dos estímulos de marketing é determinada por características de estímulos, dos locais onde os estímulos estão inseridos e dos próprios consumidores. Expectativas, necessidades, traços de personalidade, experiências passadas e atitudes para com o objeto dos estímulos têm papéis importantes na determinação das percepções dos consumidores. Devido à natureza subjetiva dos fatores que influenciam nossas percepções, a compreensão é com frequência idiossincrática, ou peculiar a cada indivíduo. A Figura 5.8 apresenta um exemplo cômico, embora revelador, da idiossincrasia da percepção. *A Investigação* demonstra que as características pessoais e o *background* de cada indivíduo influenciam o modo como ele percebe o homem no meio. Examine essa

**figura 5.8** Ilustração cômica da percepção seletiva

figura com cuidado e, ao fazer isso, desenvolverá um melhor entendimento da maneira como as características pessoais e o *background* de cada um influenciam suas percepções.

Uma afirmação clássica referente à natureza idiossincrática da percepção é apresentada na citação a seguir:

*Nós não apenas "reagimos" a um acontecimento ou a uma impressão do ambiente de determinada forma (exceto no comportamento que se tornou reflexivo ou habitual); nós [interpretamos e] nos comportamos de acordo com o que trazemos à ocasião, e o que cada um de nós traz para a ocasião é mais ou menos único.*[23]

Um exemplo que ilustra esse fato é o que acontece sempre que ocorrem faltas em jogos de futebol. A reação do fã ao jogo sujo se divide de acordo com o time do coração de cada torcedor. Aqueles que torcem pelo time que cometeu a falta tenderão a acreditar que não houve falta alguma e que o jogador do outro time está fazendo "cena"; já aqueles que torcem para o time que sofreu a falta tendem a achar que houve sim uma falta grave. Ou seja, o que os fãs vivenciaram e o modo como interpretaram os eventos dependem de sua visão sobre quem são os "bons sujeitos". Em resumo, nossa singularidade individual condiciona o que vemos!

O *humor* de um indivíduo também pode influenciar sua percepção dos objetos de estímulo. Pesquisas revelaram que quando as pessoas estão de bom humor, elas têm mais probabilidade de extrair material positivo que negativo de suas memórias, têm mais probabilidade de perceber o lado positivo das coisas e, por sua vez, respondem de maneira mais positiva a uma variedade de estímulos.[24]

Os anunciantes estão bem conscientes disso, pelo menos intuitivamente, quando usam técnicas como humor e nostalgia para despertar o bom humor dos receptores da mensagem.

***Compreensão errada:*** As pessoas às vezes *interpretam ou entendem de modo errado* as mensagens para torná-las mais consistentes com suas crenças ou expectativas existentes. Isso é feito de modo inconsciente; não obstante, a percepção distorcida e compreensão errada da mensagem são comuns. A compreensão errada das mensagens de comar ocorrem principalmente por três razões: (1) as próprias mensagens às vezes são enganosas ou obscuras; (2) os consumidores são influenciados por seus próprios preconceitos e, por isso, "veem" o que desejam ver; e (3) o processamento dos anúncios com frequência acontecem sob pressões de tempo e circunstâncias ruidosas. A moral da história é clara: os gestores de comunicação de marketing não podem presumir que os consumidores interpretarão as mensagens da maneira que eles desejam; por isso, o teste da mensagem é absolutamente imperativo antes de investir em espaço impresso, tempo de transmissão ou outras formas de mídia. Também é importante que as mensagens da comar sejam repetidas para garantir que mais espectadores e leitores venham a entender o significado desejado pelo profissional de marketing.

### Estágio 4: Concordar com as informações compreendidas

O quarto estágio do processamento das informações envolve a questão de se o consumidor *concorda com* (ou seja, aceita) o argumento da mensagem que entendeu. É crucial, da perspectiva da comar, que os consumidores não apenas compreendam a mensagem, mas também que concordem com ela (em vez de se opor ou simplesmente rejeitá-la). A compreensão sozinha não garante que a mensagem mudará as atitudes dos consumidores ou influenciará seu comportamento. Entender que um anúncio está tentando posicionar uma marca de determinada maneira não é equivalente a aceitar a mensagem. Por exemplo, podemos entender claramente quando um varejista anuncia um serviço notável, mas não concordaríamos com esse posicionamento se tivéssemos experimentado pessoalmente algo inferior a esse nível de serviço prestado por esse varejista.

O consumidor tenderá a concordar mais se mensagem for *crível* (ou seja, confiável) e se contiver informações e apelos que sejam *compatíveis com os valores* importantes para o consumidor. Por exemplo, um consumidor que está mais interessado nas implicações simbólicas de ter um produto específico que em adquirir valor funcional será mais facilmente persuadido por uma mensagem que associa a marca anunciada a um grupo desejável que por uma que fala sobre características comuns do produto. O uso de endossantes considerados confiáveis é outro meio de promover a credibilidade da marca. A credibilidade também pode ser aumentada estruturando-se mensagens críveis em vez de fazer afirmações irreais.

### Estágios 5 e 6: Reter e recuperar as informações da memória

Esses dois estágios de processamento de informações, *retenção e recuperação*, são discutidos juntos porque envolvem fatores da *memória*. O assunto memória é um tópico complexo, mas essas complexidades não nos dizem respeito aqui porque nosso interesse no tópico é consideravelmente mais prático.[25]

A partir de uma perspectiva da comar, a memória envolve as questões relacionadas ao que os consumidores se lembram (reconhecer e relembrar) sobre os estímulos de marketing e como eles acessam e recuperam as informações durante o processo de escolha entre as alternativas de produtos. O tópico memória é inseparável do processo de aprendizagem; por isso, os parágrafos a seguir discutem, em primeiro lugar, os elementos básicos da memória e depois examinam os princípios fundamentais da aprendizagem. Por fim, enfatizam a aplicação prática dos princípios da memória e aprendizagem às comunicações de marketing.

*Elementos da memória:* A memória consiste em memória de longo prazo (MLP), memória de curto prazo (MCP) e um conjunto de armazenamentos sensoriais (AS). A informação é recebida por um ou mais receptores sensoriais (visão, olfato, tato etc.) e transmitida para um AS apropriado, em que é rapidamente perdida (em fração de segundos), a menos que a atenção seja alocada aos estímulos. A informação recebida é então transferida para a MCP, que funciona como o centro da atividade atual de processamento, integrando a informação dos órgãos sensórios e da MLP. A *capacidade limitada de processamento* é a principal característica da MCP; os indivíduos podem processar apenas uma quantidade finita de informações de uma só vez. Uma quantidade excessiva de informação resultará em reconhecimento e lembrança reduzidos. Além do mais, a informação na MCP que não é praticada e sobre a qual não se pensa será perdida por volta de 30 segundos ou menos.[26] (Isso acontece quando você pega um número de telefone na lista, mas se distrai antes de discá-lo. É necessário consultar a lista pela segunda vez e repetir o número para si mesmo – praticá-lo – para não se esquecer novamente.) A informação é transferida da MCP para a MLP, que os psicólogos cognitivos consideram um verdadeiro depósito de informações ilimitadas. A informação da MLP é organizada em unidades coerentes e associadas, chamadas *esquemata, pacotes de organização de memória* ou *estruturas de conhecimento*. As três formas refletem a ideia de que a MLP consiste em elos associativos entre informações, conhecimentos e crenças relacionados. Um diagrama de uma estrutura de conhecimento é ilustrado na Figura 5.9. Essa representação mostra a estrutura da memória de um *baby boomer* para o Volkswagen, o primeiro carro que ela teve quando estava na faculdade, no fim da década de 1960, e que comprou de novo em 2008, para celebrar seu 61º aniversário.

O desafio dos gestores de comunicação de marketing é fornecer informações com valor positivo que os consumidores guardarão na MLP e que serão usadas algum tempo depois para influenciar a escolha de "nossa" marca e não dos concorrentes. Há uma boa razão pela qual a comunicação sobre uma marca *deve* alcançar a armazenagem na memória de longo prazo e ser fácil de extrair da memória. A saber, o ponto no qual um consumidor é exposto a informações acerca de uma marca é separado no tempo – às vezes por meses – da ocasião na qual o consumidor precisa acessar e usar as informações para tomar uma decisão de compra. Os gestores de comunicação de marketing estão sempre tentando alterar as memórias de longo prazo, ou as estruturas de conhecimento, dos consumidores, promovendo a *aprendizagem*, por parte do consumidor.

*Tipos de aprendizagem:* Dois tipos principais de aprendizagem são relevantes aos esforços de comar.[27] Um tipo é o *fortalecimento das ligações* entre a marca e alguma característica ou benefício dela. Metaforicamente, os gestores de comunicação de marketing desejam criar "cordas" mentais (em vez de fios fracos) entre marca e seus benefícios e características positivas. O objetivo é, em outras palavras, posicionar a essência da marca com segurança na memória do consumidor. Em geral, as ligações são reforçadas pela *repetição* de alegações, *criatividade* na transmissão das características de um produto e a apresentação de alegações de uma forma *concreta*. Por exemplo, o anúncio do hidratante Dove Hidratação Fresca (Figura 5.10) compara o produto com uma refrescante jarra de água gelada, criando uma metáfora concreta de que o hidratante é tão refrescante quanto a água fresca. Os profissionais de marketing responsáveis pelo Dove tentaram criar fortes elos nas mentes dos consumidores, indicando que esse produto é muito hidratante e, ao mesmo tempo, refrescante.

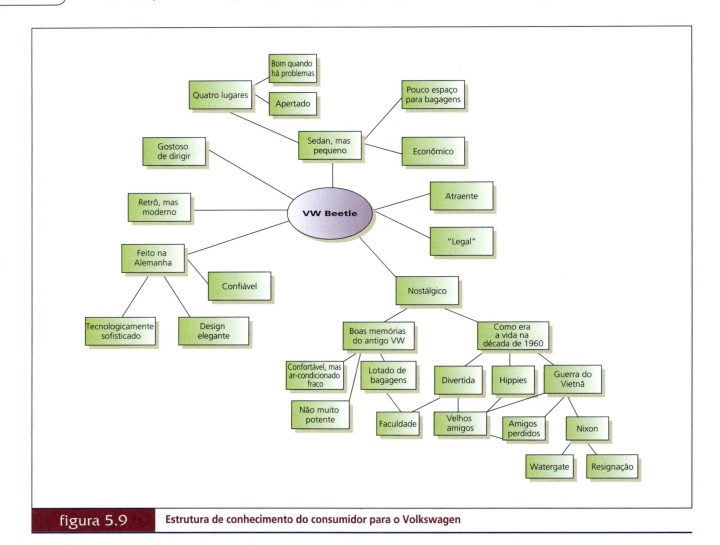

figura 5.9 — Estrutura de conhecimento do consumidor para o Volkswagen

figura 5.10 — Exemplo de esforço para fortalecer a ligação entre marca e seus benefícios

Os gestores de comunicação de marketing promovem uma segunda forma de aprendizagem, *estabelecendo ligações totalmente novas*. Retornando a nossa discussão sobre o *brand equity*, no Capítulo 2, a noção presente de estabelecer ligações novas é equivalente à ideia discutida anteriormente de promover o *brand equity* por meio da criação de associações fortes, favoráveis e talvez singulares entre a marca e suas características e benefícios. Portanto, os termos *ligação* e *associação* são intercambiáveis nesse contexto. Ambos envolvem uma relação entre marca e seus *benefícios e características que são armazenados na memória do consumidor*.

***Recuperação da informação:*** A informação que é aprendida e armazenada na memória só causa impacto no comportamento de escolha do consumidor quando ela é buscada e recuperada. Como a recuperação precisamente acontece é algo que vai além do alcance deste capítulo. É suficiente dizer que a recuperação é promovida quando uma nova informação é ligada, ou associada, a outro conceito conhecido e facilmente acessado. Isso é precisamente o que a gerência da marca e a equipe da agência de propaganda do hidratante Dove tentou realizar usando uma garrafa de água fresca como uma representação metafórica de que a marca é hidratante e refrescante. É muito mais fácil para as pessoas recuperar a ideia concreta de uma garrafa de água com símbolo de refrescância e hidratação que extrair da memória o conceito semântico abstrato de que o hidratante Dove é refrescante. A *teoria da codificação dupla* oferece uma explicação.

De acordo com a teoria da codificação dupla, as imagens são representadas na memória tanto na forma verbal quanto na visual, ao passo que as palavras são menos passíveis de representações visuais.[28] Em outras palavras, imagens (*versus* palavras) são mais bem lembradas porque as imagens são especialmente capazes de criar imagens mentais. Pesquisas revelaram que a informação sobre os atributos dos produtos é mais fácil de ser lembrada quando é acompanhada de imagens que quando apresentada apenas como prosa.[29] O valor das imagens é especialmente importante quando a informação verbal é em si fraca em imagens.[30]

### Uma conclusão do MPC (modelo de processamento do consumidor)

Uma explicação um tanto detalhada do processamento de informações por parte do consumidor foi apresentada. Como vimos na introdução, a perspectiva MPC propicia uma descrição apropriada do comportamento do consumidor quando esse comportamento é deliberado, racional ou, em resumo, altamente cognitivo. Uma grande parte do comportamento do consumidor é dessa natureza. Mas ele também é motivado por considerações emocionais, hedônicas e experienciais. Por isso, precisamos considerar a perspectiva MEH (modelo experiencial hedônico) e suas implicações quanto aos gestores de comunicação de marketing e o posicionamento da marca.

## O modelo experiencial hedônico (MEH)

É importante mais uma vez enfatizar que o *racional* modelo de processamento do consumidor (MPC) e o modelo *experiencial hedônico* (MEH) *não* se excluem mutuamente. De fato, há evidências de que os indivíduos compreendem a realidade por meio desses processos racionais e experienciais operando de modo interativo, com sua influência relativa contingente à natureza da situação e à carga de envolvimento emocional – quanto maior for o envolvimento emocional, maior será a influência dos processos experienciais.[31] Por isso, o modelo MEH explica melhor como os consumidores processam as informações quando estão tranquilos e felizes, e diante de resultados positivos.[32]

Enquanto a perspectiva MPC vê o consumidor buscando objetivos como "conseguir a melhor compra", "conseguir o melhor aproveitamento de seu dinheiro", "maximizar a utilidade", o ponto de vista MEH reconhece que as pessoas com frequência consomem produtos pelo simples prazer ou porque buscam diversão, fantasias ou estimulação sensorial.[33] Do ponto de vista hedônico, o consumo de um produto resulta na *antecipação* de se divertir, realizar fantasias ou ter sentimentos agradáveis. Em comparação, o comportamento de escolha da perspectiva CPM é baseado na avaliação racional de que a alternativa escolhida será mais funcional e trará melhores resultados que as outras.

Assim, considerados a partir da perspectiva MEH, os produtos são mais que meras entidades objetivas (um vidro de perfume, um aparelho de som etc.); eles são, pelo contrário, símbolos subjetivos que antecipam *sentimentos* (por exemplo, amor, orgulho) e prometem *diversão* e a possível realização de *fantasias* – os três itens indicados na Figura 5.6. Os produtos mais compatíveis com a perspectiva hedônica incluem as artes performáticas (por exemplo, ópera e dança moderna), as assim chamadas artes plásticas (por exemplo, fotografia e artesanato), formas populares de entretenimento (por exemplo, filmes e shows de rock), vestuário da moda, eventos esportivos, atividades de lazer, e objetivos recreativos.[34] É importante notar, entretanto, que qualquer produto – não apenas esses exemplos – podem conter elementos hedônicos e experienciais subjacentes a sua escolha e a seu consumo. Por exemplo, muitos sentimentos agradáveis e fantasias são relacionados à compra de produtos como automóveis, bicicletas ou móveis. Até a Procter & Gamble, que é historicamente conhecida por seu estilo informacional de propaganda, alterou sua ênfase em afirmações de desempenho para o sabão Tide e focou mais as emoções associadas a roupas limpas, recém-lavadas.

As diferenças entre as perspectivas MEH e MPC têm implicações significativas para a prática da comar. Enquanto estímulos verbais e argumentos racionais desenvolvidos para posicionar a marca e afetar o conhecimento e as crenças do consumidor sobre o produto são mais apropriados nos esforços de comar voltados para o MPC, a abordagem MEH enfatiza o conteúdo não verbal para gerar imagens, fantasias, emoções e sentimentos positivos. Por exemplo, o Subaru Outback, um veículo com quatro rodas, pode atribuir uma grande parte de seu sucesso nos Estados Unidos a uma campanha publicitária que usou Paul Hogan (também conhecido como Crocodilo Dundee) como porta-voz da marca, aproveitando sua imagem como um herói destemido, charmoso e realista da Austrália. Essa famosa campanha publicitária alcançou sucesso para o Subaru Outback, pois criou uma ligação emocional entre os consumidores e a marca.[35]

A discussão e os exemplos anteriores enfatizaram a propaganda, mas é evidente que as diferenças entre as perspectivas MPC e MEH também se aplicam às outras formas de comunicações de marketing. Um vendedor, por exemplo, pode enfatizar as características e os benefícios tangíveis do produto para realizar a venda (abordagem MPC) ou pode tentar transmitir a diversão, as fantasias e os prazeres que os consumidores em potencial podem desfrutar adquirindo o produto. Os vendedores de sucesso empregam as duas abordagens e direcionam a abordagem dominante à personalidade e às necessidades específicas do consumidor. Ou seja, os vendedores bem-sucedidos sabem como adaptar suas apresentações a diferentes consumidores – espera-se, é claro, que eles o façam com honestidade e mantendo os padrões de moralidade.

Por fim, nenhuma estratégia de posicionamento, voltada para o MPC ou para o MEH, é eficaz em todos os casos. Os melhores resultados dependem da natureza específica da categoria do produto, a situação competitiva, o caráter e as necessidades do público-alvo. Voltando aos princípios fundamentais do posicionamento, as marcas podem ser posicionadas para apelar às necessidades *funcionais*, o que é adequado à perspectiva MPC, ou *simbólicas* ou *experienciais*, o que é mais harmonioso com a abordagem MEH.

# Resumo

Este capítulo introduziu o conceito e a prática do posicionamento da marca, e o descreveu como representando a característica, o benefício ou a imagem-chave que uma marca representa na mente coletiva do público-alvo. Uma declaração de posicionamento é a ideia central que envolve o significado e a distinção da marca em comparação às concorrentes. Como o significado é fundamental para o posicionamento, o capítulo apresentou a noção de semiótica e descreveu a criação do significado como um processo desenvolvido a partir das mensagens da comar e no qual os consumidores estão ativamente envolvidos, – significado que pode ou não ser equivalente ao que o comunicador desejava transmitir.

O capítulo explicou também que o conceito fundamental na semiótica é o de sinal, algo físico e perceptível que significa alguma coisa (a referência) para alguém (o intérprete) em certo contexto. Foi explicado que os profissionais da comar, quando no processo de posicionar suas marcas, extraem o significado do mundo culturalmente constituído (ou seja, o mundo cotidiano) e transferem esse significado para suas marcas.

O capítulo esclareceu que uma boa declaração de posicionamento deve satisfazer dois requisitos: (1) refletir uma vantagem competitiva da marca (em comparação às concorrentes na mesma categoria de produto) e (2) motivar os consumidores a agir. No contexto dessas duas considerações foram identificados quatro resultados possíveis oriundos de um posicionamento da marca: o posicionamento pode ser um "perdedor" potencial, um "vencedor", uma proposição "nadar contra a corrente" ou uma perspectiva "promover os concorrentes".

Uma discussão detalhada foi dedicada aos vários modos como as marcas podem ser posicionadas. As opções incluem o posicionamento com base nos benefícios – quando uma marca é posicionada em termos das necessidades funcionais, simbólicas ou experienciais – e o posicionamento com base nos atributos. Essa última forma inclui o posicionamento baseado em características relacionadas com o produto em termos de imagem do uso ou do usuário.

O capítulo também descreveu os princípios fundamentais do comportamento de escolha do consumidor. Duas perspectivas relativamente distintas do comportamento de escolha foram apresentadas: o modelo de processamento do consumidor (MPC) e o modelo experiencial hedônico (MEH). A abordagem MPC vê o consumidor como um tomador de decisões analítico, sistemático e lógico. Segundo essa perspectiva, os consumidores são motivados a alcançar os objetivos desejados. O processo MPC envolve prestar atenção, decodificar, reter, recuperar e integrar informações para que uma pessoa possa fazer uma escolha adequada entre as alternativas de consumo. As marcas posicionadas em harmonia com o processo MPC enfatizam argumentos lógicos e características funcionais em vez de emoção e simbolismo.

Em comparação, a perspectiva MEH vê o comportamento de escolha do consumidor como resultado da busca por diversão, fantasia e sentimentos. Assim, certo comportamento do consumidor é baseado predominantemente em considerações emocionais em vez de fatores objetivos, funcionais e econômicos. A distinção entre as visões MPC e MEH sobre a escolha do consumidor é importante para os gestores de comunicação de marketing. As técnicas e estratégias criativas para afetar o comportamento da escolha do consumidor são uma função da orientação prevalecente do consumidor.

# Questões para discussão

1. Alguns anúncios de revistas mostram uma foto de um produto e mencionam o nome da marca, mas não têm nenhum conteúdo verbal exceto, talvez, uma única declaração sobre a marca. Encontre um exemplo desse tipo e explique que significado você acredita que o anunciante está tentando transmitir. Peça a dois amigos que interpretem o anúncio e depois compare as respostas deles para determinar as diferenças de significado que o anúncio tem para você e seus amigos. Apresente uma conclusão geral do exercício.

2. Alguns especialistas afirmam que países, estados e municípios podem ser posicionados do mesmo modo que outros "produtos" com o propósito de atrair turistas. Se você mora no Brasil, explique como posicionaria seu estado para atrair mais turistas. Se for estrangeiro, explique como promoveria seu país, ou uma região dele, para alcançar esse objetivo.

3. Como é posicionada sua marca favorita de tênis (Adidas, Nike, Reebok etc.)?

4. A Figura 5.9 apresenta uma estrutura de conhecimento do consumidor para o Volkswagen. Construa sua estrutura de conhecimento para um automóvel que gostaria de ter.

5. Uma realidade das comunicações de marketing é que o mesmo sinal tem significados diferentes para pessoas diferentes. Dê um exemplo com base em sua experiên-

cia pessoal em que um sinal teve um significado diferente para pessoas diferentes. Quais são as implicações gerais para as comunicações de marketing?
6. Explique cada um dos conceitos relacionados: codificação perceptiva, análise de características e síntese ativa. Usando um produto de consumo de sua escolha, explique como os designers da embalagem para essa marca usaram os conceitos de análise de características para desenvolver a embalagem.
7. Como sua faculdade ou universidade se posiciona? Se você fosse responsável por criar um novo posicionamento, ou reposicionamento, para sua faculdade ou universidade, como seria ele? Justifique a escolha.
8. Todos os ambientes de comunicação de marketing são abarrotados. Explique o que isso significa e dê vários exemplos. Não limite os exemplos a anúncios.
9. Como gerente de marca, imagine que você decidiu promover sua marca com base em um atributo que é muito importante para os consumidores, mas para o qual sua marca não tem nenhuma vantagem competitiva sobre as concorrentes. No contexto da Figura 5.2, explique o provável resultado desse esforço de posicionamento.
10. Explique por que a atenção é altamente seletiva e que implicações essa seletividade tem para os gerentes de marca e suas agências de propaganda.
11. No Capítulo 2 você leu sobre "alavancagem" (ver Figura 2.4) como um dos modos pelo qual as associações com a marca são criadas. Relacione essa discussão ao conceito de imbuir uma marca de significado extraindo o significado existente no "mundo culturalmente constituído".
12. Ao discutir a exposição como o estágio inicial do processamento de informações, foi dito que alcançar exposição é uma condição necessária, mas insuficiente, para o sucesso. Explique.
13. A criação do significado, de acordo com a perspectiva da semiótica, é um processo construtivo. Explique o que isso significa e ilustre seu entendimento com um exemplo pessoal.

# Notas

1. Para uma abordagem mais profunda da semiótica na comunicação de marketing e comportamento do consumidor, ver David Glen Mick, "Consumer Research and Semiotics: Exploring the Morphology of Signs, Symbols, and Significance", *Journal of Consumer Research* 13 (setembro de 1986), 196-213; Eric Haley; "The Semiotic Perspective: A Tool for Qualitative Inquiry", *Proceedings of the 1993 Conference of the American Academy of Advertising*, ed. Esther Thorson (Columbia, Mo.: The American Academy of Advertising, 1993), 189-96; e Birgit Wassmuth et al., "Semiotics: Friend of Foe to Advertising?", *Proceedings of the 1993 Conference of the American Academy of Advertising*, ed. Esther Thorson (Columbia, Mo.: The American Academy of Advertising, 1993), 271-6. Para uma aplicação interessante de uma análise de semiótica, ver Morris B. Holbrook e Mark W. Grayson, "The Semiology of Cinematic Consumption: Symbolic Consumer Behavior in *Out of Africa*", *Journal of Consumer Research* 13 (dezembro de 1986), 374-81; Edward F. McQuarrie e David Glen Mick, "On Resonance: A Critical Pluralistic Inquiry Into Advertising Rhetoric", *Journal of Consumer Research* 19 (setembro de 1992), 180-197; Linda M. Scott, "Understanding Jingles and Needledrop: "A Rhetorical Approach to Music in Advertising", *Journal of Consumer Research* 17 (setembro de 1990), 223-36; e Teresa J. Domzal e Jerome B. Kernan, "Mirror, Mirror: Some Postmodern Reflections on Global Advertising", *Journal of Advertising* 22 (dezembro de 1993), 1-20. Para uma abordagem da "desconstrução" dos significados a partir dos anúncios e outras comunicações de marketing, ver Barbara B. Stern, "Textual Analysis in Advertising Research: Construction and Deconstruction of Meanings", *Journal of Advertising* 25 (outono de 1996), 61-73.
2. Essa descrição é baseada em John Fiske, *Introduction to Communication Studies* (Nova York: Routledge, 1990) e Mick, "Consumer Research and Semiotics", 198.
3. A discussão subsequente é influenciada pelas visões de David K. Berlo, *The Process of Communication* (São Francisco: Holt, Rinehart, & Winston, 1960), 168-216.
4. Essa interpretação é adaptada de Roberto Friedmann e Mary R. Zimmer, "The Role of Psychological Meaning in Advertising", *Journal of Advertising* 17, n. 1 (1988), 31; e Robert E. Klein III e Jerome B. Kernan, "Contextual Influences on the Meanings Ascribed to Ordinary Consumption Objects", *Journal of Consumer Research* 18 (dezembro de 1991), 311-24.
5. Grant McCracken, "Culture and Consumption: A Theoretical Account of the Structure and Movement of the Cultural Meaning of Consumer Goods", *Journal of Consumer Research* 13 (junho de 1986), 74.
6. Para uma discussão adicional, ver Grant McCracken, "Advertising: Meaning or Information", *Advances in Consumer Research*, vol.14, ed. Melanie Wallendorf e Paul F. Anderson (Provo, Utah: Association for Consumer Research, 1987), 121-4.
7. Edward F. McQuarrie e David Glen Mick, "Visual Rhetoric in Advertising: Text-Interpretive, Experimental, and Reader-Response Analyses", *Journal of Consumer Research* 26 (junho de 1999), 37-54; Linda M. Scott, "The Bridge from Text to Mind: Adapting Reader-Response Theory to Consumer Research", *Journal of Consumer Research* 21 (dezembro de 1994), 461-80.
8. Kevin J. Clancy e Peter C. Krieg, *Counter-Intuitive Marketing: Achieve Great Results Using Uncommon Sense* (Nova York: Free Press, 2000), 110.
9. Ibid., 111.
10. C. Whan Park, Bernard J. Jaworski, e Deborah J. MacInnis, "Strategic Brand Concept-Image Management", *Journal of Marketing* 50 (outubro de 1986), 136. A discussão a seguir sobre as necessidades/benefícios funcionais, simbólicos e experienciais segue as conceituações de Park et al.
11. Para uma discussão adicional desse ponto ver ibid.
12. Essa descrição é baseada em Bob Lamons, "Marcom Proves Itself a Worthy Investment", *Marketing News* (9 de junho de 2003), 13.
13. Essa discussão é baseada em informações presentes no site da Havaianas: http://br.havaianas.com.br. Acesso em: 11 de novembro de 2011.
14. O que chamamos *modelo de processamento do consumidor (MPC)* é mais convencionalmente chamado modelo *de processamento de informação pelo consumidor (PIC)*. Escolhermos MPC em vez de PIC por duas razões: (1) é nominalmente paralelo à denominação MEH, e assim simplifica a memorização; e (2) o termo *informação* é muito limitador, pois implica que apenas as afirmações verbais (informações) são importantes para os consumidores e que as outras formas de comunicação (por exemplo, declarações não verbais) são irrelevantes. Esse último ponto foi enfatizado por Esther Thorson, "Consumer Processing of Advertising", *Current Issues & Research in Advertising* 12, ed. J. H. Leigh e C. R. Martin, Jr. (Ann Arbor: University of Michigan, 1990), 198-9.

15. Elizabeth C. Hirschman e Morris B. Holbrook, "Hedonic Consumption: Emerging Concepts, Methods, and Propositions", *Journal of Marketing* 46 (verão de 1982), 92-101; Morris B. Holbrook e Elizabeth C. Hirschman, "The Experiential Aspects of Consumption: Consumer Fantasies, Feelings, and Fun", *Journal of Consumer Research* 9 (setembro de 1982), 132-40.
16. James B. Bettman, *An Information Processing Theory of Consumer Choice* (Reading, Mass.: Addison-Wesley, 1979), 1.
17. William J. McGuire, "Some Internal Psychological Factors Influencing Consumer Choice", *Journal of Consumer Research* 4 (março de 1976), 302-19.
18. Scott A. Hawkins e Stephen J. Hoch, "Low-Involvement – Learing: Memory without Evaluation", *Journal of Consumer Research* 19 (setembro de 1992), 212-25.
19. Philip Kotler, *Administração de Marketing*. 10. ed. São Paulo: Prentice Hall, 2000.
20. Para uma excelente abordagem dessa distinção e também uma perspectiva mais ampla dos fatores que determinam a atenção, compreensão e o aprendizado das mensagens publicitárias, ver Klaus G. Grunert, "Automatic and Strategic Processes in Advertising Effects", *Journal of Marketing* 60 (outubro de 1996), 88-102.
21. Paul Surgi Speck e Michael T. Elliot, "The Antecedents and Consequences of Perceived Advertising Clutter", *Journal of Current Issues and Research in Advertising* 19 (outono de 1997), 39-54. Além de não ser apreciado pelos consumidores, o excesso publicitário também produz efeitos indesejáveis para a comunidade publicitária, pelo menos no caso de circulação de revistas. Ver Louisa Há e Barry R. Litman, "Does Advertising Clutter Have Diminishing and Negative Returns?", *Journal of Advertising* 26, (primavera de 1997), 31-42.
22. Uma abordagem completa dos processos de compreensão é apresentada por David Glen Mick, "Levels of Subjective Comprehension in Advertising Processing and Their Relations to Ad Perceptions, Attitudes, and Memory", *Journal of Consumer Research* 18 (março de 1992), 411-24.
23. Albert H. Hastorf e Hadley Cantril, "They Saw a Game: A Case Study", *Journal of Abnormal & Social Psychology* 49 (1954), 129-34.
24. Alice M. Isen, Margaret Clark, Thomas E. Shalker, e Lynn Karp, "Affect, Accessibility of Material in Memory, and Behavior: A Cognitive Loop", *Journal of Personality and Social Psychology* 36 (janeiro de 1978), 1-12; Meryl Paula Gardner, "Mood States and Consumer Behavior: A Critical Review", *Journal of Consumer Research* 12 (dezembro de 1985), 281-300.
25. Várias fontes valiosas para abordagens técnicas das operações da memória estão disponíveis na literatura publicitária e de marketing. Ver Bettman, "Memory Functions", *An Information Processing Theory of Consumer Choice*, cap. 6; James B. Bettman, "Memory Factors in Consumer Choice: A Review", *Journal of Marketing* 43 (primavera de 1979), 37-53; Andrew A. Mitchell, "Cognitive Processes Initiated by Advertising", *Information Processing Research in Advertising*, ed. R. J. Harris (Hillsdale, N.J.: Lawrence Erlbaum Associates, 1983), 13-42; Jerry C. Olson, "Theories of Information Encoding and Storage: Implications for Consumer Research", *The Effect of Information on Consumer and Marketing Behavior*, ed. A. A. Mitchell (Chicago: American Marketing Association, 1978), 49-60; Thomas K. Srull, "The Effects of Subjective Affective States on Memory and Judgment", *Advances in Consumer Research*, vol. 11, ed. T. C. Kinnear (Provo, Utah: Association for Consumer Research, 1984); e Kevin Lane Keller, "Advertising Retrieval Cues on Brand Evaluations", *Journal of Consumer Research* 14 (dezembro de 1989), 316-33.
26. Richard M. Shiffrin e R. C. Atkinson, "Storage and Retrieval Processes in Long-Term Memory", *Psychological Review* 76 (23 de março de 1969), 179-93.
27. Mitchell, "Cognitive Processes Initiated by Advertising".
28. Allan Paivio, "Mental Imagery in Associative Learning and Memory", *Psychological Review* 76 (maio de 1969), 241-63. John R. Rossiter e Larry Percy, "Visual Imaging Ability as a Mediator of Advertising Response", in *Advances in Consumer Research*, vol. 5, ed. H. Keith Hunt (Ann Arbor: Association for Consumer Research, 1978), 621-9.
29. Michael J. Houston, Terry L. Childers, e Susan E. Heckler, "Picture-Word Consistency and the Elaborative Processing of Advertisements", *Journal of Marketing Research* 24 (novembro de 1987), 359-69.
30. H. Rao Unnava e Robert E. Burnkrant, "An Imagery-Processing View of the Role of Pictures in Print Advertisements", *Journal of Marketing Research* 28 (maio de 1991), 226-31.
31. Veronika Denes-Raj e Seymour Epstein, "Conflict between Intuitive and Rational Processing: When People Behave against Their Better Judgment", *Journal of Personality and Social Psychology* 66, n. 5 (1994), 819-29.
32. Ibid.
33. Hirschman e Holbrook, "Hedonic Consumption".
34. Ibid., 91.
35. Para uma discussão fascinante sobre a campanha publicitária para o Subaru Outback, ver Sal Randazzo, "Subaru: The Emotional Myths behind the Brand's Growth", *Journal of Advertising Research* 46, (março de 2006), 11-7.

# 6
# Definição dos objetivos e orçamento

A Geico, uma das maiores empresas de seguro de automóveis dos Estados Unidos, sempre trabalhou fortemente propaganda em seu *mix* de comunicação. Um dos comerciais mais marcantes da Geico protagonizava uma lagartixa falante, com sotaque australiano. Outro apresentava homens das cavernas sofisticados que se sentiam insultados – em uma paródia do "politicamente correto" – por ofensores "insensíveis" que insinuavam que algumas ações eram "tão fáceis que até os homens das cavernas podiam praticá-las". Tanto o comercial com a lagartixa quanto o com os homens das cavernas podem ser considerados impressionantes em termos de criatividade, mas essas não são questões enfatizadas neste capítulo. O destaque será dado à grande quantidade de dinheiro orçado pela Geico para esses comerciais de TV e o sucesso alcançado.

As quatro maiores empresas de seguros de automóveis dos Estados Unidos – State Far, Allstate, Progressive e Geico – competem em um ambiente altamente agressivo em que a guerra dos preços para atrair consumidores é comum. Anúncios inteligentes e frequentes são um caminho alternativo pelo qual os concorrentes nesse setor lutam para conquistar novos clientes. E a Geico, apesar de deter o quarto maior *market share*, é a líder em anúncios entre as quatro maiores empresas do setor. De fato, em 2006 a Geico investiu pouco mais de 500 milhões de dólares em propaganda – quase o dobro do nível de propaganda de suas concorrentes – e de modo cumulativo entre 2001 e 2006, mais de 2 bilhões de dólares em propaganda!

Esse enorme investimento teve retorno para a Geico. Ela agora tem um nível muito alto de percepção publicitária – ou seja, mais de 90% dos consumidores pesquisados indicam que viram ou ouviram um anúncio da empresa no ano passado. O concorrente mais próximo em termos de percepção publicitária é a State Farm, com 80%. Mas além de criar percepção, a Geico é a única marca na categoria de seguros de automóveis a obter um crescimento de dois dígitos em *market share* (participação de mercado), um aumento de aproximadamente 13% em sua parcela total de negócios de seguro. Além disso, a Geico é a número 1 no que se refere à conquista de novos consumidores. É desnecessário dizer que esses ganhos impressionantes da empresa levaram a State Farm e as outras concorrentes a elevar seus próprios níveis de gastos com propaganda. O exemplo da Geico mostra sem sombra de dúvida que a propaganda criativa apoiada por um orçamento suficiente de comunicação pode alcançar vários objetivos de comar, como melhorar a percepção, atrair novos consumidores e aumentar o *market share*.

Fontes: Adaptado de Mya Frazier, "Geico's Big Spending Pays Off, Study Says", Advertising Age, 26 de junho de 2007, http://adage.com. (Acessado em 27 de junho de 2007).

## Objetivos do capítulo

*Após ler este capítulo, você será capaz de:*

1. Entender o processo de definição dos objetivos da comar e os requisitos para bons objetivos.

2. Entender o modelo da hierarquia dos efeitos e sua relevância para a definição dos objetivos da comar.

3. Entender o papel das vendas como um objetivo da comar e a lógica do pensamento vagamente certo *versus* precisamente errado.

4. Conhecer a relação entre o *market share* (MS) da marca, e seu *share of voice* (SV) e as implicações para estabelecer um orçamento para a comar.

5. Entender as várias regras que guiam a criação prática do orçamento.

6. Conhecer as bases para a elaboração do planejamento de comar.

>>**Dica de comar:**
Resultados impressionantes produzidos por grandes investimentos em homens das cavernas e uma lagartixa falante

# Introdução

Voltando ao modelo do processo da comar apresentado no Capítulo 1, você se lembrará que a estrutura descreveu várias formas de decisões "fundamentais" e de "implementação". Continuamos esse tema na medida em que ele se relaciona de maneira específica à definição de objetivos de comar e ao orçamento. Essas atividades, junto da segmentação (tema do Capítulo 4) e posicionamento (Capítulo 5), são as pedras fundamentais de todas as decisões subsequentes da comar. A estratégia de marketing construída sobre uma base fraca com certeza fracassará. Objetivos inteligentes e orçamento adequado são pontos críticos para alcançar sucesso. Não esqueçamos o conceito apresentado no Capítulo 1:

> *Todas as comunicações devem ser (1) segmentadas, ou seja, direcionadas a um público-alvo específico; (2) claramente posicionadas; (3) criadas para alcançar um objetivo específico; e (4) empreendidas para realizar os objetivos dentro dos limites do orçamento.*

Este capítulo encerra a discussão sobre decisões fundamentais da comar, examinado a definição de objetivos e orçamento. Esses dois tópicos foram abordados antes, porém, mais da perspectiva da propaganda que de comar em geral. Todavia, como os assuntos são semelhantes, independentemente da forma de comunicação de marketing, neste capítulo partiremos da literatura publicitária e a aplicaremos a todas as formas de comunicações de marketing.

Além disso, este capítulo argumenta que as decisões dos objetivos e orçamento devem ser formais e sistemáticas em vez de aleatórias. Os dois tópicos representam decisões-chave que preparam o caminho para o conjunto subsequente de decisões de "implementação", que incluem a escolha da mensagem, mídia, combinação de ferramentas da comar e a conquista de uma presença constante da mensagem, chamada *momentum* (ou esforço). Essas quatro decisões de "implementação", junto das decisões "fundamentais", foram apresentadas no modelo de processo da comar no Capítulo 1. Será útil rever esse modelo (Figura 1.2) para se familiarizar novamente com o escopo geral da estratégia da comar.

# Definindo os objetivos da comar

Os **objetivos da comar** são metas que os diferentes elementos da comar aspiram alcançar de forma individual ou coletiva durante um período como um trimestre comercial ou ano fiscal. Os objetivos formam a base para todas as decisões remanescentes. Os capítulos posteriores detalham os objetivos para os quais cada componente do *mix* da comar é designado; para nossos propósitos, no momento será suficiente apenas listar um conjunto ilustrativo dos objetivos que os comunicadores esperam alcançar usando diferentes ferramentas da comar. Junto de cada objetivo estão indicadas, entre parênteses, as ferramentas da comar mais adequadas para alcançá-lo:

- Promover a introdução bem-sucedida de novas marcas (nome e embalagem da marca, publicidade, propaganda, ações para o *trade*, promoção de vendas, geração de rumor boca a boca e exposição nos pontos de venda – PDV).
- Melhorar as vendas de marcas existentes aumentando a frequência do uso e a variedade de usuários ou da quantidade comprada (propaganda e promoções de vendas).
- Informar ao comércio (atacadistas, agentes ou corretores e varejistas) e aos consumidores sobre as melhorias da marca (venda pessoal e propaganda orientada para o comércio).
- Criar percepção da marca (propaganda, embalagem e mensagens no PDV).
- Promover a imagem da marca (nome e embalagem da marca, propaganda, patrocínio de eventos, marketing voltado para causa e relações públicas [RP] orientadas para marketing).
- Gerar lideranças de vendas (propaganda e promoção de vendas).
- Persuadir o comércio a lidar com as marcas do fabricante (propaganda orientada para o comércio e venda pessoal).
- Estimular vendas no ponto de venda (nome e embalagem da marca, mensagens no PDV e comunicação externa).
- Aumentar a lealdade do consumidor (propaganda e programas de relacionamento).
- Melhorar as relações da empresa com grupos de interesse – *stakholders* (RP orientadas para marketing).
- Compensar uma propaganda ruim sobre uma marca ou gerar propaganda boa (RP orientadas para marketing).
- Reagir aos esforços de comunicação dos concorrentes (propaganda, promoção de vendas e ações no *trade*).

Os objetivos que as comunicações de marketing em suas várias formas devem alcançar são variados, mas independentemente da substância do objetivo, há três razões principais por que é essencial que eles sejam definidos *antes* da tomada das importantes decisões de implementação acerca da escolha da mensagem, da determinação da mídia e do modo como os vários elementos da comar devem ser combinados e mantidos:[1]

1. *Alcançar consenso gerencial:* o processo de definir objetivos literalmente força os altos executivos de marketing e os profissionais da comar a concordar sobre o curso a ser seguido por uma estratégia da comar de marca em um período planejado, e também quanto às tarefas a serem realizadas para uma marca específica. Assim, os objetivos propiciam uma expressão formalizada de consenso gerencial.

2. *Guiar subsequentes decisões da comar:* a definição dos objetivos orienta o orçamento, a mensagem e os aspectos da mídia de uma estratégia da comar referente à marca. Os objetivos determinam quanto dinheiro deve ser gasto e sugerem as diretrizes para os tipos de estratégia de mensagem e escolha de mídia necessárias para atingir os objetivos das comunicações de marketing.
3. *Propiciar padrões:* os objetivos propiciam padrões diante dos quais os resultados podem ser medidos. Como veremos em detalhes mais adiante, bons objetivos estabelecem critérios de avaliação precisos e quantitativos do que um programa de comar espera alcançar. Os resultados subsequentes podem, então, ser comparados a esses padrões para determinar se o esforço produziu o resultado desejado.

## A hierarquia dos efeitos da comar

Um entendimento completo da definição dos objetivos da comar exige que examinemos, em primeiro lugar, o processo de comunicação pela perspectiva do consumidor. Uma estrutura chamada hierarquia dos efeitos é apropriada para alcançar esse entendimento. A estrutura da hierarquia revela que a escolha do objetivo da comar depende do grau de experiência que o público-alvo já tem com a marca.[2]

A metáfora da **hierarquia dos efeitos** sugere que, para o sucesso das comunicações de marketing, todos os elementos da comar devem conduzir o consumidor por uma série de estágios psicológicos, do mesmo modo que uma pessoa sobe uma escada – um degrau, depois outro e outro até chegar ao topo. Existe uma variedade de modelos de hierarquia, e todos com base na ideia de que os elementos da comar, se bem-sucedidos, levam as pessoas de um estado inicial de não percepção da marca a sua aquisição.[3] Os estágios intermediários na hierarquia representam progressivamente graus mais próximos à aquisição da marca. A hierarquia na Figura 6.1 dá um passo adiante estabelecendo a lealdade para com a marca como o topo da escada.[4] Examine essa figura atentamente antes de prosseguir com a leitura.

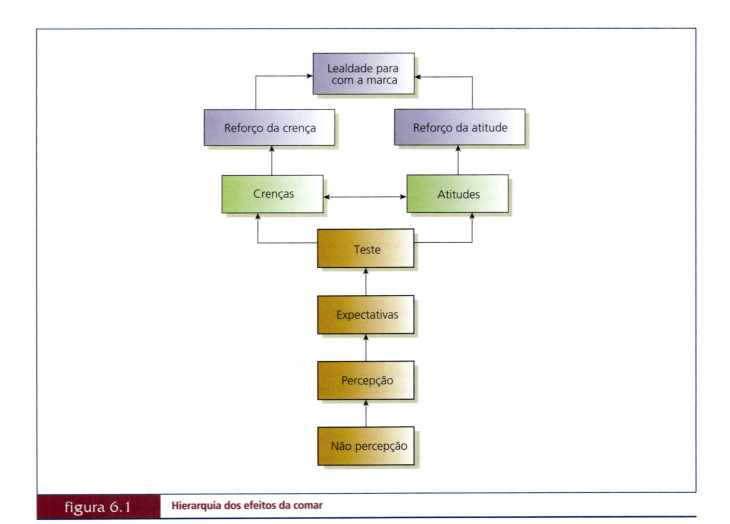

figura 6.1 Hierarquia dos efeitos da comar

Entenderemos melhor o significado de cada um desses estágios, ou degraus da hierarquia, ao examinarmos um caso real. Considere a marca de ração para animais domésticos chamada Pegetables. Analisando mais atentamente, vemos que o nome da marca Pegetables representa uma combinação da letra "p" em *pet* [animal de estimação] e da palavra *vegetables* [vegetais], sem a letra "v"; em outras palavras, vegetais para animais de estimação. Na verdade, trata-se de um produto simples, mas é um bom exemplo de como os vários elementos da comar operam juntos para conduzir os consumidores pelos estágios da hierarquia.

### Levando os consumidores da não percepção à percepção

Quando o produto foi introduzido no mercado, os consumidores não sabiam da existência do Pegetables nem de suas características especiais (muitos, sem dúvida, ainda não sabem). Portanto, o imperativo inicial da comar é tornar os consumidores conscientes de que existe um produto como o Pegetables. Em geral, gerar a percepção é algo essencial para marcas novas ou que ainda não foram estabelecidas. A menos que os consumidores tenham a percepção de marca, ela não pode fazer parte do grupo de alternativas de compra. De todas as ferramentas da comar, a propaganda (via mídia de massa ou outra forma) em geral é o método mais eficaz e eficiente para criar com rapidez a percepção da marca. Às vezes, as agências de propaganda dão uma ênfase excessiva à geração da percepção da marca, criando anúncios tolos com humor não convencional ou usando evidentes apelos sexuais. Em casos assim, deve predominar o aspecto cognitivo, ou seja, a ênfase é para a informação sobre atributos, benefícios e formas de uso do produto.

### Criando uma expectativa

A mera percepção do nome da marca em geral é insuficiente para fazer que as pessoas a comprem, particularmente quando os consumidores já possuem uma solução para um problema que "seu" produto atende ou continuam sem saber que existe uma solução disponível. A propaganda e outros elementos da comar devem criar nos consumidores uma expectativa de qual benefício, ou benefícios, do produto eles obterão adquirindo e experimentando a marca. É importante notar que uma expectativa do ponto de vista do consumidor é baseada no modo como a marca foi posicionada, que foi o tópico do Capítulo 5.

No caso da marca Pegetables, os consumidores basicamente recebem a promessa de que o produto é um alimento delicioso e nutritivo para cães, feito com vegetais de verdade (veja os itens na forma de milho, cenoura e aipo). Esse foi o posicionamento da Pegetables, e essa é a expectativa que a gerência da marca Pegetables deseja implantar na mente coletiva do público-alvo. Se os consumidores desenvolverem essa expectativa, eles farão compras teste da Pegetables para descobrir por si mesmos (com base na aceitação do produto pelos seus cães) se ela cumpre a promessa.

### Encorajando compras teste

A promoção de vendas e a propaganda às vezes operam juntas para encorajar compras teste, com frequência influenciando os consumidores a mudar a marca que costumam comprar. Como o nome sugere, uma compra teste é exatamente isso: o consumidor testa uma marca pela primeira vez. Como a maioria das propagandas pode apenas ter a esperança de incitar, entusiasmar e abrir o apetite de alguém – ou, em geral, criar expectativas –, um mecanismo mais compelativo se faz necessário para gerar as compras teste. E, de fato, esse é o papel da promoção de vendas. Amostras grátis e cupons são mecanismos particularmente eficazes para fazer que os consumidores testem novas marcas de produtos de uso diário. No caso de produtos duráveis caros, grandes descontos e abatimentos são eficazes para encorajar uma forma de comportamento de teste como o *test-drive* em automóveis.

### Formando crenças e atitudes

Ao testar a marca pela primeira vez, o consumidor formará crenças sobre seu desempenho. No que se refere à Pegetables, as crenças podem ser pensamentos como "meu cachorro gosta muito desses petiscos e, como eles são feitos com vegetais de verdade, devem ser bons para ele". As crenças, por sua vez, formam a base para o desenvolvimento de uma atitude geral para com a marca. As crenças e atitudes reforçam-se mutuamente, como vemos na seta dupla ligando esses dois elementos na Figura 6.1. Se a Pegetables corresponder às expectativas do dono do cão, a atitude para com a marca tende a ser positiva; contudo, a atitude pode ser um tanto ambivalente ou mesmo negativa se a marca não apresentar o benefício esperado que motivou a compra teste.

### Reforçando crenças e atitudes

Quando as crenças e atitudes específicas relacionadas à marca são formadas como *resultado da experiência do uso do produto*, as comunicações de marketing subsequentes servem apenas para reforçar as crenças e atitudes do consumidor resultantes do teste do produto. Na Figura 6.1 isso é apresentado como reforço da crença e da atitude. O objetivo de reforço é alcançado quando o gestor de comunicação de marketing mantém uma promessa específica e promove esse ponto repetidamente, visando provocar uma reação. Esses são os objetivos com foco comportamental.

## Alcançado a lealdade à marca

Desde que a marca continue a satisfazer as expectativas e uma marca superior não seja introduzida no mercado, o consumidor pode se tornar um comprador leal a ela. Esse é o objetivo principal porque, como já mencionamos, é bem mais barato manter os consumidores atuais que continuamente procurar novos.[5] O objetivo passa de um aspecto predominantemente cognitivo para emocional, no qual se busca priorizar o estabelecimento de uma relação afetiva da marca com os consumidores.

A lealdade para com a marca é o ponto mais alto da hierarquia dos efeitos da comar (Figura 6.1). No entanto, a lealdade não é um resultado garantido. Por exemplo, alguns consumidores sempre compram a mesma marca de cola; outros sempre fumam a mesma marca de cigarro; e existem aqueles que usam a mesma marca de desodorante, pasta de dente, xampu e até automóvel. Em muitos outros casos, entretanto, o consumidor nunca desenvolve uma forte preferência por nenhuma marca. Em vez disso, ele continua a mudar de uma marca para outra, sempre tentando, tentando e tentando, mas nunca desenvolvendo uma forte ligação com uma marca específica. O comportamento do consumidor pode ser como um namoro – algumas pessoas "paqueram", mas nunca assumem um compromisso.

A lealdade para com a marca é um objetivo ao qual o gestor de comunicação de marketing aspira. Para obter a lealdade do consumidor é necessário satisfazer as necessidades dele de modo melhor que o das marcas concorrentes e continuar a comunicar os méritos da marca para reforçar as crenças e atitudes relacionadas a ela. (Veja a Figura 6.1 com um lembrete gráfico desse ponto.) É interessante observar, porém, que os vários elementos de comar podem estar em conflito com a meta de atingir a lealdade à marca. Enquanto a propaganda tem o efeito desejável de longo prazo de tornar os consumidores menos sensíveis ao preço e mais leais à marca, as promoções de vendas podem reduzir a lealdade efetivamente "treinando" os consumidores a ser sensíveis ao preço e, portanto, inclinados a mudar entre marcas que lhes ofereçam descontos.[6]

### Resumo da seção

Fica evidente dessa discussão sobre a hierarquia dos efeitos da comar que o objetivo de um programa de comar voltado para a marca, a qualquer tempo, depende do ponto da hierarquia em que os consumidores estão localizados. Embora consumidores individuais inevitavelmente se encontrem em níveis diferentes, a questão é determinar o local onde a maioria deles está. Por exemplo, se uma pesquisa revela que a grande maioria do público-alvo continua a desconhecer a marca, criar percepção é de suma importância. Se, todavia, a maioria dos membros do público-alvo conhece a marca, mas não tem certeza sobre o que ela representa, a tarefa da comar é a de desenvolver mensagens que criem uma expectativa capaz de motivar os consumidores a comprar a marca.

## Requisitos para a definição de objetivos adequados da comar

Um objetivo da comar é uma declaração específica sobre uma execução planejada em termos daquilo que o programa da comar deseja alcançar em determinado ponto no tempo. Essa meta é baseada no conhecimento do local onde o público-alvo está na hierarquia dos efeitos; conhecimento da situação competitiva atual, ou prevista, na categoria do produto; e conhecimento dos problemas que a marca deve enfrentar ou das oportunidades disponíveis.

O conteúdo específico de um objetivo da comar depende inteiramente da situação específica da marca. Por isso, não é possível falar do conteúdo do objetivo sem ter detalhes atuais (como aqueles fornecidos pela pesquisa de marketing) a respeito do contexto competitivo. Podemos, todavia, descrever os requisitos que todos os bons objetivos devem satisfazer. Comecemos por esclarecer que nem todos os objetivos são bem definidos. Considere os exemplos a seguir:

*Exemplo A: o objetivo para o próximo trimestre comercial para a Marca X é aumentar as vendas.*

*Exemplo B: o objetivo para o próximo trimestre comercial para a Marca X é elevar a percepção geral da marca do nível atual de 60% para 80%.*

Esses exemplos extremos diferem em dois importantes aspectos. Em primeiro lugar, o exemplo B é obviamente mais específico. Em segundo, enquanto o exemplo A apresenta um objetivo de vendas, o exemplo B envolve uma meta de pré-vendas (aumentar a percepção). A seção a seguir descreve os critérios específicos que bons objetivos devem satisfazer.[7] Voltaremos aos exemplos A e B durante a apresentação desses critérios, que estão listados na Figura 6.2.

---

- Incluir uma declaração precisa sobre *quem, o quê e quando*.
- Ser quantitativo e mensurável.
- Especificar a quantidade de mudança.
- Ser realista.
- Ser consistente internamente.
- Ser claro e apresentado por escrito.

**figura 6.2**
Critérios que bons objetivos da comar devem satisfazer

# foco c.i.m.

## Unimed Londrina: A melhor estratégia é a comunicação. A segunda melhor é planejá-la.

A Unimed Londrina faz parte do Sistema Empresarial Cooperativo Unimed, maior rede de assistência médica do Brasil, presente em 83% do território nacional e composta atualmente por 378 cooperativas médicas, que prestam assistência para mais de 16,8 milhões de clientes e 73 mil empresas em todo o país. A unidade de Londrina foi fundada por 57 médicos em 4 de outubro de 1971 e hoje conta com mais de mil médicos cooperados em Londrina e Região, cerca de 12 mil no Paraná e quase 80 mil em todo o Brasil. Em sintonia com sua missão, "Oferecer soluções de promoção e assistência à saúde, que proporcionem segurança e bem-estar para clientes, cooperados e colaboradores, com responsabilidade social", a Unimed Londrina oferece ao mercado serviços complementares, formas de atendimento, variedade de planos e atuação em diversos setores da medicina assistencial e preventiva.

De todas as iniciativas recentes desenvolvidas pela Unimed Londrina visando ao crescimento sustentado da cooperativa, à manutenção da liderança do mercado e à constante busca pela melhoria dos serviços prestados aos clientes e cooperados, a comunicação com o mercado obteve destaque considerável, em virtude das modificações no processo de planejamento e das estratégias de sucesso implementadas a partir do ano de 2006.

Essas ações foram influenciadas por profundas alterações nas diretrizes de comunicação empreendidas pela Unimed Brasil iniciadas em 2003, passando por um amplo processo de padronização visual da marca Unimed e pela determinação de um posicionamento de marca único, focado em atributos emocionais, qualidade de vida e bem-estar. O resultado desse trabalho foi a criação do *slogan* "O melhor plano de saúde é viver. O segundo melhor é Unimed", utilizado até hoje em toda a rede da cooperativa. Além disso, foram definidos os três pilares básicos que representam a essência da marca Unimed: medicina para a felicidade, união como filosofia de vida e respeito pela diversidade.

O grande desafio enfrentado pela Unimed Londrina foi aplicar as novas diretrizes de comunicação no mercado local. Por meio de trabalho coordenado, envolvendo equipe de marketing e agências de comunicação, a cooperativa deu início ao planejamento das novas campanhas, apostando na criatividade, na integração das mensagens e quebrando os padrões de comunicação vigentes da própria organização e do setor como um todo.

A transformação começou em 2007, com a campanha "Flores", que espalhou imagens de flores pelas ruas e locais de maior fluxo de pessoas em *outdoors* e grandes painéis, incentivando as pessoas a cultivarem coisas boas, como família e amizades. Para o superintendente de desenvolvimento e mercado, Fabio Pozza, "essa campanha foi uma inovação no mercado publicitário de Londrina, à medida que não nos restringimos ao uso de mídias tradicionais. Utilizamos jogos eletrônicos na Internet e ações promocionais em diversos espaços, como a entrega de flores aos clientes na porta dos principais cinemas da cidade e buquês para novos usuários do plano". A proposta dessas iniciativas era de que as pessoas vivenciassem o contexto da campanha, tendo contato mais próximo com a marca e com seus valores.

Em 2008 foi a vez da campanha "Só Falta Você", que fazia um convite às pessoas a fazerem coisas boas e a pertencerem à Unimed; a linha criativa adotada foi desenvolvida em alusão direta ao posicionamento. Um dos destaques da comunicação foi a popularização do *jingle* da campanha, traduzido para o japonês em uma homenagem à comemoração dos 100 anos da imigração japonesa no Brasil. O uso criativo e coordenado das formas e dos meios de comunicação e a perfeita sinergia das estratégias com as diretrizes da marca e seu posicionamento rendeu à Unimed Londrina o prêmio de Melhor Campanha Publicitária no Brasil pelo Sistema Unimed.

No ano de 2009 foi realizada a Campanha Universo (Quem faz seu universo é você), que também inovou ao passar a ideia de que as pessoas podem escolher qual tipo de vida querem ter e criar um mundo próprio com base em suas escolhas. Mais uma vez, preocupada em integrar as mensagens publicitárias, a cooperativa criou eventos ligados ao tema central, como o Universo Cultural Unimed, com a realização de shows de música e teatro, e o Universo Gourmet, com a participação de diferentes *chefs* de cozinha que preparavam degustações de alimentos saudáveis. Novamente a qualidade do planejamento e da execução da campanha fez que a Unimed Londrina recebesse um prêmio duplo: Melhor Campanha do Ano pela Rede Paranaense de Televisão (RPC) e, pelo segundo ano consecutivo, a Melhor Campanha Publicitária no Brasil pelo Sistema Unimed.

A campanha de 2010 foi batizada de Plano B e dizia às pessoas que elas podem ter um plano B para tudo, menos para a vida. Com isso, as mensagens veiculadas buscavam fazer que as pessoas experimentassem as pequenas alegrias da vida, vivessem o hoje, refletissem sobre a forma como elas conduzem a vida e incentivá-las a fazer diferente. Nessa campanha, a profusão de cores deu lugar aos traços de *cartoon*, responsáveis pela característica lúdica das peças, representando mais uma vez a preocupação

*(Continua)*

*(Continuação)*

da cooperativa em inovar e ao mesmo tempo manter a essência do posicionamento.

Todas essas ações são planejadas anualmente pela superintendência de desenvolvimento e mercado e pela assessoria de marketing da cooperativa, sendo o plano final aprovado pela diretoria. No planejamento, a equipe direciona os esforços em três modalidades de campanha, as quais, independentemente da época do ano em que são veiculadas, possuem mesma linha de comunicação e os atributos centrais da marca. São elas: campanhas institucionais (com o objetivo de reforçar o posicionamento), de marca (para reforço de lembrança e fixação da marca), e promocionais (com o objetivo de alavancar vendas e lançar novos serviços).

Além dos prêmios recebidos, o conjunto de esforços planejados e integrados de comunicação possibilita o alcance de outros resultados importantes, como manutenção da liderança no *ranking* das marcas mais bem posicionadas no mercado londrinense por três anos consecutivos e o reconhecimento pelo Sistema Unimed como a cooperativa *benchmarking* para toda a rede no que se refere a ações de marketing e comunicação.

Os benefícios não param por aí: a comunicação com o mercado, em conjunto com uma série de medidas adotadas durante os últimos anos em outras áreas da cooperativa, colaborou significativamente para o crescimento de 20,7% no número de clientes no período compreendido entre dezembro de 2006 e agosto de 2010. Além disso, os reflexos das estratégias também podem ser observados na evolução da participação de mercado da Unimed em Londrina e região, que representava 65,64% em 2008; e em 2010 esse índice chegou a 69,07%. Em mercados maduros, como é o caso dos planos de saúde, tais resultados são significativos.

O sucesso alcançado pela Unimed Londrina confirma que a comunicação de marketing é uma aliada importante para o alcance de vários objetivos. Porém, o caso revela que o mais importante é a forma como a comunicação é tratada e gerenciada dentro de uma organização. Nesse contexto, fica claro que um eficiente planejamento de comunicação, aliado a uma execução criativa, inovadora e articulada com o posicionamento e com os conceitos centrais de uma marca, pode trazer resultados surpreendentes.

*A proposta deste case é servir de referência para reflexão e discussão sobre o tema e não para avaliar as estratégias adotadas. O case foi desenvolvido com base em informações divulgadas nos seguintes meios: entrevista com o superintendente de desenvolvimento e mercado Fabio Pozza; Relatório Anual Unimed Londrina – Gestão 200; Revista Mundo Corporativo (maio/junho de 2010); Top de Marcas Londrina 2009; www.unimed.com.br; www.unimedlondrina.com.br. (Acesso em: 7 de novembro de 2011).*

*Case elaborado pelo Prof. Me. Fabiano Palhares Galão, Doutorando em Administração pela FEA/USP e docente da Unopar – Universidade Norte do Paraná.*

### Os objetivos devem incluir uma declaração precisa sobre *quem, o quê e quando*

Os objetivos devem ser declarados em termos precisos. No mínimo, os objetivos devem especificar o público-alvo (*quem*), indicar a meta específica a ser atingida (*o quê*) – como o nível de percepção – e a estrutura de tempo relevante na qual o objetivo deve ser alcançado (*quando*). Por exemplo, uma campanha de comunicação pode incluir um objetivo como: (1) "dentro de quatro meses do início da campanha publicitária, a pesquisa deve mostrar que 25% de todos os consumidores potenciais conhecem o nome da marca"; (2) "dentro de seis meses do início da campanha, a pesquisa deve mostrar que pelo menos 50% do público-alvo que agora conhece o nome da marca sabe quais são suas principais características"; ou (3) "dentro de um ano do início da campanha, pelo menos 5 milhões de lares devem ter testado a marca".

Voltando aos dois objetivos hipotéticos (A *versus* B), o exemplo B representa o grau desejado de especificidade e, como tal, dá aos gerentes de marca algo significativo para o qual direcionar seus esforços e propicia um *benchmark* preciso para avaliar se a campanha da comar alcançou seu objetivo. O exemplo A, em comparação, é muito geral. Suponha que as vendas de fato aumentaram em 2% durante a campanha (considerando que as outras variáveis que afetam as vendas permaneçam inalteradas). Isso significa que a campanha foi bem-sucedida já que as vendas realmente aumentaram? Se a resposta for não, qual é o aumento necessário para que a campanha seja considerada um sucesso?

### Os objetivos devem ser quantitativos e mensuráveis

Esse requisito exige que os objetivos sejam declarados em termos quantitativos para que possam ser mensuráveis. Um objetivo não mensurável para a Pegetables seria uma declaração vaga como "as comunicações de marketing devem promover o conhecimento da Pegetables". Esse objetivo não tem mensurabilidade porque não especifica o benefício do produto que deve ser conhecido pelos consumidores. Dessa forma, vaga, não se sabe que conhecimento exatamente se busca promover sobre a Pegetables.

### Os objetivos devem especificar a quantidade de mudança

Além de serem quantitativos e mensuráveis, os objetivos devem especificar a quantidade de mudança que pretendem realizar. O exemplo A (aumentar as vendas) não atende a esse requisito. O exemplo B (aumentar a percepção de 60% para

80%) é satisfatório porque especifica com clareza que qualquer coisa inferior a um aumento de percepção de 20% seria considerado um desempenho inadequado.

### Os objetivos devem ser realistas

Objetivos não realistas são tão inúteis quanto a falta de objetivos. Um objetivo não realista é aquele que não pode ser alcançado no período determinado para a campanha da comar. Por exemplo, uma marca que alcançou apenas 15% de percepção do consumidor durante seu primeiro ano no mercado não pode realisticamente esperar que um pequeno orçamento para comar aumente o nível de percepção para, digamos, 45% no ano seguinte.

### Os objetivos devem ser consistentes internamente

Os objetivos estabelecidos para um elemento específico de um programa de comar devem ser compatíveis (consistentes internamente) com os definidos para outros componentes da comar. Seria incompatível para um fabricante anunciar uma redução de 25% na equipe de vendas e ao mesmo tempo declarar que o objetivo da propaganda e da promoção de vendas é aumentar a distribuição no varejo em 20%. Sem uma equipe de vendas adequada é duvidoso que o comércio varejista dê mais espaço para a marca.

### Os objetivos devem ser claros e apresentados por escrito

Para que os objetivos realizem seus propósitos de promover a comunicação e permitir a avaliação, eles devem ser declarados com clareza e por escrito, para que possam ser disseminados a toda a equipe da comar que será responsável pela realização deles.

## Os objetivos da comar devem ser definidos em termos de vendas?

Podemos distinguir amplamente dois tipos de objetivos da comar: objetivos de vendas *versus* objetivos de pré-vendas. Os *objetivos de pré-vendas* são geralmente referidos como *objetivos de comunicação*, com o termo *comunicação* referente aos esforços de comunicar resultados que aumentarão a percepção da marca por parte do público-alvo, promoverão sua atitude para com a marca, mudarão sua preferência da marca do concorrente para a nossa, e assim por diante. Em comparação, usar as *vendas* como a meta para determinada campanha publicitária significa que o objetivo da comar é literalmente aumentar as vendas em uma quantidade específica. Os profissionais e educadores de comar tradicionalmente rejeitam o uso das vendas como um objetivo apropriado. Não obstante, uma perspectiva um tanto recente afirma que influenciar as vendas deve *sempre* representar o objetivo de qualquer esforço da comar. A discussão a seguir apresenta em primeiro lugar a visão tradicional desse assunto (favorecendo o objetivo de pré-vendas, ou de comunicação) e depois a posição herética (preferindo o objetivo de vendas). Seguindo a dialética hegeliana – ou seja, apresentar uma tese, identificar seu oposto (antítese) e depois oferecer uma síntese das posições –, apresentaremos as visões tradicional e herética como tese e antítese, respectivamente, e concluiremos com uma síntese das posições.

### A visão tradicional (Tese)

Essa posição afirma que usar as vendas como o objetivo para um esforço de comar de determinado produto é inadequado por duas razões principais. Em primeiro lugar, o volume de vendas de uma marca durante certo período é consequência de uma série de fatores além da propaganda, promoção de vendas e outros elementos do programa da comar, como já abordado no Capítulo 1. Entre eles estão incluídos o clima econômico prevalecente, a atividade competitiva, a estratégia de distribuição etc. É praticamente impossível, segundo a visão tradicional, determinar com precisão o papel que a propaganda e os outros elementos da comar desempenharam para influenciar as vendas em dado período, porque as comunicações de marketing são *apenas um dos muitos possíveis fatores determinantes* do volume de vendas de uma marca.

Uma segunda razão pela qual a reação às vendas é considerada um objetivo inadequado da comar é que o efeito das comunicações de marketing sobre as vendas é tipicamente atrasado, ou *retardado*. Por exemplo, fazer propaganda durante determinado período não influencia necessariamente as vendas nesse período, mas pode influenciá-las em períodos posteriores. Por um lado, anunciar um modelo específico de automóvel neste ano pode ter um efeito limitado sobre o comportamento de compra dos consumidores porque eles não estão no mercado no momento buscando um novo automóvel. Por outro lado, a propaganda deste ano pode influenciar os consumidores a escolher o modelo anunciado no ano seguinte, quando eles *estiverem* no mercado. Assim, a propaganda pode ter uma influência decisiva sobre a percepção da marca, o conhecimento do produto, expectativas, atitudes e, por fim, comportamento de compra; mas essa influência pode não ser evidente durante o período em que o efeito da propaganda sobre as vendas é aferido.

Os defensores da visão tradicional argumentam que é um engano usar as vendas como a meta para determinado esforço da comar. Fundamentalmente, eles afirmam que é idealista estabelecer as vendas como objetivos porque o impacto exato da comar sobre elas não pode ser avaliado com precisão.

## A visão herética (Antítese)

De maneira recíproca, alguns especialistas em comar afirmam que os gestores de comunicação de marketing devem sempre definir os objetivos em termos de vendas ou ganhos de participação de mercado (*market share*), e que deixar de fazer isso é uma falta de responsabilidade. A lógica dessa visão não tradicional, ou herética, é que o propósito da comar não é apenas criar a percepção da marca, transmitir informações, influenciar expectativas ou promover atitudes, mas também gerar vendas. Por isso, de acordo com essa posição, é sempre possível medir, ainda que de modo vago, o efeito da comar sobre as vendas.

Os objetivos de pré-vendas, ou de comunicação, como aumento da percepção da marca, são considerados "precisamente errados", em contraste com a aferição das vendas, vista como "vagamente certa".[8]

Para entender melhor essa lógica do pensamento *vagamente certo versus precisamente errado* (ou VC *versus* PE, para resumir), precisamos examinar de perto os elementos constituintes em oposição: certo *versus* errado e preciso *versus* vago (veja a Figura 6.3). Em primeiro lugar, a questão do *certo versus errado* diz respeito à escolha do objetivo da comar. A visão herética afirma que o objetivo de vendas é o objetivo certo e que qualquer outro é errado. Em segundo lugar, a questão do *preciso versus vago* refere-se à habilidade de aferir com precisão se o programa da comar alcançou seu objetivo.

Com um objetivo de comunicação, como a percepção da marca, é possível determinar, com certeza relativa, que qualquer mudança registrada na percepção da marca que tenha ocorrido desde o lançamento da campanha da comar se deve principalmente ao esforço da comar. Por conseguinte, a intensidade de influência que, digamos, a propaganda teve sobre a percepção da marca pode ser medida *com relativa precisão*. Contudo, como vimos antes, muitos fatores influenciam o nível de vendas de uma marca e, por isso, o efeito que a propaganda e outras ferramentas da comar tiveram sobre as vendas pode ser medido apenas de modo tosco, impreciso, ou, em outras palavras, *vago*.

Portanto, a perspectiva VC *versus* PE demonstra o importante fato de que os gestores de comunicação de marketing, e talvez em especial suas agências, podem estar se enganando ao pensar que, por exemplo, uma campanha publicitária é eficiente quando leva ao aumento da percepção da marca ou outro objetivo de pré-vendas. Os defensores da perspectiva VC *versus* PE argumentam que a comar não é bem-sucedida a menos que as vendas e o *market share* aumentem. Por isso, se a realização única da comar for criar níveis maiores de percepção ou impulsionar a imagem da marca, mas não aumentar as vendas ou o *market share*, tal esforço é ineficaz.

## Uma perspectiva da prestação de contas (Síntese)

Embora não exista nenhuma solução simples sobre qual visão – tradicional ou herética – é a mais correta, uma coisa é certa: as empresas e seus CEOs e CFOs estão exigindo cada vez mais *prestação de contas* dos programas da comar. Uma pressão crescente tem sido feita sobre as agências para desenvolver campanhas que produzam resultados finais – aumento de vendas, de *market share* e maiores retornos sobre investimentos (ROI). Embora seja difícil medir o efeito preciso que as comunicações de marketing têm sobre as vendas, em um clima de aumento de exigências para prestação de contas, é fundamental que os anunciantes e outros gestores de comunicação de marketing afiram, da melhor maneira possível, se o programa de comunicações de marketing durante determinado período financeiro aumentou as vendas da marca, a participação de mercado e o ROI.

É importante salientar que isso *não* significa que não devam ser feitos esforços para avaliar se a comar afeta os objetivos de pré-vendas, como aumentar a percepção da marca, transmitir informações e promover atitudes e intenções. A questão é que a aferição desses efeitos *não deve parar* nessas medidas. A percepção, por exemplo, é um substituto adequado apenas se existir uma transformação direta dos níveis aumentados de percepção em aumento de vendas. Isso, infelizmente, raramente acontece. Uma campanha de comar pode aumentar a percepção da marca de modo substancial, mas ter um impacto limitado sobre as vendas. Assim, os gerentes de marca não devem permitir que as agências os levem erroneamente a pensar que uma campanha foi bem-sucedida apenas porque a percepção da marca aumentou.

Retornando à hierarquia dos efeitos da comar, a percepção aumentada levará a ganhos de vendas apenas se outros degraus da escada foram alcançados. Em resumo, a avaliação da eficácia deve incluir os objetivos de pré-vendas, mas não se restringir a eles. Definir as vendas como o objetivo de uma campanha de comar garante que esse objetivo final não seja negligenciado.

| Questão da definição do objetivo | Possibilidades alternativas |
|---|---|
| • Escolha do objetivo | Objetivo escolhido é *Certo* ou *Errado* |
| • Exatidão da medida | A exatidão é *Precisa* ou *Vaga* (ou seja, imprecisa) |

**figura 6.3** A lógica do pensamento "vagamente certo" *versus* "precisamente errado"

# Orçamento da comar

Estabelecer um orçamento é, em muitos aspectos, a decisão mais importante da comar. Fazer um orçamento é uma decisão crítica considerando que os empreendimentos da comar, como a propaganda, são muito caros. (O investimento substancial nas comunicações de marketing é ilustrada na seção *Foco Global*, que identifica os gastos com propaganda dos 25 maiores anunciantes do mundo.) Além do mais, as implicações de gastar pouco ou muito são consideráveis. Se o investimento nas comunicações de marketing for muito pequeno, o volume de vendas não atingirá seu potencial e os lucros serão perdidos. Se, por sua vez, for gasto muito, despesas desnecessárias reduzirão os lucros.

## foco global

### Os gastos com propaganda dos 25 maiores anunciantes do mundo e os 30 maiores do Brasil

Os gastos com propaganda por todo o mundo são enormes. Como veremos na lista a seguir, apenas os 25 principais anunciantes do mundo gastaram mais de 57 bilhões de dólares em propaganda há pouco tempo. São empresas bem conhecidas, cujos produtos e serviços estão disponíveis em todo o mundo. A grande empresa norte-americana Procter & Gamble lidera com gastos em propaganda acima de 8,5 milhões de dólares, mas mesmo o menor anunciante entre essas empresas (News Corp.) gastou mais de 1 bilhão de dólares anunciando seus serviços.

| Posição | Anunciante | Sede | Gastos em propaganda (em milhões de dólares) |
|---|---|---|---|
| 1 | Procter & Gamble Co. | Cincinnati, OH | $ 8.522 |
| 2 | Unilever | Londres/Roterdã | 4.537 |
| 3 | General Motors Corp. | Detroit, MI | 3.353 |
| 4 | L'Oreal | Clichy, França | 3.119 |
| 5 | Toyota Motor Corp. | Cidade de Toyota, Japão | 3.098 |
| 6 | Ford Motor Co. | Dearborn, MI | 2.869 |
| 7 | Time Warner | Nova York, NY | 2.136 |
| 8 | Nestle | Vevey, Suíça | 2.114 |
| 9 | Johnson & Johnson | New Brunswick, NJ | 2.025 |
| 10 | DaimlerChrysler | Auburn Hills, MI/Stuttgart, Alemanha | 2.003 |
| 11 | Honda Motor Co. | Tóquio | 1.910 |
| 12 | Coca-Cola Co. | Atlanta | 1.893 |
| 13 | Walt Disney Co. | Burbank, CA | 1.755 |
| 14 | GlaxoSmithKline | Brentford, Middlesex, RU | 1.754 |
| 15 | Nissan Motor Co. | Tóquio | 1.670 |
| 16 | Sony Corp. | Tóquio | 1.620 |
| 17 | McDonald's Corp. | Oak Brook, IL | 1.611 |
| 18 | Volkswagen | Wolfsburg, Alemanha | 1.609 |
| 19 | Reckitt Benckiser Slough | Berkshire, RU | 1.550 |
| 20 | PepsiCo | Purchase, NY | 1.530 |
| 21 | Kraft Foods | Northfield, IL | 1.513 |
| 22 | Danone Group | Paris | 1.297 |
| 23 | General Electric Co. | Fairfield, CT | 1.253 |
| 24 | Yum Brands | Louisville, KY | 1.178 |
| 25 | News Corp. | Nova York, NY | 1.104 |

*Fonte*: "Global Marketers: Top 100", *Advertising Age*, 19 de novembro de 2007, 4.

Veja na tabela a seguir a lista dos 30 maiores anunciantes, os que mais compraram mídia no Brasil em 2009, com os respectivos valores investidos, em reais. Como esses números indicam somente despesas com mídia, os investimentos em comar serão ainda maiores se considerarmos também os investimentos feitos por essas empresas em outras ferramentas de comar.

| Anunciante | Investimento publicitário |
|---|---|
| 1º Casas Bahia | 3.059.239.000 |
| 2º Unilever | 1.941.632.000 |
| 3º Ambev | 914.580.000 |
| 4º Caixa Econômica Federal | 847.500.000 |
| 5º Hyundai Caoa | 744.504.000 |
| 6º Fiat | 737.947.000 |
| 7º Bradesco | 735.412.000 |
| 8º Hypermarcas | 682.147.000 |
| 9º TIM | 577.903.000 |
| 10º Ford | 557.021.000 |
| 11º Petrobras | 546.736.000 |
| 12º GM | 508.018.000 |
| 13º Coca-Cola | 492.906.000 |
| 14º Volkswagen | 485.956.000 |
| 15º Danone | 464.430.000 |
| 16º Reckitt Benckiser | 460.429.000 |
| 17º Vivo | 456.328.000 |
| 18º Claro | 452.736.000 |
| 19º Colgate Palmolive | 431.011.000 |
| 20º Grupo Pão de Açúcar | 421.425.000 |
| 21º Itaú | 415.494.000 |
| 22º Cervejaria Petrópolis | 397.799.000 |
| 23º Ponto Frio | 392.181.000 |
| 24º Procter & Gamble | 372.654.000 |
| 25º Peugeot Citroën | 368.288.000 |
| 26º Insinuante | 361.277.000 |
| 27º Banco do Brasil | 333.711.000 |
| 28º Avon | 301.548.000 |
| 29º Ricardo Eletro | 300.236.000 |
| 30º Supermercado Guanabara | 289.206.000 |

*Fonte: Ranking Ibope Monitor*, publicado pela *Revista Meio & mensagem*, valores brutos.

É claro que o dilema enfrentado pelos gerentes de marca é determinar que nível de gastos é "pouco" ou "muito". Fazer um orçamento não é apenas uma das decisões mais importantes da comar, mas também a mais complicada, como veremos na seção sobre como – em teoria – os orçamentos publicitários devem ser estabelecidos se o objetivo for maximizar os lucros. Para simplificar a discussão a seguir, restringiremos o foco à propaganda. Lembre-se, no entanto, de que os comentários sobre o orçamento publicitário se aplicam, a princípio, a todos os elementos da comar. Uma das decisões mais relevantes é a definição do *mix* de comar em relação aos recursos disponíveis. Uma pesquisa com gestores de marketing revela a frequência do uso das diferentes ferramentas de comar pelos gestores de marketing (Figura 6.4).[9] Porém, não existem formas predefinidas para composição ideal do *mix* dos elementos de comar, pois ela depende dos objetivos, condições de mercado e recursos.

## Orçamento em teoria

Fazer o orçamento para propaganda ou outro elemento da comar é, em teoria, um processo simples desde que sejam aceitas as premissas de que o melhor nível (nível ótimo) de qualquer investimento é o nível que *maximize lucros*. Essa premissa leva a uma regra simples para estabelecer orçamentos publicitários: continuar a investir em propaganda desde que a receita marginal desse investimento exceda a despesa marginal.

É necessário um estudo dessa regra precisa. Segundo a economia básica, a receita marginal (RM) e a despesa marginal (DM) são as mudanças na receita e na despesa total, respectivamente, que resultam de uma mudança em um fator de negócios (como a propaganda) que afeta os níveis de receita e despesa totais. A regra da maximização dos lucros é uma questão de simples lógica econômica: os lucros são maximizados ao ponto em que RM = DM. Em qualquer nível de investimento abaixo desse ponto (em que RM > DM) os lucros não são maximizados porque, em um nível mais alto, investimento em propaganda obteria mais lucros. Do mesmo modo, em qualquer nível acima desse ponto (em que DM > RM) existe uma perda marginal. Em

termos práticos, isso significa que os anunciantes devem continuar a aumentar seus investimentos em propaganda desde que cada real investido (despesa marginal) traga uma receita maior que um real (receita marginal); e devem parar de investir no momento em que um real a mais investido traga exatamente um real a mais de receita (RM = CM).

Fica evidente com esse simples exercício que estabelecer um orçamento publicitário é uma questão de responder a uma série de perguntas *"se e que"* – *Se* R$ X for investido em propaganda, *que* quantidade de receita será gerada? Como os orçamentos são definidos antes da observação real sobre o modo como as vendas reagem à propaganda, isso exige que as perguntas *"se e que"* sejam respondidas *antes do fato*. (De maneira análoga, isso seria equivalente a prever quantos peixes uma pessoa pode pegar em determinado dia com base apenas na quantidade de iscas existentes na cesta de pesca da pessoa.) Mas é aqui que as complicações começam. Para empregar a regra de maximização do lucro no orçamento, o profissional responsável deverá saber a *função de resposta das vendas à propaganda* de cada marca para a qual será tomada uma decisão orçamentária. Como esse conhecimento raramente é disponível, a definição teórica do orçamento (maximização dos lucros) é um ideal geralmente impraticável no mundo real das tomadas de decisão publicitárias. Para entender completamente esse ponto, precisamos estudar o conceito da função de resposta das vendas à propaganda (V à P).

A **função de resposta das vendas à propaganda** refere-se ao relacionamento entre o dinheiro investido em propaganda e a resposta, ou saída, desse investimento em termos da receita das vendas geradas. Como acontece com qualquer função matemática, às funções vendas à propaganda mapeiam o relacionamento entre uma "saída" (nesse caso, a receita das vendas) e cada nível significativo de uma "entrada" (despesas com propaganda). A Tabela 6.1 demonstra uma função de resposta V à P hipotética – sempre considerando a neutralidade das outras variáveis que afetam as vendas –, listando uma série de despesas com propaganda e a receita correspondente em cada nível de despesa. As despesas marginais, as rendas e os lucros são apresentados (colunas C a E).

Considere que nosso hipotético tomador de decisão pensa em gastar algo entre R$ 1 milhão e R$ 5 milhões para anunciar uma marca durante determinado período. A coluna A na Tabela 6.1 apresenta uma lista de possíveis despesas

**figura 6.4** — Distribuição de recursos por tipo de ferramenta de comar

*Fonte*: Crescitelli e Ikeda. *Um estudo sobre as características do planejamento de comunicação*, 2006.

| (A) Despesas com propaganda ($) | (B) Receita das vendas ($) | (C) Despesa marginal ($) (despesa período atual – despesa período anterior) | (D) Receita marginal (receita período atual – receita período anterior) | (E) Lucro marginal (D – C) |
|---|---|---|---|---|
| 1.000.000 | 5.000.000 | NA* | NA* | NA* |
| 1.500.000 | 5.750.000 | 500.000 | 750.000 | 250.000 |
| 2.000.000 | 6.500.000 | 500.000 | 750.000 | 250.000 |
| 2.500.000 | 7.500.000 | 500.000 | 1.000.000 | 500.000 |
| 3.000.000 | 10.000.000 | 500.000 | 2.500.000 | 2.000.000 |
| 3.500.000 | 10.600.000 | 500.000 | 600.000 | 100.000 |
| 4.000.000 | 11.100.000 | 500.000 | 500.000 | 0 |
| 4.500.000 | 11.500.000 | 500.000 | 400.000 | –100.000 |
| 5.000.000 | 11.800.000 | 500.000 | 300.000 | –200.000 |

**tabela 6.1**
Função de resposta V à P hipotética

* Não se aplica

com propaganda que aumentam em R$ 500 mil os incrementos iniciando em R$ 1 milhão e terminando em R$ 5 milhões. Presuma, por conveniência, que de algum modo é possível saber precisamente qual nível de receita será gerado em cada nível de propaganda. A coluna B apresenta os vários níveis de venda em resposta à propaganda. Se você fizesse uma representação gráfica da relação entre as colunas A e B, veria que as vendas respondem lentamente à propaganda até que as despesas com anúncios aumentem acima de R$ 2 milhões, ponto em que a receita das vendas salta consideravelmente, em especial diante de um investimento de R$ 3 milhões. Portanto, a resposta das vendas à propaganda afunila de modo considerável. É fácil determinar o nível de lucro marginal simplesmente subtraindo a despesa marginal em cada nível de propaganda da correspondente receita marginal. O ponto de maximização dos lucros é alcançado em um investimento de R$ 4 milhões, em que RM = DM = R$ 500 mil. Qualquer investimento inferior a essa quantia continua a render lucro marginal, ao passo que qualquer investimento acima de R$ 4 milhões resulta em uma perda marginal. Baseado nessa ilustração você deve entender completamente a maximização dos lucros mencionada anteriormente; ou seja, que os lucros são maximizados no ponto em que RM = DM.

Se de fato os profissionais da comar pudessem estimar com precisão a função de resposta V à P (colunas A e B na Tabela 6.1), estabelecer o orçamento publicitário com o objetivo de maximizar os lucros seria algo extremamente fácil. Todavia, como a função de resposta V à P é influenciada por uma série de fatores (como a criatividade da execução publicitária, a intensidade dos esforços publicitários concorrentes, a qualidade geral do *mix* de marketing da marca, a situação da economia no momento em que a propaganda é feita etc.) e não apenas pela quantidade de investimentos, é difícil saber com certeza que quantidade de vendas um nível específico de despesas vai gerar. Em outras palavras, sob a maioria das circunstâncias, é extremamente difícil, se não impossível, aproximar-se de uma função de resposta V à P precisa.

Por isso, se uma função de resposta vendas à propaganda não for conhecida antes da decisão do orçamento a ser tomada, a curva da receita total não pode ser construída e, por sua vez, a receita marginal não pode ser derivada em cada nível do investimento em propaganda. Em resumo, a aplicação do orçamento para maximizar os lucros requer uma informação que raramente está disponível. Essa abordagem de orçamento representa um ideal teórico, mas uma tática impossível. Necessariamente, os organizadores do orçamento da comar se voltam para abordagens mais práticas para fazê-lo – métodos que não garantem a maximização dos lucros, mas são fáceis de trabalhar e têm a aparência, ainda que não a substância, de serem "corretos".

## Orçamento na prática

Por causa da dificuldade de prever com precisão a resposta das vendas à propaganda, as empresas estabelecem orçamentos usando o julgamento, aplicando a experiência com situações análogas e usando de regras práticas, ou *heurística*.[10] Embora criticada por não propiciar uma base para a criação do orçamento publicitário que esteja diretamente relacionada à lucratividade da marca anunciada, a heurística continua a ser amplamente usada.[11] Os métodos de orçamento utilizados com mais frequência tanto pelas empresas B2B quanto pelas de bens de consumo nos Estados Unidos, Europa, Brasil e mesmo na China são os de porcentagem de vendas, objetivo e tarefa, paridade competitiva e recursos disponíveis.[12]

### Método orçamentário da porcentagem de vendas

Ao usar o **método da porcentagem de vendas**, uma empresa define o orçamento publicitário para uma marca simplesmente como uma porcentagem fixa do volume de vendas *passado* (por exemplo, do ano passado) ou *previsto* (por exemplo, do próximo ano). Presuma, por exemplo, que uma empresa que tradicionalmente alocou 3% das vendas previstas para propaganda projeta uma quantia de R$ 100 milhões para as vendas de determinada marca no próximo ano. Seu orçamento publicitário seria, então, estabelecido em R$ 3 milhões. Contudo, para que esse método não gere um efeito perverso, é preciso considerar o percentual sobre as vendas anuais, ainda que na forma de previsão, e não variando mês a mês. Se o percentual variar mensalmente, pode gerar mais recursos quando as vendas estão aquecidas e menos quando estão em queda. Ou seja, um movimento inverso ao necessário.

Uma pesquisa realizada com os 100 principais anunciantes de bens de consumo nos Estados Unidos revelou que um pouco mais de 50% empregam o método da porcentagem das vendas previstas e 20% usam o método da porcentagem das vendas passadas.[13] Isso não é surpresa, pois a definição do orçamento deve corresponder logicamente ao que a empresa espera fazer no futuro em vez de ser baseado no que realizou no passado. Já uma pesquisa conduzida com alunos brasileiros de MBA que também são gestores de marketing sobre a adoção de critérios para alocação de recursos revelou que os métodos "recursos disponíveis" e "objetivo tarefa" são os mais adotados (Tabela 6.2).

Que porcentagem da receita provinda das vendas a maioria das empresas dedica à propaganda? Na verdade, isso é muito variável. Por exemplo, entre cerca de 200 tipos diferentes de produtos e serviços, a porcentagem mais alta das vendas dedicada à propaganda recentemente foi a da indústria de móveis de madeira para casas, que investiu 18,4% das vendas em propaganda. Outras categorias com proporções propaganda-vendas alcançando os dois dígitos foram os serviços de transporte (16,9%), bebidas destiladas e misturadas (16,8%), produtos alimentícios (11,9%), calçados de borracha e plástico (11,7%) e bonecas e brinquedos de pelúcia (10,9%). A maioria das categorias de produto apresenta em média menos de 5% na proporção propaganda-vendas. Na verdade, a média da proporção propaganda-vendas em cerca de 200 categorias de produtos e serviços B2C e B2B foi 3,1%.[14]

*Crítica ao método orçamentário da porcentagem de vendas:* O método da porcentagem de vendas é frequentemente criticado por ser ilógico. Os críticos argumentam que o método reverte o relacionamento lógico entre as vendas e a propaganda. Ou seja, a ordem verdadeira entre a propaganda e as vendas é que a primeira causa a segunda, o que significa que o nível das vendas é uma função da propaganda: *Vendas = f (Propaganda)*. Contrariando essa relação lógica, implantar o método de porcentagem de vendas provoca a reversão da ordem causal colocando a propaganda como uma função das vendas: *Propaganda = f (Vendas)*.

Por essa lógica e método, quando as vendas apresentam tendência de aumento, o orçamento publicitário também aumenta; quando se espera que as vendas declinem, o orçamento é reduzido.

A aplicação do método de porcentagem de vendas leva muitas empresas a reduzir os orçamentos publicitários durante épocas de crises econômicas. No entanto, em vez de diminuir a quantidade de propaganda, é mais prudente nesses períodos aumentá-la para evitar uma erosão adicional das vendas. Quando utilizado cegamente, o método da porcentagem de vendas é pouco mais que uma regra prática arbitrária e simplista que substitui o que precisa ser um sensato juízo comercial. Usado sem justificativa, esse método orçamentário é outra aplicação da tomada de decisão precisamente errada (*versus* a vagamente certa), como discutimos no contexto da definição dos objetivos da comar.

Na prática, os profissionais de marketing mais sofisticados não usam a porcentagem de vendas como o único método orçamentário. Em vez disso, eles empregam o método como uma fase inicial, ou primeira, para determinar o orçamento e, então, alterar a previsão orçamentária dependendo dos objetivos e tarefas a serem realizados, da quantidade investida em propaganda competitiva e da disponibilidade dos fundos.

### Método orçamentário do objetivo e tarefa

O **método do objetivo e tarefa** é geralmente considerado o mais sensato e defensável método orçamentário de comunicação. Ao empregá-lo, os tomadores de decisão devem especificar que papel eles esperam que a propaganda (ou outro elemento da comar) desempenhe para uma marca e, então, estabelecer o orçamento de acordo com isso. O papel

**tabela 6.2** — Critérios para alocação de recursos de comar

| Critérios | % |
|---|---|
| Disponível | 32 |
| Média histórica | 6 |
| Paridade concorrente | 1 |
| Objetivo tarefa | 20 |
| Porcentagem do faturamento | 10 |
| Outros | 2 |
| Sem critério | 17 |
| *Mix* | 14 |
| **Total** | **100** |

*Fonte*: Crescitelli e Ikeda, 2006.

é tipicamente identificado como o de objetivo de comunicação (por exemplo, aumentar a percepção da marca em 20%), mas pode ser definido em termos de volume de vendas ou *market share* esperados (por exemplo, aumentar o *market share* de 15% para 20%).

O método do objetivo e tarefa é o procedimento mais usado tanto pelas empresas B2C quanto B2B. Pesquisas revelaram que mais de 60% das empresas de bens de consumo e 70% das empresas B2B usam esse método orçamentário.[15] A seguir, apresentam-se os passos envolvidos na aplicação do método do objetivo e tarefa:[16]

1. O primeiro passo é estabelecer *objetivos de marketing* específicos, que precisam ser alcançados, como volume de vendas, participação de mercado e contribuição para os lucros. Considere o desafio de marketing e propaganda enfrentado pela Volkswagen (VW) nos Estados Unidos. Embora essa outrora respeitada empresa automobilística tenha alcançado um grande sucesso nas décadas de 1960 e 1970 com o VWBeetle (Fusca), por volta da metade da década de 1990 ela se deparou com o que talvez tenha sido sua última oportunidade de recapturar o consumidor norte-americano, que voltara sua preferência para outros veículos importados e nacionais, porque a VW não acompanhou o que os norte-americanos queriam.[17] As vendas de suas duas marcas líderes, Golf e Jetta, tinham caído cerca de 50% cada uma comparadas às dos anos anteriores. O objetivo de marketing da VW (não confundir com seu objetivo específico de propaganda, que será discutido a seguir) foi, portanto, aumentar as vendas dos modelos Golf e Jetta substancialmente e também seu *market share* no mercado automobilístico dos Estados Unidos – de uma baixa quantia de apenas 21.000 Golfs e Jettas para uma meta de vendas de 250 mil modelos VW em um futuro próximo.
2. O segundo passo na implantação do método do objetivo e tarefa é avaliar as *funções de comunicação* que devem ser realizadas para alcançar os objetivos gerais de marketing. A VW tinha de realizar duas funções de comunicação para concretizar seu objetivo de marketing um tanto audacioso. Em primeiro lugar, a empresa tinha de aumentar substancialmente a percepção dos nomes das marcas Golf e Jetta por parte do consumidor e, em segundo, era necessário estabelecer uma imagem para a VW como uma empresa que oferece "carros honestos, confiáveis e acessíveis". Em resumo, a VW tinha de promover o valor das marcas Golf e Jetta.
3. O terceiro passo é *determinar o papel da propaganda no mix total de comunicação* para desempenhar as funções estabelecidas no segundo passo. Por causa da natureza de seus produtos e objetivos de comunicação, a propaganda era um componente crucial do *mix* da VW.
4. O quarto passo é estabelecer metas específicas de propaganda em termos dos níveis de *resposta mensurável de comunicação* exigida para alcançar os objetivos de marketing. A VW deve ter estabelecido metas como (1) aumentar a percepção da marca Jetta de, digamos, 45% do mercado-alvo para 75%; e (2) expandir a porcentagem de participantes de pesquisas que consideram os produtos VW de alta qualidade de, digamos, 15% para 40%. Os dois objetivos são específicos, quantitativos e mensuráveis.
5. O último passo é *estabelecer o orçamento* com base nas estimativas de despesas necessárias para realizar as metas da propaganda. No caso dos objetivos desafiadores da VW, tomou-se uma decisão de investir cerca de 100 milhões de dólares em uma campanha publicitária na esperança de alcançar uma percepção maior da marca, promover a imagem da empresa entre os consumidores norte-americanos e, por fim, aumentar significativamente as vendas dos produtos VW. O CEO da agência de propaganda da VW explicou que o desafio publicitário era "criar anúncios fortes, claros, focados no produto, que dão aos compradores de automóveis o tipo de informação de que eles precisam para fazer uma escolha inteligente".

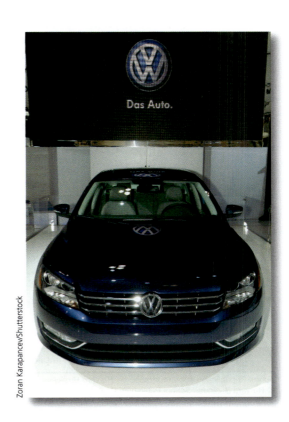

Em resumo, o método de orçamento publicitário de objetivo e tarefa tem o nome correto, pois é baseado na definição, em primeiro lugar, de um *objetivo* claro do que a propaganda (ou outro elemento da comar) deve realizar e depois na identificação das *tarefas* que a propaganda deve desempenhar para atingir o objetivo designado. O orçamento geral pode, então, ser determinado calculando-se a quantidade de dinheiro necessária para realizar as tarefas identificadas. Resumindo: estabelecer um objetivo → identificar as tarefas que precisam ser realizadas para alcançar o objetivo → identificar as despesas necessárias para desempenhar as tarefas. O resultado dessa abordagem direta é um orçamento publicitário baseado em um processo sistemático em vez de consequência da arbitrariedade ou da aplicação de uma convenção feita segundo uma fórmula, como utilizar uma porcentagem de vendas padrão.

## Método orçamentário da paridade competitiva

O **método da paridade competitiva** estabelece o orçamento examinando o que os concorrentes estão fazendo. Uma empresa pode descobrir que seu principal concorrente dedica 10% das vendas à propaganda e, então, ajustar a porcentagem de propaganda de sua própria marca. Esse método, claro, é restrito a empresas de porte similares ou de grande porte em relação às de pequeno porte. Munido de informações sobre os gastos dos concorrentes, uma empresa pode decidir não apenas equiparar, mas também exceder as despesas que os concorrentes estão dedicando à propaganda. Isso foi exatamente o que a Geico fez (veja *o caso de abertura*, no início do capítulo) quando decidiu gastar muito mais que seus concorrentes no setor de seguro de automóveis, para atrair novos usuários e aumentar o *market share*. Curiosamente, pesquisas demonstraram que empresas que gastam pesadamente com propaganda podem sinalizar aos consumidores que suas marcas são de alta qualidade. De fato, esse comportamento publicitário foi comparado à sinalização que ocorre em um contexto biológico quando animais (como o pavão) têm características (como as impressionantes penas da cauda) que sinalizam sua excepcional condição biológica. As evidências sugerem que pesados gastos com propaganda servem à marca de uma maneira análoga.[18] Para entender esse ponto por completo, é necessário compreender os conceitos de *market share* (**MS**) e *share of voice* (**SV**) e seu relacionamento. Esses conceitos estão relacionados com uma única categoria de produto e consideram as receitas e as despesas com propaganda de cada marca durante, digamos, um ano fiscal, comparadas às receitas totais e às despesas com propaganda na categoria. A proporção da receita de uma marca para a receita total da categoria é o *market share* da marca. Do mesmo modo, a proporção das despesas com propaganda de uma marca para as despesas com propaganda da categoria total é o *share of voice* da marca.

O *share of voice* e o *market share* da marca em geral são correlacionados: marcas com SVs maiores também costumam ter MSs maiores. Ou seja, as marcas com maior *market share* tipicamente têm maior *share of voice*. Porém, isso não significa que o SV causa o MS. Na verdade, o relacionamento entre SV e MS é bidirecional: o SV de uma marca é em parte responsável por seu MS. Ao mesmo tempo, as marcas com MSs maiores podem alcançar SVs mais altos, ao passo que marcas com *market share* menores com frequência são limitadas a SV relativamente pequenos.

O relacionamento MS-SV é um tipo de combate entre concorrentes. Se marcas com grande *market share* reduzirem seus SVs a níveis muito baixos, elas ficam vulneráveis a perder *market share* para concorrentes agressivos. Reciprocamente se as marcas com *market share* relativamente pequenos se tornarem muito agressivas, as marcas líderes serão forçadas a aumentar suas despesas com propaganda para equilibrar o desafio.

*Quatro situações gerais MS/SV:* A Figura 6.5 apresenta uma estrutura para avaliar se uma marca deve aumentar ou diminuir suas despesas com propaganda diante de seu *market share* (eixo horizontal) e *share of voice* do concorrente (eixo vertical).[19] Embora existam inúmeras relações possíveis nesse espaço bidimensional, podemos simplificar a discussão considerando apenas quatro situações gerais, que na Figura 6.5 são os quadrantes, ou células, A, B, C, e D. As implicações do orçamento publicitário para cada situação são as seguintes:

- *Célula A*: Nessa situação, o MS de sua marca é relativamente baixo e o SV de seu concorrente é relativamente alto. A recomendação é que o anunciante deve considerar diminuir as despesas com propaganda e encontrar um nicho que possa ser defendido contra outras marcas com *market share* menor.

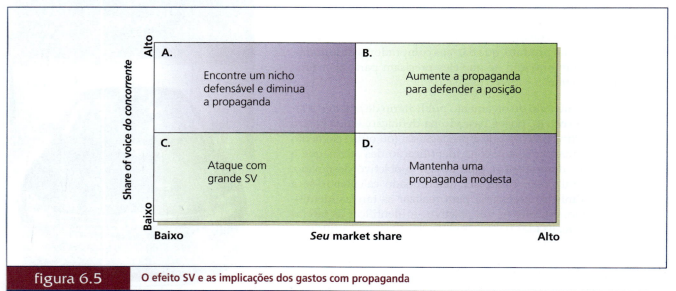

**figura 6.5** O efeito SV e as implicações dos gastos com propaganda

*Fonte*: Republicado sob autorização da *Harvard Business Review* de "Ad Spending: Growing Market Share", de James C. Schoer (janeiro-fevereiro de 1990), p. 48. © Harvard Business School Publishing Corporation; todos os direitos reservados.

- *Célula B*: Seu MS nessa situação é relativamente alto e seu concorrente tem um alto SV. A líder de mercado provavelmente deve aumentar suas despesas com propaganda para defender sua posição *market share* atual. Deixar de fazer isso resultará em perda de mercado para esses concorrentes agressivos.
- *Célula C*: Nessa situação, seu MS é baixo e o SV de seu concorrente também é baixo. A recomendação geral é atacar agressivamente o baixo SV de seu concorrente com um grande SV. Essa parece ser a tática adotada pela Nextel que gastou três vezes mais que a Alltell. Em outras palavras, é uma boa oportunidade de arrancar *market share* de um concorrente moribundo ou complacente.
- *Célula D*: Nessa situação você está em uma posição atraente de ter um alto *market share*, mas seu concorrente não é agressivo e tem um SV relativamente baixo. Por isso, é possível para você reter seu grande *market share* atual mantendo apenas seu investimento e comunicação levemente acima do de seu concorrente.

Essas são diretrizes para determinar o orçamento publicitário de uma marca, e não regras rígidas e rápidas. O ponto geral a ser enfatizado é que os orçamentos de propaganda – bem como os orçamentos para todos os elementos da comar – devem ser estabelecidos com conhecimento do que os concorrentes estão fazendo.[20] Isso acontece porque a oportunidade de crescimento em *market share*, ou o desfio de manter o *market share* atual, depende em grande parte da qualidade e da eficácia dos esforços competitivos. Além do mais, os gerentes de marca devem geralmente estabelecer orçamentos em uma base mercado por mercado em vez de nacionalmente, porque a guerra competitiva na verdade acontece nos mercados individuais.

### *O papel da interferência competitiva:*
É essencial estabelecer orçamentos de comunicação observando as ações dos concorrentes. Isso é especialmente importante porque a propaganda de uma marca deve competir pela lembrança do consumidor com a propaganda das marcas concorrentes – uma situação de potencial *interferência competitiva*. Se "sua" marca fosse a única anunciada em uma categoria particular de produtos, ela provavelmente seria bem-sucedida com um orçamento substancialmente menor do que é necessário quando os concorrentes também estão agressivamente anunciando as marcas deles.[21]

Há razões para esperar que as marcas estabelecidas em uma categoria de produto sejam menos suscetíveis à interferência da propaganda concorrente que as menos estabelecidas e menos conhecidas. Isso explica por que os MSs das marcas estabelecidas tendem a exceder seus SVs de propaganda, enquanto os SVs das marcas não estabelecidas com frequência excedem seus MSs.[22] Marcas não conhecidas que concorrem em um ambiente de concentração de comunicação estão, na verdade, em desvantagem competitiva para transmitir seus pontos de singularidade em comparação às marcas estabelecidas, embora mesmo as marcas estabelecidas sofram com os efeitos da interferência competitiva.[23] Por conseguinte, como marcas com *market share* relativamente pequenos estão em desvantagem na comunicação competitiva, elas precisam evitar o excesso de concentração, a mídia tradicional e, talvez, voltar-se para ferramentas de comar alternativas – como o marketing de eventos, o marketing viral e outros métodos que gerem rumores ou algumas alternativas de mídia publicitária não tradicional (alternativa).

Superar a interferência competitiva não é apenas uma questão de gastar mais, e sim de *gastar com mais sabedoria*. Uma teoria psicológica chamada hipótese da variabilidade codificada explica como os anunciantes podem gastar com astúcia.[24] (O termo *codificada* refere-se a transferir informações para a memória.) A **hipótese da variabilidade codificada**, em seus detalhes mais simples, afirma que a memória das pessoas para informações é melhorada quando múltiplos *caminhos*, ou conexões, são criados entre o objeto a ser lembrado e a informação sobre esse objeto.

No caso da propaganda, a marca representa o objeto a ser lembrado, e os atributos e benefícios da marca designam a informação acerca do objeto. A comar pode criar caminhos múltiplos e assim melhorar a memória para a informação anunciada, variando (lembre-se do nome *hipótese da variabilidade codificada*) pelo menos dois aspectos da execução: (1) a própria *mensagem* e (2) a *mídia* na qual a mensagem é colocada. Ou seja, a alteração do modo como a comunicação é apresentada (sua mensagem) e onde ela é colocada (sua mídia) deve melhorar a memória para a informação anunciada e, por consequência, mitigar o efeito da interferência competitiva. Isso acontece porque múltiplos caminhos são criados quando a mesma marca é anunciada com mensagens variadas ou em múltiplas mídias.

Em outras palavras, quando a Marca X é anunciada com uma única mensagem em uma única mídia, apenas um caminho é estabelecido na memória. Quando, contudo, a Marca X é anunciada em duas mídias, há dois caminhos potenciais estabelecidos na memória por meio dos quais consumidores podem retirar informações acerca da Marca X. Aumentar tanto o número de execuções de mensagens quanto o número de mídias para transmitir essas mensagens serve para aumentar a quantidade de permutação de caminhos. Assim também se aumenta a probabilidade de que os consumidores sejam capazes de recuperar informações-chave sobre a Marca X quando estiverem no mercado, procurando a categoria de produto na qual aquela marca compete.

Isso completa a discussão do "método" da paridade competitiva para estabelecer orçamentos publicitários. Os comentários foram um tanto extensos porque a eficácia da propaganda de sua marca é diretamente afetada pela magnitude e qualidade dos esforços competitivos. Marcas com maior *market share* tendem a ganhar mais com seus esforços publicitários que suas concorrentes com parcelas menores, que têm dificuldades para superar a concentração competitiva de seus adversários maiores. Independentemente da situação do MS da marca, é absolutamente imperativo sempre "observar mais de perto" os gastos em comar de seus concorrentes para garantir que a concorrência não está aumentando seu SV e que você está investindo de modo adequado em sua marca.

### Método orçamentário de recursos disponíveis

No assim chamado **método de recursos disponíveis**, uma empresa gasta com propaganda apenas aqueles fundos que sobram depois de estabelecer o orçamento para todas as outras coisas. Na verdade, quando esse "método" é usado, a propaganda, junto de outros elementos da comar, é relegada a uma posição de comparativa insignificância (em relação às outras opções de investimento) e implicitamente considerada um tanto sem importância para o sucesso atual e o crescimento futuro de uma marca. Há momentos em que os fundos de comar simplesmente estão escassos por causa de uma queda extrema das vendas. Nesses momentos, os gerentes de produto e da marca comportam-se de maneira racional quando fazem sérios cortes em seus gastos com propaganda ou outros investimentos da comar. Porém, em muitas situações competitivas de mercado, é fundamental que os profissionais da comar lutem contra a tendência dos planejadores financeiros de tratar as despesas com a comar como um mal necessário. O desafio para os gerentes de marca é demonstrar que a propaganda e outras iniciativas da comar de fato produzem resultados. Sem uma evidência atraente, é compreensível que os executivos financeiros deixem para segundo plano a alocação de fundos para a propaganda.

### Resumo da seção

Muitos planejadores dos orçamentos publicitários combinam dois ou mais métodos em vez de depender exclusivamente de um. Por exemplo, um anunciante pode ter um número fixo da porcentagem de vendas em mente quando começa o processo de orçamento, mas depois ajustar esse número à atividade competitiva prevista, aos recursos disponíveis e a outras considerações.

Além do mais, os gerentes de marca com frequência consideram necessário ajustar seus orçamentos durante o curso de um ano, mantendo as despesas em linha com as condições mutáveis no mercado. Muitos anunciantes operam sob a crença de que deviam "atirar enquanto os patos estão voando". Em outras palavras, é a lógica de investir mais pesadamente em propaganda e outros elementos da comar durante os períodos em que as circunstâncias do mercado e a situação competitiva permitam despesas pesadas. Em vez de gastar com base em um orçamento fixo que foi predeterminado com meses de antecedência, faz mais sentido ajustar o orçamento para acomodar as situações presentes. Em resumo, as despesas com a comar devem ser baseadas em circunstâncias atuais em vez de determinadas antes de saber quais são as condições do mercado e se elas permitem aumentos ou diminuições nos orçamentos publicitários.

### Planejamento de comar

Ao final desta segunda parte, depois de abordarmos os temas básicos da comar (CIM, marca, segmentação, posicionamento, objetivos e recursos), representados na Figura 1.2 do Capítulo 1, podemos tratar do planejamento de comar, ou seja, como esses elementos podem ser organizados pelos gestores para a implementação do processo de comar. A Figura 6.6 apresenta um modelo de plano de comar que contempla não só os elementos de comar, mas também sua interação com os demais elementos de marketing.

O modelo apresenta três blocos distintos. No primeiro estão as premissas, ou seja, as condições determinantes às quais o plano de comar deve estar condicionado. Respeitar essas condições é importante para que o plano de comar fique integrado às estratégias gerais da empresa. No segundo bloco está o conjunto de decisões estratégicas de comar que influenciam a definição do *mix* de ferramentas de comunicação. Observe que todos os itens são relacionados entre si; portanto cabe ao gestor de comar respeitar as características de cada um – tarefa não muito simples, mas essencial. A marca, que é o objeto do plano, tem suas definições indicadas por uma linha pontilhada, pois essas decisões devem ser tomadas no âmbito da gestão de marcas (*branding*). Porém, devem ser consideradas no plano de comar, em nome da unidade de comunicação. No terceiro bloco, estão as decisões operacionais, ou seja, o conjunto das ações que a empresa desenvolve ao longo de determinado período (definido no item *prazos* do bloco intermediário). O importante é que todas as ações, independentemente de sua natureza, sejam coerentes com as decisões do bloco intermediário, pois será essa adequação que dará consistência e unidade às ações de comar. Observe que é somente nessa etapa que entram em cena os fornecedores de comunicações (agências de propaganda, promoção etc.), pois eles são os responsáveis pelo desenvolvimento das ações, incluindo a abordagem criativa e a definição das mídias. Nesse modelo eles podem atuar com base em um *briefing* único e coerente, mesmo que o número de fornecedores seja amplo. A última etapa, a avaliação do processo, é importante para verificar a efetividade das ações e promover ajustes. O recomendável é promover a avaliação de forma independente dos fornecedores de comunicação para evitar possíveis conflitos de interesses.

*Definição dos objetivos e orçamento* 155

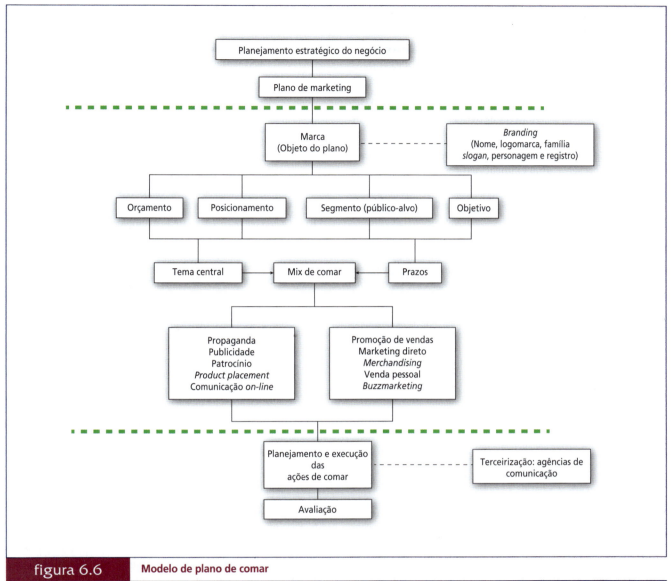

**figura 6.6** **Modelo de plano de comar**

Fonte: Adaptado da Figura 4.2 de Ogden e Crescitelli. *Comunicação integrada de marketing*. 2. ed. – São Paulo: Prentice Hall, 2007.

# Resumo

Este capítulo detalhou a definição dos objetivos da comar e o orçamento. A definição dos objetivos de comunicação depende do padrão de comportamento do consumidor e da informação envolvida na categoria específica de produto. Uma seção introdutória apresentou o modelo da hierarquia dos efeitos do modo como os consumidores reagem às mensagens da comar e discutiu as implicações para definir os objetivos. Foram discutidos os requisitos para desenvolver objetivos eficazes. Uma seção final descreveu os argumentos que defendem e se opõem ao uso do volume de vendas como a base para a definição dos objetivos.

O capítulo é concluído com uma explicação do processo de orçamento da comar. A decisão sobre o orçamento é uma das mais importantes e também das mais difíceis. As complicações surgem com a dificuldade de determinar a função de resposta de vendas para propaganda. Na teoria, a criação do orçamento é uma coisa simples, mas os requisitos teóricos são geralmente inatingíveis na prática. Por essa razão, os profissionais usam várias regras práticas (heurística) para ajudá-los a tomar decisões orçamentárias satisfatórias, ainda que não ótimas. Os métodos orçamentários da porcentagem de vendas e do objetivo e tarefa são a heurística orçamentária dominante, embora fazer a manutenção da paridade competitiva e não exceder os recursos disponíveis também sejam considerados relevantes na confecção dos orçamentos.

# Questões para discussão

1. Pode-se argumentar que a criação de uma expectativa é a função mais importante que muitas propagandas e outras mensagens da comar desempenham. Dê exemplos de duas propagandas em revista que ilustram as tentativas dos anunciantes de criar expectativas. Apresente explicações sobre quais expectativas os anunciantes estão tentando criar na mente do público-alvo.

2. O Capítulo 5 abordou o tópico do posicionamento da comar. Apresente uma explicação da semelhança entre os conceitos de posicionamento e criação de expectativas.

3. Aplique a estrutura da hierarquia dos efeitos da comar (Figura 6.1) para explicar a evolução de um relacionamento entre duas pessoas, começando com o namoro e culminando no casamento.

4. Repita a Questão 3, mas use uma marca relativamente obscura como base de sua aplicação da Figura 6.1. Identifique uma marca relativamente desconhecida e explique como os esforços da comar devem tentar atrair consumidores em potencial por meio dos vários estágios da hierarquia.

5. Como você explica o fato de certas indústrias investirem proporções de vendas consideravelmente maiores que as de outras indústrias em propaganda?

6. Compare a diferença entre os objetivos de comunicação precisamente errados e vagamente certos. Dê um exemplo de cada.

7. Alguns críticos afirmam que o uso da técnica orçamentária da porcentagem de venda é ilógico. Explique.

8. Explique como um organizador de orçamento de comunicação pode usar duas ou mais heurísticas orçamentárias em conjunto.

9. Usando suas palavras, explique por que é extremamente difícil estimar as funções de resposta de vendas para propaganda.

10. O *market share* de marcas estabelecidas tende a exceder seu *share of voice*, ao passo que o SV de marcas não estabelecidas com frequência excede seu MS. Usando o conceito da interferência competitiva como ponto de partida, explique esses relacionamentos.

11. Crie uma imagem para representar seu entendimento sobre como a hipótese da variabilidade codificada se aplica ao contexto publicitário. Use uma marca real para a ilustração dos propósitos.

12. Selecione uma marca (pode ser um bem ou serviço) e desenvolva um plano de comar utilizando como referência o modelo apresentado na Figura 6.6.

# Notas

1. Charles H. Patti e Charles F. Frazer, *Advertising: A Decision-Making Approach* (Hinsdale, Ill.: Dryden Press, 1988), 236.
2. Alguns alegam que os modelos de hierarquia são uma representação fraca do processo publicitário. Veja William M. Weilbacher, "Point of View: Does Advertising Cause a 'Hierarchy of Effects?'" *Journal of Advertising Research* 41 (novembro-dezembro de 2001), 19-26; William M. Weilbacher, "Weilbacher Commnents on 'In Defense of Hierarchy of Effects'", *Journal of Advertising Research* 42 (maio-junho de 2002), 48-9; e William M. Weilbacher, "Point of View: How Advertising Affects Consumers", *Journal of Advertising Research* 43 (junho de 2003), 230-4. Para uma visão alternativa, veja Thomas E. Barry , "In Defense of the Hierarchy of Effects: A Rejoinder to Weilbacher", *Journal of Advertising Research* 42 (maio-junho 2002), 44-7. Embora o modelo de hierarquia atribua uma influência excessiva à propaganda em si, o modelo é de fato uma representação razoável dos efeitos que todos os elementos da comar produzem quando operam em conjunto.
3. Para abordagens mais completas veja Demetrios Vakratsas e Tim Ambler, "How Advertising Works: What Do We Really Know", *Journal of Marketing* 63 (janeiro de 1999), 26-43; Thomas E. Barry, "The Development of Hierarchy of Effects: An Historical Perspective", *Current Issues and Research In Advertising*, vol. 10, ed. James H. Leigh e Claude R. Martin Jr. (Ann Arbor: Division of Research, Graduate School of Business Administration, University of Michigan, 1987), 251-96; Ivan L. Preston, "The Association Model of the Advertising Communication Process", *Journal of Advertising* 11, n. 2 (1982), 3-5; Ivan L. Preston e Esther Thorson, "Challenges to the Use of Hierarchy Models in Predicting Advertising Effectiveness", in *Proceedings of the 1983 Convention of the American Academy of Advertising*, ed. Donald W. Jugenheimer (Lawrence, Kans.: American Academy of Advertising, 1983).
4. Adaptado de Larry Light e Richard Morgan, *The Fourth Wave: Brand Loyalty Marketing* (Nova York: Coalition for Brand Equity, American Association of Advertising Agencies, 1994), 25.
5. Para uma leitura adicional sobre a natureza e o papel da lealdade para com a marca, veja Richard L. Olivier, "Whence Consumer Loyalty?" *Journal of Marketing* 63 (edição especial, 1999), 33-44; e Arjun Chaudhuri e Morris B. Holbrook, "The Chain of Effects from Brand Trust and Brand Affect to Brand Performance: The Role of Brand Loyalty", *Journal of Marketing* 65 (abril de 2001), 81-93.
6. Carl F. Mela, Sunil Gupta e Donald R. Lehmann, "The Long-Term Impact of Promotion and Advertising on Consumer Brand Choice", *Journal of Marketing Research* 34 (maio de 1997), 248-61.
7. A discussão é influenciada pela obra clássica sobre planejamento de propaganda e definição de metas de Russel Colley. Seu trabalho, que ficou conhecido como abordagem DAGMAR, estabeleceu um padrão para a definição de objetivos de propaganda. Veja Russel H. Colley, *Defining Advertising Goals for Measured Advertising Results* (Nova York: Association of National Advertisers, 1961).
8. Leonard M. Lodish, *The Advertising and Promotion Challenge: Vaguely Right or Precisely Wrong?* (Nova York: Oxford University Press, 1986), cap. 5.
9. Edson Crescitelli e Ana Ikeda. "Um estudo sobre as características do planejamento de comunicação", *X Colóquio Internacional sobre poder local*, 2006, Salvador/BA.
10. Gary L. Lilien, Alvin J. Silk, Jean-Marie Choffray e Murlidhar Rao, "Industrial Advertising Effects and Budgeting Practices", *Journal of Marketing* 40 (janeiro de 1976), 21.
11. J. Enrique Bigné, "Advertising Budgeting Practices: A Review", *Journal of Current Issues and Research in Advertising* 17 (outono de 1995), 17-32; Fred S. Zufryden: "How Much Should Be Spent for

Advertising a Brand?", *Journal of Advertising Research* (abril/maio de 1989), 24-34.

12. O uso intenso dos métodos de porcentagem de vendas e objetivo e tarefa no contexto industrial foram documentados por Lilien et al., "Industrial Advertising Effects", ao passo que o apoio em um contexto de consumo é apresentado por Kent M. Lancaster e Judith A. Stern, "Computer-Based Advertising Budgeting Practices of Leading U.S. Consumer Advertisers", *Journal of Advertising* 12, n. 4 (1983), 6. Uma revisão completa da história da pesquisa do orçamento publicitário é apresentada por Bigné, "Advertising Budget Practices". Para informações sobre orçamento publicitário na China, veja Gerard Prendergast, Douglas West e Yi-Zheng Shi, "Advertising Budgeting Methods and Processes in China", *Journal of Advertising* 35, n. 3 (2006), 165-76.
13. Lancaster e Stern, "Computer-Based Advertising".
14. Esses dados são baseados em pesquisas realizadas pela Schonfeld & Associates e publicadas por essa empresa em "Advertising Ratios & Budgets", 2006.
15. Charles H. Patti e Vincent J. Blasko, "Budgeting Practices of Big Advertisers", *Journal of Advertising Research* 21 (dezembro de 1981), 23-9; Vincent J. Blasko e Charles H. Patti, "The Advertising Budgeting Practices of Industrial Marketers", *Journal of Marketing* 48 (outono de 1984), 104-10. Veja também C. L. Hung e Douglas C. West, "Advertising Budgeting Methods in Canada, the UK and the USA", *International Journal of Advertising* 10, n. 3 (1991), 239-50.
16. Adaptado de Lilien et al., "Industrial Advertising and Budgeting", 23.
17. Essa descrição é baseada em Kevin Goldman, "Volkswagen Has a Lot Riding on New Ads", *The Wall Street Journal*, 31 de janeiro de 1994, B5.
18. Tim Ambler e Ann Hollier, "The Waste in Advertising is The Part That Works", *Journal of Advertising Research* 44 (dezembro de 2004), 375-89. Veja também Amna Kirmari, "The Effect of Perceived Advertising Costs on Brand Perceptions", *Journal of Consumer Research* 17 (setembro de 1990), 160-71.
19. Adaptado de James C. Schroer, "Ad Spending: Growing Market Share", *Harvard Business Review* 68 (janeiro/fevereiro de 1990), 48. Veja também John Philip Jones, "Ad Spending: Maintaining Market Share", *Harvard Business Review* 68 (janeiro/fevereiro de 1990), 38-42.
20. Para uma perspectiva um tanto diferente sobre como o relacionamento entre concorrentes afeta o orçamento publicitário, veja Boonghee Yoo e Rujirutana Mandhachitara, "Estimating Advertising Effects nos Sales in a Competitive Setting", *Journal of Advertising Research* 43 (setembro de 2003), 310-21.
21. Leonard M. Lodish, Magid Abraham, Stuart Kalmenson, Jeanne Livelsberger, Beth Lubetikn, Bruce Richardson e Mary Ellen Stevens, "How T.V. Advertising Works: A Meta-Analysis of 389 Real World Split Cable T.V. Advertising Experiments", *Journal of Marketing Research* 332 (maio 1995), 125-39.
22. Jones, "Ad Spending: Maintaining Market Share".
23. Robert J. Kent e Chris T. Allen, "Competitive Interference Effects in Consumer Memory for Advertising: The Role of Brand Familiarity", *Journal of Marketing* 58 (julho de 1994), 97-105; Robert J. Kent, "How Ad Claim Similarity and Target Brain Familiarity Moderate Competitive Interference Effects in Memory for Advertising", *Journal of Marketing Communications* 3 (dezembro de 1997), 231-42. Para evidências de que as marcas estabelecidas sofrem com a interferência competitiva, veja Anand Kumar e Shanker Krishnan, "Memory Interference in Advertising: A Replication and Extension", *Journal of Consumer Research* 30 (março de 2004), 602-11.
24. H. Rao Unnava e Deepak Sirdeshmukh, "Reducing Competitive Ad Interference", *Journal of Marketing Research* 31 (agosto de 1994), 403-11.

## CAPÍTULOS

### 7
Visão geral do gerenciamento de propaganda

### 8
Mensagens de propaganda criativas e eficazes

### 9
Apelos das mensagens e endossantes

### 10
Medindo a eficácia da mensagem de propaganda

### 11
Mídia de propaganda: planejamento e análise

### 12
Mídia tradicional

### 13
Propaganda na Internet

### 14
Outras formas de mídia

# Parte 3
## Gerenciamento de propaganda

A Parte 3 inclui oito capítulos que examinam várias facetas do gerenciamento de propaganda. O *Capítulo 7* apresenta princípios fundamentais acerca do papel e da importância da propaganda, as proporções vendas-propaganda de vários setores e descreve as funções que a propaganda desempenha. O capítulo oferece uma visão geral do processo de gerenciamento de propaganda pela perspectiva dos clientes. Também discute os aspectos financeiros da propaganda.

O *Capítulo 8* pesquisa o aspecto criativo do processo de propaganda. São discutidos requisitos gerais para a produção de mensagens eficazes e o papel da criatividade, com ênfase na originalidade e conveniência. A imagem corporativa e a questão da propaganda é o tópico final abordado neste capítulo.

O *Capítulo 9* examina o uso de vários apelos de mensagens na propaganda e o papel dos endossantes. A abordagem inicial foca nos esforços dos gestores para promover a motivação, a oportunidade e a habilidade dos consumidores para processar mensagens de comar.

O *Capítulo 10* aborda a avaliação da eficácia da mensagem, discutindo os padrões para a pesquisa de mensagem e os tipos de informação que uma equipe de gestores de marca e suas agências de propaganda desejam desse tipo de pesquisa.

O *Capítulo 11* apresenta uma abordagem completa das quatro atividades principais envolvidas no planejamento e análise de mídia: seleção do público-alvo, especificação objetiva, seleção de mídia, veículo e compra de mídia. Uma discussão mais focada na seleção de mídia e as considerações com o custo também fazem parte desse capítulo.

O *Capítulo 12* analisa a mídia tradicional, atentando principalmente à avaliação das quatro mídias principais: jornais, revistas, rádio e televisão.

O *Capítulo 13* estuda o uso da Internet como mídia, incluindo a magnitude da propaganda on-line e seu forte crescimento potencial. O capítulo termina com discussão da escolha das métricas para avaliar sua eficácia.

O *Capítulo 14* cobre uma variedade de outras mídias: mala-direta/correio, anúncios nas páginas amarelas, em video games, colocação da marca em filmes, propaganda no cinema e outras mídias alternativas.

# 7
# Visão geral do gerenciamento de propaganda

Em referência à realização de uma tarefa simples, as pessoas usam a expressão "não é uma ciência de foguetes". A expressão "ciência de foguetes" serve como ponto de comparação a outras atividades porque para a maioria de nós ela representa o máximo da complexidade. Como os cientistas conseguem impelir os foguetes e seus passageiros para a Lua, por exemplo, é algo que de fato nos surpreende. A enormidade desse feito e sua confluência essencial de brilho matemático, sofisticação mecânica e engenhosidade da computação são simplesmente formidáveis. A complexidade de mandar pessoas em segurança para o espaço sideral e trazê-las de volta excede a habilidade das pessoas comuns em entender tal realização. A ciência dos foguetes não é uma empreitada para aquelas pessoas que não estão bem treinadas a participar da busca pela superação das forças da natureza e dos limites da ciência.

O que isso tem a ver com a propaganda? Bem, um profissional de marketing e propaganda, Sam Hill, fez a ousada alegação de que "a propaganda é uma ciência dos foguetes".[1] Continuando com essa analogia, é tentador rejeitar essa afirmação sumariamente e chamar seu criador de "cadete espacial". Mas vamos avaliar se existe alguma verdade na afirmação de Hill.

Sua alegação é que a propaganda, como a ciência dos foguetes, é em si uma atividade muito complexa. Ficamos tentados a responder de imediato: "qualquer pessoa pode criar um anúncio, portanto, em que sentido a propaganda é complexa?" Diferentemente da ciência dos foguetes – que exige que seus praticantes sejam formados em física, matemática, ciência da computação e engenharia – pessoas sem nenhum treinamento formal em propaganda podem criar anúncios. Se qualquer um pode fazer isso, onde está a complexidade?

A complexidade não está em criar um anúncio em si, mas em criar uma campanha de comar bem-sucedida. Uma campanha bem-sucedida exige uma confluência de mensagens certas direcionadas a um público-alvo por meio de um meio apropriado de mídia. Mas realizar isso não é uma tarefa fácil, considerando-se a sempre mutável situação competitiva e a evolução dos gostos e preferências dos consumidores. O ambiente publicitário é, em resumo, mais dinâmico que o ambiente enfrentado pelos cientistas de foguetes. Enquanto os dados de gravidade, mecânica e computação podem ser reduzidos a contas altamente previsíveis e capturados em equações matemáticas, o cenário para a propaganda está sempre mudando, com muitos fatores entrando em cena. E o alvo de qualquer esforço publicitário

Alan Freed/Shutterstock

– ou seja, o consumidor – é inerentemente complexo e imprevisível. Segundo Hill, "O consumidor puxa de um lado, o cliente do outro e os concorrentes vão para um lado ou outro. Um pequeno erro e centenas de milhões de dólares investidos em propaganda se tornam nada mais que uma parada durante um intervalo do jogo".[2] A complexidade da propaganda é bem resumida a seguir:

*A verdade é que de muitas maneiras a propaganda é mais difícil que a ciência dos foguetes. Quando o lançamento de um foguete falha, isso vira notícia. Quando o lançamento de uma campanha publicitária é bem-sucedido, isso vira notícia.*[3]

## Objetivos do capítulo

*Após ler este capítulo, você será capaz de:*

1. Entender a magnitude da propaganda e a porcentagem das vendas que as empresas investem nessa ferramenta da comar.

2. Entender que a propaganda pode ser muito eficaz, mas que existe o risco e a incerteza de quando investir nessa prática.

3. Reconhecer as várias funções que a propaganda desempenha.

4. Explorar o processo de gerenciamento de propaganda pela perspectiva dos clientes e suas agências.

5. Entender as funções que as agências desempenham e como elas são remuneradas.

6. Explorar a questão de quando é garantido investir na propaganda e quando não investir é justificado.

7. Examinar a elasticidade da propaganda como meio para entender a seguinte afirmação: "uma propaganda forte é um depósito no banco do *brand equity*".

## >>Dica de comar:
### A propaganda é uma ciência dos foguetes?

# Introdução

Este capítulo apresenta a primeira grande ferramenta da CIM – a *propaganda* – e os princípios fundamentais do gerenciamento publicitário. Uma seção inicial analisa a magnitude da propaganda. A segunda seção explora o processo de gerenciamento de propaganda, descreve as funções da propaganda e examina o papel das agências de propaganda. Uma conclusão apresenta uma discussão detalhada dos argumentos a favor dos investimentos em propaganda e os contra-argumentos referentes às circunstâncias em que é aconselhável não investir em propaganda. Essa seção também explora o conceito da elasticidade da propaganda e a compara à elasticidade dos preços para determinar as circunstâncias em que o gestor de uma marca deve aumentar as despesas com propaganda ou reduzir preços.

Em primeiro lugar, será útil definir o tópico deste e dos sete capítulos subsequentes, especificamente, de modo que deixe clara a distinção entre propaganda e outras formas de comunicações de marketing.

> *A propaganda é paga, repetitiva, veiculada em uma mídia, tem promotor identificável e o objetivo de persuadir o receptor a agir, agora ou no futuro.*[4]

As palavras *paga* e *repetitiva* nessa definição distinguem a propaganda de uma ferramenta da comar relacionada – a publicidade – que garante espaço ou tempo não pago na mídia e não é publicada mais de uma única vez, pois tem caráter de notícia. A expressão *veiculada em uma mídia* tem o objetivo de distinguir a propaganda, que é tipicamente transmitida (veiculada) por meio de mídias impressa e eletrônica, das formas de comunicação pessoal, incluindo venda pessoal e boca a boca. Por fim, a definição enfatiza que o propósito da propaganda é *influenciar a agir*, no presente ou no futuro. A ideia de influenciar a agir está de acordo com a quinta característica-chave da CIM apresentada no Capítulo 1: o objetivo final de qualquer forma de comunicação de marketing é afetar o comportamento e não apenas seus aspectos precedentes, como os níveis de percepção da marca por parte dos consumidores e a favorabilidade de suas atitudes para com a marca anunciada.

As empresas que anunciam suas marcas aos consumidores finais empreendem mais propaganda (propaganda B2C). As empresas de produtos de consumo são fortes anunciantes na arena B2C, mas os provedores de serviço (por exemplo, telefonia celular) e de bens duráveis (por exemplo, automóveis) também o são. Algumas empresas que anunciam para outras empresas, em vez de diretamente aos consumidores, também são anunciantes de peso (propaganda B2B). Grande parte da propaganda dessas empresas acontece em revistas comerciais direcionadas aos clientes potenciais para os produtos dos anunciantes B2B. Curiosamente, no entanto, alguns anunciantes B2B também usam a mídia tradicional (por exemplo, televisão) para alcançar públicos que não assinam publicações comerciais, muito embora isso não seja frequente. Como exemplo, considere uma campanha veiculada em televisão, feita por uma empresa que é desconhecida da maioria das pessoas, exceto aquelas que estão em seu ramo de atividade. A empresa Parker Hannifin é uma indústria que fabrica mangueiras, válvulas e outros produtos semelhantes. Há alguns anos o departamento de marketing da Parker Hannifin lançou uma campanha de propaganda na TV, a primeira na longa história da empresa.

Os anúncios dos produtos da Parker Hannifin foram colocados nos programas de televisão a cabo que atraíam engenheiros – o público-alvo para os produtos da empresa. Entre esses programas estavam o *Junkyard Wars* (um programa que mostra pessoas espertas construindo máquinas com objetos descartados), da TLC, e o *Modern Marvels* (um programa que foca em façanhas tecnológicas), do History Channel. A campanha foi destinada a aumentar a percepção dos engenheiros do nome Parker Hannifin e dar mais destaque a ele, de modo que Parker Hannifin viesse à mente quando surgisse a necessidade de comprar uma válvula ou mangueira.

Um dado curioso: a empresa usou o humor para transmitir sua ideia, o que é algo relativamente atípico na propaganda B2B. Em um anúncio de TV, por exemplo, há dois personagens, que lembram engenheiros, sentados em um *sushi bar* e que parecem estar com duas mulheres atraentes sentadas do outro lado do restaurante. Quando uma das mulheres usa *hashis* para levar o sushi à boca, um engenheiro pergunta ao colega: "você está vendo o que eu vejo?" E o outro responde: "sim". Esse curto diálogo é interrompido por uma mudança de cena que mostra um laboratório de pesquisas onde um braço mecânico retira uma lagosta de um tanque. A ligação entre a cena no *sushi bar* e o laboratório fica clara quando os dizeres da campanha aparecem na tela: "Os engenheiros veem o mundo de modo diferente". A campanha da Parker Hennifin homenageia os engenheiros e seus feitos e, ao fazer isso, ela espera aumentar as chances de que engenheiros de verdade (não os da TV) recomendem os produtos da empresa.[5]

No Brasil temos o caso da Gerdau anunciando seu produto vergalhão GG50 na rádio CBN direcionado para revendedores de materiais para construção. Outro exemplo foi a campanha de propaganda da nova linha de caminhões leves – o Volkswagen Delivery – no Brasil. As campanhas foram veiculadas em revistas de ampla circulação, em *spots* de rádios e na Internet, sempre tentando transmitir o posicionamento de "caminhões sob medida". Nos anúncios impressos eram apresentados diversos produtos que poderiam ser transportados pelos caminhões Volkswagen (Figura 7.1). Esses anúncios, em vez de serem publicados apenas em revistas especializadas e direcionadas unicamente ao mercado B2B, foram primeiro publicados em revistas semanais de grande circulação, como a *Veja*. Já *spots* de rádio foram veiculados, por exemplo, nos intervalos do jornal matinal da rádio CBN todos os dias. Apesar de se tratar de mídias tradicionalmente B2C, as revistas semanais e o jornal no rádio também atingem o pequeno e o médio empresário, além do responsável por

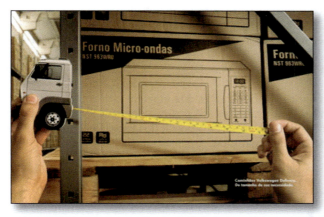 
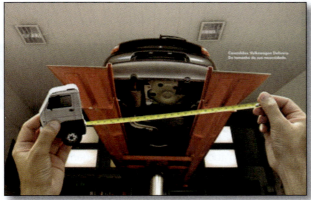 

**figura 7.1** — Exemplo de campanha B2B veiculada em mídia tradicional de massa

compras, logística e transporte de grandes empresas. Assim como no caso da Parker Hannifin, a campanha da linha Delivery Volkswagen não focou em transmitir muitos dados técnicos do produto, mas no posicionamento geral da marca.

Esses exemplos demonstram que a propaganda é realizada por todos os tipos de empresa e não apenas as de produtos de consumo. Portanto, as lições apresentadas neste capítulo, e nos subsequentes, acerca do tema propaganda são aplicáveis amplamente a todas as empresas.

## A magnitude da propaganda

Estima-se que as despesas com propaganda nos Estados Unidos superaram 294 bilhões de dólares em 2008.[6] Isso totaliza quase um milhão de dólares em propaganda para cada 300 milhões aproximados de homens, mulheres e crianças que moram nos Estados Unidos. Por muitos anos, os gastos com propaganda nos Estados Unidos atingiu uma média de aproximadamente 2,2% do produto interno bruto do país.[7] É desnecessário afirmar que a propaganda nos Estados Unidos é uma coisa séria, para dizer o mínimo! Os gastos com propaganda também são consideráveis nos principais países industrializados, mas não com a mesma magnitude que nos Estados Unidos. As despesas globais com propaganda fora dos Estados Unidos totalizaram quase 360 bilhões de dólares em 2008.[8] É notável que os gastos com propaganda nos países em desenvolvimento – principalmente as chamadas nações Bric (Brasil, Rússia, Índia e China) – estão crescendo em um índice muito mais rápido que os vistos nos Estados Unidos e em qualquer outro lugar do planeta.[9]

No Brasil o panorama não é diferente, guardadas as devidas proporções em relação aos Estados Unidos. O montante de investimentos em propaganda no Brasil historicamente girava em torno de 1% do PIB, mas essa relação vem crescendo nos últimos anos. Em 2008, os investimentos em propaganda foram de R$ 21,4 bilhões, o que representou um aumento de 12,8% em relação a 2007. Em 2009, o mercado movimentou R$ 24,7 bilhões, e a previsão é que esses números fossem ainda melhores em 2010. De acordo com estimativas do projeto Inter-Meios em parceria com o jornal *Meio & Mensagem*, o crescimento do investimento em propaganda no Brasil seria entre 12% a 15% em 2010.[10]

Veja a seção *Foco Global* para uma discussão sobre confiança dos consumidores na propaganda por todo o planeta, e como essa confiança se compara àquela oriunda de informações recebidas de outros consumidores.

Algumas empresas nos Estados Unidos gastam mais de US$ 2 bilhões por ano para anunciar seus produtos e serviços. Há pouco tempo a Procter & Gamble gastou US$ 4,8 bilhões anunciando seus produtos nos Estados Unidos; a AT&T, US$ 3,34 bilhões; a General Motors, US$ 3,29 bilhões; a Time Warner, US$ 3,08 bilhões; a Verizon, US$ 2,82 bilhões; a Ford Motor Company, US$ 2,57 bilhões; a GlaxoSmithKline, US$ 2,44 bilhões; a Walt Disney, US$ 2,32 bilhões; a Johnson & Johnson, US$ 2,29 bilhões; e a Unilever, US$ 2,09 bilhões.[11]

A Tabela 7.1 lista essas empresas com outras que constituem os 50 anunciantes que mais investiram em propaganda nos últimos anos. Como podemos ver, o próprio governo norte-americano (na 29ª posição) investiu US$ 1,13 bilhão. A propaganda do governo é dedicada a esforços como combate às drogas, ao serviço postal dos Estados Unidos, aos serviços ferroviários Amtrak, às campanhas antitabagismo e ao recrutamento militar.

## foco global

### Em qual fonte de informações sobre produtos os consumidores confiam mais?

Nielsen, um influente instituto de pesquisa de marketing, conduz a cada dois anos uma pesquisa on-line que avalia as atitudes dos consumidores em relação a uma grande variedade de questões relacionadas a marketing. Um estudo recente perguntou aos usuários da Internet sobre a confiança que eles depositavam nas diferentes fontes de informações a respeito de produtos e serviços. Mais de 26 mil participantes de 47 países em todo o mundo indicaram o quanto acreditavam nas informações recebidas de 13 fontes diversas, incluindo a mídia publicitária tradicional (TV, jornais, revistas e rádio), anúncios on-line e recomendações de outros consumidores.

As porcentagens dos participantes indicando que acreditavam um pouco ou totalmente em cada fonte de informações foram as seguintes:

| | |
|---|---|
| Recomendações de consumidores | 78% |
| Jornais | 63% |
| Opiniões de consumidores postadas on-line | 61% |
| Websites da marca | 60% |
| Televisão | 56% |
| Revistas | 56% |
| Rádio | 54% |
| Patrocínios da marca | 49% |
| E-mail que eu pedi para receber | 49% |
| Anúncios antes de filmes | 38% |
| Anúncios em sites de busca | 34% |
| Anúncios em *banners* on-line | 26% |
| Anúncios de texto em telefones celulares | 18% |

Os resultados dessa pesquisa são claros: consumidores em todo o mundo têm mais confiança nas informações recebidas de outros consumidores que nas fornecidas pela mídia publicitária tradicional; e menos ainda nos anúncios on-line e em telefones celulares. A confiança geral na propaganda, independentemente da mídia, varia muito no mundo. Os filipinos e os brasileiros foram os que mais confiaram em todas as formas de propaganda (empatados em 67% de confiança), enquanto os italianos (32%) e dinamarqueses (28%) foram os que menos confiavam. Os cinco países que confiam mais e menos na propaganda são:

**Os 5 países que mais confiam**

| | |
|---|---|
| Filipinas | 67% |
| Brasil | 67% |
| México | 66% |
| África do Sul | 64% |
| Taiwan | 63% |

**Os 5 países que menos confiam**

| | |
|---|---|
| Letônia | 38% |
| Alemanha | 35% |
| Lituânia | 34% |
| Itália | 32% |
| Dinamarca | 28% |

Essas descobertas deixam claro que os consumidores por todo o mundo variam muito quanto a sua confiança (ou a falta dela) nas diferentes fontes de informações acerca de produtos e serviços. Não é de surpreender que as informações recebidas de outros consumidores sejam as mais confiadas, considerando que ativamente selecionamos esse tipo de informações em comparação aos anúncios que costumam ser jogados sobre nós, independentemente do fato de desejarmos ou não receber tal informação. Surpreendente é o grande diferencial entre os países em termos de sua confiança na propaganda. Os níveis baixos de confiança entre os consumidores europeus são particularmente intrigantes.

*Fonte*: The Nielsen Company, "Trust in Advertising: A Global Nielsen Consumer Report", outubro de 2007.

## tabela 7.1

**Os 50 maiores investidores em propaganda nos Estados Unidos (2006) (em milhões de dólares)**

| Posição | Empresa | Sede | Despesas com propaganda |
|---|---|---|---|
| 1 | Procter & Gamble Co. | Cincinnati | $ 4.898,0 |
| 2 | AT&T | San Antonio, Texas | 3.344,7 |
| 3 | General Motors Corp. | Detroit | 3.296,1 |
| 4 | Time Warner | Nova York | 3.088,8 |
| 5 | Verizon Communications | Nova York | 2.821,8 |
| 6 | Ford Motor Co. | Dearborn, Mich. | 2.576,8 |
| 7 | GlaxoSmithKline | Brentford, Middlesex, RU | 2.444,2 |
| 8 | Walt Disney Co. | Burbank, Califórnia | 2.320,0 |
| 9 | Johnson & Johnson | New Brunswick, NJ | 2.290,5 |
| 10 | Unilever | Londres/Rotterdam | 2.098,3 |
| 11 | Toyota Motor Corp. | Toyota City, Japão | 1.995,3 |
| 12 | Sony Corp. | Tóquio | 1.994,0 |
| 13 | DaimlerChrysler | Auburn Hills, Mich./ Stuttgart, Alemanha | 1.952,2 |
| 14 | General Electric Co. | Fairfield, Conn. | 1.860,2 |
| 15 | Sprint Nextel Corp. | Reston, Va. | 1.775,2 |
| 16 | McDonald's Corp. | Oak Brook, Ill. | 1.748,3 |
| 17 | Sears Holdings Corp. | Hoffman Estates, Ill. | 1.652,8 |
| 18 | L'Oreal | Clichy, França | 1.456,3 |
| 19 | Kraft Foods | Northfield, Ill. | 1.423,2 |
| 20 | Macy's | Cincinnati | 1.361,2 |
| 21 | Honda Motor Co. | Tóquio | 1.350,8 |
| 22 | Bank of America Corp. | Charlotte, NC | 1.334,4 |
| 23 | Nissan Motor Co. | Tóquio | 1.328,9 |
| 24 | PepsiCo | Purchase, NY | 1.322,7 |
| 25 | Nestle | Vevey, Suíça | 1.315,0 |
| 26 | News Corp. | Nova York | 1.244,5 |
| 27 | J.C. Penney Co. | Plano, Texas | 1.162,3 |
| 28 | Target Corp. | Minneapolis | 1.156,9 |
| 29 | U.S. Government | Washington | 1.132,7 |
| 30 | Home Depot | Atlanta | 1.118,1 |
| 31 | Pfizer | Nova York | 1.104,9 |
| 32 | Berkshire Hathaway | Omaha, Neb. | 1.093,4 |
| 33 | Wyeth | Madison, NJ | 1.076,8 |
| 34 | Walmart Stores | Bentonville, Ark | 1.072,6 |
| 35 | JPMorgan Chase & Co. | Nova York | 1.062,5 |
| 36 | Novartis | Basel, Suíça | 1.052,2 |
| 37 | Estee Lauder Cos. | Nova York | 1.031,3 |
| 38 | Merck & Co. | Whitehouse Station, NJ | 1.024,2 |
| 39 | Citigroup | Nova York | 1.012,2 |
| 40 | AstraZeneca | Londres | 1.005,3 |
| 41 | Viacom | Nova York | 934,1 |
| 42 | Schering-Plough Corp. | Kenilworth, NJ | 931,5 |
| 43 | American Express Co. | Nova York | 928,7 |
| 44 | General Mills | Minneapolis | 920,5 |
| 45 | Microsoft Corp. | Redmond, Wash. | 912,2 |
| 46 | Yum Brands | Louisville, Ky. | 902,0 |
| 47 | Dell | Round Rock, Texas | 882,5 |
| 48 | Best Buy Co. | Richfield, Minn. | 878,7 |
| 49 | Capital One Financial Corp. | McLean, Va. | 863,7 |
| 50 | Lowe's Cos. | Mooresville, NC | 838,5 |

Fonte: "100 Leading National Advertisers", *Advertising Age*, 25 de junho de 2007, S–4.

No Brasil, o maior anunciante é Casas Bahia, que investiu, em 2009, pouco mais de R$ 3 bilhões. Os outros quatro maiores anunciantes no mesmo ano foram: Unilever, com R$ 1,9 bilhão; Ambev, com R$ 914 milhões; Caixa, com R$ 847 milhões; e Hyundai/Caoa, com R$ 744 milhões. A Tabela 7.2 apresenta os 30 maiores anunciantes brasileiros. Se analisado por setores, os investimentos no Brasil, no mesmo ano de 2009, são bastante pulverizados. O setor que mais investe é, disparado, o varejo, com 24%, seguido por "outros", com 35,5%, e, em terceiro, serviços ao consumidor com 8,7%; os demais estão abaixo desse patamar, conforme dados do anuário Mídia Dados.[12]

## Proporções vendas-propaganda

Como demonstrado no Capítulo 6, há pouco tempo a média da proporção vendas-propaganda em cerca de 200 categorias de produto e serviços B2C e B2B era de *3,1%*. Ou seja, em média, o gasto com propaganda nas empresas constitui aproximadamente 3 centavos de cada unidade de faturamento provindo das vendas. A Tabela 7.3 apresenta mais detalhes ilustrando as proporções vendas-propaganda para empresas que competem em seis setores – automotivo, computadores e softwares, medicamentos, alimentos, itens de cuidado pessoal e serviço de telecomunicações. A propaganda como uma porcentagem das vendas para essas categorias de produtos varia de um baixo 1,3% (para a IBM) a um alto 29,9% para a Estée Lauder no setor de cuidado pessoal. Também pode ser observado na Tabela 7.3 que para a maioria das empresas a proporção vendas-propaganda varia entre 2% e 10%. Entretanto, em casos de introdução de novas marcas, esse índice pode ser substancialmente maior e até – dependendo das circunstâncias – superar os 100%.

A leitura dessa tabela revela que os pequenos competidores de cada setor investem porcentagens relativamente grandes de seus faturamentos em propaganda. Isso acontece porque as empresas com parcelas de mercados menores em geral têm de investir mais em propaganda para se tornarem competitivas, e assim as proporções vendas-propaganda são

**tabela 7.2**
**Maiores anunciantes do Brasil (2009)**

| Anunciante | Investimento publicitário (R$) |
|---|---|
| 1º Casas Bahia | 3.059.239.000 |
| 2º Unilever | 1.941.632.000 |
| 3º Ambev | 914.580.000 |
| 4º Caixa Econômica Federal | 847.500.000 |
| 5º Hyundai Caoa | 744.504.000 |
| 6º Fiat | 737.947.000 |
| 7º Bradesco | 735.412.000 |
| 8º Hypermarcas | 682.147.000 |
| 9º TIM | 577.903.000 |
| 10º Ford | 557.021.000 |
| 11º Petrobras | 546.736.000 |
| 12º GM | 508.018.000 |
| 13º Coca-cola | 492.906.000 |
| 14º Volkswagen | 485.956.000 |
| 15º Danone | 464.430.000 |
| 16º Reckitt Benckiser | 460.429.000 |
| 17º Vivo | 456.328.000 |
| 18º Claro | 452.736.000 |
| 19º Colgate Palmolive | 431.011.000 |
| 20º Grupo Pão de Açúcar | 421.425.000 |
| 21º Itaú | 415.494.000 |
| 22º Cervejaria Petrópolis | 397.799.000 |
| 23º Ponto Frio | 392.181.000 |
| 24º Procter & Gamble | 372.654.000 |
| 25º Peugeot Citroën | 368.288.000 |
| 26º Insinuante | 361.277.000 |
| 27º Banco do Brasil | 333.711.000 |
| 28º Avon | 301.548.000 |
| 29º Ricardo Eletro | 300.236.000 |
| 30º Supermercado Guanabara | 289.206.000 |

Fonte: *Ranking Ibope Monitor*, publicado pela revista *Meio & mensagem*. Valores brutos.

## tabela 7.3
**Proporções propaganda-vendas para categoria de produtos seletos**

| Setor e empresa nos Estados Unidos | Faturamento nos Estados Unidos (US$ milhões) | Propaganda propaganda-vendas (US$ milhões) | Proporção (%) |
|---|---|---|---|
| **Automotivo** | | | |
| Volkswagen | 18.262 | 419 | 2,3 |
| DaimlerChrysler | 79.899 | 1.952 | 2,4 |
| General Motors | 129.041 | 3.296 | 2,6 |
| Toyota | 77.692 | 1.995 | 2,6 |
| Honda | 51.648 | 1.351 | 2,6 |
| Ford | 81.155 | 2.577 | 3,2 |
| Nissan | 39.153 | 1.329 | 3,4 |
| *Média da categoria* | | | **2,73** |
| **Computadores e software** | | | |
| IBM | 39.511 | 517 | 1,3 |
| Dell | 36.100 | 883 | 2,4 |
| Hewlett-Packard | 32.244 | 829 | 2,6 |
| Microsoft | 29.730 | 912 | 3,1 |
| Apple | 9.307 | 384 | 4,1 |
| *Média da categoria* | | | **2,70** |
| **Medicamentos** | | | |
| Abbott Laboratories | 11.995 | 374 | 3,1 |
| Sanofi-Aventis | 12.456 | 463 | 3,7 |
| Pfizer | 25.822 | 1.105 | 4,3 |
| Bayer | 9.723 | 554 | 5,7 |
| Eli Lilly | 8.599 | 561 | 6,5 |
| Novartis | 14.998 | 1.052 | 7,0 |
| Bristol-Myers Squibb | 9.729 | 691 | 7,1 |
| Merck | 13.808 | 1.024 | 7,4 |
| Johnson & Johnson | 29.775 | 2.290 | 7,7 |
| Astra Zeneca | 12.449 | 1.005 | 8,1 |
| Wyeth | 11.054 | 1.077 | 9,7 |
| GlaxoSmithKline | 18.961 | 2.444 | 12,9 |
| Schering-Plough | 4.192 | 931 | 22,2 |
| *Média da categoria* | | | **8,11** |
| **Alimentos** | | | |
| ConAgra | 10.279 | 366 | 3,6 |
| Nestle | 24.889 | 1.315 | 5,3 |
| Kraft | 20.931 | 1.423 | 6,8 |
| General Mills | 9.803 | 920 | 9,4 |
| Kellogg | 7.349 | 765 | 10,4 |
| Campbell Soup | 5.120 | 564 | 11,0 |
| *Média da categoria* | | | **7,75** |
| **Cuidado pessoal** | | | |
| Unilever | 17.222 | 2.098 | 12,2 |
| Procter & Gamble | 29.462 | 4.898 | 16,6 |
| L'Oreal | 4.942 | 1.456 | 29,5 |
| Estée Lauder | 3.446 | 1.031 | 29,9 |
| *Média da categoria* | | | **22,05** |
| **Telecomunicação** | | | |
| Qwest | 13.923 | 362 | 2,6 |
| Verizon | 88.144 | 2.822 | 3,2 |
| Sprint Nextel | 41.028 | 1.775 | 4,3 |
| Deutsche Telekom | 17.124 | 815 | 4,8 |
| AT&T | 63.055 | 3.345 | 5,3 |
| *Média da categoria* | | | **4,04** |

*Fonte*: Adaptado de "U.S. Company Revenue Per Advertising Dollar", *Advertising Age*, 25 de junho de 2007, S–14.

mais altas porque a base de vendas é relativamente pequena comparada à dos concorrentes de maior porte. Uma última observação digna de nota é que a média vendas-propaganda para a categoria de produtos de cuidado pessoal (22%), é substancialmente mais alta que as médias correspondentes para as categorias de produtos remanescentes. Isso acontece porque os itens de cuidado pessoal são menos vendidos com base no desempenho do produto e mais em termos de imagem, o que exige um apoio publicitário maior para transmitir a impressão desejada. Como um profissional do setor certa vez declarou, "na fábrica nós fazemos cosméticos; na loja [bem como na propaganda] nós vendemos esperança".[13]

## Os efeitos da propaganda são incertos

A propaganda é algo dispendioso e seus efeitos são, com frequência, incertos. Por essas razões, muitas empresas consideram apropriado, às vezes, reduzir as despesas com propaganda ou eliminá-la por completo. Os gestores de marketing ou a alta direção da empresa às vezes consideram desnecessário anunciar quando suas marcas já desfrutam de grande sucesso. As empresas acham particularmente sedutor cortar os recursos destinados à propaganda em momentos de crises econômicas – cada dólar não gasto em propaganda é mais um dólar acrescido no fim das contas. Por exemplo, durante a crise econômica de 2001 e a posterior recessão no mesmo ano – provocada em parte pelo efeito colateral econômico dos ataques terroristas ao World Trade Center e ao Pentágono –, as despesas com propaganda nos Estados Unidos caíram entre 4% e 6%. Quedas dessa magnitude não tinham sido vistas no país desde a Grande Depressão no fim da década de 1920 e começo da de 1930.[14] No Brasil, no segundo trimestre de 2009, por exemplo, houve uma sensível queda no investimento em propaganda (o valor investido foi de aproximadamente R$ 5,3 bilhões, valor 2% abaixo do mesmo período no ano anterior). Essa queda se deveu, em grande parte, à crise econômica financeira vivida na época. Com a incerteza do mercado muitas campanhas foram postergadas ou até mesmo canceladas.[15]

Tal comportamento implicitamente deixa de reconhecer que a propaganda não é apenas uma despesa atual (como o termo é usado no vocabulário contábil), mas sim um investimento. Embora os executivos entendam completamente o fato de que construir uma ala de produção mais eficiente é um investimento no futuro da empresa, muitos deles com frequência pensam que a propaganda pode ser drasticamente reduzida, ou mesmo eliminada, quando as pressões financeiras exigem medidas de redução de custos. Contudo, um ex-CEO da Procter & Gamble – um dos maiores anunciantes do mundo – fez a seguinte analogia correta entre propaganda e a prática de exercícios:

> *Se você quer que sua marca fique em forma, é importante exercitá-la regularmente. Quando você tem a oportunidade de ir ao cinema ou fazer outra coisa em vez de praticar exercícios, você pode fazer isso de vez em quando – isso é equivalente a transferir os fundos para promoções de vendas. Mas não é bom fazer isso. Se você sair do regime, pagará por isso mais tarde.*[16]

Esse ponto de vista aparece posteriormente no conselho de um vice-presidente da Booz Allen Hamilton, grande agência de consultoria, quando lhe perguntaram o que as grandes empresas como a Procter & Gamble, a Kellogg, a General Mills, a Coca-cola e a PepsiCo têm em comum. Na opinião dele, todas essas empresas estão conscientes de que o *investimento constante* é o fator-chave de um esforço de propaganda bem-sucedido: "elas não atacam seus orçamentos para aumentar os ganhos por alguns trimestres. Elas sabem que a propaganda não deve ser gerenciada como um custo variado discricionário".[17] Isso deve lembrá-lo de nossa discussão no Capítulo 1 referente à importância de estabelecer o *momentum* (esforço) para comar. O *momentum* (esforço) da propaganda é como praticar exercícios. Pare de se exercitar e você perderá condicionamento e provavelmente ganhará peso. Pare de anunciar e sua marca perderá uma parte de seu valor e *market share*.

Outro fator significativo que está "desviando" investimentos em propaganda é o aumento dos investimentos em ações de comunicação no canal de distribuição, especialmente no varejo. Esse fenômeno está se consolidando à medida que cresce o poder de barganha das grandes redes varejistas, as quais, visando seus legítimos interesses, pressionam os fabricantes a investirem mais recursos nas ações de ponto de venda, como promoções de vendas, materiais de *merchandising*, demonstrações de produtos e verbas cooperadas para tabloides e campanhas promocionais da própria rede varejista. Os investimentos em ações dessa natureza são importantes, pois visam aumentar o giro de produtos e isso é bom tanto para fabricantes quanto para varejistas. Porém, muitos fabricantes, não tendo como equilibrar os investimentos entre propaganda e ações de ponto de venda, acabam desviando os recursos da propaganda para atender ao varejo. O efeito desse desequilíbrio pode não aparecer no curto prazo para marcas já consolidadas no mercado e, por isso, existe o argumento de que marcas consolidadas não precisam tanto de investimento em propaganda e sim em ações de ponto de venda. Mas isso é uma falácia, pois qualquer marca vai perder com o tempo seu valor se não houver investimento na manutenção de seu *brand equity*. No caso de marcas novas, ainda não consolidadas, os efeitos do desequilíbrio de investimentos já serão no curto prazo. O resultado é que, se não houver equilíbrio entre investimentos em propaganda com os de ponto de venda, a marca, seja no curto ou no longo prazo, será prejudicada, perdendo seu valor para os consumidores. Sem valor de marca o produto vale menos (especialmente em uma época em que os produtos tendem a ficar cada vez mais similares em design, tecnologia e características). Valendo menos, aumenta o poder de barganha do canal de distribuição (que terá sempre várias opções de marcas para compor seu portfólio de produtos). Com isso, o poder de barganha do canal aumenta e também a pressão por recursos de comunicação e assim se cria um ciclo vicioso prejudicial para a marca. Muitas empresas, mesmo as de grande porte detentoras de marcas fortes, vivem esse dilema.

## foco c.i.m.

### Frequência e consistência da comunicação: a fórmula de Omo para ser *top of mind* no mercado brasileiro

"Qual é a primeira marca que lhe vem à cabeça?" Para muitos brasileiros, Omo é a resposta a essa pergunta. De acordo com pesquisa anual realizada pelo Instituto Datafolha, há vinte anos a marca da Unilever é líder na lembrança dos consumidores brasileiros na categoria sabão em pó. Mais que isso: há 18 anos, Omo é a marca "*top dos tops*", isto é, a primeira marca lembrada entre todas as que se encontram no mercado. No último estudo, de 2010, a marca foi mencionada espontaneamente por 6% de todos os 5.718 entrevistados em 160 municípios brasileiros, e entre as mulheres esse percentual subiu para 10%.

A consciência de marca é um objetivo importante das estratégias de comunicação de marketing, como parte do processo de ativação do conjunto de consideração do consumidor. Isso se torna ainda mais relevante quando se fala em uma categoria de produtos de compra repetida, com faturamento estimado em cerca de US$ 1 bilhão/ano, do qual a multinacional anglo-holandesa detém cerca de 80% de *market share*. A marca Omo, isoladamente, está presente em 98% dos pontos de venda de material de limpeza brasileiros e responde por cerca de 40% do mercado. Especialistas apontam que os detergentes em pó representam as "vacas leiteiras" da Unilever Brasil, categorias de produtos estáveis e lucrativas, que ajudam a alavancar os investimentos e resultados nas demais categorias que a empresa disputa, como alimentos e produtos de higiene pessoal.

O Omo não alcançou essa condição de liderança sem desafios: recentemente novos competidores surgiram para confrontar a sólida posição da Unilever no mercado de sabões em pó. Entre 1999 e 2000, a norte-americana Procter & Gamble, líder mundial na categoria, lançou as marcas Ariel e Ace. E em 2005, a brasileira Assolam lançou a marca Assim, impulsionada por vultosos investimentos publicitários: o mesmo valor investido na construção de uma nova fábrica (US$ 10 milhões) também foi gasto na campanha publicitária de divulgação da nova marca. Esse cenário competitivo obedece à análise sobre marcas líderes, que indica a necessidade de um estado de alerta para o praticante de marketing que detém essa posição, diante da agressividade e do investimento de rivais desafiantes. Porém, mesmo tendo de enfrentar oponentes em um mercado antes indisputado, a marca Omo soube se adaptar e responder aos desafios mantendo e surpreendentemente crescendo ainda mais sua participação.

Segundo Priva Patel, diretora da Unilever no Brasil, grande parte dessa capacidade de resposta pode ser explicada por três pilares estratégicos: conhecimento profundo dos consumidores e suas necessidades, liderança nas inovações e consistência de comunicação, ao longo do tempo. Desde seu lançamento no mercado brasileiro, em 1957, a marca conta com uma contínua política de anúncios veiculados predominantemente em televisão, especialmente pelo patrocínio de programas de grande audiência direcionados à família, em geral, e ao público feminino, em particular, como novelas e programas de auditório.

Por sinal, a alavancagem de marcas por meio de contínuos investimentos em propaganda é uma tradição da Unilever. Desde sua chegada ao Brasil, nos anos 1930, a companhia fez uma opção por oferecer produtos em condições de disputar a liderança das categorias, com forte apoio da comunicação de marketing. No caso do sabão em pó, esse esforço foi redobrado, pois a companhia inaugurou a categoria com o lançamento da marca Rinso em 1953, o que implicou a necessidade de ações didáticas, de explicação da utilidade e do modo de uso do produto. As ações promocionais na época incluíram contatos promocionais porta a porta, com distribuição de amostras grátis e demonstração de uso. A opção preferencial pela mídia de radiodifusão mostrou-se recomendável para cobrir um mercado geograficamente amplo como o brasileiro, que à época apresentava problemas relacionados com alfabetização dos públicos-alvo e de acesso à mídia impressa. Por isso, inicialmente, os investimentos publicitários foram centrados na utilização do rádio. Em 1957, quatro anos depois do surgimento de Rinso, a Unilever lançou Omo, com forte apoio de campanhas de televisão e com uso de temas e conceitos que buscavam demonstrar sua utilidade funcional. Dessa maneira, gerações de donas de casa conheceram a marca por meio de repetidas campanhas baseadas em apelos como "Omo dá brilho à brancura", "redobrada força de limpeza", "o moderno detergente", "o branco cada vez mais branco" e "o branco total radiante" ou com filmes que propunham ações como o famoso "Teste São Tomé", no qual as consumidoras poderiam ver para crer e comprovar o poder branqueador do produto.

Essas campanhas muitas vezes foram criticadas, como exemplos da falta de originalidade e criatividade publicitária, mas mesmo o mais acirrado concorrente reconhece sua eficácia. A opção pela alta frequência associada à grande cobertura proporcionada por veículos e programas que muitas vezes atingem índices de audiência de até 50 pontos (cada ponto de audiência no mercado televisivo brasileiro corresponde a aproximadamente 500 mil domicílios) explora as vantagens dos "efeitos de repetição",

*(Continua)*

*(Continuação)*

isto é, a sensação de familiaridade para marcas e produtos que continuamente estão presentes no repertório do consumidor. Esse é um processo de dois estágios: a repetição tende a aumentar as elaborações positivas a respeito de argumentos que gerem implicações favoráveis. Entretanto, é preciso algum cuidado: o excesso de repetição (altos níveis de exposição) pode levar a uma reação de tédio ou rejeição contra a mensagem por parte do receptor.

Uma importante guinada a ser considerada na comunicação de Omo no Brasil é seu recente engajamento no tema global do produto, "Porque se sujar faz bem" ("*Dirt is good*"), o novo *slogan* desenvolvido nas campanhas atuais. Esses comerciais indicam novo encaminhamento da comunicação do produto, de características mais emocionais, baseadas no estilo de vida dos consumidores. A sugestão de que o consumidor "suje mais" claramente rompe a tradição de comerciais cuja promessa básica é "limpar mais".

Pela resposta das pesquisas *Top of Mind* do Datafolha, Omo tem muitos motivos para acreditar na continuação de seus resultados radiantes.

*A proposta deste case é servir como referência para reflexão e discussão sobre o tema e não para avaliar as estratégias adotadas. O case foi desenvolvido com base em informações divulgadas nos seguintes meios e artigos acadêmicos: "Ariel Case Studies (1999/2000)". Revista Brasileira de Management. Ano 3, n. 18; Cacioppo, John T.; Petty, Richard E. (1979). "Effects of message repetition and position on cognitive response, recall and persuasion". Journal of Personality and Social Psychology. n. 37; D'Ambrosio, Daniela (2005). Procter muda tamanho de embalagens e Unilever reage. Valoronline. http://www.valoronline.com.br/veconomico; Folha Top of Mind (2010). S. Paulo: suplemento especial do jornal Folha de S. Paulo. http://www1.folha.uol.com.br/especial/2010/topofmind/; Gracioso, Francisco; Penteado, J. Roberto Whitaker (2001). 50 anos de vida e propaganda brasileiras. S. Paulo: Mauro Ivan; Guimarães, Pedro Pacheco; Chandon, Pierre (2004). Unilever in Brazil: marketing strategies for low-income consumers. Fontainebleau (France): Insead. http://faculty.insead.edu/chandon/personal_page/Documents/Case-Unilever%20Brazil_dnc.pdf; Jornal da tarde. Sabão em pó: cresce a oferta de marcas. Edição de 3 de outubro de 2005. S. Paulo; Marcondes, Pyr. (2001). Uma história da propaganda brasileira. Rio de Janeiro: Edioouro; Santoniero, Maria Ursulina de Moura (2003). A identidade da mulher nos anúncios de sabão em pó Omo. Dissertação de Mestrado (Ciências da Comunicação). S. Paulo: Universidade Presbiteriana Mackenzie; Unilever (2001). Gessy Lever: história e histórias de intimidade com o consumidor brasileiro. S. Paulo: Unilever; Wentz, Laurel (2005). Unilever global ad work goes to BBH: Lowe keeps small role. AdAge.com. http://www.adage.com; Weijo, Richard and Lawton, Leigh (1986). Message repetition, experience and motivation. Psychology & Marketing. v. 3, n. 3, p. 165-79*

Caso elaborado pelo Prof. Dr. Josmar Andrade, do curso de Marketing da Escola de Artes, Ciências e Humanidades da Universidade de São Paulo (EACH/USP)

# Funções da propaganda

Muitas empresas e organizações sem fins lucrativos acreditam na propaganda. Em geral, a propaganda é valorizada porque se reconhece que ela desempenha cinco funções críticas de comunicação: (1) informar, (2) influenciar, (3) relembrar e aumentar o destaque, (4) agregar valor e (5) auxiliar os outros esforços da empresa.[18]

## Informar

Uma das funções mais importantes da propaganda é tornar marcas conhecidas.[19] Ou seja, a propaganda torna os consumidores conscientes das marcas novas, ensina-os a respeito das características e benefícios distintos da marca e estimula a criação de imagens positivas da marca. Como a propaganda é uma forma eficaz de comunicação, capaz de alcançar grandes públicos a um custo relativamente baixo por contato, ela facilita a introdução de novas marcas e aumenta a demanda por aquelas já existentes. A propaganda auxilia, portanto, no aumento do *top of mind* de marcas estabelecidas em categorias de produtos maduras.[20] A propaganda também desempenha outro importante papel – tanto para a marca anunciada quanto para o consumidor – ensinando novos usos das marcas existentes. Essa prática, conhecida como *propaganda de expansão do uso*, é caracterizada pelos seguintes exemplos:[21]

- O Gatorade, que originalmente era usado durante atividades atléticas pesadas, foi anunciado como meio de reposição de líquidos durante ataques de resfriado.
- O leite de soja Ades, consumido usualmente puro (mais como um suco que como um leite), criou uma campanha de propaganda veiculada na televisão mostrando que o leite de soja pode substituir o leite em diversos momentos, como no leite com café, ou para acompanhar o cereal matinal.

## Influenciar

A propaganda eficaz influencia consumidores potenciais a testar os produtos e serviços anunciados. Às vezes, a propaganda influencia a *demanda primária* – ou seja, criando uma demanda para uma categoria inteira de produtos. Com mais frequência, a propaganda tenta criar a *demanda secundária*, ou seja, demanda para a marca específica da empresa. A propaganda para as empresas B2C e B2B dá aos consumidores e clientes argumentos sensatos e apelos emocionais para optar por uma marca em vez de outra.

## Relembrar

A propaganda mantém a marca de uma empresa sempre fresca na memória do consumidor. Quando surge a necessidade relacionada ao produto anunciado, a influência da propaganda torna possível ao anunciante chegar à mente do consumidor como candidato à compra. Isso significa dar mais *destaque* à marca; ou seja, enriquecer o traço da memória para a marca de modo que ela venha à mente em situações relevantes de escolha.[22] A propaganda eficaz também aumenta o interesse do consumidor por marcas maduras e, portanto, a probabilidade da compra de marcas que, de outra forma, poderiam não ser escolhidas.[23] Além do mais, já se demonstrou que a propaganda pode influenciar a troca de marcas, lembrando ao consumidor que não adquiriu uma marca recentemente que ela está disponível e que possui atributos favoráveis.[24]

## Agregar valor

Há três modos básicos pelos quais as empresas podem agregar valor a suas ofertas: inovando, melhorando a qualidade e alterando as percepções do consumidor. Esses três componentes de valor agregado são completamente interdependentes, como vemos na citação a seguir:

> *A inovação sem qualidade é apenas novidade. A percepção do consumidor sem qualidade e/ou inovação é apenas um elogio exagerado. E a inovação e qualidade, se não forem traduzidas como percepções do consumidor, são como o som da árvore proverbial caindo em uma floresta vazia.*[25]

A propaganda agrega valor às marcas, influenciando percepções. A propaganda eficaz faz que a marca seja vista como mais elegante, prestigiosa, com mais estilo, de qualidade superior etc. De fato, uma pesquisa envolvendo mais de 100 marcas entre cinco produtos não duráveis (por exemplo, papel-toalha e xampu) e cinco produtos duráveis (por exemplo, televisão e câmeras) demonstrou que gastos maiores com propaganda influenciam os consumidores a perceber as marcas anunciadas como de qualidade superior.[26] Influenciando a qualidade percebida e outras percepções, a propaganda eficaz pode levar ao aumento do *market share* e a uma maior lucratividade.[27]

Ao agregar valor, a propaganda pode gerar mais volume de vendas, faturamento e lucro para as marcas, reduzindo o risco de futuros fluxos de caixa imprevisíveis. Na linguagem financeira tudo isso pode ser captado no conceito de fluxo de caixa descontado (FCD). Ao tornar a marca mais valiosa, a propaganda gera um FDC incremental. Um profissional da área captou de maneira eloquente o papel de agregar valor da propaganda, afirmando: "a propaganda cria marcas. As marcas criam as empresas. Deixe o fluxo de caixa descontado correr!"[28] E, em um mundo de prestação de contas, é absolutamente imperativo que a propaganda gere resultados financeiros positivos. Foi demonstrado que firmas que investem porcentagens maiores de seus faturamentos provenientes das vendas em propaganda podem reduzir o risco de que o valor de suas ações caiam durante um período de declínio geral nas avaliações do mercado de ações.[29]

Muito embora a propaganda possa ter objetivos específicos diferentes como informar, influenciar, relembrar ou agregar valor, podemos dizer que a característica principal da propaganda dentro do *mix* de ferramentas de comar é criar a imagem da marca para os consumidores, apresentando ou reforçando seu posicionamento. Como dito por David Ovilgy, "toda propaganda é parte de um investimento de longo prazo na personalidade da marca".[30]

## Auxiliar os outros esforços da empresa

A propaganda é apenas um membro da equipe da comar. A propaganda, às vezes, pode ser utilizada de forma integrada com outros esforços da comar. Por exemplo, ela pode ser usada junto com ações promocionais ampliando seu impacto. Outro papel é auxiliar os representantes de vendas. A propaganda vende antecipadamente os produtos de uma empresa e propicia aos profissionais de vendas introduções valiosas antes que eles realizem o contato pessoal com clientes potenciais. Esforços de vendas, tempo e custos são reduzidos porque menos tempo é necessário para informar os consumidores potencias acerca das características e benefícios do produto. Além do mais, a propaganda legitima ou torna mais confiáveis as afirmações dos representantes de vendas.[31]

A propaganda também aumenta a eficácia de outros instrumentos da comar. Por exemplo, os consumidores podem identificar as embalagens na loja e mais prontamente reconhecer o valor de uma marca após ter sido exposta em anúncios na televisão ou em revistas. Ela também aumenta a eficácia de acordos de preços. É sabido que os consumidores reagem melhor aos preços no varejo quando esses foram anunciados pelos varejistas que quando o preço é apresentado sem nenhum apoio publicitário.[32]

# O processo de gerenciamento de propaganda

Como sugerido na *Dica de comar* no início do capítulo, as pessoas às vezes insinuam que criar anúncios é um ato simples que qualquer pessoa pode praticar. Esse ponto de vista não está, em certo sentido, totalmente incorreto. Qualquer pessoa alfabetizada pode criar um anúncio. É claro que qualquer pessoa alfabetizada pode escrever uma história ou um poema.

Mas nem todos os autores ou poetas são particularmente bons e o resultado de seus esforços com frequência é ineficaz. Isso também acontece com a propaganda: a questão não é apenas fazer, mas fazer bem; tão bem que a propaganda ganhe atenção e acabe por influenciar as escolhas de compras. O desafio da propaganda vai além do ato de criar mensagens e envolve também a tarefa de colocar anúncios na mídia correta e selecionar as medidas apropriadas para avaliar se uma campanha atingiu o objetivo almejado.

O gerenciamento de propaganda pode, então, ser considerado o processo de criar mensagens publicitárias, selecionar a mídia em que os anúncios serão colocados e avaliar os efeitos dos esforços de propaganda: mensagens, mídia e avaliação. Esse processo em geral envolve pelo menos duas partes: a organização (o emissor da mensagem) que tem o produto ou serviço a anunciar, chamado de *cliente*; e a organização independente (uma empresa terceirizada contratada pelo *cliente*) que é responsável pela criação dos anúncios, a escolha da mídia e a aferição dos resultados – chamada *agência*. As seções a seguir examinam em primeiro lugar o gerenciamento de propaganda pela perspectiva do cliente e depois da agência. Como a maior parte da propaganda é feita para marcas específicas, o cliente costuma ser representado por um indivíduo que trabalha em uma posição de gerenciamento de marca ou produto. Esse indivíduo e sua equipe são responsáveis pelas decisões de comar que afetam o bem-estar da marca.

## Gerenciando o processo de propaganda: A perspectiva do cliente

A Figura 7.2 ilustra graficamente o processo de gerenciamento de propaganda, que consiste em três conjuntos de atividades inter-relacionadas: estratégia de propaganda, implementação da estratégia e avaliação da eficácia dos anúncios.

### Formulando e implementado a estratégia de propaganda

A formulação da estratégia de propaganda envolve quatro atividades principais (veja o bloco de cima na Figura 7.2). As duas primeiras – estabelecer objetivos e criar orçamentos – foram descritas no Capítulo 6 quando as discutimos no contexto de todos os elementos da comar. A criação de mensagens, o terceiro aspecto da formulação da estratégia de propaganda, é o tema dos capítulos 8 e 9. O quarto elemento, a estratégia de mídia – tópico dos capítulos 11 até o 14 – envolve a seleção de categorias de mídia e veículos específicos para transmitir as mensagens de propaganda. O termo *veículo* é usado em relação ao programa específico de TV no qual um anúncio será colocado. A TV é a mídia, o programa é o veículo.

### Implementando a estratégia de propaganda

A implementação da estratégia lida com as atividades táticas, que devem ser realizadas para conduzir uma campanha de propaganda. Por exemplo, enquanto a decisão de enfatizar a televisão em vez das outras formas de mídia é uma escolha estratégica, a escolha de tipos específicos de programas e horários no qual inserir o comercial é uma questão de implementação tática. Do mesmo modo, a decisão de enfatizar um benefício da marca é uma consideração de mensagem estratégica, mas o modo como a mensagem será transmitida é a implementação criativa. Este texto foca mais nas questões estratégicas que nas táticas.

### Medindo a eficácia da propaganda

Medir a eficácia é um aspecto crítico do gerenciamento de propaganda – apenas avaliando os resultados é que é possível determinar se os objetivos estão sendo alcançados. Isso com frequência requer que medidas básicas sejam tomadas antes do início de uma campanha (determinar, por exemplo, qual porcentagem do público-alvo tem conhecimento do nome da marca), e depois determinar se o objetivo foi alcançado. Como uma pesquisa é fundamental para o controle publicitário, o Capítulo 10 explora a variedade de técnicas de aferição que são usadas para avaliar a eficácia da propaganda.

figura 7.2 — O processo de gerenciamento de propaganda

## O papel das agências de propaganda

As mensagens estratégicas e as decisões mais frequentes são tomadas em conjunto, somando-se esforços das empresas que anunciam (os clientes) e sua agência de propaganda. Esta seção examina o papel das agências de propaganda e descreve como elas são organizadas. A Tabela 7.4 lista as 25 principais agências nos Estados Unidos conforme o faturamento. Duas observações são pertinentes. Em primeiro lugar, todas essas agências outrora foram negócios independentes; agora, em virtude de fusões e aquisições, a maioria pertence a grandes organizações como as americanas Omnicom Group e Interpublic Group, a inglesa WPP Group e as francesas Publicis Groupe e Havas.

Em segundo lugar, fica evidente que as principais agências de propaganda ficam na cidade de Nova York, que por muitos anos tem sido o maior centro publicitário do mundo. É desnecessário dizer que existem literalmente milhares de agências por todo o país e no mundo, embora a maioria gere faturamento que se equipara apenas a uma pequena fração daqueles exibidos na Tabela 7.4.

A Tabela 7.5 apresenta as principais agências brasileiras, ordenadas por investimento realizado (total de R$ investidos em propaganda) segundo dados do Ibope Monitor e CCSP. Para elaborar o *ranking*, o Ibope Monitor leva em consideração os investimentos dos clientes das agências em mídia, de acordo com os valores de tabela dos veículos, sem contar os descontos. O valor investido não é, obviamente, o mesmo que o faturamento da agência. No entanto, como a remuneração da agência muitas vezes está vinculada ao valor da campanha, pode-se usar o valor total investido como um indicador das agências com maior faturamento. Outra observação importante é que no Brasil, assim como nos Estados Unidos, há uma grande concentração das agências em uma única cidade. Enquanto nos Estados Unidos as agências se concentram em Nova York, aqui a concentração ocorre na cidade de São Paulo, onde as maiores e mais renomadas agências de propaganda estão localizadas.

As agências, a exemplo de vários outros setores, passam por um processo de centralização. Atualmente, poucas agências de porte não pertencem a grandes conglomerados globais de comunicação. No Brasil somente duas agências dentre

**tabela 7.4** — AS 25 principais agências publicitárias nos Estados Unidos conforme o faturamento (2006)

| Posição | Agência | Sede | Faturamento (em milhões) |
|---|---|---|---|
| 1 | JWT [WPP] | Nova York | $ 445,40 |
| 2 | BBDO Worldwide [Omnicom] | Nova York | 444,2 |
| 3 | McCann Erickson Worldwide [Interpublic] | Nova York | 443,4 |
| 4 | Leo Burnett Worldwide [Publicis] | Chicago | 312 |
| 5 | Ogilvy & Mather Worldwide [WPP] | Nova York | 290 |
| 6 | DDB Worldwide Communications Group [Omnicom] | Nova York | 277,9 |
| 7 | Y&R [WPP] | Nova York | 250 |
| 8 | Grey Worldwide [WPP] | Nova York | 235,7 |
| 9 | Saatchi & Saatchi [Publicis] | Nova York | 212,6 |
| 10 | DraftFCB [Interpublic] | Chicago/Nova York | 210,8 |
| 11 | Publicis [Publicis] | Nova York | 208 |
| 12 | TBWA Worldwide [Omnicom] | Nova York | 199 |
| 13 | Euro RSCG Worldwide [Havas] | Nova York | 182,1 |
| 14 | Doner | Southfield, Mich. | 162,5 |
| 15 | Richards Group | Dallas | 160 |
| 16 | Deutsch [Interpublic] | Nova York | 159,9 |
| 17 | Campbell-Ewald [Interpublic] | Warren, Mich. | 145 |
| 18 | Bernard Hodes Group [Omnicom] | Nova York | 123,8 |
| 19 | GSD&M [Omnicom] | Austin, Texas | 120 |
| 20 | Hill Holliday [Interpublic] | Boston | 120 |
| 21 | Cramer-Krasselt | Chicago | 117,9 |
| 22 | Mullen [Interpublic] | Wenham, Mass. | 112 |
| 23 | RPA | Santa Monica, Calif. | 105,2 |
| 24 | Goodby, Silverstein & Partners [Omnicom] | San Francisco | 102 |
| 25 | Ambrosi | Chicago | 94,1 |

*Fonte*: "Top 25 Agency Brands by Advertising Revenue", *Advertising Age*, 25 de abril de 2007 (nenhuma página listada). A maioria das quantidades de faturamento foi estimada. Quando apropriado, o nome de cada empresa dona da agência é mostrado entre parênteses.

| tabela 7.5 | Posição | Agência | Investimento (R$) |
|---|---|---|---|
| Principais agências de propaganda do Brasil | 1 | Y & R | 612.228.000 |
| | 2 | AlmapBBDO | 235.355.000 |
| | 3 | DM9DDB | 229.794.000 |
| | 4 | JWT | 179.764.000 |
| | 5 | GIOVANNI DRAFTFCB | 159.991.000 |
| | 6 | Euro RSCG Brasil | 148.833.000 |
| | 7 | LewLara TBWA | 146.551.000 |
| | 8 | África | 142.483.000 |
| | 9 | Neogama | 139.360.000 |
| | 10 | Ogilvy & Mather Brasil | 132.918.000 |
| | 11 | BorghierhLowe | 124.618.000 |
| | 12 | PPR | 113.358.000 |
| | 13 | McCann Erickson | 109.710.000 |
| | 14 | F/Nazca S&S | 108.776.000 |
| | 15 | 141 SoHo Square | 106.881.000 |
| | 16 | Propeg | 97.033.000 |
| | 17 | Leo Burnett | 96.620.000 |
| | 18 | Multi Solution | 85.376.000 |
| | 19 | Z + | 84.301.000 |
| | 20 | Nova SB | 83.261.000 |
| | 21 | Agência Fala | 82.364.000 |
| | 22 | DPZ | 81.458.000 |
| | 23 | Talent | 80.277.000 |
| | 24 | Artplan | 79.947.000 |
| | 25 | Fischer América | 69.822.000 |
| | 26 | Loducca Publicidade | 67.181.000 |
| | 27 | My Propaganda | 60.190.000 |
| | 28 | Salles Chemistri | 49.550.000 |
| | 29 | Pro Brasil | 46.828.000 |
| | 30 | MPM Propaganda | 46.730.000 |
| | 31 | Taterka | 44.510.000 |
| | 32 | Publicis Brasil | 44.222.000 |
| | 33 | Master | 43.562.000 |
| | 34 | PA Publicidade | 43.033.000 |
| | 35 | Fullpack | 42.897.000 |
| | 36 | Agnelo Pacheco Comunicação | 42.066.000 |
| | 37 | Matisse Propaganda | 37.473.000 |
| | 38 | United Publicidade (Imbra Implantes Dent.) | 36.534.000 |
| | 39 | Fulltime Comunicac. Marketing (Foster Alim Anim Dom.) | 34.021.000 |
| | 40 | QG Propaganda | 33.376.000 |
| | 41 | Pátria Publicidade (Jequiti Prds. Higiene Pessoal e Beleza) | 33.215.000 |
| | 42 | AgenciaClick | 31.573.000 |
| | 43 | Lua Branca | 30.009.000 |
| | 44 | Mohallem Meirelles | 29.821.000 |
| | 45 | Matosgrey | 27.688.000 |
| | 46 | GP7 | 23.806.000 |
| | 47 | LewLara Propaganda | 22.074.000 |
| | 48 | Escala Comunicação | 21.387.000 |
| | 49 | Age | 21.306.000 |
| | 50 | Dablius (W/Brasil) | 20.772.000 |

Fonte: Ibope Monitor, 2009. CCSP http://ccsp.com.br/ultimas/noticia.php?id=38649.[33]

as mais expressivas do mercado ainda mantêm capital 100% nacional, a ABC (África) e Totalcom. Esse é um fenômeno mundial. Dos US$ 432 bilhões do mercado global de propaganda, os principais ficam com a maior parte dos investimentos. Em 2008, o grupo WPP faturou US$ 13,6 bilhões; o Omnicom, mais 13,4 bilhões; o Interpublic, outros US$ 7 bilhões; e o Publics, US$ 6,9 bilhões. Juntos, somente esses quatro grupos faturaram nada menos que US$ 40,9 bilhões.[34]

Para entender por que uma empresa usaria uma agência de propaganda é importante reconhecer que é algo rotineiro para as empresas empregar especialistas de fora: advogados, consultores, especialistas contábeis etc. Por sua própria natureza, esses "terceirizados" trazem conhecimento e perícia que as empresas não possuem dentro de seu quadro de funcionários. As agências de propaganda são de grande valor para seus clientes por desenvolver campanhas eficazes e lucrativas, pois são os especialistas em comunicação com o mercado. O normal é que o relacionamento entre agência e cliente dure alguns anos, pois assim se otimizam custos de aprendizado mútuos de culturas, de estratégias de negócios e de comportamento de mercado. Depois de alguns anos é natural que comece a existir um desgaste no relacionamento com uma acomodação da agência e isso é ruim, pois o desafio é um fator imperativo para a boa performance das campanhas. Porém, em alguns casos, esse relacionamento se torna muito duradouro, quando ambas as partes sabem renovar periodicamente o relacionamento. Por sua vez, o relacionamento cliente-agência também pode ser muito curto se o cliente não aprovar o desempenho da agência, considerando que ela deixa de promover o *brand equity* e o *market share* da marca do cliente. Pesquisas demonstraram que as agências são dispensadas logo depois que os clientes sofrem uma queda em seu *market share*.[35] O fato é que o relacionamento cliente-agência – como qualquer outro tipo de relacionamento – exige empenho de ambas as partes e, portanto, casos de sucesso ou fracasso nesse campo são de responsabilidade de ambos.

Em geral, os anunciantes têm três modos alternativos de operacionalizar a propaganda: usar uma operação interna (*house agency*), contratar serviços de agências especializadas ou selecionar uma agência que ofereça serviços completos (*full service*).

***House Agency:*** A princípio, uma empresa pode decidir *não* utilizar os serviços de uma agência, mas manter sua própria *operação de propaganda interna*. Isso requer que a empresa contrate uma equipe de propaganda e arque com os gastos necessários para manter as operações da equipe. Esse arranjo é injustificado a menos que a empresa promova uma grande quantidade de propaganda contínua. Mesmo sob essas condições, a maioria das empresas prefere contratar os serviços de agências externas, pois é difícil, ao longo do tempo, uma agência interna não ficar incorporada à organização e ter uma visão de dentro para fora, ao contrário de uma agência externa, que tende a ter uma visão de fora para dentro. Isso, em um processo de comunicação, é importante para propor ações criativas e inovadoras. A maior desvantagem é que certo controle sobre a função de propaganda é perdido quando ela é realizada por uma agência externa. Não obstante, os gerentes com frequência utilizam os serviços dessas agências porque elas entendem o negócio de seus clientes e são capazes de promover campanhas que promovam o *brand equity*. O entendimento do negócio do cliente e uma "boa química" entre cliente e agência são duas razões principais citadas pelos gerentes para escolher determinada agência como sócia.[36]

***Agências especializadas:*** A segunda maneira de um cliente realizar a função publicitária é contratar os serviços de uma agência especializada em propaganda. Nessa modalidade existem duas opções: a agência que fornece o serviço completo de propaganda realiza pelo menos quatro funções básicas para os clientes que representam: (1) serviços criativos, (2) serviços de mídia, (3) serviços de pesquisa e (4) gerenciamento de conta. Esse é o modelo clássico das agências. Por que um anunciante preferiria contratar uma agência de serviços especializados completos? As principais vantagens incluem adquirir serviços de especialistas com conhecimento profundo sobre propaganda e obter uma influência de negociação com a mídia. A outra opção é a agência ou estúdio especializado em uma única atividade de propaganda. Nessa modalidade, um anunciante pode recrutar os serviços de uma variedade de agências com especialidades específicas em aspectos distintos da propaganda, incluindo trabalho criativo, seleção de mídia, pesquisa de mercado etc. As vantagens desse arranjo incluem a possibilidade de contratar serviços apenas quando eles são necessários, o que gera eficácia em relação a custos. Por sua vez, as agências especializadas às vezes não têm estabilidade financeira e possuem capacidade limitada para atender a demandas grandes e urgentes e podem ser fracas em termos de prestação de contas no que se refere a custos.

***Agências de serviços completos*** (full service): Em terceiro lugar, as agência do tipo *full service*, que são agências que oferecem além de propaganda várias outras funções de comar, como promoção, RP, embalagens, eventos, patrocínio e marketing direto, visando atender às necessidades da CIM (Comunicação Integrada de Marketing) de seus clientes. Algumas agências desse tipo têm estrutura própria em todas as modalidades e outras terceirizam as modalidades que não sejam propaganda com outras agências especializadas. A intenção maior desse tipo de agência é oferecer solução completa para todas as demandas de comunicação de seus clientes. Além disso, atualmente, muitos departamentos de marketing dos clientes têm estrutura muito enxuta, e contratar uma única agência do tipo *full service* reduz o número de fornecedores e facilita o processo de gerenciamento. Alguns clientes, mesmo que sua agência só ofereça serviços de propaganda, preferem que ela própria gerencie todos os demais fornecedores de comunicação.

Como a contratação de uma agência, seja especializada ou completa, não é uma operação simples, em geral, espera-se que dure um bom período. Portanto, uma contratação equivocada pode gerar muitos prejuízos diretos e indiretos, como no desempenho da marca. O processo de contratação de uma agência deve contemplar vários aspectos, além da questão da criatividade (muitos processos de contratação são baseados apenas na campanha apresentada com base em um *briefing* específico). São eles: 1) porte – deve ser compatível, proporcionalmente, com o do anunciante, garantindo sua representatividade no *mix* de clientes; 2) perfil – deve haver afinidade entre agência e cliente em relação a cultura e valores; um cliente conservador não deve contratar uma agência extremamente arrojada e vice-versa; e 3) forma de operação – como será o dia a dia da conta, qual estrutura e perfil da equipe que irá trabalhar nos projetos, como serão compatibilizados aspectos contábeis e financeiros das operações, uma vez que cada uma das partes tem processos administrativos diferentes.

Quando a contratação envolver o chamado alinhamento internacional de contas (ou seja, a contratação não é apenas local, e sim global), a agência atenderá a conta do cliente ou de uma marca em todos os países onde atua. Esses cuidados se tornam ainda mais relevantes e também mais complexos de serem contemplados, dadas as peculiaridades regionais.

### Serviços criativos

A área de criação das agências de propaganda funciona em duplas, formadas por um redator e um diretor de arte. O primeiro é responsável pelo texto, o segundo pelo visual do anúncio (layout, estilo, cores, tipologia das letras, fotos etc.). Sem desmerecer o trabalho das outras áreas, a criação é o coração da agência, pois a criação é a essência do que os clientes buscam em uma agência. Os profissionais de criação são sempre muito valorizados no ramo e são um misto de executivos e artistas. Um *insight* brilhante para uma campanha pode mudar a história de uma marca. As agências, às vezes, criam campanhas de propaganda brilhantes que promovem o *brand equity* e aumentam seu volume de vendas, *market share* e lucratividade. Com frequência, contudo, os anúncios não são inteligentes ou novos o suficiente para romper o bloqueio dos outros anúncios ao redor.

### Serviços de mídia

Essa unidade de uma agência tem a responsabilidade de selecionar a melhor mídia para alcançar o público-alvo do cliente, realizar os objetivos dos anúncios e atender ao orçamento. Os *planejadores de mídia* são responsáveis por desenvolver uma estratégia de mídia geral (onde anunciar, com que frequência, quando etc.), e os compradores de mídia então procuram os veículos específicos e apropriados dentro da mídia que os planejadores escolheram e os clientes aprovaram. A complexidade da compra de mídia requer o uso de uma análise sofisticada e de pesquisas constantes para mudar os custos e a disponibilidade da mídia. Especialistas em mídia e seleção de veículos são capazes de tomar decisões mais eficazes que os gerentes de marca do cliente, que não têm habilidade específica em seleção de mídia e veículo.

### Serviços de pesquisa

As agências de serviços completos empregam especialistas em pesquisa que estudam os hábitos de compra dos consumidores de seus clientes, suas preferências de compras e a reação do mercado às propagandas criadas pela agência. Técnicas de *focus group*, pesquisas tipo *survey*, entrevistas, estudos etnográficos feitos por antropólogos treinados e aquisição de dados de pesquisas prontas (dados secundários) são apenas alguns dos serviços que os especialistas em pesquisas das agências realizam.

### Gerenciamento de conta

Essa faceta das agências de serviços completos oferece o mecanismo para ligar a agência ao cliente. Os gerentes de conta agem como elos para que o cliente não precise interagir diretamente com os diferentes departamentos de serviços e especialistas dentro da agência. Na maioria das grandes agências, o departamento de gerenciamento de contas inclui executivos de contas, supervisores e diretores de atendimento. Os *executivos de contas* estão envolvidos nas tomadas de decisões táticas e contatos frequentes com os gerentes de marca e outros funcionários do cliente. São eles que cuidam do dia a dia do relacionamento. Os executivos de contas são responsáveis por garantir que os interesses, preocupações e preferências dos clientes tenham voz na agência e que o trabalho seja feito no prazo. Eles se reportam aos *supervisores de contas* que cuidam de um grupo de contas, que, por sua vez, se reportam aos *diretores de contas*, que estão mais envolvidos de fato em obter novos clientes para a agência e trabalhar com eles em um nível mais estratégico.

### Estrutura da agência

A estrutura organizacional de uma agência – por sua própria natureza – é bem diferenciada em relação à de uma empresa. Em geral, o ambiente é bem mais informal e os processos mais flexíveis. Muitas agências atualmente estão abandonando o modelo clássico de departamentos isolados que atuam de forma sequencial no fluxo do processo de serviços para adotar um modelo de células de trabalho. Nesse modelo, uma célula de trabalho é composta por profissionais de todas as áreas (atendimento, criação, planejamento, mídia etc.) e atende a um único cliente. Assim, ganha-se eficiência e agilidade no processo.

Uma peculiaridade do mercado brasileiro e que gera muito confusão é a forma de identificação dos profissionais da área de comunicação, pois a identificação dos profissionais nem sempre coincide com as atividades por eles desenvolvidas. Pela lógica, o profissional que faz propaganda deveria ser chamado de *propagandista*, mas é chamado de *publicitário*. Por sua vez, *propagandista* é a designação do divulgador do setor farmacêutico, o qual deveria ser chamado de *promotor de vendas*. Já quem desenvolve atividades de publicidade, que deveria ser chamado *publicitário*, é chamado *assessor de imprensa* (às vezes *relações públicas* ou *profissional de RP*) e não *publicitário*, como seria mais lógico, mas esse termo é utilizado para identificar o profissional que desenvolve ações de propaganda.

## Remuneração da agência

Há três métodos básicos pelos quais os clientes definem a remuneração das agências pelos serviços prestados: (1) comissões da mídia, (2) sistema de taxas (*fee*) e (3) remuneração com base em resultados.

1. *Comissões da mídia* para anúncios em TV, rádio ou impressos em nome do cliente da agência eram a forma principal de compensação das agências no passado. No Brasil, as agências recebem uma comissão-padrão que varia entre 15% e 20% do valor bruto faturado. Essa variação depende do montante da verba. Quanto maior a verba, menor a comissão.[37] Para exemplificar, suponha que a agência de propaganda Criativa compre $ 200 mil de espaço em determinada revista para seu cliente, a Empresa ABC. Quando a fatura desse espaço vencer, a Criativa remete o pagamento de $ 170 mil para a revista ($ 200 mil menos a comissão de 15% da Criativa), cobra da ABC o valor total de $ 200 mil e retém os $ 30 mil remanescentes, como receita pelos serviços prestados. A receita de $ 30 mil retida pela Criativa era, no passado, considerada uma compensação justa para a agência por sua habilidade criativa, visão de compra de mídia e funções auxiliares desempenhadas em benefício do cliente, a Empresa ABC.

    O sistema de comissão é, como se pode imaginar, uma questão que gerava controvérsia entre os executivos de marketing do cliente e as agências. A principal área de discordância é se a comissão de 15% é muito alta (do ponto de vista dos executivos de marketing) ou muito baixa (do ponto de vista das agências). A discordância têm provocado muita discussão entre clientes e anunciantes em relação à adoção de sistemas de remuneração alternativos. Contudo, devemos considerar que o modelo atual deve ser seguido, pois é normatizado por um órgão, o Conselho Executivo das Normas Padrão – CENP, que é uma entidade criada pelo mercado publicitário (anunciantes, agências e veículos) para fazer cumprir as normas padrão da atividade publicitária, que inclui esse modelo de comissão.

    Além da comissão sobre veiculação, a agência ainda cobra uma taxa (honorários) de 15% sobre os custos de produção dos anúncios e filmes. Essas são as duas principais formas de remuneração oficiais de uma agência de propaganda.

2. Outro método de remuneração hoje é um *sistema de taxa (fee) baseado no trabalho,* pelo qual as agências de propaganda são compensadas como os advogados, consultores de impostos e de gerenciamento, conhecido como *fee* hora/homem. Ou seja, as agências cuidadosamente monitoram seu tempo e cobram dos clientes uma taxa por hora com base no comprometimento do tempo. Esse sistema envolve negociações de preço entre os anunciantes e as agências para que o índice real de compensação seja baseado em um acordo concernente ao valor dos serviços prestados pela agência. Esse sistema é o mais comum nas agências de serviços especializados (só criação ou só pesquisa) ou de modalidades de comar que não sejam propaganda. Ou seja, quando não há compra de mídia envolvida na atividade.

3. Os *programas baseados em resultado ou desempenho* representam a abordagem mais nova à remuneração das agências. A Ford Motor Company, por exemplo, usa um sistema de remuneração por meio do qual ela negocia uma taxa básica com suas agências para cobrir o custo dos serviços prestados e oferece pagamentos adicionais que estão ligados aos objetivos de desempenho da marca, como níveis de faturamento almejados. A Procter & Gamble (P&G) emprega um modelo com base nas vendas, no qual as agências são remuneradas de acordo com uma porcentagem das vendas que a marca P&G obtém. A remuneração da agência aumenta com os ganhos em vendas e diminui com a queda delas. É desnecessário dizer que esse sistema baseado em incentivo encoraja as agências (na verdade exige que o façam) a usar quaisquer programas de CIM que sejam necessários para aumentar as vendas da marca. O principal interesse da P&G (crescimento das vendas e *market share* da marca) e o principal interesse da agência (aumento da remuneração) se juntam nesse sistema como a mão e a luva. Além dessas empresas, muitas outras estão migrando para esse sistema de compensação com base no resultado. O grande desafio para a implementação desse sistema é o estabelecimento de critérios de mensuração de resultados, que devem ser claros, transparentes e justos para ambas as partes, o que na prática nem sempre é muito fácil de ser obtido. O sucesso desses programas dependerá da demonstração de que a propaganda e os outros esforços da comar realizados pelas agências de fato se traduzem em uma melhora do desempenho da marca.[38]

# Considerações sobre o investimento em propaganda

Até agora apresentamos o tópico da propaganda e os fatos que ilustram sua magnitude, discutimos suas funções, apresentamos uma visão geral do processo de gerenciamento da propaganda pela perspectiva do cliente e descrevemos o funcionamento e a remuneração das agências de propaganda. Agora, é pertinente perguntar se os bilhões de reais investidos em propaganda compensam. Mais precisamente, quando é justificável investir ou não em propaganda?

Podemos entender melhor as questões referentes a essa pergunta complexa examinando algumas equações que colocarão as coisas em uma perspectiva mais concisa. Essas equações lidam com as relações entre o volume de vendas (ou simplesmente volume), faturamento das vendas (ou simplesmente faturamento) e lucro.

(7.1) **Lucro = Faturamento − Despesas**
(7.2) **Faturamento = Preço × Volume**
(7.3) **Volume = Tentativa + Repetição**

Vemos, em primeiro lugar, na Equação 7.1, que o lucro de uma marca durante um período contábil – como um trimestre ou todo o ano comercial – é uma função de seu faturamento menos as despesas. Como a propaganda é uma despesa, o lucro total durante um período contábil pode ser aumentado com a redução das despesas com propaganda. Ao mesmo tempo, um efeito indesejável de reduzir a propaganda é que o faturamento pode cair na ausência de um apoio adequado para ele (propaganda) (veja Equação 7.2). Podemos observar ainda, da Equação 7.3, que o volume de vendas (ou seja, o número de unidades vendidas) é obtido de uma combinação de recrutar mais usuários de *teste*, ou primeira vez, para uma marca e encorajar os usuários a continuar comprando a marca – ou seja, manter compradores *repetitivos*.

A decisão de investir ou não em propaganda depende em grande parte das expectativas sobre como ela influenciará o volume de venda da marca (Equação 7.3) – lembrando que existem outras variáveis que interferem no processo e que aqui estão sendo consideradas estáveis – e o faturamento (Equação 7.2). Em primeiro lugar, vamos examinar argumentos a favor e contra investir em propaganda.

## Argumentos a favor de investir em propaganda

Em termos de lucratividade, investir em propaganda é algo justificável apenas se o faturamento incrementado gerado pela propaganda exceder à despesa com ela. Em outras palavras, se a despesa com propaganda é R$ X, no longo prazo (ou seja, não necessariamente de imediato), o faturamento atribuível à propaganda deve ser mais que R$ X para justificar o investimento. Em que base é possível esperar que o faturamento exceda a despesa com propaganda? Nos termos da Equação 7.3 pode-se esperar que uma propaganda eficaz atraia novos consumidores para uma marca e encoraje a compra repetida. (Obviamente, a propaganda não é o único instrumento da comar capaz de gerar testes e compras repetidas; de fato, a promoção de vendas desempenha os dois papéis em conjunto com a propaganda.) Portanto, a propaganda eficaz deve aumentar o volume de vendas promovendo a imagem da marca (lembre-se da discussão no Capítulo 2).

A Equação 7.2 mostra que outro fator determinante do faturamento, além do volume de vendas, é o preço da unidade pelo qual a marca é vendida. A propaganda tem o poder de melhorar a qualidade percebida da marca e, por conseguinte, a habilidade dos gerentes de marca em cobrar preços mais altos; ou seja, os consumidores estão dispostos a pagar mais por marcas que eles percebem como tendo melhor qualidade. Considerando todos os elementos, então, os argumentos a favor de investir em propaganda são baseados na crença de que ela pode aumentar a lucratividade aumentando o volume de vendas, permitindo preços de vendas mais altos, e, assim, aumentando o faturamento além da despesa de propaganda incrementada.

## Argumentos a favor de não investir

Como observado anteriormente, as empresas com frequência escolhem reduzir as despesas com propaganda quando uma marca apresenta um bom desempenho ou em períodos de recesso econômico. Trata-se de uma estratégia sedutora porque uma redução das despesas, se todo o resto for mantido constante, leva ao aumento dos lucros (Equação 7.1). Mas "todo o resto é mantido constante" quando os orçamentos de propaganda são diminuídos ou, pior ainda, cortados severamente? O pressuposto implícito é que o faturamento (e seus elementos constituintes – volume e preço) *não* será afetado de forma adversa quando os orçamentos de propaganda são diminuídos. Porém, tal pressuposto é baseado em um pensamento extremamente otimista de que a propaganda passada continuará a afetar o volume de vendas positivamente, mesmo quando a propaganda no período atual é cortada ou reduzida. O pressuposto também é um tanto ilógico. Por um lado, ela acredita que a propaganda passada prosseguirá no futuro mantendo o faturamento; por outro, ela se recusa a reconhecer que a ausência de propaganda no período presente terá um efeito adverso nas receitas nos períodos subsequentes!

## Qual posição é mais aceitável?

O efeito de reduzir as despesas com propaganda é relativamente certo: para cada real não investido em propaganda há um real acrescido no lucro de curto prazo – presumindo, é claro, que a redução na propaganda não afete o faturamento de modo adverso. Porém, é ainda menos certo o fato de que manter ou aumentar as despesas com propaganda aumentará os lucros. Isso acontece porque é difícil saber com certeza se ela aumentará o volume de vendas da marca ou permitirá preços mais altos; qualquer um dos resultados (ou ambos) levará a um faturamento maior. Contudo, trata-se de um grande *contudo*; a maioria das empresas sofisticadas estão dispostas a colocar suas apostas na habilidade da propaganda em impulsionar as vendas e, portanto, aumentar os lucros oriundos do *lado do aumento de faturamento* em vez do *lado de redução de despesas*.

## Um depósito no banco do *brand equity*

A razão pela qual muitos executivos de marketing continuam a investir em propaganda, mesmo durante períodos de crises econômicas, é que eles acreditam que ela promoverá o *brand equity* e aumentará as vendas. Você se lembrará da discussão no Capítulo 2, em que os esforços da comar promovem o *brand equity* criando a percepção da marca e formam associações favoráveis, fortes e talvez singulares na memória do consumidor entre a marca e suas características e benefícios. Quando a propaganda e outras formas de comunicação de marketing criam mensagens únicas e positivas, uma marca começa a se diferenciar das ofertas concorrentes e fica relativamente protegida da futura competição de preço.

O papel da propaganda no longo prazo foi descrito nos seguintes termos: "uma propaganda forte representa um depósito no banco do *brand equity*".[39] Essa expressão inteligente capta o desafio da propaganda. Ela também observa corretamente que toda a propaganda representa um depósito no banco do *brand equity*, mas apenas aquela que é *forte* – ou seja, diferente, única, inteligente e memorável.

## Propaganda *versus* elasticidade de preço

Voltando mais diretamente à questão de investir ou não em propaganda, temos de encarar o seguinte desafio: quais são os meios alternativos pelos quais os gerentes de marca podem aumentar o volume de vendas, o faturamento e os lucros de suas marcas? Aumentar a propaganda é uma opção; reduzir preço – por meio de cortes diretos de preço ou promoções – é outra. Qual opção é mais promissora? A resposta exige que tenhamos uma medida comum para comparar os efeitos de aumentar *versus* reduzir preços. O conceito da *elasticidade* dá essa medida.

A **elasticidade**, como você se lembrará de qualquer curso básico de economia ou marketing, é uma medida de quão responsiva é a demanda por uma marca às mudanças nas variáveis de marketing, tais como preço e propaganda. Podemos calcular os coeficientes de elasticidade por preço ($E_P$) e propaganda ($E_A$), respectivamente com base nas seguintes equações:

(7.4) $E_P$ = Porcentagem de variação na quantidade demandada ÷ Porcentagem de variação de preço

(7.5) $E_A$ = Porcentagem de variação na quantidade demandada ÷ Porcentagem de variação na propaganda

Para ilustrar esses conceitos, considere a situação enfrentada por uma universitária, Joana, que vende camisetas com mensagens temáticas. Aos estudantes bem familiarizados com o conceito de elasticidade, recomendamos pular esse exemplo e continuar a leitura a partir da subseção intitulada *preço médio e elasticidades publicitárias*.

O negócio de Joana está indo muito bem, mas ela acha que pode aumentar o faturamento e os lucros diminuindo o preço das camisetas. (A *lei da demanda inversa* diz que o volume, ou quantidade de vendas, aumenta quando os preços são reduzidos, e vice-versa.) Na semana passada (semana 1) Joana cobrou R$ 10 por camiseta e vendeu 1.500 (P1 = R$ 10; Q1 = 1.500). Decidiu, na semana seguinte (semana 2), reduzir o preço para R$ 9, e vendeu 1.800 camisetas (P2 = $ 9; Q2 = 1.800). Aplicando a Equação 7.4, vemos rapidamente que a variação da porcentagem na quantidade demandada é 20%. Ou seja, (1.800 – 1.500) ÷ 1.500 = 20%. Portanto, com uma redução de preço de 11% – ou seja (10 – 9) ÷ 9 ela obteve um aumento de 20% na quantidade vendida. A elasticidade de preço ($E_P$) expressa como um valor absoluto é 1,82 (ou seja, 20 ÷ 11). (Refira-se à Equação 7.4 para ver como o coeficiente da elasticidade para o preço, $E_P$, é calculado). Joana ficou contente com esse resultado porque o faturamento total na semana 2 foi de R$ 16.200 (P2 × Q2 = R$ 9 × 1.800 = R$ 16.200), comparada a de R$ 15 mil obtida na semana 1 (R$ 10 × 1.500). Por isso, embora ela tenha reduzido o preço das camisetas, conseguiu um aumento de 8% no faturamento – ou seja (R$ 16.200 – R$ 15.000) ÷ 15.000.

Consideremos agora a possibilidade de que, em vez de reduzir o preço, Joana decidiu aumentar a quantidade de propaganda da semana 1 para a semana 2. Suponhamos que na semana 1 ela gastou R$ 1.000 anunciando no jornal local. Como antes, obteve um faturamento de R$ 15 mil na semana 1, vendendo 1.500 camisetas a R$ 10 cada uma. Suponhamos que na semana 2 ela aumentou o nível de propaganda para R$ 1.500 (50% a mais que na semana 1) e vendeu 1.600 camisetas a R$ 10 cada. Nesse caso, a mudança da porcentagem na quantidade demandada é de 6,67%. Ou seja, (1.600 – 1.500) ÷ 1.500 = 6,67%. Esse aumento na quantidade vendida foi obtido com um acréscimo de 50% nas despesas com propaganda. Assim, aplicando a Equação 7.5, a elasticidade publicitária ($E_A$) é 6,67% ÷ 50 = 0,133. Enquanto Joana recebeu R$ 15 mil na semana 1 (P1 = R$ 10; Q1 = 1.500), o faturamento na semana 2 aumentou em R$ 1.000 (P2 = R$ 10; Q2 = 1.600). Esse aumento de faturamento (R$ 1.000) foi obtido com um acréscimo de R$ 500 em propaganda, portanto Joana obteve um aumento de R$ 500 nos lucros – nada mau para uma jovem empresária!

***Preço médio e elasticidades publicitárias:*** Relacionemos esse exemplo simples a um ponto mais geral que nos diz algo sobre o modo como a propaganda funciona, e se aumentos nela podem ser justificados, especialmente quando justapostos à possibilidade alternativa de meramente reduzir preços. Sabemos muito sobre propaganda e elasticidade de preços. Um estudo importante determinou que a elasticidade média de preço e as elasticidades de propaganda para 130 marcas de produtos duráveis e não duráveis eram 1,61 e 0,11, respectivamente.[40] (A elasticidade de preço é apresentada aqui como um valor absoluto, embora tecnicamente ela deva ter um sinal de menos, pois os aumentos de preço tipicamente resultam em quedas de vendas, e redução de preços resultam em aumento de volume.) Uma elasticidade de 1,61 deve ser interpretada da seguinte forma: uma redução de 1% no preço leva a 1,61% de aumento no volume de vendas; do mesmo modo, o coeficiente da elasticidade de propaganda de 0,11 indica que um aumento de 1% nas despesas com propaganda aumenta o volume de vendas em apenas 0,11%. Portanto, o volume de vendas é cerca de 14,6 vezes (1,61 ÷ 0,11) mais responsivo, em média, em relação a mudanças de preço que em propaganda. Se analisarmos apenas produtos duráveis, as elasticidades médias a preço e propaganda são 2,01 e 0,23, o que indica que o volume de vendas para esses produtos é, em média, 8,7 vezes mais responsivo aos descontos de preço que aos aumentos em propaganda. Comparativamente, para produtos não duráveis, as elasticidades médias de preço e propaganda são 1,54 e 0,09, respectivamente, indicando que, em média, o volume de vendas é 17 vezes mais responsivo a cortes no preço do que a aumentos em propaganda.

***O que um gerente deve fazer?*** Esses resultados indicam que os gerentes de marca sempre devem cortar preços e jamais aumentar a propaganda? Absolutamente não! Como você aprendeu neste texto e em outros lugares, cada situação é única. Respostas absolutas ("Você deve fazer isso") são totalmente erradas e enganosas! Nem toda marca apresenta as mesmas elasticidades de preço e propaganda mostradas aqui. A expressão "em média", como usada em nosso texto, significa que algumas marcas estão na média, enquanto outras estão acima ou abaixo dela. Existe, em outras palavras, uma distribuição dos coeficientes de elasticidade pela média. Em geral, podemos considerar quatro combinações de elasticidades de propaganda e preço. Para cada situação identificaremos a estratégia apropriada para aumentar os lucros – aumentar a propaganda ou reduzir preços.[41]

- Situação 1: Manter o *status quo*. Considere uma situação em que os consumidores têm preferências bem estabelecidas por uma marca, como durante o estágio de declínio do ciclo de vida de um produto, ou em nichos de mercado estabelecidos. Em um mercado como esse, a demanda não apresentaria muita elasticidade de preço e, por conseguinte, os lucros seriam maximizados basicamente aderindo ao *status quo* e mantendo os níveis de preço e propaganda atuais. Em resumo, diante de uma situação como essa, os gerentes de marca não devem descontar preços nem aumentar os níveis de propaganda.
- Situação 2: Criar a imagem por meio do aumento da propaganda. Em uma situação em que a demanda apresenta mais elasticidade de propaganda que de preço é aconselhável gastar relativamente mais em aumentos de propaganda que em redução de preços. Essa situação é mais comum em produtos novos, artigos de luxo e produtos caracterizados por simbolismo e imagem (cosméticos, roupas e móveis com design diferenciado; marcas caras de bebidas destiladas etc.). A estratégia para aumentar lucros em uma situação como essa é criar a imagem da marca aumentando a propaganda.
- Situação 3: Aumentar o volume por meio da redução de preço. Essa terceira situação é caracterizada por mercados maduros de produtos de consumo, em que os consumidores têm informações completas sobre a maioria das marcas na categoria e a mudança de marca é frequente. Como as marcas são pouco diferenciadas, o mercado apresenta mais elasticidade de preço que de propaganda. O aumento dos lucros é obtido mais pela redução de preços que pelos investimentos em propaganda.
- Situação 4: Aumentar a propaganda e/ou reduzir preços. Essa é uma situação em que o mercado apresenta elasticidade tanto de preço quanto de propaganda. Isso costuma acontecer quando as marcas na categoria do produto são inerentemente diferenciáveis (cereais, automóveis, aparelhos eletrônicos etc.), e com produtos sazonais (por exemplo, produtos de jardinagem, roupas da estação e presentes para datas específicas). Em situações como essa a propaganda informativa pode influenciar as crenças dos consumidores acerca dos atributos do produto (por exemplo, o cereal Sucrilhos dá mais energia que os demais), mas como as marcas são semelhantes, os consumidores também estão ansiosos em comparar preços.

Conhecendo as elasticidades de preço e propaganda existentes em determinada situação, é possível determinar matematicamente se é mais lucrativo aumentar a propaganda ou reduzir os preços. A matemática está além do objetivo deste texto, mas há indicação de fontes adicionais ao leitor interessado.[42] Esperamos que esta seção tenha transmitido a ideia de que a escolha em investir (aumentar) ou não investir (reduzir) em propaganda pode ser feita apenas depois da determinação das elasticidades relativas de propaganda e preço que se apresentam na marca em uma situação específica de mercado. Nas situações descritas anteriormente, fornecemos algumas diretrizes básicas sobre quando é aconselhável aumentar as despesas com propaganda ou reduzir preços. É fundamental entender que cada situação é única. É igualmente importante entender que a expressão "em média" se aplica a todas as marcas em uma categoria de produto, mas que marcas específicas podem se distinguir desenvolvendo uma propaganda realmente inteligente que serve para criar uma imagem atraente ou apresenta informações funcionais de uma maneira especialmente chamativa.

Sua tarefa como gerente de marketing é trabalhar com sua agência de propaganda para desenvolver campanhas que distingam sua marca dos diversos concorrentes. Observe, em comparação, que alguns jogadores de voleibol da atualidade, como Leandro Vissotto, Bruninho, Murilo e Bernardinho, têm desempenho muito superior em relação à média dos demais jogadores. Talvez sua marca também possa ter um desempenho acima da média com uma propaganda eficaz. Se isso não for possível e a elasticidade média da propaganda em seu produto for baixa, a estratégia apropriada provavelmente é não investir em propaganda adicional, mas manter ou mesmo abaixar os preços. Em outras palavras, não é aconselhável gastar dinheiro em propaganda se as circunstâncias (como as das situações 1 e 3) são contrárias a esse investimento. No entanto, se o mercado for sensível à propaganda (como nas situações 2 ou 4), esteja preparado para investir no desenvolvimento de campanhas criativas e eficazes (ou seja, "força"), de modo que sua propaganda represente um depósito no banco do *brand equity*.

## Gastos com propaganda, elasticidade da propaganda e *market share*

O efeito da propaganda para uma marca em seu volume de vendas, faturamento e *market share* (participação de mercado) é determinado tanto pelo quanto ela gasta em relação a outras marcas na categoria (seu *share of voice*), quanto pela eficácia de sua propaganda. Foi mencionado antes que uma propaganda *forte* é um depósito no banco do *brand equity*. O entendimento completo dessa frase exige que exploremos o conceito da "força" da propaganda. Temos, na verdade, uma medida da força da propaganda, e essa medida é o conceito conhecido que estamos discutindo, ou seja, a *elasticidade da propaganda*. A Tabela 7.6 apresenta dados reais para as 10 principais marcas mundiais de cerveja, em ano recente, como base para ilustrar a elasticidade e o conceito de força da propaganda. Todavia, antes de prosseguir é necessário apresentar uma equação final – Equação 7.6:

(7.6) $$MS_i = P_i^e / \sum_{j=1}^{n} P_j^e$$

A Equação 7.6 indica que o *market share* previsto de uma marca (ou seja, o MS para a marca *i* em uma categoria de produto) depende de seu nível de propaganda ($P_i$), elevado à potência de sua elasticidade de propaganda (*e*), em comparação ao nível total de propaganda para todas as marcas na categoria (marcas *j* = 1 para *n*, em que *n* é o número total de marcas na categoria), elevando à potência de seus coeficientes de elasticidade.[43] Isso pode parecer um pouco abstrato, mas a Tabela 7.6 traz essa formulação com um exemplo direto extraído da indústria de cerveja.

| Marca | Gastos com propaganda ($ milhões) (A) | Coeficientes hipotéticos de elasticidade (B) | (A) ^ (B)* (C) | MS previsto (1) (D) | (A) ^ (B)+ (E) | MS previsto (2) (F) |
|---|---|---|---|---|---|---|
| Budweiser | $ 338,60 | 0,11 | 1,90 | 12,83% | 1,90 | 12,46% |
| Miller | 227,50 | 0,11 | 1,82 | 12,28 | 2,26 | 14,82 |
| Coors | 160,30 | 0,11 ou 0,15 | 1,75 | 11,82 | 1,75 | 11,48 |
| Busch | 22,50 | 0,11 | 1,41 | 9,52 | 1,41 | 9,25 |
| Natural | 0,10 | 0,11 | 0,78 | 5,25 | 0,78 | 5,10 |
| Corona | 52,80 | 0,11 | 1,55 | 10,46 | 1,55 | 10,16 |
| Michelob | 40,10 | 0,11 | 1,50 | 10,15 | 1,50 | 9,85 |
| Heineken | 111,50 | 0,11 | 1,68 | 11,36 | 1,68 | 11,03 |
| Milwaukee's Best | 5,20 | 0,11 | 1,20 | 8,11 | 1,20 | 7,87 |
| Keystone | 6,00 | 0,11 | 1,22 | 8,23 | 1,22 | 8,00 |
| Soma das colunas | $ 964,60 | NA** | 14,79 | 100% | 15,23 | 100% |

**tabela 7.6**
O efeito da elasticidade da propaganda no *market share* das marcas

* Presume que os coeficientes de elasticidade para todas as marcas de cerveja é igual a 0,11.
† Presume que o coeficiente de elasticidade da Miller é 0.15, enquanto para todas as outras marcas ele permanece em 0,11.
** Não se aplica

*Fonte*: "Top 10 Beer Brands", *Advertising Age*, 25 de junho de 2007, S–10.

A primeira coluna de dados, a Coluna A, indica as despesas com propaganda em um ano recente para cada uma das 10 principais marcas de cerveja nos Estados Unidos. Por exemplo, a Anheuser-Busch gastou um total de $ 338,60 milhões para anunciar sua marca principal, a Budweiser. Os gastos totais com propaganda entre essas 10 marcas chegaram quase à marca de $ 1 bilhão ($ 964,60 milhões). A Coluna B faz a previsão simplificada de que a propaganda para cada marca de cerveja é igualmente forte (ou igualmente fraca), como indicado pelos coeficientes de elasticidade idênticos – 0,11 – que, como salientado anteriormente, é a elasticidade média de propaganda entre muitos produtos de consumo. Observe que dois coeficientes são apresentados para a cerveja Miller, 0,11 ou 0,15. Em seguida explicaremos por que os dois coeficientes são exibidos para essa marca em particular.

Na Coluna C, os gastos com propaganda são elevados à potência do coeficiente de elasticidade, com o símbolo "^" indicando uma função de potência. Assim, o gasto com propaganda da Budweiser – $ 338,60 milhões – elevado à potência de 0,11 é igual a 1,90; e o gasto da Miller elevado à mesma potência é igual a 1,82. (É claro que os outros dados da Coluna C foram calculados de maneira semelhante.) Cada valor na Coluna C, um para cada uma das 10 marcas de cerveja, é o equivalente numérico do termo $P_i^e$ na Equação 7.6. A soma de todos os valores na Coluna C é 14,79, o que representa a contrapartida numérica do termo da soma na Equação 7.6, a saber $\sum P_j^e$.

Desse modo, seguindo a Equação 7.6, cada valor na coluna C é dividido pela soma de todos os valores para chegar, na Coluna D, às parcelas de mercado previstas para cada uma das 10 marcas. É claro que a Equação 7.6 faz a previsão simples de que a propaganda é o único fator determinante do *market share*. Se fosse esse o caso, as parcelas de mercado na Coluna D deveriam correlacionar-se fortemente com parcelas reais de mercado. Na verdade, embora não exibida na Tabela 7.6, a correlação entre o *market share* previsto e real é igual a 0,55, o que indica que a propaganda é um importante fator de determinação de *market share* na indústria da cerveja.

A Coluna E apresenta um novo conjunto de valores derivados do pressuposto de que todos os coeficientes de elasticidade permanecem iguais a 0,11, com a exceção da Miller, cuja pressuposição é de 0,15. O pressuposto, em outras palavras, é que a propaganda da Miller é mais "forte" que a de suas concorrentes, por causa talvez de um conteúdo publicitário mais criativo ou uma mensagem nova e impactante. Se esse for de fato o caso, os diferentes *market share* previstos se pareceriam com os exibidos na Coluna F. Observe cuidadosamente que o *market share* previsto da Miller aumentou em cerca de 2,5 pontos (de 12,28 na Coluna D para 14,82 na Coluna F), ao passo que o *market share* de todas as outras cervejas diminuíram. O ganho da Miller (em virtude da propaganda, hipoteticamente superior) aconteceu à custa de suas concorrentes.

Em resumo, esse exercício demonstrou que é possível traduzir a ideia de "força" da propaganda em valores numéricos, capitalizando o conceito de elasticidade da propaganda. A Equação 7.6 é baseada no pressuposto simplificado de que apenas a propaganda influencia o *market share*, mas, deixando a simplificação de lado, ela nos ajuda a ver o efeito de uma propaganda melhor, mais criativa e mais forte: ou seja, os efeitos da propaganda mais forte diante dos efeitos dos concorrentes podem levar a um aumento do *market share*. Os dois capítulos seguintes apresentarão com mais detalhes o desenvolvimento do conceito da criatividade de propaganda e das estratégias de mensagem.

# Resumo

Este capítulo apresentou uma introdução à propaganda. Em primeiro lugar, a propaganda foi definida como uma forma de comunicação paga, repetitiva, de conteúdo controlado e de fonte identificável, destinada a persuadir o receptor a praticar uma ação, imediata ou no futuro. Estudamos então a magnitude da propaganda nos Estados Unidos, no Brasil e em outros lugares. Por exemplo, as despesas com propaganda nos Estados Unidos totalizaram aproximadamente $ 294 bilhões em 2008; no Brasil, no mesmo ano, as despesas com propaganda chegavam a R$ 21,4 milhões, e o gasto global com propaganda ficou em cerca de $ 360 bilhões. Também nesse contexto discutimos as proporções vendas-propaganda para várias categorias de produtos. Depois, exploramos as várias funções que a propaganda desempenha, que incluem informar, influenciar, relembrar, destacar, agregar valor e auxiliar outros esforços da empresa. Em seguida, o processo de gerenciamento de propaganda foi examinado pela perspectiva dos clientes. O papel das agências de propaganda foi discutido e os métodos de remuneração foram revisados.

Uma seção de conclusão apresentou uma discussão detalhada dos argumentos a favor do investimento em propaganda e contra-argumentos referentes às circunstâncias nas quais é aconselhável não investir. Neste contexto dedicamos atenção especial à questão da elasticidade da propaganda. Salientamos que o volume de vendas é cerca de 14,6 vezes mais responsivo, em média, a mudanças nos preços que em propaganda. Embora isso pareça sugerir que o faturamento cresça mais por meio da redução de preços que do aumento nos investimentos com propaganda, esclarecemos que nem todos os anunciantes estão "na média" e nem todas as situações de propaganda são as mesmas. Assim, decidir se aumentar a propaganda ou reduzir o preço é a melhor estratégia depende inteiramente da situação enfrentada em cada categoria de produto específica e da situação dos concorrentes nessa categoria. Na conclusão, examinamos o papel das despesas com propaganda e os coeficientes de elasticidade na determinação do *market share*.

# Questões para discussão

1. Descreva as circunstâncias em que cada uma das funções da propaganda descritas no capítulo pode ser mais importante que as outras.
2. A propaganda pode ser "um depósito no banco do *brand equity*", mas apenas se ela for "forte". Explique.
3. Dê um exemplo de uso de propaganda de expansão de uso que não os ilustrados no capítulo.
4. Apresente argumentos favoráveis ao uso de agências de propaganda.
5. Dê argumentos a favor e contra a contração de uma agência do tipo *full service*.
6. O sistema de remuneração da agência com base no desempenho ou resultado das agências de propaganda é cada vez mais usado. Explique como funciona essa forma de remuneração e por que ela é potencialmente superior aos métodos tradicionais de remuneração das agências.
7. Usando as equações 7.1 a 7.3, explique os vários meios pelos quais a propaganda é capaz de influenciar a lucratividade de uma marca.
8. No contexto da discussão das elasticidades de preço e propaganda, quatro situações foram apresentadas comparando qual delas é mais forte. A Situação 2 foi caracterizada como "criar imagem por meio do aumento da propaganda". Usando suas próprias palavras explique por que nessa situação é mais lucrativo gastar relativamente mais com propaganda que reduzir o preço da marca.
9. Foram apresentados resultados de pesquisa revelando que o volume de vendas é cerca de 14,6 vezes mais responsivo, em média, a mudanças no preço que em propaganda. Explique exatamente o que isso significa para o gerente de uma marca que está considerando aumentar as vendas aumentando as despesas com propaganda ou abaixando os preços.
10. Os dados nessa mesma seção indicaram que produtos não duráveis (*versus* duráveis) são relativamente mais responsivos a cortes de preços que a aumentos de propaganda. Apresente uma explicação para esse diferencial.
11. Demonstre seu entendimento da Equação 7.6 e dos dados apresentados na Tabela 7.6, criando uma planilha eletrônica (usando, por exemplo, o Microsoft Excel) e alterando os coeficientes de elasticidade para cervejas diferentes. Por exemplo, assim como o coeficiente de elasticidade da Miller foi mudado de 0,11 para 0,15 enquanto todos os outros foram mantidos em 0,11, você pode variar o coeficiente para a Heineken, por exemplo.

# Notas

1. Sam Hill, "Advertising is Rocket Science", *Advertising Age*, 26 de janeiro de 2004, 18.
2. Ibid.
3. Ibid.
4. Adaptado de Jef I. Richards e Catharine M. Curran, "Oracles on 'Advertising': Searching for a Definition", *Journal of Advertising* 31 (verão de 2002), 63-77.
5. Timothy Aeppel, "For Parker Hannifin, Cable TV Is the Best", *Wall Street Journal Online*, 7 de agosto de 2003, http://online.wsj.com.
6. Com base em uma estimativa pela autoridade em propaganda, Robert Cohen. Relatado em Stuart Elliot, "Advertising: Forecasters Say Madison Avenue Will Escape a Recession, Just Barely", *The New York Times*, http://www.nytimes.com, 4 de dezembro de 2007 (acesso em: 19 de dezembro de 2007).
7. Bradley Johnson, "Consumer Cite Past Experience as the No.1 Influencer When Buying", *American Demographics*, 20 de novembro de 2006, 21
8. Ibid.
9. Steve King, "Ad Spending in Developing Nations Outpaces Average", *Advertising Age*, 18 de junho de 2007, 23.
10. Portal Exame, http://portalexame.abril.com.br.
11. "100 Leading National Advertisers", *Advertising Age*, 25 de junho de 2007, S-4.
12. Fonte: Anuário Mídia Dados, http://midiadados.digitalpages.com.br/home.aspx, (acesso em: outubro de 2010).
13. Essa citação é atribuída ao fundador da Revlon, Charles Revson, embora a fonte seja desconhecida do autor.
14. Laurel Wentz e Mercedes M. Cardona, "Ad Fall May Be Worst Since Depression", *Advertising Age*, 3 de setembro de 2001, 1, 24.
15. Fonte: projeto InterMeios, http://www.projetointermeios.com.br/relatorios-de-investimento.
16. Jennifer Lawrence, "P&G's Artzt on Ads: Crucial Investments", *Advertising Age*, 28 de outubro de 1991, 1, 53.
17. Bernard Ryan, Jr., *It Works! How Investment Spending in Advertising Pays Off* (Nova York: American Association of Advertising Agencies, 1991), 11.
18. Essas funções são semelhantes às identificadas pelo famoso pioneiro da propaganda, James Webb Young. Por exemplo, "What Is Advertising, What Does It Do", *Advertising Age*, 21 de novembro de 1973, 12.
19. A ideia de tornar as marcas conhecidas é baseada nas ideias de Andrew Ehrenberg e colegas, que consideram anúncios uma forma criativa de propaganda. Veja Andrew Ehrenberg, Neil Barnard, Rachel Kennedy e Helen Bloom, "Brand Advertising as Creative Publicity", *Journal of Advertising Research* 42 (agosto de 2002), 7-18.
20. Giles D'Souza e Ram C. Rao, "Can Repeating an Advertisement More Frequently than the Competition Affect Brand Preference in a Mature Market?", *Journal of Marketing* 59 (abril de 1995), 32-42. Veja também A. S. C. Ehrenberg, "Repetitive Advertising and the Consumer", *Journal of Advertising Research* (abril de 1974), 24-34; Stephen Miller e Lisette Berry, "Brand Salience versus Brand Image: Two Theories of Advertising Effectiveness", *Journal of Advertising Research* 28 (setembro/outubro de 1998), 77-82.
21. O termo propaganda de expansão do uso e os exemplos são de Brian Wansink e Michael L. Ray, "Advertising Strategies to Increase Usage Frequency", *Journal of Marketing* 60 (janeiro de 1996), 31-46.
22. Ehrenberg et al., "Brand Advertising as Creative Publicity", 8.
23. Karen A. Machleit, Chris T. Allen e Thomas J. Madden, "The Mature Brand and Brand Interest: An Alternative Consequence of Ad-Evoked Affect", *Journal of Marketing* 57 (outubro de 1993), 72-82.

24. John Deighton, Caroline M. Henderson e Scott A. Neslin, "The Effects of Advertising on Brand Switching and Repeat Purchasing", *Journal of Marketing Research* 31 (fevereiro de 1994), 28-43.
25. *The Value Side of Productivity: A Key to Competitive Survival in the 1990s* (Nova York: American Association of Advertising Agencies, 1989), 12.
26. Sridhar Moorthy e Hao Zhao, "Advertising Spending and Perceived Quality", *Marketing Letters* 11 (agosto de 2000), 221-34.
27. *The Value Side of Productivity*, 13-15. Veja também, Larry Light e Richard Morgan, *The Fourth Wave: Brand Loyalty Marketing* (Nova York: Coalition for Brand equity, American Association of Advertising Agencies, 1994), 25.
28. Jim Spaeth, "Lost Lessons of Brand Power", *Advertising Age*, 14 de julho de 2003, 16.
29. Leigh McAlister, Raji Srinivasan e MinChung Kim, "Advertising Research and Development, and Systematic Risk of the Firm", *Journal of Marketing* 71 (janeiro de 2007), 35-48.
30. Extraído de "A imagem e a marca – um novo enfoque para as operações criativas", palestra realizada em 1955.
31. O sinergismo entre a propaganda e a venda pessoal nem sempre equivale a um fluxo de mão única da propaganda para a venda pessoal. Na verdade, um estudo demonstrou uma situação reversa, na qual as chamadas para a venda pessoal às vezes abrem o caminho para a propaganda. Veja William R. Swinyard e Michael L. Ray , "Advertising-Selling Interaction: An Attribution Theory Experiment", *Journal of Marketing Research* 14 (novembro de 1977), 509-16.
32. Albert C. Bemmaor e Dominique Mouchoux, "Measuring the Short-Term Effect of In-Store Promotion and Retail Advertising on Brand Sales: A Factorial Experiment", *Journal of Marketing Research* 28 (maio de 1991), 202-14.
33. CCSP. http://ccsp.com.br/ultimas/noticia.php?id=38649
34. Fonte: Propmark, http://www.propmark.com.br/publique/cgi/cgilua.exe/sys/start.htm, e Portal da propaganda, http://www.portaldapropaganda.com/ (acessos em: outubro de 2010).
35. Mukund S. Kulkarni, Premal P. Vora e Terence A. Brown, "Firing Advertising Agencies", *Journal of Advertising* 32 (outono de 2003), 77-86.
36. Kate Maddox, "It's So Good To Be Understood", *BtoB*, 15 de janeiro de 2007, 25.
37. Mais detalhes sobre o processo de remuneração, veja normas do Conselho Executivo das Normas Padrão – CENP, http://www.cenp.com.br/Site/PDF/Normas_padrao_port.pdf (acesso em: outubro de 2010).
38. Uma abordagem teórica dos programas de compensação com base no resultado é apresentada por Deborah F. Spake, Giles D'Souza, Tammy Neal Crutchfield e Robert M. Morgan, "Advertising Agency Compensation: An Agency Theory Explanation", *Journal of Advertising* 28 (outono de 1999), 53-72.
39. John Sinisi, "Love: EDLP Equals Ad Investment", *Brandweek*, 16 de novembro de 1992, 2.
40. Raj Sethuraman e Gerard J. Tellis, "An Analysis of the Tradeoff between Advertising and Price Discounting", *Journal of Marketing Research* 28 (maio de 1991), 160-74. Um estudo recente revela que a elasticidade do preço médio baseada em uma análise de mais de 1.800 coeficientes de elasticidade é ainda maior do que se pensava antes. De fato, comparada à elasticidade de preço estimada por Sethuraman e Tellis – de –1,61 – esse estudo mais completo e recente revelou um coeficiente de elasticidade de preço médio de –2.62. Veja Tammo H. A. Bijmolt, Harald J. van Heerde e Rik G. M. Pieters, "New Empirical Generalizations on the Determinants of Price Elasticity", *Journal of Marketing Research* 42 (maio de 2005), 141-56.
41. Adaptado de Sethuraman e Tellis, ibid., especialmente a Figura 1, p. 163, e a discussão que a acompanha.
42. Ibid., 164.
43. Essa formulação é baseada em uma postagem na Internet por Gerard Tellis, em ELMAR-AMA, 4 de junho de 2003, http://elmar.ama.org.

# 8 Mensagens de propaganda criativas e eficazes

A maioria das pessoas concorda que os comerciais de TV em geral apresentam uma qualidade mediana, nem especialmente boa nem ruim. Alguns comerciais, no entanto, embora sejam poucos, são tão ruins que imediatamente sentimos repulsa. Na outra extremidade da qualidade dos comerciais existe um pequeno número excepcionalmente bom. Um desses, do computador Macintosh da Apple, foi ao ar uma única vez há 25 anos. Muitos especialistas julgam ser esse o melhor comercial de todos os tempos.

A Apple Computers tinha acabado de desenvolver o computador mais fácil de usar do mundo e precisava de um comercial inovador para introduzir a marca Macintosh, que representava uma revolução na tecnologia dos computadores. Steve Jobs, o cofundador da Apple, que tinha apenas 29 anos na época em que o Macintosh foi introduzido no mercado, instruiu sua agência de propaganda, a Chiat/Day, a criar um comercial de TV explosivo que retratasse o Macintosh como uma máquina verdadeiramente revolucionária. Os profissionais criativos da Chiat/Day estavam diante de uma tarefa desafiadora, especialmente porque o principal concorrente do Macintosh era a poderosa e muito maior "Big Blue" (IBM). Em 1984, a Dell, a Hewlett-Packard e outras marcas de PC não existiam. Era apenas Apple *versus* IBM no campo dos computadores, e a IBM era a líder bem estabelecida, conhecida por seus computadores para empresas. No entanto, a Chiat/Day produziu um comercial no qual a IBM foi caricaturada maliciosamente como a desprezada e temida instituição que lembrava o tema Big Brother do livro de George Orwell – *1984*. No livro, o poder político é controlado pelo Big Brother, e a dignidade e a liberdade individuais são suspensas pela conformidade política. O comercial com duração de um minuto, criado nesse contexto, denominado *"1984"*, foi ao ar, durante o Super Bowl (final do campeonato de futebol dos Estados Unidos), em janeiro de 1984, e jamais foi repetido na televisão; não porque não fosse eficaz, mas sim porque o incrível impacto boca a boca gerado tornou desnecessária a repetição.

*O comercial começa com cidadãos que mais parecem zumbis olhando para uma grande tela em que o Big Brother repete inexoravelmente uma ladainha sobre "informação, purificação... disseminação sem princípios de fato" e "unificação de pensamento".*

*Diante desse cenário ominoso, uma mulher com trajes esportivos (um* top *branco de jérsei e* shorts *de corrida vermelhos, que é a única cor primária exibida no comercial), corre e atinge a tela com uma marreta, causando uma explosão cataclísmica que espatifa o Big Brother. Então aparece a mensagem na tela da TV: "Em 24 de janeiro a Apple Computer apresentará o Macintosh. E você verá que 1984 não será como '1984'".*[1]

Esse comercial notável é considerado por alguns o melhor comercial já produzido.[2] Ele chamou a atenção; rompeu a barreira de muitos comerciais que foram ao ar durante o Super Bowl; foi memorável; foi comentado por milhões de pessoas e, por fim, desempenhou um papel fundamental na venda de caminhões lotados de computadores Macintosh. Além do mais, o comercial criou uma imagem singular para o Mac (abreviação de Macintosh), como descreveu com habilidade um observador:

> *Mac é feminino. IBM, portanto, deve ser masculino. IBM não é apenas masculino; é o masculino Big Brother. E a Apple não é apenas feminina, mas a Nova Mulher. Ela é forte, atlética, independente e, mais importante, liberada. Afinal de contas, essas são as características da jovem atleta. Ela representa, nos termos da década de 1980, poder e liberdade.*[3]

O vídeo do comercial do Mac pode ser conferido no Youtube.

## Objetivos do capítulo

*Após ler este capítulo, você será capaz de:*

1. Entender os fatores que promovem uma propaganda eficaz, criativa e "aderente".
2. Descrever as características de um *brief* (ou *briefing*).
3. Explicar estilos criativos alternativos de mensagens.
4. Entender o conceito cadeias meios-fim e o papel delas na estratégia de propaganda.
5. Entender o modelo MECCAS e seu papel como guia na formulação da mensagem.
6. Reconhecer o papel da imagem corporativa e propaganda de defesa.

>> **Dica de comar:**
Um dos melhores comerciais de TV de todos os tempos.

# Introdução

Os anunciantes na maioria das categorias de produtos, incluindo B2B e B2C, em geral se deparam com um contexto de comunicação no qual o público é constantemente bombardeado por anúncios. Atualmente existe uma verdadeira saturação de mensagens comerciais. Essa situação, conhecida como **concentração** – ou *clutter* (sobrecarga, excesso ou concentração de propagandas) –, significa que as mensagens devem ser suficientemente criativas para atrair atenção do receptor e realizar objetivos ainda mais ambiciosos, como promover as imagens da marca e motivar consumidores em potencial a se interessarem pelos produtos anunciados. Este capítulo, o primeiro dos dois que examinarão o aspecto mensagem da propaganda, pesquisa questões como essas: o que é criatividade em propaganda? O que faz uma boa mensagem de propaganda? O que é necessário para que a propaganda tenha um impacto duradouro? Quais são os tipos diferentes de estilos criativos e quando e por que cada um é usado? Como o entendimento dos valores do consumidor leva à produção de anúncios eficazes?

Em primeiro lugar, este capítulo aborda a questão sobre o que é propaganda eficaz e o que é propaganda criativa. Uma segunda seção descreve várias formas de abordagens criativas que são amplamente usadas por profissionais da área. No tópico seguinte é abordado o conceito das cadeias meios-fim como um mecanismo para criar vínculo entre o processo criativo dos anunciantes e os valores que motivam as escolhas do produto e da marca por parte dos consumidores. Por fim, a discussão afasta-se da propaganda voltada para a marca e examina a imagem corporativa e a propaganda de defesa.

# Criando uma propaganda eficaz

O capítulo anterior apresentou uma visão geral das agências de propaganda – as criadoras dos anúncios. Agora, voltamo-nos para a questão de como a agência e o anunciante trabalham juntos para desenvolver campanhas eficazes. Não há uma resposta simples, mas com esse objetivo devemos, em primeiro lugar, tentar entender o significado de *propaganda eficaz*. É fácil, em certo sentido, definir propaganda eficaz: é aquela que alcança os objetivos do anunciante. Essa perspectiva define a eficácia *do ponto de vista de saída*, ou em termos daquilo que é realizado. É muito mais difícil definir propaganda eficaz *na perspectiva de entrada*, ou em termos da composição da propaganda em si. Há muitos pontos de vista nessa questão. Por exemplo, um profissional de marketing direto provavelmente tem opinião diferente do profissional de propaganda, como o que criou o eficaz comercial "1984" da Macintosh, descrito na abertura do capítulo.

Embora seja impossível dar uma definição única, completa, do que constitui propaganda eficaz, é possível falar sobre características gerais.[4] No mínimo, a propaganda eficaz satisfaz as seguintes condições:

1. *Ela surge de uma estratégia sólida de marketing.* A propaganda pode ser eficaz apenas se for compatível com outros elementos de uma estratégia de comar integrada e bem orquestrada. Como vimos no Capítulo 1, todas as ferramentas da comar devem ser integradas e "falar" com uma única voz, ter um tema central.
2. *A propaganda eficaz assume a visão do consumidor.* A propaganda deve ser apresentada de modo que se relacione às necessidades, aos desejos e valores do consumidor. Em resumo, a propaganda eficaz *liga-se* ao público-alvo refletindo uma visão profunda que os consumidores estão procurando ao tomar decisões de escolha de marca em categorias específicas de produto. Um profissional da área, especializado em pensamento criativo, explicou a questão nos seguintes termos: "os consumidores não querem ser bombardeados com anúncios – eles querem ser inspirados por ideias que mudarão suas vidas. Os anúncios criam transações. As ideias criam transformações. Os anúncios refletem a nossa cultura; as ideias imaginam nosso futuro."[5]
3. *Ela descobre um modo único de romper a concentração.* Os anunciantes continuamente concorrem pela atenção do consumidor. Obter a atenção não é uma tarefa fácil considerando o grande número de anúncios impressos, comerciais em TV e rádio, anúncios na Internet e outras fontes de informação que os consumidores veem diariamente. De fato, a situação na propaganda pela TV foi caracterizada como "papel de parede audiovisual" – uma implicação sarcástica de que os consumidores dão aos comerciais a mesma atenção que dariam a detalhes no papel de parede de suas casas depois de vê-lo por anos.[6]
4. *A propaganda eficaz nunca promete mais do que pode cumprir.* Esse ponto fala por si mesmo, tanto a respeito da ética quanto em termos de bom-senso comercial. Os consumidores sabem quando foram enganados e se ressentirão do anunciante. A propaganda eficaz não promete mais do que o produto anunciado é capaz de cumprir.
5. *Ela evita que as ideias criativas subjuguem a estratégia.* O propósito da propaganda é informar, inspirar e, por fim, vender produtos; o propósito não é ser criativo apenas para ser esperto. Alega-se, embora um tanto injustamente, que as agências de propaganda dão uma ênfase excessiva em ganhar prêmios em várias cerimônias anuais promovidas pelo setor – por exemplo, o Cannes Lions International Advertising Festival na França, o London International Advertising Awards na Inglaterra e o Clio Awards nos Estados Unidos.

A propaganda eficaz é criativa com um propósito. Ou seja, ao determinar as tarefas ou objetivos específicos (veja o capítulo anterior) que uma campanha de propaganda deve realizar, o desafio da equipe de propaganda – a agência junto da gerência de marca do cliente – é desenvolver execuções que se liguem ao público-alvo, destaquem-se em meio à concentração de anúncios, e posicionar a marca adequadamente considerando seus pontos fortes em relação às concorrentes. A seção seguinte discute o que significa ser criativo.

## Criatividade: os elementos CAN

A propaganda eficaz é, em geral, *criativa*. Podemos considerar criatividade o oxigênio da propaganda. A criatividade é, na essência, o que os anunciantes buscam nas agências de propaganda e em suas ações de comar como um todo. Nesse aspecto, o Brasil tem posição privilegiada, pois a propaganda brasileira é reconhecida como uma das mais criativas do mundo, ao lado dos Estados Unidos e da Inglaterra. A exemplo do caso abordado na abertura deste capítulo, o da Apple, no Brasil também já foram produzidas peças que marcaram a propaganda mundial, como "Hitler", feita pela W/Brasil para o jornal *Folha de S. Paulo* em 1987.[7] Mas o que é criatividade? Infelizmente, não há uma resposta simples para esse aspecto elusivo da propaganda. Há certa concordância, contudo, que os anúncios criativos compartilham três características comuns: conexão, adequação e novidade (CAN).[8]

### Conexão

A **conexão** diz respeito ao anúncio refletir ou não *empatia* com as necessidades e os desejos básicos do público-alvo, no que se refere à decisão de escolha da marca em uma categoria de produtos. Um anúncio está conectado se ele refletir um entendimento das motivações do público-alvo. Por exemplo, se a maioria do público-alvo estiver preocupada com *status* social ao comprar um novo automóvel, um anúncio que deixe de refletir o papel de *status* social não está conectado aos consumidores. Em contraste, se preço competitivo e velocidade da entrega forem de suma importância para os agentes de compra das corporações, os anúncios que refletem essas motivações *estão* conectados.

Os anúncios conectados são, em resumo, *relevantes* ao público-alvo da marca – eles contêm informações e refletem emoções que são coerentes com o tipo de informação que os consumidores estão procurando ou com as emoções que vivenciam quando formam impressões das marcas e tomam decisões de escolhas delas. Para ser considerado criativo, um anúncio deve antes de tudo criar um elo, uma conexão, com o público-alvo.

### Adequação

Enquanto a conexão requer que um anúncio dê informações ou crie sentimentos que ressoam com as motivações do público-alvo, o elemento da adequação avalia a criatividade do ponto de vista da mensagem. Nesse sentido, **adequação** significa que um anúncio deve dar informações pertinentes à marca anunciada em relação a outras marcas na categoria de produto. Nos termos da discussão detalhada sobre posicionamento (Capítulo 5), um anúncio é apropriado na medida em que a mensagem acerta o alvo para transmitir a estratégia de posicionamento da marca e captar os pontos fortes e fracos dela em comparação com as concorrentes. Anúncios adequados também são coerentes no sentido de que todos os elementos da mensagem operam em conjunto para transmitir uma mensagem única, não ambígua.

### Novidade

**Anúncios novos** são singulares, atuais e inesperados. Eles diferem das expectativas do consumidor em relação a um anúncio típico de uma marca em determinada categoria de produto. A novidade atrai a atenção dos consumidores para um anúncio de modo que eles se esforçam mais para processar as informações. Por exemplo, tentando compreender o significado da marca anunciada. A propaganda não original não consegue romper a concentração (*clutter*), situação cada vez mais comum nas mídias de grande audiência, e atrair a atenção do consumidor.

A novidade é o elemento mais frequentemente associado à criatividade da propaganda, mas é importante entender que se trata apenas de um componente dela. Em um contexto inteiramente diferente, mas mesmo assim aplicável à propaganda, o músico de jazz Charlie Mingus captou essa mesma ideia quando afirmou: "criatividade é mais que apenas ser diferente. Qualquer pessoa pode tocar diferente, isso é fácil. O difícil é ser simples como Bach. Tornar complicado o que é simples é algo comum; tornar simples, incrivelmente simples, aquilo que é complicado, isso é criatividade".[9]

As agências de propaganda às vezes desenvolvem anúncios que são únicos, diferentes, inesperados e estranhos. Porém, tais anúncios não são criativos apenas por serem incomuns, estranhos ou bizarros. Para ser considerado verdadeiramente criativo, os anúncio deve também ressoar positivamente com o público-alvo (o elemento da conexão) e apresentar informações ou refletir sentimentos que ecoem a estratégia de posicionamento da marca (o elemento da adequação). Ou seja, os anúncios novos podem ser considerados criativos apenas se também forem conectados e adequados. Tais anúncios são de fato eficazes!

## Fazendo que as mensagens "colem"

Além de ser criativa, os anunciantes querem que sua propaganda "cole". Os **anúncios com aderência** são aqueles nos quais o público entende a mensagem pretendida pelo anunciante; eles são lembrados e mudam as opiniões ou comportamentos do público-alvo em relação à marca.[10] Tais anúncios têm um *impacto duradouro*: eles colam.

Considere o seguinte exemplo de uma mensagem com aderência. A mensagem é uma lenda urbana (mais detalhes sobre isso no Capítulo 18), e, embora seja evidentemente *falsa*, foi divulgada amplamente e aceita como verdadeira por muitas pessoas. A versão curta dessa lenda urbana é que ladrões em *shopping centers* assaltam mulheres nos banheiros e as deixam nuas, para que assim eles possam fugir rapidamente sem ser presos. Uma versão mais completa dessa lenda diz que um ladrão entra no banheiro das mulheres e permanece escondido em uma das cabinas até que uma mulher entre. Nesse momento ele fica em pé no vaso sanitário, aponta a arma para a outra cabina, exige os objetos de valor da mulher, ordena que ela tire as roupas, coloca uma placa de "quebrado" na porta do banheiro e foge. O ladrão tem tempo suficiente para fugir, segundo a lenda, porque as mulheres sem roupa ficam com vergonha de sair do banheiro e se expor às outras pessoas.[11]

Acredito que muitos leitores concordariam que essa mensagem "cola". É altamente memorável, muito concreta, assustadora, um tanto crível e digna de ser passada para os outros de modo que os alertem para tomar cuidado ao usar os banheiros de *shopping centers*. Mas além desse exemplo, quais são as características das mensagens com aderência em geral? Descrevemos agora seis características comuns das mensagens que tendem a colar, ou seja, têm um impacto relativamente duradouro. Embora o exemplo da mulher nua se aplique a uma forma singular de mensagem, ou seja, uma lenda urbana, as seis características são aplicáveis a qualquer tipo de mensagem, incluindo anúncios.[12]

### Simplicidade

Anúncios com aderência são ao mesmo tempo *simples* e *profundos*. Assim como a lenda urbana da mulher nua é simples e profunda, um anúncio pode ser considerado simples quando representa a ideia central da marca ou a declaração-chave de posicionamento, ou seja, a execução do anúncio é reduzida a sua essência crítica e capta o elemento-chave que precisa ser comunicado. Os anúncios simples são *adequados* no sentido dos termos dos elementos CAN do uso da criatividade. Os anúncios que violam a característica de simplicidade falham ao captar a essência da marca – sua estratégia de posicionamento – e não apresentam informação excessiva que dilui a mensagem que é precisamente a essência da marca.

### Imprevisibilidade

Os anúncios com aderência geram interesse e curiosidade quando se desviam da expectativa do público-alvo. No Capítulo 5, vimos que é difícil para os gestores de comunicação de marketing atrair a atenção dos consumidores porque o mercado está abarrotado de mensagens comerciais, e os comunicadores devem superar a tendência natural dos consumidores de prestar atenção seletivamente apenas às mensagens que são relevantes a seus objetivos. Observe a semelhança entre a imprevisibilidade e o elemento da *novidade* na lista das características criativas CAN. As mensagens que aderem também são criativas. A lenda da mulher nua satisfaz o critério da imprevisibilidade na medida em que consideramos os banheiros de *shopping centers* locais seguros e livres de ladrões que forçam as mulheres a se despir. Essa imprevisibilidade, ou novidade da mensagem, atrai a atenção, é fácil de compreender e praticamente exige que o receptor a passe adiante – é por isso que mitos se tornam lendas urbanas. Os anúncios também devem mostrar evidência de imprevisibilidade se o objetivo é que eles tenham aderência com os membros do público. Os anunciantes com frequência usam técnicas excêntricas para captar a audiência do público, como os anúncios do chocolate Twix que mostrava três amigos que compulsivamente falavam as palavras biscoito, chocolate e caramelo e decidem se unir e criar o chocolate Twix, feito de biscoito, chocolate e caramelo.[13]

### Concretude

As ideias com aderência possuem imagens concretas comparadas a representações abstratas. Por exemplo, a imagem de um ladrão forçando uma mulher a tirar as roupas e entregar a ele seus pertences é altamente concreta e, portanto, tem aderência. Como veremos mais adiante no Capítulo 9, os anunciantes "concretizam" suas mensagens para promover tanto o aprendizado do consumidor quanto a recuperação da informação sobre a marca. A *concretização* é baseada na ideia simples e direta de que é mais fácil para as pessoas lembrar e recuperar informações tangíveis que abstratas. As alegações acerca de uma marca são mais concretas (*versus* abstratas) quando perceptíveis e vívidas. A concretização é realizada usando palavras e demonstrações tangíveis, substantivas (ou seja, concretas). Por exemplo, um profissional de marketing de caminhões demonstra concretude quando mostra o caminhão carregando uma carga pesada. Em comparação, uma alegação de que o caminhão é "resistente" seria abstrata sem o apoio da demonstração.

Consideremos um exemplo adicional de concretude. Como muitos leitores sabem, existe uma infecção muito grave, resistente aos medicamentos, que surge quando arranhões e feridas entram em contato com a bactéria estafilococo. Essa é uma questão de consideráveis preocupações para estudantes e seus pais, em especial porque os estudantes são expostos a ambientes – academias, armários, banheiros etc. – em que a bactéria se espalha. A infecção é chamada Methicillinresistant Staphylococcus aureus (MRSA). Essa menção do nome faz que MRSA se torne mais familiar do que seria antes de você ler esse parágrafo, mas o fato é que a maioria das pessoas tem muita dificuldade para se lembrar das iniciais, e mais ainda do nome completo. De modo alternativo, essa grave infecção é às vezes chamada "Superbactéria" – ou seja, um organismo resistente aos medicamentos. Pergunte a si mesmo qual imagem é mais concreta: MRSA ou Superbactéria? Como sua resposta foi provavelmente a segunda, você agora entendeu por que as ideias concretas (Superbactéria) têm mais aderência que as abstratas (MRSA). O caso recente da epidemia de gripe provocada pelo vírus identificado como

H1N1 é outro bom exemplo. Apesar de todos os esforços dos setores de medicina e de comunicação em identificar a gripe com seu nome técnico, ela ficou conhecida pela população como gripe suína, isso porque esse nome proporciona uma imagem mais concreta, considerando que ela teria sido transmitida ao homem originariamente por porcos.

### Credibilidade

Os anúncios com aderência são *críveis*. Eles têm um senso de autoridade e apresentam razões por que devem ser aceitos como fatos. Por exemplo, a lenda urbana da mulher nua foi disseminada pela Internet e atribuída a uma história divulgada por uma agência de notícias on-line. Embora totalmente falsa, essa respeitada fonte de notícias possui credibilidade e, por isso, a mensagem teve mais aderência que se tivesse sido atribuída, digamos, a um desconhecido jornal local. O Capítulo 9 discutirá em mais detalhes a natureza e a importância da credibilidade ao descrever o papel das celebridades endossantes. É suficiente agora dizer que as mensagens críveis colam em nós porque nós as aceitamos como fato em vez de desprezá-las como falsas.

### Emocionalismo

As pessoas preocupam-se com ideias que geram emoções e tocam seus sentimentos. Por exemplo, a lenda urbana sobre os roubos nos *shopping centers* tem aderência porque toca o sentimento do *medo* – a emoção do medo é comum a muitas lendas urbanas porque é uma emoção muito profunda. De modo semelhante, os anunciantes podem fazer que as pessoas prestem atenção a suas marcas apelando para emoções que são relevantes à categoria de produto na qual a marca anunciada compete. A ideia de apelar para as emoções é apresentada em uma seção subsequente deste capítulo quando abordarmos e exemplificarmos a estratégia criativa emocional.

### Narrativa de uma história

O sexto elemento das mensagens com aderência é a narrativa de uma história. Por definição, as histórias têm enredo, personagens e cenários – todas essas características estão contidas na lenda urbana da mulher nua no banheiro. Ocasionalmente os anunciantes também contam histórias para captar os elementos-chave de suas marcas. Um exemplo muito bom disso é a duradoura campanha de propaganda do cartão de crédito MasterCard.[14] A agência de propaganda da MasterCard criou a história de um personagem, o viajante MasterCard, que caiu de um balão no meio do Brasil sem nenhum dinheiro, apenas com um cartão de crédito MasterCard, e, utilizando seu cartão, viajaria por todo o Brasil. Com essa campanha os gestores de comunicação MasterCard visavam transmitir a ideia de que os cartões MasterCard eram aceitos em todo o Brasil e que poderiam ser usados como substitutos do dinheiro. A história foi apresentada em uma série de comerciais que mostravam as aventuras do viajante MasterCard pelo Brasil.[15]

As histórias incluem a maior parte dos elementos da aderência discutidos previamente: elas geralmente são simples e profundas, concretas, incluem elementos inesperados e emocionais e com frequência são vistas como altamente críveis.

Em resumo, as mensagens com aderência são aquelas que têm um impacto duradouro. Os elementos dessas mensagens são Simplicidade, Imprevisibilidade, Concretude, Credibilidade, Emocionalismo e Narrativa de uma história [Em inglês *Simplicity, Unexpectedness, Concreteness, Credibility, Emotionality e Storytelling* – SUCCESs (SUCESSO)].[16] O acrônimo SUCCESs é uma boa lembrança para captar os elementos necessários para criar mensagens de propaganda que tenham aderência com os consumidores. Ao fechar esta seção, observe que os anúncios com aderência não precisam necessariamente satisfazer todos os seis elementos de SUCCESs. A maioria dos anúncios não o faz, na verdade. O uso das histórias, por exemplo, é relativamente raro em propaganda, e a maioria dos anúncios não faz um esforço especial para estabelecer credibilidade, além de contar com a reputação do anunciante. No entanto, se todo o resto se mantiver constante, em geral é possível presumir que quanto mais elementos de SUCCESs estiverem contidos em um anúncio, maior a probabilidade de que a mensagem terá aderência aos consumidores.

## Exemplos de ações de propagandas criativas e com aderência

Além do anúncio altamente criativo (e eficaz!) apresentado na abertura do capítulo, em *Dica de comar*, os exemplos a seguir ilustram anúncios individuais e campanhas de propaganda que, na opinião do autor, registram altos pontos nas facetas CAN de criatividade e nos elementos de SUCCESs da aderência.

### Miss Clairol: "Ela pinta os cabelos... ou não?"

Imagine que você é contratado como redator publicitário em 1955. Acabou de receber a responsabilidade criativa por um produto que até então não tinha sido anunciado nacionalmente. O produto: tinta de cabelo. A marca: Miss Clairol. Sua tarefa: desenvolver uma estratégia criativa que convencerá milhares de mulheres a comprar a tinta Miss Clairol – na época chamada Hair Color Bath. O desafio ocorreu, a propósito, em um contexto cultural em que era considerado patentemente inapropriado para mulheres respeitáveis fumar em público, vestir calças compridas ou tingir os cabelos.

A pessoa que realmente recebeu essa incumbência foi Shirley Polykoff, uma redatora da agência Foote, Cone & Belding. Na época da campanha da Miss Clairol, a prática de tingir os cabelos não era muito comum. As mulheres tinham vergonha de tingir os cabelos mesmo em casa por causa da desaprovação social e porque as tintas de uso doméstico com frequência davam uma aparência não natural. Um produto que desse uma aparência natural tinha boas chances de ser aceito, mas as mulheres precisavam ser convencidas de que o produto anunciado de fato lhes daria a tão desejada aparência natural.

Shirley Polykoff explica o cenário de fundo da famosa frase do anúncio que convenceu as mulheres de que Miss Clairol produziria uma aparência natural.

> *Em 1933, um pouco antes de me casar, meu marido me levou para conhecer a mulher que se tornaria minha sogra. Quando entramos no carro após o jantar, eu perguntei a ele: "Como me saí? Ela gostou de mim?" E ele me contou o que sua mãe dissera: "Ela pinta os cabelos, não?" Meu noivo me perguntou: "Bem, você pinta?" Isso se tornou uma piada entre meu marido e eu; sempre que víamos uma mulher muito bonita ou atraente, perguntávamos: "Ela pinta os cabelos, não?" Vinte anos depois [quando ela trabalhava com a conta da marca Miss Clariol] eu caminhava pela rua, falando em voz alta comigo mesma, porque eu tenho de ouvir o que escrevo. A pergunta veio de novo à minha mente. De repente, percebi: "É isso. Essa é a campanha." Eu sabia que [uma agência concorrente] não encontraria nada melhor. Eu sabia disso imediatamente. Quando você é jovem, você tem certeza de tudo.*[17]

A pergunta do anúncio – "Ela pinta os cabelos... ou não?" foi na verdade seguida de uma frase final – "Cor tão natural que somente seu cabeleireiro pode dizer!" A pergunta chamou a atenção das leitoras, enquanto a frase final prometia um benefício conclusivo: o produto funciona tão bem que apenas um profissional da área perceberia que a cor não era verdadeira. Esse anúncio brilhante persuadiu milhões de mulheres a se tornar usuárias do produto e levou a um aumento significativo nas vendas da Miss Clariol.[18]

Em termos dos seis elementos da aderência, essa campanha tem um ótimo desempenho com respeito a pelo menos cinco dessas características: simplicidade, concretude, credibilidade, emocionalismo e narrativa de uma história.

### Vodka Absolut

As marcas importadas de vodka eram praticamente inexistentes nos Estados Unidos até o início da década de 1980. Três marcas (Stolichnaya, da Rússia; Finlandia, da Finlândia; e Wybrowa, da Polônia) representavam menos de 1% do mercado total do produto nos Estados Unidos. A vodka Absolut, da Suécia – um país anteriormente não associado a essa bebida –, foi introduzida nos Estados Unidos em 1980. Além de ter um ótimo nome (que sugere inequivocamente a melhor vodka, ou *absoluta*), a característica de maior destaque da marca era sua garrafa singular – clara como um cristal e com uma forma interessante.

Com um pequeno orçamento e a capacidade de anunciar apenas na mídia impressa (a veiculação de comerciais de cerveja, vinho e bebidas destiladas pela TV ou rádio não era permitida), a agência de propaganda da marca, a TBWA, dedicou-se à tarefa de criar rapidamente a percepção da marca. A ideia brilhante da agência foi simplesmente exibir uma foto de página inteira da garrafa, com um cabeçalho de duas palavras: a primeira sempre seria o nome da marca, Absolut, usada como adjetivo para modificar a segunda palavra que (1) descrevia a marca (por exemplo: Perfeição Absoluta); (2) caracterizava seu consumidor (por exemplo: Sofisticação Absoluta); ou (3) associava a marca a lugares, pessoas ou eventos positivos (por exemplo: Barcelona Absoluta). Literalmente centenas de anúncios impressos foram apresentados durante o quarto de século seguinte, e a Absolut chegou ao topo da indústria de vodka e só saiu dessa posição no início da década de 2000, quando marcas luxuosas como Grey Goose, Ketel One e muitas outras foram introduzidas. (Um website com exemplos dos anúncios impressos da Absolut pode ser acessado em: http://www.absolutad.com.) A campanha terminou em 2007 e foi substituída por outra intitulada "Em um Mundo Absoluto". A campanha "absoluto" foi veiculada também no Brasil, com resultados igualmente representativos.

A razão pela qual a famosa primeira campanha foi encerrada é apresentada na seção *Foco Global*.

Essa campanha tem um bom desempenho no aspecto simplicidade do modelo SUCCESs.

### Bombril – mil e uma utilidades

O *slogan* 1001 utilidades foi desenvolvido pela agência McCann Erickson e transmitia os benefícios do produto Bombril, uma lã de aço que poderia ser utilizada para limpeza em diferentes ocasiões. Mas foi com a agência DPZ que o produto criou sua famosa campanha do garoto Bombril, no final de década de 1970. A personagem do garoto-propaganda Bombril era um funcionário da empresa, que trabalhava nos laboratórios fabricando os produtos e, por isso, tinha um profundo conhecimento sobre todos os produtos, afinal, era ele que os fazia. Bastante tímido, o garoto Bombril tinha orgulho de anunciar os produtos que sua empresa produzia. Trabalhar com um homem para anunciar produtos de limpeza foi bastante inovador para a época. A Bombril já havia trabalhado com um garoto-propaganda, quando desenvolveu uma campanha com o ator Nuno Leal Maia, que apresentava o detergente para lavar pratos da marca. Como a campanha com Nuno Leal Maia havia recebido boa resposta e, inspirados pelo sucesso da carismática personagem de um tímido professor interpretado por Marco Nanini na novela Gabriela (que ia ao ar na época), foi criado o garoto Bombril, interpretado pelo então pouco conhecido ator Carlos Moreno. Com humildade, simpatia e humor, o garoto-propaganda Bombril conquistou os consumidores brasileiros. Depois dos primeiros comerciais com o garoto Bombril as vendas da lã de aço chegaram à marca de 420 milhões de unidades, o que representou um significativo aumento. As campanhas com esse tema mantiveram-se no ar por 26 anos, sempre com boa receptividade do público. Houve, inclusive, um conjunto

Mensagens de propaganda criativas e eficazes

## foco global

### Por que abandonar uma campanha de propaganda extremamente bem-sucedida?

A campanha de propaganda impressa que exibe a garrafa da Absolut incluiu cerca de 1.500 execuções impressas e se estendeu por 25 anos, com um anúncio brilhante seguido de outro. A campanha foi extremamente eficaz por vários anos, mas a indústria da vodka mudou, e na década de 1990 havia literalmente dúzias de marcas *premium* de vodka que competiam com a Absolut. A Absolut não era mais a marca *superpremium*, e a campanha simplesmente se esgotou – ou talvez, alternativamente, as pessoas responsáveis pela propaganda se cansaram de criar um anúncio "Isso Absoluto", seguido de "Aquilo Absoluto". Além do mais, uma pesquisa realizada em nove países indicou que os consumidores ficaram menos envolvidos com a campanha da garrafa, e não mais se sentiam inspirados por ela.

Uma nova campanha, intitulada "Em um Mundo Absoluto", foi lançada em 2007 para substituir a famosa campanha da garrafa. Essa nova campanha apresenta imagens de como seria viver em um mundo ideal, Absoluto. Em uma execução, por exemplo, homens grávidos são mostrados juntos de suas esposas enlevadas. Outra mostra a polícia e um grupo de manifestantes "brigando", não com armas e cassetetes, mas com travesseiros! A mensagem transmitida é que a Absolut é a marca ideal de vodka para esse mundo. Enquanto a campanha original da garrafa foi limitada à propaganda impressa, essa nova campanha é apropriada para vários veículos de mídia, incluindo televisão e Internet.

*Fontes*: Adaptado de Jeremy Mullman, "Why Absolut Said Bye-Bye to the Bottle", *Advertising Age*, 28 de maio de 2007, 3, 28; Keith McArthur, "Absolut Vodka Maker Replaces Iconic Ad Campaign", http://great-ads.blogspot.com/2007/04/absolut-vodka-maker-replaces-iconic-ad.html. (Acesso em: 2 de janeiro de 2008).

de comerciais em que o garoto-propaganda Bombril se despedia dos consumidores e dizia que havia "perdido a boquinha" e não apareceria mais nos comerciais. A identificação do público com a personagem era tamanha que após a veiculação dessa campanha a Bombril recebeu centenas de cartas de consumidoras exigindo a volta do garoto Bombril e até uma passeata foi organizada em prol da recontratação do garoto Bombril. É claro que, logo em seguida, uma nova propaganda foi ao ar, em que o garoto Bombril retornava e agradecia o apoio dos consumidores. Apesar de a campanha do garoto Bombril ter saído do ar em 2004, ainda há grande *recall* do público brasileiro sobre ela.[19]

Essa campanha tem bom desempenho nos aspectos simplicidade, imprevisibilidade, credibilidade, apelo emocional e narrativa de uma história.

figura 8.1

Exemplos da campanha de propaganda do garoto Bombril

### Tênis Nike

A empresa de tênis e vestuário esportivo Nike e sua agência de propaganda Wieden + Kennedy são conhecidas por seus anúncios originais e com frequência chamativos. Isso foi demonstrado em 2004, quando a Wieden + Kennedy criou uma campanha arrebatadora para a Nike. Atletas profissionais são mostrados em várias execuções, jogando hóquei, voleibol, beisebol, boliche, lutando boxe etc. Você pode se perguntar: "e daí?" Centenas de comerciais de artigos esportivos fizeram a mesma coisa. O brilhantismo nesses anúncios foi a elegante justaposição de atletas famosos com esportes que não aqueles pelos quais são conhecidos. Por exemplo, o tenista Andre Agassi foi exibido jogando beisebol; o hoje em desgraça Michael Vick (do escândalo das brigas de *pitbull*) foi retratado como um jogador de hóquei por excelência; o sete vezes campeão da Tour de France Lance Armstrong foi mostrado como um excelente boxeador; a tenista Serena Williams foi retratada fazendo um feroz saque no voleibol; e o lançador Randy Johnson parecia um jogador profissional de boliche. Assim como acontece com quase todos os outros comerciais da Nike, essa campanha transmitiu a ideia de que a empresa, assim como os famosos atletas que endossam seus produtos, é especial e fora do comum.[20]

Essa campanha tem bom desempenho em vários elementos do modelo SUCCESs: simplicidade, imprevisibilidade, concretude e emocionalismo.

### Honda R.U.

Um comercial de TV com a duração de dois minutos introduzido no Reino Unido homenageou o notável trabalho de engenharia presente em um automóvel, em especial, o Honda Accord. O comercial, intitulado "Cog" [dente de engrenagem], foi em si uma maravilha mecânica e supostamente exigiu mais de 600 tomadas antes de ficar perfeito. Postado na Internet, o comercial mostrava, por meio de uma sequência trabalhosa de eventos, várias peças de automóvel sendo sincronizadas em uma cadeia de acontecimentos que lembrava uma escultura cinética em que uma bola rola por uma inclinação, cai em um tubo, gira sobre uma prateleira, cai em uma cesta e, por fim, chega ao fundo. O comercial teve o objetivo de mostrar aos consumidores todas as partes e maravilhas tecnológicas envolvidas na fabricação do Honda Accord. Garrison Keillor, o apresentador do programa de rádio *Prairie Home Companion*, foi a voz que deu sentido à intrincada ação visual no comercial, perguntando simplesmente: "não é bom quando as coisas simplesmente funcionam?" O comercial "Cog" é claramente a substância da lenda de propaganda. (Para vê-lo, procure Cog e Honda e você localizará o comercial on-line.)

Simplicidade, imprevisibilidade e concretude são os três elementos de SUCCESs que melhor representam esse anúncio.

### O iPod da Apple e as imagens em silhueta

Com a habilidade do iPod de manter milhares de sons e imagens, seus proprietários podem ouvir suas melodias favoritas ou ver imagens quando e onde desejarem. Embora o produto seja tecnologicamente avançado, os comerciais de TV para o iPod eram simples em *design*, mas altamente criativos. Cada execução na campanha do iPod apresentava figuras em silhueta, contra panos de fundo em néon, segurando iPods, ouvindo música e girando ao som dela. A criatividade do anúncio está principalmente na simplicidade do *design* e na diferenciação dos comerciais típicos, em que indivíduos identificáveis (não silhuetas) aparecem usando os produtos e conversando. Os comerciais do iPod têm uma pontuação favorável nos elementos da simplicidade e imprevisibilidade.

### Cerveja Guinness na África

A cerveja Guinness, a famosa marca da Irlanda, é conhecida em quase todo o mundo e há muito tempo é a marca preferida entre os consumidores irlandeses. Mas as coisas mudaram nos últimos tempos. Muitos jovens irlandeses não gostam muito da Guinness e o volume de vendas na Irlanda caiu por causa em grande parte dos esforços dos concorrentes para roubar participação de mercado por meio de desconto de preços e também por uma mudança na preferência que levou ao consumo cada vez maior de vinho. Diante dessa situação perturbadora, os fabricantes da Guinness aumentaram a atividade de propaganda em outros países para fazer a marca crescer e compensar o declínio das vendas em casa. Uma área de crescimento é a África, em que a Guinness hoje é mais consumida que na Irlanda! Uma razão para esse crescimento do consumo da marca na África é o sucesso de uma campanha de propaganda criada em torno de um jornalista internacional fictício chamado Michael Power. A agência de propaganda Saatchi & Saatchi introduziu o personagem de Power em anúncios de ação e aventura com duração de cinco minutos. Nos anúncios apresentados entre 1999 e 2006, Power foi retratado como um herói, superando obstáculos por meio de sua força interior, pensamento rápido e perseverança, em vez de força bruta. Além de seu intelecto, Power tinha estilo, estava fisicamente em forma, era atlético e amigável. Os anúncios mostravam o personagem tomando uma Guinness com os amigos. Na África, Michael Power e a Guinness têm imagens inseparáveis.[21]

Esses comerciais são bem-sucedidos nos aspectos concretude, credibilidade, emocionalismo e narrativa de história na estrutura SUCCESs.

## Sucessos e erros na propaganda

A discussão anterior descreveu as características gerais da propaganda criativa e aderente e apresentou várias campanhas como exemplo. Será útil agora apresentar uma estrutura conceitual que identifique as condições sob as quais as campanhas tendem a ser bem-sucedidas ou fracassar. A Figura 8.2 oferece essa estrutura conceituando o impacto da propaganda como uma extensão que resulta da combinação da habilidade da mensagem em convencer e da qualidade da execução.[22]

Uma mensagem de propaganda deve dar ao leitor, espectador ou ouvinte uma *proposição de valor*. Uma **proposição de valor** é a essência de uma mensagem e a recompensa ao consumidor por investir seu tempo prestando atenção a um anúncio. A recompensa pode vir na forma de informação necessária sobre uma marca ou simplesmente representar uma experiência agradável, como a obtida por dezenas de milhares de pessoas que viram o comercial "Cog". Pesquisas indicam que começar com fortes proposições de vendas substancialmente aumenta as chances de criar anúncios eficazes.[23]

Embora ter uma mensagem convincente seja uma condição necessária para criar anúncios eficazes, isso é insuficiente. Como demonstrado na Figura 8.2, o anúncio também deve ser executado com eficácia. Portanto, as mensagens de pro-

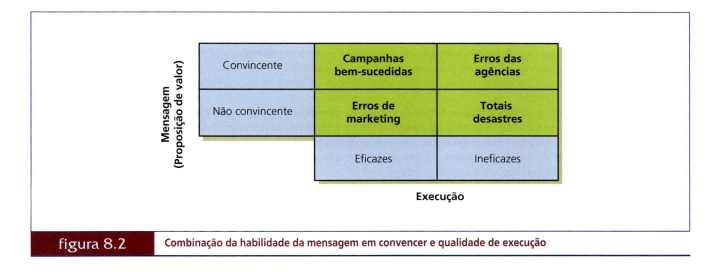

**figura 8.2** Combinação da habilidade da mensagem em convencer e qualidade de execução

paganda podem ser conceituadas em termos de uma classificação quádrupla – (1) campanhas bem-sucedidas, (2) erro de marketing, (3) erros das agências e (4) totais desastres – baseando-se no fato de se as proposições de valores são convincentes ou não e se as execuções dessas proposições por parte da agência são eficazes ou ineficazes.

## Campanhas bem-sucedidas

*Campanhas bem-sucedidas* nascem de uma combinação de mensagem fundamentada em uma proposição de valor convincente e de execução eficaz (ou seja, criativa, com aderência). Em resumo, as campanhas bem-sucedidas comunicam com eficácia proposições de valores significativas. Tanto a equipe de gerência da marca (lado do cliente) quanto a de criação (lado da agência) fizeram seu trabalho nessa situação.

## Erros de marketing

A agência de propaganda pode apresentar uma execução criativa, mas isso pode não compensar a ausência de uma proposição de valor convincente. Os *erros de marketing* resultam da falha da gerência de marca em identificar uma proposição de valor significativa que distinga a marca de suas concorrentes. *Uma má ideia bem executada é, ainda assim, um erro.* Uma agência de propaganda pode perder a conta (ou seja, ser despedida) quando uma campanha não cumpre as expectativas, mas a culpa nesse caso é do cliente (do gestor da marca ou do produto) por deixar de fornecer à agência uma boa matéria-prima com a qual trabalhar. Como diz o ditado, você não consegue fazer um bom prato com ingredientes ruins.

## Erros da agência

Campanha de propaganda fracassada é resultado da inabilidade da agência em desenvolver uma execução eficaz, ainda que o cliente tenha solicitado uma proposição de valor que deveria representar uma mensagem convincente. A situação, em resumo, representa uma boa ideia que foi destruída, derrotada.

## Totais desastres

Proposições de valores fracas e execuções medíocres são a essência dos *desastres* publicitários. A responsabilidade pelo fracasso é distribuída igualmente entre as equipes de gerência de marketing e criativa. Os desastres podem ser evitados com a realização de pesquisas que pré-testem tanto a proposição quanto a estratégia criativa antes de imprimir ou colocar no ar o anúncio final.

Como uma agência ou seus clientes podem saber antecipadamente – ou seja, antes de imprimir ou colocar no ar – se os anúncios têm chance de ser bem-sucedidos? Em primeiro lugar, a pesquisa que examina as necessidades, expectativas e experiências passadas dos consumidores relacionadas ao produto deve dar ao gerente da marca uma boa ideia acerca da possível eficácia de determinada proposição de valor. Muitas agências de propaganda no Reino Unido, nos Estados Unidos, no Brasil e em outros lugares incluem em suas organizações um departamento chamado *planejamento*. Embora os detalhes específicos de cada trabalho variem um pouco de agência para a agência, os profissionais de *planejamento das agências* representam a voz do consumidor. Eles interpretam as pesquisas feitas com os consumidores, em geral de natureza qualitativa, que se tornam as informações-chave para o desenvolvimento publicitário criativo.[24] Em segundo lugar, a eficácia da execução pode ser julgada testando previamente os anúncios antes de iniciar de fato uma campanha. O Capítulo 10 discutirá em detalhes métodos para avaliar a eficácia da mensagem e da execução.

# Construindo um *brief*

Os trabalhos dos criativos (redatores e diretores de arte) e de outros profissionais da agência (planejamento, mídia, atendimento, produção) são direcionados por uma estrutura chamada *brief*; no Brasil é comum também o uso do termo *briefing*. *Brief* é um documento que tem por objetivo canalizar os esforços desses profissionais para uma solução que atenda aos interesses do cliente.

A palavra *brief* (resumo) significa que o cliente (a equipe de gerência de marca, por exemplo) deseja de uma campanha ou peça de propaganda. O *brief* informa, ou resume, a uma agência as expectativas do cliente para uma propaganda proposta. Um *brief* é um documento formal entre cliente e agência e representa um acordo sobre o que a campanha deve realizar. Embora os *briefs* ou *briefings* variem em graus de especificidade, a maioria deles inclui no mínimo as respostas às perguntas apresentadas nas seções a seguir.

## Background

A questão inicial a ser abordada é: *Qual é o background (ou a base) desse trabalho?* A resposta exige uma breve explicação relativa ao motivo pelo qual a agência é contratada para realizar certo trabalho publicitário. O que o cliente quer obter com a campanha? Por exemplo, o propósito pode ser lançar uma nova marca, ganhar de volta as vendas perdidas para um concorrente ou apresentar uma nova versão de um produto já estabelecido. Parte da explicação do *background* inclui uma análise do ambiente competitivo e da dinâmica cultural relacionados à categoria de produto que podem influenciar o sucesso potencial da marca.

## Público-alvo

*A quem queremos alcançar com a campanha de propaganda?* Essa é uma descrição precisa do mercado-alvo. Com conhecimento das características de comportamento, psicográficas, demográficas ou geodemográficas do consumidor pretendido (veja Capítulo 4), os profissionais de criação têm um público-alvo para o qual direcionar seus esforços. Isso é tão essencial na propaganda quanto em certos eventos esportivos. Por exemplo, o falecido sábio do golfe Harvey Penick deu o seguinte conselho a alunos que queriam desenvolver suas habilidades no jogo: "quando for bater na bola, esse ato tem de ser o mais importante de sua vida naquele momento. Feche sua mente a todos os pensamentos que não sejam o de escolher um alvo e atirar na direção dele".[25] O que ele diz sobre "atirar na direção dele" também se aplica aos profissionais de criação. Você não pode acertar no alvo se não souber para o que apontar.

## Pensamentos e sentimentos

*O que os membros do público-alvo pensam e sentem atualmente sobre a marca?* Aqui a pesquisa e o planejamento de conta são necessários como a base para o trabalho publicitário. O conselho é conduzir uma pesquisa *antes* de desenvolver os anúncios criativos. Com a assistência dos planejadores de conta para interpretar os resultados da pesquisa, os profissionais de criação ficam preparados para desenvolver anúncios, baseados na pesquisa, que falem ao público-alvo em termos de seus pensamentos e sentimentos conhecidos a respeito da marca, em vez de contar apenas com suposições. É claro que anúncios eficazes podem ser criados sem nenhuma pesquisa formal (lembre-se da campanha do garoto Bombril e como ele foi criado); contudo, as chances de sucesso são bem maiores se uma pesquisa formal preceder a atividade criativa.

As pessoas que escrevem os anúncios e criam a imagem visual devem somar seus talentos completos para desenvolver anúncios eficazes. Os profissionais de criação costumam reclamar que os relatórios das pesquisas de marketing e outras diretivas semelhantes limitam excessivamente suas oportunidades de exercitar por completo sua expressão criativa. Embora devamos entender o desejo deles de uma expressão artística ilimitada, não podemos esquecer que a propaganda é um negócio com a obrigação de vender produtos. O propósito final dos profissionais de criação é escrever anúncios que afetem as expectativas, as atitudes e, por fim, o comportamento de compra dos consumidores (o quanto antes possível). Os profissionais não podem se dar ao luxo de criar apenas pelo prazer de se envolver em uma atividade criativa.[26]

## Objetivos e medidas

*O que nós queremos que o público-alvo pense ou sinta a respeito da marca e qual resultado aferível a propaganda deve produzir?* Essa diretriz simplesmente lembra a todos o que o cliente quer que a propaganda realize. Ela pede uma declaração curta sobre os sentimentos ou pensamentos cruciais que a propaganda deve evocar em seu público-alvo. Por exemplo, o anúncio pode ter o objetivo de mexer emocionalmente com o público, fazer que ele se sinta merecedor de uma vida melhor ou deixá-lo ansioso a respeito de um tipo de comportamento inseguro. Existe uma percepção atual que precise ser mudada? Por exemplo, se um grande número de consumidores em um mercado-alvo acredita que a marca tem um preço muito alto, como é possível mudar essa percepção e convencê-los que a marca de fato tem um bom valor pela sua qualidade superior? Sabendo disso, os profissionais de criação podem então desenvolver anúncios apropriados para alcançar esse objetivo. Diante de objetivos múltiplos é aconselhável priorizá-los do mais para o menos importante e focar no objetivo mais importante.

Além disso, embora não seja uma prática comum no setor publicitário ao construir *briefs*, é útil indicar não apenas quais objetivos devem ser alcançados, mas também como a realização desses objetivos será medida. Ao especificar as medidas anteriormente, o cliente e a agência estarão no mesmo ponto quando a pesquisa de acompanhamento for realizada para avaliar se a campanha de fato alcançou seus objetivos.[27]

### Resultado comportamental

*O que queremos que o público-alvo faça?* Além dos pensamentos e sentimentos, essa diretriz foca na *ação* específica que a campanha de propaganda deve motivar no público-alvo. O anúncio pode ter o objetivo de fazer que os consumidores em potencial requeiram mais informações, acessem a Internet para participar de sorteios ou concursos, entrem em contato com os vendedores ou procurem uma loja dentro de uma semana para aproveitar promoções de vendas com tempo limitado.

### Posicionamento

*Qual é o posicionamento da marca?* Os redatores são lembrados que seu trabalho criativo deve refletir a declaração de posicionamento da marca. A equipe de gerência da marca deve articular com clareza o significado da marca ou o que ela representa na mente coletiva do público. Nesse contexto, o *brief* pode sugerir à agência de propaganda um *slogan* que o cliente deseje usar para a marca ou pedir ideias à agência para *slogan*s alternativos que possam ser utilizados.

### Mensagem e meio

*Qual é a mensagem geral que deve ser criada e que meio é o mais apropriado para alcançar o público-alvo?* Essa diretriz identifica a mensagem mais diferenciada e motivadora acerca da marca que possa ser transmitida ao público-alvo. Ela deve focar nos benefícios da marca e não nas características do produto. Como a credibilidade é um fator-chave para fazer que o público-alvo aceite a proposição da mensagem, essa seção do *brief* criativo apoia a proposição com evidências acerca das características do produto que dão suporte aos benefícios anunciados. Os redatores devem trabalhar dentro desse contexto, mas ainda têm a liberdade de serem criativos. Com respeito ao meio apropriado, é tarefa do cliente, em conjunto com a agência, identificar qual meio (ou mídia) é o melhor (ou são os melhores) para chegar ao público-alvo. Os profissionais de criação são informados com exatidão sobre o que devem produzir – talvez uma série de comerciais de TV junto com anúncios de revista para dar apoio.

### Estratégia

*Qual é a estratégia?* A resposta a essa pergunta articula uma estratégia de propaganda específica para realizar a tarefa. A declaração da estratégia dá aos redatores um entendimento sobre como o trabalho criativo deles deve se encaixar na estratégia geral da comar, que inclui outros elementos além da propaganda. Por exemplo, a declaração da estratégia pode indicar que, além da propaganda, uma nova marca será lançada com uma série de eventos importantes, uma campanha agressiva para criar rumor e promoções on-line para encorajar testes por parte do consumidor.

### Detalhes específicos

*Quando e quanto?* Essa seção do *brief* identifica o *prazo* para quando o trabalho publicitário deve ser apresentado ao cliente para aprovação e especifica o *orçamento* para a produção do produto final, como comerciais completos de TV.

Em resumo, o *brief* (ou *briefing*) é um documento preparado pela equipe de gerência de marca (o cliente) talvez trabalhando em conjunto com a equipe executiva da conta (da agência de propaganda) e tem o objetivo de inspirar os profissionais de criação e canalizar seus esforços. Um *brief* com real valor requer que o documento seja desenvolvido com um entendimento total das necessidades de propaganda do cliente. Também faz-se necessária a aquisição de dados de pesquisa de mercado, informando à agência acerca do ambiente competitivo e das percepções atuais dos clientes a respeito da marca a ser anunciada e suas concorrentes.

Não existe um modelo padrão de *brief* e cada agência desenvolve seus próprios modelos conforme sua cultura, processos e métodos de trabalho. Porém, todos os modelos, de uma forma ou de outra, apresentam os itens abordados neste tópico. O que muda de um modelo de *briefing* para outro é essencialmente o nível de detalhamento e a abrangência solicitada em cada item.

## Estilos alternativos de propaganda criativa

Pela própria natureza da propaganda e do processo envolvido no desenvolvimento da mensagem, há inúmeros modos de produzir anúncios criativos.[28] Vários estilos criativos relativamente diferentes se desenvolveram com o passar dos anos e representam o cerne da propaganda contemporânea.[29] A Tabela 8.1 apresenta um resumo de seis estilos e os agrupa em três categorias: orientados funcionalmente, orientados simbólica ou experimentalmente e orientados por domínio da categoria de produto.

## foco c.i.m.

### A mobilidade como expressão da liberdade: análise semiótica da campanha publicitária Go. Visa

A propaganda é uma expressão cultural privilegiada na sociedade contemporânea. Com meios cada vez mais diversificados, tecnologia avançada e possibilidades quase infinitas de contato com as pessoas, é uma manifestação que agrega criatividade e inovação em um contexto mercadológico cambiante. Por meio de sua análise, é possível conhecer os valores que estão em pauta em diferentes contextos e épocas. O privilégio reside ainda no fato de que a reticularidade, a polifonia e a multiplicidade de linguagens, tão próprias do mundo de hoje, sempre foram exploradas pela propaganda e também porque a propaganda é a melhor expressão da conexão entre o mundo econômico e o universo simbólico.

Tendo em conta essas características e apoiando-se no método semiótico de Peirce (1995) é que analisaremos a campanha "Mais pessoas vão com Visa" que teve início em março de 2009 e trocou a assinatura "Porque a vida é agora", por "*More people go with Visa*". A nova campanha alinha o posicionamento da marca Visa em todos os países em que ela está presente. O conceito norteador é o incentivo aos consumidores a explorarem suas capacidades e momentos da vida, a irem mais aonde quiserem, a saírem da estagnação do cotidiano e se dirigirem às oportunidades que o mundo oferece.

A campanha contou com três filmes e vários anúncios impressos, além do site http://go.visa.com, no qual os usuários puderam colaborar com conteúdo, explorando a interação com a marca. A agência responsável pela criação foi a TBWA de Los Angeles, e os filmes tiveram a produção da Foreignfilms. Os três filmes que compõem a campanha são "Let's Go", "Go" e "Aquarium" (este último inédito no Brasil).

No Brasil, a campanha foi intitulada "*go.*", associada ao *slogan* "Mais pessoas vão com Visa". Ao analisarmos o filme "*go.*", deparamos-nos com uma narrativa explicativa: "*go* quer dizer *vá* em inglês...". Na busca da redução do eventual hermetismo pelo uso de uma língua estrangeira, a campanha procura o entendimento por meio da tradução de "*go*" por "*vá*". E continua, "...uma língua falada ao redor do mundo, pois você tem um mundo inteiro de oportunidades para aproveitar melhor a vida...". A narrativa instaura o ativismo do consumidor: você tem o mundo inteiro para aproveitar é uma estratégia oportuna que usa o "excesso e o acesso" proporcionado pelas tecnologias e por demais manifestações na cultura, a favor das pessoas. "*Go* é um convite para viver tudo isso. *Go* é o que faz a gente pular da cama e descobrir coisas novas, como a cor do mar em uma praia diferente, o sorriso de alguém que recebe um presente surpresa ou o sabor de um prato que a gente nem sabia que existia." A campanha é um convite, apesar de imperativa ("vá"), pois o texto explicita a oferta, estimula e incentiva a busca e a participação. "*Go* é um convite para descobrir", "é um convite para sair do lugar-comum e levar a vida do melhor jeito que você puder..." "para sair e conhecer as maravilhas que a vida oferece". Novamente instaura a tensão entre a imposição e o incentivo "do jeito que você puder" "... porque o mundo está lá fora, esperando, e toda hora é hora de aproveitar. O que você vai fazer agora?" O incentivo continua, o estímulo se amplifica e expande inclusive na impostação de voz do narrador, o ator Antonio Fagundes. "Um, dois, três e ... go!". A contagem progressiva sugere a continuidade: um, dois, três e "ação"; "*go*" é, na verdade, a ação, a tomada de atitude de não deixar o "mundo lá fora esperando".

O filme traz imagens de várias partes do mundo, e a referência imagética ao Brasil ficou por conta do edifício Copan, símbolo da capital paulista. Com a intenção de ser global, o filme é permeado de imagens entrecortadas e múltiplas com referências multiculturais e espaciais que permitem a pluralidade sígnica. Apresenta também a exploração da diversidade sígnica para atender às múltiplas possibilidades de intérpretes, ou seja, maior amplitude para conseguir abrangência interpretativa e facilitar a semiose multicultural.

Uma parte importante da campanha "*go.*" é composta pelos anúncios impressos. Com uma ampla divulgação nos principais veículos semanais, eles complementam e reforçam a linguagem plural e reticular do filme, amplificando os sentidos.

Cabe notar que a opção icônica reticular na construção verbal de "*go.*", já apresentada no filme, instaura a multiplicidade e a polifonia na unidade do imperativo verbal "vá". Estabelece visualmente o que o conteúdo verbal explicita nos fragmentos textuais presentes nas peças impressas. A criatividade e a inventividade da construção reticular e fragmentária de "*go*" liberta as pessoas das preconcepções, elevando e conduzindo a um patamar lúdico, onírico e até diáfano de opções. E o texto afirma "um mundo inteiro de possibilidades...". O jogo entre verbal e visual é orgânico e potente.

A construção qualitativo-icônica reticular é permeada de fragmentos que nos remetem ao universo das sensações, cores, linhas, formas, texturas, sugestões olfativas e gustativas... É a imersão no sensível (Perez; Bairon, 2010). Enquanto "*go*" abre às possibilidades, "o ponto final" instaura a concretude e o imperativo. Ponto. Mesmo construído de forma lúdica em alguns dos anúncios, o ponto final é sempre a âncora do real, a concretude, e não é à toa que está logo acima da identidade visual da marca Visa. Subjetivamente está posto: a tangibilidade é possível com Visa. Uma construção icônica de flores, cores e "fragrâncias", ancoradas na materialidade de uma mangueira de regar (subjetivamente a mangueira/água é que permite a vivacidade das flores). Uma imensidão sinestésica de frutas coloridas, ancoradas na materialidade do liquidificar. Um mundo de possibilidades na estética praiana: biquínis e óculos, ancorados na materialidade da bola... Símbolos místicos e indianos, sustentados na objetividade material da caixa de joias... Uma imensidão de possibilidades de sorte... e a "sorte" propriamente dita... É o jogo entre o sonho e a realidade, entre a potência e o fato incontestável, entre um mundo de possibilidades e a viabilidade proporcionada por Visa.

A nova campanha da Visa consegue uma proeza, uma vez que opta pela comunicação de um efeito de sentido absolutamente convencional, que é a liberdade – signo até desgastado por tanta evocação desde os anos 1960 – ressignificando-o e enriquecendo-o: liberdade como mobilidade. Mobilidade é um potente signo na sociedade pós-moderna (Bauman, 2004), porém de difícil entendimento. Suas conexões mais imediatas levam-no a associações como movimento, mudança, variação, inconstância... E algumas dessas associações apresentam potenciais comunicacionais negativos, o que traz riscos a seu uso, e insegurança e volatilidade é "tudo" de que as marcas não precisam em um mundo de tantas incertezas.

A campanha "go. Mais pessoas vão com Visa" conseguiu materializar esse ajuste, entre a cotidianeidade do interpretante liberdade e a sofisticação contemporânea da mobilidade. Entre a abertura para o sonho e a imaginação apresentada sob a forma de imagens qualitativo-icônicas reticulares e a objetividade ancorada no "ponto" e na identidade visual da marca. Na busca de uma comunicação global, que certamente encontra respaldo econômico, a campanha "go." da Visa acabou por materializar a multiplicidade (da matéria, da cultura, das pessoas, das opções...) convertendo-a em liberdade "para todos", liberdade sem fronteiras, sem limites. A construção estético-estratégica da campanha pôs em evidência o manejo competente entre a reticularidade dos signos qualitativo-icônicos e os signos verbais. Enquanto a liberdade das qualidades era manifestada pela fugacidade onírica, o pragmatismo do verbo fechava e guiava a interpretação.

*A proposta deste case é servir de referência para reflexão e discussão sobre o tema e não para avaliar as estratégias adotadas. O case foi desenvolvido com base em informações divulgadas nos seguintes meios: Bauman, Z. Modernidade líquida. Rio de Janeiro: Jorge Zahar, 2004; Peirce, C. Semiótica. 2. ed. São Paulo: Perspectiva, 1995.; Perez, C. Signos da marca: expressividade e sensorialidade. São Paulo: Thomson Learning, 2004.; Perez, C. Universo sígnico do consumo: o sentido das marcas. 2007. Tese de Livre-docência. Escola de Comunicações e Artes – ECA – USP, 2007; Perez, C.; Bairon, S. "Signos da mobilidade: a ressignificação da liberdade na campanha publicitária Go Visa", Comunicação, Mídia e Consumo, v. 7. São Paulo: ESPM, 2010, p. 83-103*

Caso elaborado pela Profª. Dra. Clotilde Perez, livre-docente em Ciências da Comunicação pela ECA – USP. Pós-doutora em Comunicação pela Universidad de Murcia, Espanha. Doutora em Semiótica e Mestre em Administração de Marketing pela PUC/SP. Professora da ECA/USP, no Programa de Ciências da Comunicação e da PUC/SP.

Este comercial da Visa está disponível no Youtube, no canal VISABRASIL. (Acesso em: 27 setembro de 2011).

Você deve se lembrar da discussão sobre posicionamento no Capítulo 5, na qual foram feitas distinções entre necessidades ou benefícios funcionais, simbólicos e experienciais. Essas mesmas distinções são mantidas nesta explicação dos diferentes estilos de propaganda criativa. A propaganda *orientada funcionalmente* apela às necessidades dos consumidores por benefícios tangíveis, físicos e concretos. As estratégias de propaganda *orientadas simbólica ou experimentalmente* são direcionadas às necessidades psicossociais. As estratégias referentes ao *domínio da categoria* (genéricas e preemptivas na Tabela 8.1) não usam necessariamente nenhum tipo de apelo específico aos consumidores, mas têm o objetivo de alcançar uma vantagem sobre os concorrentes na mesma categoria de produto. Por fim, é importante observar que, como é o caso da maioria dos esquemas de categorização, os estilos alternativos abordados nas seções seguintes às vezes têm limites indistintos quando aplicados a execuções de propagandas específicas. Em outras palavras, as distinções às vezes são muito sutis em vez de perfeitamente óbvias, e uma execução de propaganda específica pode simultaneamente usar abordagens criativas múltiplas.

**tabela 8.1** Estilos de propaganda criativa

| Orientação funcional | Orientação simbólica ou experimental | Orientação de domínio da categoria |
|---|---|---|
| • Proposição única de venda | • Imagem da marca<br>• Ressonância<br>• Emocional | • Genérica<br>• Preemptiva |

## Estilo criativo de proposição única de venda

Com o **estilo criativo de proposição única de venda (USP – do inglês *unique sale proposition*)**, um anunciante faz uma alegação de superioridade com base em um atributo singular do produto que representa *um benefício significativo e distinto ao consumidor*. A característica principal da propaganda USP é identificar uma diferença importante que torne a marca única e depois desenvolver uma alegação que os concorrentes não possam fazer, ou tenham decidido não fazer. A tradução da característica singular do produto em um benefício relevante para o consumidor propicia a USP. A abordagem USP é mais adequada para uma empresa com uma marca que possui uma vantagem competitiva relativamente duradoura, como um fabricante de um item tecnicamente complexo ou um provedor de serviço sofisticado.

A lâmina Gillette Sensor usou a USP quando afirmou que "é a única lâmina que sente e se ajusta às necessidades de seu rosto". A USP da NicoDerm CQ estava contida na alegação de que seu produto é o único adesivo antinicotina que "você pode usar por 24 horas". Um comercial do Allegra incluía a USP em sua afirmação de que "apenas o Allegra tem fexofenadina para um alívio, sem provocar sonolência, dos sintomas da alergia sazonal". O iogurte Activia apresenta-se como o único que possuí "danregularis" e, por isso, regula o intestino dos consumidores.

Em muitos aspectos, o estilo USP é *a* técnica ótima de criação, porque dá ao consumidor uma razão claramente diferenciada para selecionar a marca do anunciante em vez das concorrentes. Se uma marca tem uma vantagem verdadeiramente significativa sobre as concorrentes, a propaganda deve se aproveitar disso. A única razão pela qual a propaganda USP não é utilizada com mais frequência é que as marcas em muitas categorias de produto são muito parecidas umas com as outras. Elas não têm nenhuma vantagem física singular para anunciar e, portanto, são forçadas a empregar estratégias que favoreçam mais a extremidade simbólica, psicossocial do *continuum* estratégico. Comprimidos para dor de cabeça são um caso ilustrativo dessa situação. Quase todas as marcas existentes no mercado (Tylenol, Novalgina, Anador e outros) usam os mesmos componentes básicos como paracetamol e dipirona e, portanto, são produtos idênticos. Por isso, é muito difícil ver a USP explorada nas campanhas dessa categoria de produto.

## Estilo criativo da imagem da marca

Enquanto a estratégia USP é baseada em promover as diferenças físicas e funcionais entre a marca do anunciante e as concorrentes, o **estilo da imagem da marca** envolve a diferenciação *psicossocial* em vez da física. A propaganda tenta desenvolver uma imagem ou identidade para uma marca, associando-a a *símbolos*. Ao imbuir uma marca de uma imagem, os anunciantes extraem significado do mundo culturalmente constituído (ou seja, o mundo de artefatos e símbolos) e transferem esse significado para as marcas. Com efeito, as propriedades bem conhecidas do mundo diário passam a residir nas propriedades desconhecidas da marca anunciada.[30]

Desenvolver uma imagem por meio da propaganda representa criar uma *identidade distinta* ou uma *personalidade* para uma marca. Isso é especialmente importante para as marcas que competem em categorias de produto em que há pouca diferenciação física e todas as marcas são relativamente similares (água engarrafada, refrigerantes, cigarros, jeans etc.). Assim, a Pepsi certa vez foi referida como o refrigerante da "nova geração". As Havaianas apresentam-se como a sandália de borracha com estilo para pessoas descoladas e "na moda". A vodka Absolut, como vimos antes, tem regularmente se associado a imagens positivas que servem para promover a reputação de superioridade. Talvez o exemplo cabal de propaganda de imagem da marca seja a banida campanha do cigarro Marlboro, que é repleta de imagens de *cowboys*. O *cowboy* – ícone da liberdade e individualidade – tornou-se, por causa da campanha, associado à marca Marlboro; um pouco do significado que hoje a imagem do *cowboy* representa foi transferido para o Marlboro. Os *cowboys* são equiparados à liberdade e individualidade; o Marlboro é equiparado aos *cowboys*; daí, por associação, o próprio Marlboro passou a representar as qualidades da vida do *cowboy*.

Propaganda de imagem da marca é de caráter *transformacional* (*versus* informacional). Ou seja, a **propaganda transformacional** associa a experiência de usar uma marca anunciada a um conjunto único de características psicológicas que tipicamente *não* seriam associadas à experiência da marca no mesmo nível sem a exposição ao anúncio. Essa propaganda transforma (*versus* informa), dotando o uso da marca de uma experiência particular que é diferente de usar qualquer marca semelhante. Como resultado da propaganda repetitiva, a marca fica associada a seu comercial e às pessoas, cenas e eventos nesses comerciais.[31]

Os anúncios transformacionais contêm duas características dignas de nota: (1) eles tornam a experiência de usar a marca mais rica, calorosa, excitante ou agradável, do que se a propaganda fosse baseada apenas em uma descrição objetiva da marca, e (2) ligam com tanta força a experiência de usar a marca à experiência do anúncio que os consumidores não conseguem se lembrar da marca sem recordar a experiência do anúncio. Os cigarros Marlboro e os *cowboys*, por exemplo, estão irremediavelmente ligados um ao outro em muitas estruturas cognitivas dos consumidores.[32] A cerveja Guinness e o personagem fictício Michael Power também são, como mencionado anteriormente, elementos inseparáveis na mente da maioria dos consumidores africanos.

## Estilo criativo de ressonância

Quando usado no contexto publicitário, o termo *ressonância* é análogo à noção física de barulho ressoando de um objeto. De maneira similar, um anúncio ressoa (*padroniza*) as experiências de vida do público. Uma estratégia ressonante de propaganda estende, com base em pesquisas e estruturas psicográficas, uma campanha de propaganda para padronizar a orientação de estilo de vida do segmento de mercado almejado.

A **propaganda ressonante** *não* foca nas alegações sobre o produto ou na imagem da marca, mas procura apresentar circunstâncias ou situações que encontram uma contrapartida nas experiências reais ou imaginadas do público-alvo. A propaganda baseada nessa estratégia tenta equiparar "padrões" em um anúncio às experiências armazenadas do público-alvo. Por exemplo, a marca de sabonete Dove, da Unilever, introduziu uma campanha que associava a marca a mulheres "reais" (veja Figura 8.3) – ou seja, mulheres reais que são grisalhas, têm sardas ou rugas, são gordinhas e imperfeitas, mas, não obstante, são bonitas – em vez de usar modelos altamente atraentes que são retratadas nos anúncios sem nenhuma imperfeição e cuja beleza é inalcançável. As imperfeições das mulheres reais ressoam no público-alvo, que se identifica melhor com a beleza imperfeita que com a perfeita, porque a primeira é real, mas a segunda é fabricada.

figura 8.3

Exemplo de estratégia criativa de ressonância

## Estilo criativo emocional

A propaganda emocional é a terceira forma de propaganda orientada simbólica ou experimentalmente. Grande parte da propaganda contemporânea tem como meta alcançar o consumidor em um nível visceral por meio do uso da estratégia emocional. Muitos profissionais e estudiosos da área reconhecem que os produtos com frequência são adquiridos com base em fatores emocionais e apelos à emoção, que podem ser muito bem-sucedidos se usados de maneira apropriada e com as marcas certas.

O uso da emoção na propaganda inclui uma série de emoções positivas e negativas, incluindo apelos a romance, nostalgia, compaixão, excitação, alegria, medo, culpa, aversão e remorso. O Capítulo 9 abordará com mais detalhes vários desses apelos carregados de emoção.

Embora a estratégia emocional possa ser usada ao anunciar praticamente qualquer marca, ela parece funcionar muito bem para categorias de produtos que naturalmente são associadas a emoções (alimentos, joias, cosméticos, perfumes, roupas etc.). Por exemplo, o anúncio para a fragrância DKNY (Figura 8.4) é um apelo óbvio ao romance. Um bom exemplo é a premiada propaganda da Coca-Cola desenvolvida na Argentina, na qual o produto é apresentado sob um forte apelo emocional. O filme é bastante simples em termos técnicos. A mensagem é: Coca-Cola é para todos. Porém, a mensagem vai integrando o texto (... para altos, baixos, primeiros, últimos, alegres etc.) com imagens da marca e da embalagem que mostram o que o texto narra. Tudo isso sob uma trilha sonora impactante. O resultado é uma peça que não reforça nenhum atributo específico do produto, mas o associa – de forma criativa e muito "feliz" – a aspectos emocionais dos consumidores.[33]

## Estratégia criativa genérica

Um anunciante emprega um **estilo genérico** quando faz uma alegação de que qualquer empresa que de-

figura 8.4

Exemplo de estratégia criativa emocional

tém uma marca naquela categoria de produto poderia fazer. O anunciante *não* faz nenhuma tentativa de diferenciar sua marca das concorrentes nem de alegar superioridade. Essa estratégia é muito adequada para uma marca que *domina a categoria de produtos*. Nesse caso, a empresa que faz a alegação genérica terá uma grande parcela de qualquer demanda primária estimulada pela propaganda.

Por exemplo, a Campbell domina o mercado das sopas pré-preparadas nos Estados Unidos, vendendo quase dois terços de todas as sopas. Qualquer anúncio que aumente a venda geral de sopas naturalmente beneficiará a Campbell. Isso explica a campanha "Sopa é bom", usada pela Campbell no passado. Esse anúncio exaltava as virtudes de tomar sopa sem argumentar por que a pessoas deveriam comprar a sopa Campbell. Em sequência a essa campanha, a Campbell lançou outra que simplesmente declarava: "Jamais subestime o poder da sopa". De maneira semelhante, a campanha "Estenda a mão e alcance alguém" da AT&T, que encorajava as chamadas de longa distância, foi uma estratégia considerando o domínio da empresa no mercado de telefonia de longa distância (desde então a concorrência intensa enfraqueceu esse domínio). No Brasil, um antigo *slogan* dos sorvetes Kibon, "o alimento disfarçado de sorvete", e "Saúde em primeiro lugar", da Golden Cross Seguro Saúde, também se enquadram nesse contexto.

## Estilo criativo preemptivo

O **estilo preemptivo**, uma segunda técnica de domínio da categoria, é empregado quando um anunciante faz uma alegação do tipo genérica, mas com uma *afirmação de superioridade*. Essa abordagem é mais frequentemente usada por anunciantes em categorias de produtos ou serviços em que há poucas, ou nenhuma, diferenças funcionais entre as marcas concorrentes. A propaganda preemptiva é uma estratégia inteligente quando uma alegação significativa de superioridade é feita porque ela impede de forma eficaz que os concorrentes digam a mesma coisa. O banco JP Morgan Chase, resultado da fusão dos bancos Chase Manhattan e Chemical, investiu cerca de US$ 45 milhões em uma campanha de propaganda logo depois da fusão, que se referia ao Chase como "a empresa do relacionamento". Em um reconhecimento claro do valor da preempção, o CMO do Chase justificou a campanha afirmando: "a ideia é estampar essa palavra [*relacionamento*] em nossa marca o suficiente para impedir o uso dela por qualquer outra empresa na categoria."[34]

O fabricante do colírio Visine anunciou que sua marca "tira o vermelho dos olhos". Todos os colírios são feitos para tirar o vermelho dos olhos, mas ao ser a primeira a dizer isso, a marca Visine fez uma declaração de impacto que o consumidor associará apenas a ela. Nenhuma outra empresa pode subsequentemente usar essa declaração, pois será considerada uma imitação. Um anúncio da meia-calça Hanes Smooth Illusions usava uma alegação preemptiva inteligente ao comparar a marca a uma "lipoaspiração sem cirurgia". Outra campanha preemptiva inteligente foi introduzida pela Nissan Motor há alguns anos, com seu anúncio do Maxima. Antes da campanha, o Maxima concorria com modelos como o Ford Taurus no segmento médio-alto do setor. Para evitar uma dura concorrência de preços e abatimentos, a Nissan queria uma imagem mais requintada e de alto desempenho para o Maxima. Baseada em uma extensa pesquisa, a agência de propaganda do Maxima desenvolveu uma inteligente alegação preemptiva apresentando o Maxima como o "carro esporte com quatro portas". É claro que todos os sedans têm quatro portas, mas o Maxima antecipou o *status* de carro esporte com essa única alegação inteligente. Suas vendas aumentaram imediatamente em 43% acima do ano anterior apesar do aumento do preço.[35] Outro exemplo de estratégia preemptiva é a campanha de propaganda da cerveja Skol que se intitula como a que "desce redondo". Descer redondo é uma expressão comum no linguajar popular do brasileiro e toda a bebida agradável pode ser definida como uma bebida que "desce redondo". Mas a Skol utilizou essa expressão em suas campanhas de propagandas e, certamente, nenhuma outra bebida poderá anunciar-se dessa forma depois dela.

## Resumo da seção

Apresentamos seis estilos criativos gerais e os categorizamos como: orientados funcionalmente, simbólica/experimentalmente ou de domínio de categoria. Essas alternativas ajudam a entender as diferentes abordagens disponíveis aos anunciantes e os fatores que influenciam a escolha do estilo criativo. Seria incorreto pensar nessas abordagens como puras e mutuamente exclusivas. Como existe uma inevitável justaposição, é possível que um anunciante, de modo consciente ou não, use dois ou mais estilos ao mesmo tempo.

De fato, alguns especialistas em propaganda alegam que ela é mais eficaz quando reflete as duas extremidades do *continuum* da propaganda criativa – ou seja, destaca tanto os benefícios funcionais quanto os psicossociais do produto. Uma agência de propaganda demonstrou a evidência da superioridade dos esforços combinados em comparação a usar apenas os apelos funcionais. A agência testou 168 comerciais de TV, dos quais 47 continham apelos funcionais e psicossociais e 121, apenas apelos funcionais. Usando técnicas de recordação e persuasão, a agência descobriu que os anúncios com uma mistura de apelos funcionais e psicossociais superavam em desempenho, por uma margem significativa, aqueles que continham apenas apelos funcionais.[36]

Por fim, é importante reconhecer que, seja qual for o estilo criativo escolhido, ele deve estar claramente posicionado na mente do consumidor. Ou seja, a propaganda eficaz deve estabelecer um *significado claro da marca e como ela se compara às ofertas concorrentes*. O posicionamento eficaz requer que uma empresa esteja totalmente consciente de sua concorrência e explore a fraqueza dela. Uma marca é posicionada na mente do consumidor em relação à concorrência. Os idealizadores do conceito de posicionamento afirmam que as empresas bem-sucedidas devem "se orientar para a concorrência", procurar por pontos fracos nas posições dos concorrentes e depois lançar ataques de marketing contra esses pontos.³⁷ Esses mesmos consultores de gerenciamento alegam que muitos profissionais de marketing e anunciantes erram quando trabalham sob a presunção de que marketing e propaganda são uma batalha de produtos. A posição contrária deles é:

*Não há produtos melhores. Tudo o que existe no mundo do marketing são percepções nas mentes dos consumidores atuais ou potenciais. A percepção é a realidade. Todo o resto é ilusão.*³⁸

Isso talvez seja um pouco exagerado, mas a questão é que a qualidade (ou prestígio, confiabilidade, *sex appeal* etc.) de uma marca dependa mais do que as pessoas pensam que da realidade objetiva. E o que as pessoas pensam é em grande parte uma função da propaganda eficaz que cria a USP, constrói uma imagem atraente ou diferencia de outra maneira a marca de suas concorrentes e coloca o significado pretendido com segurança na mente do consumidor.

O ponto importante aqui é que a escolha da estratégia criativa para anunciar uma marca específica é determinada por três considerações-chave: (1) quais são as necessidades e motivações do público-alvo em relação à categoria do produto? (2) Quais são os pontos fortes e fracos da marca em relação às concorrentes na categoria? (3) Como os concorrentes estão anunciando suas marcas? Munido das respostas a essas três perguntas, o gestor da marca, junto de sua agência de propaganda, está preparado para desenvolver uma campanha de propaganda, empregando uma estratégia criativa que ao mesmo tempo sensibilizará o público-alvo e propiciará uma vantagem máxima diante das estratégias criativas que as marcas concorrentes estão usando.

# Cadeia meio-fim e o método *laddering* como guias para a formulação da propaganda criativa

A discussão anterior enfatizou, ainda que implicitamente, que o consumidor (ou cliente, no caso do mercado B2B) deve ser o principal fator determinante da mensagem de propaganda. A cadeia meio-fim propicia uma estrutura útil pra entender o relacionamento entre os consumidores ou clientes e as mensagens de propaganda. Uma cadeia meio-fim representa elos entre os *atributos* da marca, os *benefícios* obtidos com o uso da marca e *valores pessoais* que os benefícios reforçam.³⁹ Esses elos representam a cadeia meio-fim por que o consumidor vê a marca e seus atributos; o consumo desses atributos gera benefícios; os benefícios, por sua vez, são vistos como *meio* de alcançar um estado de valor final resultante. Esquematicamente, a cadeia meio-fim é assim representada:

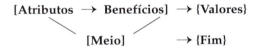

Os **atributos** são características ou aspectos das marcas anunciadas. No caso dos automóveis, por exemplo, os atributos incluem tamanho, capacidade de carga, desempenho do motor, características estéticas etc. Os **benefícios** são aquilo que os consumidores esperam receber ao consumir a marca. *Status* superior, conveniência, desempenho, segurança e valor de revenda são os benefícios (vantagens) associados aos automóveis. Porém, os atributos também geram efeitos indesejados, ou seja, assim como os atributos geram **consequências** positivas, geram negativas, as quais os consumidores desejam evitar (detrimento). Avarias, mau uso e valor de revenda baixo são as consequências negativas que os consumidores desejam evitar (detrimentos) no caso dos automóveis. No caso das TVs LCD com tela grande, o tamanho da tela e a resolução são atributos do produto, que levam a benefícios como imagens notavelmente claras em comparação com as TVs antigas (benefício), mas também um alto consumo de energia (detrimento) comparado ao das TVs com a tecnologia LED (diodos de emissão de luz). É evidente que na construção da propaganda serão sempre ressaltadas as consequências positivas (benefícios) e não as consequências negativas (detrimentos) gerados pelos atributos do produto. Porém, caso os efeitos indesejados sejam fator muito presente (importante e sensível) para o consumidor, não há como evitar a abordagem, mas eles serão, claro, amenizados na mensagem. Sem negar a existência do contraponto (detrimento), o foco dado a esse tema na sequência do capítulo será sempre com base nos benefícios.

Em resumo, o ponto importante a ser entendido é que os atributos estão nas marcas, enquanto os consumidores experimentam os benefícios como um resultado da aquisição e uso da marca. Juntos, os atributos da marca e os benefícios do consumo desses atributos são o *meio* pelos quais as pessoas alcançam os valores *finais*.

Os **valores** representam aquelas crenças duradouras que as pessoas têm em relação ao que é importante na vida.⁴⁰ Os valores dizem respeito a estados finais que as pessoas desejam em sua vida; eles transcendem situações específicas e orientam na seleção ou avaliação do comportamento.⁴¹ Em geral, os valores determinam o desejo relativo dos benefícios e servem para organizar os significados para produtos e marcas nas estruturas cognitivas dos consumidores.⁴²

Os valores representam o ponto de partida, o catalisador e a fonte de motivação para muitos aspectos do comportamento humano. O comportamento do consumidor, como outras facetas do comportamento, envolve a busca por estados de valores ou resultados. Os atributos da marca e seus benefícios não são buscados por si, mas porque são desejados como meios para alcançar estados finais de valores. Da perspectiva do consumidor, os *fins* (valores) motivam os *meios* (atributos). Examinaremos agora com mais detalhes os valores que motivam o comportamento humano.

## A natureza dos valores

Psicólogos conduziram pesquisas extensas sobre os valores e construíram inúmeras tipologias de valor. Este capítulo apresenta a visão de dez valores básicos que adequadamente representam os valores humanos importantes compartilhados pelas pessoas em uma grande variedade de países culturalmente diversos. A Tabela 8.2 lista esses dez valores.[43]

A pesquisa identificou esses valores com base em estudos realizados em 20 países de diferentes culturas: Austrália, Brasil, Estônia, Finlândia, Alemanha, Grécia, Holanda, Hong Kong, Israel, Itália, Japão, Nova Zelândia, China, Polônia, Portugal, Espanha, Taiwan, Estados Unidos, Venezuela e Zimbábue. As pessoas nesses países compartilham os mesmos valores, que são agora descritos brevemente.[44]

1. *Autodirecionamento*: Pensamento e ação independentes são as metas que definem esse tipo de valor. Ele inclui o desejo de liberdade, independência, a escolha dos próprios objetivos e a criatividade.
2. *Estímulo:* Esse valor deriva da necessidade de variedade e ter uma vida excitante.
3. *Hedonismo:* Aproveitar a vida e ter prazer são fundamentais a esse tipo de valor.
4. *Realização:* Desfrutar sucesso pessoal por meio da demonstração de competência, de acordo com os padrões sociais, é a meta que define esse tipo de valor. Ser considerado capaz, ambicioso, inteligente e influente representa diferentes aspectos do valor realização.
5. *Poder*: O valor *poder* inclui a obtenção de *status* social e prestígio junto com controle e domínio sobre pessoas e recursos (riqueza, autoridade, poder social e reconhecimento).
6. *Segurança:* A essência desse tipo de valor é o anseio por segurança, harmonia e a estabilidade da sociedade. Ele inclui a preocupação com a segurança pessoal, familiar e até nacional.
7. *Conformidade:* Autodisciplina, obediência, educação e, em geral, contenção de atos e impulsos que perturbam ou prejudicam os outros e violam as normas sociais são as bases desse tipo de valor.
8. *Tradição:* Esse valor inclui respeito, compromisso e a aceitação dos costumes que a cultura e a religião de uma pessoa impõem.
9. *Benevolência:* A meta motivacional da benevolência é a preservação e a promoção do bem-estar da família e dos amigos. Ele inclui ser honesto, leal, útil e um verdadeiro amigo, e amar de forma madura.
10. *Universalismo:* O universalismo representa as motivações individuais de entender, tolerar e proteger o bem-estar das pessoas e da natureza. Ele incorpora noções de paz mundial, justiça social, igualdade, unidade com a natureza, proteção ambiental e sabedoria.

## Quais valores são mais relevantes para a propaganda?

Os dez valores apresentados anteriormente são descrições adequadas da psicologia humana ao redor do mundo. É importante observar, todavia, que eles se aplicam a *todos* os aspectos da vida e não ao comportamento do consumidor em si. Consequentemente, *nem todos* os dez valores são igualmente importantes para os consumidores e, por isso, não são igualmente aplicáveis aos anunciantes em seus esforços de desenvolvimento de campanha. Antes de prosseguir a leitura, pare alguns instantes e reveja esses valores, identificando quais você considera mais aplicáveis a produtos e marcas que são anunciados com mais frequência na mídia de massa.

**tabela 8.2**
**Dez valores universais**

1. Autodirecionamento
2. Estímulo
3. Hedonismo
4. Realização
5. Poder
6. Segurança
7. Conformidade
8. Tradição
9. Benevolência
10. Universalismo

*Fonte*: Reeditado de *Advances in Experimental Social Psychology*, v. 25, Shalom H. Schwartz, "Universals in the Content and Structure of Values: Theoretical Advances and Empirical Tests in 20 Countries," p. 1-65, 1992, com permissão de Elsevier.

Se você for como nós, terá concluído que os seis primeiros valores – do autodirecionamento até a segurança – aplicam-se a muitas situações de propaganda e consumo, ao passo que os quatro últimos são menos motivadores do comportamento do consumidor. Esses quatro últimos valores, com certeza, são aplicáveis sob condições seletas de propaganda (por exemplo, esforços realizados por organizações sem fins lucrativos, tais como igrejas e instituições de caridade) e talvez ainda mais no Oriente que no Ocidente, mas eles não caracterizam o comportamento usual do consumidor para a maioria dos produtos e serviços. Portanto, você deve perceber que o autodirecionamento, a estimulação, o hedonismo, a realização, o poder e a segurança são os estados de valor final que motivam a maior parte do comportamento do consumidor e, por isso, são as metas às quais os anunciantes devem apelar.

## Aplicações de propaganda das cadeias meio-fim: o modelo MECCAS

Criação de anúncios eficazes exige que os gerentes de marca possuam um entendimento claro do que as pessoas valorizam nas categorias de produto e marcas específicas. Como os consumidores diferem no que valorizam em uma marca em particular, é significativo discutir os valores apenas em relação ao *segmento de mercado*. O anunciante de uma marca, munido do conhecimento dos valores de seu segmento-alvo, está em posição de saber quais atributos da marca devem ser enfatizados, como o modo pelo qual a marca pode ajudar os consumidores a alcançar um estado de valor final. Um modelo formal, chamado MECCAS (do inglês "*m*eans-*e*nd *c*onceptualization of *c*omponents for *a*dvertising *s*trategy", ou seja, conceitualização meio-fim dos componentes da estratégia de propaganda) propicia um procedimento para a aplicação do conceito das cadeias meio-fim à criação de mensagens de propagandas.[45]

Os componentes do modelo MECCAS incluem *orientação de valor (o nível final a ser focado na propaganda), benefícios da marca (as principais consequências positivas, ou benefícios, do uso da marca, que a propaganda verbal ou visualmente comunica aos consumidores)* e *atributos da marca (os atributos, ou características, específicos da marca que são comunicados como meio de apoiar os benefícios do uso da marca)* e uma *estratégia criativa* que fornece a estrutura para apresentar a mensagem de propaganda e os meios para ativar a orientação de valor.[46] A *orientação de valor* representa o valor do consumidor ou nível final no qual a estratégia de propaganda foca e pode ser considerada a *força motriz* por trás da execução da propaganda. Todos os outros componentes são movidos com o objetivo de alcançar o nível final.

As seções a seguir apresentam a estrutura MECCAS analisando seis anúncios, um para cada um dos seis primeiros valores mostrados na Tabela 8.2. É importante observar que essas aplicações são interpretações lógicas dos autores. Não sabemos se os anunciantes nesses casos de fato conduziram análises meio-fim ao desenvolver seus anúncios. Não obstante, essas análises propiciarão um melhor entendimento de como a lógica (atributos → benefícios → valores) pode ser traduzida no *design* de anúncios reais.

### Autodirecionamento e relógios Rolex

O autodirecionamento inclui o desejo de liberdade, independência e a escolha dos próprios objetivos. A orientação de valor que é a força motriz no anúncio do Rolex (Figura 8.5) é um apelo simples à necessidade do consumidor de rejeitar o conformismo (veja o cabeçalho do anúncio – "Quebrando as regras"), que representa um apelo àqueles consumidores que desejam escolher livremente e se livrar dos ditames das pressões sociais.

Outro exemplo é a campanha do uísque Johnny Walker, que sempre traz a frase "Keep walking" (continue andando, continue caminhando, no sentido de não desistir, de não esmorecer). Essa campanha apela para a sensação de perseverança do consumidor. Todas as peças de propaganda dessa campanha, que já não é nova, sempre trazem esse conceito.

**figura 8.5**

Exemplo MECCAS para o valor autodirecionamento

figura 8.6

Exemplo MECCAS para o valor hedonismo

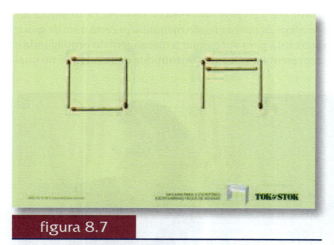

figura 8.7

Exemplo MECCAS para o valor realização

### Hedonismo e sabão em pó

Desfrutar a vida e ter prazer são fundamentais ao valor hedonismo. O anúncio na Figura 8.6 mostra uma foto de crianças jogando futebol e se divertindo com a frase "Porque se sujar faz bem". Essa campanha do sabão em pó Omo tira a comunicação de sabão em pó do tradicional (e já um pouco batido) poder de limpeza e apresenta o produto como algo que pode facilitar a alegria da família, vinculando o ato de "se sujar" com "se divertir". Essa campanha claramente apela para o desejo das pessoas de desfrutar pequenos prazeres da vida.

### Realização e Tok e Stok

Em um apelo à competência e à conquista – os elementos da realização – o anúncio na Figura 8.7 mostra os móveis da loja Tok e Stok e destaca a facilidade de montá-los. Essa campanha, criada pela DM9DDB, mostra como é simples tirar os móveis da caixa e levá-los "direto" para casa ou para o escritório. Com essa abordagem, a empresa busca mostrar que, com seus produtos, o cliente pode ser independente e montá-los sozinho e com facilidade. Esse anúncio representa um inegável apelo à conquista.[47]

### Poder e o Hummer Alpha

Como um estado de valor final, o poder inclui a obtenção de *status* social e prestígio, junto com o controle ou domínio sobre pessoas e recursos (por exemplo, autoridade, poder social e reconhecimento). O anúncio para o Hummer Alpha refere-se a esse veículo como "o poderoso H3 Alpha". O texto do anúncio, que dá o ponto de alavancagem do anúncio, sugere que os compradores potenciais – machos alfa, sem dúvida – têm de passar por uma extraordinária "avaliação física" para serem capazes de comprar o Alpha. A insinuação é que é preciso ser um indivíduo "durão" para possuir um Alpha: o veículo é poderoso; e seu proprietário, também. Esse anúncio sutilmente comunica aos compradores potenciais do Hummer Alpha que eles serão vistos como indivíduos "durões", rigorosos e poderosos e obterão *status* e prestígio com a compra do automóvel.

### Segurança e Protex

A segurança pessoal e familiar são aspectos do valor segurança pertinentes à propriedade e consumo de muitos produtos. Um anúncio do sabonete Protex, por exemplo, trabalha fortemente esse apelo. Uma das propagandas dessa marca conta uma pequena história (lembre-se do componente da narrativa de uma história na estrutura SUCCESs) em que uma mãe descreve o orgulho que tem em ver que sua filha se preocupa com o meio ambiente e organiza esforços de limpeza dos rios, lagos e campos da região em que mora. O filme do anúncio mostra a filha recolhendo o lixo deixado nesses lugares, como garrafas pet. A mãe, então, diz que mesmo muito orgulhosa ela se preocupa com a saúde da filha, pois ela fica exposta a muitas bactérias quando recolhe o lixo. Por fim, a mãe apresenta a solução: usar o sabonete Protex, que é mais eficiente em controlar as bactérias presentes na pele, e afirma que, enquanto ela, mãe, cuida da filha, a filha fica protegida para cuidar do mundo. O apelo para segurança da saúde da família é evidente nessa campanha.

## Identificando cadeias meio-fim: o método *laddering*

*Laddering* é uma técnica de pesquisa que foi desenvolvida para identificar elos entre os atributos (A), os benefícios (B) e os valores (V). O método se chama *laddering* porque leva à construção de uma hierarquia, ou escada [em inglês "*ladder*"], de relações entre os atributos e benefícios de uma marca (o meio) e os valores do consumidor (o fim). O método *laddering* envolve entrevistas em profundidade, individuais, que levam de 30 minutos a mais de uma hora. Em contraste com as pesquisas descritivas, o *laddering* tenta chegar à raiz ou a razões profundas pelas quais os consumidores individuais compram determinados produtos e marcas.[48]

Em primeiro lugar, o entrevistador determina quais atributos o entrevistado considera mais importantes na categoria de produto e, com base neles, tenta identificar os elos na mente do entrevistado, dos atributos para os benefícios e dos benefícios para os valores abstratos. Ao conduzir uma entrevista com o método *laddering*, o entrevistador faz referência a determinado atributo e, então, por meio de uma sondagem direta, tenta detectar como o entrevistado liga esse atributo aos benefícios mais abstratos, e como os benefícios estão ligados a valores ainda mais abstratos. Depois de encerrar os elos do primeiro atributo, o entrevistador passa para o próximo atributo em destaque e depois para o seguinte, até que todos os atributos importantes tenham sido explorados, geralmente analisando de três a sete atributos. A sondagem é realizada com perguntas similares às descritas a seguir:[49]

- Por que esse atributo em particular é importante para você?
- Como isso ajuda você?
- O que você consegue com isso?
- Por que você quer isso?
- O que acontece com você como resultado disso?

Vamos exemplificar o método *laddering* com o anúncio da Tok e Stok na Figura 8.7. Imagine que um entrevistador pergunta a uma consumidora por que é importante que ela mesma faça melhorias na casa. A resposta é: "Eu não quero depender de ninguém". Uma sondagem subsequente por parte do entrevistador ("Como isso ajuda você?") resulta na afirmação da consumidora de que "é importante ter uma casa bonita, e eu não posso pagar alguém para consertar as coisas". Em resposta à pergunta "Por que isso é importante para você?", ela comenta: "Eu quero que meus pais tenham orgulho de mim. Eu quero que eles saibam que posso criar os netos deles sozinha e que darei um bom lar para eles".

Vemos nessa descrição hipotética que fazer as melhorias na casa está ligado ao valor realização e à satisfação resultante de deixar os pais orgulhosos. O anúncio na Figura 8.7 aparentemente é baseado na visão de que existe um segmento de mercado de consumidores, como a consumidora descrita, que desejam melhorar suas casas e, assim, realizar suas ambições, alcançar reconhecimento e, talvez, tornar os outros – e a si mesmos – orgulhosos de suas conquistas.

## Questões práticas na identificação das cadeias meio-fim

Concluindo, o ponto importante a lembrar acerca da abordagem MECCAS é que ela permite um procedimento sistemático para ligar a perspectiva do anunciante (ou seja, uma marca com atributos que tem benefícios) à do consumidor (a busca por produtos e marcas que realizem os estados finais, ou valores, desejados).

A propaganda eficaz não foca nos atributos e benefícios do produto em si; em vez disso, ela tem como objetivo mostrar como a marca anunciada beneficiará o consumidor e o capacitará a realizar o que ele mais deseja na vida – autodirecionamento, estimulação, hedonismo e os outros valores listados na Tabela 8.2. Produtos e marcas variam em termos de quais valores eles são capazes de satisfazer; não obstante, todos são capazes de realizar alguns valores, e é o papel da propaganda sofisticada e da pesquisa de marketing na qual ela é baseada identificar e acessar esses valores. Propaganda e outras formas de comunicações de marketing são muito relevantes ao consumidor e, por isso, mais eficazes para a marca anunciada quando elas são baseadas em fortes elos entre o conjunto certo de atributos, benefícios e valores.[50]

Isso posto, é importante notar que a abordagem meio-fim e o método *laddering* também recebem várias críticas: em primeiro lugar, alguns alegam que o método *laddering* "força" o entrevistador a identificar hierarquias entre atributos, benefícios e valores que podem de fato não ter existido antes da entrevista e sem as sondagens diretas do entrevistador. Em segundo lugar, alguns críticos sugerem que os consumidores podem fazer ligações claras entre os atributos e os benefícios, mas não necessariamente entre elas e os valores. Por fim, outros criticam o método *laddering* afirmando que a hierarquia final construída é um agregado simplista das cadeias A → B → V de indivíduos múltiplos em uma única cadeia que supostamente representa todos os consumidores no público-alvo.[51]

Essas críticas não são infundadas, mas a realidade é que todos os métodos para o desenvolvimento de uma estratégia criativa na propaganda têm suas imperfeições. O valor do método *laddering* é que ele força os anunciantes a identificar como os consumidores relacionam os atributos do produto a estados mais abstratos, como benefícios e valores. Essa abordagem sistemática, portanto, garante que a ênfase da propaganda seja colocada em comunicar os benefícios e implicar estados de valor final, em vez de focar nos atributos em si. É provável que, para algumas categorias de produtos, os consumidores não façam ligações claras entre benefícios e valores. Por isso, embora a cadeia meio-fim acarrete apenas elos A → B, em vez do conjunto completo A → B → V, o procedimento sistemático do *laddering* serve a seu propósito encorajando os profissionais de criação a focar nos benefícios dos produtos em vez de em seus atributos.

# Imagem corporativa e propaganda de defesa

O tipo de propaganda estudado até agora é geralmente referido como *propaganda orientada para a marca*. Tal propaganda foca em uma marca específica e tenta influenciar os consumidores a comprá-la.

Outro tipo de propaganda, conhecida como *corporativa*, não foca em marcas específicas, mas na imagem geral de uma empresa ou em questões econômicas ou sociais relevantes aos interesses dela. Essa forma de propaganda é bastante comum.[52] Um investimento consistente na propaganda corporativa pode servir como impulso para o valor da empresa, do mesmo modo que a propaganda orientada para a marca representa um depósito no banco do *brand equity*. Duas formas um tanto distintas de propaganda corporativa são discutidas nas seguintes seções: (1) propaganda de imagem e (2) propaganda de defesa.[53]

## Propaganda da imagem corporativa

A **propaganda da imagem corporativa** tem o objetivo de aumentar o reconhecimento do nome de uma empresa, estabelecer boa vontade para com a empresa e seus produtos ou identificá-la com alguma atividade social significativa e socialmente aceitável. Esse tipo de propaganda corporativa tem a preocupação de criar imagens favoráveis entre os públicos, como consumidores, acionistas, funcionários, fornecedores e investidores em potencial. Tal tipo de propaganda não pede ao público-alvo nenhuma ação específica além de uma atitude favorável para com a empresa e a aprovação passiva de suas atividades.[54] Por exemplo, o anúncio da General Motors – GM – para os ônibus híbridos não promoveu nenhum veículo específico da empresa, mas, como outros anúncios de imagem corporativa, tinha o objetivo de promover a imagem da empresa associando-a a eficácia e conservação de combustível. A Petrobras também costuma trabalhar constantemente propaganda de imagem corporativa. Nessas campanhas, a empresa mostra-se como uma empresa que dá certo e que tem orgulho de ser brasileira. A propaganda não busca estimular nenhuma ação específica no consumidor, mas pode levá-lo a também se orgulhar da Petrobrás e, assim, ter uma atitude mais favorável em relação a ela.

Em geral, as pesquisas revelam que os executivos consideram a identidade do nome e a promoção da imagem as duas funções mais importantes da propaganda corporativa.[55] A propaganda de imagem corporativa vai além de apenas tentar fazer que os consumidores se sintam bem em relação a empresas. As empresas estão cada vez mais usando suas imagens para impulsionar vendas e o desempenho financeiro.[56] Pesquisas revelam que uma imagem corporativa positiva pode afetar favoravelmente as avaliações dos produtos por parte dos consumidores, em especial quando a decisão de compra é arriscada.[57] A propaganda corporativa que não contribui para o aumento das vendas e lucros é difícil de ser justificada no clima atual de prestação de contas.

## Propaganda corporativa de defesa

Outra forma de propaganda corporativa é a de defesa. Ao usar a **propaganda de defesa**, uma empresa assume uma posição sobre uma controversa questão social de importância pública, com intenção de agitar a opinião pública.[58] Ela o faz de um modo que apoia a posição e os melhores interesses, ao mesmo tempo em que desafia implicitamente a posição do oponente e nega a exatidão de seus fatos.[59] Imagine, por exemplo, uma grande companhia de petróleo lançando uma campanha de propaganda que desafia a prudência econômica e a eficiência de energia da jovem indústria do etanol à base de cana-de-açúcar. Tal defesa serviria aos propósitos da corporação se ela convencesse os eleitores e seus representantes que financiamentos especiais para impulsionar a indústria do etanol são injustificados. A propaganda de defesa é um tópico de considerável controvérsia.[60] Um dos fatores que aumenta a polêmica da utilização desse tipo de propaganda é que quando se apela que o uso de recursos naturais ou processos produtivos, no mundo do B2B, quase todas as empresas são vulneráveis e passíveis de um contra-ataque dos concorrentes. Isso porque, em geral, o uso de um ou outro tipo de recurso natural, assim como a adoção de um ou outro processo de extração e processamento de matéria-prima – se feito em grande escala, como em geral acontece com as empresas – sempre trarão algum fator negativo. Portanto, usar essa estratégia é sempre delicado e pode ter efeitos contrários aos esperados. Os executivos estão divididos quanto ao fato de essa forma de propaganda representar uma alocação eficaz dos recursos da empresa. Os críticos questionam a legitimidade dela e desafiam seu *status* como despesa dedutível de imposto. Como uma discussão mais profunda acerca desses pontos está além dos objetivos deste capítulo, recomendamos ao leitor interessado que busque as fontes contidas na nota 61.[61]

# Resumo

O capítulo examinou a propaganda criativa e apresentou uma série de exemplos de campanhas de propaganda criativas. Uma questão inicial importante foi feita: "quais são as características gerais da propaganda eficaz?" A discussão apontou que a propaganda eficaz deve: (1) partir de uma sólida estratégia de marketing, (2) assumir a visão do consumidor, (3) romper a concentração da concorrência, (4) jamais prometer mais do que pode cumprir e (5) evitar que as ideias criativas superem a estratégia. A seção seguinte descreveu três características que os anúncios devem satisfazer para serem considerados verdadeiramente criativos: conexão, adequação e novidade. Em seguida, abordamos os elementos que as propagandas devem manifestar para ter "aderência", ou seja, a habilidade em causar impacto duradouro sobre os consumidores. Essas características são simplicidade, imprevisibilidade, concretude, credibilidade, emocionalismo e narrativa de uma história.

O próximo ponto importante neste capítulo foram as formas alternativas de propaganda criativa que estão em grande uso. Seis estilos criativos específicos – proposição única de venda, imagem da marca, ressonância, emocional, genérica e preemptiva – foram descritos e exemplos foram mostrados.

O capítulo então se voltou para o conceito das cadeias meio-fim e a estrutura MECCAS (conceituação meio-fim dos componentes da estratégia de propaganda), que são usadas no desenvolvimento de anúncios e campanhas reais. As cadeias meio-fim e os modelos MECCAS fazem a ligação entre os atributos do produto e os benefícios ao consumidor de perceber os atributos do produto (o meio) e a habilidade desses benefícios em satisfazer valores (o fim) relacionados ao consumo. Os modelos MECCAS propiciam uma estrutura de organização para desenvolver anúncios criativos que, ao mesmo tempo, consideram os atributos, os benefícios e os valores.

O último tópico abordado foi a propaganda corporativa. Foi apresentada uma discussão entre a estratégia convencional orientada para a marca e a propaganda que foca na promoção da boa vontade para com a empresa, aprimorando sua imagem geral e defendendo questões de importância econômica ou social relevantes a uma empresa. Foram descritas duas formas de propaganda corporativa – de imagem e de defesa.

# Questões para discussão

1. A *Dica de comar* descreveu o famoso anúncio do computador Macintosh e o caracterizou como talvez o melhor comercial da história da propaganda. Sem usar nenhum dos exemplos apresentados neste capítulo, identifique alguns comerciais que você considera verdadeiramente "grandes". Explique por que os considera "grandes".

2. Quando discutimos como a propaganda eficaz deve assumir a visão do consumidor, a seguinte citação foi apresentada: "Os consumidores não querem ser bombardeados com anúncios – eles querem ser inspirados por ideias que mudem suas vidas. Os anúncios criam transações. As ideias criam transformações. Os anúncios refletem nossa cultura, as ideias imaginam nosso futuro". O que, em sua opinião, essas palavras significam?

3. Ao discutir o assunto da novidade na propaganda, o capítulo afirmou que a novidade é uma condição necessária, mas insuficiente para a criatividade. Explique o que isso significa.

4. No contexto da seção sobre anúncios "com aderência", dê três exemplos de esforços dos anunciantes para concretizá-los. Os comerciais de TV são uma boa fonte de ideias.

5. Analise três anúncios de revistas considerando os elementos de SUCCESs que cada um satisfaz.

6. Em sua opinião quais são os elementos de SUCCESs mais importantes? Explique e depois coloque os seis elementos em ordem, do mais importante para o menos importante em termos da habilidade para alcançar a aderência das mensagens.

7. Ao discutir o estilo criativo de propaganda conhecido como proposição única de venda, ou USP, o texto afirmou que em muitos aspectos o estilo USP é *a* técnica criativa ótima. Explique se você concorda ou não com essa afirmação.

8. O capítulo apresentou vários exemplos de anúncios sobre imagem da marca. Identifique dois exemplos adicionais de anúncios que parecem usar o estilo imagem da marca ou transformacional.

9. Um requisito da propaganda eficaz é a habilidade para romper a concentração competitiva. Explique o que isso significa e dê vários exemplos de propaganda que conseguiram ser bem-sucedidos nessa prática.

10. Selecione um anúncio de revista ou jornal e aplique o modelo MECCAS para interpretá-lo. Descreva o que você considera ser a orientação de valor do anúncio, seu ponto de alavancagem etc.

11. Explique a diferença entre os estilos criativos USP e imagem da marca e indique as condições específicas sob as quais cada um tem mais probabilidade de ser usado. Dê um exemplo de cada estilo criativo, usando outros que não os do texto.

12. Usando o procedimento *laddering*, que foi descrito no capítulo, selecione uma categoria de produto de sua escolha, entreviste uma pessoa (de preferência não um amigo muito próximo) e construa o mapa hierárquico, ou a escada, dessa pessoa, para *dois* atributos de produtos que são importantes para ela. Em outras palavras, depois de determinar os dois atributos (ou categorias) de produto que essa pessoa considera os mais importantes ao fazer uma escolha entre marcas na categoria de produto selecionada, use os tipos de perguntas de sondagem listadas no capítulo para ver como a mentalidade dessa pessoa faz a ligação dos atributos do produto com os benefícios; e como, por sua vez, esses benefícios se estendem em estados de valor final. Seja persistente!

13. Alguns críticos afirmam que a propaganda de defesa não deve ser tratada como uma legítima despesa dedutível de imposto. Dê e justifique sua opinião sobre o assunto.

14. Selecione duas campanhas de propaganda que passaram na TV por algum tempo. Descreva-as em detalhes e defina qual você acredita ser a mensagem criativa delas.

# Notas

1. Baseado em Bradley Johnson, "The Commercial, and the Product, That Changed Advertising", *Advertising Age*, 10 de janeiro de 1994, 1, 12-4.
2. Bob Garfield, "Breakthrough Product Gets Greatest TV Spot", *Advertising Age*, 10 de janeiro de 1994, 14; "The Most Famous One-Shot Commercial Tested Orwell, and Made History for Apple Computer", *Advertising Age*, 11 de novembro de 1996, A22.
3. James B. Twitchell, *20 Ads That Shook The World: The Century's Most Groundbreaking Advertising and How It Changed Us All* (Nova York: Crown Publishers, 2000), 190.
4. Os pontos a seguir são uma combinação das visões do autor e das perspectivas apresentadas por A. Jerome Jewler, *Creative Strategy in Advertising* (Belmont, Calif.: Wadsworth, 1985), 7-8; e Don E. Schultz e Stanley I. Tannenbaum, *Essentials of Advertising Strategy* (Lincolnwood, Ill.: NTC Business Books, 1988), 9-10.
5. Joey Reiman, "Selling an Idea for $ 1 Million", *Advertising Age*, 5 de julho de 2004, 15.
6. Stan Freberg, "Irtnog Revisited", *Advertising Age*, 1º de agosto, de 1988, 32.
7. Para ver o filme, acesse http://www.youtube.com/watch?v=nd9R7ZxhjJ8. (acesso em: novembro de 2010).
8. Esses três elementos representam a perspectiva do autor junto a uma combinação de evidências obtidas em pesquisas, das seguintes fontes: Scott Koslow, Sheila L. Sasser e Edward A. Riordan, "What Is Creative to Whom and Why? Perceptions in Advertising Agencies", *Journal of Advertising Research* 43 (março de 2003), 96-110; Swee Hoon Ang, Yih Hwai Lee e Siew Meng Leong, *Journal of the Academy of Making Science* 35 (junho de 2007), 220-32.
9. Lou Centlivre, "A Peek at the Creative of the '90s", *Advertising Age*, 18 de janeiro de 1988, 62.
10. Chip Heath e Dan Heath, *Made to Stick* (Nova York: Random House, 2007).
11. http://www.snopes.com/crime/warnings/restroom.asp (acesso em: 8 de janeiro de 2008).
12. A discussão a seguir sobre as seis características é adaptada de Heath e Heath, *Made to Stick*.
13. Para ver o filme, acesse: http://www.youtube.com/watch?v=eu61kG_b9uU. (acesso em: novembro de 2010).
14. Essa descrição é baseada em Heath e Heath, op. cit., p. 218 ff.
15. Detalhes da campanha podem ser vistos no site http://www.youtube.com/watch?v=-7sM4nBVW-g. (acesso em: novembro de 2010).
16. Esse acrônimo não é original deste texto, mas atribuído a Heath e Heath, op. cit.
17. Baseado em uma entrevista realizada por Paula Champa em "The Moment of Creation", *Agency*, maio/junho de 1991, 32.
18. Para uma leitura adicional sobre esse famoso anúncio, veja Twitchell, *20 Ads That Shook The World*, 118-25.
19. Marcas que amamos Ideal – CD ROM
20. Algumas das ideias para essa descrição foram inspiradas pelos comentários eloquentes de Bob Garfield em sua resenha sobre os comerciais da Nike, *Advertising Age*, 5 de abril de 2004, 37.
21. Susanna Howard, "Guinness Pours Hopes in Africa", *Wall Street Journal*, 27 de outubro de 2003, http://online.wsj.com; Bill Britt, "Guinness Unspools Feature Film", *Madison + Vine Online*, 26 de fevereiro de 2003, http://adage.com/madisonandvine. Veja também http://en.wikipedia.org/wiki/Michael_Power_(Guinness_character).
22. Essa estrutura é da mundialmente famosa empresa de consultoria de gerenciamento McKinsey & Company, em um documento sem data fornecido a mim pela empresa que contratou os serviços da McKinsey.
23. Uma pesquisa realizada pela ARS Group, empresa especializada em pesquisas de propagandas, relata que começar com uma forte proposição de vendas leva à criação de anúncios eficazes 70% das vezes. Isso foi relatado na newsletter da empresa, "Better Practices in Advertising", edição de 1º de julho de 2002, 1.
24. Um artigo interessante sobre o planejamento de conta e a diferença de sua aplicação no Reino Unido e nos Estados Unidos é de autoria de Christopher E. Hackley, "Account Planning: Current Agencies Perspectives on an Advertising Enigma", *Journal of Advertising Research* 43 (junho de 2003), 235-45.
25. Harvey Penick com Bud Shrake, *Harvey Penick's Little Red Book* (Nova York: Simon & Schuster, 1992), 45.
26. Curiosamente, pesquisas mostraram que a redação de propaganda tende a ser baseada nas teorias implícitas dos redatores sobre como a propaganda funciona para os consumidores. Veja Arthur J. Kover, "Copywriters' Implicit Theories of Communication: An Exploration", *Journal of Consumer Research* 21 (março de 1995), 596-611.
27. Don E. Schultz chamou a atenção do autor para essa ideia em "Determine Outcomes First to Measure Efforts", *Marketing News*, 1º de setembro de 2003, 7.
28. Uma boa análise da literatura junto com a apresentação de um modelo perspicaz de estratégia de mensagem são apresentados por Ronald E. Taylor, "A Six-Segment Message Strategy Wheel", *Journal of Advertising Research* 39 (novembro/dezembro de 1999), 7-17.
29. A discussão a seguir representa uma adaptação de Charles F. Frazer, "Creative Strategy: A Management Perspective", *Journal of Advertising* 12, n. 4 (1983), 36-41. Para outras perspectivas a respeito de estratégias criativas, veja Henry A. Laskey, Ellen Day e Melvin R. Crask, "Typology of Main Message Strategies for Television Commercials", *Journal of Advertising* 18, n. 1 (1989), 36-41; e Taylor, "A Six-Segment Message Strategy Wheel".
30. Grant McCracken, "Culture and Consumption: A Theoretical Account of The Structure and Movement of the Cultural Meaning of Consumer Goods", *Journal of Consumer Research* 13 (junho de 1986), 74.
31. Christopher P. Puto e William D. Wells, "Informational and Transformational Advertising: The Differential Effects of Time", *Advances in Consumer Research*, v. 11, ed. Thomas C. Kinnear (Provo, Utah: Association for Consumer Research, 1984), 638-43. Veja também David A. Aaker e Douglas M. Stayman, "Implementing the Concept of Transformational Advertising", *Psychology & Marketing* 9 (maio/junho de 1992), 237-53.
32. Puto e Wells, "Informational and Transformational Advertising", 638.
33. Veja o filme em http://www.youtube.com/watch?v=zYzVW3Pqy9o. (Acesso em: novembro de 2010).
34. Terry Lefton, "Cutting to the Chase", *Brandweek*, 7 de abril de 1997, 47.
35. Essa descrição é baseada em "Four-Door Sports Car", *1990 Winners of the Effie Gold Awards: Case Studies in Advertising Effectiveness* (Nova York: American Marketing Association of New York and the American Association of Advertising Agencies, 1991), 124-31.
36. Kim Foltz, "Psychological Appeal in TV Ads Found Effective", *Adweek*, 31 de agosto de 1987, 38. Observe que essa pesquisa se referia mais a apelos racionais que funcionais, mas racional é essencialmente equivalente a funcional.
37. Jack Trout e Al Ries, "The Positioning Era: A View Ten Years Later", *Advertising Age*, 16 de julho de 1979, 39-42.

38. Al Ries e Jack Trout, *The 22 Immutable Laws of Marketing* (Nova York: Harper Business, 1993), 19.
39. Veja Thomas J. Reynolds e Jerry C. Olson, *Understanding Decision Making: The Means-End Approach to Marketing and Advertising Strategy* (Mahwah, NJ: Erlbaum, 2001). Veja também Jonathan Gutman, "A Means-End Chain Model Based on Consumer Categorization Processes", *Journal of Marketing* 46 (primavera de 1982), 60-72; Thomas J. Reynolds e Jonathan Gutman, "Advertising Is Image Management", *Journal of Advertising Research* 24 (fevereiro/março de 1984), 27-36; Thomas J. Reynolds e Jonathan Gutman, "Laddering Theory, Method, Analysis, and Interpretation", *Journal of Advertising Research* 28 (fevereiro/março de 1988), 11-31; e Thomas J. Reynolds e Alyce Byrd Craddock, "The Application of MECCAS Model to the Development and Assessment of Advertising Strategy: A Case Study", *Journal of Advertising Research* 28 (abril/maio de 1988), 43-59.
40. Para uma discussão adicional sobre os valores culturais, veja Lynn R. Kahle, Basil Poulos e Ajay Sukhdial, "Changes in Social Values in the United States during the Past Decade", *Journal of Advertising Research* 28 (fevereiro/março de 1988), 35-41; Sharon E. Beatty, Lynn R. Kahle, Pamela Homer e Shekhar Misra, "Alternative Measurement Approaches to Consumer Values: The List of Values and the Rokeach Value Survey", *Psychology and Marketing* 2, n. 3 (1985), 181-200; Wagner A. Kamakura e Jose Afonso Mazzon, "Value Segmentation: A Model for the Measurement of Values and Value Systems", *Journal of Consumer Research* 18 (setembro de 1991), 208-18; e Wagner A. Kamakura e Thomas P. Novak, "Value-System Segmentation: Exploring the Meaning of LOV", *Journal of Consumer Research* 19 (junho de 1992), 119-32.
41. Shalom H. Schwartz, "Universals in the Content and Structure of Values: Theoretical Advances and Empirical Tests in 20 Countries", *Advances in Experimental Social Psychology* 25 (1992), 4.
42. J. Paul Peter e Jerry C. Olson, *Consumer Behavior: Marketing Strategy Perspectives* (Homewood, Ill.: Irwin, 1990).
43. Schwartz, "Universals in the Content and Structure of Values". Outra tipologia de valores que foi validada em 30 países está disponível em Simeon Chow e Sarit Amir, "The Universality of Values: Implications for Global Advertising Strategy", *Journal of Advertising Research* 46 (setembro de 2006), 301-14.
44. Essas descrições são baseadas em ibid., 5-12.
45. Jerry Olson e Thomas J. Reynolds, "Understanding Consumers' Cognitive Structures: Implications for Advertising Strategy", *Advertising and Consumer Psychology*, ed. L. Percy e A. Woodside (Lexington, Mass: Lexington Books, 1983), 77-90.
46. A linguagem usada na Tabela 8.3 é adaptada daquela empregada nos vários escritos de Gutman, Reynolds e Olson, como as citadas na nota de fim 39. É opinião do autor que a terminologia presente é mais compreensível sem que se preste um desserviço à conceituação original dos MECCAS.
47. Segundo reportagem MMonline http://www.mmonline.com.br/noticias.mm?url=TokeStok_mostra_agilidade.
48. Brain Wansink, "Using Laddering to Understand and Leverage a Brand's Equity", *Qualitative Market Research: An International Journal* 6 n. 2, 111-8.
49. Thomas J. Reynolds, Clay Dethloff e Steven J. Westberg, "Advancements in Laddering", em Thomas J. Reynolds e Jerry C. Olson, *Understanding Decision Making*, 91-118.
50. Thomas J. Reynolds e David B. Whitlark, "Applying Laddering: Data to Communications Strategy and Advertising Practice", *Journal of Advertising Research* 35 (julho/agosto de 1995), 9.
51. Veja John R. Rossiter e Larry Percy, "The a-b-e Model of Benefit Focus in Advertising", em Thomas J. Reynolds e Jerry C. Olson, *Understanding Decision Making*, 183-213; e Joel B. Cohen e Luk Warlop, "A Motivational Perspective on Means-End Chains", em Thomas J. Reynolds e Jerry C. Olson, *Understanding Decision Making*, 389-412.
52. David W. Schumann, Jan M. Hathcote e Susan West, "Corporate Advertising in America: A Review of Published Studies on Use, Measurement, and Effectiveness", *Journal of Advertising* 20 (setembro de 1991), 35-56. Esse artigo apresenta um comentário completo sobre a propaganda corporativa e é uma leitura obrigatória para qualquer pessoa interessada no tópico. Para evidências do aumento na propaganda corporativa, veja Mercedes M. Cardona, "Corporate-Ad Budgets at Record High: ANA Survey", *Advertising Age*, 27 de abril de 1998, 36.
53. A distinção é baseada em uma classificação feita por S. Prakash Sethi, "Institutional/Image Advertising and Idea/Issue Advertising as Marketing Tools: Some Public Policy Issues", *Journal of Marketing* 43 (janeiro de 1979), 68-78. Sethi realmente rotula os dois subconjuntos de propaganda corporativa como "institucional/de imagem" e "ideia/defesa". Para uma leitura fácil, eles estão resumidos aqui como propaganda de imagem *versus* propaganda de defesa.
54. Ibid.
55. Charles H. Patti e John P. McDonald, "Corporate Advertising: Process, Practices, and Perspectives (1970-1989)", *Journal of Advertising* 14, n. 1 (1985), 42-9.
56. Lewis C. Winters, "Does It Pay to Advertise to Hostile Audiences with Corporate Advertising?" *Journal of Advertising Research* 28 (junho/julho de 1988), 11-8.
57. Zeynep Gürhan-Canli e Rajeev Batra, "When Corporate Image Affects Product Evaluations: The Moderation Role of Perceived Risk", *Journal of Marketing Research* 41 (maio de 2004), 197-205.
58. Bob D. Cutler e Darrel D. Muehling, "Advocacy Advertising and the Boundaries of Commercial Speech", *Journal of Advertising* 18, n. 3 (1989), 40.
59. Sethi, "Institutional/Image Advertising", 70.
60. Para uma discussão sobre as questões da Primeira Emenda concernentes ao uso da propaganda de defesa, veja Cutler e Muehling, "Advocacy Advertising and the Boundaries of Commercial Speech"; e Kent R. Middleton, "Advocacy Advertising, the First Amendment and Competitive Advantage: A Comment on Cutler & Muehling", *Journal of Advertising* 20 (junho de 1991), 77-81.
61. Louis Banks, "Taking on the Hostile Media", *Harvard Business Review* (março/abril de 1978), 123-30; Barbara J. Coe, "The Effectiveness Challenge in Issue Advertising Campaigns", *Journal of Advertising* 12, n. 4 (1983), 27-35; David Kelley, "Critical Issues for Issue Ads", *Harvard Business Review* (julho/agosto de 1982), 80-7; Ward Welty, "Is Issue Advertising Working?" *Public Relations Journal* (novembro de 1981), 29. Para uma abordagem especialmente completa e perspicaz da propaganda de defesa, em particular no que diz respeito à avaliação da eficácia, veja Karen F. A. Fox, "The Measurement of Issue/Advocacy Advertising", in *Current Issues and Research in Advertising*, v. 9, ed. James H. Leigh e Claude R. Martin, Jr. (Ann Arbor: Division of Research, Graduate School of Business Administration, University of Michigan, 1986), 61-92.

# 9
# Apelos das mensagens e endossantes

Em uma campanha de propaganda bastante famosa, os computadores Mac, da Apple, eram comparados a não Macs, aqueles simplesmente referidos como PCs. Em uma série de execuções, um homem que sabe das coisas, vestindo roupas que seriam descritas como de estilo casual personificava o Mac. Em comparação, um personagem meio "nerd", desajeitado, vestindo roupas mais formais, personificava o PC genérico. Em todas as execuções da campanha o esperto Mac humilhava o personagem "nerd" PC, indicando a superioridade do computador Mac.

Temos boas razões para acreditar que essa campanha foi bem-sucedida nos EUA com base na sua repercussão e na quantidade de variações que foram apresentadas durante um longo período. Curiosamente, no entanto, a Apple teve que mudar muito a campanha quando a lançou no mercado japonês. Em primeiro lugar, embora as comparações diretas sejam comuns na propaganda nos Estados Unidos, os consumidores japoneses rejeitam o estilo de confronto na propaganda, o que é considerado rude, imodesto e sem classe. Em segundo lugar, em uma interessante reversão cultural, o estilo formal de vestimenta usado pelo personagem PC na versão norte-americana dessa campanha, é avaliado de maneira mais positiva no Japão, comparando-se ao estilo casual usado pela pessoa que personificava o computador Mac.

Diante dessas diferenças culturais entre os Estados Unidos e o Japão, o anúncio do computador Mac teve que sofrer mudanças antes de ser apresentado ao mercado japonês. Para as versões japonesas, uma brincadeira amigável entre os personagens Mac e PC substituiu o estilo de confronto dos anúncios norte-americanos. Em vez de apresentar os atores vestindo roupas que mostram o personagem PC como um "nerd" e o Mac como "cara" esperto, a versão japonesa fez uma distinção mais sutil entre os dois personagens, mostrando o personagem PC com roupas formais de trabalho e o Mac com roupas informais usadas nos fins de semana. O Mac também deu ao PC um apelido, *waaku*, que é uma versão japonesa gentil da palavra "trabalho".[1] No Brasil, apesar da proximidade cultural com os EUA, provavelmente a Apple enfrentaria o mesmo tipo de problema, pois aqui também os consumidores não aceitam bem comparações diretas entre produtos. Confrontos ou atitudes agressivas de uma marca não são, em geral, bem-vistas dentro de nossa cultura, mesmo que feitas com bom humor.

Chiaki Tsukumo/AP/Glowimages

Duas das questões apresentadas aqui – o uso do humor e a aplicação da propaganda comparativa – estão entre os muitos tópicos abordados neste capítulo. Além disso, a seção inicial que trata da promoção da motivação, oportunidade e habilidade dos consumidores para processar as mensagens de propaganda, está relacionada a essa vinheta porque o humor e a propaganda comparativa são táticas para aumentar a motivação do público a assistir e processar os anúncios.

## Objetivos do capítulo

*Após ler este capítulo, você será capaz de:*

1. Entender os esforços que os anunciantes empreendem para promover a motivação, a oportunidade e a habilidade dos consumidores para processar as mensagens de propagandas.

2. Descrever o papel dos endossantes na propaganda.

3. Explicar os requisitos para um endosso eficaz.

4. Entender os fatores envolvidos na decisão da escolha do endossante.

5. Discutir o papel do humor na propaganda.

6. Explicar a lógica subjacente ao uso dos apelos ao medo na propaganda.

7. Entender a natureza dos apelos à culpa na propaganda.

8. Discutir o papel dos apelos sexuais, incluindo as desvantagens desse uso.

9. Explicar o significado das mensagens subliminares e símbolos ocultos.

10. Entender o papel da música na propaganda.

11. Entender a função da propaganda comparativa e as considerações que influenciam o uso dessa forma de propaganda.

>>**Dica de comar:**
O uso do humor e comparações na propaganda.

# Introdução

Como mencionamos várias vezes no Capítulo 8, os anunciantes se deparam continuamente com desafios como lidar com a concentração dos anúncios e com públicos que, com frequência, não estão ligados nem interessados na mensagem do anunciante. Para ser eficaz, a propaganda deve romper a concentração e motivar a público suficientemente a prestar atenção e se envolver em um processamento superior da mensagem. A propaganda eficaz, como mostra o Capítulo 8, é em geral criativa; e os anúncios criativos tendem a ser conectados, adequados e novos (inovadores), os elementos CAN.

Este capítulo examina algumas das abordagens comuns que são usadas na criação das mensagens de propagandas. Primeiro, será analisado o modo como os anunciantes aumentam a motivação, a oportunidade e a habilidade dos consumidores para processar as mensagens. A segunda seção examina o amplo uso de endossantes na propaganda. As seções seguintes são dedicadas a cinco tipos de abordagem que prevalecem na propaganda: (1) humor; (2) apelos ao medo; (3) apelos à culpa; (4) apelos sexuais e (5) mensagens subliminares. O capítulo conclui com comentários a respeito do papel da música na propaganda e os prós e contras de usar anúncios comparativos.

Sempre que possível, tentaremos identificar *generalizações* acerca da criação de mensagens de propagandas eficazes. As generalizações, contudo, não são a mesma coisa que as leis ou princípios científicos. Essas formas superiores de verdade científicas (como a teoria da relatividade geral de Einstein e a lei da gravidade de Newton) não foram estabelecidas no mundo da propaganda por várias razões: em primeiro lugar, o comportamento do comprador, que a propaganda tem por objetivo influenciar, é complexo, dinâmico e variável dependendo da situação, o que, por conseguinte, torna difícil chegar a explicações simples e diretas de como os elementos da propaganda operam em todas as situações e por todos os tipos de segmentos de mercado. (Nesse contexto, lembre-se da *Dica de comar* do Capítulo 7, que apresentou a pergunta: "A propaganda é uma ciência dos foguetes?") Em segundo lugar, os anúncios são em si entidades muito variadas que se diferenciam de muitos modos, além do uso do humor, sexo, apelos ao medo ou de qualquer outra dimensão única. Essa complexidade torna difícil chegar a conclusões universais a respeito de uma característica específica da propaganda. Em terceiro lugar, como os produtos diferem em termos de sofisticação tecnológica e habilidade para envolver os consumidores, entre outras coisas, é praticamente impossível identificar abordagens de propagandas que sejam eficazes com todos os produtos ou serviços.

Assim, as descobertas e as conclusões apresentadas devem ser consideradas referenciais em vez de definitivas. Segundo o conselho do filósofo – "busque a simplicidade e desconfie dela"[2] – seria ingênuo e enganoso sugerir que qualquer técnica de propaganda em particular será bem-sucedida sob todas as circunstâncias. Pelo contrário, a eficácia de qualquer formato de mensagem depende de condições como a natureza da concorrência, o caráter do produto, o grau de valor da marca e a liderança de mercado, o ambiente de propaganda e o grau de envolvimento do consumidor. Por todo o texto, enfatizamos a importância de uma mentalidade "depende" e é importante que você tenha essa orientação ao fazer a leitura das seções a seguir.

# Promovendo a motivação, a oportunidade e a habilidade dos consumidores para processar os anúncios

Não há um modo único de influenciar as pessoas a desenvolver atitudes favoráveis com relação às marcas ou agir da maneira que os gestores de comunicação de marketing gostariam. Pelo contrário, a estratégia apropriada de influência depende tanto das *características do consumidor* (sua motivação, oportunidade e habilidade para processar as mensagens da comar) quanto dos *pontos fortes da marca*.

Se os consumidores estiverem interessados em aprender sobre um produto e a marca da empresa tiver uma vantagem clara sobre as concorrentes, então a tática de persuasão apropriada é óbvia: *desenvolver uma mensagem dizendo às pessoas explicitamente por que sua marca é superior*. O resultado deve ser igualmente claro: é muito provável que os consumidores sejam atraídos por seus argumentos, o que levará a uma mudança de atitude relativamente duradoura e uma grande chance de que eles selecionarão a sua marca em vez das outras.[3]

A realidade, no entanto, é que as marcas na maioria das categorias de produtos são similares, por isso os consumidores em geral não estão muito dispostos a devotar um esforço mental para processar mensagens que trazem poucas informações novas. Assim, o gestor de comar, diante dessa dificuldade dupla (consumidores apenas levemente envolvidos e uma marca do tipo "eu também"), tem que encontrar meios de entusiasmar os consumidores o suficiente para que eles ouçam ou leiam sua mensagem. Portanto, qualquer coisa que os comunicadores possam fazer para a promoção dos *fatores MOHA* (motivação, oportunidade e habilidade) aumentará a eficácia da comunicação.

## Motivação para prestar atenção às mensagens

Um dos objetivos do comunicador é aumentar a motivação do consumidor a prestar atenção à mensagem e processar a informação sobre a marca. Essa seção aborda somente o elemento *atenção*; a seguinte considerará o elemento *processamento*.

Existem duas formas de atenção: voluntária e involuntária.[4] A **atenção voluntária** é acionada quando os consumidores dedicam atenção a um anúncio ou outra mensagem da comar que é percebida como *relevante* aos seus objetivos relacionados à compra. Em outras palavras, prestamos atenção voluntariamente às mensagens se elas forem percebidas como pertinentes às nossas necessidades. Os gestores de comunicação de marketing atraem a atenção voluntária apelando às necessidades de informação ou hedônicas dos consumidores. A **atenção involuntária**, reciprocamente, ocorre quando ela é captada por meio do uso e técnicas de chamar a atenção, em vez do interesse inerente do consumidor pelo tópico. Um estímulo novo, sugestões intensas e proeminentes, imagens complexas e no caso de anúncios em rádio e TV, edições e cortes dinâmicos, do tipo visto em vídeos semelhantes aos da MTV, são algumas das técnicas utilizadas para atrair a atenção que, de outra forma, não seria dada ao anúncio.

### Apelos às necessidades de informação e hedônicas

Os consumidores prestarão atenção àquelas mensagens que servem às suas necessidades de informação e às que os fazem se sentir bem e trazem prazer (ou seja, as que servem às necessidades hedônicas). Com respeito às *necessidades de informação*, os consumidores são atraídos àqueles estímulos que fornecem fatos e números relevantes. Um estudante que deseja mudar do dormitório em uma pensão para um apartamento, por exemplo, procurará informações relativas a apartamentos. Alguém que está buscando um apartamento prestará atenção a anúncios classificados e conversas sobre esse tipo de imóvel, mesmo quando não estiver ativamente procurando por informações. Como outro exemplo, considere o anúncio na Figura 9.1, da pasta de dente Colgate Total 12. A imagem se refere à imagem final de uma propaganda de televisão em que dentistas apresentam todas as características do produto. A propaganda termina com a informação de que a marca é "a número 1 em recomendação dos dentistas". (Esse anúncio usa a técnica descrita mais adiante no capítulo como *comparação indireta*, e trabalha com endossantes.)

**figura 9.1**
Um apelo às necessidades de informação.

As **necessidades hedônicas** são satisfeitas quando os consumidores prestam atenção a mensagens que os fazem se sentir bem e servem às suas necessidades de prazer. As pessoas estão mais inclinadas a prestar atenção àquelas mensagens que foram associadas a bons momentos, alegria e coisas que valorizamos na vida. Por exemplo, o uso de crianças, cenas carinhosas em família e apelos a sexo e romance são apenas algumas das técnicas para atrair a atenção muito usada nos anúncios. De modo semelhante, os anúncios para produtos alimentícios apetitosos são especialmente notados quando as pessoas estão com fome. Por essa razão, muitos profissionais de marketing e *fast-food* anunciam no rádio durante o horário do *rush*, depois do trabalho. Os anunciantes de *fast-food* também promovem seus produtos tarde da noite na televisão pelo mesmo motivo. É desnecessário dizer que a melhor hora para sensibilizar os consumidores com uma mensagem é exatamente aquela em que eles estão passando pela necessidade da categoria de produto na qual a marca se insere. Falar de comida na hora do almoço, de pacotes de viagem em época de férias e de cursos no início do semestre, por exemplo.

### Uso de estímulo novo

Há inúmeros modos pelos quais os gestores de comunicação de marketing usam a novidade para atrair a atenção involuntária. Em geral, as **mensagens novas** são, como vimos no Capítulo 8, *incomuns, distintas, imprevisíveis e um tanto inesperadas*. Esses estímulos tendem a gerar mais atenção do que aqueles familiares e rotineiros. Isso pode ser explicado pelo conceito comportamental de *adaptação humana*. As pessoas se adaptam às condições ao seu redor: À medida que um estímulo se torna mais familiar, as pessoas se tornam insensíveis a ele. Os psicólogos se referem a isso como *habituação*. Por exemplo, se você passa por um *outdoor* todos os dias, você provavelmente prestará menos atenção nele a cada dia. Se

figura 9.2

Uso da novidade para atrair a atenção.

o *outdoor* for removido, você perceberá que ele não está mais lá. Em outras palavras, *nós observamos por exceção*. Por essa razão é que muitas vezes um tema muito bom de uma campanha deixa de ser usado. Pois seu impacto tende a diminuir com o tempo. Os famosos *slogans*: *Não tem comparação* (Brastemp) e *Você conhece, você confia* (Volkswagen), apesar de marcarem época e terem um efeito excelente, foram aposentados.

Existem muitos exemplos de novidade. Por exemplo, a Figura 9.2 é um anúncio do ketchup Heinz que emprega uma imagem chamativa acompanhada de uma frase que reforça a ideia-chave de que a marca Heinz é singular. O frasco tradicional da Heinz é apresentado como uma camada de fatias de tomate com um talo no topo. A frase no anúncio esclarece o desenho afirmando que "Ninguém produz Ketchup como a Heinz". Esse anúncio novo atrai a atenção ao mesmo tempo em que sutilmente transmite a mensagem que a marca de ketchup Heinz é única.

## Uso de sugestões intensas ou proeminentes

As **sugestões intensas ou proeminentes** (aquela que são mais coloridas, maiores, mais brilhantes etc.) aumentam a probabilidade de atrair a atenção. Isso acontece porque é difícil para os consumidores evitar tais estímulos, o que leva à *atenção involuntária*. Só precisamos andar por um shopping center, loja de departamentos ou supermercados para observar os vários tipos de embalagens, displays, imagens, sons e aromas para entender os esforços especiais que os gestores de comunicação de marketing empreendem para atrair a atenção.

Os anúncios também utilizam a intensidade e a proeminência com esse fim. Por exemplo, o anúncio na Figura 9.3 da escova de dente Colgate 360 usa cores vivas e uma imagem inusitada e chamativa buscando transmitir a ideia de que a escova de dentes da marca é capaz de limpar a boca por inteiro. A Figura 9.4 (para a Kettle Chips) usa de modo criativo a imagem de uma vaca para chamar a atenção para a marca e transmitir a mensagem de que as Kettle Chips são feitas com queijo de verdade.

## Uso do movimento

Os anunciantes, às vezes, utilizam o movimento para atrair e direcionar a atenção do consumidor ao nome da marca e ao anúncio pertinente. (O movimento é muito usado em comerciais de TV, que é um meio inerentemente dinâmico. Porém, a questão é mais relevante no que se refere à propaganda impressa – revistas e jornais – que é uma forma estática de exibição. Por isso, técnicas artísticas e fotográficas são empregadas para produzir algo parecido com movimento, embora, é claro, nada esteja se movendo de verdade). Objetos caindo (por exemplo, uma moeda jogada para cima), pessoas que parecem estar correndo e automóveis em movimento, são algumas das técnicas usadas em anúncios impressos para atrair atenção.

As propagandas de tênis e materiais esportivos utilizam com frequência o apelo ao movimento, mesmo em suas peças impressas. As peças brasileiras da marca Mizuno são ótimo exemplo disso. As imagens costumam mostrar corredores em posições que indicam claramente o movimento e a velocidade permitidos pelo tênis.

figura 9.3

Uso da intensidade para chamar a atenção.

figura 9.4

Uso da proeminência para chamar a atenção.

## Motivação para processar mensagens

Motivar-se *para o processamento* significa que o receptor do anúncio aumentou o interesse em ler ou ouvir a mensagem para determinar o que ela tem a dizer que possa ser relevante. Entre outros resultados desejados, melhorar a motivação para o processamento reforça o impacto das atitudes com a marca nas intenções de compra.[5] Com o objetivo de melhorar a motivação dos consumidores para processar as informações sobre a marca, os gestores de comunicação de marketing fazem duas coisas: (1) promovem a *relevância* da marca ao consumidor e (2) promovem a *curiosidade* a respeito da marca. Os métodos para promover a relevância da marca incluem *apelos ao medo* (discutidos mais adiante), o emprego de *apresentações dramáticas* para aumentar o significado da marca para os interesses pessoais dos consumidores, e a prática de fazer *perguntas retóricas* que ativam o interesse do consumidor pela marca anunciada.[6] (Perguntas retóricas não são perguntas no sentido estrito de que uma resposta é esperada; elas são na verdade perguntas figurativas que encorajam as pessoas a refletir sobre qual seria a resposta insinuada na pergunta.)

Usar o *humor*, apresentar *pouca informação* na mensagem (e assim encorajar o consumidor a pensar a respeito da marca), ou abrir a mensagem com *suspense* ou *surpresa* podem promover a curiosidade sobre a marca. O anúncio do papel toalha Viva emprega um elemento de *suspense* (um prato com espaguete e almôndegas precariamente colocado na beirada de um móvel) para atrair a atenção dos leitores e dar a eles um motivo para examinar o comercial em mais detalhes. A atenção é imediatamente atraída para o prato colorido (em um contraste vívido com a parede cinza) e os entalhes verticais na parede naturalmente direcionam a atenção para a foto do produto e a informação sobre a marca.

## Oportunidade para decodificar informações

As mensagens de marketing não têm chance alguma de serem eficazes a menos que os consumidores entendam as informações acerca da marca e as incorporem à informação relacionada à categoria de produto na estrutura existente de memória. Portanto, o objetivo do comunicador é fazer que os consumidores *decodifiquem* a informação contida no anúncio e, para tanto, deve tornar esse processo o mais fácil e rápido possível para eles. O segredo de promover a decodificação é a *repetição*. O gestor de comunicação de marketing deve repetir a informação sobre a marca, as cenas-chave e o comercial em várias ocasiões.[7] Por meio da repetição, os consumidores têm uma oportunidade maior de decodificar informações importantes que o comunicador deseja transmitir. É por isso que vemos anúncios repetidos todas as noites na TV, às vezes, até em excesso. Porém, os anunciantes sabem que a repetição é necessária para transmitir suas mensagens.

## Oportunidade de reduzir o processamento do tempo

A oportunidade de processar é ainda mais fortalecida se o comunicador tomar medidas extras para *reduzir o tempo* necessário para que o consumidor leia, ouça e, por fim, entenda o significado da mensagem da comar. O uso de fotos e imagens criam uma forma de processamento da mensagem total (ou *gestalt*) por meio da qual o consumidor pode prontamente decodificar a totalidade da mensagem em vez de ter de processar as informações aos poucos, ou pensar muito sobre o que o anunciante está afirmando. Isso está de acordo com o antigo adágio segundo o qual uma imagem vale mais que mil palavras. Considere o anúncio na Figura 9.5 para o remédio Naldecon dia e Naldecon noite. A imagem de ovelhinhas é sempre relacionada com o ato de dormir (contar ovelhas). A imagem que chama a atenção combinada a um conteúdo verbal mínimo nesse anúncio foi bem-sucedida em criar uma impressão *gestalt* de que essa marca permitirá algo (dormir!) que a pessoa que está com gripe e resfriado deseja muito.

**figura 9.5**

Uso da *gestalt* para reduzir o processamento do tempo.

## Habilidade para acessar estruturas de conhecimento

Uma *estrutura de conhecimento* com base na marca representa os elos associativos na memória de longo prazo do consumidor entre a marca e os pensamentos, sentimentos e crenças acerca da marca. Em geral, as pessoas são muito capazes de processar novas informações que se relacionam com coisas que elas já conhecem ou entendem. Por exemplo, se alguém sabe muito a respeito de computadores, então a informação apresentada na linguagem de computador é logo compreendida. Em geral, a tarefa do comunicador é capacitar os consumidores a *acessar* as estruturas de conhecimento existente ou *criar* novas estruturas de conhecimento.

Para promover o acesso do consumidor às estruturas de conhecimento, os gestores de comunicação de marketing precisam criar um contexto para o texto ou imagens. A *estrutura verbal* é um modo de criar um contexto. Isso significa que as imagens em um anúncio são colocadas em um contexto, ou estrutura, de palavras ou frases apropriadas para que os receptores possam entender melhor as informações da marca e o ponto-chave de venda da mensagem da comar. Em um comercial da marca Teflon, a cobertura à prova de arranhões da DuPont, a atenção é chamada para uma imagem incongruente de uma frigideira cheia de fios de cobre, tachas e pedaços de vidro. Muitos consumidores acreditam que panelas com revestimentos não aderentes podem ser facilmente arranhadas por objetos pontiagudos. Contra essa estrutura de conhecimento prevalecente e diante do visual incongruente, um texto no artigo deve esclarecer a imagem. O texto curto apenas destaca que os revestimentos Teflon da DuPont são resistentes a arranhões e orienta o leitor a visitar o site (www2.dupont.com/Teflon/en_US/) para mais informações.

## Habilidade para criar estruturas de conhecimento

Às vezes, os gestores de comunicação de marketing precisam *criar* estruturas de conhecimento para informações que eles desejam que os consumidores tenham a respeito das marcas. Isso é feito possibilitando o *aprendizado com base em um exemplar*. *Exemplar* é espécime, modelo ou ideia específico. Usando concretizações, demonstrações ou analogias o gestor de comunicação de marketing pode promover o aprendizado apelando aos exemplos. Considere, por exemplo, o conceito de frescor. Todos nós sabemos o que significa frescor, mas é um conceito um tanto abstrato, difícil de verbalizar. Ou seja, é difícil explicar o que significa frescor sem recorrer a um exemplo. Os gerentes de marca da Pepsi Diet enfrentaram essa situação quando introduziram a prática da "validade do frescor" – ou seja, colocando na lata do refrigerante a data final em que a bebida permanecia fresca. Se você fosse o gerente de marca da Pepsi Diet que produtos usaria para exemplificar o frescor? A escolha deles foi utilizar exemplares na forma de fotos de produtos que as pessoas rotineiramente examinam para saber se estão frescas (apertar uma laranja, "beliscar" um pedaço de pão) e, por analogia, comunicar a ideia de que os consumidores devem verificar as latas de Pepsi Diet para garantir que o conteúdo não passou da validade.

### Concretizações

A concretização, que foi brevemente discutida no capítulo anterior, é usada extensivamente na propaganda para promover o aprendizado do consumidor e a recuperação das informações sobre a marca. A **concretização** é baseada na ideia simples de que é mais fácil para as pessoas lembrar e recuperar informações *tangíveis* do que abstratas. As afirmações acerca de uma marca podem ser mais concretas (*versus* abstratas) se forem perceptíveis, palpáveis, reais, evidentes e vívidas. A concretização é realizada por meio do uso de palavras e exemplos concretos. Seguem alguns exemplos:

1. Um comercial do talco para bebês Johnson posicionou a marca como capaz de deixar o corpo de quem usa o produto "tão macio quanto no dia em que nasceu". Para concretizar essa afirmação, uma série de cenas de regressão de idade revelava, em princípio, a imagem de uma mulher e finalmente a de um bebê. Por todo o comercial tocava-se uma música com a seguinte letra: "Faça, faça de mim o seu bebê". Esse belo, e um tanto tocante, comercial tornou concreta a alegação da Johnson de que o talco para bebês fará que os usuários se sintam tão macios quanto no dia em que nasceram.
2. Os fabricantes dos comprimidos para dor de cabeça Neosaldina precisavam concretizar a ideia de que seus comprimidos "mandavam a dor de cabeça para longe". Isso foi feito por meio de uma propaganda de televisão em que os usuários do comprimido colocavam tudo aquilo que lhes dava dor de cabeça (como um celular com ligação do chefe, o gesso de um pé quebrado, uma multa de carro, a fotografia de um ex-namorado etc.) para voar para longe presos em balões de hélio.
3. O Tinactin, um tratamento para frieiras (pé de atleta), concretizou suas propriedades analgésicas mostrando o pé de uma pessoa literalmente pegando fogo (representando a sensação de forte ardência causada pela frieira), que é "apagado" pela aplicação do Tinactin.
4. Para transmitir a ideia de que a marca Purina, ração para cães da Hi Pro, revitalizará um cão ativo e o manterá correndo, um anúncio de revista retratava a marca na forma de uma bateria, que é um aparato amplamente reconhecido como recarregador de aparelhos elétricos. Na verdade, a bateria nessa concretização simbólica transmite por meio da imagem a ideia mais abstrata contida no texto do anúncio.
5. Para apresentar a ideia de que a operadora de telefonia móvel Oi possui preços e tarifas que permitem que o celular seja usado com mais frequência, a propaganda da empresa apresentava uma personagem: o "ligador". O "ligador" era um indivíduo que, ao adquirir uma linha da operadora Oi, transformava-se (mudando, inclusive, de roupas e de postura). A transformação do "ligador" concretiza a possibilidade de falar mais.

6. Ainda no mercado de telefonia móvel no Brasil, a operadora TIM, para comunicar que tinha ampla área de cobertura, desenvolveu um comercial de televisão em que elementos do famoso grupo The Blue Man Group esticavam uma enorme manta azul (azul é também a cor da empresa) sobre vários pontos do Brasil. A manta azul é uma concretização da cobertura de sinal de telefonia móvel da empresa.
7. Por fim, o anúncio da Hellmanns (Figura 9.6) mostra um vidro da maionese Hellmann's Extra Light que ficou tão fino que o rótulo está caindo, concretizando, portanto, a alegação silenciosa de que essa marca é uma boa escolha para controlar o peso.

## Resumo da seção

A discussão anterior enfatizou que os anunciantes, juntos de outros gestores de comunicação de marketing, beneficiam-se com a promoção da motivação, oportunidade e habilidade dos consumidores para processar mensagens de marketing. Uma variedade de mecanismos de comunicação permite que os anunciantes alcancem seus objetivos na esperança de influenciar as atitudes dos consumidores com relação à marca, as intenções de compra e, por fim, seu comportamento.

Qualquer coisa que o anunciante possa fazer para promover os fatores MOHA – motivação, oportunidade e habilidade – beneficiará o *brand equity* e aumentará as chances de que os consumidores comprem a marca anunciada em vez de escolher uma concorrente. Uma maneira de aumentar a motivação dos consumidores a prestar atenção e processar as mensagens nos anúncios é o uso de celebridades endossantes.

figura 9.6

Aprendizado com base em exemplar com concretização.

# O uso de celebridades endossantes na propaganda

As marcas anunciadas com frequência recebem endossos de uma variedade de figuras públicas conhecidas. Foi estimado que aproximadamente um sexto dos anúncios em todo o mundo apresenta celebridades.[8] Além dos endossos de celebridades, os produtos recebem o apoio tácito ou explícito de não celebridades, também conhecidas como endossantes típicos. A discussão a seguir é limitada às celebridades.

Artistas de TV, astros de filmes, atletas famosos e até personalidades falecidas são amplamente usados para endossar as marcas. Os anunciantes e suas agências estão dispostos a pagar altos cachês a celebridades que são estimadas e respeitadas pelo público-alvo e que, espera-se, influenciarão favoravelmente as atitudes dos consumidores e seu comportamento com relação à marca endossada. Na maioria dos casos, tal endosso é justificado. Por exemplo, os preços das ações aumentam quando as empresas anunciam contratos de endosso com celebridades[9] e caem quando chega à mídia uma propaganda negativa sobre a celebridade que endossa as marcas da empresa.[10]

Endossantes são utilizados para promover praticamente todos os tipos de produtos e serviços, mas em algumas categorias os endossantes são utilizados com maior frequência, como no setor de serviços, pois trata-se de um produto abstrato em que a recomendação ou o endosso tem valor especial para os consumidores. Outro setor onde os endossantes são muito utilizados é o de medicamentos, especialmente de especialistas – no caso os médicos.

As celebridades mais famosas recebem pagamentos enormes por seus serviços de endosso. Por exemplo, em 2010, o jogador de golfe Tiger Woods ganhou US$ 70 milhões por contratos de endosso com várias empresas. Imagine a renda de tantas outras celebridades com esse tipo de negócio: Gisele Bündchen, Pelé, Roger Federer. Para colocar essa quantidade de dinheiro em perspectiva, uma pessoa ganhando uma renda anual não muito desprezível de US$ 250.000 teria que trabalhar 280 anos ganhando esse salário para receber o que Tiger Woods recebeu em um único ano por suas atividades de endosso!

No Brasil, a apresentadora Xuxa, provavelmente, uma das que mais ganharam, ao longo dos anos, com endosso, perdendo, talvez, apenas para o Pelé, um dos maiores garotos-propaganda do mundo de todos os tempos. O cachê de grandes celebridades da atualidade como a cantora Ivete Sangalo e o ator Selton Mello, por exemplo, já atinge a casa dos milhões.[11]

## Atributos do endossante: o modelo CESAR

Uma pesquisa extensa demonstrou que duas atitudes gerais – *credibilidade* e *atratividade* – contribuem para a eficácia do endossante e que cada uma consiste em subatributos mais distintos.[12] Para ajudar a memória do estudante com respeito às características do endossante, usamos o acrônimo CESAR para representar cinco atributos discretos: confiabilidade e expertise são duas dimensões da credibilidade, ao passo que similaridade, aparência (aparência física) e respeito (do público-alvo) são componentes do conceito geral de atratividade. A Tabela 9.1 lista e define os cinco atributos.

### Credibilidade: o processo de internalização

Em seu sentido mais básico, a *credibilidade* se refere à tendência de acreditar ou confiar em alguém. Quando uma fonte de informação, como um endossante, é percebida como crível, as atitudes do público mudam por meio de um processo psicológico chamado **internalização**. Esta ocorre quando o receptor aceita como se fosse sua a posição do endossante com relação a uma questão. Uma atitude internalizada tende a ser mantida mesmo que a fonte da mensagem seja esquecida, ou se a fonte mudar para uma posição diferente.[13] Dois importantes subatributos da credibilidade do endossante são a confiabilidade e a expertise.

A **confiabilidade** no modelo CESAR se refere à honestidade, integridade e credibilidade de uma fonte. Embora a expertise e a confiabilidade não sejam mutuamente exclusivas, com frequência, um endossante em particular é percebido como altamente confiável, mas não especialmente hábil. A confiabilidade de um endossante se encontra na percepção do público de suas motivações para o endosso. Se os consumidores acreditarem que um endossante é motivado apenas por interesse próprio, ele será menos persuasivo do que alguém que o público acredita não ter nada a ganhar com o endosso da marca.

Uma celebridade ganha a confiança do público por meio da vida que tem o profissional (na tela, no esporte, em cargo público etc.) e pessoalmente, revelada ao público em geral por meio da mídia de massa. Os anunciantes capitalizam o valor da confiabilidade selecionando endossantes que são amplamente considerados honestos, críveis e confiáveis.[14] Não é de surpreender que Tiger Woods, apesar de ainda se manter no topo dos atletas mais bem remunerados como endossantes, tenha caído de uma receita de endossos de US$ 100 milhões ano para US$ 70 milhões devido aos escândalos de que foi alvo em 2009. O ator Kadu Moliterno - utilizado como endossante para alguns produtos ligados a aventura e saúde - depois de um caso de agressão à mulher, praticamente não foi mais utilizado nessa condição. Em geral, os endossantes devem deixar claro que não estão tentando manipular o público e que são objetivos em suas apresentações. Ao fazer isso, eles se estabelecem como confiáveis e, portanto, críveis. Além do mais, um endossante tem grande probabilidade de ser visto como confiável quanto mais ele se identificar com o público em termos de características distintas, como gênero sexual e etnia. Quando um porta-voz se identifica com a etnia do público, por exemplo, a confiabilidade dele é aumentada, o que, por sua vez, promove atitudes mais favoráveis com relação à marca anunciada.[15]

O segundo aspecto da credibilidade do endossante é a expertise, o componente E no modelo CESAR. A **expertise** se refere a conhecimento, experiência, ou habilidades possuídas por um endossante na medida em que elas se relacionam à marca. Por isso, os atletas são considerados especialistas no que diz respeito ao endosso de produtos relacionados a esportes. Do mesmo modo, as modelos são vistas como especialistas em produtos de beleza e itens da moda. Gisele Bündchen é, talvez, o melhor exemplo nessa categoria. Executivos bem-sucedidos são considerados peritos em questões de práticas gerenciais. Por exemplo, Roberto Justus, mediante a sua grande experiência em comunicação e outros

| tabela 9.1 Os cinco componentes no modelo CESAR dos atributos do endossante | | |
|---|---|---|
| | C = Confiabilidade | A propriedade de ser percebido como crível, de confiança – alguém em quem se pode confiar. |
| | E = Expertise | A característica de ter habilidades ou conhecimentos especiais com respeito à marca endossada. |
| | S = Similaridades (com o público-alvo) | O ponto até onde um endossante se identifica com o público em termos de características pertinentes ao relacionamento do endosso (idade, gênero sexual, etnia etc.). |
| | A = Aparência física | A característica de ser considerado agradável de ver nos termos do conceito de atratividade de determinado grupo. |
| | R = Respeito | A qualidade de ser admirado ou mesmo estimado devido às qualidades e conquistas pessoais. |

negócios, é considerado um grande especialista nessas questões e, portanto, foi a escolha lógica para a versão brasileira do programa de TV *O aprendiz*. A expertise é um fenômeno mais percebido que absoluto. Não importa na verdade se o endossante é um perito ou não; o que importa é como o público-alvo percebe o endossante. Um endossante considerado um perito em determinado assunto é mais persuasivo para mudar as opiniões do público-alvo no que diz respeito à sua área de conhecimento, do que um endossante que não é considerado um especialista. Com frequência, pilotos de Fórmula 1 aparecem como endossantes de equipamentos e acessórios automobilísticos (pneu, baterias, por exemplos), pois mesmo que não sejam, de fato, especialistas no tema, sua condição de piloto faz que muitas pessoas os vejam assim.

### Atratividade: o processo de identificação

O segundo atributo geral que contribui para a eficácia de um endossante, a **atratividade**, significa mais que a simples atratividade física – embora ela seja um atributo importante – e inclui uma série de características virtuosas que os consumidores percebem em um endossante: habilidades intelectuais, propriedades de personalidade, características do estilo de vida, coragem atlética etc. Quando os consumidores descobrem em um endossante algo que consideram atraente, ocorre a persuasão por meio da **identificação**. Ou seja, quando os consumidores consideram a celebridade endossante atraente, eles se identificam com esse endossante e ficam inclinados a adotar suas atitudes, comportamentos, interesses ou preferências.

O modelo CESAR identifica três subcomponentes do conceito geral de atratividade: *similaridade, atração física* e *respeito*. Ou seja, um endossante é considerado *similar* ao público-alvo em termos de qualquer característica que seja pertinente a um relacionamento específico de endosso, *atraente* – no sentido geral desse conceito – na medida em que ele é fisicamente atraente e *respeitado* por outras razões além da aparência física. A atratividade percebida pode ser alcançada por qualquer um desses atributos e não requer que uma celebridade apresente todos simultaneamente; no entanto, é desnecessário dizer que uma celebridade que possua o "pacote" completo dos atributos da atratividade teria um impressionante potencial para endosso. Pense nas personalidades mundiais mais utilizadas como endossantes e veja se – de uma forma ou outra – elas não reúnem todas essas condições.

Inicialmente, a **similaridade**, o primeiro componente da atratividade – o S no modelo CESAR, representa o nível em que o endossante se identifica com o público nos termos das características pertinentes ao relacionamento do endosso – idade, gênero sexual, etnia etc. A similaridade é um atributo importante porque as pessoas tendem a preferir indivíduos que compartilham suas características ou traços comuns. Isso, é claro, é uma reminiscência do clichê segundo o qual "pássaros da mesma plumagem voam juntos".

No que se refere ao mundo dos relacionamentos marca-celebridade, a importância da similaridade implica que é desejável para uma celebridade o público-alvo de sua marca endossada de acordo com as características demográficas e psicográficas pertinentes. Existem evidências de que uma identificação entre o endossante e a similaridade do público é especialmente importante quando o produto ou serviço em questão é um em que os membros do público são *heterogêneos* quanto aos seus gostos e preferências de atributo. Por exemplo, como as pessoas diferem em grande parte quanto aos seus gostos por restaurantes, teatro e cinema, espera-se que um porta-voz considerado semelhante ao público seja mais eficiente em influenciar as atitudes e escolhas desse público. Em contraste, quando as preferências entre os membros do público são relativamente *homogêneas* (como pode ser esperado com serviços como encanamento, lavagem a seco e reparo de automóveis), a identificação entre o porta-voz e a similaridade do público *não* é tão importante. Ao contrário, é a experiência ou habilidade do porta-voz com o produto ou o serviço que parece ter a maior influência na formação das atitudes e subsequente comportamento do público.[16]

Em segundo lugar, a **aparência (aparência física)** – o componente A no modelo CESAR – é uma consideração-chave em muitos relacionamentos de endosso.[17] Alguns atletas são usados como endossantes apesar de serem, muitas vezes, "apenas" bons atletas e não grandes campeões na modalidade. Porém, se não são os primeiros, são os mais bonitos, elegantes ou charmosos e, por isso, são requisitados como endossantes. O tenista Fernando Meligene e as gêmeas Bia e Branca Feres, do nado sincronizado, são exemplos disso. Há uma boa razão pela qual os agentes de propagandas e os gerentes de marca de seus clientes costumam selecionar celebridades muito atraentes para endossar os produtos: pesquisas apoiam a expectativa intuitiva de que endossantes fisicamente atraentes geram mais avaliações favoráveis de anúncios e marcas anunciadas do que[18] comunicadores menos atraentes.

Respeito, o R no modelo CESAR, é o terceiro componente do atributo geral da atratividade. O **respeito** representa a qualidade de ser admirado ou mesmo estimado devido às qualidades e realizações pessoais. Enquanto a aparência física de uma celebridade pode ser considerada o aspecto "formal" do atributo geral da atratividade, o respeito é o elemento "função" ou substantivo. Às vezes, a função (respeito) supera a forma (aparência física), mesmo nas relações marca-endossante.

As celebridades são respeitadas por suas habilidades em atuar, ousadia atlética, personalidades atraentes, suas posições em questões sociais importantes (meio ambiente, questões políticas, guerra e paz etc.) e uma série de outras qualidades. Talvez o ex-jogador de futebol Pelé personifique a dimensão respeito melhor do que qualquer outro atleta no mundo – tanto pelas incríveis habilidades que ele demonstrou nos campos quanto por seu posicionamento em questões fora dele. Os indivíduos respeitados, em geral, são estimados e é esse fator de estima que pode servir para promover o valor de uma marca quando uma celebridade endossante entra em um relacionamento de endosso com marca. Por sua vez, a marca adquire certa semelhança de características que são admiradas na celebridade que a endossa.

Além das condições contidas no modelo CESAR uma personalidade para ser um endossante que atenda à demanda de empresas globalizadas precisa ser conhecida no mundo todo e sempre reconhecida da mesma forma em todos os países. Assim, é fácil perceber que poucas pessoas conseguem reunir todas essas condições. O Pelé é um desses poucos. Por essa razão é que tem sido usado com endossante de uma infinidade de produtos, instituições e causas.

Em resumo, quando uma celebridade respeitada ou estimada entra em longo relacionamento de endosso com uma marca, o respeito e a estima pelo endossante pode se estender à marca com a qual ele está ligado, promovendo, assim, o valor dela por meio de um efeito positivo sobre as crenças e atitudes dos consumidores para com a marca.

## Considerações sobre seleção de endossantes

A seção anterior descreveu os atributos das celebridades que são importantes para determinar sua eficácia como endossante. O modelo CESAR identificou cinco atributos que foram agrupados sob dois componentes gerais de credibilidade e atratividade. Agora, vamos estudar como os gerentes de marca e suas agências de propaganda, de fato, selecionam endossantes específicos para alinhar com suas marcas. Partindo do acrônimo CESAR, a seleção de endossantes é descrita aqui como a abordagem "não cesar", ou seja, a discussão agora é direcionada para a identificação do modo como os gerentes de marca e suas agências realmente selecionam as celebridades para evitar o pesar de tomar uma decisão errada.

Os executivos de propaganda utilizam uma variedade de fatores ao selecionar os endossantes. Os fatores mencionados a seguir estão entre os mais importantes: (1) identificação da celebridade e do público; (2) identificação da celebridade e da marca; (3) credibilidade da celebridade; (4) atratividade da celebridade: (5) considerações de custo; (6) um fator de facilidade ou dificuldade no trabalho; (7) um fator da situação de endosso e (8) um fator de probabilidade de ter um problema.[19]

### 1. Identificação da celebridade e do público

A primeira pergunta que um gerente de marca deve fazer ao selecionar um endossante é: "O público-alvo vai se relacionar positivamente com esse endossante?" Shaquille O'Neal, LeBron James, Allen Iverson e outros superstars da National Basketball Association (NBA), que endossam marcas de tênis de basquetebol, identificam-se bem com o público predominantemente adolescente, que aspiram a fazer cestas, bloqueios, interceptar passes e fazer enterradas. Yao Ming (jogador de basquetebol da NBA) tem uma boa identificação com um número crescente de jovens chineses que também aspiram ao estrelato nesse esporte. A supermodelo Bündchen se identifica com as mulheres brasileiras que valorizam a moda e a beleza e a apresentadora de televisão Ana Maria Braga se identifica com donas de casa e mães de família. Assim como Serena Williams (estrela do tênis e devota da moda) se identifica bem com mulheres jovens de todas as raças que admiram uma atleta que é ao mesmo tempo muito competente e fisicamente atraente.

### 2. Identificação da celebridade e da marca

Os executivos de propaganda exigem que o comportamento, os valores, a aparência e o decoro da celebridade sejam compatíveis com a imagem desejada para a marca anunciada. Por exemplo, o CMO da empresa de cosméticos Elizabeth Arden explicou a escolha da supermodelo e atriz Catherine Zeta-Jones nos seguintes termos: "Catherine tem uma grande carreira e família; ela é mãe e tem uma beleza infinita, que é exatamente a imagem que queremos projetar."[20]. Angelina Jolie é outra personalidade que tem uma imagem altamente favorável de beleza, ligada a família e engajada a causas sociais. É o tipo de personalidade que pode servir a várias empresas como endossante.

Se uma marca tem uma imagem saudável ou deseja projetar esse atributo específico, então a celebridade endossante deve personificar essa salubridade. Por exemplo, a fabricante alemã de tênis Adidas contratou jogadores como Tim Duncan, Kevin Garnett e Tracy McGrady para endossar a marca porque eles são indivíduos modestos com imagens saudáveis. Em comparação, uma marca se apresentando internacionalmente como uma imagem de "garoto mau" selecionaria endossantes totalmente diferentes. Usando o exemplo do futebol, o astro inglês Wayne Rooney se encaixa bem nessa imagem. A maior promessa do futebol brasileiro a se tornar um astro do futebol mundial, o jogador Neymar, também parece ser um exemplo, pois parece ter potencial para "garoto mau", em oposição ao jogador Kaká, reconhecidamente do tipo "bom moço". O mundo do rock é repleto de exemplos de celebridades do tipo "bad boy", com astros temperamentais e não raro envolvidos em escândalos. Suponha que um gerente de marca desejasse promover o *brand equity* retratando-a como incomparável em termos de durabilidade, confiabilidade e consistência. Quem melhor personificaria essas características do que, digamos o goleiro Marcos do Palmeiras ou Rogério Ceni, do São Paulo? Esses jogadores estão atuando por muitos anos, sempre com boas atuações, em um esporte de alto desempenho e em posições onde não se aceitam falhas. Além disso, são campeões, ídolos em seus clubes e até admirados por torcedores rivais e com postura dentro e fora de campo impecáveis. Agora, se uma marca, por exemplo, buscar transmitir a imagem de energia e alegria,

## foco global

### Dois desconhecidos (para os norte-americanos) se juntam na China

É provável que você nunca tenha ouvido falar da Li Ning, que é a maior fornecedora de calçados esportivos da China. (Os leitores familiarizados com a Li Ning provavelmente tomaram conhecimento dela por causa da presença da empresa como uma das patrocinadoras das Olimpíadas de Verão de 2008, na China.) A menos que você seja um grande fã da National Basketball Association (NBA), é provável que também não conheça um jogador de basquetebol chamado Damon Jones – que, na época em que este livro foi escrito, jogava na defesa para o Cleveland Cavaliers, mas que desde 1998 também jogou para nove outros times da NBA.

A Li Ning fabrica calçados e artigos esportivos principalmente para o mercado chinês. Sua principal linha de calçados é a série Flying Armor de tênis para basquetebol, e os tênis de corrida Flying Feather. Com vendas inferiores a US$ 1 bilhão, mas crescendo rapidamente, os executivos da Li Ning desejavam expandir mais a marca e equiparar-se aos rápidos ganhos na China de marcas globais como Nike e Adidas. A empresa selecionou uma tática óbvia para alcançar esse objetivo, ou seja, usar um jogador da NBA – Damon Jones – para endossar a marca. O basquetebol da NBA é muito conhecido na China, em grande parte devido ao sucesso de Yao Ming e dos novos jogadores chineses como Yi Jianlian. Na verdade, a NBA considera a China seu segundo melhor mercado.

Por que escolher Damon Jones para endossar a marca Li Ning na China? O *slogan* da campanha da empresa é *yiqie jie you keneng*, que pode ser traduzido como "tudo é possível". A carreira de Damon Jones como jogador da NBA se identifica bem com o *slogan* da Li Ning. Jones era um jogador que não pertencia a nenhum time específico e que trabalhou muito duro para entrar na liga e depois permanecer nela. A carreira dele demonstra aos jovens fãs de basquetebol que o trabalho árduo permite uma conquista inesperada – tudo é possível! Porém, outros fatores foram levados em consideração na escolha de Damon Jones para endossar a marca da Li Ning. Talvez o mais importante tenha sido o fato de que, como uma empresa relativamente pequena, a Li Ning não podia arcar com o alto custo de contratar um superstar da NBA como endossante. Além do mais, a Li Ning queria um endossante que estivesse "ávido" por um contrato com um fabricante de calçados e que iria de bom grado à China com certa regularidade; com alegria encontraria jovens chineses e demonstraria suas habilidades usando os tênis e vestuários esportivos da Li Ning; refletiria uma imagem positiva e iria interagir com a marca sem ser um "fator problema". Damon Jones satisfazia a todos os critérios e o relacionamento com a Li Ning teve um bom começo.

*Fontes*: Stephanie Kang e Geoffrey A. Fowler, "Li Ning Wanted an NBA Endorser, And Damon Jones Needed a Deal", *The Wall Street Journal*, 24 de junho de 2006, A1; "Li Ning Company Limited," http://en.wikipedia.org/wiki/Li-Ning_Company_Limited. (Acesso em: 16 de janeiro de 2008).

quem melhor do que a cantora Ivete Sangalo para endossá-la? Veja a seção *Foco Global* para uma discussão do motivo por que a Li Ning Co., da China, marca líder de calçados esportivos do país, escolheu o relativamente desconhecido jogador da NBA, Damon Jones, para endossar seus calçados.

### 3. Credibilidade da celebridade

A credibilidade da celebridade é a principal razão para selecioná-la como endossante. As pessoas que são confiáveis e consideradas esclarecidas a respeito da categoria de produto são mais capazes de convencer os outros a tomar determinado curso de ação. Isso explica, em parte, por que quase todo produto recomendado por Jô Soares ou Silvio Santos obtém sucesso praticamente da noite para o dia. Descrevemos anteriormente os dois componentes da credibilidade – confiabilidade e expertise – dentro do contexto do modelo CESAR, por isso uma discussão adicional é desnecessária.

### 4. Atratividade da celebridade

Ao selecionar a celebridade como porta-voz, os executivos de propaganda avaliam diferentes aspectos que podem ser reunidos sob a denominação geral de *atratividade*. Como vimos antes dentro do contexto do modelo CESAR, a atratividade é multifacetada e inclui mais que a aparência física. Também é importante observar que os executivos de propaganda geralmente consideram a atratividade menos importante que a credibilidade e a identificação do endossante com o público e a marca.

## 5. Considerações de custo

O custo para contratar os serviços de uma celebridade é uma consideração importante, mas não deve ditar a escolha final. Se todo o resto permanecer igual, uma celebridade menos custosa será escolhida em vez de uma alternativa mais cara. Mas, é claro, as coisas não ficam iguais. Por isso, assim como acontece em qualquer decisão gerencial envolvendo escolhas, os gerentes de marca devem realizar uma análise de custo-benefício para determinar se uma celebridade mais cara pode ser justificada nos termos de um retorno sobre investimentos proporcionalmente maior. É preciso considerar também o momento atual da celebridade, sua trajetória (tendência de melhora na imagem) e os riscos potenciais (que sempre existem). Isso, infelizmente, não é um cálculo simples, porque é difícil projetar o fluxo da renda a ser obtido usando determinada celebridade como endossante. Dificuldades à parte, a gerência deve tentar calcular os retornos alternativos sobre investimento diante das múltiplas opções de celebridades que apropriadamente se encaixariam na imagem desejada da marca e seu público-alvo.

## 6. Trabalhando com o fator dificuldade ou facilidade

Algumas celebridades são relativamente fáceis de trabalhar, ao passo que outras são difíceis – teimosas, intransigentes, arrogantes, temperamentais, inacessíveis ou intratáveis. Os gerentes de marca e suas agências de propaganda devem evitar o "fator problema" de lidar com indivíduos que não estão dispostos a flexibilizar suas agendas, hesitam em participar com uma marca fora dos limites restritos da celebridade ou são de alguma outra forma difíceis. Por exemplo, o grupo fabricante de jeans Tarrant Apparel Group moveu um processo contra a cantora pop Jessica Simpson alegando que ela "não posava para fotos nem fornecia fotografias para promover" a linha de roupas que levava seu nome.[21] Embora Simpson tivesse uma boa identificação com a marca e o público dela, parece que o relacionamento de endosso fracassou porque era muito difícil trabalhar com ela.

No Brasil, foi bastante comentado – e gerou muita polêmica – o caso do cantor Zeca Pagodinho, que foi contratado como garoto-propaganda para o lançamento da marca de cervejas Nova Schin, da Schincariol, em 2003. O cantor, nacionalmente conhecido como apreciador de cerveja, foi contratado para encabeçar a propaganda da marca, que buscava estimular a experimentação do novo produto. O problema foi que, após a gravação do comercial, o cantor continuava a beber publicamente a marca concorrente – Brahma. Mais do que isso, estrelou outra campanha de propaganda, da marca Brahma, mesmo enquanto seu contrato com a empresa Schincariol ainda estava em vigor.

## 7. Fator saturação

Outra consideração-chave, com certeza não tão importante quanto os fatores anteriores, mas que, não obstante, deve ser avaliada, é a quantidade de outras marcas que a celebridade está endossando. Se uma celebridade é exposta em excesso – ou seja, endossa muitos produtos – sua credibilidade percebida pode sofrer com isso.[22] Tiger Woods, que é provavelmente um dos endossantes mais impactantes da atualidade, intencionalmente limita os números de marcas que representa (por exemplo, Nike, Buick e EA Sports), embora ele pudesse endossar dezenas de outras marcas se estivesse inclinado a fazê-lo.[23] Porém, nem todas as celebridades têm essa preocupação e não raro encontramos algumas delas, especialmente as de sucesso mais efêmeros, protagonizando várias campanhas de propaganda simultaneamente. Há algum tempo atrás a atriz Giovanna Antonelli chegou a participar em sete diferentes campanhas de propaganda ao mesmo tempo (Avon, Doce Menor, Canal Futura, Havaianas, Lux, Lojas Riachuelo e Ministério da Saúde), aproveitando um momento de grande exposição ao estrelar novelas e seriados. Essa situação é comum com personalidades, especialmente de telenovelas, que estão "na moda", que são a celebridade "do momento". Os gestores e suas agências – equivocadamente – só pensam na exposição momentânea do endossante e se esquecem de avaliar os efeitos da quantidade de endossos que ele está simultaneamente. Atualmente o jovem nadador e vencedor Cesar Cielo, por reunir quase todas as qualidades essenciais para ser um bom endossante, pode ser um bom exemplo de excesso de endossos; muitas marcas estão utilizando-o como endossante, mas para casos que parecem distante das premissas apontadas no modelo CESAR.

## 8. O fator problema

O último fator avaliado é a probabilidade de que uma celebridade venha a ter problemas depois que a relação de endosso é estabelecida. O potencial de que isso aconteça é uma preocupação considerável para os gerentes de marca e agências de propaganda. Suponha que uma celebridade seja condenada por um crime e que sua imagem seja manchada de algum modo durante a campanha de propaganda. Quais são as possíveis implicações negativas para a marca endossada? Falando francamente, não há respostas simples para essa pergunta provocativa, embora os pesquisadores estejam começando a explorar essa questão de uma maneira sofisticada.[24]

Muitos anunciantes e agências de propaganda relutam em usar celebridades endossantes. A preocupação deles não é injustificada. Considere alguns dos incidentes relacionados com celebridades que se tornaram notícia nos últimos anos e na década passada: (1) O jogador de basquetebol Kobe Bryant foi condenado, embora tenha sido absolvido depois, por uma acusação de estupro em Colorado, Estados Unidos. Logo depois, a McDonald's Corporation se recusou a renovar o contrato de Bryant como porta-voz; assim como o fez uma empresa italiana que fabrica a pasta de chocolate com avelã Nutella. Bryant, no entanto, conseguiu recuperar sua imagem danificada relativamente rápido. (2) O jogador de futebol Robinho foi acusado de atacar sexualmente uma garota na Inglaterra. (3) O nadador e ganhador de medalhas de ouro nas Olimpíadas, Michael Phelps, foi preso sob acusação de dirigir bêbado depois de voltar dos Jogos Olímpicos de Atenas. (4) A reputação da velocista Marion Jones foi manchada por uma investigação e subsequente condenação por ter usado drogas que melhoraram seu desempenho. (5) O piloto brasileiro de Fórmula Indy, Hélio Castroneves, foi acusado – e depois absolvido – de sonegação fiscal nos EUA. (6) O boxeador Mike Tyson – um endossante ativo antes de uma série de incidentes – foi condenado por uma acusação de estupro e cumpriu pena (sem mencionar o fato de que ele mordeu e arrancou um pedaço da orelha de seu oponente, Evander Holyfield, durante uma luta depois que saiu da prisão). (7) A atriz Cybill Shepherd teve um lucrativo contrato de endosso com a indústria de carne bovina, mas causou embaraços ao setor revelando à imprensa que evitava comer carne vermelha. (8) A nadadora Rebeca Gusmão foi banida da natação por *doping*. (9) A carreira promissora da tenista Jennifer Capriati foi desviada logo cedo devido a problemas emocionais e alegações de uso de drogas. Mais tarde ela voltou com sucesso, mas as rendas vindas de endosso nunca chegaram perto dos níveis que estrelas do tênis como as irmãs Williams, Serena e Vênus Anna Kournikova e Maria Sharapova alcançaram. (10) O ex-jogador de futebol americano e ator O. J. Simpson foi indiciado, embora não condenado, por assassinato. (11) Britney Spears, Lindsey Lohan, e Paris Hilton com frequência aparecem nos noticiários sofrendo novas acusações de uso de álcool e drogas. (11) O zagueiro profissional Michael Vick foi preso, condenado e cumpriu pena por participar de lutas de cães. (11) Kate Moss foi flagrada usando cocaína. (12) O próprio Tiger Woods, campeão de rendas com endosso, foi alvo de um escândalo sexual no final de 2009. Suas rendas com endosso caíram sensivelmente após o escândalo, mas ele continua, ainda assim, como o número 1. (13)

No Brasil, o jogador de futebol Ronaldo, o "fenômeno" – endossante de várias marcas, como a Nike – foi flagrado com travestis em um motel no Rio de Janeiro. Mas, apesar disso, mantém-se como ídolo no Brasil e ainda atua como uma das celebridades com maior potencial para atrair marcas em busca de endossante. A lista aqui é enorme. O que não faltam são casos de escândalos envolvendo celebridades e algumas delas são, por sua personalidade, potencialmente problemáticas para servirem como endossantes, como Axl Rose, por exemplo.

Devido ao risco de tais incidentes, após a consumação dos contratos multimilionários de endossos com celebridades, houve um aumento de exames mais minuciosos para selecionar celebridades endossantes.[25] Contudo, nenhum procedimento de seleção é à prova de falhas, e é por essa razão que alguns anunciantes e suas agências evitam totalmente contratar celebridades endossantes. Uma alternativa é usar "endossos" de celebridades que não estão mais vivas. As celebridades mortas são muito conhecidas e respeitadas pelos consumidores nos públicos-alvo a quem elas apelam e, melhor ainda, seu uso na propaganda é praticamente sem riscos porque elas não podem ter um comportamento que prejudicaria sua reputação e ressoar de maneira adversa nas marcas que endossam postumamente.

Outra alternativa para fugir dos riscos quase inevitáveis de se utilizar endossantes reais é usar personagens. Os personagens como Batman, Super-Homem, Mônica e Menino Maluquinho, podem não ter a mesma força de uma celebridade "viva", mas, por outro lado, seus comportamentos pode ser controlados (por seus autores ou detentores do direito de imagem) e possivelmente nunca serão flagrados fazendo algo errado ou de repercussão ruim para a marca que endossam. Difícil, se não impossível, imaginar o Super-Homem descoberto usando anabolizantes ou a Mônica envolvida em escândalos sexuais. Outra opção livre de riscos é o uso de *personagens próprios como porta-vozes* (Ronald Mcdonald, LecTrac, o frango símbolo da Sadia ou o garoto-personagem das Casas Bahia) em vez de endossantes humanos que são suscetíveis a incidentes que manchem as imagens das marcas com as quais estão associados.[26]

## O papel das Pontuações Q

É desnecessário dizer que a seleção de celebridades endossantes caras é feita com muito cuidado por parte dos gestores de marca e suas agências de propaganda. O processo de seleção é facilitado com as Pontuações Q de Desempenho, comercialmente colocadas à disposição por uma empresa com sede em Nova York chamada Marketing Evaluations (http://www.qscores.com/pages/Template1/site11/30/default.aspx).

Por razões que logo ficarão aparentes, o Q na Pontuação Q significa quociente. A Marketing Evaluations obtém as Pontuações Q de mais de 1.700 figuras públicas americanas (artistas, atletas e outras pessoas famosas) enviando questionários a um painel nacional representativo de 1.800 indivíduos. Duas perguntas diretas são feitas aos participantes relativas a cada figura pública: (1) Você já ouviu falar dessa pessoa? (uma medida de *familiaridade*); (2) Se a resposta for afirmativa, você o classificaria como fraca, regular, boa, muito boa ou uma de suas favoritas? (uma medida de *popularidade*). O cálculo da pontuação Q, ou *quociente*, de cada figura pública é realizado determinando-se a porcentagem de membros do painel que responderam que aquela personalidade específica é "uma de minhas favoritas", e então dividindo esse número pela porcentagem daqueles que indicaram que já ouviram falar da pessoa. Em outras palavras, a *porcentagem de popularidade é dividida pela porcentagem de familiaridade e o quociente é a pontuação Q daquela personalidade*. Essa classificação simplesmente revela a proporção de um grupo que é familiar a uma pessoa e que a considera uma de suas favoritas.

Por exemplo, imagine que um estudo feito pela Marketing Evaluations determine que 90% dos participantes do painel indicam que são familiares a Britney Spears e que 15% consideram-na favorita. Portanto, a Pontuação Q de Britney (que é expressa sem um ponto decimal) seria 17 (ou seja, 15 dividido por 90 é aproximadamente 0,17). Em comparação, imagine que nessa mesma pesquisa Brad Pitt alcançou uma Pontuação Q extremamente alta de 58, que foi obtida dividindo 55% dos participantes que o consideraram um de seus favoritos por 95% que eram familiares a ele. Não é de surpreender que os anunciantes não tenham se aglomerado ao redor de Britney para contratá-la como endossante de seus produtos, enquanto muitos anunciantes selecionariam Brad como seu endossante se ele estivesse interessado.

As Pontuações Q fornecem informações úteis aos gerentes de marca e agências de propaganda; porém, há muito mais no processo de seleção de uma celebridade para endossar uma marca do que apenas pesquisar as páginas das Pontuações Q. A decisão subjetiva, por fim, entra em cena para determinar se uma possível celebridade endossante se identifica bem com a imagem da marca e seu público-alvo pretendido.

No Brasil, existem algumas agências especializadas em intermediar a contratação de celebridades para campanhas de propaganda, mas na maioria das vezes esse contato é feito diretamente com os empresários e agentes das celebridades.

# O papel do humor na propaganda

Políticos, atores, oradores, professores, vendedores, palestrantes, como tantos outros profissionais uma vez ou outra usam o humor para criar a reação desejada. Os anunciantes também se utilizam do humor na esperança de alcançar vários objetivos de comunicação – chamar atenção, guiar a compreensão do consumidor sobre as afirmações do produto, influenciar atitudes, promover a lembrança e, por fim, provocar a ação do consumidor. O uso do humor na propaganda é grande, representando aproximadamente 25% de todos os anúncios de TV nos Estados Unidos e mais de 35% no Reino Unido.[27] No Brasil, não conhecemos dados similares, mas por experiência empírica, podemos dizer que o índice também não é pequeno. Basta acessar qualquer tipo de mídia de massa para constatar isso. Todo mundo parece ser mais receptivo a comerciais engraçados e eles parecem provocar mais impacto do que outros tipos de abordagens. É só verificar a quantidade de comerciais que circulam pela Internet para constatar que a grande maioria deles tem apelo humorístico, alguns até "falsos". Mas isso não significa que eles sejam mais eficientes, muito pelo contrário. Muitas vezes o comercial engraçado gera uma armadilha para a marca, pois, às vezes, a "piada" contada pode se tornar maior – chamar mais a atenção – do que a mensagem da marca.

Um estudo baseado em uma amostragem de anúncios de TV de quatro países (Alemanha, Coreia, Tailândia e Estados Unidos) determinou que os anúncios com humor em todos esses países geralmente envolvem o uso da *resolução de incongruência*.[28] O humor na propaganda das rádios e revistas norte-americanas e brasileiras também emprega a resolução de incongruência.[29] Ela existe quando o significado de um anúncio não fica imediatamente claro. Confuso pela incongruência, o consumidor é provocado a entender o significado do comercial e resolver a inconformidade. Quando o significado é finalmente determinado – como quando o humor em um anúncio é detectado – o consumidor experimenta uma sensação de surpresa e essa sensação gera uma resposta humorística.[30] Por sua vez, essa resposta humorística pode provocar uma atitude favorável com relação ao anúncio e, talvez, com relação à própria marca anunciada.[31]

Um anúncio da marca Fresh Step ilustra o uso do humor na propaganda em revistas. O visual proeminente mostra um gato que, ao que parece, está se esforçando para não fazer suas necessidades no lugar errado. A resolução de incongruência nesse anúncio ocorre quando o leitor examina o texto que diz: "É difícil encontrar a sua 'caixinha de areia' se você não consegue sentir o cheiro dela". O comercial, de forma humorística, afirma que Fresh Step contém carbono que elimina os odores e "impede" os gatos de encontrarem suas caixinhas. Em geral, o humor é usado com menor frequência em revistas se comparado com seu uso em TV e rádio.[32]

A eficácia do humor e qual tipo dele é mais bem-sucedido são questões de debate entre os profissionais e estudiosos de propaganda.[33] Os executivos das agências consideram o humor especialmente eficaz para *atrair a atenção* para um anúncio e *gerar a percepção da marca*.[34] Existem evidências de que o humor serve para influenciar positivamente as atitudes dos consumidores com relação aos anúncios, o que, por sua vez, afeta de modo favorável a atitude deles para as marcas anunciadas; todavia, essa cadeia de influência (humor → atitude com relação aos anúncios → atitudes com relação à marca anunciada) tem mais probabilidade de ocorrer apenas quando os consumidores são fracamente motivados a processar os pontos da mensagem mais substantivos no anúncio.[35]

As pesquisas sobre o efeito do humor levam às seguintes generalizações experimentais:[36]

- O humor é um método eficaz para atrair a atenção.
- O humor pode aumentar a lembrança, por parte dos consumidores, dos pontos da mensagem no anúncio.[37]
- O humor promove o gosto tanto pelo anúncio quanto pela marca anunciada.
- O humor não necessariamente prejudica a compreensão e pode de fato aumentar a memória para as afirmações do anúncio se for relevante à marca anunciada.[38]
- O humor não oferece uma vantagem sobre a falta de humor no que se refere ao aumento da persuasão.
- O humor não promove a credibilidade da fonte.
- A natureza do produto afeta a adequação do uso do humor. Especificamente, o humor é utilizado com mais sucesso com produtos já estabelecidos do que com novos. É também mais apropriado para produtos relacionados a sentimentos, ou experienciais, e para aqueles que não são muito envolventes (como produtos baratos, de consumo diário).

Quando usado corretamente e nas circunstâncias certas, o humor pode ser uma técnica de propaganda muito eficaz. Uma complicação do uso do humor na propaganda é que esse tipo de apelo varia em sua eficácia junto a diferentes grupos demográficos e mesmo entre indivíduos. Por exemplo, homens e mulheres não são igualmente atentos a anúncios humorísticos.[39] Além das diferenças demográficas quanto à reação ao humor, pesquisas revelam que os anúncios humorísticos são mais eficazes que os não humorísticos *apenas quando as avaliações, por parte dos consumidores, da marca anunciadas já são positivas*. Quando as avaliações anteriores são negativas, os anúncios com humor são menos eficazes do que os sem humor.[40] Essa descoberta tem correspondência com as relações interpessoais: quando você gosta de alguém, está mais inclinado a considerar engraçadas as tentativas dessa pessoa de fazer humor do que se não gostasse dela. Finalmente, as pesquisas revelam que os indivíduos que têm uma maior *necessidade de humor* (ou seja, a tendência de buscar diversão, astúcia e utopia, sonho, anseio) respondem melhor aos anúncios humorísticos que aqueles com uma necessidade menor desse traço de personalidade.[41]

Em resumo, o humor na propaganda pode ser um mecanismo extremamente eficaz para alcançar uma variedade de objetivos de comunicação de marketing. Não obstante, os anunciantes devem *agir com cautela* ao considerar o uso do humor. Em primeiro lugar, os efeitos do humor podem ser diferentes devido às características do público – o que algumas pessoas consideram engraçado, outras podem achar totalmente sem graça.[42] Em segundo lugar, a definição do que é engraçado em um país ou região não é necessariamente a mesma em outro. Também é preciso muito cuidado para não ser ofensivo ou desrespeitoso com outros segmentos da sociedade que não o público-alvo da peça. O mundo da propaganda está repleto de campanhas preconceituosas, politicamente incorretas ou deseducativas. O que é divertido para um segmento da sociedade, pode não ser para outros. Para serem engraçadas algumas campanhas ridicularizam pessoas gordas, mostram crianças fazendo travessuras como algo positivo ou exploram situações machistas. Por fim, uma mensagem humorística pode desviar tanto a atenção do público que o receptor acaba por ignorar o conteúdo da mensagem. Existe de fato na propaganda uma linha tênue entre divertir (via humor) e fornecer informações suficientes para influenciar atitudes e comportamentos. Por isso, os anunciantes devem pesquisar com cuidado o segmento de marketing que pretendem atingir antes de se aventurar na propaganda humorística.

# Apelos aos medos do consumidor

Como vimos em uma seção anterior deste capítulo, os gestores de comunicação de marketing empregam uma variedade de técnicas para promover a motivação, a oportunidade e a habilidade no processamento de informações por parte dos consumidores. Como seria de se esperar, o apelo ao medo é especialmente eficaz como meio de promover a motivação. O triste fato é que o consumidor vive em um mundo onde a ameaça de violência está sempre presente; desastres naturais acontecem ocasionalmente – como os horríveis tsunamis nos países banhados pelo Oceano Índico e problemas relacionados a crime e saúde existem em abundância. Estima-se que aproximadamente 13% da população adulta sofra de medos irracionais e transtornos de ansiedade.[43]

Os anunciantes, percebendo que as pessoas têm medo – racional e irracional – tentam, por meio do apelo a esses medos, motivar os consumidores a processar informações e agir. Os apelos aos medos na propaganda identificam as consequências negativas de: (1) *não usar a marca anunciada*; ou (2) *ter um comportamento inseguro* (como beber e dirigir; fumar; usar drogas; ter uma alimentação pouco saudável; dirigir sem cinto de segurança; passar mensagens de texto enquanto dirige; fazer sexo sem proteção).[44]

## A lógica do apelo ao medo

A lógica subjacente é que os apelos aos medos do consumidor estimularão o envolvimento do público com a mensagem e, portanto, promoverão a aceitação dos argumentos dela. O apelo aos medos do consumidor pode assumir a forma de *desaprovação social* ou *perigo físico*. Por exemplo, antissépticos bucais, desodorantes, cremes dentais e outros produtos apelam ao medo quando enfatizam a desaprovação social que podemos sofrer se nossa boca não estiver fresca, as axilas não estiverem secas, os dentes não forem perfeitamente brancos e assim por diante. Um conhecido creme dental explora em sua propaganda que uma pessoa pode ter até 12 problemas bucais. Detectores de fumaça, pneus de automóvel, sexo inseguro, dirigir sob a influência de álcool ou outras drogas e não ter seguro são algumas amostras de produtos e temas usados pelos anunciantes para induzir o medo do perigo físico ou problemas iminentes. Os anúncios sobre cuidados com a saúde, frequentemente, apelam aos medos e as agências de propaganda justificam o uso desses apelos com uma lógica como: "Às vezes você tem de amedrontar as pessoas para salvar a vida delas."[45]

## Intensidade apropriada

Além da questão ética básica se o medo deve ou não ser usado, a questão fundamental para os anunciantes é determinar o *grau de intensidade* da ameaça. O anunciante deve fazer uso de uma ameaça leve apenas para chamar a atenção do consumidor, ou de uma pesada para que o consumidor entenda claramente o que o anunciante está falando? Embora inúmeros estudos tenham sido realizados, não existe um consenso sobre a intensidade ideal da ameaça. Existe, contudo, alguma consistência na demonstração de que quanto mais o público sentir medo com a ameaça de um anúncio, mais fácil será persuadi-lo a praticar a ação recomendada.[46] Uma campanha educativa – promovida pela prefeitura de São Luís/MA e outros órgãos públicos – sobre acidente de trânsito envolveu a colocação de automóveis acidentados em pontos da cidade como forma de sensibilização dos motoristas. O tema da campanha foi: educação no trânsito não tem idade. Essa foi uma abordagem baseada no medo, mas que provocou muita polêmica por sua agressividade.

Em geral, parece que o grau de intensidade da ameaça eficaz para evocar medo no público depende em grande parte do *quão relevante* é o tópico para um público determinado – quanto maior for a relevância, menor o grau de intensidade necessário para ativar uma resposta. Em outras palavras, as pessoas que estão muito envolvidas com um tópico podem ser motivadas por um apelo "relativamente" leve ao medo, ao passo que um grau mais intenso de ameaça é necessário para motivar pessoas não envolvidas.[47]

Para ilustrar a relação entre a intensidade da ameaça e relevância da questão, comparemos a campanha dos pneus Michelin, com grau baixo de ameaça, ao apelo muito mais intenso de anúncios criados com o objetivo de desencorajar as pessoas a dirigir depois de beber. Uma longa campanha de propaganda da Michelin continua uma série de comerciais de TV que mostravam bebês adoráveis sentados sobre pneus ou cercados por eles. Esses comerciais eram lembretes sutis (graus baixos de ameaça) aos pais para comprar os pneus Michelin e garantir a segurança dos filhos. Essa situação exigia apenas um grau baixo de ameaça para evocar medo, porque a segurança dos filhos é a questão mais relevante para a maioria dos pais.

Considere, em comparação, o grau de ameaça necessário para atingir estudantes e outros jovens que são o alvo dos anúncios de serviço público que tentam desencorajar a prática de dirigir depois de beber e de enviar mensagens de texto enquanto dirigem. A última coisa que a maioria dos jovens quer ouvir é o que eles não devem fazer. Portanto, embora a segurança seja relevante para quase todas as pessoas, é menos importante para os jovens, que se consideram invulneráveis. Por conseguinte, apelos muito intensos ao medo são necessários para impressionar os jovens quanto ao risco que eles e seus amigos correm quando bebem ou enviam mensagens de texto ao dirigir.[48]

## O caso relacionado de apelos à escassez

Os anunciantes e outros agentes de persuasão apelam para a escassez ao enfatizar em suas mensagens que as coisas se tornam mais desejáveis quando existe uma grande demanda, mas pouca quantidade.[49] Explicando em termos simples, um item que é raro ou está se tornando raro tem mais valor. Os profissionais de venda e anunciantes usam essa tática quando encorajam as pessoas a comprar imediatamente, por meio de apelos como "Poucas unidades sobrando", "Não teremos mais no estoque até o fim do dia", "Está vendendo muito rápido" ou "quantidade limitada por cliente".

A teoria da **reatância psicológica** ajuda a explicar por que a escassez funciona.[50] Essa teoria sugere que as pessoas reagem contra quaisquer esforços de reduzir sua liberdade ou escolhas. Quando removidas ou ameaçadas, as escolhas se tornam ainda mais desejáveis que antes. Assim, quando parece que os produtos estão menos disponíveis, eles se tornam mais valiosos na mente do consumidor. É claro que os apelos à escassez nem sempre são eficazes. Mas se o persuasor for crível e legítimo, então um apelo pode ser eficaz se ativar uma resposta como "Não estão sobrando muitas unidades deste produto, por isso é melhor comprar agora, não importando o preço."

Talvez em nenhum outro lugar no mundo a escassez seja mais usada como tática de influência que em Cingapura. No dialeto chinês hokkien, a palavra *kiasu* significa "medo de perder". Os habitantes de Cingapura, segundo um palestrante do departamento de filosofia da National University, pegam tudo o que conseguirem agarrar, mesmo que não tenham certeza de desejar a coisa.[51] Muitos deles aparentemente compartilham uma mentalidade de rebanho – ninguém quer ser diferente. Os profissionais de marketing, é desnecessário dizer, exploram essa característica cultural para vender todos os tipos de produtos. Por exemplo, uma agência de automóveis em Cingapura anunciou que estava se mudando e ofereceu em liquidação 250 modelos da edição limitada da BMW 316i, ao preço de $78.125 com câmbio manual e $ 83.125 o automático. Todos os 250 modelos foram vendidos em quatro dias e a agência foi obrigada a encomendar mais 100, que foram rapidamente vendidos mesmo com a entrega indisponível por meses.

A mentalidade *kiasu* faz dos habitantes de Cingapura "alvos fáceis" para os usuários da tática da escassez. No entanto, os consumidores desse país, como os de quaisquer outros lugares, só são suscetíveis a tal tática de persuasão nas situações em que há de fato escassez. Caso contrário, os consumidores se tornam céticos diante das tentativas claras de enganá-los e rejeitam tais esforços evidentes de vender produtos usando o engano.

# Apelos à culpa do consumidor

Como os apelos ao medo, os apelos à culpa tentam ativar emoções negativas. As pessoas se sentem culpadas quando quebram as regras, violam seus próprios padrões ou crenças ou se comportam de maneira irresponsável.[52] Os apelos à culpa são poderosos porque motivam emocionalmente indivíduos maduros a praticar uma ação responsável levando à redução no grau de culpa. Os anunciantes e outros gestores de comunicação de marketing apelam à culpa e tentam persuadir os consumidores em potencial, afirmando ou dando a entender que os sentimentos de culpa podem ser aliviados com o uso do produto promovido.[53] Uma análise de um espectro amplo de revistas revelou que cerca de um em cada 20 comerciais contém um apelo à culpa.[54] Considere, por exemplo, um anúncio em uma revista especializada, uma empresa que comercializa seguros para cobertura de acidentes ou doenças inesperadas com animais de estimação. O cabeçalho ao redor da foto de um cão com o olhar triste provoca um sentimento de culpa no dono ao afirmar "[Seu bichinho] jamais saberá que você não pode pagar o tratamento. Mas você saberá." Esse anúncio representa um apelo à culpa antecipada. Ou seja, o comercial procura induzir um sentimento de culpa nos leitores sugerindo que as pessoas deixam de cuidar bem de seus animais de estimação se não puderem pagar pelo tratamento veterinário. Se o anúncio funcionar como planejado, os consumidores compararão um seguro para seus animais de estimação como um meio de aliviar os sentimentos de culpa.

As evidências, embora limitadas, sugerem que os apelos à culpa são *ineficazes* se os anúncios que os contêm *não têm credibilidade*, ou se os anunciantes forem percebidos como tendo *intenções manipuladoras*. Quando isso acontece, os sentimentos de culpa são mitigados e não aumentados.[55] Assim, os apelos à culpa têm pouca oportunidade de influenciar crenças, atitudes, ou comportamentos relevantes à mensagem se faltar ao anúncio credibilidade ou se ele for considerado manipulador. É importante enfatizar mais uma vez a natureza do "depende" da propaganda. Nesse caso, a eficácia dos anúncios que apelam para a culpa depende em grande parte da credibilidade e intenção manipuladora deles. Comerciais de produtos alimentícios usam e abusam dos apelos à culpa aproveitando a onda de alimentação natural e o culto ao corpo.

# O uso do sexo na propaganda

Enquanto os dois tipos anteriores de apelos de propagandas – ao medo e à culpa – são fundamentalmente negativos (ou seja, em geral as pessoas evitam essas duas emoções), o uso do sexo na propaganda apela a algo que as pessoas geralmente procuram. Os apelos sexuais na propaganda são usados com frequência e são cada vez mais explícitos. Embora o uso do sexo explícito fosse algo impensável há não muito tempo, atualmente, ele representa parte do cenário de propaganda.[56] A tendência não está restrita a alguns países, mas é mais prevalente e mais aberto no Brasil e alguns países da Europa. Comerciais de cerveja são bons exemplos de apelo sexual na propaganda.

## Qual é o papel do sexo na propaganda?

Na verdade, o sexo tem vários papéis potenciais.[57] Em primeiro lugar, o material sexual na propaganda age para atrair e manter a atenção por um período mais longo, frequentemente, apresentando modelos atraentes em poses provocativas.[58] Isso é chamado *papel de poder de parada* do sexo. Uma campanha de propaganda para a vodka Three Olives exemplifica esse papel. Cada execução nessa campanha retrata uma modelo atraente, em poses sedutoras, dentro de um grande cálice de Martini. Colocada de modo bem visível entre o cálice com a modelo está uma pergunta retórica (lembre-se da discussão anterior sobre as perguntas retóricas no contexto dos fatores MOHA): "O que há em seu Martini?" Há um significado duplo nessa pergunta, por um lado sugerindo que a Three Olives deveria ser a vodka em seu copo, e, por outro lado, sugerindo que beber a Three Olives atrai mulheres bonitas.

Um segundo papel potencial é *promover a lembrança* dos pontos da mensagem. Pesquisas sugerem, porém, que o conteúdo ou simbolismo sexual promoverão a lembrança apenas se ele for apropriado à categoria de produto e à execução de propaganda criativa.[59] Os apelos sexuais produzem uma lembrança significativamente melhor quando a execução de propaganda tem um relacionamento apropriado com o produto anunciado.[60]

Um terceiro papel desempenhado pelo conteúdo sexual na propaganda é *evocar respostas emocionais*, como sentimentos de estimulação e até luxúria.[61] Essas reações podem aumentar o impacto persuasivo do anúncio, mas o oposto pode ocorrer se o comercial gerar sentimentos negativos como aversão, embaraço ou desconforto.[62] O comercial da vodka Three Olives, descrito acima, provavelmente foi criado para despertar sentimentos no público-alvo formado predominantemente por homens jovens e de meia-idade. O apelo à luxúria é exemplificado em um comercial para TV da Coca Diet que foi ao ar na década de 1990, no qual um grupo de mulheres *voyeur* observava com prazer evidente, da janela do escritório, um trabalhador sexy, em uma construção próxima, tirando a camisa e abrindo uma lata de Coca Diet.

As reações positivas ou negativas geradas pelo conteúdo sexual dependem da *relevância* desse conteúdo para com o tópico anunciado. Um interessante experimento de marketing testou esse ponto usando anúncios de revistas para dois produtos – um conjunto de chaves-inglesas (um produto para o qual o apelo sexual é irrelevante) e um óleo para o corpo (um produto para o qual o apelo sexual é relevante). O estudo também manipulou três versões de vestimentas para a modelo que aparecia nos comerciais: na versão *recatada* a modelo aparecia vestindo uma blusa e calças largas, que cobriam todo o seu corpo; na versão *sedutora* ela usava as mesmas roupas da versão anterior, mas a blusa estava totalmente desabotoada e amarrada na ponta, expondo a barriga e parte dos seios; e na versão *nua* a modelo estava totalmente sem roupa. As descobertas do estudo revelaram que a combinação entre a modelo sedutora e o óleo corporal foi considerada mais favorável por todos os participantes. As mulheres consideraram a modelo nua e o conjunto de chaves-inglesas os anúncios menos chamativos.[63] Esse estudo foi realizado há mais de três décadas e não há como saber se os mesmos resultados seriam obtidos na sociedade em que vivemos agora, onde o sexo é mais explícito.

O conteúdo sexual tem pouca chance de ser eficaz a menos que seja diretamente relevante ao principal ponto de venda do anúncio. Quando usado de maneira apropriada, no entanto, o conteúdo sexual é capaz de chamar a atenção, promover a lembrança e criar uma associação favorável com o produto anunciado.

## A desvantagem potencial dos apelos sexuais na propaganda

A apresentação desse tópico indicou que, quando usados apropriadamente, os apelos sexuais podem ser eficazes. A discussão estaria incompleta se não mencionássemos os riscos potenciais do uso deles. As evidências sugerem que o uso de ilustrações sexuais explícitas nos anúncios pode interferir com o processamento dos argumentos da mensagem, diminuindo a sua compreensão por parte do consumidor.[64] Além do mais, muitas pessoas se sentem ofendidas por anúncios que retratam mulheres (e homens) como objetos sexuais sem cérebro. Por exemplo, houve um grito de protesto contra um comercial da cerveja Old Milwaukee que mostrava um barco cheio de mulheres bonitas, com aparência escandinava, usando biquínis azuis, que apareciam do nada diante de um grupo de pescadores. As funcionárias da Stroh Brewery Company, fabricante da Old Milwaukee, processaram a empresa alegando que o comercial criou uma atmosfera que levava ao assédio sexual no local de trabalho.[65] Independentemente dos méritos desse caso específico, o ponto geral é que o sexo na propaganda pode ser humilhante para as mulheres (e homens) e, por essa razão, deve ser usado com cautela.

Um comercial de TV para a cerveja Devassa talvez ilustre o uso questionável do conteúdo sexual na propaganda. A campanha foi ao ar no início de 2010 e tinha como principal peça uma propaganda de televisão em que a *socialite* Paris Hilton dançava sensualmente, enquanto um rapaz a observava da janela de um prédio. A campanha chegou a ser retirada do ar depois de receber notificação do Conar (Conselho de Autorregulamentação Publicitária). A notificação do Conar foi motivada por críticas provenientes de consumidores que se sentiram ofendidos pelo apelo sexual explícito da campanha e por denúncia da Secretaria Especial de Defesa da Mulher (vinculada à Presidência da República).[66] O sexo na propaganda pode ser humilhante e, por essa razão, deve ser usado com cautela.

Concluindo esta seção, é importante observar que "mostrar a pele" nos anúncios não significa, necessariamente, ser chauvinista ou transformar homens e mulheres em objetos.

# Mensagens subliminares e símbolos ocultos

A palavra *subliminar* se refere à apresentação de estímulos em uma velocidade ou nível visual que está *abaixo do limite consciente da percepção*. Um exemplo são as fitas de autoajuda (como aquelas que ajudam a parar de fumar) que transmitem mensagens em um nível de decibéis indecifrável à audição consciente. Estímulos que são imperceptíveis aos sentidos conscientes podem, todavia, ser percebidos pelo subconsciente. Essa possibilidade gerou uma preocupação considerável por parte dos críticos de propagandas e gerou muita especulação dos pesquisadores. Embora seja altamente improvável que os anunciantes usem métodos subliminares, pesquisas mostraram que uma grande porcentagem das pessoas acredita que eles o façam.[67] Representantes da comunidade de propaganda desaprovam com veemência o uso desse tipo de prática.[68]

O protesto original referente à propaganda subliminar ocorreu há mais de 50 anos em resposta a um pesquisador que alegou ter aumentado as vendas da Coca-Cola e pipoca em um cinema da Nova Jersey, usando mensagens subliminares. Em intervalos de cinco segundos durante o filme *Picnic*, mensagens subliminares dizendo: "Beba Coca-Cola" e "Coma pipoca" apareciam na tela por uma fração de 1/3.000 segundos. Embora o olho nu não pudesse ter visto essas mensagens, o pesquisador James Vicary, alegou que as vendas da Coca-Cola e de pipoca aumentaram 58% e 18%, respectivamente.[69] Embora a pesquisa de Vicary seja cientificamente insignificante porque ele deixou de usar procedimentos experimentais apropriados, o estudo provocou a preocupação pública com a propaganda subliminar e levou a audiências no congresso.[70] A Legislação Federal nos Estados Unidos jamais foi aprovada, mas desde então a propaganda subliminar tem sido tema de preocupação ente os críticos da área, uma questão embaraçosa para os profissionais do setor e uma questão de curiosidade para os estudiosos do assunto.[71]

A fogueira da controvérsia foi alimentada mais uma vez nas décadas de 1970 e 1980, com a publicação de três livros provocantemente intitulados *Subliminal Seduction; Media Sexploitation;* e *The Clam Plate Orgy*.[72] O autor desses livros, Wilson Key, afirmou que as técnicas de propaganda subliminar são usadas extensivamente e têm o poder de influenciar os comportamentos de escolha do consumidor.

## Por que é improvável que a propaganda subliminar funcione?

Muitos profissionais de propaganda e estudiosos da comar desconsideram os argumentos de Key e discordam fortemente de suas conclusões. Parte da dificuldade em obter respostas claras sobre quem está certo e quem está errado nasce do fato de que os comentaristas diferem quanto ao significado de propaganda subliminar. Na verdade, há três formas distintas de estimulação subliminar. A primeira apresenta *estímulos visuais* a uma velocidade muito rápida por meio de um dispositivo chamado *tachistoscope* (a 1/3.000 segundo como na pesquisa de Vicary). A segunda usa as *mensagens auditivas em discurso acelerado* e a terceira forma envolve a *ocultação de símbolos* (como imagens sexuais ou palavras) em anúncios impressos.[73]

Key escreveu sobre essa última forma, a ocultação, e ela tem sido estudada pelos pesquisadores da área. Para entender melhor a ocultação, considere um anúncio do gel de barbear Edge que foi publicado em revistas alguns anos atrás. O comercial apresentava uma foto de um homem com espuma de barbear no rosto com uma expressão de quase êxtase e uma imagem proeminente de um pote de gel Edge seguro com firmeza pelas pontas dos dedos. Além das cenas visíveis claramente evocativas (por exemplo, uma cena de um surfista sexy passando por um túnel de água, em um simbólico estilo freudiano), o anúncio também incluía *três vagas figuras nuas* que apareciam discretamente na espuma de barbear acima do lábio do homem.

A questão principal é: a inclusão das figuras nuas nesse comercial influencia os consumidores a de fato comprarem o gel Edge? Para responder a essa pergunta precisamos examinar o processo que teria de se operar para que a ocultação influenciasse o comportamento de escolha do consumidor. O primeiro passo do processo requer que o consumidor consciente ou subconscientemente processe o símbolo oculto (as figuras nuas) no anúncio do Edge. Em segundo lugar, como resultado do processamento do símbolo, o consumidor teria de desenvolver um desejo maior pelo gel Edge do que tinha antes de ver o comercial. Em terceiro lugar, como o anúncio é feito no nível da marca, e como os anunciantes estão interessados em vender suas marcas e não apenas qualquer marca na categoria de produto, a ocultação eficaz de símbolos requer que os consumidores desenvolvam o desejo por aquela marca específica, no caso a Edge, e não por qualquer marca na categoria. Por fim, os consumidores precisariam transformar o desejo pela marca anunciada em um real comportamento de compra.

Existem evidências que apoiem essa cadeia de eventos? Apesar de alguns estudos limitados sobre a questão, há uma variedade de problemas práticos que provavelmente impediriam a eficácia da ocultação em um contexto realista de marketing.[74] Talvez a principal razão pela qual a ocultação na propaganda tenha pouco efeito seja porque as imagens têm de ser escondidas para impedir que o consumidor as detecte. Muitos consumidores se ressentiriam desse truque de propaganda se soubessem que ele existe. Por isso, impedir a detecção por parte dos consumidores significa que a ocultação é uma técnica relativamente fraca comparada a representações de propagandas mais vívidas. Como a maioria dos consumidores dedica pouco tempo e esforço processando anúncios, um estímulo fraco significa que quase nenhum consumidor seria influenciado.[75]

Mesmo se os consumidores de fato prestassem atenção e decodificassem os símbolos sexuais ocultos sob condições de propagandas naturais, ainda fica uma séria dúvida de que essa informação teria impacto suficiente para afetar o comportamento de escolha da marca. A informação de propaganda padrão (supraliminar) em si tem dificuldades para influenciar os consumidores. Como poderia a informação subliminar ser mais eficaz? Por exemplo, os homens escolheriam o gel Edge apenas porque consciente ou subconscientemente viram mulheres nuas no anúncio do produto?

A propaganda subliminar na variedade ocultação de símbolos é ineficaz devido ao uso de estímulos fracos. A citação a seguir resume esse ponto de vista. Por favor, note que a citação reconhece que a *percepção subliminar* é um fenômeno de boa-fé (por exemplo, amplas pesquisas demonstraram que as pessoas *são* capazes de perceber estímulos na ausência da percepção consciente deles), mas os efeitos fracos dos estímulos subliminares são anulados sob as reais circunstâncias de marketing onde, por exemplo, muitas marcas competem pela atenção do consumidor no ponto de venda.

> *Um século de pesquisas psicológicas comprovam o princípio geral de que estímulos mais intensos têm um impacto maior sobre o comportamento das pessoas do que os mais fracos. Embora a percepção subliminar seja um fenômeno de boa-fé, os efeitos obtidos são sutis e para que aconteçam é necessário um contexto cuidadosamente estruturado. Os estímulos subliminares são em geral tão fracos que o receptor não apenas está inconsciente deles, como também está inconsciente do fato de que ele está sendo estimulado. Como resultado, os efeitos potenciais dos estímulos subliminares são facilmente anulados por outras estimulações que ocorrem no mesmo canal sensorial, ou pela atenção ser focada em outra modalidade. Esses fatores criam sérias dificuldades para qualquer possível aplicação no marketing.[76]*

Assim, concluímos que a forma de ocultação de símbolos na propaganda subliminar é praticamente ineficaz e incapaz de influenciar o comportamento de escolha do consumidor. A discussão se volta agora para uma técnica diferente, *induções subliminares*, que pode ser capaz de influenciar o comportamento de escolha do consumidor.

**Uma situação específica onde os estímulos subliminares podem influenciar a escolha da marca**

A maior parte do comportamento humano *não* está sob controle consciente, mas ocorre de *modo automático* (ou seja, sem a intervenção cognitiva). Capitalizando esse aspecto da psicologia humana, os comunicadores conseguem empregar uma técnica chamada *indução subliminar* para afetar a escolha da marca. Em resumo, a indução subliminar consiste em apresentar às pessoas uma única palavra ou imagem a uma velocidade abaixo do limite consciente. Essas palavras/imagens podem ativar, ou induzir, o conhecimento, crenças, estereótipos e outras cognições das pessoas.

Essas cognições, por sua vez, são capazes de influenciar o comportamento dos indivíduos sob determinadas condições. Em especial, para que a indução subliminar seja eficaz, o tópico ativado deve ser compatível com as necessidades, as motivações ou os objetivos atuais do indivíduo. Em outras palavras, uma pessoa não pode ser subliminarmente induzida a agir de determinada maneira a menos que tenha a necessidade de agir assim.[77] Por exemplo, os indivíduos que são induzidos por palavras como "generoso", "ajuda", e "dar" – todas relacionadas à generosidade – não contribuirão automaticamente com dinheiro para uma causa de caridade a menos que tenham um desejo inerente de ajudar os outros. Além do mais, uma necessidade ativada não permanece como um motivador de julgamentos e comportamento por um longo prazo, mas é limitada em sua extensão de influência.

Portanto, um anunciante pode induzir de maneira subliminar certo pensamento ou sentimento com relação a uma marca, mas o consumidor não age segundo esse pensamento ou sentimento se não estiver no mercado buscando um produto que se relacione com ele. Em geral, seria de se esperar que a propaganda de mídia em massa tivesse pouca eficácia nesse aspecto considerando que a exposição aos anúncios e as decisões de compra são separadas no tempo. Todavia, a propaganda no ponto de venda (por exemplo, na programação da rádio interna da loja) pode propiciar um meio oportuno (embora antiético) de induzir subliminarmente os consumidores a adquirir marcas específicas.

A discussão anterior pode ter apresentado ao leitor sinais confusos: por um lado, alegamos que a ocultação na propaganda é provavelmente incapaz de influenciar o comportamento de compra do consumidor. Por outro lado, os dois últimos parágrafos sugeriram que o uso de induções subliminares pode funcionar. Como salientamos antes no capítulo, bem como em outros lugares no texto, as técnicas da comar, em geral, não são eficazes em todas as circunstâncias. Pelo contrário, segundo o princípio "depende", a única conclusão apropriada é que a propaganda subliminar provavelmente é ineficaz sob a maioria das circunstâncias, embora exista a possibilidade de que ela seja capaz de influenciar a comportamento de escolha do consumidor sob condições limitadas.

# As funções da música na propaganda

A música tem sido importante componente do cenário de propaganda praticamente desde o início do som gravado. *Jingles*, música de fundo, melodias populares e arranjos clássicos são usados para atrair a atenção, comunicar proposições de vendas, criar um tom emocional para um anúncio e influenciar o humor dos ouvintes. Artistas muito conhecidos, acompanhamentos musicais instrumentais e vocalistas desconhecidos são usados extensivamente para promover tudo – desde amaciantes de roupas até automóveis. A obra *Carmina Burana*, de Carl Orff, já foi utilizada em inúmeras propagandas, assim como o *Bolero*, de Ravel. Exemplos de músicas marcantes em propagandas são vários, como a propaganda do Claro Teste, com a música *Should I Stay or Should I Go*, da banda The Clash; o Bankline Itaú com a música *Pela Internet*, de Gilberto Gil; o Pálio Weekend com a música *Fool Around*, que era, inclusive, cantada por um simpático grupo de peixinhos que se encantavam pelo carro; os lápis Faber Castel com a música *Aquarela*, de Toquinho, Vinicius de Moraes, G. Moura e M. Fabrizio. Às vezes, ao invés da música ser utilizada com fundo, como complemento da propaganda, ela é o tema principal. Uma canção gravada por Leandro e Leonardo, *Liga para mim*, serviu de tema para um comercial de BomBril na época em que estourava nas paradas. A canção *Eu voltei*, de Roberto Carlos, também foi o motivo principal de uma famosa propaganda do cigarro Continental. Em ambos os casos a propaganda tinha a música na íntegra "coberta" por imagens.[78]

Muitos profissionais e estudiosos de propaganda acreditam que a música é capaz de desempenhar uma série de funções úteis de comunicação. Entre elas estão: *chamar a atenção* para as mensagens comerciais; *deixar os consumidores de bom humor* quando ouvem ou veem essas mensagens, tornando-os *mais receptivos aos argumentos contidos nelas*, e até *comunicar significados sobre as marcas anunciadas*.[79] Considere, por exemplo, o uso da música em um famoso comercial da Pepsi. Nele, uma câmera de segurança capta as peripécias de um entregador da Coca em um supermercado. Enquanto a famosa canção de Hank Williams, "Your Cheatin' Heart" ["Seu Coração Traidor"], pode ser ouvida ao fundo, o entregador é visto se aproximando de uma geladeira da Pepsi ao lado de uma geladeira da Coca. O homem olha furtivamente para a geladeira da Pepsi, abre a porta e remove uma lata – nesse momento dúzias de latas da Pepsi se espalham pelo chão ruidosamente, causando embaraço no entregador. Esse comercial clássico se destaca na função de chamar a atenção, sutilmente transmitindo a mensagem de que talvez a Pepsi seja melhor que a Coca. Ele não teria sido tão eficaz sem a música de fundo, "Your Cheatin' Heart", que serviu para aumentar o interesse pelo comercial assim como coordenar com perfeição a cena apresentada (um entregador com um comportamento "traidor") e o ponto-chave do anúncio: A Pepsi é tão boa que até um entregador da Coca muda de lado.

# foco c.i.m.

## Mensagem subliminar e escolha da marca

Imagine que você foi convidado para participar de um estudo em sua faculdade. Ao chegar ao local onde o estudo será realizado, a organizadora informa a você e aos outros participantes que o estudo requer uma tarefa de detecção visual. Ela explica que vocês verão 25 imagens separadas em uma tela de computador e que cada imagem consiste em uma linha de Bs maiúsculos (BBBBBBBBB). Ela explica ainda que em um dado momento a linha de Bs terá uma única letra b minúscula, como BBBBbBBBB. Sua tarefa é prestar atenção e identificar quantas das 25 linhas de Bs maiúsculos contêm um minúsculo.

Pesquisadores na Holanda usaram esse procedimento para disfarçar o propósito do estudo que na verdade envolvia uma forma de propaganda subliminar. Os participantes não viram apenas 25 linhas de Bs maiúsculos misturados ocasionalmente com um b minúsculo, mas também, sem que soubessem, foram expostos a imagens subliminares de palavras que apareciam na tela antes das imagens contendo os Bs. As palavras ficavam na tela por uma curtíssima duração de apenas 23 milissegundos (ou seja, 23/1.000 segundos). Os pesquisadores desejavam saber se os participantes expostos a palavras subliminares que representavam nomes verdadeiros de marcas seriam posteriormente influenciados para escolher aquela marca ao fim da sessão.

Como costuma acontecer em experimentos, cerca de metade dos participantes foram conduzidos a um grupo de "tratamento" e a outra metade a um grupo de "controle". Todos os participantes realizaram a mesma tarefa de detecção. Contudo, os participantes do "grupo de tratamento" foram expostos várias vezes ao nome da marca "Lipton Ice", ao passo que o "grupo de controle" foi exposto o mesmo número de vezes a "Npeic Tol", uma palavra não existente que contém as mesmas letras de Lipton Ice.

O experimento envolveu uma característica adicional de estudo: antes de participar da tarefa de detecção visual e antes de serem expostos às palavras subliminares, metade dos participantes ingeriram itens salgados que os deixaram com muita sede (a "condição de sede"), enquanto a outra metade não consumiu alimentos salgados ("condição de ausência de sede").

Após a tarefa de detecção visual, pediu-se aos participantes que indicassem quais das duas bebidas eles prefeririam: Lipton Tea ou Spa Rooof, uma marca holandesa de água mineral. Os pesquisadores previam que os participantes que foram expostos à expressão "Lipton Ice" estariam bem mais inclinados a escolher essa marca, mas apenas se estivessem na "condição de sede". Em outras palavras, como os participantes na "condição de sede" teriam uma necessidade congruente com a expressão à qual foram expostos, esperava-se que a mensagem subliminar os influenciasse a preferir a Lipton Ice no momento de escolher entre ela e a outra marca. Todavia, embora os participantes na "condição de ausência de sede" também tenham sido repetidamente expostos à expressão "Lipton Ice", não se esperava que necessariamente escolhessem essa marca (em preferência à água Spa Rood) no momento da opção, porque, diferentemente daqueles na "condição de sede", eles não tinham uma necessidade compatível com a mensagem subliminar.

Os resultados da pesquisa confirmaram as previsões dos pesquisadores. Especificamente, cerca de 85% dos participantes na "condição de sede" que receberam a mensagem subliminar Lipton Ice, preferiram essa marca à Spa Rood. Em comparação, apenas 20% dos participantes na "condição de sede" que foram expostos à mensagem "Npeic Tol" escolheram a Lipton Ice. Considerando os participantes na "condição de ausência de sede", aqueles que receberam a mensagem Lipton Ice estavam mais inclinados a selecionar a marca que aqueles que foram expostos à Npeic Tol, mas a diferença na escolha da Lipton Tea (cerca de 54% *versus* 32%) foi bem menor que a diferença para os participantes na "condição de sede" (80% *versus* 20%).

As descobertas desse estudo deixam claro que a propaganda subliminar – na forma de palavras subliminares – é capaz de influenciar o comportamento de escolha do consumidor sob condições ideais; ou seja, quando a escolha da marca acontece logo depois da exposição às palavras subliminares. São necessárias pesquisas adicionais para determinar se esse efeito ocorrerá sob as condições mais realistas de mercado, como quando a exposição subliminar ao nome de uma marca e a escolha dessa marca não ocorrem logo em seguida uma da outra, e quando a exposição acontece em um ambiente real de compras onde os consumidores são expostos a inúmeras marcas e tomam múltiplas decisões de escolha de marca. A pesquisa apresentada aqui pode, portanto, ser considerada intrigante, mas não definitiva no que diz respeito à questão se a propaganda subliminar "funciona" nas condições naturais de mercado.

*Fonte*: Adaptado de Johan C. Karremans, Wolfgang Stroebe e Jasper Claus, "Beyond Vicary's Fantasies: The Impact of Subliminal Priming and Brand Choice," *Journal of Experimental Social Psychology* 42 (Novembro de 2006), 792–98.

Obs.: Essa descrição é uma simplificação da pesquisa e apenas descreve um ou dois estudos realizados pelos pesquisadores.

Um breve comentário de um estudo clássico demonstra a influência potencial que a música tem quando inserida dentro do contexto da propaganda.[80] O estudo usou o condicionamento clássico em um esforço para influenciar as preferências dos participantes por uma caneta esferográfica.[81] Como você deve se lembrar de ter aprendido no curso de psicologia ou comportamento do consumidor, um *estímulo não condicionado (ENC)* é algo no ambiente que naturalmente evoca sensações ou pensamentos agradáveis nas pessoas. Por exemplo, bebês, cãezinhos, flores da primavera geram sentimentos positivos na maioria das pessoas. Um *estímulo condicionado (EC)* é aquele que é emocional ou cognitivamente neutro antes do início de um experimento cognitivo. Em termos mais simples, o condicionamento clássico é alcançado quando a junção do ENC e do EC resulta em uma transferência de sentimentos do ENC (música, no caso em questão) para o EC (a caneta esferográfica). Os participantes desse estudo foram informados que uma agência de propaganda estava tentando selecionar uma música para usar em um comercial de uma caneta esferográfica. Eles então ouviam música enquanto viam slides da caneta. O ENC positivo para metade dos participantes foi a música do filme *Grease* e o ENC negativo para os outros participantes foi música clássica indo-asiática. Essa pesquisa demonstrou que a simples associação da música com a caneta influenciou a preferência pelo produto: quase 80% dos participantes expostos à música de *Grease* escolheram a caneta anunciada, ao passo que apenas 30% dos participantes expostos à música indo-asiática escolheram o produto.[82]

É importante observar que os consumidores, às vezes, são muito críticos com relação a comerciais que fazem uso de canções muito conhecidas. Como as pessoas associam determinados músicos e canções com momentos específicos em suas vidas e acontecimentos pessoais, elas se ressentem quando os anunciantes usam, de maneira irreverente, músicas muito apreciadas com propósitos comerciais. Por exemplo, muitos *baby boomers* se incomodariam ao ouvir a música de artistas como Bob Dylan, Neil Young e Van Morrison utilizadas para vender produtos. Os fãs dos Beatles ficaram irritados ao ouvir o hino do grupo, composto em 1967, "All You Need is Love", em um comercial da marca de fraldas descartáveis Luvs, da Procter & Gamble.

No entanto, os *jingles* não trazem esse tipo de problema; ao contrário, podem ser tornar verdadeiros hinos de uma geração ou de um grupo de consumidores. Eles podem ser definidos como mensagens comerciais musicadas, uma espécie de trilha sonora para propaganda.[83] Nos anos 1980, um *jingle* sobre liberdade, feito para as calças US Top, cantado por Fábio Júnior, tornou-se quase um hino dos jovens que viviam o fim do período de ditadura militar no Brasil. Alguns *jingles* ganham vida própria, transcendem as propagandas que os originaram e viram verdadeiras obras da cultura popular. Você pode não ter vivido na época, mas certamente já deve ter ouvido falar sobre *jingles* como o do Café Seleto, duchas Corona, Casas Pernambucanas (*jingle* de Natal), Banco Bamerindus (poupança), Guaraná Antarctica (pipoca com guaraná), dentre vários. Uma rápida consulta em sites de busca na Internet pode revelar mais de 155 mil endereços com *jingles* famosos. É bem possível que você esteja cantarolando algum *jingle* agora, depois de ler esse texto.

# O papel da propaganda comparativa

A prática na qual os anunciantes direta ou indiretamente comparam seus produtos aos dos concorrentes e alegam superioridade é chamada **propaganda comparativa**. Os anúncios comparativos variam tanto na explicitação das comparações quanto no fato de o alvo da comparação ser referido pelo nome ou em termos gerais.[84] Em alguns países (como Bélgica, Hong Kong e Coreia) é ilegal usar a propaganda comparativa e com exceção dos Estados Unidos e Grã Bretanha, os anúncios comparativos são pouco usados nos países onde são legais, incluindo o Brasil.[85]

No Brasil, propagandas com comparações diretas são menos comuns, mas não proibidas como muitos pensam. O que existe é um código de ética definido pelo Conar (Conselho de Autorregulamentação Publicitária)[86] que estabelece as diretrizes para propagandas comparativas. O anúncio na Figura 9.7, da Philips, faz uma comparação *direta* do produto com os seus principais concorrentes Sony, LG e Samsung. O anúncio indica que a TV Philips tem melhor imagem que seus concorrentes.

Considere agora o comercial com comparação indireta da Duracell, na Figura 9.8. Nessa propaganda nenhum concorrente é diretamente mencionado, mas o anunciante afirma (por texto e imagem) que a pilha Duracell "dura até 8x mais" que todas as outras.

**figura 9.7**

**Exemplo de propaganda comparativa direta.**

## A propaganda comparativa é mais eficaz?

Ao decidir pelo uso da propaganda comparativa ou de um formato mais convencional não comparativo, um anunciante deve levar em consideração as seguintes perguntas:[87]

- Como os anúncios comparativos e não comparativos se relacionam quanto ao impacto sobre a percepção da marca, a compreensão do consumidor das afirmações do anúncio e a credibilidade?
- Os anúncios comparativos e não comparativos diferem no tocante aos efeitos sobre as preferências sobre a marca, as intenções de compra e o comportamento de compra?
- De que modo fatores como a preferência do consumidor por uma marca e o *market share* do anunciante influenciam a eficácia da propaganda comparativa?
- Sob quais condições específicas um anunciante deve usar a propaganda comparativa?

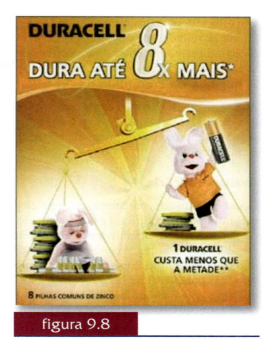

figura 9.8

**Exemplo de propaganda comparativa indireta.**

Pesquisadores realizaram inúmeros estudos que examinaram os processos pelos quais a propaganda comparativa opera, os resultados que ela produz e como seus efeitos contrastam com os produzidos por anúncios não comparativos.[88] As descobertas, às vezes, são inconclusas e até contraditórias. No entanto, é de se esperar a falta de resultados definitivos, porque a propaganda é um fenômeno complexo que varia de caso para caso no que se refere aos elementos de execução, aspectos demográficos do público, características da mídia e outros fatores. Todavia, um importante comentário sobre a pesquisa que testou a propaganda comparativa *versus* a não comparativa sugere as seguintes conclusões possíveis:[89]

- A propaganda comparativa é melhor para promover a lembrança do nome da marca.
- A propaganda comparativa é melhor para promover a lembrança dos argumentos da mensagem.
- A propaganda comparativa é considerada um tanto menos crível do que a não comparativa.
- A propaganda comparativa é responsável por gerar mais atitudes favoráveis com relação à marca anunciada, em especial quando se trata de uma marca nova (*versus* uma já estabelecida).
- A propaganda comparativa gera intenções mais fortes de comprar a marca anunciada.
- A propaganda comparativa gera mais compras.

Essa lista deixa evidente que existem muitas vantagens no uso da propaganda comparativa *versus* a não comparativa. Entretanto, como sempre acontece, uma forma de propaganda não é universalmente superior a outras em todas as circunstâncias. A seção seguinte identifica algumas questões específicas que devem ser consideradas antes de se optar pela propaganda comparativa.

## Considerações que ditam o uso da propaganda comparativa

### Fatores situacionais

As características do público, mídia, mensagem, empresa e produto desempenham um papel importante para determinar se a propaganda comparativa será mais eficaz que a não comparativa. Por exemplo, os anúncios comparativos parecem ser avaliados de forma menos favorável por pessoas que já têm uma preferência pela marca-alvo da comparação que por aquelas que não têm essa preferência.

### Vantagens distintas

A propaganda comparativa é particularmente eficaz para promover as marcas que possuem vantagens distintas sobre as concorrentes.[90] Quando uma marca tem uma vantagem distinta sobre as concorrentes, a propaganda comparativa propicia um método poderoso de mostrar essa vantagem. A propaganda da Philips (Figura 9.7) exemplifica esse ponto. Com relação à propaganda não comparativa, vimos também que a comparativa aumenta a similaridade percebida entre uma marca desafiante em uma categoria de produto e o líder da categoria.[91] Porém, as pesquisas também revelaram que os anúncios com comparação indireta podem ser mais eficazes que os diretamente comparativos em certas circunstâncias.

Um estudo demonstrou que os anúncios diretamente comparativos são mais eficazes que os indiretamente comparativos no que se refere ao posicionamento da marca como superior a uma concorrente *específica*, mas os anúncios com comparação indireta são melhores para posicionar a marca como superior a *todas as outras na categoria*.[92]

### A questão da credibilidade

A eficácia da propaganda comparativa aumenta quando as afirmações comparativas têm uma aparência mais crível. Há três modos de conseguir isso: (1) fazer que uma organização independente de pesquisa apoie as afirmações de superioridade; (2) apresentar impressionantes resultados de teste para apoiar as afirmações e (3) usar um endossante confiável como porta-voz.

### Avaliar a eficácia

Como os anúncios comparativos fazem alegações a favor de uma marca anunciada em relação a outra marca e como os consumidores decodificam essa informação comparativa de modo relativo, as técnicas de aferição para avaliar a eficácia da propaganda comparativa são muito sensíveis quando questões são *expressas de maneira relativa*. Ou seja, para uma sensibilidade máxima, o contexto da questão, ou frase, deve se identificar com a mentalidade decodificadora do consumidor. Por exemplo, com referência à campanha da Philips (Figura 9.7), existem duas questões *alternativas* que podem ser feitas para verificar se os consumidores percebem o aparelho de TV Philips como uma marca que oferece a melhor imagem: (1) Qual a probabilidade de que a imagem do televisor Philips seja muito boa? (estrutura *não relativa*); ou (2) Qual a probabilidade da imagem do televisor Philips seja melhor do que o da Sony, Samsung e LG? (estrutura *relativa*). Pesquisas revelaram que uma estrutura relativa é mais eficaz para avaliar as crenças dos consumidores depois que eles foram expostos aos anúncios comparativos.[93]

# Resumo

Este capítulo discutiu três tópicos gerais. A primeira seção focalizou os métodos que os anunciantes usam para promover a motivação, oportunidade e habilidade do público para processar as mensagens dos anúncios. Essa seção incluiu descrições e exemplos de esforços de propagandas para elevar a motivação dos consumidores a prestar atenção e processar as mensagens, medir o aumento da oportunidade dos consumidores de decodificar as informações e reduzir o processamento do tempo, além de técnicas usadas para aumentar a habilidade do consumidor em acessar estruturas de conhecimento e criar novas estruturas.

A segunda seção abordou o papel dos endossantes na propaganda. O modelo CESAR (confiabilidade, expertise, similaridade, atratividade física e respeito) forneceu o acrônimo para pensar sobre os atributos dos endossantes que desempenham um papel principal na determinação de sua eficácia. Os fatores a seguir parecem ser os mais importantes usados pelos gerentes de marca ao selecionar as celebridades endossantes: (1) identificação entre a celebridade e o público; (2) identificação entre a celebridade e a marca; (3) credibilidade da celebridade; (4) atratividade da celebridade; (5) considerações de custos; (6) fator da facilidade ou dificuldade do trabalho; (7) fator de saturação do endosso e (8) fator de probabilidade de criar problemas. A discussão sobre as celebridades endossantes indica que elas exercem uma forte influência sobre os consumidores por causa dos atributos de credibilidade e atratividade. A credibilidade funciona por meio do processo de internalização, ao passo que a atratividade opera por meio de um mecanismo de identificação.

Por fim, várias seções foram dedicadas a uma variedade de apelos das mensagens de propagandas. As técnicas de propagandas amplamente utilizadas que foram discutidas neste capítulo incluem humor, apelos ao medo, apelos à culpa, apelos sexuais, mensagens subliminares, o uso da música e anúncios comparativos. A discussão incluiu pesquisas empíricas e indicou os fatores envolvidos na seleção de cada um desses elementos da mensagem.

# Questões para discussão

1. Usando os conceitos de atratividade, expertise e confiabilidade, explique o que faz Gisele Bündchen ser um endossante eficaz (e extremamente bem pago!). Faça o mesmo para Malu Mader e Cesar Cielo.
2. Uma citação do filósofo Alfred North Whitehead foi apresentada neste capítulo: "Busque a simplicidade e desconfie dela". O que ela significa em termos de eficácia de apelos de propagandas específicos, como o uso do humor?
3. Encontre exemplos de anúncios em revistas que ilustrem cada um dos itens a seguir: (a) um esforço para aumentar a motivação dos consumidores a processar as informações sobre a marca e (b) uma tentativa de promover a oportunidade dos consumidores de decodificar as informações. Justifique por que os exemplos escolhidos são bons.
4. Encontre dois comerciais que ilustrem o aprendizado baseado em exemplos e explique por que eles promovem esse aprendizado.
5. A atratividade como um atributo dos endossantes inclui, mas não se limita, à aparência física. Muitos considerariam o astro do futebol britânico David Beckham (de *Bend*

*It Like Beckham*) atraente. De que outra maneira, além da aparência física, ele poderia ser considerado atraente?

6. Considerando o fator da probabilidade de criar problemas, identifique três artistas ou celebridades esportivas que você, como gerente de marca, relutaria em contratar para endossar sua marca por medo que eles se envolvessem em algum tipo de problema.
7. O jogador de futebol Ronaldo, o "fenômeno", trabalhou com endossante do refrigerante Guaraná Antarctica. Imagine que você é o gerente de marca do Guaraná Antarctica e foi incumbido de encontrar um substituto para Ronaldo. Quem você escolheria? Justifique a escolha.
8. Infomerciais são comerciais longos que geralmente duram de 30 a 60 segundos. Esses comerciais costumam ir ao ar antes ou depois do horário nobre e, frequentemente, promovem produtos para emagrecer, de cura para calvície e equipamentos para praticar exercícios. Esses infomerciais, na maioria das vezes, usam endossos de médicos e outros profissionais de saúde para apoiar as afirmações de eficácia das marcas promovidas. Usando os conceitos deste capítulo, explique por que os profissionais de saúde são usados nesse tipo de comercial.
9. Você provavelmente já viu uma série de anúncios de serviços públicos como os descritos na seção sobre apelos ao medo, para desencorajar beber antes de dirigir. Em sua opinião, essa forma de propaganda é eficaz para alterar o comportamento das pessoas de sua idade? Seja específico ao justificar a resposta.
10. O medo de contrair o vírus da Aids é relevante para muitos estudantes universitários. Sendo assim, você concordaria que um apelo ao medo relativamente fraco é suficiente para influenciar os estudantes a praticar o sexo seguro? Se você não concorda, então como conciliaria sua discordância com a explicação do grau de relevância?
11. Identifique três ou quatro produtos para os quais você acredita que o apelo à culpa seria uma abordagem viável para persuadir a aceitação da marca por parte do consumidor. Que tipo de produtos não se prestaria a estes apelos? Explique por que você acha que esses produtos seriam inapropriados.
12. Os consumidores, às vezes, consideram os comerciais de TV engraçados e agradáveis. Alguns críticos alegam que alguns comerciais podem chamar a atenção, mas com frequência são ineficazes para vender os produtos. Qual é o seu ponto de vista sobre a questão? Justifique sua posição?
13. Identifique dois ou três comerciais de TV que você considera humorísticos. O uso do humor é apropriado para a marca anunciada neles, considerando o provável público-alvo? Justifique suas respostas.
14. Identifique vários comerciais de TV ou anúncios de revista que usem apelos sexuais. Descreva cada anúncio e explique se o apelo ao sexo é apropriado ou não para a marca.
15. Comente a seguinte afirmação: "Há um uso excessivo do sexo na propaganda".
16. A música em comerciais comunica significados específicos aos ouvintes e espectadores. Em outras palavras, a música "fala" às pessoas, criando uma sensação de velocidade, excitação, tristeza, nostalgia etc. Identifique dois comerciais nos quais a música comunica uma emoção específica aos consumidores e que são significativos em sua memória. Explique os motivos.
17. Tire cópias de um ou dois exemplos de anúncios comparativos em revistas. Analise cada um explicando por que você acredita que o anúncio usou o formato comparativo e se você o considera eficaz. Justifique sua posição.

# Notas

1. Baseado em Geoffrey A. Fowler, Brian Steinberg e Aaron O. Patrick, *The Wall Street Journal*, 1º de março de 2007, B1.
2. A citação é atribuída ao matemático e filósofo britânico Alfred North Whitehead. A fonte original é desconhecida do autor.
3. Richard E. Petty e John T. Cacioppo, *Attitudes and Persuasion: Classic and Contemporary Approaches* (Dubuque, Iowa: Wm. C. Brown Company, 1981). Ver também Richard E. Petty, Rao H. Unnava, e Alan J. Strathman, "Theories of Attitude Change", in *Handbook of Consumer Behavior*, ed. T. S. Robertson e H. H. Kassarjian (Englewood Cliffs, N.J.: Prentice Hall, 1991), 241-80.
4. James R. Bettman, Mary Frances Luce e John W. Payne, "Constructive Consumer Choice Processes", *Journal of Consumer Research* 25 (dezembro de 1998), 193; Daniel Kahneman, *Attention and Effort* (Englewood Cliffs, N.J.: Prentice Hall, 1973).
5. Scott B. MacKenzie e Richard A. Spreng, "How Does Motivation Moderate the Impact of Central and Peripheral Processing on Brand Attitudes and Intentions?", *Journal of Consumer Research* 18 (março de 1992), 519-29.
6. Para uma leitura sobre o papel e a eficácia das perguntas retóricas na propaganda, ver uma série de artigos de Edward F. McQuarrie e David Glen Mick: "Figures of Rethoric in Advertising Language", *Journal of Consumer Research* 22 (março de 1996), 424-38; "Visual Rethoric in Advertising: Text Interpretive, Experimental, and Reader Response Analyses", *Journal of Consumer Research* (junho de 1999), 37-54; e "Visual and Verbal Rhetorical Figures under Directed Processing versus Incidental Exposure to Advertising", *Journal of Consumer Research* 29 (março de 2003), 579-87. Ver também Rohini Ahluwalia e Robert E. Burnkrant, "Answering Questions about Questions: A Persuasion Knowledge Perspective for Understanding the Effects of Rhetorical Questions", *Journal of Consumer Research* 31 (junho de 2004), 26-42.
7. Um artigo fascinante sobre o papel da repetição na propaganda é o de Prashant Malaviya, "The Moderating Influence of Advertising Context on Ad Repetition Effects: The Role of Amount and Type of Elaboration", *Journal of Consumer Research* 34 (junho de 2007), 32-40.
8. Erin White, "Found in Translation?" *Wall Street Journal Online*, 20 de setembro de 2004, http://online.wsj.com.
9. Jagdish Agrawal e Wagner A. Kamakura, "The Economic Worth of Celebrity Endorsers: An Event Study Analysis", *Journal of Marketing* 59 (julho de 1995), 56-62.
10. Therese A. Louie, Robert L. Kulik e Robert Johnson, "When Bad Things Happen to the Endorsers of Good Products", *Marketing Letters* 12 (fevereiro de 2001), 13-24.
11. Fonte: portal exame 2008: http://exame.abril.com.br/revista-exame/edicoes/0920/marketing/noticias/ivete-sangalo-vale-mais-que-sarah-jessica-parker-m0161497.
12. É importante observar que, embora essa discussão seja estruturada em termos das características dos endossantes, uma abordagem mais geral do tema se refere às características da fonte.

Para uma abordagem clássica do assunto, ver Herbert C. Kelman, "Processes of Opinion Change", *Public Opinion Quarterly* 25, (primavera de 1961), 57-78. Para uma abordagem mais atual, ver Daniel J. O'Keefe, *Persuasion Theory and Research* (Newbury Park, Calif.: Sage, 1990), cap. 8. Para uma discussão recente dos vários processos pelos quais a fonte de uma mensagem, como uma celebridade, influencia os consumidores, ver Yong-Soon Kang e Paul M. Herr, "Beauty and the Beholder: Toward an Integrative Model of Communication Source Effects", *Journal of Consumer Research* 33 (junho de 2006), 123-30.

13. Richard E. Petty, Thomas M. Ostrom e Timothty C. Brock, eds., *Cognitive Responses in Persuasion* (Hillsdale, N. J.: Lawrence Erlbaum Associates, 1981), 143.
14. Foi demonstrado, no entanto, que sob condições muito específicas, uma fonte menos confiável, embora especialista, pode ser mais eficaz do que uma fonte igualmente especialista, mas mais confiável. Isso acontece porque as pessoas tendem a pensar mais sobre os argumentos persuasivos apresentados por fontes menos confiáveis (*versus* mais confiáveis) e formam atitudes que são mantidas com mais força e relativamente mais resistentes à mudança. Ver Joseph R. Priester e Richard E. Petty, "The Influence of Spokesperson Trustworthiness on Message Elaboration, Attitude Strength and Advertising Effectiveness", *Journal of Consumer Psychology* 13, n. 4 (2003), 408-21.
15. Rohit Deshpande e Douglas Stayman, "A Tale of Two Cities: Distinctiveness Theory and Advertising Effectiveness", *Journal of Marketing Research* 31 (fevereiro de 1994), 57-64.
16. Lawrence Feick e Robin A. Higie, "The Effects of Preference Heterogeneity and Source Characteristics on Ad Processin and Judgments about Endorsers", *Journal of Current Issues and Research in Advertising* 22 (primavera 2000), 55-6.
17. Para informações sobre como medir a atratividade, ver Roobina Ohanian, "Construction and Validation of a Scale to Measure Celebrity Endorsers' Perceived Expertise, Trustworthiness, and Attractiveness", *Journal of Advertising* 19, n. 3 (1990), 39-52.
18. W. Benoy Joseph, "The Credibility of Physically Attractive Comunicators: A Review", *Journal of Advertising* 11, n. 3 (1982), 15-24; Lynn R. Kahe e Pamela M. Homer, "Physical Attractiveness of the Celebrity Endorser: A Social Adaptation Perspective", *Journal of Consumer Research* 11 (março de 1985), 954-61. Contudo, as evidências empíricas são confusas quanto ao fato de um endossante atraente beneficiar ou apenas quando existe uma boa identificação entre ele e a marca, ou se, alternativamente, um endossante atraente é mais benéfico para a marca independente de sua boa identificação com a marca. Para uma discussão, ver o comentário destes dois artigos: "The MatchUp Hypothesis: Physicall Attractiveness, Expertise, and the Role of Fito n Brand Attitude, Purchase Intent and Brand Beliefs", *Journal of Advertising* 29 (outono de 2000), 1-14; Michael A. Kamins, "An Investigation inte the "MatchUp" Hypothesis in Celebrity Advertising: When Beauty May Be Only Skin Deep", *Journal of Advertising* 19, n. 1 (1990), 4-13. Ver também John D. Mittlstaedt, Peter C. Riesz, e William J. Burns, "Why Are Endorsements Effective? Sorting among Theories of Poduct and Endorser Effects", *Journal of Current Issues and Research in Advertising* 22 (primavera de 2000), 55-66.
19. Dois estudos abordaram essa questão: B. Zafer Erdogan, Michael J. Baker e Stephen Tagg, "Selecting Celebrity Endorsers: The Pratictioner's Perspective", *Journal of Advertising Research* 41 (maio/junho 2001), 39-48; Alan R. Miciak e William L. Shanklin, "Choosing Celebrity Endorsers", *Marketing Management* 3 (inverno de 1994), 51-9.
20. Christine Bittar, "Cosmetic Changes Beyond Skin Deep", *Brandweek,* 17 de maio de 2004, 20.
21. Teri Agins, "Jeans Maker Tarrant Sues Singer Jessica Simpson", *The Wall Street Journal,* 12 de abril de 2006, B3.
22. Carolyn Tripp, Thomas D. Jensen e Les Carlson, "The Effects of Multiple Product Endorsement by Celebrities on Consumers' Attitudes and Intentions", *Journal of Consumer Research* 20 (março de 1994), 535-47.
23. Rich Thomaselli, "Dream Endorser", *Advertising Age,* 25 de setembro de 2006, 1, 37.
24. Por exemplo, ver Therese A. Louie e Carl Obermiller, "Consumer Response to a Firms's Endorser (Dis) Association Decisions", *Journal of Advertising* 31 (inverno de 2002), 41-52; Louie, Kulik e Johnson, "When Bad Things Happen"; Brian D. Till e Terence A. Shimp, "Endorsers in Advertising: The Case of Negative Celebrity Information", *Journal of Advertising* 27 (primavera de 1998), 67-82; e R. Bruce Money, Terence A. Shimp e Tomoaki Sakano, "Celebrity Endorsements in Japan and the United States: Is Negative Information All That Harmful?", *Journal of Advertising Research* 46 (março de 2006), 113-23.
25. Richard Tedesco, "Sacked", *Promo,* setembro de 2007, 22-31.
26. Judith A. Garretson e Scot Burton, "The Role of Spokescharacters as Advertisement and Package Cues in Integrated Marketing Communications", *Journal of Marketing* 69 (outubro de 2005), 118-32.
27. Marc Weinberger e Harlan Spotts, "Humor is U.S. versus U.K. TV Advertising", *Journal of Advertising* 18, n. 2 (1989), 39-44. Para uma discussão adicional sobre as diferenças entre a propaganda norte-americana e a britânica, ver Terence Nevett, "Difference between American and British Television Advertising: Explanations and Implications", *Journal of Advertising* 21 (dezembro de 1992), 61-71.
28. Dana L. Alden, Wayne D. Hoyer e Chol Lee, "Identifying Global and Culture-Specific Dimensions of Humor in Advertising: A Multinational Analysis, *Journal of Marketing* 57 (abril de 1993), 64-75.
29. Harlan E. Spotts, Marc G. Weinberger e Amy L. Parsons, "Assessing the Use and Impact of Humor on Advertisement Effectiveness: A Contingency Approach", *Journal of Advertising* 26 (outono de 1997), 17-32. Karen Flaherty, Marc G. Weinberger e Charles S. Gulas, "The Impact of Perceived Humor, Product Type, and Humor Style in Radio Advertisement", *Journal of Current Issues and Research in Advertising* 26 (primavera de 2004), 25-36.
30. Josephine L. C. M. Woltman Elpers, Ashesh Mukherjee e Wayne D. Hoyer, "Humor in Television Advertising: A Moment-to-Moment Analysis", *Journal of Consumer Research* 31 (dezembro de 2004), 592-98.
31. Para uma abordagem teórica formal, ver Dana L. Alden, Ashesh Mukherjee e Wayne D. Hoyer, "The Effects of Incongruity, Suprise and Positive Moderators on Perceived Humor in Television Advertising", *Journal of Advertising* 29 (verão de 2000), 1-16.
32. As diferenças no uso do humor pela mídia de propaganda são demonstradas por Marc G. Weinberger, Harlan Spotts, Leland Campbell e Amy L. Parsons, "The Use and Effects of Humor in Different Advertising Media", *Journal of Advertising Research* 35 (maio/junho de 1995), 44-56.
33. Um comentário completo das questões pode ser encontrado em dois textos valiosos: Paul Surgi Speck, "The Humorous Message Taxonomy: A Framework for the Study of Humorous Ads", *Current Issues and Research in Advertising,* vol. 3, ed. J. H. Leigh e C. R. Martin Jr. (Ann Arbor: Graduate School of Business Administration, University of Michigan, 1991), 1-44; Marc G. Weinberger e Charles S. Gulas, "The Impact of Humor in Advertising: A Review", *Journal of Advertising* 21 (dezembro de 1992), 35-59.
34. Thomas J. Madden e Marc G. Weinberger, "Humor in Advertising: A Practitioner View", *Journal of Advertising Research* 24, n. 4 (1984), 23-9.
35. Yong Zhang e George M. Zinkhan, "Responses to Humorous Ads", *Journal of Advertising* 35 (inverno de 2006), 113-28.
36. Baseado, em parte, em Weinberger e Gulas, "The Impact of Humor in Advertising: A Review", 56-7, e também em pesquisas mais recentes.
37. Thomas W. Cline e James J. Kellaris, "The Influence of Humor Strength and Humor-Message Relatedness on Ad Memorability", *Journal of Advertising* 36 (primavera de 2007), 55-68.
38. Para uma discussão acerca desse ponto, ver H. Shanker Krishnan e Dipankar Chakravarti, "A Process Analysis of the Effects of Humorous Advertising Executions on Brand Claims Memory", *Journal of Consumer Psychology* 13, n. 3 (2003), 230-45.
39. Thomas J. Madden e Marc G. Weinberger, "The Effects of Humor on Attention in Magazine Advertising", *Journal of Advertising* 11, n. 3 (1982), 4-14.

40. Amitava Chattopadhyay and Kunal Basu, "Humor in Advertising: The Moderating Role of Prior Brand Evaluation", *Journal of Consumer Research* 27 (novembro de 1990), 446-76.
41. Thomas W. Kline, Moses B. Altsech e James J. Kellaris, "When Does Humor Enhance or Inhibit Ad Responses? The Moderating Role of the Need for Humor", *Journal of Advertising* 32 (outono de 2003), 31-46; Cline and Kellaris, "The Influence of Humor Strength and Humor-Message Relatedness ons Ad Memorability".
42. Ver Yong Zhang, "Responses to Humorous Advertising: The Moderating Effect of Need for Cognition", *Journal of Advertising* 25 (primavera de 1996), 15-32; também Flaherty, Weinberger e Gulas, "The Impact of Perceived Humor, Product Type, and Humor Style in Radio Advertising".
43. Marianne Szegedy-Maszak, "Conquering Our Phobias: The Biological Underpinnings of Paralyzing Fears", *U.S. News & World Report,* 6 de dezembro de 2004, 67-74.
44. Por favor, observe que existe uma forma relacionada de propaganda conhecida como "propaganda de choque", que não apela ao medo em si, mas, deliberadamente, tem o objetivo de chocar e até ofender seu público. Pesquisas experimentais sobre esse tópico demonstraram que a propaganda de choque é talvez ainda melhor que os apelos ao medo para ativar a atenção e encorajar o público a ter comportamentos relevantes à mensagem. Ver Darren W. Dahl, Kristina D. Frankenberger e Rajesh V. Manchanda, "Does It Pay to Shock? Reactions to Shocking and Nonshocking Advertising Content among University Students", *Journal of Advertising Research* 43 (setembro de 2003), 268-80.
45. Essa é uma citação de Jerry Della Femina, um executivo e ex-redator de uma agência de propaganda muito conhecida. Citado por Emily DeNitto, "Healthcare Ads Employ Scare Tactics", *Advertising Age,* 7 de novembro de 1994, 12.
46. Hebert J. Rotfeld, "Fear Appeals and Persuasion: Assumptions and Errors in Advertising Research", *Current Issues and Research in Advertising*, vol. 11, ed. J. H. Leigh e C. R. Martin, Jr. (Ann Arbor: Graduate School of Business Administration, University of Michigan, 1988), 21-40.
47. Peter Wright, "Concrete Action Plans in TV Messages to Increase Reading of Drug Warnings", *Journal of Consumer Research* 6 (dezembro de 1979), 256-69. Para uma explicação sobre o mecanismo psicológico pelo qual a intensidade do medo opera, ver Punam Anand Keller e Lauren Goldberg Block, "Increasing the Persuasiveness of Fear Appeals: The Effect of Arousal and Elaboration", *Journal of Consumer Research* 22 (março de 1996), 448-59.
48. Para uma leitura adicional sobre o uso dos apelos ao medo em campanhas contra dirigir depois de beber, ver Karen Whitehill King e Leonard N. Reid, "Fear Arousing Anti-Drinking and Driving PSAs: Do Physical Injury Threats Influence Young Adults?", *Current Issues and Research in Advertising*, vol. 12, ed. J. H. Leigh and C. R. Martin, Jr. (Ann Arbor: Graduate School of Business Administration, University of Michigan, 1990), 155-75. Outros artigos relevantes acerca dos apelos ao medo incluem John F. Tanner, James B. Hunt, e David R. Eppright, "The Protection Motivation Model: Nominative Model of Fear Appeals", *Journal of Marketing* 55 (julho de 1991), 36-45; Tony L. Henthorne, Michael S. LaTour, e Rajan Natarajan, "Fear Appeals in Print Advertising: An Analysis of Arousal and Ad Response, *Journal of Advertising* 22 (junho de 1993), 59-70; e James T. Strong e Khalid M. Dubas, "The Optimal Level of Fear-Arousal in Advertising: An Empirical Study", *Journal of Current Issues and Research in Advertising* 15 (outono de 1993), 93-9.
49. Robert B. Cialdini, *Influence: Science and Practice,* 4ª ed. (Boston: Allyn & Bacon, 2001).
50. Jack W. Brehm, *A Theory of Psychological Reactance* (New York: Academic Press, 1996). Ver também Mona Clee e Robert Wicklund, "Consumer Behavior and Psychological Reactance", *Journal of Consumer Research* 6 (março de 1980), 389-405.
51. Ian Stewart, "Public Fear Sells in Singapore", *Advertising Age,* 11 de outubro de 1993, I8. Os habitantes de Cingapura fazem piadas de si mesmos a respeito de seu comportamento kiasu. "Sr. Kiasu" é um personagem popular de quadrinhos, e uma pequena indústria surgiu ao redor dele.
52. Carroll E. Izard, *Human Emotions* (Nova York: Plenum, 1977).
53. Robin Higie Coulter e Mary Beth Pinto, "Guilt Appeals in Advertising: What Are Their Effects?", *Journal of Applied Psychology* 80 (dezembro de 1995), 697-705; Bruce H. Huhmann e Timothy P. Brotherton, "A Content Analysis of Guilt Appeals in Popular Magazine Advertisements", *Journal of Advertising* 26 (verão de 1997), 35-46.
54. Huhmann e Brotherton, "A Content Analysis of Guilt Appeals in Popular Magazine Advertisements", 36.
55. June Cotte, Robin A. Coulter e Melissa Moore, "Enhancing or Disrupting Guilt: The Role of Ad Credibility and Perceived Manipulative Intent", *Journal of Business Research* 58 (março de 2005), 361-68.
56. Uma análise do conteúdo da propaganda em revistas indica que a porcentagem de anúncios com conteúdo sexual não mudou por um período de duas décadas. O que mudou, no entanto, foi que as ilustrações sexuais se tornaram mais abertas. Modelos femininos aparecem nuas, parcialmente nuas ou em poses sugestivas com frequência maior que os modelos masculinos. Ver Lawrence Soley e Gary Kurzbard, "Sex in Advertising: A Comparison of 1964 and 1984 Magazine Advertisements", *Journal of Advertising* 15, n. 3 (1986), 46-54.
57. Para uma variedade de perspectives sobre o papel do sexo na publicidade, ver Tome Reichert e Jacqueline Lambiase, eds., *Sex in Advertising: Perspectives on the Erotic Appeal* (Mahwah, N.J.: Lawrence Erlbaum, 2003).
58. Robert S. Baron, "Sexual Content and Advertising Effectiveness: Comments on Belch et al. (1981) and Caccavale et al. (1981)", in *Advances in Consumer Research,* vol. 9, ed. Andrew Mitchell (Ann Arbor, Mich.: Association for Consumer Research, 1982), 428.
59. Larry Percy, "A Review on Effect of Specific Advertising Elements upon Overall Communication Response", in *Current Issues and Research in Advertising*, vol. 2, ed. J. H. Leigh e C. R. Martin, Jr. (Ann Arbor: Graduate School of Business Administration, University of Michigan, 1983), 95.
60. David Richmond e Timothy P. Hartman, "Sex Appeal in Advertising", *Journal of Advertising Research* 22 (outubro/novembro de 1982), 53-61.
61. Michael S. LaTour, Robert E. Pitts e David C. Snook-Luther, "Female Nudity, Arousal, and Ad Response: An Experimental Investigation", *Journal of Advertising* 19, n. 4 (1990), 51-62.
62. Baron, "Sexual Content and Advertising Effectiveness", 428.
63. Robert A. Peterson and Roger A. Kerin, "The Female Role in Advertisements: Some Experimental Evidence", *Journal of Marketing* 41 (outubro de 1977), 59-63.
64. Jessica Severn, George E. Belch, e Michael A. Belch, "The Effects of Sexual and Nonsexual Advertising Appeals and Information Level on Cognitive Processing and Communication Effectiveness", *Journal of Advertising* 19, n. 1 (1990), 14-22.
65. Ira Teinowitz e Bob Geiger, "Suits Try to Link Sex Harassment Ads", *Advertising Age,* 18 de novembro de 1991, 48.
66. Jornal o Globo: http://oglobo.globo.com/economia/mat/2010/03/01/propaganda-da-cerveja-devassa-bem-loura-com-paris-hilton-retirada-do-ar-915962911.asp.
67. Três pesquisas demonstraram esse fato. Para o comentário mais recente a respeito dessas pesquisas, ver Martha Rogers e Kirk H. Smith, "Public Perceptions of Subliminal Advertising: Why Practitioners Shouldn't Ignore This Issue", *Journal of Advertising Research* 33 (março/abril de 1993), 10-8.
68. Martha Rogers e Christine A. Seiler, "The Answer is No: A National Survey of Advertising Industry Practitioners and Their Clients about Whether They Use Subliminal Advertising", *Journal of Advertising Research* 34 (março/abril de 1994), 36-45.
69. Essa descrição é adaptada de Martin P. Block e Bruce G. Vanden Bergh, "Can You Smell Subliminal Messages to Consumers?", *Journal of Advertising* 14, n. 3 (1985), 59.
70. O próprio Vicary reconheceu que o estudo que deu início ao furor original a respeito da propaganda subliminal foi baseado em uma quantidade muito pequena de dados para ser significativo. Ver Fred Danzig, "Subliminal Advertising – Today It's Just Historic Flashback for Researcher Vicary", *Advertising Age,* 17 de setembro de 1962, 42, 74.

71. Por exemplo, ver Sharon E. Beatty e Del I. Hawkins, "Subliminal Stimulation: Some New Data and Interpretation", *Journal of Advertising* 18, n. 3 (1989), 4-8.
72. Wilson B. Key, *Subliminal Seduction: Ad Media's Manipulation of a Not So Innocent America* (Nova York: Signet, 1972); *Media Sexploitation* (Nova York: Signet, 1976); *The Clam Plate Orgy: And Other Subliminal Techniques for Manipulating Your Behavior* (Nova York: Signet, 1980). Key depois escreveu *The Age of Manipulation: The Con in Confidence, the Sin in Sincere* (Nova York: Holt, 1989).
73. Para uma abordagem sofisticada da imagem visual e do simbolismo na propaganda (embora não tratando da propaganda subliminar em si), ver Linda M. Scott, "Images in Advertising: The Need for a Theory of Visual Rethoric", *Journal of Consumer Research* 21 (setembro de 1994), 252-73.
74. Ronnie Cuperfain e T. K. Clarke, "A New Perspective of Subliminal Perception", *Journal of Advertising* 14, n. 1 (1985), 36-41; Myron Gable, Henry T. Wilkens, Lynn Harris e Richard Feinberg, "An Evaluation of Subliminally Embedded Sexual Stimuli in Graphics", *Journal of Advertising* 16, n. 1 (1987), 26-31; William E. Kilbourne, Scott Painton e Danny Ridley, "The Effect of Sexual Embedding on Responses to Magazine Advertisements", *Journal of Advertising* 14, n. 2 (1985), 48-56.
75. Para uma discussão acerca das dificuldades práticas da implementação da propaganda subliminar e a eficácia questionável dessa técnica de propaganda, ver Timothy E. Moore, "Subliminal Advertising: What You See Is What You Get", *Journal of Marketing* (primavera de 1982). 41; e Joel Saegert, "Why Marketing Should Quit Giving Subliminal Advertising the Benefit of the Doubt", *Psychology & Marketing* 4 (verão de 1987), 107-20.
76. Moore, "Subliminal Advertising: What You See Is What You Get", 46.
77. Para uma abordagem acessível da questão da motivação e comportamento automáticos ou não controlados, ver John A. Bargh, "Losing Consciousness: Automatic Influences on Consumer Judgment, Behavior, and Motivation", *Journal of Consumer Research* 29 (setembro de 2002), 280-85. Ver também John A. Bargh e Tanya L. Chartrand, "The Unbearable Automaticity of Being", *American Psychologist* 54 (julho de 1999), 462-79.
78. Filme disponível em http://www.youtube.com/watch?v=s1Qkbcd D8p8. Acesso em: novembro de 2010.
79. Comentários muito bons acerca das diversas funções da música na propaganda podem ser encontrados em Gordon C. Bruner II, "Music, Mood, and Marketing", *Journal of Marketing* 54 (outubro de 1990) 94-104; Linda M. Scott, "Understanding Jingles and Needledrop: A Rethorical Approach to Music in Advertising", *Journal of Consumer Research* 17 (setembro de 1990), 223-36; Deborah J. MacInnis e C. Whan Park, "The Differential Role of Characteristics of Music on High and Low-Involvement Consumers' Processing of Ads", *Journal of Consumer Research* 18 (setembro de 1991), 161-73; James J. Kellaris and Robert J. Kent, "The Influence of Music on Consumers' Temporal Perceptions: Does Time Fly When You're Having Fun?", *Journal of Consumer Psychology* 1, n. 4 (1992), 365-76; James J. Kellaris, Anthony D. Cox e Dena Cox, "The Effect of Background Music on Ad Processing: A Contingency Explanation", *Journal of Marketing* 57 (outubro de 1993), 114-25; James J. Kellaris e Robert J. Kent, "An Exploratory Investigation of Responses Elicited by Music Varying in Tempo, Tonality, and Texture", *Journal of Consumer Psychology* 2, n. 4 (1993), 381-402; Kineta Hung, "Framing Meaning Perceptions with Music: The Case of Teaser Ads", *Journal of Advertising* 30 (outono de 2001), 39-50; Michelle L. Roehm, "Instrumental vs. Vocal Versions of Popular Music in Advertising", *Journal of Advertising Research* 41 (maio/junho de 2001), 49-58; Rui (Juliet) Zhu e Joan Meyers-Levy, "Distinguishing between the Meanings of Music: When Background Music Affects Product Perceptions", *Journal of Marketing Research* 42 (agosto de 2005), 333-45; e Steve Oakes, "Evaluating Empirical Research into Music in Advertising: A Congruity Perspective", *Journal of Advertising Research* 47 (março de 2007), 38-50.
80. Gerald G. Gorn, "The Effects of Music in Advertising on Choice Behavior: A Classical Conditioning Approach", *Journal of Marketing* 46 (inverno de 1982), 94-101.
81. Tecnicamente, esse estudo é mais bem caracterizado como uma pesquisa sobre o condicionamento avaliatório que uma aplicação do condicionamento clássico (de Pavlov). Para um comentário acerca do condicionamento avaliatório, ver Bryan Gibson, "Can Evaluative Conditioning Change Attitudes toward Mature Brands? New Evidence from the Implicit Association Test", *Journal of Consumer Research* 35 (junho de 2008), 178-88.
82. Uma réplica desse estudo não conseguiu obter evidência que o apoiasse, colocando, portanto, em dúvida a habilidade para generalizar a partir da pesquisa anterior de Gorn. Ver James J. Kellaris e Anthony D. Cox, "The Effects of Background Music in Advertising", *Journal of Consumer Research* 16 (junho de 1989), 113-18.
83. Thomas O'Guinn; Chris Allen; Richard Semenik. *Propaganda e promoção integrada de marca*. 4a. edição. São Paulo: Cengage, 2008, 344
84. Ver Darrel D. Muehling, Donald E. Stem Jr. e Peter Raven, "Comparative Advertising: View from Advertisers, Agencies, Media, and Policy Makers", *Journal of Advertising Research* 29 (outubro/novembro de 1989), 38-48.
85. Naveen Donthu, "A Cross-Country Investigation of Recall of and Attitude toward Comparative Advertising", *Journal of Advertising* 27 (verão de 1998), 111-22.
86. O código de autorregulamentação está disponível em http://www.conar.org.br/. Acesso em: novembro de 2010.
87. Essas perguntas são adaptadas de Stephen B. Ash e ChowHou Wee, "Comparative Advertising: A Review with Implications for Further Research", in *Advances in Consumer Research*, vol. 10, ed. R. P. Bagozzi e A.M. Tybout (Ann Arbor, Mich.: Association for Consumer Research, 1983), 374.
88. Uma amostragem de uma pesquisa importante sobre a propaganda comparativa inclui: Cornelia Droge e Rene Y. Darmon, "Associative Positioning Strategies through Comparative Advertising: Attribute versus Overall Similarity Approaches", *Journal of Marketing Research* 24 (novembro de 1987), 377-88; Cornelia Pechmann e David W. Stewart, "The Effects of Comparative Advertising on Attention, Memory, and Purchase Intentions", *Journal of Consumer Research* 17 (setembro de 1990), 180-91; Cornelia Pechmann e S. Ratneshwar, "The Use of Comparative Advertising for Brand Positioning: Association versus Differentiation", *Journal of Consumer Research* 18 (setembro de 1991), 145-60; Cornelia Pechmann e Gabriel Esteban, "Persuasion Processes Associated with Direct Comparative and Noncomparative Advertising and Implications for Advertising Effectiveness", *Journal of Consumer Psychology* 2, n. 4 (1993), 403-32; Randall L. Rose, Paul W. Miniard, Michael J. Barone, Kenneth C. Manning e Brian D. Till, "When Persuasion Goes Undetected: The Case of Comparative Advertising", *Journal of Marketing Research* 30 (agosto de 1993), 315-30; Shailendra Pratap Jain, Bruce Buchanan e Durairaj Maheswaran, "Comparative versus Noncomparative Advertising: The Moderating Impact of Prepurchase Attribute Verifiability", *Journal of Consumer Psychology* 9, n. 4 (2000), 201-12; Shi Zhang, Frank R. Kardes e Maria L. Cronley, "Comparative Advertising: Effects of Structural Alignability on Target Brand Evaluations", *Journal of Consumer Psychology* 12, n. 4 (2002), 301-12; Michel J. Barone, Kay M. Palan e Paul W. Miniard, "Brand Usage and Gender as Moderators of the Potential Deception Associated with Partial Comparative Advertising", *Journal of Advertising* 33 (primavera de 2004), 19-28.
89. Dhruv Grewal, Sukuman Kavanoor, Edward F. Fern, Carolyn Costley e James Barnes, "Comparative versus Noncomparative Advertising: A Meta-Analysis", *Journal of Marketing* 61 (outubro de 1997), 1-15.
90. Terence A. Shimp e David C. Dyer, "The Effects of Comparative Advertising Mediated by Market Position of Sponsoring Brand", *Journal of Advertising* 7, n. 3 (1978), 13-9.
91. Gerald J. Gorn e Charles B. Weinberg, "The Impact of Comparative Advertising on Perception and Attitude: Some Positive Findings", *Journal of Consumer Research* 11 (setembro de 1984), 719 -27.
92. Paul W. Miniard, Michael J. Barone, Randall L. Rose e Kenneth C. Manning, "A Further Assessment of Indirect Comparative

Advertising Claims of Superiority Over All Competitors", *Journal of Advertising* 35 (inverno de 2006), 53-64.
93. Rose, Miniard, Barone, Manning e Till, "When Persuasion Goes Undetected: The Case of Comparative Advertising"; Paul W. Miniard, Randall L. Rose, Michael J. Barone e Kenneth C. Manning, "On the Need for Relative Measures When Assessing Comparative Advertising Effects", *Journal of Advertising* 22 (setembro de 1993), 41-57. Para uma explicação alternativa da razão pela qual as mensagens com estrutura relativa são mais eficazes, ver Zhang, Kardes e Cronley, "Comparative Advertising: Effects of Structural Alignability on Target Brand Evaluations".

# 10
# Medindo a eficácia da mensagem de propaganda

Em seus estudos de milhares de comerciais de TV que foram ao ar em diversos países, a Millward Brown, empresa global de pesquisas em comunicação, determinou que comerciais "assistíveis" – aqueles que envolvem o espectador e são agradáveis de ver – são muito mais lembrados que os comerciais comuns e têm mais probabilidade de motivar as vendas.[1] Mas o que faz que um comercial seja mais agradável de assistir que outros? Com base nas pesquisas da Millward Brown, estas são algumas das características que distinguem comerciais mais agradáveis dos menos agradáveis:

**Humor:** O humor na propaganda, quando usado com eficácia, é um elemento-chave determinante da qualidade do comercial agradável de assistir. O humor aumenta o envolvimento e a alegria do espectador.

**Música:** A música é apresentada com proeminência em praticamente 50% dos comerciais classificados como agradáveis de assistir; em comparação, os comerciais comuns enfatizam a música apenas cerca de 20% do tempo.

**Vozes de fundo:** Comerciais agradáveis de assistir raramente incluem vozes contínuas de fundo (apenas 10% do tempo), ao passo que comerciais comuns usam essa técnica com frequência (50% do tempo). Os comerciais agradáveis tendem a usar as vozes de fundo apenas no fim.

**Ritmo:** Os comerciais agradáveis de assistir costumam ter um ritmo mais rápido em comparação aos comuns.

**Coisinhas bonitinhas:** Comerciais que incluem crianças ou animais – bebês dormindo, brincando, aprendendo a andar; cãezinhos fazendo folia, mordendo coisas e dormindo – tendem a ser mais agradáveis, principalmente porque essas "coisinhas bonitinhas" aumentam o prazer de assistir, ainda que não necessariamente o envolvimento.

Para que os comerciais de TV sejam bem-sucedidos, é fundamental que a atenção do espectador seja captada e mantida. Muitos comerciais iniciam a atenção involuntária usando sons altos ou luzes brilhantes, mas esses recursos não necessariamente aumentam o envolvimento ou o prazer do espectador. Além do mais, outros comerciais podem ser agradáveis de ver, mas não são particularmente envolventes, nem fazem uma boa ligação da imagem com a marca anunciada. O conceito de habilidade em ser agradável de assistir é relativamente novo na propaganda. Seu ponto de ênfase é que um comercial eficaz, de impacto, deve ser envolvente e agradável.

Isso, então, nos leva ao tópico deste capítulo: É necessária uma pesquisa para testar comerciais antes que eles sejam impressos ou colocados no ar (pesquisa de pré-teste) e depois que eles aparecem em revistas e jornais, ou na televisão e rádio (pesquisa de pós-

-teste). Os anunciantes não podem presumir que as execuções criativas serão eficazes; em vez disso, eles devem testar os anúncios quanto à eficácia. A habilidade de ser agradável de assistir é apenas um dos vários indicadores da eficácia dos anúncios.

## Objetivos do capítulo

*Após ler este capítulo, você será capaz de:*

1. Explicar a razão e a importância da pesquisa da mensagem.

2. Descrever as várias técnicas de pesquisa usadas para medir o reconhecimento e lembrança dos consumidores quanto às mensagens de propagandas.

3. Ilustrar as medidas das reações emocionais aos anúncios.

4. Explicar o papel da medida de persuasão, incluindo pré e pós-testes da preferência do consumidor.

5. Explicar o significado e a operacionalização das avaliações de eficácia de propaganda feitas com fonte única.

6. Examinar algumas conclusões-chaves referentes à eficácia da propaganda na televisão.

>>**Dica de comar:**
O que torna um comercial agradável de assitir?

# Introdução à pesquisa de propaganda

Os dois capítulos anteriores examinaram o papel da criatividade de propaganda (Capítulo 8) e abordou o papel dos endossantes e formas de execução de propaganda – humor, apelos sexuais, apelos à culpa etc. (Capítulo 9). Uma proposição de valor bem definida é a chave para a eficácia dos anúncios, mas existem modos diferentes de fazer as coisas, ou seja, tipos diferentes de estratégias de propaganda criativa (por exemplo, USP, imagem da marca e genérico) e diferentes estratégias de mensagens podem realizar os importantes objetivos da comar descritos no Capítulo 6. Em resumo, os gerentes de marca e suas agências de propaganda têm muitas opções ao criar as mensagens de propagandas.

Ao mesmo tempo, a equipe de gerência de marketing é responsável por pesquisar se os anúncios propostos têm boa chance de serem bem-sucedidos *antes* de investir dinheiro em comerciais impressos, TV ou rádio. Seria, em outras palavras, presunçoso, ou precipitado na melhor das hipóteses, presumir que um anúncio proposto será bem-sucedido sem nenhuma evidência com base em pesquisas. A demanda por *prestação de contas* que prevalece nos negócios (lembre-se da discussão no Capítulo 2) necessita que os comerciais sejam testados antes que sejam colocados na mídia, e novamente durante ou depois do período no qual foram impressos ou transmitidos.

A prática sensata de negócios requer que sejam feitos esforços para determinar se as despesas com propaganda são justificadas, especialmente considerando a quantidade de dinheiro investido no setor tanto no Brasil quanto nos Estados Unidos ou em outros países. Assim, uma quantidade significativa de tempo e dinheiro é gasta para testar a eficácia da mensagem. Este capítulo analisa algumas das técnicas mais importantes usadas na pesquisa de propaganda. Antes de prosseguirmos, duas considerações são importantes: 1) muitas das técnicas e métodos de medição usados para propaganda também podem ser aplicados para outras formas de Comar com as devidas contextualizações. Uma referência sobre esse tema é o método de mensuração de Comar a partir de indicadores de performance;[2] 2) apesar de algumas formas de mensuração apresentadas não serem adotadas no Brasil, elas são abordadas, pois acreditamos que é só uma questão de tempo para termos essas formas ou outras similares por aqui também.

## Não é fácil nem barato

Medir a eficácia da mensagem é uma tarefa difícil e dispendiosa. Não obstante, o valor obtido com o esforço compensa as desvantagens. Na falta de uma pesquisa formal, muitos anunciantes não têm como saber se as mensagens de propagandas propostas serão eficazes ou se a campanha em questão está produzindo resultados; também seria impossível saber o que mudar para melhorar esforços futuros. A pesquisa de propaganda capacita a gerência a aumentar as contribuições para o setor para realizar os objetivos de marketing e proporcionar um razoável retorno sobre os investimentos.

A pesquisa contemporânea de mensagens remonta ao século XIX, quando medidas de lembrança e memória eram obtidas como indicadores da eficácia de anúncios impressos.[3] Hoje, a maioria dos anunciantes nacionais sequer considera colocar um comercial na TV ou em uma revista sem testá-lo antes. Uma pesquisa, realizada com os maiores anunciantes e agências de propaganda, determinou que mais de 80% dos participantes pré-testam os comerciais de TV antes de colocá-los no ar nacionalmente.[4] De modo curioso, esses comerciais são testados de forma preliminar, e não como versões finais. O propósito de testar os comerciais dessa forma é o de possibilitar um meio econômico de filtrar ideias ruins, gerando despesas muito mais baixas que as necessárias para desenvolver comerciais finalizados.[5] As pesquisas mostraram que os resultados obtidos com testes de comerciais ainda não terminados se aproximam muito daqueles obtidos com testes de comerciais finalizados.[6]

## O que a pesquisa de propaganda envolve?

A pesquisa de propaganda envolve uma variedade de propósitos, métodos, medidas e técnicas. Falando de modo geral, podemos distinguir duas formas gerais de pesquisa: medidas de *eficácia da mídia* e medidas de *eficácia da mensagem*. Os capítulos subsequentes abordarão o tema da eficácia da mídia; este capítulo foca exclusivamente as medidas de *eficácia da mensagem*.

Alcançar a percepção da marca, comunicar ideias, influenciar atitudes, criar reações emocionais e afetar as escolhas de compra são os vários focos da pesquisa da mensagem. Em resumo, a **pesquisa da mensagem** é realizada para testar a eficácia das mensagens de propagandas. (A pesquisa da mensagem também é chamada *pesquisa do texto* ou *teste do texto*, mas esses termos são muito limitadores considerando que a pesquisa da mensagem envolve o teste de todos os aspectos dos anúncios, não apenas o material de texto.)

Há quatro estágios nos quais a pesquisa da mensagem pode ser conduzida: (1) no estágio do desenvolvimento do texto; (2) no estágio de "rascunho" (ou seja, nas formas pré-finalizadas como os *animatics* e *photomatics*, veja a seção *Foco CIM*); (3) no estágio de produção final, mas antes de colocar o anúncio em revistas, na TV ou em outra mídia; e (4) depois que o anúncio foi veiculado.[7] Em outras palavras, a pesquisa de propaganda envolve o *pré-teste* das mensagens durante os estágios de desenvolvimento (antes da veiculação na mídia) e o *pós-teste* da eficácia das mensagens (depois que foram veiculadas). O pré-teste é feito para eliminar anúncios ineficazes antes que eles sejam divulgados, ao passo que o pós-teste é conduzido para determinar se as mensagens alcançaram os objetivos desejados.

*Medindo a eficácia da mensagem de propaganda*

## foco c.i.m.

### Testando comerciais na forma pré-finalizada

Uma agência de propaganda opera a partir de um *briefing* que foi desenvolvido em conjunto com o gestor da marca do cliente. Como descrevemos no Capítulo 8, o *briefing* é um documento com o objetivo de inspirar, especialmente, os criadores (redatores e diretores de arte) a canalizar seus esforços criativos para uma solução que atenderá aos interesses do cliente. O *briefing* representa um pacto formal entre o cliente e a agência, que garante a concordância sobre os objetivos de uma campanha. Entre outras características, o *briefing* identifica o posicionamento da marca, a estratégia geral de marketing para a marca e uma declaração da proposição-chave de valor da marca. A partir desse *briefing*, criadores e outros profissionais da agência desenvolvem duas ou mais criações executivas que são consideradas adequadas para realizar os objetivos propostos. No entanto, em vez de produzir imediatamente um comercial finalizado, que pode facilmente custar $ 500 mil ou mais, é mais prático e eficiente em termos de custo testar o conceito do comercial em uma forma pré-finalizada. Existem cinco formas pré-finalizadas que são testadas na pesquisa de comerciais de TV. A forma mais distante de um comercial finalizado é o *storyboard*, ao passo que as outras formas são mais parecidas com um comercial produzido, à medida que progredimos da forma *animatics* para a versão *liveamatics*. Cada uma dessas formas é descrita brevemente a seguir:

1. *Storyboards:* essa versão pré-finalizada apresenta uma série de estruturas-chave visuais e o *script* correspondente do áudio, como uma espécie de história em quadrinhos. A sequência de estruturas visuais é literalmente colada em um painel do tipo pôster – daí o nome *storyboard*. A versão *storyboard*, ao contrário de um comercial dinâmico, é completamente estática. Desenhos das pessoas substituem os atores ou celebridades reais que, por fim, aparecerão no comercial finalizado. O teste dos *storyboards* geralmente é feito focando pequenos grupos de foco com pequenos grupos de consumidores.
2. *Animatics:* é um filme ou gravação em vídeo de uma sequência de desenhos com áudio simultâneo, para representar o comercial proposto. A versão *animatic* mantém a natureza primitiva do *storyboard*, mas incorpora um elemento de dinamismo gravando a sequência dos desenhos.
3. *Photomatics:* uma sequência de fotos é filmada ou gravada em vídeo e acompanhada de áudio para representar o comercial proposto. Essa versão é bem mais realista porque são exibidas fotos de pessoas reais em vez de, como no caso do *storyboard* ou *animatics*, mostrar apenas desenhos representando pessoas.
4. *Ripomatics* (também chamada *steal-o-matics*): são feitas filmagens de comerciais existentes e depois elas são juntadas para representar o comercial proposto. Portanto, a versão *ripomatics* capta o realismo de um comercial verdadeiro, mas não requer as altas despesas associadas à filmagem de um comercial original.
5. *Liveamatics:* essa versão pré-finalizada requer a filmagem ou gravação em vídeo do elenco ao vivo para representar o comercial proposto. É a versão mais próxima de um comercial finalizado, embora não represente por completo o elenco nem os cenários reais que serão usados no comercial finalizado.

*Fontes*: Adaptado de David Olson, "Principles of Measuring Advertising Effectiveness," American Marketing Association, http://www.marketingpower.com. (Acesso em: 14 de outubro de 2004); e Karen Whitehill King, John D. Pehrson e Leonard N. Reid, "Pretesting TV Commercials: Methods, Measures, and Changing Agency Roles", *Journal of Advertising* 22 (setembro de 1993), 85–97.

Às vezes, a pesquisa é feita sob condições naturais e outras vezes em situações simuladas ou de laboratório. As medidas de eficácia variam de instrumentos de papel e lápis (como escalas de atitudes) a dispositivos fisiológicos (como os pupilômetros que medem o movimento dos olhos). É importante deixar claro que não há uma única forma abrangente de pesquisa de mensagem. Pelo contrário, as medidas da eficácia dos comerciais são tão variadas quanto as perguntas que os anunciantes e suas agências desejam que sejam respondidas.

## Padrões do setor para a pesquisa de mensagem

Embora a pesquisa com base na mensagem prevaleça, grande parte dela não é da melhor qualidade. Às vezes, não fica claro o que exatamente a pesquisa está tentando aferir; as medidas com frequência deixam de satisfazer os requisitos básicos de uma pesquisa séria, e os resultados ocasionalmente têm pouco a dizer quanto à possibilidade de os anúncios testados serem eficazes.

Os membros da comunidade de pesquisa de propaganda têm consciência desses problemas e buscam um padrão mais alto de desempenho por parte dos pesquisadores. As agências de propaganda formularam um importante documento chamado Teste de posicionamento do texto de propaganda **(Positioning Advertising Copy Testing – PACT)**, para contornar o problema da pesquisa medíocre ou com falhas. O documento é dirigido principalmente à propaganda na TV, mas é relevante para o teste em todos os tipos de mídia.

O documento PACT consiste em nove princípios de teste de mensagem.[8] Mais que simples pronunciamentos, esses princípios representam guias úteis sobre como a pesquisa de propaganda deve ser conduzida. Não é necessário memorizá-los; seu objetivo em ler os princípios deve ser apenas o de entender o que constitui uma boa prática de pesquisa de mensagem. (Note que os criadores dos princípios do PACT usam o termo *teste do texto* em vez de *pesquisa de mensagem*. As descrições a seguir mantêm o uso dessa expressão, embora, como já dissemos, pesquisa de mensagem seja uma denominação mais apropriada.)

### Princípio 1

Um bom sistema de teste do texto precisa fornecer medidas que sejam *relevantes aos objetivos de propagandas*. Os objetivos específicos que uma campanha de propaganda precisa alcançar (como criar a percepção da marca, influenciar a imagem dela ou gerar um sentimento caloroso para com ela) devem ser a primeira consideração para determinar os métodos de avaliar a eficácia da propaganda. Por exemplo, se o objetivo de uma campanha específica for o de evocar fortes reações emocionais dos espectadores, uma medida de percepção da marca seria insuficiente para determinar se a mensagem foi bem-sucedida na realização do objetivo.

### Princípio 2

Um bom sistema de teste de texto *requer concordância, antes de cada teste específico, sobre como os resultados serão usados*. Especificar o uso dos resultados da pesquisa antes de coletar os dados garante que todas as partes envolvidas (anunciante, agência e empresa de pesquisa) concordem quanto aos objetivos da pesquisa e reduz a chance de interpretações conflituosas dos resultados.

### Princípio 3

Um bom sistema de teste do texto fornece *medidas múltiplas* porque medidas únicas são geralmente inadequadas para avaliar a totalidade do desempenho de um anúncio.

O processo pelo qual os anúncios influenciam os consumidores é complexo; por isso, medidas múltiplas são mais adequadas que as medidas únicas para captar os vários efeitos da propaganda.

### Princípio 4

Um bom sistema de teste do texto é baseado em um *modelo de reação humana às comunicações* – a recepção de um estímulo, a compreensão e a resposta a ele. Como os comerciais variam quanto ao impacto que objetivam causar, um bom sistema de teste de texto é capaz de responder a perguntas padronizadas ao modelo subjacente de comportamento. Por exemplo, se os consumidores compram determinado produto por razões principalmente emocionais, a pesquisa de mensagem deve usar uma medida adequada de resposta emocional em vez de simplesmente medir a lembrança de pontos do texto. É interessante notar que a pesquisa de mensagem historicamente foca em excesso o aspecto racional, cognitivo do comportamento humano, e dá atenção insuficiente para emoções e sentimentos – fatores que são cada vez mais reconhecidos por estudiosos e profissionais da área como sendo tão importantes, se não mais influentes, quanto a cognição ao motivar o comportamento do consumidor.[9] Uma discussão posterior abordará o papel da emoção na propaganda e na pesquisa de propaganda baseada na mensagem.

### Princípio 5

Um bom sistema de teste do texto permite considerar *se o estímulo de propaganda deve ser exposto mais de uma vez*. Esse princípio aborda a questão se uma única exposição (mostrar o anúncio ou comercial apenas uma vez) propicia um teste suficiente de impacto potencial. Como múltiplas exposições são com frequência necessárias para que os anúncios produzam seus efeitos completos, a pesquisa de mensagem deve expor um comercial teste aos participantes em duas ou mais ocasiões em que a situação de comunicação exige tal procedimento.[10] Por exemplo, uma única exposição teste é provavelmente insuficiente para determinar se um anúncio comunica com sucesso um benefício complexo. Por sua vez, uma exposição única pode ser adequada se um comercial tiver o objetivo de criar a percepção do nome para uma marca nova.

### Princípio 6

Um bom sistema de teste do texto reconhece que uma parte finalizada do texto pode ser avaliada com mais profundidade; portanto, um bom sistema requer, no mínimo, que *execuções alternativas sejam testadas com o mesmo grau de finalização*. Os resultados dos testes costumam variar dependendo do grau de finalização, como ao se testar uma versão *photomatic* ou *ripomatic* de um comercial de TV. Às vezes, a quantidade de informação perdida em um teste de um anúncio ainda não finalizado não gera consequências, mas, outras vezes, é crítica.

### Princípio 7

Um bom sistema de teste do texto *propicia controles para evitar a parcialidade normalmente encontrada no contexto da exposição*. O contexto no qual um anúncio está inserido (por exemplo, a concentração, ou falta de concentração, em uma revista) terá um impacto substancial sobre como ele é recebido, processado e aceito. Por essa razão, os procedimentos de teste do texto devem tentar duplicar o contexto final de um anúncio ou comercial.

### Princípio 8

Um bom sistema de teste do texto leva em conta *considerações básicas sobre a definição de amostra*. Isso requer que a amostra seja representativa do público-alvo para o qual os resultados dos testes devem ser generalizados, e que o tamanho da amostra seja grande o suficiente para permitir conclusões estatísticas confiáveis.

### Princípio 9

Por fim, um bom sistema de teste do texto pode *demonstrar confiabilidade e validade*. Confiabilidade e validade são requisitos básicos de qualquer pesquisa. Aplicadas à pesquisa de mensagem, um teste confiável gera resultados consistentes todas as vezes que um anúncio é testado; e um teste válido prevê o desempenho no mercado.

Esses princípios estabelecem um conjunto de padrões para a comunidade de pesquisa de propaganda e devem ser considerados obrigatórios se a eficácia da propaganda deve ser testada de modo significativo.

## O que os gerentes de marca e as agências querem descobrir com a pesquisa de mensagem?

Como vimos no Capítulo 2, os esforços da comar são direcionados à promoção do *brand equity* com a expectativa de que o valor promovido levará ao aumento nas vendas e na participação de mercado da marca. Você deve se lembrar, da discussão no Capítulo 2, que o *brand equity*, do ponto de vista do consumidor, consiste em dois elementos: *percepção da marca* e *imagem da marca*. O papel da propaganda é, portanto, aumentar a percepção da marca, alterar a atitude com base na marca e as associações de benefício que constituem a imagem da marca, e, por fim, aumentar a venda e o *market share* da marca. Por isso, a pesquisa de mensagem é necessária para fornecer uma informação diagnóstica a respeito da potencial promoção do valor e da expansão de vendas (pesquisa pré-teste) de um anúncio e para determinar se um anúncio finalizado realmente realizou esses objetivos (pesquisa pós-teste).

Antes de continuar, é importante notar que os membros da comunidade de propaganda tentaram por muitos anos verificar quais medidas de propaganda preveem melhor a eficácia da propaganda. Um estudo particularmente digno de nota foi financiando pela influente Advertising Research Foundation (ARF), o qual avaliou quais das 35 medidas diferentes melhor preveem a eficácia dos comerciais de TV sobre as vendas.[11] Embora represente um esforço heroico, os resultados do Copy Research Validity Project, da ARF, são inconclusos e controversos.[12] Talvez a única conclusão definitiva a que podemos chegar é que *nenhuma medida em particular é mais apropriada ou universalmente melhor*. Cada situação de anúncio da marca requer uma avaliação cuidadosa dos objetivos desejados e o uso de métodos de pesquisa apropriados para determinar se esses objetivos foram alcançados.

Devido ao escopo das técnicas de pesquisa de propaganda em uso, seria impossível, neste capítulo, apresentar uma abordagem completa. Literalmente dúzias de métodos para medir a eficácia das mensagens apareceram nos últimos anos, e muitas empresas se especializaram em mediar a eficácia da propaganda – empresas como Starch Readership Service, Bruzzone Research Company, Millward Brown, Ameritest, Gallup & Robinson, Mapes and Ross, Ipsos-ASI, ARSgroup etc.

# Duas formas gerais de pesquisa de mensagem

Falando de modo geral, a pesquisa de mensagem aparece em duas formas gerais: qualitativa e quantitativa. Descreveremos em primeiro lugar e brevemente a pesquisa qualitativa, e depois daremos mais atenção aos métodos quantitativos. Isso não significa que eles sejam mais importantes, mas o fato é que a pesquisa quantitativa domina o cenário de propaganda e tem uma história mais estabelecida de uso em comparação aos procedimentos qualitativos.

## Pesquisa qualitativa de mensagem

Essa forma de pesquisa é chamada *qualitativa* porque não é baseada na produção de resultados numéricos e análises estatísticas relacionadas ao texto de propaganda e às reações das pessoas ao texto. Em vez disso, a pesquisa qualitativa se concentra em gerar percepções e interpretações daqueles elementos de propagandas que influenciam as reações das pessoas aos anúncios. O método *focus group* representa uma forma de pesquisa de propaganda qualitativa. Por exemplo, os participantes de *focus group* recebem o roteiro de um novo comercial proposto e, então, com o acompanhamento de um moderador, eles são encorajados a compartilhar seus pensamentos e sentimentos em relação ao comercial.

Existem formas mais sofisticadas de pesquisa de propaganda qualitativa que buscam entender melhor o significado que os consumidores apreendem dos comerciais e os modelos mentais que motivam o pensamento e o comportamento deles. Um desses métodos é a *pesquisa etnográfica*. Essa forma de pesquisa requer que os pesquisadores se envolvam completamente no estudo do papel que os produtos e as marcas desempenham na vida das pessoas. A etnografia se utiliza menos do método de fazer perguntas, a uma ampla amostragem de pessoas, sobre suas opiniões e crenças, mais as *observações* profundas do comportamento de um pequeno número de consumidores. Os etnógrafos observam o comportamento das pessoas em seus lares ou em outros hábitats naturais onde o consumo e, às vezes, a produção de bens ou serviços ocorrem. Além de observar o comportamento natural do consumidor, os pesquisadores etnográficos também realizam pesquisas profundas com consumidores para descobrir seu comportamento de consumo e as forças, tal como a propaganda, que influenciam esse comportamento.[13]

### A Técnica Zaltman de Elicitação Metafórica

Uma forma específica de pesquisa etnográfica é a Técnica Zaltman de Elicitação Metafórica (TZEM).[14] Essa técnica é baseada em várias premissas subjacentes, tal como o fato de que a maior parte da comunicação humana envolve *elementos não verbais* (imagens, cenas e música), que os pensamentos e sentimentos das pessoas ocorrem não verbalmente, como imagens e que as metáforas são o mecanismo-chave para acionar os pensamentos e os sentimentos.[15] (Uma **metáfora** é baseada na ideia de que as pessoas entendem e vivenciam coisas em termos de outras coisas. Por exemplo, nós nos referimos a uma pessoa como tendo "olhos de águia", quando queremos dizer que ela tem visão aguçada; às vezes, caracterizamos produtos como "tralhas" para sugerir que eles têm uma grave imperfeição. Portanto, "olhos de águia" e "tralha" são metáforas usadas que significam outra coisa.) As metáforas servem para revelar os pensamentos das pessoas e dar forma a eles. Entendendo as metáforas que as pessoas usam quando pensam sobre as marcas, é possível aplicar tal compreensão no desenvolvimento de textos de propagandas que sejam compatíveis com pensamentos e sentimentos das pessoas relevantes à marca.

Os detalhes sobre como a TZEM é implementada estão além do escopo desta obra (para detalhes específicos, consulte os artigos citados na nota 14). Muitos leitores já foram expostos à TZEM em um curso anterior de pesquisa de marketing. De qualquer modo, a conclusão importante dessa breve abordagem é que a pesquisa qualitativa, tal como a Técnica Zaltman de Elicitação Metafórica, pode ser uma valiosa informação para o desenvolvimento do texto de propaganda. Portanto, diferentemente das técnicas quantitativas descritas a seguir, a TZEM é usada mais como base para desenvolver o texto de propaganda que para testar esse texto.

## Pesquisa quantitativa de mensagem

A pesquisa quantitativa de mensagem se concentra em medir os efeitos que um anúncio pode produzir (pesquisa pré-teste) ou produziu (pesquisa pós-teste). As seções a seguir discutirão alguns dos métodos mais populares que os anunciantes utilizam. Dois pontos-chave são necessários antes de prosseguir. Primeiro, é importante observar que muitos anunciantes – especialmente empresas e organizações pequenas – *não* realizam nenhuma pesquisa, não testando textos propostos nem anúncios que foram impressos ou colocados no ar. A desculpa para isso é que não há tempo nem dinheiro suficiente para fazer a pesquisa. Sinceramente, essa é uma desculpa um tanto inconsistente, considerando que o custo de cometer um erro (por exemplo, colocando no ar comerciais ruins) é bem mais alto que o custo em termos de tempo e dinheiro de testar um texto. Nós ainda arriscaríamos dizer que nenhum anúncio deveria ser colocado na mídia antes da realização de uma pesquisa pelo menos "rápida", embora seja preferível uma pesquisa mais formal.

Um segundo ponto preliminar que preparará o palco para a apresentação detalhada dos métodos de pesquisa quantitativa de mensagem que está contida nesta citação:

*A aferição é o primeiro passo que leva ao controle e, por fim, ao aperfeiçoamento. Se você não pode medir uma coisa, não pode entendê-la. Se você não pode entendê-la, não pode controlá-la. Se não pode controlá-la, não pode aperfeiçoá-la.*[16]

A questão é que a pesquisa de propaganda é crucial para medir os efeitos que os anúncios produzem, de modo que possam ser aperfeiçoados continuamente.

O que exatamente a pesquisa quantitativa de mensagem mede? Para abordar essa questão, será útil retornar a um dos princípios discutidos anteriormente sobre o teste do texto. O princípio PACT 4 afirmou que um bom sistema de aferição de teste do texto é baseado em um modelo de reação humana às comunicações. Em outras palavras, antes de determinar precisamente o que medir, é essencial saber que tipos de reações os anúncios são capazes de provocar. Pense nisso por algum tempo. Que efeitos a propaganda pode ter? *Você já pensou sobre isso?* Bem, os anúncios podem ter uma série de efeitos, incluindo os seguintes: (1) criar a percepção da marca, (2) ensinar aos consumidores potenciais a respeito das características e benefícios da marca, (3) promover ligações emocionais com as pessoas, (4) influenciar crenças relativas à compra e afetar de forma positiva (ou negativa) as atitudes para com as marcas anunciadas, (5) mudar a preferência das pessoas de uma marca para a outra e, por fim, (6) encorajar o comportamento de compra de teste e compra repetida.

A propaganda tem a habilidade para influenciar as pessoas de várias maneiras. Os gerentes de marca, suas agências e os pesquisadores podem, de modo eficaz, medir o impacto da propaganda apenas se determinarem, em primeiro lugar, que efeito a campanha de propaganda está destinada a produzir. Quando isso estiver determinado, o próximo passo será conduzir a pesquisa para aferir se a campanha alcançou os resultados para os quais foi criada. Como vimos na citação apresentada anteriormente, se você não pode medir, não pode controlar. E se você não pode controlar, não pode influenciar.

Por questão de conveniência (simplificação necessária), categorizaremos a pesquisa de mensagem em quatro grupos de medidas: (1) reconhecimento e lembrança, (2) reações emocionais, (3) persuasão e (4) resposta das vendas. O propósito é apresentar uma amostragem representativa das técnicas primárias de aferição que os gerentes de marcas e suas agências utilizam para medir a eficácia da propaganda. Essas categorias gerais e as medidas específicas contidas em cada uma delas estão resumidas na Tabela 10.1.

Em resumo, as medidas de *reconhecimento e lembrança* avaliam se a propaganda influenciou com sucesso a percepção da marca e também os pensamentos e sentimentos relacionados à compra. As medidas de *reação emocional* indicam se os anúncios estimularam emocionalmente os consumidores. As medidas de *impacto persuasivo* representam indicadores pré-comportamentais que mostram se um anúncio tem a probabilidade de influenciar as intenções e o comportamento de compra. Por fim, as medidas de *resposta das vendas* determinam se uma campanha teve efeitos sobre a compra da marca anunciada.

## Medidas de reconhecimento e lembrança

Após serem expostos a um anúncio, os consumidores podem experienciar vários graus de percepção; o mais básico deles é simplesmente notar um comercial sem processar os elementos específicos. Os anunciantes desejam, no entanto, que os consumidores prestem atenção aos elementos, partes ou características específicas de um anúncio e os associem à marca anunciada. Reconhecimento e lembrança representam elementos da memória dos consumidores para a informação de propaganda, mas as *medidas de reconhecimento,* que podem ser equiparadas a testes de múltipla escolha, ativam um nível mais superficial da memória quando comparadas às *medidas de lembrança,* que são parecidas com perguntas de uma prova dissertativa.[17] Veremos também, da discussão sobre o *brand equity* no Capítulo 2, que o reconhecimento é um nível mais baixo de percepção da marca que a lembrança. Em outras palavras, os gerentes de marca querem que os consumidores não apenas reconheçam o nome da marca e seus atributos ou benefícios, mas também que se lembrem dessa informação sem a necessidade de dicas ou lembretes.

Várias empresas de pesquisa de comerciais fornecem aos anunciantes informações sobre o desempenho de seus anúncios no que se refere a gerar percepção, o que é avaliado com as medidas de reconhecimento e lembrança. Três serviços são descritos nas seções a seguir: Starch Readership Service (reconhecimento em revistas), testes Bruzzone (principalmente reconhecimento na TV) e testes de lembrança no dia seguinte – (*Day after recall* – lembrança na TV).[18]

### Starch Readership Service

O Starch Readership Service, um serviço de testes de uma empresa chamada Custom Research North America (GFK), mede o objetivo primário de um *anúncio de revista* – ou seja, ser visto e lido. O Starch examina a percepção do leitor de anúncios em revistas para o consumidor em geral e publicações de negócios. Mais de 75 mil anúncios são estudados anualmente com base em entrevistas com mais de 100 mil pessoas, envolvendo mais de 140 publicações. Os tamanhos das amostras variam de 100 a 150 indivíduos por edição, com muitas entrevistas feitas nas casas dos participantes ou, no caso

**tabela 10.1**
**Exemplo de métodos de pesquisa de mensagem**

**Medidas de reconhecimento e lembrança**
- Starch Readership Service (revista)
- Testes Bruzzone (TV)
- Teste Burke de lembrança no dia seguinte (TV)

**Medidas de reações emocionais**
- Imagem cerebral
- Autorrelatórios
- Testes psicológicos

**Medidas de persuasão**
- Método Ipsos Next*TV
- Método de persuasão ARS

**Medidas de resposta das vendas (sistemas de fonte única)**
- IRI's BehaviorScan
- Nielsen's ScanTrack

das publicações de negócios, em escritórios ou locais de trabalho. As entrevistas são conduzidas um pouco depois que a edição é lançada. Depois de um período de espera adequado após o lançamento da edição, para dar aos leitores uma oportunidade de ler ou passar os olhos pela revista, as entrevistas têm início e continuam por uma semana (para uma publicação semanal), duas semanas (para uma publicação quinzenal) ou três semanas (para uma publicação mensal).

Os entrevistadores do Starch localizam leitores elegíveis de cada edição da revista estudada. Um *leitor elegível* é aquele que passou os olhos ou leu parte da edição antes da visita do entrevistador e que atende aos requisitos de idade, sexo e profissão estabelecidos para a revista específica. Depois que a elegibilidade é estabelecida, os entrevistadores viram as páginas da revista, fazendo perguntas sobre cada anúncio estudado. A primeira pergunta feita aos participantes é: "você viu ou leu alguma parte desse anúncio?" Se a resposta for "sim", um procedimento já estabelecido de questionamento é seguido para determinar a percepção dos participantes das várias partes do anúncio (ilustrações, cabeçalho etc.). Os participantes são, então, classificados como leitores *notados, associados, que leem um pouco* ou *que leem a maior parte*, segundo estas definições específicas:[19]

- *Notado* – é a porcentagem de pessoas entrevistadas que lembraram ter visto o anúncio anteriormente na edição que está sendo estudada.
- *Associado* – é a porcentagem de pessoas entrevistadas que não apenas notaram o anúncio, mas também viram ou leram alguma parte dele que indica com clareza o nome da marca ou do anunciante.
- *Que leem um pouco* – é a porcentagem de pessoas entrevistadas que leram alguma parte do texto do anúncio.
- *Que leem a maior parte* – é a porcentagem de pessoas entrevistadas que leram metade ou mais do material escrito do anúncio.

Para cada anúncio da revista que passou pela análise Starch, são desenvolvidos índices para as pontuações *notado, associado, que leem um pouco, que leem a maior parte*. Dois conjuntos de índices são estabelecidos: um compara as pontuações de um anúncio às pontuações médias para *todos os anúncios* na edição da revista; e o segundo (chamado índice Adnorm) compara as pontuações de um anúncio a outros anúncios na *mesma categoria de produto*, e com o mesmo tamanho (por exemplo, página inteira) e classificações de cor (por exemplo, quatro cores). Portanto, um anúncio que alcançou um valor médio recebe um índice de 100. Em comparação, uma pontuação de 130, por exemplo, significaria que determinado anúncio ficou 30% acima dos outros aos quais foi comparado, ao passo que uma pontuação de 75 indicaria que ele ficou 25% abaixo.

Por exemplo, o comercial da tequila Jose Cuervo Especial, com seu apelo sexual, mostra um homem e uma mulher com trajes de banho molhados; a perna da mulher envolve o peito do homem. O anúncio atrai a atenção e talvez crie um elo emocional com a marca, embora apenas uma pequena garrafa de tequila seja exibida no canto da página. Sem praticamente nenhum texto além do cabeçalho com três palavras – "Busque seus sonhos" – as pontuações *notado, associado, que leem um pouco, que leem a maior parte* foram 58, 54, 39 e 39%, respectivamente.

Uma suposição básica do procedimento Starch é que os participantes de fato se lembram de ter visto um anúncio específico em uma edição específica da revista. A técnica Starch é algumas vezes criticada porque nos assim chamados *estudos falsos de anúncios* (ou seja, estudos que usam pré-publicações ou edições alteradas), os participantes relatam que viram anúncios que nunca foram publicados. A empresa que conduz os estudos Starch não considera tais estudos válidos e afirma que os estudos falsos não se adequaram aos procedimentos apropriados para qualificar os leitores das edições e entrevistar os participantes. Uma pesquisa demonstrou que quando propriamente entrevistados, a maioria dos participantes é capaz de identificar os anúncios que viram ou leram em uma edição específica, com um alto grau de precisão; segundo essa pesquisa, o relato falso de observação de um anúncio é mínimo.[20]

Devido às fragilidades inerentes da memória das pessoas, é quase certo que as pontuações Starch *não* forneçam porcentagens exatas, mas um tanto influenciadas até certo ponto por pessoas que relatam ter visto ou lido um anúncio quando, na verdade, não o fizeram. Outro possível viés são as pessoas que relatam que *não* viram um anúncio quando, de fato, o viram. Não obstante, não são as pontuações exatas que são críticas, mas as comparações entre pontuações para o mesmo anúncio colocado em revistas diferentes ou pontuações comparativas entre diferentes anúncios publicados na mesma edição da revista. Como a Starch realiza esses estudos desde a década de 1920 e compilou uma rica base de dados, ou normas, os anunciantes e planejadores de mídia podem tomar decisões com base em informações aos méritos relativos de revistas diferentes e em apreciações informadas sobre a eficácia de anúncios específicos.

## Testes Bruzzone

A Bruzzone Research Company (BRC) propicia aos anunciantes um teste de *reconhecimento*, por parte do consumidor, dos comerciais de TV com suas avaliações desses comerciais. (A BCR também testa anúncios em revistas, mas a discussão aqui se limita aos comerciais de TV.) Anteriormente, a BCR costumava enviar pelo correio um conjunto de fotos de comerciais a lares escolhidos aleatoriamente e encorajava as respostas fornecendo incentivo monetário. Desde o fim da década de 1990, a coleta de dados da BRC se voltou para a Internet, deixando de lado a distribuição via correio, pois os testes on-line provaram ser mais eficientes, mais baratos e igualmente válidos.[21]

Em seu procedimento padrão de teste, a BCR envia, por e-mail, 15 comerciais a uma amostra de usuários on-line. Para cada comercial testado, os participantes, primeiro, leem esta pergunta: "você se lembra de ter visto este comercial na TV?" A pergunta é seguida por uma série de seis cenas-chave do comercial e roteiro correspondente. Imediatamente abaixo da apresentação de seis cenas aparecem três opções de respostas: "sim", "não" e "não tenho certeza". Os participantes que respondem "sim" (que se lembram de terem visto o comercial) continuam a responder uma série de per-

## foco c.i.m.

### Avaliação do ROI da Ação Road Show da Chilli Beans*

*Para efeitos do cálculo do retorno sobre investimentos (ROI) na campanha descrita no *case*, todos os números utilizados na análise são fictícios e não representam a realidade da empresa em questão, pois o objetivo central é de apresentar uma metodologia que permita o cálculo do ROI na campanha realizada pela empresa.

A marca de óculos escuros e acessórios Chilli Beans é um dos grandes exemplos brasileiros em termos de marketing. Desde 1997, quando a marca foi lançada no Mercado Mundo Mix – feira de moda realizada em São Paulo, voltada para o público jovem –, a Chilli Beans tem conseguido se posicionar de maneira única no mercado e fazer parte do dia a dia das pessoas com a comercialização de óculos de sol e acessórios a um preço razoável, tendo produtos com *design* adequado às tendências do mundo da moda e agressiva estratégia de comunicação integrada de marketing, buscando transmitir seu posicionamento nos diversos pontos de contato de seu público-alvo.

A marca conta com uma estratégia de canais centrada no modelo de franquias. Hoje são mais de 340 pontos de venda exclusivos no Brasil, nos Estados Unidos, em Portugal e em Angola, abrangendo quiosques, lojas e, de maneira inovadora, *vending machines* localizadas em pontos estratégicos para a marca, oferecendo, assim, ao consumidor final, os diversos produtos da marca, incluindo óculos de sol, armações para óculos de grau, relógios e outros acessórios.

No escopo da comunicação de marketing, um bom exemplo é sua campanha denominada *Road Show*, por meio da qual a equipe que trabalha com a marca, incluindo seu fundador Caito Maia, percorrem cidades em uma turnê que oferece experiência relevante ao público jovem em diversos pontos de contato, estimulando as vendas da marca nas lojas dos franqueados das cidades visitadas. O escopo da campanha envolve:

- Realizar parcerias com universidades locais para promover palestra do fundador da marca contando a história do desenvolvimento da Chilli Beans.
- Arrecadar alimentos nas cidades percorridas e doá-los a instituições locais.
- Promover parceria com casa noturna local para realização de coquetel após a palestra sobre a marca e, em alguns casos, convidar alguma celebridade que tenha conexão com o público jovem para estar presente no evento da marca.
- Comunicar a palestra e o evento da marca em mídia local: outdoor, rádio, TV, redes sociais na internet, divulgação de e-mail, marketing para mídia, formadores de opinião da cidade e ativação de cartazes nas lojas da Chilli Beans.

Além disso, buscando criar sinergias com a equipe de vendas, em alguns casos é promovida uma reunião entre o fundador da marca com os vendedores das lojas locais dos franqueados, motivando-os e compartilhando as estratégias da empresa.

Apesar do sucesso da campanha junto ao público, no contexto atual do marketing, seus profissionais devem, mais que nunca, elaborar estratégias orientadas ao mercado que criem valor aos donos e acionistas nas empresas (Doyle, 2000). Sendo assim, há diversas maneiras de avaliar essa estratégia, e uma delas é analisando se o ROI proveniente da campanha foi satisfatório para a Chilli Beans e os franqueados com lojas nas cidades da campanha.

Diante desse desafio, como a Chilli Beans poderia avaliar o ROI dessa campanha, considerando que nem todas as vendas incrementais às lojas podem ser atribuídas exclusivamente a essa campanha?

Uma alternativa é a metodologia de cálculo do ROI utilizando a comparação das vendas de lojas presentes nas cidades participantes da campanha em relação a um grupo de controle, de lojas presentes em cidades não participantes da campanha, mas que apresentem perfil parecido das lojas que participaram.

Dessa maneira, é possível calcular o ROI com purificação de resultados, ou seja, com o cálculo das vendas que podem ser atribuídas à campanha (Guissoni; Neves, 2011), conforme simulação apresentada a seguir. Nessa perspectiva de análise do ROI, é importante considerar que, se o resultado do indicador for maior que o custo de capital da empresa, a ação gerou valor.

*(Continua)*

*(Continuação)*

| 1. Acompanhamento das vendas | | | |
|---|---|---|---|
| **A) Vendas antes da promoção** | | **B) Vendas depois da promoção** | |
| Grupo de lojas na campanha | R$ 400.000 | Grupo de lojas na campanha | R$ 490.000 |
| Grupo de lojas sem campanha | R$ 450.000 | Grupo de lojas sem campanha | R$ 468.000 |
| **Análise da variação das vendas** | | *Os campos em amarelo devem ser preenchidos pela empresa. | |
| Grupo de lojas na campanha | 23% | | |
| Grupo de lojas sem campanha | 4% | | |
| **2. Purificação dos resultados** | | | |
| Vendas básicas (vendas do grupo de lojas participantes da campanha multiplicado pela variação das vendas do grupo de controle) | | | R$ 416.000 |
| Vendas do grupo de lojas na campanha | | | R$ 490.000 |
| **Vendas incrementais atribuíveis à promoção** | | | R$ 74.000 |
| **3. Cálculo do ROI** | | | |
| **Variável** | | | **Valores** |
| Vendas incrementais atribuíveis à campanha | | | R$ 74.000 |
| Margem de contribuição da empresa no período analisado | | | 32% |
| Resultado da margem incremental | | | R$ 23.680 |
| Investimento total realizado nas ações | | | R$ 20.000 |
| **Retorno sobre o investimento (ROI) com purificação dos resultados** | | | 18,4% |

Assim, considerou-se, para efeitos do cálculo de ROI, que o resultado das vendas incrementais atribuíveis à campanha foi de R$ 74 mil, e não de R$ 90 mil, tornando a análise do indicador mais consistente e culminando no retorno de 18,4% além do valor total investido pela empresa na ação.

A proposta deste *case* é servir de referência para reflexão e discussão sobre o tema, e não para avaliar as estratégias adotadas. O *case* foi desenvolvido com base em informações divulgadas nos seguintes meios: Site oficial da marca, http://www.chillibeans.com.br/. (Acesso em: 18 de março de 2011); Mundo das Marcas, http://mundodasmarcas.blogspot.com/2006/08/chilli-beans-para-todas-as-espcies.html. (Acesso em: 10 de março de 2011); GUISSONI, L. G.; NEVES, M. F. *Comunicação Integrada de Marketing Baseada em Valor*. São Paulo: Atlas, 2011; Simulador de ROI em marketing, http://www.comvalor.com.br/simulador-roi-varejo.php. (Acesso em: 20 de março de 2011); DOYLE, P. Valuing Marketing's Contribution. *European Management Journal*, v. 18, n. 3, p. 233-245, 2000; Mundo do Marketing, http://www.mundodomarketing.com.br/5,17824,chilli-beans-instala-vending-machine-no-metro.htm. (Acesso em: 10 de março de 2011).

Caso elaborado pelo Prof. Me. Leandro Angotti Guissoni, doutorando e mestre em Administração pela Universidade de São Paulo (USP), consultor da Markestrat, professor de diversos MBAs e criador do ComValor (www.comvalor.com.br).

guntas. Aqueles que respondem "não" ou "não tenho certeza" passam para o próximo comercial testado. É importante ressaltar que tudo o que identifica o anunciante (como a menção ao nome da marca) é retirado, para que aquelas pessoas que viram o comercial possam indicar se lembram do nome da marca anunciada. (Para uma demonstração dos procedimentos de teste on-line da BRC, acesse http://www.bruzzone-research.com/ONLINE_DEMOq.HTM. O acesso ao site aumentará seu entendimento da discussão a seguir.)

O roteiro de um teste Bruzzone é mostrado na Figura 10.1.[22] Esse comercial de 30 segundos – intitulado "Carne Assada Taquitos", patrocinado pelo Taco Bell – foi ao ar nos Estados Unidos durante a Super Bowl de 2007 e foi testado pela BRC logo depois de ser exibido. O comercial foca dois leões conversando sobre o novo (na época) bife grelhado da Taco Bell. O comercial tem um humor leve, é um tanto envolvente e *"assistível"* (em referência à discussão da habilidade de um comercial em ser agradável de assistir, vista na seção *Dica de comar* – que abriu o capítulo).

O procedimento de teste Bruzzone, em primeiro lugar, requer que os participantes indiquem se se lembram de ter visto o comercial. Logo depois, pede-se aos participantes que indiquem o grau de interesse pelo comercial e como ele fez que se sentissem em relação à marca (o bife grelhado do Taco Bell). Os participantes também devem descrever seus sentimentos assinalando qualquer um dos 27 adjetivos que, na opinião deles, caracterizam o comercial – itens como divertido, chamativo, crível, inteligente etc. Depois disso, os participantes indicam se é apropriado para o anunciante (Taco Bell, no caso) exibir o comercial. Depois indicam o quanto gostaram do comercial (de "gostei muito" a "não gostei nem um pouco") e se eles se lembram qual marca foi anunciada.

*Medindo a eficácia da mensagem de propaganda*  **253**

| | |
|---|---|
| 1º Leão: | Você sente esse cheiro? |
| 2º Leão: | Sim, campistas. Eu gosto do sujeito à direita. |
| 1º Leão: | Não, não, não; o bife grelhado Taquitos. A Carne (reforça o "r") Assada. |
| 2º Leão: | Carne Assada. |
| 1º Leão: | Sim, eu sei. É engraçado de falar. É como Carne (reforça o "r") Assada. |
| 2º Leão: | Carne Assada. |
| 1º Leão: | Não, você tem de falar *sexy*, assim: "Carne (reforça o "r") Assada. |
| 2º Leão: | Carne Assada. |
| 1º Leão: | Não, não. *Sexy* como Ricardo Montalban. Você sabe, Carne (reforça o "r") Assada. |
| 2º Leão: | Carne Assada. Ricardo Montalban? |
| Locutor: | Novo Bife Grelhado Taquito com Carne (reforça o "r") Assada. |
| 2º Leão: | Oh, ok, Carne Assada. |
| 1º Leão: | Ainda não. |
| Locutor: | Pense grande. |

**figura 10.1**

Roteiro do comercial "Carne Assada Taquitos", da Taco Bell

Como a BRC realizou centenas de testes (a BRC testou quase 800 comerciais que foram exibidos durante os 16 Super Bowls entre 1992 e 2007), ela estabeleceu normas para o desempenho médio de um comercial; normas às quais um comercial recém-testado pode ser comparado. O Modelo de Resposta de Propaganda (Advertising Response Model – ARM) da BRC une respostas de 27 adjetivos descritivos das atitudes dos consumidores em relação à marca ao anúncio (atitude em relação ao comercial) e ao produto anunciado (atitude em relação ao produto) e, por fim, ao impacto geral do anúncio (impacto geral). A Figura 10.2 apresenta a análise ARM para o comercial "Carne Assada Taquitos", do Taco Bell.

Observe, em primeiro lugar, o código de cores indicado do canto superior direito da análise. Especificamente, os adjetivos codificados em *amarelo* indicam que o comercial teve um desempenho acima da média (comparado às normas da BRC); as palavras escritas em *azul-claro* revelam desempenho médio; e os adjetivos codificados em *vermelho* indicam desempenho abaixo da média. As análises da Figura 10.2 indicam que o comercial da Taco Bell ficou acima da média em

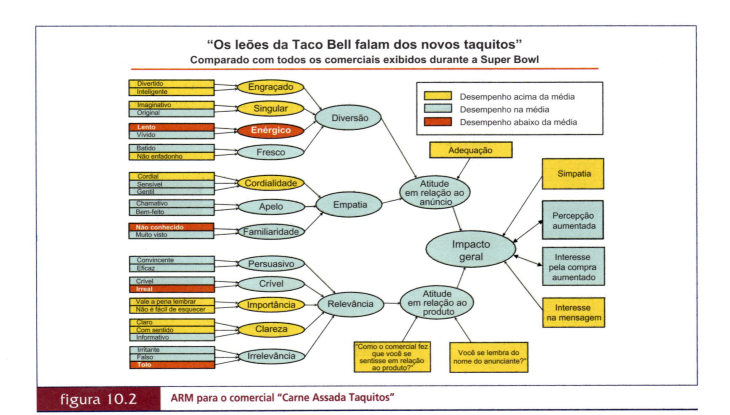

**figura 10.2** ARM para o comercial "Carne Assada Taquitos"

indicadores de humor, singularidade, cordialidade, importância e clareza. Ao mesmo tempo, o anúncio teve um desempenho abaixo da média em energia (foi um comercial intencionalmente calmo). Da esquerda para a direita na Figura 10.2, podemos ver que o comercial alcançou apenas um nível médio em termos de entretenimento, valor, empatia e relevância. Como resultado, o comercial atingiu apenas um nível médio de pontuação (com base nas normas Bruzzone) no que se refere a atitude em relação ao anúncio e atitude em relação ao produto. O resultado foi um comercial exibido durante a Super Bowl, cujo impacto geral ficou na mesma média de dúzias de outros comerciais exibidos também durante a Super Bowl e que foram testados em 2007.

Em comparação, considere outro comercial patrocinado pela Anheuser-Busch, intitulado "Agradecendo às tropas". Esse comercial envolve um cenário em um aeroporto onde os passageiros na espera aplaudem efusivamente as tropas norte-americanas que seguem para seus voos. A Figura 10.3 representa uma análise ARM desse comercial. "Agradecendo às Tropas" alcançou desempenho acima da média nos indicadores de singularidade, frescor, cordialidade, persuasão, credibilidade, importância e clareza. Ao mesmo tempo, ficou abaixo da média em energia e humor (obviamente, ele não tinha a intenção de ser enérgico nem engraçado). Seguindo da esquerda para a direita na Figura 10.3, podemos ver que o comercial ficou no nível médio em termos de entretenimento, mas como se esperava, acima da média em empatia e relevância. Como resultado, ficou acima da média quanto à atitude em relação ao anúncio e ao produto, e o impacto geral também ficou acima da média. Foi um comercial muito eficaz segundo os padrões Bruzzone e, devido ao impacto emocional, também foi considerado muito agradável de assistir (com base na conceituação Millward Brown de "agradável de assistir" descrita em *Dica de comar*).

Em resumo, os testes BRC permitem uma previsão válida do verdadeiro desempenho de mercado, além de serem relativamente baratos em comparação a outros métodos de teste do texto. Como o teste Bruzzone não pode ser implementado até que um comercial de TV finalizado tenha de fato sido exibido, ele não propicia uma indicação antes do fato (pré-teste) nem demonstra se um comercial deve ou não ser exibido. Não obstante, os testes BRC oferecem informações importantes para avaliar a eficácia de um comercial e se ele deve continuar a ser exibido.

## *Day after recall* (teste do dia seguinte)

Várias empresas testam anúncios para determinar se os espectadores foram suficientemente influenciados para se lembrarem de ter visto os anúncios em uma revista ou na TV. Por exemplo, a Gallup & Robinson e a Mapes and Ross são dois institutos de pesquisas muito conhecidos que conduzem testes de lembrança de anúncios colocados na *mídia impressa*. A Ipsos é uma empresa de pesquisas particularmente conhecida por testar a lembrança do consumidor em relação aos *comerciais de TV*. A discussão a seguir foca o método de teste desse instituto.

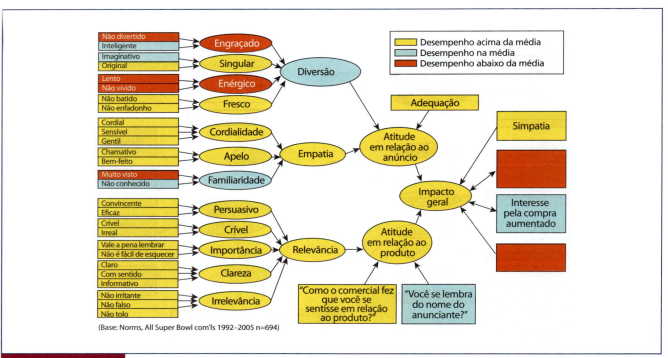

figura 10.3 — Advertsinsig Response Models (ARM) para o comercial "Agradecendo às tropas"

## O método Ipsos Next*TV Method

A Ipsos é uma empresa francesa que comprou a ASI Market Research, uma empresa norte-americana, em 1998; a Marplan, em 2001; a ACNielsen Vantis, em 2002 e a Marketing Metrics, em 2003.[23] Essa empresa internacional realiza várias formas de pesquisas de propagandas em mais de 50 países, incluindo o Brasil. Um dos mais importantes serviços de pesquisa é o método Next*TV. Esse método testa tanto a habilidade de ser lembrado e de persuasão de comerciais de TV, usando o seguinte procedimento:

1. A empresa recruta consumidores informando-os que sua tarefa, se eles concordarem em participar, é avaliar um programa de TV. Isso é na verdade um disfarce porque o propósito real da pesquisa é avaliar as respostas dos consumidores a comerciais exibidos durante o programa.
2. A empresa envia pelo correio, a uma amostra nacional de consumidores, um DVD contendo um programa de 30 minutos (como uma comédia); durante o qual são apresentados comerciais. Esse procedimento essencialmente duplica o tempo do contexto visual.
3. Os consumidores são instruídos a ver o programa (e, implicitamente, os comerciais inseridos) da fita. O contexto visual é de fato real, doméstico, o mesmo que os consumidores assistem em qualquer comercial de TV sob condições naturais.
4. Um dia depois de ver o programa gravado na fita (e os comerciais) a equipe da Ipsos entra em contato com os consumidores e mede suas reações ao programa (de acordo com o disfarce original) e aos comerciais que, é claro, eram o objetivo principal.
5. A Ipsos então mede a lembrança da mensagem.

A Ipsos Next*TV emprega o mesmo método básico em todo o mundo. O método do DVD traz uma série de vantagens. Em primeiro lugar, a exposição em casa torna possível medir a eficácia do comercial em um ambiente natural. Em segundo, ao inserir anúncios de teste no conteúdo de um programa real, é possível avaliar a habilidade dos comerciais de TV em romper a concentração, atrair a atenção do espectador e influenciar a habilidade para ser lembrado e ser persuasivo. Em terceiro lugar, medindo a lembrança um dia depois da exposição, a Ipsos pode determinar o nível de lembrança dos comerciais testados depois desse período. Em quarto lugar, a tecnologia do videoteipe permite o uso da amostragem nacional representativa. Por fim, fornecendo várias medidas alternativas de persuasão, o método Next*TV permite que os gestores de marca e suas agências de propaganda selecionem as medidas que melhor atendem suas necessidades específicas.

No Brasil também existem várias pesquisas sobre *recall* de propaganda. Uma delas é a pesquisa "30 segundos" do Instituto Datafolha que visa a medir o *recall* espontâneo das propagandas veiculadas na TV.[24] A pesquisa, realizada mensalmente, é de caráter quantitativo envolvendo entrevistas individuais, com uso de questionários. Os pesquisados são pessoas acima de 16 anos residentes em São Paulo. A amostra final é de 600 entrevistas. Para avaliar o *recall* das propagandas, são feitas perguntas do tipo: você costuma assistir à televisão mesmo de vez em quando? Quais marcas você se lembra de ter visto em propagandas na TV nos últimos 30 dias? Qual mais? Mais alguma? A pesquisa indica também a preferência de marcas, perguntando: qual propaganda você mais gostou de assistir na TV no mês passado? Os resultados são apresentados por categoria de produtos. No exemplo da Figura 10.4, referente ao mês de setembro de 2010, Casas Bahia e Omo lideram o *ranking* das marcas com maior *recall*, respectivamente 13,4% e 10%. O item "não lembra", com 15,8%, é o maior índice da pesquisa, o que reforça dispersão do consumidor e a dificuldade das marcas em obter uma lembrança de marca muito significativa junto ao mercado.

A pesquisa de lembrança de marcas Datafolha traz, além da classificação por categoria de produto, vários outros tipos de classificações: por sexo, idade, escolaridade, renda familiar e classificação econômica, conforme exemplo na Tabela 10.2 referente ao mês de agosto de 2011. Dessa forma, é possível, ao gestor da marca e a sua agência de propaganda, identificar as propagandas de maior *recall* em relação a determinado perfil da população e assim avaliar com maior precisão o impacto da propaganda junto ao público-alvo pretendido.

## A controvérsia da lembrança

Uma controvérsia considerável surgiu a respeito do uso da lembrança como um indicador da eficácia dos comerciais.[25] Por exemplo, os executivos da Coca-Cola rejeitam a lembrança como uma medida válida da eficácia da propaganda porque, na opinião deles, ela apenas mede se um anúncio foi recebido, mas não se a mensagem foi aceita.[26] Também é sabido que as medidas de lembrança são parciais a favor de consumidores mais jovens. Isso significa que as pontuações desse método deterioram com a progressão da idade.[27] Em terceiro lugar, existem muitas evidências de que as pontuações de lembrança geradas pelos anúncios não preveem o desempenho das vendas, ou seja, independentemente de que medida de lembrança seja usada, a evidência sugere que os níveis das vendas não aumentam com níveis mais altos de recordação.[28] Finalmente, existem evidências de que o teste de lembrança significativamente *reduz a lembrança* de comerciais que empregam *temas emocionais ou sentimentais,* e de que são parciais a favor de anúncios mais racionais.[29] As pesquisas chegaram a demonstrar uma correlação negativa entre o quanto os consumidores se lembram dos anúncios e o quanto gostam deles.[30]

**figura 10.4** — Ranking das 10 marcas com maior *recall*

Fonte: Instituto Datafolha, http://datafolha.folha.uol.com.br/po/ver-po.php?session=1179. Acesso em: fevereiro de 2010.

Ao encerrar esta seção, é importante entender que nenhuma medida única de eficácia da propaganda é perfeita para cada situação. A medida de lembrança certamente tem limitações, mas isso não significa que seja inapropriado ou desaconselhável. Na verdade, são necessárias medidas adicionais às de lembrança (e reconhecimento). As seções subsequentes descrevem essas outras medidas, incluindo as de reações emocionais, efeitos de persuasão e impacto das vendas.

# Medidas das reações emocionais

Os pesquisadores cada vez mais reconhecem que os anúncios que influenciam positivamente os sentimentos e emoções dos receptores podem ser extremamente bem-sucedidos. Isso acontece porque o comportamento dos consumidores não é governado apenas pela razão – nem mesmo principalmente pela razão – mas também por sentimentos e emoções internos. Na verdade, algumas marcas são praticamente amadas por se conectarem aos consumidores criando forte vínculo emocional. Tais marcas foram referidas como "marcas do coração"; e são aquelas recebidas com paixão.[31] É desnecessário dizer que os gerentes de marca adoram o *status* de "marcas do coração" de suas marcas, o que exige deles apelos emocionais nas propagandas. Devido à importância das emoções no comportamento do consumidor e a tendência à criação de mais anúncios direcionados a elas, existe um aumento correspondente nos esforços para medir as reações emocionais do consumidor aos anúncios.[32] Isso é totalmente justificado ao se considerar as pesquisas que revelam que comerciais mais apreciados – em geral porque provocam emoções positivas – têm mais probabilidade de serem lembrados e são mais persuasivos.[33]

Os pesquisadores de propagandas usam três meios gerais para medir as reações emocionais aos anúncios: (1) imagem cerebral, (2) medidas de autorrelatórios e (3) medidas psicológicas. A maior parte da discussão a seguir está baseada no último conjunto de medidas psicológicas, mas dedicaremos uma breve abordagem aos dois primeiros também.

## Neurociência e imagem cerebral

O primeiro método, imagem cerebral, é o que há de mais novo em pesquisa de propaganda. A imagem cerebral aplica o conhecimento da área da *neurociência* e usa um equipamento de Ressonância Magnética funcional (RMf). A imagem cerebral com o uso do equipamento RMf detecta mudanças na oxigenação e no fluxo sanguíneo que ocorre em resposta à atividade neural. Quando uma área do cérebro é mais ativa, ela consome mais oxigênio para atender a essa exigência maior, o que aumenta o fluxo de sangue para a área ativa. Um fluxo maior de sangue para os centros emocionais do cérebro indicam quantidades aumentadas de reação emocional aos anúncios.

Embora seja importante apresentar esse novo método para medir as reações emocionais dos consumidores em relação aos anúncios, essa forma de medida apresenta limitações e está ainda muito no início no que diz respeito ao entendimento emocional dessas reações. Ainda há muito trabalho a fazer antes que os pesquisadores de propagandas se sintam

Medindo a eficácia da mensagem de propaganda 257

## tabela 10.2
### Lembrança de marcas em propaganda de TV (em%)

| CATEGORIAS | TOTAL | SEXO | | IDADE | | | | | ESCOLARIDADE | | | RENDA FAMILIAR MENSAL | | | CLASSE ECONÔMICA | | |
|---|---|---|---|---|---|---|---|---|---|---|---|---|---|---|---|---|---|
| | | M | F | 16 a 25 | 26 a 40 | 41 a 55 | 56 + | FUNDAM. | MÉDIO | SUP. | ATÉ 5 S.M. | 5 A 10 S.M. | 10 S.M. + | A/B | C | D/E |
| COSTUMA ASSISTIR TV | 99,3 | 98,8 | 99,8 | 98,9 | 100,0 | 100,0 | 97,7 | 99,0 | 99,7 | 99,1 | 99,4 | 99,1 | 97,9 | 99,2 | 99,2 | 100,0 |
| CASAS BAHIA | 11,0 | 15,0 | 7,6 | 4,4 | 9,7 | 17,3 | 15,6 | 14,7 | 9,6 | 6,5 | 11,8 | 12,2 | 4,5 | 11,9 | 9,6 | 15,2 |
| Anúncios/Promoções | 1,6 | 2,2 | 1,2 | - | 2,4 | 2,6 | 1,4 | 2,6 | 1,1 | 0,9 | 2,1 | 0,8 | - | 1,5 | 1,5 | 2,5 |
| Eletrodomésticos | 2,9 | 4,4 | 1,6 | - | 1,5 | 5,9 | 6,3 | 5,5 | 0,9 | 2,3 | 3,3 | 1,8 | 3,0 | 2,9 | 2,4 | 5,5 |
| Móveis | 2,8 | 2,4 | 3,1 | 1,0 | 2,0 | 3,5 | 6,2 | 3,0 | 3,0 | 1,8 | 2,8 | 2,1 | 1,5 | 3,0 | 2,8 | 1,9 |
| Eletroeletrônicos | 2,5 | 4,3 | 1,0 | 3,4 | 2,4 | 2,4 | 1,6 | 2,6 | 3,1 | 0,8 | 2,2 | 6,6 | - | 2,6 | 1,9 | 5,2 |
| Telefone/Celular | 0,3 | 0,3 | 0,3 | - | 0,5 | 0,6 | - | - | 0,7 | - | 0,4 | - | - | - | 0,6 | - |
| Lojas | 0,8 | 0,9 | 0,6 | - | 0,9 | 1,3 | 1,0 | 0,9 | 0,7 | 0,8 | 0,9 | 0,9 | - | 1,6 | 0,4 | - |
| Computador/Notebook | 0,1 | 0,2 | - | - | - | 0,5 | - | - | 0,3 | - | 0,2 | - | - | 0,3 | - | - |
| Outras | 0,4 | 0,6 | 0,3 | - | 0,4 | 0,6 | 0,8 | 0,7 | 0,3 | - | 0,6 | - | - | 0,4 | 0,5 | - |
| COCA-COLA | 8,4 | 9,6 | 7,3 | 7,0 | 10,7 | 10,0 | 3,9 | 5,3 | 11,2 | 8,0 | 8,4 | 11,9 | 6,4 | 8,6 | 7,0 | 14,3 |
| Refrigerante | 8,0 | 8,8 | 7,3 | 7,0 | 9,6 | 10,0 | 3,9 | 4,9 | 10,8 | 8,0 | 7,9 | 11,9 | 6,4 | 8,6 | 6,3 | 14,3 |
| Outras | 0,4 | 0,8 | - | - | 1,1 | - | - | 0,5 | 0,4 | - | 0,5 | - | - | - | 0,7 | - |
| BRAHMA | 8,3 | 10,9 | 6,0 | 6,1 | 9,9 | 8,4 | 8,3 | 7,7 | 8,5 | 9,0 | 7,6 | 11,8 | 10,1 | 6,8 | 10,6 | 2,0 |
| Cerveja | 8,3 | 10,9 | 6,0 | 6,1 | 9,9 | 8,4 | 8,3 | 7,7 | 8,5 | 9,0 | 7,6 | 11,8 | 10,1 | 6,8 | 10,6 | 2,0 |
| SKOL | 7,5 | 9,7 | 5,7 | 7,2 | 7,5 | 9,4 | 5,9 | 6,5 | 8,5 | 7,4 | 7,0 | 6,9 | 10,6 | 9,3 | 6,9 | 4,5 |
| Cerveja | 7,2 | 9,4 | 5,4 | 6,7 | 7,5 | 8,6 | 5,9 | 6,5 | 7,8 | 7,4 | 6,5 | 6,9 | 10,6 | 8,5 | 6,9 | 4,5 |
| Codificado pela descrição | 0,2 | - | 0,3 | - | - | 0,8 | - | - | 0,4 | - | 0,2 | - | - | 0,4 | - | - |
| Outras | 0,1 | 0,3 | - | 0,5 | - | - | - | - | 0,3 | - | 0,2 | - | - | 0,3 | - | - |
| OMO | 5,3 | 1,8 | 8,4 | - | 5,1 | 11,5 | 6,2 | 5,5 | 6,3 | 2,7 | 6,0 | 6,9 | - | 4,0 | 7,3 | 1,0 |
| Sabão em pó | 4,8 | 1,5 | 7,7 | - | 4,6 | 10,3 | 5,4 | 5,2 | 5,7 | 1,8 | 5,4 | 6,1 | - | 3,6 | 6,5 | 1,0 |
| Sabão líquido | 0,3 | - | 0,5 | - | 0,4 | 0,6 | - | - | 0,3 | 0,9 | 0,4 | - | - | 0,4 | 0,2 | - |
| Codificado pela descrição | 0,1 | - | 0,2 | - | - | 0,6 | - | 0,3 | - | - | - | 0,9 | - | - | 0,2 | - |
| Outras | 0,1 | 0,3 | - | - | - | - | 0,8 | - | 0,3 | - | 0,2 | - | - | - | 0,3 | - |
| FIAT | 4,9 | 5,1 | 4,7 | 3,3 | 6,7 | 5,7 | 3,0 | 1,6 | 4,2 | 14,0 | 4,0 | 8,6 | 7,8 | 7,7 | 3,8 | - |
| Fiat | 3,7 | 4,1 | 3,4 | 1,3 | 4,7 | 5,7 | 3,0 | 1,6 | 2,6 | 11,3 | 2,8 | 6,3 | 7,8 | 6,1 | 2,7 | - |
| Uno | 0,5 | 0,7 | 0,4 | 1,2 | 0,5 | - | - | - | 0,9 | 0,8 | 0,5 | 0,9 | - | 0,3 | 0,7 | - |
| Dobló | 0,2 | 0,4 | - | - | 0,5 | - | - | - | 0,4 | - | 0,3 | - | - | - | 0,4 | - |
| Codificado pela descrição | 0,2 | - | 0,4 | 0,8 | - | - | - | 0,8 | - | 1,1 | - | 1,3 | 1,7 | 0,5 | - | - |
| Outras | 0,3 | - | 0,6 | - | 0,9 | - | - | - | 0,3 | 0,9 | 0,4 | - | - | 0,8 | 0,3 | - |
| HYUNDAI | 4,4 | 5,6 | 3,3 | 5,6 | 4,5 | 4,1 | 3,0 | 1,4 | 4,9 | 9,7 | 2,8 | 11,9 | 8,1 | 8,6 | 2,1 | - |
| Hyundai | 4,1 | 5,3 | 3,1 | 5,1 | 4,0 | 4,1 | 3,0 | 1,4 | 4,3 | 9,7 | 2,8 | 10,9 | 6,4 | 7,9 | 2,1 | - |
| Codificado pela descrição | 0,1 | 0,3 | - | 0,5 | - | - | - | - | 0,4 | - | - | 1,0 | 1,7 | 0,3 | - | - |
| Outras | 0,2 | - | 0,3 | - | 0,4 | - | - | - | 0,3 | - | - | - | - | 0,4 | - | - |
| HAVAIANAS | 4,4 | 3,7 | 5,0 | 9,6 | 2,7 | 2,9 | 1,7 | 1,5 | 6,4 | 5,8 | 4,7 | 2,8 | 7,8 | 3,9 | 4,3 | 6,7 |
| Sandália/Chinelo | 4,4 | 3,7 | 5,0 | 9,6 | 2,7 | 2,9 | 1,7 | 1,5 | 6,4 | 5,8 | 4,7 | 2,8 | 7,8 | 3,9 | 4,3 | 6,7 |
| VOLKSWAGEN | 4,0 | 6,1 | 2,2 | 3,7 | 4,4 | 4,8 | 3,0 | 2,0 | 4,7 | 6,9 | 3,8 | 5,8 | 4,8 | 5,5 | 3,0 | 3,2 |
| Volkswagen | 2,7 | 3,9 | 1,6 | 2,4 | 3,0 | 2,3 | 3,0 | 0,7 | 3,4 | 5,3 | 2,3 | 5,8 | 1,5 | 3,7 | 2,4 | - |
| Gol | 0,8 | 1,4 | 0,3 | 1,2 | 1,0 | 0,6 | - | 0,8 | 1,1 | - | 1,1 | - | - | 0,4 | 0,6 | 3,2 |
| Fox | 0,2 | 0,5 | - | - | - | 1,1 | - | - | 0,3 | 0,7 | 0,2 | - | 1,5 | 0,6 | - | - |
| Cross Fox | 0,1 | 0,2 | - | - | - | 0,5 | - | - | 0,3 | - | 0,2 | - | - | 0,3 | - | - |
| Jetta | 0,1 | 0,3 | - | - | 0,4 | - | - | 0,4 | - | - | - | - | 1,8 | 0,4 | - | - |
| Codificado pela descrição | 0,3 | - | 0,6 | - | - | 0,8 | 1,6 | - | - | 0,9 | 0,4 | - | - | 0,8 | - | - |
| NISSAN | 3,9 | 3,6 | 4,1 | 5,5 | 4,9 | 2,2 | 1,6 | - | 3,8 | 12,7 | 2,0 | 6,5 | 14,7 | 8,7 | 1,0 | - |
| Nissan | 2,2 | 1,9 | 2,5 | 3,2 | 2,2 | 2,2 | 1,0 | - | 2,1 | 7,4 | 0,9 | 4,5 | 6,6 | 5,1 | 0,5 | - |
| Codificado pela descrição | 1,6 | 1,9 | 1,3 | 2,3 | 2,1 | 0,6 | 0,7 | - | 2,0 | 4,0 | 1,2 | 2,1 | 5,3 | 3,1 | 0,7 | - |
| Outras | 0,2 | - | 0,4 | - | 0,6 | - | - | - | - | 1,3 | - | - | 2,9 | 0,6 | - | - |
| NÃO LEMBRA | 24,9 | 23,7 | 26 | 22,7 | 25,5 | 18,2 | 35,5 | 35,0 | 19,5 | 16,3 | 26,4 | 16,1 | 21,6 | 15,7 | 28,0 | 44,6 |
| BASE | 621 | 290 | 331 | 132 | 202 | 157 | 130 | 256 | 108 | 446 | 97 | 46 | 249 | 322 | 50 |

Perguntas: Você costuma assistir à televisão mesmo que de vez em quando? Quais marcas você se lembra de ter visto em propagandas na TV nos últimos 30 dias? Qual mais? Mais alguma?

Fonte: Pesquisa 30 segundos do Datafolha, publicada na Revista Meio & Mensagem[34]

confiantes de que os resultados obtidos como a técnica RMf permitam testes confiáveis e válidos das reações emocionais dos consumidores aos comerciais. Os neurocientistas têm feito avanços consideráveis nessa área e os institutos de pesquisas, cada vez mais, capitalizarão o conhecimento gerado no campo da neurociência para aperfeiçoarem as tecnologias de aferição. Por enquanto, ainda é preciso prudência nesse campo e muito cuidado com propostas "mirabolantes", como as apresentadas sob o rótulo de neuromarketing, cuja obra *Buyology*, de Martin Lindstrom, é o caso de maior evidência no momento.

## Medidas de autorrelatórios

Um segundo método amplamente usado para determinar as respostas emocionais aos anúncios são as **medidas de autorrelatórios**. As reações emocionais dos consumidores são medidas pedindo-se a eles que relatem seus sentimentos. Tanto os autorrelatórios verbais quanto os visuais são usados com esse propósito.[35] Com os *autorrelatórios verbais*, os pesquisadores pedem aos consumidores que avaliem suas reações emocionais a determinado anúncio usando escalas convencionais de aferição. Por exemplo, pode-se pedir aos participantes que indiquem seu grau de concordância ou discordância com uma declaração como "esse anúncio me fez sentir bem". Os *autorrelatórios visuais*, em contraste, usam personagens de desenho animado para representar diferentes emoções e estados emocionais. Para cada emoção que um anúncio pode gerar, os consumidores escolhem um entre vários personagens para refletir sua reação. Imagine, por exemplo, que um pesquisador use "rostos sorridentes" variando seu grau de sorriso para avaliar a força das reações emocionais a determinado anúncio.

## Testes psicológicos

O terceiro método geral para medir as respostas emocionais dos consumidores são os **mecanismos de testes psicológicos**, que medem qualquer de várias respostas autônomas aos anúncios. As *respostas autônomas* ocorrem no sistema nervoso autônomo, que consiste de nervos e gânglios que preenchem os vasos sanguíneos, o coração, os músculos e as glândulas. Como os indivíduos têm pouco controle voluntário sobre o sistema nervoso autônomo, os pesquisadores usam mudanças nas funções fisiológicas para indicar a quantidade real, imparcial, de estimulação resultante dos anúncios. Tais respostas incluem expressões faciais, suor e batimento cardíaco.[36] Os psicólogos concluíram que essas funções psicológicas são, de fato, sensíveis aos processos psicológicos de relevância para a propaganda.[37]

Para entender o valor potencial de tais medidas psicológicas, considere o caso descrito anteriormente do comercial da Jose Cuervo Especial, que promove a marca anunciada colocando-a no contexto de um jovem casal em um abraço provocativo, junto ao cabeçalho sugestivo – "Busque seus sonhos". Durante os pré-testes desse anúncio, algumas pessoas talvez respondessem que o acham realmente chamativo. Outras podem indicar que não gostam dele porque o consideram muito sugestivo e explícito sexualmente. Outras ainda podem simular exasperação para causar (o que eles acreditam ser) uma impressão favorável no entrevistador. Ou seja, esse último grupo pode de fato gostar do anúncio, mas dizer o contrário ao responder à pergunta do entrevistador, disfarçando, portanto, sua avaliação verdadeira.

Aqui é onde as medidas de estimulação psicológica têm papel potencial na pesquisa de propaganda – ou seja, impedir que o entrevistado dê respostas-padrão ou respostas controladas.

### O galvanômetro

O **galvanômetro** (também referido como psicogalvanômetro) é um instrumento que mede *reações galvânicas da pele,* ou *RGP*. (*Galvânico* se refere à eletricidade produzida por uma reação química.) Quando algum elemento em um anúncio ativa o sistema nervoso central do consumidor, ocorre uma reação física nas glândulas sudoríferas localizadas nas palmas e nos dedos. Essas glândulas abrem em vários graus, dependendo da intensidade da estimulação, e a resistência da pele diminui quando as glândulas sudoríferas abrem. Enviando uma corrente elétrica muito fina por um dedo e saindo por outro (e completando o circuito por meio de um instrumento chamado *galvanômetro*), os realizadores dos testes conseguem medir o grau e a frequência com os quais um anúncio ativa as respostas emocionais. Explicando de modo simples, o galvanômetro indiretamente acessa o grau de reação emocional a um anúncio medindo minúsculas quantidades de transpiração.

Existem evidências de que o RGP é um indicador válido da quantidade de cordialidade gerada por um anúncio.[38] Muitas empresas descobriram que galvanômetro é um instrumento muito útil para acessar a eficácia potencial dos comerciais, mensagens de mala direta, pacote de texto e outras mensagens da comar. Os profissionais de pesquisa de propaganda que usam o galvanômetro afirmam que ele é um *válido* instrumento de previsão da habilidade de um anúncio para *motivar* o comportamento de compra do consumidor.[39] Em relação ao reconhecimento da habilidade do galvanômetro para revelar as propriedades motivacionais de um anúncio, os profissionais também se referem à pesquisa RGP como o Método Motivacional de Resposta (MMR).

## O pupilômetro

Usando um instrumento chamado **pupilômetro**, os testes pupilométricos em propaganda são conduzidos medindo a dilatação da pupila dos participantes quando eles veem um comercial de televisão ou focam um anúncio impresso. A cabeça do participante fica fixa em uma posição que permite uma medição eletrônica contínua das mudanças nas respostas pupilares. As respostas a elementos específicos em um anúncio são usadas para indicar reações positivas (dilatação maior) ou negativas (dilatação um pouco menor). Embora essa técnica também seja questionada, existem evidências científicas, desde a década de 1960, sugerindo que as respostas pupilares estão correlacionadas às reações das pessoas a estímulos e talvez a seus gostos e desgostos.[40]

# Medidas de persuasão

As medidas de persuasão são usadas quando o objetivo de um anunciante é influenciar as atitudes e preferências do consumidor em relação à marca anunciada. As empresas que realizam esse tipo de pesquisa são, entre outras, Ipsos e ARSgroup.

As seções seguintes descrevem o método Next*TV, da Ipsos, e o método de persuasão da ARSgroup. Uma discussão mais abrangente é dedicada a esse último procedimento de pesquisa porque a ARSgroup realizou um trabalho particularmente notável em documentar seu serviço comercial. (Pode lhe ter ocorrido que as empresas no campo da pesquisa de propaganda têm nomes estranhos. Na verdade, eles não são mais estranhos que os nomes de empresas bem conhecidas como a IBM ou AT&T. Os nomes das empresas de pesquisa só parecem estranhos porque provavelmente você não as conhecia antes de ler este capítulo.)

## O método Next*TV da Ipsos

Esse método foi descrito em detalhes anteriormente, quando abordamos as medidas de lembrança dos comerciais. (Vale a pena voltar à descrição anterior para rever.) Em resumo, o método Next*TV envolve uma amostragem de consumidores que assistem a programas de TV, gravados em um DVD, em que se inserem comerciais. No dia seguinte, os pesquisadores visitam essas pessoas e medem sua habilidade para se lembrar dos comerciais e se elas foram persuadidas. A persuasão é medida avaliando a atitude dos consumidores em relação às marcas anunciadas, suas mudanças de preferência e intenções de compra relacionadas à marca.

## O método de persuasão ARS

O ARSgroup é uma das empresas mais ativas na área de pesquisa de teste de mensagens no mundo. Ela testa proposições individuais de venda, comerciais de TV finalizados e outras mensagens da comar. Os comerciais são testados em vários estágios de finalização, variando de rascunhos (por exemplo, *animatics* ou *photomatics*) a formas finalizadas. O procedimento de teste é chamado método de persuasão ARS, em que ARS significa Advertising Research System [Sistema de pesquisa de propaganda]. O procedimento de teste é descrito a seguir:

> *Os comerciais são expostos em sessões de testes regulares da ARS a [800 a 1000] homens e mulheres (com idade acima de 16 anos) escolhidos aleatoriamente em áreas metropolitanas e convidados a ver antecipadamente um material típico de TV. Cada comercial é testado e outros comerciais não relacionados são inseridos nos programas de TV. Ao mesmo tempo na central, uma medida de persuasão ARS é feita obtendo as preferências pela marca antes e depois da exposição aos programas. A medida de persuasão ARS é a porcentagem de participantes que escolhem o produto testado em vez dos concorrentes após a exposição ao material de TV menos a porcentagem que escolheu os produtos testados antes da exposição.*[41]

Ou seja, o método de persuasão ARS, em primeiro lugar, pede aos participantes que indiquem quais marcas, entre várias categorias de produtos, eles prefeririam receber se seus nomes fossem selecionados em um concurso para ganhar uma "cesta" de itens gratuitos (a *pré-medida*). Entre a lista de produtos e marcas, há uma "marca-alvo" à qual, sem que os participantes saibam, eles serão subsequentemente expostos em um comercial que está sendo testado. Depois da exposição ao programa de TV, em que está inserido o comercial testado, os participantes mais uma vez indicam que marcas gostariam de receber se seus nomes fossem selecionados (a *pós-medida*). A pontuação da persuasão ARS simplesmente representa a porcentagem pós-medida que prefere aquela marca (ver a equação a seguir). Uma pontuação positiva indica que o comercial testado mudou a preferência *em relação* à marca-alvo e reforçou a preferência entre os que escolheram antes.

(10-1)    **Pontuação da persuasão ARS = pós % para a marca-alvo – pré % para a marca-alvo**

O grupo ARS testou mais de 40 mil comerciais e, a partir desses testes, determinou – embora tenham sofrido questionamentos[42] – que as pontuações da persuasão ARS preveem a magnitude do real desempenho das vendas quando os comerciais são veiculados. Ou seja, os comerciais com pontuações mais altas geram volumes de venda maiores e mais ganhos em parcelas de mercado.

### Validade da capacidade de previsão das pontuações da persuasão ARS

Com base nos resultados de 332 comerciais testados em sete países – incluindo Bélgica, Alemanha, México e Estados Unidos – os diretores da ARSgroup demonstraram como as pontuações da persuasão ARS se relacionam a mudanças no *market share*.[43] Um total de 148 marcas (algumas com vários comerciais testados), representando 76 categorias de produtos, foram envolvidas na análise. Todos os 332 comerciais foram testados sob os procedimentos descritos anteriormente, e então foram comparados os níveis de *market share* sob circunstâncias reais de mercado antes e depois da veiculação da propaganda. Portanto, a questão-chave é saber se as pontuações da persuasão ARS preveem com exatidão a magnitude do ganho (ou perda) de *market share* após o comercial. Em outras palavras, as pontuações geradas pelo teste de laboratório da ARSgroup conseguem prever o desempenho real do mercado? Trata-se de uma questão obviamente válida, como foi descrito anteriormente no princípio 9 do PACT. Essa validação global revelou que as pontuações da persuasão ARS têm capacidade de prever mudanças de *market share*, alcançando, de fato, um alto coeficiente de correlação ($r = 0{,}71$) e um impressionante coeficiente de determinação ($r^2 = 0{,}51$).

A pesquisa observou que todos os comerciais que receberam pontuações de persuasão ARS muito baixas, menos de 2,0, são provavelmente incapazes de gerar ganhos de *market share*. Na verdade, os comerciais que receberam menos que 2,0 na medida de persuasão ARS sofreram, em média, *perdas* de 0,2 pontos em *market share*. Daqueles comerciais que ficaram abaixo de 2,0 na pontuação de persuasão ARS, apenas 47% conseguiram manter o *market share* ou obter um crescimento pequeno. Comparativamente, 53% (ou seja, 100 – 47) desses comerciais com pontuação baixa de fato sofreram perdas de *market share*! Além do mais, apenas 2% desses comerciais com pontuações baixas geraram ganhos de *market share* de um ponto ou mais; e nenhum obteve ganhos de dois ou mais pontos de *share*.

Na outra extremidade, 100% dos comerciais altamente eficazes (ou seja, aqueles com pontuações de persuasão ARS de 12,0 ou mais) obtiveram ganhos positivos de *share*. De fato, 100% desses comerciais com alto desempenho produziram ganhos de 0,5 pontos de *share*, ou melhor; com 94% obtendo ganhos de pelo menos 1,0 ponto de *share* e 83% obtendo ganhos de pelo menos 2,0 pontos de *share*. O ganho médio de pontos de *market share* para comerciais que recebem pontuações de persuasão ARS de 12,0+ foram impressionantes 5,4.

Além disso, a pesquisa identificou que os comerciais que receberam pontuações de persuasão ARS na variação média de 4,0 a 6,9 obtiveram ganho médio de 0,8 pontos de *market share*. Oitenta por cento dos comerciais nessa variação mantiveram ou aumentaram o *market share* de suas marcas, com 58% dos comerciais obtendo ganhos de *share* de 0,5 pontos, ou mais; 33% alcançando ganhos de 1,0 ponto ou mais; e 9% gerando ganhos de 2,0 ou mais pontos. Os lançamentos das outras variações podem ser interpretados da mesma maneira.

Com esses 332 casos testados, fica claro que as pontuações de persuasão ARS são instrumentos válidos capazes de prever o desempenho do mercado. Em resumo, quanto mais alta a pontuação de persuasão da ARS, maior a probabilidade de que um comercial testado produza ganhos positivos de venda quando a marca focal é anunciada sob condições reais de mercado. Esse estudo global, então, informa aos anunciantes que eles não devem investir em comerciais que tiveram baixas pontuações, mas revela, de fato, que os comerciais com pontuação 2,0 ou menos muito provavelmente *não* produzirão um ganho positivo de *share*, e que uma grande porcentagem (ou seja, 100 – 53 = 47%) dessa pontuação na variação 2,0 a 2,9 também apresenta uma grande probabilidade de sofrer perda de *share*. Apenas quando os comerciais atingem entre 3,0 e 3,9, ou mais, é que se pode prever ganho significativo de participação.

A ARSgroup tem, é claro, grande interesse em relatar que seu sistema de teste faz previsões exatas do desempenho de mercado. O fato de que artigos de autoria dos diretores da ARSgroup foram publicados em publicações do setor (por exemplo, *Journal of Advertising Research*) autentica suas conclusões. Além do mais, os estudiosos do assunto apresentaram um endosso independentemente da técnica de persuasão ARS.[44]

# Medidas de reação das vendas (sistemas de fonte única)

Determinar o impacto que a propaganda tem sobre as vendas é – como vimos nos capítulos 2, 6 e 7 – uma tarefa difícil e complexa. No entanto, os procedimentos de pesquisa são agora capazes de avaliar os efeitos que uma campanha de propaganda tem sobre as vendas de uma marca – em especial no caso de bens de consumo. (Note que a discussão será limitada à propaganda, mas os principais fornecedores de sistemas de fonte única discutidos nesta seção também oferecem procedimentos para testar os efeitos geradores de vendas de outras variáveis da comar, como promoções de vendas e materiais do ponto de venda.)

Os assim chamados sistemas de fonte única (SFU) se desenvolveram para testar os efeitos da propaganda sobre as vendas. Os SFU se tornaram possíveis com o advento de três desenvolvimentos tecnológicos: (1) *medidores eletrônicos de televisão*; (2) *leitura óptica a laser* de códigos universais de produtos (códigos de barra e etiquetas RFID); e (3) *tecnologia de cabo* split. Os *sistemas de fonte única* coletam dados de compra de painéis de lares usando equipamentos de leitura óptica e os fundem com as características demográficas dos lares e também – e mais importante – com as informações sobre variáveis causais de marketing, como os anúncios, que influenciam as compras. As seções a seguir descrevem dois principais sistemas de fonte única: ScanTrack, da ACNielsen, e BehaviorSCan, da IRI.

## ScanTrack da ACNielsen

Existem duas características muito interessantes do procedimento de coleta de dados ScanTrack. Em primeiro lugar, e mais importante, o ScanTrack coleta dados de compra fazendo que suas centenas de painéis de lares (o Homescan Consumer Panel) usem *scanners manuais*. Esses *scanners* estão localizados nas casas dos membros dos painéis, em geral instalados na parede da cozinha ou despensa. Após voltar das compras, os participantes do painel do ScanTrack são instruídos a registrar as compras de *cada produto com código de barra adquirido*, independentemente da loja onde o compraram – uma grande rede de supermercados, mercado independente, grandes varejistas ou clube de atacadistas.[45]

Um segunda característica distinta do ScanTrack é que os membros dos painéis também usam seus *scanners* manuais para registrar quaisquer cupons usados e todos os negócios feitos na loja, e características dela, que influenciaram suas decisões de compra. Cada membro do painel transmite os dados de compra e outros à Nielsen todas as semanas, ligando para um número gratuito e segurando o *scanner* junto ao fone, que registra os dados por meio de uma série de *bips* eletrônicos. O ScanTrack da ACNielsen forneceu aos anunciantes e suas agências informações valiosas sobre os efeitos de curto e longo prazo da propaganda.

## BehaviorScan da IRI

A Information Resources Inc. (IRI) foi pioneira no sistema de fonte única de coleta de dados quando lançou seu serviço BehaviorScan, há uma geração. A IRI opera painéis de lares BehaviorScan em cidades pequenas porque, em geral, elas ficam tão distantes das estações de TV que seus moradores dependem da *TV a cabo* para ter uma boa recepção. Além do mais, as lojas e drogarias dessas cidades estão equipadas com dispositivos de leitura óptica que leem os códigos de barra das embalagens e, portanto, registram exatamente quais categorias de produtos e marcas os participantes dos painéis adquiriram.

Em cada mercado, aproximadamente 3 mil casas são recrutadas para participar em um painel BehaviorScan, e cerca de um terço desses lares são equipados com medidores eletrônicos presos aos aparelhos de TV. Os membros do painel concorrem a prêmios em sorteios, por exemplo remuneração pela participação. Como cada lar BehaviorScan tem um cartão de identificação que é apresentado na loja no momento de pagar a conta, a IRI sabe com precisão que itens cada participante compra apenas conectando as compras escaneadas com os números da identificação. (Começando em 2002, a IRI também passou a fornecer aos membros do painel *scanners* manuais, para registrar as compras em outras lojas que não as tradicionais; como grandes varejistas e supercenters. Isso permitiu que o procedimento BehaviorScan da IRI fornecesse uma cobertura de todos os pontos de varejo, como acontece com método ScanTrack da ACNielsen.)

Os membros do painel também dão à IRI informações demográficas completas, incluindo o tamanho da família, o nível de renda, a quantidade de aparelhos de televisão possuídos, os tipos de jornais e revistas lidos, e quem na casa faz a maior parte das compras. (Note que o procedimento ScanTrack da ACNielsen também coleta esse tipo de informação.) A IRI então combina todos esses dados em uma *fonte única* e assim determina quais lares compram quais produtos e marcas e quão responsivos eles são aos anúncios, além de outras variáveis que os levam às compras. Portanto, os **dados de fonte única** consistem em (1) informações demográficas dos lares; (2) comportamento de compra dos lares; e (3) exposição dos lares a (ou mais tecnicamente, a oportunidade de ver) novos comerciais de TV que são testados sob *condições reais* de mercado.

A disponibilidade da TV a cabo permite que a IRI (com a cooperação das empresas a cabo e dos anunciantes) intercepte um sinal antes que ele chegue aos lares, *divida o sinal*, envie comerciais diferentes a dois painéis de lares (teste *versus* controle). Assim, a característica de cabo *split* (dividido) e os dados de compra escaneados com leitura óptica permitem que a IRI saiba qual comercial cada lar teve a oportunidade de ver e qual quantidade da marca anunciada foi comprada pelos participantes.

### Peso *versus* testes do texto

O procedimento BehaviorScan da IRI permite testar a eficácia dos comerciais de TV. Dois tipos de testes são oferecidos: testes de peso e testes de texto. Nos dois tipos, um comercial é veiculado em dois mercados BehaviorScan pelo período de até um ano. Com os *testes de peso*, as casas participantes dos painéis são divididas em grupos de teste e controle. O comercial idêntico é transmitido aos dois grupos, mas a quantidade de vezes que o comercial é veiculado (o chamado "peso") varia entre os grupos durante o período em que o teste é conduzido. Qualquer diferença entre o comportamento agregado de compra dos grupos em relação à marca testada é obviamente atribuída ao diferencial de peso do anúncio entre os dois grupos.

A segunda forma de teste, os *testes do texto*, mantém o peso constante, mas varia o conteúdo do comercial. Ou seja, um grupo de teste é exposto a um novo comercial durante o período do teste, enquanto um grupo de controle tem a oportunidade de ver ou um anúncio de um serviço público ou um comercial antigo para a mesma marca, inserido no lugar do comercial novo. Independentemente do tipo de teste, agregar os dados de compra em todos os lares participantes e em cada um dos dois grupos torna mais simples determinar se as diferenças no texto ou peso geram diferenças no comportamento do consumidor.

### O procedimento de teste

Para entender melhor como os dados de fonte única do BehaviorScan podem ser usados para mostrar o relacionamento entre a propaganda e a atividade de venda, considere uma situação na qual um fabricante de um novo salgadinho esteja interessado em testar a eficácia de um comercial de TV que promove a marca. O BehaviorScan faria o seguinte: (1) selecionaria dois mercados nos quais conduzir o teste; (2) colocaria a marca do fabricante em todos os supermercados, vendas, e talvez drogarias localizadas nesses dois mercados; (3) transmitiria seletivamente um comercial novo para a marca usando a técnica do cabo dividido, de modo que aproximadamente metade dos membros do painel em cada mercado seria exposta ao novo comercial ou um anúncio de um serviço público; (4) registraria eletronicamente (por meio de dispositivos de leitura óptica) as compras em supermercados e vendas feitas por todos os membros do painel; (5) compararia o comportamento de compra dos dois grupos expostos ou ao comercial novo ou aos anúncios de um serviço público.

Se o comercial for eficaz, uma proporção maior de membros do painel exposta ao comercial testado deve comprar o item anunciado em comparação aos membros que foram expostos apenas aos anúncios de um serviço público. A porcentagem dos membros do painel que fazem uma compra teste da marca anunciada indicaria, portanto, a eficácia do novo comercial de TV; a porcentagem que realiza uma compra repetida indicaria o quanto a marca é apreciada.

Em resumo, os sistemas de fonte única de medição de anúncios (ScanTrack, da ACNielsen, e BehaviorSCan, da IRI) permitem que os gerentes de marca e seus agentes de propagandas determinem se os anúncios façam mais que apenas aumentar a percepção da marca, promovam a lembrança da marca, influenciem as atitudes dos consumidores para com ela ou alcancem outras metas pré-comportamentais. Além disso, os sistemas de fonte única abordam a questão crítica: se uma campanha de propaganda de fato levou a aumentos nas vendas da marca e em seu *market share*.

# Algumas conclusões importantes sobre a propaganda na TV

Testes extensivos realizados pela ARSgroup desempenharam papel significativo na melhora de nosso entendimento dos pontos fortes e das limitações da propaganda na TV. Podemos chegar a quatro conclusões principais quanto ao que é necessário para que essa forma de propaganda promova o aumento das vendas da marca e de seu *market share*: (1) o texto do anúncio deve ser distinto; (2) o peso do anúncio sem persuasão é insuficiente; (3) o poder de venda do comercial diminui com o tempo; (4) a propaganda funciona rápido, se funcionar.[46]

## Conclusão 1 – Nem todos os comerciais são criados iguais: o texto do anúncio deve ser distinto

Uma pesquisa conduzida pela ARSgroup revelou que os comerciais com *fortes proposições de vendas* são distintos e, portanto, tendem a alcançar pontuações de persuasão ARS mais altas. O que determina se um comercial tem uma forte proposição de venda? A pesquisa indica que qualquer informação diferencial concernente a uma marca ou característica nova em uma marca já aumenta as chances de a proposição de valor ser considerada forte.[47] Embora os comerciais para as marcas novas e aqueles com características novas sejam mais persuasivos em média, a propaganda para marcas estabelecidas também pode ser muito persuasiva por meio da *diferenciação da marca* – ou seja, distinguindo a marca anunciada das ofertas dos concorrentes e dando aos consumidores uma razão distinta para adquiri-la.[48] A propaganda da escova de dentes Colgate 360, veiculada na televisão e disponível no site da Colgate, exemplifica um anúncio com forte proposição de venda, pois apresenta as características distintivas do produto como maior poder de remoção de bactérias.

A discussão anterior apresentou um princípio-chave da propaganda: a propaganda eficaz deve ser persuasiva e distinta; deve possuir uma forte proposição de venda. O entendimento desse ponto requer procedimento de teste rigoroso dos comerciais propostos antes de investir qualquer quantia em dinheiro em sua veiculação ou impressão.

Lembrando do clássico aviso dos pais aos filhos pequenos "olhe antes de atravessar a rua", uma exortação semelhante pode ser feita aos anunciantes ao formular mensagens de propagandas: "teste antes de transmitir ou imprimir!" Falando de modo mais claro, é tolo investir dinheiro em uma campanha de mídia sem antes ter garantido que a mensagem de propaganda é totalmente capaz de mudar a preferência para a marca anunciada. É por essa razão que os anunciantes sofisticados devem sempre pré-testar os anúncios antes de imprimi-los ou colocá-los no ar.

### Evidências dos testes de texto da ElmaChips

Para testar a eficácia dos comerciais de TV de suas várias marcas de salgadinhos e bolachas doces, os pesquisadores e gerentes de marca da ElmaChips contrataram os serviços da IRI para realizar 23 experimentos com painel dividido nos mercados BehaviorScan durante um período de quatro anos.[49] Os 23 experimentos eram testes de textos (*versus* peso) que envolviam a comparação de um grupo de lares exposto a um comercial de uma marca da ElmaChips (lares de propaganda) a outro grupo que não teve oportunidade de ver o comercial (lares de controle). Cada um dos 23 testes foi conduzido em pelo menos dois mercados BehaviorScan e durou um ano completo. Além da condição propaganda *versus* não propaganda, os testes BehaviorScan da ElmaChips também foram classificados segundo os seguintes termos: (1) se a marca testada era nova (por exemplo, a SunChips era nova na época do teste) ou estabelecida (por exemplo, Ruffles); e (2) se as vendas da marca eram relativamente grandes (por exemplo, Doritos) ou pequenas (por exemplo, Pingo d'Ouro).

O objetivo em conduzir esses testes foi determinar se o volume de vendas seria maior nos lares expostos aos comerciais das marcas da ElmaChips, em comparação às casas que não tiveram a oportunidade de serem expostas a esses comerciais. Os resultados dos 23 testes BehaviorScan da ElmaChips estão resumidos na Tabela 10.3.

A primeira observação digna de nota é que os comerciais para 57% das 23 marcas testadas geraram aumentos significativos no volume de vendas durante o período de um ano da duração do teste. (Embora não exibido na Tabela 10.3, o ganho médio no volume de vendas entre os painéis dos lares que viram os anúncios e os que não viram foi de 15% entre os 12 comerciais que obtiveram aumentos significativos de vendas.)

Uma segunda descoberta exibida na Tabela 10.3 é que a propaganda para marcas com pequenos volumes de venda foi muito mais eficaz na promoção de ganhos que para as marcas com volumes maiores. Na verdade, das 12 marcas pequenas testadas, 83%, ou 10 marcas, experimentaram aumentos significativos nas vendas como resultado de seus esforços no período de um ano. Uma terceira descoberta importante é que a propaganda para 88% das marcas novas gerou signifi-

**figura 10.5**

Exemplo de um comercial com uma forte proposição de venda.

**tabela 10.3**

Testes BehaviorScan de eficácia dos comerciais para 23 marcas da ElmaChips

|  | Marcas estabelecidas | Marcas novas | Total |
|---|---|---|---|
| Marcas grandes | 13% (n = 8)* | 67% (n = 3) | 27% (n = 11) |
| Marcas pequenas | 71 (n = 7) | 100 (n = 5) | 83 (n = 12) |
| Total | 40 (n = 15) | 88 (n = 8) | 57 (n = 23) |

* As indicações na tabela devem ser interpretadas da seguinte forma: um total de 8 (entre 23) testes envolveu marcas grandes e estabelecidas. Dos 8 testes conduzidos com essa combinação específica de vendas, apenas um, ou 13%, detectou um aumento estatisticamente significativo no volume de vendas naqueles lares expostos aos comerciais em comparação aos lares de controle, ou seja, que não viram os comerciais.

cativos ganhos de vendas, ao passo que apenas 40% das marcas estabelecidas resultaram em ganhos de vendas devido à propaganda.

Os 23 testes BehaviorScan das marcas da ElmaChips revelam que a propaganda não é sempre eficaz; de fato, ele foi eficaz em apenas um pouco mais da metade dos testes. É importante ressaltar que essa pesquisa apoia a descoberta de que a propaganda é eficaz apenas quando transmite informações distintas e dignas de nota, como ao introduzir uma marca nova ou extensões de uma linha de produtos.

## Conclusão 2 – Mais não é necessariamente melhor: peso não é suficiente

Para compreender completamente esta segunda conclusão, é necessário, em primeiro lugar, entender o conceito de "peso" de propaganda. Esse conceito será abordado nos próximos capítulos, mas, por enquanto, o *peso* de um anúncio deve ser entendido como a frequência em que ele é repetido para o mesmo grupo dos membros do painel no teste BehaviorScan da IRI. (O capítulo seguinte trará uma explicação mais sofisticada sobre o *peso* ao abordar o conceito de planejamento de mídia de *gross rating points*, ou GRPs.) A transmissão mais frequente de um comercial de TV implica um peso de propaganda maior, ou mais GRPs. Obviamente, o peso e o gasto de propaganda são correlatos – quanto maior o peso, mais alto o custo.

Com esse *background*, consideremos agora uma segunda conclusão, importante sobre a eficácia da propaganda – que a quantidade de peso de propaganda investida em uma marca *não* consiste em si um bom elemento de previsão do desempenho das vendas. Em outras palavras, o mero aumento do peso de propaganda não se traduz diretamente em um melhor resultado para a marca. O texto de propaganda *também deve ser distinto e persuasivo* (como vimos anteriormente) para que o comercial cause um impacto positivo na venda e no *market share* da marca. Um profissional da área talvez tenha explicado melhor essa questão quando afirmou que "veicular uma propaganda ineficaz é como estar fora do ar; apenas custa mais caro".[50] Nunca é demais lembrar que não vale a pena veicular ou imprimir anúncios não persuasivos e não distintos.

Essa conclusão é apoiada por um estudo notável que analisou inúmeros testes baseados nos dados de fonte única BehaviorScan. Um estudioso muito conhecido da área e seus colegas determinaram que, quando os anúncios não são persuasivos, não há mais possibilidade de obter aumentos nos volumes de vendas mesmo que o peso do comercial de TV seja duplicado ou triplicado.[51] Esses resultados são baseados em estudos que utilizam os dados de fonte única para várias marcas de bens de consumo. Os pesquisadores analisaram *testes de peso* em que dois painéis de lares que tiveram a oportunidade de ver o mesmo comercial de determinada marca, mas a quantidade de gasto, ou peso, variou entre eles.

As compras feitas pelos dois grupos (grupo onde houve maior frequência e grupo onde houve menor frequência) são, então, monitoradas depois do período de exposição às propagandas. O monitoramento das compras é feito por meio dos dispositivos de *scanner* de códigos de barras presentes nos varejos (assim como descrito anteriormente nas pesquisas de fonte única).

Em cada teste existem duas características-chave do esforço de propaganda. Em primeiro lugar, a quantidade de GRPs, ou peso, usada para anunciar a marca. A segunda característica-chave de propaganda é a pontuação da persuasão ARS que o comercial obteve em cada teste. Essas pontuações variam de uma baixa –1,3 (teste 1) a uma alta 9,3 (teste 20). Por fim, para cada teste relatado observa-se se ocorreu uma diferença estatisticamente relevante nas vendas entre os dois produtos.

Por exemplo, na comparação de duas propagandas, observou-se uma diferença significativa de peso (GRPs). No entanto, o comercial testado nesse caso recebeu uma pontuação de persuasão ARS abaixo da média – 3,6. Devido a essa combinação de uma forte diferença de peso entre os dois painéis, é um comercial relativamente não persuasivo; o resultado foi uma diferença não significativa nas vendas entre os dois painéis de lares no fim de um ano completo do período de teste. Em outras palavras, um forte peso de propaganda não foi suficiente para compensar um comercial não persuasivo.

Por outro lado, em um outro caso, a diferença de peso entre os dois painéis de lares chegou a 583 GRPs, mas o comercial novo nesse teste recebeu uma pontuação de persuasão ARS de 5,9. O resultado: registrou-se diferença significativa nas vendas quando a marca sob teste foi anunciada com um comercial moderadamente significativo.

Portanto, podemos concluir que o principal elemento determinante das diferenças de vendas nesses testes foi a *persuasão* dos comerciais testados. Sempre que a pontuação da persuasão ARS atingiu 5,9, ou mais, diferenças significativas de vendas foram detectadas no fim do teste; em todos os casos em que a pontuação de persuasão ARS ficou abaixo de 5,9, nenhuma diferença significativa de vendas foi obtida.

Se esses resultados forem generalizados para além dos comerciais sob teste, a implicação é que a persuasão de um comercial é um elemento absolutamente crítico: a persuasão, e não apenas o peso de propaganda, é o elemento determinante principal se uma campanha de propaganda se traduzirá em melhor desempenho de vendas. Investir em comerciais não persuasivos é a mesma coisa que jogar dinheiro fora. O peso de propaganda é importante, mas apenas se o comercial apresentar uma história persuasiva![52]

### O relacionamento entre o peso da mídia e o conteúdo criativo

Além dos resultados da ARSgroup, importantes pesquisas acadêmicas permitiram uma visão mais profunda das condições sob as quais o peso adicional da propaganda aumenta ou não as vendas de uma marca.[53] Esse programa de pesquisa testou 47 comerciais reais de TV de marcas familiares em uma variedade de categorias maduras de produtos (ou seja, marcas em categorias como congelados, salgadinhos e serviços de ligação de longa distância). Cada um dos 47 comerciais foi classificado conforme seu tom e conteúdo que incluía, principalmente: (1) *informação racional* (ou seja, comerciais que comunicavam detalhes sobre as características e benefícios do produto); (2) *apelos heurísticos* (comerciais com endossantes confiáveis, e aqueles que usam imagens ou música para transmitir as informações sobre a marca); ou (3) *sugestões afetivas* (por exemplo, comerciais usando apelos calorosos, cenários cativantes e música agradável – tudo o que pode gerar emoções positivas).

Os pesquisadores examinaram os resultados das vendas dos *testes de peso* para esses 47 comerciais e testaram se as pesadas diferenças de peso entre grupos de consumidores expostos a níveis altos – ou baixos – de peso de propaganda levaram a significativas diferenças nas vendas entre os grupos de teste e controle. (Os grupos com peso mais alto foram expostos de 50% a 100% mais comerciais de uma marca específica durante o período de teste.) Além disso, e também importante, eles também testaram se o efeito do peso nas vendas variou em função do conteúdo de propaganda. Em resumo, então, a questão abordada por esses pesquisadores foi se um peso de propaganda maior leva de maneira uniforme ao aumento das vendas, ou se o efeito do aumento do peso de propaganda *depende* do tipo de conteúdo criativo em um comercial.

A descoberta muito importante dessa pesquisa é que o aumento do peso de propaganda levou a aumentos significativos nas vendas *apenas* para comerciais que usaram *sugestões afetivas*. Para comerciais usando informação racional ou apelos heurísticos, nenhum ganho digno de nota foi observado quando a quantidade de peso de propaganda aumentou substancialmente. Parece, então, que os comerciais usando sugestões afetivas reagem de modo positivo a pesos de propagandas maiores porque esse tipo de comercial evoca sentimentos positivos nos consumidores; em comparação, os comerciais com informação racional ou apelos heurísticos se tornam cansativos mais rapidamente e podem até afastar os consumidores por causa da repetição.

É importante observar que essa pesquisa incluiu apenas comerciais extraídos de categorias maduras de produtos e marcas conhecidas. Os resultados possivelmente não se generalizam para comerciais de novas categorias de produtos ou marcas novas em categorias maduras. De qualquer forma, um forte peso de propaganda por trás de anúncios informativos (por exemplo, aqueles que transmitem informações racionais ou que usam apelos heurísticos) pode não funcionar muito bem para aumentar as vendas. De modo recíproco, colocar mais peso por trás de um anúncio com sugestões afetivas (ou seja, anúncios emocionais) pode muito bem aumentar as vendas de maneira substancial.

## Conclusão 3 – Todas as coisas boas acabam um dia: a propaganda, por fim, se desgasta

Outra lição importante, que aprendemos na apresentação do caso da marca Prego, da Campbell, e apoiados por muitas outras evidências, é que a propaganda por fim *se desgasta* e precisa ser periodicamente renovada para manter ou aumentar as vendas de uma marca.[54] As pesquisas acadêmicas e de mercado demonstraram de forma convincente que com o acúmulo de GRPs para uma marca, o poder de persuasão da propaganda daquela marca declina com o tempo.[55] Isso é conhecido como **desgaste**, cujo resultado é a diminuição da eficácia da propaganda à medida que as GRPs se acumulam com o tempo. Curiosamente, as *marcas conhecidas* (aquelas com as quais o consumidor tem experiência de uso direto, ou aprendeu sobre a marca por meio das informações das mensagens de comar) provaram se desgastar com mais lentidão que as marcas não conhecidas.[56] Isso sugere que marcas consolidadas – ou seja, aquelas com maior *brand equity* (veja Capítulo 2) – podem continuar a empregar execuções criativas por um período de tempo mais longo, precisam renovar sua propaganda com menos frequência e assim conseguem mais resultados com o dinheiro investido em propaganda. A frase "conhecimento gera conhecimento" tem uma contrapartida nesse contexto: "sucesso gera mais sucesso". Marcas conhecidas que possuem maior *brand equity* desfrutam eficácia aumentada da comar, adiando o desgaste da propaganda.

A moral para a conclusão 3 é que é importante retestar comerciais periodicamente (usando, por exemplo, a medida de persuasão ARS) para determinar quanto poder de persuasão ainda permanece em um comercial. Quando o poder de persuasão cai entre 3,0 e 3,9, ou mesmo abaixo, está provavelmente na hora de substituir o comercial por uma execução nova ou revisada.

## Conclusão 4 – Não seja teimoso: a propaganda funciona logo ou não funciona

Devido à dificuldade em determinar com precisão qual o efeito que a propaganda tem sobre as vendas, em muitos casos, os anunciantes iniciam uma campanha de propaganda e depois permanecem com ela por um longo período. Ainda que não exista nenhuma evidência inicial de que a campanha está movendo os ponteiros das vendas, há uma tendência entre alguns anunciantes de "permanecer com ela", esperando que com exposições repetidas (peso aumentado) os comerciais acabarão por produzir resultados positivos. Pensamentos como "não vamos abandonar a campanha tão cedo", ou "temos que ter paciência", com frequência são aplicados para manter uma campanha de propaganda questionável.

As descobertas obtidas com a série de 23 testes de textos conduzidos pelo BehaviorScan para a ElmaChips nos dá uma visão sobre a questão de quanto tempo os anunciantes devem se manter fiéis a uma campanha. Embora não esteja aparente na Tabela 10.3, um quarto resultado notável obtido com o teste BehaviorScan para a ElmaChips é que em todos os 12 (entre 23) casos em que os comerciais para as marcas da ElmaChips provocaram significativos aumentos de vendas, os efeitos ocorreram nos primeiros seis meses. De maneira mais dramática, em 11 dos 12 testes com ganhos significativos de vendas, o aumento delas ocorreu dentro dos *três primeiros meses*! Quando a propaganda funciona, ela o faz relativamente rápido, ou simplesmente não funciona.

Observe que embora exista certa virtude em ser paciente, há uma diferença entre ser paciente e ser teimoso. Às vezes, os anunciantes têm que aceitar o fato de que uma campanha de propaganda simplesmente não está provocando o aumento das vendas. O conceito econômico de custo irrecuperável é relevante nesse contexto. Esse conceito, em particular, nos informa que decisões não devem ser tomadas a respeito de gastos passados, mas em termos de perspectivas futuras. O custo irreparável no passado não pode justificar a continuação de algo que não está gerando aumento de vendas. Tomadores de decisões mais sábios devem estar preparados para se afastar dos erros do passado (como campanhas de propagandas improdutivas), aceitar o fato de que os gastos passados são irrecuperáveis, tentar não repetir o mesmo erro e se esforçar para não jogar dinheiro fora.

# Resumo

Embora seja difícil e, com frequência, caro medir a eficácia da mensagem, isso é essencial para que os anunciantes entendam melhor como está o desempenho de seus comerciais e que mudanças precisam ser feitas para melhorá-lo. A pesquisa baseada na mensagem avalia a eficácia das mensagens de propagandas. Dúzias de técnicas para medir a eficácia da propaganda se desenvolveram com o passar dos anos. A razão para tal diversidade é que os anúncios realizam várias funções, e múltiplos métodos são necessários para testar diferentes indicadores da eficácia deles.

Starch Readership Service, testes Bruzzone e os testes de lembrança no dia seguinte são técnicas para medir o reconhecimento e a lembrança. As medidas psicológicas como a reação galvânica da pele e a dilatação das pupilas são usadas para avaliar a estimulação emocional que os comerciais ativam. O método Next*TV da Ipsos é um sistema doméstico, que usa gravação em DVD, para medir as reações dos consumidores aos comerciais de TV. O teste de persuasão da ARSgroup é usado para medir as mudanças de preferência, empregando pré e pós-medidas da preferência dos consumidores antes e depois de serem expostos a um comercial de uma marca. O impacto da propaganda no comportamento real de compra é avaliado com sistemas de coleta de dados de fonte única (BehaviorScan, da IRI, e ScanTrack, da Nielsen) que obtêm dados de compras registrados por leitura óptica, de painéis de lares, e que depois os integram ao comportamento de ver televisão e outras variáveis de marketing.

Nenhuma técnica individual para medir a eficácia é ideal; nenhuma é apropriada para todas as ocasiões. A escolha da técnica depende do objetivo específico que uma campanha de propaganda deseja realizar. Além do mais, métodos múltiplos de aferição são preferíveis a técnicas únicas para responder a muitas perguntas envolvidas nas tentativas de avaliar a eficácia da propaganda.

A última seção apresentou conclusões acerca da eficácia dos comerciais de TV com base em pesquisas que mediram a persuasão de propaganda, exploraram o papel do aumento do peso de propaganda, examinaram o impacto do texto criativo e determinaram se esses fatores de propagandas geram ganhos significativos de vendas. Quatro importantes conclusões são extraídas: (1) o texto do anúncio deve ser distinto para aumentar os ganhos de vendas; (2) mais peso de propaganda não equivale necessariamente a aumento de vendas; (3) a propaganda se desgasta com o tempo; e (4) se a propaganda tiver de funcionar, ela produzirá seus efeitos positivos rapidamente.

# Questões para discussão

1. É desejável que as aferições da eficácia da propaganda foquem a reação das vendas em vez de algum precursor das vendas. Contudo, medir a resposta das vendas à propaganda é tipicamente difícil. Que fatores complicam a aferição da resposta das vendas à propaganda? Para responder a essa pergunta, retorne ao Capítulo 6, à seção sobre o uso das vendas como um objetivo dos programas da comar.

2. O princípio 2 do PACT afirma que um bom sistema de teste do texto deve estabelecer como os resultados serão usados antes de cada teste. Explique o significado específico e a importância desse princípio de teste do texto. Crie um exemplo de resultado previsto com falta de um padrão de ação suficiente e um com um padrão adequado.

3. Qual a distinção entre as formas de pré-teste e pós-teste de pesquisa de propaganda? Em sua opinião, qual delas é mais importante? Justifique sua resposta.

4. O teste Bruzzone é baseado em uma medida de reconhecimento em comparação ao teste de lembrança no dia seguinte que, é claro, é baseado em uma medida

de lembrança. Apresente um argumento sobre por que a medida de reconhecimento Bruzzone pode ser mais apropriada que a medida de lembrança na tentativa de determinar a eficácia dos comerciais de TV. Para facilitar a discussão, considere a diferença entre os testes de múltipla escolha (uma forma de medida de reconhecimento) e os testes dissertativos (uma forma de medida de lembrança).

5. Dê sua interpretação da seguinte citação apresentada anteriormente no capítulo: "Se você não pode medir uma coisa, não pode entendê-la. Se você não pode entendê-la, não pode controlá-la. Se não pode controlá-la, não pode aperfeiçoá-la".

6. Se você fosse um executivo de conta em uma agência de propaganda, o que diria aos clientes para convencê-los a usar (ou não usar) o Starch Readership Service?

7. Um teste BehaviorScan de desempenho de um comercial de TV custará a você, como gerente de uma nova marca de cereal, mais de $ 250 mil. Por que isso seria um investimento prudente em comparação a gastar $ 50 mil para realizar um estudo de percepção?

8. Imagine que vários anos no futuro, depois que você já se formou e iniciou uma carreira, você abre sua correspondência um dia e encontra uma carta da Information Resources Inc. (IRI) convidando-o a se tornar um membro do painel BehaviorScan. Você teria alguma reserva em aceitar? Imagine que a letra é da ACNielsen em vez da IRI, convidando-o a participar do ScanTrack. Quais seriam suas reservas nesse caso, se tivesse alguma?

9. Escolha três comerciais recentes de TV para marcas bem conhecidas; identifique o(s) objetivo(s) que cada um parece estar tentando alcançar, e então proponha um procedimento para testar a eficácia de cada um. Seja específico.

10. Os comerciais de TV são testados em vários estados de finalização, incluindo *storyboards*, *animatics*, *photomatics*, *ripomatics*, *livematics* e comerciais finalizados (veja a primeira seção *Foco CIM* deste capítulo). Que reservas você teria para projetar resultados, a partir dos testes de comerciais pré-finalizados, para resultados reais de mercado com comerciais reais? Seja específico e refira-se aos princípios do PACT quando necessário.

11. Qual é sua opinião a respeito do valor (ou falta de valor) do uso das medidas de reação fisiológica, como o galvanômetro?

12. Compare e contraste as medidas da Next*TV da Ipsos com o método de persuasão da ARSgroup.

13. No contexto da discussão de dados de fonte única, explique a diferença entre testes de peso e testes do texto. Exemplifique seu entendimento da diferença entre esses dois tipos de testes desenvolvendo um teste de peso hipotético e depois um teste de texto para a mesma marca.

14. Com referência aos testes de texto da ElmaChips, na Tabela 10.3, os resultados revelam que, dos 23 comerciais testados, apenas 57% deles geraram diferenças significativas nas vendas entre os painéis testados. Imagine que os resultados da ElmaChips são aplicáveis aos comerciais de TV em geral. Qual é sua conclusão geral dessa descoberta-chave?

15. Apresente uma explicação sobre por que, em geral, o aumento do peso de propaganda é um meio insuficiente de aumento das vendas da marca.

16. Explique seu entendimento da razão pela qual, no caso de produtos maduros com marcas conhecidas, um peso de propaganda maior é eficaz para aumentar as vendas apenas quando sugestões afetivas são usadas no anúncio da marca.

17. Em sua opinião, por que os comerciais para marcas conhecidas com forte *brand equity* se desgastam com menos rapidez que as marcas não conhecidas?

# Notas

1. Esses fatos e os comentários são adaptados de Nigel Hollis, "Understanding the Power of Watchability Can Strengthen Advertising Effectiveness", *Marketing Research* (primavera de 2004), 22-26.
2. Leandro Guissoni, Marcos Fava Neto, Edson Crescitelli. Mensuração e avaliação dos resultados de *trade marketing in* Rafael D´Andrea e Matheus Cônsoli (orgs). *Trade Marketing*. São Paulo: Atlas, 2010, 288-63.
3. Karen Whitehill King, John D. Pehrson e Leonard N. Reid, "Pretesting TV Commercials: Methods, Measures, and Changing Agency Roles", *Journal of Advertising* 22 (setembro de 1993), 85-97.
4. Ibid.
5. John Kastenholz, Charles Young, e Tony Dubitsky, "Rehearse Your Creative Ideas in Rough Production to Optimize Ad Effectiveness". Estudo apresentado na Advertising Research Foundation Convention, na cidade de Nova York, de 26 a 28 de abril de 2004.
6. Ibid.
7. Essa descrição é baseada em Allan L. Baldinger, *in Handbook of Marketing Research: Uses, Misuses, and Future Advances*, eds. Rajiv Grover e Marco Vriens (Thousand Oaks: Calif.: Sage, 2006).
8. O material para esta seção foi extraído do documento PACT, publicado em sua totalidade em *Journal of Advertising*, 11, n. 4 (1982), 4-29.
9. Ver, por exemplo, Bruce F. Hall, "A New Model for Measuring Advertising Effectiveness", *Journal of Advertising Research* 42 (abril de 2002), 23-31.
10. Herbert E. Krugman, "Why Three Exposures May Be Enough", *Journal of Advertising Research* 12 (dezembro de 1972), 11-4.
11. Russel I. Haley e Allan L. Baldinger, "The ARF Copy Research Validity Project", *Journal of Advertising Research* 31 (março/abril de 1991), 11-32.
12. John R. Rossiter e Geoff Eagleson, "Conclusions from the ARF's Copy Research Validity Project", *Journal of Advertising Research* 34 (maio/junho de 1994), 19-32.
13. Vários artigos abordando a pesquisa de propaganda etnográfica são apresentados em uma edição de *Journal of Advertising Research* 46 (setembro de 2006). Ver nesta edição, Jane Fulton Suri e Suzanne Gibbs Howard, "Going Deeper, Seeing Further: Enhancing Ethnographic Interpretations to Reveal More Meaningful Opportunities for Design", 246-50; Eric J. Arnould and Linda L. Price, "Market-Oriented Ethnography Revisited", 251-62: Gwen S. Ishmael e Jerry W. Thomas, "Worth a Thousand Words", 274-8.
14. Gerald Zaltman e Robin Higie Coulter, "Seeing the Voice of the Customer: Metaphor-Based Advertising Research", *Journal of Advertising Research* 35 (julho/agosto de 1995), 35-51; Robert A.

Coulter, Gerald Zaltman e Keith S. Coulter, "Interpreting Consumer Perceptions of Advertising: An Application of the Zaltman Metaphor Elicitation Technique", *Journal of Advertising* 30 (inverno de 2001), 1-21.
15. Zaltman e Coulter, "Seeing the Voice of the Customer: Metaphor-Based Advertising Research".
16. Uma citação atribuída a H. James Harrington, presidente da Emergence Technology Ltd., apresentada por Amy Miller e Jennifer Cioffi em "Measuring Marketing Effectiveness and Value: The Unisys Marketing Dashboard", *Journal of Advertising Research* 44 (setembro de 2004), 238.
17. Para uma discussão mais profunda sobre as diferenças entre medidas de reconhecimento e lembrança, ver Erik du Plessis, "Recognition versus Recall", *Journal of Advertising Research* 34 (maio/junho de 1994), 75-91. Para uma leitura adicional sobre o reconhecimento e seu relacionamento com os fatores de propagandas (como a habilidade para ser estimado), ver Jens Nördfalt, "Track to the Future? A Study of Individual Selection Mechanisms Preceding Ad Recognition and Their Consequences", *Journal of Current Issues and Research in Advertising* 27 (primavera de 2005), 19-30. Para uma discussão adicional sobre a distinção entre reconhecimento e lembrança como aspectos separados da memória, ver James H. Leigh, George M. Zinkhan e Vanitha Swaminathan, "Dimensional Relationships of Recall and Recognition Measures with Selected Cognitive and Affective Aspect of Print Ads", *Journal of Advertising* 35 (primavera de 2006), 105-22.
18. Para mais detalhes a respeito de outros serviços, ver David W. Stewart, David H. Furse e Randall P. Kozak, "A Guide to Commercial Copytesting Services", *in* James H. Leigh e Claude R. Martin, Jr. (eds.) *Current Issues and Research in Advertising*, eds. (Ann Arbor: Division of Research, Graduate School of Business, University of Michigan, 1983), 1-44; e Surendra N. Singh e Catherine A. Cole, "Advertising Copy Testing in Print Media", *in* James H. Leigh e Claude R. Martin, Jr. (eds.) *Current Issues and Research in Advertising*, ed. (Ann Arbor: Division of Research, Graduate School of Business, University of Michigan, 1988), 215-84.
19. Essas definições estão disponíveis em qualquer Starch Readership Report.
20. D. M. Neu, "Measuring Advertising Recognition", *Journal of Advertising Research* 1 (1961), 17-22. Para uma visão alternativa, ver George M. Zinkhan e Betsy D. Gelb, "What Starch Scores Predict", *Journal of Advertising Research* 26 (agosto/setembro de 1986), 45-50.
21. Donald E. Bruzzone, "Tracking Super Bowl Commercials Online", *ARF Workshop Proceedings*, outubro de 2001, 35-47.
22. Agradeço por esse exemplo ao sr. R. Paul Shellenberg, diretor de vendas, e ao sr. Donald E. Bruzzone, presidente, da Bruzzone Research Company, Alameda, Califórnia.
23. http://www.ipsos.com.br/m3.asp?cod_pagina=1079
24. Instituto de Pesquisa Datafolha, http://datafolha.folha.uol.com.br/mercado/30seg_index.php (acesso em: novembro de 2010).
25. O valor do teste de lembrança dos comerciais foi questionado por Joel S. Dubow, "Point of View: Recall Revisited: Recall Redux", *Journal of Advertising Research* 34 (maio/junho 1994), 92-106.
26. "Recall Not Communication: Coke", *Advertising Age* (26 de dezembro de 1983), 6.
27. Joel S. Dubow, "Advertising Recognition and Recall by Age – Including Teens", *Journal of Advertising Research* 35 (setembro/outubro de 1995), 55-60.
28. Leonard M. Lodish et al., "How TV Advertising Works: A Meta-Analysis of 389 Real World Split Cable T.V. Advertising Experiments", *Journal of Marketing Research* 32 (maio de 1995), 135. Ver também John Philip Jones e Margaret H. Blair, "Examining 'Conventional Wisdoms' about Advertising Effects with Evidence from Independent Sources", *Journal of Advertising Research* 36 (novembro/dezembro de 1996), 42.
29. John J. Kastenholz e Chuck E. Young, "The Danger in Ad Recall Tests", *Advertising Age*, 9 de junho de 2003, 24; Jack Honomichl, "FCB: Day-After-Recall Cheats Emotion", *Advertising Age*, 11 de maio de 1981, 2; David Berger, "A Retrospective: FCB Recall Study", *Advertising Age*, 26 de outubro de 1981, S36, S38.
30. John Kastenholz, Chuck Young e Graham Kerr, "Does Day-After Recall Testing Produce Vanilla Advertising?" *Admap*, junho de 2004, 34-36; Lisa Sanders e Jack Neff, "Copy Tests Under Fire from New Set of Critics", *Advertising Age*, 9 de junho de 2003, 6.
31. John Pawle e Peter Cooper, "Measuring Emotion – Lovemarks, the Future Beyond Brands", *Journal of Advertising Research* 46, (março de 2006), 39.
32. Judie Lannon, "New Techniques for Understanding Consumer Reactions to Advertising", *Journal of Advertising Research* 26 (agosto/setembro de 1986), RC6-RC9; Judith A. Wiles e T. Bettina Cornwell, "A Review of Methods Utilized in Measuring Affect, Feelings, and Emotions in Advertising", *in* James H. Leigh e Claude R. Martin, Jr. (eds.) *Current Issues and Research in Advertising*, (Ann Arbor: Division of Research, Graduate School of Business, University of Michigan, 1991), 241-75.
33. Steven P. Brown e Douglas M. Stayman, "Antecedents and Consequences of Attitude toward the Ad: A Meta-Analysis", *Journal of Consumer Research* 19 (junho de 1992), 34-51; Haley e Baldinger, "The ARF Copy Research Validity Project", David Walker e Tony M. Dubitsky, "Why Liking Matters", *Journal of Advertising Research* 34 (maio/junho de 1994), 9-18.
34. Pesquisa "30 segundos" do Instituto Datafolha publicado na *Revista Meio & Mensagem* (27 setembro de 2010).
35. Para uma discussão mais profunda acerca das medidas de emoção, ver Karolien Poels e Siegfried Dewitte, "How to Capture the Heart? Reviewing 20 Years of Emotion Measurement in Advertising", *Journal of Advertising Research* 46 (março de 2006), 18-37.
36. Ver ibid., para uma abordagem mais profunda.
37. Paul J. Watson e Robert J. Gatchel, "Autonomic Measures of Advertising", *Journal of Advertising Research* 19 (junho de 1979), 15-26.
38. Para um relatório especialmente completo e perspicaz a respeito do galvanômetro, ver Priscilla A. LaBarbera e Joel D. Tucciarone, "GRS Reconsidered: A Behavior-Based Approach to Evaluating and Improving the Sales Potency of Advertising", *Journal of Advertising Research* 35 (setembro/outubro de 1995), 33-53.
39. Ibid.
40. Para uma discussão detalhada acerca da dilatação da pupila e outras medidas fisiológicas, ver Joanne M. Klebba, "Physiological Measures of Research: A Review of Brain Activity, Electrodermal Response, Pupil Dilation, and Voice Analysis Methods and Studies", *in* James H. Leigh e Claude R. Martin, Jr. *Current Issues and Research in Advertising*, (eds.) (Ann Arbor: Division of Research, Graduate School of Business, University of Michigan, 1985), 53-76. Ver também John T. Cacioppo e Richard E. Petty, *Social Psychophysiology* (Nova York: The Guilford Press, 1983).
41. Anthony J. Adams e Margaret Henderson Blair, "Persuasive Advertising and Sales Accountability: Past Experience and Forward Validation", *Journal of Advertising Research* 32 (março/abril de 1992), 25. Observação: essa citação de fato indicou que mil participantes são escolhidos em quatro áreas metropolitanas. Todavia, *newsletters* e relatórios subsequentes da empresa indicam que de 800 a mil participantes são aleatoriamente escolhidos em oito áreas metropolitanas.
42. Leonard M. Lodish, "J.P.Jones e M.H.Blair on Measuring Advertising Effects – Another Point of View", *Journal of Advertising Research* 37 (setembro/outubro de 1997), 75-59.
43. A ARSgroup, Evansville, IN, "Summary of the ARS Group's Global Validation and Business Implications 2004 Update" (junho de 2004). Um estudo anterior de validação realizado pela ARSgroup foi publicado na seguinte fonte: Margaret Henderson Blair e Michael J. Rabuck, "Advertising Wearin and Wearout: Ten Years Later: More Empirical Evidence and Successful Practice", *Journal of Advertising Research* 38 (setembro/outubro de 1998), 1-13.
44. Por exemplo, John Philip Jones, "Quantitative Pretesting for Television Advertising", *in* John Philip Jones *How Advertising Works: The Role of Research*, (eds.) (Newbury Park, Calif: Sage Publications, 1998), 160-9.

45. A informação sobre essa descrição está em Andrew M. Tarshis, "The Single Source Household: Delivering on the Dream", *AIM* (uma publicação da Nielsen) 1, n. 1 (1989).
46. Essas conclusões são baseadas em Margaret Henderson Blair e Karl E. Rosenberg, "Convergent Findings Increase Our Understanding of How Advertising Works", *Journal of Advertising Research* 34 (maio/junho de 1994), 35-45. É claro que outros profissionais de pesquisa e estudiosos convergem quanto a essas conclusões gerais.
47. Scott Hume, "Selling Proposition Proves Power Again", *Advertising Age* (8 de março de 1993), 31-5.
48. Lee Byers e Mark Gleason, "Using Measurement for More Effective Advertising", *Admap* (maio de 1993), 31-5.
49. Dwight R. Riskey, "How TV Advertising Works: An Industry Response", *Journal of Marketing Research* 34 (maio de 1997), 292-3. Para relatos mais completos acerca da eficácia da propaganda na TV, ver Lodish et al., "How TV Advertising Works: A Meta-Analyses of 389 Real World Split Cabel T.V. Advertising Experiments", *Journal of Marketing Research* 32 (maio de 1995), 125-39; e Leonard M. Lodish et al., "A Summary of Fifty-Five In-Market Experimental Estimates of the Long-Term Effect of TV Advertising", *Marketing Science* 14, n. 3 (1995), G133-G140.
50. A citação é de Jim Donius, mencionado em Don Bruzzone, "The Top 10 Insights about Measuring the Effect of Advertising", *Bruzzone Research Company Newsletter* (28 de outubro de 1998), princípio 8.
51. Lodish et al., "How T.V. Advertising Works", 128.
52. Em comparação com os resultados apresentados na Conclusão 2, a pesquisa realizada por Lodish et al. não demonstram um forte relacionamento entre persuasão dos comerciais e vendas. Ver a Tabela 11 em "How T.V. Advertising Works", 137.
53. Deborah J. MacInnis, Ambar G. Rao e Allen M. Weiss, "Assessing When Increased Media Weight of Real-World Advertisements Helps Sales", *Journal of Marketing Research* 39 (novembro de 2002), 391-407.
54. As descobertas de Lodish et al. também apoiam essa conclusão. Ver "How T.V. Advertising Works".
55. Para comentários, ver Connie Pechmann e David W. Stewart, "Advertising Reception: A Critical Review of Wearin and Wearout", *Current Issues and Research in Advertising* 11 (1988), 285-330; David W. Stewart, "Advertising Wearout: What and How You Measure Matters", *Journal of Advertising Research* 39 (setembro/outubro de 1999), 39-42; Blair e Rabuck, "Advertising Wearin and Wearout"; e MacInnis, Rao, e Weiss, "Assessing When Increased Media Weight or Real-World Advertisements Helps Sales".
56. Margaret C. Campbell e Kevin Lane Keller, "Brand Familiarity and Advertising Repetition Effects", *Journal of Consumer Research* 30 (setembro de 2003), 292-304.

# 11
# Mídia de propaganda: planejamento e análise

O custo de colocar um comercial de 30 segundos durante o National Football League Super Bowl dos Estados Unidos aumentou de US$ 400 mil em 1984 para US$ 2.7 milhões em 2008, o que equivale a US$ 90 mil por segundo.[1] No entanto, como o público do Super Bowl é muito grande, totalizando mais de 90 milhões de lares norte-americanos, os anunciantes justificam essa exorbitância de gastos com base no fato de que o custo de alcançar consumidores em potencial é razoável.[2] Na verdade, quase um terço dos consumidores norte-americanos assiste ao Super Bowl. Um Super Bowl recente atraiu 17% das crianças entre 2 e 11 anos; 26,5%, entre 12 e 17 anos; 34,4% das pessoas na faixa etária entre 18 e 49; 37,5%, entre 25 e 54; e 36,9%, com 55 anos ou mais.[3] Os anunciantes também justificam a decisão de veicular comerciais durante o Super Bowl com base no fato de que os consumidores estão muito mais atentos a esse programa que a qualquer outro na TV.

Não obstante, podemos questionar se o considerável investimento nessa extravagância televisiva é justificado, especialmente considerando que um comercial de 30 segundos durante os programas que vão ao ar no horário nobre custam apenas uma fração do preço de um anúncio no Super Bowl, na faixa de US$ 100 mil – US$ 350 mil (desde 2008). Os planejadores de mídia de uma empresa especializada em seleção de mídia questionaram se o Super Bowl representava uma compra prudente e propuseram outro modo de investir a quantia equivalente à compra de um espaço de 30 segundos durante o evento.[4]

Eles desenvolveram um plano de mídia alternativo que consistia em (1) comprar espaços de propagandas em todos os programas exibidos na mesma hora nas noites de terça-feira; (2) garantir o espaço de propaganda em todos os programas exibidos no mesmo horário nas noites de domingo (por exemplo, filmes); e (3) comprar um único espaço na programação de sábado à noite na rede Fox. (As compras das noites de terça-feira e domingo são chamadas "obstáculos na estrada", porque os comerciais apresentados simultaneamente em todos os programas exibidos no mesmo horário agem, metaforicamente, como obstáculos na estrada, garantindo que todos os consumidores que estejam assistindo TV nesse horário sejam expostos ao anúncio da marca.) Esse plano de mídia alternativo garantiu 13 espaços de propagandas no horário nobre, ou um tempo total de 6,5 minutos, comparado à compra de um único espaço de 30 segundos no Super Bowl. A comparação dos pontos de audiência bruta (GRPs – *gross rating points*), um conceito que será descrito em detalhes mais adiante neste capítulo, entre o Super Bowl e o plano alternativo é demonstrada a seguir.

Enquanto um único comercial de 30 segundos durante o Super Bowl alcançou 40 GRPs na faixa etária entre 18 e 49; 2 GRPs na faixa etária entre 25 e 54; e assim por diante; os 13 espaços com preço equivalente alcançaram GRPs consideravelmente mais altos. Por exemplo, para todas as idades adultas entre 25 e 54 os 78 GRPs dos 13 espaços no horário nobre foram 86% maiores que os 42 GRPs gerados pelos comerciais durante o Super Bowl.

Portanto, podemos concluir que os anunciantes não deveriam veicular seus comerciais durante o Super Bowl, e sim que teriam mais vantagens investindo o dinheiro em outro lugar? Certo? Não necessariamente! É preciso também levar em conta a importante questão do impacto de propaganda. As pessoas reagem com pouco entusiasmo a comerciais exibidos durante os programas contidos no plano alternativo de mídia (13 espaços). Comparativamente, os anúncios veiculados durante o Super Bowl são, como o próprio programa, um acontecimento especial. Os consumidores esperam comerciais novos, impressionantes, e com frequência ainda falam sobre os comerciais durante muito tempo depois do término do Super Bowl. Na verdade, as evidências indicam que as pessoas gostam de assistir aos comerciais durante o Super Bowl. Uma pesquisa revelou que uma amostragem de mulheres indicou que elas preferem ver os comerciais a assistir ao jogo.[5] Como os jornalistas fazem comentários em revistas, jornais e Internet acerca dos comerciais veiculados durante os jogos, os anunciantes recebem uma forma secundária de contato com a marca. Em resumo, nem todas as formas de propaganda têm impacto equivalente. Quando os planejadores estão comprando mídia de propaganda, é preciso levar em conta outros fatores, com frequência, subjetivos, além das meras comparações de custo e pontos de audiência.

## Objetivos do capítulo

*Após ler este capítulo, você será capaz de:*

1. Descrever os principais fatores usados na segmentação de públicos-alvo para os propósitos do planejamento de mídia.

2. Explicar o significado de alcance, frequência, pontos de audiência bruta, soma das audiências de público-alvo, alcance eficaz e outros conceitos de mídia.

3. Discutir a lógica da hipótese das três exposições e seu papel na seleção de mídia e de veículo.

4. Descrever o uso do procedimento de indexação da eficiência para a seleção de mídia.

5. Distinguir as diferenças entre as três formas de alocação de propaganda: cronogramas contínuos, por onda (*pulsing*) e em bloco (*flights*).

6. Explicar o princípio de recência e suas implicações na alocação das despesas com propaganda com o passar dos anos. Embora a palavra recência (do inglês, *recency*) não exista em português, ela foi mantida no texto por ser adotada pelo setor de mídia no Brasil.

7. Fazer cálculos custo-por-mil.

8. Comentar planos de mídia reais.

>>**Dica de comar:**
O custo da propaganda durante o Super Bowl compensa?

# Introdução

Os três capítulos anteriores examinaram o componente da mensagem da estratégia de propaganda. Embora mensagens eficazes sejam essenciais para uma propaganda eficaz, elas são de pouca utilidade a menos que seja selecionada uma mídia de propaganda que realmente alcance o público-alvo pretendido. Este capítulo e os três seguintes são dedicados às considerações de mídia. Este capítulo explora o processo de planejamento de mídia e os vários fatores incluídos em sua seleção. O Capítulo 12 examina a mídia tradicional impressa em revistas e jornais e a veiculada por rádio e TV. No Capítulo 13, o foco é a mídia on-line, e no 14, são as mídias alternativas (por exemplo, apresentação dos produtos em filmes e propaganda no cinema).

## Alguns termos úteis: mídia *versus* veículos

Os profissionais de propaganda fazem uma distinção entre *mídia* e *veículo*. **Mídia** são os métodos gerais de comunicação que levam as mensagens de propagandas – ou seja, TV, revistas, jornais etc. **Veículos** são os programas ou meios impressos específicos nos quais os anúncios são colocados. Por exemplo, a TV é uma mídia, e a novela das 8 da Rede Globo, o Jornal Nacional ou o programa de auditório do SBT são veículos que transmitem os comerciais de TV. As revistas são outra mídia, e *Veja, Época, Caras, Capricho* são veículos nos quais os anúncios de revista são colocados. Cada mídia e cada veículo têm um conjunto singular de características e virtudes. Os anunciantes tentam selecionar a mídia e os veículos que são mais compatíveis com a marca anunciada no que diz respeito a alcançar seu público-alvo e transmitir a mensagem desejada. A Seção *Foco Global* apresenta uma fonte na Internet para obter informações úteis a respeito dos veículos e das mídias em países por todo o mundo. Acesse o site para ver a riqueza de informações disponíveis.

## Mensagens e mídia: um relacionamento íntimo

A mensagem de propaganda e as considerações de mídia estão indissoluvelmente relacionadas. A mídia e as mensagens representam um relacionamento íntimo, no qual uma é compatível com a outra. Dizem que os profissionais de criação de propaganda "não podem se mover até que tenham uma estrategista de mídia".[6] Os profissionais de criação e os especialistas em mídia devem se unir para criar anúncios que, de modo eficaz e eficiente, transmitam o conceito certo da marca ao público-alvo. Os profissionais da área concordam que alcançar um público específico de modo eficaz é a consideração mais importante ao selecionar a mídia de propaganda.[7] Os anunciantes estão dando mais ênfase que nunca ao planejamento de mídia, e os planejadores de mídia alcançaram um nível de *status* sem paralelo.[8] Isso acontece porque a mensagem de propaganda pode ser eficaz apenas quando colocada na mídia e nos veículos que melhor alcançam o público-alvo a um custo justificável.

A escolha da mídia e dos veículos é, em muitos aspectos, a mais complicada de todas as decisões de comunicações de marketing, devido à variedade de decisões que devem ser tomadas e aos altos valores envolvidos. Além de determinar as categorias gerais de mídia a serem usadas (televisão, rádio, revistas, jornais, *outdoor*, Internet ou mídia alternativa), o planejador deve também selecionar os veículos específicos dentro de cada mídia e decidir como alocar o orçamento dis-

# foco global

## Procurando por opções de mídia ao redor do mundo

Suponha que você esteja interessado em obter informações sobre mídia de notícias e pontos de propaganda que estão disponíveis em diferentes cidades do mundo. Como você poderia saber, por exemplo, que jornais estão disponíveis em Moscou ou quais são as estações de TV em Barcelona? Felizmente, existe um site independente chamado Kidon Media-Link (http://www.kidon.com/media-link) que torna disponível esse tipo de informação. O site Kidon inclui links diretos a várias fontes de notícias, que representam pontos de propaganda potenciais. Acesse a homepage do Kidon Media-Link, selecione o continente onde uma cidade de seu interesse está localizada, identifique o país, navegue para a cidade desejada e então verifique a mídia disponível. Notícias atualizadas são apresentadas nos pontos de mídia disponíveis na cidade em questão. Vale a pena acessar http://www.kidon.com/media-link/index.php e descobrir mais acerca dessa interessante fonte que fornece um link direto com a mídia global.

ponível entre as várias alternativas de mídia e veículos. Decisões adicionais envolvem a escolha de locais geográficos de propaganda e a determinação do modo como distribuir o orçamento com o passar do tempo. A complexidade da seleção das formas de mídia fica bem clara no comentário a seguir:

> Um anunciante considerando um simples cronograma de uma revista mensal, entre os requisitos de público e ambiente editorial de uma série de 30 publicações possíveis, deve essencialmente levar em conta mais de um bilhão de possíveis cronogramas e reduzir as possibilidades a poucas alternativas plausíveis que maximizem os objetivos da campanha dentro dos limites do orçamento. Por que mais de um bilhão de cronogramas possíveis? Há dois resultados para cada cronograma mensal: usar ou não uma publicação específica. Portanto, o número total de possíveis cronogramas equivale a dois elevado a 30ª potência (ou seja, $2^{30} = 1.073.741.800$)... Agora imagine como as opções explodem quando a pessoa também considera 60 programas no horário nobre da TV e 25 exibidos durante o dia, 12 redes de TV a cabo, 16 estações de rádio, 4 jornais de circulação nacional e 3 suplementos de jornais, com cada veículo tendo entre 4,3 (a quantidade média de semanas em um mês) e talvez até 20 ou mais inserções por mês.[9]

## Selecionando e comprando mídia e veículos

Será útil examinar como a indústria da propaganda toma as decisões de compra relacionadas à mídia e aos veículos. Como vimos no Capítulo 7, as agências tradicionais de propaganda que oferecem serviços completos (*full service*) sempre foram responsáveis tanto pela criação das mensagens de propagandas para as marcas dos clientes quanto pelo planejamento e compra de tempo e espaço de mídia para inserir essas mensagens. Contudo, uma mudança recente e significativa está em curso no modo como o planejamento de mídia é feito. Um acontecimento que impulsionou a indústria da propaganda foi a decisão da General Motors (GM) de consolidar em uma única empresa seu planejamento e compra de mídia para suas diversas marcas de automóvel. Embora, no passado, o planejamento e a compra acontecessem em cada agência que representava cada marca da GM, agora *todo* o planejamento é feito em uma única empresa que atua sob uma organização conhecida como GM Planworks. Essa unidade cuida do planejamento de mídia que chega anualmente a cerca de US$ 3 bilhões. Ao consolidar o planejamento e a compra de mídia, a GM consegue uma significativa diminuição de custos para suas várias marcas.[10]

Outras grandes corporações seguiram o exemplo da GM em "*desassociar*" o planejamento de mídia e os serviços criativos. A Unilever transferiu seus US$ 700 milhões destinados à compra de mídia nos Estados Unidos de suas várias agências para um único comprador de mídia. Do mesmo modo, a Kraft Foods consolidou seus US$ 800 milhões destinados a planejamento e compra de mídia na América do Norte em um único comprador e planejador de mídia.

As agências de propaganda tradicionais criticaram essas mudanças. Elas alegam que os serviços criativos e o planejamento de mídia devem caminhar lado a lado e que o relacionamento simbiótico entre esses serviços é prejudicado quando as agências são relegadas apenas à criação de mensagens, enquanto empresas independentes ficam totalmente responsáveis por planejar a seleção de mídia. Um alto executivo de uma grande agência de propaganda afirmou:

> Você não pode compartimentar todos os aspectos de uma conta. Muitas das percepções que temos vêm da mídia, que dá informações para o lado criativo, e vice-versa. Eu acho difícil acreditar que [as agências] podem ser igualmente eficazes sem esse tipo de relacionamento íntimo.[11]

O CEO de uma empresa de planejamento de mídia apresentou a seguinte perspectiva em contrário:

> A separação da compra e do planejamento de mídia [da criação] pode ser benéfica para os clientes que trabalham em um ambiente de marcas múltiplas. Embora a GM tenha diferentes linhas de carros, com diferentes objetivos e estratégias, há algo a ser dito a favor de juntar todas as operações de planejamento em um local centralizado. Isso dá à empresa a oportunidade de aplicar o aprendizado e o pensamento estratégico sobre um portfólio de maneira mais rápida e eficiente.[12]

Com certeza há argumentos a favor dos dois lados da questão. Porém, o gênio agora está fora da garrafa. O papel histórico das poderosas agências que prestam serviços completos diminuiu. Talvez de significado ainda maior seja o fato de que esse desenvolvimento acentua a importância do planejamento de mídia no processo de desenvolvimento de propaganda. A criação de mensagens eficazes é algo crítico, mas também é fundamental que essas mensagens sejam colocadas nas formas certas de mídia e veículos.

Essa polêmica também é tema recorrente no Brasil. Porém, a compra de mídia centralizada na forma de "*bureau* de mídia*" (que funciona como uma espécie de atacadista ou corretor que compra e centraliza a compra de mídias para um ou mais anunciantes) não pode ser praticada no país por força das normas de mercado (as normas do CENP – Conselho de Executivo das Normas-Padrão). Ou seja, a compra de mídia no país é feita de forma fragmentada pelas mais de 4 mil agências de propaganda existentes no Brasil. O modelo brasileiro difere da maioria dos demais países do mundo, que adotam o modelo de compras centralizadas. O tema gera muita polêmica entre os atuantes no setor, pois enquanto os anunciantes apresentam vários argumentos favoráveis, as agências e os veículos contra-argumentam defendendo o modelo vigente. Porém, algumas empresas – dependendo do modelo de compra adotado, que não seja caracterizada como um *bureau* – procuram fazer compra centralizada de mídia.

# O processo de planejamento de mídia

O **planejamento de mídia** é o desenvolvimento de uma estratégia que mostra como os investimentos em tempo e espaço de propaganda contribuirão para alcançar os objetivos de marketing. O desafio no planejamento de mídia é determinar como melhor *alocar* o orçamento de propaganda, para um período específico, entre as formas de mídia, os veículos dentro da mídia e o tempo. Como vemos na Figura 11.1, o planejamento de mídia envolve a coordenação de três níveis de estratégia: marketing, propaganda e mídia. A *estratégia de marketing* geral (que consiste em identificação do mercado-alvo e seleção do marketing *mix*) dá o ímpeto e a direção para a escolha das estratégias de propaganda e mídia. A *estratégia de propaganda* – envolvendo objetivos, orçamento, mensagem e estratégias de mídia – estende-se, assim, naturalmente a partir da estratégia geral de marketing.

Para propósitos ilustrativos, consideremos uma campanha de propaganda para o lançamento do veículo Novo Uno, da Fiat. (*Background*: o Novo Uno é o novo modelo do já consagrado e campeão de vendas Uno, da Fiat.) A Fiat continuará comercializando o modelo antigo, agora denominado Mille, mas inseriu no mercado, em 2010, uma nova versão totalmente repaginada, chamada Novo Uno. Todos os elementos que compõem a carroceria do Novo Uno foram pensados para que o modelo não perdesse sua identidade visual. Apesar de trazer linhas mais arredondadas, o compacto mantém a essência quadrada. O Novo Uno também entra no mercado com diferenciais como possibilidades de personalização, com adesivos exclusivos, detalhes no interior e até novos revestimentos dos assentos. Com 3,77 metros de comprimento, 1,63 metro de largura e 1,48 metro de altura, o Novo Uno é 8 cm mais comprido, 9 cm mais largo e 2 cm mais alto que o Mille. Quanto ao preço, o Novo Uno entrou no mercado com valores um pouco mais elevados que os trabalhados pelo antigo modelo Uno, variando entre aproximadamente R$ 25 mil para o modelo básico e R$ 32 mil para o mais completo.[13]

Embora seja muito cedo (no momento em que este livro é escrito) para saber quais consumidores comprarão o Novo Uno, podemos analisar os resultados de vendas dos primeiros meses como indicadores. No mês de junho de 2010, 12 mil unidades do modelo foram vendidas no país – acima da meta da Fiat, que era em torno de 10 mil unidades. Para julho do mesmo ano, a expectativa de vendas era de 15 mil unidades.[14] Se assumíssemos essa previsão de vendas como constante para os demais meses do ano, teríamos uma venda total de 90 mil unidades no segundo semestre de 2010. Vamos presumir que o público comprador do Novo Uno sejam consumidores que precisam de um carro pequeno para transitar pelos congestionamentos das grandes cidades, e também por aqueles que desejam um veículo relativamente barato e econômico. Vamos presumir que o marketing do Novo Uno será mais direcionado para os moradores de cidades e jovens. Vamos presumir também que os consumidores em potencial sejam cosmopolitas, tenham consciência ambiental e gostem de aventura.

A *estratégia de mídia* está inexoravelmente relacionada a outros aspectos da estratégia de propaganda (ver a Figura 11.1). Presumamos que o Novo Uno tinha um orçamento para propaganda de R$ 270 milhões para o segundo semestre

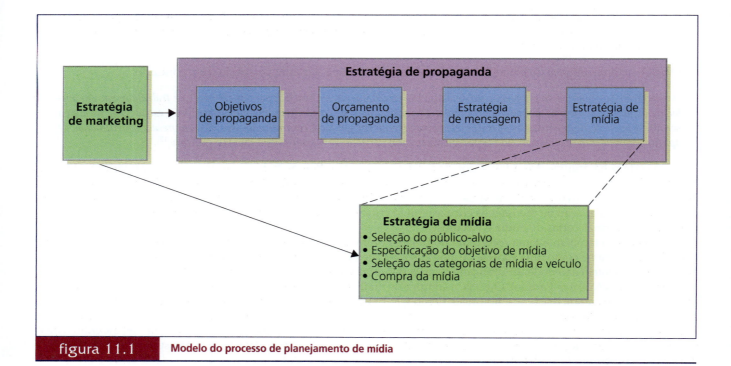

figura 11.1 — Modelo do processo de planejamento de mídia

## CIM >> foco c.i.m.

### Novo Uno. Novo Tudo

A Fiat lançou, em 2010, o Novo Uno. Um desafio enorme para a montadora, pois o segmento no qual o Novo Uno se encontra – o AB, carros de entrada – é o mais competitivo e importante do mercado. Representa 56% das vendas de automóveis no Brasil, sendo que qualquer oscilação de mercado pode ameaçar a posição a sua liderança de mercado. As pesquisas sinalizavam que mesmo sendo grande sua participação de mercado, ele ainda não atendia aos desejos do consumidor: "o reconhecimento e sentimento de conquista. Para esses consumidores predominava o sentimento *comprei o que deu*". A empresa investiu em torno de R$ 600 milhões – valor que inclui desenvolvimento do produto, projetos comerciais e campanhas publicitárias para o lançamento.

Dentre as inovações do Novo Uno, aconteceu uma fase anterior ao que tradicionalmente a indústria automobilística faz, construindo um protótipo e submetendo-o a opinião, comentários e sugestões em diversas discussões em grupo com os consumidores: a Fiat, em um projeto ousado que demandou 3 anos e 600 profissionais, desenhou vários protótipos a partir das manifestações de seus prováveis *heavy-users* e começou a desenvolver o Novo Uno. Por meio de proposta inovadora que buscava entender e resumir as necessidades dos novos tempos: uma revolução entre os carros populares presente no design, nos acessórios, na possibilidade de personalização e no preço.

Nessa etapa de entendimento dos consumidores, uma equipe de pesquisadores e designers frequentou bares e faculdades para ouvir pessoas e dar forma a suas manifestações – em uma espécie de retrato falado – anotando todos os comentários. Vale ressaltar que essa fase durou três meses até que se chegasse ao Novo Uno.

Pensando em comunicação, a intenção era deixar claro para todo mundo que não somente era mais um lançamento da Fiat, mas sim uma "revolução" na categoria dos carros AB, de entrada. Dessa forma, a agência Leo Burnet e o cliente assumiram a missão de desenvolver uma campanha multimensagens, com o objetivo de passar ao consumidor todos os aspectos inovadores e revolucionários no Novo Uno. Também era preciso despertar o sentimento de desejo – "eu quero" – nesse amplo segmento, composto por jovens entrantes, consumidores AB e influenciadores em geral.

A solução criativa surgiu a partir de um conceito forte e simples, que deixava claro a inovação do veículo. Podendo ser flexível para ser aplicado em várias peças e ações de comunicação: "Novo Uno. Novo Tudo".

A partir desse conceito, a criação trabalhou todas as suas possíveis variações em movimentos específicos, com filmes e anúncios desenvolvidos, que utilizavam situações lúdicas e coloridas e apresentavam uma revolução na linguagem do segmento de automóveis. Também foram desenvolvidas novas ferramentas de Internet e formatos inovadores em todas as mídias. Tudo direcionado para acompanhar a opinião do consumidor e formalizar a revolução, visando a tornar o carro um "ÍCONE POP" do mercado brasileiro.

Alguns resultados que merecem destaque neste *case*: a campanha do Novo Uno esteve entre as três mais lembradas e preferidas do mês de junho na pesquisa Data Meio&Mensagem. O Novo Uno foi eleito o "Carro do Ano" pelo site da Revista *Auto Esporte*, com um total de 33% dos votos, e também garantiu o mesmo resultado do júri oficial do prêmio, composto por 13 jornalistas especializados em automóveis. Também conquistou os prêmios "Melhor Carro Nacional", pelo prêmio Car Awards 2011 da Revista *Car Magazine*; "Melhor Carro Imprensa Automotiva", "Melhor Carro Nacional" e "Melhor Carro Popular", pela Abiauto (Associação Brasileira da Imprensa Automotiva); "Melhor Carro até 1.000cc" e "Melhor Carro de 1.000 a 1.599cc", pelo prêmio Top Car TV.

*A proposta deste* case *é servir de referência para reflexão e discussão sobre o tema, e não para avaliar as estratégias adotadas. O* case *foi desenvolvido com base em informações divulgadas nos seguintes meios: http://www.effie.com.br/bens duráveis/lançamentos. (Acesso em: 8 de dezembro de 2010), http://www.fiat.com.br/mundo-fiat/novidades/6068/NOVO+UNO+ELEITO+O+MELHOR+CARRO+NACIONAL+NO+PREMIO+CAR+AWARDS+2011. (Acesso em: 10 de dezembro de 2010), http://www.madiamundomarketing.com.br/landmarketing/586/FIAT-UNO-O-NOVO-DE-VERDADE.php. (Acesso em: 10 de dezembro de 2010).*

Caso elaborado pela profª drª Selma Peleias Felerico Garrini, publicitária e pesquisadora nas áreas de comunicação e semiótica, professora e coordenadora da área de comunicação da pós-graduação da ESPM.

de 2010, o que equivale a R$ 300 por cada unidade das 90 mil que a empresa esperava vender no segundo semestre de 2010. Suponhamos ainda que o objetivo era criar a percepção da marca para o Novo Uno entre os consumidores-alvo e transmitir a imagem de um carro conveniente, econômico e jovem. As decisões sobre estratégia de propaganda simultaneamente impõem limites à estratégia de mídia. Duzentos e setenta milhões de reais é a quantidade máxima que podia ser investida na campanha do Novo Uno, no segundo semestre de 2010. Essas condições já apontam a direção para escolha da mídia.

A estratégia de mídia em si consiste em quatro conjuntos de atividades inter-relacionadas (ver Figura 11.1):

1. Selecionar o público-alvo.
2. Especificar os objetivos de mídia.
3. Selecionar as categorias de mídia e veículos.
4. Comprar mídia.

As seções seguintes discutem as três primeiras atividades em detalhe. A compra da mídia é abordada apenas de passagem porque se trata de um tópico especializado, mais adequado para um curso eletivo parte de uma graduação em comunicação, relações públicas ou jornalismo.

# Selecionando o público-alvo

Uma estratégia de mídia eficaz requer, em primeiro lugar, que o público-alvo seja definido. O insucesso em definir o público de maneira precisa resulta em exposições desperdiçadas; ou seja, alguns consumidores que não são candidatos à compra são expostos aos anúncios, enquanto candidatos nobres são deixados de lado. Quatro tipos principais de informações são usados na segmentação do público-alvo para os propósitos de estratégia de mídia: (1) informações de uso; (2) informações geográficas; (3) informações demográficas; e (4) informações de estilo de vida/psicográficas. As informações sobre o uso do produto, quando disponíveis, em geral fornecem a base mais significativa para determinar qual público-alvo deve ser escolhido para receber a mensagem.[15] As considerações geográficas, demográficas e psicográficas são combinadas para definir o público-alvo. Por exemplo, o público-alvo para o Novo Uno poderia ser definido nos seguintes termos: homens e mulheres entre as idades de 18 e 49 (variável demográfica), que possuem rendas acima de R$ 2,5 mil (também demográfica), que vivem em sua maioria nos centros urbanos (geográfica), que são cosmopolitas, têm consciência ambiental, espírito de aventura (características psicográficas). Um público-alvo definido de acordo com esses termos traz implicações óbvias tanto para a estratégia da mensagem quanto para a de mídia.

# Especificando os objetivos de mídia

Depois de escolher o público para o qual uma mensagem será dirigida, a próxima consideração do planejamento de mídia envolve a especificação dos *objetivos* que um cronograma de propaganda deve alcançar durante o período especificado. Ao estabelecer os objetivos, os planejadores de mídia se deparam com questões como: (1) Que proporção do público-alvo desejamos alcançar com nossa mensagem durante um período específico? (2) Com qual frequência precisamos expor o público a nossa mensagem durante esse período? (3) Qual a quantidade de propaganda necessária para alcançar esses dois primeiros objetivos? (4) Como devemos alocar o orçamento durante o período? (5) Com que proximidade do momento da compra o público-alvo deve ser exposto a nossa mensagem? (6) Qual é o modo mais economicamente justificável de alcançar os objetivos?

Os profissionais usam termos técnicos que associam a cada um desses seis objetivos: (1) *alcance*, (2) *frequência*, (3) *peso*, (4) *continuidade*, (5) *recência* e (6) *custo*. A seção seguinte aborda cada objetivo como uma questão separada. Uma seção posterior trata da interdependência deles.

## Alcance

Os gestores de propaganda e especialistas em mídia em geral afirmam que a eficácia em atingir o público específico é a consideração mais importante ao selecionar a mídia e os veículos.[16] A questão do alcance diz respeito a fazer que uma mensagem seja ouvida ou vista pelo público-alvo. Mais precisamente, o **alcance** representa a *porcentagem do público-alvo que é exposta, pelo menos uma vez, durante um período específico de tempo, aos veículos nos quais nossa mensagem é inserida*. A estrutura de tempos que a maioria dos planejadores de mídia usa é *um período de quatro semanas*. (Portanto, há 13 períodos de quatro semanas de planejamento de mídia durante um ano.) Alguns especialistas de mídia também usam a semana única como período de planejamento.

Independentemente da duração do período planejado – uma semana, quatro semanas, um ano ou outro período qualquer – o alcance representa a porcentagem de todos os consumidores-alvo que têm a *oportunidade de ver ou ouvir* a mensagem do anunciante uma ou mais vezes durante esse período. (Os profissionais de propaganda usam a expressão *oportunidade de ver*, ou *OV*, para se referir a toda a mídia, visual ou auditiva.) Os anunciantes nunca sabem ao certo se os membros de seu público-alvo de fato veem ou ouvem a mensagem, é claro. Eles apenas sabem a qual veículo de mídia o público-alvo é exposto. A partir dos dados de exposição a esses veículos, é possível inferir que as pessoas tiveram uma oportunidade de ver a mensagem inserida neles.

Outros termos que os planejadores de mídia usam para descrever o alcance são 1+ (leia-se "one-plus"), *cobertura de rede* e *audiência não duplicada*. Mais adiante, ficará claro por que esses termos são utilizados como *alcance*.

### Elementos determinantes do alcance

Vários fatores podem aumentar o alcance de um cronograma específico de mídia: (1) uso de mídia múltipla, (2) diversificação dos veículos em cada meio, (3) variação das partes do dia, no caso da propaganda de rádio e TV.

De modo geral, mais consumidores potenciais são alcançados quando um cronograma de mídia aloca o orçamento entre *mídias múltiplas* em vez de um único meio. Por exemplo, se o Novo Uno fosse anunciado

apenas na TV aberta, seus comerciais alcançariam uma quantidade menor de pessoas que se ele fosse também anunciando na TV a cabo, em revistas, no rádio e em jornais de circulação nacional. Se um anunciante divulgasse uma marca apenas nos jornais, ela perderia 64% da população adulta do Brasil que não lê jornais.[17] Do mesmo modo, comerciais exibidos apenas em programas seletos de TV deixariam de lado pessoas que não assistem a esses programas. Assim, o uso de mídias múltiplas aumenta as chances de alcançar uma proporção maior do público-alvo. Em geral, quanto maior for a quantidade de opções de mídia usada, maiores são as chances de que a mensagem entre em contato com pessoas cujos hábitos de mídia são diferentes.

Um segundo fator que influencia o alcance é a *diversificação dos veículos em cada meio*. Por exemplo, se os planejadores de mídia do Novo Uno divulgassem o automóvel em apenas uma revista (por exemplo, na Revista *Veja*) em vez de em várias, o esforço de propaganda alcançaria um número bem menor de consumidores. Quando você ler este parágrafo, deve ficar óbvio – pelo menos instintivamente – que uma campanha que usa diferentes veículos inseridos em cada mídia terá um melhor alcance do público-alvo que uma focando exclusivamente um único veículo, ou um número limitado deles. Usando mais uma vez a *Veja* como exemplo, se o Novo Uno fosse anunciado apenas nessa revista, a campanha fracassaria em alcançar todas as pessoas do público-alvo que *não* a leem.

Em terceiro lugar, a *variação das partes do dia* usada para anunciar uma marca pode aumentar o alcance. Por exemplo, os comerciais exibidos nos horários nobres da TV aberta ou em horários anteriores ao horário nobre na TV a cabo alcançam mais compradores potenciais de automóveis que os exibidos exclusivamente no horário nobre.

Em resumo, o alcance é uma consideração importante no desenvolvimento de um cronograma de mídia da marca. Os anunciantes querem alcançar a maior proporção possível do público-alvo que o orçamento permitir. Contudo, o alcance sozinho é um objetivo inadequado para o planejamento de mídia, porque ele não revela nada sobre a *frequência* com que os consumidores-alvo precisam ser expostos à mensagem da marca para que ela atinja suas metas. Portanto, a frequência da exposição aos anúncios também deve ser considerada.

## Frequência

A **frequência** significa o número de vezes, em média, durante o período do planejamento de mídia em que os membros de um público-alvo são expostos aos *veículos* que trazem a mensagem da marca. A frequência na verdade representa a *frequência média* de um cronograma de mídia, mas os profissionais da área usam o termo *frequência* como uma forma resumida de se referir à frequência média.

Para entender melhor o conceito de frequência e como ele se relaciona ao alcance, considere o exemplo simplificado na Tabela 11.1. Esse exemplo fornece informações acerca de dez membros hipotéticos do público-alvo do Novo Uno e sua exposição à Revista *Veja* durante quatro semanas consecutivas. (Estamos presumindo, para os propósitos do exemplo simplificado, que a *Veja* é o único veículo usado para a divulgação do Novo Uno.) O membro A, por exemplo, é exposto à revista em duas ocasiões, nas semanas 2 e 3. O membro B é exposto nas quatro semanas. O membro C nunca é exposto à revista no período de quatro semanas. O membro D é exposto três vezes, nas semanas 1, 3 e 4; e assim por diante para os seis outros membros do minipúblico do Novo Uno. Observe na última coluna na Tabela 11.1 que para cada semana apenas cinco entre os dez lares (50%) são expostos à *Veja* e, assim, têm uma oportunidade de ver um anúncio do Novo Uno inserido nesse veículo de propaganda. Isso reflete o fato de que um único veículo (no caso, a *Veja*) raramente alcança todo o público-alvo.

| tabela 11.1 Distribuição hipotética da frequência para o Novo Uno anunciado na Revista *Veja* | Membro do público-alvo | | | | | | | | | | Exposições totais |
|---|---|---|---|---|---|---|---|---|---|---|---|
| Semana | A | B | C | D | E | F | G | H | I | J | |
| 1 | | X | | X | X | | X | | X | | 5 |
| 2 | X | X | | | X | | X | | X | | 5 |
| 3 | X | X | | X | | | | X | | X | 5 |
| 4 | | X | | X | | X | X | | | X | 5 |
| Exp. Totais | 2 | 4 | 0 | 3 | 2 | 1 | 3 | 1 | 2 | 2 | |

| Resumo das estatísticas | | | |
|---|---|---|---|
| Distribuição de frequência (*f*) | Porcentagem (*f*) | Porcentagem (*f* +) | Membros do público |
| 0 | 10% | 100% | C |
| 1 | 20 | 90 | F, H |
| 2 | 40 | 70 | A, E, I, J |
| 3 | 20 | 30 | D, G |
| 4 | 10 | 10 | B |

Alcance (1+ exposições) = 90
Frequência = 2,22
GRPs = 200

## O conceito de distribuição de frequência

Apresentados no fim da Tabela 11.1 estão a distribuição de frequência, o resumo do alcance e as estatísticas de frequência para o cronograma de mídia do Novo Uno. Uma *distribuição de frequência* representa a porcentagem dos membros do público (chamada "Porcentagem (*f*)", na Tabela 11.1) que são expostos *f* vezes (onde *f* = 0, 1, 2, 3 ou 4) à Revista *Veja* e, portanto, têm a oportunidade de ver os anúncios do Novo Uno publicados naquela revista. A coluna da frequência cumulativa (chamada "Porcentagem *f* +") indica a porcentagem do público de dez membros que foi exposta *f* ou mais vezes à revista durante o período de quatro semanas (mais uma vez *f* = 0, 1, 2, 3 ou 4).

Por exemplo, a porcentagem exposta pelo menos duas vezes é de 70%. Observe com atenção que para qualquer valor de *f*, a porcentagem na coluna Porcentagem *f*+ simplesmente representa a soma da coluna Porcentagem f daquele valor e todos os valores maiores. Lendo a partir da coluna Porcentagem *f* na Tabela 11.1, você verá que a porcentagem dos membros do público-alvo expostos exatamente duas vezes é de 40% (ou seja, os membros A, E, I e J). A porcentagem exposta precisamente três vezes é de 20% (membros D e G). E a porcentagem exposta quatro vezes é de 10% (membro B). Por isso, a porcentagem cumulativa de membros expostos duas ou mais vezes (ou seja, a Porcentagem (*f*+), onde *f* = 2) é de 70% (40 + 20 + 10 = 70).

Com esse conhecimento, estamos agora em posição de mostrar como o alcance e a frequência são calculados. Na Tabela 11.1 é possível ver que 90% dos 10 membros do público-alvo para o comercial do Novo Uno foram expostos a um ou mais anúncios durante o período de quatro semanas. (Lendo a partir da coluna Porcentagem (*f*+), com *f* = 1, podemos ver que a porcentagem cumulativa 1+ é 90). Essa porcentagem, 90%, representa o *alcance* para esse esforço de propaganda. Note que os profissionais da área tiram o sinal da porcentagem ao se referir ao alcance e usam apenas o número. Nesse caso, o alcance é igual a 90.

*Frequência* é a média de distribuição de frequência. Na situação em estudo, a frequência é igual a 2,22. Ou seja, 20% é alcançado uma vez; 40%, duas vezes; 20%, três vezes; e 10%, quatro vezes. Ou, aritmeticamente, a frequência média (ou simplesmente frequência) é igual a :

(11.1)
$$\frac{(1 \times 20) + (2 \times 40) + (3 \times 20) + (4 \times 10)}{90} = \frac{200}{90} = 2,22$$

Essa situação hipotética indica, então, que 90% do público-alvo do Novo Uno é alcançado pelo cronograma e que as pessoas são expostas a uma média de 2,2 vezes durante o cronograma de quatro semanas na *Veja*. Esse valor, 2,2, representa a frequência desse cronograma de mídia simplificado. (A frequência exata é 2,22; mas os profissionais de mídia preferem arredondar os números a um único decimal.) Observe com atenção que a soma de todas as frequências (o numerador no cálculo anterior) é dividida pelo número do alcance para obter a frequência (alcance = 90).

# Peso

Um terceiro objetivo envolvido na formulação dos planos de mídia é determinar que volume de propaganda (chamado *peso* pelos profissionais) é necessário para chegar aos objetivos. Medidas diferentes são usadas para determinar o peso de um cronograma de propaganda durante determinado período. Esta seção descreve três medidas de peso: pontos brutos, pontos alvo e pontos eficazes. Antes, no entanto, é melhor explicar o significado de pontos.

## O que são pontos?

O conceito de pontos tem um significado próprio na indústria da propaganda, diferentemente do significado corriqueiro. Quando as pessoas usam a palavra *ponto*, estão se referindo a uma avaliação de alguma coisa. Por exemplo, um filme (ou um restaurante, um CD etc.) pode ser pontuado em uma escala de cinco estrelas variando de terrível (= 1 estrela) a maravilhoso (= 5 estrelas). Porém, no contexto da propaganda, o termo "pontos" se refere à porcentagem de um público que tem a *oportunidade de ver* um anúncio colocado naquele veículo.

Vamos ilustrar o significado de pontos usando a televisão como exemplo. Desde 2009 há aproximadamente 56 milhões de lares no Brasil com aparelhos de TV.[18] Portanto, um único ponto de audiência nesse período representa 1% de todos os aparelhos de TV domésticos, ou 560 mil lares. Suponha, por exemplo, que durante uma semana em 2009 um programa de TV chamado *Jornal Nacional* foi assistido por aproximadamente 10 milhões de lares. A pontuação do *Jornal Nacional* durante aquela semana seria 17,86 (ou seja 10 ÷ 0,56), o que indicaria de modo claro que cerca de 18% de todos os aparelhos de TV estavam sintonizados no *Jornal Nacional* durante o programa daquela semana em 2009. Isso, colocando de modo bem simples, é o significado dos pontos. É importante reconhecer que o conceito de pontos se aplica a todas as mídias e veículos, não apenas à televisão e aos programas de TV. Aparentemente pode parecer sem sentido uma empresa anunciar em veículo (programa) que apresenta "traço" de audiência (o que significa menos de um ponto), porém agora que sabemos melhor o conceito de "**pontos de audiência**", "traço" pode significar, em uma região metropolitana, uma quantidade significativa de audiência. Em São Paulo, por exemplo, um ponto representa cerca de 60 mil domicílios, portanto "traço" pode representar 30, 40 e até 50 mil domicílios, quantidade nada desprezível para uma boa quantidade de produtos.

## Pontos de audiência bruta (GRP – *Gross rating points*)

Observe no fim da Tabela 11.1 que o cronograma de propaganda do Novo Uno na *Veja* obtém 200 GRPs. Os ***gross rating points*** refletem o peso que um cronograma de propaganda em particular gerou. A expressão *pontos de audiência bruta* (GRP-G) é a chave. Os GRPs indicam a cobertura total, ou *audiência duplicada*, exposta a um cronograma de propaganda específico. Compare esses termos com os alternativos apresentados antes para *alcance* – ou seja, *cobertura de rede* e *audiência não duplicada*.

Voltando a nosso exemplo hipotético de um comercial para o Novo Uno na *Veja*, o alcance foi 90, o que significa que 9 entre os 10 lares em nosso minipúblico foram expostos a pelos menos uma edição da revista. O GRP nesse exemplo chegou a 200, porque os membros do público foram expostos várias vezes (2,22 vezes em média) aos veículos que traziam os anúncios do Novo Uno durante o cronograma de quatro semanas.

Essa discussão deixa claro que os GRPs representam o produto aritmético do alcance multiplicado pela frequência.

$$\begin{aligned} \text{GRPs} &= \text{Alcance (A)} \times \text{Frequência (F)} \\ &= 90 \times 2{,}22 \\ &= 200 \end{aligned}$$

Em outras palavras, sabendo dois dos elementos alcance e frequência, fica fácil calcular o terceiro por uma simples derivação matemática.

## Determinando os GRPs na prática

Na prática da propaganda, os planejadores compram mídia decidindo quantos GRPs são necessários para atingir os objetivos estabelecidos. Todavia, como a distribuição de frequência, o alcance e as estatísticas de frequência são desconhecidos antes do fato (ou seja, no momento em que a cronograma de mídia é determinado), os planejadores precisam de outro meio para determinar quantos GRPs resultarão de um cronograma específico.

Existe, na verdade, um meio simples para fazer essa determinação. Os GRPs são averiguados pela simples soma dos pontos obtidos dos veículos individuais incluídos em um potencial cronograma de mídia. Lembre-se, os *gross rating points* nada mais são que *a soma de todos os pontos dos veículos em um cronograma de mídia*. Por exemplo, durante a semana de 21 a 27 de janeiro de 2008, os programas de TV por assinatura mais assistidos nos Estados Unidos foram:

| Programa | Rede | Pontuação |
|---|---|---|
| American Idol – Terça-feira | Fox | 16,2 |
| American Idol – Quarta-feira | Fox | 15,1 |
| Moment of Truth | Fox | 12,9 |
| 60 Minutes | CBS | 9,5 |
| CSI | CBS | 8,6 |
| Hallmark Hall of Fame | CBS | 8,6 |
| Deal or No Deal – Segunda-feira | NBC | 8,5 |
| Deal or No Deal – Quarta-feira | NBC | 8,5 |
| House | Fox | 8,5 |
| Law and Order: SVU | NBC | 8,4 |

*Fonte*: Nielsen Top 10 TV Ratings: Broadcast TV Programs @ Nielsen Media Research, http://www.nielsenmedia.com. (Acesso em: 4 de fevereiro de 2008).

Suponha, por acaso, que um anunciante tenha veiculado um único comercial em um desses programas durante a semana de 21 a 27 de janeiro de 2008. Sendo esse o caso, o anunciante teria acumulado 104,8 GRPs ao veicular o comercial nesses programas específicos (16,2 + 15,1 +...+ 8,4 = 104,8). Em resumo, a pontuação bruta gerada por um cronograma de mídia em especial simplesmente é igual à *soma das pontuações individuais* obtidas de todos os veículos incluídos nesse cronograma.

### Soma das audiências de público-alvo (TRPs – *Target rating points*)

Uma pequena, mas importante, variação dos GRPs é a noção de *target rating points*. A soma das audiências de público-alvo (TRPs – T) ajustam as pontuações dos veículos para refletir apenas aqueles indivíduos *que correspondem ao público-alvo do anunciante*. Voltando ao exemplo do Novo Uno, presumamos que o público-alvo para esse modelo seja principalmente as pessoas na faixa etária entre 18 e 49, que têm renda de R$ 2.500,00 ou mais e que geralmente residem em áreas urbanas. Considerando os dez programas listados anteriormente, suponha que, para simplificar, apenas 30% do público total exposto a cada um dos programas de fato corresponda ao mercado-alvo do Novo Uno. Então, embora a veiculação de um único comercial em cada um desses programas tenha obtido 104,8 *gross rating points*, esse mesmo cronograma produz apenas 31,4 *target rating points* (ou seja, 104,8 × 0,3 = 31,4).

Esse simples exemplo demonstra claramente que os GRPs representam certo grau de cobertura desperdiçada, porque alguns membros do público ficam de fora do público-alvo que o anunciante deseja alcançar. Em comparação, os TRPs representam um indicador melhor de um *peso não desperdiçado* de cronograma de mídia. Os GRPs equivalem ao peso *bruto*, do qual uma parte é desperdiçada; os TRPs equivalem ao peso *líquido*, do qual nenhuma parte é desperdiçada.

### O conceito de alcance eficaz

As alternativas de cronogramas de mídia costumam ser comparadas em termos do número de GRPs (ou TRPs) que cada uma delas gera. Um número alto de GRPs (ou TRPs) não necessariamente indica superioridade, no entanto. Considere, por exemplo, dois planos alternativos de mídia que requerem exatamente o mesmo orçamento. Vamos nos referir a esses planos como X e Z. O plano X gera 95% de alcance e uma frequência média de 2,0, portanto produzindo 190 GRPs. (Observe de novo que o alcance é definido como a proporção do público exposto uma ou mais vezes ao veículo de propaganda durante o curso de uma típica campanha de quatro semanas.) O plano Z gera 166 GRPs de um alcance de 52% e uma frequência de 3,2.

Qual plano é o melhor? O plano X é claramente superior em termos dos GRPs e alcance totais, mas o plano Z tem um nível de frequência um pouco mais alto. Se a marca em questão requer uma quantidade maior de exposições para que o comercial seja eficaz, o plano Z pode ser superior, embora gere menos GRPs. A propósito, a mesma comparação se aplicaria se esse exemplo se referisse a TRPs em vez de GRPs.

É por causa da razão sugerida na comparação anterior que muitos anunciantes e planejadores de mídia criticam os conceitos de GRP e TRP, alegando que "[esses conceitos] se apoiam na presunção dúbia de que todas as exposições são de valor igual, de que a 50ª exposição tem o mesmo valor que a 10ª ou a 1ª".[19] Embora as medidas de GRP e TRP permaneçam como uma parte importante do planejamento de mídia, a indústria da propaganda se afastou do uso exclusivo do peso de propaganda "bruto" seguindo em direção a um conceito *eficácia* de mídia.[20] A determinação da eficácia da mídia leva em consideração *a frequência* com que os membros do público-alvo têm a oportunidade de serem expostos a mensagens para a marca em foco. Os profissionais costumam usar os termos *alcance eficaz* e *frequência eficaz* alternativamente para captar a ideia de que um cronograma eficaz de mídia apresenta um número suficiente, mas não excessivo, de anúncios ao público-alvo. Embora os dois termos sejam aceitáveis, de agora em diante usaremos apenas *alcance eficaz*.

O **alcance eficaz** é baseado na ideia de que um cronograma de propaganda é eficaz apenas se não atingir os membros do público-alvo *muito poucas* ou *muitas* vezes durante o período planejado, que, como vimos antes, costuma ser de quatro semanas. Em outras palavras, existe uma variação ótima teórica de exposições a um anúncio com limites mínimos e máximos. Mas o que constitui muito poucas ou muitas exposições? Essa, infelizmente, é uma das questões mais complicadas em toda a propaganda. A única coisa que podemos dizer com certeza é "depende!"

Depende, em particular, de considerações como as do nível de percepção que o consumidor tem da marca anunciada, seu *market share*, o grau de lealdade do público para com a marca, a criatividade e a novidade da mensagem, e os objetivos que a propaganda tem de atingir no que se refere à marca. De fato, altos níveis de exposição semanal a um anúncio de uma marca podem ser improdutivos para consumidores leais, devido a uma estabilidade da eficácia do comercial.[21] Especificamente, as marcas com maiores parcelas de mercado e lealdade dos consumidores requerem *menos* exposições à propaganda para atingir níveis mínimos de eficácia. Do mesmo modo, espera-se que propagandas que sejam inovadoras ou diferentes requeiram *menos* exposições para realizar seus objetivos. Quanto mais alto a propaganda levar o consumidor na hierarquia de efeitos, *maior* a quantidade de exposições necessárias para atingir a eficácia mínima. Por exemplo, provavelmente seriam necessárias menos exposições apenas para tornar os consumidores conscientes de que existe uma marca chamada Novo Uno que para convencê-los de que, embora o Novo Uno seja pequeno, ele é relativamente seguro.

### Quantas exposições são necessárias?

Da discussão anterior, concluímos que o número mínimo e máximo de exposições eficazes pode ser determinado apenas com a realização de pesquisas sofisticadas. Como pesquisa dessa natureza toma tempo e é cara, os anunciantes e planejadores de mídia em geral usam regras práticas no lugar da pesquisa para determinar a eficácia da exposição. O pensamento da indústria da propaganda sobre essa questão foi fortemente influenciado pela assim chamada **hipótese das três exposições**, que diz respeito ao número *mínimo* de exposições necessárias para que a propaganda seja eficaz. Seu criador, um profissional da área chamado Herbert Krugman, argumentou que a primeira exposição do consumidor à propaganda da marca inicia uma resposta de "o que é isso?". A segunda exposição provoca uma resposta de "qual a importância?". A terceira exposição e as seguintes são apenas lembretes da informação que o consumidor já obteve nas duas primeiras exposições.[22] Esse conceito é reforçado pela seguinte sugestão contida no manual básico de mídia da Diretoria Comercial da Rede Globo:

> *Os especialistas em mídia de todo o mundo vêm estudando o assunto e indicam que, de maneira geral, um comercial novo deve ser visto pelo menos três vezes em um espaço curto de tempo (de preferência em uma semana) para ser devidamente assimilado.*[23]

Essa hipótese, que foi baseada em poucos dados empíricos e em muita intuição, tornou-se praticamente um evangelho na indústria da propaganda. Muitos profissionais da área interpretaram a hipótese das três exposições para afirmar que os cronogramas de mídia são *ineficazes* quando rendem frequências *médias de menos de três exposições* ao veículo de propaganda no qual a marca anunciada é inserida.

Embora exista certo apelo intuitivo à noção de que frequências inferiores a três sejam insuficientes, essa interpretação da hipótese das três exposições é muito literal e também deixa de reconhecer que Krugman tinha em mente três exposições a uma *mensagem* de propaganda e não três exposições a veículos que transmitem a mensagem.[24] A diferença é que a exposição ao veículo, ou o que previamente chamamos de *oportunidade de ver* um comercial (*OV*), não é equivalente à exposição à propaganda. O leitor da edição de uma revista certamente será exposto a alguns anúncios contidos nela, mas as chances são que ele não será exposto a todos, talvez nem à maioria das dúzias de comerciais inseridos na edição. Do mesmo modo, o espectador de um programa de TV provavelmente perderá alguns dos comerciais veiculados durante um programa de 30 ou 60 minutos, ou não prestará atenção a alguns dos que são exibidos. Portanto, o número de consumidores que realmente são expostos a determinada mensagem transmitida por um veículo – o que Krugman tinha em mente – é menor que o número de pessoas expostas ao veículo que traz a mensagem.

Além desse mal-entendido geral sobre a hipótese das três exposições, também é importante reconhecer que nenhum número específico de exposições mínimas – sejam 3, 7, 17 ou qualquer outro – é absolutamente correto para todas as situações de propaganda, até porque o conteúdo da propaganda (mais ou menos criativa e impactante) e o perfil de público-alvo (com maior ou menor discernimento) também acabam influenciando no efeito da quantidade de exposições. Nunca é demais enfatizar que aquilo que é eficaz (ou ineficaz) para um produto ou marca não o é necessariamente para outro. "Não existe um número mágico, não existe um nível confortável '3+' de exposições que funcionem, mesmo que façamos referência a outra exposição que não as OVs."[25]

### Planejamento de alcance eficaz na prática de propaganda

A visão mais amplamente aceita entre os planejadores de mídia é que *menos de 3 exposições* durante um cronograma de mídia de quatro semanas é em geral considerado ineficaz, enquanto *mais de 10 exposições* no mesmo período é considerado excessivo. A variação do alcance eficaz, portanto, pode ser de *3 a 10 exposições*: dentro de um período designado planejamento de mídia.

O uso do alcance eficaz em vez dos GRPs como base para o planejamento de mídia pode ter efeito significativo sobre as estratégias de mídia em geral. Em particular, o planejamento do alcance eficaz costuma levar ao uso de *mídias múltiplas* em vez de depender exclusivamente da televisão, que é com frequência a estratégia quando se usa a medição GRP. O horário nobre da TV é especialmente eficaz no que se refere a gerar altos níveis de alcance (1+ exposições), mas pode ser deficiente no tocante a atingir o alcance eficaz (3+ exposições). Por isso, o uso do alcance eficaz como critério de decisão costuma envolver a desistência de uma parcela do alcance do horário nobre da TV para obter mais frequência (com o mesmo custo total) de outra forma de mídia.

Isso é ilustrado na Tabela 11.2, que compara quatro Planos de mídia envolvendo diferentes combinações de despesas de mídia de um orçamento anual de $ 425 milhões.[26] O Plano A aloca 100% do orçamento de $ 25 milhões para propaganda na TV; o Plano B aloca 67% para TV e 33% para rádio; o Plano C divide o orçamento entre TV aberta e revistas; e o Plano D aloca 67% para TV e 33% para mídia exterior. Observe que o Plano A (o uso de 100% para TV) leva aos níveis mais baixos de alcance, alcance eficaz e GRPs. Uma divisão igual (50/50) entre TV e revistas (Plano C) gera um nível especialmente alto de alcance (91%); ao passo que combinações de TV com rádio (Plano B) e TV com mídia exterior (Plano D) são especialmente impressionantes em termos de frequência, GRPs e a porcentagem de consumidores expostos três ou mais vezes.

Indo mais direto ao ponto, note que o plano que inclui apenas a TV, comparado aos outros, rendeu muito menos GRPs e consideravelmente menos audiências verdadeiras (ERPs – *effective rating points*). (Observe que na Tabela 11.2 os **ERPs** equivalem ao produto do alcance eficaz, ou 3+ exposições, multiplicado pela frequência; o Plano A, por exemplo, gera 81 ERPs, ou seja, 29 × 2,8 = 81.) O Plano D, que combina 67% TV com 33% de mídia exterior, tem destaque especial no que diz respeito aos números de GRPs e ERPs gerados. Isso acontece porque a mídia exterior é vista com frequência por pessoas que estão indo e voltando do trabalho e participando de outras atividades.

Devemos, então, concluir que o Plano D é o melhor e que o A é o pior? Não necessariamente. É claro que o impacto de ver um anúncio em um *outdoor* é bem inferior a ser exposto a um comercial cativante de TV. Esse exemplo mostra um aspecto fundamental do planejamento de mídia: os *fatores subjetivos* também devem ser considerados ao se alocar os reais do orçamento da propaganda.

Superficialmente, os números favorecem o Plano D. Contudo, avaliações e experiências passadas podem favorecer o Plano A com base no fato de que o único meio de anunciar com eficácia esse produto específico é apresentando cenas rápidas e dinâmicas de pessoas consumindo e apreciando o produto. Só a televisão pode atender a essa exigência. Outras formas de mídia (rádio, revistas e mídia exterior) podem ser usadas para complementar a mensagem-chave que os comerciais de TV levam aos lares. (Os pontos fortes e limitações de cada uma dessas formas de mídia serão discutidos no capítulo seguinte.)

É útil voltarmos mais uma vez a um ponto estabelecido no Capítulo 6: *É melhor estar vagamente certo que precisamente errado*. Alcance, frequência, alcance eficaz, GRPs, TRPs e ERPs são precisos em sua aparência, mas, na aplicação, se usados cegamente, podem ser precisamente errados. Os tomadores de decisão perspicazes jamais confiam nos números para tomar as decisões por eles. Em vez disso, os números devem ser usados apenas como informações adicionais em uma decisão que, no fim das contas, envolve visão, sabedoria e avaliação.

## Uma abordagem alternativa: planejamento do valor da frequência

Os estudiosos da área propuseram uma abordagem alternativa à doutrina das três exposições.[27] O objetivo do *planejamento do valor da frequência* é selecionar o cronograma de mídia (entre um conjunto de cronogramas alternativos) que gere o maior valor de exposição por GRP – ou, dito de maneira diferente, o objetivo é selecionar o cronograma de mídia que propicie o maior retorno do dinheiro investido. O planejamento do valor da frequência é uma abordagem que tenta obter o maior retorno possível de um investimento em propaganda no sentido de selecionar o cronograma mais *eficaz*. As seguintes fases de implementação estão envolvidas:

**Fase 1:** Estimar a *utilidade da exposição* para cada nível de exposição ao veículo, ou OVs, que um cronograma produz.[28] A utilidade da exposição representa o valor de cada oportunidade adicional que um membro do público tem de ver um comercial de uma marca durante o período estabelecido no cronograma. A Tabela 11.3 lista OVs de 0 a 10+ e suas cor-

| tabela 11.2 | | Plano A: TV (100%) | Plano B: TV (67%), Rádio (33%) | Plano C: TV (50%), Revistas (50%) | Plano D: TV (67%), mídia exterior (33%) |
|---|---|---|---|---|---|
| Planos alternativos de mídia com base em um orçamento anual de R$ 25 milhões e análise de mídia de quatro semanas | Alcance (1 + exposições) | 69% | 79% | 91% | 87% |
| | Alcance eficaz (3+ exposições) | 29% | 48% | 53% | 61% |
| | Frequência | 2,8 | 5,5 | 3,2 | 6,7 |
| | GRPs | 193 | 435 | 291 | 583 |
| | ERPs | 81 | 264 | 170 | 409 |
| | Custo por GRP | $ 129.534 | $ 57.471 | $ 85.911 | $ 42.882 |
| | Custo por ERP | $ 308.642 | $ 94.697 | $ 147.059 | $ 61.125 |

*Mídia de propaganda: planejamento e análise* | 283

### tabela 11.3
**Utilidades de exposição para diferentes níveis de OV**

| OVs | Utilidade de exposição |
|---|---|
| 0 | 0,00 |
| 1 | 0,50 |
| 2 | 0,63 |
| 3 | 0,72 |
| 4 | 0,79 |
| 5 | 0,85 |
| 6 | 0,90 |
| 7 | 0,94 |
| 8 | 0,97 |
| 9 | 0,99 |
| 10+ | 1,00 |

respondentes utilidades de exposição. (Note que essas utilidades não são invariáveis em todas as situações, mas devem ser determinadas individualmente para cada situação de anúncio de marca.) Podemos ver que 0 exposição tem, é claro, uma utilidade de exposição 0. Uma exposição acrescenta a maior quantidade de utilidade, presumida aqui em 0,50 unidades; uma segunda OV contribui 0,13 unidades adicionais de utilidade (para uma utilidade geral de 0,63); uma terceira exposição contribui mais 0,09 unidades à segunda exposição (para uma utilidade geral de 0,72 unidades), uma quarta exposição acrescenta 0,07 unidades de utilidade à terceira exposição, e assim por diante. É fácil ver que essa função de utilidade reflete uma utilidade marginal decrescente com cada OV adicional. Em uma OV de 10, a utilidade máxima de 1,00 é alcançada. Portanto, essa ilustração propõe que OVs acima de 10 não oferecem nenhuma utilidade adicional. Representando as utilidades na Tabela 11.3, é possível ver que a função é não linear e côncava. Em outras palavras, cada exposição adicional contribui com uma utilidade decrescente.

**Fase 2:** Estimar a *distribuição de frequência* dos vários cronogramas de mídia que estão sob consideração. Há programas de computador, como o discutido mais adiante neste capítulo, disponíveis para esse propósito. A Tabela 11.4 mostra as distribuições para dois cronogramas alternativos de mídia. Lendo a Tabela 11.4 a partir da Coluna B (Cronograma 1) e Coluna D (Cronograma 2), podemos ver que estima-se que 15% do público alvo seja exposto 0 vezes ao Cronograma 1 (8% exposto 0 vezes ao Cronograma 2); estima-se que 11,1% do público-alvo seja exposto exatamente uma vez ao Cronograma 1 (21% é exposto uma vez ao Cronograma 2); 12,5% do público-alvo é exposto precisamente duas vezes ao Cronograma 1 (17,6% ao Cronograma 2); 13,2% três vezes ao Cronograma 1 (13,6% ao cronograma 2), e assim por diante.

### tabela 11.4
**Distribuições de frequência e estimativa de dois cronogramas de mídia**

| OVs | A<br>Utilidade de exposição | Cronograma 1 | | Cronograma 2 | |
|---|---|---|---|---|---|
| | | B<br>Porcentagem do público | C<br>Valor OVs (AxB) | D<br>Porcentagem do público | E<br>Valor OVs (AxD) |
| 0 | 0,00 | 15,0% | 0,000 | 8,0% | 0,000 |
| 1 | 0,50 | 11,1 | 5,550 | 21,0 | 10,500 |
| 2 | 0,63 | 12,5 | 7,875 | 17,6 | 11,088 |
| 3 | 0,72 | 13,2 | 9,504 | 13,6 | 9,792 |
| 4 | 0,79 | 11,0 | 8,690 | 10,9 | 8,611 |
| 5 | 0,85 | 8,4 | 7,140 | 8,6 | 7,310 |
| 6 | 0,90 | 6,3 | 5,670 | 6,6 | 5,940 |
| 7 | 0,94 | 5,0 | 4,700 | 5,2 | 4,888 |
| 8 | 0,97 | 3,9 | 3,783 | 3,9 | 3,783 |
| 9 | 0,99 | 3,1 | 3,069 | 3,0 | 2,970 |
| 10+ | 1,00 | 10,5 | 10,500 | 1,6 | 1,600 |
| Valor total: | | | 66,481 | | 66,482 |
| GRPs: | | | 398,6 | | 333,8 |
| Índice de eficiência de exposição (Valor/GRPs): | | | 0,167 | | 0,199 |

**Fase 3:** Estimar o *valor OVs em cada nível OVs*.[29] As indicações nas colunas *valor OVs* na Tabela 11.4 (Coluna C para Cronograma 1; Coluna E para Cronograma 2) são calculadas em cada nível OV (OV = 1, 2, 3...10+) simplesmente tirando o produto aritmético da Utilidade de exposição em cada nível OV, multiplicado pela Coluna Porcentagem do público. Portanto, em uma OV de 1 exposição, o valor de exposição é 0,5 × 11,1 = 5,55 para o Cronograma 1, e 0,5 × 21,0 = 10,5 para o Cronograma 2. Em uma OV de 2 exposições, o valor de exposição é de 0,63 × 12,5 = 7,875 (Cronograma 1), e 0,63 × 17,6 = 11,088 (Cronograma 2), e assim por diante.

**Fase 4:** Determinar o *valor total de todos os níveis OV*. Depois de calcular o valor de cada nível OV, o *valor total* é obtido simplesmente somando-se os valores individuais de exposição (5,55 + 7,875 + 9,504... + 10,5 = 66,481, para o Cronograma 1; 10,5 + 11,088 + 9,792... + 1,6 = 66,482, para o Cronograma 2, que é virtualmente idêntico ao do Cronograma 1).

**Fase 5:** Desenvolver um *índice de eficácia de exposição*. Esse índice é calculado dividindo o *valor total* de cada cronograma pelo número de GRPs produzido por aquele cronograma. Os GRPs totais são determinados a partir dos dados na Tabela 11.4, do mesmo modo que foram identificados antes com os dados da Tabela 11.1. Especificamente, os GRPs totais – 398,6 – do Cronograma 1 (ver o fim da Tabela 11.4) são calculados como (1 × 11,1) + (2 × 12,5) + (3 × 13,2) +... + (10 × 10,5). (Esteja certo de ter entendido isso calculando os GRPs para o Cronograma 2). O índice de eficácia de exposição para o Cronograma 1 é 0,167 (ou seja, 66,481 ÷ 398,6), enquanto o valor do índice para o Cronograma 2 é 0,199 (ou seja, 66,482 ÷ 333,8).

O que pode ser concluído com todos esses cálculos? Com valores de índices mais altos representando uma *eficácia* maior, deve ficar claro que o Cronograma 2 na Tabela 11.4 é o cronograma de mídia mais eficaz. Ou seja, o Cronograma 2 tem um índice de eficácia mais alto que o Cronograma 1 porque alcança um valor de exposição equivalente (66,482 *versus* 66,481), mas com menos GRPs e, portanto, é menos dispendioso. Além do mais, enquanto o Cronograma 1 alcança uma alta porcentagem do público-alvo 10 ou mais vezes (ou seja, 10 + OV = 10,5%), o Cronograma 2 foca mais em alcançar o público pelo menos uma vez em vez de desperdiçar gastos em alcançar o público 10 ou mais vezes. A OV 1+ para o Cronograma 2 equivale a 92%, comparado ao 1+ do Cronograma 1, de 85%.

Embora esse método de planejamento de valor de frequência seja teoricamente mais ponderado que a heurística das três exposições, a regra de 3+ já se insere na prática da propaganda, enquanto o planejamento do valor de frequência foi introduzido mais recentemente. Isso não significa que esse procedimento mais novo deva ser descartado; a questão é que a prática da propaganda ainda não adotou amplamente essa abordagem. É importante observar que a dificuldade em implementar o planejamento do valor de frequência está em fazer a estimativa das utilidades de exposição, como as apresentadas na Tabela 11.3. Simplesmente, não existe um meio fácil de estimar as utilidades de exposição, razão pela qual muitos planejadores de mídia preferem empregar a regra prática de 3+.

## Continuidade

A **continuidade** envolve a questão do modo como a propaganda é alocada durante o curso de uma campanha. A questão fundamental é: o orçamento de mídia deve ser distribuído de maneira uniforme durante todo o período da campanha, deve ser gasto em períodos concentrados para causar impacto maior ou algum outro cronograma entre esses dois deve ser usado? Como sempre, a determinação do que é melhor depende da situação específica. Em geral, no entanto, um cronograma uniforme de propaganda pode gerar pouco peso em dado momento. Um cronograma muito concentrado, em contraste, pode sofrer com exposições excessivas durante um período e falta completa de propaganda em outros momentos.

Os anunciantes têm três alternativas gerais relacionadas à alocação do orçamento durante o curso da campanha: cronogramas *contínuos*, *por onda* e *flight*. Para entender as diferenças entre essas três opções, considere a decisão de uma empresa que anuncia vários produtos laticínios. A Figura 11.2 mostra como as alocações de propaganda podem ser diferentes a cada mês dependendo do uso contínuo dos cronogramas, por onda ou *flight*. Imagine que o orçamento anual dessa empresa é de R$ 3 milhões.

### Cronograma contínuo

Em um **cronograma contínuo de propaganda**, uma quantidade igual, ou relativamente igual, de dinheiro é investida durante toda a campanha. A ilustração no painel A da Figura 11.2 mostra um caso extremo de propaganda contínua na qual o anunciante aloca os R$ 3 milhões do orçamento em quantidades iguais de exatamente R$ 250 mil para os 12 meses. Tal alocação de propaganda faria sentido apenas se os produtos laticínios fossem consumidos em quantidades essencialmente iguais durante o ano. Porém, embora esses produtos sejam consumidos o ano todo, o consumo deles é particularmente alto no verão, quando as pessoas tomam mais sorvete – um produto especialmente importante da empresa em questão e que é muito sensível ao apoio da propaganda. Isso requer uma alocação *descontínua* do dinheiro durante o ano.

### Cronograma por onda (*pulsing*)

Em um **cronograma por onda** alguma propaganda é utilizada em cada período da campanha, mas a quantidade varia de período a período. No painel B da Figura 11.2, um cronograma por onda para essa empresa de laticínios mostra que

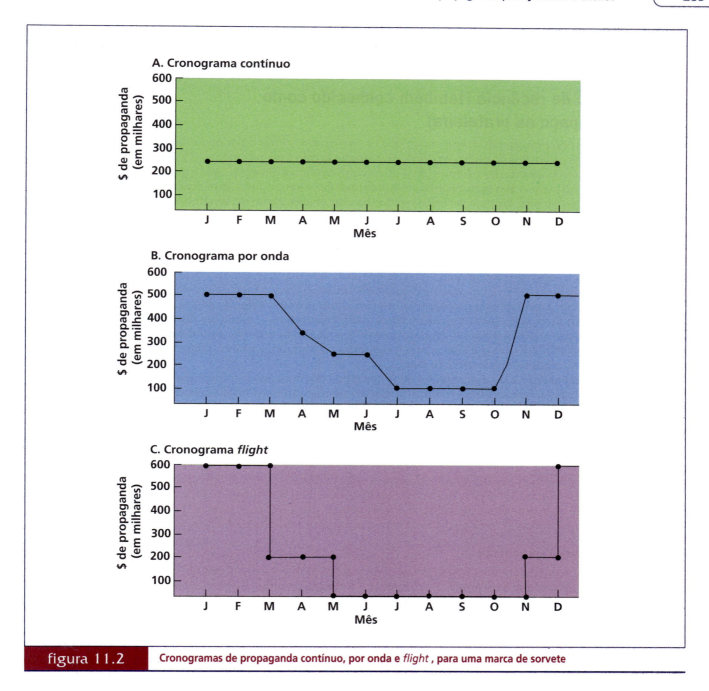

**figura 11.2** Cronogramas de propaganda contínuo, por onda e *flight*, para uma marca de sorvete

sua propaganda é especialmente intensa durante os meses em que o consumo de sorvete é alto – dezembro a março (gastando R$ 500 mil cada mês); mas a empresa, não obstante, anuncia em todos os meses do ano. O gasto mínimo com propaganda é de R$ 50 mil mesmo nos meses em que a venda de sorvete é mais baixa – julho, agosto, setembro e outubro.

## Cronograma em *flight* (em blocos)

Em um **cronograma em *flight***, o anunciante varia as despesas durante a campanha e aloca *zero* despesas em alguns meses. O termo *flight* é uma referência aos pousos e decolagem de aviões, movimento análogo a esse conceito de mídia. Como demonstrado no painel C da Figura 11.2, a empresa de laticínios aloca R$ 600 mil para cada um dos quatro meses em que o consumo de sorvete é alto (dezembro a março), R$ 200 mil para cada mês em que o consumo do produto é moderado (abril, maio e novembro), mas R$ 0 para os meses de baixo consumo (junho, julho, agosto, setembro e outubro).

Assim, os cronogramas por onda e em *flight* são semelhantes, pois envolvem *níveis diferentes de gastos com propaganda* durante o ano, mas diferem porque no cronograma por onda sempre há um investimento em propaganda em cada período, o que não acontece com o *flight*. A onda na propaganda é similar ao movimento do mar, que muda continuamente entre ondas mais baixas e mais altas, mas está sempre em movimento. Comparativamente, um cronograma *flight* é como um avião, que às vezes está aterrissado, mas em altitudes diferentes quando voando. Assim, um cronograma por onda de propaganda está sempre "acontecendo" (existe a propaganda em cada período), ao passo que um cronograma *flight* voa alto em alguns níveis, mas é inexistente em outras ocasiões.

## Planejamento de recência (também conhecido como modelo de espaço na prateleira)

Alguns profissionais de propaganda argumentam que os cronogramas *flight* e por onda são necessários por causa dos tremendos aumentos nos custos de mídia, em especial as despesas com a propaganda na TV aberta. Poucos anunciantes, segundo a lógica do cronograma descontínuo (ou seja, cronogramas em *flight* e por onda), podem investir em propaganda com consistência durante o ano todo. Segundo esse argumento, os anunciantes são forçados a investir apenas em momentos selecionados – ou seja, durante períodos em que há uma chance maior de atingir os objetivos de comunicação e vendas. Esse argumento também afirma que durante certos períodos, quando a propaganda é empreendida, deve haver *frequência suficiente* para justificar o esforço. Em outras palavras, o argumento a favor da propaganda descontínua (*flight* e por onda) caminha junto do objetivo de atingir o suposto alcance eficaz (3+) durante qualquer período no qual um gestor de marca escolha ter uma presença em propaganda.

À primeira vista, a lógica do cronograma descontínuo parece irrefutável. A prudência desse argumento foi, contudo, questionada, com mais veemência por um especialista em mídia de Nova York, chamado Erwin Ephron. Ele (e seus seguidores) afirma que a indústria da propaganda não conseguiu provar o valor do critério do alcance eficaz (3+) para a alocação de orçamentos e que esse critério dúbio leva inapropriadamente a alocações *flight*. Ephron formulou um argumento a favor da propaganda contínua; argumento esse que ele chama *princípio da recência*, também conhecido como *modelo do espaço na prateleira*.[30] Como já comentado na abertura do capítulo, a palavra recência não existe em português, mas foi mantida por ser adotada pelo setor de mídia.

Como o cronograma *flight* é uma proposição de propaganda intermitente, considere por analogia o que aconteceria com as vendas de uma marca se as prateleiras dos varejistas estivessem sem o estoque dela em vários períodos durante o ano. A marca com certeza teria zero vendas durante esses períodos de falta de estoque, quando as prateleiras estivessem vazias. As vendas só aconteceriam nos momentos em que as prateleiras tivessem uma quantidade mínima de produtos. Isso, em certo sentido, é o que acontece com o cronograma *flight*: as "prateleiras" estão vazias durante determinados períodos (quando não há propaganda) e cheias em outros.

O **princípio da recência**, ou *modelo do espaço na prateleira*, é baseado em três ideias inter-relacionadas: (1) que a *primeira exposição* do consumidor ao comercial de uma marca é a mais poderosa, (2) que o principal papel da propaganda é influenciar a escolha da marca e que a propaganda de fato influencia mais fortemente quando atinge o consumidor em um momento em que ele realmente está buscando por um produto da categoria anunciada, e (3) que deve se dar mais ênfase a atingir *um nível alto de alcance semanal* para uma marca que adquirir uma alta frequência. Vamos examinar essas ideias.

### A poderosa primeira exposição

As evidências empíricas (embora um tanto incertas) demonstram que a primeira exposição à propaganda tem um efeito mais forte sobre as vendas que as exposições adicionais.[31] (A função de utilidade vista anteriormente na Tabela 11.4 foi baseada na lógica de que a primeira exposição tem impacto maior.)

Usando dados de fonte única, tópico abordado no capítulo anterior, um pesquisador do assunto fez descobertas provocantes com base em um extenso estudo de 142 marcas representando 12 categorias de produtos (detergente, sabão em barra, xampu, sorvete, manteiga, café moído etc.). O pesquisador demonstrou que a primeira exposição à propaganda para essas marcas gerou uma proporção mais alta de vendas e que as exposições adicionais acrescentaram muito pouco à primeira.[32]

### Influenciar a escolha da marca

O conceito de planejamento de recência é baseado na ideia de que as necessidades do consumidor determinam os efeitos da propaganda. A propaganda é especialmente eficaz quando ocorre *perto do momento em que os consumidores estão no mercado por um produto específico*. Existe, em outras palavras, uma janela de oportunidade para captar a seleção, por parte do consumidor, da marca anunciada *versus* as concorrentes na categoria de produto. "O trabalho da propaganda é influenciar a compra. O trabalho do planejamento de recência é colocar a mensagem nessa janela."[33]

Embora o planejamento de recência seja baseado na ideia de que a primeira exposição à propaganda é a mais poderosa, isso não significa que uma única exposição seja suficiente. A questão, na verdade, é que no curto prazo as exposições adicionais tendem a ser desperdiçadas com consumidores que não estão no mercado pelo produto. A lógica, em outras palavras, é que uma marca pode atingir um volume de vendas maior alcançando mais consumidores uma única vez durante uma campanha (um objetivo de alcance) que menos consumidores com mais frequência (um objetivo de frequência).

O orçamento de propaganda não é necessariamente mais baixo com o planejamento de recência; na verdade, o orçamento é alocado de modo diferente que no orçamento *flight*. Em particular, o planejamento de recência aloca o orçamento por mais semanas durante o ano e investe menos peso (menos GRPs ou TRPs) durante as semanas nas quais a propaganda acontece. O planejamento de recência usa como o período de planejamento *uma semana*, em vez de quatro, e tenta alcançar o maior número de consumidores-alvo possível em quantas semanas o orçamento permitir.

## Otimizar o alcance semanal

Do mesmo modo, podemos argumentar que os planejadores de mídia devem desenvolver cronogramas que sejam voltados para a promoção de uma presença contínua (ou quase contínua) para uma marca, com o objetivo de otimizar o *alcance semanal* em vez do alcance eficaz como inserido na hipótese das três exposições.

A lógica do planejamento de recência pode ser resumida da seguinte maneira:

1. Contrário à hipótese das três exposições, que foi interpretada como uma afirmação de que a propaganda deve *ensinar* os consumidores a respeito das marcas (necessitando, portanto, de exposições múltiplas), o princípio da recência, ou modelo do espaço na prateleira, presume que o papel da propaganda *não* é ensinar, mas influenciar a *seleção da marca* pelo consumidor. "A menos que seja uma marca nova, um benefício novo ou um uso novo, não há muito aprendizado envolvido."[34] Por isso, o propósito da maior parte da propaganda é nos lembrar de mensagens anteriores, ou reforçá-las ou evocá-las, em vez de ensinar os consumidores a respeito dos benefícios ou usos do produto.
2. Com o objetivo de influenciar a seleção da marca, a propaganda deve, portanto, alcançar os consumidores quando eles estão prontos para comprar a marca. O propósito da propaganda, por essa lógica, é "alugar a prateleira" para garantir a presença da marca perto do momento em que os consumidores tomam as decisões de compra. *Longe dos olhos, longe do coração* é um princípio-chave da propaganda.
3. As mensagens de propaganda são mais eficazes quando estão *próximas do momento da compra* e uma única exposição é eficaz se alcançar os consumidores quando eles estão tomando as decisões de compra.
4. A eficácia de custo de uma única exposição é aproximadamente *três vezes maior* que o valor das exposições subsequentes.[35]
5. Portanto, em vez de concentrar o orçamento da propaganda para realizar exposições múltiplas apenas em momentos selecionados, os planejadores devem alocar o orçamento para *alcançar mais consumidores com mais frequência*.
6. Em um mundo sem limites orçamentários, a abordagem ideal seria atingir um alcance semanal de 100 (ou seja, 100% do público-alvo pelo menos uma vez) e manter esse nível de alcance durante as 52 semanas do ano. Tal cronograma renderia 5,2 mil pontos de alcance semanalmente. Como a maioria dos anunciantes não pode sustentar esse nível constante de propaganda, a segunda melhor abordagem é *alcançar a porcentagem mais alta possível do público-alvo durante o número máximo de semanas possível*. Esse objetivo pode ser alcançado (1) usando comerciais de TV de 15 segundos e também espaços mais caros de 30 segundos, (2) espalhando o orçamento entre mídias mais baratas (por exemplo, rádio) em vez de gastar exclusivamente na propaganda da TV, e (3) comprando programas de TV mais baratos (a cabo, repetições) em vez de investir com exclusividade nos programas do horário nobre. Todas essas estratégias liberam dinheiro para propaganda e permitem o desenvolvimento de um cronograma que alcançará uma alta porcentagem do público-alvo de maneira contínua em vez de esporádica.

## Em direção ao equilíbrio

O conceito de cronograma de mídia para alcançar uma presença contínua em vez de esporádica tem um apelo considerável. Todavia, nenhuma abordagem única é igualmente eficaz para todas as marcas. A lógica do planejamento de recência reconhece isso quando sugere (no primeiro ponto visto anteriormente) que, para as novas marcas, novos benefícios ou diferentes modos de usar a marca, o objetivo da propaganda pode de fato ser o de ensinar em vez de apenas relembrar. Outra executiva da área resumiu muito bem a questão:

> *Nós sempre acreditamos que a primeira exposição é a mais poderosa; contudo, não queremos ter regras rígidas e rápidas. Cada marca é uma situação diferente. A marca líder em uma categoria tem necessidades de frequência diferentes da concorrente com menos* market share. *Não é correto dizer que cada marca tem a mesma necessidade de frequência.*[36]

Como estudante, deve ser um pouco incômodo receber "sinais misturados" como esses. Com certeza, seria mais fácil se existissem regras rígidas e fáceis ou princípios diretos que dissessem que: "é assim que deve ser feito". A prática da propaganda, infelizmente, não é tão simples assim. Repetimos um tema que já foi enfatizado em todo o texto: o que funciona melhor depende das circunstâncias específicas que cercam uma marca. Se a marca for *madura* e bem estabelecida, o alcance semanal eficaz (o modelo de espaço na prateleira), é provavelmente um modo apropriado de alocar o orçamento. Se a marca for *nova*, ou se os *benefícios* ou *usos novos* para a marca foram desenvolvidos, ou se a *mensagem for complexa*, o orçamento deve ser alocado de maneira que alcance a frequência necessária para ensinar os consumidores a respeito dos benefícios e usos da marca. Em outras palavras, quando qualquer uma dessas últimas condições prevalece, um cronograma *flight* é mais apropriado que um de alcance semanal.

Esses pontos de vista opostos, acerca do modo como a propaganda funciona, podem ser separados em modelos "fortes" e "fracos" de propaganda.[37] O *modelo forte* assume a posição de que a propaganda é importante porque ensina os consumidores sobre as marcas e encoraja compras-teste, levando à perspectiva da compra repetida. O *modelo fraco* afirma que a maioria das mensagens de propaganda não é importante aos consumidores e que eles não aprendem muito com ela. Isso acontece porque a propaganda em geral é para as marcas que os consumidores já conhecem. Nesse caso, ela serve apenas para *relembrar* os consumidores das marcas já conhecidas. A reconciliação entre esses pontos de vista opostos vem do entendimento do fato de que a propaganda, em qualquer momento, *tem* influência sobre uma porcentagem relativamente pequena de consumidores e que esses são os consumidores que estão no mercado para o produto no momento da propaganda. Por exemplo, um anúncio de jornal sobre uma venda especial de determinada marca de televisão pode encorajar visitas à loja e compras por parte de um subconjunto relativamente pequeno de consumidores que, nesse momento, precisam de um novo aparelho de TV. A maioria dos consumidores, entretanto, não precisa de um novo aparelho nesse momento específico. Podemos então dizer que a propaganda alcança sua eficácia "por meio de um encontro casual com um consumidor preparado".[38]

Devemos concluir dessa discussão que uma única exposição à propaganda é tudo o que se faz necessário e que o tempo e o espaço para divulgação devem ser programados para que a recência seja otimizada e a frequência negligenciada? De jeito nenhum. O que você deve entender é que a situação específica da propaganda dita se a ênfase no alcance ou na frequência é mais importante. As marcas familiares aos consumidores requerem menos frequência, enquanto marcas novas ou relativamente não familiares requerem níveis mais altos de frequência. Marcas que empregam mensagens complexas (por exemplo, contendo detalhes técnicos ou alegações sutis) também em geral requerem mais frequência.[39] Marcas com ofertas especiais por um curto período de tempo requerem frequência maior. Por exemplo, quando uma rede de *fast-food* oferece um sanduíche especial por um período limitado, a propaganda frequente é necessária para "ensinar" os consumidores a respeito das ofertas e encorajar o aumento da visita às lojas.

## Considerações de custo

Os planejadores de mídia tentam alocar o orçamento de propaganda de maneira que seja eficiente em termos de custo. Um dos indicadores mais importantes e universalmente usados é o critério custo-por-mil, ou CPM, como é mais conhecido. **CPM** é o custo de alcançar mil pessoas. A medida pode ser refinada para significar o custo de alcançar mil membros do público-alvo, excluindo aquelas pessoas que estão fora do mercado-alvo. Essa medida refinada é designada custo-por-mil – mercado-alvo (**CPM-TM –** *Cost per thousand-target market*).

O CPM e o CPM-TM são calculados dividindo o custo de um anúncio colocado em um veículo específico pelo alcance total do mercado desse veículo (CPM) ou por seu alcance do mercado alvo (CPM-TM):

**CPM = custo do anúncio ÷ número de contatos totais alcançados (expressos em mil)**

**CPM-TM = custo do anúncio ÷ número dos contatos do mercado-alvo alcançado (expressos em mil)**

O termo contatos é usado aqui para representar qualquer tipo de público da propaganda (espectadores de TV, leitores de revistas, ouvintes de rádio etc.) que é alcançado por uma única veiculação de anúncio em determinado veículo. Sua finalidade é permitir comparações entre programas (veículos) com características diferentes de audiência e custo para um mesmo público-alvo, uma vez que coloca todos em uma base única, ou seja, o CPM.

### Cálculos ilustrativos

Para ilustrar como o CPM e o CPM-TM são calculados, considere a seguinte situação não convencional. Durante os jogos universitários, um serviço de propaganda aérea divulga mensagens em faixas presas atrás de um avião. O custo é R$ 500 por mensagem. O estádio de futebol tem capacidade para 80 mil fãs e fica lotado durante os jogos universitários. Portanto, o CPM nessa situação é R$ 6,25, que é o custo por mensagem (R$ 500) dividido pelo número de milhares de pessoas (80) que potencialmente são expostas à mensagem veiculada pelo avião (ou seja, pessoas que têm a oportunidade de ver, ou OV).

Agora, imagine que uma nova livraria especializada em livros didáticos use o serviço de propaganda aérea para anunciar sua inauguração a aproximadamente 20 mil alunos que estão assistindo aos jogos. Como o mercado-alvo nesse exemplo é apenas uma fração do público total, o CPM-TM é uma estatística custo-por-mil mais apropriado. O CPM-TM nesse caso é R$ 25 (R$ 500 ÷ 20) – que, obviamente, é quatro vezes mais alto que a estatística CPM, porque o público-alvo representa um quarto do público total.

Para ilustrar ainda mais como o CPM e o CPM-TM são calculados, considere uma situação mais convencional. Suponha que um anunciante promoveu sua marca no *reality-show Big Brother*, e que durante essa semana o programa alcançou 16,2 pontos, o que significa que espectadores em aproximadamente 9,1 milhões de lares tiveram um OV para qualquer comercial veiculado durante o programa. A um custo de R$ 780 mil para cada comercial de 30 segundos nas exibições de terça-feira à noite do *Big Brother*, durante a temporada de 2008, o CPM é o seguinte:

**Audiência total = 9.072.000 lares**

**Custo do comercial de 30 segundos = R$ 780.000**

**CPM = R$ 780.000 ÷ 9.072 = R$ 85,97**

Se presumirmos que o mercado-alvo da marca anunciada consiste apenas em mulheres na faixa etária entre 13 e 34 anos, e que esse submercado representa 60% do público total – 5.443.200 mulheres que assistem ao *Big Brother*, o CPM-TM é:

$$\text{CPM-TM} = \text{R\$ } 780.000 \div 5.443,2 = \text{R\$ } 143,30$$

## Use com cuidado!

As estatísticas CPM e CPM-TM são úteis para comparar a eficiência do custo de diferentes veículos de propaganda. Contudo, eles devem ser usados com cuidado por várias razões. Em primeiro lugar, são medidas de eficiência de custo – e não de eficácia. Um veículo específico pode ser extremamente eficiente, mas totalmente ineficaz porque (1) atinge o público errado (se o CPM for usado em vez do CPM-TM) ou (2) é inapropriado para a categoria de produto e a marca anunciada. Por analogia, um carro Novo Uno é sem dúvida mais eficiente em termos de quilometragem por litro que uma grande SUV, mas pode ser menos eficaz para os propósitos de uma pessoa.[40]

Uma segunda limitação das medidas CPM e CPM-TM é a falta de comparabilidade na mídia. Como será enfatizado no próximo capítulo, as várias formas de mídia desempenham papéis singulares e, portanto, têm preços diferentes. Um CPM mais baixo para o rádio não significa que comprar tempo no rádio é melhor que comprar um cronograma mais caro de TV.

Por fim, as estatísticas CPM podem ser usadas de modo errado a menos que os veículos inseridos em um meio específico sejam comparados nas mesmas bases. Por exemplo, o CPM para um anúncio veiculado durante o dia na TV é menor que para um programa no horário nobre, mas isso é como comparar maçãs a laranjas. A comparação apropriada deve ser feita entre dois programas diurnos ou dois programas do horário nobre, e não entre partes diferentes do dia. Do mesmo modo, seria inapropriado comparar o CPM de um anúncio de revista em preto e branco a um com quatro cores, a menos que os dois sejam considerados iguais no que diz respeito à habilidade para apresentar a marca de maneira eficaz.

## A necessidade de fazer *trade-offs*

Até agora discutimos vários objetivos do planejamento de mídia – alcance, frequência, peso, continuidade, recência e custo – em alguns detalhes. Cada um foi apresentado sem referência direta aos outros objetivos. É importante reconhecer, entretanto, que esses objetivos na verdade entram em certo conflito uns com os outros, por isso a necessidade do *trade-offs* (*trade-off* significa um conflito de escolha; é uma decisão que implica abrir mão de uma coisa em função de outra). Ou seja, considerando-se um orçamento fixo de propaganda (por exemplo, R$ 15 milhões para o Novo Uno), o planejador de mídia não pode simultaneamente otimizar os objetivos de alcance, frequência e continuidade. *Trade-offs* devem ser feitos porque os planejadores de mídia trabalham dentro das limitações dos orçamentos. Portanto, a otimização de um objetivo (por exemplo, minimizar CPM ou maximizar GRPs) requer o sacrifício de outros objetivos. Isso acontece devido à matemática da otimização limitada: objetivos múltiplos não podem ser otimizados ao mesmo tempo quando existem limitações (como um orçamento limitado).

Com um orçamento fixo de propaganda, o planejador de mídia pode escolher maximizar o alcance ou a frequência, mas não os dois. Com aumentos no alcance, a frequência é sacrificada e vice-versa: se você deseja alcançar mais pessoas, não pode fazer isso com mais frequência com um orçamento *fixo*; se deseja alcançá-las com mais frequência, não pode atingir a mesma quantidade. (Essa discussão talvez o faça se lembrar de uma lição que aprendeu em estatística básica a respeito do *trade-off* entre cometer erros Tipo I – alfa – ou Tipo II – beta – enquanto mantém constante o tamanho da amostra. Ou seja, com um tamanho fixo, as decisões de diminuir um erro Tipo I – digamos, de 0,05 para 0,01 – devem inevitavelmente resultar em um aumento no erro Tipo II e vice-versa.)

Como profissional de propaganda "você não pode guardar o bolo e comê-lo ao mesmo tempo". Quando o gestor de marca se depara com uma limitação no orçamento, o que sempre acontece, ele deve decidir se a frequência é mais importante (a hipótese das exposições triplas) ou o alcance é mais imperativo (o princípio da recência).

Por isso, cada planejador de mídia deve decidir o que é melhor diante das circunstâncias específicas que envolvem a decisão de propaganda referente a sua marca. Com vimos antes, atingir o *alcance eficaz* (3+ exposições) é particularmente importante quando as marcas são novas ou quando as marcas estabelecidas têm novos benefícios ou usos. Nessas circunstâncias, o trabalho da propaganda é *ensinar* os consumidores e parte do ensinamento é a *repetição*. Quanto mais complexa for a mensagem, maior será a necessidade da repetição para transmitir a mensagem de modo eficaz. Porém, para marcas estabelecidas que já são bem conhecidas pelos consumidores, a tarefa da propaganda é mais a de *relembrá-los* da marca. O orçamento nessa situação é mais bem alocado para atingir um nível máximo de *alcance*.

# Software de cronograma de mídia

Além da difícil tarefa de fazer *trade-offs* inteligentes entre objetivos às vezes opostos (alcance, frequência etc.), existem literalmente milhares, se não milhões, de possíveis cronogramas de propaganda que podem ser selecionados dependendo de como as várias formas de mídia e veículos são combinados. Felizmente, essa tarefa assustadora foi facilitada pela disponibilidade de modelos computadorizados que dão assistência aos planejadores de mídia na seleção dela e dos veículos. Essencialmente, esses modelos tentam otimizar uma função de objetivo (por exemplo, selecionar um cronograma que obtenha o maior nível de alcance ou a frequência mais alta), dentro das limitações, de modo a não exceder o limite máximo do orçamento. Um algoritmo de computador (um programa de computador para resolver problemas) faz uma busca entre as possíveis soluções e seleciona o cronograma de mídia específico que otimiza a função do objetivo e satisfaz a todos os limites especificados.

Para propósitos ilustrativos, vamos supor que um planejador de mídia decidiu investir R$ 6 milhões em uma campanha com a duração de um mês que lançará no mercado um hipotético automóvel do tipo SUV, que é relativamente pequeno, tem um motor híbrido, é econômico, e se chamará Esuvee-H.[41] O orçamento será alocado entre propaganda na TV e revistas, com R$ 4,5 milhões investidos em TV durante o mês introdutório e mais R$ 1,5 milhão a ser investido em revista. (Para simplificar, vamos descrever apenas o componente revista do cronograma de mídia.) Imagine que o mercado-alvo para o Esuvee-H consista em homens, na faixa etária entre 18-49, com rendas acima de R$ 45 mil e que gostam de atividades ao ar livre.

O uso de um programa computadorizado de cronograma de mídia para selecionar as "melhores" revistas-veículo entre uma grande variedade de opções exigiria as seguintes fases:

**Fase 1:** Desenvolver um *banco de dados de mídia*. Esse aspecto inicial envolve três atividades: (1) identificar potenciais veículos de propaganda, (2) especificar suas pontuações e (3) determinar o custo individual do veículo. A Tabela 11.5 traz as informações essenciais contidas no banco de dados de mídia para o Esuvee-H.

**Fase 2:** Selecionar os *critérios para otimizar o cronograma de mídia*. As alternativas de otimização incluem maximizar o alcance (1+), alcance eficaz (3+), frequência e GRPs. Na ilustração hipotética apresentada a seguir, *a maximização do alcance* foi selecionada com o critério de otimização para o período introdutório de um mês da campanha do Esuvee-H em revistas.

**Fase 3:** Especificar as *limitações*. Isso inclui (1) determinar uma *limitação de orçamento* para o período do planejamento de mídia, e (2) identificar *o número máximo de inserções de anúncios para cada veículo*. A limitação orçamentária introdutória de um mês em revistas foi estabelecida em R$ 1,5 milhão. O algoritmo de computador é "instruído", em outras palavras, a selecionar as revistas que maximizem o alcance por uma despesa que não exceda R$ 1,5 milhão.

Além da limitação orçamentária geral, as limitações das inserções em revistas também estão identificadas na Tabela 11.5. O propósito dessas limitações de inserções é garantir que a solução ótima não recomende inserir mais anúncios em determinada publicação durante o período de quatro semanas. Como podemos ver na Tabela 11.5, com apenas três

**tabela 11.5**
**Banco de dados de mídia para o Esuvee-H**

| Revista | Pontuação | Custo 4C/Open* | Inserções máximas+ |
|---|---|---|---|
| American Hunter | 7,0 | $ 29.830 | 1 |
| American Rifleman | 8,7 | 44.470 | 1 |
| Bassmaster | 8,8 | 34.855 | 1 |
| Car & Driver | 10,8 | 149.350 | 1 |
| Ducks Unlimited | 2,9 | 24.925 | 1 |
| ESPN Magazine | 15,6 | 148.750 | 2 |
| Field & Stream | 18,7 | 101.600 | 1 |
| Game & Fish | 5,8 | 20.540 | 1 |
| Guns & Ammo | 13,5 | 30.780 | 1 |
| Hot Rod | 18,5 | 72.790 | 1 |
| Maxim | 24,6 | 179.000 | 1 |
| Men's Fitness | 9,5 | 49.425 | 1 |
| Men's Health | 18,3 | 121.425 | 1 |
| Motor Trend | 14,5 | 127.155 | 1 |
| North American Hunter | 10,5 | 27.210 | 1 |
| Outdoor Life | 15,7 | 55.700 | 1 |
| The Sporting News | 10,7 | 49.518 | 4 |
| Sports Illustrated | 44,3 | 226.000 | 4 |

*4C/open significa um anúncio de página inteira, em quatro cores, comprador sem desconto de quantidade. A informação de custo e da *Marketer's Guide to Media*, 27 (New York: VNU Business Publications USA, 2004), 149-152.

+ Inserções máximas são baseadas na frequência com que uma revista é publicada. A *Sporting News* e a *Sports Illustrated* são publicadas semanalmente, o que permitiria um anúncio em cada semana, durante o período de quatro semanas. Com exceção da *ESPN Magazine*, que é publicada quinzenalmente, todas as outras incluídas aqui são publicações mensais.

*Mídia de propaganda: planejamento e análise* 291

exceções (*ESPN Magazine, The Sporting News* e *Sports Illustrated*), todas as outras revistas são publicadas uma vez por mês. Portanto, a quantidade máxima de inserções para a maioria das revistas na Tabela 11.5 é limitada a "1", embora até "2" anúncios sejam possíveis na *ESPN Magazine* e até "4" em *The Sporting News* e *Sports Illustrated*. Embora os anunciantes às vezes veiculem comerciais múltiplos para uma marca na mesma edição da revista, a presunção simplificadora apresentada aqui é que não mais de um anúncio para o Esuvee-H deve ser colocado em determinada revista por edição.

**Fase 4:** A fase final é procurar o cronograma ótimo de mídia de acordo com a função de objetivo especificada e sujeita a satisfazer as limitações orçamentárias e da quantidade de inserções. O exemplo a seguir revela como isso é feito.

## Ilustração hipotética: um cronograma de um mês em uma revista para o Esuvee-H

Vamos presumir que um planejador de mídia para o Essuve-H esteja em processo de escolher o cronograma ótimo de quatro semanas entre revistas consideradas apropriadas para alcançar homens norte-americanos na faixa etária entre 18 e 49 anos, que têm rendas familiares de $ 45 mil ou mais, e que gostam de atividades ao ar livre (por exemplo, caçar, pescar, andar de bicicleta, acampar etc.). Presumamos que existam aproximadamente 67 milhões de norte-americanos nessa faixa etária. Pressupondo que apenas 40% desse grupo satisfaz a renda-alvo para o Esuvee-H, $ 45 mil ou mais, o mercado-alvo é reduzido a 26,8 milhões de consumidores potenciais para o carro (ou seja, 0,4 × 67 milhões). Todo o planejamento subsequente é baseado nessa estimativa.

### O banco de dados do Esuvee-H

O planejador de mídia preparou um banco de dados consistindo em 18 revistas consideradas adequadas para alcançar o público-alvo (Tabela 11.5). Essas revistas foram selecionadas porque são lidas predominantemente por homens que gostam de atividades ao ar livre, como caça, pesca e ciclismo, e que têm renda familiar de $ 45 mil ou mais.

O segundo fator-chave foi a pontuação das revistas. A pontuação (ver a segunda coluna na Tabela 11.5) foi determinada dividindo o tamanho do público de cada revista pelo tamanho do mercado-alvo do Esuvee-H que, como indicado, é estimado em 26,8 milhões de consumidores potenciais.[42] Em seguida, os custos (a terceira coluna) foram designados de acordo com o preço cobrado por cada revista para uma única veiculação em um anúncio de página inteira, em quatro cores. Por fim, as inserções máximas (a última coluna) foram baseadas no ciclo de publicação de cada revista. Como vimos anteriormente, 15 das 18 revistas são publicadas uma vez por mês, enquanto a *ESPN Magazine* é bimestral e a *Sporting News* e *Sports Illustrated* são semanais. Portanto, somente um anúncio pode ser colocado durante o período de quatro semanas em 15 das revistas, ao passo que é possível colocar até dois anúncios na *ESPN Magazine* e até quatro na *Sporting News* e *Sports Illustrated*.

### A função de objetivo e limitações

A informação na Tabela 11.5 foi colocada em um programa computadorizado de cronograma de mídia.[43] Com essa informação, o programa foi instruído a maximizar o alcance (1+) sem exceder o orçamento de $ 1,5 milhão para esse período introdutório de quatro semanas da campanha.

### O cronograma ótimo

Se os anúncios tivessem sido colocados nas 18 revistas listadas na Tabela 11.5 (incluindo as inserções múltiplas nas três revistas onde isso é possível – *ESPN Magazine, The Sporting News* e *Sports Illustrated*), o custo total com propaganda teria chegado a quase $ 2,5 milhões. Essa quantia seria inaceitável, porque uma limitação orçamentária de $ 1,5 milhão foi imposta para a propaganda nas revistas. Foi então necessário selecionar entre essas revistas aquelas nas quais a limitação fosse satisfeita e o objetivo de maximizar o alcance fosse atingido. Isso é exatamente o que os algoritmos de cronograma de mídia realizam.

Considerando as 18 revistas com diferentes quantidades de inserções máximas em cada uma, existem inúmeras combinações de revistas que poderiam ser selecionadas. No entanto, em uma questão de segundos, o algoritmo de cronograma identificou a única combinação de revistas que poderia maximizar o alcance para uma despesa de $ 1,5 milhões ou menos. A solução está demonstrada na Tabela 11.6.

A Tabela 11.6 mostra que o cronograma ótimo consiste em quatro anúncios em *The Sporting News*, dois na *Sports Illustrated* e um em cada uma das outras 13 revistas. (Três revistas – *Car & Driver*, *ESPN Magazine* e *Motor Trend* – não foram incluídas na solução final. Um exame da Tabela 11.6 revela que essas revistas são relativamente caras diante da pontuação alcançada.) O custo total desse cronograma é $ 1.422.622, que está $ 77.378 abaixo do limite máximo específico de $ 1,5 milhão. Observe que a inclusão de qualquer anúncio adicional teria excedido à limitação orçamentária imposta. A revista menos cara das três que não estão incluídas é a *Motor Trend*, a um custo de $ 127.155. Se um anúncio tivesse sido colocado nessa revista (ou na *Car & Driver* ou na *ESPN Magazine*), o custo total teria excedido a limitação orçamentária de $ 1,5 milhão. A solução na Tabela 11.6 é a solução ótima para maximizar o alcance, satisfazendo o limite do orçamento.

### tabela 11.6
**Cronograma ADplus de revista para o Esuvee-H**

XYZ Ad Agency
Esuvee-H
Alvo: 26.800.000
Homens/18–49/$45K Atividades ao ar livre

| Distribuição de frequência (f) | | | |
|---|---|---|---|
| | f | %f | %f+ |
| | 0 | 27,8 | 100,0 |
| | 1 | 5,1 | 72,2 |
| | 2 | 10,3 | 67,1 |
| | 3 | 14,7 | 56,8 |
| | 4 | 15,2 | 42,1 |
| | 5 | 11,7 | 26,9 |
| | 6 | 7,3 | 15,1 |
| | 7 | 4,1 | 7,8 |
| | 8 | 2,2 | 3,7 |
| | 9 | 1,0 | 1,5 |
| | 10+ | 0,5 | 0,5 |

**Sumário da avaliação**

| | |
|---|---|
| Alcance (1+) | 72,2 |
| Alcance eficaz (3+) | 56,8 |
| Gross rating points (GRPs) | 293,9 |
| Frequência média (F) | 4,1 |
| Impressões brutas (000s) | 78.765,2 |
| Custo-por-mil (CPM) | $ 18,32 |
| Custo-por-rating-point (CPP) | $ 4.909 |

| Veículo | Pontuação | Custo do anúncio | CPM-MSG | Anúncios | Custo total | Mix |
|---|---|---|---|---|---|---|
| Guns & Ammo | 13,5 | $ 30.780 | $ 16,20 | 1 | $ 30.780 | 2,1% |
| North American Hunter | 10,5 | 27.210 | 18,42 | 1 | 27.210 | 1,9 |
| Game & Fish | 5,8 | 20.540 | 25,17 | 1 | 20.540 | 1,4 |
| Outdoor Life | 15,7 | 55.700 | 25,22 | 1 | 55.700 | 3,9 |
| Hot Rod | 18,5 | 72.790 | 27,96 | 1 | 72.790 | 5,0 |
| Bassmaster | 8,8 | 34.855 | 28,15 | 1 | 34.855 | 2,4 |
| American Hunter | 7,0 | 29.830 | 30,29 | 1 | 29.830 | 2,1 |
| The Sporting News | 10,7 | 49.518 | 32,89 | 4 | 198.072 | 13,7 |
| Sports Illustrated | 44,3 | 226.000 | 36,26 | 2 | 452.000 | 31,3 |
| American Rifleman | 8,7 | 44.470 | 36,33 | 1 | 44.470 | 3,1 |
| Men's Fitness | 9,5 | 49.425 | 36,98 | 1 | 49.425 | 3,4 |
| Field & Stream | 18,7 | 101.600 | 38,62 | 1 | 101.600 | 7,0 |
| Men's Health | 18,3 | 121.425 | 47,16 | 1 | 121.425 | 8,4 |
| Maxim | 24,6 | 179.000 | 51,72 | 1 | 179.000 | 12,4 |
| Ducks Unlimited | 2,9 | 24.925 | 61,09 | 1 | 24.925 | 1,7 |
| Totais: | | | $ 27,78 | 19 | $ 1.442.622 | 100,0% |

### Interpretando a solução

Examinemos cuidadosamente os dados na Tabela 11.6. Observe em primeiro lugar que a informação no canto superior esquerdo fornece detalhes sobre o cronograma de mídia (a agência da propaganda, o nome do cliente, o tamanho do público e a descrição do público).

A próxima informação pertinente a se observar na Tabela 11.6 é a *distribuição de frequência*. Para interpretá-la lembre-se da discussão anterior (Tabela 11.1) do mercado de dez lares para o Novo Uno anunciado na Revista *Veja*. Será útil rever os conceitos de (1) nível de exposição ($f$); (2) distribuição de frequência, ou porcentagem do público exposto a cada nível de $f$ (Porcentagem $f$); e distribuição de frequência cumulativa (Porcentagem $f$+). Quando $f$ é igual a zero, os valores da Porcentagem $f$ e da Porcentagem $f$+ na Tabela 11.6 são 27,8 e 100, respectivamente. Isso significa que 27,8% dos 26,8 milhões de membros do público-alvo para o Esuvee-H *não* serão expostos a nenhuma das 15 revistas que estão incluídas na solução ótima e que estão listadas no fim da Tabela 11.6. A frequência cumulativa quando $f$ é igual a zero é, é claro,

100 – ou seja, 100% dos membros do público-alvo serão expostos zero ou mais vezes às revistas veículos no cronograma de quatro semanas para o Esuvee-H.

Observe ainda que a Porcentagem *f* e a Porcentagem *f*+ são 5,1 e 72,2 quando *f* é igual a 1. Isso significa que o programa de computador estima que 5,1% do público-alvo será exposto a *exatamente* uma das 15 revistas, e 72,2% do público será exposto a uma ou mais revistas durante o período de quatro semanas. Observe com atenção que no Sumário da avaliação, no meio da Tabela 11.6, o *alcance* equivale a 72,2%. Com o alcance definido como a porcentagem do público-alvo exposta uma ou mais vezes (ou seja, 1+), o nível do alcance é determinado meramente pela identificação do valor correspondente na coluna Porcentagem *f*+, que, quando *f* é igual a 1, é 72,2%. Também deve ficar claro que como 27,8% do público é exposto zero vezes, o complemento desse valor (100 – 27,7 = 72,2%) é a porcentagem do público exposto uma ou mais vezes – a porcentagem do público alcançado.

Portanto, esse cronograma ótimo gera um alcance de 72,2, que é o nível máximo de alcance que qualquer combinação das 18 revistas incluídas no banco de dados (Tabela 11.6) poderia atingir dentro de uma limitação orçamentária de $ 1,5 milhão. Esse cronograma ótimo produz 293,9 GRPs. Esses GRPs, a propósito, são calculados multiplicando as pontuações para cada revista pelo número de anúncios colocados nela. [(*Guns & Ammo* = 13,5 × 1) + (*North American Hunter* = 10,5 × 1) +... (*Ducks Unlimited* = 2,9 × 1) = 293,9 GRPs].

Além do mais, esse cronograma de revista é estimado para alcançar o público em uma média de 4,1 vezes (ver *frequência média* no sumário da avaliação, na Tabela 11.6). Tendo definido anteriormente que a frequência é igual aos GRPs ÷ alcance, você pode facilmente calcular que o nível de frequência equivale a 293,9 ÷ 72,2 = 4,0706, que é arredondado na Tabela 11.6 para 4,1.

O *alcance eficaz* (3+) é 56,8%. Ou seja, quase 57% do público total é exposto a três ou mais veículos. Esse valor é obtido da distribuição de frequência no topo da Tabela 11.6, lendo a partir de *f* = 3 para a coluna correspondente: *porcentagem f*+.

O *custo por mil* (*CPM*) é de $ 18,32. Esse valor é calculado do seguinte modo: (1) o tamanho da audiência é 26.800.000; (2) 72,2% – ou 19.349.600 dos membros da audiência – é alcançado pelo cronograma de revistas demonstrado na Tabela 11.6; (3) cada pessoa alcançada o é em uma média de 4,0706 vezes (na Tabela 11.6, a frequência é apresentada com um único ponto decimal e é arredondada para 4,1); (4) o número de impressões brutas, que a quantidade de pessoas alcançadas multiplicada pelo número médio de vezes que elas foram alcançadas é, portanto, 78.765.200 (ver Sumário da avaliação na Tabela 11.6); (5) o *custo total* desse cronograma de mídia é $ 1.422.622 (ver o fim da Coluna Custo total na Tabela 11.6); e (6) portanto, o CPM é $ 1.442.622 ÷ 78.765,2 = $ 18,32.

Finalmente, o *custo por ponto de pontuação* (*CPP*) é de $ 4.909. Isso é calculado simplesmente dividindo o custo total pelo número de GRPs produzidos (ou seja, $ 1.442.622 ÷ 293,9 GRPs).

A Tabela 11.6 apresenta um bom cronograma de mídia? Em termos de alcance, o cronograma é o melhor que poderia ter sido produzido a partir da combinação das 18 revistas que foram incluídas no algoritmo de cronograma de mídia, e sujeito a limitação orçamentária de $ 1,5 milhão. Nenhuma outra combinação entre essas revistas poderia ter superado o alcance de 72,2% desse cronograma. Observe com atenção, todavia, que essa *oportunidade de ver* (*OV*) o comercial do Esuvee-H não é equivalente a ter visto de fato o comercial. Com vimos antes, o comercial de TV será apresentado simultaneamente ao cronograma de revista. A combinação dessas mídias pode produzir números muitos mais impressionantes e realizar os objetivos introdutórios de propaganda do Esuvee-H.

### Não há substituto para julgamento e experiência

É crítico enfatizar que os modelos de mídia como o que acabou de ser demonstrado não tomam a decisão final do cronograma. Tudo o que eles podem fazer é realizar com eficiência os cálculos necessários para determinar qual cronograma singular de mídia irá otimizar alguma função de objetivo, tal como maximizar o alcance ou GRPs. Munido com a resposta, depende do planejador de mídia determinar se o cronograma de mídia satisfaz outros objetivos, não quantitativos, como os descritos no capítulo seguinte.

## Revisão dos planos de mídia

Agora que questões fundamentais de cronograma de mídia foram identificadas, será útil considerar vários planos reais de mídia para um entendimento geral. Em primeiro lugar, veremos um plano para Diet Dr. Pepper, seguido do plano usado para introduzir o automóvel de luxo Saab 9-5. O último plano é para duas marcas de câmeras Olympus. O objetivo em apresentar esses planos é para que os estudantes obtenham um entendimento mais profundo das considerações que fazem parte do desenvolvimento dos planos de mídia e da arquitetura específica desses planos. Certamente não é o objetivo fazer que os estudantes tentem memorizar esse material.

# O plano Diet Dr. Pepper

Uma campanha de propaganda ganhadora de um prêmio para a Diet Dr. Pepper, que a agência Young & Rubicam desenvolveu, ilustra um cronograma de mídia para um produto de conveniência.[44] Embora não seja um cronograma atual, que explica por que a descrição a seguir está escrita no tempo passado, os elementos fundamentais são tão aplicáveis agora quanto o eram quando o cronograma foi implementado.

## Alvo e objetivos da campanha

O público-alvo para a Diet Dr. Pepper consistiu primariamente na faixa etária adulta entre 18 e 49 anos que representavam consumidores atuais ou potenciais de refrigerantes diet. Os objetivos para a campanha da Diet Dr. Pepper (intitulada "O gosto que você procura") foram os seguintes:

1. Aumentar as vendas da Diet Dr. Pepper em 4% e aumentar o índice de crescimento em pelo menos 1,5 vez o da categoria de refrigerante diet.
2. Elevar as avaliações dos consumidores quanto ao benefício-chave do produto e os fatores de imagem que influenciam a escolha da marca nessa categoria: é refrescante, tem sabor tão bom quanto a Dr. Pepper regular, é um bom produto para beber a qualquer hora e é uma marca agradável de consumir.
3. Aumentar as dimensões-chave da personalidade da marca que diferencia a Diet Dr. Pepper de outros refrigerantes diet – em particular que a marca Diet Dr. Pepper é única, inteligente, divertida e interessante de beber.

## Estratégia criativa

A estratégia criativa para a Diet Dr. Pepper posicionou a marca como "tendo um gosto parecido com o da Dr. Pepper regular". Essa foi a afirmação-chave baseada em pesquisas que revelaram que quase 60% dos usuários iniciais de teste da Diet Dr. Pepper foram motivados pelo desejo de ter um refrigerante diet que tivesse o mesmo gosto da Dr. Pepper regular. A pedra angular da campanha exigiu o forte uso de comerciais de 15 segundos, o que não costumava ser feito pelas principais marcas de refrigerante – a Coca-Cola e a Pepsi-Cola; elas preferem o valor de entretenimento de comerciais mais longos. O uso agressivo dos comerciais de 15 segundos permitiu que a Diet Dr. Pepper transmitisse sua afirmação-chave sobre o gosto ("Tem o gosto da Dr. Pepper regular") e diferenciasse a marca dos refrigerantes diet concorrentes. Além disso, utilizando comerciais mais baratos de 15 segundos, foi possível comprar mais espaços de comerciais e assim conseguir um alcance semanal maior (lembre-se da discussão anterior do modelo de espaço na prateleira), obter uma frequência maior e gerar mais peso (GRPs) para o mesmo orçamento de propaganda. As despesas da campanha da Diet Dr. Pepper para o ano totalizaram US$ 20,3 milhões.

## Estratégia de mídia

O cronograma de propaganda para a Diet Dr. Pepper gerou um total de 1.858 GRPs, com um alcance cumulativo *anual* de 95 e frequência de 19,6. Esses valores de peso de mídia foram alcançados com o plano nacional de mídia resumido como um fluxograma na Tabela 11.7.

Cada um dos 12 meses e as datas de início da semana (segundas-feiras) estão listadas no topo do gráfico. As indicações da tabela refletem os GRPs em cada veículo de TV alcançado por cada período semanal, com base em adultos-alvo na categoria de idade entre 18 a 49. A primeira indicação, 41 para os *NFL Championship Games*, indica que a veiculação de comerciais para a Diet Dr. Pepper durante os jogos de futebol televisionados na semana com início em 17 de janeiro, produziram 41 GRPs. Dez GRPs adicionais foram armazenados colocando um anúncio no programa *Road to the Super Bowl* que foi ao ar durante a semana de 24 de janeiro.

Observe que o plano de mídia da Diet Dr. Pepper consistiu em (1) veicular comerciais durante jogos de futebol profissionais e universitários (SEC significa Southeastern Conference); (2) patrocinar vários eventos especiais (por exemplo, o *Country Music Awards* e torneios de golfe); (3) anunciar continuamente durante o horário nobre, em programas de TV tarde da noite (por exemplo, *David Letterman*), ou em programas repetidos e na TV a cabo.

No fim da Tabela 11.7 há um resumo dos GRPs divididos por semana (por exemplo, 86 GRPs durante a semana começando em 10 de janeiro); por mês (por exemplo, 227 GRPs durante janeiro); e por trimestre (por exemplo, 632 GRPs produzidos durante o primeiro trimestre – janeiro a março). Podemos ver que foi utilizado um cronograma *flight* na medida em que os comerciais foram veiculados durante aproximadamente dois terços das 52 semanas, sem nenhum comercial durante as semanas remanescentes. Em resumo, o cronograma de mídia teve o objetivo de destacar a Diet Dr. Pepper durante uma variedade de eventos especiais e de manter a continuidade durante o ano, com comerciais no horário nobre da TV, e um apoio mais barato em programas repetidos e na TV a cabo.

# Plano de mídia Saab 9-5

O modelo 9-5 representou a entrada da Saab na categoria luxo e teve o objetivo de competir com marcas bem conhecidas e com alto *brand equity*, incluindo Mercedes, BMW, Volvo, Lexus e Infiniti.[45] Além de ser uma empresa automobilística

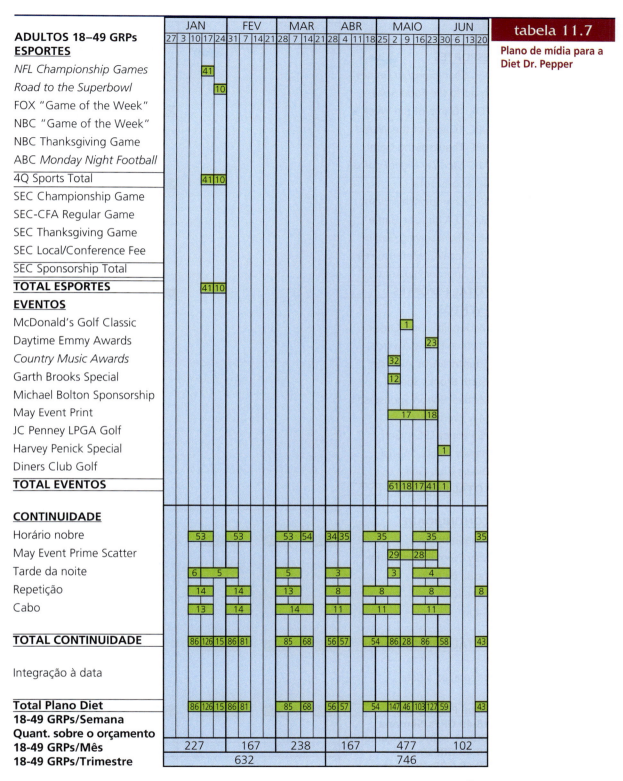

**tabela 11.7** Plano de mídia para a Diet Dr. Pepper

*continua*

singular – com um *background* respeitado na fabricação de aviões – a Saab tinha feito relativamente pouca coisa para promover a imagem da marca nos Estados Unidos. A Saab tinha um baixo nível de percepção do consumidor e uma imagem de marca fracamente definida.

### tabela 11.7
**Plano de mídia para a Diet Dr. Pepper (continuação)**

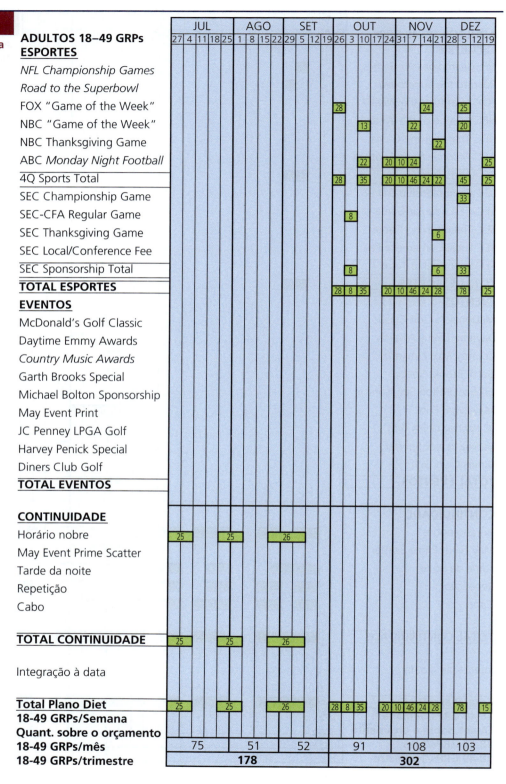

| ADULTOS 18–49 GRPs | JUL 27 4 11 18 25 | AGO 1 8 15 22 29 | SET 5 12 19 | OUT 26 3 10 17 24 | NOV 31 7 14 21 | DEZ 28 5 12 19 |
|---|---|---|---|---|---|---|
| **ESPORTES** | | | | | | |
| *NFL Championship Games* | | | | | | |
| *Road to the Superbowl* | | | | | | |
| FOX "Game of the Week" | | | | 28 | 24 | 25 |
| NBC "Game of the Week" | | | | 13 | 22 | 20 |
| NBC Thanksgiving Game | | | | | 22 | |
| ABC *Monday Night Football* | | | | 22 | 20 10 24 | 25 |
| 4Q Sports Total | | | | 28 35 | 20 10 46 24 22 | 45 25 |
| SEC Championship Game | | | | | | 33 |
| SEC-CFA Regular Game | | | 8 | | | |
| SEC Thanksgiving Game | | | | | 6 | |
| SEC Local/Conference Fee | | | | | | |
| SEC Sponsorship Total | | | | 8 | 6 | 33 |
| **TOTAL ESPORTES** | | | | 28 8 35 | 20 10 46 24 28 | 78 25 |
| **EVENTOS** | | | | | | |
| McDonald's Golf Classic | | | | | | |
| Daytime Emmy Awards | | | | | | |
| *Country Music Awards* | | | | | | |
| Garth Brooks Special | | | | | | |
| Michael Bolton Sponsorship | | | | | | |
| May Event Print | | | | | | |
| JC Penney LPGA Golf | | | | | | |
| Harvey Penick Special | | | | | | |
| Diners Club Golf | | | | | | |
| **TOTAL EVENTOS** | | | | | | |
| **CONTINUIDADE** | | | | | | |
| Horário nobre | 25 | 25 | 26 | | | |
| May Event Prime Scatter | | | | | | |
| Tarde da noite | | | | | | |
| Repetição | | | | | | |
| Cabo | | | | | | |
| **TOTAL CONTINUIDADE** | 25 | 25 | 26 | | | |
| Integração à data | | | | | | |
| **Total Plano Diet** | 25 | 25 | 26 | 28 8 35 | 20 10 46 24 28 | 78 15 |
| 18-49 GRPs/Semana | | | | | | |
| Quant. sobre o orçamento | | | | | | |
| 18-49 GRPs/mês | 75 | 51 | 52 | 91 | 108 | 103 |
| 18-49 GRPs/trimestre | 178 | | | 302 | | |

## Alvo e objetivos da campanha

Antes de lançar o modelo 9-5, o *mix* de produtos da Saab costumava atrair consumidores jovens. Alcançar o sucesso para esse novo sedã de luxo exigiu que a propaganda apelasse para famílias de rendas mais altas e consumidores mais velhos.

A campanha introdutória teve o objetivo de realizar os seguintes objetivos: (1) gerar excitação para o novo modelo 9-5, (2) aumentar a percepção geral do nome Saab, (3) encorajar os consumidores a ir às agências e fazer um *test-drive* do 9-5, e (4) produzir vendas a varejo de 11 mil unidades do 9-5 durante o ano introdutório.

## Estratégia criativa

O Saab 9-5 foi posicionado como um automóvel de luxo capaz de apresentar uma síntese ideal de desempenho e segurança. As execuções criativas retrataram a Saab como uma fabricante europeia premium de luxo e geraram uma ideia de mistério e sabedoria. Uma intensa campanha de mídia foi necessária para apresentar as execuções criativas e atingir os três objetivos de propaganda da empresa.

## Estratégia de mídia

Uma campanha de mídia integrada foi desenvolvida para gerar altos níveis de alcance e frequência entre o grupo-alvo de consumidores mais velhos e de alta renda e, por fim, vender no varejo 11 mil veículos Saab 9-5. O cronograma de mídia é apresentado na Tabela 11.8. Em primeiro lugar, é importante verificar que a campanha na TV começou em janeiro, antes da introdução do 9-5 em abril. Comerciais na TV aberta e a cabo foram ao ar do meio de janeiro até o início de fevereiro e depois novamente durante o mês de maio, após o lançamento do 9-5. Note que a campanha inicial na TV acumulou 74 GRPs para cada uma das três semanas (as semanas começaram em 19 de janeiro, 26 de janeiro e 2 de fevereiro) e que a campanha na TV a cabo, que ocorreu ao mesmo tempo, totalizou 40 GRPs para cada uma dessas mesmas semanas. Após o lançamento do 9-5, o cronograma de TV para maio acumulou 95 e 60 GRPs, respectivamente, na TV aberta e a cabo. Ou, em outras palavras, um total de 620 GRPs de televisão [(95 × 4) + (60 × 4)] foi comprado em maio.

A Tabela 11.8 revela também que os anúncios em revista para o Saab 9-5 começaram no fim de janeiro e continuaram até o fim do ano, sem interrupções. Várias revistas foram usadas para alcançar o mercado designado pela Saab para o 9-5. Entre elas estavam revistas automobilísticas (por exemplo, *Car & Driver* e *Road & Track*), publicações de esportes (por exemplo, *Ski* e *Tennis*), revistas sobre casas (por exemplo, *Martha Stewart, Living* e *Architectural Digest*), revistas de negócios (por exemplo, *Money, Forbes* e *Working Women*) e publicações de interesse geral (por exemplo, *Time* e *New York Magazine*).

Os anúncios em jornais de circulação nacional – *USA Today* e *Wall Street Journal* – também foram publicados durante o ano. E, por fim, uma campanha com *banners* na Internet foi contínua durante o ano introdutório.

Em resumo, foi um plano de mídia muito bem-sucedido que alcançou seus objetivos e levou ao também bem-sucedido lançamento do automóvel de luxo Saab 9-5.

# Plano de mídia da câmera Olympus

O negócio de câmeras se tornou cada vez mais competitivo e diversificado com a entrada de novos concorrentes na indústria em uma base regular.[46] Onde outrora o setor era dominado principalmente pela Kodak, Cânon, Olympus e Nikon, agora empresas como Sony e Hewlett-Packard também competem pelos compradores de câmeras. A indústria moderna das câmeras faz parte atualmente dos sofisticados aparelhos eletrônicos de consumo. Para fazer a transição bem-sucedida do negócio de câmeras da empresa para o mundo mais amplo dos aparelhos eletrônicos, os executivos da Olympus perceberam que a empresa precisaria implementar um programa de comar que mudasse tanto as percepções do consumidor quanto do varejista – uma mudança da crença de que a Olympus é apenas um fabricante de câmera para a percepção de que se trata de uma importante concorrente no setor de aparelhos eletrônicos. A mudança começou com intensidade quando a Olympus contratou The Martin Agency para desenvolver uma campanha de mídia para introduzir duas novas marcas – a Sytlus Verbe e a m:robe.

## Objetivos da campanha

O primeiro produto, a Stylus Verve, tinha todas as características da linha principal Stylus Digital da Olympus, mas foi desenvolvida singularmente e disponibilizada em seis cores. Para tornar o salto ainda mais substancial, a Olympus introduziu um produto totalmente novo no mercado no início de 2005 – a m:robe – uma combinação de MP3 e câmera. A tarefa da Martin Agency foi criar um plano de mídia que serviria para introduzir no mercado percepções de que a Olympus era uma fabricante de aparelhos eletrônicos e não apenas de câmeras.

## tabela 11.8
**Plano de mídia para o Saab 9-5**

| | JAN | | | | FEV | | | | MAR | | | | ABR | | | | MAIO | | | | JUN | | | | JUL | | | | | AGO | | | | SET | | | | OUT | | | | NOV | | | | DEZ | | |
|---|---|---|---|---|---|---|---|---|---|---|---|---|---|---|---|---|---|---|---|---|---|---|---|---|---|---|---|---|---|---|---|---|---|---|---|---|---|---|---|---|---|---|---|---|---|---|---|---|---|---|
| | 29 | 5 | 12 | 19 | 26 | 2 | 9 | 16 | 23 | 2 | 9 | 16 | 23 | 30 | 6 | 13 | 20 | 27 | 4 | 11 | 18 | 25 | 1 | 8 | 15 | 22 | 29 | 6 | 13 | 20 | 27 | 3 | 10 | 17 | 24 | 31 | 7 | 14 | 21 | 28 | 5 | 12 | 19 | 26 | 2 | 9 | 16 | 23 | 30 | 7 | 14 | 21 |
| **TV aberta** | | | 74 wk | | | | | | | | | | | | | | | | | | | | | | | | | | | | | | | | | | | | | | | | | | | | | | | | | |
| **TV a cabo** | | | 40 wk | | | | | | | | | | | | | | | | 95 wk | 60 wk | | | | | | | | | | | | | | | | | | | | | | | | | | | | | | | | |
| **Revistas** | | | | | | | | | | | | | | | | | | | | | | | | | | | | | | | | | | | | | | | | | | | | | | | | | | | | |
| **Jornais** | | | | | | | | | | | | | | | | | | | | | | | | | | | | | | | | | | | | | | | | | | | | | | | | | | | | |
| *USA Today* | | | | | | | | | | | | | | | | | | | | | | | | | | | | | | | | | | | | | | | | | | | | | | | | | | | | |
| 3 PPB (2X) | | | | | 1X | 1X | 1X | | | | | | | | | | | | | | | | | | | | | | | | | | | | | | | | | | | | | | | | | | | | | |
| SPPB (1X) | | | | | | | 1X | | | | | | | 1X | 1X | | | | | | | | | | | | | | | | | | | | | | | | | | | | | | | | | | | | | |
| PPB (12X) | | | 1X | | | | | | | 1X | 2X | 2X | 2X | 2X | 2X | | 1X | 2X | 1X | 1X | | 1X | | | | | | | | | | | | | | | | | | | 1X | 2X | 2X | 2X | 2X | 1X | | | | | |
| T Página (58X) | | | | | | | | | | | | | 4X | 2X | | | | | | | | | | | | | | | | | | | | | | | | | | | | | | | | | | | | | | |
| 1/4 PPB (8X) | | | | | | | | | | | | | | | | | | | | | | | | | | | | | | | | | | | | | | | | | 1X | 3X | 2X | 1X | 2X | | | | | | |
| ***Wall Street Journal*** | | | | | | | | | | | | | | | | | | | | | | | | | | | | | | | | | | | | | | | | | | | | | | | | | | | | |
| 3 PPB (2X) | | | | 1X | 1X | 1X | 1X | | | | | | | | | | | | | | | | | | | | | | | | | | | | | | | | | | | | | | | | | | | | | |
| SPPB (1X) | | | | | | | | | 1X | 2X | 2X | 2X | 2X | 2X | 1X | 1X | 2X | 1X | 1X | 1X | | 1X | 2X | 1X | 1X | 1X | 2X | 1X | 1X | 1X | 1X | 1X | 1X | 1X | 1X | 1X | 1X | 1X | 1X | 2X | 1X | 2X | 2X | 2X | 2X | 2X | 2X | 1X | 1X | 1X | |
| PPB (12X) | | | | | | | | | | | | | | 1X | 1X | | | | | | | | | | | | | | | | | | | | | | | | | | | | | | | | | | | | | |
| 4 col x 14" (63X) | | | | | | | | | | | 2X | 2X | 2X | 2X | 2X | 2X | 2X | 2X | 2X | 1X | 1X | 1X | 1X | 1X | 1X | 1X | 2X | 1X | 1X | 1X | 1X | 1X | 1X | 1X | 1X | 1X | 1X | 1X | 1X | 1X | 1X | 1X | 2X | 2X | 2X | 2X | 2X | 1X | 1X | 1X | |
| 4 col x 8" (8X) | | | | | | | | | | | 2X | 4X | 2X | | | | | | | | | | | | | | | | | | | | | | | | | | | | | | | | | | | | | | |
| **Interativo** | | | | | | | | | | | | | | | | | | | | | | | | | | | | | | | | | | | | | | | | | | | | | | | | | | | | |

**Legenda:**
1X, 2X etc = Número de inserções por semana no *USA Today* ou WSJ (1X = uma inserção; 2X = duas inserções, etc.)
3 PPB = anúncio de 3 páginas preto e branco em revista
SPPB = anúncio espalhado em duas páginas e pôster

PPB = página preto e branco
T Página = uma colocação de anúncio de forma inusitada
¼ PPB = ¼ de página preto e branco
Interativo = banner na Internet postado em *The Wall Street Journal Interactive Edition*

## A estratégia

Uma estratégia de mídia de alto impacto, voltada para eventos, foi desenvolvida para atingir esses objetivos. Em geral, a ideia era colocar a mensagem da Olympus em formas de mídia que as pessoas costumam comentar, para gerar rumores, que rendem uma cobertura grátis de mídia, têm longevidade e são influentes. Além do mais, era muito importante que essa mídia selecionada alcançasse tanto homens quanto mulheres, e fosse adequada para a temporada-chave de venda do quarto trimestre da Olympus, de outubro até dezembro.

## Mídia e veículos

Programas de TV foram selecionados para gerar audiências maiores e satisfazer os critérios previamente mencionados. Os programas de alto impacto e audiência, que iam ao ar apenas uma vez ao ano, foram considerados especialmente adequados. Comerciais da Stylus Verve foram veiculados em programas como *World Series*, *American Music Awards*, *Macy's Thanksgiving Day Parade*, e *Dick Clark's Rockin' New Years Eve*. A m:robe foi lançada no programa de alto nível, *Super Bowl*, seguido do *The Grammys*. A TV a cabo acrescentou frequência e continuidade ao cronograma da TV aberta. Comerciais nos canais a cabo E! e ESPN complementaram e estenderam os eventos de entretenimento e esportes. O acréscimo de programas como *Sex and the City* e *Friends* reforçaram o cronograma de TV e serviram também para gerar rumor para a Verve e m:robe.

Além de inserções na TV, edições de revistas como a "Sexiest Man Alive", da *People*; "Sportsman of the Year", da *Sports Illustrated*; e "Person of the Year", da *Time*, apresentaram um anúncio pôster (de quatro páginas) da Stylus Verve. Essas edições especiais alcançaram milhões de consumidores que foram expostos às mensagens dos anúncios em um contexto positivo. Além disso, essas edições especiais têm grande poder de criação de rumor quando as pessoas falam, por exemplo, se concordam com a escolha da *People* do homem mais sexy do mundo. Como parte do lançamento da m:robe, foi utilizada a maior edição do ano da revista *Sports Illustrated* – "Swimsuit"; junto com a "Richest Rock Stars", da *Rolling Stone* – uma perfeita ligação com o aspecto musical do produto.

A mídia exterior também desempenhou um papel importante usando uma combinação de unidades de impacto vendidas em quatro mercados-chave da Olympus e propaganda nos cinemas nos 25 mercados principais. As unidades de impacto de mídia exterior foram selecionadas com base em áreas de tráfego intenso e também nas proximidades dos principais varejistas da Olympus. Uma escala de cinco semanas de propaganda em cinemas, começando no fim de semana de Ação de Graças, capitalizou sobre o grande movimento nos cinemas no feriado. Adicionalmente, um elemento on-line de colocações e patrocínios altamente visíveis foi desenvolvido tanto para a Stylus Verve quanto para a m:robe. Os sites escolhidos tinham de ser contextualmente relevantes para o público e incluíram áreas de tráfego intenso em entretenimento e eventos esportivos na Internet – por exemplo, E! Online para entretenimento e Fox Sports por sua cobertura da competição World Series de beisebol e da National Football League.

O elemento on-line para a m:robe foi além da mera propaganda na Internet e assumiu uma dimensão inteiramente nova. Com a m:robe impulsionando a Olympus para a categoria dos equipamentos eletrônicos, o elemento on-line tinha de expressar a experiência da m:robe e ajudar a definir seus pontos de diferenciação das marcas concorrentes, ao mesmo tempo que dava apoio aos comerciais veiculados durante o Super Bowl. Para alcançar esses objetivos, um site interativo e sem marca foi desenvolvido apresentando os movimentos de dança *pop-locking* que mais tarde seriam vistos como o foco das inserções da Olympus no Super Bowl. (*Pop-locking* é uma forma estilizada de dança, na qual pessoas ou desenhos animados enrijecem os músculos rapidamente e travam as articulações. A dança "robô" é uma forma de *pop-locking*). O site interativo permitia aos usuários fazer que os personagens dançassem *pop-lock*, ou que vissem a si mesmos dançando, fazendo o *upload* de uma foto no site. Esse site foi transmitido de usuário para usuário e foi inserido em blogs e outros sites.

A Tabela 11.9 apresenta um fluxograma do plano integrado de mídia para as marcas Stylus Verve e m:robe da Olympus. Como o plano não foi comprado especificamente em termos de gerar níveis designados de GRP, o total de pontos não é apresentado. Observe a diversidade de mídia usada (eventos patrocinados, TV nacional, impressa, mídia on-line, mídia em cinemas e mídia exterior) e os vários veículos usados em cada mídia.

## Resultados

A campanha da Stylus Verve foi lançada durante o US Tennis Open em agosto e concluída no ano-novo. Durante esse período, a percepção da Olympus aumentou em 23%. A campanha também contribuiu para um aumento na crença dos consumidores de que a Olympus estava na moda e era inovadora. O lançamento da m:robe aumentou a percepção da Olympus como um concorrente na categoria música digital, de 0% para 5%, o que ficou em paralelo com a marca mais estabelecida – iRiver. Além disso, 20% dos participantes de um estudo indicaram que acreditavam que a Olympus oferecia características de boa qualidade. Isso se compara favoravelmente com o iPod da Apple, com 17% na mesma característica. As percepções no varejo também foram muito influenciadas quando a compra da mídia do Super Bowl foi anunciada como parte do lançamento da m:robe no Consumer Eletronics Show anual, gerando uma cobertura da imprensa pelo *USA Today* e *The Wall Street Journal*.

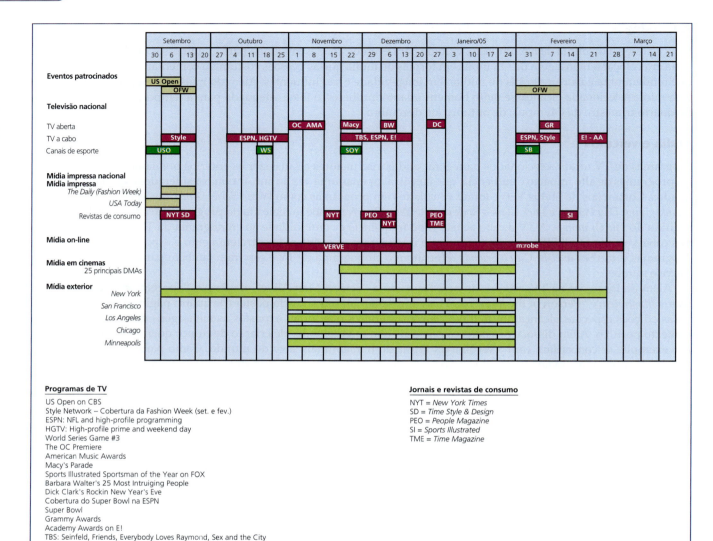

**tabela 11.9** — Plano de mídia para as marcas Stylus Verve e m:robe da Olympus

# Resumo

A seleção da mídia e dos veículos é uma das mais importantes e complicadas de todas as decisões de comunicações de marketing, não só porque envolve a garantia de que a mensagem atinja o público-alvo, como também por demandar altos investimentos, que na maior parte das vezes demanda boa parte dos recursos de marketing. O planejamento de mídia deve ser coordenado com a estratégia de marketing e com outros aspectos da estratégia de propaganda. Os aspectos estratégicos do planejamento de mídia envolvem quatro fases: (1) selecionar o público-alvo para o qual todos os esforços subsequentes serão direcionados; (2) especificar os objetivos de mídia em termos de alcance, frequência, *gross rating points* (GRPs) ou *effective rating points* (ERPs); (3) selecionar as categorias gerais de mídia e os veículos específicos em cada mídia; e (4) comprar mídia.

Uma variedade de fatores influencia a seleção de mídia e veículos. Os mais importantes são o público-alvo, custo e considerações criativas. Os planejadores de mídia selecionam os veículos de mídia identificando aqueles que alcançarão o público-alvo desejado, satisfarão as limitações orçamentárias, e serão compatíveis com a mensagem criativa do anunciante, promovendo-a. Há inúmeras maneiras de programar inserções de mídia durante certo tempo, mas os planejadores costumam usar alguma forma de cronograma por onda ou *flight*, em que a propaganda aparece algumas vezes, não aparece em outras, mas nunca é contínua. O princípio da recência, também referido como modelo do espaço na prateleira, desafia o uso dos cronogramas *flight* e propõe que o alcance eficaz semanal deve ser o critério de decisão, porque ele garante que a propaganda será veiculada no momento em que os consumidores estão fazendo decisões de escolha de marca.

O capítulo apresentou explicações detalhadas das várias considerações que os planejadores de mídia usam ao tomar suas decisões, incluindo os conceitos de alcance, frequência, *gross rating points* (GRPs), *effective rating points* (ERPs) e considerações de custo e continuidade. Os veículos de mídia inseridos no mesmo meio são comparados em termos de custo, usando o critério custo-por-mil.

O capítulo incluiu uma discussão detalhada sobre um modelo computadorizado de seleção de mídia. Esse modelo requer informações sobre custo do veículo, pontuações, número máximo de inserções e uma limitação orçamentária, e depois maximiza uma função de objetivo sujeita ao orçamento. Os critérios de otimização incluem maximizar o alcance (1+), alcance eficaz (3+), frequência, ou GRPs.

O capítulo foi concluído com descrições dos planos reais de mídia para alguns produtos.

## Questões para discussão

1. Por que a seleção do público-alvo é o primeiro passo na formulação de uma estratégia de mídia?
2. Compare e contraste TRPs e GRPs com os critérios de seleção de mídia.
3. Por que o alcance também é chamado de cobertura de rede ou audiência não duplicada?
4. Um cronograma de propaganda na TV produziu a seguinte distribuição de frequência por veículo:

   | *f* | Porcentagem *f* | Porcentagem *f+* |
   |---|---|---|
   | 0 | 31,5 | 100,0 |
   | 1 | 9,3 | 68,5 |
   | 2 | 7,1 | 59,2 |
   | 3 | 6,0 | 52,1 |
   | 4 | 5,2 | 46,1 |
   | 5 | 4,6 | 40,9 |
   | 6 | 4,1 | 36,3 |
   | 7 | 3,7 | 32,2 |
   | 8 | 3,4 | 28,5 |
   | 9 | 3,1 | 25,1 |
   | 10+ | 22,0 | 22,0 |

   a. Qual é o alcance desse cronograma?
   b. Qual é o alcance eficaz?
   c. Quantos GRPs esse cronograma gera?
   d. Qual é a frequência desse cronograma?

5. Imagine que o cronograma da Pergunta 4 custou R$ 2 milhões e gerou 240 milhões de impressões brutas. Quais são os CPM e os CPP?
6. Com referência à hipótese das três exposições, explique a diferença entre três exposições a uma mensagem de propaganda *versus* três exposições a um veículo de propaganda.
7. Quando um anunciante usa a exposição a um veículo de propaganda, que presunções implícitas ele está fazendo?
8. Descreva com suas palavras a lógica fundamental subjacente ao princípio da recência (ou o que mais é referido como o modelo de espaço na prateleira). Esse modelo é sempre o melhor a ser aplicado na alocação de mídia em certo tempo?
9. Um programa de TV tem uma pontuação de 17,6. Com aproximadamente 56 milhões de lares com aparelhos de TV no Brasil, em 2009, qual é o CPM desse programa se um comercial de 30 segundos custa R$ 600 mil? Agora, imagine que o público-alvo de um anunciante consiste apenas em pessoas entre 25 e 53 anos, o que representa 62% do público total do programa. Qual é o CPM-TM nesse caso?
10. O que é mais importante para um anunciante: maximizar o alcance ou a frequência? Explique em detalhes.
11. O alcance será menor para uma marca anunciada se o orçamento total de propaganda durante um período de quatro semanas for voltado exclusivamente para um único programa, do que se o mesmo orçamento for alocado entre uma variedade de programas de TV. Por quê?
12. Seguem as pontuações e o número de inserções de cada programa de TV a cabo designados como C1 a C5: (C1 (pontuação = 7; inserções = 6); C2 (pontuação = 4; inserções = 12); C3 (pontuação = 3; inserções = 20); C4 (pontuação = 5; inserções = 10); C5 (pontuação = 6; inserções = 15). Quantos GRPs seriam obtidos com esse cronograma de propaganda em TV a cabo?
13. Imagine que no Canadá existam 30 milhões de lares com aparelhos de TV. Determinado programa de TV do horário nobre foi ao ar às *21h* e teve uma *pontuação* de 18,5 e uma *parcela* de 32. Às *21h*, quantos aparelhos de TV foram sintonizados nesse ou em outro programa? (Dica: as pontuações são baseadas nos números totais de lares, ao passo que a parcela é baseada apenas nos lares que têm seus aparelhos ligados em determinada hora, no caso, às *21h*. Como o valor do numerador se mantém constante nos cálculos de valores de pontuação e parcela, por uma simples manipulação algébrica você pode determinar, a partir da informação de pontuação, o número de lares com aparelhos de TV ligados.)

# Notas

1. "Bet on Advertisers, Instead", *The Wall Street Journal*, 1º de fevereiro de 2008, C12.
2. O Super Bowl XLII, que resultou na vitória do desacreditado New York Giants sobre o invicto (na época) New England Patriots, atingiu um público recorde de mais de 97 milhões de espectadores. Com um custo de $ 270 mil, por um comercial de 30 segundos, isso equivale a um custo por mil (CPM) de $ 27,84. A informação sobre o tamanho do público é de Rebecca Dana, "Fox Scores on Record-Breaking Night", *The Wall Street Journal*, 5 de fevereiro de 2008, B3.
3. Bradley Johnson, "CFOs Cringe At Price, But Bowl Delivers the Masses", *Advertising Age*, 29 de janeiro de 2007, 8.
4. Rob Frydlewicz, "Missed Super Bowl? Put Your Bucks Here", *Advertising Age*, 30 de janeiro de 1995, 18.
5. Joe Mantese, "Majority Prefer Super Bowl Ads, Socializing vs. the Game Itself", *MediaDailyNews*, 7 de fevereiro de 2005.
6. Thom Forbes, "Consumer Central: The Media Focus Is Changing – And So Is The Process", *Agency*, inverno de 1998, 38.
7. Karen Whitehill King e Leonard N. Reid, "Selecting Media for National Accounts: Factors of Importance to Agency Media Specialists", *Journal of Current Issues and Research in Advertising* 19 (outono de 1997), 55-64.
8. Kate Maddox, "Media Planners in High Demand", *BtoB*, 8 de novembro de 2004, 24; Ave Butensky, "Hitting the Spot", *Agency*, inverno de 1998, 26.
9. Kent M. Lancaster, "Optimizing Advertising Media Plans Using ADOPT on the Microcomputer", ensaio, University of Illinois, dezembro de 1987, 2-3. (Observe que na última linha dessa citação Lancaster na verdade usou 30 em vez de 20 inserções. Eu alterei para 20 para não criar confusão com a referência anterior a "uma série de 30 publicações possíveis".)
10. Laura Freeman, "Taking Apart Media", *Agency*, inverno de 2001, 20-25.
11. Ibid., 22.
12. Ibid., 23.
13. Autoesporte.com, http://g1.globo.com/carros.
14. Exame.com, http://exame.abril.com.br/negocios/empresas/noticias.
15. Henry Assael e Hugh Cannon, "Do Demographics Help in Media Selection?", *Journal of Advertising Research* 19 (dezembro de 1979), 7-11; Hugh M. Cannon e G. Russel Merz, "A New Role for Psychographics in Media Selection", *Journal of Advertising* 9, n. 2 (1980), 33-6, 44.
16. Karen Whitehill, KingLeonard N. Reid e Wendy Macias, "Selecting Media for National Advertising Revisited: Criteria of Importance to Large-Company Advertising Managers", *Journal of Current Issues and Research in Advertising* 26 (primavera de 2004), 59-68.
17. Dados da pesquisa encomendada pela Secretaria de Comunicação (Secom) da Presidência da República, de acordo com matéria do jornal *O Estado de São Paulo*, http://www.estadao.com.br/estadaodehoje/20100618/not_imp568419,0.php (acesso em: 28 de outubro de 2010).
18. Esse número é obtido considerando os 95,7% dos lares com televisão dentre os 58,6 milhões de lares pesquisados na Pnad (Pesquisa Nacional por Amostra de Domicílios) de 2009.
19. Uma citação do consultor em propaganda Alvin Achenbaum, mencionado em B.G. Yovovich, "Media's New Exposures", *Advertising Age*, 13 de abril de 1981, S7.
20. Um estudo revelou que mais de 80% das agências de propaganda usam o alcance eficaz como um critério de planejamento de mídia. Ver Peggy J. Kreshel, Kent M. Lancaster e Margaret A. Toomey, "How Leading Advertising Agencies Perceive Effective Reach and Frequency", *Journal of Advertising* 14, n. 3 (1985), 32-8.
21. Gerard J. Tellis, "Advertising Exposure, Loyalty, and Brand Purchase: A Two-Stage Model of Choice", *Journal of Marketing Research* 25 (maio de 1988), 134-44.
22. Herbert E. Krugman, "Why Three Exposures May Be Enough", *Journal of Advertising Research* 12, n. 6 (1972), 11-4.
23. http://comercial.redeglobo.com.br/informacoes_comerciais_manual_basico_de_midia/manual_basico_eficacia.php. (Acesso em: novembro de 2010).
24. Esse ponto é reforçado por Hugh M. Cannon e Edward A. Riordan, "Effective Reach and Frequency: Does It Really Make Sense?" *Journal of Advertising Research* 34 (março/abril de 1994), 19-28.
25. Ibid., 24.
26. Adaptado de "The Muscle in Multiple Media", *Marketing Communications*, dezembro de 1983, 25.
27. Cannon e Riordan, "Effective Reach and Frequency", 25-26. A ilustração foi adaptada dessa fonte.
28. Os autores originais desse procedimento se referiram a ele como valor de exposição em vez de utilidade de exposição, mas esse uso do termo *valor* se confunde com um uso atual da palavra valor.
29. Um procedimento para estimar esses valores é apresentado por Hugh M. Cannon, John D. Leckenby e Avery Abernethy, "Beyond Effective Frequency: Evaluating Media Schedules Using Frequency Value Planning", *Journal of Advertising Research* 42 (novembro/dezembro de 2002), 33-47.
30. Erwin Ephron, "More Weeks, Less Weight: the Shelf-Space Modelo f Advertising", *Journal of Advertising Research* 35 (maio/junho 1995), 18-23. Ver também os vários escritos de Ephron arquivados em seu site, Ephron on Media (http://www.ephrononmedia.com).
31. Ibid., 5-18. Ver também John Philip Jones, "Single-Source Research Begins to Fulfill Its Promise", *Journal of Advertising Research* 35 (maio/junho de 1995), 9-16; Lawrence D. Gibson, "What Can One TV Exposure Do?", *Journal of Advertising Research* 36 (março/abril de 1996), 9-18; e Kenneth A. Longman, "If Not Effective Frequency, Then What?", *Journal of Advertising Research* 37 (julho/agosto de 1997), 44-50.
32. Jones, "Single-Source Research Begins to Fulfill Its Promise". Apesar dessas descobertas, que causaram um impacto considerável na comunidade de propaganda, existem algumas evidências em contrário sugerindo que os resultados da pesquisa de Jones não são apenas o resultado da exposição à propaganda, mas, de fato, estão relacionados à atividade de promoção de vendas. Em outras palavras, o que parece ser o impacto exclusivo de uma propaganda bem-sucedida pode muito bem se dever, pelo menos em parte (como cupons ou descontos) ao fato de que acontecem ao mesmo tempo em que os comerciais para a marca são veiculados na TV. Até que as evidências de pesquisas sejam mais definitivas sobre esse assunto, uma conclusão razoável é que a medida de Jones da eficácia da propaganda é interessante, mas talvez simplista na ausência de controles experimentais ou estatísticos apropriados para promoções de vendas, mudanças de preços, e outras determinações potenciais do volume de vendas de uma marca. Para perspectivas contrárias às alegações de Jones, ver Gary Shroeder, Bruce C. Richardson e Avu Sankaralingam, "Validating STAS Using Behavior Scan", *Journal of Advertising Research* 37 (julho/agosto de 1997), 33-43. Para outro desafio, ver Gerard J. Tellis e Doyle L. Weiss, "Does TV Advertising Really Affect Sales? The Role of Measures, Models, and Data Aggregation", *Journal of Advertising* 24 (outono de 1995), 1-12.
33. Erwin Ephron, "What Is Recency?" Ephron on Media, http://www.ephrononmedia.com.
34. Ephron, "More Weeks, Less Weight: The Shelf-Space Model of Advertising", 19.
35. Ibid., 20.
36. Uma citação de Joanne Burke, vice-presidente sênior diretora de pesquisa de mídia global, TN Media, Nova York, em Laurie Freeman, "Effective Weekly Planning Gets a Boost", *Advertising Age*, 24 de julho de 1995, S8, S9.
37. Erwin Ephron, "Recency Planning", *Journal of Advertising Research* 37 (julho/agosto de 1997), 61-5.

38. Ibid., 61.
39. Para um estudo mais completo desses tópicos, ver Gerard J. Tellis, "Effective Frequency: One Exposure or Three Factors?" *Journal of Advertising Research* 37 (julho/agosto de 1997), 75-80.
40. Essa analogia é adaptada de Charles H. Patti e Charles F. Frazer, *Advertising: A Decision-Making Approach* (Hindsdale, Ill.: Dreyden Press, 1988), 369.
41. Esse nome, embora hipotético, foi de fato emprestado de uma campanha de segurança lançada há alguns anos, dirigida a jovens motoristas para informá-los a respeito da direção segura da SUV. Por exemplo, como as SUVs têm um centro maior de gravidade que os carros de passageiros, existe um risco maior de acidente devido a excesso de velocidade, manobras abruptas, agressividade etc. Um "H" foi acrescentado ao nome do Esuvee para significar uma SUV híbrida.
42. Para fazer a Tabela 11.6, o tamanho do público das revistas foi baseado na estimativa maior do tamanho do público, fornecida pela Simmons e MRI. Os números foram obtidos do *Marketer's Guide to Media: 2004*, vol. 27 (Nova York: VNU Business Publications USA, 2004), 164-8. Como muitos leitores dessas revistas não satisfazem a exigência da renda de $ 45 mil, ou não estão na faixa etária entre 18 e 49, o tamanho total do público de cada revista foi arbitrariamente reduzido em 50% antes de ser dividido pelo tamanho do público alvo, de 26,8 milhões.
43. O programa é ADplus, que foi desenvolvido por Kent Lancaster e é distribuído pela Telmar Information Service Corp., 470 Park Ave. South, 15th Floor, Nova York, NY 10016. É importante salientar que uma versão mais nova do ADplus está disponível na Telmar, sob o nome de InterMix. No entanto, quando eu usei o programa usando o banco de dados contido na Tabela 11.7, ele gerou uma solução perversa (ou seja, uma solução que eu sei que está errada). Pedi ao criador do programa, Kent Lancaster, que me ajudasse a determinar por que o programa gerou uma solução inapropriada. Infelizmente, ele não pode me ajudar. Por isso, minha fé no InterMix foi reduzida e eu preferi usar seu antecessor, o ADplus. Versões mais novas do ADplus ou do InterMix podem gerar soluções um tanto diferentes das que são apresentadas aqui (ver Tabela 11.7). O professor Lancaster me informou que o InterMix usa "procedimentos heurísticos" e aparentemente a "heurística" mudou com o tempo. De qualquer forma, os resultados apresentados na Tabela 11.7 são para propósitos ilustrativos e simplesmente têm a intenção de explicar como os vários diagnósticos de mídia (alcance, frequência etc.) são gerados.
44. As descrições a seguir são baseadas em um resumo de uma campanha da Diet Dr. Pepper preparada pela Young & Rubicam. Agradeço a Chris Wright-Isak e John T. O'Brien por esse material.
45. Agradeço ao Dr. Jack Lindgren da Univeristy of Virginia por facilitar meu acesso a esse plano de mídia; e à Martin Agency (Richmond, VA) por tornar o plano disponível. A descrição apresentada aqui é uma adaptação do plano de mídia da Martin Agency para o Saab 9-5.
46. Agradeço à dra. Lauren Tucker, da Martin Agency (Richmond, VA), por facilitar meu acesso a esse plano de mídia. Agradeço também o auxílio de Lori Baker, da Martin Agency, por me fornecer o plano apresentado nesta seção. A descrição apresentada aqui é uma adaptação do plano fornecido por Lori Baker em abril de 2005.

# 12
# Mídia tradicional

A televisão como mídia de propaganda sofreu mudanças dramáticas nas últimas décadas. Os consumidores com TV por assinatura (que somam no Brasil mais de 8 milhões de lares em 2010)[1] têm agora até 90 ou mais canais entre os quais escolher, o que significa que os comerciais simplesmente não alcançam as grandes quantidades de consumidores que antes alcançavam. Além desse fracionamento da audiência, as pessoas têm muito mais opções de entretenimento além de assistir à TV.

E para complicar ainda mais para os anunciantes, o número de lares com gravadores de vídeo digital (DVRs) continua a crescer e os proprietários desses aparelhos, com frequência, utilizam-nos para avançar o programa gravado no momento dos comerciais. Além disso, existe o chamado efeito "zapping", ato de mudar de canal no momento dos comerciais, tipo de ação muito comum entre os telespectadores. Por fim, o custo dos comerciais de TV permanece elevado, o que significa que os anúncios veiculados na televisão devem ser eficazes para gerar um retorno sobre investimentos (ROI) positivo.

Estudos recentes concluíram, no entanto, que os comerciais de TV estão decaindo em eficácia. Uma pesquisa realizada pela Association of National Advertisers com a Forrester Research entrevistou mais de 100 anunciantes norte-americanos que investem pesadamente em propaganda na TV. Mais de 3/4 dos executivos entrevistados disseram que a TV tradicional decaiu em eficácia e muitos pretendem reduzir seus orçamentos para a propaganda na TV em um futuro próximo.[2] No Brasil, a propaganda televisiva também caminha no mesmo sentido, mas em ritmo mais lento. Os comerciais na TV se mantêm como uma importante forma de divulgação, especialmente para os bens de consumo, pois a TV aberta ainda tem grande penetração nos lares brasileiros, principalmente se forem consideradas todas as classes sociais, de todas as regiões do país.

Um estudo realizado pela McKinsey & Company, a famosa empresa global de consultoria, concluiu que em 2010 a mídia tradicional de TV alcançará apenas $\frac{1}{3}$ da eficácia que tinha em 1990.[3] O estudo relata que as despesas com propaganda no horário nobre da TV na última década aumentou em quase 40%, enquanto que o número de espectadores diminuiu cerca de 50%, o que resulta em um custo bem mais alto por espectador alcançado.

Um importante estudo final – referido como o relatório do Deutsche Bank – apresentou dados mostrando que uma alta porcentagem de anúncios de TV para marcas maduras, na categoria de bens de consumo, não rendem ROIs positivos.[4] O estudo usou o modelo de marketing mix, que foi brevemente descrito no Capítulo 2, para avaliar a eficácia a curto e longo prazo da propaganda na TV para 23 marcas bem conhecidas de bens de consumo, por exemplo, Coca-Cola, ketchup Heinz, barbeadores Mach3 e creme dental Crest Whitestrips. Os resultados indicaram que apenas cinco das 23 marcas examinadas (22%) tiveram um ROI positivo no curto prazo (menos de um ano) com a propaganda

Joyfull/Shutterstock

na TV, ao passo que 12 das 23 marcas (52%) renderam ROI positivo em longo prazo. Marcas mais novas e aquelas que representam produtos novos tiveram retornos mais positivos que as marcas maduras.

Não devemos concluir, com essas pesquisas, que a propaganda na TV é necessariamente um investimento desperdiçado. A mensagem, em vez disso, é que os anunciantes devem ter algo importante a dizer sobre suas marcas e que os comerciais devem ser apresentados de forma criativa, que chame a atenção, para que haja uma probabilidade razoável de que os investimentos neles gerem ROIs positivos.

## Objetivos do capítulo

*Após ler este capítulo, você será capaz de:*

1. Descrever as quatro principais mídias tradicionais (jornais, revistas, rádio e televisão).
2. Discutir a propaganda em jornais, seus pontos fortes e limitações.
3. Avaliar a propaganda em revistas, seus pontos fortes e limitações.
4. Descrever a propaganda no rádio, seus pontos fortes e limitações.
5. Discutir a propaganda na televisão, seus pontos fortes e limitações.
6. Entender os métodos de pesquisa usados para determinar o tamanho do público exposto aos veículos de cada uma dessas mídias.

>>Dica de comar:
A eficácia da propaganda na TV está decaindo?

# Introdução

Este capítulo foca as quatro principais mídias de massa: jornais, revistas, rádio e televisão. Seções separadas abordam cada uma dessas formas, com ênfase principal na exploração dos pontos fortes e limitações de cada uma e na explicação dos métodos de pesquisa usados para medir o número de pessoas que são expostas aos veículos de propaganda em cada mídia.

Nos Estados Unidos, recentemente, a propaganda nessas quatro formas de mídia totalizou cerca de $ 190 bilhões. A televisão representou quase 42% do total desses gastos, os jornais aproximadamente 31%, as revistas (incluindo revistas business-to-business) cerca de 16%, e rádio um pouco mais de 11%.[5]

No Brasil, segundo dados do Projeto InterMeios, o mercado publicitário totalizou cerca de R$ 16 bilhões até agosto de 2010. Ainda para esse Projeto, em agosto de 2010, o "bolo" publicitário se dividia entre as diferentes mídias da seguinte forma: TV Aberta (63,49%), Jornal (12,76%), Revista (6,98%), Rádio (4,23%), Internet (4,33%), Mídia Exterior (2,9%), TV por Assinatura (3,67%), Guias e Listas (1,31%) e Cinema (0,33%).[6]

## Alguns comentários preliminares

É importante reconhecer que nenhuma mídia de propaganda é sempre a melhor. O valor de uma mídia depende das circunstâncias que cercam uma marca em determinado momento: seu objetivo de propaganda; o mercado-alvo para o qual esse objetivo é direcionado e o orçamento disponível. Uma analogia esclarecerá esse ponto. Imagine se alguém perguntasse "Qual é o melhor tipo de restaurante?". Você, com certeza, teria dificuldade em dar uma resposta única porque reconheceria que aquilo que é melhor depende de necessidades específicas, em uma ocasião específica. Em algumas circunstâncias o preço e a rapidez do serviço são essenciais e os restaurantes *fast-food*, como o McDonald's, seriam os preferidos. Em outras ocasiões, o ambiente é o mais importante, e um elegante restaurante francês pode ser a escolha ideal. Em outra situação, talvez, você procure um equilíbrio entre elegância e preço razoável e prefira um restaurante no meio das duas opções acima. Em resumo, não existe uma opção universal de "melhor" restaurante.

O mesmo é válido para as mídias de propaganda. Determinar qual mídia é a "melhor" dependerá inteiramente dos objetivos, necessidades criativas, desafio competitivo e orçamento disponível do anunciante. A melhor mídia, ou combinação de mídia, é determinada por meio de um exame cuidadoso das necessidades e recursos da marca anunciada.

A apresentação a seguir é feita na seguinte ordem: em primeiro lugar abordaremos as duas mídias impressas – jornais e revistas. Depois, examinaremos a mídia de difusão – rádio e TV. A TV recebe o tratamento mais profundo, pois representa a maior quantidade de dinheiro investido em propaganda e também porque os desenvolvimentos constantes desse meio são os mais dinâmicos.

# Jornais

Os jornais alcançam aproximadamente 53 milhões de lares nos Estados Unidos durante a semana e cerca de 55 milhões aos domingos.[7] 50% de todos os adultos nos Estados Unidos lê um jornal diário e cerca de 57% lê um jornal de domingo.[8] No Brasil, por razões diversas (culturais, educacionais, econômicas etc.) o hábito de leitura não é tão comum como em outros países. Segundo dados da Associação Nacional de Jornais, o Brasil ocupa a 101ª posição no ranking mundial de leitura de jornais, atrás de países como Argentina, Venezuela e México.[9] Mas, mesmo assim, os jornais impressos são lidos por 46,1% dos brasileiros. Entre os que afirmaram ler jornais, 24,7% o fazem diariamente. Os que leem apenas uma vez por semana somaram 30,4%. Dos leitores de jornais, 42,3% considera o domingo o dia mais importante da semana para se ler jornal, enquanto que outros 30,6% aponta como o dia mais importante de leitura a segunda-feira.[10] Os jornais costumavam ser o meio líder de propaganda, mas a televisão os superou como o meio que recebe a maior quantidade de despesas com propaganda. Isso é atribuído em parte ao fato de que a leitura dos jornais vem declinando com o passar dos anos.

A propaganda local é claramente a fonte principal dos jornais. No Brasil, existem mais de 4 mil títulos diferentes, os quais, em sua grande maioria, são jornais locais dependem de propaganda local. Todavia, nos Estados Unidos, eles se tornaram mais ativos em seus esforços para aumentar a propaganda nacional graças ao Newspaper Advertising Bureau (NAB), uma organização sem fins lucrativos de vendas e pesquisa, que facilitou esses esforços. O NAB oferece uma variedade de serviços que auxiliam tanto os jornais quanto os anunciantes norte-americanos, simplificando a tarefa de comprar espaço nesse meio e oferecendo descontos que tornam os jornais uma mídia mais atraente. No Brasil, como já abordado no Capítulo 11, os *bureaus* de mídia não operam, portanto, não temos casos similares no país.

## Comprando espaço em jornais

No passado, o principal problema ao comprar espaço em jornais, especialmente para anunciantes que compravam espaço de jornais em muitas cidades diferentes, era que os tamanhos das páginas e das colunas variavam, o que impedia um grande anunciante de preparar um único anúncio que coubesse em todos os jornais. De maneira análoga, imagine como seria anunciar na televisão se, em vez de ter comerciais fixos de 15, 30 ou 60 segundos para todas as redes e estações locais, algumas veiculassem apenas comerciais de 28 segundos, enquanto outras dessem preferência aos comerciais de 23, 16 ou 11 segundos. Comprar tempo na televisão seria um pesadelo para os anunciantes. O mesmo acontecia com a compra de espaço em jornais, até que a indústria da propaganda adotou um sistema padronizado conhecido como **Standardized Advertising Unit (SAU)** [*Unidade Padronizada de Propaganda*], que permite aos anunciantes comprar qualquer um dos *56 tamanhos-padrão de anúncios* para encaixar nos parâmetros de publicação de propaganda de todos os jornais dos Estados Unidos. Sob esse sistema, os anunciantes preparam anúncios e compram espaço de acordo com as larguras e profundidades das colunas, medidas em centímetros. Existem seis larguras de colunas:

1 coluna: $2\,^{1}/_{16}$ polegadas
2 colunas: $4\,^{1}/_{4}$ polegadas
3 colunas: $6\,^{7}/_{16}$ polegadas
4 colunas: $8\,^{5}/_{8}$ polegadas
5 colunas: $10\,^{13}/_{16}$ polegadas
6 colunas: 13 polegadas

No Brasil o sistema de colunagem também é padronizado, o formato padrão é 6 colunas por 52 centímetros na parte de noticiário para inserção em página indeterminada e de 10 colunas por 52 centímetros na parte de classificados. Embora o esforço para padronização dos anúncios seja importante para facilitar a veiculação em diferentes jornais do país, atualmente muitos jornais estão flexibilizando os formatos para veiculação, visando atender à demanda dos anunciantes e de suas agências no sentido de gerar maior impacto nas propagandas, explorando exatamente os chamados formatos diferenciados.

A *profundidade* do tamanho varia de 1 a 21 polegadas. Portanto, um anunciante pode comprar desde um espaço bem pequeno – 1 polegada por $2\,^{1}/_{16}$ polegadas – até um grande 13 por 21 polegadas, com várias combinações intermediárias de largura e profundidade. Um tamanho escolhido para um anúncio em particular pode então ser veiculado em jornais em todo o país. As proporções dos espaços podem ser comparadas de jornal para jornal e ajustado para diferentes circulações. Por exemplo, há pouco tempo a proporção SAU diária coluna-polegada do *Chicago Tribune* (circulação: 576.100) foi de $ 731, ao passo que a mesma proporção do concorrente *Sun-Times* (circulação: 382.800) foi de $ 499.[11] Aparentemente, o *Sun-Times* é mais barato que o *Tribune*, mas quando ajustado em uma base de leitores por mil, o custo por mil (CPM) da obtenção de uma polegada por coluna no *Tribune* é aproximadamente $ 1,27 (ou seja, $ 731 ÷ 576,1), comparado ao CPM de cerca de $ 1,30 (ou seja, $ 499 ÷ 382,8) para o *Sun-Times*. Portanto, é um pouco mais barato, com base no CPM, anunciar no *Tribune*. É claro que o anunciante deve observar as características do público, a imagem do jornal e outros fatores ao tomar a decisão, em vez de considerar apenas o custo.

A escolha da posição de uma propaganda também deve ser considerada ao se comprar um espaço no jornal. As proporções de espaço se aplicam apenas a anúncios colocados em espaço indeterminado, o que significa que o anúncio aparece em qualquer lugar ou página, a critério do jornal. Preços especiais podem ser feitos se um anunciante tem uma posição preferida de espaço, como o topo da página na seção financeira, por exemplo. Esses casos são chamados de anúncios em páginas determinadas e são mais caros que anúncios em páginas indeterminadas. Essa é uma prática regular na comercialização de espaço em jornais.

## Pontos fortes e limitações da propaganda nos jornais

Assim como acontece com todas as formas de mídia, a propaganda nos jornais tem pontos fortes e limitações (ver Tabela 12.1).

| Pontos fortes | Limitações |
|---|---|
| Público mentalmente preparado para processar mensagens | Concentração de anúncios |
| | Meio pouco seletivo |
| Cobertura em massa do público | Índices mais altos para anunciantes ocasionais |
| Flexibilidade | Qualidade inferior de imagem |
| Habilidade para usar texto detalhado | Compra complicada para anunciantes nacionais |
| Oportunidade | Mudança na composição dos leitores |

**tabela 12.1**
**Pontos fortes e limitações da propaganda nos jornais**

## Pontos fortes da propaganda nos jornais

As pessoas leem jornais por causa das notícias e, assim, estão preparadas mentalmente *para processar os anúncios* que apresentam notícias de inauguração de lojas, produtos novos, liquidações e assim por diante.

A *cobertura em massa do público*, ou alcance amplo, é o segundo ponto forte da propaganda em jornais. A cobertura não fica restrita a grupos socioeconômicos ou demográficos específicos, mas se estende por todas as camadas da sociedade. Porém, os leitores de jornais, em média, têm melhores condições financeiras que a população em geral, é um público, normalmente, qualificado. Como consumidores em situações econômicas melhores assistem pouca TV, a propaganda nos jornais representa um meio relativamente barato de alcançá-los. Jornais de interesse especial também alcançam grandes números de consumidores em potencial. Por exemplo, a grande maioria dos estudantes universitários lê o jornal do campus. Uma pesquisa recente revelou que 71% dos estudantes universitários leram pelo menos uma das cinco últimas edições do jornal de sua faculdade.[12]

A *flexibilidade* é talvez a maior força dos jornais. Os anunciantes nacionais podem ajustar o texto para se adaptar às preferências específicas de compra e peculiaridades de mercados locais. Os anunciantes locais podem variar o texto por meio de inserções direcionadas a CEPs específicos. Além disso, o texto pode ser colocado em uma seção do jornal que seja compatível com o produto anunciado. Vendedores de acessórios para casamento anunciam na seção especial para noivas; prestadores de serviços financeiros anunciam na seção de negócios; lojas de equipamentos esportivos anunciam no caderno de esportes e assim por diante. Uma segunda faceta da flexibilidade dos jornais é que essa mídia permite ao anunciante criar anúncios de diferentes tamanhos; em outras formas de mídia, poucas opções de tamanho ou comprimento são possíveis.

A *habilidade para usar texto detalhado* é outro ponto forte da propaganda nos jornais. Informações detalhadas sobre o produto e longas passagens editoriais são usadas em uma extensão sem paralelo com outras mídias.

A *oportunidade* é a última vantagem significativa de se anunciar em jornais. *Lead times* curtos (o tempo entre a colocação do anúncio e a sua divulgação) permitem aos anunciantes juntar o texto aos desenvolvimentos do mercado local ou acontecimentos que mereçam ser noticiados. Os anunciantes podem criar textos, ou mudá-los, rapidamente e, por conseguinte, aproveitar-se dos desenvolvimentos dinâmicos do mercado.

## Limitações da propaganda nos jornais

A *concentração* é um problema nos jornais, como o é em todas as outras principais formas de mídia. Um leitor de jornal se vê diante de muitos anúncios que competem por seu tempo limitado e dos quais apenas um subconjunto receberá sua atenção. É importante notar, no entanto, que uma pesquisa nacional com consumidores revelou que eles consideravam os jornais, significativamente, menos cheios de anúncios que a TV, o rádio, ou as revistas.[13]

Uma segunda limitação da propaganda nos jornais é que eles *não são um meio altamente seletivo*. Os jornais conseguem atingir amplas camadas da população, mas, com poucas exceções (como os jornais universitários), não são capazes de alcançar, com eficácia, grupos específicos de consumidores. Os especialistas em mídia afirmam que os jornais deixam a desejar, em comparação à TV aberta, quando se trata de alcançar públicos específicos.[14]

*Usuários ocasionais* dos espaços nos jornais (como anunciantes nacionais que não usam essa forma de mídia com frequência) pagam preços mais altos que os usuários regulares (como os anunciantes locais) e têm dificuldades para garantir posições preferidas, que não estejam em espaços indeterminados. Na verdade, as tabelas de preços dos jornais (chamadas *tabelas de custos*) mostram valores mais altos para os anunciantes nacionais que para os locais.

Os jornais geralmente oferecem uma *qualidade inferior de imagem* pelo tipo de impressão e do papel utilizado. Por essa e outras razões, de modo geral eles não promovem a qualidade, a elegância ou o apelo de superioridade do produto, como o fazem as revistas e a TV.

A *dificuldade da compra* é um problema sério no caso de um anunciante nacional que deseje garantir o espaço nos jornais em mercados múltiplos. Além dos altos valores cobrados desse tipo de anunciantes, cada jornal deve ser contatado de forma individual.

Um último problema significativo com a propaganda no jornal envolve a *mudança constante na composição dos leitores*. Embora muitos indivíduos tivessem o hábito de ler um jornal diário, a leitura dos jornais caiu progressivamente na geração passada. Os leitores mais fiéis são indivíduos com 45 anos, ou mais velhos, mas o grande e atraente grupo de consumidores na faixa etária entre 30 e 44 leem cada vez menos os jornais diários.

A leitura dos jornais impressos caiu, contudo, é importante observar que todos os grandes jornais criaram websites que atraem leitores que não pagam pelos impressos. Portanto, a verdadeira leitura dos jornais – a combinação de leitura eletrônica e impressa – é consideravelmente maior que os níveis de circulação que os jornais impressos revelam. As empresas jornalísticas estão aumentando suas receitas com propaganda, incluindo dispositivos de busca em seus sites e cobrando dos anunciantes pelos *pop ups* (forma de anúncios on-line na Internet) que acompanham os resultados das buscas.[15]

O jornal passa, atualmente, por um momento de grande reflexão e de transformação. Seu modelo de negócio mantido por um longo período parece não ser mais adequado frente às novas demandas da sociedade, especialmente após o advento da Internet e dos avanços tecnológicos, como o lançamento dos *Tablets PC*. A demanda por informações e a importância da imprensa são pontos inquestionáveis. Porém, algumas questões estão na pauta desse setor, como **i**) Migração do formato impresso para o digital, pois não se trata simplesmente de digitalizar o jornal impresso. É preciso adaptar o conteúdo do jornal às novas características do formato digital (linguagem, velocidade da informação, interatividade, inclusão de vídeos etc.); **ii**) A gratuidade das informações no meio digital. Aparentemente, o público não quer pagar pela informação na versão digital como pagaria pela versão impressa, principalmente por encontrar na Internet muitas opções de informações gratuitas. Nesse aspecto, os jornais geradores de informações reclamam que sofrem concorrência desleal de sites de notícias que se apropriam de suas informações e as distribuem gratuitamente ao público, pois não teriam custos para cobrir a geração das informações. Recentemente, os jornais reclamaram formalmente do Google por essa prática; **iii**) A migração do meio impresso para o digital também afeta a forma de comercialização dos espaços. O modelo de venda de espaço tem de ser totalmente revisado para as versões digitais em relação às impressas, pois a forma de leitura e as características técnicas são muito diferentes; **iv**) Na contramão da digitalização dos jornais tradicionais, uma modalidade de jornais impressos vem obtendo grande sucesso, são os jornais tipo tabloides. Eles trazem informações curtas, objetivas, com linguagem simples e são distribuídos gratuitamente nas ruas das grandes cidades. Por isso, esses jornais têm forte apelo popular, diferente dos jornais clássicos, mais densos e complexos que demandam maior capacidade intelectual dos leitores. Exemplos: Destak, PubliMetro e Metro, este último presente em 150 cidades de 23 países e com 84 edições.[16] Se você mora em uma grande cidade brasileira, possivelmente já deve ter visto e até recebido um exemplar de promotores desses jornais, com seus uniformes verde-limão, em algum cruzamento de grande movimento.

# Revistas

Embora consideradas mídia de massa, existem, literalmente, milhares de revistas de interesse especial, voltadas tanto para o consumidor quanto para os negócios, que apelam a públicos que manifestam interesses e estilos de vida específicos. Na verdade, a Standard Rate and Data Service (conhecidos simplesmente como SRDS Media Solutions), uma empresa que acompanha informações para o setor de revistas (bem como para a maior parte das outras formas de mídia), identificou nos Estados Unidos mais de 3 mil revistas para o consumidor em geral, em dúzias de categorias específicas, como automotivas (por exemplo, *Motor Trend*), editorial geral (por exemplo, *New Yorker*), esportes (por exemplo, *Sports Illustrated*), moda e beleza (por exemplo, *Glamour*). Além das revistas para o consumidor em geral, milhares de outras publicações são classificadas como revistas de negócios. Os anunciantes obviamente têm inúmeras opções ao selecionar as revistas e promover seus produtos para os consumidores em geral ou pessoas ligadas a negócios. Os anunciantes e os planejadores de mídia procuram a SRDS (http://www.srds.com) para obter informações ou preços padronizados de anúncios, informações de contatos, perfis dos leitores e outras informações, o que facilita o planejamento e a compra de mídia

No Brasil existe uma instituição semelhante: o IVC – Instituto Verificador de Circulação. O IVC é uma entidade sem fins lucrativos que visa assegurar a transparência e confiança dos números de circulações de mídias impressas e digitais. Hoje o IVC conta com mais de 300 revistas filiadas que tratam de diferentes assuntos para diferentes públicos. As revistas são divididas por categorias como Adolescente (*Capricho*, *Atrevida* e *Todateen*), Agronegócio (*Globo Rural*, *Dinheiro Rural*), Animais (*Cães & Cia*), Automobilismo (*Motor Show*, *Quatro Rodas*), Economia, Negócios e Gestão (*Exame*, *Istoé Dinheiro* e *Época Negócios*), dentre várias outras. O IVC fornece dados úteis aos anunciantes como circulação de publicações, número de leitores etc. (http://www.ivc.org.br). Os anunciantes e planejadores de mídia brasileiros consultam o IVC para obter uma fonte confiável e imparcial sobre o perfil do leitor, a circulação e a quantidade de leitores de diferentes revistas. Dessa forma, é possível adequar o perfil do público e a abrangência da revista à identidade e ao objetivo de comar da campanha.

## Comprando espaço em revistas

Uma série de fatores influencia a escolha das revistas onde anunciar. O mais importante é selecionar revistas que alcancem o tipo de pessoa que constitui o mercado-alvo do anunciante. Porém, como o anunciante pode escolher entre várias alternativas de veículos para satisfazer o objetivo de alcançar o mercado-alvo, as considerações de custo também desempenham um papel muito importante.

Anunciantes interessados em usar a mídia revista podem obter uma riqueza de dados demográficos sobre a composição dos leitores das revistas. Essa informação é fornecida no *kit de mídia* de cada revista, e está disponível para as agências e anunciantes em potencial. Os kits de mídia para muitas revistas podem ser encontrados on-line.

Os kits de mídia também proporcionam aos anunciantes, em potencial, informações pertinentes quanto ao custo na forma de *tabela de custos*. Uma tabela de custo parcial para a revista *Veja* é apresentada na Tabela 12.2. Esta inclui

## foco c.i.m.

### Tecnologia e personalização
### Um caso de sucesso na propaganda impressa

Em 2008, a revista *Veja* e o Banco Itaú, uma das maiores instituições financeira do país e também um dos maiores anunciantes, uniram-se para a realização de um anúncio superpersonalizado.

*Veja* é a terceira maior revista semanal de informação do mundo, medida em audiência, com 8 milhões de leitores, em média, por edição. Embora o elevado número de leitores, uma publicação desse gênero depende das receitas advindas de seus anunciantes. E, assim como enfrentado pelas demais publicações impressas do gênero, incluindo os jornais, o desafio de se manter viva e saudável, financeiramente, tem sido crescente para a *Veja* após o advento da Internet.

Os últimos anos do século XX e a primeira década do século XXI, foram de muitas transformações para as editoras de revistas. Anunciantes muito mais exigentes passaram a esperar soluções inovadoras dos provedores de conteúdos impressos, para fazer frente às novas ferramentas que surgiram com a Internet, como: sites de busca, redes sociais, vídeos, *podcasts*, e-mails, *banners, pop-ups,* dentre outros.

A ideia, então, foi aproveitar a comemoração de 40 anos da revista, quando seria publicada uma edição especial, e criar algo realmente inovador, que aliasse a excelência do conteúdo aos recursos de *data base*, que a revista até então utilizava nas suas comunicações de Marketing Direto.

A parceria com o Itaú, que também buscava algo realmente diferente e que envolvesse a comunicação com uma aura de alta tecnologia, bandeira e valor da instituição, foi um casamento de propósitos.

O resultado foi um superanúncio, ou melhor, mais de um milhão de anúncios diferentes. Pessoas, entre assinantes, funcionários do banco e outras listas de *stakeholders* do Itaú receberam seus exemplares personalizados, com variações de textos e imagens, criando comunicações realmente *one to one*.

Para que isso fosse possível, os bancos de dados e a tecnologia tiveram um papel fundamental. Um complexo processo de Merge & Purge (cruzamento de dados) foi realizado entre bases de clientes de portadores de conta corrente, previdência, cartão de crédito e outras, com a de assinantes da revista e demais listas de interesse. Um rigoroso processo de qualidade foi montado para garantir que a personalização não contivesse erros, uma vez que ela estamparia as páginas da revista. Qualquer erro poderia transformar uma oportunidade (de encantar o leitor) em risco de imagem para os envolvidos (um erro de grafia do nome, um descasamento da revista com a etiqueta de endereçamento etc.). Além de diversos profissionais do anunciante, do veículo e da agência África, o trabalho envolveu empresas especializadas, como a Assesso Engenharia de Software.

A qualidade do trabalho final só poderia ser verificada com uma amostra muito grande de edições, uma vez que uma revista não era igual à outra. Para clientes portadores de cartão de crédito do banco, uma oferta o convidava a se tornar correntista. Para *prospects* do banco, havia uma mensagem personalizada, com o endereço da agência mais perto da residência do leitor, o que requereu a utilização de recursos de geoprocessamento.

O resultado superou as expectativas da revista, da agência e do anunciante. Além do aumento nos índices de prestígio da marca do anunciante, o trabalho conseguiu o reconhecimento de duas importantes instituições internacionais: do Massachutes Institute of Technoloy – o MIT – e o da premiação do Cannes Lions, a primeira instituição, pelo uso da tecnologia de qualidade de dados aplicada; a segunda, pela qualidade e inovação da mensagem comercial personalizada. Além disso, a reação da própria indústria e dos leitores é parte do resultado alcançado.

Segundo o Portal de Impressão Digital, *"Pela primeira vez na história da comunicação gráfica, uma operação de produção editorial e publicitária juntou as melhores funcionalidades das tecnologias de impressão OffSet, Rotogravura e Digital para produzir mais de um milhão de exemplares personalizados do maior periódico semanal do país"*.

Muitos leitores enviaram correspondência para a revista, com depoimentos como esse:

*"Boa noite, quero agradecer a linda capa de 40 anos da revista* Veja. *Meu pai é assinante há muitos anos, e sábado recebemos esta edição de aniversário. Estava com alguns amigos em casa quando nos foi entregue. Fiz festa pois neste dia completava também 40 anos. Compartilhei com todos, dizendo que recebi um presente, homenagem de vocês. Além de ler a revista, irei guardá-la. Obrigada"*

A proposta deste *case* é servir de referência para a reflexão e discussão sobre o tema e não para avaliar as estratégias adotadas. O *case* foi desenvolvido com base em informações divulgadas nos seguintes meios: Jornal Folha de S. Paulo. Disponível em 20/01/2011 http://www1.folha.uol.com.br/folha/dinheiro/ult91u469827.shtml>; *Printondemand.* Disponível em 20/01/2011 <http://www.printondemand.com.br/lermais_materias.php?cd_materias=310>; *Messa.com.br.* Disponível em 20/01/2011. Fonte: http://www.messa.com.br/eric/ecode/2008/09/anncio-personalizado-veja-e-ita.html; www.terra.com.br. Disponível em 20/01/2011. http://invertia.terra.com.br/publi_news/interna/0,,OI3171321-EI10368,00.html.

Caso elaborado por Prof. Me. Murillo Feitosa Boccia, graduado em Economia pela Universidade de São Paulo – USP, mestre em Administração pela mesma universidade e professor da Escola Superior de Propaganda e Marketing.

preços de diferentes tamanhos de páginas (página inteira, dois terços, meia página, um terço etc.) e de anúncios quatro cores em diferentes suplementos da revista. Esses preços são de tabela, ou preços "cheios", mas descontos e negociações são comuns nesse mercado. Por exemplo, um anunciante pagaria R$ 306.020,00 para colocar um anúncio de página inteira, em quatro cores e em página determinada da revista *Veja* em uma base de custo de uma única vez (abertura). Esses valores são "tabela cheia" sem os eventuais descontos. No entanto, como é comum nas políticas de preço das revistas, descontos cumulativos são oferecidos com base no número de páginas anunciadas durante 12 meses consecutivos. Os descontos cumulativos de quantidade representam incentivos claros para os anunciantes permanecerem fiéis a determinada revista.

Embora cada revista tenha seu próprio kit de mídia, os anunciantes e suas agências não precisam entrar em contato com cada uma para obtê-los. Nos Estados Unidos, a SRDS compila kits de mídia e os torna acessíveis (claro que por uma taxa) aos anunciantes e agências. Empresas como IVC, IBOPE, Marplan e Jove também oferecem serviços semelhantes no Brasil. Além disso, as tabelas de custo podem ser obtidas on-line por meio de uma simples pesquisa em sites de busca, como no Google, pois muitas revistas publicam seus kits de mídia on-line. As informações para cada revista (ou *livro*, como são chamadas na indústria da propaganda) incluem características editoriais, preços, perfis dos leitores, circulação e informações sobre contatos.

Os anunciantes usam a medida CPM (custo por mil) para comparar opções de espaços publicitários de diferentes revistas. O CPM foi apresentado no Capítulo 11 e discutido antes no contexto do meio jornal. A informação do CPM para cada revista é disponibilizada por dois serviços especializados: Mediamark Research Inc. (MRI) e Simmons Market Research Bureau (SMRB). No Brasil, o IVC fornece os dados necessários para análise de CPM. Esses serviços apresentam os números do CPM para categorias gerais de leitores (por exemplo, total de homens) e também para subgrupos (por exemplo, homens na faixa etária entre 18 e 49; homens com casa própria). Essas divisões em subgrupos mais específicos permitem ao anunciante comparar revistas diferentes no que diz respeito ao custo por mil para alcançar o mercado-alvo (CPM-TM), em vez de se referir apenas aos CPMs brutos. Os dados sobre CPM são úteis na hora de selecionar a revista veículo, mas muitos outros fatores devem ser levados em conta.

**tabela 12.2** Valores para veiculação na revista *Veja*

| Espaços | VEJA | VEJA São Paulo | VEJA Rio |
|---|---|---|---|
| 1 Página Indeterminada | R$ 235.400,00 | R$ 101.900,00 | R$ 32.500,00 |
| 1 Página Determinada | R$ 306.020,00 | R$ 122.280,00 | R$ 39.000,00 |
| 2/3 de Página Vertical | R$ 216.500,00 | R$ 91.500,00 | R$ 29.100,00 |
| 1/2 Página Horizontal | R$ 168.100,00 | R$ 71.200,00 | R$ 22.700,00 |
| 1/3 de Página Vertical | R$ 115.300,00 | R$ 49.600,00 | R$ 16.000,00 |
| 2ª Capa + Página 3 | R$ 632.600,00 | R$ 247.000,00 | R$ 83.400,00 |
| 2ª Capa | – | R$ 124.600,00 | R$ 39.600,00 |
| 3ª Capa | R$ 281.200,00 | R$ 119.700,00 | R$ 37.800,00 |
| 4ª Capa | R$ 359.400,00 | R$ 141.600,00 | R$ 44.800,00 |
| Módulo 6x4 cm – 4 cores | – | R$ 2.800,00 | R$ 1.100,00 |
| Ilha Simples – Roteiro | – | R$ 28.100,00 | R$ 8.800,00 |
| Ilha Dupla – Roteiro | – | R$ 56.200,00 | R$ 17.600,00 |
| Rodapé Simples | – | R$ 49.600,00 | R$ 16.000,00 |
| Rodapé Duplo | R$ 230.600,00 | R$ 99.200,00 | R$ 32.000,00 |
| Ofertas – 1 página | | R$ 28.900,00 | R$ 9.600,00 |
| Ofertas – 1/2 página | | R$ 17.300,00 | R$ 5.800,00 |
| Espaço Imobiliário – 1 página | | R$ 31.700,00 | R$ 10.600,00 |

Fonte: kit de mídia disponível em http://veja.abril.com.br/idade/publiabril/midiakit/precos_revistas.shtml.

## Pontos fortes e limitações da propaganda em revistas

A propaganda em revistas tem pontos fortes e limitações, dependendo das necessidades e dos recursos do anunciante (ver Tabela 12.3)

### Pontos fortes da propaganda em revistas

Algumas revistas alcançam *públicos muito grandes*. Por exemplo, revistas como *Veja* chegam a ter mais de 1 milhão de leitores por edição semanal.

Contudo, a habilidade para localizar públicos específicos (chamada *seletividade*) é o que mais distingue a propaganda em revistas de outras formas de mídia. Se existir um mercado potencial para um produto é muito provável que exista pelo menos uma revista que alcance esse mercado. A seletividade permite que o anunciante otimize seu orçamento atingindo apenas o público-alvo específico que está buscando. Isso se traduz em propaganda mais eficiente e custos mais baixos por mil consumidores-alvo (CPM).

As revistas também se destacam por sua *vida longa*. Diferente das outras formas de mídia, as revistas com frequência são usadas como referência e guardadas por semanas em casa (e em barbearias, salões de beleza, consultórios de dentistas e médicos etc.). Os assinantes de revistas, às vezes, dão seus exemplares a outros leitores, o que estende ainda mais a vida delas. Esse fenômeno é chamado de índice de releitura e é considerado nos planos de mídias.

No que se refere a considerações qualitativas, as revistas como meio de propaganda são excepcionais quanto a elegância, qualidade, beleza, prestígio e apelo de superioridade. Essas características resultam do *alto nível da qualidade de reprodução de imagens* e do conteúdo editorial que, com frequência, é transferido para o produto anunciado. Por exemplo, os itens alimentícios anunciados na *Ana Maria* sempre parecem saborosos; móveis em *Casa e Jardim* parecem elegantes; e os itens de vestuário na *Estilo* parecem estar na moda.

As revistas também são, particularmente, uma boa fonte de *informações detalhadas sobre o produto*, porque transmitem essas informações com um *senso de autoridade*. Ou seja, como o conteúdo editorial das revistas costuma incluir artigos que por si mesmos representam visão, experiência e credibilidade, os anúncios publicados nessas revistas transmitem um sentido similar de autoridade ou retidão.

Uma característica final e notável da propaganda em revistas é sua habilidade criativa para fazer com que os consumidores *se envolvam com os anúncios* ou, em certo sentido, atrair o interesse dos leitores, fazendo-os pensar a respeito das marcas anunciadas. Essa habilidade se deve à natureza da autosseleção e de controle por parte do leitor, comparada às formas mais penetrantes de mídia, como o rádio e a televisão. Um retrato simpático, embora não intencional, dessa habilidade apareceu na tira *Family Circus*, que apresenta os pensamentos de crianças em idade pré-escolar ao contemplar o mundo ao seu redor. Essa tira em particular começa com Billy dizendo à irmã, Dolly: "Eu vou dizer a diferença entre TV, rádio e livros... A TV põe coisas em sua mente, com imagens e sons. Você nem tem de pensar". No quadrinho seguinte ele afirma: "O rádio põe coisas em sua mente só com sons e palavras. Você cria suas próprias imagens". E no último quadrinho, Billy explica: "Os livros são amigos silenciosos! Eles deixam que você crie suas próprias imagens e sons. Eles fazem com que você pense".[17] Substitua a palavra livro por revistas e você terá uma caracterização muito boa do poder da propaganda nelas.

### Limitações da propaganda em revistas

Várias limitações estão associadas à propaganda nas revistas (ver Tabela 12.3). Em primeiro lugar, diferentemente do rádio e da TV, que por sua própria natureza invadem a atenção do espectador ou ouvinte, a propaganda nas revistas *não é invasiva*; os leitores controlam sua exposição a um anúncio de revista.

| tabela 12.3 | Pontos fortes | Limitações |
|---|---|---|
| **Pontos fortes e limitações da propaganda em revistas.** | Algumas revistas alcançam grandes públicos | Não invasiva |
| | Seletividade | Longas data de fechamento |
| | Vida longa | Concentração |
| | Alta qualidade de reprodução | Opções geográficas um tanto limitadas |
| | Habilidade para apresentar informações detalhadas | Variabilidade nos padrões de circulação por mercado |
| | Habilidade para transmitir informações com autoridade | |
| | Alto potencial de envolvimento | |

Uma segunda limitação são as datas de fechamento longas. Nos jornais e na mídia de rádio e TV é relativamente fácil mudar o texto de um anúncio com pouco tempo de antecedência e em mercados específicos. As revistas, em comparação, têm longas datas de fechamento que exigem que os materiais de propaganda sejam entregues com alguns dias de antecedência da data real de publicação. Não existe um prazo padrão, mas para ilustrar, de acordo com os kits de mídia disponíveis na internet, os anúncios quatro cores e as datas de fechamento das revistas *Caras* e *Veja* são de 9 dias.

Assim como acontece com outras formas de mídia, a concentração é um problema com a propaganda em revistas. Em certos aspectos a concentração é um problema maior com as revistas que, digamos, com a televisão, porque os leitores podem se envolver no conteúdo editorial e pular os anúncios; quanto maior for a concentração, maior o estímulo para pular os anúncios.

A propaganda nas revistas também apresenta *menos opções geográficas* que outras formas de mídia, embora algumas revistas de grande circulação, como a *Veja*, tenham uma seletividade considerável. Por exemplo, a *Veja* oferece preços diferentes para os suplementos regionais, como *Veja São Paulo*.[18]

Uma limitação final da propaganda em revista é a variabilidade nos padrões de circulação de mercado para mercado. A revista *Rolling Stone*, por exemplo, é lida mais em regiões metropolitanas. Por isso, os anunciantes que estão interessados em, digamos, alcançar homens jovens não teriam muito sucesso com leitores que não residem nas áreas metropolitanas. Para isso, eles precisariam colocar anúncios em uma ou mais revistas além da *Rolling Stone*, o que aumentaria o custo total da compra de mídia. Rádio, TV, ou ambos, podem atender melhor às necessidades desse anunciante e permitir uma cobertura mais uniforme do mercado.

## Aferição do público das revistas

Ao selecionar revistas como veículos, é fundamental que o anunciante saiba o tamanho do público alcançado pela revista. Determinar o tamanho do público de uma revista específica pode parecer uma tarefa simples, que envolve meramente verificar o número de seus assinantes. Infelizmente, é mais complicado porque vários fatores tornam a contagem das assinaturas um meio inadequado para determinar os leitores de uma revista: em primeiro lugar, as assinaturas de revistas são coletadas por meio de uma variedade de intermediários, tornando difícil obter listas precisas de quem assina qual revista. Em segundo lugar, as revistas, frequentemente, são compradas, em bancas, supermercados e outros pontos de venda, em vez de por assinaturas, eliminando por completo o conhecimento sobre quem compra qual revista. Em terceiro lugar, as revistas que estão disponíveis em locais públicos, como consultórios médicos, barbearias e salões de beleza, são lidas por inúmeras pessoas e não apenas pelo assinante. Por fim, o assinante de uma revista costuma compartilhá-la com outras pessoas.

Por essas razões, o número de assinaturas de uma revista e o número de pessoas que de fato leem a revista não são equivalentes. Felizmente, os serviços já mencionados – MRI e Simmons, nos Estados Unidos – são especializados em medir e determinar o tamanho do público. Essas empresas oferecem serviços bem parecidos, embora concorrentes.

Em resumo, os dois serviços tomam grandes amostras nacionais de probabilidade e pedem aos entrevistados que identifiquem seus hábitos de consumo de mídia (por exemplo, quais revistas eles leem), e determinem seus comportamentos de compra para uma extensa variedade de produtos e marcas. Os estatísticos então utilizam procedimentos de inferência para generalizar os resultados das amostras para a população total. Os anunciantes e planejadores de mídia usam as informações sobre os leitores junto com dados demográficos detalhados e dados sobre o uso do produto e da marca anunciada, para avaliar os valores absoluto e relativo de diferentes revistas. No Brasil, as pesquisas de perfil de leitores são conduzidas com métodos similares aos aplicados nos Estados Unidos, desenvolvidas por institutos de pesquisa contratados pelos próprios veículos e algumas vezes por entidades do setor.

Um fator importante é saber quantos e quais leitores uma revista ou um jornal têm, pois essas informações são essenciais para o veículo definir o preço do anúncio (quanto mais leitores e mais qualificados, mais caro) e também para o anunciante e sua agência (quanto melhor a penetração no público-alvo, melhor). Assim sendo, a veracidade das informações são de extrema relevância para todo o mercado e o IVC, como um órgão independente e reconhecido pelo mercado, faz essa função, conforme sua autodefinição: "O IVC – Instituto Verificador de Circulação – é uma entidade sem fins lucrativos *tripartite*, formado e dirigido pelo mercado publicitário brasileiro com interesse em assegurar a transparência e confiança dos números de circulações impressas e digitais."

Vantagens à parte, nem tudo é perfeito no mundo da aferição do público de revistas devido a três problemas dignos de nota: (1) os pesquisadores pedem aos participantes que avaliem inúmeras revistas (assim como muitos veículos em outras formas de mídia), o que leva ao cansaço, pressa ou respostas imprecisas; (2) o tamanho das amostras costuma ser pequeno, especialmente no caso de revistas de pequena circulação, o que leva a altas margens de erros ao se generalizar para a população total e (3) a composição da amostra pode não ser representativa do público.[19]

Além disso, como esses dois serviços usam métodos de pesquisa diferentes, seus resultados costumam ser discrepantes. Considere, por exemplo, as estimativas da Simmons com comparação às da MRI para as seguintes revistas de grande circulação nos Estados Unidos: *Better Homes & Gardens* (48,47 milhões de leitores estimados pela Simmons, *versus*

### tabela 12.4
**Ranking das 10 maiores revistas semanais em circulação**

| RK | Título | Editora | Circulação média jan a jun/10 | Título | Editora | Circulação média jan a jun/09 |
|---|---|---|---|---|---|---|
| 1 | Veja | Abril | 1.083.742 | Veja | Abril | 1.097.461 |
| 2 | Época | Globo | 409.028 | Época | Globo | 418.414 |
| 3 | Istoé | Três | 341.929 | Istoé | Três | 338.549 |
| 4 | Caras | Caras | 338.337 | Caras | Caras | 312.056 |
| 5 | Viva Mais | Abril | 244.747 | Viva Mais | Abril | 218.537 |
| 6 | Ana Maria | Abril | 232.039 | Ana Maria | Abril | 213.618 |
| 7 | Tititi | Abril | 173.413 | Tititi | Abril | 147.476 |
| 8 | Contigo | Abril | 153.030 | Contigo | Abril | 139.394 |
| 9 | Malu | Alto Astral | 137.621 | Recreio | Abril | 124.076 |
| 10 | Minha Novela | Abril | 133.397 | Malu | Alto Astral | 120.762 |

*Fonte*: IVC/ANER (http://www.aner.org.br/Conteudo/1/artigo42424-1.asp).

37,29 milhões estimados pela MRI); *Cosmopolitan* (24,25 milhões *versus* 16,87 milhões); e *National Geographic* (45,38 milhões *versus* 31,62 milhões).[20] Em termos de porcentagem e usando a estimativa mais baixa, como base, essas diferenças são 27,8%; 43,7% e 43,5%, respectivamente. Os planejadores de mídia enfrentam então o desafio de determinar qual serviço está certo, ou se os dois estão errados em suas estimativas do tamanho do público.[21]

No Brasil, as estimativas de circulação e quantidade de leitores podem ser feitas tanto de forma independente ou pelo Instituto Verificador de Circulação. As principais revistas em circulação no país, hoje, são filiadas ao IVC. As filiadas enviam periodicamente ao instituto seus dados de circulação líquida são consolidados em um relatório de circulação. Para garantir a veracidade dos dados enviados pelas revistas filiadas, o IVC realiza de maneira independente a avaliação da circulação de cada revista associada. Essa verificação por parte do IVC funciona como uma auditoria nos números enviados pelas revistas que é feita com base em informações como a contagem física de exemplares nas gráficas no ato de conclusão da produção, mediante a apresentação das respectivas notas fiscais; verificação de diversas praças sobre venda avulsa e assinaturas; solicitação de documentos e registros contábeis e serviços de amostragens junto aos vendedores, distribuidores e assinantes. O IVC avalia, dentre outros itens, a tiragem (exemplares impressos) e circulação (exemplares vendidos). Após a auditoria, o IVC aceita uma diferença de até 4% entre os números de vendas identificados pelo próprio IVC e os números de circulação líquida, enviados pela revista. Veículos que excederem essa diferença são penalizados.[22]

Sem a função específica de verificar a circulação dos títulos editados, existem outras duas entidades que também oferecem várias informações importantes sobre o setor de revistas e que podem auxiliar os compradores de mídias e suas decisões, são elas: a Associação Brasileiras de Revistas e Jornais – ABRARJ e a Associação Nacional dos Editores de Revistas – ANER. Segunda a ANER existiam no Brasil 4.432 diferentes títulos em circulação em 2009.

## Ferramentas disponíveis para a realização de planos e simulações de mídia

As ferramentas de mídia a seguir são importantes suportes nas decisões de mídia de anunciantes, agências e veículos. Oferecem informações para conhecimento do público, dos veículos, confecção de planos de mídia, simulação e mensuração dos resultados.

Importante notar que não há uma ferramenta única para todas as necessidades. De fato, muitas dessas ferramentas se integram umas as outras de acordo com o nível de informação e o tratamento requerido.

É também muito comum que haja sobreposição de algumas ferramentas e diferenças nos números de audiência divulgadas por diferentes empresas, pois cada fornecedor possui sua própria metodologia de coleta de dados.

### Ibope

- **Target Group Index:** Apresenta, em uma mesma base de dados, informações sobre consumo de mídia e de produtos, hábitos e atitudes da população. A ferramenta de Análise de Cluster permite a criação de grupos de consumidores que apresentam características demográficas, estilos de vida, hábitos de consumo e personalidades semelhantes. Por meio da Análise de Correspondência é possível medir e simular visualmente a afinidade entre grupos de consumidores, marcas e mídias. O estudo permite traçar um perfil completo do consumidor, integrando o que ele pensa, faz, consome, lê e assiste.

- **Monitor Evolution:** Software para medição de **investimentos** em mídia abrangendo sete meios de comunicação – TV Aberta, TV por Assinatura, Rádio, Revista, Jornal, Outdoor e Cinema.
- **Flash da concorrência:** O Flash da Concorrência é a ferramenta do IBOPE Mídia para acompanhamento das **estratégias de mídia, táticas e desempenho** das campanhas publicitárias dos produtos concorrentes no espaço publicitário da TV Aberta.
- **Media Workstation:** Medição de Audiência em TV Aberta e TV por assinatura.
- **A&F Viewer:** Simulador de planos de TV.
- **IBOPE Nielsen Online:** Mensura audiência (número de visitas e número de visitantes únicos) e tempo de utilização de sites da Internet.
- **Easy Media Rádio:** Possibilita o acesso de dados sobre a audiência das **rádios** e cruzamento dessas informações segundo a necessidade de cada um: por faixa etária, sexo, região, classe social, alcance de determinado programa em vários períodos e muitas outras variáveis.
- **Easychecking:** Ferramenta que possibilita a veículos, agências e anunciantes acompanhar as inserções exibidas diariamente nos meios da TV aberta, TV por assinatura e rádio. O software, totalmente integrado com os sistemas de mídia das agências e veículos, permite a elaboração de **relatórios que comprovam** a exibição programada, além de apresentar o detalhamento de horário, duração, programa, somatório de investimentos, as possíveis falhas de exibição, volume de inserções e audiência domiciliar do minuto da veiculação (TV aberta).

**Marplan**

- **Sisem Suite, Tom Micro e Galileo:** Softwares para análises de hábitos de mídia dos públicos, perfil dos veículos e simulação de programações nos planos de mídia.
- **Sisem Simulação:** Possibilita a **simulação** de programações de Mídia Impressa, Revistas e Jornais isolados ou simultâneos, aferindo os resultados em termos de Alcance e Frequência.

**Jove:** Compila tabelas de preço dos veículos de mídia e alimenta diversos softwares para confecção de planos de mídia.

**IVC:** Audita a circulação dos veículos impressos.

**Comscore:** Mensura audiência de sites de Internet e oferece ferramenta para planejamento de campanhas, incluindo alcance e frequência.

## Revistas customizadas

Até agora nossa discussão focou em revistas que são publicadas por empresas cujo negócio principal é criar e distribuir revistas; ou seja, editoras de revistas. Contudo, nos últimos anos houve um significativo desenvolvimento de boletins e revistas especiais, que focam em suas marcas específicas e questões relacionadas a elas e aos interesses de seus compradores. Essas revistas customizadas são distribuídas sem custo para os usuários, tanto on-line em formato eletrônico ("*e-zines*") quanto na forma impressa.

Um dos propósitos principais para os profissionais de marketing da marca é criar revistas customizadas para alcançar usuários da marca e criar um elo que resulte no aumento dos níveis de *lealdade do consumidor*. Por exemplo, a *Lexus Magazine* é distribuída aos proprietários dos automóveis Lexus. A revista, nas formas impressa e eletrônica, traz informações úteis e agradáveis relacionadas a viagens e outros tópicos e alcança um alto nível de relacionamento. Essa revista customizada é distribuída em todo o mundo – só a versão norte-americana tem uma circulação de 800 mil exemplares por edição.[23] A Net (TV por assinatura) tem sua revista mensal distribuída aos seus clientes com toda a programação mensal, reportagens e dicas relacionadas ao serviço prestado. A Bloomingdale's, a famosa loja de departamentos em Nova York, envia sua revista customizada, *The Little Brown Book*, a 180 mil de seus melhores clientes – compradores que gastam entre $ 3.500 e $ 5 mil por ano com o cartão de crédito da loja.[24] Essa revista apresenta aos principais consumidores da Bloomingdale's atualizações da moda; histórias sobre arte, cultura, diversão e ofertas promocionais disponíveis apenas para aqueles que recebem a publicação. O shopping Iguatemi de São Paulo distribui trimestralmente 50 mil exemplares da revista *Savoir faire* aos seus frequentadores, com conteúdo relacionado ao luxo e à sofisticação em formato requintando, compatíveis com o posicionamento do shopping e o perfil de seu público. A tradicional revista *Ícaro*, distribuída nos voos da Gol/Varig, com tiragem de 130 mil exemplares por edição, traz temas variados e atualmente pouco difere de uma revista de generalidades convencional. As revistas customizadas da Casas Pernambucanas, lojas Renner e Pão de Açúcar são mais alguns exemplos dentre muitas outras existentes no mercado.

As publicações customizadas estão, definitivamente, crescendo e representando uma porcentagem crescente dos orçamentos de comar de muitas empresas. Na verdade, uma pesquisa revelou que a publicação customizada responde por quase $1/4$ do total do dinheiro que as empresas alocam para marketing, propaganda e comunicações.[25] Portanto, as revistas customizadas representam um instrumento valioso de comar para alcançar e manter a lealdade com relação à marca por parte dos consumidores. Essas revistas não substituem os anúncios publicados nas revistas tradicionais (não customizadas), porque tais anúncios alcançam consumidores em potencial e também usuários atuais da marca. Não obstante, as revistas customizadas desempenham um papel singular no programa geral de comar, especialmente como meio de manter um diálogo contínuo com usuários atuais da marca.

# Rádio

O rádio é um meio quase onipresente: existem praticamente 14 mil estações comerciais de rádio nos Estados Unidos; quase 100% de todas as casas têm rádios; praticamente quase todos os carros têm rádio; mais de 50 milhões de rádios são comprados todo ano; e o rádio nos Estados Unidos alcança cerca de 93% de todas as pessoas com 12 anos ou acima.[26] No Brasil, o rádio está presente em 91,4% dos lares, segundo dados do anuário Mídia Dados, fora a aceitação junto aos motoristas de carro, cuja audiência em grandes centros urbanos, quase sempre congestionados, é bem significativa. Além da grande penetração em todas as classes sociais e regiões do país, existem, segundo relatório Mídia Dados, 4.003 emissoras de rádio em funcionamento no Brasil em 2009, sendo 1.708 emissoras transmitindo em AM e 2.295 em FM.[27] Esses números impressionantes indicam o forte potencial do rádio como um meio de propaganda. Embora o rádio tenha sido sempre o favorito entre anunciantes locais, os regionais e nacionais têm, cada vez mais, reconhecido as vantagens como um meio de propaganda, especialmente depois do surgimento de redes nacionais de mídia, como a CBN (21 emissoras), Jovem Pan (43 emissoras) e Transamérica (35 emissoras). Apesar do rádio ser uma mídia tradicional e de amplo alcance, o grande número de emissoras torna o setor altamente competitivo e com estações cada vez mais segmentadas e audiência extremamente pulverizada. Além dos segmentos tradicionais, como jornalismo, esportes, religião e música, novos segmentos estão surgindo ou ganhando expressão, como é o caso das rádios customizadas, como a USP FM (da Universidade de São Paulo), Mitsubishi 4X4, Oi FM e Sulamérica Trânsito, e das rádios comunitárias (Favela FM, Rádio Comunitária Zumbi dos Palmares), que estão direcionadas para grupos específicos de pessoas e, em alguns casos, atuando de forma ilegal (as chamadas rádios piratas). Em um ambiente dominado por muitas rádios, cobertura local e alta segmentação, é natural que não existam emissoras com altos índices de audiência. A Rádio Tupi FM, líder de audiência em São Paulo, tem apenas 1,48% da audiência. Se consideramos a quarta colocada, a Band FM, a audiência representa menos de 1% do total.[28]

## Comprando espaço no rádio

Os anunciantes de rádio estão interessados em alcançar consumidores-alvo por um preço razoável, ao mesmo tempo em que garantem que o formato da estação é compatível com a imagem da marca e sua mensagem criativa estratégica. Várias considerações influenciam a escolha do veículo rádio. O *formato da estação* (noticiário, música popular, música clássica, prestação de serviços, religiosa etc.) é a principal consideração. Certos formatos são, obviamente, mais apropriados para produtos e marcas específicos.

Uma segunda consideração é a *escolha das áreas geográficas a serem cobertas*. Os anunciantes nacionais compram tempo de estações cuja cobertura de público coincide com as áreas geográficas de interesse. Uma terceira consideração na compra do tempo no rádio é a *escolha da parte do dia*. As partes do dia no rádio são as seguintes:

| | |
|---|---|
| Transmissão da manhã: | 5h às 10h |
| Meio do dia: | 10h às 15h |
| Transmissão da tarde: | 15h às 19h |
| Noite: | 19h à meia-noite |
| Tarde da noite: | meia-noite às 7h |

As estruturas de preço variam dependendo da atratividade da parte do dia, por exemplo, as transmissões da manhã e da tarde são mais caras que as partes do meio do dia e tarde da noite. Informações sobre preços e formatos de estações podem ser encontradas em Spot Radio Rates and Data, fonte publicada pela SRDS Media Solutions.

## Pontos fortes e limitações da propaganda no rádio

Esta seção examina as vantagens e também explora alguns dos problemas da propaganda no rádio (ver o resumo na Tabela 12.5).

### Pontos fortes da propaganda no rádio

O primeiro grande ponto forte do rádio é que ele só perde para as revistas em sua *habilidade para alcançar públicos segmentados*. Uma ampla variedade de programas de rádio permite que os anunciantes escolham formatos e estações específicos

| Pontos fortes | Limitações | **tabela 12.5** |
|---|---|---|
| Habilidade para alcançar públicos segmentados | Concentração | **Pontos fortes e limitações da propaganda no rádio** |
| Intimidade | Ausência de visuais | |
| Economia | Fragmentação do público | |
| Datas curtas de fechamento | Dificuldades para comprar | |
| Transferência de imagem da TV | | |
| Uso de personalidades locais | | |

compatíveis com a composição de seu público-alvo e suas estratégias criativas de mensagem. O rádio pode ser usado para direcionar anúncios a grupos específicos: adolescentes; fanáticos por esportes; executivos; entusiastas de jazz; conservadores políticos; grupos religiosos etc. Como vimos antes, há quase 14 mil estações de rádio comerciais nos Estados Unidos e mais de 4 mil no Brasil e essas estações são formatadas para atender a interesses especiais dos ouvintes.

Uma segunda grande vantagem da propaganda no rádio é sua *habilidade para alcançar consumidores potenciais em um nível pessoal e íntimo*. Comerciantes locais e os anunciantes do rádio podem ser extremamente agradáveis e convincentes. Suas mensagens às vezes são transmitidas como se eles estivessem falando a cada membro do público. Um representante de uma agência de alto nível metaforicamente descreveu o rádio como um "universo de mundos particulares" e uma "comunicação entre dois amigos".[29] Em outras palavras, as pessoas selecionam as estações de rádio do mesmo modo que escolhem os amigos pessoais. Elas ouvem as estações com as quais se identificam intimamente. Por esse motivo, a propaganda de rádio tende a ser bem recebida e é mais influente e persuasiva. A propaganda no rádio, portanto, é uma forma pessoal e íntima de persuasão amigável, que tem o potencial de aumentar o envolvimento do consumidor com os anúncios colocados nesse meio.

A *economia* é a terceira vantagem da propaganda no rádio. Em termos de CPM de público-alvo, a propaganda no rádio é, consideravelmente, mais barata que em outras formas de mídia de massa. Nas últimas décadas, o CPM do rádio aumentou menos que o de qualquer outra mídia de propaganda.

Outra vantagem relativa da propaganda no rádio é a curta data de fechamento. Como os custos da produção de rádio não são caros e os prazos de cronogramas são curtos, as mudanças de texto podem ser feitas rapidamente para aproveitar importantes desenvolvimentos e mudanças no mercado. Por exemplo, uma repentina mudança nas condições climáticas pode sugerir uma oportunidade de anunciar produtos relacionados ao tempo. Um anúncio no rádio pode ser preparado rapidamente para acomodar as necessidades da situação. O texto da propaganda de rádio pode ser mudado rapidamente em resposta a alterações nos níveis de inventário e acontecimentos especiais e feriados.

Uma vantagem muito importante da propaganda no rádio é sua *habilidade para transferir imagens da propaganda da TV*. Uma memorável campanha de TV que vai ao ar com frequência provoca nos consumidores uma associação mental entre os elementos de visão e som no comercial. Essa imagem mental pode então ser transferida para um comercial de rádio que usa o som da TV ou alguma adaptação dele. O comercial de rádio, então, evoca nos ouvintes uma imagem mental do anúncio na TV – da mesma forma que Billy descreveu em *Family Circus*, a tirinha cômica mencionada antes.[30] O anunciante efetivamente ganha a vantagem da propaganda na TV com o custo baixo do rádio. Usando uma combinação de propaganda de TV e rádio, o anunciante consegue atingir níveis mais altos de alcance e frequência que conseguiria se o orçamento todo fosse investido exclusivamente na propaganda de TV.

Um último ponto forte da propaganda no rádio é sua habilidade de tirar proveito de reputações de *personalidades locais*. As personalidades de rádio nos mercados locais costumam ser muito respeitadas e admiradas, e seus endossos de, digamos, um estabelecimento varejista podem servir para promover a imagem desse estabelecimento e motivar compras na loja.

### Limitações da propaganda de rádio

A principal limitação do rádio, que ele compartilha com outras formas de mídia, é a *concentração*; ou seja, ele é repleto de comerciais concorrentes e outras formas de ruído, falatório e interferência. Os ouvintes de rádio com frequência mudam de estação, especialmente nos carros, para evitar os comerciais.[31] A irritação em ter de ouvir um comercial após o outro explica, em parte, por que muitas pessoas passaram a usar iPods e outras marcas de MP3 players portáteis como uma alternativa ao rádio. Demonstrou-se que a crescente popularidade do iPod está correlacionada aos índices mais baixos de rádio. Os chamados índices AQH, que medem a quantidade de pessoas ouvindo rádio durante a média de um quarto de hora (AQH – *average quarter hour*) como uma porcentagem da população, caiu em quase 6% durante um período recente de cinco anos, com a queda dos índices no grupo demográfico de estudantes em idade universitária (18-24) superior a 11%.[32]

Uma segunda limitação é que o rádio é o único grande meio de propaganda *incapaz de empregar visualizações*. Porém, os anunciantes de rádio tentam superar a limitação visual do meio usando efeitos sonoros e escolhendo palavras concretas para criar imagens mentais no ouvinte. É importante notar que muitas campanhas usam o rádio como suplemento de outras formas de mídia em vez de mídia única.

Isso reduz a tarefa do rádio de criar imagens visuais e reativar as imagens que já foram criadas em comerciais colocados na mídia visual – televisão, Internet e revistas. Em contraste, as campanhas com base em informações não requerem necessariamente visualizações, e o rádio, nessas circunstâncias, é totalmente capaz de transmitir informações sobre a marca – por exemplo, a taxa de juros de uma financiadora, uma promoção especial em uma loja de departamentos ou a localização de uma oficina de automóveis.

Um terceiro problema da propaganda no rádio resulta de um alto grau de *fracionamento do público*. A seletividade é uma das principais vantagens da propaganda nesse meio, mas ao mesmo tempo o anunciante é incapaz de alcançar um público diverso, porque cada estação e programa tem seu próprio grupo especial de aspectos demográficos e interesses por parte do público.

Uma limitação final é a *dificuldade de comprar tempo no rádio*. Esse problema é particularmente grave no caso de um anunciante nacional que deseja ter espaços em diferentes mercados por todo o país. Com tantas emissoras de rádio em operação, a compra de tempo é complicada por estruturas de preço não padronizadas que incluem uma variedade de combinações de preços fixos e descontos. Uma perspectiva que pode compensar esse problema é o crescimento da indústria de rádio por satélite. Empresas como a CBN, a Jovem Pan e a Transamérica podem transmitir em escala nacional (e até internacional, via Internet) e assim oferecer aos anunciantes uma oportunidade de alcançar grandes públicos e pagar um único preço pelo tempo comprado.

Um fator, no Brasil, que afeta muito a propaganda em rádio é a polêmica que envolve as emissoras de rádio e agências de propaganda. As agências alegam que muitas rádios, especialmente as pequenas e fora dos grandes centros, "furam" as agências, ou seja, vendem propaganda direto aos anunciantes, descumprindo as normas-padrão para compra de mídia do CENP (já tratamos dessa questão no Capítulo 11), pois a produção da propaganda para rádio é relativamente mais fácil em comparação com outras mídias (como já abordado neste tópico). Por outro lado, as rádios reclamam que são preteridas nas campanhas de comunicação desenvolvidas pelas agências, quer na criação de peças específicas para serem veiculadas em rádios, quer no plano de mídia. Ao que parece essa polêmica ainda deve persistir por um bom tempo.

## Aferição da audiência do rádio

As audiências de rádio são medidas de forma nacional e local. A Arbitron é a principal empresa, tanto no nível nacional quanto local, envolvida com a aferição da quantidade de ouvintes e seus aspectos demográficos nos Estados Unidos. No *nível nacional* a Arbitron possui um serviço conhecido pelo acrônimo RADAR, que significa Radio's All Dimension Audience Research [*Pesquisa de todas as dimensões da audiência do rádio*]. O serviço RADAR produz estimativas de audiência de rádio recrutando 70 mil indivíduos a partir de 12 anos de idade que, durante o período de uma semana, fazem anotações que identificam seu comportamento de escuta diário, incluindo as estações de rádio que ouviram, a hora do dia em que sintonizaram cada estação, e sua localização no momento (por exemplo, no carro, em casa ou no trabalho). A pesquisa do RADAR gera estimativas de índices para programas de estações de rádio e características demográficas da audiência. Os anunciantes usam essas informações para selecionar os programas que coincidem com seu público-alvo.

No *nível local*, havia, nos Estados Unidos, dois serviços principais que mediam o tamanho da audiência do rádio: Birch Scarborough Research e Arbitron. Contudo, no começo de 1990, a Birch encerrou suas operações, deixando a Arbitron como a única fornecedora de dados sobre os índices locais de rádio. A Arbitron mede padrões de escuta em mais de 250 mercados, localizados por todo os Estados Unidos. Os pesquisadores da empresa obtêm os dados em cada mercado, entre 250 a 13 mil indivíduos escolhidos aleatoriamente, com 12 anos ou mais. Os participantes são recompensados por manter *diários* de seu comportamento de escuta por um período de sete dias. Os usuários do serviço da Arbitron (milhares de estações de rádio, anunciantes e agências) recebem relatórios que detalham os padrões de escuta das pessoas, suas estações preferidas e análises demográficas. Essas informações são muito valiosas para os anunciantes e suas agências na hora de selecionar as estações de rádio cuja composição de ouvintes coincida com o mercado-alvo.

A Arbitron está tentando abandonar o método de coleta de dados por meio do diário escrito, fazendo com que as pessoas usem medidores como pagers durante o dia. Esse método de coleta de dados, chamado *Medidor Portátil de Pessoas*, está em teste neste momento. Mais detalhes sobre os medidores de pessoas serão apresentados no contexto da aferição do público de TV.

No Brasil, existem diferentes empresas que trabalham com a avaliação de informações sobre o público ouvinte de rádio. Destaque para a Crowley e a Ipsos Marplan.

A Crowley é uma multinacional, especializada em monitoração eletrônica de rádio, que atua no Brasil desde 1997. A empresa fornece relatórios de análises de músicas e comerciais transmitidos em cada emissora de rádio. Semanalmente a Crowley gera dois relatórios exclusivos: o Top 20 das músicas mais executadas no Brasil e um relatório com os maiores anunciantes da semana do meio rádio, apurado segundo a veiculação nas emissoras de rádio de seis capitais brasileiras. O IBOPE, desde 1940, mensura a audiência de rádio e oferece informações sobre o comportamento da população brasileira. A pesquisa de audiência de rádio do IBOPE é realizada por meio de entrevistas, com periodicidade mensal. São entrevistados indivíduos acima de 10 anos e que residam nas áreas urbanas do país. São realizadas mais de mil entrevistas por dia. Os entrevistados respondem sobre quais emissoras ouviram nas últimas 48 horas, em que local e por quanto tempo.

Além de verificar a audiência do rádio, os pesquisadores do IBOPE registram também dados do perfil dos entrevistados como sexo, idade, escolaridade, onde mora e posse de bens.

A Ipsos Marplan também trabalha com o levantamento de informações sobre o público ouvinte de rádio. A empresa trabalha com pesquisas individuais feitas em domicílio (são feitas cerca de 53 mil entrevistas por ano, com indivíduos maiores de 10 anos em 9 mercados brasileiros). As pesquisas levantam informações como hábito de ouvir rádios AM e FM; horários em que se costuma ouvir rádio; locais em que costumam ouvir rádios AM e FM; emissoras ouvidas ontem (AM e FM) por faixa horária, dentre outros.[33]

# Televisão

A televisão é quase onipotente em todo o mundo industrializado. Os aparelhos de TV estão presentes em um pouco mais de 98% de todos os lares norte-americanos, o que totaliza 112,8 bilhões de aparelhos nos lares do país.[34] No Brasil, a situação não difere muito. Aproximadamente 56 milhões de lares têm aparelhos de TV, o que equivale a 95,7% dos lares brasileiros.[35] Como meio de propaganda, a televisão é singularmente eficiente. Contudo, também pode ser cara e sujeita a uma considerável concentração competitiva. Os consumidores consideram a televisão a mais saturada de mensagens comerciais entre todas as formas de mídia.[36]

Antes de abordar os pontos fortes e as limitações específicos da TV será esclarecedor examinar dois aspectos singulares da propaganda na televisão: (1) a grade de programação diária e (2) as alternativas para os comercias de TV (aberta, regional, independente, a cabo e local).

## Grade de programação diária na TV

Os custos de propaganda, as características do público e a adequação da grade de programação variam muito nas diferentes horas do dia. Assim como acontece com o rádio, essas horas são referidas como *horário da programação*. Existem sete horários de programação ao longo do dia na TV. A seguir o Padrão Ocidental de Tempo:

De manhã cedo: 5h às 9h
Dia: 9h às 16h
Fim de tarde (*fringe time*) – Antes do horário nobre: 16h às 19h
Acesso nobre: 19h às 20h
Horário nobre (*prime time*): 20h às 23h
Fim de noite (*late fringe*) – Depois do horário nobre: 23h às 2h
Madrugada: 2h às 5h

No Brasil, o referenciado anuário Mídia Dados adota uma classificação ligeiramente diferenciada:[37]

Matutino: 7h às 12h
Vespertino: 12h às 18h
Noturno: 18h à 0h. Dentro dessa faixa está o horário nobre (*prime time*), que é das 20h às 23h.

Os três principais horários do dia são: antes do horário nobre, horário nobre e depois do horário nobre. Cada um tem seus pontos fortes e fracos.

### Diurno

O período que começa com as notícias logo pela manhã e se estende até às 16h é conhecido como *diurno*. O início do período diurno apela em primeiro lugar (matutino) aos adultos (noticiários) e depois às crianças, com programas especiais criados para elas (desenhos). A programação da tarde (vespertino) – com ênfase especial em novelas, *talk shows* e reprise de filmes e seriados – apela principalmente a pessoas que trabalham em casa, aposentados e, contrário ao estereótipo, homens jovens.[38]

### Fim de tarde (*fringe time*)

O período anterior ou posterior ao horário nobre é conhecido como *Fim de tarde* [*fringe time*]. O período anterior ao horário nobre começa com reprises às tardes e é voltado principalmente para crianças, mas começa a se dirigir a adultos à medida que o horário nobre se aproxima. O período após o horário nobre apela principalmente a adultos jovens.

### Horário nobre

O período entre 20h e 23h é conhecido como *horário nobre* [*prime time*]. Os melhores e mais caros programas são exibidos nesse horário. A quantidade de espectadores é maior no horário nobre. A Tabela 12.6 indica o tamanho médio do público

### tabela 12.6
**Tamanho médio da audiência do horário nobre para as redes de TV no Brasil**

| Rede | Audiência |
|---|---|
| Globo | 28.360.000,00 |
| Sbt | 5.817.000,00 |
| Bandeirantes | 2.971.000,00 |
| Rede tv | 1.833.000,00 |
| Record | 9.170.000,00 |
| Outras | 8.772.000,00 |

*Fonte*: Ibope Media wokstation 2009. Total da população de segunda a domingo, segundo dados disponíveis no anuário Mídia Dados 2010. http://midiadados.digitalpages.com.br/home.aspx.

nesse horário para as redes de TV do Brasil, durante uma semana em 2008. As redes de TV, naturalmente, cobram os preços mais altos pela propaganda no horário nobre. Os anunciantes pagam bem para atingir grandes quantidades de lares atraídos pelos programas altamente populares do horário nobre. Por exemplo, o bem-sucedido *American Idol* cobra dos anunciantes mais de US$ 600 mil por um único comercial de 30 segundos. Com exceção dele, os 10 programas mais caros de 2007-2008 são exibidos na Tabela 12.7, onde podemos ver que o custo para um único comercial de 30 segundos veiculado durante esses programas varia de US$ 208 mil (*Private Practice* e *Survivor: China*) a $ 419 mil (*Grey's Anatomy*). Observe que esses preços de comerciais são para apenas os 10 programas de TV mais caros. A maioria dos comerciais de 30 segundos veiculados no horário nobre da TV, durante a temporada de 2007-2008, variava entre US$ 50 mil e US$ 200 mil.

## Propaganda na TV aberta, regional, independente, a cabo e local

As mensagens de televisão são transmitidas por estações locais, que são sistemas de TV a cabo de propriedade local ou afiliados às cinco redes comerciais (ABC, CBS, NBC, Fox e The CW), ou a redes independentes a cabo (como TBS – o Turner Broadcasting System). Esse arranjo, entre estações locais e redes, permite diferentes formas de compra do tempo na televisão. No Brasil, existem as seguintes redes nacionais de televisão: Globo, SBT, Record, Bandeirantes, Independentes, Padre Anchieta (pública estadual /SP), TV Omega, Radiobrás (pública federal), Rede TV Om Ltda, Rede 21, Rede Mulher, Abril, Canal Brasileiro, Canção Nova, Rede Família, Rede TVAlteroza, Rede Boas Novas e Vida.[39]

### Propaganda na TV aberta

As empresas que anunciam produtos nacionalmente costumam usar as redes de TV aberta para alcançar consumidores potenciais em todo o país. O anunciante, por meio de uma agência, compra espaços de tempo de uma ou mais estações e veicula os comerciais nesses horários, em estações locais que são afiliadas à rede. O custo desse tipo de propaganda depende da hora do dia em que o comercial é veiculado, da audiência do programa onde o comercial é colocado e da época do ano. O custo médio para todos os comerciais de 30 segundos no horário nobre nos Estados Unidos, durante cada um dos quatro trimestres em um ano recente, foi de: primeiro trimestre (janeiro-março), U$ 134.800; segundo trimestre (abril-junho), US$ 147.900; terceiro trimestre (julho-setembro), US$ 106.300; e quarto trimestre (outubro-dezembro), US$ 132.300.[40]

A propaganda na TV aberta, embora cara em termos de custo por unidade, pode ser eficiente em termos de custo para alcançar grandes públicos. Considere um comercial de 30 segundos que custa R$ 150 mil e alcança 15% dos 54 milhões de domicílios com aparelhos de TV, ou cerca de 8,1 milhões de domicílios. Embora R$ 150 mil seja muito para pagar por 30

### tabela 12.7
**Os 10 programas de TV mais caros, 2007-2008 (preço por um comercial de 30 segundos nos Estados Unidos)**

| Programa | Rede | Preco (US$) |
|---|---|---|
| Grey's Anatomy | ABC | 419.000 |
| Sunday Night Football | NBC | 358.000 |
| The Simpsons | Fox | 315.000 |
| Heroes | NBC | 296.000 |
| House | Fox | 294.000 |
| Desperate Housewives | ABC | 270.000 |
| CSI: Crime Scene Investigation | CBS | 248.000 |
| Two and a Half Men | CBS | 231.000 |
| Private Practice | ABC | 208.000 |
| Survivor: China | CBS | 208.000 |

*Fonte*: "2007–2008 TV Season: Network Pricing", *Advertising Age*, 31 de dezembro de 2007, 45.

segundos, alcançar 8,1 milhões de domicílios significa que o anunciante pagou aproximadamente apenas R$ 18,51 para alcançar cada mil domicílios.

A propaganda nas redes de TV é ineficaz, e de fato irrealizável, se o anunciante nacional decidir concentrar os esforços apenas em mercados selecionados. Por exemplo, algumas marcas, embora anunciadas nacionalmente, são direcionadas em especial a consumidores em certos locais geográficos. Nesse caso, seria um desperdício investir em propaganda nas redes nacionais, que alcançariam muitas áreas onde o público-alvo não está localizado.

## Propaganda regional

A alternativa do anunciante nacional à propaganda em rede nacional é a *propaganda regional*. Como vimos na discussão anterior e o próprio nome sugere, esse tipo de propaganda é colocado apenas em mercados selecionados. As TVs regionais, em geral, atuam em determinado estado ou região e são afiliadas a uma grande rede nacional, retransmitindo a parte de sua programação e produzindo localmente parte dos programas. Um telejornal em uma emissora regional tem uma parte de notícias regionais e uma parte nacional. Todas as grandes redes de TV no Brasil (Globo, Record, SBT, Band e Rede TV) contam com várias afiliadas para garantir cobertura nacional. A Globo, por exemplo, tem 122 afiliadas e divide o território nacional em diversas regiões, como, por exemplo, SP1, e comercializa espaço para propaganda nacionalmente ou somente nessas regiões.

A propaganda regional é particularmente desejável quando uma empresa lança uma nova marca em um mercado específico antes de alcançar distribuição nacional, quando um profissional de marketing precisa se concentrar em mercados específicos devido ao fraco desempenho deles ou em esforços agressivos dos concorrentes, ou quando a distribuição do produto de uma empresa está limitada a uma ou poucas regiões geográficas. Além do mais, a propaganda regional é útil até para aqueles anunciantes que usam a propaganda nas redes nacionais, mas precisam complementar a cobertura nacional com quantidades maiores de anúncios em mercados selecionados que têm um alto potencial.

## Propaganda independente

A propaganda independente acontece quando uma empresa independente – como a Disney ABC Domestic Television Company e a Sony Pictures Television – anuncia um programa de TV a quantas afiliadas de rede ou estações de TV a cabo for possível. Como uma empresa independente divulga os programas independentes às estações individuais de televisão, o mesmo programa será exibido, por exemplo, nas estações da NBC em alguns locais, e da ABC ou CBS em outros. Os programas independentes são produções ou shows originais que foram ao ar primeiro nas redes de TV e são agora exibidos como reprises.

## Propaganda na TV a cabo

Diferente da TV aberta, que é de graça para qualquer proprietário de aparelho de TV, a televisão a cabo exige que o usuário assine (pague uma taxa) para receber o serviço, por isso essa modalidade também é conhecida como TV por assinatura. Aliás, essa terminologia parece ser mais adequada, uma vez que esse tipo de TV pode ser transmitida, além do cabo, por outros meios como satélite, DTH e MMDS. Embora a televisão a cabo exista desde os anos 1940 (no Brasil, ela começou bem depois, somente no início dos anos 1990), foi apenas nas décadas recentes que os anunciantes passaram a considerá-la um valioso meio de propaganda. Quantidades cada vez maiores de empresas anunciam na TV a cabo. A penetração da TV a cabo nos lares norte-americanos aumentou de menos de 25% de todas as casas em 1980, para cerca de 85%.[41] No Brasil, no primeiro semestre de 2010, o setor havia crescido 12,7% em comparação com o mesmo período de 2009, totalizando 8.426.462 de domicílios com esse serviço. Pode-se estimar que mais de 27,8 milhões de brasileiros já tenham acesso a canais por assinatura em suas próprias residências.[42] Os gastos com propaganda na TV a cabo estão aumentando significativamente nos últimos anos, mas ainda representam muito pouco dos investimentos publicitários no Brasil, cerca de 4%.

A propaganda na TV a cabo é atraente aos anunciantes nacionais por várias razões. Em primeiro lugar, como as estações de televisão a cabo focam em áreas mais restritas de interesse de audiência (*narrowcasting*), os anunciantes conseguem alcançar um público-alvo mais bem direcionado (nos aspectos demográficos, psicográficos) que com o uso da TV aberta. De fato, as estações a cabo conseguem alcançar praticamente qualquer preferência de audiência imaginável. Um profissional de marketing de uma marca pode selecionar as estações a cabo que apelem a uma variedade de interesses específicos de audiência, como esportes (*ESPN*, *Sport TV*), vida rural (*Globo Rural*), filmes (*HBO* e *Telecine*), desenhos (*Nickelodeon* e *Cartoon Network*), músicas (*MTV*), natureza, ciência e vida animal (*Animal Planet*, *Discovery Channel* e *National Geographic*), educação geral (*History Channel* e *Travel Channel*) e assim por diante.

Uma segunda razão pela qual a propaganda na TV a cabo atrai os anunciantes nacionais é que os altos preços das redes de TV aberta e as quedas de audiência os levaram a experimentar mídias alternativas como o sistema a cabo. Um terceiro fator por trás do crescimento dessa forma de mídia é a composição demográfica de seu público. Os assinantes da TV a cabo têm melhores condições financeiras e são mais jovens que a população em geral. No Brasil, a TV a cabo apresenta outra vantagem significativa em relação à TV aberta: a audiência qualificada, pois tem altíssimo alcance nas camadas mais abastadas da população – 80% na classe A1. A TV a cabo ainda não é muito popular no Brasil, são pouco mais de 8 milhões no país. Em comparação, os maiores espectadores da TV aberta tendem a apresentar condições financeiras inferiores. Não é de admirar que as características relativamente superiores dos espectadores da TV a cabo atraiam muitos anunciantes nacionais.

Nesse setor atuam dois tipos de organizações: as operadoras de TV a cabo, que não produzem conteúdo e são responsáveis pela transmissão e venda das assinaturas (NET, TVA e SKY); e os canais (programadores), que produzem os conteúdos, ou seja, os programas veiculados (como Multishow, GNT, Band News, TNT, Fox etc.). Um pacote ofertado por uma operadora pode incluir mais de 150 canais, nacionais e internacionais, com programação das mais variadas.[43] Uma peculiaridade no mercado brasileiro é que algumas operadoras estão oferecendo também serviços de telefonia e transmissão de dados via banda larga, ampliando mais os campos de atuação.

### Propaganda em TV local

Os anunciantes nacionais historicamente dominaram a propaganda na TV, mas os anunciantes locais se voltam para a televisão em números cada vez maiores. Os anunciantes locais consideram que as vantagens em termos de CPM da televisão, associadas à sua habilidade para demonstrar produtos, justifica a mídia TV. Muitos anunciantes locais estão usando as estações locais em um nível sem precedentes. Na verdade, o índice de crescimento na propaganda em TV local é mais rápido que o de qualquer outra forma de mídia.[44] A TV Diário de Fortaleza/CE, com programação totalmente regional, é um exemplo brasileiro dessa modalidade de TV, modalidade que ganhou um novo impulso com o advento da internet, pois o mundo digital e a acessibilidade às novas tecnologias facilitaram muito a montagem de uma emissora de TV.

## Pontos fortes e limitações da propaganda na TV

Assim como as outras formas de mídia, a propaganda na TV tem uma série de pontos fortes e limitações (ver o resumo na Tabela 12.8).

### Pontos fortes da propaganda na TV

Além de qualquer outra consideração, a TV possui a capacidade única de *demonstrar um produto em uso*. Nenhum outro meio pode alcançar os consumidores simultaneamente por meio dos sentidos auditivo e visual. Isso considerando, é claro, somente as mídias tradicionais, pois se considerarmos a Internet essa afirmação já não é mais tecnicamente verdadeira, porém, ainda é válida se pensarmos em termos de cobertura da TV em relação à Internet. Os espectadores podem ver e ouvir um produto sendo usado, identifica-se com os usuários do produto, e se imaginar utilizando-o.

A televisão também tem um *valor de intrusão* incomparável com o de outras formas de mídia. Ou seja, os comerciais de TV envolvem os sentidos da pessoa e atraem a atenção mesmo quando ela prefere não ser exposta aos anúncios. É muito mais fácil evitar um anúncio em revista (simplesmente mudando de página), ou em rádio (mudando de estação). Mas costuma ser mais fácil ver um comercial de TV em vez de tentar evitá-lo física ou mentalmente. É claro, como veremos daqui a pouco, os controles remotos e os aparelhos de gravação digital tornaram mais fácil evitar os comerciais zapeando.

Uma terceira vantagem relativa da propaganda na televisão é sua *habilidade combinada em oferecer entretenimento e gerar excitação*. Os produtos anunciados podem criar vida ou parecer maiores que a vida. Anunciados na televisão, podem ser apresentados de forma dramática, dando a impressão de serem mais excitantes e menos comuns que talvez de fato o sejam.

A TV também tem a habilidade singular para *alcançar os consumidores um a um* (mas não de forma personalizada), como acontece quando um porta-voz ou endossante anuncia um produto específico. Como uma apresentação de venda, a interação entre o porta-voz e o consumidor acontece em um nível pessoal.

Mais que qualquer outro meio, a televisão é capaz de *usar o humor* como uma eficaz estratégia de propaganda. Como vimos no Capítulo 9, muitos dos comerciais mais memoráveis são aqueles que usam um formato humorístico.

Além de sua eficácia em alcançar consumidores finais, a propaganda na TV é também *eficaz com a equipe de vendas e os varejistas* (também conhecidos como "trade") *de uma empresa*. Os profissionais de venda têm mais facilidade em vender marcas novas ou estabelecidas ao *trade* quando uma grande campanha é planejada. O *trade* tem um incentivo extra para aumentar o apoio à divulgação (por exemplo, anunciando características e criando espaços especiais de exibição do produto) de uma marca que é anunciada na televisão.

A maior vantagem relativa da propaganda na televisão, no entanto, é *sua habilidade para causar impacto*; ou seja, ativar a percepção que os consumidores têm dos anúncios e promover a receptividade deles às mensagens de venda.

| tabela 12.8 | Pontos fortes | Limitações |
|---|---|---|
| **Pontos fortes e limitações da propaganda na TV** | Habilidade em demonstração | Rápida expansão do custo |
| | Valor de intrusão | Erosão do público espectador |
| | Habilidade para gerar excitação | Fracionamento do público |
| | Alcance um a um | Zapping e zipping |
| | Habilidade para usar humor | Concentração |
| | Eficaz com equipe de vendas e comércio | |
| | Habilidade para causar impacto | |

## Limitações da propaganda na TV

Como meio de propaganda a televisão apresenta vários problemas. O primeiro, e talvez mais sério, é a *rapidez do aumento do custo da propaganda*. O custo da propaganda na TV aberta mais que triplicou nas duas últimas décadas. Um exemplo dramático disso é o aumento crescente do custo da compra do tempo durante o *Super Bowl*. Em 1975, um comercial de 30 segundos custava US$ 110 mil. Em 2008, o preço médio para colocar um comercial de 30 segundos durante o *Super Bowl XLII* foi $ 2,7 milhões! Além do custo da compra do tempo de transmissão, produzir comerciais para a TV é algo caro. O custo médio da criação de um comercial nacional de 30 segundos ficava em US$ 372 mil há pouco tempo.[45] No Brasil, a veiculação de anúncio em TV aberta também demanda altos investimentos. Uma única inserção em um programa de alto índice de audiência em rede nacional, como o *Jornal Nacional*, pode custar algo em torno de R$ 380 mil. Evidentemente, se considerarmos o custo por domicílio ou indivíduo o valor se torna muito razoável, menor que muitas outras mídias em função do grande número de telespectadores do programa. Por isso, o termo comunicação de massa é muito apropriado para a propaganda em TV.

Um segundo problema é a *erosão do público espectador*. Programas independentes, televisão a cabo, Internet e alternativas de lazer e recreacionais diminuíram o número de pessoas que assistem à TV aberta. A parcela de espectadores durante os horários nobre nas cinco principais redes dos Estados Unidos caiu de mais de 90% em 1980 para apenas 60% atualmente. Os índices dos programas caíram nos últimos 40 anos. Enquanto os programas mais populares costumavam ter índices na faixa dos 50 pontos (significando que mais de 50% de todos os aparelhos de TV estavam sintonizados nesses programas), os programas de maiores índices nos dias de hoje raramente obtêm pontuação de 20. No Brasil, ocorre o mesmo fenômeno. Usando como referência as telenovelas – por serem os programas mais populares e tradicionais da TV aberta – podemos observar que os patamares de audiência veem caindo ao longo dos anos. Enquanto na década de 1980 o índice médio era de 60 pontos (*Roque Santeiro*, 67 e *Tieta*, 63 pontos), atualmente esse índice é alcançado somente no último capítulo da novela, que em geral, é o pico da audiência. O *Jornal Nacional*, o programa de maior audiência da TV aberta brasileira, também passa por situação semelhante. Sua audiência na grande São Paulo caiu de 39 para 31 pontos na última década. Atualmente os índices de audiência são muito pulverizados, no qual os maiores índices mal passam da casa dos 30 pontos, como ilustrado na Tabela 12.9. A rede Globo, que sempre foi a líder absoluta de audiência na TV no Brasil, atualmente, tem índice médio na casa de 18 pontos, contra 7 da Rede Record e 5 do SBT.[46] Contudo, há de se ponderar que, se por um lado existe a queda no índice de audiência de TV aberta em detrimento de outras mídias, por outro lado, a quantidade de domicílios correspondentes a cada ponto aumenta. Hoje em dia, cada ponto no índice de audiência corresponde a, aproximadamente, 58 mil lares, obviamente esse número evolui com o aumento da população. Portanto, a queda do índice de audiência, não significa, necessariamente, queda no número absoluto de telespectadores.

O terceiro problema é o substancial *fracionamento do público*. Os anunciantes não podem esperar atrair grandes públicos homogêneos ao anunciar durante qualquer programa específico, devido à grande quantidade de seleção de programas disponíveis hoje ao público da TV.

Em quarto lugar, quando assistem aos programas, os espectadores passam uma boa parte de seu tempo *mudando de canal para canal*, zapeando os comerciais. O **zapping** ocorre quando os espectadores mudam para outro canal no momento em que os comerciais vão ao ar, o que levou um observador a comentar que o "zapper" do controle remoto é a maior ameaça ao capitalismo desde Karl Marx.[47] As pesquisas revelam que talvez quase $1/3$ do público potencial de um comercial de TV pode ser perdido devido ao zapping.[48] Embora o zapping seja extenso, um estudo intrigante apresentou evidências sugerindo que os comerciais que são zapeados são ativamente processados antes de o zapping acontecer, e podem ter um efeito mais positivo sobre o comportamento de compra da marca que comerciais que não são zapeados.[49] Essa perspectiva provocativa com certeza requer mais apoio antes de ser aceita como um fato.

Além do zapping, os espectadores de TV também praticam o zipping. O **zipping** ocorre quando os comerciais que foram gravados junto com o programa, por meio de um dipositivo de gravação digital ou DVRs (da variedade TiVo, como os aparelhos SkyHD ou NetHD, por exemplo) são acelerados no momento em que o espectador assiste ao programa pré-gravado. As pesquisas revelam que o zipping é extenso.[50] DVRs de empresas como a TiVo e Replay TV permitem que os espectadores acelerem os comerciais usando apenas um botão, que adianta a gravação em intervalos de 30 segundos, que, não coincidentemente, é a duração padrão de um comercial de TV. Estima-se que a penetração atual do DVR nos lares norte-americanos seja de praticamente 25%, o que significa que mais de 28 milhões de lares tinham DVRs em 2008.[51] No Brasil, no entanto, a penetração de aparelhos DVRs nos lares ainda é muito baixa, por isso seus efeitos ainda são pouco considerados pelos profissionais de mídias nos planos de divulgação dos anunciantes. Muitos donos de DVRs usam a tecnologia *fast-forward* (acelerar) durante os comerciais, ou simplesmente os pulam. Um estudo demonstrou que aproximadamente 60% dos espectadores do sexo masculino pulam os comerciais, e uma porcentagem ainda maior de espectadoras, quase 70%, fazem o mesmo.[52] A prática de acelerar durante os comerciais é particularmente alta (acima de 75%) quando os programas são pré-gravados para serem assistidos mais tarde. No entanto, essa prática cai consideravelmente (para menos de 20%) quando as pessoas assistem a programas ao vivo.[53]

A implicação é clara: os comerciais têm mais probabilidade de serem assistidos durante programas ao vivo, o que talvez explique porque tais programas como o *American Idol, Domingão do Faustão e Pânico da TV* têm os custos, relativamente, mais altos.

À medida que a penetração dos DVRs aumenta, muitos anunciantes mudam para outras formas de mídia que não a TV, por acreditarem que ela simplesmente não está prestando o serviço pelo qual eles estão pagando. No entanto, uma

### tabela 12.9
**Os programas de TV com maior índice de audiência**

| GLOBO | |
|---|---|
| Mais Você | 6 |
| Alma Gêmea | 18 |
| Malhação | 17 |
| Cama de Gato | 24 |
| Caras & Bocas | 31 |
| Viver a Vida | 31 |
| **RECORD** | |
| Hoje em Dia | 5 |
| Geraldo | 4 |
| A Fazenda | 12 |
| Bela, a Feia | 13 |
| Poder Paralelo | 12 |
| Ídolos | 10 |
| **SBT** | |
| Casos de Família | 6 |
| Ratinho | 6 |
| Qual seu Talento | 7 |
| Sobrenatural | 9 |
| Boletim de Ocorrência | 9 |
| Vende-se Um Véu de Noiva | 6 |
| 1 contra 100 | 6 |
| SBT Repórter | 4 |

*Fonte*: www.ofuxico.terra.com.br, dados de novembro de 2009.[54]

pesquisa digna de nota realizada pela Procter & Gamble chegou à conclusão de que os consumidores que aceleram a gravação durante os comerciais, com o uso do DVRs, se lembram desses comerciais no mesmo nível que as pessoas que os assistem na velocidade normal em tempo real.[55] Porém, outros indicadores da eficácia dos comerciais (sentimentos de cordialidade, simpatia, persuasão em geral) podem ser negativamente afetados quando as pessoas aceleram os comerciais, o que torna inapropriado concluir que o uso do DVR não diminui a eficácia dos comerciais.

Devido à realidade do uso do DVR – ou seja, acelerar durante os comerciais – os anunciantes estão desenvolvendo técnicas para diminuir esse comportamento. Por exemplo, durante uma apresentação do *Caçadores de mitos* – um programa de TV a cabo que usa a ciência para tentar desacreditar mitos e lendas urbanas – um curto comercial da cerveja Guinness incluía uma cena onde um personagem perguntava a outro se era um mito que uma garrafa da Guinness continha apenas 125 calorias. Depois que o personagem recebia a informação de que a contagem de calorias era precisa, uma voz em *off* declarava: "*Caçadores de mitos*, patrocinado pela Guinness".[56] O KFC também tentou fazer que os consumidores não acelerassem durante os comerciais incluindo neles uma única estrutura que continha a palavra-chave "Buffalo". Somente os espectadores que usassem o DVR para desacelerar o anúncio e assisti-lo quadro a quadro conseguiam ver a palavra-chave. O KFC anunciou os detalhes sobre quando o comercial iria ao ar para garantir que os espectadores soubessem quando dar a pausa no DVR. Os espectadores que localizassem a palavra-chave podiam acessar o site do KFC e reivindicar um cupom para um sanduíche Buffalo Snackers gratuito. Mais de 100 mil pessoas reivindicaram os cupons para o sanduíche gratuito depois de entrar com a palavra-chave no site do KFC. Durante as semanas que o anúncio foi ao ar, o site teve um acesso 40% maior que o usual.[57] No Brasil, a inserção de mensagens comerciais em programas "ao vivo" também cresce, dentre outras razões, por esses mesmos motivos.

A *concentração* é o quinto problema sério da propaganda na televisão. A concentração se refere à quantidade crescente de comerciais e outros materiais como mensagens de utilidade pública e anúncios promocionais de estações e programas. Na verdade, a cada hora de transmissão do horário nobre, o conteúdo que não é programa representa um pouco mais de 15 minutos entre as principais redes de TV, ou mais de 25% do tempo.[58] Como vimos anteriormente, os consumidores consideram a televisão como o meio onde há mais concentração entre todas as principais formas de mídia. A concentração foi criada pelo uso cada vez maior, por parte das redes, de anúncios promocionais para estimular a audiência de programas muito promovidos e pela utilização crescente dos anunciantes de comerciais mais curtos. Enquanto os comerciais de 60 segundos prevaleciam no passado, hoje a duração da grande maioria dos comerciais de TV

## foco global

### Coortes influenciando o mercado de uísque no Brasil

As coortes são grupos de pessoas de uma dada cultura que vivenciaram os mesmos acontecimentos na época da passagem para a fase adulta. Portanto, os indivíduos pertencentes a uma coorte nasceram na mesma época e possuem valores, crenças e atitudes similares, pois passaram pelos mesmos eventos externos na fase da vida que mais determina essas características. Assim, compartilham experiências que afetaram profundamente suas atitudes e preferências. Constituem-se de grupos que foram fortemente influenciados pela época em que se tornaram adultos. Essa influência é observada em preferências em termos de música, filmes, política, times esportivos etc. Da mesma forma, algumas marcas e produtos marcam profundamente essa fase da vida.

O mercado de uísque importado no Brasil foi influenciado pela legislação de importação. Antes dos anos 1990, poucas marcas conseguiam ter acesso ao mercado brasileiro, devido à restrição que havia à importação. O mercado era dominado pelas marcas nacionais (por exemplo: Drury's, Old Eight, Natu Nobilis). Algumas marcas importadas conseguiam ter acesso ao mercado, devido à distribuição e a importações oriundas do Paraguai. A *Ballantine's* foi a primeira marca de uísque importada a se destacar, sobretudo no mercado de São Paulo, Rio de Janeiro e Brasília. O endosso de personalidades como Tom Jobim e Maísa, nos anos 1970, emprestava requinte e confiabilidade à marca. A distribuição, portanto, era o aspecto mais relevante em marketing. Durante os anos 1980, a marca *Chiva's Regall* conseguiu igual destaque, por conta de outros distribuidores que passaram a operar. Tornaram-se, dessa forma, as duas marcas de destaque no Brasil.

Em 1992, foi liberada a importação de uísque no país, tornando possível a entrada de mais marcas. Com a competição se acirrando, tornou-se necessário o investimento em comunicação, o que a marca *Johnnie Walker* fez com grande ênfase em mídias tradicionais e de grande alcance como TV e revistas. No início dos anos 2000, a *Johnnie Walker* já dominava o mercado e a preferência do público com menos de 30 anos. O mercado de uísque, no Brasil ficou assim, marcado pelas gerações que o consumiam em determinado período.

Atualmente, consumidores acima de 50 anos admiram e procuram a marca *Ballantine's*, mas como o grande público consumidor tem menos de 35 anos, ela se tornou uma marca menor dentre as marcas de uísque importadas em solo brasileiro.

Algumas marcas fortes em outros países, como a *Jack Daniels* e outras de reconhecida qualidade e prestígios internacionais ainda não conseguiram uma participação significativa em nosso mercado. A distribuição e a comunicação parecem ser chaves no negócio.

A proposta deste *case* é servir de referência para reflexão e discussão sobre o tema e não para avaliar as estratégias adotadas. O *case* foi desenvolvido com base em informações divulgadas nos seguintes meios: FEITOSA, Willian Ramalho. A segmentação de mercado por meio de coortes e gerações, 2009. 154 f. Dissertação (Mestrado) – Faculdade de Economia, Administração e Contabilidade, Universidade de São Paulo, São Paulo. Sociedade Brasileira do Whisky. Disponível em: <http://www.sbw.org.br/home.html>. Acesso em 23 de novembro de 2010

Caso elaborado por Prof. Dra. Ana Akemi Ikeda, Professora de Marketing da FEA/USP; e por Prof. Me. Willian Ramalho Feitosa, Mestrado pela FEA/USP e doutorando pela FGV/SP.

é de apenas 30 ou 15 segundos.[59] A eficácia da propaganda na TV foi afetada pelo problema da concentração, o que cria uma impressão negativa entre os consumidores sobre a propaganda em geral, afasta os espectadores do aparelho de TV, e talvez reduza o reconhecimento e a lembrança dos anúncios.[60]

## Infomerciais

A discussão sobre a propaganda na TV não estaria completa sem pelo menos uma breve menção ao infomercial. Introduzido na televisão no começo da década de 1980, o comercial longo, ou **infomercial**, é uma alternativa à forma curta, convencional, do comercial de TV. Os infomerciais são segmentos comerciais de longa duração que duram de 28 a 30 minutos e combinam notícias sobre o produto e entretenimento. O uso cada vez maior dos infomerciais se deve a dois fatores principais: em primeiro lugar, produtos tecnologicamente complicados e aqueles que requerem explicações detalhadas se beneficiam do longo formato do comercial; em segundo lugar, o formato do infomercial acompanha as exigências cada vez maiores da prestação de contas do marketing à medida que a maioria dos pedidos feitos durante a exibição dos infomerciais permanece por cerca de 24 horas após o comercial ir ao ar.[61] Devido à reação rápida, é muito fácil determinar se os infomerciais estão movendo o ponteiro das vendas; em comparação, essa rápida reação das vendas raramente acontece com a maioria dos produtos anunciados por comerciais tradicionais.

No início, os infomerciais eram limitados, principalmente, a empresas desconhecidas que vendiam produtos para cuidados com a pele, tratamentos contra calvície, equipamento para exercícios e outros produtos desse tipo. No entanto, a respeitabilidade crescente dessa forma de comercial encorajou um número de empresas a promover suas marcas por meio dos infomerciais, além de representar uma alternativa para as empresas que querem diminuir a dependência dos canais de vendas tradicionais. Usuários bem conhecidos dos infomerciais são Avon, Polishop, Braun, Clairol, Chrysler, Estée Lauder, Hoover, Pioneer e Procter & Gamble. Fabricantes de produtos duráveis estão cada vez mais utilizando os infomerciais, como mostra a bem-sucedida aplicação da Kodak.

A Kodak introduziu um infomercial de 30 minutos para promover a sua nova câmera digital zoom DC210. Antes a Eastman Kodak teve poucas vendas e lucros para compensar os US$ 500 milhões investidos em imagem digital. O infomercial, que custou quase US$ 400 mil para ser produzido, incluía um número de telefone gratuito que convidava os espectadores a pedir um cupom de US$ 175 que podia ser usado na compra da câmera e de outros produtos da Kodak nas lojas de varejo. Uma pesquisa indicou que aproximadamente 1 entre 12 espectadores que receberam o cupom de desconto adquiriram a câmera no varejo – uma estatística impressionante considerando que o preço a varejo da DC210 era US$ 899 na época da promoção. As vendas a varejo nas cidades onde os infomerciais da DC210 foram ao ar superaram em 80% das vendas dessa marca nas cidades sem os infomerciais. Além do mais, o tempo de venda a varejo foi substancialmente reduzido porque já havia ocorrido uma pré-venda por meio do infomercial. Os executivos da Kodak concluíram que o infomercial foi um meio eficaz, em termos de custo, para apresentar aos consumidores as vantagens da imagem digital.[62]

Outro exemplo de grande sucesso foi a introdução do Grill George Foreman no Brasil, que trabalhou como ferramenta de comar principalmente o infomercial na televisão.

Muitos anunciantes consideram os infomerciais na TV um instrumento extremamente eficaz para divulgar as mercadorias. Esse comercial de formato longo aparentemente chegou para ficar. Embora os consumidores tenham reclamações sobre eles (por exemplo, que alguns fazem alegações falsas e são enganosos),[63] essa forma de comercial parece ser especialmente eficaz para consumidores que têm consciência da marca e do preço e que dão um grande valor à conveniência na hora da compra.[64]

## *Brand Placement* em programas de TV

Retornando à discussão anterior sobre a concentração na propaganda e as reações dos consumidores na forma da prática de zipping e zapping, muitos observadores receiam que a propaganda na TV não seja mais tão eficaz quanto costumava ser. (Lembre-se da discussão sobre os vários estudos apresentados no início do capítulo, na seção *Dica de comar*).

Os gerentes de marca e os executivos das redes de TV reagiram à prática do zipping e do zapping tomando emprestado uma estratégia da indústria do cinema e descobrindo um meio de impedir que os espectadores de TV evitem os comerciais. Você já observou marcas aparecendo com frequência cada vez maior "dentro" dos programas de TV? Essa modalidade é conhecida como **brand placement** ou *product placement*, ou ainda, mas de forma equivocada como "*merchandising* em TV" (reveja o *mix* de ferramentas de comunicação no Capítulo 1). Isso não acontece por acaso. Ao contrário, os gerentes de marca estão pagando por lugares de destaque para suas marcas – exatamente como fizeram para que elas aparecessem nos filmes de cinema. O programa de grande audiência, *Big Brother*, representa bem esse uso de colocação de produtos, talvez até o ponto em que os espectadores de TV agora percebem que as marcas colocadas nesse programa são pouco mais que comerciais disfarçados. Para a edição de 2011 foram vendidas cotas para diversas marcas, dentre elas Brastemp, Chilli Beans, Fiat, Grendene, Guaraná Antártica, Honda, Kibon, Rossi Residencial e Samsung. A inserção de marcas em novelas já é prática de longa data. As inserções podem ser em 3 níveis. Nível I – "aparição", é a simples inserção da marca no contexto. É a forma mais discreta. Por exemplo, o personagem simplesmente passa em frente a uma agência de um dado banco. Nível II – "aparição" com demonstração ou manipulação. Trata-se de uma forma mais ostensiva, pois além da "aparição" existe uma demonstração do produto ou do serviço. No caso de um banco, quando o personagem da novela comenta com outro que precisa pagar uma conta no banco ou ainda aparece usando um caixa eletrônico. Nível III – "aparição", demonstração e testemunhal. É a forma mais "agressiva", pois além da existência das duas situações anteriores, o personagem complementa com uma fala sobre a marca. No caso de um banco, em uma única cena, a marca é mostrada, o serviço é usado e o personagem faz um comentário elogioso sobre a marca.

Comparadas ao *brand placement* em filmes, as exibições das marcas nos programas de TV têm as seguintes vantagens: (1) públicos bem maiores; (2) exposições mais frequentes, e (3) alcance global, especialmente quando os programas são reprisados em todo o mundo, pela prática da venda de programação entre emissoras coligadas.

O *brand placement* na TV pode ser muito eficaz desde que a marca seja exibida em um contexto que coincida apropriadamente com sua imagem. O grande desafio nessa modalidade de comunicação é fazer uma ação que não seja muito ostensiva, pois isso irrita o telespectador, que vê nela uma intromissão ao seu entretenimento, e nem discreta demais, pois corre o risco de não ser percebida pelo público. Portanto, acertar o ponto de equilíbrio não é muito fácil e, ao contrário de inserção de comerciais nos blocos de intervalos, que são ações mais técnicas, ações de *brand placement* são planejadas caso a caso e envolvem as áreas de marketing do anunciante, de criação e mídias das agências e áreas comerciais e de produção das emissoras de TV (diretores, autores e artistas).

A desvantagem dessas colocações nos programas de televisão é que os gerentes de marca renunciam ao controle total que têm quando, por exemplo, dão a aprovação final para os comerciais de TV. Curiosamente, quando mais pessoas se sentirem ligadas a um programa de TV – ou seja, se identificam com os personagens, os temas e as imagens dele – maior é a lembrança que elas têm das marcas colocadas no programa.[65] Isso implica, obviamente, que os programas de TV que criam um alto senso de ligação entre seus públicos são veículos mais eficazes para *brand placement*, em comparação aos programas que não conseguem atingir altos níveis de ligação.

## Aferição da audiência da TV

Como vimos antes, um comercial de 30 segundos no horário nobre em exibição nacional pode custar em torno de R$ 380 mil (para uma inserção no Jornal Nacional) ou menos de R$ 40 mil dependendo da audiência do programa. É claro que o custo de anunciar em *spot* (ou seja, não nacional) é consideravelmente menor porque o mercado coberto também é muito menor. Além disso, anunciar em estações a cabo e programas independentes é mais barato que na TV aberta, também devido ao público menor. Seja qual for o caso, a razão para a disparidade em custos comercias são os *índices de audiência*. Em geral, os programas com índices de audiência mais altos são mais caros. Como os preços e os índices caminham juntos, a medida precisa do tamanho do público de um programa – a base sobre as quais os índices são determinados – é uma indústria que movimenta muitos milhões em recursos financeiros. Os pesquisadores de propaganda continuamente buscam meios para medir com mais precisão o tamanho das audiências dos programas de TV. A discussão a seguir distinguirá a aferição da audiência da TV aberta (nacional) e da local. É inerente nesta distinção verificar se os dados sobre o tamanho do público são coletados via tecnologia eletrônica (os chamados medidores de pessoas) ou em diários escritos.

### Aferição da audiência nacional (TV aberta): a tecnologia do medidor de pessoas

O medidor de pessoas da Nielsen Media Research representa, talvez, a inovação de pesquisa mais importante e controversa desde o surgimento da aferição da audiência da TV.[66] A Nielsen usa a tecnologia do medidor de pessoas equipando uma amostra nacional de lares com controles ligados à TV, que exigem que os consumidores apertem um botão para registrar quando selecionam um programa. Dez mil lares (dos 112,8 milhões de lares com aparelhos de TV nos Estados Unidos em 2007) estão atualmente incluídos na amostra da Nielsen. No Brasil, existe um modelo de aferição similar, o *Peoplemeter*, desenvolvido e aplicado pelo IBOPE (Figura 12.1).[67] Esse modelo registra, automaticamente, por meio de um aparelho (*peoplemeter*) instalado no domicílio pesquisado, a audiência identificando a emissora e a programação sintonizadas) e (transmite via radiofrequência ou celular), em tempo real, as informações para os computadores do IBOPE. Cada membro da residência tem uma identificação no sistema de tal forma que é possível verificar também qual o indivíduo da família está assistindo a determinada programação. Um membro da família aperta o seu botão designado numericamente todas as vezes em que escolher determinado programa. O medidor automaticamente registra quais programas estão sendo assistidos, quantos membros da família estão assistindo aos programas, e quantas casas estão sintonizadas neles. Esses dados são estatisticamente extrapolados para todos os lares para se chegar às estimativas dos índices de cada programa em uma ocasião específica, como o *American Idol* em determinada terça-feira, ou a novela das 8 da Rede Globo. Esse sistema de audiência *real time* só está disponível em algumas regiões metropolitanas do país, como São Paulo, Rio de Janeiro, Belo Horizonte e Porto Alegre. Nas demais praças, acontece pelo sistema *overnight* (os dados são disponíveis no dia seguinte), amostragem da pesquisa segue uma metodologia específica e, segundo o IBOPE, envolve o planejamento amostral do censo demográfico do IBGE e o levantamento socioeconômico (LSE) do próprio IBOPE, e constitui uma amostra representativa da audiência de TV no país. Em termos quantitativos contempla 4 mil domicílios de 14 cidades diferentes (São Paulo, Rio, Belo Horizonte, Porto Alegre, Curitiba, Salvador, Recife, Distrito Federal, Fortaleza, Florianópolis, Campinas, Vitória, Goiânia e Belém), totalizando um universo de 57 milhões de pessoas.

Você pode se perguntar por que alguém perderia tempo apertando um botão sempre que for assistir à TV. Na verdade, uma parte dos membros dos lares participantes provavelmente *não* é fiel à prática de apertar o botão para identificar que estão assistindo TV. Porém, como a Nielsen recompensa os lares participantes – até $ 600 por um período de dois anos – muitos participantes se sentem obrigados a cumprir a tarefa. No Brasil o IBOPE não oferece nenhuma remuneração financeira pela participação, mas ocasionalmente oferece presentes e brindes às famílias participantes como forma de retribuição.

Ao que parece, os medidores de pessoas chegaram para ficar, de um jeito ou de outro, e provavelmente o mesmo acontecerá com a controvérsia a respeito de seu uso. As principais redes, que pagam à Nielsen mais de $ 10 milhões ao ano por seus dados, estão se tornando

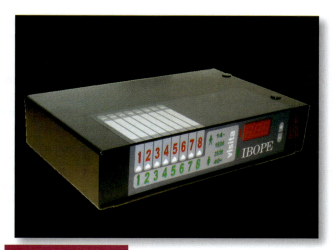

**figura 12.1**

Medidor *Peoplemeter* do IBOPE.

cada vez mais críticas a respeito dos dados da empresa. Elas alegam que a Nielsen deixa de registrar segmentos importantes da população, como os jovens e as pessoas que assistem à TV fora de casa. Também existem no Brasil críticos ao processo de medição de audiência em TV do IBOPE. As principais críticas estão no fato de que a amostra selecionada não seria representativa da população e com isso os resultados não refletiriam a realidade da audiência da TV aberta e que não há como garantir efetivamente que a pessoa que se identificou no *peoplemeter* esteja em frente à TV, assistindo à programação. Além disso, a mediação de audiência gera um efeito colateral perverso tanto para o público quanto para os anunciantes, isso porque com base nos índices de audiência as programações são constantemente alteradas gerando frustrações para o telespectador e insegurança para os anunciantes, pois a troca do programa altera o perfil do público. No caso de audiência em tempo real com relação a programas ao vivo, esse efeito é potencialmente maior, pois as atrações são canceladas ou estendidas e até o tempo dos intervalos é antecipado ou postergado ao sabor dos índices, desrespeitando o público e os anunciantes. O curioso é que isso não deixa de ser um paradoxo.

### Aferição da audiência local: painéis de diários

Os 10 mil lares nos quais a aferição do público da TV aberta é baseada estão espalhados por todo os Estados Unidos. Considerando apenas Columbia e Carolina do Sul, para exemplificar, deve ser óbvio que os cerca de 50 lares incluídos como parte da mostra nacional de medidor de pessoas da Nielsen são muito poucos para gerar estimativas estatisticamente confiáveis do tamanho da audiência da TV no mercado de Columbia. O IBOPE também realiza pesquisa semelhante, a pesquisa via *caderno*. Trata-se de um caderno onde são anotadas pelos indivíduos da amostra a programação assistida durante o dia, em intervalos de 15 minutos. Esse método é muito tradicional, mas vai perdendo espaço à medida que novas técnicas, com mais recursos tecnológicos, são implementadas, como o *peoplemeter*.

Devido a esse fato estatístico, a Nielsen e o IBOPE usam procedimento alternativo de coleta de dados para estimar os índices dos programas de TV nos mercados locais. O IBOPE, no Brasil, começou a medir audiência em 1951 com o método de *flagrante*, ou seja, o que estava sendo assistido no ato da pesquisa. Depois, já no final da década de 1960, o IBOPE implementou o modelo de Tevêmetro com medição de audiência a distância, envolvendo na fase inicial 220 domicílios na cidade de São Paulo. No final da década de 1980, o IBOPE introduziu o sistema de *peoplemeter* e vem, desde então, expandindo o uso desse modelo no país. Nos Estados Unidos, desde a década de 1950 a Nielsen usa os *diários escritos* para coletar informações referentes aos hábitos de assistir à TV e a composição dos lares que assistem a determinados programas. Os *diários escritos* do comportamento do público de TV são preenchidos por uma amostra de 375 mil lares nos mercados locais em todo os Estados Unidos. Cada um desses lares preenche um diário de 20 páginas quatro vezes durante um ano – fevereiro, maio, julho e novembro – que são os meses conhecidos na indústria da TV como os períodos "de varredura". Lares escolhidos aleatoriamente, em 210 mercados em todo o país, preenchem os diários que são delineados para cada dia da semana em períodos de 15 minutos. Os lares participantes identificam quais membros assistem a quais programas durante um período de 15 minutos.[68] Você deve estar pensando: "quem perderia tempo para registrar fielmente seu comportamento referente a assistir TV?". É desnecessário dizer que esse sistema de aferição é imperfeito porque alguns lares participantes não registram com cuidado quem assistiu a qual programa. Além do mais, mais de 10% dos lares devolvem os diários com muitas seções em branco, ou com escritos ilegíveis.

### Aferição da audiência local: medidores locais de pessoas

É por essas razões que a indústria da TV insiste em um método superior de aferição do comportamento do público nos mercados locais. Entra em cena a *tecnologia do medidor local de pessoas*. Os medidores locais de pessoas [local peoplemeters] são os mesmos equipamentos usados para a aferição da audiência nacional. Comparados aos diários escritos, que coletam informações cruciais sobre o comportamento de assistir TV e os aspectos demográficos apenas durante os meses de varredura, os *peoplemeters* fornecem aos compradores de mídia um *feedback* diário sobre o tamanho e a composição do público de programas específicos.[69]

### Aferindo os espectadores (e ouvintes) fora de casa

Não é necessário dizer que uma grande parte da audiência do rádio e da TV ocorre fora de casa. Por exemplo, as pessoas também ouvem o rádio e assistem à TV quando estão em bares e restaurantes; nas academias de ginástica; trabalhando em escritórios, lojas, fábricas etc. No entanto, os sistemas tradicionais da medição de audiência deixam de lado essas experiências de ouvir rádio e assistir à TV fora de casa. Mas a pesquisa Target Group Index do IBOPE investiga vários aspectos, como estilo de vida, informações sobre consumo de produtos e serviços e também sobre hábitos de mídia. Esse estudo é realizado em mais de 60 países, envolvendo 700 mil respondentes. No Brasil, contempla cerca de 220 categorias de produtos, 3 mil marcas e 600 veículos de comunicação. O método adotado é a aplicação anual de questionários, tendo como público-alvo a população urbana na faixa de 12 a 64 anos. Essa pesquisa, embora não seja específica sobre audiência de TV ou rádio, acaba por revelar, ainda que de forma indireta, muitas informações importantes sobre o alcance dos programas e das emissoras.[70]

### Um novo desafiante para a Nielsen

A Nielsen é frequentemente criticada por seus poderes de monopólio porque é a única grande empresa envolvida no processo de fazer estimativas de audiências nacional e local de TV nos Estados Unidos e, no caso do Brasil, o mesmo vale para o IBOPE. Entretanto, uma empresa chamada TNS Media Research começou a competir com a Nielsen em 2008. No Brasil, o grupo SBT chegou a patrocinar a criação de um instituto de pesquisa que deveria concorrer com o IBOPE e, assim, acabar com a situação de monopólio do IBOPE no mercado brasileiro. Em 2003, após um investimento de R$ 4 milhões feitos pelo grupo de Silvio Santos, foi criado o instituto Datanexus, comandado pelo cientista político Carlos Novaes.[71] No entanto, depois de seis meses de mercado, o instituto começou a apresentar problemas. Os números apresentados pelo instituto Datanexus eram muito díspares dos números do IBOPE, e, mais preocupante que isso, o SBT era até então o único cliente da Datanexus.[72] Incapaz de conquistar novos clientes, o instituto Datanexus fechou em 2004.[73]

# Resumo

Excluindo a propaganda em mídia exterior (abordada no Capítulo 20) e a propaganda pela Internet (abordada no Capítulo 13), existem quatro meios principais de mídia disponíveis aos planejadores: jornais e revistas (mídia impressa); e rádio e televisão (mídia de transmissão). Cada meio tem qualidades singulares com pontos fortes e fracos, este capítulo apresentou uma análise detalhada de cada um. Os jornais permitem uma cobertura em massa do público e alcançam leitores que estão com a mentalidade apropriada para processar as mensagens. Mas os jornais sofrem com a concentração excessiva e a seletividade restrita, entre outras limitações. As revistas permitem que os anunciantes atinjam um público seleto e apresentem informações detalhadas de maneira envolvente. No entanto, ele também apresenta uma concentração considerável e lhe falta a capacidade de penetração. O rádio também tem a capacidade de alcançar públicos segmentados e é um meio econômico. A concentração e a falta de visuais são as fraquezas evidentes. Por fim, a televisão é um meio intrusivo capaz de gerar excitação, demonstrar as marcas em uso e provocar impacto. A propaganda na televisão sofre com a concentração, o fracionamento do público e o alto custo.

Além de abordar os pontos fortes e as limitações de cada meio, o capítulo também examinou como o espaço e o tempo da mídia são comprados. Outro foco importante foi a aferição do tamanho e composição do público para cada meio. A cobertura específica incluiu os serviços Mediamark Research Inc. e Simmons Market Research Bureau e o brasileiro IVC para a aferição do público das revistas; a Arbitron para o rádio; a Nielsen Media Research e o IBOPE para a TV.

# Questões para discussão

1. Quais são as vantagens e desvantagens da propaganda na TV a cabo? Por que cada vez mais anunciantes nacionais estão buscando a TV a cabo como um meio viável de propaganda?

2. Imagine que você é o gerente de marca de uma nova linha de produtos de mochilas para estudantes universitários. Essas mochilas apresentam as cores de cada universidade e trazem a imagem da mascote da escola. Você tem $ 5 milhões para investir em uma campanha em revistas com duração de dois meses (julho e agosto). Que revistas escolheria para essa campanha? Justifique sua escolha.

3. Imagine que você é um fabricante de vários tipos de joias. Os anéis de noivado são o item mais importante de sua linha de produtos. Com um orçamento anual de R$ 10 milhões, que formas de mídia e veículos específicos você usaria? Qual seria o cronograma dos anúncios?

4. Escolha sua loja de roupas favorita em sua cidade e justifique a escolha de uma estação de rádio para anunciá-la. Não se limite ao que a loja já esteja fazendo, foque naquilo que você considera mais importante. Certifique-se de deixar claro todos os critérios usados na escolha e todas as estações de rádio consideradas.

5. A revista A é lida por 11 milhões de pessoas e cobra R$ 52 mil por um anúncio de página inteira em quatro cores. A revista B alcança 15 milhões de leitores e cobra R$ 68 mil por um anúncio de página inteira em quatro cores. Se todos os outros fatores se mantiverem constantes, em qual revista você anunciaria? Por quê?

6. Acesse a Internet e tente localizar uma tabela de custos atual (de janeiro deste ano) de sua revista favorita. Estude cuidadosamente essa tabela de custos e resuma suas observações concernentes às diferenças de preços para, digamos, anúncios de uma página inteira com anúncios de meia página. (Se não conseguir localizar a tabela de custos de sua revista favorita, procure a da segunda favorita, e assim por diante.)

7. O rádio é a única entre as principais formas de mídia que não é visual. Isso é uma grande desvantagem? Justifique por completo a sua resposta.

8. Em sua opinião, os áudios players digitais portáteis (por exemplo, o iPod da Apple) vão substituir o rádio?

9. Um profissional de marketing fez a seguinte declaração: "Os infomerciais são lixo. Eu não desperdiçaria meu dinheiro com esse meio". Qual é a sua resposta a essa afirmação?

10. Os membros da comunidade da propaganda, com frequência, alegam que os medidores de pessoas são falhos. Quais são algumas das razões pelas quais os medidores de pessoas talvez não deem informações precisas sobre o número de lares sintonizados em um programa de TV específico, nem dados demográficos

precisos sobre as pessoas que de fato assistem a um programa em particular?

11. Com os dados a seguir, preencha os espaços em branco:

|  | Total '000 | A '000 | B % horizontal | C % vertical | D Índice |
|---|---|---|---|---|---|
| Todos Adultos | 218.289 | 35.144 | 16,1 | 100,0 | 100 |
| Idade 18–24 | 28.098 | 6.285 | ___ | ___ | ___ |
| Idade 25–34 | 39.485 | 10.509 | ___ | ___ | ___ |

12. Baseado exclusivamente nos dados na Questão 11, se você fosse um anunciante decidindo se anunciaria seu produto apenas à faixa etária de 18-24; ou 25-34; ou ambas; qual seria sua decisão? Apresente um raciocínio detalhado de sua escolha.

13. Por que, em sua opinião, a audiência da TV a cabo está crescendo significativamente com relação à TV aberta?

14. Que efeito, em sua opinião, os DVRs (do tipo TiVo, SkyHD ou NetHD) terão sobre a eficácia da propaganda na TV daqui a 10 anos?

15. O que você pensa a respeito do *brand placement* em programas de TV? Você considera essas colocações irritantes ou as aceita simplesmente como parte do cenário do programa? Você acredita que elas influenciam suas atitudes para com as marcas anunciadas e o seu comportamento de compra?

16. Dê sua opinião sobre a probabilidade de que os medidores portáteis de pessoas (PPMs) servirão para acompanhar a audiência de TV e rádio com eficácia, quando as pessoas estão fora de casa.

# Notas

1. Segundo pesquisa Anatel divulgada pelo jornal *Meio e Mensagem* disponível em: http://www.mmonline.com.br/noticias.mm?url=TV_por_assinatura_cresce_mais_de_2_porc__em_junho&origem=ultimas.
2. "TV Ads Losing Power, Survey Shows", *The Wall Street Journal*, 23 de março de 2006, B2.
3. Abbey Klaassen, "Major Turnoff: McKinsey Slams TV's Selling Power", *Advertising Age*, 7 de agosto de 2006, 1, 33.
4. Jack Neff, "TV Doesn't Sell Package Goods", *Advertising Age*, 4 de maio de 2004, 1, 30.
5. São despesas estimadas para 2008, publicadas em "2007 Marketing Fact Book", *Marketing News*, 15 de julho de 2007, 29.
6. Fonte: projeto InterMeios. Disponível em: http://www.projetointermeios.com.br/relatorios-de-investimento.
7. *Marketer's Guide to Media*, 2007, vol. 30 (Nova York: Nielsen Business Media, Inc), 184.
8. Ibid.
9. Dados da ANJ para 2006, disponíveis no site: http://www.anj.org.br/a-industria-jornalistica/leitura-de-jornais-no-mundo. Acesso em: dezembro de 2010.
10. Dados da pesquisa encomendada pela Secretaria de Comunicação (Secom) da Presidência da República, de acordo com matéria do jornal *O Estado de S. Paulo*, disponível em http://www.estadao.com.br/estadaodehoje/20100618/not_imp568419,0.php. Acesso em: 28 de outubro de 2010.
11. Esses níveis de circulação e proporções são de *Marketer's Guide to Media*, 2007, vol. 30 (Nova York: Nielsen Business Media, Inc), 186.
12. Emily Steel, "Big Media on Campus", *The Wall Street Journal*, 9 de agosto de 2006; B1.
13. Michael T. Elliot e Paul Surgi Speck, "Consumer Perceptions of Advertising Clutter and Its Impact across Various Media", *Journal of Advertising Research* 38 (janeiro/fevereiro de 1988), 29-41.
14. Karen Whitehill King, Leonard N. Reid, e Margaret Morrison, "Large-Agency Media Specialists' Opinions on Newspaper Advertising for National Accounts", *Journal of Advertising* 26 (verão de 1997), 1-18. Esse artigo indica que as agências de propaganda consideram os jornais menos eficazes em quase todos os aspectos, comparando-se à TV aberta.
15. Julia Angwin e Joe Hagan, "As Market Shifts, Newspapers Try to Lure New, Young Readers", *The Wall Street Journal*, 22 de março de 2006, A1.
16. Informações disponíveis em http://publimetro.band.com.br/. Acesso em: dezembro de 2010.
17. Bill Keane, *The Family Circus*, 9 de agosto de 1992.
18. Kit mídia da revista Veja disponível em http://veja.abril.com.br/idade/publiabril/midiakit/veja
19. Stephen M. Blacker, "Magazines Need Better Research", *Advertising Age*, 10 de junho de 1996, 23: Erwin Ephron, "Magazines Stall at Research Crossroads", *Advertising Age*, 19 de outubro de 1998, 38.
20. *Marketer's Guide to Media*, 159-62.
21. Para informações adicionais sobre aferição do público das revistas, ver Thomas C. Kinnear, David A. Horne, e Theresa A. Zingery, "Valid Magazine Audience Measurement: Issues and Perspectives", em *Current Issues and Research in Advertising*, ed. James H. Leigh e Claude R. Martin, Jr. (Ann Arbor: Division of Research, Graduate School of Business, University of Michigan, 1986), 251-70.
22. Com base em dados disponibilizados pelo Instituto de Verificação de Circulação disponíveis em http://www.ivc.org.br/.
23. Sandy Blanchard, "Marketers on Custom Media", *Advertising Age*, 29 de janeiro de 2007, C10.
24. Patrícia Odell, "Back to Print", *Promo*, janeiro de 2007, 14.
25. "Custom Media 07", *Advertising Age*, 29 de janeiro de 2007, C1.
26. *Marketer's Guide to Media*, 68.
27. Segundo informação Midia Dados 2009. Disponível em http://midiadados.digitalpages.com.br/home.aspx. Acesso em: dezembro de 2010.
28. Dados disspnníveis em http://rd1audiencia.virgula.uol.com.br/televisao/audiencia-das-radios-tupi-fm-e-lider-em-sao-paulo-e-jovem-pan-aparece-em-12/. Acesso em: dezembro de 2010.
29. Burt Manning, "Friendly Persuasion", *Advertising Age*, 13 de setembro de 1982, M8.
30. Para uma leitura adicional sobre a natureza e o valor da imagem na propaganda, ver Paula Fitzgerald Bone e Pam Scholder Ellen, "The Generation and Consequences of Communication-Evoked Imagery", *Journal of Consumer Research* 19 (junho de 1992), 93-104; e Darryl W. Miller e Lawrence J. Marks, "Mental Imagery and Sound Effects in Radio Commercials", *Journal of Advertising* 21 (dezembro de 1992), 83-93.
31. Um estudo completo desse comportamento foi conduzido por Avery M. Abernethy, "The Accuracy of Diary Measures of Car Radio Audiences: An Initial Assessment", *Journal of Advertisement* 18, nº 3 (1989), 33-49.
32. Abbey Klaassen, "iPod Threatens $ 20B Radio-ad Biz", *Advertising Age*, 24 de janeiro de 2005, 1, 57.

33. Informações divulgadas por GPR – grupo de profissionais de rádio. Disponível em http://www.gpradio.com.br/con-cham.aspx?ic=4&id=1.
34. "Top Ten Broadcast TV Programs", Nielsen's Top Ten TV Ratings: Broadcast Programs, http://www.nielsenmedia.com (Acesso em: 5 de maço de 2008).
35. Esse número é obtido considerando os 95,7% dos lares com televisão dentre os 58,6 milhões de lares pesquisados na Pnad (Pesquisa Nacional por Amostra de Domicílios) de 2009.
36. Elliott e Speck, "Consumer Perceptions of Advertising Clutter and Its Impact across Various Media".
37. Anuário Mídia dados. Disponível em http://midiadados.digital-pages.com.br/home.aspx. Acesso em: dezembro de 2010.
38. Cynthia M. Frisby, "Reaching the Male Consumer by Way of Daytime TV Soap Operas", *Journal of Advertising Research* 42 (março/abril, 2002), 56-64.
39. Segundo dados do Fórum Nacional Pela Democratização da Comunicação. Disponível em http://www.fndc.org.br/arquivos/RedesSintese.pdf. Acesso em: novembro de 2010.
40. *Marketer's Guide to Media*, 25.
41. *Marketer's Guide to Media*, 48.
42. Dados apresentados pela Agência Nacional de Telecomunicações (Anatel) e divulgados pelo jornal *Meio e Mensagem*, disponível em http://www.mmonline.com.br/noticias.mm?url=TV_por_assinatura_cresce_mais_de_2_porc_em_junho&origem=ultimas.
43. Fonte: ABTA – Associação Brasileira Televisão por Assinatura. Disponível em http://www.tvporassinatura.org.br/index.php?option=com_content&view=article&id=37&Itemid=11.Acessoem:dezembro de 2010.
44. Ellen Sheng, "Local Cable Advertising Heats Up as Viewership Further Fragments", *Wall Street Journal Online*, 15 de dezembro de 2004, http://online.wsj.com.
45. Joe Mandese, "Amid Media Price Inflation, TV Production Costs Also Soar, Pose Threat to Addressability", *MeidaPost's MediaDailyNews*, 13 de outubro de 2004, http://www.mediapost.com/news_main.cfm.
46. Dados disponíveis em http://natelinha.uol.com.br/2010/06/09/not_31726.php. Acesso em: 15 de dezembro de 2010.
47. "The Toughest Job in TV", *Newsweek*, 3 de outubro de 1988, 72; Dennis Kneale, "'Zapping' of TV Ads Appears Pervasive", *The Wall Street Journal*, 25 de abril de 1988, 21.
48. John J. Cronin, "In-Home Observations of Commercial Zapping Behavior", *Journal of Current Issues and Research in Advertising* 17 (outono de 1995), 69-76.
49. Fred S. Zufryden, James H. Pedrick e Avu Sankaralingam, "Zapping and Its Impact on Brand Purchase Behavior", *Journal of Advertising Research* 33 (janeiro-fevereiro de 1993), 58-66.
50. John J. Cronin e Nancy E. Menelly, "Discrimination vs. 'Zipping' of the Television Commercials", *Journal of Advertising* 21 (junho de 1992), 1-7.
51. Steve McClellan, "TV Ads Are Less Effective, Survey Says", *Adweek.com*, 20 de fevereiro de 2008 (Acesso em: 8 de março de 2008).
52. "Study: DVR Users Skip Live Ads, Too", *Brandweek*, 18 de outubro de 2004, 7.
53. Erwin Ephron, "Live TV Is Ready for Its Closeup", *Advertising Age*, 22 de março de 2004, 19.
54. Dados disponíveis em http://webcache.googleusercontent.com/search?q=cache:xljhURtrydAJ:ofuxico.terra.com.br/arquivo/noticias/2009/11/26/audiencia-saiba-o-ranking-das-emissoras-de-tv--aberta-na-quarta-feira-25-89421.html+ranking+audi%C3%AAncia+TV+aberta&cd=7&hl=en&ct=clnk. Acesso em: 15 dezembro de 2010.
55. Jack Neff, "P&G Study: PVR Ad Recall Similar to TV", *Advertising Age*, 17 de março de 2003, 4.
56. Suzanne Vranica, "New Ads Take on TiVo", *The Wall Street Journal*, 5 de outubro de 2007, B4.
57. Suzanne Vranica, "KFC Seems to Win Game of Chicken", *The Wall Street Journal*, 20 de março de 2006, B8.
58. Andrew Green, "Clutter Crisis Countdown", *Advertising Age*, 21 de abril de 2003, 22.
59. Para um artigo interessante que compara a eficácia dos comerciais de 15 e 30 segundos, ver Surendra N. Singh e Catherine A. Cole, "The Effects of Length, Content, and Repetition on Television Commercial Effectiveness", *Journal of Marketing Research* 30 (fevereiro de 1993), 91-104.
60. O fato de a concentração na propaganda ter efeitos adversos sobre a lembrança do nome da marca e a memorização da mensagem é uma questão de debate. Para opiniões um tanto diferentes, ver Tom J. Brown e Michael L. Rothschild, "Reassessing the Impact of Television Advertising Clutter", *Journal of Consumer Research* 20 (junho de 1993), 138-146; Robert J. Kent e Chris T. Allen, "Does Competitive Clutter in Television Advertising 'Interfere' with the Recall and Recognition of Brand Names and Ad Claims?" *Marketing Letters* 4, n. 2 (1993), 175-184; Robert J. Kent e Chris T. Allen, "Competitive Interference in Consumer Memory for Advertising: The Role of Brand Familiarity", *Journal of Marketing* 58 (julho de 1994), 97-105; e Robert J. Kent, "Competitive Clutter in Network Television Advertising: Current Levels and Advertiser Response", *Journal of Advertising Research* 35 (janeiro/fevereiro de 1995), 49-57.
61. Jim Edwards, "The Art of Infomercial", *Brandweek*, 3 de setembro de 2001, 14-18.
62. "Digital Profits: A Case Study of Kodak's Infomercial", *Infomercial and Direct Response Television Sourcebook'98*, um suplemento de *Adweek Magazines*, 20-21.
63. Paul Surgi Speck, Michael T. Elliot e Frank H. Alpert, "The Relationship of Beliefs and Exposure to General Perceptions of Infomercials", *Journal of Current Issues and Research in Advertising* 14 (primavera de 1997), 51-66.
64. As pesquisas indicam que os compradores dos produtos anunciados em infomerciais são impulsivos; ver Naveen Donthu e David Gilliland, "Observations: The Infomercial Shopper", *Journal of Advertising Research* 36 (março/abril de 1996), 69-76. Existem evidências em contrário que desafiam a alegação de que esse tipo de consumidor é particularmente impulsivo; ver Tom Agee e Brett A. S. Martin, "Planned or Impulse Purchases? How to Create Effective Infomercials", *Journal of Advertising Research* 41 (novembro/dezembro de 2001), 35-42.
65. Cristel Antonia Russel, Andrew T. Norman e Susan E. Heckler, "The Consumption of Television Programming: Development and Validation of the Connectedness Scale", *Journal of Consumer Research* 31 (junho de 2004), 150-161.
66. Para uma análise técnica da confiabilidade da aferição pelo medidor de pessoas, ver Roland Soong, "The Statistical Reliability of People Meter Ratings", *Journal of Advertising Research* 28 (fevereiro/março de 1988), 50-6.
67. As informações sobre o Peoplemeter foram extraídas do site: http://www.ibope.com.br/midia/downloads/conceitos_e_criterios_da_pesquisa_de_midia.pdf. Acesso em: dezembro de 2010.
68. Estes detalhes são de Brooks Barnes, "For Nielsen, Fixing Old Ratings System Causes New Static", *Wall Street Journal Online*, 16 de setembro de 2004, http://online.wsj.com.
69. Monica M. Clark, "Nielsen's 'People Meters' Go Top 10", *The Wall Street Journal*, 30 de junho de 2006, B2.
70. As informações sobre o Peoplemeter foram extraídas do site: http://www.ibope.com.br/midia/downloads/conceitos_e_criterios_da_pesquisa_de_midia.pdf. Acesso em: dezembro de 2010.
71. Segundo informações do jornal *Meio e mensagem*, disponível em http://www.mmonline.com.br/noticias.mm?url=Datanexus_pode_ser_lancado_esta_semana.
72. Segundo reportagem do jornal *Folha Online*, disponível em http://www1.folha.uol.com.br/folha/ilustrada/ult90u45919.shtml.
73. Segundo reportagem do jornal *Folha de S. Paulo*, disponível em http://www1.folha.uol.com.br/fsp/ilustrad/fq2101200610.htm.

# 13
# Propaganda na Internet

A mídia tradicional, que foi discutida no capítulo anterior, representou a maior parte dos orçamentos dos gestores de comunicação de marketing durante quase todo o século XX. As revistas e os jornais dominaram quase toda a primeira metade do século passado, mas, com o advento do rádio como meio de transmissão no início da década de 1920 e o predomínio da televisão por volta dos anos 1960, ocorreu uma mudança significativa no cenário da propaganda. A televisão captou uma porção sempre crescente das despesas com mídia ao longo das décadas. É possível argumentar que o auge da televisão como meio de propaganda já passou, com os crescentes esforços dos profissionais de marketing para identificar outros meios que sejam menos abarrotados, mais precisos em alcançar consumidores em potencial e mais econômicos. A perda da televisão (com as perdas de outras grandes formas de mídia de massa) deve-se em grande parte à chegada da Internet como um meio viável de propaganda. Em resumo, os fornecedores de mídia de propaganda vivem em um mundo de soma zero.

O conceito de soma zero capta a ideia de que qualquer ganho para um concorrente em um ambiente competitivo representa uma perda para outro. O ambiente da mídia é, em geral, dessa natureza: os aumentos das despesas de marketing com a televisão geralmente resultam na diminuição com outras mídias, como revistas ou rádio. Hoje, o fator dominante no mundo da mídia é a propaganda on-line. Forrester Research, uma empresa independente de pesquisa tecnológica, relatou há pouco tempo que quase metade de todos os profissionais de marketing aumentou os investimentos em propaganda on-line, ao mesmo tempo que diminuíram os gastos com a mídia tradicional, como revistas, jornais e mala direta. Além disso, a Forrester Research previu que em 2010 a propaganda on-line e os gastos promocionais alcançariam as despesas combinadas alocadas para a TV a cabo e satélite e rádio.[1] De fato, as despesas com propaganda on-line nos Estados Unidos totalizaram cerca de US$ 28 bilhões em 2008 e esperava-se que fossem chegar a US$ 442 bilhões em 2011.[2] No Brasil, o investimento de comunicação interativa na Internet ultrapassou a casa do R$ 1 bilhão em 2010, com um crescimento de 28% em relação a 2009.[3]

Segundo outra pesquisa com mais de 2 mil usuários da Internet, o uso dela por parte dos consumidores continua a crescer à custa da mídia tradicional. Sessenta e um por cento dos participantes da pesquisa indicaram que agora passam mais tempo na Internet que o faziam no ano passado. Devido ao caráter de soma zero de tempo disponível para o consumo de mídia, 36% dos participantes indicaram uma redução na audiência de TV, 34% passam menos tempo lendo revistas e 27% diminuíram sua audiência de rádio.[4]

É praticamente incontestável que os profissionais de marketing buscam olhos e ouvidos onde quer que estejam localizados e colocam suas despesas com propaganda naquelas formas de mídia em que os consumidores alocam seu tempo. Assim, as estatísticas

Annette Shaff/Shutterstock

indicam que os olhos e ouvidos estão cada vez mais voltando-se para o consumo de mídia on-line e os profissionais de marketing, seguindo essa tendência, alocam porções maiores de seus orçamentos de comar em mídia on-line, ao mesmo tempo que reduzem os gastos com a mídia tradicional.

## Objetivos do capítulo

*Após ler este capítulo, você será capaz de:*

1. Entender a magnitude, a natureza e o potencial da propaganda na Internet.

2. Estar familiarizado com as duas características-chave da propaganda na Internet: individualização e interatividade.

3. Entender como a propaganda na Internet difere da propaganda da mídia convencional orientada para as massas, e também como os mesmos princípios fundamentais se aplicam às duas categorias de mídia.

4. Entender as várias formas de propaganda na Internet: display, rich media, e-mail, weblogs, buscadores e propaganda via direcionamento comportamental.

5. Entender a importância de medir a eficácia da propaganda na Internet e as várias medidas usadas para esse propósito.

>>**Dica de comar:**
Os ganhos para a propaganda on-line são perdas para a mídia tradicional.

# Introdução

A Internet realiza uma função de marketing multifacetada, servindo como um mecanismo para criar demanda, conduzir transações, receber pedidos, prestar serviço ao consumidor e servir como um meio versátil de comar. Entretanto, este capítulo *não* aborda o e-commerce em geral, mas se limita a analisar a Internet como uma *mídia de comar* que cresce rapidamente. É importante reconhecer que o papel exato da Internet como mídia de comar está em um estado de descobrimento e exploração: novas tecnologias continuam a surgir e os profissionais de marketing estão experimentando usos variados de comar on-line. O objetivo deste capítulo é dar uma visão geral da maioria dos aspectos da comar na Internet, com a esperança de que os alunos entendam completamente tanto as mudanças que estão ocorrendo quanto as novas possibilidades sobre o que o futuro pode trazer exatamente. Não obstante, ao terminar de ler este capítulo, você terá desenvolvido um entendimento do escopo e potencial da Internet como um meio viável de comar – um meio que, sem dúvida, continuará, como descrito nas *Dicas de comar*, a tirar os investimentos de comar da mídia tradicional.

A mídia tradicional, que estudamos no capítulo anterior (televisão, rádio, revistas e jornais), serviu às necessidades dos anunciantes durante gerações. Nos últimos anos, contudo, houve esforços crescentes por parte dos anunciantes e suas agências para localizar novas mídias que sejam mais baratas, menos aglomeradas e potencialmente mais eficazes que a mídia estabelecida. Alguns observadores chegaram ao ponto de afirmar que a mídia tradicional está em seu leito de morte.[5] A alegação é que a propaganda on-line é superior à mídia tradicional porque dá ao consumidor praticamente controle total sobre as informações comerciais que escolhem receber ou evitar. Afirma-se que a Internet é um meio de comunicação melhor devido a sua versatilidade e superioridade em alcançar os consumidores.[6] A maioria concorda, no entanto, que a Internet não é nada mais que um elemento-chave potencial dos programas de CIM, não é um substituto da mídia convencional, mas um complemento.[7] Depois da forma como foi usada a Internet como meio de divulgação na campanha do então candidato Barack Obama à presidência dos Estados Unidos e os resultados obtidos, será que alguém ainda não acredita no potencial da Internet como forma de comar?

Desde 1994, a World Wide Web, ou simplesmente web, tornou-se um importante meio de propaganda (para simplificar, consideramos aqui como propaganda na web todas as formas de comar e não somente a propaganda propriamente dita. Adotamos esse critério, pois a propaganda é a forma predominante nesse tipo de mídia, mas não a única). Embora no momento em que este livro foi escrito a Internet representava menos de 10% da renda com comunicação nos Estados Unidos, acreditava-se que as despesas totais com propaganda on-line no país alcançariam US$ 42 bilhões em 2011.[8] No Brasil, a Internet representa hoje pouco mais de 4,4% do total de investimento em propaganda. Mas, apesar de sua ainda pequena participação no total de investimentos publicitários, a mídia Internet vem apresentando rápido crescimento. Se forem comparados os anos 2009 e 2010, houve um crescimento superior a 28% nos investimentos em mídia Internet.[9] Talvez o indicador mais significativo do crescimento da Internet como mídia de propaganda seja o fato de que a renda com propaganda do Google e Yahoo! (sites de busca) gerada há pouco tempo foi praticamente igual às rendas combinadas com propaganda no horário nobre das maiores redes de televisão dos Estados Unidos.[10] Muitas empresas, tanto business-to-consumer (B2C) quanto business-to-business (B2B), estão transferindo porcentagens cada vez maiores de seus orçamentos de comar para a propaganda on-line.

## Os dois "Is" da Internet: Individualização e Interatividade

Individualização e interatividade (os dois "Is" da Internet) são características-chave da Internet e da propaganda nesse meio.[11] A *individualização* refere-se ao fato de que o usuário da Internet tem controle sobre o fluxo de informação. Essa característica leva, por sua vez, à habilidade para direcionar anúncios que são relevantes ao consumidor. A *interatividade*, que está entrelaçada com a individualização, permite que os usuários selecionem a informação que consideram relevante e que os gerentes de marketing criem relacionamentos com os clientes por meio das comunicações de mão dupla. Abordaremos agora em mais detalhes a importância da característica interatividade.

A mídia tradicional varia no grau em que é capaz de *envolver* os consumidores, ou, em outras palavras, de gerar atividade mental. A mídia tradicional envolve o consumidor de maneira relativamente passiva: o consumidor ouve ou vê as informações sobre a marca anunciada, mas tem controle limitado sobre a quantidade ou índice de informação recebida. O que você vê (ou ouve) é o que você recebe. Há ação, mas não interação. Enquanto a ação envolve um fluxo em uma direção (do anunciante para o consumidor), a interação envolve comportamento recíproco. Essa ideia de *reciprocidade* geralmente define a natureza da mídia interativa.

A propaganda interativa permite que o usuário (que não é mais um "receptor" no modelo tradicional passivo de comunicação) controle a quantidade ou o índice de informação que deseja receber de uma mensagem comercial. O usuário pode escolher dedicar um segundo ou 15 minutos a uma mensagem. Ele está, por todos os propósitos e intenções, envolvido em uma "conversa" com a mensagem comercial, em um nível subvocal. Um pedido de informação adicional acontece com o pressionar de um botão, o toque em uma tela ou o click de um mouse. Em todos os casos, o usuário e a fonte da informação comercial estão envolvidos em uma troca de (dar e receber) informações – um relacionamento de comunicação em vez de meras transmissão e recepção.

A Internet é sem dúvida o meio mais interativo de propaganda que a maioria. Não obstante, é importante observar que a Internet como meio de propaganda *não* é homogênea; pelo contrário, existe uma variedade de formas diferentes de propaganda on-line. Elas variam desde as propagandas por e-mail e banners, que oferecem relativamente pouca oportunidade ou desejo de interação, até anúncios nos quais o usuário busca ativamente uma categoria de produto ou tópico (referidos como anúncios buscadores que aparecem como links patrocinados, nos quais a pessoa conduz uma busca pelo Google), o que gera mais interação.

Um dos aspectos mais relevantes da inserção da Internet no processo de comunicação de marketing, seja ela como mídia de propaganda ou de outras formas de comar, é a intensificação do fluxo de comunicação não só entre empresas e consumidores, mas, especialmente, entre consumidores e a sociedade como um todo, incluindo ex-clientes, organizações do terceiro setor, órgãos públicos, entre outros. Tradicionalmente o fluxo de informações era controlado pela empresa direcionado ao consumidor e, em geral, em um único sentido (empresa-consumidor). Depois, esse fluxo tornou-se de mão dupla com uma maior interação entre as duas partes. Depois da Internet, a sociedade como um todo também passa a fazer parte desse processo, gerando um novo vértice no processo de comunicação. Assim, hoje, as informações – pró e contra marcas e empresas – circulam intensamente e livremente entre essas três partes, e a empresa não tem mais o controle do conteúdo nem da intensidade das informações (Figura 13.1).[12] Essa é uma situação absolutamente nova e desafiadora para as empresas e suas agências de comunicação, pois tanto pode ser uma oportunidade como uma ameaça.

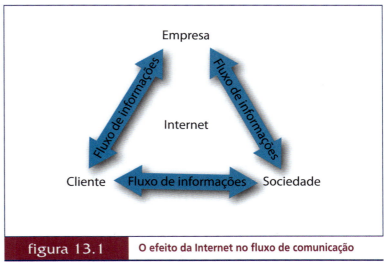

figura 13.1 — O efeito da Internet no fluxo de comunicação

*Fonte*: adaptado de Ogden e Crescitelli. *Comunicação Integrada de Marketing* (2007)

## A Internet comparada a outras formas de mídia

Nos primórdios da web (por volta de 1994 a 1999), muitos executivos acreditaram que a Internet seria uma panaceia de propaganda – um meio de alcançar milhões de consumidores em todo o mundo com mensagens, de modo que permitiria uma prestação de contas maior que a permitida pela mídia tradicional. A presunção era de que as pessoas estariam interessadas em receber anúncios pela Internet e que a propaganda seria eficaz na criação da percepção da marca, para influenciar atitudes e intenções de compra e motivar as vendas. A noção de que a Internet era significativamente diferente da mídia convencional era tão simplista quanto a ideia correspondente de uma "nova economia", que presumiu que as empresas.com atuavam sob regras diferentes dos princípios microeconômicos convencionais que, por gerações, explicaram as exigências para o sucesso na "velha economia".

Como vimos no Capítulo 12, cada uma das principais formas de mídia tem seu conjunto singular de vantagens e desvantagens. Cada mídia é capaz da atingir objetivos específicos a um dado custo para o anunciante. Ao planejar e selecionar um único meio de propaganda, ou mais provavelmente, um portfólio de mídias integradas, o objetivo do anunciante é atingir os objetivos de marketing para a marca, da maneira mais barata e eficiente possível. (Lembre-se de nosso mantra apresentado no Capítulo 1: Todas as comunicações de marketing devem ser: (1) segmentadas, ou seja, direcionadas a um público-alvo específico; (2) claramente posicionadas; (3) criadas para alcançar um objetivo específico; e (4) empreendidas para realizar os objetivos dentro dos limites do orçamento.)

Da discussão no capítulo anterior fica evidente que nenhuma mídia é perfeita para todos os propósitos. A Internet não é uma exceção, contrariando o exagero inicial. É possível argumentar, na verdade, que a característica de interatividade da Internet pode, às vezes, representar uma desvantagem em vez de uma vantagem. Segundo esse argumento, o usuário da Internet tem uma mentalidade "proativa" comparada ao espectador de TV, por exemplo, que tem uma mentalidade "passiva". Enquanto o espectador de TV está casualmente assistindo aos programas e anúncios em um estado de relaxamento (passivamente, por assim dizer), o usuário da Internet é movido por uma meta e pela missão de obter informação (proativo). Com essa mentalidade, os anúncios em banners, floaters e mensagens de e-mail não solicitadas simplesmente representam uma interrupção, um obstáculo à missão principal do usuário que é a de navegar na Internet.[13] Nesse sentido, as mensagens comerciais na Internet são bem mais interruptivas e mais invasivas que nas mídias convencionais, especialmente em relação à mídia impressa. Abra uma *home page* de um portal qualquer (Terra, UOL,

Estadão, G1, IG etc.) e observe a quantidade – e a variedade de formatos – de mensagens comerciais que aparecem antes que você possa ler qualquer informação contida nessas páginas.

Os anúncios não solicitados vistos enquanto a pessoa está com uma mentalidade proativa são ativamente evitados e, portanto, produzem poucos efeitos, além de talvez alcançar a mera identificação da marca. É claro que a propaganda na Internet é variada – generalizações como essas não são necessariamente universais. Na verdade, o uso atual da propaganda na Internet – o qual alguns se referem como Web 2.0, em contraste com a versão mais antiga da propaganda on-line, a Web 1.0 – está muito mais atento às necessidades e propósitos do usuário e às gratificações obtidas com as interações on-line com anúncios e outras mensagens. A propaganda on-line atual cresceu, por assim dizer, e os anunciantes on-line estão usando a Internet com uma sofisticação crescente. Há várias formas de anúncios na Internet, cada um com suas características próprias.

## Formatos da propaganda na Internet

Os anunciantes na Internet usam uma variedade de formatos de propaganda. A Tabela 13.1 lista as formas mais tradicionais de propaganda on-line descritas neste capítulo. É bem possível que ao ler este capítulo novas formas já tenham surgido, pois a evolução nesse setor é constante. É claro que nem todas as formas de propaganda na Internet são iguais em termos de despesas e nem todas são igualmente eficazes.[14] As duas formas mais usuais de propaganda on-line – e-mail e buscadores – representam talvez 70% ou mais de toda a propaganda na Internet. Outras formas de propaganda on-line geram investimentos bem menores.

As seções a seguir examinam as principais formas de propaganda on-line. É importante entender que qualquer alegação impetuosa e definitiva seria enganosa, porque a propaganda na Internet é algo muito novo, com menos de duas décadas de vida. Imagine, em comparação, a futilidade na metade da década de 1960 de apresentar uma abordagem definitiva da natureza e eficácia da propaganda na TV. Somente com o tempo é que aprendemos como é o desempenho desse tipo de propaganda, seus pontos fortes e limitações. Do mesmo modo, é preciso mais tempo antes de fazer afirmações conclusivas a respeito da propaganda on-line em suas várias formas.

# Websites

O website de uma empresa é em si uma propaganda dessa empresa. Todavia, além de ser uma forma de propaganda, os websites representam um local onde gerar e negociar trocas entre as organizações e seus clientes. Os websites podem ser considerados o ponto central dos esforços de propaganda on-line de uma empresa, os outros formatos de propagan-

**tabela 13.1**

**Formatos da propaganda na Internet**

- Websites
- Anúncios de display ou banner
- Rich media formats
    - Pop-Ups
    - Floaters
    - Intersticiais
    - Supersticiais
    - Anúncios em vídeo
- Blogs, podcasts e redes sociais
    - Blogs
    - Podcasts
    - Redes sociais
- E-mail
    - Opt-in *versus* spam
    - E-zines
    - Propaganda sem fio
    - Propaganda por telefone celular
- Propaganda por buscadores
    - Propaganda por palavra-chave
    - Propaganda por conteúdo direcionado
- Propaganda por direcionamento comportamental

da (por exemplo, banners, e-mail e buscas pagas) simplesmente servem para conduzir o tráfego até seus sites. Portanto, os sites são a chave para o sucesso de programas integrados de propaganda on-line. É inútil conduzir consumidores em potencial a um site ruim – ou seja, um site onde seja difícil navegar, que forneça poucas informações úteis, que não seja atraente, que não tenha valor de entretenimento ou que não seja considerado confiável por falta de privacidade e segurança.[15] Entretanto, se o consumidor não estiver interessado de alguma forma no produto ou na empresa, dificilmente navegará até o website por mais chamativo e instigante que possam ser os banners, e-mail, buscas pagas etc. Nesses casos, os formatos de propaganda de "condução" passam a ser o ponto inicial e também final do processo. Por isso, em muitos casos eles já são criados considerando-se essa possibilidade.

O website de uma marca é um meio valioso de propaganda para transmitir informações sobre a empresa e seus produtos, fazer ofertas promocionais, construir valor de marca e interagir com os consumidores. Talvez a principal diferença entre os sites e outros formatos de propaganda on-line seja a de que os usuários buscam os sites de *maneira orientada por um objetivo* (por exemplo, aprender mais sobre uma empresa ou produto, buscar entretenimento via jogos, pedir orientações sobre uso e solução de problemas relacionados aos produtos e serviços ou se registrar para um concurso ou promoção), ao passo que os outros formatos on-line são "esbarrados por acidente".[16] Nesse sentido, os outros formatos de propaganda on-line (*banner*, *floater* etc.) podem ter certa semelhança com os anúncios em mídia tradicionais, mas os websites da empresa ou da marca desempenham um papel bem mais completo e sem similar em relação às formas convencionais de comar. Pesquisas revelam, por exemplo, que metade dos novos compradores de veículos visita websites antes de ir às agências além do mais, as pessoas que acessam esses sites passam, em média, cerca de cinco horas on-line procurando carros novos.[17] Outro estudo demonstrou que as visitas a sites de filmes recém-lançados têm um papel de destaque na previsão do desempenho nas bilheterias. Especificamente, quanto maior o número de visitas únicas (não repetidas) ao site de um filme novo, maior a quantidade de pessoas que de fato o assistirão nos cinemas.[18]

Um varejista de uma cidade pequena gostava de afirmar que "a mercadoria bem exibida está metade vendida", significando, é claro, que os itens exibidos de maneira atraente chamam a atenção do consumidor e convidam à compra.[19] O mesmo conselho se aplica à construção dos websites: sites atraentes e fáceis de acessar convidam ao uso e a novas visitas. A Forrester Research, uma organização bem conhecida na área de pesquisa da Internet, examinou os sites de 259 empresas B2C e 60 B2B. A pesquisa da Forrester determinou que a legibilidade do texto é um grande problema nos sites dos dois tipos de empresas. Na verdade, apenas 17% dos sites B2B e 20% dos B2C apresentavam um texto legível.[20]

Existem evidências ainda não definitivas de que as web pages criadas com um background relativamente simples (ou seja, com um mínimo de cores e animação) são preferidas às páginas mais complexas. Um estudo usando o website de uma loteria estadual revelou que um background mais complexo produzia as atitudes menos favoráveis para com o serviço anunciado e intenções de compra mais fracas.[21] Seria precipitado generalizar essa descoberta para outros produtos, mas ela sugere que muitos sinos e apitos em um website podem afastar a atenção dos argumentos-chave da mensagem, por meio dos quais os consumidores envolvidos formam suas atitudes em relação aos produtos e serviços anunciados.

Como o consumidor visita os sites com o objetivo de adquirir informações úteis ou se divertir, eles têm mais valor quando atendem às necessidades de busca do consumidor, fornecendo informações úteis em vez de tentar deslumbrá-lo com uma inteligência gráfica excessiva. O conselho do arquiteto segundo o qual "a forma segue a função" com certeza se aplica aos websites como instrumento de propaganda on-line. Foi demonstrado, por exemplo, que a cor de fundo de uma web page afeta a velocidade percebida de um download. Ou seja, o download de cores mais relaxantes (como azul e verde) é percebido como mais rápido que o de cores mais excitantes (como vermelho e amarelo).[22]

# Anúncios de display ou banner

O formato mais popular na curta história da propaganda na Internet é o anúncio estático conhecido como display ou banner. Os anúncios de banner, um elemento principal da propaganda na Internet, são estáticos – de certa forma, análogos aos impressos em revistas e jornais – e aparecem em sites visitados com frequência.

## Taxa de cliques

A taxa de cliques [*Click-through rates* – *CTRs*] dos anúncios de banner é muito baixa, em média inferior a 0,3%. (Observação: a taxa de cliques significa que um usuário da Internet, ao clicar em um banner, é direcionado ao site do anunciante). Os anúncios de banner para as empresas B2B recebem CTRs um pouco mais altas que as das empresas B2C.[23] Em outras palavras, os usuários on-line prestam atenção e pedem informações de apenas uma pequena porcentagem de todos os anúncios de banner aos quais são expostos. (Lembre-se de que a exposição é necessária, mas não equivale à atenção. A exposição apenas indica que o consumidor teve uma oportunidade de ver um anúncio.) Embora a mera exposição a um banner possa ter algum valor para promover a percepção da marca, os CTRs baixos reduzem a eficácia desse tipo de anúncio.

Pesquisas revelaram que os CTRs são uma função da *familiaridade da marca*, as marcas mais conhecidas pelos consumidores recebem CTRs substancialmente mais altas que as desconhecidas.[24] É importante ressaltar, embora não seja particularmente uma surpresa, que essa mesma pesquisa revelou que os CTRs caem com as múltiplas exposições a banners de marcas conhecidas, enquanto os índices aumentam com mais exposições de marcas desconhecidas. Marcas novas e relativamente desconhecidas, então, precisam produzir um cronograma de anúncios de banner que permita exposições múltiplas. Marcas estabelecidas, por outro lado, podem não obter um aumento de CTRs com múltiplas exposições.

Isso, no entanto, não implica necessariamente que as marcas estabelecidas não se beneficiem dos anúncios de banner. Pelo contrário: tais marcas podem alcançar níveis crescentes de *percepção da marca* – culminando na percepção *top-of-mind*, ainda que os consumidores escolham não clicar no website da marca. (Lembre-se da discussão sobre a percepção da marca no Capítulo 2.) A propaganda por meio de banners, junto a outros elementos de comunicação em um programa de CIM, serve para promover níveis crescentes de percepção da marca, e, assim, aumentam o *brand equity*. Além do mais, além de simplesmente promover o *brand equity*, as pesquisas indicam – contrário à crença popular – que a exposição aos banners produz um efeito significativo no real comportamento de compra.[25] Ou seja, mais exposições aos anúncios de banner levam ao aumento da probabilidade de compra dos produtos e serviços anunciados na Internet.

## Padronização dos tamanhos dos anúncios de banners

O Internet Advertising Bureau (IAB), uma associação comercial líder na indústria da propaganda na Internet, promoveu a padronização dos tamanhos dos banners. O IAB endossou sete formatos de anúncios na Internet, chamados unidades de marketing da Internet [*Internet Marketing Units* (*IMUs*)]. Essas sete novas IMUs são comparadas ao full banner anterior, que tinha 468 × 60 pixels (28.080 pixels quadrados).

A Tabela 13.2 contrasta as novas IMUs com esse full banner original. Essa tabela deixa claro que as novas IMUs são em geral *consideravelmente maiores* que o full banner original. É provável que os tamanhos maiores dos anúncios aumentem a atenção e, assim, os CTRs. Um estudo realizado por uma empresa de pesquisa para o IAB determinou que as IMUs de formato *skyscraper* e retângulo grande eram de três a seis vezes mais eficazes para aumentar a percepção da marca e as associações favoráveis com a mensagem que o banner padrão de 468 × 60.[26]

# Rich media: pop-ups, floaters, intersticiais, supersticiais e anúncios em vídeo

Era apenas questão de tempo antes que os anunciantes na Internet começassem a usar formatos on-line mais dinâmicos que os banners no que se refere a movimento, imagens e sons. Essa forma mais nova de propaganda on-line é referida

**tabela 13.2** — Tipos e tamanhos das IMUs

| Tipo e tamanho do IMU (tamanho do pixel) | Pixels quadrados | Diferença de tamanho *versus* full banner |
|---|---|---|
| Full banner (468 x 60) | 28.800 | — |
| Skyscraper (120 x 600) | 72.000 | 156% |
| Wide skyscraper (160 x 600) | 96.000 | 242 |
| Retângulo (180 x 150) | 27.000 | –4 |
| Retângulo médio (300 x 250) | 75.000 | 167 |
| Retângulo grande (336 x 280) | 94.080 | 235 |
| Retângulo vertical (240 x 400) | 96.000 | 242 |
| Quadrado pop-up (250 x 250) | 62.500 | 123 |

como *rich media*, que pode ser entendida como ferramentas multimídia que permitem transmitir a maior quantidade de informações por meio de interfaces otimizadas e inclui *pop-ups, floaters*, intersticiais, supersticiais e anúncios em vídeo. Em outras palavras, a forma relativamente enfadonha e inanimada da propaganda em banners naturalmente progrediu para a forma animada de propaganda on-line que, embora irritante, chama a atenção. Esses formatos de *rich media* podem até ser comparados aos comerciais de baixo orçamento na TV a cabo, que usam vendedores falando rápido, níveis elevados de ruído e movimentos dinâmicos para chamar a atenção dos espectadores.

Façamos uma breve distinção desses formatos de rich media. Os **pop-ups** e floaters aparecem em uma janela separada que se materializa na tela, ao que parece vinda do nada, quando uma web page selecionada está abrindo. Os pop-ups permanecem até que sejam manualmente fechados. Os floaters são similares aos pop-ups, mas com o próprio nome indica, flutuam na tela. É uma espécie de pop-up que se movimenta. Os **intersticiais** – baseados na palavra *interstícial*, que descreve o espaço entre coisas – são, por comparação, anúncios que aparecem entre (e não dentro, como acontece com os pop-ups) dois conteúdos de web pages. Tanto os pop-ups e *floaters* quanto os intersticiais são importunos, mas de modos diferentes. A diferença entre os pop-ups e os intersticiais é mais que trivial, como descrito, nesta citação:

> *Em primeiro lugar, diferentemente dos pop-ups, os intersticiais não interrompem a experiência interativa do usuário, porque eles tendem a aparecer quando o usuário espera a página abrir. Os usuários, no entanto, têm menos controle sobre os intersticiais porque não existe nenhuma opção de "saída" para parar ou apagar um intersticial, o que é comum entre os pop-ups. Em outras palavras, com os interstíciais, os usuários têm de esperar até que o anúncio inteiro tenha sido exibido.*[27]

Os **supersticiais** são anúncios curtos animados que aparecem em cima ou no topo de uma web page. Por fim, os **anúncios on-line em vídeo** são anúncios audiovisuais que variam de duração entre 15 segundos a vários minutos. Com mais lares tendo acesso a conexões de banda larga, os anúncios em vídeo são agora viáveis, diferentemente do que acontecia com a conexão *dial-up* (discada), que era muito lenta para fazer o download de arquivos audiovisuais.

As várias formas de *rich media*, embora sejam com frequência uma fonte de irritação, são eficazes para chamar a atenção. Os anunciantes na Internet, como os anunciantes de qualquer outra forma de mídia, têm de superar a concentração (*clutter*) para encontrar meios de atrair e segurar a atenção do usuário on-line. Anúncios maiores, anúncios aparecendo do nada e anúncios que oferecem sons, animação e movimento são apenas alguns dos meios que foram desenvolvidos para realizar esses objetivos. Esses formatos atraem mais atenção e são mais memoráveis que os anúncios padrão (estáticos) de banner e rendem CTRs mais altos.

Contudo, em seu esforço para chamar a atenção, os formatos da propaganda da rich media também irritam muito os usuários da Internet. Um estudo determinou que, embora apenas 10% dos participantes tenham indicado que se sentem "muito irritados" com os comerciais de TV, mais de 80% desses participantes revelaram uma irritação considerável com os pop-ups.[28] De novo, abra um site de um portal, tipo UOL ou Terra, e veja se você consegue não se irritar com a quantidade de anúncios do tipo *pop-up* e *rich media*.

Assim, os anunciantes reduziram o uso dos pop-ups, embora os intersticiais, supersticiais e anúncios em vídeo continuem a ser usados amplamente. A crescente importância dos anúncios em vídeo merece uma seção separada.

## Anúncios em vídeo e webisódios

Uma das formas de propaganda na Internet que cresce mais rápido é a dos anúncios em vídeo. Muitas empresas produzem, via agências especializadas, uma espécie de videopropaganda. Essa peça deve ser bem criativa ou ter algum tipo de apelo inusitado para chamar a atenção do público. O videopropaganda é então postado em um site, preferencialmente de grande acesso e repercussão, como Youtube (www.youtube.com) ou no site da própria empresa. Depois, é só esperar que ele se espalhe pela rede de espontaneamente. Por isso, deve ser inovador, diferenciado, impactante, caso contrário não terá o efeito "viral" na rede. Na Tabela 13.3 estão as dez melhores campanhas interativas produzidas entre 2000 e 2010, segundo levantamento feito pela One Club e publicado pela Revista *Meio&Mensagem*.[29]

Uma variação das propagandas em vídeos são os chamados Webisódios, que são anúncios em vídeo que passam como uma série de episódios nos websites. Como vimos antes, os anúncios em vídeo são anúncios audiovisuais compactados em tamanhos manejáveis de arquivos e variam em duração entre 15 segundos a vários minutos. A empresa de pesquisa eMarketer previa que a propaganda por anúncios on-line cresceria até quase US$ 3bilhões em 2010.[30] No Brasil, estimou-se um investimento de mais de R$ 1 bilhão com propaganda na Internet em 2010.[31]

Considere, por exemplo, o anúncio em vídeo de uma marca muito conhecida de maionese – a Hellmann's. Os anúncios em vídeo da Hellmann's foram colocados na seção de alimentos do Yahoo como parte de uma série entitulada "Em busca do alimento verdadeiro", estrelado por chef de cozinha de um programa popular da TV a cabo, o Food Network. Ao se ligar ao popular portal da Yahoo, a Hellmann's teve acesso a milhões de pessoas que visitam o site Yahoo Food.

| tabela 13.3 | As dez melhores campanhas interativas ||||
|---|---|---|---|---|
| As dez melhores campanhas interativas | A seleção envolve trabalhos produzidos entre 2000 e 2010 ||||
| Posição | Campanha | Agência | Cliente | Ano |
| 1º | "Subservient Chicken" | Crispin, Porter + Bogusky | Burger King | 2005 |
| 2º | "The Hire" | Fallon | BMW | 2002 |
| 3º | "Nike Plus" | R/GA | Nike | 2007 |
| 4º | "Uniqlock" | Projector | Uniqlo | 2008 |
| 5º | "Whopper Sacrifice" | Crispin, Porter + Bogusky | Burger King | 2009 |
| 6º | "Chalkbot" | Wieden + Kennedy | Nike/LiveStrong Foundation | 2010 |
| 7º | "Dream Kitchens" | Forsman & Bodenfors | Ikea | 2006 |
| 8º | "Eco Drive" | AKQA | Feat | 2009 |
| 9º | "HBO Voyeur" | BBDO/NY | HBO | 2008 |
| 10º | "Dove Evolution" | Ogilvy Toronto | Dove | 2007 |

Fonte: One Club/*Meio&Mensagem*.

## foco c.i.m.
### O poder das novas mídias

Com o advento da Web 2.0 e suas ferramentas mais amigáveis, a comunicação ocorre de muitos para muitos e em duas mãos, ou seja, todos somos não apenas consumidores, mas também criadores de conteúdos.

Ao longo da última década, a Internet transformou-se em um dos principais canais de comunicação e de relacionamento com consumidores. E as ferramentas são inúmeras, tornando cada vez mais difícil acompanhar as novidades: Orkut, Facebook, Delicious, Digg, Linkedin, Plaxo, Flickr, Twitter, Blogs, Messenger, Google Talk, MySpace, Youtube, Bing, Google, apenas para citar alguns. De acordo com a pesquisa "O Futuro da mídia", o Brasil é o único país pesquisado em que os consumidores, como fonte de entretenimento, preferem navegar na Internet (53%) a assistir à televisão (46%).

O modelo dos 4Ps (preço, praça, promoção, produto) representou por muito tempo o composto de marketing predominante, sendo complementado por Philip Kotler, na década de 1980, com a introdução dos 4Cs (consumidor, custo, conveniência e comunicação), posicionando o consumidor no centro da tomada de decisões. Hoje, novamente o contexto é outro. Terra argumenta que o consumidor ainda exerce papel central, mas deixa de atuar apenas como expectador e passa a figurar como peça-chave. Nesse contexto, ele sugere um novo modelo, no qual a **participação** é o elemento presente em todos os processos de marketing.

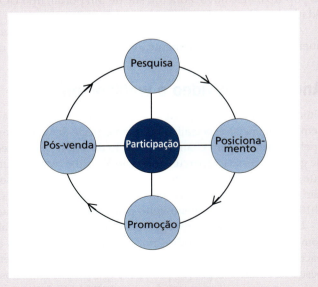

A Ideaaz, consultoria de inovação e *branding*, tem se deparado com o desafio de incorporação de novas *mí-*

*(Continua)*

*(Continuação)*

*dias*, em especial perante o público jovem, para o qual a *mídia* tradicional revela-se menos eficiente. Quanto mais jovem o público, mais ele "quer reagir, quer contribuir". Outra constatação importante sobre essa nova geração é o "multiponto" de comunicação: pesquisa realizada com jovens de 16 a 23 anos revelou que, para eles, há cinco pontos de contato simultâneos: televisão, celular, *Messenger*, Internet e som. Diferentemente da geração anterior, é mais difícil conseguir a atenção desse jovem por mais tempo, pois ela está fracionada.

Segundo a Ideaaz e a Microsoft, esse comportamento ocorre independentemente de classe social (A, B ou C). O que muda é o tempo e o local de conexão, uma vez que a renda da classe C é um fator limitante. Reportagem da *Revista Exame* aponta que apenas 43% acessam a Internet em casa, os demais acessam de *lan house* (32%), da casa de amigos e parentes (30%), do trabalho (22%) e da escola (13%). As novas *mídias* têm provocado uma nova mudança na classe C: a priorização dos gastos familiares. Alguns serviços de telecomunicações já estão no topo da lista e passam a limitar o consumo de outros produtos. Outra constatação mencionada na reportagem: apesar de apenas 7% dos consumidores realizarem compras on-line, 68% já fazem pesquisas de preço na Internet antes de comprar. "Em 2009, quase 40% de todos os consumidores que fizeram sua estreia no mundo das compras virtuais pertenciam à nova classe média."

Os profissionais da Microsoft consultados destacam que o planejamento da comunicação não se alterou. Atividades como realizar pesquisas de mercado para entender o consumidor, identificar segmentos, posicionar a marca e planejar a comunicação de forma integrada continuam sendo fundamentais. As ferramentas é que são novas e mais complexas, e podem ser utilizadas se a situação permitir ou exigir seu uso. Ana Bertelli, da Ideaaz, destaca que a consistência da marca é basilar – seu posicionamento deve ser o mesmo, independentemente da ferramenta de comunicação que é utilizada.

O lançamento do Windows 7, da Microsoft, é um caso instigante de como a empresa integrou diferentes *mídias* (tradicionais e alternativas), visando a potencializar o resultado. Inicialmente, foram monitoradas diferentes redes sociais e *blogs* para levantar tudo o que se comentava sobre o produto, o qual já tinha uma versão beta no mercado. Naquele momento, o foco eram as pessoas que tinham contato mais intenso com o mundo on-line. Para despertar a atenção para o produto, foi criado um *hotsite*, que concentrava todos os comentários feitos por diferentes usuários em diferentes redes e *blogs*. Ocorreram cerca de dois milhões de acessos durante o período da campanha.

Outra forma de comunicação nesse lançamento foi o trabalho com *blogs*, em especial uma ação que envolveu a filmagem de um salto duplo de paraquedas de um blogueiro que, durante a queda, abria o computador e realizava sete atividades (sendo a última a postagem de um comentário em seu *blog*). Foi uma ação off-line, que gerou um conteúdo para plataformas on-line e que estava fortemente alinhada com o posicionamento da marca: simplicidade e rapidez (imagine realizar sete atividades durante o tempo de uma queda!). O vídeo foi veiculado em seu *blog* e disponibilizado em diversas ferramentas de compartilhamento de vídeos, recebendo 120 mil visualizações durante o período da campanha.

Após essa primeira fase de lançamento, o foco da comunicação do Windows 7 se deu em dois segmentos: (a) compra do primeiro computador e (b) classes A e B, com idade entre 18 e 35 anos. Além de nas *mídias* on-line, o produto foi divulgado em revistas, canais de televisão a cabo e em material de ponto de venda.

As novas *mídias* trazem os seguintes importantes benefícios para as empresas, apontados pela Ideaaz e pela Microsoft: (a) interação com, e participação do consumidor final, por ser uma *mídia* de "mão dupla", (b) identificação de segmentos mais específicos, (c) comunicação mais eficiente e com profundidade, (d) ferramentas digitais permitem larga cobertura do público-alvo, (e) maior transparência e credibilidade na comunicação, (f) otimização dos gastos com comunicação, uma vez que as *mídias* virtuais são mais baratas e é possível focar o público-alvo desejado, (g) realização de testes de diferentes formas de comunicação, (h) acompanhamento imediato do desempenho da campanha permitindo maior flexibilidade.

Como resultado de tantos benefícios, algumas empresas estão migrando seus investimentos de comunicação para as *mídias* alternativas. Um exemplo é a Nike, cujo investimento em *mídias* tradicionais caiu mais de 55% nos últimos 12 anos. Segundo o IAB Brasil, o investimento por meio da Internet apresentou um expressivo aumento de 30,7% entre agosto de 2009 e agosto de 2010. A Microsoft também vem aumentando o peso dado às novas *mídias*, em comparação às tradicionais. Em alguns produtos, como Messenger e Internet Explorer, o investimento em comunicação é 100% on-line.

*A proposta deste case é servir de referência para reflexão e discussão sobre o tema, e não para avaliar as estratégias adotadas. O case foi desenvolvido com base em informações divulgadas nos seguintes meios: Revista Mundo Corporativo, edição n. 24, abril-junho de 2009. <http://www.deloitte.com/view/pt_BR/br/perspectivas/publicacoesnacionais/revistamundocorporativo/index.htm.>, TERRA, J. C. Gestão 2.0: como integrar a colaboração e a participação em massa para o sucesso nos negócios. Rio de Janeiro. Elsevier, 2009, Entrevista com Ana Bertelli, sócia da Ideaaz, em outubro de 2010. Entrevista com Fabíola Giglio e Estevam Hirschbruch, da Microsoft, em novembro de 2010, "A classe C cai na rede". Revista Exame, n. 978, 20 de outubro de 2010, IAB – Brasil – Interactive Advertising Bureau. <http:iabbrasil.ning.com/>.*

Caso elaborado por Prof. Dr. Geraldo Luciano Toledo, FEA/USP, Prof. Dra. Kavita Miadaira Hamza, Universidade Presbiteriana Mackenzie e Prof. Dra. Carla Winter Afonso, Fundação Getulio Vargas – RJ

# Blogs, Podcasts e Redes Sociais

Esta seção descreve três formas inter-relacionadas de comunicação – blogs, podcasts, e redes sociais – que podem algum dia desempenhar um papel de destaque nos programas de comar para o mercado das empresas B2B e B2C.

## Blogs

Resumidamente, podemos dizer que web blogs ou blogs são o meio de "cada indivíduo" se comunicar com os outros e estabelecer comunidades digitais onde indivíduos, a maioria com pensamentos semelhantes, podem compartilhar suas visões sobre questões de relevância pessoal. É nesse contexto que produtos e marcas são às vezes discutidos. É aqui que as empresas podem tentar promover o *brand equity*, criando a percepção da marca e melhorando (ou protegendo) a imagem de suas marcas. A importância dos blogs para os negócios foi afirmada de modo direto e convincente nas páginas da revista *Business Week*:

> *Vá em frente e reclame sobre os blogs. Mas você não pode se dar ao luxo de fechar os olhos para eles, porque são simplesmente a maior explosão no mundo da informação desde a própria Internet. E eles vão provocar mudanças em todos os negócios – incluindo o seu. Não importa se você negocia clipes de papel, carne de porco ou vídeos da Britney usando biquíni – os blogs são um fenômeno que você não pode ignorar, adiar, nem delegar. Devido às mudanças que nos atingem rapidamente, os blogs não são algo opcional. Eles são um pré-requisito.*[32]

A maior parte da atratividade dos blogs é que uma empresa pode se comunicar diretamente com os consumidores em potencial que, por sua vez, podem se tornar comunicadores ativos por meio de seus próprios comentários postados. A característica interativa da Internet, que foi descrita no início do capítulo, é talvez mais bem concretizada nos blogs que em qualquer outra forma de propaganda on-line.

Além de os profissionais de marketing estabelecerem seus próprios blogs e se comunicarem diretamente com os consumidores atuais ou potenciais, a realidade é que milhares de blogs criados por pessoas físicas com frequência discutem as empresas e suas marcas – às vezes positivamente, mas na maioria dos casos de maneira negativa. É por essa razão que as empresas podem aprender muito sobre o que está sendo dito a respeito de suas marcas monitorando e analisando conversas que acontecem nos blogs. A Nielsen BuzzMetrics é uma entre várias empresas de pesquisa que, mediante o pagamento de uma taxa, acompanham e analisam o que está sendo dito na blogosfera a respeito de uma empresa ou sua marca e as concorrentes.[33] Outra empresa, a VML, desenvolveu um programa chamado Seer para acompanhar bloggers influentes e monitorar comentários sobre empresas e suas marcas. Por exemplo, logo depois que a Adidas introduziu a marca Predador, de chuteiras na Europa, os consumidores começaram a notar que as cores do couro da chuteira desbotavam rapidamente. Com base no *feedback* obtido pelo programa Seer, a VML informou ao fabricante alemão da Adidas que as pessoas estavam reclamando do couro, o que levou imediatamente a equipe de marketing da empresa a informar aos consumidores que o couro das chuteiras deveria ser tratado antes que elas fossem usadas.[34] Esse *feedback* rápido do programa Seer impediu o que poderia ter se tornado uma epidemia de rumores negativos.

### Os blogs como formato de propaganda

Os gestores das marcas podem desenvolver seus próprios blogs ou simplesmente colocar anúncios em blogs que sejam apropriados a elas. Por exemplo, o Google oferece um serviço que permite a colocação de anúncios pequenos em blogs. Somente depois que um visitante do blog clica no anúncio é que o anunciante tem despesas com o anúncio. Os anunciantes podem recorrer a vendedores como Blogads (http://www.blogads.com), que é uma rede de blogs que aceita propaganda. A rede faz a ligação entre anunciantes e os blogs apropriados para eles. Os anunciantes compram os anúncios por meio da Blogads em uma base semanal ou mensal, com custos variando de acordo com a popularidade do blog.

Embora os números indiquem que o blogging esteja crescendo exponencialmente, isso *não* significa necessariamente que os blogs representem um meio viável de propaganda. O valor deles para seus produtores e consumidores é a comunidade criada e a oportunidade de uma troca livre e honesta de ideias. Como a propaganda é frequentemente percebida como invasiva e visando apenas interesses comerciais, usar blogs para fazer propaganda pode ser entendido como antiético, pois blogs são considerados uma forma de gerar e transmitir informações de interesse público. No momento, é questionável se os blogs representarão uma grande oportunidade de propaganda. O CEO de uma organização dedicada à propaganda on-line – Interactive Advertising Bureau – alerta que "é muito cedo para medir a relevância dos blogs como um meio independente de propaganda".[35]

## Podcasts

Enquanto os blogs tradicionais são documentos escritos, o podcasting é uma versão áudio do blogging. Os Podcasts são arquivos em áudio de formato MP3 disponíveis de graça on-line e acompanhados de blogs escritos. O buscador PodNova (http://www.podnova.com) lista mais de 90 mil programas de *podcast* dispostos em ordem alfabética sob praticamente qualquer tópico que se possa imaginar.[36] As principais mídias impressas, como a revista *Veja* e o jornal *O Estado de S. Paulo*, oferecem os comentários de seus principais colunistas na versão *podcast*.

Podcasting é um modo de publicar arquivos de som da Internet, permitindo aos usuários assinar e receber novos arquivos de áudio automaticamente. Na verdade, os podcasters produzem por si mesmos programas parecidos com os de rádio. Os consumidores assinam os podcasts usando uma forma especial de software de agregação que periodicamente faz a checagem e o *download* de conteúdo novo, que é, então, tocado em computadores e áudio *players* digitais. O *podcasting* permite que os anunciantes direcionem as mensagens a consumidores que compartilham estilos de vida parecidos, revelados pela autosseleção de um podcast específico.[37] Inúmeras empresas criaram podcasts para se comunicar com consumidores atuais e potenciais sobre suas marcas. Por exemplo, os podcasts da General Motors apresentam entrevistas com os executivos da empresa, que discutem os novos carros. A marca de ração Purina, da Nestlé, oferece podcasts chamados "Animal Advice", que dá informações úteis aos donos de animais. A Johnson & Johnson criou um podcast para sua marca Acuvue, de lentes de contato, envolvendo uma série de episódios sobre a vida dos adolescentes, chamado "Download with Heather & Jonelle".[38] A MTV Brasil também insere vários tipos de podcasts em seu site. O podcast "papo de gordo", por exemplo, que apresenta uma série de "episódios" de humor.

## Redes sociais

Os sites de redes sociais, como MySpace, Facebook e Orkut, incluem milhões de pessoas em todo o mundo que interagem com "amigos", compartilham opiniões e informações e criam comunidades on-line de pessoas que têm interesses semelhantes e desejam partilhar suas experiências com outros. O Brasil é um dos países com maior número de usuários de rede sociais. São 29 milhões de blogs, 30,8 milhões de visitantes no Orkut, 9 milhões no Facebook. No Twitter, o Brasil tem a maior parcela de participação da população, com 23%, É o maior percentual do mundo.[39] Não é de se surpreender que os profissionais de marketing tenham entrado para os famosos sites de redes sociais ou tenham criado suas próprias redes sociais como um mecanismo para se comunicar com os consumidores a respeito de seus produtos. Dois exemplos de iniciativas "independentes" de redes sociais são descritas a seguir.

Em um esforço para aprender mais sobre seus consumidores, as necessidades e os hábitos deles, a Procter & Gamble (P&G) criou dois sites de redes sociais que permitem aos consumidores aprender uns com os outros e compartilhar suas experiências. O site "People1s Choice" da P&G foca o entretenimento e permite que os consumidores expressem suas opiniões a respeito de assuntos como reality shows na TV, apresentadores, músicos etc. O segundo site de rede social da P&G, "Capessa", é direcionado a mulheres que desejam interagir sobre questões como saúde, perda de peso e gravidez. Acompanhando a natureza das redes sociais e os fortes desejos dos participantes de não ser afogados em mensagens de marketing, a P&G não comercializa nenhum dos sites com mensagens de propaganda, embora pop-ups ocasionais possam aparecer com os anúncios da P&G que já são exibidos no Yahoo![40]

Em um esforço para atingir um público formado por meninas de 8 a 12 anos, as marcas Barbie, da Mattel Inc., e a Bratz, da MGA Entertainment Inc., criaram sites separados de redes sociais – Barbiegirls.com e Be-Bratz.com. O Be-Bratz.com, por exemplo, é acessível apenas depois de comprar uma boneca Bratz especial, que é equipada com uma chave USB. As usuárias escolhem um apelido e suas próprias bonecas on-line (conhecidas como "avatares") que podem ser ajustadas a seus gostos, incluindo "comprar" roupas para seus avatares em uma loja on-line com dinheiro virtual que é ganho por meio de jogos on-line. As participantes também podem customizar suas próprias salas e conversar com outras usuárias.[41]

O uso das redes sociais como um instrumento de comar está dando seus primeiros passos. É, portanto, prematuro no momento descrever a eficácia potencial dessa forma de comunicação de marketing. É certo, porém, que as redes sociais são um fato da vida on-line. Gestores de comunicação de marketing astutos, sem dúvida, encontrarão meios de utilizar as redes universais da variedade MySpace em suas próprias redes criadas especialmente como um meio de se comunicar com consumidores atuais e potenciais.

# Propaganda por e-mail

Com milhões de pessoas on-line e os números crescendo a cada ano, não é de se surpreender que os gestores de comunicação de marketing tenham recorrido ao e-mail como um meio viável de propaganda. Contudo, assim como acontece com outras mídias, não existe um tipo único de mensagem de e-mail, elas aparecem em muitas formas, variando de documentos puro-texto a versões mais sofisticadas que usam todos os poderes audiovisuais da Internet. Com frequência, as empresas mandam mensagens de e-mail e encorajam os recebedores a transmiti-las a sua lista pessoal de contatos. Veja a seção *Foco Global* para uma aplicação da propaganda por e-mail desenvolvida com o objetivo de criar rumor.

O e-mail pode ser um instrumento de comar muito eficiente para transmitir mensagens e oferecer incentivos de vendas a grandes públicos ou a grupos menores selecionados. Todavia, essa forma de comunicação on-line foi de certa forma prejudicada por profissionais de marketing que enviam junk mail, em uma prática conhecida como "spamming". Estima-se que aproximadamente dois terços de todas as mensagens comerciais por e-mail representem spam.[42] Muitas mensagens são enviadas, e muitas representam spam, e não mensagens de empresas pelas quais os recebedores têm algum interesse. A propaganda "intacta" por e-mail só é possível com a permissão do recebedor para que a mensagem lhe seja enviada.

## foco global

### Esforço de e-mail viral da Nescafé na Argentina

Café con Leche, que é uma mistura de café com leite, é vendido pela Nescafé na Argentina e em alguns outros países. Devido a um orçamento muito pequeno para anunciar a marca na Argentina, foi necessário para a Nescafé desenvolver uma inteligente estratégia de comar. O plano envolveu o uso de e-mails para criar rumor sobre a marca. Foram recrutados consumidores do Café com Leche sabidamente astutos no uso da tecnologia e frequentes emissores de mensagens de e-mails. A empresa pediu a esses homens e mulheres, na faixa etária entre 25 e 45 anos, que divulgassem uma mensagem comercial do Café com Leche para pelo menos mais 15 pessoas. O comercial focava duas jovens que preparavam iced coffee com o Café com Leche. Também foi incluído um link para um site contendo uma cozinha virtual. Os visitantes do site podiam clicar nos ingredientes localizados dentro dos armários e da geladeira, ao mesmo tempo que seguiam as receitas para fazer iced coffee shakes com sorvete, misturando o Café con Leche, rum e outros ingredientes. A intenção, é claro, era aumentar o envolvimento do usuário com a marca e demonstrar sua variedade de usos.

Em apenas um mês após o lançamento da campanha a mensagem de e-mail foi transmitida mil vezes. Além do mais, mais de 20% dos visitantes do site participaram de uma pesquisa fornecendo informações sobre marca e seus usos. Além dessa aplicação específica, que era única na Argentina na época, é possível perguntar por que alguém se daria ao trabalho de enviar mensagens de e-mails para outras pessoas. O fato é que todos os usuários da Internet recebem mensagens para ser retransmitidas. Por que as pessoas estão dispostas a fazer isso? Pesquisas revelaram que os principais motivos de retransmitir uma mensagem de e-mail é porque as pessoas gostam de fazer isso, acham divertido e acreditam que talvez estejam ajudando alguém.

*Fonte*: Charles Newbery, "Nescafé Builds Buzz via Viral E-Mail Effort," *Advertising Age*, 2 de maio de 2005, 24, Joseph E. Phelps, Regina Lewis, Lynne Mobilio, David Perry e Niranjan Raman, "Viral Marketing or Electronic Word-of-Mouth Advertising: Examining Consumer Responses and Motivations to Pass Along E-mail," *Journal of Advertising Research 44* (dezembro de 2004), 333-48.

## E-mail opt-in *versus* Spam

Imagine, por exemplo, que um consumidor hipotético esteja interessado em comprar uma câmera digital e visite um site encontrado durante uma busca no Google por "câmeras digitais". Enquanto acessa esse site, o consumidor recebe um questionário perguntando se estaria interessado em receber mais informações acerca de equipamentos fotográficos. Ele responde: "Sim", e fornece seu e-mail e outras informações. O site eletronicamente registra a "permissão" do usuário e, sem que ele saiba, vende seu nome e e-mail a um agente especializado em compilar listas. O agente de listas, por sua vez, vende o nome e o e-mail do usuário a empresas que vendem equipamentos e materiais fotográficos. O nome e o endereço de nosso hipotético usuário da Internet acaba por aparecer em várias listas e ele começa a receber inúmeras mensagens de e-mail não solicitadas, anunciando equipamentos e material fotográficos.

A solução para esse problema é o e-mail opt-in, ou permissão concedida. Esse conceito de ações permissivas em vez das tradicionais ações interruptivas, foi preconizado por Godin em sua obra *Marketing de permissão*, já em 2000.[43] O **e-mail opt-in** é a prática de profissionais de marketing que pedem e recebem a permissão do consumidor para enviar mensagens sobre assuntos específicos. O consumidor concordou, ou optou, em receber mensagens acerca de tópicos de interesse em vez de receber mensagens não solicitadas. Na teoria, o e-mail opt-in serve tanto aos interesses do profissional de marketing quanto aos do consumidor. Porém, a frequência e quantidade de mensagens se tornam invasivas, pois um número crescente de empresas tem acesso a seu nome e áreas de interesse. Os consumidores se sentem violados quando recebem mensagens de e-mail abordando tópicos que são irrelevantes ou apenas se aproximam superficialmente de seus interesses principais. Por exemplo, quando nosso consumidor, sem suspeitar de nada, dá ao site permissão para enviar mensagens relacionadas à fotografia, ele pode estar interessado apenas em informações sobre câmeras digitais, quando, na verdade, será bombardeado com mensagens que envolvem mais aspectos da fotografia e mais produtos fotográficos que poderia imaginar. Ele não sabia pelo que estava optando – algumas informações recebidas são relevantes, mas a maioria, não.

Embora esse exemplo pareça fazer uma avaliação negativa do e-mail opt-in, o fato é que os anunciantes que enviam mensagens a indivíduos cujos interesses são conhecidos, ainda que de modo geral, aumentam suas chances de fornecer informações relevantes aos consumidores. Além disso, profissionais de marketing sofisticados estão usando um procedimento mais detalhado de opt-in para que possam servir melhor tanto às suas necessidades de direcionamento preciso quanto às necessidades do consumidor por informações relevantes. Por exemplo, um consumidor pode dizer: "Desejo que me enviem informações sobre roupas masculinas, mas eu não tenho filhos, por isso, não me enviem nada a respeito de roupas infantis. E eu quero receber informações apenas uma vez por mês".[44]

Compare isso com a prática do envio de mensagens de e-mail não solicitadas, que, como vimos antes, é conhecida como *spam*. Há uma grande probabilidade de que os receptores dessas mensagens as apagarão rapidamente. É possível argumentar que o spam pelo menos tem a chance de influenciar a percepção da marca, como acontece quando o consumidor está folheando uma revista e sem querer se depara com um anúncio de um produto pelo qual ele tem pouco interesse. Entretanto, embora o consumidor espera ver comerciais em revistas e perceba que isso é parte do "custo de entrada", ele não deseja receber mensagens de e-mail não solicitadas. Portanto, qualquer ganho de percepção da marca que possa ser obtido por meio de mensagens não solicitadas, provavelmente será prejudicado pela reação negativa do consumidor ao receber esse tipo de propaganda.

A legislação anti-spam, sob a rubrica CAN-SPAM, foi aprovada nos Estados Unidos, e as regras contra e-mails não solicitados são ainda mais severas na Europa. O problema do spam representa uma invasão perturbadora para os consumidores e também gera um custo econômico para os profissionais legítimos de marketing que usam mensagens comerciais de e-mail como um meio honesto de realizar negócios. Em um esforço para reduzir o spam, a Federal Trade Commision recomedou ao Congresso um programa de recompensas que paga valores entre US$ 100 mil a US$ 250 mil como incentivos para que as pessoas denunciem praticantes de spam.[45] No Brasil, o problema do Spam não é menos sério que no resto do mundo. O Brasil foi apontado em 2010 como o campeão mundial desse tipo de prática. Rastreando-se 5 milhões de e-mail de spam entre janeiro e fevereiro de 2010 observou-se que 14% eram provenientes do Brasil.[46] Há um projeto de lei ainda não aprovado no Brasil que prevê multas para empresas que enviem spams.[47] Porém, mesmo sem legislação específica, existem já ações de empresas da área que visam o desenvolvimento de mecanismos de autorregulamentação. Foi lançado, em 2003, o Código de Ética Anti-Spam e as Melhores Práticas de Uso de Mensagens Eletrônicas e aberto o Comitê Brasileiro Anti-Spam. As entidades que compõem o Comitê e que formularam o Código são a **ABEMD** (Associação Brasileira de Marketing Direto), **AMI** (Associação de Mídia Interativa), **Abranet** (Associação Brasileira dos Provedores de Acesso, Serviços e Informações da Rede Internet), **Câmara-e.net** (Câmara Brasileira de Comércio Eletrônico), **Fecomercio SP** (Conselho de Comércio Eletrônico da Federação do Comércio do Estado de São Paulo), **ABES/BSA** (Associação Brasileira das Empresas de Software/Business Software Alliance), **ABAP** (Associação Brasileira das Agências de Publicidade) e a **ABA** (Associação Brasileira de Anunciantes).[48]

### Phishing

Mais preocupante que o spam é uma prática ilegal de e-mail conhecida como phishing. O **phishing** acontece quando criminosos enviam mensagens de e-mail que parecem ter vindo de empresas legítimas e direcionam os receptores a websites falsos que são criados para se parecer com os sites verdadeiros das empresas. Esses sites falsos tentam extrair dados pessoais das pessoas, como número do cartão de crédito e senhas de caixas eletrônicos. A prática de phishing, que se pronuncia como *fishing* [pescar], tem o mesmo objetivo da pescaria – jogar a linha na esperança de pegar alguns tolos. Não apenas os consumidores são prejudicados quando suas identidades são roubadas, mas também o *brand equity* é prejudicado quando ladrões se disfarçam de negócios legítimos.

## Revistas eletrônicas (E-zines)

Uma forma crescente de propaganda por e-mail, descrita rapidamente no capítulo anterior, conhecida como *e-zine*, ou e-mail patrocinado, é a distribuição de publicações gratuitas parecidas com uma revista. Essas publicações originalmente focavam assuntos do momento, como entretenimento, moda, comida, beleza e bebida, mas as e-zines ampliaram seu conteúdo e apelo. A maioria delas inclui um número relativamente pequeno de anúncios que levam os leitores a sites de lojas e marcas. Para aumentar a credibilidade de suas publicações, os editores de e-zines claramente identificam os anúncios e evitam mencionar os produtos dos anunciantes no editorial.[49] As e-zines permitem que os anunciantes alcancem um público-alvo maior e transmitam mensagens comerciais críveis, claramente designadas como tais.

## Propaganda por e-mail sem fio

Laptops com modens sem fio, assistentes pessoais digitais, telefones celulares, pagers e, mais recentemente, os tablets são instrumentos valiosos para milhões de executivos e consumidores em todo o mundo. Esses equipamentos móveis permitem às pessoas permanecer conectadas à web sem ficar presas a um laptop com fio ou PC. É desnecessário dizer que os anunciantes têm tanto interesse em alcançar as pessoas em seus equipamentos sem fim quanto o fazem quando elas estão conectadas à Internet por meio de dispositivos fixos (com fio). Esta seção discute a natureza e o futuro da propaganda sem fio. Como a propaganda sem fio ainda está no início, os comentários a seguir são necessariamente um tanto especulativos.

O crescimento da propaganda sem fio tornou-se possível com o advento da tecnologia da fidelidade sem fio, referida usualmente como Wi-Fi. **Wi-Fi (Wireless Fidelity)** é uma tecnologia que capacita os computadores e outros equipamentos sem fio, como telefones celulares, a se conectar à Internet por meio de sinais de rádio de baixa potência em vez de cabos. Portanto, os usuários podem ter acesso à Internet em estações de base, ou *hotspots*, que são equipadas com Wi-Fi.

Empresas que anunciam via Internet terão mais acesso a milhões de consumidores que, antes do acesso capacitado pela tecnologia Wi-Fi, só poderiam ser alcançados em suas casas ou escritórios, quando não estão na verdade no mercado para fazer seleções de produto ou marcas. Agora os consumidores podem ser contatados nos pontos de venda, ou perto deles, onde a propaganda pode ter um impacto maior na influência da escolha da marca. Por exemplo, uma coisa é receber uma mensagem de propaganda em casa, tarde da noite, muitos dias antes de ir ao shopping center para fazer compras casuais. A propaganda recebida antes da visita ao shopping center pode ser esquecida antes que a escolha pelo produto e marca seja feita. Em comparação, imagine que você está no shopping center, sentado confortavelmente e acessando a web sem fio, ao mesmo tempo que é exposto a um anúncio de uma promoção em uma loja localizada a poucos metros de distância. Essa propaganda será bem mais eficaz que aquela recebida em um momento e local separado da decisão de compra. A Wi-Fi tem um grande futuro como meio de propaganda para entrar em contato com clientes e consumidores diários.

### Localizar *hotspots*

Um desafio para os usuários da Internet é localizar *hotspots* onde a conexão sem fio seja possível. Localizadores Wi-Fi pequenos e baratos facilitam esse objetivo. Por exemplo, um produto chamado WiFi Seeker permite aos usuários simplesmente apertar um botão e uma luz passando por quatro barras que indica onde um sinal Wi-Fi é detectado. O WiFi Seeker também é útil para identificar o melhor lugar dentro de casa ou no escritório para localizar uma estação base.[50] É claro que inúmeros varejistas estão equipados com tecnologia Wi-Fi, e muitas cidades instalaram a tecnologia Wi-Fi por todo o seu espaço, promovendo o acesso à Internet praticamente em todos os lugares. Empresas desenvolveram equipamentos portáteis baratos que tornam possível para os usuários estabelecer redes Wi-Fi temporárias nos locais de sua escolha. Esses equipamentos (por exemplo, o Air-Port Express, da Apple Computers) requerem apenas o acesso a uma conexão de Internet de alta velocidade, como a linha DSL, então, ligando o aparelho à linha de conexão cria-se uma *hotspot*.

*Atenção!* É importante ser muito cuidadoso ao se conectar a uma *hotspot*, seja em um hotel, aeroporto ou mesmo na sua Starbucks local. Um porta-voz da divisão de cybercrimes do Federal Bureau of Investigation alerta que devemos presumir que "qualquer coisa que façamos, podemos ser monitorados".[51] Os hackers criminosos em locais de *hotspots* podem roubar informação pessoal, incluindo número de cartão de crédito, contas bancárias e outras informações. Aconselha-se a jamais realizar transações comerciais em uma *hotspot*!

## O caso especial dos telefones celulares

Os telefones celulares, ou móveis, são quase onipresentes. Estima-se que existam mais de três bilhões de telefones celulares por todo o mundo, o que representa aproximadamente um telefone celular para cada duas pessoas na Terra.[52] No Brasil, são cerca de 202 milhões de celulares (número maior que o de habitantes no país), e a cobertura praticamente chega a 100% dos municípios. Muitos desses telefones são equipados com tecnologia Wi-Fi (cerca de 21 milhões de aparelhos), o que permite aos usuários um acesso praticamente ilimitado à Internet por meio dos telefones celulares.

Até recentemente os brasileiros, assim como os norte-americanos, usavam seus telefones celulares principalmente como um aparelho para conversas, mas os europeus e asiáticos há anos os usam para transmitir mensagens de texto. Os norte-americanos estão seguindo o exemplo, assim como os brasileiros, especialmente os mais jovens. O Short Message System (SMS) capacita os usuários a enviar e receber mensagens de texto com até 160 caracteres em seus telefones. O Multimedia Messaging Service (MMS) é uma tecnologia mais adiantada que permite a transmissão de mensagens com imagens e sons. Além disso, cada vez mais os celulares são usados para acessar a Internet e se manter conectado 24 horas a, por exemplo, e-mails e redes sociais. Em certo sentido, o telefone celular está quase se transformando em um computador laptop. Na verdade, os telefones celulares estão sendo chamados de *terceira tela*, significando que a TV (primeira tela), os computadores (segunda tela), e agora os celulares são aparelhos audiovisuais comuns para receber informação, entretenimento e propagandas. Essa modalidade de uso da telefonia móvel com Internet para se comunicar e interagir com o público é conhecida também como Mobile Marketing.

Andrey Arkusha/Shutterstock

O número crescente de usuários de celulares indica um potencial considerável para que os anunciantes alcancem as pessoas por meio desses aparelhos. (Ver a seção *Foco Global*, a respeito dos telefones celulares na Índia.) Consumidores mais jovens são alvos especialmente viáveis. Estima-se que cerca de 75% de adolescentes entre 15 e 19 anos, e 90% das pessoas na faixa dos 20 anos usa seus celulares para enviar e receber mensagens de texto regularmente.[53]

Talvez a questão mais importante, no entanto, seja se as pessoas desejam ser contatadas pelos anunciantes. Como os telefones celulares são itens altamente pessoais (ou seja, eles nos acompanham em todos os lugares e com frequência estão em contato constante com nosso corpo), muitos críticos da propaganda sem fio (assim como os próprios anunciantes) estão preocupados com o fato de que as mensagens não desejadas representam uma *invasão de privacidade*. Ao se sentirem invadidas, as pessoas que recebem anúncios não desejados podem imediatamente apagar o item invasor e criar sentimentos negativos em relação ao anunciante ofensor: – "Como você ousa me mandar uma mensagem de um produto ou serviço pelo qual eu não tenho nenhum interesse?".

Além da invasão de privacidade, outras pessoas são céticas em relação ao futuro da propaganda sem fio com base no fato de que a propaganda é o oposto das razões pelas quais as pessoas têm telefones celulares. O argumento, em outras palavras, é que as pessoas têm telefones celulares para facilitar a utilização do tempo e aumentar a produtividade relacionada ao trabalho enquanto estão fora de casa ou do escritório, e a última coisa que elas querem ao usar esses aparelhos é receber mensagens comerciais ininterruptas e não desejadas. Outro limite potencial ao futuro imediato da eficácia da propaganda sem fio é que as telas pequenas dos telefones celulares limitam o espaço para a apresentação de mensagens criativas. É bem verdade, no entanto, que novas gerações de celulares trabalham com telas maiores e maior resolução de imagem, como o iPhone da Apple, por exemplo. Mas, a maioria dos aparelhos ainda convive com a limitação de tamanho de tela.

Ao que parece, com base nesses argumentos contrários, a propaganda em telefones celulares tem limitações distintas. Somente o futuro nos dirá com certeza. Todavia, é certo que no presente muitos anunciantes têm um forte desejo de alcançar consumidores potenciais por meio de seus telefones celulares. Outra certeza é que as mensagens de texto bem-sucedidas enviadas por profissionais de marketing devem se basear no modelo opt-in, onde o receptor da mensagem indicou sem nenhuma dúvida seu interesse em receber certos tipos de mensagens via telefone celular. Os receptores de propaganda sem fio devem ter controle total sobre o conteúdo que desejam receber, quando e onde recebem as mensagens. Os anunciantes devem garantir a permissão do usuário do aparelho sem fio para enviar a ele anúncios, criando um relacionamento *quid pro quo*: – "Se você me der permissão de enviar mensagens regularmente, digamos, uma vez por semana, eu lhe fornecerei informações úteis acerca de tópicos de seu interesse". Tal arranjo beneficia tanto os interesses do anunciante quanto os do consumidor, criando, assim, uma oportunidade para que a comunidade de propaganda lucre com anúncios colocados nos telefones celulares.

## foco global

### Propaganda pelo telefone celular na Índia

A Índia é um grande país com mais de um bilhão de cidadãos, muitos dos quais vivem em vilas e não têm acesso a jornais nem televisão. Contudo, o uso do telefone celular está crescendo a níveis incríveis, com milhões de novos assinantes a cada mês. Provavelmente não há outro lugar no mundo mais propício para a propaganda via celular que a Índia. Atribui-se isso a dois fatores principais: (1) muitos indianos, principalmente aqueles que moram em vilas, não têm acesso às principais formas de mídia e (2) as taxas de chamadas em celulares na Índia são extremamente baixas – uma chamada de um minuto custa menos de dois centavos.

É claro que a maioria dos cidadãos indianos ganha menos de US$ 3 ao dia, por isso, mesmo dois centavos por minuto de uso do celular não é uma cobrança trivial. Uma perspectiva para reduzir ainda mais o custo do uso do celular é subsidiar chamadas por meio da propaganda. Embora para pessoas de outros países isso pareça ser um movimento dramático, esse é precisamente o modo como a televisão opera em países como o Brasil – a propaganda subsidia o custo de assistir à TV!

A rede de celular na Índia alcança 30 mil vilas e espera-se que cresça três vezes em alguns anos. Como os telefones celulares alcançam milhões de pessoas que não podem ser alcançadas pela mídia principal, o potencial de crescimento da propaganda via telefone celular na Índia é sem paralelos. A experiência da Índia com esse tipo de propaganda serve como modelo para qualquer outro lugar do mundo.

*Fonte*: Adaptado de Eric Bellman e Tariq Engineer, "India Appears Ripe for Cellphone Ads", *The Wall Street Journal*, 10 de março de 2008, B3.

Muitos que são céticos quanto a um futuro de sucesso para a propaganda via celular acreditam, no entanto, que esse meio pode ter valor para varejistas locais como restaurantes, complexos de entretenimento e várias operações de serviços. Os varejistas podem enviar ofertas promocionais (por exemplo, cupons), descontos e outras informações pertinentes aos consumidores no mercado local. Por exemplo, uma empresa chamada Móbile Campus envia mensagens de texto a estudantes universitários que assinaram um serviço opt-in. Os estudantes recebem cerca de duas mensagens por dia oferecendo cupons e descontos de preços dos varejistas locais. Um estudante que revelou gostar dos sanduíches da rede Subway, por exemplo, pode receber uma mensagem de texto de uma loja Subway próxima oferecendo um desconto de 50% somente naquele dia. Cerca de 20% dos estudantes na Universidade do Texas e na Universidade da Flórida assinaram o serviço opt-in da Mobile Campus.[54]

A oferta de cupons via celular não é limitada ao campus das universidades. Muitas empresas de produtos de consumo diário, como Procter & Gamble, General Mills e Kimberly-Clark, estão usando o sistema de oferta de cupons a usuários de celulares. Essas empresas se uniram à rede americana de supermercados Kroger para testar se a distribuição de cupons via celular é eficaz e eficiente. Os consumidores-alvo desse teste de eficácia são jovens adultos que não costumam ler jornais e, por isso, não recebem cupons através desse meio tradicional. A distribuição de cupons via celular durante o teste funciona da seguinte maneira: os consumidores farão o download em seus celulares de uma aplicação semelhante a um *ring tone*, denominada Cellfire, que permitirá que eles chequem o "shopping center" eletrônico da Cellfire para saber quais marcas estão oferecendo cupons. Os consumidores, então, identificam quais ofertas são de seu interesse. Essas escolhas são automaticamente enviadas a computadores nas lojas da rede Kroger, e os consumidores automaticamente recebem os descontos ao adquirir as marcas selecionadas que oferecem os cupons. Somente o tempo dirá se a distribuição de cupons via celular funcionará, mas as perspectivas são excitantes considerando-se que essas ofertas via celular são relativamente baratas para os profissionais de marketing e muito convenientes para os consumidores – eliminando a necessidade de cortar cupons em casa e se lembrar de levá-los à loja.[55]

No Brasil, as próprias empresas de telefonia móvel como Vivo, Claro, Oi e TIM trabalham com o envio de mensagens promocionais via SMS a seus clientes. Os telefones celulares oferecem um meio de propaganda potencialmente atrativo, bem como um método para a distribuição de ofertas promocionais. É cada vez mais comum o uso do celular em ações promocionais como forma de envio de inscrição, recebimento de informações e cupons para participação em sorteios. Permanecem, porém, problemas distintos que podem ou não ser superados. Fica claro que a prática de spam é totalmente ineficaz no que se refere a usuários de telefones celulares e que os anunciantes de sucesso devem obter a permissão dos usuários e dar a eles o controle sobre o conteúdo da mensagem, a frequência, o momento e o lugar em que o recebimento dela é aceitável. Os próximos anos nos darão uma perspectiva retrocedente se a propaganda sem fio é apenas uma moda passageira ou um meio viável, de longo prazo, de anunciar.

# Propaganda por buscadores

Existem milhares de empresas com websites na Internet promovendo seus produtos e serviços e encorajando consumidores em potencial a fazer pedidos. A concorrência é intensa porque muitas outras firmas promovem suas próprias ofertas. Todos os concorrentes enfrentam o desafio de fazer que os consumidores em potencial visitem o seu site em primeiro lugar, e só depois esperam converter esses internautas em reais compradores. Diante da intensidade da concorrência, como uma organização de marketing atrai consumidores em potencial para o seu site? Bem, é claro que todos os instrumentos de propaganda na Internet discutidos previamente (display, *rich media*, e-mail etc.) têm seu papel de atrair as pessoas aos sites. Em sua maior parte, contudo, esses instrumentos têm uma habilidade limitada para atrair tráfego, devido em grande parte ao fato de que a maioria dos usuários da Internet não clica em websites que são encontrados por meio de banners, pop-ups, *floaters* e-mails invasivos. Deve existir um modo melhor, e de fato existe. Esse modo melhor é descrito em vários termos, como marketing por buscadores, propaganda por buscadores, busca por palavra-chave, ou simplesmente busca. *Propaganda por buscadores* é a expressão preferida aqui porque o texto foca mais em comar e propaganda que em marketing em geral. Além disso, o acrônimo para propaganda por buscadores – SEA [*search engine advertising*] – capta muito bem a ideia de que as palavras-chave estão estrategicamente inseridas no "mar" [*sea*] da Internet, na esperança de que sejam encontradas por surfistas do cyberspaço.

## Os princípios fundamentais da propaganda por buscadores

Então, o que representa a propaganda por buscadores? Em primeiro lugar, ela é numericamente a forma de propaganda na Internet que cresce mais rápido e representa 40% das despesas totais que os profissionais de marketing nos Estados Unidos fazem com propaganda on-line.[56] A Search Engine Marketing Professional Organization – uma organização comercial para marketing por buscadores – estimou que em 2011 as empresas norte-americanas investirão mais de US$ 25 bilhões nessa forma de comunicação de marketing.[57] No Brasil, segundo estimativa desenvolvida pelo IAB Brasil, entidade que representa as empresas de Internet, o investimento em search media, que envolve serviços de empresas como Google, Buscapé, Mercado Livre etc., representa cerca de um terço que movimenta a publicidade (veiculação).[58]

Um segundo ponto-chave para entender o sistema de busca é perceber que os buscadores da Internet incluem uma variedade de serviços bem conhecidos que as pessoas usam ao procurar informações enquanto fazem o que pode ser chamado de *buscas naturais* – por exemplo, uma pessoa entra com a expressão "mochilas baratas" ao usar os buscadores para encontrar itens desse tipo. Google, MSN Search e Yahoo! são os buscadores mais conhecidos e usados com mais frequência. O Google é, de longe, o buscador dominante.

Um terceiro elemento crítico do sistema de busca é que essa forma de propaganda tenta colocar mensagens na frente das pessoas precisamente quando seus esforços de busca natural indicam que elas estão aparentemente interessadas em comprar um produto ou serviço específico. Nesse contexto, você deve se lembrar de ter lido no Capítulo 11 a seguinte afirmação: A propaganda alcança sua eficácia "por meio de um encontro casual com um consumidor pronto".[59] A propaganda por buscadores é, em muitos aspectos, a forma ótima de anunciar com propósitos de aumentar as chances de encontrar consumidores prontos! Ou seja, como descrito a seguir no contexto de "palavras-chave", o sistema de busca coloca os anúncios exatamente onde os consumidores em potencial estão procurando.

Uma quarta característica-chave do sistema de busca, e provavelmente a mais importante, é o conceito de palavras-chave. As **palavras-chave** são termos específicos e frases curtas que descrevem a natureza, os atributos e os benefícios de uma oferta. Por exemplo, imagine que um consumidor estava fazendo uma busca on-line para localizar um produto realmente específico como um casaco esporte azul-marinho. Ao realizar uma busca natural por esse item, ele pode entrar com a expressão "casaco esporte azul-marinho", outro consumidor pode simplesmente inserir "blazer azul", e outro ainda pode procurar por "jaqueta". Em outras palavras, há muitos meios de procurar pelo mesmo item. Quando inseri "casaco esporte azul-marinho" na busca do Google, apareceram cerca de 700 resultados. De maior relevância para a nossa discussão, o lado direito da página de resultados do Google listou oito *links patrocinados*. Esses links eram de empresas que pagaram ao Google para anunciar seus websites. Por exemplo, dois links eram de varejistas bem conhecidos, Brooks Brothers (http://www.BrooksBrothers.com) e Nordstrom (http://www.nordstrom.com). Quando cliquei para acessar esses dois sites, descobri que os dois varejistas oferecem vários produtos, sendo o casaco esporte azul-marinho apenas um entre muitos. Observe que uma tentativa futura de repetir essa busca com certeza teria resultados diferentes.

Do ponto de vista de uma empresa que vende casacos esporte, seria útil que um anúncio de seus produtos aparecesse sempre que o consumidor acessa um buscador usando qualquer expressão que possa estar relacionada a esse produto. Em outras palavras, quando os resultados da busca natural são apresentados pelo Google, Yahoo!, MSN ou qualquer outro buscador, as empresas gostariam que seus sites estivessem listados como links patrocinados. Por quê? Bem, como vimos antes, quando iniciei com a expressão "casaco esporte azul-marinho", quase 700 itens apareceram. Como cada página do Google lista apenas 10 itens, e considerando que a maioria das pessoas procurará apenas em cinco páginas, mais ou menos, isso significa que mais de 600 itens em potencial – incluindo a lista de sua empresa – jamais seriam vistos a menos que aparecessem em algum lugar nas primeiras cinco páginas dos resultados. Como a propaganda tem o objetivo de aumentar as chances de que consumidores prontos tenham um "encontro casual" com seu anúncio (não apenas com qualquer anúncio), sua tarefa como anunciante da Internet é aumentar tais chances. Os links patrocinados que aparecem nas buscas naturais servem magnificamente para alcançar esse objetivo. A descrição a seguir pode ser resumida em uma série de fases listadas na Tabela 13.4.

## Compra de palavras-chave e seleção de websites orientados para o conteúdo

Existem, na verdade, duas formas de propaganda por buscadores disponíveis aos anunciantes on-line. Uma delas, já descrita, é a *busca por palavra-chave* (também chamada resultado por palavra-chave), e a outra envolve a colocação de anúncios em sites orientados para o conteúdo, que apresentam contextos apropriados para anunciar um tipo específico de produto. Cada forma de buscador é descrita usando os serviços de propaganda do Google. O Google foi escolhido como exemplo porque é, de longe, o buscador líder e representa mais de 50% de todas as buscas na Internet.[60]

**tabela 13.4** — O papel das palavras-chave no aumento das chances de que os consumidores prontos encontrem o seu anúncio

| | |
|---|---|
| **Fase 1:** | Compradores em potencial de um produto ou serviço específico fazem uma busca natural usando um ou mais buscadores para localizar aquele item. |
| **Fase 2:** | Resultados que atendem à busca dos compradores pela Internet são gerados pelo Google ou outro buscador. |
| **Fase 3:** | Junto dos resultados aparecem links patrocinados que correspondem às palavras-chave inseridas pelo comprador. |
| **Fase 4:** | Os links patrocinados aparecem porque as empresas que oferecem o item procurado compraram palavras-chave correspondentes da empresa buscadora. |
| **Fase 5:** | Os compradores podem clicar em um website patrocinado e comprar um item desejado ou, pelo menos, considerar esse site para futuras compras. |

### Propaganda por resultado por palavra-chave

Para se tornar um link patrocinado para os resultados das buscas de compradores na Internet, os anunciantes interessados devem fazer uma oferta e comprar palavras-chave dos serviços buscadores como o Google. Por exemplo, as palavras-chave óbvias que um anunciante de casacos esporte pode empregar para atrair consumidores a seu site incluiriam termos e frases como "casacos esporte", "blazers", "blazers azuis", "casacos esporte azuis", "jaquetas azuis", "casacos esporte de lã", "blazer com preços razoáveis", e assim por diante. O Google tem um programa de propaganda por palavra-chave chamado AdWords.

Os estudantes que estiverem interessados podem aprender mais sobre o AdWords verificando sua demonstração em http://adwords.google.com. Você descobrirá que os anunciantes em potencial fazem ofertas por palavras-chave indicando quanto estariam dispostos a pagar cada vez que um comprador na Internet clica em seu site quando ele aparece como um link patrocinado. O custo por clique (CPC) varia em cada país. Nos Estados Unidos, o custo varia de um centavo por clique até quanto os anunciantes estejam dispostos a pagar como uma função da qualidade da palavra-chave. No Brasil, estimando-se o CPC máximo, para colocar o anúncio sempre nas primeiras posições da busca, pode-se ainda assim trabalhar com palavras com CPC inferiores a R$ 0,20. Quanto mais alta for a oferta do anunciante, mais destaque terá o seu link patrocinado. Ou seja, a oferta mais alta por palavra-chave recebe o local melhor, a segunda oferta mais alta, recebe o segundo melhor lugar, e assim por diante. Quando compram palavras-chave, os anunciantes também indicam a quantidade máxima que estão dispostos a pagar a cada dia. Então, por exemplo, se um anunciante estiver disposto a pagar apenas 20 centavos por CPC para determinada palavra-chave e especificar um limite diário de R$ 300, então ele receberá um máximo de 1.500 cliques em seu website em determinado dia apenas por aquela palavra-chave.

O anunciante por palavra-chave também pode especificar o país onde os anúncios devem ser patrocinados e áreas determinadas para onde devem ser direcionados. Por exemplo, anunciantes de serviços prestados em comunidades locais estão interessados em alcançar apenas as pessoas localizadas em comunidades específicas e áreas ao redor. O programa AdWords do Google também fornece aos anunciantes relatórios de desempenho que indicam quais palavras-chave estão gerando a maior quantidade cliques, quanto cada palavra-chave custa em média. Os anunciantes podem então decidir pela descontinuidade do uso de palavras-chave com desempenho fraco ou oferecer outro valor em pagamento pelo uso delas.

### Propaganda orientada para o conteúdo

Além do serviço do AdWords, o Google tem outro programa chamado AdSense. Com ele, o Google capacita os anunciantes na Internet a colocar anúncios em sites que não o do próprio Google. Os anunciantes especificam os sites onde desejam que seus comerciais apareçam em vez de selecionar palavras-chave que são ligadas ao comportamento de busca natural dos usuários da Internet (como descrito anteriormente no programa AdWords). Os anunciantes pagam ao Google para colocar anúncios em sites selecionados e então o Google paga a esses sites cerca de 80% da renda obtida com os anunciantes.[61] Em certo sentido, o Google opera como uma agência colocando anúncios em outros websites, ganhando uma comissão de 20% do investimento e permitindo que os sites orientados para o conteúdo ganhem a parte maior com a colocação de anúncios.

Essa forma de buscador é particularmente atraente aos profissionais de marketing de produtos que as pessoas *não* costumam buscar por palavras-chave. Por exemplo, a maioria das pessoas não realizaria busca de produtos essenciais, como pão e leite. A compra de palavras-chave para esse tipo de produto teria poucos resultados produtivos. No entanto, os anunciantes desses produtos se beneficiariam muito colocando anúncios em sites orientados para o conteúdo voltado para questões de saúde e boa forma. As pessoas que acessam esses websites podem, assim, encontrar anúncios para pão e leite promovendo os benefícios para a saúde relacionados a tais produtos. Por exemplo, há alguns anos um relatório de ampla circulação apareceu em vários meios de mídia, acerca dos benefícios de perda de peso com a ingestão de pelo menos 680,39 gramas de leite diariamente, associado a um programa regular de exercícios. A associação comercial responsável pela promoção do leite poderia ter se aproveitado dessa propaganda colocando anúncios em vários sites orientados para o conteúdo e ligando os anúncios a relatórios de mídia que descreviam os benefícios de perda de peso com a ingestão de leite.

Em resumo, o sistema de busca com programas como o AdWords e o AdSense do Google fornece aos anunciantes na Internet meios de colocar seus anúncios em lugares onde consumidores em potencial estão procurando e, assim, aumentar as chances de encontrar consumidores prontos. As vantagens são claras (eficiência em termos de custo, direcionamento definido, e acesso rápido e fácil à eficácia dos anúncios), porém, o sistema de busca também apresenta problemas.

## Problemas do sistema de busca

O principal problema com a propaganda por buscadores, em especial na modalidade busca por palavras-chave, é a fraude do clique. A **fraude do clique** ocorre quando um concorrente ou outra pessoa clica em um link patrocinado repetidamente com o objetivo de criar confusão sobre a eficácia do anúncio. Lembre-se de que os anunciantes pagam pelos links patrocinados em uma base de custo por clique e que eles especificam um limite máximo de quanto estão dispostos a pagar diariamente. Lembre-se também que a um custo de 20 centavos por clique e com um limite diário de R$ 300, o anunciante pode obter um total de apenas 1.500 cliques por dia em um link. Sendo assim, o concorrente pode clicar repetidas vezes em um link patrocinado até alcançar o limite de 1.500, impedindo, assim, os cliques legítimos. Então, nosso anunciante hipotético receberia um benefício zero de seu modesto investimento.

Além da fraude do clique ser praticada por concorrentes, ela também acontece quando os funcionários dos sites orientados para o conteúdo clicam repetidamente em sites anunciados para aumentar a renda que um buscador, como o Google, lhes paga. Mais uma vez, os anunciantes, vítimas de cliques fraudulentos, não recebem nenhum benefício com sua propaganda. Os assim chamados programas de software *bot* (de "robot") são usados para clicar em anúncios de forma automática e repetida, gerando, por conseguinte, uma renda significativa para os sites e desperdiçando o investimento honesto de anunciantes que têm o objetivo de promover a imagem de suas marcas e motivar as vendas.

As estimativas da magnitude da fraude do clique variam de 5% a 20%.[62] A magnitude do problema levou um alto executivo do Google a descrever a fraude do clique como "a maior ameaça à economia da Internet" e a insistir que algo deve ser feito o mais rápido possível para diminuir o problema antes que ele ameace o modelo de negócio de buscador.[63] A solução vem na forma de empresas especializadas em detectar a fraude do clique. O serviço que essas empresas prestam foi descrito da seguinte forma: "A tecnologia de detecção da fraude do clique identifica e alerta as empresas sobre atividades suspeitas quando elas estão acontecendo, permitindo aos gerentes de buscas pagas interromper a apresentação dos anúncios por palavras-chave onde a fraude estiver acontecendo, impedindo perdas adicionais de orçamento".[64]

A despeito da fraude do clique, o fato é que o sistema de busca é em geral uma forma muito eficaz de propaganda on-line, e a fraude do clique é simplesmente um custo de se fazer negócios. A maioria das autoridades acredita que o retorno sobre o investimento em buscador é inigualável a quaisquer outras formas de comar on-line.

# Propaganda via direcionamento comportamental

A essência do *direcionamento comportamental* on-line é uma questão de endereçar anúncios on-line apenas àqueles indivíduos mais interessados – como indicado pelo comportamento deles na seleção de sites – em tomar uma decisão de compra para uma categoria de produtos em particular. Diferente do sistema de busca orientado para o conteúdo, em que o anunciante deve pagar pela pessoa que tem uma oportunidade de ver a mensagem dele, com o direcionamento comportamental *apenas aqueles consumidores que sabidamente estão interessados em um produto ou serviço específico* receberão anúncios de um profissional de marketing que emprega o direcionamento comportamental. Sendo seletivos, os anunciantes conseguem colocar anúncios em um número bem maior de websites que o fariam por meio de uma campanha orientada para o conteúdo, relativamente indiscriminada. Muitos argumentam que o direcionamento comportamental leva a propaganda na Internet a um nível mais alto que o sistema de busca. Na verdade, um profissional chamou o direcionamento comportamental de "[propaganda por] buscadores com esteroides".[65]

Os anunciantes na Internet, como os sábios anunciantes convencionais que os precederam, se voltam cada vez mais para o direcionamento ao consumidor como um meio de aumentar a taxa de cliques e converter os "clicadores" em compradores. Com uma tecnologia de busca aperfeiçoada, tornou-se possível determinar mais sobre o comportamento de consumo do usuário da Internet e, assim, customizar os anúncios específicos aos quais são expostos. Isso acontece com os arquivos eletrônicos (chamados *cookies*) que acompanham o comportamento on-line dos usuários. (Para uma explicação acessível sobre os cookies da Internet, ver http://www.cookiecentral.com/c_concept.htm.) A citação a seguir ilustra como os cookies capacitam os anunciantes na Internet a direcionar os comerciais que são compatíveis com os interesses dos usuários:

*Se um jogador de golfe clica em um anúncio de uma revista de golfe, esse clique é registrado. Da próxima vez que nosso usuário amante de golfe estive on-line, um servidor de anúncios o detecta, encontra um banner sobre golfe e o apresenta. Ao isolar esse usuário, as empresas de anúncios na Internet podem vender propaganda direcionada relativa a golfe. O usuário não precisa voltar ao mesmo site para acessar o anúncio direcionado. Os servidores de anúncios [por exemplo, DoubleClick, 24/7 Media, Engage Technologies] fazem a assinatura de centenas de sites clientes em suas redes, o que permite ao servidor de anúncios acompanhar os usuários de site a site.*[66]

Como sempre acontece com qualquer forma de propaganda, o direcionamento comportamental tem suas desvantagens. A que mais se destaca é que essa forma de direcionamento pode ser vista como uma *invasão da privacidade das pessoas*. Colocando de maneira simples, muitas pessoas se sentem violadas sabendo que seu comportamento de busca na web está sendo monitorado de perto.[67] Em uma variação da Internet, do bem conhecido princípio da física segundo o qual para cada ação existe uma reação igualmente forte e oposta, muitos consumidores evitam os anúncios na web fazendo o download de softwares que os bloqueiam. É claro que nada na vida vem de graça. Os consumidores recebem programas gratuitos de televisão porque os anunciantes subsidiam essa gratuidade. Do mesmo modo, se os softwares de bloqueio de anúncios forem amplamente utilizados, os usuários terão de pagar pelo conteúdo da web que atualmente desfrutamos sem nenhum custo.

# Aferição da eficácia da propaganda na Internet

Uma grande preocupação para os anunciantes na Internet é aferir a eficácia da colocação de seus anúncios. Essa, é claro, é a mesma preocupação que os gerentes de marca têm quando anunciam na mídia convencional, como foi mencionado no capítulo anterior ao discutirmos a aferição do público para cada uma das principais formas de mídia. Lembre-se, por exemplo, dos serviços disponíveis para a aferição do público de revistas (Mediamark Research Inc., Simmons Market Research Bureau e IVC), da audiência de rádio (serviço RADAR, da Arbitron, IBOPE e IPSOS) e da audiência da TV (medidores de pessoas da Nielsen). Em cada caso, esses serviços de aferição do público foram desenvolvidos para determinar o mais precisamente possível a quantidade de leitores, ouvintes e espectadores de veículos específicos de propaganda e para identificar suas características demográficas.

Com a mídia convencional como benchmark, o estudante pode entender rapidamente que os anunciantes na Internet têm precisamente as mesmas preocupações com a aferição: Quantas pessoas clicaram em determinado website? Quais são as características demográficas dessas pessoas? Quantas visitaram determinado website? Que ações foram tomadas após os cliques ou as visitas? Essa forma de propaganda on-line está gerando um retorno sobre investimentos adequado?

## Medidas para aferir o desempenho da propaganda na Internet

Quando falamos em mensuração, estamos nos referindo em geral a *uma unidade de medida*. Aplicada no contexto em estudo, a questão é saber quais indicadores em particular são mais apropriados para avaliar a eficácia dos websites e anúncios colocados neles. Pensando nos sites como um tipo de veículo de propaganda, como o termo foi usado no capítulo anterior ao discutirmos a mídia tradicional, a questão da aferição diz respeito a avaliar o valor ou eficácia das formas específicas de propaganda on-line. Na verdade, uma ampla variedade de medidas é usada porque os anunciantes têm diferentes objetivos de aferição e porque os formatos para a propaganda on-line são altamente variados nessa nova e dinâmica arena de aplicações: a Web 2.0. Há pelo menos quatro objetivos gerais, como veremos a seguir, para avaliar a eficácia da propaganda on-line e (em parênteses) uma variedade de medidas que podem ser usadas para indicar se o objetivo foi alcançado.[68]

1. O valor de exposição ou popularidade de um website ou anúncio na Internet (por exemplo, o número de usuários exposto a um anúncio, o número de visitantes únicos e a taxa de cliques).
2. A habilidade de um site em atrair e manter a atenção dos usuários e a qualidade dos relacionamentos com o cliente (por exemplo, o tempo médio por visita, o número de visitas de um único visitante e o intervalo médio entre as visitas do usuário).
3. A utilidade dos websites (por exemplo, a proporção de visitantes repetidos).
4. A habilidade em direcionar usuários (por exemplo, perfil dos visitantes do site e comportamento dos visitantes antes do acesso ao site).

É evidente que muitas medidas são usadas para avaliar a eficácia dos websites e dos anúncios colocados nesses sites. Como uma discussão detalhada dessas medidas está além do escopo deste texto, uma breve abordagem é dedicada a apenas três medidas amplamente usadas: taxa de cliques, impressões custo-por-mil e custo por ação.

As *taxas de cliques* (CTR), como mencionamos várias vezes, simplesmente representam a porcentagem de pessoas que são expostas a um anúncio na Internet e realmente clicaram sobre ele. A porcentagem dos cliques continua a decair, em especial para anúncios em banners, e muitos na comunidade de propaganda ficaram desencantados dessa medida – embora alguns aleguem que os anúncios em banner podem ter um efeito positivo sobre a percepção da marca mesmo que os usuários da Internet não cliquem para descobrir mais a respeito da marca anunciada.

As *impressões custo-por-mil* (CPM) são uma alternativa simples às taxas de cliques, que avalia quanto custa (em uma base por-mil-impressões) colocar um anúncio on-line. A única informação que a medida CPM revela é o custo (mais uma vez em uma base por-mil-impressões) de fazer que um anúncio entre em contato potencial com os usuários da Internet. Essa medida capta a oportunidade de ver (OV) dos usuários, mas não fornece nenhuma informação quanto ao efeito real de um anúncio.

O uso da medida CPM está começando a dar lugar à medida *custo-por-ação* (CPA). O termo *ação*, em custo-por-ação, refere-se a determinar o número de usuários que realmente visitam um site, registram seus nomes no site da marca ou compram a marca anunciada. Muitos anunciantes preferem pagar pela propaganda na Internet em uma base CPA em vez de CPM. Os termos de compra da propaganda na Internet em uma base CPA variam muito, com preços mais altos pagos por ações que envolvem compras reais ou ações que se aproximam de compras (como se registrar para receber amostras grátis de uma marca), comparadas ao mero ato de clicar em um anúncio em banner. Contudo, como os anunciantes estão interessados em alcançar resultados específicos, em especial o aumento das vendas de suas marcas, eles estão dispostos a pagar mais por medidas que indiquem que os resultados desejados foram atingidos (por exemplo, a medida CPA), que por aquelas, com a CTR, que apenas prometem a possibilidade de alcançar os resultados desejados.

O Instituto de Mídia Digital – IMD (www.imd.com.br) propõe alguns parâmetros para mensuração da propaganda na web, seguindo padrões internacionais do IAB e do IFABC (International Federation of Audit Bureaus of Circulations). Os critérios são: 1) User – Quantidade de usuários que acessaram o website. A identificação do usuário é feita sobre Isee1 (tecnologia que identifica o usuário através de *tags* e *cookies*); 2) Page Impression – Quantidade de páginas solicitadas (eliminando páginas não solicitadas pelo usuário. Por exemplo *frames, chats, refreshs e pop-ups*); 3) Page View – Quantidade de páginas vistas (eliminando os refreshs); 4) Time Spent (Tempo médio gasto pelo usuário no mês); e 5) Alcance – Porcentagem de visitantes únicos que acessaram o website no mês. Os cálculos são auditados pelo IMD,[69] o qual faz um trabalho de auditoria de propaganda na web, funcionando para o setor de forma similar ao IVC (Instituto Verificado de Circulação) em relação à mídia impressa.

Em resumo, fica claro que não há uma mensurabilidade perfeita – nem para a Internet nem para qualquer outro meio de propaganda. A dificuldade de determinar a eficácia de um meio de propaganda é ilustrada, em extremos, pelas seguintes perguntas: "Considere o logo da Nike na bandana do Ronaldinho Gaúcho: Isso faz que você se sinta mais inclinado a compra um par de tênis dessa empresa? Se a resposta for afirmativa, você admitiria isso a um pesquisador? Admitiria para você mesmo? Será que você teria consciência disso?"[70]

# Resumo

Este capítulo abordou uma variedade de mídias on-line. A Tabela 13.1 estruturou a discussão identificando formas específicas de propaganda na Internet. As despesas com a propaganda on-line estão aumentando em um nível exponencial em várias partes do mundo. Em comparação com a maioria das outras formas de mídia, a Internet possui as duas características-chave da individualização e da interatividade. Essas características permitem que os usuários controlem a informação que recebem e a quantidade de tempo e esforço dedicados a processar as mensagens de propaganda.

A maior parte do capítulo abordou várias formas de mídia da Internet. Em primeiro lugar, os websites foram considerados os principais esforços de propaganda das empresas, com outros formatos (por exemplo, banners, e-mail e buscas pagas) servindo para direcionar tráfego aos sites das empresas. Anúncios em banners são uma forma popular de propaganda na Internet, embora as taxas de clique sejam sabidamente baixas. Como as CTRs para banners são trivialmente pequenas, os anunciantes on-line recorreram a novas tecnologias e a tamanhos maiores de anúncios para atrair a atenção do usuário. Os formatos de rich media, como pop-ups, floaters, intersticiais, supersticiais e anúncios em vídeo, são cada vez mais usados devido a sua habilidade em atrair atenção. A desvantagem dos anúncios por rich media é que os usuários os consideram invasivos e irritantes.

Os Web logs (blogs) foram descritos como um veículo potencial de propaganda, mas com um futuro incerto porque as razões pelas quais os usuários fazem blogs são contrárias ao papel e propósito da propaganda. A onipresença dos blogs, incluindo a versão similar ao rádio conhecida como podcast, torna esse meio uma perspectiva atraente para os anunciantes, mas apenas o tempo dirá se anunciar em blogs e podcasts é uma opção economicamente viável. É simplesmente muito cedo para saber.

A propaganda por e-mail é uma forma amplamente usada, embora o excesso de spams tenha comprometido de certa forma a eficácia dela. E-mail com base em permissão, ou opt-in, é um esforço para legitimar o uso desse tipo de propaganda, mas muitos consumidores simplesmente não gostam de receber anúncios pela Internet. As revistas eletrônicas (e-zines) representam um meio mais aceitável de propaganda porque os anúncios são claramente identificados como tais, o que explica por que essa forma de e-mail patrocinado está crescendo. Devido também ao grande aumento de aparelhos sem fio, como os laptops com Wi-Fi, assistentes pessoais digitais e telefones celulares, os anunciantes desejam ter a oportunidade de alcançar as pessoas quando estão fora de casa e dos locais de trabalho. Mais uma vez, apenas o tempo dirá se, por exemplo, os telefones celulares representam um meio viável de propaganda.

A propagada por buscadores representa o maior investimento em propaganda na Internet – cerca de 40% de todas as despesas desse segmento. O conceito fundamental subjacente ao sistema de busca é que os anúncios podem ser localizados onde os consumidores estão procurando. Em outras palavras, o buscador aumenta as chances de encontrar o consumidor pronto. Duas formas de propaganda em buscadores são amplamente usadas: resultados por palavras-chave e colocar anúncios em websites orientados para o conteúdo que correspondam à oferta do anunciante.

O direcionamento comportamental é a última forma de propaganda na Internet discutida neste capítulo. Essa forma de propaganda endereça os anúncios apenas àqueles indivíduos que estão interessados em comprar determinado produto ou serviço, conforme indicado por seu comportamento anterior de seleção de site. O direcionamento comportamental leva a propaganda na Internet a um nível mais alto que o buscador. Na verdade, um profissional chamou o direcionamento comportamental de propaganda por buscadores com esteroides.

O último tópico discutido foi a aferição da eficácia da propaganda na Internet. A escolha das medidas para essa mensuração é como acertar um "alvo em movimento", devido à natureza dinâmica da propaganda on-line e aos inúmeros formatos disponíveis aos anunciantes para alcançar potenciais clientes on-line. Três medidas específicas foram descritas: taxas de cliques (CTR), impressões custo-por-mil (CPM) e custo-por-ação (CPA). O uso dessa última medida está crescendo porque os anunciantes estão interessados em alcançar resultados específicos – por exemplo, influenciar as pessoas a comprar produtos – e isso é precisamente o que a CPA mede.

# Questões para discussão

1. Como vimos no texto, alguns observadores chegaram ao ponto de alegar que a propaganda tradicional está em seu leito de morte e acabará por ser suplantada pela propaganda na Internet. Qual é a sua opinião a respeito disso?

2. Dê uma interpretação do significado e importância dos dois "Is" da Internet – Individualização e Interatividade – para os anunciantes. Use suas próprias palavras e ideias em vez de apenas repetir o que está escrito no texto.

3. O texto descreveu o usuário da Internet como tendo uma mentalidade "proativa", em comparação, por exemplo, ao espectador da TV, que tem uma mentalidade "passiva". Explique o que isso significa e por que a distinção é vantajosa ou problemática para os anunciantes na Internet.

4. Descreva a sua reação típica aos anúncios na Internet. Ou seja, você costuma clicar em anúncios em banner? Qual a sua reação aos pop-ups, floaters, intersticiais e supersticiais?

5. Os anúncios em banners podem ser eficazes se menos de 0,3% de todas as pessoas clicam neles?

6. Você acredita que o uso de cookies pelas empresas de Internet invade a sua privacidade? Você é a favor de uma legislação que proíbe o uso dessa tecnologia? Se essa lei fosse aprovada, quais seriam as desvantagens do ponto de vista do consumidor?

7. Você já fez o download de um software que bloqueia anúncios em seu computador? Quais são as implicações dessa prática se milhões de consumidores baixarem esse software em seus PCs ou outros dispositivos de Internet?

8. As questões a seguir foram citadas no capítulo em referência ao logo da Nike no boné de beisebol de Tiger Woods: "Isso faz que você se sinta mais inclinado a comprar um par de tênis dessa empresa? Se a resposta for afirmativa, você admitiria isso a um pesquisador? Admitiria para você mesmo? Será que você teria consciência disso?" Quais as implicações dessas perguntas (e suas respostas) para medir a eficácia da propaganda na Internet?

9. O Cookie Central website (http://www.cookiecentral.com) é dedicado a explicar exatamente o que são cookies e o que eles podem fazer. Visite esse site e apresente uma discussão sobre como os cookies podem ser e são usados para compilar listas com propósito de direcionamento comportamental.

10. Qual é a sua experiência pessoal com propaganda por e-mail? Você faz parte de alguma lista opt-in pela qual recebe mensagens de e-mail regularmente (uma vez por semana, por exemplo)? Qual a proporção das mensagens de e-mail que você recebe por semana e que você consideraria spam?

11. Uma virtude da propaganda por e-mail é que mensagens diferentes para o mesmo produto ou serviço podem ser enviadas a vários grupos de consumidores que apresentam diferenças quanto a características demográficas, de comportamento de compra etc. Essa habilidade para "customizar mensagens em massa" deveria aumentar a eficácia da comar, porém, um cínico pode ver essa prática com um tanto enganosa – de certo modo, dizer coisas diferentes sobre seu produto a públicos diferentes parece algo enganoso. Qual é sua opinião a esse respeito?

12. Alega-se que a propaganda por e-mail é muito eficaz para propósitos de marketing viral – ou seja, criar rumor. Isso é realizado pedindo a um recebedor de e-mail que envie uma mensagem a um amigo. Apresente suas opiniões sobre a eficácia dessa prática de marketing viral por e-mail. Em outras palavras, explique o que faz a criação de rumor por meio de e-mails eficaz ou não.

13. O direcionamento comportamental foi caracterizado como propaganda por buscadores com esteroides. Explique o que o profissional que empregou essa expressão inteligente quis dizer.

14. Do ponto de vista de um anunciante de um bem de consumo de baixo envolvimento, como cereal, compare e contraste os pontos fortes e fracos das duas formas de propaganda por buscadores: resultado por palavras-chave *versus* propaganda direcionada para o conteúdo.

15. Em sua opinião, qual é o potencial de usar os blogs como meio de propaganda?
16. Em sua opinião, qual é o potencial de usar os telefones celulares como meio de propaganda?
17. Em sua opinião, qual é o potencial de usar os sites de redes sociais como MySpace e Facebook como meio de propaganda?

# Notas

1. US Online Marketing Forecast: 2005 to 2010, Forrester Research, Inc., maio de 2005, http://www.centerformediaresearch.com.
2. Kate Maddox, "Outlook Bright for Online Advertising", *BtoB*, 14 de janeiro de 2008, 10.
3. Fonte: projeto InterMeios, http://www.projetointermeios.com.br/relatorios-de-investimento
4. Gavin O'Malley, "BURST! Internet Continues Snagging Eyeballs from TV", MediaPost Publications, http://www.publications.mediapost.com.
5. Roland T. Rust e Richard W. Olivier, "Notes and Comments: The Death of Advertising", *Journal of Advertising* 23 (dezembro de 1994), 71-77. Ver também Roland T. Rust e Sajeev Varki, "Rising from the Ashes of Advertising", *Journal of Business Research* 37 (novembro de 1996), 173-81.
6. Por exemplo, Rafi A. Mohammed, Robert J. Fisher, Bernard J. Jaworski e Aileen M. Cahill, *Internet Marketing: Building Advantage in a Networked Economy* (Nova York: McGraw-Hill, 2002), 370.
7. Ibid.,375.
8. Maddox, "Outlook Bright for Online Advertising".
9. Fonte: projeto InterMeios, http://www.projetointermeios.com.br/relatorios-de-investimento.
10. Kris Oser, "New Ad Kings: Yahoo, Google", *Advertising Age*, 25 de abril de 2005, 1, 50.
11. Mohammed et al., *Internet Marketing: Building Advantage in a Networked Economy*, 371.
12. James Ogden e Edson Crescitelli. Comunicação Integrada de Marketing. 2. ed. São Paulo: Pearson, 2008.
13. As ideias nesse parágrafo são adaptadas de Terry Lefton, "The Great Flameout", *The Industry Standard*, 19 de março de 2001, 75-8.
14. As pesquisas demonstram que as atitudes em relação aos formatos de anúncios da Internet estão positivamente relacionadas às atitudes para com os anúncios inseridos nesses formatos. Ver Kelli S. Burns e Richard J. Lutz, "The Function of Format", *Journal of Advertising* 35 (primavera de 2006), 53-63.
15. Para uma abordagem profunda da importância e do papel da privacidade, segurança, e confiança nos websites, ver as seguintes fontes: Ann E. Schlosser, Tiffany Barnett White e Susan M. Lloyd, "Converting Website Visitors into Buyers: How Website Investment Increases Consumer Trusting Beliefs and Online Purchase Intentions", *Journal of Marketing* 70 (abril de 2006), 133-148, Jan-Benedict E. M. Steenkamp e Inge Geyskens, "How Country Characteristics Affect the Perceived Value of Websites", *Journal of Marketing* 70 (julho de 2006), 136-50.
16. Shelly Rodgers e Esther Thorson, "The Interactive Advertising Model: How Users Perceive and Process Online Ads", *Journal of Interactive Advertising* 1 (outono de 2000), http://www.jiad.org/vol1/no1/Rodgers/index.html.
17. Jean Halliday, "Half Hit Web before Showrooms", *Advertising Age*, 4 de outubro de 2004, 76.
18. Fred Zufryden, "New Film Website Promotion and Box-Office Performance", *Journal of Advertising Research* 40 (janeiro/abril de 2005), 55-64.
19. Esse conselho me foi dado por meu querido pai, hoje falecido, Aubrey Shimp, que trabalhou no varejo por muitos anos. Eu não sei se ele falava por experiência própria ou se o conselho pode ser atribuído a outra fonte.
20. Mary Morrison, "Usability Problems Plague B-to-B Sites", *BtoB's Interactive Marketing Guide*, 2007, 10.
21. Julie S. Stevenson, Gordon C. Bruner II e Anand Kumar, "Webpage Background and Viewer Attitudes", *Journal of Advertising Research* 40 (janeiro/abril de 2000), 29-34. Ver também Gordon C. Bruner II e Anand Kumar, "Web, Commercials and Advertising Hierarchy-of-Effects", *Journal of Advertising Research* 40 (janeiro/abril de 2000), 35-42. Esse último artigo envolve pesquisas usando uma amostra de pessoas que não são estudantes e apresenta uma interessante sutileza concernente ao papel da complexidade da Web page.
22. Gerald J. Gorn, Amitava Chattopadhyay, Jaideep Sengupta e Shanshank Tripathi, "Waiting for the Web: How Screen Color Affects Time Perception", *Journal of Marketing Research* 41 (maio de 2004), 215-25.
23. Ritu Lohtia, Naveen Donthus e Edmund K. Hershberger, "The Impact of Content and Design Elements on Banner Advertising Click-through Rates", *Journal of Advertising Research* 43 (dezembro de 2003), 410-18.
24. Micael Dahlen, "Banner Advertisements through a New Lens", *Journal of Advertising Research* 41 (julho/agosto de 2001), 23-30.
25. Punseet Manchandal, Jean-Pierre Dubé, Khim Yong Goh e Pradeep K. Chintagunta, "The Effect of Banner Advertising on Internet Purchasing", *Journal of Marketing Research* 43 (fevereiro de 2006), 98-108.
26. "Interactive Advertising Bureau/Dynamic Logic Ad Unit Effectiveness Study", Interactive Advertising Bureau, março/junho de 2001, http://www.iab.net.
27. Rodgers e Thorson, "The Interactive Advertising Model: How Users Perceive and Process Online Ads".
28. Jack Neff, "Spam Research Reveals Disgust with Pop-up Ads", *Advertising Age*, 25 de agosto de 2003, 1, 21.
29. O levantamento foi feito pela One Club (www.oneclub.org) e publicado na edição de 6 de dezembro de 2010 da Revista *Meio & Mensagem*.
30. Kate Maddox, "New Formats Drive User Engagement", *B2B's Interactive Marketing Guide*, 2007, 35.
31. Fonte: projeto InterMeios, http://www.projetointermeios.com.br/relatorios-de-investimento
32. Stephen Baker e Heather Green, "Blogs Will Change Your Business", *BusinessWeek*, 2 de maio de 2005, 57.
33. Allison Enright, "Listen, Learn", *Marketing News*, 1º de abril de 2007, 25-29.
34. Aaron O. Patrick, "Tapping into Customers' Online Chatter", *The Wall Street Journal*, 18 de maio de 2007, B3.
35. Kate Fitzgerald, "Blogs Fascinate, Frighten Marketers Eager to Tap Loyalists", *Advertising Age*, 5 de março de 2007, S-4.
36. Paul Gillin, "Podcasting, Blogs Cause Major Boost", *B2B's Interactive Marketing Guide*, 2007, 30.
37. Albert Maruggi, "Podcasting Offers a Sound Technology", *Brandweek*, 2 de maio de 2005, 21.
38. David Kesmodel, "Companies Tap Podcast Buzz to Sell Contact Lenses, Appliances", *The Wall Street Journal*, 30 de junho de 2006, B1.
39. Dados da ComScore divulgados pela Revista Proxxima edição especial de 2010 (www.proxxima.com.br).
40. Essa descrição dos sites de redes sociais da P&G é baseada em Lise Cornwell, "P&G Launches Two Social Network Sites", *Marketing News*, 1º de fevereiro de 2007, 21.
41. Essa descrição é baseada em Nicholas Casey, "Online Popularity Contest Next in Barbie-Bratz Brawl", *The Wall Street Journal*, 23 de julho de 2007, B1.
42. "DoubleClick's 2004 Consumer E-mail Study", DoubleClick, outubro de 2004, http://www.doubleclick.com.

43. S. Godin, *Marketing de permissão*. Rio de Janeiro: Campus, 2000.
44. Jane E. Zarem, "Predicting the Next E-mail Business Model", *1 to 1 Magazine*, maio/junho de 2001, 23.
45. "FTC Recommends Bounty to Nab Spammers", *Wall Street Journal Online*, 16 de setembro de 2004, http://online.wsj.com.
46. Segundo pesquisa desenvolvida pela multinacional espanhola de segurança na rede Panda Security e divulgada pelo jornal Folha de S.Paulo em 25 de março de 2010, http://www1.folha.uol.com.br/fsp/dinheiro/fi2503201028.htm.
47. De acordo com o jornal Folha de S.Paulo, http://www1.folha.uol.com.br/fsp/dinheiro/fi2503201029.htm.
48. Segundo informado pela Associação Brasileira de Marketing Direto – ABEMD, disponível em http://www.abemd.org.br/Noticias/Noticia.aspx?postID=2457.
49. Elizabeth Weinstein, "Retailers Tap E-zines to Reach Niche Audiences", *Wall Street Journal Online*, 28 de abril de 2005, http://online.wsj.com.
50. David LaGesse, "Hunting for the Hottest Wi-Fi Spots", *U.S.News and World Report*, 2 de agosto de 2004, 84.
51. Joseph De Avila, "Wi-Fi Users, Beware: Hot Spots Are Weak Spots", *The Wall Street Journal*, 16 de janeiro de 2008, D1.
52. Julie Lessie, "Mobile Moves Forward", *MobileMarketing*, 19 de novembro de 2007, 6.
53. Jyoti Thottam, "How Kids Set the (Ring) Tone", *Time*, 4 de abril de 2005, 38-45.
54. Allison Enright, "(Third) Screen Tests", *Marketing News*, 15 de março de 2007, 17-18.
55. Essa descrição é baseada em Alice Z. Cuneo, "Package-goods Giants Roll Out Mobile Coupons", *Advertising Age*, 10 de março de 2008, 3, 26
56. Carol Krol, "Search Draw Big Spending", *BtoB's Interactive Marketing Guide*, 2008, 19.
57. "Search Engine Marketing Shows Strenght as Spending Continues on a Growth Track against Doom and Gloom Economic Background", http://www.sempo.org/news/releases/03-17-08. (Acesso em: 14 de abril de 2008).
58. Segundo matéria disponível no website do IAB Brasil em http://iabbrasil.ning.com/profiles/blogs/mercado-digital-movimenta-2.
59. Erwin Ephron, "Recency Planning", *Journal of Advertising Research* 37 (julho/agosto de 1997), 61.
60. *Advertising Age's Fact Pact*, 2007, 10.
61. Kevin J. Delaney, "Google to Target Brands in Revenue Push", *Wall Street Journal Online*, 25 de abril de 2005, http://online.wsj.com.
62. Ibid.
63. Ibid.
64. Lisa Wehr, "Click Fraud Detection Gives Instant Protection", *btobonline.com*, 12 de fevereiro de 2007, 17.
65. Richard Karpinski, "Behavioral Targeting", *i.Intelligence*, primavera de 2004, 16.
66. Alex Frangos, "How It Works: The Technology behind Web Ads", *Wall Street Journal Online*, 23 de abril de 2001, http://online.wsj.com.
67. Para uma leitura sobre privacidade e questões éticas no marketing on-line, ver a edição especial de *Journal of Public Policy & Marketing* 19 (primavera de 2000), 1-73.
68. Subodh Bhat, Michael Bevans e Sanjit Sengupta, "Measuring Users' Web Activities to Evaluate and Enhance Advertising Effectiveness", *Journal of Advertising* 31 (outono de 2002), 97-106. Essa fonte identificou um quinto objetivo que não está listado aqui (sucesso em comarketing).
69. Informações disponíveis no site do IMD (www.imd.com.br). Acesso em: setembro de 2011.
70. Rob Walker, "The Holy Grail of Internet Advertising, the Ability to Measure Who Is Clicking on the Message, Is Under Assault", *New York Times*, 27 de agosto de 2001, C4.

# 14
# Outras formas de mídia

*Concentração* – Um estado ou condição de confusão ou desordem.

*Direcionar* – Perseguir um alvo pelo caminho mais curto.

*Precisão* – Um estado ou qualidade de ser exato.

*Perspicácia* – A qualidade de ser inteligente ou habilidoso na produção ou desenvolvimento de alguma coisa.

Os termos anteriores e suas definições são relevantes para entendermos as várias formas de "outros" tipos de mídia que são descritas neste capítulo. Até agora o texto abordou as formas principais de mídia de massa (Capítulo 12) e propaganda (comunicação) on-line (Capítulo 13). Este capítulo explora uma série de outros tipos de mídia que podem ser usados para suplementar as opções de mídia abordadas nos dois capítulos anteriores.

Essas outras formas de mídia – propaganda direta por meio de mala direta; *brand placement* em filmes, na TV, em músicas e em outros lugares; propaganda em guias e listas; propaganda em vídeo games (também conhecida como "advergaming"); propaganda no cinema e uma ampla variedade de formas mistas de propaganda. Neste capítulo, assim como no anterior, o termo propaganda será usado de forma genérica para designar qualquer forma de comunicação de comar, ou seja, de comunicação de caráter comercial ou mercadológico, pois na maioria das situações as abordagens valem tanto para propaganda como para as outras formas de comar. Optamos por usar o termo "propaganda" por esta representar a maioria – mas não a totalidade – das situações apresentadas neste capítulo.

A concentração, ou *clutter*, como definido antes, é um estado de confusão ou desordem. A mídia tradicional e a Internet representam um estado de desordem para os anunciantes individuais quando as tentativas de atrair a atenção do ouvinte ou espectador são contrabalançadas pelos esforços de centenas de outros anunciantes que buscam o mesmo objetivo. Qualquer mensagem do anunciante se perde facilmente em meio à confusão causada quando o consumidor é afogado por um comercial depois do outro.

Algumas dessas outras formas de mídia, embora nem todas necessariamente, alcançam o mercado-alvo por um caminho direto em vez de um intermediário, como a rede de TV. Por exemplo, a propaganda por correspondência, que também é referida como mala direta, dá aos anunciantes um meio de direcionar mensagens a um mercado-alvo bem definido que foi selecionado com precisão. Isso significa que a mala direta resulta em menos exposições desperdiçadas e, por conseguinte, é mais eficaz na transmissão das mensagens comerciais.

Além disso, a *brand placement*, que também é conhecido como *product placement*, em filmes, programas de TV, gravações musicais e em outros lugares, permitem aos anunciantes alcançar o público-alvo de-

sejado com mais precisão do que acontece com a colocação de anúncios em qualquer forma de mídia de massa. Isso acontece porque o público de determinados filmes ou programas de TV tendem a compartilhar estilos de vida e características demográficas semelhantes.

Por fim, a escolha dos anunciantes de outra forma de mídia é limitada apenas pela falta de *perspicácia*. Com habilidade e inteligência, os anunciantes podem usar quaisquer formas de uma quantidade sem fim de alternativas de mídia para alcançar o público-alvo de maneira eficaz e eficiente. Praticamente qualquer superfície em branco pode se tornar um canal para transmitir uma mensagem comercial. Por exemplo, os anúncios colocados em veículos (ônibus e táxis), em banheiros de locais públicos como restaurantes e bares, em bandejas de lanchonetes, no céu (escrita no céu) e até como tatuagens temporárias em partes do corpo das pessoas. As opções são quase infindáveis, limitadas apenas pela falta de perspicácia.

# Objetivos do capítulo

*Após ler este capítulo, você será capaz de:*

1. Explicar por que a mala direta é um meio eficiente e eficaz de propaganda.
2. Entender as cinco características distintas da mala direta comparada às formas de propaganda de massa.
3. Entender o papel do database marketing, data mining e análise do valor vitalício.
4. Entender o *branded entertainment* e o *brand placement* em vários locais (filmes, TV etc.).
5. Entender o valor da propaganda em guias e listas.
6. Reconhecer o crescimento e o papel da propaganda em videogame (advergaming).
7. Entender o papel da propaganda no cinema.
8. Entender o valor potencial das várias mídias "alternativas".

>>**Dica de comar:**
Algumas definições incluídas neste capítulo.

# Introdução

Este capítulo, como o título sugere, aborda o tópico geral de "outras" formas de mídia ou formas de mídia alternativas. A expressão vaga "outras formas de mídia" é usada para incluir todos os tipos de mídias de propaganda que não foram incluídos anteriormente e não serão abordados depois neste livro. Assim, a propaganda em mídia de massa, via meios tradicionais como televisão e revistas (o tema do Capítulo 12) e a propaganda na Internet (Capítulo 13), estão excluídas. A propaganda boca a boca e a criação de rumores estão fora do escopo do presente capítulo, mas serão abordadas no Capítulo 18. Além disso, a comunicação externa, a sinalização externa e a comunicação no ponto de venda serão tópicos do Capítulo 20. Por fim, a comunicação via ações de promoção de vendas e comunicações que ocorrem em eventos e em apoio a causas nobres, serão examinadas respectivamente nos Capítulos 16 e 19.

Agora que sabemos quais temas não são abordados neste capítulo, será útil apresentar uma visão geral dos tópicos que serão examinados. A Tabela 14.1 promove essa discussão. Podemos ver que as "outras" formas de mídia de propaganda incluem: propaganda direta via mala direta; *brand placements* (*product placements*) em filmes e outros pontos; propaganda em guias e listas; propaganda em videogames (*advergaming*); propaganda no cinema; e uma variedade de propagandas alternativas.

Essas "outras" formas de mídia em geral são insuficientes para realizar as tarefas completas das comunicações de marketing necessárias para a criação do *brand equity* e para gerar o volume de vendas necessário que alcance um retorno razoável sobre os investimentos. No entanto, essas outras formas de mídia podem desempenhar um papel valioso quando usadas em uma *capacidade suplementar* de apoio a um programa completo de CIM que coloca a ênfase primordial em anunciar nas principais formas de mídia e na Internet. Finalmente, deve-se observar que há momentos em que esses "outros" tipos de mídia – usados separadamente ou em conjunto – podem ter uma capacidade autossuficiente de alcançar os objetivos de comar da marca. Por exemplo, algumas marcas – em especial no marketing B2B – requerem apenas uma campanha via mala direta para obter sucesso, enquanto outras dependem exclusivamente dessas "outras" formas de mídia porque seus orçamentos de comar não permitem a colocação de anúncios na mídia tradicional.

# Propaganda via mala direta

O Capítulo 13 discutiu a propaganda on-line em suas várias formas, incluindo e-mail. Esta seção do presente capítulo inclui uma abordagem detalhada da propaganda *não eletrônica* por correspondência, ou aquela à qual nos referimos como "mala direta". A propaganda por mala direta se refere a qualquer material de propaganda entregue pelo correio à pessoa a quem o profissional de marketing deseja influenciar. Esses anúncios assumem muitas formas, incluindo cartas, cartões-postais, calendários, folder, catálogos, fitas de vídeo, fichas de registro, formulários de pedidos, listas de preços e cardápios.

Pelo menos quatro fatores são responsáveis pelo amplo uso da mala direta por profissionais de marketing B2B e B2C. Em primeiro lugar, o custo cada vez mais alto da propaganda na TV e o aumento da fragmentação do público levaram muitos anunciantes a reduzir os investimentos nesse meio. Em segundo lugar, a mala direta permite um direcionamento sem igual das mensagens aos potenciais consumidores desejados. Por quê? Porque, segundo um especialista, "é muito melhor falar com 20 mil consumidores em potencial do que com 2 milhões de supostos consumidores".[1] Em terceiro lugar, ênfase em resultados aferíveis da propaganda encorajou os anunciantes a usar esse meio – a mala direta – que identifica com mais clareza quantos consumidores em potencial compraram o produto anunciado. Em quarto lugar, muitos consumidores têm atitudes favoráveis com relação à mala direta e ficariam desapontados se não recebessem ofertas e catálogos dessa forma. Além desses fatores, a evolução da tecnologia aplicada na manipulação de banco de dados permite não só mais flexibilidade na composição de segmentos ou nicho-alvo, como maior precisão das ações de mala direta.

## Exemplos de campanhas via mala direta bem-sucedidas

Três exemplos de campanhas muito bem-sucedidas são descritos a seguir. Uma delas envolve um produto B2B, outra um bem de consumo e a terceira um bem durável. (Para um quarto exemplo, ver a seção *Foco Global*).

| Tabela 14.1 Estrutura das várias "outras" formas de mídia | |
|---|---|
| | • Propaganda via mala direta. |
| | • *Brand placement* em filmes, programas de TV, e em outros lugares. |
| | • Propaganda em guias e listas. |
| | • Propaganda em videogames (advergaming). |
| | • Propaganda no cinema. |
| | • Variedade de mídias alternativas. |

## A campanha do carregador industrial 414E da Caterpillar

A Caterpillar fabrica e vende uma grande linha de equipamentos pesados, incluindo máquinas para limpar a terra usada para construções comerciais e residenciais. Contudo, a Caterpillar não estava indo muito bem na região sudoeste dos Estados Unidos, que requer um equipamento especial para nivelar terrenos ásperos e prepará-los para a colocação de blocos de concreto sobre os quais as casas são construídas (diferente do resto do país, onde os porões são mais frequentes). Os revendedores da Caterpillar reclamavam que estavam perdendo clientes para concorrentes como a John Deere, que tinha máquinas mais bem equipadas para nivelar o solo no sudoeste. A Caterpillar reagiu construindo o carregador industrial 414E, com o objetivo de melhorar a sua competitividade nessa grande região.

A Caterpillar (ou Cat, para encurtar) precisava de um programa de comar que causasse uma forte impressão em seus revendedores. A solução foi criar um evento especial para o novo carregador 414E e então promover o evento por meio de uma campanha via mala direta. O evento designado foi previsto para ocorrer um pouco antes da corrida NASCAR. O objetivo era fazer com que os revendedores da Cat – o público-alvo do 414E – construíssem uma pista de corrida usando o novo equipamento 414E. Essa experiência de colocar a mão na massa permitiria às revendedoras descobrir em primeira mão a versatilidade desse novo produto. Então, depois da construção, os revendedores foram convidados a correr com pequenos veículos pela recém-construída pista.

Para criar excitação em torno do produto e informar aos revendedores sobre o evento, uma campanha via mala direta (chamada "Eat My Dust" ["Coma minha poeira"] foi lançada. Correspondências foram enviadas a 1.700 revendedores, que foram informados que teriam a oportunidade de usar o novo 414E para construir uma pista de corrida e depois correr nela. Embora o índice padrão de resposta à mala direta seja por volta de 1% a 3%, a campanha do 414E alcançou um enorme sucesso de 18% de resposta. Como resultado, a Caterpillar vendeu 28 máquinas 414E, algumas ao preço de US$ 75 mil; a promoção Eat My Dust custou menos que US$ 100 mil. Em outras palavras, a venda de apenas duas

## foco global

### Como um grande erro de produção se transformou em um enorme sucesso de mala direta

A Escócia, terra natal do scotch whisky, está compreensivelmente muito orgulhosa de sua antiga tradição de produzir uísque de alta qualidade. As destilarias em diferentes regiões do país fazem suas versões próprias da bebida e milhões de consumidores em todo o mundo têm fortes preferências por aquelas marcas que mais agradam seu paladar. Muitas das marcas mais famosas do uísque escocês são referidas como "single malt" (reconhecendo que elas são de uma única destilaria e usam um único grão maltado – a cevada), embora algumas – em geral mais baratas – representem misturas de duas ou mais versões e sejam referidas como "blended whisky".

O "grande erro de produção" que o título menciona envolve a Glenmorangie Distillery, localizada nas Terras Altas da Escócia – e um uísque *single malt* destilado em Islay, que é uma pequena ilha a oeste do território escocês. Devido a um erro cometido por um empregado da produção, que puxou uma alavanca errada, duas marcas da Glenmorangie – Ardbeg e Glen Moray – foram acidentalmente misturadas, resultando em um blended Scotch whisky de qualidade inferior. O curso de ação inicial enfrentado pelos executivos da Glenmorangie era simplesmente o de sofrer uma perda econômica e destruir 15 mil garrafas do que parecia ser um produto inútil. Seria possível fazer outra coisa?

Em vez de destruir as 15 mil garrafas, um pensamento criativo levou à decisão de anunciar o "erro de produção" como uma nova marca especial. A nova marca de *blended whisky*, que na verdade era muito boa, foi chamada Serendipity – um nome (baseado em lenda muito conhecida) que significa "boa sorte ao fazer descobertas inesperadas e afortunadas".[2]

Uma campanha via mala direta (denominada "É uma pena desperdiçar") foi desenvolvida para anunciar a marca Serendipity. Uma correspondência foi enviada a uma lista de 30 mil consumidores leais da Ardbeg. Um livreto descrevia o erro de produção da destilaria e pedia aos destinatários que assinassem um "perdão oficial", que, na verdade, era um formulário de pedido da Serendipity. A campanha obteve um grande sucesso. A correspondência gerou um índice de resposta de 23% e levou as vendas a quase US$ 1 milhão, por um custo de apenas US$ 100 mil. Foi um único erro que gerou um belo ganho econômico para a Glenmorangie Company em vez de uma grande perda; o que prova o poder da criatividade e o uso eficaz da mala direta.

Fonte: Adaptado de Michael Raveane, "How the STORY Agency Turned a Major Mistake into a Marketing Masterpiece", *Deliver Magazine*, dezembro de 2007, 25-7.

máquinas compensou pelo custo total da campanha, e o evento da corrida, com as vendas adicionais de 26 máquinas contribuíram para o êxito final da Caterpillar. Por qualquer padrão, essa foi uma campanha muito bem-sucedida.[3]

### A Campanha da Stacy's Pita Chip

A Stacy's Pita Chip Company, com sede em Boston, era bem-sucedida, mas suas atividades eram muito limitadas à região da Nova Inglaterra. Em um esforço para expandir sua distribuição por todo os Estados Unidos, a Stacy's precisava de um programa de comar bem-sucedido, mas acessível do ponto de vista financeiro. As limitações de orçamento tornavam impossível para a Stacy usar a mídia de massa, como comerciais de TV e, por isso, a empresa lançou uma campanha via mala direta.

A campanha inteligente focava no nome da empresa – Stacy's. Desse modo, com a ajuda de outras empresas, especializadas em marketing direto, a Stacy's conseguiu identificar os nomes e endereços de 133 mil pessoas chamadas Stacy por todo o país. Cada uma dessas pessoas recebeu uma embalagem de papelão com letras impressas em dourado, que dizia: "Para Stacy, da Stacy".

Amostras de cinco produtos foram colocadas na embalagem (por exemplo, açúcar com canela da Stacy's; alho com parmesão da Stacy's) junto com um cupom no valor de $1 e um cartão-postal que permitia a quem o recebesse requisitar amostras grátis para um amigo indicado. A correspondência também encorajava os destinatários a entregar uma carta-formulário aos mercados locais pedindo as gestores para estocar produtos da Stacy.

É muito cedo para saber o sucesso financeiro obtido pela campanha, mas o vice-presidente de marketing da empresa alega que uma ampla publicidade foi gerada a um custo bem menor do que o de um único comercial de 30 segundos na TV.[4]

### A Campanha da Prever Promo – Previdência privada brasileira

A Prever Promo (cujos sócios, na época da campanha, eram os bancos Itaú e Unibanco), assessorada pela agência G&K (que, na época da campanha trabalhou em sociedade com Gerson Cury – criação – e Efraim Kapulski – atendimento), desenvolveu em 1997 uma campanha de mala direta muito criativa e inovadora.

O produto anunciado era um plano de previdência privada e deveria ser divulgado para agências de promoções, empresas que desenvolvem campanhas promocionais e agências de propaganda como um possível produto a ser usado como "uma moeda" para promoções de incentivo a funcionários. Na época, as empresas e agências de promoção encontravam dificuldades na hora de escolher o prêmio adequado ao seu público e o mercado desconhecia Plano de Previdência Privada como forma criativa de premiação.

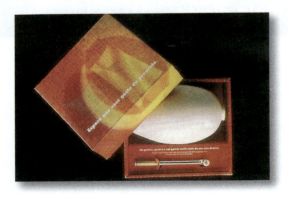

A ideia da campanha então foi demonstrar aos principais prospects das agências e anunciantes que o Prever Promo funcionava tão bem como se fosse dinheiro vivo, por isso optou-se por uma ação de efeito instantâneo com capacidade de ser lembrada por muito tempo.

Foram então, dentre outras ações, enviadas mais de 400 malas diretas para possíveis clientes selecionados. A mala era uma caixa com design de bom gosto e artístico que continha um vaso (no seu interior havia um folheto). Para ter acesso ao folheto era necessário quebrar o vaso, por isso fazia parte da peça uma ferramenta multifuncional dourada que era um pequeno martelo cuja base, quando desparafusada, continha vários tipos de chaves de fenda que poderiam ser aparafusadas no lugar do martelo conforme a necessidade.

Depois de quebrado o vaso e aberto o folheto, havia uma nota de R$ 5,00 que poderia ser utilizada para comprar um novo vaso artesanal para repor o que foi quebrado caso o prospect assim o desejasse.

Os resultados não poderiam ter sido melhores, a mala direta obteve, aproximadamente, 25% de retorno (o que está bem acima do retorno esperado para esse tipo de ferramenta de comunicação).

### A campanha do Saab 9-5

O Saab 9-5 representou a primeira entrada do Saab na categoria luxo, e foi desenvolvida para enfrentar concorrentes com alto nível de *brand equity*, incluindo Mercedes, BMW, Volvo, Lexus e Infiniti. Um total de 200 mil consumidores, incluindo 65 mil atuais proprietários do Saab e 135 mil potenciais, foi contatado via inúmeras malas diretas com o objetivo de encorajá-los a fazer um test-drive do 9-5. A concorrência fornecia aos consumidores em potencial de-

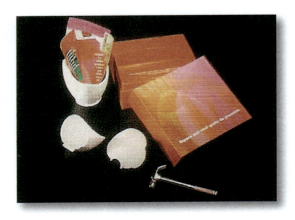

talhes sobre a marca e fazia um convite tentador para que fizessem um test-drive do 9-5. Os nomes dos possíveis consumidores mais qualificados foram, então, transmitidos aos revendedores para *follow-up*. Agência da Saab criou quatro tipos de correspondência: (1) uma correspondência inicial anunciava o novo Saab 9-5, apresentava uma foto do carro, e pedia aos destinatários que completassem uma pesquisa sobre seus interesses e necessidades quanto à compra de um automóvel; (2) uma correspondência subsequente de qualificação fornecia aos que respondiam a pesquisa, informações sobre o produto abordando seus interesses específicos de compra (desempenho, segurança, versatilidade etc.), e oferecia um kit test-drive como incentivo para responder uma pesquisa adicional; (3) uma terceira correspondência incluía uma edição especial da revista *Road & Track* sobre o processo de desenvolvimento de produto do Saab 9-5; e (4) uma correspondência final com um kit test-drive estendia a oferta do test-drive do 9-5 para três horas e também dava uma oportunidade para os consumidores em potencial ganharem uma aventura automobilística pela Europa, com todas as despesas pagas (passando pela Alemanha, Itália e Suécia), como incentivo para fazer o test-drive.

Uma longa campanha via telemarketing acompanhou a mala direta. Ligações telefônicas foram feitas a todas as pessoas que responderam às correspondênciais iniciais e também a todos os consumidores em potencial cujos contratos de leasing ou empréstimos de automóveis estavam para expirar. Esses telefonemas reforçaram a oferta do test-drive e determinaram horários para que os revendedores ligassem de novo e marcassem os test-drives. O esforço de marketing direto para o 9-5 foi um sucesso fabuloso. Entre os 200 mil possíveis consumidores iniciais contatatados pela correspondência inicial, 16 mil demonstraram interesse no test-drive (um índice de resposta de 8%), e mais de 2.200 test-drives foram marcados.[5]

## Características distintas da mala direta

As despesas com mala direta são grandes. Somente nos Estados Unidos, mais de US$ 60 bilhões são investidos anualmente nessa forma de propaganda.[6] No Brasil, no ano 2009, foram investidos mais de R$ 3 milhões apenas com distribuição de marketing direto.[7] Essas despesas incluem malas diretas B2B e B2C. Essa forma de propaganda tem cinco características distintas quando comparada à mídia de massa: capacidade de direcionamento, mensurabilidade, prestação de contas, flexibilidade e eficiência.

- Capacidade de direcionamento: a mala direta é capaz de alcançar um grupo de pessoas definido com precisão. Por exemplo, a agência da Saab selecionou apenas 200 mil consumidores para receber a correspondência sobre o Saab 9-5. Entre eles estavam incluídos 65 mil proprietários atuais do veículo e 135 mil potenciais, que satisfaziam aos requisitos de renda e propriedade de automóvel.
- Mensurabilidade: com a mala direta é possível determinar exatamente o quão eficaz foi o esforço de propaganda, porque o profissional de marketing sabe quantas cartas foram enviadas e quantas pessoas responderam. Isso permite o cálculo rápido do custo por inquirição e custo por pedido. Como vimos previamente, mais de 2.200 consumidores se inscreveram para test-drives do Saab 9-5. Dados de vendas fornecidos pelos revendedores revelaram quantas das 200 mil correspondências iniciais resultaram em compras.
- Prestação de contas: como já foi ressaltado várias vezes neste texto, os profissionais de comar estão cada vez mais sendo requisitados a justificar os resultados de seus esforços. A mala direta simplifica essa tarefa porque os resultados podem ser prontamente demonstrados (com o foi o caso do Saab 9-5), e os gerentes de marca podem justificar as alocações orçamentárias para a mala direta.
- Flexibilidade: uma mala direta eficaz pode ser produzida com certa rapidez (comparada a, digamos, produzir um comercial de TV), por isso é possível para uma empresa lançar uma campanha via mala direta que acompanhe as circunstâncias mutáveis. A mala direta também oferece a vantagem de permitir que os profissionais de marketing testem ideias de comunicação em pequena escala, com rapidez e sem o conhecimento da concorrência. Comparativamente, o esforço de mídia de massa não pode evitar o conhecimento dos concorrentes. A mala direta também é flexível, pois não tem limites de forma, cor ou tamanho (além daqueles impostos pelo custo e considerações práticas). Também é relativamente simples e barato mudar os anúncios da mala direta. Compare isso com o custo de se fazer uma mudança em um comercial de televisão.
- Eficiência: a mala direta torna possível direcionar os esforços de comunicação apenas a um grupo altamente selecionado, como os 200 mil consumidores que receberam correspondências sobre o Saab 9-5. A eficiência em termos de custo resultante desse direcionamento é considerável quando comparada aos esforços de propaganda de massa.

Uma suposta desvantagem da mala direta é o custo. Em uma base de custo-por-mil (CPM), a mala direta é mais cara que as outras formas de mídia. Por exemplo, o CPM de uma correspondência em particular pode chegar a R$ 200 ou R$ 300, enquanto o CPM de uma revista pode ser muito baixo – R$ 4. Porém, comparada a outras mídias, a mala direta é bem menos esbanjadora e em geral produzirá a mais alta porcentagem respostas. Assim, em uma *base custo-por-pedido,* a mala direta é com frequência uma opção melhor.

Talvez o principal problema da mala direta seja o fato de que muitas pessoas a consideram excessivamente invasora da privacidade. Os consumidores estão acostumados a receber grandes quantidades de correspondência e, assim, foram "treinados" a aceitar a volumosa quantia de mala direta recebida. Não é a quantidade de cartas que incomoda a maioria das pessoas, mas o fato de que qualquer empresa ou organização pode prontamente descobrir seus nomes e endereços. A questão da privacidade no uso de banco de dados, muito embora no Brasil não seja uma questão ilegal, atualmente é motivo de preocupação por parte das empresas e dos profissionais do setor de marketing direto, pois, apesar de não ser ilegal, pode ser antiética. Cresce o número de consumidores que se sentem incomodados com essa prática e isso pode gerar efeitos contrários aos esperados em ações de mala direta e comunicações on-line. A questão da privacidade em ações de comunicação dirigida foi muito bem abordada em um recente projeto de mestrado na FEA/USP. Os achados indicam certa contradição por parte do público que, ao mesmo tempo em que deseja preservar sua privacidade, quer receber informações precisas e úteis, que não são possíveis sem a obtenção e manipulação de suas informações pessoais. Isso demonstra a complexidade do tema e o desafio que as empresas que atuam no setor enfrentam.[8]

## Quem usa a mala direta e qual função ela realiza?

Todos os tipos de profissionais de marketing usam a mala direta como um meio de propaganda estrategicamente importante. Tanto as empresas B2B quanto os profissionais de marketing de produtos de consumo utilizam cada vez mais a mala direta como uma opção de propaganda. As empresas de produtos de consumo diário, como Ralston Purina, Kraft, Editora Abril, Sara Lee, Revista Reader's Digest, Quaker Oats e Procter & Gamble, são algumas das principais usuárias da mala direta. A utilização da mala direta por empresas como essas é especialmente valiosa para introduzir novas marcas e distribuir amostras de produtos.

As pesquisas e a experiência prática indicam que campanhas via mala direta pode desempenhar as seguintes funções (todas são bem claras e, por isso, não necessitam de explicação).[9]

1. Aumentar as vendas e o uso por parte de consumidores atuais.
2. Vender produtos e serviços para consumidores novos.
3. Criar tráfego em um varejista ou website específicos.
4. Estimular os testes do produto com ofertas e incentivos promocionais.
5. Criar vantagens para a equipe de vendas.
6. Fornecer informações e notícias relevantes ao produto.
7. Obter informações sobre os consumidores, que possam ser usadas na criação de um banco de dados.
8. Comunicar-se com indivíduos de maneira relativamente particular e, portanto, minimizar a probabilidade de detecção pelos concorrentes; em outras palavras, propaganda via mala direta, diferente da propaganda em massa, alcança o cliente atual e potencial, escapando das telas de radar dos concorrentes.

## O caso especial dos catálogos e mídia audiovisual

Essa seção descreve duas formas específicas de marketing direto: catálogos e marketing audiovisual.

### Catálogos

A distribuição de catálogos é altamente eficaz, como demonstram as descobertas de um estudo indicando que (1) mais de dois terços das pessoas que recebem catálogos acessam o site da empresa; (2) as vendas a pessoas que recebem catálogos são 150% maiores, em média, comparadas aos consumidores que não os recebem; e (3) as pessoas que recebem catálogos compram mais itens em média e gastam mais dinheiro que aquelas que não os recebem.[10]

Do ponto de vista do profissional de marketing, a venda por catálogos representa um meio eficiente e eficaz de alcançar consumidores em potencial. Do ponto de vista do consumidor, comprar por catálogo oferece várias vantagens: (1) economiza tempo, porque as pessoas não têm de encontrar lugares para estacionar nem enfrentar lojas cheias; (2) a compra por catálogo agrada aos consumidores que têm medo de ir às compras devido a preocupações com crime; (3) os catálogos dão às pessoas a conveniência de tomar decisões de compras nos momentos de lazer e longe das pressões das lojas; (4) a disponibilidade dos números gratuitos (0800), websites, compras por cartão de crédito e políticas liberais de retorno tornam fácil para as pessoas fazer pedidos por catálogos; (5) os consumidores confiam em comprar por catálogos porque a qualidade e os preços das mercadorias são quase sempre comparáveis, ou superiores, aos das lojas; e (6) as garantias são atraentes. Como exemplo desse último ponto, considere a política da L.L.Bean, o famoso varejista do Maine:

> *Todos os nossos produtos têm a garantia de dar 100% de satisfação em todos os aspectos. Devolva qualquer coisa que você comprou conosco a qualquer momento se isso não acontecer. Nós substituiremos o produto, devolveremos o valor da compra, ou retificaremos seu cartão de crédito – como você preferir. Não queremos que você tenha nada da L.L.Bean que não seja completamente satisfatório.*

Embora o marketing por meio de catálogos seja penetrante, o índice de crescimento diminuiu por várias razões: em primeiro lugar, os observadores notam que a novidade de pesquisar em catálogos se exauriu para muitos consumidores. Em segundo lugar, como acontece quando um produto ou serviço alcança maturidade, o custo de marketing por catálogos aumentou consideravelmente. Uma das principais razões para isso é que as empresas aumentaram as despesas com o desenvolvimento de catálogos mais atraentes e a compilação de melhores listas de correspondências em um esforço de superar o desempenho de seus concorrentes. Os custos foram ainda elevados por aumentos nos preços de postagem nos últimos anos e elevações consideráveis no preço do papel.

### Marketing Audiovisual

Essa forma de propaganda direta envolve o uso de dispositivos eletrônicos para apresentar mensagens comerciais audiovisuais, que foram captadas na forma de fitas de vídeo, CD-ROMs ou DVDs. Essa forma de propaganda envolve a captação de informações-chave visuais e auditivas a respeito de uma marca e a distribuição dessas informações a empresas, clientes ou a consumidores finais para reproduzir em monitores de computador ou telas de televisão.

Embora existam poucas pesquisas para verificar a eficácia da propaganda audiovisual, as empresas nessa indústria afirmam (embora não sem interesse próprio) que a propaganda por vídeo é mais eficaz e barata que a impressa, enviada por mala direta. Alega-se que a probabilidade da mensagem audiovisual não solicitada ser jogada fora é menor que a de uma brochura ou outro material impresso, e afirma-se ainda que os vídeos são mais persuasivos. Embora isso não tenha sido verificado em sentido científico, é verdade que a propaganda por vídeo é potencialmente mais interessante quando comparada à impressa e, por conseguinte, mais eficaz para atrair a atenção e influenciar a capacidade de uma mensagem ser lembrada.

As empresas estão usando cada vez mais o meio audiovisual para fornecer aos consumidores B2C e B2B informações detalhadas a respeito do produto. Imagine, por exemplo, como a indústria do turismo pode usar com eficácia a propaganda audiovisual. Quando um turista em potencial pede informações, é possível enviar a ele um CD ou DVD contento as imagens (em vídeo ou em fotos) e sons (música, vida selvagem e sons externos etc.) da área, apresentando essa informação de modo divertido. Os CD-ROMs e DVDs têm potencial considerável também na área de marketing B2B. Apresentações audiovisuais de produtos novos podem se enviadas a possíveis clientes, que são encorajados a ligar pedindo novas informações ou marcando uma visita.

É claro que, em vez de enviar mala direta com materiais audiovisuais, um profissional de marketing poderia simplesmente direcionar os consumidores em potencial a um website que apresente as imagens em arquivo ou em link. Isso seria mais barato, mas nem todos os consumidores têm acesso à Internet em banda larga, o que, efetivamente, elimina a probabilidade de que os consumidores em potencial vejam os arquivos audiovisuais em seus computadores. Portanto, a mala direta com materiais audiovisuais na forma de CD-ROMs ou DVDs é apropriada para certos públicos, mas não para todos.

## O uso de banco de dados

O sucesso da mala direta requer a existência de bancos de dados computadorizados, e a *capacidade de endereçamento* inerente a esses bancos. Ou seja, os bancos de dados permitem os contatos com consumidores atuais e potenciais que podem ser acessados por empresas cujos bancos contêm endereços postais e eletrônicos junto de outros dados pertinentes, como informações demográficas. A propaganda direta, em comparação com a de difusão, não lida com os consumidores em massa, mas cria relacionamentos individuais com cada consumidor em potencial. A analogia seguinte compara com correção a mala direta (também conhecida como "mídia endereçável") à mídia de difusão: "A mídia de difusão envia comunicações, a mídia endereçável envia e recebe. A mídia de difusão é direcionada ao público como um navio de guerra que impõe a submissão a uma ilha distante, a mídia endereçável inicia conversações."[11]

Um banco de dados atualizado fornece às empresas uma série de vantagens, incluindo a habilidade para (1) direcionar esforços de propaganda àqueles indivíduos que representam os melhores consumidores em potencial para seus produtos ou serviços; (2) oferecer mensagens variadas a diferentes grupos de consumidores; (3) criar relacionamentos duradouros com os consumidores; (4) melhorar a produtividade da propaganda; e (5) calcular o valor vitalício do consumidor atual ou potencial. Devido à importância do valor vitalício, a seção a seguir foca essa quinta vantagem.

Porém, o tema envolve uma questão polêmica: a comercialização de banco de dados. No Brasil, existem várias empresas especializadas na venda de banco de dados como o Data Listas da Editora Abril e mais uma infinidade de outras empresas. Uma consulta ao Google com o título "vendas de bancos de dados" resultou em mais de 9.500 links. A legislação sobre o tema é complexa e confusa. *A priori*, se não houver acordo de sigilo entre as partes, o banco de dados pode ser comercializado, mas isso não é posição unânime, pois a questão pode ser enquadrada em legislações de outras esferas. A ABEMD (Associação Brasileira de Marketing Direto), assim como a DMA (Direct Marketing Association), demonstram preocupação com o tema e oferecem códigos de éticas e de conduta aos seus associados. Polêmicas à parte, a comercialização de banco de dados é muito ativa no setor de marketing direto.

### Análise do valor vitalício do cliente

Uma característica-chave do database marketing (banco de dados) é a necessidade de considerar cada endereço contido nele a partir de uma perspectiva de valor vitalício. Ou seja, cada consumidor atual ou potencial é visto não apenas como um endereço, mas como um *ativo de longo prazo*. O **valor vitalício do consumidor** é o *valor presente líquido (VPL)* do lucro que uma empresa pode obter com um novo consumidor médio durante determinado número de anos. Esse conceito é mais bem ilustrado usando os dados na Tabela 14.2.

Presuma, para propósitos exemplificativos, que um pequeno varejista especializado em determinada categoria de produto tenha um banco de dados contendo mil clientes (veja o cruzamento da linha A e com o Ano 1 na Tabela 14.2). A análise a seguir ilustra como o VPL do cliente médio pode ser calculado em um período de cinco anos.[12] Em primeiro lugar, o *índice de retenção* (ver a linha B) indica a probabilidade de que as pessoas permanecerão clientes desse varejista em particular durante o curso de cinco anos. Presume-se que 40% dos mil consumidores no Ano 1 continuarão consumidores no Ano 2, ou, em outras palavras, 400 dos mil consumidores iniciais permanecerão no Ano 2 (ver o cruzamento da linha A com o Ano 2); 45% desses 400 consumidores, ou 180 consumidores, permanecerão no Ano 3; 50% permanecerão no Ano 4; e 55% permanecerão no Ano 5. A linha C indica que a *média das vendas anuais* nos anos 1 a 5 se mantém constante em R$ 150. Ou seja, os consumidores em média gastam R$ 150 nesse estabelecimento varejista. Assim, a *receita total*, linha D, em cada um dos cinco anos é simplesmente o produto das linhas A e C. Por exemplo, os mil consumidores no Ano 1 que gastam em média R$ 150 produzem R$ 150 mil da renda total; os 400 consumidores no Ano 2 geram R$ 60 mil na renda total e assim por diante.

A linha E indica o custo da venda da mercadoria aos consumidores da loja. Para simplificar, imaginemos que o custo representa 50% da renda. Os *custos totais* em cada ano, linha F, são assim calculados multiplicando os valores nas linhas D e E. O *lucro bruto*, linha G, é calculado subtraindo os custos totais (linha F) da renda total (linha D).

O *índice de desconto*, linha H, é um componente crítico da análise VPL e exige certa discussão. Como você aprendeu na aula de finanças básicas, o índice de desconto reflete a ideia de que o dinheiro recebido nos anos futuros não é equivalente, em valor, ao dinheiro recebido hoje. Isso acontece porque o dinheiro recebido hoje, digamos R$ 100, pode ser investido imediatamente e começar a render juros. Com o tempo, os R$ 100 aumentam de valor, pois os juros se acumulam. O atraso em receber dinheiro significa, então, perder a oportunidade de ganhar juros. Sendo assim, R$ 100 recebidos no futuro, digamos em três anos, tem menos valor que a mesma quantidade recebida hoje. Certo ajuste é necessário para

**tabela 14.2** — Análise do valor vitalício do consumidor

| | Ano 1 | Ano 2 | Ano 3 | Ano 4 | Ano 5 |
|---|---|---|---|---|---|
| **Receitas** | | | | | |
| A Consumidores | 1.000 | 400 | 180 | 90 | 50 |
| B Índice de retenção | 40% | 45% | 50% | 55% | 60% |
| C Média das vendas anuais | R$ 150 | R$ 150 | R$ 150 | R$ 150 | R$ 150 |
| D Receita total | R$ 150.000 | R$ 60.000 | R$ 27.000 | R$ 13.500 | R$ 7.500 |
| **Custos** | | | | | |
| E Porcentagem de custo | 50% | 50% | 50% | 50% | 50% |
| F Custos totais | R$ 75.000 | R$ 30.000 | R$ 13.500 | R$ 6.750 | R$ 3.750 |
| **Lucros** | | | | | |
| G Lucro bruto | R$ 75.000 | R$ 30.000 | R$ 13.500 | R$ 6.750 | R$ 3.750 |
| H Índice de desconto | 1 | 1,2 | 1,44 | 1,73 | 2,07 |
| I Lucro VPL | R$ 75.000 | R$ 25.000 | R$ 9.375 | R$ 3.902 | R$ 1.812 |
| J Lucro cumulativo VPL | R$ 75.000 | R$ 100.000 | R$ 109.375 | R$ 113.277 | R$ 115.088 |
| K Valor vitalício por consumidor | R$ 75,00 | R$ 100,00 | R$ 109,38 | R$ 113,28 | R$ 115.09 |

equiparar o valor do dinheiro recebido em momentos diferentes. Esse ajuste é chamado índice de desconto e pode ser expresso da seguinte forma:

$$D = (1 + j)^n$$

onde $D$ é o índice de desconto; $j$ é a taxa de juros; e $n$ o número de anos antes que o dinheiro seja recebido. O desconto dado na linha H da Tabela 14.2 presume uma taxa de juros de 20%. Assim, o índice de desconto no Ano 3 é 1,44 porque o varejista terá de esperar dois anos (desde o Ano 1) para receber o lucro que será ganho no Ano 3. Ou seja:

$$(1 + 0{,}2)^2 = 1{,}44$$

O *lucro VPL*, linha I, é determinado tomando o recíproco do índice de desconto (ou seja, 1 ÷ D) e multiplicando o lucro bruto, linha G, por esse recíproco. Por exemplo, no Ano 3, o recíproco de 1,44 é 0,694, o que implica que o valor presente de R$ 1 recebido dois anos depois é apenas R$ 0,69, a uma taxa de juros de 20%. Assim, o VPL do lucro bruto de R$ 13.500 a ser ganho no Ano 3 é R$ 9.375. (Faça os cálculos dos anos 4 e 5 para garantir que você entendeu a derivação do VPL. Lembre-se de que o recíproco de determinado valor, como 1,44, é calculado dividindo esse valor por 1.)

O lucro *VPL cumulativo*, coluna J, simplesmente soma os lucros VPL durante os anos. A soma revela que o lucro cumulativo VPL de nosso varejista hipotético, que tinha mil consumidores no Ano 1, dos quais 50 permanecem depois de cinco anos, é R$ 115.088. Por fim, a linha K, o *valor vitalício por consumidor*, mostra o valor médio de cada uma das mil pessoas que foram clientes de nosso hipotético varejista no Ano 1. O valor vitalício médio de cada consumidor, expresso como VPL durante um período de cinco anos é, portanto, R$ 115,09.

Agora que você entende o conceito de análise de valor vitalício, podemos nos voltar para interesses mais estratégicos. A questão-chave é: o que um profissional de marketing pode fazer para melhorar o valor vitalício médio do cliente? Há cinco meios de aumentar esse valor:[13]

1. Aumentar o *valor de retenção*. Quanto mais clientes uma empresa tiver e quanto mais tempo eles permanecerem assim, maior será o valor vitalício. Portanto, convém aos profissionais de marketing e aos anunciantes foca a retenção mais que a aquisição. O database marketing é idealmente adequado para esse propósito porque ele permite a comunicação regular com os clientes (por meio de newsletters, programas de frequência, e-mail etc.) e a criação de relacionamentos. Customer Relationship Management (CRM) é uma prática muito difundida de marketing – uma prática justificada pela habilidade em melhorar o valor vitalício do consumidor médio.
2. Aumentar o *índice de indicação*. As relações positivas criadas com clientes atuais podem influenciar outros a se tornarem clientes, por meio da propaganda positiva boca a boca que um usuário satisfeito faz.
3. Melhora o *volume médio de compra por consumidor*. Os clientes atuais podem ser encorajados a comprar mais quantidades da marca, aumentando a lealdade com relação a ela. A satisfação com o produto e o gerenciamento eficaz das relações com o consumidor são meios de criar a base de clientes leais.
4. Cortar *custos diretos*. Alterando o canal de distribuição por meio de esforços de marketing direto, uma empresa consegue cortar custos e, assim, aumentar as margens e lucro.
5. Reduzir *os custos de comunicações de marketing*. O marketing eficaz de banco de dados leva a significativas reduções nas despesas com a comar, porque a propaganda direta com frequência é mais produtiva que a de mídia de massa.

## A prática do *Data Mining*

Os bancos de dados podem ser volumosos em tamanho, com milhões de endereços e dúzias de variáveis para cada dado. A disponibilidade de computadores com alta velocidade e de softwares baratos tornou possível para as empresas literalmente escavar seus bancos de dados com o propósito de aprender mais a respeito do comportamento de compra dos clientes. O objetivo do **data mining** é descobrir fatos escondidos contidos em bancos de dados. Softwares data miners sofisticados procuram relações reveladoras e consistentes entre as variáveis contidas em um banco de dados, com o propósito de usar esses relacionamentos para melhor alcançar consumidores em potencial; desenvolver relações de marketing cooperativas com outras empresas; entender melhor quem compra o quê, quando e com que frequência e que outros produtos e marcas são adquiridos.

Considere, por exemplo, uma empresa de cartões de crédito que explora seu enorme banco de dados e descobre que seus maiores e mais frequentes usuários apresentam um interesse desproporcionalmente maior que a média dos usuários de cartão em conhecer lugares exóticos. A empresa pode usar essa informação para criar uma oferta promocional que tenha como prêmio uma viagem a um lugar exótico. Uma rede de loja de móveis descobre, por meio do data mining, que as famílias com dois ou mais filhos raramente fazem grandes compras de móveis no período de dois anos após comprar um carro novo. Munida dessa informação, a rede pode adquirir listas de compras de automóveis e direcionar os anúncios a lares que não compraram um carro novo em dois ou mais anos. Esses exemplos são apenas ilustrativos, mas demonstram como os bancos de dados podem ser explorados e usados para se tomar decisões promocionais e estratégicas de propaganda.

Outro uso dos bancos de dados é separar a lista de clientes de uma empresa pela *recência* (R) da compra, sua *frequência* (F) e o *valor monetário* (V) de cada compra. As empresas costumam atribuir valores em pontos a contas com base nessas classificações. Cada empresa tem seu próprio procedimento customizado para atribuição de pontos (ou seja, sua própria *fórmula R-F-V*), mas em todos os casos mais pontos são atribuídos a compras mais recentes, frequentes e caras. O sistema R-F-V oferece grandes oportunidades de manipulação do banco de dados e direcionamento de correspondência. Por exemplo, uma empresa pode decidir enviar catálogos de graça apenas a contas cujo total de pontos exceda determinado valor.

## *Brand placement* em filmes e programas de TV

A prática conhecida como *product placement* – mas chamada de modo mais apropriado de *brand placement*, porque os profissionais de marketing promovem marcas específicas, não produtos em geral – aumentou nos últimos anos a níveis sem precedentes. Inicialmente, é preciso esclarecer que o *brand placement* (ou *product placement*) não é o mesmo que *merchandising*. Equivocadamente no Brasil alguns veículos de comunicação e até mesmo alguns profissionais de mercado cometem esse equívoco, o que acaba gerando muita confusão nos meios acadêmicos e também no próprio mercado. **Merchandising** está relacionado a ações de comunicação no ponto de venda (exposição de produtos, comunicação interna de varejo etc.) e não a inserção de marcas em programas de TV ou filmes. Portanto, trata-se de duas formas diferentes de comar, que precisam ser nominadas de formas diferentes. Estima-se que as despesas com *brand placement* nos Estados Unidos chegaram a cerca de $ 3 bilhões em 2007, com as colocações em TV representando aproximadamente 70% desses gastos.[14] Segundo estudo da americana PQ Media, o Brasil é o segundo país que mais investe em *brand placement*, ficando atrás apenas do líder, os Estados Unidos.[15] Curiosamente, existe pouca evidência científica com relação à eficácia do *brand placement*, embora a literatura sobre o assunto esteja crescendo.[16] A maior parte da evidência é anedotal e a abordagem nesta seção seguirá esse caminho.

Em seus esforços para apresentar mensagens da marca de modo que não pareça agressivo, os profissionais de marketing buscam oportunidades para fazer que suas marcas sejam mencionadas em contextos positivos – incluindo filmes, programas de TV, músicas etc. A atividade de *brand placement* está perfeitamente alinhada a uma das cinco características-chave da CIM apresentadas no Capítulo 1, ou seja, que o consumidor representa o ponto de partida para todas as decisões de comar. A essência desse princípio, no que se diz respeito à seleção de mídia, é que os gestores de comunicação de marketing devem buscar oportunidades de apresentar as mensagens da marca em contextos positivos, onde consumidores em potencial naturalmente se colocam. As pessoas vão ao cinema, assistem a programas de TV, ouvem música etc., portanto, todos esses locais são potencialmente contextos atraentes nos quais as mensagens da marca podem ser apresentadas. Essa é, então, a razão geral para o assim chamado *branded entertainment* [entretenimento ligado a uma marca], ou seja, as mensagens da marca colocadas em eventos de entretenimento são transmitidas de uma forma encoberta, comparada à abordagem tradicional manifesta, e o *brand placement* não aparece como anúncios.

Comparando-se à propaganda tradicional de mídia de massa, o *brand placement* em filmes, programas de TV e em outros lugares tem algumas vantagens e desvantagens distintas. Em primeiro lugar, no que se refere a vantagens, em geral, é menos invasivo (desde que feito adequadamente, de forma equilibrada com relação ao contexto da trama) que os comerciais e, portanto, têm menos probabilidade de ser evitado. Em segundo lugar, como os consumidores, em especial os jovens, não costumam gostar de ser alvo de anúncios, o *brand placement* apresenta menos probabilidade de ser sumariamente rejeitado como apenas mais uma tentativa de persuasão.

Em terceiro lugar, quando uma marca é ligada de modo apropriado ao enredo do filme (ou conteúdo do programa de TV, da música etc.) e com personagens daquele evento, existe um forte potencial para que a inserção apoie ou mesmo fortaleça a imagem de uma marca e crie uma ligação emocional com o público-alvo. Por fim, uma inserção de destaque pode criar uma associação memorável que serve para melhorar a memória do consumidor (reconhecimento e lembrança) com relação à marca e, assim, possivelmente aumentar as chances de sua escolha entre as opções concorrentes.

Quanto às desvantagens, os profissionais de marketing perdem um pouco do controle sobre o modo como suas marcas são posicionadas quando os autores e diretores de cinema e TV decidem como exatamente elas serão colocadas em um evento. Um comercial é um contexto perfeitamente controlado para uma marca, mas quando ela é colocada, por exemplo, em um filme, o controle sobre o posicionamento é, até certo ponto, transferido para o diretor do filme. Outra desvantagem do *brand placement* é a dificuldade em aferir sua eficácia e o ROI. Finalmente, os preços do *brand placement* estão subindo cada vez mais e muitos gestores os consideram absurdamente altos. Por exemplo, 79% dos principais profissionais de mercado pesquisados pela Association of National Advertisers acreditam que os negócios de *brand entertainment* são cobrados em excesso.[17]

O crescimento das ações de *brand placement* em filmes e TV é motivado pela crescente animosidade do público com relação às propagandas em seus formatos convencionais. As causas prováveis desses fenômenos passam pela concentração excessiva de anúncios em horários nobres, pouca criatividade e também a falta de credibilidade da propaganda, gerada pelos exageros nas promessas dos atributos dos produtos e serviços para um público cada vez mais maduro e cético. Esse fenômeno é bem acentuado na TV, onde a dispersão é muito grande na hora do *break* comercial (intervalo), quer pelo desvio da atenção do telespectador para outra atividade no momento (navegar na Internet, falar ao telefone, consultar e-mails, por exemplo), quer pelo efeito *zapping* (trocar de canal na hora do intervalo). O telespectador é hoje muito mais dinâmico e tem muitas opções para distração nesse momento, ao contrário dos tempos iniciais da TV, nos quais a família toda ficava reunida atentamente diante da TV, inclusive durante os intervalos. O comportamento do telespectador mudou muito nesse sentido. O público é segmentado, as opções de canais e programas são muito maiores e os recursos tecnológicos, como o controle remoto e a TV digital, facilitam a dispersão. Por essas razões é que os comerciais estão rapidamente migrando dos *breaks* (intervalos) para dentro dos programas.

Uma característica importante do *brand placement* é que seu formato não é padronizado como são os dos tradicionais comerciais. Dada as infinitas possibilidades de inserção de uma marca ou produto, praticamente cada caso é tratado quase de forma individual. Porém, é possível classificar as ações em três categorias básicas: i) inserção pura e simples da marca (produto ou serviço) em determinado contexto; ii) inserção da marca (produto ou serviço) acompanhada de sua manipulação, o que aumenta sua visibilidade com relação ao caso anterior; iii) exposição, manipulação mais um comentário – sempre favorável – de um personagem sobre a marca (produto ou serviço), que na prática funciona como uma propaganda similar à dos intervalos. Considerando essas três possibilidades mais as variações possíveis de duração, contexto e a importância do personagem envolvido na ação, as possibilidades de ações diferentes são muitas. Os custos também oscilarão em função das características das ações, pois os seus efeitos também variarão conforme sua intensidade.

O segredo das ações de *brand placement* é obter um equilíbrio com relação ao contexto no qual ela está inserida. Se for muito ostensiva, chama a atenção, mas em geral irrita a audiência, pois pode provocar uma interrupção na narrativa. Se for muito sutil, não irrita, mas pode passar despercebida pelo público, o que não é a intenção do anunciante, obviamente. Então, o ideal é fazer a inserção bem contextualizada e quanto mais intensa for a ação (inserção, manipulação e depoimento) mais difícil será obter esse equilíbrio.

Em resumo, o *brand placement* oferece muitas vantagens potenciais, mas não são de graça. Discutiremos a seguir o *brand placement* em filmes e programas de TV.

## Brand placement em filmes

O *brand placement* em filmes existe desde a década de 1940, embora a frequência hoje seja maior que nunca. É praticamente impossível assistir a um filme sem ver vários nomes de marcas conhecidas (por exemplo, Apple, Coca-Cola, Ford, Nike e Sony). Provavelmente, o caso recente mais famoso de *brand placement* é a marca Wilson no filme *Náufrago*. Poucas pessoas não viram o filme e quase todas as que viram se lembrarão das inserções da bola Wilson em várias momentos da narrativa. Por exemplo, mais de 40 marcas foram colocadas em um filme lançado em 2008, *21* (uma história sobre um grupo de estudantes do M.I.T [Instituto de Tecnologia de Massachusetts] jogando em Las Vegas). Entre essas marcas estavam Beefeater Gin, Budweiser, Caesars Palace, Chrysler, Dunkin' Donuts, Grey Poupon, Gucci, Louis Vuitton, Pepsi, Pony, Samuel Adams, Sony PlayStation e Twinkies. Os leitores interessados podem ver as marcas que aparecem em filmes preferidos acessando o site http://www.brandchannel.com/brandcameo_films.asp. Essa fonte tem acompanhado o *brand placement* em filmes desde o início da década de 2000. Ela também identifica quais marcas são colocadas na maioria dos filmes. Por exemplo, em 2007 a Ford foi a marca mais colocada em filmes (20), seguida da Apple (13) e da Coca-Cola (11).

O *brand placement* funciona. As evidências públicas sobre a eficácia desse tipo de "propaganda" são limitadas. Existem evidências, no entanto, de que a percepção e lembrança da marca aumentam com colocações de mais destaque.[18] Ao que parece, os anunciantes têm pouco a perder e muito a ganhar usando essa forma de comunicação suplementar de marketing. O preço típico de uma inserção varia muito dependendo do tempo, circunstâncias de inserção. O preço é, praticamente, calculado caso a caso. Mas, de forma geral, uma ação simples de *brand placement* em um programa de grande audiência na TV aberta pode custa em torno de R$ 500 mil a R$ 800 mil por inserção. Vários fatores determinam quanto vale um *brand placement* e, portanto, quanto deve custar a um profissional de marketing colocá-lo em determinado filme.[19] Um primeiro fator determinante é a quantidade de tempo que a marca obtém na tela. As colocações nas quais uma marca está no primeiro plano de uma cena e onde o logo é visto claramente são mais valiosas e têm preços mais altos do que aquelas onde a marca está em segundo plano e o logo é difícil de detectar. Em segundo lugar, as colocações são mais valiosas (e, por conseguinte, mais caras) quando os personagens do filme usam a marca e talvez a mencionem divulgando suas virtudes. Um terceiro fator determinante do valor de uma inserção é se a marca aparece durante uma cena importante do filme (se isso acontecer, a colocação vale mais). Em resumo,

Ação de *brand placement* da marca Wilson no filme *Náufrago*.

quanto mais tempo o *brand placement* receber, quanto mais ligado ele estiver ao enredo do filme e quanto mais ligados estiverem a marca e os personagens, mais valiosa será a inserção e maior o preço a ser pago por ela.

Com base em amplo estudo global (mais de 11 mil entrevistas com consumidores de 20 países) conduzido por uma importante empresa de mídia, os consumidores mais jovens parecem responder melhor ao *brand placement* em filmes.[20] Comparados a faixas etárias mais velhas, os jovens de 16 a 24 anos foram os que mais notaram o *brand placement* em filmes (57%) e que consideraram usar as marcas vistas nos filmes (41%). As estatísticas comparativas de observação e consideração de uso da marca para a faixa etária entre 35 a 44 anos foram 49% e 28%; para pessoas entre 45 a 54 anos, 43% e 22%. Talvez a descoberta mais interessante tenha sido a diferença entre os países nas porcentagens de consumidores afirmando que usariam a marca se a vissem em um filme. As porcentagens para um subgrupo de países foram: México (53%), Cingapura (49%), Índia (35%), Hong Kong (33%), Estados Unidos (26%), Finlândia (14%), Dinamarca (14%), Holanda (9%) e França (8%). Os consumidores dos quatro últimos países fizeram objeções ao *brand placement* porque sentiram que ele interfere no processo de produção dos filmes.

### *Brand placement* em programas de TV

O tema do *brand placement* em programas de TV foi rapidamente mencionado no Capítulo 12 quando discutimos a televisão como meio de propaganda de massa. Alguns comentários adicionais são apropriados agora. O *brand placement* em programas de TV é prevalecente. Na verdade, um estudo dos programas do horário nobre da TV determinou que as marcas são colocadas nesses programas em uma média de uma vez a cada três minutos.[21]

As despesas com *brand placement* na televisão são ainda maiores que as dos filmes, representando talvez 70% dos gastos totais com essa prática em todas as formas de mídia. O aumento substancial nas colocações na TV acompanhou o crescimento dos reality shows. Programas como *Big Brother, O aprendiz, American Idol* etc. representam contextos quase perfeitos para inserir marcas e fornecer aos gerentes de marca uma forma alternativa de exposição além dos tradicionais comerciais de 30 segundos. É claro que o *brand placement* não está limitado apenas aos reality shows; ele pode ser visto na maioria dos programas de sucesso na TV. Até mesmo reprises de comédias estão sendo remasterizadas digitalmente para incluir marcas em cenas onde elas não existiam quando a séria foi produzida originalmente.[22] Os gerentes de marca tentam integrá-la aos programas da maneira mais perfeita possível. Por exemplo, o agente Jack Bauer, o corajoso personagem de *24 horas*, da Fox, sempre dirige uma vã Ford F-150. Jack e a vã são inseparáveis. O veículo aparece na série não como um adereço, mas como um elemento natural do programa de ação. Do mesmo modo, a Coca-Cola está sempre presente no cenário de *American Idol*, com Randy, Paulo e Simon (os três juízes do programa) regularmente bebendo em copos com o logo da Coca-Cola visivelmente exibido.

As telenovelas no Brasil apresentam uma infinidade de ações de *brand placement*, desde rápidas aparições de um produto em determinada cena, até ações mais ousadas como a inclusão de uma ação de mais de dois minutos seguidos sobre a Natura na novela *Belíssima*, da Rede Globo, que incluía além do depoimento no ambiente da trama, até uma "longa" visita à fábrica do personagem da novela, que era quase a apresentação de um vídeo institucional da empresa em plena novela (www.youtube.com/watch?v=MRWZEhwdTXU). Muitas vezes o *brand placement* assume também a função de orientação sobre o uso de produtos e serviços além da pura e simples divulgação, como nas ações do Banco Itaú sobre o uso de caixas eletrônicos em diversas novelas.

# Propaganda em guias e listas

Guias e listas são uma opção para propaganda, pois os consumidores recorrem a elas quando estão procurando um produto ou prestador de serviço e estão preparados para fazer a compra. Algumas das principais razões pelas quais as pessoas usam guias e listas incluem a economia do tempo que se gasta buscando informações, a economia de energia e dinheiro, a possibilidade de encontrar a informação rapidamente e aprender sobre produtos e serviços.

Anunciar em guias e listas não substitui, mas complementa, os outros meios de mídia usados em um programa de CIM. Esse antigo meio de propaganda, com um passado como uma forma estática de comunicação nas antigas listas telefônicas impressas, que estão rapidamente desaparecendo e ganhando nova vida com as versões digitais on-line, como: www.telelistas.net, www.guiamais.com.br e www.guiafacil.com.

As versões on-line e impressas de listas e guias representam juntas um grande meio de propaganda, com as rendas anuais superando $15 bilhões nos Estados Unidos.[23] Esse segmento movimenta 1,67% do total de investimentos em comunicação no Brasil em 2009. Milhares de guias e listas são distribuídas anualmente a centenas de milhões de consumidores. A maioria dos anúncios em guias e listas é colocada por empresas locais, mas anunciantes nacionais também são usuários frequentes delas. No Brasil, no entanto, o investimento em comunicação em guias e listas vem sofrendo queda. Se comparados os investimentos feitos em 2008 e 2009 nesse tipo de mídia temos uma queda de 19,7%.[24]

## Características distintas da propaganda em guias e listas

As guias e listas diferem das outras formas de mídia em vários aspectos.[25] Em primeiro lugar, embora os consumidores costumem evitar a exposição a anúncios nas outras mídias, eles ativamente os procuram nessa mídia. Em segundo lugar, o anunciante determina em grande parte a qualidade da inserção do anúncio de acordo com a ação que ele pratica. Por exemplo, inserindo um anúncio grande ele recebe uma inserção premiada (ou seja, o anúncio aparece em primeiro lugar na sequência de uma determinada categoria), diferentemente daqueles que compram anúncios pequenos, além disso, as empresas que são anunciantes de guias e listas há muito tempo recebem os melhores locais de inserção.

Uma terceira característica distinta da propaganda em guias e listas é que existem limites bem definidos de possíveis execuções criativas. Ou seja, ao anunciar nesse tipo de mídia, os anunciantes têm menos opções criativas disponíveis do que quando o fazem em outras formas de mídia. Devemos observar, no entanto, que hoje em dia os anunciantes de guias e listas têm mais opções, especialmente nas versões on-line. A quarta característica distinta da propaganda em guias e listas é o método da compra. Enquanto a propaganda na mídia de massa, como TV, rádio, revistas e jornais, permite ajustes frequentes na execução criativa e nas alocações orçamentárias, os anúncios em guias e listas são comprados pelo período de um ano inteiro e, por isso, não podem sofrer mudanças na quantidade comprada nem na execução criativa, ao menos nas versões ainda impressas.

# Propaganda em videogame (Advergaming)

Os gerentes de marca e profissionais de comar estão sempre buscando meios de transmitir suas mensagens a consumidores difíceis de alcançar, como homens jovens. Os jogos eletrônicos (videogames) são um excelente meio para esse propósito. Esses jogos costumam estar disponíveis em consoles ou on-line e os profissionais de marketing customizam seus próprios jogos ou incorporam suas marcas nos jogos existentes. Os fabricantes de videogames agora procuram ativamente fazer acordos com os profissionais de marketing que pagam por espaços para divulgação nos jogos. Estima-se que a propaganda em videogame nos Estados Unidos totalizou US$ 400 milhões em 2008 e que os gastos em todo o mundo com esse tipo de propaganda chegará a quase US$ 2 bilhões em 2011.[26]

É fácil entender por que videogames representam um meio de propaganda potencialmente valioso, considerando que os jogos populares vendem milhões de unidades e seus usuários passam uma média de 40 horas jogando antes de se cansar deles.[27] Além disso, a JupiterResearch, empresa de pesquisa de tecnologia, fez uma projeção de que houve um excesso de 60 milhões de jogadores em 2009.[28] Embora nos primórdios dessa tecnologia a maioria dos jogadores era formada por homens jovens, hoje quase 40% dos jogadores são mulheres.[29] (Para mais detalhes sobre as características dos jogadores, ver a seção *Foco CIM*.)

## foco c.i.m.
### Perfil da comunidade dos jogos on-line

A firma de pesquisa NPD estudou jogadores on-line para entender melhor quem joga, onde e quais jogos. Seguem algumas das descobertas principais da pesquisa:

*Gênero* – As mulheres representam um pouco mais de 42% do público total dos jogos on-line.

*Renda* – A renda familiar media dos jogadores on-line varia entre $35 mil e $75 mil.

*Idade* – O maior grupo de jogadores on-line é constituído por crianças dos 6 aos 12 anos, que representam 20% de todos os jogadores.

*Proprietários dos consoles* – Os proprietários do Xbox 360 apresentam uma probabilidade desproporcionalmente maior de jogar on-line que quaisquer outros proprietários de consoles, e, com uma média de 7,1 horas por semana, os proprietários do Xbox 360 passam mais tempo jogando on-line que qualquer outro grupo de proprietários de console.

*Tipos de jogos* – Jogos casuais (cartas, quebra-cabeças e arcade) são os favoritos de 44% dos jogadores on-line, seguidos pelos jogos de entretenimento familiar (25%) e multiplayer (19%). Aproximadamente um sexto de todos os jogadores on-line indicou que jogos de apostas e cassino on-line são seus favoritos.

Fonte: Adaptado de Beth Snyder Bulik, "Who Is Today's Gamer? You Have No Idea", *Advertising*, 14 de maio de 2007, 28.

### Aferição do público de videogames

Embora estejam crescendo em um nível razoavelmente rápido, as despesas com *advergaming* são minúsculas em comparação às da TV e outras mídias de massa. Não obstante, prevendo um crescimento contínuo, a Nielsen (que analisa os índices de audiência da TV) desenvolveu um serviço chamado Nielsen GamePlay Metrics para aferir o público dos videogames. A Nielsen acompanha o uso dos jogos por meio de um painel de 12 mil lares nos Estados Unidos. Utilizando um pequeno monitor (parecido com os usados para medir a audiência da TV), a Nielsen conseguirá medir o comportamento de jogo e obter dados demográficos importantes dos jogadores.[30]

## Propaganda no cinema

Além do *brand placement* em filmes, nos últimos anos o próprio cinema se tornou um meio de transmissão de mensagens comerciais.[31] As despesas com propaganda nos cinemas são triviais em comparação, digamos, com a da TV, totalizando apenas 0,33% dos investimentos publicitários, o que representa menos de R$ 1 milhão, contra, por exemplo, 4,33% da Internet e 63,5% da TV, em 2010, no Brasil.[32] Não obstante, pesquisas demonstram que os anúncios no cinema que aparecem antes do filme *não* incomodam os consumidores.[33]

Os consumidores mais jovens, entre 12 e 24 anos, respondem de modo mais positivo à propaganda no cinema que os mais velhos, o que torna esse tipo de propaganda uma proposição atraente para os gestores de marca, considerando-se a dificuldade em alcançar o público mais jovem por meio da mídia tradicional.[34] No Brasil, são cerca de 1.900 salas de cinemas que exibem propagandas. O número pode não ser tão expressivo quanto o de lares com TV, por exemplo, mas no cinema o impacto da propaganda é bem maior. Porém, para obter sucesso é imprescindível a criação de peças específicas para veiculação em salas de cinema. A simples projeção de peças feitas para a TV nem sempre surte os mesmos efeitos. A perspectiva de que a propaganda no cinema tenha um futuro brilhante é talvez mais bem evidenciada pela Nielsen Media Research, que introduziu o Nielsen Cinema, um serviço de aferição do público dentro do cinema, que as empresas cinematográficas usam para comprar e vender propaganda.

## Várias mídias alternativas

Existe uma variedade de mídias alternativas – todas elas têm um papel menor, mas potencialmente útil, a desempenhar *como parte de* um programa integrado de comar. Os anunciantes criativos encontram muitos meios de alcançar os consumidores usando a mídia alternativa. Por exemplo, a Figura 14.1 é uma foto tirada em um estádio de futebol profissional (o estádio do Carolina Panthers em Charlotte, Carolina do Norte), mostrando um porta-copos envolto em um anúncio da Coca-Cola.[35]

Por que desperdiçar espaço quando ele pode ser vendido como meio de propaganda? Considere, por exemplo, o espaço disponível nas laterais de muitos caminhões de coleta de lixo que passam pelas ruas todos os dias. O fabricante de sacos para lixo Glad colocou uma mensagem dizendo "O durão" de Nova York" em 2 mil caminhões de coleta de lixo e 450 uniformes de varredores de rua. Durante um período de dois meses de propaganda, a campanha da Glad gerou cerca de 17 milhões de impressões (ou seja, *gross rating points*) e aumentou o *market share* da marca pela cidade em 2 pontos percentuais.[36]

Os anunciantes usam até espaços em banheiros como meio de transmitir suas mensagens. Por exemplo, o desodorante Axe, da Unilever, foi anunciando em banheiros públicos. Um porta-voz da empresa justificou essa escolha explicando que Axe é uma marca que "ajuda um homem a atrair as mulheres" e que os homens estão prontos a aceitar mensagens das marcas como Axe ao usar banheiros em bares.[37]

Uma empresa chamada The Fruit Label Company usou maçãs e outras frutas e vegetais como meio de veicular minianúncios para filmes e outros produtos. A Levi Strauss & Co. anunciou o jeans Levi's 501 na quarta capa das revistas em quadrinhos da *Marvel* e *DC Comics*, um meio excelente porque essas duas empresas de histórias em quadrinhos combinadas vendem mais de 10 milhões de exemplares todos os meses. Os quadrinhos representaram para a Levi Strauss & Co. um meio de alcançar o conhecidamente difícil segmento de garotos entre 12 a 17 anos.

**figura 14.1**

Porta-copos em um estádio de futebol como meio de propaganda.

# foco c.i.m.

## Utilização das sacolas de lojas como ferramenta de marketing

Tem circulado na Internet alguns e-mails mostrando as surpreendentes soluções visuais adotadas em sacolas de lojas e magazines. Cenas de rua mostram pessoas carregando sacolas extremamente criativas onde a alça se encaixa perfeitamente com a imagem, sugerindo coisas engraçadas como uma moça que segura pelo pescoço um ganso ou outra, que segura um angustiado japonês pelo cabelo. A sequência é tão interessante que os internautas fazem questão de reenviar para seus amigos.

Imagens inusitadas sem dúvida chamam a atenção e despertam a curiosidade das pessoas por serem diferentes e improváveis, o que lhes atribui uma forte carga de comunicação, mas a pergunta que devemos fazer neste caso é se elas contribuem de fato para os negócios das empresas que as produziram?

Vale lembrar que as embalagens são itens obrigatórios nas lojas pelos quais a empresa já pagou, portanto se ela for bem ou mal utilizada, seu custo já está embutido no produto.

O ideal é que as empresas utilizem suas embalagens para promover o consumo imediato fazendo que elas ajudem no desempenho do negócio, promovendo mais vendas. Para isso vamos descrever um caso que exemplifica bem esta proposição.

Em 2001, um projeto de design de embalagem para a marca Kopenhagen, que na época possuía uma rede com mais de 150 lojas, entre próprias e cooperadas, mostrou o poder das sacolas na promoção das vendas.

### O Estudo de Campo

"Não existe design de embalagem sem estudo de campo"

Ao realizar os estudos de campo visitando lojas de todos os tamanhos em vários locais diferentes, observou-se que os consumidores gostavam de sair da loja carregando aquela embalagem chique, inteiramente preta com a assinatura manuscrita impressa em dourado bem no cento da sacola, uma solução visual que trabalhava integralmente para a marca institucional.

Ocorre que na rede havia muitos franqueados cuja necessidade principal não era construir a marca, mas vender chocolate para pagar o aluguel e a própria franquia.

Esta observação foi a base da nova estratégia de design adotada para as embalagens de loja, que mudou o posicionamento adotado até então.

As novas embalagens deixaram de trabalhar para a marca, que nesta altura dos acontecimentos já tinha 75 anos de mercado e uma notoriedade que lhe possibilitava abrir mão do uso institucional destes itens em favor dos negócios de seus franqueados. O novo design se voltou então para o produto que era vendido na loja.

Assim, o novo design passou a apresentar de forma glamorosa uma coleção dos mais sofisticados bombons artesanais produzidos pela Kopenhagen, com fotografia produzida com cuidados especiais para ficar realmente atraente. Além da foto, havia o logotipo acompanhado da frase: "Os mais Finos Chocolates".

A nova sacola trabalhava ostensivamente para a venda de chocolates e sua mensagem era simples e direta. Ela informava: 1 – CHOCOLATE! e 2 – Tem uma loja da Kopenhagen por perto!

O resultado não poderia ser outro: aumento de movimento, clientes fazendo questão de sair com aquela sacola da loja, o consumo de embalagem aumentou 35% e mais e mais sacolas foram vistas circulando pelos shoppings onde a marca tinha presença. As vendas de chocolate cresceram e também o interesse de mais franqueados.

A conclusão é que a sacola da loja tem um grande poder de comunicação e pode ser utilizada para ajudar o negócio, promovendo a venda de seus produtos, conduzindo mensagens que atraem e provocam o desejo de compra daqueles que estão circulando por perto.

A proposta deste *case* é servir de referência para reflexão e discussão sobre o tema e não para avaliar as estratégias adotadas. O *case* foi desenvolvido com base em informações divulgadas no seguinte meio: *Revista ESPM*, volume 18, ano 17, edição nº 1, janeiro/fevereiro de 2011.

Caso elaborado por Prof. Dr. Fabio Mestriner, coordenador do Núcleo de estudos da Embalagem da ESPM, coordenador do Comitê de Estudos Estratégicos da ABRE e autor dos livros: *Design de Embalagem Curso Avançado* e *Gestão Estratégica de Embalagem*.

Outro interessante meio de propaganda é a escrita no céu. Uma empresa chamada Skytypers – com escritórios na Califórnia, Flórida e Nova York – "escreve" mensagens no céu na forma de formações de nuvens brancas. No torneio de tênis US Open em Flushing Meadows, em Nova York, foram vistas mensagens das marcas Heineken, Dunkin'Donuts, Geico e Song Airways. Uma mensagem com 25 a 30 letras custa entre $25 mil e $30 mil, e pode ser vista no céu por 2,5 milhões de pessoas em uma área de 643,74 quilômetros ao redor do local do US Open.[38]

Por fim, até o corpo humano foi usado como meio de propaganda. Uma empresa britânica pagou a estudantes o equivalente a $8 por hora para andarem pelas ruas mostrando a testa, temporariamente, impressa com nomes de marcas. A empresa tem um grupo de cerca de mil estudantes que estão dispostos a servir como *billboards* ambulantes. A propaganda em tatuagens também apareceu nos Estados Unidos. A Dunkin' Donuts fez uma promoção de tatuagem na testa em conjunto com a National Coolegiate Athletic Association (NCAA) durante o torneio de basquete March Madness. Cem alunos de dez universidades em Massachudetts, Illinois, Geórgia e Florida receberam entre $50 e $100 por dia para andar pelo campus com o logo da Dunkin' Donuts temporariamente tatuado na testa.[39]

No Brasil, também não faltam exemplos de utilização de mídias alternativas. As tampas de caixa de pizza (se você pediu uma pizza em sua casa recentemente, provavelmente deve ter notado na tampa alguma mensagem, em geral de empreendimentos imobiliários na região), fuselagem de aviões comerciais, mobiliário urbano (ponto de ônibus, relógios de rua etc.), banheiros de hotéis, ingressos de eventos, mesas de bares, pilares de estacionamentos e as catracas dos metrôs das cidades de São Paulo (que foram revestidos com propagandas de produtos Nestlé), são apenas alguns exemplos. Como dito anteriormente, cada espaço em branco pode ser tornar uma nova mídia. O ambiente de loja, apesar de já ser considerado como uma mídia há tempos, agora está ganhando nova dimensão com a colocação de monitores de vídeo ao lado das gôndolas, o que o torna uma mídia mais efetiva. Algumas farmácias já estão sendo equipadas com esse novo recurso.

Concluindo, essa breve discussão sobre mídia alternativa teve como objetivo apenas demonstrar que a imaginação e o bom gosto são os únicos limites à escolha da forma de mídia. Esses exemplos ilustram que praticamente qualquer superfície em branco pode ser convertida em espaço para um anúncio.

Porém, os anunciantes devem ter em mente o conselho sobre CIM apresentado no Capítulo 1: entre em contato com os usuários da marca em qualquer lugar e a qualquer momento possível; use todos os pontos de contato apropriados para transmitir as mensagens que aumentarão a percepção e a imagem da marca e certifique-se de integrar as mensagens por todos os pontos de contato para garantir que elas falem com uma mesma voz (tema central). A mídia múltipla é de pouco proveito se suas mensagens forem inconsistentes ou até conflitantes.

# Resumo

Este capítulo examinou uma série de "outras" formas de mídia. A Tabela 14.1 estruturou a discussão delineando as diferentes formas de propaganda abordadas neste capítulo.

A propaganda direta via mala postal foi abordada de modo mais extenso devido a seu amplo uso e aos grandes investimentos nesse meio. Cada vez mais o marketing direto é visto como um componente fundamental do sucesso dos programas de CIM. De fato, para muitas empresas a propaganda direta é a base de seus esforços de comunicação. A sofisticação crescente do database marketing (banco de dados) foi em grande parte a responsável pelo uso e pela eficácia crescentes da propaganda direta. Importantes avanços na tecnologia dos computadores tornaram possível para as empresas manter volumosos bancos de dados contendo milhões de clientes atuais e potenciais. Um banco de dados atualizado permite o direcionamento de mensagens a consumidores em potencial, desenvolve a habilidade para variar o conteúdo das mensagens a diferentes grupos, melhora a produtividade da propaganda, permite a determinação do valor vitalício de um cliente e cria uma oportunidade de estabelecer relacionamentos duradouros com os clientes. A disponibilidade de computadores de alta velocidade e softwares baratos tornou possível para as empresas, literalmente, escavar seus bancos de dados para aprender mais sobre o comportamento de compra dos clientes. Softwares *data miners* sofisticados procuram relações reveladoras que possam ser usadas para alcançar clientes em potencial, desenvolver relações de marketing cooperativas e melhorar o entendimento de quem compra o quê, quando, com que frequência e com quais outros produtos e marcas.

*Brand placement* em filmes e programas de TV é outro meio de propaganda que cresce rapidamente. O *brand placement* dá aos anunciantes a oportunidade de alcançar consumidores de uma forma um tanto oculta (em comparação à propaganda tradicional que, por assim dizer, está "na cara") e de retratar marcas de maneira positiva ligando-as a enredos e personagens de entretenimento.

A propaganda nas guias/listas e em videogames (também conhecida como *advergaming*) também recebeu destaque no capítulo. As guias e listas (tanto on-line quanto impressas) são praticamente algo obrigatório para anunciantes locais em sua busca por atrair clientes em potencial e compras repetidas. *Advergaming* é uma forma nova, mas com crescimento rápido, de fazer propaganda que apela mais aos homens jovens, contudo, cada vez mais mulheres adultas e jovens estão se tornando ávidas jogadoras.

Outro desenvolvimento interessante na busca de formas alternativas de mídia é o recente crescimento da propaganda no cinema. A maioria dos cinemas hoje em dia exibe comerciais antes do filme. Esses anúncios costumam ser os mesmos exibidos na TV. O apelo desse meio é que ele capta a atenção do grupo demográfico jovem que é difícil de alcançar com o uso da mídia tradicional. Além disso, exibida antes do filme, a propaganda no cinema não é tão perturbadora quanto os comerciais de TV.

A última seção reviu uma variedade de mídias alternativas, ou seja, opções de propaganda que, em geral, são usadas para suplementar as formas principais em vez de carregar o peso total da propaganda. A discussão incluiu formas de propaganda como a colocação de anúncios em caminhões de coleta de lixo, banheiros públicos e o uso de aviões para escrever no céu.

# Questões para discussão

1. Praticamente qualquer espaço é um meio potencial para anunciar. Identifique várias formas novas de mídia que vão além das "outras" descritas no capítulo. Descreva o alvo para cada uma dessas mídias novas, e explique por que, em sua opinião, cada meio novo é eficaz ou ineficaz.

2. Você se lembra de algum *brand placement* de destaque em um filme ao qual assistiu recentemente? Quais? Os produtos foram "posicionados" em contextos positivos ou negativos? Em sua opinião esses *placements* foram bem-sucedidos?

3. Você já viu um anúncio em CD-ROM ou DVD? Em caso afirmativo, em sua opinião por que essa forma de propaganda foi ou não eficaz?

4. Descreva o seu uso, se houve algum, da propaganda nas guias e listas nas últimas semanas.

5. Imagine que você é o proprietário de um bar em uma comunidade de, digamos, 250 mil pessoas. Você pode apresentar alguma boa razão para não anunciar seu negócio nas páginas de guias e listas?

6. Apresente duas variáveis ilustrativas que um profissional de marketing de roupas masculinas ou femininas (sua escolha) por catálogo possa incluir em seu banco de dados.

7. Explique o significado e a importância da "capacidade de endereçamento" do banco de dados.

8. A seção que descreve as vantagens do banco de dados incluiu a afirmação de que um banco de dados atualizado permite que uma organização de marketing estabeleça relacionamentos duradouros com clientes. O que isso significa?

9. Imagine que você é o diretor de divulgação de uma linha de produtos impressa com os logos de importantes universidades. Esses itens são direcionados aos fãs e apoiadores dos programas atléticos da universidade. Detalhe como você compilaria uma lista de correspondência apropriada, que alcançaria as pessoas mais inclinadas a comprar os produtos com o logo. Use sua faculdade como exemplo.

10. A seguir, uma estrutura de análise de valor vitalício similar à apresentada no capítulo. Faça os cálculos necessários para completar a linha K.

|  | Ano 1 | Ano 2 | Ano 3 | Ano 4 | Ano 5 |
|---|---|---|---|---|---|
| **Receita** | | | | | |
| A Clientes | 2.000 | ___ | ___ | ___ | ___ |
| B Índice de retenção | 30% | 40% | 55% | 65% | 70% |
| C Média anual de vendas | R$ 250 | R$ 250 | R$ 250 | R$ 250 | R$ 250 |
| D Receita total | ___ | ___ | ___ | ___ | ___ |
| **Custos** | | | | | |
| E Porcentagem de custo | 50% | 50% | 50% | 50% | 50% |
| F Custos totais | ___ | ___ | ___ | ___ | ___ |
| **Lucros** | | | | | |
| G Lucro bruto | ___ | ___ | ___ | ___ | ___ |
| H Índice de desconto | 1 | 1,15 | ___ | ___ | ___ |
| I Lucro VPL | ___ | ___ | ___ | ___ | ___ |
| J Lucro VPl cumulativo | ___ | ___ | ___ | ___ | ___ |
| K Valor vitalício por consumidor | ___ | ___ | ___ | ___ | ___ |

11. Imagine que, dez anos depois de se formar na faculdade, você é indicado para o cargo de Supervisor do Comitê Atlético de sua escola. O presidente do comitê sugere que seria útil conhecer o valor vitalício do comprador médio de produtos da atlética. Descreva como você faria para estimar esse valor durante os primeiros cinco anos, começando pelo ano que ele comprou produtos pela primeira vez. Refira-se à Tabela 14.2 para ajudá-lo na análise. Faça quaisquer presunções necessárias e depois conduza a análise. O uso de um programa de planilha eletrônica, como o Microsoft Excel, facilitará a análise.

12. Sua faculdade ou universidade sem dúvida tem uma unidade organizacional responsável pelo marketing de produtos direcionados a aluno e outros clientes – itens com o logo da escola, como agasalhos, camisetas, bonés, canecas etc. Imagine que essa unidade em sua escola não tem um banco de dados atualizado e computadorizado. Explique como você criaria tal banco de dados. Que informações específicas você inseriria nele para cada cliente? Como usaria essas informações?

13. Dê sua opinião sobre o valor dos catálogos para você. Por que você compraria (ou não) itens de uma empresa de catálogos?
14. Qual é a sua opinião sobre o *advergaming*? Responda fazendo um comentário acerca dessa prática de propaganda tanto do ponto de vista do anunciante quanto dos jogadores.
15. *Brand placement*s em filmes e programas de TV representam um modo sutil, até oculto, de apresentar a mensagem da marca. A propaganda tradicional, em comparação, está, por assim dizer, "na cara". Por isso, é possível argumentar que a propaganda tradicional é uma forma mais honesta de comunicação que a prática do *branded entertainment*. Qual é a sua opinião a respeito disso? É possível argumentar que o *brand placement* é até um tanto enganoso?
16. Visite http://www.brandchannel.com/brandcameo_films.asp e identifique um filme ao qual você assistiu ou seja pelo menos familiar. Examine as marcas que aparecem nele e comente por que você acha que essas marcas escolheram esse filme em particular.
17. Qual é a sua opinião sobre a conveniência e eficácia de colocar anúncios em banheiros públicos?
18. Considerando a discussão do capítulo sobre as formas "alternativas" de mídia (em caminhões de lixo, em banheiros, no céu etc.) e a implicação de que qualquer espaço em branco é um meio potencial de propaganda, identifique dois "espaços" que anunciantes não estão usando atualmente e que poderiam ser utilizados para colocação de anúncios. Que tipos de marcas seriam anunciadas, com propriedade, em cada um dos espaços sugeridos e qual seria um público-alvo apropriado para as mensagens colocadas nesses espaços?
19. Qual é a sua reação à propaganda que precede o filme nos cinemas? Esse tipo de propaganda o perturba, ou você a considera perfeitamente aceitável?

# Notas

1. Don Schultz, citado por Gary Levin, "Going Direct Route", *Advertising Age*, 18 de novembro de 1991, 37.
2. http://wordnet.princeton.edu/perl/webwn?s=serendipity.
3. Essa descrição é adaptada de Jeff Borden, "Eat My Dust", *Marketing News*, 1º de fevereiro de 2008, 20-22.
4. Essa descrição é adaptada de Anne Stuart, "Do You Know Stacy?" *Deliver Magazine*, maio de 2007, 25-27.
5. As informações para essa descrição foram fornecidas pela agência de comunicação de marketing responsável pela campanha: The Martin Agency, Richmond, VA.
6. "Direct-mail Spending Expected to Soar This Year", http://delivermagazine.com (Acesso em: 21 de abril de 2008).
7. Segundo dados da Associação Brasileira de Marketing Direto. ABEMD, disponível em http://www.abemd.org.br/interno/indicadoresabemd2009e1osemestre2010-coletiva.pdf.
8. Murillo Feitosa Boccia. Trade off do consumidor on-line: benefícios da personalização *versus* defesa da sua privacidade. Dissertação de mestrado. Disponível em www.teses.usp.br
9. Essa lista é um pouco adaptada daquela fornecida pelo U.S. Postal Service em um CD-ROM intitulado "How to Develop and Execute a Winning Direct Mail Campaign", por volta de 2001, http://www.usps.com.
10. "Direct Mail Perks Up Online Traffic and Sales", 14 de dezembro de 2007, http//delivermagazine.com (Acesso em: 17 de abril de 2008).
11. Robert C. Blattberg e John Deighton, "Interactive Marketing: Exploiting the Age of Addressability", *Sloan Management Review* (outono de 1991), 5.
12. Há abordagens mais sofisticadas da análise do tempo de vida, mas esse exemplo contém todos os elementos essenciais ao entendimento dos princípios fundamentais da abordagem.
13. Arthur M. Hughes, *Strategic Database Marketing* (Chicago: Probus, 1994), 17.
14. Patrícia Odell, "Star Struck", abril de 2007, 16-21.
15. De acordo com pesquisa PQ media, disponível em http://www.pqmedia.com/about-press-20070314-gppf.html.
16. Para exceções, ver Cristel Antonia Russell e Barbara B. Stern, "Consumers, Characters, and Products: A Balance Model of Sitcom *Product placement* Effects", *Journal of Advertising* 35 (primavera de 2006), 7-22; Siva K. Balasubramanian, James A. Karrh, e Hermant Patwardhan, "Audience Response to *Product placement*s: An Integrative Framework and Future Research Agenda", *Journal of Advertising* 35 (outono de 2006), 115-42; Cristel Antonia Russell e Michael Belch, "A Managerial Investigation into the *Product placement* Industry", *Journal of Advertising Research* 45 (março de 2005), 73-92; Cristel Antonia Russell, "Investigating the Effectiveness of *Product placement*s in Television Shows: The Role of Modality and Plot Connection Congruence on Brand Memory and Attitude", *Journal of Consumer Research* 29 (dezembro de 2000), 306-18. Para uma abordagem das visões os profissionais sobre *brand placement*, ver James A. Karrh, Kathy Brittain McKee e Carol J. Pardun, "Practitioners' Evolving Views on *Product placement* Effectiveness", *Journal of Advertising Research* 43 (junho de 2003), 138-49.
17. Abbey Klaasen, "Marketers Fear Being Fleeced at Corner of Madison and Vine", *Advertising Age*, 28 de março de 2005, 3, 124.
18. Ibid. Ver também, Emma Johnstone e Christopher A. Dodd, "Placements as Mediators of Brand Salience within a UK Cinema Audience", *Journal of Marketing Communications* 6 (setembro de 2000), 141-58; e Alain d'Astous e Francis Chartier, "A Study of Factors Affecting Consumer Evaluations and Memory of *Product placement*s in Movies", *Journal of Current Issues and Research in Advertising* 22 (outono de 2000), 31-40.
19. Adaptado de Brian Steinberg, "*Product placement* Pricing Debated", *Wall Street Journal Online*, 19 de novembro de 2004, http://www.online.wsj.com.
20. Emma Hall, "Young Consumers Receptive to a Movie *Product placement*s", *Advetising Age*, 29 de março de 2004, 8.
21. Carrie La Ferle e Steven M. Edwards, "*Product placement*: How Brands Appear on Television", *Journal of Advertising* 35 (inverno de 2006), 65-86.
22. Patricia Odell, "Rewriting Placement History", *Promo*, março de 2005, 8.
23. Joel J. Davis, "Section One: Industry Overview", *Understanding Yellow Pages* http://www.ypa-academics.org/UYPII/section1.html.
24. Fonte: projeto InterMeios. Disponível em: http://www.projetointermeios.com.br/relatorios-de-investimento.
25. Avery M. Abernethy e David N. Laband, "The Customer Pulling Power of Different-sized Yellow Pages Advertisements", *Journal of Advertising Research* 42, maio/junho de 2002), 66-72.
26. A estimativa nos Estados Unidos é relatada em Abbey Klaassen, "Game-ad Boom Looms as Sony Opens Up PS3", *Advertising Age*, 25 de fevereiro de 2008, 1, 29; a estimativa mundial é citada em Laurie Sullivan, "Beyond In-game Ads: Nissan Takes Growing Market to Different Level", *Advertising Age*, 17 de junho de 2007, 1, 37.

27. Kenneth Hein, "Getting in the Game", *Brandweek*, 17 de fevereiro de 2004, 26-8.
28. Suzanne Vranica, "Y&R Bets on Videogame Industry", *Wall Street Journal Online*, 11 de maio de 2004, http://www.online.wsj.com.
29. Allison Enright, "In-game Advertising", *Marketing News*, 15 de setembro de 2007, 26-30.
30. Nick Wingfield, "Nielsen Tracker May Benefit Video-games as Ad Medium", *The Wall Street Journal*, 26 de julho de 2007, B2.
31. Para uma interessante abordagem conceitual da propaganda no cinema, ver Joanna Phillips e Stephanie M. Noble, "Simply Captivating: Understanding Consumers' Attitudes toward the Cinema as an Advertising Medium", *Journal of Advertising* 36 (primavera de 2007), 81-94.
32. Dados do projeto Intermeio publicados na Revista *Meio&Mensagem*, edição de 25 de outubro de 2010.
33. Diane Williams e Bill Rose, "The Arbitron Cinema Advertising Study 2007: Making Brands Shine in the Dark", http://www.arbitron.com/download/cinema_study_2007.pdf (Acesso em: 22 de abril de 2008).
34. Ibid.
35. Incluo essa foto em homenagem a meu grande amigo, hoje falecido, John Kuhayda, e à sua querida esposa e família. John era a personificação da integridade e lealdade. Todos os momentos que passamos juntos foram de alegria. Sua vida foi muito curta, mas cheia de substância e caráter. Ele sempre será meu Padna, o Campeão.
36. Jack Neff, "Trash Trucks: A New Hot Spot for Ads", *Advertising Age*, 5 de fevereiro de 2007, 8.
37. Lisa Sanders, "More Marketers Have to Go to the Bathroom", *Advertising Age*, 20 de setembro de 2004, 53.
38. Michael Applebaum, "Look, Up in the Sky: Brands!" *Brandweek*, 13 de setembro de 2004, 42.
39. Detalhes sobre a campanha britânica e a da Dunkin' Donuts são de Arundhati Parmar, "Maximum Exposure", *Marketing News*, 14 de setembro de 2003, 6, 8.

## CAPÍTULOS

### 15
Promoções de vendas e promoções para o canal de distribuição

### 16
Sistemas de amostras e tipos de brindes

### 17
Outras modalidades promocionais

# Parte 4
## Gerenciamento das promoções de vendas

A Parte Quatro inclui três capítulos que abordam as promoções de vendas orientadas para os consumidores e para o canal de distribuição (trade). O Capítulo 15 dá uma visão geral das promoções de vendas explicando os alvos dos esforços promocionais e as razões subjacentes ao rápido crescimento das promoções, e apresenta as características e limitações das promoções. O capítulo também examina as promoções orientadas para o canal de distribuição, descrevendo as formas mais amplamente usadas de promoções para o canal e discutindo a antecipação de compra, desvio e a ação do preço baixo todo dia bancado pelo fabricante. O trade marketing (que trata do relacionamento com o canal, especialmente com os clientes especiais) também recebe um tratamento de destaque. O capítulo é finalizado com a discussão de nove generalizações empíricas sobre promoções para o canal de distribuição e consumidores.

Duas formas de promoções de vendas orientadas para o consumidor constituem o tópico do Capítulo 16 – o sistema de amostra e modelos de brindes. As várias formas de programas de amostras e as três principais iniciativas de amostras são discutidas (direcionamento, métodos inovadores de distribuição e ROI das amostras). O segundo tópico no Capítulo 16, os modelos de brindes, inclui a abordagem dos vários tipos de brindes com e sem vínculo de compra e autoliquidantes (*self-liquidating*).

O Capítulo 17 continua a abordar as promoções orientadas para o consumidor, examinando várias promoções que não o sistema de amostras e modelos de brindes. Cada um dos programas promocionais a seguir é estudado: promoções de desconto, embalagem bônus, vale-brindes promocionais, abatimentos por reembolso (rebate), sorteios/concursos e cupons. O capítulo é concluído com um procedimento de três fases para avaliar as ideias e sugestões de promoções de vendas sobre como conduzir uma análise pós-realização das promoções que já foram encerradas.

# 15
## Promoções de vendas e promoções para o canal de distribuição

Um tema apresentado por todo este capítulo é que o papel das promoções de vendas, especialmente as promoções orientadas para o canal de distribuição (trade), é em grande parte uma função do poder relativo entre os fabricantes e os varejistas. No mercado, o poder envolve a habilidade que um membro de um canal tem para comandar ou controlar outro. Um poder maior em relação ao outro membro é alcançado por meio do aumento de recursos econômicos ou não econômicos (por exemplo, porte, informações, potencial financeiro etc.). Um poder maior significa que um membro em um relacionamento de mercado – como um fabricante ou varejista – tem um maior poder de barganha, ou seja, maior habilidade para influenciar a natureza do relacionamento e os termos das negociações entre as duas partes. Parceiros comerciais mais fracos sofrem a imposição dos termos de vendas; parceiros mais fortes podem, em uma situação extrema, ditar os termos de vendas. O Wamart, o Pão de Açúcar, o Carrefour, por exemplo, são varejistas megapoderosos muito bem conhecidos por levar seus fornecedores a fazer produtos que estejam de acordo com suas exigências, nem sempre relacionadas exclusivamente a preços.

Um incidente na indústria de calçados esportivos ilustra a aplicação de poder de barganha, um forte choque de poder entre dois gigantes do setor – Nike, fabricante, e Foot Locker, varejista de grande expressão no mercado americano. Essa colisão ocorreu quando o CEO da Foot Locker ficou furioso com os termos rígidos de vendas impostos pela Nike sobre a Foot Locker (e outros varejistas), tanto na seleção de quais calçados da Nike a rede poderia ter em suas lojas quanto ao preço. Devido a seu domínio no setor e posição de poder, a Nike exige que os varejistas comprem todos os tipos de tênis produzidos por ela, não apenas os modelos específicos que as lojas consideram mais apropriados para a sua clientela. Além disso, a Nike dá aos varejistas markups mais baixos que os permitidos por outros fabricantes de tênis.

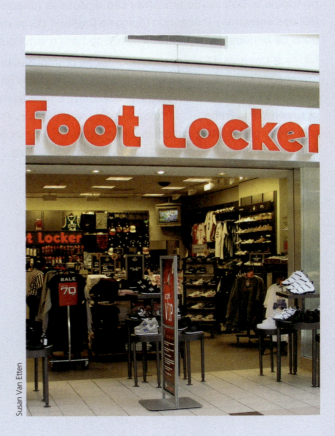
Susan Van Etten

Irritado pelos termos rígidos e a política de poder da Nike, o CEO da Foot Locker anunciou que cortaria os pedidos da Nike em 15 a 25% ao ano, ou entre US$ 150 e US$ 250 milhões anualmente. Como a Nike reagiu ao jogo de poder da Foot Locker? Por um lado, a Nike poderia amenizar seus termos rígidos para agradar à Foot Locker e impedir uma grande perda nos negócios. Por outro lado, ela poderia responder da mesma forma, fazendo seu próprio movimento de poder. E foi isso que aconteceu: a Nike cortou suas encomendas planejadas para a Foot Locker em US$ 400 milhões (40% das encomendas do ano anterior) e impediu que seus tênis mais procurados fossem vendidos nas lojas Foot Locker. Um movimento de poder triunfando sobre outro! Um ex-executivo da Foot Locker opinou que o CEO da rede cometeu o erro de pensar que a Nike fosse tão dependente de sua empresa quanto a Foot Locker o é da Nike. "Eles ensinaram à Foot Locker uma lição que ela jamais esquecerá".[1]

Comentário adicional: esse caso ilustra um fator tradicional e cotidiano nas relações entre fabricantes e canais de distribuição (atacadistas e varejistas), os conflitos de interesses. Essa relação é do tipo "amor e ódio", pois ao mesmo tempo em que cada parte briga para ficar com a maior parte da rentabilidade na cadeia de comercialização, uma não pode existir sem a outra. Os conflitos são inerentes ao processo de comercialização, mas seus desfechos variam caso a caso. No exemplo anterior, o fabricante parece ter levado a melhor na "queda de braço", mas isso não é regra, em absoluto. O mundo dos negócios é repleto de casos onde o desfecho é favorável ao canal de distribuição. Aliás, se considerarmos o momento atual (tendência de concentração das redes varejistas e a grande concorrência entre produtos), a tendência é que o canal de distribuição leve mais vantagem nesses conflitos, ao menos no curto prazo, pois enquanto os fabricantes praticamente não têm opções para distribuir seus produtos (especialmente os produtos de consumo) as redes varejistas têm sempre produtos similares à disposição para compor seu *mix* de produtos.

## Objetivos do capítulo

*Após ler este capítulo, você será capaz de:*

1. Entender a natureza e o propósito das promoções de vendas.
2. Conhecer os fatores responsáveis pelo aumento dos investimentos nas promoções, em especial aquelas orientadas para o canal de distribuição.
3. Reconhecer as tarefas que as promoções podem e não podem realizar.
4. Entender os objetivos das promoções orientadas para o canal de distribuição e os fatores fundamentais à criação de um programa de promoções bem-sucedido.
5. Entender as várias formas de verba promocional e as razões para o seu uso.
6. Conhecer a antecipação de compra, o desvio e entender como essas práticas surgem do uso, por parte dos fabricantes, da compensação não incluída na fatura.
7. Entender o papel do preço baixo todo dia (*every day low price*) e os programas de pagamento por desempenho como meio de reduzir a antecipação de compra e o desvio.
8. Entender as nove generalizações empíricas sobre as promoções.

>>Dica de comar:
É uma questão de poder – Nike *versus* Foot Locker.

# Introdução

O objetivo deste capítulo e dos dois a seguir é apresentar uma introdução completa ao papel das promoções de vendas na função geral da comar. Este capítulo apresenta o tópico das promoções de vendas e depois examina a papel das promoções orientadas para o canal de distribuição. Os dois capítulos seguintes estendem essa introdução analisando a influência das promoções nas ações dos consumidores.

## A natureza da promoção de vendas

A promoção de vendas (ou simplesmente **promoção**) refere-se a qualquer *incentivo* que os fabricantes, varejistas, e mesmo organizações sem fins lucrativos, usam para mudar *temporariamente* o preço percebido ou o valor de uma marca. Promoção pode ser definida como "um conjunto de técnicas de incentivo, impactante, de prazo determinado, objetivando estimular os diversos públicos à compra/venda mais rápida e/ou maior volume de produtos ou serviços."[2] Os fabricantes usam as promoções para induzir o *canal de distribuição* (varejistas e atacadistas) ou os *consumidores* a comprar uma marca ou encorajar a sua *equipe de vendas* a vendê-la agressivamente, atividade também conhecida como programas de incentivo de vendas. Os varejistas usam incentivos promocionais para estimular os comportamentos desejados de seus consumidores – compre nesta loja e não na do concorrente, compre esta marca e não a outra, compre quantidades maiores etc. E as organizações sem fins lucrativos empregam as promoções para estimular comportamentos desejados como fazer que as pessoas aumentem suas doações a causas nobres, façam doações agora, não mais tarde e se mobilizem em relação a uma determinada causa.

As características anteriormente destacadas em itálico requerem um comentário. Em primeiro lugar, por definição, as promoções envolvem incentivos (descontos no preço ou brindes) com o objetivo de encorajar os clientes comerciantes e os consumidores finais a adquirir determinada marca o quanto antes, com mais frequência, em maiores quantidades, ou ter outro comportamento que beneficiará o fabricante ou varejista que oferece a promoção. Ou seja, toda promoção traz embutida a promessa de que se o consumidor comprar o produto, ganha alguma vantagem extra. Em segundo lugar, esses incentivos (compensações, abatimentos, sorteios, cupons, prêmios etc.) são acréscimos, são benefícios extras – e não substitutos – aos benefícios intrínsecos de determinado produto ou serviço. Em terceiro lugar, o alvo do incentivo é o canal de distribuição, os consumidores, a equipe de vendas ou os três simultaneamente. Por fim, o incentivo muda o preço percebido ou valor de uma marca, mas apenas temporariamente. Isso significa que um incentivo de promoção de vendas para determinada marca aplica-se a uma única compra ou, talvez, a várias durante certo período, mas não para cada compra que um cliente comerciante ou um consumidor fará durante um período de tempo maior. O tempo determinado em promoção (o famoso "só até sábado" ou "até acabar o estoque") é importante, pois se o benefício extra for ofertado por tempo indeterminado, ele deixa de ser percebido como extra e tende a ser percebido pelo consumidor como um benefício intrínseco. Se isso ocorre, então todo o efeito de estímulo a compra se perde, ou seja, a promoção perde sua finalidade. A incorporação do benefício pode até não ser prejudicial (embora na maioria dos casos seja), mas, sem dúvida, descaracteriza a ação promocional.

Em contraste com a propaganda, que é tipicamente, embora nem sempre, duradoura em termos de orientação e mais adequada para formar imagem, passar o posicionamento, promover as atitudes do comprador e aumentar o *brand equity*, a promoção é mais *orientada para curto prazo* e capaz de influenciar o *comportamento* (em vez de apenas atitudes ou intenções). De fato, o termo *promoção de vendas* capta precisamente essa orientação de curto prazo, comportamental, pois as promoções têm o objetivo de conduzir às compras da marca em questão. A promoção tem o caráter de urgência e sua injunção é *aja agora*, porque amanhã será muito tarde.[3] A promoção tem o poder de influenciar o comportamento porque ela oferece ao comprador um valor superior em curto prazo, e pode fazer que ele se sinta melhor no que se refere à experiência de comprar.[4]

Embora as empresas de produtos de consumo diário sejam as maiores usuárias das promoções, todos os tipos de empresas empregam os incentivos promocionais. Por exemplo, os restaurantes oferecem cupons e outras formas de desconto nos preços e às vezes fornecem sobremesas grátis quando determinado prato é consumido. As empresas on-line oferecem entrega grátis para pedidos acima de determinado valor. Lojas de móveis fornecem brindes quando certos itens são comprados. Equipes esportivas usam uma variedade de promoções para atrair fãs e encorajar seu retorno. E as empresas automobilísticas regularmente oferecem abatimentos e financiamentos baratos para atrair compradores.[5]

Um exemplo é uma forma não convencional, mas cada vez mais praticada, de promoção por organizações sem fins lucrativos ou órgãos do governo:

> *A Secretaria da Fazenda do Estado de São Paulo lançou o Programa Nota Fiscal Paulista, o qual visa combater a sonegação de impostos oferecendo aos contribuintes, que exigirem a emissão de nota fiscal pelos comerciantes, uma série de benefícios como pagamento em dinheiro de um percentual sobre o valor das notas emitidas, abatimentos em outros impostos estaduais, como IPVA e também sorteios de valores em créditos extras. Esse bem-sucedido programa tem ajudado muito o governo a melhorar a arrecadação de impostos. Em 2007, 275.577 usuários já haviam se cadastrado no sistema da Nota Fiscal Paulista. Em setembro de 2010, esse número já havia subido para 9.348.010 usuários.*[6]

# foco c.i.m.

## Coca-Cola & Avon: parceria no programa de lealdade para consumidor brasileiro em campanha integrada de marketing

O programa entre a Coca-Cola Brasil e Avon Brasil foi desenvolvido conjuntamente entre essas duas empresas, que têm mais de 100 anos de atuação no mercado mundial e grande capilaridade nacional, unindo as forças de 1 milhão de pontos de venda Coca-Cola Brasil e mais de 1 milhão de revendedoras autônomas Avon. A estreia das ações conjuntas ocorreu no período entre 2005 e 2008, com as promoções "Coca-Cola e Avon de Coração", "Beleza em Dobro" e "Colecione Elogios". A iniciativa supera a marca de 20 milhões de kits distribuídos ao longo de quatro anos.

A mecânica da promoção tem como base a fórmula conhecida pelo consumidor como "juntou, trocou", onde, para aquisição de um kit, a consumidora deve possuir seis pontos em provas de compras de produtos Coca-Cola Brasil (entre tampinhas de embalagens e códigos de barra), além de uma quantia em dinheiro (R$ 10,99). A solicitação da troca por um kit se dá por uma das revendedoras autônomas Avon em qualquer lugar do país. O programa é divulgado em programa integrado que une o canal de venda Avon e seus catálogos, campanha de comunicação em mídia televisiva, impressa e eletrônica, rádio e outdoor, mensagem em embalagens e em canais de venda em todo o país.

A complementariedade das empresas fortalece as duas marcas. A Avon possui eficácia de uma taxa mensal organizada de 25 milhões de contatos personalizados e diretos ao consumidor por meio de 900 mil agentes de vendas no Brasil, aumentando, assim, a presença da Coca-Cola em lares de baixa renda por meio da presença massiva do time da Avon (em visitas frequentes a esses lares, para comunicação e operacionalização da promoção). Esse diferencial trouxe a possibilidade de comunicação e envolvimento com famílias de baixa renda na compra de seus produtos, pois utiliza a comunicação pessoal, sucesso do modelo de vendas diretas da Avon, para levar uma mensagem comercial relevante a esse grupo de consumidores. A Avon é responsável pelos itens promocionais, a comunicação em seus catálogos e treinamento da equipe de revendedoras. Também opera toda a logística da entrega e seu faturamento, uma vez que em sua operação rotineira domina a operação das ordens de compra e faturamento de seus produtos.

A Coca-Cola, além de promover a comunicação em seu plano de mídia em vários meios, impacta e atinge diariamente seu público com mensagens em suas embalagens e também com sua forte presença nos pontos de venda, um alcance e frequência de contato valiosos pela onipresença da marca no varejo em quase 1 milhão de lojas no Brasil. Além disso, a Coca-Cola monitora em tempo real a participação e engajamento na campanha. Para a Avon, a parceria amplia sua base de usuários em lares AB, onde a Coca-Cola é mais forte, e aumenta a fidelidade dos usuários existentes, com a capilaridade da campanha em locais diferentes de onde atua.

Os resultados alcançados são positivos para as duas marcas. A distribuição de brindes não só atingiu índices muito positivos e com isso beneficiou o negócio de ambas as empresas, como também proporcionou impactos positivos nas duas marcas.

Entre mulheres de todas as classes econômicas, são igualmente beneficiadas após a promoção. Em um painel de 500 mulheres, em avaliação com escala de 1 a 10 pontos, originalmente, ambas conseguem médias de 9 pontos, o que faz que a parceria seja interessante para ambas as marcas, já reconhecidas. A promoção consegue, mesmo com índices alto de reconhecimento, beneficiar tanto a marca Avon quanto a marca Coca-Cola, com aumento em atributos importantes para ambas. Para a Avon há um claro ganho em seus atributos como: qualidade, entendimento das necessidades da mulher, "me faz sentir valorizada pela família e vale o que custa". Para a Coca-Cola, o ganho também ocorre em atributos como: "para alguém como eu, vale o que custa", melhor opção com comida. Conforme tabela a seguir:

*Impacto positivo na percepção da marca Avon*

| | Antes do Programa | Depois | Ganho |
|---|---|---|---|
| Produto de qualidade | 82% | 87% | +5 |
| Marca que entende as necessidades da mulher | 71% | 77% | +6 |
| Me faz sentir valorizada | 68% | 73% | +5 |
| Vale o que custa | 74% | 76% | +2 |

*Impacto positivo na percepção da marca Coca-Cola*

| | Antes do Programa | Depois | Ganho |
|---|---|---|---|
| Para alguém como eu | 83% | 85% | + 2 pts |
| Vale o que custa | 77% | 81% | + 4 pts |
| Melhor opção com comida | 80% | 83% | + 3 pts |

(Todos os dados estão entre os 2 mais mencionados em uma escala de 7 pontos, São Paulo)

A proposta deste *case* é servir de referência para reflexão e discussão sobre o tema e não para avaliar as estratégias adotadas. O *case* foi desenvolvido com base em informações divulgadas pelas empresas Coca-Cola e Avon, através de material de imprensa.

Caso elaborado por Claudia Colaferro, aluna de mestrado da Faculdade de Economia, Administração e Contabilidade da Universidade de São Paulo.

Embora não seja amostra grátis, nem concurso, essa oferta tenta induzir alguém a uma ação (exigir nota fiscal) que não é diferente dos esforços que os gestores empregam para encorajar as compras de suas marcas. A questão está clara: as promoções são usadas universalmente e podem ser muito eficazes se empregadas com propriedade como parte de um programa integrado de comar.

## Alvos das promoções

Três grupos – a equipe de vendas do fabricante, os varejistas e os consumidores – são os alvos dos esforços promocionais de vendas (ver Figura 15.1). Em primeiro lugar, as promoções de vendas orientadas para o canal de distribuição e os consumidores dão à equipe de vendas do fabricante os instrumentos necessários para vender com agressividade e entusiasmo aos atacadistas e varejistas. Ou seja, os profissionais de vendas têm um incentivo para dar uma ênfase especial às vendas das marcas promovidas.

Um segundo alvo dos esforços de promoção de vendas é o canal de distribuição, incluindo atacadistas, mas em especial varejistas. Vários tipos de compensações, descontos, concursos e programas de apoio de propaganda são usados pelos fabricantes junto ao canal de distribuição (referidos como esforços de "empurrar" o produto para o consumidor) que dá aos varejistas razões para estocar, exibir, anunciar e talvez vender ao consumidor com preço reduzido. Em terceiro lugar, o uso de promoções orientadas para o consumidor (por exemplo, cupons, amostras, prêmios, descontos, sorteios e concursos) servem para "puxar" (atrair) os consumidores, oferecendo-lhes uma razão especial para comprar uma marca promovida em experimentação ou repetidas vezes. Esse processo é conhecido como efeitos *push and pull*.

# Aumento dos recursos para as promoções

Os investimentos com propaganda como porcentagem das despesas totais de comunicações de marketing declinou nos últimos anos, ao passo que os investimentos com as outras formas de comar, incluindo promoções, continuam a aumentar. As despesas com propaganda como uma proporção do orçamento total de comar de uma empresa costumavam atingir uma média acima de 50% e chegar a 70% ou mais, não era um fato muito raro. Todavia, desde mais ou menos um quarto de século até hoje, a porção da propaganda no orçamento médio de comar caiu em quase um quarto. Na verdade, uma organização que acompanha as estimativas de gastos com comar estima que as promoções para o canal de distribuição (incluindo as ações do trade marketing, discutido mais adiante no capítulo) representam 60% do total das despesas de comar nos Estados Unidos, a propaganda para o consumidor alcança 26% do total e as promoções para o consumidor representam os 14% restantes.[7] No Brasil, 46% das empresas pesquisadas pela AMPRO em 2009 afirmaram investir mais de 50% de seu orçamento de comar em ações promocionais.[8] Por que as empresas transferiram o dinheiro da propaganda para as promoções, especialmente para as orientadas para o canal de distribuição? A seção a seguir examina as principais razões por trás dessa mudança.

## Fatores responsáveis pela mudança

Vários fatores são responsáveis pela mudança cada vez maior nas alocações orçamentárias em direção a proporções maiores de promoções para o canal de distribuição. Entretanto, antes de descrevermos as razões para tal mudança, será útil rever brevemente os conceitos das estratégias de marketing de *push and pull* (empurrar e puxar).

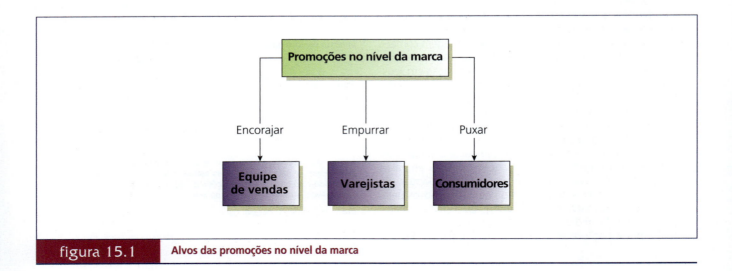

figura 15.1 — Alvos das promoções no nível da marca

*Push and pull* são metáforas físicas caracterizando as atividades promocionais que os fabricantes realizam para encorajar os membros do canal (o canal de distribuição) a manipular e anunciar marcas e a persuadir os consumidores a comprá-las. *Push* **(empurrar)** envolve um impulso para frente, metaforicamente falando, no qual um fabricante direciona uma venda pessoal, propaganda e as promoções orientadas para o canal de distribuição, os atacadistas e varejistas. Por meio dessa combinação de influência de vendas, propaganda e, talvez de modo especial, as promoções na forma de compensações e outros negócios, os fabricantes "empurram" os membros do canal a aumentar seus estoques da marca do fabricante em vez das concorrentes. *Pull* **(puxar ou atrair)**, em contraste, requer um impulso para trás, mais uma vez falando metaforicamente, dos consumidores para os varejistas. Esse esforço, ou "puxão", é o resultado dos esforços bem-sucedidos de propaganda e promoções para os consumidores, que os encorajam a preferir, pelo menos em curto prazo, a marca do fabricante em vez da concorrente.

A Tabela 15.1 ilustra as diferenças entre as estratégias promocionais orientadas para *push and pull* com base nas alocações de R$ 30 milhões, por parte de duas empresas, entre diferentes atividades promocionais. A empresa X enfatiza a *estratégia de push* alocando a maior parte de seu orçamento promocional à venda pessoal e as promoções para o canal de distribuição, focando-se os varejistas. A empresa Y usa a *estratégia de pull* investindo a maior parte de seu orçamento na propaganda ao consumidor.

É importante reconhecer que as estratégias de *push and pull não* são atividades mutuamente excludentes. Os dois esforços ocorrem de maneira simultânea. Os fabricantes fazem promoções aos consumidores (*pull*) e aos membros do canal de distribuição (*push*). A questão não é qual estratégia usar, mas qual enfatizar. As comunicações de marketing eficazes envolvem uma combinação dessas forças: exercer a estratégia de *push* ao canal de distribuição e a de *pull* aos consumidores.

Historicamente, pelo menos durante a década de 1970, a ênfase era dada na estratégia promocional de *pull* (como mostra o orçamento da empresa Y na Tabela 15.1). Os anunciantes investiam pesado em propaganda, em especial na TV aberta, e literalmente forçavam os varejistas a lidar com suas marcas criando uma demanda de consumo para os itens mais anunciados. Todavia, na geração passada, o marketing orientado para a estratégia de *pull* tornou-se menos eficaz, devido, em grande parte, à fragmentação da mídia de massa e do público, como discutimos no Capítulo 12. Com essa eficácia reduzida, houve um aumento no uso das práticas de promoção de vendas orientadas para a estratégia de *push* (como mostra o orçamento da empresa X na Tabela 15.1).

O aumento dos investimentos em promoções de vendas, especialmente nas orientadas para o canal de distribuição, acompanhou o crescimento no marketing de *push*. Os importantes desenvolvimentos que deram origem às promoções de vendas estão resumidos na Tabela 15.2 e serão discutidos daqui em diante. É importante enfatizar que esses desenvolvimentos são interdependentes e não separados ou distintos. Portanto, não há uma ordem específica de importância.

## Mudança no equilíbrio de poder

Até meados dos anos 1980, os fabricantes em geral eram mais poderosos e influentes que os supermercados, drogarias e outros varejistas que trabalhavam com as marcas dos fabricantes. Havia duas razões para isso. Em primeiro lugar, os fabricantes foram capazes de criar o puxão por parte do consumidor por meio de uma forte propaganda na TV aberta, exigindo, assim, que os varejistas trabalhassem com suas marcas, ainda que não desejassem. Em segundo lugar, os va-

|  | Empresa X (EMPURRAR) | Empresa Y (PUXAR) |
|---|---|---|
| Venda pessoal a varejistas | R$ 13.500.000 | R$ 6.000.000 |
| Promoções de vendas a varejistas | 12.000.000 | 150.000 |
| Propaganda a varejistas | 2.400.000 | 300.000 |
| Propaganda aos consumidores | 1.800.000 | 20.550.000 |
| Promoções de vendas aos consumidores | 300.000 | 3.000.000 |
| TOTAL | R$ 30.000.000 | R$ 30.000.000 |

**tabela 15.1** Estratégias de empurrar e puxar

- Mudança no equilíbrio de poder do fabricante *versus* varejista
- Aumento da paridade das marcas e sensibilidade ao preço
- Diminuição da lealdade à marca
- Fragmentação do mercado de massa e redução da eficácia da mídia
- Ênfase em resultados de curto prazo em estruturas corporativas de recompensa
- Consumidores responsivos

**tabela 15.2** Desenvolvimentos subjacentes ao crescimento das promoções

rejistas faziam pouca pesquisa por conta própria e, desse modo, eram dependentes dos fabricantes para informações se, por exemplo, um novo produto seria bem-sucedido. Um representante de vendas do fabricante podia convencer um varejista a trabalhar com um produto novo usando resultados de experimentações de mercado que sugerissem uma introdução bem-sucedida desse produto.

O equilíbrio de poder começou a mudar quando a TV aberta diminuiu sua eficácia como meio de propaganda e, especialmente, com o advento do equipamento de leitura óptica e outras tecnologias que forneciam aos varejistas informações atuais sobre o giro dos produtos. Munidos de um fluxo constante de dados obtidos pelos leitores ópticos, os varejistas agora sabem em tempo real quais marcas estão vendendo e quais programas de propaganda e promoção estão funcionando. Veja o exemplo do Programa de relacionamento Pão de Açúcar Mais que, dentre outras atividades, permite identificar hábitos de compra e perfil dos consumidores (www.paodeacucarmais.com.br). Os varejistas não mais precisam depender dos fabricantes para dados. Pelo contrário, eles usam os fatos que agora conhecem para exigir termos de vendas em vez de meramente aceitar os termos dos fabricantes.

A consequência para os fabricantes é que para cada real investido em promoção para apoiar os programas de propaganda ou *merchandising* do varejista, um real a menos fica disponível para a propaganda voltada ao consumidor do fabricante. É desnecessário dizer que os varejistas nem sempre são mais poderosos que os fabricantes, como vimos na seção *Dica de comar*, em que um fabricante (Nike) foi mais poderoso que seu varejista (*Foot Locker*) e, assim, ditou os termos de venda.

### Aumento da paridade das marcas e da sensibilidade ao preço

No passado, quando produtos verdadeiramente novos eram oferecidos ao mercado, os fabricantes podiam anunciar com eficácia vantagens singulares sobre as ofertas concorrentes. À medida que as categorias de produto amadureceram, todavia, a maioria das ofertas novas representou apenas pequenas mudanças daquelas que já existiam no mercado, resultando, mais que nunca, em semelhanças maiores entre as marcas concorrentes. Com poucas diferenças distintas nos produtos, os consumidores passaram a contar mais com o preço e incentivos de preço (descontos, cupons etc.) como meios de diferenciar as marcas parecidas. Como vantagens concretas são em geral difíceis de serem obtidas, tanto os fabricantes quanto os varejistas voltaram-se, cada vez mais, para as promoções, com o intuito de alcançar vantagens temporárias sobre os concorrentes.

Os consumidores são especialmente sensíveis aos preços durante períodos de crises econômicas e a presença de forças recessivas ou inflacionárias. São nesses momentos que vemos todas as formas de descontos e incentivos de redução de preço sendo usados, tais como os fabricantes de automóveis oferecendo financiamentos com 0% de juros e construtores oferecendo a compradores em potencial a oportunidade de comprar casas novas sem entrada.

### Redução da lealdade à marca

Os consumidores, provavelmente, são menos leais que no passado. Isso acontece, em parte, porque as marcas tornaram-se cada vez mais semelhantes, tornando, portanto, mais fácil para os consumidores trocá-las. Além disso, os profissionais de marketing treinaram com eficácia os consumidores para esperar que pelo menos uma marca em uma categoria de produto esteja sempre em oferta com um cupom, desconto, ou brinde; por isso, muitos consumidores raramente compram marcas que não estejam em oferta. (O termo **oferta** refere-se a qualquer forma de promoção de venda que reduza o preço aos consumidores. Descontos do varejista, descontos do fabricante ou cupons são as formas mais comuns de ofertas.)

Uma equipe de pesquisadores investigou o impacto que as promoções têm sobre a sensibilidade dos consumidores em relação ao preço, usando oito anos de dados para uma marca não alimentícia na categoria de produtos de consumo diário. Esses pesquisadores determinaram que as promoções de preços tornam os consumidores *mais sensíveis ao preço em longo prazo*. Além do mais, o aumento no uso das promoções de preços serve, a todas as intenções e propósitos, para "treinar" os consumidores a procurar ofertas. Os consumidores não leais são mais propensos a serem condicionados pelo uso das ofertas de preço por parte dos profissionais de marketing.[9] As pesquisas também revelam que o uso de cupons de descontos pelas marcas na categoria madura de sabão para lavar roupas resultou em um aumento da sensibilidade dos consumidores ao preço e a uma redução na lealdade à marca.[10]

O resultado da maior utilização de ofertas é que os profissionais de marketing criaram um "monstro" na forma do desejo dos consumidores por elas. A prática também resultou na redução da lealdade à marca e no aumento das trocas entre marcas, exigindo mais atividades de ofertas para alimentar o apetite insaciável do monstro. Um importante estudo internacional conduzido na Alemanha, no Japão, no Reino Unido e nos Estados Unidos investigou os efeitos das promoções relacionadas a preço (como descontos e cupons) sobre as vendas de uma marca após o término do período promocional. A descoberta dramática dessa pesquisa, que examinou dúzias de marcas em 25 categorias de produtos de conveniência, é que essas promoções não têm praticamente *nenhum impacto* sobre as vendas no longo prazo da marca, nem sobre a lealdade do consumidor para comprar a marca de novo. Nenhum efeito colateral significativo ocorreu porque as vendas a mais da marca promovida vieram da base de clientes de longo prazo dela. Elas, na verdade estão apenas antecipando as compras. Em outras palavras, as pessoas que normalmente compram a marca são aquelas que mais reagem à promoção de preço dela. Por isso, as promoções de preço servem efetivamente para induzir consumidores a comprar em oferta aquilo que comprariam a preços regulares de qualquer modo. Em resumo, embora as promoções relacionadas a preço resultem em aumentos significativos e imediatos de vendas, esse ganhos de curto prazo em geral não influenciam positivamente o crescimento no longo prazo da marca.[11]

### Fragmentação do mercado de massa e redução da eficácia da mídia

A eficiência da propaganda está diretamente relacionada ao grau de homogeneidade nas necessidades de consumo e hábitos de mídia do consumidor. Quanto maior for a homogeneidade, menos custoso será para a propaganda de massa alcançar o público-alvo. Porém, como os estilos de vida dos consumidores diversificaram-se e a mídia de propaganda restringiu o apelo a eles, a eficiência da mídia de massa enfraqueceu. Além disso, a eficácia da propaganda diminuiu com os aumentos simultâneos da concentração (saturação de mensagens comerciais) e dos custos com mídia. Essas forças combinadas influenciaram muitos gerentes de marca a dedicar orçamentos proporcionalmente maiores a promoções à custa da propaganda.

### Ênfase em orientação para curto prazo e estruturas corporativas de recompensa

As promoções de vendas andam lado a lado com o sistema de gerenciamento da marca, que é a estrutura organizacional dominante nas empresas de produtos de bens de consumo. A estrutura de recompensa em empresas organizadas nas linhas da gerência de marca enfatiza a *reação de vendas no curto prazo*, em vez do crescimento lento, no longo prazo. Em outras palavras, os desempenhos dos gestores de marca são avaliados em uma base anual ou trimestral. E a promoção de vendas é incomparável no que se refere a gerar uma resposta rápida de vendas. De fato, a maioria das vendas de marcas de produtos de bens de consumo está associada a um tipo de oferta promocional.[12]

### Reação dos consumidores – consumidores mais responsivos

Uma última força que explica a mudança para a promoção de vendas à custa da propaganda é que os consumidores reagem favoravelmente às oportunidades de economizar dinheiro e a outras promoções que acrescentam valor. Os consumidores não responderiam bem a promoções a menos que existisse algo vantajoso para eles – e existe. Todas as técnicas de promoção dão aos consumidores recompensas (benefícios ou incentivos) para encorajar certas formas de comportamento desejadas pelos gerentes de marca. Essas recompensas, ou benefícios, são tanto utilitários quanto hedônicos.[13] Os consumidores que fazem uso das promoções de vendas recebem os benefícios *utilitários*, ou funcionais, de (1) economia de dinheiro (por exemplo, ao usar cupons), (2) redução dos custos de busca e decisão (por exemplo, simplesmente aproveitando-se da oferta promocional e nem sequer pensando em outras alternativas), e (3) melhora da qualidade do produto, porque as reduções de preço permitem que os consumidores comprem marcas superiores que, de outra forma, eles não escolheriam. Nesse sentido, marcas com maior *brand equity* podem obter resultados melhores que marca sem prestígio.

Os consumidores também obtêm benefícios *hedônicos* (ou seja, não funcionais) ao se aproveitar das ofertas em promoção, incluindo (1) uma sensação de ser um comprador inteligente ao usar as vantagens das promoções,[14] (2) uma necessidade de estimulação e variedade quando tentam marcas que não comprariam se não fosse pelas promoções atraentes, e (3) valor de entretenimento quando, por exemplo, os consumidores competem em concursos promocionais ou participam de sorteios.

## As modalidades promocionais

O que torna a promoção de vendas uma ferramenta de comar bastante útil é sua versatilidade. Como já visto anteriormente, ela pode ser aplicada para equipes internas dos fabricantes, para o canal de distribuição (para vendedores balconistas e vendedores externos, tanto de varejistas quanto de atacadistas), além, é claro, de ser destinada ao consumidor final, sua aplicação mais usual. A promoção pode ser usada tanto por empresas que visam lucro como por entidades sem fins lucrativos e até órgãos públicos. A atividade promocional pode ser classificada em dois tipos: 1) a promoção de persuasão ou a tradicional promoção de vendas e 2) a promoção institucional, que visa a valorização de marca.[15] Vamos abordar com mais detalhes esses dois tipos.

A promoção de vendas (promoção de persuasão) pode ser utilizada não só para aumentar o giro de produtos nas lojas (sua finalidade tradicional e também a principal), ou seja, aumentar as vendas pura e simplesmente, mas também para atender a outros objetivos específicos, dentre eles: neutralizar investidas dos concorrentes (uma ação promocional pode diminuir o impacto de uma forte campanha de propaganda), reduzir estoques excessivos no fabricante (decorrentes de previsões otimistas demais de produção), reduzir estoques excessivos no canal (fruto de vendas malfeitas, acima do potencial de giro), aumentar o nível de estoques no canal (se o canal está com elevados estoques de uma marca, tende a não comprar uma marca concorrente, especialmente em pequenos varejistas com limitações de capital de giro), provocar a experimentação de novos produtos (quebrando um barreira natural de resistência ao novo) e potencializar o esforço de propaganda (explorando o já abordado efeito *push and pull*).

Além desses objetivos, a promoção também se presta para finalidades não diretamente relacionadas ao aumento imediato das vendas. São ações promocionais institucionais, cujo foco pode ser a valorização da marca de um produto ou mesmo uma marca corporativa (um concurso envolvendo aspectos emocionais relacionados à marca. A Fiat Automóveis, ao ingressar no Brasil, desenvolveu um concurso valorizando aspectos históricos de Minas Gerais, Estado onde se instalou), o estímulo a uso correto do produto (são promoções que oferecem benefícios pelo uso adequado do produto ou pela leitura do manual, por exemplo) e até mesmo reforçar a imagem e o posicionamento de uma marca (em geral concursos de caráter cultural ou social. O concurso Talentos da Maturidade do Banco Real/Santander, que já está em sua 12ª edição, é um bom exemplo. A finalidade da promoção não é aumentar o número de correntista ou ampliar o volume de negócios dos correntistas atuais – *cross selling* e *up selling*, mas reforçar a imagem da instituição em relação ao seu papel dentro da sociedade). Existe uma forte tendência para ações promocionais de caráter social, cultural ou esportivo, pois a sociedade se mostra cada vez mais sensível a esses temas. Observe que o número de ações promocionais dessa natureza está se tornando muito comum.

Existe também a possibilidade da promoção de vendas (que visa retorno de vendas imediato) ser usada junto da promoção institucional (que visa a promoção da marca do produto ou de empresa). A Nestlé há alguns anos desenvolveu uma ação promocional de grande repercussão na forma de uma trilogia. Foram três grandes promoções feitas quase que em sequência (80 anos de Nestlé, 80 casas para você, Nestlé e você no Show do Milhão e Nestlé e você junta Brasil). Cada uma delas tem sua história de sucesso, mas o foco aqui são os objetivos. Com essas promoções, a Nestlé visava não só aumentar as vendas de produtos, mas também associar a marca corporativa Nestlé às suas marcas de produtos (Ninho, Nescau, Leite Moça, Prestígio etc.).[16] Outro caso bastante conhecido é a promoção McDia Feliz, do McDonald´s, que desde 1988, ao mesmo tempo em que estimula as vendas de Big Mac, valoriza a imagem institucional, ao doar recursos para várias instituições de combate ao câncer infantil. Ao longo desses anos já foram doados cerca de R$ 110 milhões.[17] Esses dois exemplos evidenciam a possibilidade de utilização conjunta de promoção de vendas e promoção institucional.

Ainda explorando as versatilidades das ações promocionais, elas podem ser desenvolvidas de diversas formas, aqui chamadas de modalidades promocionais. Apesar de algumas serem detalhadas no decorrer do livro (neste capítulo e no 16 e 17), vamos explorar as características básicas de cada uma delas, para proporcionar uma visão do conjunto das modalidades disponíveis para um gerente de promoções.

*Amostragem (sampling)* – é a distribuição gratuita de amostras de produtos em locais de grande concentração de público-alvo como escolas, show, praias e eventos, além do ponto de venda. Essa modalidade é utilizada no lançamento de produtos ou na expansão dos segmentos de público ou de áreas geográficas de vendas. Certamente você já deve ter recebido amostra de algum produto na porta da sua escola. Um fator importante da amostra é que ela deve ser o suficiente para que o consumidor perceba os efeitos do produto. Portanto, nada de economizar no tamanho da amostra, sob pena de ter o efeito contrário ao pretendido.

*Brindes* – em geral são objetos ofertados aos consumidores. Os brindes podem ser colecionáveis (o que amplia seus efeitos, especialmente junto ao público infantil) ou não e de preferência devem ter algum tipo de relação com o produto. O mais comum é ser útil no consumo do produto – por exemplo, um copo como brinde de uma promoção de refrigerante.

Existem três tipos básicos de brindes: os sem vínculos de compras (os chamados brindes institucionais), os brindes vinculados a compras do tipo "comprou, ganhou", os brindes com vínculo de compras e pagamento subsidiado, do tipo "compre o produto, pague mais determinado valor e ganhe um brinde". Promoção com brindes subsidiados podem ser *self-liquidating*, ou seja, o valor pago pelo brinde cobre todas as despesas e a empresa aumenta as vendas sem investir nada. Talvez a mais famosa e bem-sucedida promoção da história do Brasil, nessa categoria, seja a promoção dos bichinhos da Parmalat. Mas, atenção: nem todas as promoções com brinde subsidiado conseguem essa proeza, somente quando o brinde for realmente desejado pelo público e a relação custo-benefício da ação for compatível ao potencial de vendas do produto.

***Kit promocional*** – são os tradicionais "pacotes promocionais" ou "venda casada", nos quais um conjunto de produtos é oferecido com um benefício (desconto ou brinde) que não existe na compra dos itens separadamente. Essa técnica é muito utilizada para girar produtos difíceis de vender, associando-os a outros de melhor giro. Uma variação muito comum do kit é o famoso "leve 3 e pague 2", o que não deixa de ser um kit promocional, mas com um único produto.

***Desconto/Embalagem bônus*** – O desconto é a modalidade mais frequente por ter grande impacto e ser a de mais fácil implantação. Porém, é a mais perigosa no sentido de "viciar" o consumidor – todas as promoções tendem a viciar o consumidor –, pois se ela for usada com frequência, dificilmente o consumidor aceitará pagar novamente o preço original.

A oferta de quantidade adicional de produto pelo mesmo preço (embalagem bônus), é uma forma invertida de desconto. Nesse caso, os efeitos do "vício" tendem a ser um pouco mais amenos.

***Member get member*** – ou indique um amigo. Ao indicar um novo cliente, o atual ganha alguns benefícios, que podem ser fixos ou progressivos, tanto pela simples indicação ou somente pela efetivação da compra pelo indicado. Esse tipo de ação é mais comum em serviços, pois é muito comum um novo cliente procurar referências antes de contratar um novo serviço. Talvez escolas e academias sejam os maiores usuários desse tipo de promoção.

***Cupons*** – apesar de esse tipo de promoção ser mais detalhado no Capítulo 17, ele é muito pouco utilizado no Brasil. Os consumidores brasileiros não têm o hábito de usar cupons e os fabricantes praticamente não usam essa modalidade, ao contrário do mercado norte-americano.

***Sorteio*** – é uma modalidade muito utilizada e que oferece prêmios apenas para alguns participantes, definidos por critérios que de alguma forma envolvem o fator sorte.

***Concurso*** – é similar ao sorteio; porém, o critério para apuração dos ganhadores é habilidade ou conhecimento, e não sorte. Ganha o melhor dentro de critérios preestabelecidos no regulamento. Ou seja, será premiado o participante que tiver, de alguma forma, melhor desempenho e não o que tiver mais sorte.

***Vale-brinde*** – é o clássico "achou, ganhou". Apesar do nome, é diferente do brinde, pois nem todos ganham, depende da sorte (no brinde, todos podem ganhar se cumprirem as condições estipuladas – não depende da sorte). A adoção dessa modalidade depende da viabilidade técnica de colocar o vale-brinde junto ao produto de forma segura, oculta e sem estimular a danificação da embalagem antes da compra.

# Quais são as capacidades e limitações das promoções de vendas?

As promoções para o canal de distribuição e consumidores são capazes de alcançar alguns objetivos, e outros não. A Tabela 15.3 resume aquilo que as promoções "podem" e "não podem". Desse modo, discutiremos cada um desses pontos.[18]

## O que as promoções podem fazer

As promoções não podem fazer milagres, mas são capazes de realizar as seguintes tarefas:

### Estimular o entusiasmo da equipe de vendas por um produto novo, melhorado ou maduro

Há muitos aspectos excitantes e desafiadores da venda pessoal. Há também momentos em que o trabalho torna-se aborrecido, monótono e não recompensador. Imagine como seria visitar um consumidor repetidamente sem ter nada de novo ou diferente para dizer sobre suas marcas ou esforços de marketing que as apoiam. Manter o entusiasmo seria difícil, para dizer o mínimo. Excitantes promoções de vendas dão à equipe uma munição persuasiva quando ela interage com os compradores, isso dá nova vida ao entusiasmo e torna o trabalho dos vendedores mais fácil e agradável. Por exemplo, a Fiat redesenhou o sedã e a perua Marea, e procurou por uma promoção excitante para motivar os vendedores das revendas a encorajar os clientes em potencial a fazer um *test-drive*. O aspecto do programa promocional voltado aos vendedores envolvia "compradores misteriosos" treinados pela Fiat que iam às agências para testar os vendedores e gerentes sobre seu conhecimento técnico do Marea e sua habilidade para atender os consumidores. Os vendedores e gerentes cujos conhecimentos e habilidade de vendas fossem considerados impecáveis ganhavam prêmios em dinheiro. Além disso, a cada mês, os vendedores e gerentes com o melhor desempenho recebiam prêmios adicionais em dinheiro. No fim da campanha, os profissionais com melhor desempenho ganhavam férias pagas na luxuosa ilha de Comandatuba. Essa promoção foi considerada um grande sucesso.[19]

| tabela 15.3 | **As promoções de vendas podem:** |
|---|---|
| Tarefas que as promoções podem e não podem realizar | • Estimular o entusiasmo da equipe de vendas para um produto novo, melhorado ou maduro.<br>• Revigorar as vendas de uma marca madura.<br>• Promover a introdução de novos produtos no mercado.<br>• Aumentar o espaço das mercadorias na prateleira e fora dela.<br>• Neutralizar a propaganda e as promoções de vendas da concorrência.<br>• Obter compras de experimentação por parte dos consumidores.<br>• Manter os usuários atuais encorajando-os a fazer compras repetidas.<br>• Aumentar o uso do produto fazendo que os usuários comprem quantidades maiores.<br>• Prevenir que os consumidores migrem para outras marcas, fazendo que comprem quantidades maiores.<br>• Reforçar a propaganda.<br><br>**As promoções de vendas não podem:**<br>• Compensar por uma equipe de vendas mal treinada ou pela falta de propaganda.<br>• Dar ao canal de distribuição ou ao consumidor uma forte razão de longo prazo para continuar a comprar a marca.<br>• Parar permanentemente a tendência de queda nas vendas de uma marca estabelecida ou mudar a não aceitação básica de um produto não desejado. |

### Revigorar as vendas de uma marca madura

As promoções podem revigorar as vendas de uma marca madura que exija um impulso. Elas não podem, todavia, reverter a queda nas vendas de um produto ou marca não desejados.

Considere, por exemplo, uma promoção que o chiclete Bazooka fez na América Latina. Esse produto é embrulhado com uma tirinha cômica do Bazooka Kid. O personagem nessa tira é conhecido pelas crianças na Argentina, no Paraguai e no Uruguai como El Pibe Bazooka. A marca Bazooka representa mais de 40% do mercado de chicletes nesses países, mas seu *share* caíra mais de 10 pontos devido à investida dos concorrentes. A fabricante do Bazooka, a Cadbury, recorreu à sua agência de promoções para obter ideias que compensassem pelo movimento dos concorrentes. A agência criou uma promoção que substituiu temporariamente El Pibe Bazooka por Secret Clues [*Pistas Secretas*] que, quando colocadas sob uma tela decodificadora, revelavam as pistas para chegar ao "Super tesouro Bazooka". Mas de 150 milhões de Secret Clues foram colocadas no mercado, e 3 milhões de telas decodificadoras foram colocadas à disposição das crianças em inserções em revista e jornais, em lojas de doces e escolas. Depois de comprar o Bazooka e colocar a Secret Clue sob a tela decodificadora, as crianças descobriam imediatamente se receberiam prêmios instantâneos como camisetas, bolas de futebol e mochilas escolares. As crianças também podiam participar dos sorteios do Super tesouro enviando 10 provas de compras. Os prêmios principais incluíam computadores multimídia para os ganhadores e suas escolas, aparelhos de som, TVs, bicicletas e outros itens atraentes.

A resposta dos consumidores foi tão surpreendente que a Bazooka teve problemas de distribuição em poucas semanas após o início da promoção. A venda da marca aumentou em 28% e recuperou cerca de sete pontos de participação de mercado. Essa promoção de sucesso demonstra o poder dos incentivos de vendas que atraem a imaginação de um mercado-alvo receptivo. As crianças foram encorajadas a comprar o chiclete Bazooka para ganhar prêmios instantâneos e a comprar a marca repetidamente, tendo, assim, a chance de ganhar os prêmios atraentes dos sorteios.[20]

### Promover a introdução de novos produtos no canal de distribuição

Para alcançar os objetivos de vendas e lucro, os profissionais de marketing continuamente introduzem novos produtos e acrescentam novas marcas a categorias existentes. As promoções para os atacadistas e varejistas são necessárias para encorajar o canal de distribuição a trabalhar com as novas ofertas, às quais os profissionais se referem como *unidades de manutenção de estoque* [*stock-keeping units – SKUs*]. Na verdade, muitos varejistas se recusam a ter SKUs adicionais, a menos que recebam uma compensação extra na forma de descontos no faturamento, produtos bonificados e taxa por espaços no ponto natural (posição na gôndola) e pontos especiais (ponta de gôndola e ilhas). Cada uma dessas formas de compensação será discutida mais adiante no capítulo.

### Aumento do espaço da mercadoria na gôndola e fora dela

As promoções orientadas para o canal de distribuição, com frequência, em conjunto, voltadas para o consumidor, permitem ao fabricante obter um espaço extra na gôndola (prateleira ou ponto natural), ou um espaço extra (ponto extra) mais desejável, temporariamente. Esse espaço pode ser na forma de ampliação do *facing* (espaço frontal na gôndola) e espaços extras em pontos especiais (ponta de gôndola, ilhas).[21]

### Neutralizar a propaganda e as promoções de venda da concorrência

As promoções de vendas podem de fato compensar pela propaganda e promoção dos concorrentes. Por exemplo, um cupom de 50 centavos de uma empresa perde muito de seu apelo quando um concorrente ao mesmo tempo aparece com um cupom de R$ 1,00. Como descrevemos antes, a promoção do Bazooka na Argentina, no Paraguai e no Uruguai superaram as promoções dos concorrentes e recuperaram a participação de mercado perdido.

### Estimular a compra de novos produtos por parte dos consumidores

Os profissionais de marketing dependem de amostras grátis, cupons e outras promoções de vendas para encorajar consumidores a experimentar marcas novas. Muitos consumidores jamais experimentariam produtos nem marcas novas sem esses incentivos promocionais. Considere a seguinte promoção criativa que obteve um sucesso extraordinário ao introduzir uma nova linha de lâmpadas na Inglaterra.

Embora os consumidores em todo o mundo usem enormes quantidades de lâmpadas, muitos deles não consideram o nome da marca tão importante ao escolhê-las, pois presumem que lâmpadas são essencialmente iguais – uma é tão boa (ou ruim) quanta a outra. Contra essa percepção, a Philips Lighting tentou criar uma vantagem diferencial para sua marca ao introduzir a linha Softone – especialmente entre as famílias mais jovens, que podem se tornar usuários leais ao produto durante anos.

Isso foi um tremendo desafio, considerando que a propaganda na TV não conseguiu transmitir adequadamente as cores sutis da Softone. Foi, portanto, necessário usar alguma forma de promoção para criar a percepção da marca entre o segmento-alvo e encorajar o comportamento de compra de experimentação – levando, esperava-se, a compras repetidas entre os usuários leais à marca. A Philips contratou uma agência de promoções para criar uma campanha que alcançasse os dois objetivos de criar a percepção e gerar as compras de experimentação. O orçamento disponível foi de aproximadamente US$ 2 milhões.

A agência desenvolveu um programa baseado no que foi descrito como uma "ideia ridiculamente simples". Alguns lares foram selecionados para receber sacolas, cada uma contendo uma brochura informativa, um cupom e um curto questionário. A brochura atraente descrevia os benefícios do produto e enfatizava a habilidade das lâmpadas coloridas para criar determinados estados de espírito. O cupom dava 75 centavos de dólar de desconto na compra de uma lâmpada. As sacolas foram distribuídas apenas aos lares com características demográficas e psicográficas que os tornaram consumidores em potencial do produto. As equipes de distribuição colocaram as sacolas em caixas de correio.

Observe que as sacolas não continham as lâmpadas. Em vez disso, um formulário dentro das sacolas perguntava aos destinatários se eles estariam interessados em receber uma lâmpada gratuitamente e, em caso afirmativo, quais das sete cores prefeririam. Os lares interessados foram instruídos a pendurar as sacolas com o questionário respondido na maçaneta do lado de fora da porta de casa. Naquela mesma noite, as equipes de distribuição inspecionavam o formulário de resposta de cada casa e colocavam a lâmpada na cor preferida dentro da sacola.

Um total de 2 milhões de sacolas foi distribuído. Dos lares selecionados, 700 mil pediram uma lâmpada de graça – um índice de resposta de 35%. Pesquisas de acompanhamento revelaram que mais de 50% dos lares que receberam as lâmpadas de fato as usaram. Um total de 160 mil cupons foi resgatado, o que representa 8% e é um nível de resgate incrivelmente alto – como o capítulo anterior ressaltou no contexto da mala direta. As vendas no período de seis meses que se seguiram a essa promoção especial atingiram o dobro da média anterior. Além do mais, uma campanha subsequente de distribuição de sacolas foi três vezes mais eficiente que o esforço inaugural focalizando vizinhanças próximas aos principais pontos varejistas. Esse programa simples ilustra como as promoções criativas e estrategicamente sólidas podem gerar comportamento de compras de experimentação, ao invés da simples distribuição de amostras, sem maior envolvimento.[22]

### Manter os usuários atuais, encorajando-os a fazer compras repetidas

A troca de marca é um fato da vida que todos os gestores de marca enfrentam. O uso estratégico de certas formas de promoção pode encorajar pelo menos compras repetidas em curto prazo. Descontos, sorteios, concursos, cupons e programas de fidelização (todos descritos no Capítulo 17) são promoções úteis para encorajar compras repetidas.

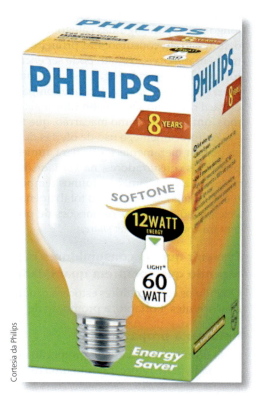
Cortesia da Philips

### Aumentar o uso do produto fazendo que os usuários comprem quantidades maiores

O efeito de muitas promoções é encorajar os consumidores a *estocar* – ou seja, influenciá-los a comprar quantidades maiores de determinada marca que o usual para aproveitar a oferta. Pesquisas revelaram que quando itens prontamente estocados (por exemplo, enlatados, produtos de papel e sabão) são promovidos em uma oferta, a quantidade da compra aumenta – ou, dito de outra maneira, o índice de consumo acelera – em uma magnitude substancial em curto prazo.[23]

Essa prática levanta uma questão crítica: esses aumentos em curto prazo da estocagem levam de fato a aumentos de consumo *de longo prazo* da categoria de produto promovida ou apenas representam *vendas futuras antecipadas*? Um importante estudo descobriu que as promoções, especialmente as orientadas para preço, *não* aumentam a lucratividade da categoria, mas simplesmente servem para mudar as receitas de vendas em curto prazo de uma marca para outra. Ou seja, os ganhos em curto prazo com as vendas induzidas pela estocagem foram contrabalançadas pela demanda reduzida em longo prazo.[24] Essa descoberta sugere, portanto, que as promoções podem encorajar os consumidores a estocar em curto prazo, mas essa estocagem apenas rouba as compras que, de outra maneira, teriam sido feitas durante períodos subsequentes.

Observe que essa descoberta descrita anteriormente é baseada em uma pesquisa envolvendo um único produto – um item não alimentício (provavelmente uma marca da categoria de produtos de limpeza doméstica) que os pesquisadores não puderam revelar devido aos interesses de propriedade do fabricante. Essa descoberta pode ser generalizada, ou o resultado é idiossincrático a essa categoria específica de produto? Nenhuma resposta simples é possível e, como é comum, depende das circunstâncias que cercam uma marca específica e o evento promocional em particular.

Outros pesquisadores, no entanto, forneceram uma evidência provisória que estabelece as condições quando a prática de estocagem pode ter efeitos positivos em longo prazo. Esse pesquisadores determinaram que a estocagem de fato aumenta o uso do produto, em especial quando *pensamentos relacionados ao uso de um produto estão vívidos na memória do consumidor*. Por exemplo, as pessoas não necessariamente consomem mais sabão apenas porque estocaram quantidades acima da média. Contudo, se o sabão estiver em suas mentes (devido a uma campanha destacando a versatilidade do sabão), o consumo tende a aumentar. Além do mais, os produtos que estão regularmente *visíveis* (como itens perecíveis colocados na parte da frente da geladeira) tendem a ser usados com mais frequência se os consumidores os estocaram.[25]

Essa descoberta recebe apoio adicional de uma pesquisa que examinou o impacto dos níveis de estoque de consumidores sobre a quantidade de uso de duas categorias de produto – ketchup e iogurte. Os pesquisadores previram que o consumo de iogurte seria mais sensível ao nível de estoque porque, diferente do ketchup, o produto pode ser consumido em diferentes momentos do dia e sob uma variedade de circunstâncias (com as refeições, como um lanche rápido etc.). Os resultados confirmaram essa expectativa, pois a quantidade de consumo de iogurte, mas não de ketchup, foi influenciada pela quantidade do produto disponível na geladeira do consumidor – mais iogurte, mais consumo (que o normal), mais ketchup, não mais consumo (que o normal).[26]

Embora nenhuma conclusão simples esteja disponível atualmente, a evidência empírica sugere que as ofertas dos profissionais de marketing orientadas para o preço, que encorajam a estocagem, promovem o aumento do consumo em longo prazo para algumas categorias de produtos, e não para outras. Existem pelo menos duas condições em que ocorre o aumento do consumo. Em primeiro lugar, quando os produtos estocados são *fisicamente visíveis* aos consumidores e também *perecíveis*, o efeito pode ser encorajar o aumento do consumo em curto prazo sem roubar as vendas de períodos futuros. Em segundo lugar, os consumidores parecem aumentar seu índice de consumo de produtos estocados quando estes são *convenientes ao consumo* comparados àqueles que requerem preparação. Por isso, é de se esperar que alimentos de fácil consumo são consumidos mais rapidamente quando quantidades maiores estão disponíveis no lares que, digamos, um produto como macarrão, que tem de ser preparado.[27]

Reciprocamente, o uso de ofertas de preço que levam os consumidores a estocar produtos como ketchup e de limpeza podem meramente servir para aumentar a compra do produto em curto prazo, sem aumentar o consumo em longo prazo. Os consumidores, na verdade, estocam esses itens quando eles estão em promoção, mas não aumentam o uso normal deles. Assim, concluímos temporariamente que a oferta de preço é uma *arma ofensiva* útil (ou seja, para propósitos de aumentar o consumo total) apenas para itens como iogurte, biscoitos, e salgadinhos, ao passo que produtos como ketchup só devem ter promoções de preço por *razões defensivas*, como contrabalançar os esforços dos concorrentes que tentam roubar o *market share*.

### Prevenir que os consumidores migrem para outras marcas, fazendo que comprem quantidades maiores

Quando os consumidores estocam produtos de uma marca, eles ficam temporariamente fora do mercado para as marcas concorrentes. Portanto, a promoção de uma marca serve para evitar as vendas das marcas concorrentes.[28]

### Reforçar a propaganda

Uma última capacidade da promoção de vendas é reforçar a propaganda. Um esforço de promoção de vendas bem coordenado pode reforçar muito uma campanha de propaganda.

O relacionamento entre a propaganda e a promoção é uma via de mão dupla. Por um lado, uma promoção excitante pode reforçar o impacto da propaganda. Por outro, a propaganda tem sido usada cada vez mais como mecanismo de comunicação para anunciar ofertas promocionais. Estima-se, de fato, que quase um terço de todas as mídias de propaganda (TV, impressa, Internet etc.) traz uma mensagem promocional.[29] A importância crescente da propaganda orientada para a promoção é evidenciada pelo fato de que as agências de promoção são cada vez mais responsáveis por criar anúncios – um papel historicamente desempenhado pelas tradicionais agências que fornecem serviços completos.

## O que as promoções não podem fazer

Assim como acontece com outros elementos de comunicação de marketing, há limites para o que as promoções são capazes de fazer. As três limitações descritas a seguir são particularmente dignas de nota:

### Inabilidade para compensar uma equipe de vendas mal treinada ou a falta de propaganda

Diante do desempenho fraco das vendas ou do crescimento inadequado, algumas empresas acreditam que as promoções são a solução. Todavia, as promoções permitirão, na melhor das hipóteses, um conserto temporário se os problemas forem uma equipe fraca de vendas, falta de percepção da marca, imagem fraca da marca ou outros males que apenas o gerenciamento apropriado de vendas e os esforços de propaganda possam superar.

### Inabilidade para dar ao canal de distribuição ou ao consumidor forte razão de longo prazo para continuar a comprar a marca

A decisão do canal de distribuição de continuar a estocar a marca e as compras repetidas por parte do consumidor é baseada na satisfação contínua com a marca, o que resulta de satisfazer os objetivos de lucro (para o canal de distribuição) e dar benefícios (para o consumidor). As promoções não podem compensar por uma marca fundamentalmente defeituosa ou medíocre, a menos que as promoções equilibrem esses defeitos oferecendo um valor superior aos mercados e aos consumidores.

### Inabilidade para parar permanentemente a tendência de queda nas vendas de uma marca estabelecida ou mudar a não aceitação básica de um produto não desejado

A queda nas vendas de uma marca por um longo período de tempo indica fraco desempenho do produto ou a disponibilidade de uma alternativa superior. As promoções não podem reverter a não aceitação básica de uma marca não desejada. Uma tendência de queda nas vendas só pode ser revertida por meio de melhoras no produto ou talvez de uma campanha de propaganda que dê uma nova vida a uma marca que está envelhecendo. As promoções usadas em combinação com os esforços de propaganda ou melhorias no produto podem reverter a tendência, mas a promoção por si será um desperdício de tempo e dinheiro quando a marca estiver em um estado permanente de declínio.

Portanto, é importante considerar que a promoção provoca um efeito positivo nas vendas, mas seu uso de forma equivocada pode gerar problemas no longo prazo. A rigor, a promoção "turbina" o produto, pois amplia seus benefícios, mas "vicia" o público e o canal de distribuição e pode ser tornar uma armadilha no longo prazo. Sendo assim, só deve ser usada em condições específicas e de forma adequada. Um bom produto deve vender por seus atributos intrínsecos e não à custa de promoções.

# O papel das promoções de vendas

Com a migração de poder dos fabricantes para os varejistas e com as marcas de fabricantes concorrentes tornando-se cada vez mais indistintas, os varejistas pressionaram os fabricantes fornecedores a conceder descontos de preços atraentes e outras formas de promoção.

Considere o caso da Clorox. No fim da década de 1990, a The Clorox Company adquiriu uma empresa chamada First Brands. Um dos produtos mais importante da First Brands era a linha de itens de plásticos (para embrulhos e sacolas) da marca Glad. A Clorox acreditou que poderia impulsionar rapidamente as vendas dos produtos Glad porque a First Brands não tinha anteriormente investido pouco na mídia de propaganda da marca, contando quase exclusivamente com as promoções aos consumidores (principalmente por cupons) e com um grande investimento nas promoções ao canal de distribuição. A estratégia da Clorox era cortar as promoções da Glad aos consumidores e ao canal de distribuição, além de investir pesadamente na propaganda de mídia de massa. A Clorox cortou as despesas com promoções da Glad em 1999 e depois de novo em 2000. Para grande desapontamento da gerência de marketing da Clorox, os concorrentes não fizeram a mesma coisa. Como os varejistas reagiram? Eles retiraram o apoio à marca, e as vendas da Glad caíram vertiginosamente – assim como o preço das ações da Clorox caíram em cerca de 20% nos dois anos depois da aquisição da First Brands.[30]

Com a queda do *market share* e do preço das ações, a Clorox reagiu da única maneira que podia: voltou ao sistema de cupons e às promoções para o canal de distribuição.

Embora a estratégia de longo prazo da Clorox seja criar o *brand equity* da Glad por meio de aumento das despesas com propaganda e introduções de novos produtos, permanece o fato de que seu esforço em cortar os gastos com promoções para o canal de distribuição foi rejeitado por grandes e poderosos varejistas. Como vimos anteriormente, o poder dos varejistas continua a crescer em relação ao dos fabricantes. Como disse um observador: "Sem produtos singulares e uma forte propaganda, as marcas de produtos de conveniência têm pouca escolha, além de pagar para manter espaço na prateleira, em especial quando a consolidação torna os varejistas mais poderosos".[31]

## Escopo e objetivos das promoções de vendas

Como indicadas anteriormente no capítulo, as promoções de vendas representam mais da metade dos investimentos em comunicação de produtos novos e existentes. As promoções para o canal de distribuição são direcionadas a atacadistas, varejistas e outros intermediários de marketing (não aos consumidores). As promoções orientadas para os consumidores tendem a fracassar, a menos que as promoções para o canal de distribuição tenham sido bem-sucedidas em influenciar os intermediários a estocar quantias adequadas. Espera-se que os incentivos especiais que os fabricantes oferecem aos membros de seus canais de distribuição sejam repassados aos consumidores na forma de descontos de preço. Como veremos mais adiante, isso nem sempre acontece. (Ver a seção *Foco Global* para uma discussão sobre como a Procter & Gamble alterou o modo de gerenciar as promoções ao canal de distribuição globalmente para obter melhor retorno sobre os investimentos.)

Embora as promoções de vendas nem sempre funcionem como esperado, os fabricantes têm objetivos legítimos para utilizar as promoções orientadas para o canal de distribuição.[32] Entre esses objetivos incluem-se:

1. Introduzir produtos novos ou revisados.
2. Aumentar a distribuição de novas embalagens ou tamanhos.
3. Criar estoque dos varejistas.
4. Manter ou aumentar a parcela de espaço do fabricante na prateleira.
5. Obter exibições fora dos locais normais na prateleira.
6. Reduzir o excesso de estoque e aumentar a rotatividade.
7. Ganhar destaque nas propagandas dos varejistas.
8. Contrabalançar a atividade competitiva.
9. Vender o máximo possível aos consumidores finais.

## Ingredientes para um programa bem-sucedido de promoção para o canal de distribuição

Para realizar essa miríade de objetivos, vários ingredientes são fundamentais à criação de um programa bem-sucedido de promoções para o canal de distribuição:[33]

### Incentivo financeiro

Uma promoção do fabricante para o canal de distribuição deve oferecer aos varejistas margens de lucros maiores, aumento no volume de vendas ou ambos.

### Momento certo

As promoções para o canal de distribuição são feitas no momento certo quando (1) estão ligadas a eventos sazonais durante um período de crescimento de vendas (como vendas de doces durante o Dia dos Namorados e Natal), (2) feitas em conjunto com promoções de vendas orientadas para os consumidores (ações cooperadas) ou quando (3) usadas de maneira estratégica para contrabalançar a atividade promocional concorrente.

### Minimizar os esforços e custos do varejista

Quanto mais esforço e despesas forem necessários, menor é a probabilidade de que os varejistas cooperarão com um programa que a seu ver beneficia o fabricante, mas não eles.

### Resultados rápidos

As promoções mais eficazes para o canal de distribuição são aquelas que geram vendas imediatas ou aumento do tráfego na loja. Como você verá no próximo capítulo, a gratificação imediata é um motivador importante das reações dos consumidores às promoções orientadas para eles. O mesmo raciocínio se aplica aos varejistas.

## foco global

### Procter & Gamble altera sua forma de trabalho para melhor gerenciar as despesas com promoções ao canal de distribuição

A Procter & Gamble (P&G) é uma grande empresa global com vendas anuais que superam US$ 70 bilhões. Como indicado no Capítulo 7, a P&G investe pesadamente na propaganda de suas marcas, com despesas anuais totalizando cerca de US$ 5 bilhões, pouco tempo atrás (só nos Estados Unidos). A P&G também investe muito em promoções para o canal de distribuição – estima-se mais de US$ 2 bilhões por ano, somente nos Estados Unidos. Como muitos outros fabricantes de produtos de consumo diário, a P&G preocupa-se com o fato de que alguns (talvez muitos) de seus gastos com promoções para o canal de distribuição sejam ineficazes. Parte do problema está relacionado ao tipo de promoções para o canal de distribuição que são usadas na divulgação das marcas da P&G, mas talvez um responsável ainda maior seja o modo como o orçamento para essas promoções é gerenciado.

A gerência de promoções orientadas para o canal de distribuição da P&G tradicionalmente ficava sob o controle da equipe de vendas. Por sua própria natureza, os gerentes da equipe de vendas são motivados a usar as promoções para o canal de distribuição como um meio de estabelecer relacionamentos positivos com clientes varejistas e como meio de criar um clima de vendas que seja o mais positivo possível para os vendedores que entram em contato com esses clientes. Não é surpresa o fato de que os vendedores queiram alegrar os varejistas com o objetivo de reduzir os conflitos, tornar seu trabalho relativamente livre de estresse e gerar altos níveis de volume de vendas. Os gerentes de venda e os vendedores tipicamente focalizam mais a receita bruta (receita das vendas) que no lucro. Esses comentários não têm a intenção de sugerir que os departamentos de vendas estejam inerentemente errados ou mal dirigidos, mas indicar que o departamento de venda provavelmente não é a unidade organizacional que deveria controlar os gastos com promoções ao canal de distribuição se o objetivo corporativo é elevar o foco nos lucros junto da receita.

Assim, a P&G transferiu o controle das despesas com promoções para o canal de distribuição dos grupos globais que gerenciam as equipes de vendas para os diretores de marketing que gerenciam as equipes da marca. Embora essa transferência pareça sutil (e mesmo trivial), na verdade ela representa uma mudança significativa no modo como as promoções para o canal de distribuição são gerenciadas na P&G. Com a mudança dos gastos com promoções para o canal de distribuição para os diretores de marketing, que são responsáveis por gerenciar as equipes da marca, essas promoções agora recebem o mesmo tratamento dado à propaganda e às promoções dirigidas aos consumidores que os diretores de marketing também gerenciam. Espera-se agora que os gerentes que estabelecem a estratégia da marca tratem as promoções para o canal de distribuição como uma importante ferramenta estratégica que opera em conjunto com a propaganda e as promoções aos consumidores para promover o *brand equity* dos vários produtos da P&G divulgados em todo o mundo e garantir que o foco das despesas com promoções para o canal de distribuição concentre-se no desempenho relativo ao lucro e à receita.

*Fonte*: Adaptado de Jack Neff, "Trade Marketing Finally Gets Some Respect (Well, At P&G), Advertising Age, 18 de junho de 2007, 3, 36.

**Melhorar o desempenho do varejista**

As promoções são eficazes quando ajudam o varejista a fazer um melhor trabalho de vendas ou a melhorar os métodos de divulgação como quando o fabricante fornece aos varejistas melhores materiais de *merchandising* (stands, displays etc.) para exposição do produto.

## Verba promocional

Os fabricantes usam esse importante tipo de promoções orientadas para o canal, a **verba promocional**, para recompensar os varejistas por atividades de apoio à marca do fabricante. Essas verbas, também chamadas *ofertas para o canal de distribuição*, encorajam os varejistas a estocar a marca do fabricante, oferecer descontos aos consumidores, divulgá-la, ou exibi-la em local especial, ou ainda dar outro tipo de apoio no ponto de venda.

Usando a verba promocional, os fabricantes esperam alcançar dois objetivos correlacionados: (1) aumentar as compras, por parte dos varejistas, e (2) aumentar as compras, por parte dos consumidores. Essa última é baseada na expectativa de que os consumidores sejam receptivos às reduções de preço e que os varejistas de fato repassem aos consumidores os descontos que recebem dos fabricantes.

Essa expectativa nem sempre torna-se realidade. Os varejistas, com frequência, aproveitam as verbas promocionais sem realizar os serviços pelos quais receberam o crédito. Na verdade, um estudo sobre as despesas realizadas com promoções para o canal de distribuição, conduzido pela ACNielsen, revelou que menos de um terço dos fabricantes pesquisados consideram "bom" ou "excelente" o retorno que receberam das promoções dirigidas aos canais de distribuição.[34] Além do mais, a grande maioria dos varejistas acredita que as promoções para o canal de distribuição devem servir para aumentar as vendas e os lucros da categoria de produtos como um todo, sem se preocupar se uma marca específica do fabricante se beneficia da promoção.[35]

Existe, em resumo, uma discordância entre os fabricantes e varejistas quanto à questão sobre qual das partes as promoções para o canal de distribuição têm a intenção de beneficiar. Os fabricantes usam essas promoções para promover as vendas de suas marcas e o desempenho dos lucros. Os varejistas, por sua vez, tendem a considerar investimento em promoções uma oportunidade para aumentar suas margens de lucro e, assim, impulsionar os lucros. Essa diferença de pontos de vista é fácil de entender porque as partes nas transações econômicas com frequência têm objetivos conflitantes, mas dependem uma da outra para alcançar sucesso.

## Principais formas de uso da verba promocional

Há três formas principais de uso da verba promocional: (1) desconto no faturamento, (2) comunicação cooperada e (3) taxa por espaço na gôndola e pontos extras.[36] Além dessas principais, existem várias outras formas em que a verba promocional pode ser usada, como produção de tabloides, promoções do próprio varejo (semana do aniversário), uso de promotoras, ações de degustação/experimentação, promoções de estímulo ao giro (leve 3, pague 2), enxoval (primeiro lote de produtos para uma nova loja), ações do varejo junto à comunidade local, dentre outras. Como veremos na discussão a seguir, os fabricantes preferem as formas de desconto no faturamento e bonificação de produtos, mas os varejistas impõem a taxa por espaço na gôndola e em pontos extras.

### Desconto no faturamento

A forma mais frequentemente usada de aplicação da verba promocional é o desconto no faturamento, que representa uma redução temporária no preço que o fabricante de uma marca específica cobra de seus varejistas. O **desconto no faturamento** é, como o nome sugere, uma oferta feita periodicamente ao canal de distribuição que permite aos varejistas *deduzir uma quantidade fixa da fatura* – simplesmente inserindo um pedido durante o período em que o fabricante está com uma marca "em oferta". Ao oferecer um desconto no faturamento, a equipe de vendas do fabricante informa aos compradores varejistas que um desconto de 15% pode ser deduzido da quantidade da fatura para todas as compras durante o período específico da oferta. Muitos fabricantes de produtos de consumo concedem descontos no faturamento em intervalos regulares programados, o que para muitas marcas é um período de quatro semanas durante cada trimestre comercial de 13 semanas. Isso significa que muitas marcas são incluídas nos descontos no faturamento aproximadamente 30% do ano.

Ao usar um desconto no faturamento, o fabricante o faz com a expectativa de que os varejistas comprem mais quantidades de sua marca durante o período da oferta que normalmente fariam e, para vender rapidamente o excesso, *repassem as ofertas aos consumidores na forma de preços reduzidos* – o que, por sua vez, deve motivar os consumidores a comprar a marca com preço reduzido do fabricante. Porém, como dissemos anteriormente, os varejistas nem sempre preenchem essa expectativa e, na verdade, não estão obrigados, por contrato, a repassar os preços reduzidos aos consumidores. Em vez disso, os varejistas recebem o desconto no faturamento (digamos, de 15%) ao comprar a marca do fabricante, mas não repassam o desconto no preço de venda ao consumidor, ou reduzem substancialmente menos que 15%.[37] Os fabricantes estimam que os varejistas repassam aos consumidores apenas metade dos fundos de canal de distribuição que eles concedem aos varejistas. Mais adiante, discutiremos duas ramificações indesejáveis de desconto no faturamento – a antecipação de compra e o desvio – mas, antes, será útil abordar as duas outras formas principais de uso da verba promocional: a comunicação cooperada e a taxa por espaço na gôndola e em pontos extras.

### Comunicação cooperada

Os varejistas recebem verbas para **comunicação cooperada** (na forma de desconto ou em bonificação de produtos) por apresentar a marca do fabricante em anúncios ou por fazer exibições especiais. Os varejistas *não* deduzem a verba de comunicação cooperada diretamente da fatura ao fazer o pedido dos produtos (como é o caso com o desconto no faturamento), mas têm de obter o desconto *realizando serviços de propaganda ou exibição designados* em benefício da marca do fabricante. O varejista de fato cobra o fabricante pelos serviços prestados.

Para exemplificar, imagine que a equipe de vendas da Unilever informa aos varejistas que durante outubro eles receberão um desconto de 5% em todas as embalagens de desodorante Dove compradas durante esse período, desde que eles coloquem anúncios nos jornais destacando o desodorante Dove. Com a prova de ter colocado os anúncios no jornal, os varejistas então cobram da Unilever o desconto de 5% referente à propaganda.

## Taxa por espaço na gôndola e em pontos extras

A **taxa por espaço na gôndola e em pontos extras** é uma taxa que os fabricantes pagam aos varejistas pelo local que os produtos ocuparão nas prateleiras do varejo. Essa forma de uso da verba promocional aplica-se especificamente à situação em que um fabricante tenta fazer que uma de suas marcas – geralmente uma marca nova – seja aceita pelos varejistas.[38] A taxa por espaço na gôndola não é algo que os fabricantes dos produtos escolhem oferecer aos varejistas. Pelo contrário, *os varejistas impõem a taxa por espaço na prateleira aos fabricantes*. Os varejistas exigem essa taxa supostamente para compensar por custos adicionais incorridos ao aceitar colocar uma nova marca em distribuição e colocá-la na prateleira. É óbvio que os fabricantes e os varejistas têm opiniões diferentes no que diz respeito à conveniência e ao valor dessa prática.[39] A discussão a seguir examina algumas das questões-chave sobre esse assunto.[40] Essa taxa, em geral, é aplicada somente para a inclusão de produtos. Produtos regulares, especialmente os produtos âncoras, quando ocupam o seu espaço normal, chamado de ponto natural, não pagam taxa, até porque é do interesse do próprio varejo ter os produtos de maior giro (portanto, de maior rentabilidade) em posições de estratégicas dentro da loja.

Quando usada pela primeira vez na década de 1960, a taxa por espaço na prateleira compensava os varejistas pelos custos reais de assumir uma nova unidade de manutenção do estoque (*stock-keeping unit – SKU*). O custo na época ficava em torno de US$ 50 por SKU por conta. Contudo, essas taxas hoje em dia podem custar de US$ 25 mil a US$ 40 mil por item em estoque – embora a maioria das taxas seja bem mais baixa que isso – e representam uma margem saudável de lucros para os varejistas.[41] Você provavelmente está pensando: "Isso parece suborno". Também deve estar se perguntando "Por que os fabricantes toleram as taxas por espaço na prateleira?". Vamos examinar cada uma das questões.

Em primeiro lugar, as taxas por espaço na prateleira são, de fato, uma forma de suborno. O varejista que exige o pagamento delas nega ao fabricante o espaço, a menos que este esteja disposto a pagar a taxa adiantada – a taxa por espaço – para adquirir o espaço para sua nova marca. Em segundo lugar, os fabricantes toleram a taxa porque se deparam com um dilema clássico: ou pagam a taxa e acabam por recuperar o que gastaram com um volume de vendas lucrativo, ou se recusam a pagar a taxa e, ao fazer isso, aceitam a consequência de não conseguir introduzir novas marcas com sucesso. A expressão "entre o fogo e a frigideira" descreve apropriadamente a realidade das taxas por espaço na prateleira do ponto de vista dos fabricantes.

Em certos aspectos, as taxas por espaço na prateleira *são* um custo legítimo dos negócios e, de fato, podem servir para aumentar a eficácia do mercado em vez de serem anticompetitivas.[42] Quando, por exemplo, uma grande rede de supermercados aceita uma nova marca, ela incorre em vários gastos extras. Essas despesas surgem porque a rede deve criar espaço para a marca nova em seu centro de distribuição, criar uma nova entrada em seus sistemas de inventário computadorizado, possivelmente redesenhar as prateleiras, e notificar as lojas individuais sobre a nova SKU. Além dessas despesas, a rede assume o risco de que a nova marca fracasse. Esse é um resultado possível no segmento dos supermercados, onde pelo menos metade das marcas novas fracassa. Portanto, as taxas por espaço dão aos varejistas o que na verdade equivale a uma apólice de seguros contra a perspectiva de fracasso de uma marca.

É questionável, todavia, se as despesas reais dos varejistas correspondam ao valor cobrado das taxas. Os grandes fabricantes podem pagar as taxas porque seu volume é suficiente para recuperar o gasto. Porém, os fabricantes de marcas menores com frequência não conseguem pagá-las. Os fabricantes menores, assim, sofrem com uma desvantagem competitiva quando tentam obter a distribuição para seus produtos novos.

Como, você pode se perguntar, os varejistas conseguem impor as altas taxas aos fabricantes? A razão é simples: como vimos antes no capítulo, o equilíbrio de poder mudou das mãos dos fabricantes para os varejistas. Poder significa ser capaz de ditar as regras, e quantidades cada vez maiores de varejistas fazem isso. Além disso, os fabricantes de produtos de consumo prejudicaram a si mesmos quando introduziram milhares de marcas novas a cada ano, muitas das quais são meras variações de produtos existentes em vez de distintas ofertas novas com oportunidades significativas de lucro para os atacadistas e varejistas. Assim, um fabricante compete contra outro por um espaço limitado na prateleira, e as taxas por espaço são simplesmente um mecanismo que os varejistas usam para explorar a competição entre os fabricantes. Além do mais, muitos varejistas do setor de supermercados consideram mais fácil racionalizar as taxas com base no fato de que suas margens de lucro líquido ao vender produtos são minúsculas (em geral, 1 a 1,5%) e que as taxas por espaço permitem que eles obtenham retornos comparáveis aos dos fabricantes.

Um entendimento mais completo da razão e da dinâmica subjacentes às taxas por espaço na prateleira é possível fazendo-se uma comparação com preços de aluguéis de apartamentos em uma cidade. Quando as unidades são abundantes, diferentes complexos de apartamentos competem agressivamente um contra o outro, e os preços dos aluguéis são forçados para baixo, para vantagem dos locatários. Mas quando os apartamentos são escassos (o que é mais comum), os preços costumam aumentar. O resultado: você pode ser forçado a pagar um aluguel exorbitante para morar em um

apartamento de segunda categoria, porém convenientemente bem localizado.

Esse também é o caso no ambiente de mercado atualmente. A cada ano, os varejistas deparam-se com pedidos para estocar milhares de marcas novas (considere essas marcas novas equivalentes a inquilinos potenciais). A quantidade de espaço na prateleira (o número de apartamentos) é limitada porque relativamente poucas lojas novas estão sendo construídas. Portanto, os varejistas podem comandar os espaços (cobrar aluguéis mais caros), e os fabricantes estão dispostos a pagar o aluguel mais caro para "morar" em locais mais desejáveis.

O que um fabricante pode fazer para deixar de pagar por espaço? Às vezes, nada. Mas fabricantes poderosos, como Procter & Gamble (P&G), Unilever e a Kraft, por exemplo, estão menos inclinadas a pagar as taxas por espaço que fabricantes nacionais mais fracos e particularmente fabricantes regionais. Os varejistas sabem que as marcas novas da P&G e da Kraft provavelmente terão sucesso porque essas empresas investem substancialmente em pesquisa para desenvolver novos produtos significativos, gastam bastante com propaganda para criar a demanda para esses produtos e usam amplas promoções para os consumidores (por exemplo, sistemas de amostra e cupons) para criar uma forte estratégia de puxar para suas marcas. Outro meio de evitar o pagamento das taxas de espaço é simplesmente se recusar a pagá-las e, se necessário, aceitar a consequência de não conseguir espaço na prateleira de alguns varejistas, se não da maioria deles.

Em uma análise final, a questão das taxas de espaço é extremamente complicada. Os fabricantes têm razões legítimas para não querer pagá-las, mas os varejistas têm justificativas para cobrá-las. Podem os dois lados estar certos? A prática das taxas de espaço na prateleira é um caso de funcionamento bom ou ruim da competição de livre-mercado? Respostas simples são impossíveis porque a resposta "correta" depende em grande parte de qual perspectiva – do fabricante ou do varejista – é assumida na questão.[43]

No meio dessa guerra estão os órgãos reguladores do governo, que têm a responsabilidade de garantir que o uso das taxas de espaço não reduza a competição nem prejudique os consumidores, forçando-os a pagar preços mais altos, ou limitar suas opções porque fabricantes menores não conseguem obter espaço na prateleira para seus produtos novos. Uma agência reguladora norte-americana, o Bureau of Alcohol, Tobacco, Firearms e Explosives, adotou uma norma que proíbe o uso das taxas de espaço para os produtos do álcool.[44] Entretanto, não existe nenhuma proibição para muitas outras categorias de produto nas quais as taxas são cobradas, tanto nos EUA quanto no Brasil. Embora a Federal Trade Commission dos Estados Unidos continue a investigar se essas taxas precisam ser reguladas, ela não aprovou nenhuma regra contra os varejistas que as cobram.[45] Enquanto isso, as taxas de espaço na prateleira continuam a ser para o fabricante um custo adicional da introdução de novos produtos e uma fonte de renda adicional para os varejistas. A briga de poder continua! No Brasil, apesar de ser uma prática muito comum no mercado, não há nenhuma legislação específica sobre a cobrança de taxas por espaços nas gôndolas em supermercados.

### *O caso especial das taxas de saída (taxas de retiradas):*

Enquanto as taxas de espaço na gôndola e em pontos especiais (fora da Gôndola ou do ponto natural) representam uma forma de taxa de entrada para colocar uma marca nova em um centro de distribuição de uma rede, alguns varejistas cobram dos fabricantes uma taxa para retirar as marcas sem sucesso de seus centros de distribuição. Essas **taxas de saída** podem também ser chamadas de *taxas de retirada*. Elas operam da seguinte forma: ao introduzir uma nova marca em uma rede varejista, o fabricante e a rede entram em um acordo contratual. Esse acordo estipula o volume médio do movimento semanal do produto durante um período específico, volume este que deve ser alcançado pela marca do fabricante para que ela continue no centro de distribuição do varejista. Se a marca não alcançar o movimento semanal estipulado, a rede cobrará uma taxa de retirada. Essa taxa de retirada, ou saída, tem o objetivo de cobrir os gastos efetuados pela rede para remover o item de seu centro de distribuição. Essa prática parece ser uma aplicação de mercado ao antigo ditado de passar sal nas feridas. Contudo, ela representa o fato de que os varejistas, em especial no segmento de supermercados, não estão mais dispostos a pagar pelos erros dos fabricantes com produtos novos. Existe claramente uma lógica econômica nas taxas de retirada, porque elas são outra forma de apólice de seguros para proteger as redes varejistas de marcas sem movimento e que não geram lucros. Continuando com a analogia da locação de apartamentos, uma taxa de retiradas opera praticamente da mesma maneira que a estipulação entre o dono do apartamento e o inquilino sobre os danos à propriedade. Se o inquilino danificar o apartamento, o dono dele está totalmente justificado a cobrar os danos do inquilino. Assim, o contrato confere ao dono do apartamento uma apólice de seguro contra negligência em potencial. É precisamente desse modo que a taxa de saída, ou de retirada, opera.

## Consequências indesejáveis do desconto no faturamento: antecipação de compra e desvio

Agora que estudamos as três principais formas de aplicação da verba promocional – desconto no faturamento, comunicação cooperada e taxa por espaço na gôndola – retornaremos à primeira forma e discutiremos as consequências indesejáveis que resultam do uso, por parte dos fabricantes, do desconto no faturamento.

O desconto no faturamento, concedido pelos fabricantes, faz um sentido considerável na teoria, mas, na prática, muitos varejistas não realizam os serviços necessários para obter os descontos que recebem dos fabricantes. As grandes redes de varejistas são particularmente inclinadas a tirar proveito dos descontos concedidos pelos fabricantes sem repassar essa economia aos consumidores. Uma das principais razões para isso é que as grandes redes, diferente das menores, podem vender suas *marcas próprias*. Como as marcas próprias podem ser vendidas a preços mais baixos que as dos fabricantes, as grandes redes conseguem usá-las para satisfazer as necessidades de consumidores sensíveis a preço ao mesmo tempo que vendem as marcas dos fabricantes com seus preços normais e embolsam o desconto como lucro extra.

Um segundo grande problema com o desconto no faturamento é que, com frequência, ele induz os varejistas a estocar produtos para tirar vantagem da temporária redução de preços. A *antecipação de compra* e o *desvio* são duas práticas inter-relacionadas que os varejistas, principalmente as redes de supermercados, usam para capitalizar as verbas promocionais dos fabricantes. A Tabela 15.4 ilustra essas práticas.[46]

### Antecipação de compra

Como vimos antes, formas de aplicação da verba promocional dos fabricantes costumam ficar disponíveis durante quatro semanas de cada trimestre comercial (o que representa cerca de 30% do ano). Durante esses períodos de ofertas, os varejistas compram quantidades maiores que a necessária para um estoque normal e armazenam o volume excedente, evitando, assim, comprar a marca por seu preço total durante os 70% remanescentes do ano, quando não há a oferta. Os varejistas com frequência compram produtos suficientes em uma oferta para mantê-los até a próxima oferta programada do fabricante. Essa é a prática da **antecipação de compra** que, por razões óbvias, também é chamada *compra ponte* – a quantidade de estoque comprada durante uma oferta serve como uma ponte até o próximo período de oferta.

Quando um fabricante oferece um desconto de 15%, as redes varejistas costumam fazer um estoque equivalente a 10-12 semanas. Vários fabricantes vendem 80 a 90% de seu volume durante o período (aproximadamente 30% do ano) em que elas estão em oferta. Estima-se que a antecipação de compra custa aos fabricantes entre 0,5 e 1,1% dos preços no varejo, o que representa centenas de milhões todos os anos.[47]

Os varejistas empregam modelos matemáticos que os capacitam a estimar o lucro potencial de uma antecipação de compra e o número ótimo de semanas de estoque para comprar. Os modelos levam em consideração a quantidade

---

**tabela 15.4**
Exemplo de antecipação de compra e desvio

1. Em preparação para um grande evento promocional em 2010, envolvendo a celebração do Dia das Mães, a La Bela – fabricante hipotético de produtos para cuidados pessoais – oferece o desconto no faturamento às redes de supermercados da região Nordeste do Brasil. Essa promoção é um desconto de 15% no faturamento de todos os pedidos do xampu MaxBrilho (marca hipotética) durante o mês de maio de 2010.

2. Presuma que a rede Trevo Supermercados (rede hipotética) encomenda 15 mil frascos de MaxBrilho – muito mais que a rede venderia em suas próprias lojas durante qualquer período de quatro semanas. A La Bela ofereceu 15% de desconto no faturamento à Trevo Supermercados com a expectativa de que a rede reduzirá o preço a varejo do MaxBrilho em 15% durante o mês do dia das mães.

3. A Trevo vende pelo preço com desconto apenas 3 mil dos 15 mil frascos comprados.

4. A Trevo revende 5 mil frascos de MaxBrilho com uma pequena margem de lucro à HiperPop – uma outra rede de supermercados, que trabalha na região Sudeste do Brasil. (Essa é a prática do desvio.)

5. Posteriormente, a Trevo revende os 7 mil frascos remanescentes de MaxBrilho a compradores em suas próprias lojas, mas ao preço regular, sem o desconto. (Esses 7 mil frascos representam *antecipações de compras*.)

de economia obtida com uma oferta e depois incorporam em seus cálculos os vários custos acrescidos pela operação. Esses custos acrescidos incluem despesas com armazenagem, transporte e de prender o dinheiro no estoque quando ele poderia ser usado para obter um melhor retorno de outra maneira. Com a antecipação de compra, os varejistas equilibram as economias feitas com os custos de compra reduzidos com as despesas acrescidas.

Pode parecer que a antecipação de compra beneficia todas as partes do processo de marketing, mas isso não é verdade. Em primeiro lugar, como já mencionamos, uma porção substancial das economias feitas pelos varejistas com a antecipação de compra com frequência não é repassada aos consumidores. Em segundo lugar, a antecipação de compra leva ao aumento dos custos de distribuição, porque os atacadistas e varejistas pagam taxas mais altas de transporte para ter estoques de quantidades maiores de itens comprados diretamente. Na verdade, a média dos produtos de supermercados leva até 12 semanas, desde a hora em que o fabricante o envia até que ele chegue às prateleiras dos varejistas. Essa demora, obviamente, não se deve ao tempo em trânsito, mas reflete o tempo de armazenagem nos armazéns dos atacadistas e nos centros de distribuição dos varejistas. Em terceiro lugar, os fabricantes têm margens reduzidas devido aos descontos de preço que oferecem e aos aumentos dos custos em que incorrem.

Um caso digno de nota é a situação enfrentada pela Campbell Soup Company com a excessiva antecipação de compra de sua sopa de macarrão com frango, quando esse produto foi colocado em oferta no canal de distribuição. Uma quantidade equivalente a 40% da produção anual da sopa de macarrão com frango foi vendida a atacadistas e varejistas em apenas seis semanas quando o produto estava em oferta. Como os atacadistas e varejistas compraram o produto diretamente em grandes quantidades, a Campbell teve de programar turnos extras de trabalho e pagar horas extras para acompanhar a produção acelerada e os cronogramas de remessas. Depois de ser vítima durante anos da antecipação de compra, a Campbell implementou um *programa de faturar e reter* pelo qual fatura ao varejista assim que este faz um pedido de antecipação de compra, mas atrasa a remessa (segura) a encomenda até que o varejista peça as quantidades desejadas. Esse programa aliviou os cronogramas de produção e remessa da Campbell, permitindo que os varejistas comprassem grandes quantidades com preço de oferta, atrasando as remessas até que o estoque fosse necessário. O programa de faturar e reter não eliminou a antecipação de compra, mas as consequências negativas para a Campbell Soup Company foram reduzidas.

## Desvio

O **desvio** ocorre quando um fabricante restringe uma oferta a uma *área geográfica limitada* em vez de torná-la disponível nacionalmente. Como foi descrito na Tabela 15.4, uma marca de xampu chamada MaxBrilho está disponível apenas na região Nordeste do Brasil, como parte das festividades do Dia das Mães. O fabricante hipotético ilustrado na Tabela 15.4 (La Bela) deseja que apenas os varejistas da região Nordeste se beneficiem das ofertas. Contudo, os varejistas (como a Trevo Supermercados na Tabela 15.4) praticam o desvio comprando quantidades enormes pelo preço de oferta e depois vendendo o excedente, com uma pequena margem de lucro, por meio de intermediários, em *outras áreas geográficas*. (Os especialistas em finanças chamariam o desvio de uma aplicação do comportamento de *arbitragem*.)

Os varejistas responsabilizam os fabricantes por fazer ofertas irresistíveis e argumentam que precisam se aproveitar delas de qualquer maneira legal possível para que possam se manter competitivos em relação aos outros varejistas. Os fabricantes poderiam evitar o problema do desvio colocando as marcas *apenas em ofertas nacionais*. Essa solução é mais ideal que prática, no entanto, porque os esforços de marketing regional estão se expandindo, e as ofertas locais e o marketing regional andam lado a lado. O que complica o problema ainda mais é o fato de que os produtos destinados aos mercados estrangeiros às vezes são desviados de volta ao mercado nacional.

Existem outras consequências negativas do desvio. Em primeiro lugar, a qualidade do produto é potencialmente prejudicada devido aos atrasos para chegar às prateleiras dos varejistas. Por exemplo, a Tropicana exige que seus sucos congelados sejam armazenados entre 0 e 2,22 °C. Se ficar sem refrigeração por algumas horas, devido às descuidadas práticas de desvio, o produto pode estragar e os consumidores podem ter impressões negativas sobre a marca. Um segundo problema, e potencialmente mais sério, resulta do fato de o produto ter sofrido alguma interferência. Se isso acontecer, será difícil, se não impossível, identificar de onde exatamente uma marca desviada foi remetida.

## Não culpe os varejistas

A discussão anterior talvez tenha deixado a impressão que os varejistas são os vilões quando praticam a antecipação de compra e o desvio. Isso seria uma representação injusta dos varejistas, que estão simplesmente aproveitando-se de uma oportunidade que é dada pelos fabricantes quando fazem ofertas atraentes. Um executivo do varejo explica a antecipação de compra e o desvio praticados por sua empresa da seguinte forma: "Somos muito agressivos no que se refere a comprar pelo melhor preço. Temos de ser. Se não formos, outros o serão".[48] Os varejistas estão simplesmente exibindo um comportamento racional quando praticam a antecipação de compra e o desvio. A oportunidade de aumentar os lucros é fornecida a eles pelos indiscriminados descontos no faturamento oferecidos pelos fabricantes, e varejistas espertos se aproveitam dessas oportunidades.

# Esforços para retificar os problemas com as aplicações da verba promocional

Como as formas de aplicação da verba promocional geram ineficiências, aumentam grandemente os custos de distribuição e com frequência não são lucrativas para os fabricantes e talvez aumentem os preços para os consumidores, uma variedade de esforços feita para alterar fundamentalmente o modo como os negócios são conduzidos, especialmente no setor dos supermercados.[49] As seções a seguir abordam três práticas que alguns fabricantes usam para minimizar os efeitos negativos da aplicação da verba promocional: o preço baixo todos os dias, os programas de pagamento por desempenho e as ações do trade marketing.

## Preço baixo todo dia (PBTD)

Os fabricantes perdem bilhões de dólares todos os anos com ofertas comerciais ineficientes e ineficazes geradas pelas práticas de antecipação de compra e desvio.

É por essa razão que a poderosa P&G fez um movimento ousado na década de 1990 para reduzir os efeitos indesejáveis das práticas da antecipação de compra e desvio. A P&G introduziu uma nova forma de instituir preços chamada *preço baixo todo dia*, ou PBTD, à qual a empresa também se refere como *preço baseado em valor* – significando seu desejo de competir fornecendo valores de produtos e não meras economias nos preços. Como alguns varejistas também praticam o preço baixo todo dia, distinguiremos as práticas de PBTD "pela porta dos fundos", utilizada pelos fabricantes, do PBTD "pela porta da frente", praticada pelos varejistas.[50] Nosso interesse está voltado para a variedade "pela porta dos fundos" que, para simplificar, chamaremos de PBTD(F), com letra F significando "fabricante".

O PBTD(F) é uma forma de instituir preço em que um fabricante cobra o mesmo preço para determinada marca todos os dias. Em outras palavras, em vez de cobrar preços altos/baixos – ou seja, preços regulares, ou "altos" por um período seguido de preços com desconto, ou "baixos" por um período mais curto – o PBTD(F) envolve a cobrança do mesmo preço por um período extenso. Como essa estratégia de instituição de preço não oferece ao canal de distribuição nenhum desconto no faturamento, os atacadistas e varejistas não têm nenhuma razão para praticar a antecipação de compra nem o desvio. Portanto, o lucro deles é obtido com a venda da mercadoria, e não com a compra.

### Como a P&G se saiu?

Pesquisadores examinaram os efeitos dessa iniciativa da P&G durante os seis primeiros anos de sua implementação.[51] A análise incluiu um total de 24 categorias de produtos e 118 marcas nessas categorias. Desde o ano anterior à implementação do PBTD pela P&G e durante os primeiros seis anos de sua prática, as despesas com propaganda e os preços líquidos da P&G aumentaram em aproximadamente 20%. Durante esse mesmo período, suas despesas com ofertas ao canal de distribuição diminuíram cerca de 16%, e os gastos com cupons foram reduzidos em aproximadamente 54%.

Qual foi o efeito dessas mudanças? A P&G perdeu cerca de 18% de participação de mercado em média para as 24 categorias de produto analisadas. Embora a empresa tenha sofrido declínio significativo em *market share* (devido em grande parte aos aumentos retaliativos dos concorrentes em ofertas promocionais, enquanto a P&G cortava sua própria atividade de ofertas), ao mesmo tempo seus lucros gerais aumentaram por causa dos cortes nas ofertas ao canal de distribuição e à atividade de cupons e ao aumento dos preços líquidos.[52] É possível argumentar que é sempre imprudente renunciar à participação de mercado, todavia, em uma análise final, abrir mão dele pode ser justificado se o *share* remanescente gerar mais lucro que o obtido com um *share* maior, mas menos lucrativo. No fim das contas, o lucro é o melhor indicador do sucesso de uma empresa que as vendas.

### O que os outros fabricantes fizeram?

Fabricantes menos poderosos que a P&G tiveram dificuldades para se converter a um sistema puro de preço baixo todo dia. Mesmo a P&G enfrentou resistência e desviou do sistema puro em relação a algumas marcas, como as de produtos para lavar roupas. Três razões principais explicam por que muitos varejistas resistem às iniciativas de PBTD dos fabricantes. Em primeiro lugar, os varejistas que estabeleceram uma infraestrutura de distribuição necessária à prática da antecipação de compra resistiram ao PBTD(F).[53] Em segundo lugar, existem algumas evidências de que o PBTD(F) beneficia mais os fabricantes que o praticam que os varejistas que o pagam, em vez dos preços altos/baixos. Por fim, também foi argumentado que o PBTD(F) tira um pouco da excitação do varejo. Com o PBTD(F), o varejista cobra o mesmo preço ao consumidor todos os dias. Comparativamente, com a prática dos preços altos/baixos, há períodos em que os varejistas podem anunciar descontos atraentes no preço, o que quebra a monotonia de jamais variar o preço no varejo. Embora no longo prazo o consumidor não faça nenhuma economia com a prática de preços altos/baixos, no curto prazo é excitante receber um desconto atraente.

# Programas de pagamento por desempenho

Como observamos antes, muitas promoções para o canal de distribuição, em especial no setor de supermercados, não são lucrativas para os fabricantes porque eles meramente trocam a compra futura pela presente quando o canal de distribuição pratica a antecipação de compra ou desvio. Assim, os fabricantes têm um forte incentivo para desenvolver um sistema alternativo ao desconto no faturamento. Um desses sistemas são os chamados *programas de pagamento por desempenho*.

Considere o caso da Nestlé e por que essa empresa mudou os gastos com o canal de distribuição para essa direção. Os profissionais de marketing da Nestlé estavam cansados de perder parte do investimento feito no canal de distribuição. Por isso, foram celebrados novos contratos com varejistas e que enfatizaram os deveres mínimos que estes deveriam cumprir para receber investimento da Nestlé – deveres como reduzir os preços a varejo por um período de tempo específico, apresentar as marcas da Nestlé em ilhas no centro dos corredores e providenciar displays especiais. Os varejistas que não cumprissem as exigências contratuais da Nestlé tornavam-se inelegíveis para receber fundos promocionais, ou, em caso extremo, a empresa simplesmente retirava suas marcas das lojas que descumprissem o contrato.

## Recompensar a venda em vez da compra

Como o nome sugere, o **pagamento por desempenho** é uma forma de aplicação da verba promocional que recompensa os varejistas por realizar a função primária que justifica o oferecimento de benefício por parte do fabricante – ou seja, vender quantidades maiores da marca do fabricante aos consumidores. Os programas de pagamento por desempenho são desenvolvidos para *recompensar os varejistas por vender a marca do fabricante, em vez de apenas comprar a marca com desconto no faturamento.*

Uma forma de programa pagamento por desempenho é chamada *promoções ao canal de distribuição verificadas por scanner* ou por unidade efetivamente vendida. Esse nome é baseado na ideia de que o volume de vendas para uma marca com o apoio do canal de distribuição é registrado via scanners com leitura óptica no ponto de venda. A *promoção ao canal verificada por scanner* requer três facetas:[54]

1. Um fabricante entra em acordo com um varejista sobre um período durante o qual o varejista recebe a verba promocional por todas as quantidades da marca promovida vendidas aos consumidores pelo preço de oferta designado (por exemplo, um item que regularmente é vendido aos consumidores por R$ 1,99 por unidade é reduzido para R$ 1,79).

2. Os próprios dados escaneados do varejista verificam a quantidade exata da marca promovida que foi vendida durante o período da oferta de preço (por exemplo, 5.780 unidades a R$ 1,79 cada).

3. O fabricante paga ao varejista rapidamente, digamos em cinco dias, a verba promocional designada pela quantidade vendida. O fabricante então reembolsa o varejista pela margem reduzida ao vender certo número de unidades (por exemplo, 5.680 unidades à margem reduzida de R$ 0,20 ou R$ 1.136,00) e compensa o varejista pela quantidade da verba promocional (por exemplo, 5.680 unidades a R$ 0,05 cada ou R$ 284,00; portanto, o fabricante pagaria ao varejista o total de R$ 1.420,00).

## Uma situação onde todos ganham

Os programas verificados por scanner dão um incentivo ao varejista apenas para os itens vendidos com desconto aos consumidores durante o período acordado. Assim, diferente do desconto no faturamento, os fabricantes ao usar *promoções ao canal verificadas por scanner* não pagam pela verba promocional em que nenhum benefício é recebido. Pelo contrário, os fabricantes compensam os varejistas apenas por aqueles itens que são vendidos aos consumidores aos preços com desconto. Assim, essa forma de programa de pagamento por desempenho beneficia todas as partes: consumidores, varejistas e fabricantes.

Os consumidores ganham recebendo preços reduzidos, os varejistas ganham obtendo benefícios por girar quantidades maiores das marcas promovidas dos fabricantes e os fabricantes ganham aumentando as vendas de suas marcas, ainda que temporariamente. Em comparação, ao usar os descontos no faturamento, os fabricantes não têm garantia de que os descontos concedidos aos varejistas serão repassados aos consumidores.

Na teoria, portanto, com os programas de pagamento por desempenho, todos ganham. O problema, contudo, é que os varejistas não ganham tanto quanto o fariam com os programas de descontos no faturamento, que oferecem recompensas e não exigem nenhum esforço além de fazer um pedido. É por essa razão que os fabricantes abraçam os programas de pagamento por desempenho mais vigorosamente que os varejistas. É também por essa razão que os fabricantes grandes e poderosos (como a Nestlé, por exemplo), às vezes precisam tomar medidas extremas, como descontinuar a venda de suas marcas a varejistas que não cumprem os deveres que servem à marca promovida do fabricante.

Nas principais redes brasileiras (assim como na maioria dos países economicamente desenvolvidos) existe infraestrutura tecnológica para apoiar essa forma de promoção para o canal de distribuição. Empresas bem conhecidas como a ACNielsen e a Information Resources Inc. tornam isso possível operando, por uma taxa, como agentes escaneadores. Os agentes escaneadores lucram realizando as seguintes funções: (1) coletar os dados escaneados dos varejistas, (2) verificar a quantidade de movimento de produto que atende aos requisitos promocionais dos fabricantes e garante compensação, (3) pagar ao varejista, (4) coletar fundos do fabricante com uma comissão por serviços prestados.

## Promoções Customizadas: Trade Marketing

O trade marketing é uma área do fabricante cuja finalidade básica é cuidar das relações com o canal de distribuição em todos os seus aspectos, visando a manutenção dos negócios com os clientes, especialmente os mais importantes. De certa forma, o trade marketing é uma evolução do conceito de **key account**. Dentre as atividades do trade marketing, assim como do *key account*, está a atividade promocional e de propaganda que um fabricante *customiza* para contas específicas de varejo, em geral clientes especiais, ou seja, aqueles mais importantes para o fabricante. Para entender essa prática por completo, é necessário colocá-la no contexto da promoção de desconto no faturamento, que é uma redução temporária de preço oferecida como uma política geral e, portanto, aplicada a todos – ou à maioria – os clientes. Com os programas de desconto no faturamento, os investimentos promocionais do fabricante absolutamente não são customizados às necessidades de contas de varejo específicas. Em contraste, o trade marketing direciona os investimentos promocionais a clientes varejistas específicos e desenvolve ações de parceria entre varejo e fabricante. Esse tipo de ação atende simultaneamente os interesses de alavancar a marca do fabricante, gerar volume de vendas e lucratividade para o varejo e atender às necessidades dos clientes. Propagandas em rádios locais e programas de fidelidade que usam o banco de dados dos varejistas são as formas mais comuns de ações promocionais do trade marketing.

### Alguns exemplos

Ao introduzir seu caro sistema de fotografia Photosmart – um sistema de escaneamento por foto e impressão para computadores domésticos – a Hewlett-Packard (HP) fez acordos de *comarketing* com um pequeno número de varejistas. A HP selecionou consumidores em potencial em cada área de distribuição e enviou convites que pareciam ter sido remetidos pelo varejista, e não pela HP. Os compradores em potencial foram convidados a ver uma demonstração na loja com a chance de ganhar um sistema Photosmart de graça.

Um exemplo da categoria de produtos de consumo é o esforço de trade marketing da Hormel Foods, com a SPAM® Family of Products (carne enlatada). Para impulsionar as vendas e atrair novos consumidores à marca, a Hormel Foods introduziu o programa de fidelização "SPAM Stuff". Seguindo os passos da Marlboro, Kool-Aid e Pepsi, que tinham lançado programas "stuff", a Hormel Foods ofereceu aos consumidores pontos para obter itens de graça (como personagens Bean Bag, calções, mousepads, canecas e camisetas) com cada compra dos produtos SPAM. Além de oferecer brindes para encorajar os consumidores a testar os produtos SPAM, a Hormel Foods desenvolveu alguns programas para chamar a atenção do canal de distribuição para a marca. Os varejistas receberam material de propaganda da SPAM como folhetos. Também receberam apoio para propaganda local promovendo a marca SPAM no rádio e nos jornais. Para atrair ainda mais a participação dos varejistas, a Hormel Foods ofereceu a um supermercado por região uma promoção "Dia SPAM" para o melhor display. As lojas vencedoras ganharam "vestimentas SPAM" para os funcionários e clientes, hambúrgueres SPAMBURGER grátis feitos no estacionamento da loja e visitas dos personagens SPAM. Essa foi com certeza uma tentativa descontraída por parte da Hormel Foods para aumentar o interesse dos consumidores e dos varejistas pela marca SPAM. Ainda que pareçam tolos, programas como esses encorajam os varejistas a dar mais atenção à marca (por exemplo, aumentando o espaço na prateleira) e incitam os consumidores a comprar a marca com mais regularidade.

### O que nos aguarda no futuro?

As ações personalizadas do trade marketing é uma inovação relativamente recente. Introduzida pela primeira vez no setor dos produtos de conveniência, a prática acabou se espalhando às empresas que fabricam e vendem tecidos e roupas e itens duráveis, como o sistema Photosmart da HP. Como as ações promocionais do trade marketing requerem um grande esforço tanto no desenvolvimento quanto na implementação e são custosas, o interesse entre as empresas de produtos de conveniência já atingiu seu ponto máximo.[55] Todavia, como os varejistas poderosos se beneficiam com programas bem desenvolvidos de trade marketing, essa nova área chegou para ficar.

# Generalizações sobre as promoções

A discussão anterior se baseou em evidências de pesquisas em relação ao modo como as promoções operam e os objetivos são alcançados. Os pesquisadores – em especial durante as duas últimas décadas – estudaram com afinco o funcionamento e a eficácia das promoções de vendas. Esses esforços empíricos permitiram que os pesquisadores tirassem algumas conclusões temporárias. Tais conclusões, mais formalmente chamadas *generalizações empíricas*, representam uma evidência consistente em relação às diferentes facetas do desempenho das promoções. Nove generalizações empíricas são dignas de nota (ver Tabela 15.5).[56]

| tabela 15.5 Nove generalizações empíricas | |
|---|---|
| 1. | As reduções temporárias de preço aumentam substancialmente as vendas. |
| 2. | Quanto maior for a frequência das ofertas, mais baixa será a receptividade a elas. |
| 3. | A frequência das ofertas muda a referência de preço do consumidor. |
| 4. | Os varejistas repassam menos de 100% das ofertas feitas para o canal de distribuição. |
| 5. | Marcas com maior participação de mercado têm menos elasticidade de ofertas. |
| 6. | Promoções anunciadas podem resultar no aumento do tráfego na loja. |
| 7. | A propaganda feita pelo varejista e as exibições operam em sinergia para influenciar as vendas das marcas com desconto. |
| 8. | As promoções em uma categoria de produtos afetam as vendas das marcas em categorias complementares e concorrentes. |
| 9. | Os efeitos de promover marcas de qualidade superior e inferior são assimétricos. |

*Fonte*: Adaptado de Robert C. Blattberg, Richard Briesch e Edward J. Fox, "How Promotions Work", Marketing Science 14, n. 3 (1995), G122-G132.

## Generalização 1: As reduções temporárias de preço no varejo aumentam substancialmente as vendas – mas apenas no curto prazo

É clara a evidência de que as reduções temporárias de preço no varejo geralmente resultam em substanciais aumentos de vendas em curto prazo. Esses aumentos de vendas em curto prazo são chamados *picos de vendas*. Tais picos ocorrem, porém, à custa de alguma redução nas compras, por parte dos consumidores, da marca promovida, antes ou depois do período promocional.[57] Além do mais, os efeitos das promoções de preço no varejo têm *curta duração*. Por exemplo, um estudo examinou as promoções de preços para várias marcas nas categorias de sopa e iogurte – o primeiro representando um produto que pode ser armazenado e o segundo um produto perecível – e descobriu que o efeito que essas promoções tinham sobre os consumidores no que se refere à probabilidade de compra, escolha da marca e quantidade comprada, durava apenas por algumas semanas e não alterava o comportamento de compras em longo prazo.[58]

## Generalização 2: Quanto maior a frequência das ofertas mais baixa será a receptividade a elas

Quando os fabricantes e os varejistas fazem ofertas frequentes, os consumidores aprendem a prever a probabilidade de ofertas futuras e, portanto, sua receptividade a qualquer oferta em particular é reduzida. Ofertas não frequentes geram maior receptividade, ao passo que ofertas frequentes levam a um aumento menos significativo das vendas. A psicologia por trás dessa generalização é simples: quando as ofertas são feitas com frequência, a *referência interna de preço* do consumidor (por exemplo, o preço que o consumidor espera pagar por determinada marca) é diminuída, tornando o preço em oferta menos atraente e gerando menos receptividade que seria o caso se a oferta fosse feita com menos frequência.

## Generalização 3: A frequência das ofertas muda a referência de preço do consumidor

Um corolário da generalização anterior é que as ofertas frequentes tendem a reduzir a expectativa de preço, ou referência de preço, do consumidor, para a marca em oferta. Essa redução da referência de preço de uma marca provoca a consequência indesejável de diminuir o *brand equity* e, assim, a habilidade do vendedor para cobrar preços prêmio. Juntas, as generalizações 2 e 3 indicam que as ofertas excessivas produzem os efeitos indesejados de reduzir a referência de preço em relação a uma marca e diminuir a receptividade a qualquer oferta em particular.

## Generalização 4: Os varejistas repassam menos de 100% das ofertas feitas para o canal de distribuição

Como descrito anteriormente, as ofertas para o canal de distribuição feitas pelos fabricantes, que costumam ser oferecidas aos varejistas na forma de descontos no faturamento, nem sempre são repassadas aos consumidores. Embora um fabricante ofereça, digamos, um desconto de 15% no faturamento, talvez apenas 60% dos varejistas repassarão esse desconto aos consumidores como preços mais baixos. Não há nenhuma obrigação legal de os varejistas repassarem os descontos oferecidos ao canal de distribuição. Os varejistas escolhem repassá-los apenas se o cálculo de lucro os levar à conclusão de que lucros maiores podem ser obtidos repassando os descontos aos consumidores em vez de apenas "embolsá-los" diretamente. É por essa razão que os fabricantes estão cada vez mais implementando os *programas de pagamento por desempenho* que exigem dos varejistas a prestação de serviços específicos (por exemplo, providenciar espaços especiais na prateleira para a marca em oferta) para receber descontos.

## Generalização 5: Marcas com maior *share* de mercado têm menos elasticidade de ofertas

Suponha que o preço de uma marca seja reduzido no varejo em 20% e que o volume de vendas aumente em 30%. Isso representaria um *coeficiente de elasticidade* de 1,5 (ou seja, 30 ÷ 20), um valor indicando que o aumento na quantidade procurada é proporcionalmente 1 vez e meia maior que a redução de preço. A generalização 5 sugere que, para marcas com maior participação de mercado, o coeficiente de elasticidade das ofertas é em geral *menor* que o das marcas com participação menor. A razão é simples: marcas com participação menor têm proporcionalmente mais clientes a ganhar quando são colocadas em oferta, ao passo que marcas com participação maior têm menos clientes remanescentes. Como resultado, quando as marcas com participação maior são colocadas em oferta, ganham menos com suas promoções comparadas às marcas com menor participação.

## Generalização 6: Promoções anunciadas podem resultar no aumento do tráfego na loja

As pesquisas sugerem que o tráfego na loja geralmente se beneficia da atividade de colocar marcas em oferta. Quando expostos à propaganda que anunciam as marcas em oferta, alguns consumidores mudam de varejo, ainda que temporariamente, para se aproveitar das ofertas atraentes em outra loja que não aquela na qual estão acostumados a comprar.

Os varejistas referem-se a esse comportamento temporário de troca de loja como "colher cerejas", uma metáfora adequada. Curiosamente, uma pesquisa demonstrou que o comportamento de "colher cerejas" cresce com o aumento do tamanho da família, quando o chefe da família é uma pessoa idosa, quando uma família não tem uma mulher que trabalha fora e com a diminuição da renda familiar. Todas essas variáveis sugerem que o comportamento de "colher cerejas" é maior quando o *custo de oportunidade* de visitar várias lojas fica menor – por exemplo, é menos custoso em termos de gasto de tempo para uma pessoa idosa aposentada visitar várias lojas que lhe oferecerão descontos de preço, que para uma pessoa jovem, empregada.[59] A mesma pesquisa revelou ainda que os colhedores de cereja economizam em média 5% por item em todas as compras. No entanto, com o preço da gasolina aumentado a um índice rápido (desde 2008), as economias líquidas obtidas com a "colheita" sem dúvida diminuirão, pois os consumidores que têm esse hábito gastarão gasolina locomovendo-se de loja para loja para encontrar ofertas.

## Generalização 7: A propaganda feita pelo varejista e as exibições operam em sinergia para influenciar as vendas das marcas em oferta

Quando uma marca é colocada em oferta, em geral as vendas aumentam (ver Generalização 1). Quando uma marca é colocada em oferta e anunciada pelo varejista, as vendas aumentam ainda mais (ver Generalização 6). Quando uma marca é colocada em oferta, é anunciada pelo varejista, e recebe um espaço especial de exibição nas gôndolas, as vendas aumentam substancialmente mais. Em outras palavras, os efeitos combinados da propaganda e da exibição interagem de maneira positiva para impulsionar a venda a varejo de uma marca em oferta.

## Generalização 8: As promoções em uma categoria de produto afetam as marcas em categorias complementares ou concorrentes

Uma coisa interessante acontece com frequência quando uma marca em determinada categoria de produto é colocada em promoção: as vendas para as marcas nas categorias complementares ou concorrentes são afetadas. Por exemplo, quando os sorvetes Kibon são promovidos, marcas de complementares de cobertura de sorvete também aumentam. Reciprocamente, as vendas das marcas concorrentes na categoria de sorvete diminuem, pois as compras do sorvete Kibon reduzem, temporariamente, as compras de outras marcas.

## Generalização 9: Os efeitos de promover marcas de qualidade superior e inferior são assimétricos

Quando uma marca de qualidade superior é promovida por meio de uma substancial redução de preço, há uma tendência de que ela atraia consumidores que trocam de marca e, assim, roube as vendas de marcas de qualidade inferior.[60] Contudo, uma marca de qualidade inferior em promoção tem uma probabilidade menor de atrair pessoas que trocam as marcas de qualidade superior. Ou seja, o comportamento de troca é *assimétrico* – a proporção dos consumidores que mudam das marcas de qualidade inferior para superior, quando estas estão em oferta, é maior que as que se movem na direção oposta, quando uma marca de qualidade inferior está em oferta.[61]

# Resumo

As promoções de vendas foram apresentadas neste primeiro dos três capítulos dedicados ao tópico. A natureza precisa das promoções de vendas foi descrita. O capítulo explicou que as promoções têm três alvos: o canal de distribuição (atacadistas e varejistas), consumidores e a própria equipe de vendas de uma empresa. O capítulo prosseguiu discutindo as razões de uma significativa tendência em direção ao aumento dos investimentos em promoção comparando-se à propaganda. Essa mudança é parte do movimento do marketing de *pull* (puxar) para o marketing de *push* (empurrar), particularmente no caso dos produtos de conveniência. Fatores por trás disso incluem a transferência de poder dos fabricantes para os varejistas, a redução da lealdade em relação à marca, a fragmentação do mercado de massa, a redução da eficácia da mídia, uma crescente orientação para o curto prazo e a favorável receptividade do consumidor às promoções de vendas.

O capítulo também detalhou as tarefas específicas que as promoções podem e não podem realizar. Por exemplo, as promoções não podem dar ao canal de distribuição nem aos consumidores razões de longo prazo para comprar. No entanto, as promoções são adequadas para gerar o comportamento de compra de experimentação, facilitando a introdução de novos produtos, ganhando espaço na prateleira para uma marca, encorajando a compra repetida e realizando uma variedade de outras tarefas.

Após essa introdução geral, o capítulo apresentou o tópico das promoções de vendas orientadas para o canal de distribuição e descreveu suas várias formas. As promoções orientadas para o canal de distribuição representam em média mais de 50% dos orçamentos promocionais das empresas de produtos de conveniência. Esses programas realizam uma variedade de objetivos. As aplicações de verbas promocionais, ou ofertas comerciais, são feitas aos varejistas em troca da realização de atividades que apoiam a marca do fabricante. Os fabricantes consideram esse tipo de promoção atraente por várias razões: são fáceis de implementar, podem estimular com sucesso a distribuição inicial, são bem-aceitas pelo canal de distribuição, podem aumentar as compras por parte do canal de distribuição durante o período das ofertas. No entanto, duas grandes desvantagens das formas de aplicação da verba promocional, especialmente na variedade descontos no faturamento, são que os varejistas com frequência não os repassam aos consumidores e podem induzir o canal de distribuição a estocar um produto para obter vantagem com a redução temporária de preço. Isso simplesmente muda os negócios do futuro para o presente. Duas práticas prevalecentes nos negócios atuais são a antecipação de compra e o desvio. Outra forma de oferta comercial, chamada taxa por espaço na gôndola e em pontos extras, aplica-se às introduções de novos produtos. Os fabricantes de produtos vendidos em supermercados têm de pagar aos varejistas uma taxa pelo direito de ter o seu produto vendido por eles. Taxas de saída, ou de retirada, são cobradas dos fabricantes cujos produtos não alcançam o volume de vendas pré-acordado.

Para reduzir a antecipação de compra e o desvio, alguns fabricantes revisaram seus métodos de instituir preços a um produto. A iniciativa da P&G é a mais notável nesse aspecto por introduzir aquilo que ela chama preço baseado em valor, ou o que outros referem-se como preço baixo todo dia instituído pelo fabricante, ou PBTD(F). Esse método de instituição de preço elimina a prática tradicional de fazer periodicamente ofertas comerciais atraentes e, em vez disso, cobra o mesmo preço todos os dias. Outro importante desenvolvimento no setor de supermercados, também com o objetivo de diminuir a antecipação de compra e o desvio, é a implementação dos programas de pagamento por desempenho, também conhecidos como sistemas verificados por scanner, ou *promoções de canal verificadas por scanner*. Com esse método, os varejistas são compensados pela quantidade da marca de um fabricante vendida aos consumidores, em vez de quanto eles compram do fabricante (como acontece no desconto no faturamento).

# Questões para discussão

1. O termo *incentivo promocional* foi sugerido como alternativa à promoção de vendas. Explique por que esse termo é mais descritivo que o já estabelecido.

2. Descreva os fatores responsáveis pelo rápido crescimento das promoções de vendas. Você acredita em um aumento contínuo no uso das promoções na próxima década?

3. Por que, em sua opinião, a Internet é um bom meio para oferecer promoções de vendas aos consumidores?

4. Explique com suas próprias palavras o significado das estratégias de push *versus* pull. Use como exemplo uma marca bem conhecida, explique quais elementos do *mix* de comar dessa marca representam cada uma das estratégias.

5. Imagine que você é o vice-presidente de marketing de uma grande e bem conhecida empresa de produtos de consumo (por exemplo, P&G, Unilever ou Johnson & Johnson). Que medidas você tomaria para restaurar o equilíbrio de poder a favor de sua empresa em sua relação com seus varejistas?

6. As promoções são capazes de reverter o declínio temporário ou permanente das vendas de uma marca? Seja específico.

7. Como o uso das promoções orientadas para o canal de distribuição e os consumidores, por parte do fabricante, pode gerar entusiasmo e estimular um desempenho melhor da equipe de vendas?

8. A generalização 5 alegou que as marcas com maior participação de mercado têm menos elasticidade de oferta. Crie um exemplo realista para ilustrar o seu entendimento dessa generalização empírica.

9. A generalização 8 afirmou que as promoções em uma categoria de produto afetam as vendas das marcas em categorias complementares ou concorrentes. O sorvete Kibon exemplificou essa generalização. Dê exemplos de duas marcas adicionais e das categorias de produto complementar e concorrente que seriam afetadas pelas promoções dessas marcas.

10. Imagine que você é o gerente de marketing de uma empresa que fabrica uma linha de produtos de papel (lenços, guardanapos etc.). Sua participação de mercado (market share) atual é de 7%, e você está considerando oferecer aos varejistas uma atraente comunicação cooperada por um espaço especial de exibição para a sua marca. Comente as chances de sucesso dessa promoção.

11. Com suas próprias palavras, explique as práticas da antecipação de compra e do desvio. Descreva também as vantagens e desvantagens dos programas faturar e reter.

12. Imagine que você é um comprador para uma grande rede de supermercados e que foi incumbido de falar a um grupo de estudantes de marketing em uma universidade próxima. Durante a sessão de perguntas que se seguiu à palestra, um aluno faz a seguinte declaração: "Meu pai trabalha para um fabricante de produtos e diz que as taxas de espaço na gôndola não são nada mais que uma forma de furto!". Como você defenderia a prática de sua empresa a esse estudante?

13. Explique por que a venda de marcas próprias com frequência permite que as grandes redes de varejistas embolsem as ofertas comerciais em vez de repassar seus custos reduzidos aos consumidores, na forma de preços mais baixos.

14. Com suas próprias palavras, explique por que o PBTD(F) diminui a antecipação de compra e o desvio.

15. Com suas próprias palavras, discuta como os programas de pagamento por desempenho, ou *promoções ao canal verificadas por scanner*, praticamente eliminam a antecipação de compra e o desvio.

# Notas

1. Adaptado de Maureen Tkacik, "In a Clash of the Sneaker Titans, Nike Gets Leg Up on Foot Locker", *Wall Street Journal Online*, 13 de maio de 2003, http:www.online.wsj.com.
2. Antonio Costa e Edson Crescitelli. "Marketing Promocional para Mercados Competitivos". 2. ed. São Paulo: Atlas, 2003.
3. Jaques Chevron, "Branding and Promoting: Uneasy Cohabitation", *Brandweek*, 14 de setembro de 1998, 24.
4. Pierre Chandon, Brian Wansink e Gilles Laurent, "A Benefit Congruency Framework of Sales Promotion Effectiveness", *Journal of Marketing* 64 (outubro de 2000), 65-81. Robert M. Schindler, "Consequences of Perceiving Oneself as Responsible for Obtaining a Discount: Evidence for Smart-Shopper Feelings", *Journal of Consumer Psychology* 7, nº 4 (1998), 371-92.
5. Um estudo sobre os programas de abatimento concluiu que o uso frequente do abatimento pelos fabricantes de automóveis tem um impacto positivo nas rendas em curto prazo, mas um efeito negativo sobre os lucros em longo prazo. Ver Koen Pauwels, Jorge Silva-Risso, Shuba Srinivasan e Dominique M. Hanssens, "New Products, Sales Promotions, and Firm Value: The Case of the Automobile Industry", *Journal of Marketing* 68 (outubro de 2004), 142-56.
6. Segundo dados da Secretaria de Fazenda do Estado de São Paulo, http://www.nfp.fazenda.sp.gov.br/creditos.shtm.
7. Essas estimativas são da Cannondale Associates Inc., relatadas por Amy Johannes, "Trade Off", *Promo*, novembro de 2007, 14.
8. Segundo pesquisa AMPRO 2008/2009, http://www.ampro.com.br/servicos/tendencia_mercado/ProjetoTendencias.pdf
9. Carl F. Mela, Sunil Gupta e Donald R. Lehmann, "The Long-Term Impact of Promotion and Advertising on Consumer Brand Choice", *Journal of Marketing Research* 34 (maio de 1997), 248-61.
10. Purushottam Papatla e Lakshman Krishnamurthi, "Measuring the Dynamic Effects on Promotions on Brand Choice", *Journal of Marketing Research* 33 (fevereiro de 1996), 20-35.
11. A.S.C. Ehrenberg, Kathy Hammond e G. J. Goodhardt, "The After-Effects of Price-Related Consumer Promotions", *Journal of Advertising Research* 34 (julho/agosto de 1994), 11-21.
12. Robert C. Blattberg e Scott A. Neslin, "Sales Promotion: The Long and The Short of It", *Marketing Letters* 1, nº 1 (1989), 81-97.
13. Chandon, Wansink e Laurent, "A Benefit Congruency Framework of Sales Promotion Effectiveness", 65-81. A discussão sobre os benefícios é baseada em uma tipologia fornecida por esses autores. Ver a Tabela 1, nas páginas 68-9. Outra perspectiva de visão, que segue o mesmo raciocínio, é apresentada na Figura 2 de Kusum L. Ailawadi, Scott A. Neslin e Karen Gedenk, "Pursuing the Value-Conscious Consumer: Store Brands versus National Brand Promotions", *Journal of Marketing* (janeiro de 2001), 71-89.
14. Pesquisas indicam que os consumidores que se aproveitam das ofertas promocionais se sentem bem consigo mesmos por serem "compradores inteligentes", e que esse sentimento é particularmente forte quando os consumidores acreditam que são pessoalmente responsáveis por terem se aproveitado de uma oferta. Ver Schindler, "Consequences of Perceiving Oneself as Responsible for Obtaining a Discount: Evidence of Smart-Shopper Feelings".
15. Antonio Costa e Edson Crescitelli. "Marketing Promocional para Mercados Competitivos". 2. ed. São Paulo: Atlas, 2003.
16. Para saber mais detalhes sobre as promoções, acesse: http://www.nestle.com.br/site/anestle/historia/historia2000.aspx. (Acesso em: janeiro de 2011).
17. Dados em http://www.instituto-ronald.org.br/index.php/mcdia-feliz. (Acesso em: janeiro de 2011).

18. Essa discussão é guiada por Charles Fredericks, Jr., "What Ogilvy & Mather Has Learned about Sales Promotion", *The Tools of Promotion* (Nova York: Association of National Advertisers, 1975), e Don E. Schultz e William A. Robinson, *Sales Promotion Management* (Lincolnwood, Ill.: NTC Business Books, 1986), cap.3.
19. "A Real Gasser", *Promo*, janeiro de 2002, 27.
20. Amie Smith e Al Urbanski, "Excellence x 16", *Promo*, dezembro de 1998, 136.
21. Uma *exibição* é uma fila de espaço na prateleira. As marcas costumam ser exibidas de acordo com seu potencial de lucro aos varejistas. Os fabricantes devem pagar por exibições extras oferecendo compensações no display ou fornecendo outros incentivos que aumentem o lucro do varejista.
22. "Adventures in Light Bulbs", *Promo*, dezembro de 2000, 89.
23. Chakravarthi Narasimhan, Scott A. Neslin e Subrata K. Sen, "Promotional Elasticities and Category Characteristics," *Journal of Marketing* 60 (abril de 1996), 17-30. Ver também Sandrine Macé e Scott A. Neslin, "The Determinants of Pre- and Postpromotion Dips in Sales of Frequently Purchased Goods", *Journal of Marketing Research* 41 (agosto de 2004), 339-50.
24. Carl F. Mela, Kamel Jedidi e Douglas Bowman, "The Long Term Impact of Promotion on Consumer Stockpiling Behavior", *Journal of Marketing Research* 35, maio de 1998, 250-62.
25. Brian Wansink e Rohit Deshpande, "'Out of Sight, Out of Mind': Pantry Stockpiling and Brand-Usage Frequency", *Marketing Letters* 5, n. 1 (1994), 91-100.
26. Kusum L. Ailawadi e Scott A. Neslin, "The Effect of Promotion on Consumption: Buying More and Consuming It Faster", *Journal of Marketing Research* 35 (agosto de 1998), 390-98.
27. Pierre Chandon e Brian Wansink, "When Are Stockpiled Products Consumed Faster? A Convenience-Salience Framework of Postpurchase Consumption Incidence and Quantity", *Journal of Marketing Research* 39 (agosto de 2002), 321-35.
28. Para uma análise empírica desse efeito, ver Kusum L. Ailawadi, Karen Gedenk, Christina Lutzky e Scott A. Neslin, "Decomposition of the Sales Impact of Promotion-Induced Stockpiling", *Journal of Marketing Research* 44 (agosto de 2007), 450-67.
29. Betsy Spethmann, "Value Ads", *Promo*, março de 2001, 74-9.
30. Jack Neff, "Clorox Gives in on Glad, Hikes Trade Promotion", *Advertising Age*, 26 de novembro de 2000, 22.
31. Ibid.
32. Esses objetivos são adaptados de um seminário sobre promoções ao consumidor conduzido pela Ennis Associates e patrocinado pela Association of National Advertisers (Nova York, s. d.). Ver também Chakravarthi Narasimhan, "Managerial Perspectives on Trade and Consumer Promotions", *Marketing Letters* 1, n. 3 (1989), 239-51.
33. Don E. Schultz e William A. Robinson, *Sales Promotion Management* (Lincolnwood, Ill.: NTC Business Books, 1986), 265-66.
34. "ACNielsen Study Finds CPG Manufacturers and Retailers Increasing Their Use of Category Management Tools", 3 de maio de 2004, http://us.nielsen.com/news/20040503 (Acesso em: 28 de julho de 2008).
35. Esse estudo foi realizado pela Cannondale Associates, relatado por Christopher W. Hoyt, "You Cheated, You Lied", *Promo*, julho de 1997, 64.
36. Para uma classificação um pouco diferente, ver Miguel I. Gómez, Vithala R. Rao e Edward W. McLaughlin, "Empiricial Analysis of Budget and Allocation of Trade Promotions in the U.S. Supermarket Industry", *Journal of Marketing Research* 44 (agosto de 2007), 410-24.
37. Para uma abordagem técnica das implicações de lucro da decisão do varejista de repassar um desconto do fabricante, ver Rajeev K. Tyagi, "A Characterization of Retailer Response to Manufacturer Trade Deals", *Journal of Marketing Research* 36 (novembro de 1999), 510-16.
38. O termo "taxa de espaço na prateleira" foi originalmente usado apenas com referência a novos produtos, mas com o tempo ele tornou-se uma expressão geral para todos os esforços realizados pelos fabricantes para obter o apoio para suas marcas. O termo é usado aqui em seu sentido original.
39. Essas diferenças são colocadas em contraste na Tabela 3 de William L. Wilkie, Debra M. Desrochers e Gregory T. Gundlach, "Marketing Research and Public Policy: The Case of Slotting Fees", *Journal of Public Policy & Marketing* 21 (outono de 2002), 275-88.
40. Para uma abordagem mais completa da questão, incluindo a apresentação de resultados de pesquisas feitas tanto pelos fabricantes quanto pelos varejistas, ver Paul N. Bloom, Gregory T. Gundlach e Joseph P. Cannon, "Slotting Allowances and Fees: Schools of Thought and the Views of Practicing Managers", *Journal of Marketing* 64 (abril de 2000), 92-108.
41. Paula Fitzgerald Bone, Karen Russo France e Richard Riley, "A Multifirm Analysis of Slotting Fees", *Journal of Public Policy & Marketing* 25 (outono de 2006), 224-37.
42. Para uma abordagem completa e sofisticada das questões econômicas envolvendo a taxa de espaço na prateleira, ver K. Sudhir e Vithala R. Rao, "Do Slotting Allowances Enhance Efficiency or Hinder Competition", *Journal of Marketing Research* 43 (maio de 2006), 137-55.
43. Ver Wilkie, Desrocher e Gundlach, "Marketing Research and Public Policy", para uma discussão adicional das questões econômicas e, em especial, de políticas públicas referentes à prática das taxas de espaço na prateleira.
44. Para uma discussão mais completa, ver Gregory T. Gundlach e Paul N. Bloom, "Slotting Allowances and the Retail Sale of Alcohol Beverages", *Journal of Public Policy & Marketing* 17 (outono de 1998), 173-84.
45. Ver David Balto, "Recent Legal and Regulatory Developments in Slotting Allowances and Category Management", *Journal of Public Policy & Marketing* 21 (outono de 2002), 289-94.
46. Essa ilustração é adaptada de Zachary Schiller, "Not Everyone Loves a Supermarket Special", *Business Week*, 17 de fevereiro, 1992, 64.
47. Robert D. Buzzell, John A. Quelch e Walter J. Salmon, "The Costly Bargain of Trade Promotion", *Harvard Business Review* 68 (março/abril de 1990), 145.
48. Jon Berry, "Diverting", *Adweek's Marketing Week*, 18 de maio de 1992, 22.
49. Uma demonstração perspicaz do motivo por que essas formas de aplicação da verba promocional não são lucrativas é encontrada em Magid M. Abraham e Leonard M. Lodish, "Getting the Most out of Advertising and Promotion", *Harvard Business Review* 68 (maio/junho de 1990), 50-60.
50. Para uma discussão da prática do preço baixo diário pelos varejistas, ver Stephen J. Hoch, Xavier Dreze e Mary E. Purk, "EDLP, Hi-Lo, and Margin Arithmetic", *Journal of Marketing* 58 (outubro de 1994), 16-27.
51. Kusum L. Ailawadi, Donald R. Lehmann e Scott A. Neslin, "A Market Response to a Major Policy Change in the Marketing *Mix*: Learning from Procter & Gamble's Value Pricing Strategy", *Journal of Marketing* 65 (janeiro de 2001), 44-61.
52. Essa conclusão é baseada em estimativas de lucro feitas em ibid., 57.
53. Kenneth Craig Manning, "Development of a Theory of Retailer Response to Manufacturers' Everyday Low Cost Programs" (Ph.D. dissertation, University of South Caroline, 1994).
54. Kerry E. Smith, "Scan Down, Pay Fast", *Promo*, janeiro 1994, 58-59, "The Prooj Is in the Scanning", *Promo*, fevereiro de 1995, 15.
55. Betsy Spethmann, "Wake Up and Smell the Co-Marketing", *Promo*, agosto de 1998, 43-47.
56. A discussão é baseada na síntese notável da literatura fornecida por Robert C. Blattberg, Richard Briesch e Edward J. Fox, "How Promotions Work", *Marketing Science* 14, n. 3 (1995), G122-G132. A ordem das generalizações apresentadas aqui é adaptada da apresentação de Blattberg *et al.* Consulte esse artigo para uma abordagem dos estudos específicos nos quais as generalizações são baseadas.
57. Harald J. van Heerde, Peter S. H. Leeflang e Dick R. Witting, "The Estimation of Pre- and Postpromotion Dips with Store-Level Scanner Data", *Journal of Marketing Research* 37 (agosto de 2000), 383-95.

58. Koen Pauwels, Dominique M. Hanssens e S. Siddarth, "The Long-Term Effects of Price Promotions on Category Incidence, Brand Choice, and Purchase Quantity", *Journal of Marketing Research* 39 (novembro de 2002), 421-39.
59. Edward J. Fox e Stephen J. Hoch, "Cherry-Picking", *Journal of Marketing* 69 (janeiro de 2005), 46-62.
60. O que parece ser um efeito assimétrico devido à qualidade da marca de fato dever-se à parcela de mercado. Em outras palavras, marcas com parcelas menores de mercado, que em muitas categorias de produto são de qualidade inferior, podem atrair mais pessoas que trocam de marca em comparação às marcas com parcelas de mercado maiores, simplesmente porque as marcas com parcelas menores precisam atrair quantidades proporcionalmente maiores de consumidores das marcas com parcelas maiores, que o inverso (ver Generalização 5). Para evidências relacionadas a essa questão, ver Raj Sethuraman e V. Srinivasan, "The Asymmetric Share Effect: An Empirical Generalization on Cross-Price Effects", *Journal of Marketing Research* 39 (agosto de 2002), 379-86.
61. Para um comentário sobre uma interessante pesquisa experimental sobre essa questão, ver Stephen M. Nowlis e Itamar Simonson, "Sales Promotions and the Choice Context as Competing Influences on Decision Making", *Journal of Consumer Psychology* 9, n. 1 (2000), 1-16.

# 16
# Sistemas de amostras e tipos de brindes

Tente se lembrar de seus primeiros dias na faculdade quando era calouro. A vida era bela. Você tinha dinheiro no bolso. Não sentia nenhuma pressão relacionada à escola naquela primeira semana antes do início das aulas. Era excitante ver todas aquelas pessoas novas, das quais poucas vieram da mesma escola que você, muitas de outros estados e países diferentes. No entanto, uma coisa que talvez o tenha surpreendido nessa primeira semana foi que o campus provavelmente parecia um shopping center cheio de pessoas tentando fazer que você adquirisse vários cartões de crédito, diferentes programas de telefonia celular e outros itens. Além disso, você também deve ter se surpreendido ao receber um pacote de amostra com itens de graça de uma livraria e provavelmente cupons de desconto das lojas locais. O seu novo campus não era muito diferente do que você já havia vivenciado: mais um local para promover produtos e divulgar mercadorias.

Os profissionais de marketing de fato desejam a oportunidade de alcançar e influenciar estudantes universitários. Os campi universitários são o local ideal para oferecer amostras e brindes, em grande parte porque as preferências de compras dos estudantes estão provavelmente mais abertas a influências nessa fase que mais tarde na vida deles. É por essa razão que empresas norte-americanas como a Alloy Media + Marketing oferecem amostras nas universidades por meio de livrarias, durante o período da volta à escola, quando os estudantes estão receptivos a novas ideias (e novos produtos), e também no início da primavera, quando a mudança do tempo frio para o quente influencia o comportamento relacionado à moda, atividades de lazer e produtos de cuidado pessoal.[1]

Há pouco tempo os profissionais de marketing dos Estados Unidos gastaram quase US$ 40 milhões em visitas a universidades nas quais distribuíram amostras grátis. Pesquisas comerciais indicam que quase dois terços dos estudantes que receberam uma amostra de um produto compraram o item na sequência. Não é de surpreender que mais de dois milhões de Pacotes de Testes em Campi são anualmente distribuídos em livra-

Carla van Wagoner/Shutterstock

rias em mais de 1.100 universidades por todo o país. Por exemplo, há pouco tempo as caixas do Bob Esponja Calça Quadrada incluíam amostras grátis de marcas como Clearasil, Vicks NyQuil e do xampu Clairol Herbal Essences. As amostras de produtos também são distribuídas em dias de eventos especiais, como o FHM Comedy Fest e o mtvUCampus Invasion Tour. O sistema de amostra de produtos cria excitação para os eventos e também para as marcas que são distribuídas aos estudantes.[2]

No Brasil é muito frequente também a distribuição de amostras em faculdades, universidades e até em exames vestibulares. Entre as empresas que utilizam esse tipo de ação com mais intensidade estão os bancos (ao montarem pequenos *stands* para divulgar seus serviços visando, especialmente, os cartões de crédito, voltados ao público universitário, vislumbrando nesse público futuros clientes de grande potencial), as editoras de revistas (distribuindo amostras de revistas de olho na venda de assinatura a um público que ainda está em formação de seus hábitos de leitura).

## Objetivos do capítulo

*Após ler este capítulo, você será capaz de:*

1. Entender os objetivos das promoções orientadas para as vendas.
2. Reconhecer que muitas formas de promoções alcançam diferentes objetivos para os profissionais de marketing.
3. Conhecer o papel das amostras, as formas de amostras e as tendências dessa prática.
4. Entender o papel, os tipos e a prática na distribuição de brindes.
5. Entender o papel das agências de promoção.

>>**Dica de comar:**
O uso de promoções em universidades para influenciar o comportamento de compra dos estudantes.

# Introdução

Com base no que estudamos no Capítulo 15, que introduziu o tópico geral das promoções de vendas e depois focou nas promoções orientadas para o canal de distribuição, este capítulo aborda com exclusividade as promoções orientadas para o consumidor. As práticas de amostras e tipos de brindes recebem atenção principal; o capítulo seguinte explora as formas adicionais de promoções orientadas para o consumidor.

Antes de prosseguir, é importante reiterar alguns conselhos que foram dados no Capítulo 1 e repetidos em outros lugares no texto. Essa orientação envolve as relações entre mercado-alvo, posicionamento da marca, objetivos e orçamentos e pode ser resumida na forma do seguinte mantra:

> *Todas as comunicações de marketing devem ser: (1) segmentadas, ou seja, direcionadas a um público-alvo específico, (2) claramente posicionadas, (3) criadas para alcançar um objetivo específico e (4) empreendidas para realizar os objetivos dentro dos limites do orçamento.*

Esse conselho, quando considerado no contexto das promoções ao consumidor, simplesmente alerta que o mercado-alvo e o posicionamento da marca são os pontos de partida para todas as decisões. Com o alvo preciso e o posicionamento claro, os gestores de marca estão preparados para especificar o objetivo de determinado programa de promoção. Os gerentes também devem trabalhar com diligência para garantir que as despesas com as promoções não excedam as limitações de seus orçamentos para a marca. Esse é o desafio que os gerentes de marca enfrentam quando usam promoções orientadas para o consumidor para alcançar objetivos estratégicos.

## Por que usar as promoções ao consumidor?

Em todas as categorias de produtos, sejam eles duráveis ou de consumo diário, existem várias marcas disponíveis para a escolha dos atacadistas e varejistas (os canais de distribuição) e para que os consumidores, por fim, as selecionem ou rejeitem para consumo pessoal ou familiar. Como gestor de marca, seu objetivo é fazer que sua marca seja adequadamente colocada no maior número possível de pontos de venda e garantir que ela saia das prateleiras com frequência suficiente para manter os varejistas satisfeitos com seu desempenho e para que alcance seus próprios objetivos de lucro. Isso exige que os consumidores experimentem a sua marca e, espera-se, tornem-se compradores regulares.

Os concorrentes têm objetivos idênticos. Eles estão tentando conseguir o apoio dos mesmos atacadistas e varejistas que você deseja obter compras de experimentação, além de alcançar a regularidade das compras dos consumidores que você também quer. O ganho deles representa a sua perda e vice-versa. É um jogo traiçoeiro de soma zero na batalha pelos clientes do canal de distribuição e consumidores finais. Você não quer deixar as coisas fáceis para os concorrentes e eles, por sua vez, não estão dispostos a fazer de sua vida um mar de rosas.

Embora os riscos não possam ser comparados, os gestores de marca – em ação semelhante a dos militares – estão sempre atacando, contra-atacando e defendendo seu terreno dos invasores. A propaganda desempenha um papel importante nessa batalha, sobrevoando as ações do cotidiano, por assim dizer, e jogando bombas "persuasivas". A promoção de vendas, em contraste, é análoga à infantaria, responsável pelo "trabalho sujo" de expulsar a concorrência e entrar em uma luta corpo a corpo. A propaganda sozinha é insuficiente, a promoção por si é inadequada. Juntas elas formam um oponente formidável.

Agora, respondendo à pergunta que abriu a seção (Por que usar as promoções ao consumidor?), a resposta é que as promoções são usadas porque alcançam metas que a propaganda sozinha não consegue. Os consumidores com frequência precisam ser induzidos a comprar agora, e não mais tarde, a sua marca e não a do concorrente, a comprar mais e não menos e a comprar com maior frequência. As promoções de vendas são especialmente adequadas para alcançar esses imperativos. Enquanto a propaganda pode tornar os consumidores conscientes da marca e criar uma imagem positiva, as promoções servem para consumar a transação.

Antes de prosseguir, é necessário ressaltar um último ponto. Em particular, como um consumidor vivendo em uma sociedade orientada para o mercado, exposto diariamente à prática comum dos profissionais de marketing com muitas formas de promoção (cupons, amostras, sorteios, vale-brindes, abatimentos etc.), é provável que você já esteja familiarizado sobre esses tópicos comuns e saiba muitas coisas a respeito de promoções – pelo menos em nível experimental, como consumidor. Contudo, assim como ter consciência da teoria da relatividade de Einstein ($E = mc^2$) provavelmente não significa realmente saber a teoria de uma maneira sofisticada, a questão é que também a promoção de vendas tem aspectos que vão além de um nível superficial. Esperamos que o estudo deste capítulo e do próximo possa contribuir, realmente, para a melhor compreensão do porquê de os vários tipos de promoção serem usados e quais objetivos específicos cada um é destinado a alcançar. Os gestores de marca qualificados simplesmente não colocam a mão dentro de um "saco" e escolhem ao acaso qualquer instrumento promocional como se as múltiplas formas de promoções fossem completamente intercambiáveis. Pelo contrário, cada uma é escolhida para realizar um objetivo estratégico em um nível melhor que as opções alternativas, considerando as limitações do orçamento.

# Objetivos da gerência de marca e recompensas aos consumidores

Quais são os objetivos que os gestores de marca esperam alcançar com o uso das promoções orientadas para o consumidor? Por que os consumidores são receptivos a amostras, concursos, sorteios, ofertas de descontos e outros esforços promocionais?

## Objetivos da gerência de marca

O principal objetivo das promoções é aumentar as vendas (*promoção de vendas = aumento das vendas*). Acompanhando esse objetivo principal e em conjunto com as promoções orientadas para o canal de distribuição (tema do capítulo anterior), as promoções ao consumidor conseguem realizar vários objetivos de influência sobre as vendas para a marca:[3]

- Obter apoio do canal de distribuição para estocar quantidades maiores da marca durante período limitado e obter melhor espaço na gôndola durante o período.
- Reduzir os estoques por um período limitado quando eles alcançaram um nível excessivo por causa de uma queda nas vendas, condições econômicas ou ações eficazes da concorrência.
- Motivar a equipe de vendas durante um período promocional a obter maior distribuição da marca, melhor espaço na gôndola ou outros tratamentos preferenciais em relação às marcas concorrentes.
- Proteger a base de clientes contra os esforços dos concorrentes.
- Introduzir novas marcas no canal de distribuição e aos consumidores.
- Penetrar em novos segmentos ou mercados com as marcas estabelecidas.
- Promover compras de experimentação entre os consumidores que jamais experimentaram a nossa marca, fazendo que aqueles que não a compraram recentemente a experimentem de novo.
- Recompensar os clientes atuais por continuar a adquirir a marca.
- Encorajar as compras repetidas da marca e reforçar a lealdade em relação a ela.
- Promover a imagem da marca.
- Aumentar a leitura dos anúncios.
- Promover o processo de expandir continuamente o banco de dados de clientes e consumidores.

Como podemos observar, as promoções ao consumidor são usadas para realizar uma variedade de objetivos, com a meta final de aumentar as vendas da nossa marca. As promoções ao consumidor, quando feitas com eficácia, servem para obter o apoio do canal de distribuição, inspirar a equipe de vendas a melhorar o desempenho e, mais importante, motivar os consumidores a fazer compras de experimentação da marca e, idealmente, adquiri-la com mais frequência e talvez até em quantidades maiores.

Para simplificar as coisas, a discussão sobre as formas específicas de promoções orientadas para o consumidor estão divididas entre este capítulo e o próximo (17) e focam principalmente nos objetivos direcionados a *influenciar o comportamento do consumidor*, em vez de iniciar a ação do canal de distribuição ou da equipe de vendas. Focaremos em três categorias gerais de objetivos: (1) gerar a compra de experimentação, (2) encorajar compras repetidas e (3) reforçar a imagem da marca.

Algumas promoções de amostras (e degustação, no caso de alimentos) são usadas principalmente com o objetivo de influenciar os consumidores a *experimentar a marca*. Um gestor de marca emprega esses instrumentos promocionais para estimular os não usuários a testarem a marca pela primeira vez ou encorajar mais uma experiência de usuários anteriores que não compraram a marca por longos períodos. Em outros momentos, os gestores usam as promoções para manter sua atual base de clientes, recompensando-os por continuar a comprar a marca promovida ou levando-os a comprar grande quantidade da marca promovida, para que eles não tenham necessidade, pelo menos em curto prazo, de comprar marcas concorrentes. Esse é o *objetivo das compras repetidas* das promoções de vendas. As promoções de vendas também podem ser usadas com *propósitos de reforçar a imagem*. Por exemplo, a seleção cuidadosa do brinde certo ou do sorteio apropriado pode melhorar a imagem de uma marca.

## Recompensas aos consumidores

Os consumidores não seriam receptivos às promoções de vendas a menos que existisse alguma vantagem para eles – e de fato existe. Todas as técnicas de promoções dão recompensas aos consumidores (benefícios e incentivos) que *encorajam certas formas de comportamento* desejadas pelos gestores de marca. Essas recompensas ou benefícios são tanto utilitárias quanto hedônicas.[4]

Os consumidores receptivos às promoções de vendas recebem vários benefícios *utilitários* ou funcionais: (1) economizar dinheiro (por exemplo, com o uso de cupons), (2) reduzir o custo de busca e decisão (por exemplo, simplesmente aproveitando-se uma oferta promocional e não tendo de pensar em outras alternativas) e (3) obter um produto de melhor qualidade em virtude da redução de preço que permite aos consumidores adquirir marcas superiores que talvez não comprassem de outro modo. Os consumidores também obtêm benefícios hedônicos quando aproveitam-se as ofertas nas promoções de vendas: (1) a sensação de ser um comprador inteligente ao desfrutar as promoções de vendas, (2) preencher a necessidade de estimulação e variedade quando, digamos, experimentam uma marca que não comprariam se não fosse pela promoção atraente, (3) obter valor de entretenimento quando, por exemplo, o consumidor participa de um concurso ou sorteio. As promoções ao consumidor também desempenham uma função informativa influenciando as crenças do consumidor sobre a marca – por exemplo, sugerindo que ela tem qualidade superior a que se pensava, porque é copromovida com outra marca que, por si, é considerada de alta qualidade.[5]

A recompensa que os consumidores recebem das promoções de vendas às vezes são imediatas, outras são posteriores. Uma *recompensa imediata* é aquela que leva à economia de dinheiro ou outra forma de benefício assim que o consumidor exibe o comportamento especificado pelo profissional de marketing. Por exemplo, você obtém potencialmente um prazer imediato quando experimenta um item de alimentação ou bebida que foi colocado como amostra em um supermercado ou loja, como os *stands* de oferta de produtos para degustação no Carrefour, por exemplo. As *recompensas posteriores* são aquelas que se seguem ao comportamento depois da compra, o que pode ser em alguns dias, semanas ou até meses. Por exemplo, talvez você tenha de esperar seis ou oito semanas antes de desfrutar um brinde enviado pelo correio.

Em geral, os consumidores são mais receptivos às recompensas imediatas que às posteriores. É claro que isso está de acordo com a preferência natural do ser humano por gratificação imediata.

## Classificação dos métodos de promoção

A Tabela 16.1 apresenta uma tipologia de seis células que cruza as duas formas de recompensas ao consumidor (imediatas *versus* posteriores) com os três objetivos para o uso das promoções (gerar compras de experimentação, encorajar a compra repetida e reforçar a imagem da marca).

A célula 1, na Tabela 16.1, inclui três técnicas de promoção – amostras, cupons instantâneos e cupons entregues nas prateleiras – que encorajam *o comportamento de experimentação* dando aos consumidores uma *recompensa imediata*. A recompensa é economia de dinheiro, no caso dos cupons instantâneos, ou um produto grátis, no caso das amostras. Os cupons entregues por leitura ótica, mídia ou correio, e brindes grátis com a compra – todos encontrados na célula 2 – são algumas das técnicas que geram a *experimentação*, mas *adiam a recompensa*. As amostras e os brindes são tema deste capítulo, os cupons e outras formas de promoções orientadas para o consumidor são abordados no capítulo seguinte.

As células 3 e 4 contêm instrumentos promocionais destinados a encorajar a *compra repetida* por parte dos consumidores. Os gestores de comunicação de marketing desenvolvem essas técnicas para recompensar os compradores atuais de uma marca e impedi-los de mudar para as concorrentes – em outras palavras, para encorajar a compra repetida. Os *instrumentos de recompensa imediata*, na célula 3, incluem descontos no preço, kit promocional, brinde dentro ou anexado à

### tabela 16.1
**Principais promoções orientadas para o consumidor**

| Recompensa ao consumidor | Objetivo da gerência de marca | | |
|---|---|---|---|
| | Gerar experimentação | Encorajar a compra repetida | Reforçar a imagem da marca |
| **Imediatas** | **Célula 1**<br>• Amostras<br>• Cupons instantâneos<br>• Cupons entregues no balcão | **Célula 3**<br>• Descontos no preço<br>• Embalagens bônus<br>• Brindes dentro ou anexos à embalagem<br>• Vale-brinde | **Célula 5**<br>(Nenhuma promoção coincide com as condições da c. 5) |
| **Posteriores** | **Célula 2**<br>• Cupons entregues por leitura ótica<br>• Cupons entregues por mídia e correio<br>• Cupons on-line<br>• Brindes com vínculo de compra<br>• Brindes sem vínculo de compra | **Célula 4**<br>• Cupons dentro e anexos à embalagem<br>• Abatimentos por reembolsos (rebates)<br>• Programas de fidelização | **Célula 6**<br>• Brindes autoliquidantes<br>• Sorteios e concursos |

OBS.: alguns itens desta tabela são abordados neste capítulo (16) e outros no Capítulo 17.

embalagem e vale-brindes. As *técnicas de recompensas posteriores*, listadas na célula 4, incluem cupons dentro e sobre a embalagem, ofertas de reembolso ou abatimento e programas de fidelidade.

Criar a *imagem da marca* é a principal tarefa da propaganda, contudo, os instrumentos de promoção de vendas podem apoiar os esforços de propaganda reforçando a imagem da marca. Por natureza, essas técnicas são *incapazes de dar ao consumidor uma recompensa imediata*, por isso a célula 5 é vazia. A célula 6 contém brindes autoliquidantes (*self-liquidating*) e duas modalidades – concursos e sorteios – que, se desenvolvidos apropriadamente, podem reforçar ou mesmo fortalecer a imagem da marca, além de realizar outras tarefas.

É importante enfatizar novamente que a classificação dos instrumentos promocionais na Tabela 16.1 está necessariamente simplificada. Em primeiro lugar, a tabela classifica cada técnica com respeito ao *objetivo principal* que ela está destinada a alcançar. Observe, todavia, que as promoções são capazes de realizar mais que um único objetivo. Por exemplo, as embalagens bônus (célula 3) são classificadas como instrumentos para encorajar a compra repetida, mas as pessoas que experimentam a marca pela primeira vez também ocasionalmente compram produtos que oferecem volume extra ou representam um bom valor. As várias formas de cupons localizadas nas células 1 e 2 têm o objetivo principal de encorajar experimentações e de atrair pessoas que mudam de uma marca para outra. Na verdade, entretanto, são os compradores atuais, e não os novos, que resgatam a maioria dos cupons. Em outras palavras, embora tenham a intenção de encorajar compras de experimentação e mudança, os cupons também convidam a compras repetidas, recompensando os clientes atuais por continuar a comprar a marca.

Observe, também, que dois dos instrumentos promocionais da Tabela 16.1 – *cupons* e *brindes* – são encontrados em mais de uma célula. Isso acontece porque essas técnicas alcançam diferentes objetivos dependendo da forma específica do veículo de entrega. Os cupons entregues por meio da mídia (jornais, revistas e on-line) ou pelo correio oferecem uma forma de recompensa posterior, ao passo que os cupons instantâneos retirados de uma embalagem no ponto de venda oferecem uma recompensa imediata. Do mesmo modo, os brindes colocados dentro ou anexos à embalagem do produto dão uma recompensa imediata, enquanto aqueles que requerem entrega pelo correio representam recompensa apenas depois de algum tempo.

# Amostras

Muitos profissionais concordam que o sistema de amostras (*sampling*) é o principal mecanismo de promoção para gerar uso experimental. A distribuição de amostras é quase uma necessidade quando se trata da introdução de produtos verdadeiramente novos, desde que possam arcar com essa forma de promoção. As amostras são eficazes porque dão aos consumidores uma oportunidade de experimentar uma nova marca pessoalmente. Elas permitem uma interação ativa em vez de um encontro passivo. Uma pesquisa recente indicou que mais de 90% dos consumidores disseram que comprariam uma marca nova se gostassem da amostra e considerassem a compra acessível em termos de preço.[6]

Por definição, o **sistema de amostras** inclui qualquer método usado para apresentar produtos em tamanho real, ou especial para experimentação, aos consumidores. A grande maioria dos fabricantes usa o sistema de amostras como parte de seus programas de comar para gerar experimentação e alavancar o apoio do canal de distribuição. As empresas usam uma variedade de métodos e mídias para apresentar as amostras:

- *Mala direta*: As amostras são enviadas em domicílios, selecionados por características demográficas ou geodemográficas (como vimos no Capítulo 4).
- *Jornais e revistas:* As amostras com frequência são incluídas em revistas e jornais, e representam formas eficazes em termos de custo de distribuição e alcance do público em massa. Por exemplo, Viva é uma marca que concorre com Bounty, Browny e outras na categoria de papel toalha, cujas vendas anuais superam US$ 2 bilhões. A Viva tem o preço mais alto pela qualidade superior. Para convencer os consumidores de que o preço mais alto é justificado, eles precisaram de fato tocar o papel toalha Viva. Para levar as amostras do Viva às mãos dos consumidores, folhas foram costuradas em edições de duas revistas – *Reader's Digest* e *Every Day with Rachel Ray*.[7] O xampu Seda, em seu relançamento, distribuiu amostras de seus novos produtos em revistas voltadas para o público feminino, como a revista Gloss.
- *Equipes de distribuição de amostras de porta em porta:* Essa forma de distribuição de amostras permite uma segmentação considerável e tem vantagens como custo mais baixo e um intervalo de tempo menor entre o pedido de amostras feito pelo gestor da marca e a entrega pela empresa que realiza o processo. Empresas especializadas na distribuição de amostras de porta em porta direcionam a seleção dos domicílios para atender às necessidades dos clientes. As amostras devem ser distribuídas apenas em vizinhanças onde os residentes correspondam ao mercado-alvo da marca em amostra.
- *Amostras dentro ou anexas à embalagem:* Esse método usa a embalagem de outro produto para servir como veículo da amostra. Um requisito-chave dessa forma de distribuição de amostra é que a marca em questão e a marca

veículo sejam complementares com respeito a seus benefícios, características do público-alvo e imagem. Um bom exemplo disso é a distribuição no Brasil de amostras do sabão Finish, para louças, juntamente das máquinas de lavar louça Brastemp.

- *Locais de tráfego intenso e eventos:* Shopping centers, cinemas, aeroportos e eventos especiais são locais valiosos para a distribuição de amostras. Abordaremos esse tópico com mais detalhes em uma discussão posterior sobre formas criativas de distribuição de amostras.
- *Distribuição de amostras em locais específicos:* Os gestores de marca e suas agências de promoção às vezes escolhem locais específicos para distribuir amostras dos produtos, locais esses que são especialmente apropriados para pessoas em certo estágio da vida, referido como ponto de mudança de vida. Amostras oferecidas a estudantes universitários no início do novo ano escolar (veja *Dica de comar*) são um exemplo dessa distribuição nos pontos de mudança. Escritórios matrimoniais representam outro ponto de mudança para alcançar recém-casados. Kits para recém-casados contendo vários produtos às vezes são dados a casais quando eles pedem licença de casamento. A razão para isso é que os recém-casados nos Estados Unidos movimentam US$ 70 bilhões com compras de itens para o lar no primeiro ano depois do casamento.[8]
- *Distribuição de amostras dentro das lojas:* Demonstradoras apresentam amostras do produto em supermercados e outras lojas do varejo para que os consumidores as experimentem enquanto fazem compras. É compreensível que a distribuição de amostras dentro das lojas seja a forma mais frequente desse sistema, pois oferece amostras aos consumidores onde e quando as decisões de compra podem ser influenciadas mais prontamente.[9] Uma loja de brinquedos, como a BPKids, por exemplo, seria um local apropriado para alcançar mães e crianças. A Blockbuster é um lugar excelente para distribuir amostras a adolescentes e jovens adultos. E restaurantes fast-food – como McDonald's, Burguer King e Bob's – recorreram às amostras como meio para introduzir novos itens no menu.[10] O Soho (rede de salão de beleza) é o lugar ideal para a distribuição ou experimentação de uma infinidade de artigos ligados ao tratamento de beleza, como tinturas de cabelo.
- *Distribuição de amostra pela Internet*: Os gerentes de marca cada vez mais distribuem amostras on-line. Eles costumam contratar os serviços de empresas especializadas em entrega de amostras on-line, como startsampling.com e thefreesite.com. Essas e outras empresas especializadas servem como portais de amostras on-line para as empresas de produtos de consumo que representam. Os consumidores acessam esses sites de amostras e se registram para receber amostras grátis das marcas que lhes interessam. As amostras são, então, enviadas pelo correio oportunamente. Como o envio pelo correio representa um significativo elemento de custo, estima-se que o custo da distribuição de amostras on-line é três vezes maior que o de distribuição em lojas ou em eventos especiais.[11] A justificativa para essa despesa extra é que as pessoas que acessam os sites para pedir amostras específicas em geral estão realmente interessadas nessas marcas – e podem comprá-las no fim das contas – em comparação, digamos, àquelas que recebem uma amostra em um evento. Portanto, a distribuição de amostras on-line pode representar um desperdício menor que as formas alternativas de distribuição. Embora represente um meio útil de distribuir amostras, é duvidoso que o sistema on-line substitua os métodos alternativos de distribuição. Porém, quando é possível completar o todo o processo de entrega da amostra via on-line, ou seja, até a entrega efetiva do produto, as vantagens são significativamente maiores. Para algumas categorias de produtos isso é possível, como games, músicas, livros e softwares.
- *Distribuição de amostra em clubes de amostras*: Essa é uma forma relativamente nova para distribuição de amostras. São os grupos ou clubes de amostras. Eles funcionam basicamente da seguinte forma: uma entidade se forma e procura agregar um grupo de pessoas interessadas em receber amostras de produtos. Para ser associado ou fazer parte do grupo, o interessado deve fazer uma inscrição e pagar um taxa anual. O clube de amostras monta um local (uma loja, por exemplo) onde as amostras ficarão disponíveis (também podem disponibilizar as amostras via correio ou Internet, mas isso não é muito comum). Depois, a entidade capta amostras para os associados, oferecendo aos fabricantes a possibilidade de oferecer amostras de seus produtos a esse grupo ou o próprio fabricante procura a entidade e faz a oferta de amostras. Os participantes (associados), por sua vez, têm certas regras a cumprir (como limitação da quantidade de amostras por período e responder a uma pesquisa sobre elas). Para mais informações sobre os clubes de amostras e sobre como esse tipo de distribuição de amostras vem sendo trabalhado no Brasil, veja a sessão *Foco CIM*. Como é uma atividade nova, ainda é difícil saber se ela se tornará uma opção válida ou se é apenas um modismo. Mas a ideia é inovadora e parece agradar os dois lados envolvidos.

## Principais práticas de distribuição de amostras

No passado muitos esforços de distribuição de amostras não eram sofisticados e representavam desperdícios. Em particular, havia uma tendência de usar pontos de distribuição em massa para fazer que as amostras dos produtos chegassem às mãos do maior número possível de pessoas. O sistema de amostras sofisticado hoje insiste em três práticas prudentes: (1) direcionar as amostras em vez de distribuí-las em massa, (2) usar métodos inovadores de distribuição onde eles forem apropriados e (3) fazer esforços para aferir o retorno sobre investimentos com o sistema de amostras.

# foco c.i.m.

## Clube de amostras e TRYVERTISING

Foi-se o tempo em que se comunicar com o mercado resumia-se a fazer propaganda. Nos últimos anos, o processo de comunicação ficou bem mais complexo e difícil que no passado, quando os produtos não apresentavam muitas variações, o número de marcas era restrito e as mídias eram poucas e com grande poder de penetração. Atualmente, percebe-se um investimento muito mais equilibrado nas diversas formas de comunicação de marketing, como promoções de venda, marketing direto e relações públicas. Saem dos holofotes os anúncios invasivos e massificados e entram em cena maneiras alternativas para tornar produtos conhecidos e conversar com os consumidores.

Nesse cenário, uma possibilidade interessante de comunicação que vem ganhando espaço em diversos países, inclusive no Brasil, é o *tryvertising*. O termo *tryvertising* é a fusão das palavras inglesas *try* (experimentar) e *advertising* (propaganda). Como o próprio termo sugere, trata-se de unir a experimentação à propaganda. Na prática, significa um novo tipo de divulgação, que busca a integração dos produtos na vida cotidiana, de forma que os consumidores possam formar opinião e tomar decisões baseados em sua experiência, e não na mensagem de simples propaganda. Em outras palavras, o *tryvertising* traduz uma familiarização do consumidor com o produto, na qual o indivíduo passa a relacionar os valores e benefícios do produto a situações relevantes na sua vida, tirando suas próprias conclusões. Inclusive, este consumidor típico, que busca a experimentação antes de realizar a compra, vem sendo chamado de *trysumer*.

A diferença entre o *tryvertising* e o processo de amostragem convencional é que, no caso do *tryvertising*, o consumidor tem liberdade para escolher os produtos que lhe interessam, garantindo uma conexão mínima entre o consumidor e o produto e evitando que amostras sejam distribuídas para indivíduos completamente fora do público-alvo da marca. De acordo com profissionais de marketing, uma ação de *tryvertising* possibilita a construção de laços com os consumidores por meio do entendimento das suas preferências e gostos e ajuste da oferta para o lançamento ou reposicionamento. Além disso, estudo recente realizado no Canadá indica que indivíduos expostos ao *tryvertising* demonstram uma intenção de compra 50% maior que indivíduos expostos a outras formas de comunicação.

Uma ação de *tryvertising* pode ser operacionalizada por meio de uma loja conceito do próprio fabricante de uma marca, como é o caso da Samsung Experience, em Nova York. Essa loja, segundo Paul Kim, gerente de marketing da Samsung nos Estados Unidos, procura maximizar a interação do cliente com os produtos e informá-lo sobre os últimos lançamentos da marca. Na Samsung Experience, os consumidores são encorajados a, por exemplo, levar filmadoras para fora da loja e usá-las durante um período antes tomar a decisão de compra. Para Kim, a experiência de testar um produto é extremamente marcante na memória do consumidor, o que aumenta consideravelmente as chances de compra e eventual fidelização à marca.

Outra maneira de operacionalizar uma ação de *tryvertising* é por meio de uma loja de amostra grátis. Este modelo de *tryvertising* foi criado na Austrália e implantado pela primeira vez no Japão, em 2007, com o nome de Sample Lab. O conceito é bastante simples: indivíduos se cadastram e têm direito a retirar produtos em uma loja de amostra grátis sem custo, fornecendo em troca sua opinião sobre o produto que levou para casa. Atualmente já existem propostas semelhantes em diferentes países e que desfrutam, até o momento, de considerável sucesso – como a SamplePlazza, na China, a SampleU, nos EUA, e Eslóultimo, na Espanha.

No Brasil, duas lojas foram pioneiras nesse modelo: o Clube Amostra Grátis – inaugurado em abril de 2010, localizado no bairro Vila Madalena, em São Paulo – e a Sample Central – inaugurada em junho de 2010, localizada nas proximidades da Avenida Paulista, também em São Paulo. A Sample Central é uma franquia da rede internacional Sample Lab, enquanto o Clube Amostra Grátis é iniciativa local. No modelo brasileiro, ambas as lojas de amostra grátis têm funcionamento bastante parecido: os interessados devem fazer o cadastro no site e pagar uma taxa (anuidade), em seguida, devem retirar suas carteirinhas de sócios nas lojas e, com isso, terão direito à visitação e aquisição de cinco produtos por mês (sem que tenham de pagar nada pelos produtos, é claro). Depois de retirar os produtos, o consumidor deve responder a pesquisas sobre suas impressões. À medida que as pesquisas são respondidas, os associados podem ganhar pontos e retirar ainda mais produtos.

Algumas pequenas diferenças existem, entretanto, no processo de funcionamento dessas duas lojas. Na Sample Central o consumidor precisa agendar sua visita, já no Clube de Amostras Grátis não há agendamento e o cliente pode ir direto à loja. Outra diferença refere-se ao valor das anuidades cobradas: enquanto a anuidade da Sample Central é de R$ 15,00, o Clube Amostra Grátis cobra um valor de R$ 50,00. As anuidades cobradas por essas empresas, no entanto, funcionam muito mais como uma espécie de filtro dos consumidores cadastrados, que como fonte de receita para as lojas. A maior parte do faturamento das lojas é justamente das pesquisas, que são

*(Continua)*

*(Continuação)*

pagas pela indústria que expõe seus produtos e buscam, com isso, captar a opinião dos consumidores de uma forma mais barata e assertiva que por meio de pesquisas de mercado tradicionais.

Para as empresas fabricantes, diversos são os benefícios advindos da aplicação do *tryvertising* em uma loja de amostra grátis. Por exemplo, gerar uma base de dados com informações capazes de aprimorar o produto em fase de teste e auxiliar a empresa nas decisões de lançamento e reposicionamento. De acordo com a gerente de marketing da Sadia, Patrícia Cattaruzzi, por meio das lojas de amostra grátis é possível ter um termômetro que seria o lançamento de um produto, ao observar quantas pessoas o escolhem na loja, e ainda trabalhar questões específicas pelos questionários que os clientes respondem. As pesquisas auxiliam muito as marcas no lançamento de seus produtos, ou na reformulação de produtos já lançados, mas que não tiveram a aceitação esperada pelo mercado.

Além do sucesso com a indústria, a princípio, parece que a proposta agradou também ao consumidor brasileiro. A Sample Central terminou o ano de 2010 com balanço altamente positivo: 53 mil associados – mais que o dobro da meta para o período. Já o Clube Amostra Grátis contava, em janeiro de 2011, com 17 mil associados. Este sucesso inicial, inclusive, motivou os planos de expansão das lojas pelo país. O Clube Amostra Grátis já abriu uma loja em Curitiba e planeja abrir uma unidade em Recife ainda no primeiro semestre de 2011, de acordo com Luiz Kajibata Gaeta, sócio-proprietário da empresa. A Sample Central, por sua vez, também prevê a inauguração de outras lojas nas principais capitais do país. Apesar de já ter recebido 92 pedidos de franquias, João Pedro Borges, sócio da Sample Central, admite que o objetivo é lançar lojas próprias. Além das já citadas, outros modelos semelhantes já foram abertos, como o Clube 0800, que inaugurou sua loja em Vitória, no Espírito Santo, em janeiro de 2011, e a loja virtual Tryoop!, primeiro site de experimentação do país.

Ainda é cedo, no entanto, para afirmar se essa nova forma de distribuição de amostras vai realmente emplacar no Brasil. Mais que analisar se os consumidores estão se cadastrando nas lojas e buscando suas amostras, é preciso verificar se estão de fato respondendo às pesquisas de *feedback* sobre os produtos e, ainda mais importante, se essas pesquisas são respondidas de forma correta e se são suficientes para auxiliar na tomada de decisão de marketing das marcas expostas. É preciso que o resultado da experimentação, do *feedback* e da comunicação boca a boca gerada justifique o investimento feito para expor os produtos nesse tipo de loja.

Em outros países o modelo parece funcionar. Em Tóquio, por exemplo, 76% dos clientes que experimentaram um produto tornaram-se consumidores após o seu lançamento. Além disso, 94% dos consumidores que levaram produtos para casa responderam ao questionário, o que representa uma taxa de retorno excelente para esforços de amostras. Por enquanto, no Brasil, a Sample Central contou com uma participação maciça do consumidor, com índice de 94% de respostas aos questionários de *feedback*.

*A proposta deste case é servir de referência para reflexão e discussão sobre o tema e não para avaliar as estratégias adotadas. O case foi desenvolvido com base em informações divulgadas nos seguintes meios: Brand Strategy. Londres: dez/2005, p. 12.; D'Innocenzo, L. Strategy. Toronto, jun/2005, p. 30; http://virgula.uol.com.br; http://exame.abril.com.br; http://www.mundodomarketing.com.br; http://trendwatching.com/trends/TRYVERTISING.htm; http://www1.folha.uol.com.br; http://www.clubeamostragratis.com.br; http://www.samplecentral.com.br/; http://www.tryoop.com.br; http://www.clube0800.com.*

Caso elaborado pela Profa. Me. Iná Futino Barreto, do curso de marketing da FECAP e FIA, mestre em administração pela FEA/USP e doutoranda em marketing pela FEA-USP, e pela Profa. Me. Carolina Compagno, do curso de marketing da FECAP e mestre em administração pela FEA/USP.

## Selecionar o público-alvo das amostras

Os serviços especializados em distribuição de amostras surgiram nos últimos anos. Por exemplo, um especialista em amostras alcança crianças com menos de 8 anos distribuindo itens em zoológicos, museus, parques e outros locais que atraiam crianças pequenas e seus pais. Ele também alcança pré-adolescentes e adolescentes (entre 9 e 17 anos) em locais como cinemas, baladas e pistas de skate. Caso um gestor de marca deseje atingir um público-alvo de pré-adolescentes e crianças em idade pré-escolar com amostras grátis, isso pode ser feito por meio da distribuição de pacotes de amostras em lojas como PB Kids, cuja vantagem foi descrita nos seguintes termos:

*Quando você dá seu produto a consumidores em lojas de brinquedos, pode ter 99% de certeza de que está alcançando famílias com filhos em idade inferior a 12 anos, ou avós com netos nessa faixa etária. Você não tem esse tipo de certeza de alcance com outras [formas de comunicações de marketing].*[12]

Alunos do ensino médio, do sexo masculino, representam um dos mercados mais inacessíveis, porque não costumam assistir muita TV nem ler revistas com frequência. Uma empresa especializada em distribuição direcionada de amostras desenvolveu um programa que atraiu adolescentes do sexo masculino, distribuindo kits de amostras de produtos (como creme de barbear, lâminas, desinfetantes bucais e doces) em lojas de aluguel de smoking. Os adolescentes recebiam as amostras quando procuravam as lojas para alugar um terno de formatura.

As amostras são distribuídas a jovens adultos (com idades entre 18 e 24) em faculdades e universidades, shopping centers, praias e shows musicais. Aeroportos, shopping centers e bairros com alta densidade de lojas de varejo são bons locais para alcançar adultos na faixa etária entre 25 e 54 anos. Recém-casados, como mencionado antes, recebem amostras grátis quando requerem certidão de casamento. Maternidades são bons locais para distribuição de amostras de produtos para bebês, como fraldas, leite e cremes.

Formas alternativas de alcançar públicos bastante específicos podem também ser desenvolvidas. Uma empresa norte-americana, por exemplo, buscando atingir os grupos latinos e afro-americanos, trabalhou com as igrejas frequentadas por esse público como forma de atingi-los. Os ministros dessas igrejas costumam entregar as sacolas de amostras aos membros da congregação. Essa empresa também distribui amostras a moradores urbanos por meio de uma grande rede de salões de beleza e barbearias.[13]

A Bozzano, para divulgar o lançamento de seu desodorante Bozzano Protection roll-on no Brasil, trabalhou com amostragem segmentada. Foram distribuídas pequenas sacolas contendo o desodorante em suas diferentes fragrâncias e um folheto explicativo sobre o produto. As sacolas de amostra, no entanto, não foram distribuídas indiscriminadamente. Foram selecionados pontos específicos onde o possível consumidor da marca poderia ser encontrado, como academias, clubes e quadras poliesportivas.[14]

Mais um exemplo de segmentação das amostras envolve a distribuição de uma pomada anticoceira Benadryl feita há alguns anos pela Warner-Lambert, a então fabricante da Benadryl (que depois se juntou a Pfizer e passou a usar esse nome). A Warner-Lambert queria desenvolver um programa de amostras que atraísse as pessoas com coceira causada por picadas de mosquito, dermatites etc. O objetivo era abordar consumidores potenciais nos locais "pontos de coceira" onde as pessoas estariam mais receptivas a descobrir as virtudes da Benadryl. A empresa considerou distribuir amostras em lojas de materiais de jardinagem, mas desistiu por não considerá-las um ponto ideal para atender aos objetivos desejados. Por fim, a empresa teve a ideia brilhante de distribuir amostras nas áreas de camping da KOA Kampground onde as pessoas acampam, aproveitam o ar livre, e... sentem coceira. Vinte e cinco milhões de pessoas visitam a KOA Kampgrounds todos os anos. Durante um período de dois verões a Warner-Lambert distribuiu seis milhões de amostras da Benadryl em 550 áreas de camping, realizando, portanto, uma distribuição de amostras eficaz e eficiente em termos de custo.[15]

Praças de pedágio também são locais muito utilizados para distribuição de amostras, pois permitem bom nível de segmentação de público pelo local (se for em uma estrada que dá acesso ao litoral ou ao campo), dia (véspera de feriado prolongado ou dia de semana) e horário (manhã, madrugada). Se você usar os critérios por exemplos, litoral, véspera de feriado e período da manhã, é provável que passem muitas famílias nessa praça de pedágio. Porém, a principal vantagem – já que segmentar o público é possível em várias outras formas de distribuição – é a disponibilidade de atenção do consumidor por um bom período da viagem para ver e ler sobre a amostra após recebê-la (com exceção do motorista, é claro). Nesse caso, seria um ponto interessante para distribuição de amostras de produtos relacionados à praia, como uma nova marca ou tipo de filtro solar.

Todos esses exemplos indicam que praticamente qualquer grupo de consumidores pode ser escolhido para receber amostras. A única limitação para a segmentação das amostras é a falta de criatividade!

## Usar métodos criativos de distribuição

As empresas empregam inúmeros meios criativos para fazer que as amostras dos produtos cheguem às mãos dos consumidores-alvo. Para distribuir as amostras dos produtos para cuidar da pele Cetaphil, lojas "pop-ups" (instalações temporárias de vendas) foram colocadas em três importantes cidades: Atlanta, Chicago e Nova York. Os visitantes das "lojas" receberam massagens grátis com Cetaphil e também foram convidados a girar uma roda da fortuna para tentar ganhar produtos Cetaphil, como loções e cremes adstringentes e hidratantes. Mais de 250 mil amostras de produtos Cetaphil foram distribuídas durante esse evento promocional e, para encorajar compras subsequentes, os visitantes receberam um cupom no valor de US$ 1 de desconto para cada produto Cetaphil.[16]

A Progresso Soup, divulgada por The Pillsbury Company (hoje pertencente à General Mills), contratou uma frota de "Homens sopa" para entregar tigelas de sopa quente a consumidores em cidades de clima frio, como Cleveland, Chicago, Detroit e Pittsburgh. De outubro a maio, as equipes de distribuição de amostras visitaram os consumidores nessas cidades durante eventos esportivos, corridas, shows ao ar livre e outros locais que representavam pontos ideais para fazer que os consumidores experimentassem a sopa quente Progresso.

A Guinness Import Company distribuiu amostras de sua cerveja especial usando trailers equipados com dúzias de torneiras. Esses trailers chegavam aos festivais de música irlandesa em cidades como Nova York, Chicago e São Francisco. A Guinness investiu nos trailers porque considera a distribuição de amostras em eventos especiais uma boa oportunidade de criar uma experiência singular de uso da marca e evitar o aglomerado da propaganda de mídia de massa.

A Gilette, para divulgar seu produto Gilette Prestobarba Excell Sport, desenvolveu uma forma inusitada e eficiente de entrar em contato com o público jovem e gerar experimentação de seus produtos: criou o Barba Bus. Um ônibus foi adaptado e transformado em um ambiente de apresentação da marca, distribuição de amostras e convívio com a marca. Um "ônibus balada" foi desenvolvido e circulou pelos pontos mais agitados de várias cidades brasileiras como São Paulo, Rio de Janeiro, Florianópolis, Porto Alegre e outras. No primeiro andar do ônibus os consumidores podiam fazer a barba, ter contato com os produtos e receber amostras. Depois, no segundo andar, tinham acesso a uma verdadeira danceteria com DJ, bar e iluminação. Para finalizar a ação, a última parada do Barba Bus foi on-line, no Second Life[17] e reuniu mais de 1,6 mil avatares.[18]

O famoso sorvete feito em casa Ben & Jerry's é mais um exemplo de distribuição criativa de amostras. Depois que a Ben & Jerry's foi comprada pela Unilever, os gerentes da marca decidiram distribuir amostras do produto para aumentar sua penetração no mercado e atrair novos usuários das marcas concorrentes. Mas como distribuir amostras de sorvete? Isso poderia ser feito em supermercados, mas esse local de algum modo não se encaixa com a imagem da Ben & Jerry's. Obviamente, enviar amostras pelo correio está fora de questão. Por causa dessas limitações, a equipe de marketing da Ben & Jerry's decidiu distribuir amostras do sorvete em um evento especial chamado "Urban Pasture", criado especificamente com esse propósito, e convidou os fãs a "parar e provar o sorvete".

Para que o evento coincidisse com a imagem requintada, pastoral, da Ben & Jerry, os planejadores da promoção criaram um motivo "Urban Pasture" com bonecos de vacas, faixas, espreguiçadeiras, bandas ao vivo e, é claro, sorvete de graça. O evento passou por mais de 13 grandes cidades dos Estados Unidos, incluindo Boston, Chicago, Los Angeles e Nova York. O "Urban Pasture" realizado em cada cidade incluía um palco principal, onde as bandas tocavam e celebridades esportivas e de programas de TV comandavam competições de quem tomava mais sorvete, cujos vencedores tinham a oportunidade de selecionar uma instituição de caridade para receber uma generosa doação – de acordo com a imagem filantrópica da marca. Cada "pasture" durava um dia, mas as equipes de distribuição de amostras permaneciam nas cidades por pelo menos mais uma semana, durante a qual distribuíam amostras do sorvete usando ônibus decorados como vacas.[19]

A agência de promoção dos produtos de cuidados com a pele Nivea for Men desenvolveu um método inteligente de distribuir amostras de seus produtos. Equipes de rua distribuíram amostras dos produtos Nivea em quase 800 estações de trem e metrô por todos os Estados Unidos. A marca obteve um aumento de 100% nas vendas em grande parte desse criativo programa de amostras.[20]

Os profissionais de marketing do EBoost, energético que também aumenta a imunidade, requisitaram um meio único de oferecer amostras de sua marca distinguindo-a das concorrentes. A solução foi distribuir amostras do Eboost aos hóspedes de hotéis – colocando-as sobre mesas de cabeceira e travesseiros, ou nos banheiros, ou entregando os itens quando os hóspedes fechavam a conta. Essa distribuição em hotéis não beneficiou apenas o Eboost, mas também os hotéis participantes que acrescentaram valor para seus clientes ao dar amostras de um produto desejável.[21] Os gerentes de muitas outras marcas também obtiveram sucesso distribuindo amostras em hotéis.

Por fim, se você fosse o gerente de marca de uma linha de papel higiênico e acreditasse que o sistema de amostras beneficiaria a sua marca, como as daria ao consumidor? Obviamente, muitos métodos tradicionais seriam inapropriados pelo alto custo de transportar, digamos, milhões de rolos de papel. Os gerentes da marca Charmin da P&G enfrentaram precisamente esse desafio. Eles tentaram vários métodos de distribuição de amostras sem sucesso, mas então alguém teve a ideia de distribuí-las em eventos ao ar livre. A empresa fabricou uma frota de banheiros montados em trailers e realizou a turnê Charmin Potty Palooza, em eventos como feiras estaduais e Oktoberfests. Cada trailer foi equipado com água corrente, paredes cobertas com papel, piso de imitação de madeira, papel higiênico Charmin e várias amostras de outros produtos da P&G – sabão Safeguard, papel toalha Bounty e fraldas Pampers – junto com mesas dobráveis. Como descrito pelo gerente da marca Charmin, "[Papel higiênico] é uma categoria sobre a qual os consumidores não pensam muito. Para romper isso e entender os benefícios do Charmin Ultra, você realmente precisa experimentá-lo". A pesquisa da P&G indicou um aumento de 14% nas vendas do Charmin entre as pessoas que usaram as instalações do Potty Palooza da P&G.[22]

### Estimar o retorno sobre o investimento

Como descrevemos em detalhes no Capítulo 2, espera-se cada vez mais dos gestores de comunicação de marketing a prestação de contas por suas decisões. Os executivos financeiros, de marketing e CEOs exigem evidências de que os investimentos em propaganda e promoções podem ser justificados pelos lucros que geram. O retorno sobre o investimento (ROI) é um instrumento que pode ser usado para avaliar se um investimento em um programa de amostra se justifica em termos de custo. A Tabela 16.2 apresenta os passos da aplicação de uma análise ROI de um investimento em amostras.[23] Atente para o procedimento sistemático descrito na Tabela 16.2.

## Quando o sistema de amostras deve ser usado?

Os gerentes de promoção usam o sistema de amostras para induzir os consumidores a experimentar uma marca nova ou uma que está se movendo para um mercado diferente. Embora seja importante encorajar a experimentação de novas marcas, o sistema de amostras não é apropriado para todos os produtos novos ou melhorados. As circunstâncias ideais incluem as seguintes:[24]

1. Quando uma marca nova ou melhorada é *demonstravelmente superior* a outras marcas, ou quando ela tem *vantagens relativas distintas* sobre aquelas que substituirá.

| **tabela 16.2** Cálculo do ROI para o sistema de amostras | |
|---|---|
| **Passo 1:** | *Determinar o custo total do sistema de amostras*, o que inclui o custo das amostras mais os custos da distribuição – correio, porta a porta etc. Imagine, por exemplo, que o custo de distribuir uma unidade feita com tamanho de experimentação seja de US$ 0,60, e que 15 milhões unidades sejam distribuídas, portanto, o custo total é de US$ 9 milhões. |
| **Passo 2:** | *Calcular o lucro por unidade*, determinando o número médio de usos anuais do produto, e multiplicar esse número pelo lucro por unidade. Presuma, por exemplo, que em média seis unidades do produto em amostra são compradas por ano e que o lucro de cada unidade é US$ 1. Assim, casa usuário representa para a empresa um lucro potencial de US$ 6 quando começa a usar a marca em amostra. |
| **Passo 3:** | *Calcular o número de pessoas que se converteram à marca* (que se tornaram usuárias depois de experimentar a amostra) para que o programa de amostras fique equilibrado. Em função do custo do programa (US$ 9 milhões) e do lucro potencial por usuário (US$ 6), o número de conversões necessárias neste caso para alcançar o equilíbrio é de 1,5 milhão (ou seja, US$ 9 milhões dividido por US$ 6). Esse número representa um índice de conversão de 10% apenas para equilibrar o programa (1,5 milhão dividido por 15 milhões). |
| **Passo 4:** | *Determinar a eficácia do sistema de amostras*. Para que um programa de amostras seja bem-sucedido, o índice de conversão deve superar o índice de equilíbrio com ganhos entre 10% a 16%. No caso em questão, isso significaria que um mínimo de 1,65 milhão de pessoas devem se tornar usuárias depois de experimentar a marca em amostra (ou seja, 1,5 milhão multiplicado por 1,1) para justificar o custo das amostras e gerar um lucro razoável oriundo do investimento. |

2. Quando o conceito do produto é tão inovador que fica *difícil comunicá-lo apenas por meio da propaganda*. Por exemplo, a Procter & Gamble distribuiu amostras de seu novo Fat Free Pringles para pessoas na hora do almoço em mais de 20 grandes cidades. A equipe de gerência da marca sabia que os consumidores tinham de verificar por si mesmos que essa versão sem gordura do Pringles tinha praticamente o mesmo gosto que a regular. No Brasil, as empresas de cosméticos utilizam com bastante frequência a amostragem para que os próprios consumidores possam provar os benefícios dos novos produtos lançados. Os laboratórios farmacêuticos distribuem amostras aos médicos para que eles possam distribuir aos seus pacientes e assim monitorar os efeitos do medicamento. Os exemplos mencionados anteriormente do sorvete Ben & Ferry's e do papel higiênico Charmin ilustram ainda mais a necessidade de um programa de amostras de produtos quando a propaganda é insuficiente para transmitir a mensagem fundamental da marca. Em geral, quando fica difícil convencer os consumidores das vantagens de um produto apenas com o uso da propaganda, as amostras realizam essa função (veja a seção *Foco Global* para uma aplicação desse princípio na China).
3. Quando os orçamentos promocionais *permitem gerar a experimentação de consumo rapidamente*. Se gerar a rápida experimentação não for essencial, então instrumentos promocionais mais baratos, como os cupons, devem ser usados.

## Problemas com o sistema de amostras

Existem vários problemas com o sistema de amostras. Em primeiro lugar, ele é caro. Em segundo, o serviço postal ou outros distribuidores podem lidar de modo errado com a remessa em massa de amostras. Em terceiro lugar, as amostras distribuídas de porta em porta em locais de tráfego intenso podem ser prejudicadas pelo desperdício na distribuição e não chegar às mãos dos melhores consumidores em potencial. Em quarto, as amostras dentro ou anexas às embalagens excluem os consumidores que não compram a marca em questão. Em quinto, as amostras distribuídas nas lojas com frequência não alcançam quantidades suficientes de consumidores para justificar seus custos.

Um sexto problema com as amostras é que os consumidores podem usá-las de modo errado. Considere o caso do detergente para louças Sun Light, um produto da Lever Brothers. Esse produto, que tem aroma de limão, foi distribuído em um extenso programa de amostras há alguns anos, para mais de 50 milhões de domicílios. Infelizmente, quase 80 adultos e crianças ficaram doentes depois de usar o produto, porque confundiram o detergente com suco de limão. Segundo um dos diretores de pesquisa de marketing da Lever Brothers na época em que isso aconteceu, sempre há o risco em potencial do uso errado quando um produto é enviado a lares em vez de ser comprado com conhecimento prévio em um supermercado.[25]

O sétimo problema é o tamanho da amostra. Sempre surgem dúvidas se a amostra deve ser menor que a embalagem original e, se assim for, quanto menor? Metade, um quarto, uma porção? Um gerente de promoção inexperiente pode pensar que quanto menor a amostra mais amostras podem ser distribuídas com o mesmo investimento. Engano. O tamanho ideal de uma amostra é a quantidade suficiente para que o consumidor perceba os benefícios da marca. Por exemplo: se um novo xampu promete cabelos macios e isso só pode ser percebido após quatro lavagens, não se deve dar uma amostra que dê apenas para uma lavagem, pois o resultado é que o consumidor usará o produto uma única vez, não perceberá o

## foco global
### Introduzindo Oreos na China

Os cookies Oreo da Kraft Foods são um dos itens mais populares nos supermercados, com milhões de embalagens vendidas semanalmente. Os Oreos são encontrados em muitos países do ocidente, mas as vendas na China jamais chegaram perto do volume alcançado nos Estados Unidos, por exemplo. Na verdade, os consumidores chineses não são grandes comedores de cookies e Oreos são em essência um típico cookie norte-americano. Depois de estar presente no mercado chinês por uma década, a pesquisa de mercado da Kraft revelou que o estilo norte-americano do Oreo era muito doce para o paladar chinês e que o preço era muito alto. As opções eram óbvias: retirar a marca Oreo da China ou reformular o produto. A Kraft escolheu a segunda alternativa e reformulou o Oreo para ser menos doce e mais barato. Curiosamente, a Kraft abandonou a versão sanduíche circular do Oreos, que não atraia os consumidores chineses, e a substituiu por um wafer coberto com chocolate e recheado com baunilha e creme de chocolate.

Convencer os consumidores chineses a experimentar o novo wafer Oreo foi talvez ainda mais desafiador que criar um substituto adequado para o cookie de estilo norte-americano. Embora a propaganda fosse útil para fazer que os consumidores conhecessem o novo wafer Oreo, ela era insuficiente para convencê-los de que o novo cookie tinha um gosto bom. Ficou claro que um programa de amostras se fazia necessário. A distribuição das amostras de produto desenvolvida pela Kraft envolveu o recrutamento e treinamento de 300 estudantes universitários para se tornarem embaixadores da marca Oreo. Esses estudantes embaixadores passaram de bicicleta pelas ruas de Pequim e distribuíram amostras a mais de 300 consumidores. Os wafers Oreo rapidamente se tornaram o cookie mais conhecido na China e a Kraft dobrou sua renda proveniente da venda da marca nesse país.

*Fonte*: Adaptado de Julie Jargon, "Kraft Reformulates Oreo, Scores in China", The Wall Street Journal, 1º de maio de 2008, B1.

---

benefício prometido e se convencerá de que o produto não é bom e provavelmente nunca o comprará. Nesse caso, o gerente investiu recursos para provar ao consumidor que o produto não é bom e certamente não era seu objetivo, obviamente.

Um último problema – o furto – pode acontecer quando as amostras são distribuídas pelo correio. Isso ocorreu na Polônia logo depois que a Cortina de Ferro que separava a Europa oriental da ocidental foi literal e simbolicamente demolida com a queda do domínio comunista no leste europeu. A P&G enviou pelo correio 580 mil amostras do xampu Vidal Sasson Wash & Go aos consumidores na Polônia, a primeira remessa em massa de amostra grátis feita no país. A remessa foi um grande sucesso – tão grande, de fato, que cerca de 2 mil caixas de correio foram violadas. As amostras do xampu, embora com o rótulo "Não é para venda", chegaram ao mercado aberto e foram muito procuradas, sendo vendidas a um preço de 60 centavos cada. A P&G pagou cerca de US$ 40 mil ao Serviço Postal da Polônia para entregar as amostras. Além do custo da distribuição, a empresa pagou milhares de dólares a mais para consertar as caixas de correio.[26]

Por causa custo e do desperdício e outros problemas, o uso das amostras caiu por um período de tempo, à medida que muitos profissionais de marketing recorreram a promoções mais baratas. No entanto, com o desenvolvimento de soluções e inovações criativas, os gerentes de marca e suas agências de promoção se entusiasmaram de novo com o sistema de amostras. Ele se tornou mais eficaz no que se refere a alcançar grupos alvo específicos, seus resultados são prontamente aferíveis, e os custos crescentes da propaganda na mídia aumentaram a atratividade relativa desse sistema.

## Brindes

Definidos de modo geral, os **brindes** (ou prêmios) são artigos de mercadorias ou serviços (por exemplo, viagens) que os fabricantes oferecem como presentes para *induzir à ação* os consumidores e também, possivelmente, varejistas e a equipe de vendas. Nosso foco neste capítulo será sobre o papel dos brindes orientados para o consumidor. Os brindes representam um instrumento promocional versátil e – dependendo do tipo de oferta – são capazes de gerar compras de experimentação, encorajar as compras repetidas e reforçar a imagem da marca. As principais razões pelas quais os gestores de marca distribuem brindes são aumentar a lealdade do consumidor para com a marca e motivar novas compras.[27]

Os gerentes de marca usam várias formas de ofertas de brindes para motivar o comportamento desejado por parte dos consumidores: (1) brindes sem vínculo de compra, ou seja, brindes gratuitos na compra do produto, (2) Brindes com vínculo de compra, (3) brindes dentro ou anexos à embalagem, (4) brindes autoliquidantes (*self-liquidating*). Essas formas de brindes realizam objetivos um tanto diferentes. Os brindes gratuitos na compra e com vínculo de compras são usados principalmente para gerar *experimentação* da marca. Os brindes dentro ou anexos à embalagem servem ao *propósito de reter clientes* recompensando os consumidores atuais por continuar a comprar uma marca preferida. E ofertas autoliquidantes combinam as funções de *reter clientes* e *reforçar a imagem*.

## Brindes sem vínculo de compras

Tanto os profissionais de marketing de marcas de bens duráveis quanto os de produtos de consumo ofertam **brindes gratuitos na compra**. Como mostra a Tabela 16.1, essa forma de brinde representa uma recompensa posterior aos consumidores destinada principalmente a gerar *compras de experimentação*. Exemplos desse tipo de brinde gratuito com a compra incluem uma oferta da Michelin de um kit de emergência para estrada no valor de varejo de US$ 100, com a compra de quatro pneus Michelin. A Volkswagen distribuiu iPods da Apple com a compra do automóvel New Beetle. Brindes atraentes como esses podem motivar consumidores indecisos a comparar os itens que oferecem brindes em vez de produtos concorrentes. Quanto maior for a similaridade entre os produtos, maior será o "peso" do brinde ofertado na decisão do consumidor.

Uma pesquisa revela que o valor percebido de um brinde (ou prêmio) depende do *valor da marca que o está oferecendo*. Em particular, o item idêntico foi considerado de valor inferior quando oferecido como brinde por uma marca de preço mais baixo *versus* uma de preço mais alto.[28] Essa descoberta apoia o ponto levantado no capítulo anterior de que as promoções de vendas desempenham um *papel de informação* além das funções utilitárias e hedônicas. Isso significa que as promoções de venda dão informações sinalizadoras que os consumidores usam para julgar a qualidade e o valor do produto. Uma implicação importante dessa descoberta é que as marcas usadas como brindes devem tomar cuidado para que suas imagens não fiquem prejudicadas pela marca patrocinadora. O adágio "diga-me com quem andas e direi quem és" é aplicável tanto no contexto dos parceiros de brindes quanto nas relações sociais.

figura 16.1

Exemplo de brinde com vínculo de compra

## Brindes com vínculo de compras

Por definição, um **brinde com vínculo de compra** é um brinde que os consumidores recebem gratuitamente (ou mediante pagamento de pequenas quantias, nesse caso, chamado de brinde de compra subsidiada) do fabricante patrocinador em troca da apresentação de uma quantidade requerida de provas de compra. Como vimos na Tabela 16.1, essa forma de brinde representa uma *recompensa posterior* aos consumidores, com o objetivo principal de gerar *compras de experimentação* (célula 2), mas não exclusivamente para essa condição.

Por exemplo, a marca de cereal Smart Start, da Kellogg's, incentivava o pedido via correio de um kit de boa saúde, e sua marca Frosted Flakes oferecia um livro infantil, entregue pelo correio, com a compra de dois cereais da Kellogg's (veja a Figura 16.1). A marca Nesquik, achocolatado da Nestlé, ofereceu um agasalho com capuz aos consumidores que enviassem seis códigos de barra dos itens Nesquik e mais US$ 6,99 para os custos com transporte. A Colgate-Palmolive ofereceu escova de dente Bob Esponja às famílias que (1) comprassem uma escova de dente regular da Colgate e (2) apresentassem provas de que seus filhos tinham ido ao dentista. A Danone do Brasil realizou esse tipo de promoção para trabalhar sua marca de iogurtes Activia (Figura 16.2). Os consumidores eram convidados a juntar 15 tampinhas do produto

**figura 16.2**
Exemplo de brinde com vínculo de compra

e, se não estivessem satisfeitos com os resultados do produto, poderiam pedir seu dinheiro de volta. Mas, se estivessem satisfeitos, eram então convidados a juntar mais 15 tampinhas (portanto, 30 tampinhas no total) e trocar, em postos de troca, por uma assadeira de vidro Marinex.[29]

Talvez apenas 2% a 4% dos consumidores que são expostos a oferta de brindes com vínculo de compra realmente tirem proveito dessas oportunidades. Porém, os brindes ofertados nessa condição podem ser eficazes se o objeto ofertado como brinde for realmente atraente para o mercado-alvo. Nesse sentido, o desafio é encontrar um brinde atrativo ao público-alvo, com custo compatível ao valor e lucratividade do produto, e que tenha, de alguma forma, uma relação com o próprio produto. Imagine o desafio do responsável pelos brindes ofertados no McLanche Feliz do McDonald's, que mensalmente precisa encontrar um novo brinde que se encaixe nessas três condições, além de ser um objeto apropriado para ser manuseado por crianças.

## Brindes dentro e anexos à embalagem

Os **brindes dentro** e **anexos à embalagem** oferecem um item inserido ou preso à embalagem (também chamada de *gift pack*) ou transformam a própria embalagem no brinde (caixas de cereais são o exemplo mais típico dessa categoria de brinde). Em geral, os brindes nessa categoria oferecem aos consumidores *valor imediato* e, portanto, encorajam o aumento do consumo do produto por parte dos consumidores que gostam ou preferem a marca que oferecem o brinde (veja Tabela 16.1, célula 3).

Por exemplo, a pasta de dentes Colgate às vezes traz uma escova de dentes grátis presa à embalagem, e o xampu Pantene é algumas vezes embalado com uma unidade grátis do condicionador Pantene. A Ford Motor Company, em conjunto com a Target Stores e várias marcas do cereal Kellogg's, promoveu seu automóvel Fusion colocando 600 mil Fusions de brinquedo nas caixas desse cereal. Entre esses 600 mil carrinhos de brinquedo havia um modelo vermelho afixado no logo Target. A pessoa que comprou aquela caixa específica ganhou um Fusion de verdade. Em uma promoção semelhante, a Ralston Purina ofereceu miniaturas de modelos de carro esporte em cerca de 11 bilhões de caixas de seis marcas de cereais. Dez dessas caixas continham Corvettes vermelhos. Os consumidores de sorte trocavam os modelos por Corvettes de verdade.

Outra variação nessa categoria são os brindes **"perto da embalagem"**, que são itens de brinde exibidos em locais especiais, que os varejistas dão aos consumidores que compram o produto promovido. Os brindes "perto da embalagem" são mais baratos porque não é necessária uma embalagem adicional especial. Além do mais, eles podem aumentar o volume das vendas em lojas, pois, nesses casos, o varejo utiliza *displays* especiais e tem total participação.

### O caso especial das ofertas "Compre 2, Ganhe 1"

Uma das promoções mais frequentes das empresas de produtos de consumo é a oferta "Compre 2, Ganhe 1" – e suas variações, como "compre 2, ganhe 4", "compre 3 e ganhe 4", e assim sucessivamente. A quantidade necessária de compra, bem como o número de brindes depende das necessidades dos promotores. O "brinde" nesse caso é outra unidade da mesma marca que está realizando a promoção ou uma unidade de uma marca diferente. Por exemplo, o purificador de ar Oust ofereceu uma lata do produto de graça com a compra de outra lata ("Compre 1, Ganhe 1"). A M&M realizou uma promoção "Compre Quaisquer 3, Ganhe Qualquer 1", para que o consumidor comprasse quaisquer três marcas M&M (por exemplo, M&M, Twix e Snickers) e recebesse um produto M&M de sua escolha.

O brinde "Compre 2, Ganhe 1" representa uma *recompensa imediata* para os consumidores e para os fabricantes. Esse tipo de brinde serve ao propósito principal de *recompensar a lealdade do consumidor para com a marca* ou *encorajar a experimentação* por parte de compradores de marcas concorrentes que estão dispostos a trocar para economizar dinheiro – aproveitar a oferta "Compre 2, Ganhe 1" equivale a pagar menos por unidade. Diferente de outras formas de brindes, que geram relativamente níveis baixos de reação do consumidor, as promoções "Compre 2, Ganhe 1" são muito bem recebidas pelos consumidores em virtude da imediata recompensa e da economia atraente.

## Brindes autoliquidantes (self-liquidating)

Essa categoria é uma variação da oferta de brindes com vínculo de compra, só que nesse caso o consumidor paga pelo brinde (brinde de compra subsidiada). A categoria brindes **autoliquidantes – OAL** (*"self-liquidating offers"*) reflete o fato de que o consumidor apresenta uma quantidade estipulada de provas de compra e mais uma quantia em dinheiro suficiente para cobrir as despesas do fabricante com a compra e armazenamento do brinde. Em outras palavras, o consumidor paga pelo custo real do brinde; do ponto de vista do fabricante, o item é *livre de custo*, ou, em outras palavras, *autoliquidante*. Brindes autoliquidantes atraentes podem servir para melhorar a imagem da marca (célula 6 na Tabela 16.1) – associando a marca com um brinde de valor positivo – e também podem encorajar a compra repetida ao requerer múltiplas provas da aquisição da marca para receber o brinde. Os gerentes de marca usam com frequência as OALs como complemento de sorteios. A combinação desses dois tipos de promoção desperta o interesse do consumidor pela marca e sua interação com ela.

A Gerber realizou uma promoção OAL quando ofereceu a Gerber Keepsake Millennium Cup. Com prova de compra de 12 unidades de comida para bebês da Gerber e mais US$ 8,95, os consumidores recebiam uma xícara gravada com o nome do filho e a data do nascimento. No varejo esse item seria vendido por aproximadamente US$ 25. A Gerber previu que muitos pais comprariam apenas seus produtos até que conseguissem a quantidade necessária de provas de compra.

A Coca-Cola Brasil, por exemplo, desenvolveu recentemente a promoção Tag Hits Coca-Cola, em que o consumidor, ao juntar seis pontos em comprovantes de compra (como tampinhas de garrafas de refrigerantes ou lacres de latinhas) e mais R$1,50, poderia trocar, em pontos de troca, por Tags (espécie de acessório que poderia ser usado como colar, pulseira ou chaveiro).[30] Outro exemplo brasileiro de promoção OAL foi a famosa promoção Mamíferos Parmalat, do final da década de 1990. Nessa campanha os consumidores eram convidados a trocar, em pontos de troca, 20 comprovantes de compra de produtos Parmalat e mais R$8,00 por bonequinhos de pelúcia de bichinhos (mamíferos). A campanha foi um sucesso e a produção inicial de 300 mil bichinhos teve de ser expandida para 15 milhões e tornou-se a maior promoção de troca por brinquedos do Brasil até então.[31] É importante observar que poucos consumidores enviam provas de compra para ganhar um brinde. As empresas esperam que apenas 0,1% das ofertas autoliquidantes sejam resgatadas. Uma circulação de 20 milhões, por exemplo, resultaria em apenas 20 mil resgates. Os especialistas da área em geral concordam que a consideração mais importante ao desenvolver uma oferta autoliquidante é que o brinde seja atraente ao púbico-alvo e represente um valor significativo. Geralmente se presume que os consumidores procuram economizar pelo menos 50% do preço de varejo sugerido.

## O que faz uma boa oferta brinde?

É inegável que os consumidores gostam de presentes, de receber alguma coisa de graça e são receptivos a ofertas de objetos criativos e de valor. Contudo, os gerentes de marca devem ser cuidadosos e selecionar os brindes adequados de acordo com os objetivos que se pretende alcançar durante o período promocional. Em outras palavras, como vimos antes, as várias formas de brindes servem a diferentes objetivos. Como sempre, a escolha do objeto ofertado como brinde e o método de entrega devem ser baseados em um detalhamento explícito de qual objetivo a empresa está procurando realizar. Além disso, os gerentes devem ser prudentes ao escolher itens compatíveis com a imagem da marca e apropriados para o mercado-alvo.

# O papel das agências de promoção

Como vimos no Capítulo 7, os gerentes de marca costumam contratar agências de propaganda para criar mensagens, comprar mídia e realizar outros serviços relacionados à função de propaganda da marca. Embora menos conhecidas que as agências de propaganda, os gerentes de marca também contratam agências de promoção especializadas em realizar as funções de promoção de vendas. Essas agências – assim como as de propaganda – trabalham com os gerentes de marca para formular estratégias de promoção e na implementação de programas táticos.

Imagine, por exemplo, que um gerente de marca acredita que uma marca nova precisa ser colocada em amostras para alcançar níveis altos de compra de experimentação. A promoção também incluirá cupons na caixa contendo a amostra. Além do mais, uma campanha de propaganda introdutória, lançada em revistas, incluirá um atraente sorteio que chamará a atenção para o anúncio e promoverá o envolvimento do consumidor com a marca. O gerente de marca determina que será melhor usar os serviços de uma agência de promoção especializada em criar um programa de amostras que direcione com eficácia a distribuição para jovens consumidores e um programa de sorteios que atrairá essa faixa etária.

## A ascensão das agências de promoção on-line

Além das agências de promoção convencionais, que tradicionalmente enfatizam os programas usando mídia off-line e distribuição em lojas, existe uma nova geração de agências que enfatizam as promoções on-line. A Internet tornou-se um local cada vez mais importante para conduzir promoções. Cupons, sorteios, vale-brindes, ofertas de amostras grátis e programas on-line de fidelidade são apenas algumas das promoções quase onipresentes na Web. Esses programas são eficazes porque permitem que os profissionais de marketing direcionem as promoções aos consumidores preferidos, executem os programas de modo relativamente barato e meçam os resultados com mais precisão do que é possível com outros programas de marketing. As agências de promoção são um recurso valioso para os gerentes de marca, tanto no planejamento estratégico de promoções sólidas quanto em sua implementação.

# Resumo

Este capítulo focou nas promoções orientadas para o consumidor. Os vários instrumentos de promoções de vendas disponíveis aos profissionais de marketing foram classificados nos termos de a recompensa oferecida aos consumidores ser imediata ou posterior e, se o objetivo do fabricante é alcançar o impacto de experimentação, encorajar compras repetidas, ou reforçar a imagem da marca. As técnicas específicas de promoção de vendas são classificadas em seis categorias gerais (veja Tabela 16.1).

O primeiro e mais crítico requisito para uma promoção de vendas bem-sucedida é que ela seja baseada em objetivos claramente definidos. Em segundo lugar, o programa deve ser desenvolvido com um mercado-alvo específico em mente. Também é importante perceber que muitos consumidores, talvez a maioria, desejam maximizar as recompensas obtidas quando participam de uma promoção ao mesmo tempo em que minimizam a quantidade de tempo e esforço investida. Consequentemente, uma promoção eficaz, do ponto de vista da resposta do consumidor, deve tornar relativamente fácil para ele obter sua recompensa, e o tamanho da recompensa deve ser suficiente para justificar o esforço do consumidor. Um terceiro ingrediente essencial para promoções de vendas eficazes é que os programas devem ser desenvolvidos com os interesses dos varejistas em mente – e não apenas os do fabricante.

A maior parte do capítulo foi dedicada a duas das principais formas de promoções orientadas para o consumidor: amostras e brindes. Foi ressaltado que o sistema de amostras é a promoção principal para gerar o uso de experimentação de nova marca. Os vários métodos de distribuição de amostras foram apresentados e enfatizou-se que, independentemente do método, três práticas são necessárias para o sucesso do sistema: (1) segmentação, em vez de distribuição em massa das amostras, (2) o uso de métodos inovadores de distribuição quando apropriado e (3) esforços para medir o retorno sobre investimento das amostras. As circunstâncias específicas nas quais o sistema de amostras é usado apropriadamente foram discutidas, e vários problemas foram identificados.

No segundo tipo principal de promoção, os brindes, a discussão sobre eles incluiu as várias formas de ofertas: brindes com e sem vínculo de compras, brindes dentro e anexos à embalagem, incluindo ofertas "Compre 2, Ganhe 1" e ofertas autoliquidantes, como uma forma especial de brindes. Foram também descritas as condições específicas necessárias para executar uma promoção brinde bem-sucedida.

# Questões para discussão

1. Por que as recompensas imediatas (*versus* as posteriores) são mais eficazes para induzir os comportamentos do consumidor e os desejos do divulgador da marca? Use um exemplo específico, concreto, de sua própria experiência para apoiar a resposta.

2. Uma das principais tendências no sistema de amostras é a distribuição segmentada. Imagine que você trabalha para uma empresa que acabou de desenvolver um doce que tem o gosto quase tão bom quanto o de outros da mesma linha, mas que contém menos calorias. A pesquisa de marketing identificou o mercado-alvo como consumidores de alta renda, na faixa etária entre 25 e 54 anos, que moram em áreas urbanas ou no subúrbio. Explique especificamente como você pode direcionar as amostras de seu novo produto a cerca de dois milhões de tais consumidores.

3. Uma empresa de produtos de consumo diário planeja introduzir um novo sabonete que é diferente dos concorrentes por causa de uma fragrância nova. O sistema de amostras deve ser usado para introduzir o produto?

4. Um fabricante de bolas de golfe introduziu uma nova marca que supostamente alcança distâncias maiores que as das concorrentes de mesmo preço. Porém, de acordo com as restrições impostas pelo órgão que regula as bolas de golfe e outros equipamentos e acessórios desse esporte, essa bola nova, quando batida, alcança apenas algumas jardas a mais que as concorrentes. O fabricante identificou uma lista de três milhões de golfistas e enviou uma bola para cada um. Considerando o que você aprendeu sobre as amostras neste capítulo, comente sobre a prudência desse programa.

5. Apresente sua opinião sobre a seguinte declaração (feita por um estudante que leu uma edição anterior deste livro): "Não consigo entender por que na Tabela 16.1 os brindes com vínculo de compra são posicionados como apenas realizadores da função de impacto de experimentação. Parece que essa forma de promoção também alcança objetivos de compra repetida".

6. Sua empresa divulga salsicha, salame e outros tipos de carne processada. Você deseja oferecer um brinde autoliquidante que custaria aos consumidores cerca de R$ 25, exigiria cinco comprovantes de compra e se associaria apropriadamente ao tema de sua categoria de produto durante os meses de verão. Seu segmento

de marketing principal consiste em famílias com filhos em idade escolar de todas as classes socioeconômicas. Sugira dois brindes e justifique sua escolha.

7. Imagine que você é o gerente de marca de refrigerantes New Refri. Essa nova marca concorre em uma categoria de produto com várias marcas bem conhecidas. Seu objetivo de comunicação de marketing é gerar compras de experimentação entre consumidores predominantemente jovens e com bom nível educacional. Proponha uma promoção que alcançaria esse objetivo. Presuma que sua promoção é puramente experimental e que será realizada em uma cidade pequena com apenas 250 mil de habitantes. Também presuma que: (1) você não pode arcar com os gastos de amostras do produto, (2) você não anunciará a promoção, (3) seu orçamento para essa promoção experimental é R$ 5 mil. O que você faria?

8. A seção de conclusão do capítulo explicou que as agências de promoção se tornaram um recurso cada vez mais importante para os gerentes de marca tanto no planejamento quanto na execução de programas promocionais. É possível argumentar que as taxas que os gerentes de marca pagam pelos serviços das agências de promoção podem ser mais bem gastas de outra maneira – por exemplo, aumentando os níveis de propaganda. Apresente argumentos tanto a favor quanto contra a contratação as agências de promoção.

# Notas

1. Informações sobre o programa de amostras em universidades oferecido pela Alloy Media + Marketing podem ser encontradas em http://www.alloymarketing.com/media/college/sampling.htm (Acesso em: 3 de maio de 2008).
2. Tim Parry, "College Try", *Promo*, setembro de 2004, 23-5.
3. Embora a discussão a seguir seja baseada principalmente nos escritos e pensamentos anteriores do autor, esses pontos são influenciados pelas descrições obtidas com vários profissionais.
4. Pierre Chandon, Brian Wansink e Gilles Laurent, "A Benefit Congruency Framework of Sales Promotion Effectiveness", *Journal of Marketing* 64 (outubro de 2000), 65-81. A discussão sobre os benefícios, a seguir, é baseada em uma tipologia apresentada por esses autores. Veja a Tabela 1, apresentada por eles, nas páginas 68-9.
5. A ideia de que as promoções ao consumidor desempenham um papel informativo recebe uma atenção especial em Priya Raghubir, J. Jeffrey Inman e Hans Grande, "The Three Faces of Consumer Promotions", *California Management Review* 46 (verão de 2004), 23-42.
6. "Secret Weapon", *Promo*, dezembro de 2007, 44.
7. Jack Neff, "Viva Viva! K-C Boosts Brand's Marketing", *Advertising Age*, 11 de junho de 2007, 4, 41.
8. Sarah Ellison e Carlos Tehada, "Young Couples Starting Out Are Every Marketer's Dream", *Wall Street Journal Online*, 30 de janeiro de 2003, http://online.wsj.com.
9. Para um estudo interessante de distribuição de amostras de Sobre nos supermercados, veja Stephen M. Nowlis e Baba Shiv, "The Influence of Consumer Distractions on the Effectiveness of Food-Sampling Programs", *Journal of Marketing Research* 42 (maio de 2005), 157-68.
10. Kate MacArthur, "Give It Away: Fast Feeders Favor Freebies", *Advertising Age*, 18 de junho de 2007, 10.
11. Dan Hanover, "We Deliver", *Promo*, março de 2001, 43-5.
12. "Sampling Wins Over More Marketers", *Advertising Age*, 27 de julho de 1992, 12.
13. Lafayette Jones, "A Case for Ethnic Sampling", *Promo*, outubro de 2000, 41-2.
14. Segundo caso apresentado pala AMPRO. Disponível em http://www.ampro.com.br/conteudo/cases/cases.asp?id=36
15. David Vaczek, "Points of Switch", *Promo*, setembro de 1998, 39-40.
16. Patricia Odell, "Firsthand Experience", *Promo*, maio de 2007, 19.
17. Segundo informações divulgadas no site da P&G. Disponível em http://webcache.googleusercontent.com/search?q=cache:uvfNStErtvkJ:passaroazul.com.br/teste/pgatualizacao/news/press_releases/cuidados_barbear/070606.html+%C3%B4nibus+balada+gillette&cd=5&hl=pt-BR&ct=clnk&gl=br.
18. Segundo dados do portal info-Abril. Disponível em http://info.abril.com.br/aberto/infonews/062007/13062007-4.shl.
19. Betsy Spethmann, "Branded Moments", *Promo*, setembro de 2000, 83-98.
20. Lorin Cipolla, "Instant Gratification", *Promo*, abril de 2004, AR35.
21. Amy Johannes, "Room Service", *Promo*, fevereiro de 2008, 38-40.
22. Jack Neff, "P&G Brings Potty to Parties", *Advertising Age*, 17 de fevereiro de 2003, 22.
23. Adaptado de Glenn Heitsmith, "Gaining Trial, *Promo*, setembro de 1994, 108, e "Spend a Little, Get a Lot", *Trial and Conversion III: Harnessing the Power of Sampling Special Advertising Supplement* (Nova York: Promotional Marketing Association, Inc., 1996-1997), 18.
24. Charles Fredericks Jr. "What Ogilvy & Mather Has Learned about Sales Promotion", *The Tools of Promotion* (Nova York: Association of National Advertisers, 1975). Embora seja uma fonte antiga, o conhecimento ainda é verdadeiro atualmente.
25. Lynn G. Reiling, "Consumers Misuse Mass Sampling for Sun Light Dishwashing Liquid", *Marketing News*, 3 de setembro de 1982, 1, 2.
26. Maciek Gajewski, "Samples: A Steal in Poland", *Advertising Age*, 4 de novembro de 1991, 54.
27. Patricia Odell, "Inventive Incentives", *Promo*, setembro de 2006, 33-40.
28. Priya Raghubir, "Free Gift with Purchase: Promoting or Discounting the Brand?", *Journal of Consumer Psychology* 14 (1 e 2), 2004, 181-6.
29. Segundo informações divulgadas pelo site Mundo do Marketing. Disponível em http://www.mundodomarketing.com.br/5,5629,danone-realiza-promocao-para-activia.htm.
30. De acordo com o site Coca-Cola Brasil. Disponível em http://www.cocacolabrasil.com.br/release_detalhe.asp?release=78&categoria=38.
31. Segundo dados divulgados por Meio e Mensagem. Disponível em http://www.meioemensagem.com.br/fatosmarcantes30anos/fato_interno.jsp?ID=203.

# 17
# Outras modalidades promocionais

Você deve se lembrar da seção no Capítulo 14 que discutiu o valor e a importância de manter e gerenciar bancos de dados de clientes antigos e potenciais. O capítulo ressaltou que um banco de dados atualizado para uma marca torna as empresas capazes de: (1) direcionar esforços de propaganda para aqueles indivíduos que representam os melhores potenciais para a marca, (2) promover a produtividade da propaganda da marca e (3) criar relacionamentos duradouros com clientes. A discussão nesta seção descreve o papel das promoções de vendas na contribuição para o desenvolvimento de um banco de dados útil e atualizado.

A Volvo fez uma promoção por meio de sorteios que se inseriu no contexto do filme com Johnny Depp, *Piratas do Caribe*. A promoção coletou nomes e endereços de 52 mil pessoas. A Volvo imediatamente enviou e-mails a essas pessoas e ofereceu US$ 500 na compra de um novo Volvo. Também pediu aos participantes para aceitar mensagens futuras (por meio do *opt-in*), e quase 15 mil concordaram. Esses indivíduos agora recebem newsletters e ofertas promocionais regularmente por e-mail.

A Buick realizou um concurso que dava aos participantes a oportunidade de ganhar um novo Buick Lucerne. O propósito final do concurso era encorajar as pessoas a visitar as revendedoras Buick. Dos mais de 500 mil participantes do concurso, 3 mil concordaram em fazer um *test-drive* – por causa, em grande parte, de uma oferta de receber um chapéu autografado pelo famoso jogador de golfe Tiger Woods. Essa promoção gerou um grande número de potenciais compradores do Buick e também contribuiu com o grande banco de dados da empresa.

Usar promoções para criar banco de dados é uma prática não limitada a marcas grandes e globais como Volvo e Buick. Considere o caso da Kelly's Roast Beef, pequena rede de restaurantes *fast-food*, com sede em Massachusetts. O banco de dados da Kelly's continha os nomes de apenas 700 pessoas, até que a empresa realizou sorteios bem-sucedidos

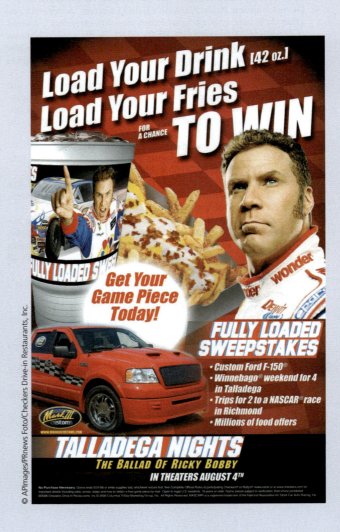

oferecendo uma viagem à Irlanda. A promoção atraiu mais de 10 mil participantes que forneceram seus nomes e endereços. A Kelly's agora usa seu banco de dados expandido para enviar mensagens pelo correio e por e-mail às pessoas que moram a uma distância de até 8,05 km de qualquer uma de suas lojas. Essas mensagens anunciam promoções especiais, introduzem itens novos no menu e identificam os locais das novas lojas. Um porta-voz da Kelly's observou que os consumidores leais são a corrente sanguínea da empresa e que é essencial reconhecer sua lealdade, mantê-los informados e demonstrar apreciação.

Um banco de dados atualizado é essencial para realizar esses objetivos, e como as pessoas em geral relutam em dar informações pessoais, alguma forma de incentivo – um sorteio, concurso ou oferta de brinde – é fundamental para superar essa relutância e obter nomes e endereços de consumidores dispostos a participar.[1]

## Objetivos do capítulo

*Após ler este capítulo, você será capaz de:*

1. Reconhecer o papel das promoções de desconto no preço e nas embalagens bônus.
2. Conhecer o papel das ofertas de abatimentos por reembolsos (rebates).
3. Saber as diferenças entre sorteios, concursos e vale-brindes e as razões para usar cada forma de promoção.
4. Entender o papel das promoções de fidelização.
5. Conhecer o sistema de cupons, os tipos de cupom, os desenvolvimentos nessa prática e entender o resgate do cupom e a fraude.
6. Entender as promoções voltadas para o varejista.
7. Avaliar a eficácia potencial das ideias de promoções de vendas e a eficácia dos programas promocionais finalizados.

>>**Dica de comar:**
O uso das promoções para conquistar a lealdade do consumidor.

# Introdução

Este capítulo retoma o tema introduzido no Capítulo 16 e discute as principais formas de promoções orientadas para os consumidores, além dos sistemas de amostras e brindes. Para dar estrutura à discussão, a Tabela 16.1 é reapresentada como Tabela 17.1. A apresentação envolve a abordagem dos seguintes tópicos: *promoções de desconto no preço* (célula 3), *embalagens bônus* (célula 3), *vale-brindes* (célula 3), *abatimentos por reembolsos – rebates* (célula 4), *programas de fidelização* (célula 4), *sorteios e concursos* (célula 6) e *cupons* (células 1, 2 e 4). Três tópicos adicionais acompanham a discussão sobre instrumentos específicos de promoção: (1) promoções integradas e conjuntas, (2) promoções voltadas para o varejista e (3) técnicas para avaliar as ideias das promoções de vendas e condução da análise pós-realização.

É importante enfatizar mais uma vez que cada uma das várias técnicas promocionais abordadas neste capítulo desempenha um papel singular e, portanto, é usada apropriadamente para alcançar objetivos limitados. Este capítulo explica o papel de cada instrumento e identifica, quando apropriado, as limitações específicas associadas ao uso de cada um. Será útil rever a Tabela 17.1 antes de estudar os vários tipos de promoção.

# Descontos no preço

As **promoções de desconto no preço** (também conhecidas como kits promocionais) implicam a redução (que em geral varia de 10% a 25%) no preço regular de uma marca. O desconto no preço é claramente identificado na embalagem ou em cartazes próximos ao produto. Esse tipo de promoção é eficaz quando o objetivo do profissional de marketing for: (1) recompensar os usuários atuais da marca, (2) fazer que os consumidores comprem quantidades maiores da marca que geralmente adquirem, efetivamente superando os concorrentes, (3) estabelecer um padrão de compras repetidas

depois da experimentação inicial, (4) garantir que o investimento promocional de fato alcance os consumidores (essa garantia não é possível com as promoções do canal de distribuição abordadas no Capítulo 15), ou (6) dar à equipe de vendas um incentivo para obter o apoio dos varejistas. Embora as promoções de desconto no preço realizem múltiplos objetivos, este texto as classifica, principalmente, essa modalidade como uma forma de *recompensa imediata* para estimular a *compra repetida* (célula 3 na Tabela 17.1).

As promoções de desconto no preço não conseguem reverter a tendência de queda nas vendas de uma marca, gerar uma quantidade significativa de usuários, nem atrair muitos usuários para experimentação, como o fazem as amostras, os cupons ou os brindes. Além do mais, *os varejistas em geral não gostam dessas promoções* porque elas criam problemas de estoque e definição de preço, em particular quando a loja tem a marca em estoque tanto no preço com desconto quanto no regular. Contudo, apesar dos problemas com o varejo, as promoções de desconto no preço têm forte apelo aos consumidores.

# Embalagens bônus

As **embalagens bônus** são quantidades extra de um produto que uma empresa torna disponível para os consumidores a um preço regular. Na verdade, funcionam como descontos, mas seu apelo é invertido. Em vez de desconto, o consumidor recebe uma quantidade extra de produto pelo mesmo preço. O desinfetante bucal Listerine deu aos consumidores um frasco grátis de 250 mililitros com a compra de um de 1,7 litro. A Carnation ofereceu aos consumidores 25% a mais da mistura para chocolate quente ao preço regular. O Flex-A-Min, um produto que aumenta a flexibilidade das articulações, ofereceu 33% mais comprimidos de graça. Biscoitos Bauducco oferecem quantidades extras de produtos. Alguns fabricantes de hastes flexíveis também usam regularmente essa forma de promoção. O sabão em pó para lavar louça Electrasol deu 25% a mais do produto ao preço regular.

A Tabela 17.1 classifica essa forma de promoção como aquela que dá aos consumidores uma *recompensa imediata* e, para os fabricantes, como a que serve principalmente ao objetivo de *compra repetida* (célula 3). Em outras palavras, os *usuários*

## tabela 17.1
**Principais promoções orientadas para o consumidor**

| Recompensa ao consumidor | Objetivo da gerência de marca | | |
|---|---|---|---|
| | Gerar experimentação | Encorajar a compra repetida | Reforçar a imagem da marca |
| **Imediatas** | Célula 1<br>• Amostras<br>• Cupons instantâneos<br>• Cupons entregues no balcão | Célula 3<br>• Descontos no preço<br>• Embalagens bônus<br>• Brindes dentro ou anexos à embalagem<br>• Vale-brinde | Célula 5<br>(Nenhuma promoção coincide com as condições da c. 5) |
| **Posteriores** | Célula 2<br>• Cupons entregues por leitura óptica<br>• Cupons entregues pela mídia e pelo correio<br>• Cupons on-line<br>• Brindes com vínculo de compra<br>• Brindes sem vínculo de compra | Célula 4<br>• Cupons dentro e anexos à embalagem<br>• Abatimentos por reembolsos (rebates)<br>• Programas de fidelização | Célula 6<br>• Brindes autoliquidantes<br>• Sorteios e concursos |

OBS.: Alguns itens desta tabela são abordados no Capítulo 16 e outros neste capítulo.

*atuais da marca* são os consumidores mais propensos a aproveitar uma oferta bônus; portanto, receber uma quantidade de bônus (sem nenhum acréscimo no preço) significa uma recompensa a esses consumidores pela lealdade e encoraja as compras repetidas.

As embalagens bônus são às vezes usadas como *ofertas alternativas de desconto no preço* quando estas são usadas em excesso ou encontram resistência por parte do varejo. O valor extra oferecido ao consumidor fica aparente de imediato e, por essa razão, pode ser eficaz para fazer que *os consumidores atuais comprem mais*, o que, por conseguinte, os retira do mercado – uma tática defensiva usada contra concorrentes agressivos.

# Vale-brinde

Os vale-brindes promocionais (o tradicional "achou, ganhou") representam uma forma crescente de promoção que está sendo cada vez mais utilizada no lugar dos sorteios e concursos. Os vale-brindes dão aos consumidores uma *recompensa instantânea* e, para os profissionais de marketing, servem principalmente para encorajar *a compra repetida* por parte dos usuários atuais da marca (célula 3 na Tabela 17.1). Os vale-brindes promocionais geram excitação, estimulam o interesse pela marca e reforçam a lealdade em relação a ela. Muitas variedades de vale-brindes com premiação instantânea estão disponíveis on-line. Você só tem de procurar no Google (jogos com vale-brindes instantâneos – *instant-win games* – e aparecerão milhares de opções). Participar dessa modalidade de promoção on-line requer que a pessoa forneça e-mail e talvez informação adicional sobre o endereço. Essas ações têm o objetivo de aumentar o envolvimento do consumidor com a marca patrocinadora.

Uma das muitas formas de vale-brinde com premiação instantânea é a colocação de números vencedores sob as tampas das embalagens. A Coca-Cola, por exemplo, ofereceu a chance de ganhar US$ 1 milhão e um papel em um filme da Universal Studios, além de outros brindes menores, se o consumidor abrisse uma lata contendo os números vencedores. O suco de vegetais V8 promoveu um concurso "olhe debaixo

**figura 17.1**
Vale-brinde tradicional

da tampa" no qual os vencedores ganhavam viagens a famosos resorts. Observe que, quase invariavelmente, os vale-brindes são divulgados como senso "de premiação instantânea", do tipo "achou, ganhou", porque os consumidores preferem gratificações instantâneas. Entretanto, uma das limitações dessa modalidade é que não são todas as categorias de produtos que podem utilizá-la. O vale-brinde precisa estar em um local (dentro ou anexo) ao produto que não permita sua identificação nem estimule a danificação da embalagem antes da compra. Por isso, sorvetes usam muito essa modalidade, o famoso "ache o palito premiado e ganhe". As "raspadinhas" (cartão com números coberto por tinta especial) podem funcionar como vale-brinde e não precisam estar fisicamente dentro ou próximo ao produto, o que viabiliza o uso de vale-brindes em muitas categorias de produtos e serviços.

## foco c.i.m.
### Vallée. Uma empresa genuinamente brasileira

Com seus 50 anos de experiência no mercado nacional e com a linha mais completa de produtos para a pecuária, a Vallée tem muita história para contar.

Nascida em Minas Gerais, mais especificamente na cidade de Uberlândia, hoje a empresa está sediada em uma área fabril de mais de 175 mil m² em Montes Claros e possui diferentes unidades produtoras para a fabricação de seus produtos, que compõem um portfólio da ordem de mais de 95 apresentações em cinco linhas (vacinas, antiparasitários, suplementos, terapêuticos e especiais).

O seu marketing está totalmente voltado e dirigido para um *target-group* formado por pecuaristas, veterinários, formadores de opinião, revendedores e público da área de vendas.

Com mais de 4 mil clientes atendidos por uma equipe de vendas composta por mais de 150 profissionais, realiza incessantes resultados superiores de vendas dentro de uma prática cotidiana de superação de suas metas comerciais.

Por meio da postura de desenvolver culturas novas, transformar comportamentos desde o pecuarista até seus revendedores, a Vallée realizou conquistas significativas sobre todos os aspectos, quer sejam eles de ordem fabril e/ou comercial.

Não bastava simplesmente realizar algumas táticas ou estratégias convencionais, mas idealizar mares nunca d'antes navegados.

A área de marketing avançou significativamente em seus ideais e, a partir daí, novos territórios foram conquistados durante esse período, fazendo que o *slogan* adotado pela empresa fosse realmente aquilo que ela quer e deseja em suas empreitadas: "Vallée. Crescendo com o Brasil".

O produto que será analisado neste estudo é o Oxitrat La Plus, um antibiótico de longa ação para bovinos, caprinos e ovinos, que tem cinco anos de lançamento no mercado. Por meio de suas características, vantagens e benefícios, o produto, conhecidamente, ajuda a promover uma rápida recuperação dos animais diante de infecções.

Como principal concorrente da Vallée na marca Oxitrat, temos a Pfizer, empresa multinacional, que detém em seu portfólio um dos produtos mais antigos e tradicionais: a Terramicina LA.

Sempre ocupando o posto de líder em seu segmento, a Terramicina, sozinha, tem 55% do mercado de antibióticos. Contudo, percebemos que tanto a Vallée quanto a Pfizer, e os outros concorrentes, investiram somas insignificantes nesse mercado.

A Pfizer foi uma das primeiras, mesmo que de forma modesta, a aplicar recursos monetários no tocante à comunicação e ao marketing, mas, com o mercado praticamente em suas mãos e as marcas concorrentes com participações quase próximas de zero, podemos dizer que a marca Terramicina estava "deitada em berço esplêndido".

Em 2008, a Vallée, com a sua marca Oxitrat LA Plus, representava apenas 6% desse segmento de antibióticos LA no mercado de medicamentos veterinários e abarcava um *forescat* da ordem de 140 mil unidades que foram consumidas pelos pecuaristas.

Um trabalho de guerrilha fenomenal foi desenvolvido pela Vallée neste ano para que, em primeiro lugar, o Oxitrat LA PLus conseguisse estar presente aos revendedores, e a distribuição horizontal se configurasse de forma cada vez mais significativa.

De modestos 1.650 clientes em 2007 passou-se para uma distribuição da ordem de 2.500 em 2008, 3.800 em 2009 e, em 2010, conquistou-se uma distribuição histórica com a marca de 4.376 clientes revendedores que compraram e continuam recomprando a marca atualmente.

Uma vez que a distribuição avançava em suas metas e conquistas, o marketing da Vallée estabeleceu ações diferenciadas e planejadas com arrojo para este período, e é o que descreveremos a seguir.

Para a área de comunicação, uma inovação importante ocorreu. Enquanto o mercado normalmente se dirigia ao seu público apenas informando sobre as *features* do produto e com direção de arte acanhada, a Vallée, em conjunto com sua agência de comunicação e marketing, a Emporium Comunicação e Negócios, desenvolveu dois personagens que seriam, então, os *sponsors* para o público-alvo.

Foi assim que, em 2009, foram apresentados ao mercado o Vigoroso e a Valiosa. Ele, um nelore, com características da raça, apresenta-se com vitalidade e robustez.

Ela, uma vaca holandesa, mimosa, delicada e com características predominantes de um animal sadio.

Importante frisar que os personagens foram desenvolvidos em plataforma atualíssima em 3D e isso deu a eles notoriedade e personalidade. Altivos e com firmeza quanto ao que comunicavam, suas vozes foram escolhidas entre vários artistas locutores profissionais para que incorporassem a dupla de Oxitrat e, para complementar, o *slogan* "Oxitrat LA Plus. Tomou, sarou! Antibiótico em dose única" foi fundamental para passar ao *target* a promessa da comunicação.

Uma vez os personagens criados e as estratégias de marketing definidas, a mídia da Emporium com seu planejamento estratégico determinou quais veículos e mercados prioritários deveriam ser atingidos, conjuntamente com a empresa cliente.

Mídias eletrônicas, impressa, *merchandising*, *outdoor*, rádio, patrocínio de programas de alta penetração no *target* e outros meios de mídia alternativa foram utilizados como recursos para a propaganda.

Filmes produzidos por uma das melhores produtoras do Brasil com animações em 3D de última geração, artes dos personagens com diversas expressões significativas e material de produção gráfica de altíssima qualidade tiveram seu lugar de destaque para que tudo estivesse com qualidade surpreendente.

Ações de relacionamento em feiras e eventos foram mobilizadas, focando os esforços em apresentações em seminários, workshops e outras situações em que veterinários e pecuaristas estivessem presentes.

A equipe de consultores técnicos realizou um sem número de visitas a fazendas e a revendedores com a meta de estabelecer contato e relação para informar sobre o produto e demonstrar, por meio de ações como os "Dias de Campo", a eficácia do produto. Materiais de apoio e suporte para todos os eventos citados foram criados, desde *folders*, *displays*, maletas, convites, brindes, *banners*, *broadsides* e muitos outros.

Quanto aos pecuaristas, muitos receberam amostra grátis em todos os locais que possivelmente pudessem estar e, logicamente, ser atingidos com a estratégia de propaganda dirigida que falava diretamente com eles.

Já em relação aos canais de distribuição, existe uma divisão de acordo com o tamanho e potencial de vendas que oscila de pequenos, médios até grandes varejistas.

Ações pontuais foram implementadas em algumas lojas e receberam a denominação de "Dia Oxitrat". Nos estabelecimentos comerciais definidos, a equipe Vallée colocava-se a postos para dar pleno atendimento aos pecuaristas, peões e a todos que comparecessem à loja.

Bexigas, chaveiros, brindes e prêmios estavam colocados dentro do contexto para premiar aqueles que adquirissem o produto da marca em promoção. Os pecuaristas receberam durante todos estes anos diversos privilégios como promoções específicas.

Um leque enorme de opções é oferecido de acordo com o calendário de promoção estabelecido para Oxitrat LA Plus e, para cada ano, mecânicas promocionais diferenciadas e criativas são criadas. Os períodos são sempre cuidadosamente estudados para dar a oportunidade no período correto à visitação deste *target* tão importante.

Campanhas promocionais desenvolvidas que vão desde a compra de marcas líderes da Vallée em conjunto promocional industrializado, em que o pecuarista recebia gratuitamente a marca Oxitrat LA Plus com o objetivo de geração de *trial* (experimentação). Outras darão a ele produtos promocionais que tenham correlação direta com as atividades cotidianas, como a pistola de aplicação de produtos intravenosos.

Embalagens promocionais diferenciadas e de altíssima qualidade fizeram parte do arsenal para que o *merchandising* do produto pudesse ser realizado de maneira correta.

E, falando de *merchandising*, há que ressaltar que esta ferramenta não é usual neste mercado. De maneira tímida, algumas marcas tentam investir neste segmento que, com certeza, em breve deverá dar lugar a um ponto de venda mais organizado e realmente digno de seus compradores. Aqueles que já estão investindo sabem a diferença que faz e já começam a auferir ganhos e lucros com a empreitada.

A Vallée é uma das empresas que acredita nesta ferramenta. Por isso que, em 2009, ela apresentou ao mercado, na feira dirigida especificamente a revendedores de produtos agropecuários, o seu projeto de loja-modelo para "*brand-space*".

Alguns clientes foram convidados e trazidos especialmente de seus destinos para que conhecessem a novidade. Eles ficaram encantados, o que demandou uma série de projetos que estão sendo finalizados atualmente.

Para a equipe de vendas interna da empresa, anualmente uma campanha de incentivo de vendas é lançada. Durante todo o período, os profissionais são os guerreiros da empresa e batalham diariamente junto a todos os *targets* envolvidos para conquistarem premiações inusitadas e diferenciadas, que vão desde viagens para locais exóticos até equipamentos de primeiríssima necessidade que são disputados palmo a palmo por essa equipe tão brilhante e gigantesca.

No tocante ao *target* "veterinários", os eventos normalmente são realizados pelas associações de classe e amostras grátis do produto, folhetos e materiais promocionais diversos são criados para serem distribuídos com o objetivo de impactar o público envolvido e gerar *trail* e conhecimento sobre a marca Oxitrat La Plus.

No ano de 2010, Oxitrat LA Plus conseguiu visualizar aquilo que toda marca quer, ou seja, crescer de maneira forte e sustentável e verificar principalmente o *marke share* ascender de forma constante e disciplinada, levando-a ao patamar de segunda colocada no *ranking* com uma participação da ordem de 10,2% (375 mil unidades).

Vamos relembrar que, nos idos de 2008, a marca detinha 6%. A equivalência é exorbitante perante um mercado que até então conhecia apenas Terramicina LA.

Agora podemos dizer que o crescimento constante e fortificado de Oxitrat LA Plus deu à Vallée e à marca a comprovação de que vale a pena investir de maneira estratégica e planejada. Mas, nunca esquecer que o aporte de capital (investimento) a ser realizado tem de ser constante e de conformidade com aquilo que se almeja como crescimento.

*A proposta deste case é servir de referência para reflexão e discussão sobre o tema e não para avaliar as estratégias adotadas.*

Caso elaborado pelo Prof. Claudio Mello, dos cursos de Graduação e Pós-graduação da ESPM, vice-presidente de Educação da AMPRO – Associação de Marketing Promocional e gestor da Emporium Negócios & Comunicação.

## Evitar a confusão

Os gestores de marca e as agências de promoção por eles contratadas têm de ser extremamente cuidadosos para garantir que um vale-brinde não saia errado. Há várias confusões famosas na execução dessa modalidade. Por exemplo, por causa de um erro de impressão, 30 mil moradores de Roswell, Novo México, receberam da revendedora local da Honda tickets no estilo "raspadinha" que os declarava vencedores do grande prêmio de US$ 1.000 oferecido pela revendedora. Como ela não conseguiu pagar o valor de US$ 30 milhões, os 30 mil "ganhadores" receberam um pedido de desculpas com a oportunidade de ganhar o grande prêmio de US$ 5.000 ou um dos 20 prêmios de US$ 1.000.[2] No Brasil, um caso como esse teria implicações legais, além de comerciais, pois temos uma legislação específica que regulamenta esse tipo de atividade promocional, comentada mais adiante neste capítulo.

Uma empresa que engarrafava a Pepsi nas Filipinas ofereceu um grande prêmio de um milhão de pesos (que na época era equivalente a US$ 36.000) a pessoas que obtivessem tampinhas da garrafa com o número 349 impresso. Para a grande tristeza da empresa (e da PepsiCo), um erro do computador (da impressora que produziu os números do vale-brinde) criou 500 mil tampinhas com o número vencedor 349 impresso – ocasionando uma perda de quase US$ 18 bilhões para a PepsiCo! A promoção desastrada gerou um caos para a PepsiCo, incluindo ataques aos seus caminhões e fábricas de engarrafamento, além de protestos antiPepsi. As vendas despencaram nas Filipinas e a participação de mercado caiu em nove pontos. Para solucionar o problema, a PesiCo pagou aos consumidores com as tampinhas vencedoras US$ 19 cada. Mais de 500 mil filipinos ganharam cerca de US$ 10 milhões. O departamento de justiça filipino isentou a PepsiCo de qualquer responsabilidade criminal e desconsiderou milhares de processos.[3]

A promoção Monday Night Football, da Beatrice Company, é outro exemplo de jogo malsucedido. Os participantes raspavam cartões com números escondidos, na esperança de ganhar o prêmio oferecido se os números nos cartões coincidissem com a quantidade de *touchdowns* e *field goals* marcados no jogo semanal da National Football League, nas noites de segunda-feira. Os planejadores do jogo acreditavam que as chances de essa coincidência acontecer fosse infinitesimal. Porém, para a grande surpresa da Beatrice, um vendedor da rival Procter & Gamble (P&G) exigiu uma quantia em dinheiro muito maior do que a Beatrice tinha planejado pagar. Sendo um gênio da computação, esse vendedor decifrou um código do jogo e descobriu que 320 padrões eram exibidos repetidamente nos cartões. Arranhando apenas uma linha ele conseguiu determinar quais números estavam sob as outras. Sabendo o número verdadeiro de *touchdowns* e *field goals* marcados em determinada noite de segunda-feira, ele começou a raspar os cartões até que os números vencedores fossem localizados. O vendedor pediu a amigos que o ajudassem a obter e raspar os cartões. Milhares de cartões foram obtidos, a maioria com vendedores da Beatrice. O vendedor da P&G e seus amigos identificaram 4 mil cartões vencedores no valor total de US$ 2 milhões do prêmio em dinheiro! A Beatrice interrompeu o jogo e se recusou a pagar.[4]

Esta seção estaria incompleta se não mencionássemos um grande escândalo que abalou a indústria das promoções em 2001. Os gerentes de marca dos restaurantes McDonald's e da Simon Marketing, empresa contratada para organizar uma promoção de verão para o McDonald's, criaram um jogo do tipo Banco Imobiliário, com o objetivo de dar aos consumidores milhões de dólares em prêmios promocionais. Infelizmente, um sério problema ocorreu na execução do jogo. Um funcionário responsável pela segurança do jogo na Simon Marketing supostamente furtou os tickets vencedores e os distribuiu a vários amigos e cúmplices, que ganharam cerca de US$ 413 milhões em prêmios em dinheiro. Depois de descobrir o furto e informar ao Federal Bureau of Investigation (FBI), o McDonald's imediatamente introduziu um jogo promocional diferente, organizado por outra agência de promoção, para cumprir a promessa aos consumidores e restaurar sua credibilidade. Aparentemente, o funcionário da Simon Marketing que roubou o McDonald's fazia o mesmo com tickets de outros vale-brindes havia muito tempo.[5]

Um porta-voz da Promotion Marketing Association – PMA, entidade que representa as agências de marketing promocional, caracterizou essa falha como um "olho roxo" para a indústria das promoções de marketing. A moral é clara: os vale-brindes promocionais podem dar errado, e os gerentes de marca devem chegar a extremos para proteger a integridade dos vale-brindes que têm o objetivo de criar, e não destruir, relacionamentos com os consumidores.

# Abatimentos por reembolso (rebate)

Um **abatimento por reembolso (rebate)** é uma modalidade muito tradicional nos EUA, mas, curiosamente praticamente inexistente no Brasil. Apesar disso, como vivemos em um mundo globalizado, consideramos oportuno sua abordagem. Rebate refere-se à prática na qual os fabricantes dão *descontos em dinheiro* ou devoluções a consumidores que apresentem provas de compra. Diferentemente dos cupons, que o consumidor resgata ao pagar a conta na loja, os abatimentos são enviados aos fabricantes (ou seus representantes) com provas da compra e, diferentemente dos prêmios, no rebate o consumidor recebe um reembolso em dinheiro em vez de um brinde. Os profissionais de marketing gostam dos rebates porque eles representam uma alternativa ao uso dos cupons e estimulam o aumento das compras, além de permitir a formação de um cadastro de compradores finais. As ofertas de rebate podem reforçar a lealdade em relação à marca, dar à equipe de vendas algo sobre o que falar e permitem que o fabricante destaque a embalagem com uma oferta potencialmente atraente.

As empresas de produtos de consumo diário são as principais usuárias dos rebates. Por exemplo, a Campbell ofereceu um rebate de US$ 5 aos consumidores que entregassem aos caixas os recibos indicando que compraram 10 latas de sopas Campbell e também um DVD do filme *Shrek terceiro*. A Hartz Ultra Guard (para matar pulgas e carrapatos) ofereceu um rebate de US$ 3 nesse item. No caso das empresas de produtos de consumo diário, os consumidores devem obter os recibos com o abatimento nas lojas, ou pela Internet, acessando os sites designados e fazendo o download dos formulários apropriados. Existem evidências indicando que os consumidores são mais receptivos às ofertas de abatimentos por reembolsos on-line que às off-line (via comércio varejista tradicional).[6]

Os rebates representam para os consumidores um valor *posterior* e não imediato, pois eles devem esperar para receber o reembolso. Com o uso desses programas, os fabricantes alcançam o *objetivo de reter o consumidor*, encorajando-o a fazer compras múltiplas (no caso de produtos de consumo diário) e recompensando os usuários anteriores com descontos em dinheiro por comprar de novo a marca do fabricante. As ofertas de rebate também atraem aqueles que trocam de marca para aproveitar os descontos.

Porém, o rebate está gerando uma espécie de comprador fantasma. Talvez a principal razão pela qual os fabricantes utilizem a prática de rebates (abatimentos por reembolso) mais que nunca seja o fato de que muitos consumidores *jamais se dão ao trabalho de resgatá-los*. Assim, ao fazer uso dos rebates, os fabricantes conseguem o melhor dos dois mundos – eles estimulam as compras dos itens com desconto sem ter de pagar por ele, porque a maioria dos consumidores não envia os formulários de reembolso. Por isso, os rebates podem ser considerados uma forma de *desconto fantasma*.[7] É por essa razão que os defensores dos consumidores costumam condenar a prática dos rebates por parte dos fabricantes.

Podemo-nos perguntar por que os consumidores compram itens com abatimento por reembolso e depois não se dão ao trabalho de enviar os formulários para receber o reembolso. Uma pesquisa acadêmica oferece uma explicação. Ao que parece, na hora da escolha da marca, os consumidores tendem a exagerar o benefício a ser obtido com um abatimento em relação ao esforço futuro para conseguir o reembolso.[8]

## Sorteios e concursos

Os sorteios e concursos são amplamente usados. Embora eles sejam diferentes na execução, ambos oferecem aos consumidores a oportunidade de ganhar dinheiro, mercadorias ou viagens.

### Sorteios

Em um **sorteio** os ganhadores são determinados puramente *com base no acaso, na sorte*. Duas ofertas de sorteio são ilustrativas. Uma delas, promovida pela rede de varejo Magazine Luiza, foi desenvolvida em parceria com o famoso apresentador de televisão Fausto Silva e resgatando o Caminhão do Faustão (Figura 17.2). Os consumidores que adquirissem certa quantidade de produtos nas lojas da rede Magazine Luiza receberiam um cupom, que deveria ser preenchido e postado na própria loja. Depois disso, sorteios foram feitos dentro do próprio programa de auditório do apresentador. Os ganhadores recebiam um caminhão repleto de produtos para casa (como móveis e eletrônicos) e ainda poderiam presentear um amigo com outro caminhão semelhante. Outro exemplo foi o sorteio desenvolvido pela marca Nestlé (Figura 17.3). Nesse sorteio, os consumidores deveriam comprar

figura 17.2

**Exemplo de uma oferta de sorteio**

produtos Nestlé e enviar o código dos produtos por mensagens de texto utilizando seus celulares (mensagens SMS). Os consumidores sorteados ganhariam joias, prêmios de R$ 1 milhão, ou uma réplica do famoso "calhambeque" do cantor Roberto Carlos.

Os sorteios representam um instrumento promocional muito popular. Aproximadamente três quartos dos profissionais de marketing de produtos de consumo diário usam os sorteios, e quase um terço dos lares participam em pelos menos um sorteio a cada ano.[9] Em comparação a muitas outras técnicas de promoção de vendas, os sorteios são relativamente baratos, simples de executar e realizam vários objetivos de marketing. Além de reforçar o posicionamento e a imagem da marca, um sorteio bem desenvolvido pode atrair a atenção para as propagandas, promover aumento da distribuição da marca no varejo, reforçar o entusiasmo da equipe de vendas e alcançar grupos específicos por meio de estrutura de preços particularmente chamativa para os consumidores desses grupos.

A eficácia e o apelo dos concursos são geralmente limitados se os sorteios forem usados sozinhos. Quando ligados à propaganda, exibições no ponto de venda e outros instrumentos de promoção, os sorteios podem funcionar com eficácia para produzir resultados significativos. No entanto, a reação dos consumidores aos sorteios é muito baixa, talvez menos de 0,5%.[10] Mas como os sorteios requerem esforço menor por parte dos consumidores e geram participação maior, os gerentes de marca preferem essa forma de promoção aos concursos.

**figura 17.3**

**Outro exemplo de oferta de sorteio**

## Concursos

Em um **concurso**, o participante deve agir de acordo com as regras estabelecidas. Os ganhadores dos concursos, ao contrário dos sorteios, não devem contar com a sorte. Os participantes devem, ao contrário, demonstrar alguma habilidade ou competência, como criar a melhor frase, enviar a melhor fotografia ou ter melhor desempenho em uma prova física,

## foco c.i.m.

### Saco é um saco – Como o Ministério do Meio Ambiente e seus parceiros trabalham para reduzir o uso dos sacos plásticos descartáveis no Brasil

Nas últimas décadas, utilizar sacos plásticos para embalar as compras ao sair de um supermercado ou de outro estabelecimento comercial tem sido prática corriqueira e aparentemente inofensiva. Aos poucos, eles substituíram as sacolas levadas pelos consumidores em suas compras, ao ponto de, a cada hora, 1,5 milhão de sacos plásticos serem consumidos pelos brasileiros.

No entanto, esses sacos plásticos têm enorme impacto ambiental. Além de utilizarem petróleo ou gás natural, que são recursos não renováveis, como matéria-prima e consumirem água e energia em seu processo produtivo, emitem gases de efeito estufa durante o processo. Duram 400 anos no ambiente, poluem e matam animais que os ingerem, trazendo, portanto, vários efeitos ambientais negativos. A cada ano a humanidade consome 1 trilhão de sacos plásticos e eliminá-los é uma preocupação global.

A campanha "Saco é um saco" foi criada em junho de 2009 pelo MMA e conta com 15 parceiros institucionais de peso e mais de 80 apoiadores espontâneos (como empresas, ONGs e instituições públicas) para chamar a atenção sobre o enorme impacto ambiental dos sacos plásticos. A campanha foi criada após levantamento sobre o tema, feito pelo Ministério em 2007, e sugere os três Rs para os consumidores brasileiros:

- **Recusar** sempre que puder, optando pela sacola retornável ou caixas de papelão.
- **Reutilizar** os que recebeu para descartar o lixo doméstico.
- **Reduzir** ao máximo o consumo.

A campanha conta com propaganda em TV, jornais, revistas, rádio, concursos com o consumidor, marketing viral, blog, twitter e canal no Youtube. No entanto, a mudança de hábito de utilizar sacos plásticos de toda uma geração, a criação da figura da "sacola retornável" e a sedimentação de um novo hábito (o de trazer essa sacola para as compras) só são possíveis por meio de substancial e continuado esforço de promoção de vendas, não apenas do MMA, mas principalmente dos parceiros do programa.

### a) Para diminuir a presença dos sacos descartáveis

Em 15 de outubro de 2009, houve o "dia sem sacolas plásticas", no qual supermercados simplesmente não utilizaram as sacolas, incentivando as retornáveis e as caixas de papelão, trazendo experiência prática para os consumidores.

Muitas cidades, como Xanxerê, em Santa Catarina, e Jundiaí, em São Paulo, baniram os sacos plásticos por ação voluntária coletiva. Em Jundiaí, no início do processo de transição, os comerciantes ofereciam sacolas retornáveis de TNT que suportam até 15 kg por R$ 1,85. Caso o consumidor tivesse esquecido sua sacola retornável, as caixas de papelão eram gratuitas e sacolas de plástico biodegradáveis custavam R$ 0,19 (essas sacolas são produzidas do amido de milho e, como tal, são compostáveis).

O Walmart iniciou em novembro de 2009 um teste com caixa preferencial para quem não usa sacolas plásticas em sua loja ecoeficiente no Morumbi, em São Paulo, e os resultados foram surpreendentes: o caixa tem as maiores filas da loja, tanto que já se pensa em abrir um segundo caixa preferencial para atender a demanda.

Fabricantes de bens de consumo também estão preocupados com a situação, diminuindo suas embalagens ou incluindo alças de transporte para os produtos (caso do papel higiênico Neve, da empresa parceira da campanha, Kimberly-Clark).

### b) Para incentivar a sacola retornável (chamada de "ecobag" pelo MMA)

Muitos parceiros têm doado sacolas retornáveis em campanhas, como no dia do Consumidor Consciente (15 de outubro), Dia Mundial do Consumidor (15 de março) ou no Dia do Meio Ambiente (5 de junho). Nos primeiros 10 meses de campanha, os parceiros distribuíram 600 mil sacolas. A maior parte dos varejistas disponibiliza as sacolas a preço de custo, o que é essencial para a adesão dos consumidores. A estimativa é de que as quatro maiores redes de supermercados, juntas, já venderam mais de 4 milhões de sacolas retornáveis.

### Resultados

Como resultados, a campanha, prevista para ter duração de seis meses, em virtude da grande adesão popular seguiu por 2010, ganhando novos parceiros e aumentando a difusão da mensagem do consumo consciente de sacos plásticos pelo país. Todos esses esforços somados resultaram, entre junho de 2009 e junho de 2010, em 800 milhões de sacos plásticos evitados no Brasil.

Por influência da campanha e do debate fomentado na sociedade, inúmeras iniciativas para reduzir o impacto dos sacos no meio ambiente surgiram. É o caso da lei que entrou em vigor no estado do Rio de Janeiro em 16 de julho de 2009, que estabelece que todo o comércio deverá oferecer descontos ao consumidor que recusar sacos plásticos. A lei é pioneira em determinar que o comércio dê três centavos de desconto para cada cinco produtos aos consumidores que recusarem o seu uso, a exemplo da experiência bem-sucedida do Walmart Brasil. Além disso, determina também a troca de 50 sacolas plásticas por um quilo de arroz ou feijão, como forma de estimular a reciclagem.

*A proposta deste case é servir de referência para reflexão e discussão sobre o tema e não para avaliar as estratégias adotadas. O case foi desenvolvido com base em informações divulgadas nos seguintes meios: website da Campanha http://www.sacoeumsaco.com.br/. (Acesso em: 29 de novembro de 2010), blog da Campanha http://www.sacoeumsaco.com.br/blog/. (Acesso em: 27 de novembro de 2010), website Planeta Sustentável http://planetasustentavel.abril.com.br/noticia/lixo/conteudo_479075.shtml. (Acesso em: 28 de novembro de 2010).*

*Caso elaborado por Profª. Me. Monica Sabino, mestre em Administração de Empresas e doutoranda em Administração de Empresas pela FEA/USP.*

por exemplo. O concurso pode ser com ou sem vínculo de compra e pode ter como tema aspectos culturais, sociais, esportivos ou meramente comerciais (tipo "quem melhor desenhar o logo da empresa ou quem escrever o *slogan* mais criativo, ou, ainda, dar o melhor nome para o mascote da marca). Um exemplo de concurso foi o realizado pela marca Hershey's. Os gerentes dessa marca junto da agência de promoção criaram um concurso que apelava a crianças e adolescentes que jogavam futebol e às suas mães. O concurso pedia a apresentação de uma foto de criança ou adolescente de 6 a 17 anos jogando futebol, junto de um recibo original com o preço de compra de um produto. A promoção associou a Hershey's ao futebol, apreciado por milhões de famílias, e também encorajou a compra da marca como condição para que o consumidor pudesse participar do concurso e, assim, se tornar elegível para ganhar algum dos inúmeros prêmios. Um concurso como esse se encaixa na imagem saudável da marca e atende aos interesses de muitos consumidores em seu mercado-alvo.

Os concursos às vezes requerem que os participantes façam mais que apenas enviar uma foto. Por exemplo, em um concurso realizado pelo Philadelphia Tribune, os consumidores foram encorajados a visitar o site Philly Tribune para participar do concurso.[11] Três vencedores ganharam smart phones Blackberry e um vencedor final recebeu um Apple iPhone. Nenhuma compra ou apresentação foi necessária para participar desse concurso. A marca de cervejas Skol realizou um concurso em que o consumidor deveria enviar pelo site da promoção ou via mensagem de texto no celular

**figura 17.4**
Exemplo de um concurso promocional

a resposta à seguinte pergunta: "Onde você armaria o boteco com uma geladeira da Skol?". As 100 melhores respostas receberam uma geladeira de cervejas da marca Skol.

Já a Natura desenvolveu em seu site o concurso Redescobrindo o Brasil (Figura 17.4). Aqueles que quisessem participar deveriam enviar por meio do site artigo de autoria própria ou fotos que tratassem dos biomas brasileiros – Amazônia, Mata Atlântica, Cerrado, Caatinga, Pantanal, Pampa, Zona Costeira ou Marinha e como esses biomas se relacionam com as pessoas. Os ganhadores receberiam uma viagem para a Amazônia para conhecer os milenares castanhais da Reserva de Desenvolvimento Sustentável do Rio Iratapuru, no Amapá. Nesse concurso, não era preciso apresentar nenhum tipo de comprovante de compra. Mas a promoção, claramente, está vinculada ao posicionamento de sustentabilidade trabalhado pela marca.

O concurso é uma modalidade menos utilizada que o sorteio. Existem duas razões básicas para isso: 1) concurso exige maior esforço dos participantes e nem todos estão dispostos a isso; 2) a operação do concurso é muito mais complexa (e onerosa) para o promotor que o sorteio. Porém, ao tomar parte no concurso, os indivíduos terão interagido com a marca mais que como simples destinatários de mensagens de propaganda e, desse modo, terão uma oportunidade de sustentar sua atitude em relação a ela.

### Sorteios e concursos on-line

Os eventos promocionais on-line estão crescendo em importância. A maioria das empresas direciona agora os consumidores a se registrar on-line para participar em um sorteio ou concurso. Os sorteios ou concursos on-line (com os vale-brindes on-line) apelam aos consumidores e também aumentam o interesse pela marca, criando percepção, interação com os consumidores e permitindo a expansão do banco de dados de e-mail *opt-in* de uma marca. Você pode acessar os sites de algumas de suas marcas favoritas e verá que quase todas oferecem algum tipo de sorteio, concurso ou vale-brinde, na forma de jogo, on-line.

## Promoções de fidelização

As promoções às vezes recompensam a compra repetida de determinada marca conferindo pontos que levam à redução de preços ou mercadorias grátis. Fica óbvio com essa descrição por que as promoções de fidelização também são referidas como programas de *recompensa, lealdade* ou *pontos*. Quanto mais competitivo for o mercado e quanto mais similaridade entre os produtos ofertados, mais espaço existirá para promoções de fidelização. Em geral, as promoções de fidelização recompensam os consumidores pela compra de determinada marca repetidamente ou por fazer compras regularmente em uma loja específica. O programa não precisa ser baseado no acúmulo de pontos, mas, em vez disso, pode simplesmente requerer certo número de compras para concorrer aos prêmios. Por exemplo, a Budget (locadora de carros) desenvolveu uma promoção de fidelização na qual o quinto aluguel de um automóvel dava direito a um par de óculos da marca Bollé. Atualmente essa modalidade promocional é explorada de pizzarias de bairro a grandes empresas globais. Os programas de usuários leais das companhias aéreas, os de compras via cartões de crédito e os de hóspedes frequentes de hotéis representam uma forma de programa de lealdade. Esses usuários acumulam pontos que podem ser trocados depois por produtos diversos, serviços, viagens ou hospedagens gratuitas. Esses programas estimulam os consumidores a permanecer cliente de determinado hotel, bandeira de cartão de crédito ou companhia aérea para acumular o número necessário de pontos o mais rápido possível. A rede Renaissance Hotels, por exemplo, concedeu mil milhas de bônus por estada, mais três milhas extras para cada dólar gasto. O programa Priority Club do Holiday Inn recompensa os consumidores por estadas no Holiday Inn e em outros hotéis da rede InterContinental Hotels Group (IHG). Os membros do Priority Club trocam esses pontos por hospedagens gratuitas em qualquer hotel da rede. O website da IHG afirma que em um período de quatro anos os membros trocaram mais de 50 bilhões de pontos no valor de US$ 340 milhões.[12]

As empresas de produtos de consumo diário estão cada vez mais usando uma variedade de programas de lealdade. Por exemplo, a Purina, fabricante de comida para animais domésticos, tem um programa direcionado aos membros de seu Pro Club, que os capacita a ganhar Purina Points quando recortam e enviam os "círculos de peso" das embalagens das marcas Purina que participam da promoção. Esses pontos podem ser trocados por recompensas como cheques de reembolso (usados para compras futuras de produtos Purina), cheques para serviços veterinários e certificados de brindes para restaurantes e viagens.[13]

Os consumidores que já são fiéis a uma marca que oferece um programa de pontos ou outro plano de fidelização são recompensados pelo que teriam feito de qualquer jeito – ou seja, comprar a marca preferida regularmente. Nesse caso, um programa de pontos *não* encoraja a compra repetida, embora possa servir para fortalecer uma relação já consolidada com o consumidor. Reciprocamente, os programas de pontos podem estimular os consumidores cuja lealdade está dividida entre várias marcas a comprar com mais frequência a marca que dá pontos de promoção ou recompensa de compras repetidas de alguma outra maneira. Talvez seja esse o maior valor dos programas de fidelização.

# Promoções integradas e conjuntas

Até agora nossa discussão concentrou-se nas promoções individuais de vendas. Na prática, as promoções com frequência são usadas de forma integrada para realizar objetivos que não poderiam ser atingidos com o uso de único instrumento promocional. Além do mais, essas técnicas, individuais ou em conjunto, costumam ser usadas para promover ao mesmo tempo duas ou mais marcas da mesma empresa ou de empresas diferentes.

O uso simultâneo de *duas ou mais modalidades de promoção* é chamado **programa integrado ou combinado**. A *promoção simultânea de marcas múltiplas em um único esforço promocional* é chamada **promoção conjunta (copromoção ou promoção de *cobrand*)**, ou em grupo. A promoção *integrada* refere-se ao uso de instrumentos promocionais múltiplos, ao passo que a promoção *conjunta* se refere à promoção de múltiplas marcas da mesma empresa, ou de empresas diferentes. Os programas integrados e conjuntos costumam ser usados juntos, como mostram as seções a seguir.

## Programas com ações integradas

A concentração de mídia, como foi mencionada várias vezes em capítulos anteriores, é um problema sempre presente para os comunicadores de marketing. Quando usados individualmente, é possível que os consumidores jamais notem os instrumentos promocionais. Uma integração de instrumentos – como o uso de uma oferta de cupom com outro mecanismo promocional (por exemplo, sorteios ou concursos, como mostram as figuras 17.2, 17.3 e 17.4) – aumenta a probabilidade de que os consumidores prestem atenção à mensagem e processem a oferta da promoção. Além do mais, o uso integrado de várias técnicas em um mesmo programa promocional bem coordenado equipa o setor de vendas com forte programa de vendas e dá ao canal de distribuição um incentivo atraente para comprar em quantidades maiores (prevendo uma forte receptividade dos consumidores) e aumentar a atividade de exibição.

## Promoções conjuntas

Um número cada vez maior de empresas usa as promoções conjuntas (em grupo) para gerar aumento de vendas, estimular o varejo e o interesse do consumidor e alcançar o uso ótimo de seus orçamentos promocionais. As promoções conjuntas são eficientes em termos de custo porque ele é dividido entre várias marcas. Uma promoção conjunta pode ser do tipo conjunta intraempresa, quando envolve duas ou mais marcas de uma mesma empresa, ou do tipo conjunta interempresas, quando envolve empresas diferentes. Os relacionamentos entre marcas *complementares* de empresas diferentes são usados cada vez mais. Por exemplo, a lavadora de louças Brastemp, que oferece três meses de sabão para lava-louça Finish na compra de uma lavadora de louças (Figura 17.5).

Além de alcançar os objetivos estratégicos da comar, as promoções conjuntas são eficientes em termos de custo porque várias marcas – da mesma empresa ou de empresas diferentes – dividem as despesas com a produção e distribuição das peças que promovem as marcas.

**figura 17.5**

Exemplo de uma promoção conjunta interempresas

### Problemas com a implementação

As promoções conjuntas são capazes de realizar objetivos úteis, mas não estão isentas de problemas potenciais. O *intervalo de tempo* – a quantidade de tempo necessária para planejar e executar uma promoção – fica mais extenso porque duas ou mais entidades têm de coordenar seus cronogramas promocionais separados. Além do mais, conflitos criativos e mensagens misturadas podem ocorrer quando cada parceiro tenta obter mais atenção para seu produto ou serviço.

Para diminuir os problemas o máximo possível e realizar os objetivos, é importante que: (1) os perfis dos clientes de cada parceiro sejam semelhantes em relação às características demográficas ou de influência de consumo, (2) as imagens dos parceiros se reforcem mutuamente (por exemplo, tanto a Brastemp quanto a Finish são marcas bem conhecidas com imagens de uma consistente alta qualidade) e (3) os parceiros estejam dispostos a cooperar em vez de impor seus próprios interesses sobre o bem-estar do outro parceiro.

# Sistema de cupons

Um **cupom** é um mecanismo promocional que recompensa os consumidores por comprar a marca que o oferece, concedendo descontos que variam de centavos até R$ 1,00, R$ 5,00 ou mais, dependendo do preço do item. Por exemplo, o café Maxwell House ofereceu cupons de 45 centavos de dólar e 90 centavos de dólar para seus sachês.

Os cupons são distribuídos em jornais, revistas, mala direta, dentro e sobre as embalagens, pela Internet, nas prateleiras do ponto de venda ou em dispositivos de entrega eletrônicos. Nem todos os métodos de entrega têm o mesmo objetivo. Os *cupons instantâneos* (aqueles que podem ser retirados das embalagens no ponto de venda) dão recompensas imediatas aos consumidores e encorajam as compras de experimentação e as repetidas por parte dos consumidores leais (veja Tabela 17.1).

Os *cupons enviados pelo correio e mídia* atrasam a recompensa, embora também gerem o comportamento de compra de experimentação. Antes de discutir esses modos específicos de entrega de cupons em detalhes, será útil examinar os desenvolvimentos pertinentes ao uso deles.

## Background do sistema de cupons

Quase todos os profissionais de marketing dos produtos de consumo lançam cupons. O uso deles, no entanto, não está limitado a esse tipo de produto. Por exemplo, a General Motors Corporation enviou pelo correio cupons no valor de até US$ 1.000 a seus antigos clientes na esperança de encorajá-los a comprar carros novos.

Embora um número muito maior de cupons seja distribuído nos Estados Unidos que em qualquer outro lugar do mundo, os *índices de resgate* (a porcentagem de todos os cupons distribuídos que são levados às lojas para obter o desconto no preço) são maiores na maioria dos outros países. Todavia, esse sistema praticamente não existe em alguns países, ou está em seu estágio inicial. No Brasil a cuponagem é uma atividade irrisória. Na Alemanha o governo limita o valor de face dos cupons a 1% do valor do produto, o que efetivamente elimina no país o sistema de cupons para os produtos de consumo com preço baixo. Apenas uma pequena quantidade de cupons é distribuída na França, porque as poucas redes que controlam o mercado varejista no país em geral se opõem ao uso deles. A utilização de cupons no Japão está em seus estágios iniciais depois que as restrições governamentais foram eliminadas. No Brasil, a utilização de cupons é bastante insipiente. Por esse motivo, serão apresentados a seguir apenas os números e índices referentes ao mercado norte-americano.

### Métodos de distribuição de cupons

O método de distribuição de cupons preferido dos gestores de marca é a inserção livre (*freestanding insert – FSI*). As FSIs, que são inserções nos jornais de domingo, representam aproximadamente 88% de todos os cupons distribuídos nos Estados Unidos.[14]

### Custo dos cupons

O uso extensivo do sistema de cupons não aconteceu sem críticas. Alguns críticos afirmam que os cupons são um desperdício e podem realmente aumentar os preços dos bens de consumo. Essa é uma questão discutível, mas é inegável que os cupons são uma proposição cara. Obviamente, programas que ajudam na redução dos custos, como o cooperativo e a entrega on-line, são muito utilizados. Os cupons são de fato caros, alguns são um desperdício e outros mecanismos promocionais podem ser melhores. Contudo, o extensivo uso deles em determinados países sugere que há uma grande quantidade de gestores de marca incompetentes ou que instrumentos promocionais superiores não estão disponíveis ou são economicamente inviáveis. Essa última explicação é a mais razoável quando consideramos como o mercado opera. Se uma prática comercial não é econômica, ela não será usada por muito tempo. Quando uma prática melhor está disponível, ela substituirá a solução anterior. Conclusão: parece que os cupons são muito usados porque os profissionais de marketing não foram capazes de desenvolver métodos mais eficazes e econômicos de alcançar os objetivos de gerar experimentação que os cupons atingem.

## O sistema de cupons é lucrativo?

Há evidências de que os lares mais propensos a resgatar os cupons são também os mais inclinados a comprar a marca em primeiro lugar. Além disso, a maioria dos consumidores retorna à marca que costumava usar logo depois de resgatar o cupom de uma concorrente.[15] Portanto, o efeito desse sistema, pelo menos superficialmente, é apenas de aumentar os custos e reduzir a margem de lucro por unidade. Todavia, a questão é mais abrangente. Embora a maioria dos cupons seja resgatada por *usuários atuais da marca*, a dinâmica competitiva força as empresas a continuar os oferecendo para impedir que os consumidores atuais mudem para outra marca que oferece cupons ou outro tipo de vantagem promocional.

As seções a seguir descrevem as principais formas da atividade de cupons, os objetivos de cada uma e as inovações desenvolvidas para aumentar a lucratividade desse sistema. A apresentação dos métodos de entrega de cupons segue a estrutura apresentada antes na Tabela 17.1. Será útil revê-la para entender melhor os métodos específicos de entrega de cupons descritos a seguir.

## Distribuição de cupons no ponto de venda

Como descreveremos mais adiante no contexto da propaganda no ponto de venda (Capítulo 20), aproximadamente 70% das decisões de compra são feitas quando os consumidores estão na loja. Portanto, faz sentido entregar cupons no ponto onde as decisões são tomadas. A distribuição de cupons no ponto de venda aparece em três formas: instantânea, entregue no balcão, entregue eletronicamente por leitura óptica.

### Cupons resgatáveis instantaneamente

A maioria dos métodos de distribuição de cupons atrasa o impacto sobre os consumidores, porque o cupom é recebido na casa do consumidor e mantido por um período de tempo antes de ser resgatado. Os *cupons resgatáveis instantaneamente* (CRIs) são destacáveis da embalagem e devem ser retirados pelo consumidor e resgatados ao sair da loja, quando ele comprar a marca que traz o cupom. Essa forma de distribuição representa uma recompensa imediata que pode incentivar o consumidor a experimentar a marca (veja a célula 1 na Tabela 17.1).

### Cupons entregues nas prateleiras

Os dispositivos de cupons entregues nas prateleiras são presos a elas com a marca que oferece os cupons. Um dispositivo vermelho (conhecido como "máquina de cupom instantâneo") é o mais conhecido entre vários serviços desse tipo. Os consumidores interessados em adquirir determinada marca podem puxar um cupom do dispositivo e resgatá-lo quando sair da loja. O índice médio de resgate dos cupons entregues nas prateleiras é de aproximadamente 9% a 10%.[16]

### Cupons entregues por *scanners*

Existem vários sistemas eletrônicos para distribuir cupons no ponto de venda. O mais conhecido entre eles é um serviço da Catalina Marketing Corporation, muito comum nos Estados Unidos. A Catalina oferece dois programas: um chamado Checkout Coupon e o outro Checkout Direct. O programa *Checkout Coupon* entrega cupons baseado em marcas específicas que um comprador adquiriu. Assim que o leitor óptico registra que o consumidor comprou uma marca concorrente, um cupom do fabricante participante é lançado. Direcionado aos clientes dos concorrentes, o programa Checkout Coupon da Catalina permite que o fabricante alcance pessoas que compram a categoria de produto, mas não estão adquirindo no momento a marca do fabricante. O índice de resgate é de aproximadamente 8%.[17]

## Cupons entregues por correio e mídia

Esses modos de entrega de cupons oferecem aos consumidores recompensas *posteriores*. Os cupons entregues pelo correio representam cerca de 2% de todos os cupons distribuídos pelos fabricantes nos Estados Unidos. Os modos de mídia de massa (jornais e revistas) são claramente dominantes, responsáveis por 90% de todos os cupons – cuja forma prevalecente são as inserções livres nos jornais de domingo.

### Cupons entregues pelo correio

Os profissionais de marketing costumam usar cupons entregues pelo correio para introduzir produtos novos ou melhorados. A correspondência pode ser enviada a uma seção ampla do mercado ou direcionada a segmentos geodemográficos específicos. Os cupons enviados pelo correio alcançam a maior penetração nos lares. A distribuição de cupons via revistas e jornais alcança menos de 60% de todos os lares, ao passo que o correio pode alcançar 95%. Além do mais, a mala direta tem o índice de resgate mais alto (3,5%) de todas as técnicas de entrega de cupons em massa.[18] Também existem evidências empíricas sugerindo que os cupons enviados por mala direta aumentam a quantidade de compras do produto, particularmente quando os cupons com valores de face mais altos são usados por pessoas que têm suas casas próprias, famílias maiores e com melhor nível de educação.[19]

A principal desvantagem dos cupons enviados pelo correio é que eles são relativamente caros comparados aos métodos de distribuição de cupons. Outra desvantagem é que a mala direta é especialmente ineficaz e cara para marcas com um alto *share* de mercado. Isso acontece porque uma grande proporção das pessoas que recebem os cupons podem ser usuários regulares da marca, o que prejudica o objetivo primário de gerar compras de experimentação. A ineficácia da entrega em massa é responsável pelo rápido crescimento dos esforços para direcionar os cupons a públicos minuciosamente selecionados, como os usuários das marcas concorrentes.

## Cupons dentro e sobre as embalagens

Os *cupons dentro e sobre as embalagens* são inseridos na embalagem ou fazem parte de seu exterior. Essa forma de distribuição de cupons não deve ser confundida com os cupons instantâneos, ou destacáveis, vistos anteriormente. Enquanto os CRIs são destacáveis no ponto de venda e resgatáveis para aquele item específico pelo comprador que está na loja, um cupom dentro ou sobre a embalagem não pode ser removido até que esteja na casa do consumidor para ser resgatado em compra posterior. Essa forma de distribuição de cupons dá, então, aos consumidores uma recompensa *posterior* que tem o objetivo de encorajar mais as compras repetidas que as de experimentação.

Uma grande vantagem dos cupons dentro e sobre a embalagem é que não há praticamente *nenhum custo de distribuição*. Além do mais, os índices de resgate são bem mais altos porque os usuários da marca recebem a maioria dos cupons nas embalagens. O índice médio de resgate do cupom dentro da embalagem fica entre 6% a 7%, ao passo que o índice de resgate do cupom sobre a embalagem é um pouco menor que 5%.[20] As limitações dos cupons nas embalagens são que elas oferecem um valor posterior aos consumidores, não alcançam os não usuários da marca que traz os cupons e não alavancam o interesse do canal de distribuição por causa da natureza de atraso da oferta.

## Cupons on-line

Vários sites da Internet agora distribuem cupons. Embora representem uma porcentagem muito pequena de todos os distribuídos (menos de 1%), os cupons on-line crescem em popularidade. Os consumidores imprimem os cupons em casa (ou no trabalho) e depois, assim como acontece com as outras formas de entrega, os resgatam no momento de pagar pela compra na loja.

Permitir que os consumidores imprimam seus próprios cupons gera um potencial considerável de *fraude* porque deixa aberta a oportunidade de que os consumidores manipulem o valor de face e imprimam várias cópias. Além do mais, os criminosos peritos em computadores fazem o download dos arquivos dos cupons e os "escaneiam" em seus computadores, depois trocam os códigos de barra, as datas, as quantias e até a marca patrocinadora.[21] Para evitar esse problema, alguns serviços de cupons on-line permitem que os consumidores selecionem as marcas das quais gostariam de receber cupons e, então, cupons de verdade são enviados pelo correio. É muito cedo para prever se o sistema de cupons on-line continuará a crescer em popularidade, especialmente porque alguns varejistas, como o Walmart, se recusam a aceitar cupons da Internet. Não obstante, a menos que as empresas encontrem um meio de diminuir a grande quantidade de fraude no sistema, não é provável que os cupons on-line tenham crescimento significativo.

### O caso especial do sistema de cupons sem fio

Como descrevemos no Capítulo 13, ao discutir o marketing pela Internet, a distribuição de ofertas promocionais via telefones celulares está crescendo em popularidade. Por exemplo, grandes empresas de produtos de consumo diário, como Procter & Gamble, General Mills e Kimberly-Clark, estão testando oferecer cupons a usuários de telefones celulares. Essas empresas se juntaram à rede de supermercados Kroger para testar se os cupons distribuídos dessa maneira representam um método eficaz e eficiente. O sistema de distribuição de cupons por celular opera da seguinte forma: os consumidores fazem, em seus celulares, o download de uma aplicação semelhante a um *ring-tone*, chamada Cellfire, que os capacitará a checar o "shopping center" eletrônico da Cellfire para ver quais marcas estão oferecendo cupons. Depois descontam os cupons mostrando aos caixas nas lojas a tela de seus celulares exibindo os cupons selecionados.[22]

A Cellfire é apenas uma entre muitas organizações de telefones celulares que estão tentando explorar o potencial deles (a "terceira tela") para distribuir cupons e realizar outras tarefas de comar. Como mencionado no Capítulo 13, só o tempo dirá se o sistema de cupons via telefonia móvel funcionará, mas as perspectivas são promissoras considerando que as ofertas de cupons via telefone celular são relativamente baratas para os profissionais de marketing e altamente convenientes para os consumidores – eliminando a necessidade de cortar cupons em casa e lembrar de levá-los à loja.

## O processo de resgate dos cupons e a fraude

Independentemente do mecanismo específico pelo qual um cupom é resgatado (ou fraudado), o varejista é reembolsado pela quantia do valor de face paga aos consumidores e, além disso, recebe o pagamento de uma taxa pelo seu trabalho, que atualmente nos Estados Unidos é de 8 centavos de dólar por cupom. Nisso reside o potencial para a fraude: uma pessoa inescrupulosa pode ganhar US$ 1,08 resgatando um cupom com valor de face US$ 1. Mil cupons fraudados como esse produziriam um ganho de US$ 1.080. O que aumenta o potencial para a fraude é o fato de que muitos cupons agora têm valor de face de US$ 1 ou mais. As estimativas do índice de fraude variam entre 15% e 40%. Muitos gestores de marca preveem um índice de 20% a 25% de fraude ao preparar o orçamento para os cupons. Embora a imposição de controles mais rígidos em todos os estágios do resgate dos cupons tenha reduzido a magnitude das fraudes, um nível de 3% a 4% representa, mesmo assim, milhões de dólares perdidos pelos fabricantes. Como ocorre a fraude e quem participa dela? A fraude ocorre em todos os níveis do processo de resgate. Às vezes, consumidores individuais, alguns funcionários, os gerentes varejistas e as câmaras de compensação (que processam os cupons como cheques no sistema bancário).

# Promoções dos varejistas

Até agora a nossa discussão foi focada nas promoções realizadas pelos fabricantes direcionadas aos consumidores. Os varejistas também desenvolvem promoções para seus clientes atuais e potenciais. Essas promoções inspiradas pelos varejistas são criadas para aumentar o tráfego nas lojas, oferecer aos compradores atraentes descontos no preço ou outras ofertas e gerar a lealdade do consumidor.

## Cupons do varejo

O sistema de cupons é uma das formas favoritas entre muitos varejistas no setor de supermercados, drogarias e áreas de negócios de produtos de consumo em massa. Alguns supermercados mantêm "dias de cupom" especiais, quando resgatam os cupons dos fabricantes pelo dobro ou triplo do valor de face. Por exemplo, um supermercado em um "dia triplo de cupom" deduz R$ 1,50 da conta do consumidor quando ele apresenta o cupom do fabricante com o valor de face de R$ 0,50. Os varejistas costumam limitar suas ofertas de desconto em dobro – ou triplo – aos cupons dos fabricantes com valor de face de R$ 0,99 ou menos.

Varejistas de outros setores que não o de supermercados usam os cupons com frequência. Por exemplo, Bed Bath & Beyond, conhecido varejista do ramo de acessórios, regularmente oferece cupons com 20% de desconto na maioria dos itens encontrados na loja. A Ashley Furniture, que se autointitula a marca número um de móveis domésticos na América do Norte, ofereceu cupons em uma promoção com valor variando entre US$ 50 e US$ 250. O cupom com valor de US$ 50 era resgatável com qualquer compra de US$ 499 a US$ 999, ao passo que o cupom de US$ 250 podia ser redimido apenas com compras no valor de US$ 2.500 ou mais.

## Programas de fidelidade

Vários varejistas oferecem a seus consumidores cartões de compradores frequentes, ou de clientes especiais, ou, ainda, clientes preferenciais, que concedem descontos em itens selecionados adquiridos em qualquer ocasião de compra. Por exemplo, o supermercado Pão de Açúcar oferece preços diferenciados em alguns itens a seus clientes participantes do programa de clientes especiais Pão de Açúcar Mais. Os clientes recebem o desconto ao apresentar o cartão de cliente especial ao caixa, que "escaneia" o número do cartão e deduz o valor da conta quando os itens são "escaneados". Esses cartões de comprador frequente encorajam a compra repetida em determinada rede de varejo. Como são designados com rótulos

como "CMI" (cliente muito importante) também servem para elevar a sensação de importância que a loja dá ao consumidor. Por fim, os programas de cartões de compradores especiais (frequentes) propiciam aos varejistas valiosos bancos de dados contendo informações sobre características demográficas e hábitos de compra dos consumidores.

Em outra forma de programa de lealdade, alguns varejistas dão aos consumidores cartões plásticos que são apresentados aos funcionários para "escaneamento" automático com cada compra feita naquela loja específica. Por exemplo, a rede de supermercados Pão de Açúcar tem um programa no qual os consumidores apresentam seus cartões com cada compra e acumulam pontos que dão direito a descontos ou brindes em compras subsequentes. Trata-se de uma aplicação perfeita do programa de lealdade ou recompensa.

## Ofertas de preço especial

Muitos varejistas usam uma variedade de meios criativos para reduzir os preços temporariamente. Por exemplo, a Goody's – rede de lojas que vende roupas com desconto – organizou uma promoção de desconto de preço na qual sacolas de compra são enviadas aos consumidores – sacolas de papel parecidas com as distribuídas em supermercados. Nas sacolas estão impressas frases como "20% de desconto em tudo o que você conseguir colocar nesta sacola". A oferta é feita durante um dia e depois repetida em ocasiões diferentes durante o ano. O valor de um programa de preço especial como esse é que ele cria excitação nos clientes ao mesmo tempo em que não exige reduções de preços para todos os consumidores – apenas para aqueles que levarem suas sacolas às lojas na data designada.

## Amostras e prêmios

O sistema de amostras é outra forma muito usada de promoção dos varejistas. Embora em muitos casos esse sistema represente programas conjuntos entre as lojas e os fabricantes, os varejistas cada vez mais distribuem amostras de produtos ou marcas próprias. Grandes redes de varejo, como a Costco, são famosas por distribuir uma variedade de amostras em qualquer ocasião de compra. Tais promoções servem para aumentar as vendas dos produtos em amostra e também possuem um valor de entretenimento que promove a experiência de compra.

As lojas também oferecem prêmios para encorajar as compras de itens selecionados. Por exemplo, a Quiznos ofereceu um sanduíche de 15 centímetros, gratuito, quando os clientes compravam salgadinhos e uma garrafa média de bebida. A Publix, rede regional de supermercados conhecida por seu serviço notável, realizou uma promoção na qual os consumidores que comprassem qualquer uma de quatro marcas muito conhecidas recebiam um item equivalente, de graça, da marca própria Green-Wise – por exemplo, compre o ketchup orgânico da Heinz e receba um frasco gratuito do ketchup orgânico Green-Wise, da Publix.

## Legislação promocional

A promoção de vendas, por suas características de estímulo ao consumo (e por existirem diversas formas, nem sempre éticas, de operacionalizar a promoção), é uma atividade regulamentada em diversos países. Em cada lugar existem restrições e limitações que mudam conforme a cultura e posição política do país. Em alguns ela é mais rígida e em outros, mais branda. Vamos explorar alguns pontos essenciais da legislação promocional brasileira, mas destacamos inicialmente dois aspectos importantes: (1) não se deve fazer promoções sem antes avaliar seu enquadramento da lei e (2) é sempre aconselhável uma consulta jurídica prévia e a contratação de um advogado ou escritório jurídico especializado antes de desenvolver ações promocionais.

A atividade promocional do Brasil é regida por uma lei federal específica (Lei n. 5.768 de 1971, regulamentada pelo Decreto n. 70.951 de 1972). Basicamente a lei visa normatizar as atividades promocionais, e, assim sendo, todas as ações promocionais enquadradas nessa lei devem ser previamente autorizadas pelo governo (GEPCO – Gerência Nacional de Promoções Comerciais, órgão ligado à Caixa Econômica Federal, ou SEAE – Secretaria de Acompanhamento Econômico, todos vinculados ao Ministério da Fazenda). A lei considera como atividade promocional exclusivamente as modalidades de sorteio, concurso, vale-brinde e atividades assemelhadas. Portanto, as demais modalidades não se enquadram na lei e estão isentas de aprovação prévia. Concursos de natureza exclusivamente cultural, desportiva, educativa e literária que não envolvam sorte nem vínculo de compra também estão isentos de autorização.

Para obter o certificado de autorização, a empresa solicitante deve apresentar, detalhadamente, toda a mecânica da promoção (a qual deve ser justa, transparente e dar igualdade de condições a todos participantes), a quitação de impostos (federais, estaduais e municipais), e vários outros documentos legais da empresa, pagar uma taxa de 10% sobre o valor total dos prêmios e outra para fiscalização. O prazo para a liberação do processo é de 40 a 60 dias. Os prêmios ofertados precisam estar disponíveis já no início da promoção. A oferta de prêmios em dinheiro é proibida pela lei.

Outra característica é a exigência de que todos os prêmios devem ser comprovadamente entregues em um prazo de 180 dias após as apurações. Prêmios não entregues ficam para o governo. Essa é uma forma de evitar que o promotor da ação lese o consumidor. Algumas categorias não podem fazer ações promocionais. São elas: bebidas alcoólicas, medicamentos, fumo, armas, munições e explosivos. Empresas infratoras podem ser punidas com multas e suspensão por até dois anos de novas autorizações. A lei apresenta várias outras condições, exigências e restrições, as quais são constantemente revisadas e ajustadas por portarias.[23] A AMPRO – Associação de Marketing Promocional oferece apoio às agências promocionais, fornecedores a anunciantes em relação à legislação promocional e também um código de ética para o setor, disponível em www.ampro.com.br/ampro/cod_etica/.

# Avaliação das ideias de promoção de vendas

Inúmeras alternativas estão disponíveis para os fabricantes e varejistas ao planejar as promoções de vendas. Também existe uma variedade de objetivos que os programas de promoção eficazes podem alcançar. A combinação das inúmeras alternativas e dos diversos objetivos leva a uma significativa gama de possibilidades. Portanto, é essencial um procedimento sistemático para selecionar a modalidade de promoção de vendas. As seções a seguir esboçam procedimentos para avaliar as promoções potenciais durante o estágio das ideias e, então, a sua eficácia depois que elas são realizadas.

## Um procedimento para avaliar as ideias de promoção

O procedimento direto, dividido em três passos, a seguir direciona o gerente de marca na determinação de quais ideias e abordagens de promoção têm a melhor chance de sucesso.[24]

### Passo 1: Identificar os objetivos

O passo mais básico, contudo mais importante, para o desenvolvimento de uma promoção bem-sucedida é a identificação clara do objetivo específico (ou objetivos específicos) a ser alcançado. Os objetivos devem ser especificados à medida que se relacionam com o canal de distribuição e, por fim, com os consumidores finais; por exemplo, os objetivos podem ser gerar experimentação, fazer que os consumidores comprem mais, evitar a concorrência, aumentar o espaço de exibição etc.

Nesse primeiro passo, o planejador promocional deve apresentar os objetivos por escrito e declará-los especificamente e em termos mensuráveis. Por exemplo: "aumentar as vendas" é muito geral. Em comparação, "aumentar o espaço de exibição em 25% acima do período comparável no ano passado" é um objetivo específico e mensurável.

### Passo 2: Alcançar concordância

Todos os envolvidos em um programa de comar de uma marca devem concordar com os objetivos desenvolvidos. O fracasso em alcançar a concordância quanto aos objetivos resulta nos vários tomadores de decisão (como os gestores de propaganda, vendas e marca) defendendo diferentes programas porque têm objetivos diferentes em mente. Além disso, de acordo com o próximo passo, um programa de promoção pode mais facilmente ser avaliado em termos de um objetivo específico que uma generalização vaga.

### Passo 3: Avaliar a ideia

Com os objetivos específicos estabelecidos e alcançando a concordância, o seguinte sistema de cinco pontos pode ser usado para avaliar as alternativas de ideias de promoção de vendas:

1. *A ideia é boa?* Todas as ideias devem ser avaliadas em contraste com os objetivos da promoção. Por exemplo, se o objetivo é aumentar a experimentação do produto, uma amostra ou um cupom receberiam uma avaliação favorável, o mesmo não acontecendo com um sorteio.
2. *A ideia da promoção atrairá o mercado-alvo?* Um concurso, por exemplo, pode ter um grande apelo para crianças, mas para certos grupos de adultos ele pode ter resultados desastrosos. Em geral, é fundamental que o mercado-alvo seja tratado como *benchmark* diante do qual todas as propostas devem ser avaliadas.
3. *A ideia é única, ou a concorrência está fazendo algo parecido?* A perspectiva de receber interesse tanto do canal de distribuição quanto dos consumidores depende do desenvolvimento de promoções que não sejam comuns. A criatividade é tão importante para o sucesso de uma promoção quanto o é para a propaganda.

4. *A promoção é apresentada claramente de modo que o mercado pretendido a perceba, entenda e reaja de maneira positiva?* Os planejadores das promoções de vendas devem começar com uma premissa fundamental: a maioria dos consumidores não está disposta a perder muito tempo e esforço entendendo como uma promoção funciona. É fundamental para o sucesso da promoção que as instruções sejam fáceis de entender. Os consumidores precisam saber com facilidade e clareza o que é a oferta e como responder a ela.
5. *A ideia proposta é eficiente em termos de custo?* Isso exige uma avaliação se a promoção sugerida atingirá os objetivos pretendidos a um custo acessível. Os planejadores sofisticados de promoções fazem uma estimativa de custo total dos programas alternativos e sabem antecipadamente o limite provável de retorno de cada opção de promoção.

## Análise pós-realização

A seção anterior descreveu um procedimento geral para avaliar as ideias de promoção sugeridas enquanto elas estão no estágio de planejamento, antes da real implementação. É essencial ter um meio de avaliar um programa promocional depois que ele foi implementado. Tal avaliação será útil para futuros planejamentos, em especial se ela se tornar parte da "memória institucional" dos gestores de marca em vez de ser descartada logo depois que for completada. Um profissional do setor de promoções propôs avaliar os programas finalizados de promoção em cinco características: despesa, eficiência, facilidade de execução, promoção do *brand equity* e eficácia.[25]

### Despesa

A despesa de um programa de promoção é a soma dos gastos diretos investidos na promoção. Os elementos típicos incluem: a despesa para criar a promoção, os custos para anunciá-la, os pagamentos dos cupons resgatados, dos reembolsos pagos, dos prêmios dos vale-brindes entregues, das amostras distribuídas, taxas governamentais etc.

### Eficiência

A eficiência representa o *custo por unidade movida* da promoção. A medida da eficiência é calculada simplesmente dividindo o custo total da promoção finalizada pelo número de unidades vendidas durante o período promocional.

### Facilidade de execução

Isso representa o tempo e o esforço total investidos no planejamento e execução de uma promoção. Obviamente, se tudo se mantiver constante, as promoções que exigem menos tempo e esforço são preferenciais.

### Promoção do *brand equity*

Esse critério envolve uma avaliação subjetiva se uma promoção de fato melhorou a imagem da marca ou piorou. Uma oferta de sorteio, por exemplo, pode servir para promover o *brand equity* associando a marca a um valoroso grande prêmio. Um prêmio autoliquidante pode atingir a mesma meta. Em comparação, um jogo pode ser inapropriado para algumas marcas por parecer deselegante. Como sempre, a avaliação depende do posicionamento da marca e da situação do mercado-alvo.

### Eficácia

A eficácia de uma promoção pode ser mais bem avaliada pela determinação das unidades totais do item promovido que foram vendidas durante o período.

### Combinação dos fatores individuais

Tendo avaliado um programa de promoção finalizado dentro das cinco dimensões descritas anteriormente, é importante que as avaliações individuais sejam combinadas em uma *pontuação única*. Isso pode ser feito simplesmente usando um modelo direto que pesa cada um dos cinco fatores em importância e depois soma os produtos da pontuação de cada fator por seu peso. Um modelo como o descrito a seguir pode ser usado:

$$\text{Pontuação do programa } j = \sum_{i=1}^{5}(E_{ij} \times W_i)$$

em que:

Programa $j$ = um programa recém-finalizado (um de muitos programas promocionais potenciais que foram desenvolvidos para uma marca e avaliados).

$E_{ij}$ = Avaliação do $j^o$ programa promocional no $i^o$ fator de avaliação (ou seja, o fator eficácia, o fator de facilidade de execução etc.).

$W_i$ = Peso, ou importância relativa do fator $i^o$ na determinação do sucesso da promoção. (Observe que o peso é subscrito apenas com um $i$ e não um $j$, porque os pesos são constantes durante as avaliações dos programas. Comparativamente, as avaliações dos fatores individuais, $Eij$, requerem um subscrito $j$ para refletir a probabilidade das avaliações variadas em diferentes programas promocionais.)

A Tabela 17.2 ilustra esse modelo direto.[26] Considere uma empresa que realizou três programas promocionais durante determinado ano. Ao término, cada programa foi avaliado com respeito aos cinco critérios de avaliação (despesa, eficiência etc.) em uma escala de 10 pontos, com 1 indicando um fraco desempenho e 10 refletindo uma execução excelente em cada critério avaliativo. Observe também na Tabela 17.2 que os cinco critérios foram pesados da seguinte maneira: Despesa = 2, Eficiência = 1, Facilidade de execução = 1, Promoção do *brand equity* = 3 e Eficácia = 3. Esses pesos são acrescidos a 1 e refletem a importância relativa dos cinco fatores *para esse gerente de marca em particular*. (A importância relativa desses fatores obviamente vai variar de acordo com as diferentes marcas, dependendo da imagem de cada uma, da posição financeira da empresa etc.) Considerando esse conjunto particular de pesos e avaliações, podemos concluir que o programa 1 foi o menos bem-sucedido das três promoções, ao passo que o programa 3 foi o mais bem-sucedido (veja Tabela 17.2). Os gerentes de marca podem, dessa forma, arquivar essas avaliações para referência. Por fim, podem ser estabelecidas normas para especificar o nível médio de eficácia que os diferentes tipos de promoção (amostras, programas de cupons, rebates etc.) alcançam.

É claro que a Tabela 17.2 é meramente ilustrativa. No entanto, em situações reais de promoções, é possível para os gerentes de marca avaliar as promoções formalmente, desde que o procedimento para avaliar cada critério esteja claramente articulado, sistematicamente implementado e consistentemente aplicado a todas as promoções avaliadas. A questão a ser entendida é que o modelo no qual a Tabela 17.2 é baseado sugere como os programas de promoção *podem* ser avaliados.

Gerentes de marca inteligentes devem desenvolver seus próprios modelos para acomodar as necessidades específicas de sua marca, mas o ponto a ser enfatizado é que isso pode ser realizado com a aplicação de pensamento e esforço. A alternativa a ter um sistema de avaliação formalizado, como o proposto aqui, é simplesmente realizar eventos promocionais e nunca avaliar o sucesso deles. Como estudante, você pode imaginar como seria fazer cursos e nunca receber notas, jamais ser avaliado? Como você saberia se o seu desempenho é bom? Como sua instituição saberia se os padrões de notas mudaram com o passar dos anos? Como os futuros empregadores saberiam se você teve um bom desempenho na faculdade em comparação a outros candidatos ao emprego? Gostando ou não, a avaliação é essencial. A boa prática dos negócios a requer. A questão não é se as promoções devem ou não ser avaliadas, mas como fazê-lo de maneira válida e confiável.

| Programa $j$ | Despesa Peso = 2 | Eficiência Peso = 1 | Facilidade de execução Peso = 1 | Promoção brand equity Peso = 3 | Eficácia Peso = 3 | Pontuação total |
|---|---|---|---|---|---|---|
| Programa 1 | 7 | 6 | 7 | 5 | 9 | 6,9 |
| Programa 2 | 9 | 8 | 8 | 7 | 8 | 7,9 |
| Programa 3 | 8 | 9 | 8 | 10 | 9 | 9,0 |

**Tabela 17.2** Avaliação de três programas promocionais finalizados

# Resumo

Este capítulo abordou as promoções orientadas para o consumidor e promoções do varejo. Pontos específicos abordados incluíram descontos no preço, embalagens bônus, vale-brindes, abatimentos por reembolsos (rebates), cupons, sorteios e concurso e programas de fidelização.

As promoções de desconto no preço, que requerem uma redução variando entre 10% e 25% do preço regular da marca, foram descritas como uma forma de promoção de vendas que dá aos consumidores uma recompensa imediata e serve aos profissionais de marketing por encorajar a compra repetida.

As embalagens bônus dão aos consumidores quantidades extras de uma marca promovida (por exemplo, 25% a mais que o tamanho regular). Essa forma de promoção representa uma recompensa imediata para os consumidores e serve para encorajar a compra repetida, recompensando os consumidores por sua lealdade em relação à marca.

Vale-brindes são usados com frequência como meio de aumentar o entusiasmo e envolvimento do consumidor com uma marca, e ao fazer isso, realizam uma função de compra repetida dando aos consumidores uma recompensa imediata. A implementação dos vale-brindes está muito sujeita a problemas, por isso, os gestores de marca e suas agências de promoção devem tomar muito cuidado ao usar essa forma de promoção.

As empresas de produtos de consumo e as de bens duráveis usam os programas de abatimento por reembolso (rebates) como meio para oferecer aos consumidores um desconto em dinheiro – mas, é claro, apenas se eles se derem ao trabalho de resgatar a oferta de abatimento. Os profissionais de marketing gostam dos rebates porque eles representam uma alternativa ao uso de cupons e estimulam o comportamento de compra. As ofertas de rebate podem reforçar a lealdade em relação à marca, dar à equipe de vendas algo sobre o que falar e capacitar o fabricante a destacar a embalagem com uma oferta potencialmente chamativa. Como a maioria dos consumidores jamais resgata os abatimentos, essa forma de promoção é conhecida como desconto fantasma. Os consumidores, em certo sentido, enganam a si mesmos quando compram uma marca para tirar vantagem do abatimento por reembolso, mas não se dão ao trabalho de resgatar a oferta dentro do período determinado.

Tanto os sorteios quanto os concursos oferecem aos consumidores a oportunidade de ganhar dinheiro, mercadorias, ou viagens. Diferentemente de outras formas de promoção, os sorteios e concursos servem principalmente aos propósitos de promover a imagem e não de gerar usos de experimentação ou encorajar o comportamento de compra repetida. Enquanto os sorteios não requerem nenhum esforço por parte do consumidor além da participação pelo correio ou com mais frequência pela Internet, os concursos exigem que o consumidor escreva um texto ou realize alguma outra função. Os sorteios geram maior receptividade dos consumidores que os concursos e, por isso, são em geral preferidos pelos gerentes de marca e agências de promoção. Foram apresentados os pontos principais da legislação promocional que regulamenta as modalidades de sorteio, concurso e vale-brindes.

As promoções de fidelização são usadas por muitos profissionais de marketing para encorajar a lealdade em relação à marca e o comportamento de compra repetida. Isso inclui programas de fidelização oferecidos por companhias aéreas e cartões de crédito, ofertas de hóspedes frequentes feitas por hotéis e muitas variações desses programas bem conhecidos oferecidos para encorajar os consumidores a continuar comprando a marca e acumulando pontos que, por fim, podem ser trocados por alguma forma de recompensa.

As promoções integradas envolvem o uso de duas ou mais modalidades de promoção de vendas combinadas em uma mesma ação. A promoção conjunta refere-se à promoção simultânea de várias marcas em um único esforço promocional. As promoções conjuntas são usadas como meio de distribuir o investimento promocional entre várias marcas ou empresas e causar um impacto maior com cada oferta promocional.

O sistema de cupons foi descrito em termos da magnitude do uso e tipos de métodos de distribuição (por meio de inserções livres, mala direta e leitores ópticos, no ponto de venda, na Internet etc.). O papel crescente dos cupons on-line foi identificado. Uma importante seção descreveu o processo de resgate dos cupons e nesse contexto discutimos a fraude no resgate.

O capítulo é concluído com uma discussão sobre as várias formas de promoções realizadas pelos varejistas e procedimentos para avaliá-las, tenham elas sido realizadas pelos fabricantes ou varejistas. Em primeiro lugar, abordamos um procedimento de três passos para testar as ideias de promoção antes que sejam implementadas, depois descrevemos um método para conduzir uma análise pós-realização das promoções finalizadas. Essa última análise envolve cinco fatores relacionados às promoções: despesa, eficiência, facilidade de execução, promoção do *brand equity* e eficácia.

# Questões para discussão

1. Qual é o propósito das regulamentações feitas pelo governo federal e aplicadas pela Secretaria de Acompanhamento Econômico – SEAE do Ministério da Fazenda em relação às promoções da modalidade sorteio?
2. Compare as embalagens bônus e as ofertas de desconto no preço em termos de impacto ao consumidor.
3. Como as promoções de vendas podem reforçar a imagem de uma marca? Esse é um objetivo principal da promoção de vendas?
4. Compare os sorteios, concursos e vale-brindes em termos do funcionamento de cada um e sua eficácia relativa.
5. Sua empresa divulga protetores solares. As vendas aos consumidores ocorrem em um período muito curto, principalmente próximo às férias escolares de verão. Você quer juntar uma promoção entre a sua marca e de outra empresa, trazendo mais visibilidade à sua marca e encorajando os varejistas a fornecer mais espaço nas prateleiras. Recomende um parceiro para essa promoção conjunta e justifique a escolha.
6. Você já participou de promoções on-line? Como foi sua experiência? Considerando apenas uma promoção on-line da qual você participou, e um representante do mercado-alvo da marca, você acredita que a promoção realizou seu objetivo?
7. Qual é a sua opinião no que se refere ao futuro das promoções on-line?
8. Vá a um supermercado do seu bairro e identifique cinco exemplos de promoção de vendas. Descreva cada uma e comente sobre os objetivos delas para a marca patrocinadora ou para o varejista.
9. Discuta os aspectos positivos e negativos da atual legislação promocional.
10. Em vez de oferecer descontos na forma de cupons, por que os gestores de marca simplesmente não reduzem os preços das marcas?
11. Você participa ou já participou de algum programa de fidelidade? Como foi sua experiência? Por exemplo, você acha que o programa serviu para aumentar seu relacionamento repetitivo com a marca patrocinadora?

# Notas

1. Essa descrição é adaptada de Amy Johannes, "What Now?", *Promo*, abril de 2007, 30-4.
2. Jean Halliday, "Honda Dealer Gets into Ad Accident", *Advertising Age*, 23 de julho de 2007, 3.
3. Glenn Heitsmith, "Botched Pepsi Promotion Prompts Terrorist Attacks", *Promo*, setembro de 1993, 10.
4. Laurie Baum, "How Beatrice Lost at Its Own Game", *Business Week*, 2 de março de 1987, 66.
5. Bob Sperber e Karen Benezra, "A Scam to Go?", *Brandweek*, 27 de agosto de 2001, 4, 10; Kat MacArthur, "McSwindle", *Advertising Age*, 27 de agosto de 2001, 1, 22, 23, Donald Silberstein, "Managing Promotional Risk", *Promo*, outubro de 2001, 57; "Arch Enemies", *Promo*, dezembro de 2001, 17.
6. "Walking the Tightrope", *Promo*, março de 2001, 48-51.
7. William M. Bulkeley, "Rebates' Appeal to Manufacturers: Few Consumers Redeem Them", *Wall Street Journal Online*, 10 de fevereiro de 1998, http://www.online.wsj.com.
8. Dilip Soman, "The Illusion of Delayed Incentives: Evaluating Future Effort-Money Transactions", *Journal of Marketing Research* 35 (novembro de 1998), 427-37.
9. "Healthy, Wealthy, and Wiser", *Promo's 8th Annual Sourcebook 2001*, 38-9
10. Shari Brickin, "Stupid vs. Strategic Sweeps", *Promo*, julho de 2007, 61-2.
11. Para uma discussão acerca da psicologia do consumidor por trás dos testemunhos, veja Terence A. Shimp, Stacy Wood e Laura Smarandescu, "Self-generated Advertisements: Testimonials and the Perils of Consumer Exaggeration", *Journal of Advertising Research* 47 (dezembro de 2007), 453-61.
12. http://www.ihgplc.com/files/pdf/factsheets/factsheet_priorityclub.pdf. (Acesso em: 7 de maio de 2008).
13. Mais informações em: http://www.purinaproclub.com. (Acesso em: 6 de maio de 2008).
14. Betsy Spethmann, "Clipping Slows", *Promo's 14th Annual Sourcebook*, 2007, 9.
15. Kapil Bawa e Robert W. Shoemaker, "The Effects of a Direct Mail Coupon on Brand Choice Behavior", *Journal of Marketing Research* 24 (novembro de 1987), 370-6.
16. Russ Bowman e Paul Theroux, *Promotion Marketing* (Stamford, Conn.: Intertec Publishing Corporation, 2000), 24.
17. Ibid.
18. Bowman e Theroux, *Promotion Marketing*.
19. Kapil Bawa e Robert W. Shoemaker, "Analyzing Incremental Sales from a Direct Mail Coupon Promotion", *Journal of Marketing Research* 53 (julho de 1989), 66-78.
20. Bowman e Theroux, *Promoting Marketing*.
21. Karen Holt, "Coupon Crimes", *Promo*, abril de 2004, 23-6, 70, Jack Neff, "Internet Enabling Coupon Fraud Biz", *Advertising Age*, 20 de outubro de 2003.
22. Alice Z. Cuneo, "Package-goods Giants Roll Out Mobile Coupons", *Advertising Age*, 10 de março de 2008, 3, 26.
23. A lei pode ser consultada em (www.seae.fazenda.gov.br/central_documentos/legislacao/promocoes-comerciais-1/LEI-5768/?searchterm=lei 5768). Acesso em: novembro de 2010.
24. Adaptado de Don E. Schultz e William A. Robinson, *Sales Promotion Management* (Lincolnwood, Ill.: NTC Business Books, 1986), 436-45.
25. Sara Owens, "A Different Kind of E-marketing", *Promo*, maio de 2001, 53-4.
26. Essa tabela é uma adaptação de ibid., 53.

## CAPÍTULOS

### 18

Relações públicas/Publicidade orientadas para marketing e gerenciamento do boca a boca

### 19

Patrocínios de eventos e causas

### 20

Mídia exterior e *merchandising* – comunicação dentro e fora do ponto de venda

# Parte 5
# Outros instrumentos da comar

A Parte Cinco inclui três capítulos que examinam instrumentos da comar que não são tão proeminentes quanto a propaganda via mídia de massa e as promoções de vendas, mas que, mesmo assim, desempenham papéis importantes para persuadir os consumidores e influenciar o comportamento deles.

O Capítulo 18 examina o tópico das relações públicas orientadas para o marketing junto da influência do boca a boca. Esse capítulo aborda a prática histórica das relações públicas, especialmente na forma de publicidade, analisando tanto a prática de relações públicas reativas quanto a mais recente de relações públicas proativas. Uma seção especial é dedicada à publicidade negativa, incluindo a questão sobre como lidar com rumores e lendas urbanas. O Capítulo 18 também aborda os tópicos relacionados ao gerenciamento da comunicação boca a boca e a geração de rumor para as marcas.

O Capítulo 19 examina os patrocínios orientados para eventos e causas. A abordagem inclui uma discussão sobre os fatores específicos que uma empresa deve considerar quando seleciona um evento para patrocinar – fatores como a convergência da imagem, a adequação do público-alvo e a viabilidade econômica. Os benefícios do marketing orientado para causas são detalhados. O capítulo também faz um comentário a respeito dos fatores que devem ser considerados na escolha de uma causa para apoiar.

O Capítulo 20 examina dois importantes aspectos dos programas de comar das empresas que costumam receber pouca atenção nos textos sobre comunicações de marketing: a comunicação externa (fora do ponto de venda) e a comunicação interna (dentro do ponto de venda). A comunicação externa envolve a sinalização externa da loja e também a mídia exterior. Os *outdoors*, as placas e os painéis são os principais meios utilizados nessa forma de comunicação. Já a comunicação interna contempla todos os esforços de comunicação feitos dentro do ponto de venda (comunicação *in store*), ou seja, o *merchandising*. O capítulo apresenta vários pontos fortes e limitações das comunicações externas. Explica também como são medidos o tamanho e as características do público dessa forma de comunicação apresentando um estudo de caso da eficácia do *outdoor*. Uma seção especial é dedicada ao uso de sinalizações de lojas para chamar a atenção e atrair os consumidores para o varejo.

O último tópico abordado no Capítulo 20 é a comunicação dentro do ponto de venda (*merchandising*). O ponto de venda (PDV), especialmente no autosserviço, é o ponto crítico em que o nome, o logo e a embalagem da marca ficam face a face com o cliente. O investimento expandido nesse componente da comar é explicado em termos das funções valiosas que o PDV realiza para os consumidores, varejistas e fabricantes. O capítulo dedica atenção considerável às várias formas de comunicações PDV, apresenta resultados do POPAI e mostra evidências referentes ao impacto que as exposições podem causar sobre o aumento do volume de vendas de uma marca.

# 18
# Relações públicas/Publicidade orientadas para marketing e gerenciamento do boca a boca

Há poucas coisas na vida que as pessoas consideram mais desagradável que ratos. Imagine o sentimento de repulsa ao assistir a uma cena na televisão de muitos ratos correndo por um restaurante. O restaurante era uma filial do KFC/Taco Bell localizada em Greenwich Village, em Nova York. Após uma ligação de um consumidor horrorizado, a estação de TV WNBC divulgou a história dos ratos correndo soltos em seu jornal da manhã. A reação inicial dada em uma declaração conjunta da KFC e Taco Bell (as duas redes de restaurante são propriedade da Yum Brands) foi que o incidente era totalmente inaceitável, mas isolado em apenas um único restaurante, que não teria autorização para abrir novamente até que fosse dedetizado.

Podemos pensar: "Isso é suficiente. A empresa reconheceu o problema e propôs uma solução – fechar a loja até que ela receba dos órgãos responsáveis autorização para funcionar". Infelizmente, no mundo com YouTube e conexão de Internet de alta velocidade, nenhum problema é isolado e limitado a uma única loja depois de divulgado por todo o mundo por meio de blogs ligados a outros. Um porta-voz da Nielsen Buzz-Metrics, que monitora situações como essa, afirmou: "No mundo do *fast-food*, a higiene é a questão principal e notícias sobre ratos a elevam a níveis estratosféricos". De fato, logo depois que a história apareceu na

Fachada de restaurante KFC, desta vez inundado por águas de chuva.

WNBC-TV, mais de mil blogs a tinham citado ou espalhado com a filmagem dos ratos correndo pelo restaurante.

Antes do advento da Internet, histórias como essa teriam morrido rapidamente, pela falta de um meio eficiente para sua distribuição inicial e continuação. Hoje, as notícias negativas sobre produtos e lojas são rápida e amplamente disseminadas – especialmente quando são tão vividamente profundas e repulsivas quanto uma cena de ratos em um restaurante. E, embora os responsáveis da empresa aleguem que se trata de um caso isolado, a psicologia do consumidor funciona de tal forma que as pessoas generalizam a cena negativa para todos os restaurantes KFC/Taco Bell e todos sofrem com a diminuição do *brand equity*, o que requer esforços agressivos de relações públicas para restaurá-lo.[1]

## Objetivos do capítulo

*Após ler este capítulo, você será capaz de:*

1. Entender a natureza e o papel das relações públicas e da publicidade em marketing.
2. Discernir as diferenças entre relações públicas proativas e reativas.
3. Entender os tipos de rumores comerciais e como controlá-los.
4. Entender a importância da influência boca a boca (BB).
5. Entender o papel das relações públicas de marketing na criação de BB favorável e geração de rumor para a marca.

## >>Dica de comar:
Ratos no restaurante KFC/Taco Bell.

# Introdução

Este capítulo explora os múltiplos papéis desempenhados pelo aspecto das relações públicas de um programa integrado de comunicação de marketing. Também examinaremos a influência do boca a boca (BB) e o papel das relações públicas orientadas para o marketing na criação do boca a boca favorável e na geração de rumor para a marca.

As relações públicas (RP) são uma atividade organizacional cuja função prioritária é a promoção de um bom relacionamento entre uma empresa e seus diversos públicos de interesse (*stakeholders*). Os esforços de RP são direcionados a vários públicos corporativos, incluindo funcionários, fornecedores, acionistas, governos, entidades organizadas da sociedade, terceiro setor e imprensa, a chamada opinião pública. O consumidor também é público-alvo de RP – não de forma direta como nas outras formas de comar, mas indireta. Essa é a principal característica de RP, ou seja, sua prioridade é a opinião pública, e não o consumidor. Como acabamos de descrever, RP envolve as relações com *todos* os públicos relevantes de uma organização. Em outras palavras, a maioria das atividades de RP *não* envolve o marketing em si, mas lida com vários interesses de gerenciamento geral. Esse aspecto mais abrangente das relações públicas pode ser chamado *RP geral* ou *institucional*.

Neste capítulo abordaremos apenas o aspecto mais limitado das relações públicas envolvendo as interações de uma organização sob aspectos mercadológicos. Esse aspecto orientado para o marketing das relações públicas é chamado *relações públicas de marketing*.[2] No seu foco mercadológico, dos vários instrumentos usados pela atividade de RP, a publicidade é, certamente, a mais importante e utilizada com maior frequência, razão pela qual terá destaque neste capítulo.

As relações públicas desempenham uma função cada vez mais importante tanto para as empresas B2C quanto B2B. Enquanto as mensagens de propaganda são consideradas pelos consumidores tentativas diretas de influenciar suas atitudes e comportamentos, as mensagens de publicidade não parecem ser anúncios, mas relatos imparciais de jornalistas. Uma mensagem de publicidade, em comparação a uma propaganda, possui uma aura de *credibilidade*. As mensagens de publicidade também são consideravelmente mais baratas que os anúncios, porque o tempo de exibição ou o espaço no jornal é dado de graça pelo jornal, revista, estação de rádio ou TV, ou site da Internet que transmite a mensagem. Por isso, pelas razões de alta credibilidade e baixo custo, as mensagens de publicidade (e, por conseguinte, os departamentos de RP e as agências de RP que as criam) alcançaram uma posição mais proeminente nos esforços de CIM das empresas.

## Publicidade *versus* propaganda

O papel que as RP devem desempenhar no programa de comar de uma empresa tem sido uma questão de acirrado debate há vários anos. A maioria dos praticantes de comar e gerentes de marca tradicionalmente acredita que o papel das relações públicas é especializado e limitado. Alguns críticos afirmam que as relações públicas são muito difíceis de controlar e medir. No entanto, um livro provocante intitulado *The Fall of Advertising & The Rise of PR* desafiou as crenças dominantes e defendeu um papel maior para as RP.[3] Os autores do livro afirmam que as relações públicas e sua principal ferramenta, a publicidade, representam o mais importante instrumento para um profissional de marketing.

É importante esclarecer as diferenças conceituais entre publicidade e propaganda. A propaganda é uma ferramenta de comunicação impessoal (em geral de massa), paga (ocupa um espaço específico dentro da mídia), repetitiva (o mesmo anúncio pode ser veiculado várias vezes), de conteúdo controlado (o emissor define o que será dito e mostrado) e tem emissor identificado (a empresa assina o anúncio assumindo o conteúdo da mensagem).

Já a publicidade, apesar de ser impessoal também (veiculada em mídia de massa), não é paga (não pode ser comprada), não é repetitiva (pois está na forma de notícia e assim só aparece uma única vez), não tem o conteúdo controlado (ela pode ser favorável ou não, veja o caso de abertura deste capítulo) e não tem emissor identificado (quem assume a responsabilidade pelas informações é o veículo, e não a marca). Ou seja, a publicidade é uma notícia, nota, reportagem ou editorial. É o veículo que fala do produto ou marca, e não a própria empresa. Por exemplo, um anúncio de televisão em que a Unilever apresenta seu novo sabonete é uma propaganda. A Unilever pagou para que esse anúncio fosse veiculado e ela, Unilever, se apresenta como emissor da mensagem e tem controle sobre o seu conteúdo. Por outro lado, se, por exemplo, a Revista *Quatro Rodas* publica uma reportagem em que faz um comparativo entre carros de diferentes montadoras, isso é publicidade. As montadoras não estão pagando por essa publicação e não são elas, montadoras, que são os emissores. O emissor, nesse caso, é a própria Revista *Quatro Rodas*. Por essas diferenças não é difícil imaginar que a publicidade tem mais credibilidade que a propaganda, mas ao mesmo tempo é mais difícil de ser obtida pela marca.

A tese do livro *The Fall of Advertising & The Rise of PR* é que novos produtos podem ser introduzidos com pouca propaganda, talvez nenhuma, e que os gerentes de comunicação de marketing da marca podem obter os mesmos resultados com o uso de relações públicas criativas e poderosas. Os autores usam como evidência anedotal o sucesso de marcas muito conhecidas como eBay, PlayStation, Starbucks, The Body Shop, Palm, BlackBerry – todas foram introduzidas sem grandes orçamentos de propaganda e focaram a publicidade e rumor boca a boca.

Os autores de *The Fall of Advertising & The Rise of PR* estão corretos quando afirmam que as RP (ou o que chamamos de publicidade) são valiosas para introduzir novos produtos. Contudo, duas qualificações muito importantes devem ser reconhecidas: em primeiro lugar, nem todos os produtos novos podem, ao contrário do que afirmam os autores, contar com a publicidade para introduções bem-sucedidas. Considerando que a maioria dos produtos novos *não* se destaca em singularidade ou visibilidade, a mídia de notícias não está interessada em apresentar publicidade gratuita para esses produtos comuns. Apenas um pequeno subconjunto de produtos atrai a imaginação da mídia.

Assim, a publicidade difundida simplesmente não é uma opção para produtos comuns. Os gerentes de comunicação de marketing, portanto, devem eles mesmos criar as notícias e isso significa investir em propaganda para criar a percepção da marca e desenvolver imagens positivas dela. Em resumo, a criação do *brand equity* via ações de publicidade está restrita àquele subconjunto de produtos e marcas verdadeiramente singulares, ou seja, de natural interesse da opinião pública. Em segundo lugar, a responsabilidade pela manutenção do *brand equity* recai totalmente sobre os ombros da propaganda. Depois que o valor de notícia se esgota, a propaganda é absolutamente necessária para manter o interesse pela marca. A publicidade pode ser muito eficaz e substancialmente mais barata que a propaganda, mas não é uma panaceia. Passemos agora a um estudo mais profundo da publicidade.

# Relações públicas orientadas para o marketing

Como vimos, as relações públicas são um componente cada vez mais importante nos programas de comar das empresas. Uma pesquisa realizada com gerentes seniores de marketing determinou que as relações públicas, especialmente na forma de publicidade, são bastante utilizadas com o propósito de aumentar a percepção da marca, dando credibilidade, alcançando influenciadores de compras e educando os consumidores.[4]

As relações públicas podem envolver tanto ações de publicidade proativas quanto reativas. Ações de publicidade **proativas** são um instrumento para comunicar os méritos da marca e costumam ser usadas em conjunto com outros instrumentos da comar, tais como propaganda e promoções de vendas. Ditadas pelos objetivos de marketing de uma empresa, as de RP proativas são orientadas de modo ativo em vez de defensivo e buscam oportunidades em vez de soluções de problemas. **Ações de RP reativas**, em comparação, descrevem a conduta das relações públicas em resposta a influências externas, especialmente se forem negativas. Elas são empreendidas como resultado de pressões externas e desafios trazidos por ações da concorrência, mudanças nas atitudes de consumo ou outras influências externas. As ações de RP reativas costumam lidar com influências que têm *consequências negativas* para uma organização e tentam reparar a reputação da empresa, impedir a erosão do mercado e recuperar níveis de vendas.

## Relações públicas proativas

O principal papel das relações públicas proativas é na área de introdução ou relançamento de produtos. As ações de RP proativas estão integradas a outros instrumentos de comar para dar ao produto exposição adicional, valor de notícia e credibilidade. Esse último fator – *credibilidade* – responde em grande parte pela eficácia da publicidade proativa. Enquanto a propaganda é com frequência suspeita – porque questionamos os motivos dos anunciantes, sabendo que eles têm interesses pessoais em nos influenciar –, as divulgações de produtos por um editor de jornal, um apresentador de TV ou blogger são notadamente mais críveis. Atualmente a propaganda é um instrumento de baixa credibilidade, como já discutido anteriormente no Capítulo 8.

A *publicidade* é o principal instrumento das relações públicas proativas e em geral é uma atividade desempenhada por um assessor de imprensa. Assim como a propaganda, os propósitos fundamentais da publicidade orientada para o marketing é promover o *brand equity* de duas maneiras: (1) gerando a percepção da marca pelo aumento do reconhecimento e lembrança de releases publicitários e (2) reforçando a imagem da marca, criando na mente do consumidor associações fortes e favoráveis com ela. Três formas muito usadas de publicidade são releases de produtos, releases de declarações executivas e editoriais.

Os **releases de produtos** anunciam produtos novos, fornecem informações relevantes sobre as características e benefícios dos produtos e informam aos ouvintes e leitores interessados como obter informação adicional. Os releases de produtos costumam ser publicados na seção de produtos das revistas do comércio (por exemplo, publicações voltadas para setores específicos) e em publicações de negócios de interesse geral (como as revistas *Exame* e *Você S.A.* ou o jornal *Valor Econômico*), em forma eletrônica e impressa. Porém, é importante destacar que nem sempre os releases são publicados na íntegra, tudo dependerá de como o veículo irá tratá-lo. Assim, ele pode ser editado, aparecer comparado a concorrentes, aparecer de forma não favorável e até ser ignorado. Por isso, consideramos a publicidade como de conteúdo não controlado. Conceitualmente as empresas não têm nenhum controle sobre o que será – e se será – publicado, cabendo ao veículo essa decisão. Porém, do ponto de vista prático, existem muitas nuances nesse processo, tudo depende do rigor editorial do meio de comunicação. Os releases de produtos também são reimpressos em jornais locais e nacionais (por exemplo, jornais *Folha de S.Paulo* e *O Globo*). Os releases de produtos estão cada vez mais disponíveis on-line por meio da mídia social, como YouTube, Facebook, e por meio de blogs e *podcasts*.

Os **releases de declarações executivas** são releases de notícias que citam afirmações de CEOs e outros executivos, como o gerente de marca. Diferentemente de um release de produto, que se limita a descrever um produto novo ou modificado, um release de declaração executiva pode se dirigir a uma grande variedade de questões relevantes ao público da corporação, tais como:

- Declarações sobre desenvolvimentos e tendências do setor.
- Previsão de vendas futuras.
- Visões da economia.
- Comentários a respeito de pesquisa e desenvolvimento ou descobertas das pesquisas de mercado.
- Divulgações de novos programas de marketing lançados pela empresa.
- Visões da concorrência estrangeira ou desenvolvimentos globais.
- Comentários sobre questões ambientais.

Enquanto os releases de produto costumam ser publicados nas seções de negócios e produtos dos jornais e revistas, com suas versões on-line, os releases de declarações executivas são publicados na seção de notícias. Essa seção traz um grau significativo de credibilidade. Observe que qualquer release de produto pode ser convertido em um de declaração executiva mudando o modo como é escrito.

**Editoriais** são descrições detalhadas de produtos ou outros programas dignos de nota que uma empresa de RP escreve para publicação ou exibição imediata por mídia impressa ou de transmissão, ou distribuição por sites apropriados da Internet. Esses materiais não são caros para preparar e podem dar às empresas um acesso fabuloso a muitos clientes potenciais.

Muitos jornais publicam editoriais sobre produtos novos que provavelmente são do interesse de seus leitores. Por exemplo, a seção "faça você mesmo" de um jornal local publicou um release de produto para a chave de fenda sem fio Skil. Embora esse release desse a impressão de ter sido escrito por um colunista local, ao olho treinado ele obviamente

era um release de produto preparado pela agência de RP da Skil, e foi publicado em dúzias, se não centenas de jornais locais. O primeiro parágrafo e a foto que o acompanhava imediatamente chamavam a atenção do leitor ao afirmar: "Não se engane com o tamanho igual ao da palma da mão da chave de fenda sem fio da Skil. A ferramenta tem um soco mais forte que você pode imaginar". Mais adiante no release o interesse pelo faça você mesmo foi de fato despertado com a alegação: "Mas aqui está a verdadeira beleza da ferramenta: carregue a bateria, prenda a chave de fenda a um puxador e ela manterá a carga por dois anos. Por isso, está pronta para o trabalho sempre que você também estiver". É fácil imaginar que milhares de leitores desse release de produto procuraram pela chave de fenda sem fio da Skil na próxima visita que fizeram à sua loja favorita especializada nesse tipo de material.

## Relações públicas reativas

Desenvolvimentos imprevistos no mercado – como o incidente com os ratos no restaurante descrito na *Dica de comar* no início do capítulo – podem colocar uma organização em uma posição vulnerável que exija relações públicas reativas. Em termos mais simples, coisas ruins acontecem e às vezes ocorrem eventos não previstos que exigem uma resposta de relações públicas. Em geral, os fatores mais dramáticos por trás da necessidade das relações públicas reativas são defeitos e falhas no produto.

### Uma amostra de casos famosos

A seguir, apresentamos uma amostra de eventos negativos que ocorreram nas últimas décadas e receberam uma grande atenção da mídia. A ordem é cronológica e varia dos mais recentes para os mais antigos, que aconteceram no início da década de 1980.

***Mattel e a tinta com chumbo:*** Em 2007, a Mattel Inc. anunciou três grandes *recalls* envolvendo produtos que carregavam o nome de suas marcas que foram fabricados na China. Por exemplo, quase 800 mil bonecas Barbie foram recolhidas por causa dos níveis perigosos de chumbo na tinta.[5]

***Menu Brands com veneno de rato:*** Mais um problema vindo da China em 2007, quando mais de 60 milhões de latas de comida para animais feita pela Menu Brands, do Canadá, tiveram de ser recolhidas porque continham trigo importado da China com traços de veneno de rato, resultando na morte de vários gatos e cachorros e entristecendo profundamente seus donos.[6]

***Limpador de lentes ReNU Moisture Loc:*** Em 2006, a Bausch & Lomb, dos Estados Unidos, retirou a marca de limpador de lentes ReNu Moisture Loc do mercado sob alegações de que ela podia causar infecções na córnea que levavam à cegueira. A Bausch & Lomb foi muito criticada depois que o público norte-americano descobriu que o ReNu já tinha sido retirado de dois mercados asiáticos. Os especialistas em gerenciamento de crises previram que o modo ineficaz como a empresa lidou com a crise se estenderia para além da marca MoistureLoc e afetaria de modo adverso outras marcas no portfólio de produtos.[7]

***Dasani no Reino Unido:*** Diferentemente das marcas europeias de água engarrafada, como a Evian e Perrier, que vêm de fontes minerais, a marca Dasani, da Coca-Cola, é água de torneira que passa por um rígido processo de filtragem para remover as partículas de cloro e minerais. Depois que elas são removidas, uma mistura mineral é acrescida à água purificada para dar gosto de água fresca. Embora a Dasani seja um sucesso na América do Norte, era novidade para o continente europeu até 2004. A Coca-Cola escolheu o Reino Unido como ponto de lançamento de sua "invasão" planejada da Europa. Em primeiro lugar, a marca recebeu uma cobertura negativa dos tabloides britânicos, que fizeram duras críticas à Coca-Cola por comercializar água de torneira filtrada em vez da água mineral que os europeus esperavam.

Essa cobertura negativa pode ter levado ao insucesso da marca logo no início, mas o golpe de misericórdia veio quando a Coca-Cola recolheu a Dasani depois que testes revelaram que a água continha níveis excessivos de um elemento químico (bromato), que aumenta o risco de câncer com o uso prolongado. O problema resultou do acréscimo de cloreto de cálcio à água de acordo com as regulamentações do Reino Unido de que todas as marcas de água engarrafada devem conter cálcio. A quantidade de cloreto de cálcio usada pela Coca-Cola aparentemente continha níveis inesperadamente altos de brometo e níveis excessivos de seu derivado, o bromato, formado durante a produção. Esse incidente pôs um rápido fim aos planos da Coca-Cola de comercializar a Dasani globalmente. Embora capaz de comercializar uma variedade de marcas menores em diferentes países, a empresa tinha a esperança de conquistar as economias na escala que apenas uma marca com alto *brand equity* consegue alcançar.[8]

***Vioxx e ataques cardíacos/derrames:*** Vioxx, o remédio para artrite de dor aguda produzido pela gigante farmacêutica Merck & Co., foi retirado da distribuição mundial no fim de 2004, depois que um estudo científico revelou que pacientes que tomavam Vioxx por 18 meses ou mais corriam o risco duplo de sofrer ataques cardíacos ou derrames, comparados a um grupo de controle que tomou placebo. Com as vendas do Vioxx atingindo US$ 2,5 bilhões em 2003, a retirada teve implicações financeiras significativas para a Merck, e a publicidade negativa que envolveu a falha da empresa em retirar o produto antes poderia ter causado implicações negativas duradouras para a marca Vioxx e a Merck em geral.[9]

***Coca-Cola, Pepsi e pesticida na Índia:*** Um grupo ambientalista da Índia publicou um relatório em 2003 alegando que seus testes laboratoriais revelaram que resíduos de pesticidas em várias marcas de refrigerantes da Coca-Cola e da Pepsi eram pelo menos 30 vezes mais altos que os limites aceitáveis na Europa. Logo depois que o relatório se tornou público, as vendas dessas duas principais marcas de refrigerantes caíram mais de 30%. Executivos das duas empresas negaram que os padrões referentes a pesticidas fossem diferentes na Índia, em comparação a outros lugares. Não obstante, a Suprema Corte do país determinou que tanto a Coca quanto a Pepsi devessem colocar rótulos nos recipientes de seus refrigerantes com a indicação do nível de resíduo de pesticida. Diante desse desastre público, as duas empresas enfrentaram o desafio de restaurar a confiança que os consumidores indianos tinham nessas marcas de alto *brand equity*.[10]

***Pneus Firestone e capotagem de veículos:*** Os pneus Firestone – fabricados pela Firestone, subsidiária norte-americana da Bridgestone Corporation, do Japão – foram foco de publicidade negativa, especialmente em 2000, quando as SUVs Ford Explorer que usavam pneus Firestone sofreram várias capotagens. O pneu específico em questão foi por fim recolhido, mas as marcas Firestone e Explorer ficaram sujeitas a um intenso escrutínio, e até desprezo, por parte do público. Mais detalhes sobre esse incidente serão apresentados em uma seção a seguir sobre gerenciamento de crise.

***Coca-Cola e dióxido de carbono sujo na Bélgica:*** Um acidente em uma fábrica de engarrafamento da Coca-Cola na Bélgica, em 1999, introduziu certas quantidades de dióxido de carbono sujo em garrafas da Coca, e consumidores europeus, na maioria, belgas, alegaram ter adoecido depois de beber o produto. A resposta inicial da Coca-Cola foi negar que o produto estivesse contaminado, o que provocou um grito de revolta do público em reação a essa resposta por parte da empresa e criou sentimentos entre os consumidores da Coca-Cola de que os executivos não se importavam com a saúde e a segurança deles.

A mídia por toda a Europa escreveu artigos afirmando que os produtos da Coca-Cola tinham envenenado consumidores. Os executivos seniores da Coca-Cola acabaram entendendo a mensagem, e o pessoal de RP começou a trabalhar para reverter o dano considerável causado ao *brand equity* e à lucratividade da Coca-Cola. Entre outras iniciativas, a empresa contratou milhares de belgas para distribuir cupons que davam direito a garrafas de 1,5 l grátis. Esse incidente resultou em uma perda de renda de milhões de dólares, muito mais do que teria sido perdido se a Coca-Cola tivesse reagido com mais rapidez e reconhecido a falha.[11]

***Microvilar e as pílulas de farinha no Brasil:*** Em 1998, algumas caixas de pílulas anticoncepcionais da marca Microvilar, do laboratório Schering do Brasil, chegaram ao mercado contendo pílulas feitas com farinha. Foram registrados casos de gravidez indesejada de consumidoras. Segundo o laboratório, haviam sido produzidas naquele ano mais de 600 mil cartelas de pílulas de farinha para testar uma máquina. Os executivos da empresa afirmaram que esse produto de teste havia sido roubado e colocado à venda no mercado. O Ministério Público ordenou a retirada do produto do mercado e, posteriormente, chegou a interromper a produção e interditar a fábrica. O laboratório foi multado em R$ 2,7 milhões e respondeu a processo das mães que engravidaram após tomar o produto.[12]

***Seringas na Pepsi – uma farsa:*** Em 1993, um homem de Nova Orleans entrou em contato com a Cable News Network (CNN) e alegou que tinha encontrado uma seringa dentro de uma lata de Diet Pepsi. Esse foi o primeiro de uma série de relatos de contaminação, vindos de diferentes áreas geográficas. Os executivos da PepsiCo, sabendo que as alegações eram falsas e que o processo de engarrafamento da Diet Pepsi era completamente seguro, reagiram à publicidade negativa, usando a mídia. Um vídeo mostrando o processo de engarrafamento dos produtos da PepsiCo foi lançado logo depois que a primeira notícia foi ao ar e foi visto por cerca de 187 milhões de espectadores. Ele mostrava a possibilidade remota de que um objeto estranho, especialmente algo tão grande quanto uma seringa, pudesse ser inserido nas latas no intervalo de tempo inferior a um segundo em que elas ficam abertas para enchimento e colocação da tampa. No mesmo dia, o presidente e o CEO da PepsiCo apareceram no programa *Nightline,* da ABC, com o comissário da Food and Drug Administration (FDA). O CEO da PepsiCo garantiu aos espectadores que a lata da Diet Pepsi era 99,9% segura, e o comissário da FDA alertou os consumidores sobre as penalidades por fazer alegações falsas.

Dois dias depois, o comissário da FDA observou em uma entrevista coletiva que "simplesmente não é lógico concluir que ocorreu uma sabotagem em nível nacional", e que a FDA "não confirmou nem mesmo um caso de sabotagem". Essas declarações foram transmitidas por todo o país pela TV em um vídeo mostrando uma consumidora colocando uma seringa dentro de uma lata de Diet Pepsi. Ela fora filmada pela câmara de vigilância da loja. Com essa exposição, a crise essencialmente foi superada. Embora o volume de vendas tenha caído significativamente durante o período imediatamente após a farsa, elas voltaram ao normal em questão de semanas.

***Perrier contaminada com benzeno:*** A Perrier era a marca líder de água engarrafada nos Estados Unidos até 1990, quando a Source Perrier fabricante anunciou que traços de um elemento químico tóxico – benzeno – foram encontrados em alguns de seus produtos. A empresa recolheu 72 milhões de garrafas dos supermercados e restaurantes dos Estados Unidos e depois retirou o produto da distribuição em todos os lugares do mundo. Estima-se que o custo total dessa operação passou de US$ 150 milhões. As vendas da Perrier nos Estados Unidos caíram em 40%, e a Evian tomou seu lugar como líder do segmento de água engarrafada importada. A Perrier jamais se recuperou totalmente.

***Tylenol e envenenamento por cianeto:*** Em 1982, sete pessoas na região de Chicago morreram envenenadas por cianeto depois de ingerir cápsulas de Tylenol. Muitos analistas previram que o Tylenol jamais recuperaria sua considerável parcela de mercado anterior. Alguns observadores chegaram até a questionar se a Johnson & Johnson seria capaz de comercializar qualquer coisa sob o nome Tylenol. Muitos especialistas consideram brilhante o modo como a empresa lidou com a tragédia do medicamento. Em vez de negar a existência do problema, a J&J agiu rapidamente removendo o Tylenol do mercado varejista. Porta-vozes da empresa apareceram na televisão e alertaram os consumidores para não ingerir os comprimidos do remédio. Uma embalagem à prova de sabotagem foi desenvolvida, criando um padrão para outras empresas. Como um gesto final de boa-fé, a J&J ofereceu aos consumidores reposições grátis de produtos que eles haviam descartado após a tragédia de Chicago. O Tylenol recuperou sua parcela de mercado logo depois que essa campanha começou.

Em uma repetição trágica do caso com o Tylenol, duas pessoas no estado de Washington morreram em 1991 depois de ingerir cápsulas de Sudafed que continham cianeto. Seguindo o exemplo do Tylenol, a Burroughs Wellcome Company, fabricante do Sudafed, retirou imediatamente o produto do mercado, suspendeu a propaganda, criou uma linha de telefone 0800 para responder a perguntas dos consumidores e ofereceu uma recompensa no valor de US$ 100 mil por qualquer informação que levasse à prisão do sabotador. Por causa da reação rápida e eficaz da Burroughs Wellcome houve apenas uma breve queda nas vendas do Sudafed.

## Gerenciamento de crise

Como mostram os exemplos anteriores, as crises envolvendo produtos e publicidade negativa podem atingir uma empresa a qualquer momento e levar a uma forte reação negativa dos consumidores. É importante notar, no entanto, que nem todos os consumidores são igualmente influenciados pela publicidade negativa. Não é de surpreender que os consumidores que têm avaliações mais positivas sobre uma empresa apresentam uma tendência maior a desafiar a publicidade negativa e, assim, estão menos propensos a mudar suas avaliações por causa dela. Em contraste, aqueles que são menos leais ficam muito suscetíveis aos efeitos adversos da publicidade negativa.[13]

Uma questão recorrente é identificar quando um incidente pode ser considerado um caso de relações públicas ou não. Em geral, qualquer incidente entre uma empresa e seus consumidores pode ser tratado fora do âmbito de RP. Por exemplo: um defeito de uma peça num carro é um problema entre o fabricante e o consumidor. Basta um *recall* e, em geral, a questão estará resolvida. Mas, se esse defeito provocar acidentes – como no caso do Ford Explorer – e envolver mortes, isso sensibiliza a sociedade – e nesse caso a imprensa será uma caixa de ressonância – e afeta de forma negativa a imagem da empresa junto à opinião pública. É nesse ponto, quando um problema deixa a esfera da relação empresa-consumidor e passa a ter a atenção da comunidade em geral, que deve entrar em cena as RP. Nesse sentido, algumas empresas têm maior propensão de enfrentar problemas de RP pela natureza de suas atividades, como companhias aéreas, indústrias químicas e petroquímicas, empresas de segurança patrimonial e de serviços médicos/hospitalares.

As empresas em geral são lentas para reagir às crises. A razão disso, segundo um especialista em gerenciamento de crises, pode ser assim explicada:

> *Quando ocorre um desastre, o primeiro instinto da liderança é, com frequência, se preocupar com a empresa, o preço das ações, ou com a equipe de gerência, a linha de produção, seu próprio emprego ou bônus. A última coisa em que eles pensam é: "O que uma mãe com dois filhos, que está no supermercado agora, está pensando sobre o meu produto?"*[14]

A lição a ser aprendida é que é imperativo apresentar respostas rápidas e positivas à publicidade negativa. A publicidade negativa é algo que deve ser enfrentado com coragem, e não negado. Quando realizadas com eficácia, as relações públicas reativas podem praticamente salvar uma marca ou uma empresa. Uma resposta corporativa rápida após uma publicidade negativa pode diminuir o dano resultante, como diminuição da confiança do público em uma empresa e suas marcas, ou uma grande perda em vendas e lucros.

Na era da Internet, a imagem de uma empresa pode ser manchada imediatamente como resultado de falha ou defeito de um produto, um problema de contaminação, ou qualquer outra forma negativa de notícias relacionadas ao mercado.[15] Considere o problema da Firestone/Ford Explorer descrito anteriormente. Em sequência às notícias de que os pneus de 38,10 centímetros usados nas SUVs Ford Explorer foram responsáveis, pelo menos em parte, por centenas de capotagens e mais de 200 mortes, a Bridgestone/Firestone lançou um volumoso *recall* de mais de 6,5 milhões de pneus Firestone.

Os executivos da Ford negaram que a empresa fosse responsável pelos acidentes e colocaram a culpa inteiramente na Bridgestone/Firestone. Embora a Bridgestone/Firestone tenha sido incrivelmente lenta para reagir à publicidade negativa disseminada, a Ford percebeu o poder da Internet e postou um anúncio em cerca de 200 websites com o potencial de alcançar milhões de pessoas. O anúncio convidava os leitores a acessar o site do *recall* da Ford, com informações sobre os modelos específicos de pneus incluídos no *recall*, os modelos de pneus apropriados para a substituição e os locais autorizados para a substituição. O site também apresentava *press releases* da Ford e uma declaração do CEO da empresa alegando que a Ford dá muita importância à segurança e à confiança de seus clientes.

Enquanto a Bridgestone/Firestone foi lenta para reagir à publicidade negativa, a Ford habilmente se aproveitou da velocidade e impacto da Internet para contrabalançar a publicidade negativa direcionada a ela. Talvez o Ford Explorer não estivesse totalmente isento de culpa pelos inúmeros acidentes ocorridos, mas em virtude em grande parte dos esforços de RP da empresa, o público em geral colocou a culpa quase exclusivamente na Firestone. Uma empresa de consultoria relatou que a pontuação da Firestone em um índice de reputação caíra a níveis jamais registrados em suas pesquisas sobre reputação de empresas e marcas.[16]

Assim como a Ford usou a Internet a seu favor para contrabalançar a publicidade ruim sobre os pneus Firestone e os acidentes com o Ford Explorer, outras empresas atacadas pela publicidade negativa também devem se valer do poder desse meio. Um observador considerou a divulgação por meio da Internet de notícias negativas sobre um produto equivalente ao "marketing viral inverso".[17] Para contra-atacar esse "vírus", as empresas podem usar a Internet para transmitir suas próprias notícias na esperança de parcialmente contrabalançar a informação negativa sobre suas marcas. Isso é especialmente importante na presente era de grande ceticismo, em que os consumidores se tornam cada vez mais desconfiados das corporações.

Um especialista em gerenciamento de crises expressou a opinião de que a primeira coisa que uma empresa precisa fazer quando uma marca está em crise é navegar on-line imediatamente e investigar o que os bloggers estão dizendo a respeito dela. "Você quer participar do diálogo e motivar seus usuários leais a ajudá-lo."[18]

# O caso especial dos rumores e das lendas urbanas

Você já os ouviu e provavelmente ajudou a espalhá-los quando criança, na escola. Com frequência eles são maldosos e maliciosos. Às vezes são apenas cômicos. Quase sempre são falsos. Estamos falando dos rumores e lendas urbanas. Como um aparte técnico, as lendas urbanas e os rumores captam fenômenos levemente diferentes. Embora as lendas urbanas sejam uma forma de rumor, elas vão além dos rumores transmitindo uma história que envolve o uso de *ironia*, ou seja, as lendas urbanas transmitem mensagens sutis em contradição ao que é literalmente expresso no contexto histórico.[19] Como exemplo, considere a lenda do "Canguru Gucci":

> Você já ouviu a história dos turistas norte-americanos que estavam dirigindo pelas regiões ermas da Austrália? Eles estavam bebendo e parece que o carro deles bateu em um canguru. Pensando que o canguru estivesse morto, os turistas resolveram tirar uma foto para fazer uma piada. Rapidamente encostaram o canguru em uma cerca e o vestiram com a jaqueta Gucci do motorista. Começaram a tirar fotos do marsupial bem-vestido. Bem, ao que parece, o canguru tinha apenas desmaiado. De repente, ele acordou e se afastou, pulando rapidamente, vestindo a jaqueta do motorista, na qual estavam a sua carteira de habilitação, o dinheiro e a passagem aérea.[20]

Esclarecida a distinção técnica, não precisamos nos deter na diferença entre os casos mais gerais de rumores e os exemplos específicos de lendas urbanas. Daqui em diante vamos nos referir simplesmente a rumores em um sentido que abrange as lendas urbanas. É importante observar que nosso interesse está apenas nos rumores que envolvem produtos, marcas, lojas ou outros objetos da prática de marketing.[21] Uma variedade de sites da Internet focam rumores e lendas urbanas, e muitos deles se referem a produtos, desenvolvimentos tecnológicos e até marcas específicas. Para um comentário sobre os muitos tipos de lendas urbanas, acesse as Páginas de Referência a Lendas Urbanas (http://www.snopes.com) e veja as lendas relacionadas a empresas e produtos específicos como automóveis e computadores.

**Rumores comerciais** são proposições amplamente circuladas, mas não verificadas, acerca de um produto, marca, empresa, loja ou outro alvo comercial.[22] Os rumores são provavelmente o problema mais difícil que os profissionais de relações públicas têm que enfrentar. O que torna os rumores tão problemáticos é o fato de que eles se espalham como um incêndio na floresta – em especial via e-mail e blogs – e quase sempre afirmam ou insinuam alguma coisa muito desagradável, e possivelmente repulsiva, sobre o alvo do rumor.[23] Por exemplo, o rumor espalhado rapidamente pelos Estados Unidos segundo o qual como a Mountain Dew usa um corante (Amarelo 5), beber o produto diminui a contagem de esperma dos homens. Embora inverídica, essa lenda urbana influenciou o comportamento de consumo de refrigerantes por parte dos adolescentes, com alguns chegando a consumir mais quantidades da Mountain Dew que o normal como meio de controle de natalidade, e outros consumindo menos por medo de que, no futuro, não consigam ter filhos.[24]

Considere também o caso da persistente lenda urbana que envolveu a Procter & Gamble (P&G) durante anos. O rumor envolveu o famoso logo homem-na-lua, da P&G, que foi chamado de símbolo do diabo. Segundo os espalhadores do rumor, quando as estrelas no antigo logo eram conectadas, aparecia o número 666 (um símbolo do Anticristo). Também os cachos na barba do homem-na-lua supostamente formavam o número 666, quando colocados diante de um espelho. Embora absurdo, esse rumor se espalhou por todo o meio-oeste e o sul dos Estados Unidos. A P&G por fim decidiu trocar o antigo logo. O logo novo mantém as 13 estrelas, que representam as colônias originais dos Estados Unidos, mas elimina os cachos na barba que pareciam formar o número 666.

A seguir, alguns outros rumores/lendas urbanas que você deve ter ouvido alguma vez.[25] Muitos deles são antigos e nenhum é verdadeiro, mas todos foram amplamente divulgados:

- A McDonald's Corporation faz doações consideráveis para a Igreja de Satanás.
- Os hambúrgueres McDonald's contêm algo diferente de carne, a saber, minhocas vermelhas.
- Os bonecos infantis do personagem de televisão Fofão tinham uma pequena faca costurada dentro do produto.
- Pop Rocks (um doce produzido pela General Foods) explode em seu estômago quando misturado com refrigerantes.
- Selos de maços de cigarros poderiam ser doados para entidades assistenciais, pois elas poderiam trocá-los por cadeiras de rodas.
- O chiclete Bubble Yum contém ovos de aranha.
- Uma mulher, ao fazer compras em uma loja Kmart, foi mordida por uma cobra venenosa quando experimentava um casaco importado de Taiwan.
- Um rapaz e sua namorada pararam em um restaurante Kentucky Fried Chicken (KFC) quando iam para o cinema. Depois, a garota se sentiu muito mal e o rapaz a levou rapidamente para o hospital. O médico que a examinou disse que ela parecia ter sido envenenada. O rapaz foi até o carro e retirou da embalagem da KFC um objeto de forma estranha, comido pela metade. O médico reconheceu os restos de um rato. Determinou-se que a garota morreu por ter consumido uma quantidade fatal de estriquinina contida no corpo do rato.
- O guaraná Kuat (da Coca-Cola Company) dá câncer. Existem inúmeras referências na Internet sobre o assunto, algumas até com parecer clínico assinado por supostos médicos, com nomes, número de CRM e locais de trabalho.
- No episódio que ficou conhecido como o "Mito Gerber", milhares de consumidores enviaram cartas a uma caixa postal em Minneapolis, depois da circulação de um rumor na Internet (assim como em boletins em igrejas e creches) de que a Gerber, empresa que faz comida para bebês, estava distribuindo títulos no valor de US$ 500 como parte de um acordo em um processo judicial. Seguindo o conselho do rumor, os pais enviaram cópias das certidões de nascimento dos filhos e o cartão do Seguro Social para o endereço de Minneapolis. Durante algum tempo a caixa postal recebeu diariamente entre 10 mil e 12 mil correspondências da Mito Gerber.

Esses exemplos ilustram dois tipos básicos de rumores comerciais: conspiração e contaminação.[26] Os **rumores de conspiração** envolvem supostas políticas ou práticas de uma empresa que são ameaçadoras ou ideologicamente indesejáveis aos consumidores. Por exemplo, um rumor de conspiração circulou em Nova Orleans alegando que o fundador da rede de restaurantes Popeyes, Al Copeland, apoiava um político repreensível que reconhecidamente tinha ligações com a Ku Klux Klan e o nazismo. Copeland imediatamente convocou uma entrevista coletiva, negou com veemência quaisquer ligações com o político e ofereceu uma recompensa de US$ 25 mil por informações que levassem à fonte do rumor. Essa resposta rápida esmagou o rumor antes que ele ganhasse força.[27]

Os **rumores de contaminação** lidam com características indesejáveis ou danosas do produto ou da loja. Por exemplo, o rumor que começou em Reno, Nevada, segundo o qual a cerveja importada mexicana Corona estava contaminada com urina. Um distribuidor de cervejas em Reno que trabalhava com a Heineken, uma marca concorrente, de fato iniciou o rumor. As vendas da Corona caíram 80% em alguns mercados. O rumor chegou ao fim quando um acordo extrajudicial contra o distribuidor de Reno exigiu uma declaração pública explicando que a Corona não estava contaminada. Veja na seção *Foco CIM* exemplos adicionais de rumores de contaminação envolvendo o aspartame, ingrediente dos adoçantes artificiais, e as garrafas plásticas de água.

## Qual a melhor maneira de lidar com um rumor?

Diante de um rumor, algumas empresas acreditam que não fazer nada é a melhor maneira de lidar com ele. Essa abordagem cuidadosa é aparentemente baseada no medo de que uma campanha antirrumor chamará mais a atenção que o próprio rumor. Um especialista em rumores afirma que eles são como incêndios, e, como tal, o tempo é o pior inimigo. O conselho desse especialista é não simplesmente esperar que um rumor diminua, mas também combatê-lo com rapidez e decisivamente extingui-lo![28] Uma campanha de mídia antirrumor precisa ser lançada o mais rápido possível.

Uma campanha antirrumor deve envolver no mínimo as seguintes atividades: (1) decidir sobre os pontos específicos no rumor que precisam ser refutados, (2) enfatizar que o rumor de conspiração ou contaminação é inverídico e injusto,

## foco c.i.m.

### Dois casos de rumores de contaminação: Aspartame e garrafas plásticas de água

O aspartame é o ingrediente principal dos adoçantes artificiais, como NutraSweet, e é usado para adoçar bebidas diet ou light, como Coca-Cola e Pepsi, e literalmente centenas de outros produtos. Por pelo menos uma década espalhou-se o rumor de que o aspartame é responsável por problemas epidêmicos de saúde. As pessoas responsáveis pela circulação desse rumor, sendo que algumas são cientistas, ou alegam ser, afirmam que o aspartame é responsável por uma epidemia de esclerose múltipla e lupus sistêmico. Afirma-se que o lupus em especial tem uma alta tendência entre os consumidores de produtos light. Outras doenças atribuídas ao aspartame são fibromialgia, dormência nas pernas, vertigens, tinido (zumbido no ouvido), dores nas articulações, ataques de ansiedade, cegueira, defeitos de nascença, perda aguda de memória (especialmente entre diabéticos) e depressão. Essa lenda urbana/rumor foi declarada falsa pela Snopes.com – organização que monitora e pesquisa as lendas urbanas – com base em grande parte no fato de que a lenda foi desmentida pelo American Council on Science and Health e pela U.S. Food and Drug Administration, que não identificaram nenhum padrão confiável de sintomas que possam ser atribuídos ao uso do aspartame.

Outra lenda urbana/rumor muito divulgada envolve as garrafas plásticas de água, como aquelas usadas por milhões de consumidores quando bebem água mineral engarrafada. A alegação, em resumo, é que a reutilização das garrafas plásticas é perigosa porque essas garrafas contêm um elemento carcinógeno conhecido pelas iniciais de sua composição química como DEHA. Supostamente as garrafas de plástico são seguras apenas para um uso ou, no máximo, por até uma semana. Lavar e secar repetidamente as garrafas plásticas supostamente rompe o plástico levando à liberação do DEHA na água que as pessoas bebem. Afirma-se também que deixar as garrafas plásticas em carros é particularmente perigoso porque o calor extremo resultante do efeito estufa nos carros rompe o plástico, libera o DEHA e causa câncer de mama. A Snopes.com também declarou que esse rumor é falso baseado, em parte, na determinação da Food and Drug Administration de que o DEHA não representa perigo para a saúde.

*Fontes*: Adaptado de http://www.snopes.com/medical/toxins/aspartame.asp e http://www.snopes.com/medical/toxins/petbottles.asp.

## foco global
### Crie um blog falso e vá para a prisão

Os blogs geralmente dizem coisas fantásticas sobre novos produtos e marcas específicas. Infelizmente, nem sempre podemos ter certeza da autenticidade do blogger. O blogger é um consumidor real que usou o produto, gosta dele de verdade e deseja informar aos outros sobre o produto, ou é apenas um blog criado pela empresa que divulga o produto ou alguém a quem a empresa pagou para dizer coisas favoráveis a respeito dele?

O problema com os falsos blogs é mundial. Nos Estados Unidos, os divulgadores boca a boca em geral acreditam que a autorregulamentação é capaz de evitar os falsos blogs e que uma regulamentação governamental é desnecessária, pelo menos por enquanto, para evitar o problema. No entanto, no Reino Unido foi aprovada uma lei em 2008 que considera crime se apresentar falsamente como consumidor em blogs sobre marcas. Essa regulamentação teve como objetivo evitar casos como quando a Sony desenvolveu uma campanha on-line ("Tudo o que quero no Natal é um PSP") que usava o que parecia ser uma filmagem amadora com um blog falsamente atribuído a um dos personagens no vídeo. Em outro caso famoso de blog falso, o fundador da Whole Foods escreveu comentários críticos sobre seus concorrentes sob um pseudônimo.

Escrever mensagens positivas on-line sem deixar clara a origem delas é, agora, uma prática considerada ilegal em toda a Europa. Os bloggers falsos estão avisados de que representar falsamente a fonte de um blog pode levar a penalidades financeiras e até prisão.

*Fonte*: Adaptado de Emma Hall, "U.K. Cracks Down on Word-of-Mouth with Tough Restrictions", *Advertising Age*, 28 de abril de 2008, 132.

---

(3) escolher mídias e veículos apropriados para transmitir a mensagem antirrumor e (4) selecionar um porta-voz com credibilidade (como um cientista, uma autoridade do governo, como no caso da farsa que envolveu a Pepsi, descrita anteriormente, um líder cívico, ou um teólogo respeitado) para transmitir a mensagem em nome da empresa.[29]

## A influência do boca a boca

Até agora a discussão abordou as relações públicas orientadas para o marketing e as atividades das relações públicas proativas e reativas, incluindo as maneiras de lidar com lendas urbanas e rumores e o gerenciamento de crises. Nessa discussão está implícita a ideia de que os esforços das RP proativas e reativas são praticados com a intenção de influenciar as conversas que acontecem entre as pessoas a respeito de produtos, serviços e outros tópicos relacionados ao mercado – conversas que ocorrem "por sobre o muro" (face a face) e pela Internet. Em outras palavras, os gerentes de comunicação de marketing desejam influenciar o que as pessoas dizem acerca dos produtos e marcas específicos. O propósito desta seção, então, é entender melhor a influência do boca a boca no mercado e como os especialistas de comar podem influenciar o diálogo em benefício das marcas que eles gerenciam.

Pesquisas estabeleceram que a influência do boca a boca (BB) é ao mesmo tempo complexa e difícil de controlar.[30] Não obstante, é fundamental que os gerentes de marca tentem controlar o BB em benefício de suas marcas. Estima-se que o consumidor norte-americano médio participa de mais de 120 conversas BB durante uma semana típica, que focam principalmente produtos e serviços como alimentação e restaurantes, mídia e entretenimento, esportes e hobbies, bebidas e compras em lojas.[31] Às vezes a influência é negativa, como os casos descritos nas seções anteriores sobre gerenciamento de crises e lendas urbanas e rumores. Em outras ocasiões, o BB é benéfico para uma marca, e em tal caso o objetivo é promover a maior quantidade de informações positivas possível e criar um "*buzzmarketing*" ("buzz" de zumbido, de várias pessoas falando ao mesmo tempo)[32] favorável sobre a marca. Isso significa tornar a marca o assunto do momento.[33] As seções a seguir apresentam em primeiro lugar algumas ideias conceituais acerca da influência do boca a boca e depois discutem a prática da criação do *buzzmarketing*.

### Elos fracos e fortes

As pessoas estão ligadas no que podemos chamar de *redes sociais* de relacionamentos interpessoais. Os membros de uma família e os amigos interagem em bases regulares, e as pessoas se relacionam com colegas de trabalho todos os dias. Existem também padrões de interação menos frequentes e mais fracos. Podemos então pensar nos relacionamentos sociais em termos de *força dos elos*. As relações interpessoais dos consumidores variam em um *continuum* desde os elos muito fortes (como as comunicações frequentes e íntimas entre amigos) até os mais fracos (como as raras interações entre conhecidos casuais).[34] É por meio desses elos, tanto fracos quanto fortes, que fluem informações acerca de novos produtos, restaurantes, filmes e álbuns recém-lançados, além de uma série de outros produtos e serviços.[35]

O ponto importante a concluir dessa breve discussão é que as comunicações de marketing – em especial via mídia de propaganda – são essenciais para manter o fluxo de disseminação de informações. Por conseguinte, são as interações sociais entre os consumidores B2C ou clientes B2B que impulsionam o fluxo de informação a respeito de produtos, serviços ou marcas. Ou seja, a propaganda representa o primeiro passo, seguido pelo BB como o segundo passo em um fluxo de duas fases de comunicações que, por fim, leva as pessoas a conversar sobre marcas específicas e a defendê-las.[36] Observe como algumas pessoas são defensoras fervorosas do Mac da Apple ou da Harley-Davidson. Por isso, os gerentes de comunicação de marketing precisam orquestrar o fluxo de informações sobre os produtos usando a propaganda e os esforços de "comentário" (como vimos na última seção) e, então, o fluxo de informação será impulsionado de maneira acelerada pelas redes sociais de pessoas interagindo umas com as outras – por meio de interações face a face, mídia social, como YouTube e Facebook, ou blogs. (Veja na seção *Foco Global* uma descrição sobre como a prática de blogs "falsos" de produtos e marcas é considerada crime no Reino Unido.)

## O papel dos formadores de opinião na disseminação do BB

Embora quase todos falem sobre produtos e serviços, as pessoas diferem no quanto discutem esses itens e na intensidade da influência que têm sobre as outras. As pessoas que exercem mais influência são conhecidas como "influentes", ou "formadores de opinião", expressão preferida neste capítulo.

Um **formador de opinião** é uma pessoa inserida em uma rede social de família, amigos e conhecidos com uma influência particular sobre as atitudes e comportamento de outros indivíduos.[37] Os formadores de opinião realizam várias funções importantes: eles informam às outras pessoas sobre produtos, dão conselhos e reduzem o risco, por parte de quem os ouve, ao comprar um produto, e também oferecem um *feedback* positivo para apoiar ou confirmar decisões que seus seguidores já tomaram. Portanto, um formador de opinião é um informante, um persuasor e um confirmador.

A influência das lideranças de opinião costuma estar limitada a um ou vários tópicos ligados ao consumo, em vez de se aplicar universalmente a muitos domínios dessa área. Ou seja, uma pessoa que é um formador de opinião com respeito a questões e produtos em uma área de consumo – tal como filmes, computadores ou cozinhar – não é geralmente influente em outras áreas não relacionadas. Seria muito improvável, por exemplo, para uma pessoa ser respeitada por seu conhecimento e opiniões referentes aos três tópicos de consumo listados.

Os formadores de opinião são motivados a participar de conversas com as outras pessoas porque eles *geram satisfação* compartilhando suas opiniões e explicando o que sabem a respeito dos produtos e serviços. Os formadores de opinião, portanto, continuamente se esforçam (e com frequência se sentem obrigados) por se manterem informados. Em geral, o *prestígio* está no cerne da influência do boca a boca, seja tal influência derivada dos formadores de opinião ou daqueles que o seguem no processo de disseminação de informações. "Nós gostamos de ser os portadores de notícias. Ser capaz de recomendar nos dá uma sensação de prestígio. Isso nos torna especialistas imediatos."[38]

Os pesquisadores usam o termo "perito" para caracterizar pessoas que são especialistas em questões de mercado.[39] *Os peritos do mercado* têm informações sobre muitos tipos de produto, lojas e outras facetas dos mercados, e iniciam discussões com consumidores e respondem a perguntas de outras pessoas para informações de mercado. Em outras palavras, o perito do mercado é visto como uma importante fonte de informação e recebe prestígio e satisfação, fornecendo informações a amigos e outros. Os formadores de opinião são peritos!

## Impedir o BB negativo

A comunicação boca a boca positiva é um elemento crítico no sucesso de marcas novas e estabelecidas, em especial no setor de serviços, pois da sua condição de intangibilidade o BB passa a ser essencial. De fato,

pesquisas indicam que os consumidores estão muito mais propensos a dizer coisas positivas que negativas a respeito das marcas.[40] Contudo, o BB negativo pode ter efeitos devastadores sobre a imagem de uma marca, porque os consumidores parecem dar mais peso às informações negativas que às positivas ao fazer avaliações.[41]

As comunicações de marketing podem fazer várias coisas para minimizar o boca a boca negativo.[42] No mínimo, as empresas precisam mostrar aos consumidores que são receptivas a reclamações legítimas. Os fabricantes podem fazer isso fornecendo garantias e informações detalhadas acerca dos procedimentos de reclamação nos rótulos ou dentro das embalagens. Os varejistas podem demonstrar sua receptividade às queixas dos consumidores por meio de funcionários com atitudes positivas, comunicação nas lojas e adendos nas contas mensais aos consumidores. As empresas também podem oferecer números de telefone gratuitos e endereços de e-mail para dar aos consumidores um meio fácil de expressar suas reclamações e dar sugestões. Sendo receptivas às queixas dos consumidores, as empresas podem evitar o BB negativo – e talvez até criar BB positivo.

# Criar *buzzmarketing*

A seção anterior aplicou conceitos tradicionais, como formadores de opinião, para descrever o processo da comunicação boca a boca. Essa seção pode ter dado a impressão de que o BB é algo que simplesmente acontece e que os gerentes de comunicação de marketing são como espectadores em um evento esportivo que passivamente observam a ação, mas não estão evolvidos em sua criação. Esta seção esclarece que os gerentes de comunicação de marketing são – ou devem ser – participantes ativos no processo do BB em vez de apenas espectadores ociosos, especialmente na Internet, cujo potencial de amplitude é imenso.

Como as comunicações interpessoais desempenham um papel muito importante para afetar as atitudes e ações dos consumidores, os divulgadores das marcas descobriram que é essencial influenciar o que é dito a respeito de suas marcas de modo proativo em vez de meramente esperar que ocorra o boca a boca positivo. Os profissionais de marketing referem-se a esse esforço proativo como criar o *buzzmarketing*. Por definição, podemos pensar na **criação do *buzzmarketing*** como o esforço sistemático e organizado para encorajar as pessoas a falar favoravelmente acerca de uma marca específica – cara a cara ou pela Internet – e recomendar seu uso a outros que são parte de sua rede social. (Outros termos além da criação do *buzzmarketing* são usados para se referir aos esforços proativos para espalhar informações BB positivas, entre eles estão *marketing de guerrilha, marketing viral* (mais restrito ao mundo digital), *marketing de difusão e marketing de rua*.)

Vamos examinar a prática da criação do *buzzmarketing* e entender por que essa atividade é tão usada, mesmo hoje em dia, que as principais agências de propaganda criaram unidades de geração de *buzzmarketing*.

## Algumas evidências anedotais

Antes de examinar formalmente o tópico da criação do *buzzmarketing*, será útil estudar alguns exemplos dessa prática:

- O jogo Halo2 da Microsoft chegou às prateleiras dos varejistas há vários anos logo antes do período de compras para o Natal. No entanto, antes disso mais de 1,5 milhão de pedidos já tinham sido feitos. Esse sucesso antecipado e o *buzzmarketing* espalhado foram obtidos com a criação de um website (http://halo2.com) que despertou o interesse das pessoas que usam jogos como o Halo2. O que há de fascinante no site é que ele foi escrito na língua dos extraterrestres (os Covenant) e, de acordo com o ponto de vista deles, que na história do Halo2 estão preparados para atacar a Terra. Sem uma única palavra em algum idioma conhecido, os "jogadores" conseguiram decifrar o idioma do Covenant em 48 horas, duas semanas antes que os profissionais da Microsoft tinham previsto. Ao que parece, os jogadores trabalharam como uma comunidade e dividiram as responsabilidades até que o código da língua fosse decifrado. Uma grande excitação foi criada por esse website singular, que gerou entusiasmo pelo novo jogo da Microsoft e estimulou os pedidos antecipados.[43]
- Em um esforço para conseguir que jovens determinadores de tendências se tornassem advogados da marca, a Toyota usou táticas de guerrilha no lançamento do modelo Scion. Equipes de rua foram formadas para distribuir itens promocionais a grandes agrupamentos de jovens consumidores em cidades por todos os Estados Unidos. As pessoas tiveram a oportunidade de testar os modelos Scion equipados com duas câmeras de vídeo e depois enviar, por e-mail, cópias dos testes aos amigos.[44]
- Mel Gibson produziu um filme religioso, *A Paixão de Cristo*, que narrava as últimas 12 horas da vida de Jesus. Gibson investiu cerca de US$ 25 a US$ 30 milhões de seu próprio dinheiro na produção do filme. O ator/diretor passou meses na estrada antes do lançamento, reunindo-se com líderes religiosos e proferindo discursos acerca do filme. Sua produtora aconselhou teólogos a como usá-lo para promover as igrejas e recrutar novos membros. A enorme quantidade de comentários resultou em enorme sucesso de bilheteria.[45]
- Outro filme, *O Tigre e o Dragão* – obra de artes marciais falada em chinês e dirigida por Ang Lee – também utilizou as técnicas de criação de *buzzmarketing* para alcançar sucesso de bilheteria. Com um orçamento limitado para promover o filme, o estúdio decidiu que o boca a boca seria fundamental para seu sucesso. Em um esforço para gerar entusiasmo de "líderes de torcida" por parte dos aficionados por filmes, exibições especiais do filme foram feitas a uma variedade

de públicos considerados prováveis de espalhar comentários positivos sobre ele. Essas exibições incluíram públicos como estudantes de um instituto de liderança das mulheres, um grupo de mulheres atletas, executivos de agências de propaganda e representantes de revistas e televisão. Esperava-se que esses diferentes grupos subsequentemente compartilhariam seu encanto com outras pessoas, fazendo que a "bola" do BB rolasse a favor do filme.[46]

- O jeans Lee precisava de um meio de encorajar os consumidores a visitar as lojas onde talvez experimentassem e comprassem a marca Lee. Com esse objetivo, a agência de propaganda da marca criou um jogo on-line que apresentava personagens de uma campanha lançada em conjunto. Para ir para o nível dois do jogo, os consumidores precisavam de um código especial que só podiam obter apresentando uma etiqueta de preço do jeans Lee. Para gerar entusiasmo pelo jogo, mensagens de e-mails foram enviadas a 200 mil consumidores escolhidos para serem direcionados a um videoclipe on-line com o objetivo de interessá-los nos personagens do jogo. Essas mensagens, descritas como "por dentro" e "intrigantes", foram amplamente disseminadas pelos destinatários originais a seus amigos, que, por sua vez, no melhor espírito do marketing viral, passaram-nas adiante aos amigos, que as passaram aos amigos, e assim por diante.[47]

- Em um esforço para estabelecer Long Beach, um subúrbio de Los Angeles, como um centro para voos da Costa Oeste, a equipe de marketing da JetBlue desenvolveu uma campanha de criação de *buzzmarketing*. A campanha tinha como objetivo alcançar consumidores influentes como *bartenders* e *concierges* de hotéis, na esperança de que eles divulgassem comentários sobre a JetBlue Airways e seus voos saindo do aeroporto de Long Beach. Estudantes universitários foram contratados para visitar bares, hotéis e outros locais, falar sobre a JetBlue e criar "influências" com o uso de adesivos para carros, broches e sacolas, que serviam como lembretes visuais dos voos diários da JetBlue saindo do aeroporto de Long Beach. Para criar um interesse ainda maior e gerar comentários, os estudantes dirigiram Fuscas pintados na cor azul que identifica a JetBlue pelas ruas de Long Beach.[48]

- Durante o show de abertura da temporada de 2004 do popular programa diurno de TV de Oprah Winfrey, todos os membros do público – 276 no total – receberam um novo automóvel Pontiac G6 no valor de mais de US$ 28 mil. Oprah não distribuiu esses presentes por ser boazinha; na verdade, os carros foram doados pela divisão Pontiac da General Motors em um esforço para gerar publicidade gratuita do novo G6. Winfrey dedicou meia hora de seu programa ao Pontiac G6 e descreveu o carro como sendo "muito legal!" É claro que os profissionais de marketing da Pontiac organizaram esse evento em coordenação com os produtores de *The Oprah Winfrey Show*. Como parte do arranjo, o G6 tornou-se o único patrocinador do site de Winfrey (http://oprah.com) por 90 dias. O diretor de marketing da Pontiac afirmou que essa distribuição do carro gerou US$ 20 milhões em cobertura de mídia não paga e relações públicas – uma barganha considerando que o custo real dos automóveis doados pela Pontiac foi inferior a US$ 5 milhões.[49]

## Perspectivas formais sobre a criação do *buzzmarketing*

Para entender por completo o conceito de *buzzmarketing*, será útil introduzir os conceitos de redes, nós e elos. Esses conceitos não se aplicam apenas à criação do *buzzmarketing*, mas também a qualquer tipo de rede – incluindo o cérebro (células nervosas conectadas por axônios), a World Wide Web (sites da Internet ligados a outros sites), sistemas de transporte (cidades ligadas a outras cidades por meio de rodovias, estradas e sistemas interestaduais), sociedades (pessoas ligadas a outras), e assim por diante.[50] Mais especificamente considere, por exemplo, uma rede de transporte como um sistema de uma empresa aérea. Os *nós*, em um sistema aéreo, são os vários aeroportos localizados nas cidades servidas pelas empresas aéreas, essas cidades, por sua vez, estão ligadas pelas rotas das empresas aéreas que emanam em uma cidade e culminam em outra. A maioria dos nós (aeroportos) em um sistema de uma empresa de aviação é ligada a relativamente outros poucos nós. No entanto, alguns aeroportos grandes (por exemplo, JKF em Nova York, Cumbica, em São Paulo, e Charles De Gaulle, em Paris) são *engrenagens* (outro nome para nós maiores) ligadas a inúmeros outros aeroportos.

A ideia da rede de uma empresa aérea é aplicável aos sistemas sociais. Cada pessoa em seu próprio sistema social pode ser considerada um nó. Cada pessoa (nó) está potencialmente ligada a todas as outras pessoas (nós adicionais). Embora a maioria de nós esteja ligada a relativamente poucos indivíduos, algumas pessoas estão ligadas com inúmeras outras. Por causa do grande número de contatos que essas pessoas têm, elas, às vezes, são referidas como *influentes*. Em comparação às grandes engrenagens nas redes aéreas, os *influentes* representam as engrenagens nas redes sociais. Por conseguinte, se você, como gerente de comunicação de marketing, quer que as pessoas espalhem comentários BB positivos sobre sua marca, é fundamental que sua mensagem chegue aos influentes. Foi isso que a JetBlue fez quando alcançou *bartenders* e *concierges* de hotéis esperando que eles espalhassem comentários a respeito da JetBlue Airways e seus voos saindo do aeroporto de Long Beach.

A seguir, descreveremos duas perspectivas sobre a noção de criar *buzzmarketing*. A primeira perspectiva equipara a criação do *buzzmarketing* a uma epidemia. A segunda nasce dos princípios estabelecidos pela renomada empresa de consultoria McKinsey & Company e é chamada demanda autogeradora explosiva. Embora exista certa redundância nessas perspectivas, cada uma é suficientemente singular para receber um tratamento separado.

### Gerar *buzzmarketing* é semelhante a criar uma epidemia

O *buzzmarketing* no mercado pode ser comparado a uma epidemia. Por isso esse tipo de ação também é chamado de marketing viral. Por analogia, considere o modo como o vírus da gripe se espalha. Uma epidemia de gripe começa com poucas pessoas, que interagem com outras pessoas, que, por sua vez, a espalham a outros até que, por fim, e em geral com rapidez, milhares ou mesmo milhões de pessoas estão doentes. É desnecessário dizer que a epidemia de gripe não ocorre a menos que as pessoas – como crianças em idade escolar – estejam em contato próximo umas com as outras. Para que uma epidemia ocorra, deve haver um *ponto de virada*, que é o momento de massa crítica no qual uma quantidade suficiente de pessoas está infectada de modo que a epidemia se espalhe rapidamente pelo sistema social.[51] O pioneiro e famoso caso de marketing viral "Subservient Chicken" do Burger King começou em 7 de abril de 2004, mas só foi divulgado a 20 pessoas, todos amigos de funcionários da agência. O sucesso foi clamoroso. Até hoje o site recebeu mais de 20 milhões de acessos e esse número continua a subir. (http://www.bk.com/en/us/campaigns/subservient-chicken.html).

Conjecturou-se que uma epidemia em um contexto social, incluindo a disseminação de informações sobre marcas, pode ser explicada por três regras simples – a lei dos poucos, o fator aderência e o poder do contexto:[52]

*A lei dos poucos*: A primeira regra, a lei dos poucos, sugere que são necessárias apenas umas poucas pessoas bem conectadas para começar uma epidemia. Esses indivíduos – referidos como conectores, influentes ou formadores de opinião – são capazes de começar uma "epidemia comercial" porque (1) conhecem muitas pessoas, (2) ficam satisfeitos em compartilhar informações e (3) são inatamente persuasivos na defesa de produtos e marca. Em resumo, os esforços para a criação do *buzzmarketing* requer *mensageiros* que estejam dispostos a falar a respeito de produtos e compartilhar suas experiências de uso com outros e que, pela sua inerente capacidade de persuasão, influenciam os outros a se tornar usuários e talvez "apóstolos" do produto também.[53]

A propaganda paga inicia o processo de dois passos, mas ela sozinha jamais poderia alcançar os resultados que as redes sociais alcançam. A propaganda pode informar, mas são as pessoas comuns que legitimam o uso do produto e da marca. De fato, enquanto os anúncios não têm credibilidade total – porque as pessoas percebem que eles são feitos para influenciar seu comportamento –, as mensagens pessoais dos amigos e conhecidos são prontamente aceitas porque não há nenhum interesse envolvido. Até pessoas desconhecidas que fazem comentários on-line a respeito de livros, álbuns e outros itens podem ser altamente influentes no que se refere a vendas dos produtos.[54]

*O fator aderência*: A segunda regra, o fator aderência, lida com a *natureza da mensagem*, ao passo que a primeira regra envolve o mensageiro. As mensagens que atraem a atenção e são memoráveis (ou seja, mensagens que "aderem") promovem as conversas acerca das marcas. Isso explica por que as lendas urbanas voam pelo sistema social. Tais mensagens são inerentemente interessantes e, por isso, transmitidas à velocidade da luz. (Seria útil nesse momento retornar ao Capítulo 8 para rever as seis características comuns da mensagem que tende a aderir.)

A questão é que nem todas as mensagens aderem e merecem ser repetidas, apenas aquelas inatamente interessantes e memoráveis. Milhões de pessoas falaram sobre a premiação de centenas de Pontiacs no programa *The Oprah Winfrey Show* mencionado anteriormente, porque foi um evento excitante e digno de ser noticiado. Dezenas de milhões de pessoas discutiram a exibição (não intencional?) dos seios de Janet Jackson que ocorreu durante a programação no intervalo do Super Bowl de 2004. A disseminação da frase "cala boca Galvão" no Twitter durante a copa do mundo de futebol de 2010 foi amplamente comentada no Brasil. Esse assunto se tornou tão disseminado porque, além de se referir a um dos comentaristas e apresentadores mais famosos do país, Galvão Bueno, a frase foi replicada não apenas por usuários brasileiros do Twitter, como também por internautas de outros países. Essa explosão internacional de um assunto inerentemente brasileiro ocorreu porque alguns internautas de outros países, ao ver a frase ser replicada tantas vezes pelos brasileiros, questionaram o seu significado. Os brasileiros, então, apresentaram uma série de respostas atribuindo significados absurdos à frase: segundo a versão mais comentada, "cala boca" significaria "salve" em português e "Galvão" seria o nome de um pássaro em extinção. Com isso, o tópico "cala boca Galvão" se manteve como um dos mais comentados no Twitter. Os comentários sobre o caso, no entanto, não ficaram restritos apenas ao Twitter, viraram notícia de jornal e assunto de conversas entre amigos. Até o próprio Galvão Bueno comentou sobre o assunto.

Em geral, as pessoas devem desejar falar sobre uma ideia relacionada a um produto ou marca para que essa ideia se espalhe. Alguns tópicos, como os mencionados, são inerentemente fascinantes. A maioria das mensagens comerciais, no entanto, não desperta tal interesse. Portanto, é por meio da propaganda inteligente e dos esforços de marketing viral que notícias, que de outro modo seriam comuns, podem se tornar interessantes, até excitantes, e, por isso, dignas de ser compartilhadas com outras pessoas que estão ligadas por meio de elos sociais fortes ou fracos.

***Poder do contexto:*** A terceira regra da epidemia, o poder do contexto, simplesmente indica que as circunstâncias e condições têm de estar certas para que uma mensagem persuasiva transmitida pelo conector cause impacto e inicie uma epidemia. Não soa muito científico dizer isso, mas, às vezes, os "astros devem estar apropriadamente alinhados" para que uma epidemia ocorra. Em outras palavras, existe um fator chance envolvido que é difícil de prever ou controlar, ou mesmo explicar. Mas seja qual for a razão exata, às vezes as circunstâncias são precisamente certas para a disseminação do boca a boca. Por exemplo, se o "cala boca Galvão" não tivesse chamado a atenção de internautas de outros países e tivesse sido replicado na rede social apenas por brasileiros, provavelmente o assunto não teria se tornado tão interessante nem tão comentado.

Considere também a situação em que um estudante de sua faculdade é preso por dirigir alcoolizado. Isso não seria uma notícia excitante que geraria discussões entre os alunos. Todavia, imagine que tal estudante seja filho do reitor da universidade ou de outro administrador sênior. Nesse contexto, a discussão sobre o comportamento dele seria excessiva. Quando o contexto é certo, a epidemia BB tem grandes chances de ocorrer.

## Iniciando a demanda autogeradora explosiva

A discussão anterior simplesmente descreveu as condições apropriadas para a disseminação da epidemia comercial. Esta seção examinará como a geração do *buzzmarketing* pode ser gerenciada para difundir a mensagem sobre uma marca de maneira rápida por uma rede social.

A bem conhecida empresa de consultoria McKinsey & Company formulou uma série de princípios para gerar o momento BB para novas marcas. Os associados da McKinsey referem-se ao momento boca a boca como *demanda autogeradora explosiva*, ou DAE para resumir. Os seguintes princípios norteiam a criação da DAE.[55]

***Desenvolva o produto para ser único ou visível:*** Os produtos e as marcas mais propensos a experimentar a DAE têm duas características distintas. Em primeiro lugar, eles são *únicos* em algum aspecto – em termos de aparência (por exemplo, veículos como o Hummer, Mini Cooper e Smart), funcionalidade (por exemplo, o iPhone da Apple) ou outra maneira que chame a atenção. Em segundo lugar, são altamente *visíveis* ou *conferem status* aos formadores de opinião e conectores, que estão entre os primeiros a conhecer os novos produtos e serviços. Por exemplo, estar entre os primeiros a possuir um novo videogame, a jantar em um novo e excitante restaurante, a experimentar uma nova bebida interessante ou a assistir a um filme provocante, pode conferir uma sensação de *status* ao inovador, o que explica por que esses tópicos ocupam muito tempo de nosso discurso diário.

Em geral, nem todos os produtos são dignos de comentário. Na verdade, as pessoas estão interessadas em falar apenas sobre os produtos e marcas que apresentam alguma singularidade, excitação, ou algum fator "uau" inerente.[56] Esse aspecto torna uma ação de *buzzmarketing* uma opção muito desafiadora, pois não raro ações podem ser inócuas ou, pior, gerar repercussão negativa.

***Selecionar e semear a vanguarda:*** Todos os produtos e serviços novos têm um grupo que se antecipa aos outros na sua adoção. Esse grupo é chamado de *inovadores*. O desafio para o profissional de marketing é identificar que grupo de consumidores terá a maior influência sobre os outros e, então, fazer todo o possível para que tal grupo – os inovadores – aceite sua marca. Os fabricantes de calçados esportivos com frequência lançam marcas novas fornecendo antecipadamente pares do novo produto para formadores de opinião, como grandes esportistas. Em geral, a vanguarda inclui estrelas do futebol, astros de televisão, os alunos mais populares nas escolas, os jovens mais "legais" da vizinhança etc. Os inovadores para novos livros de negócios são líderes executivos, como os que ocupam os principais cargos em grandes corporações. Quando eles leem um livro novo e o consideram relevante para sua organização, encorajarão seus subordinados a ler o mesmo livro, e estes, por sua vez, instruirão seus subalternos a fazer o mesmo, e assim por diante.

Em geral, os inovadores são um grupo-alvo cuidadosamente selecionado, mais propensos a gostar de um novo filme, livro ou outro produto ou serviço. Na indústria editorial o "comportamento de líder de torcida" é estimulado com a distribuição de exemplares gratuitos de um livro novo a um grupo selecionado de formadores de opinião. Essa prática é adequadamente referida como "semear" o mercado – plantar uma semente, vê-la crescer e colher os resultados (grande volume de vendas). Por exemplo, as garotas adolescentes no Japão desempenham um papel extremamente importante de líderes de torcida (chamadas *kuchikomi*) que foi reconhecido e cultivado pelas empresas japonesas.

*Kuchikomi* refere-se à rápida rede de propaganda boca a boca que conecta as adolescentes no Japão. O *kuchikomi* jamais foi tão aparente quanto no sucesso da mania Tamagotchi que atingiu o Japão em primeiro lugar e depois se espalhou para o mundo todo. Como há pouco espaço no Japão para ter animais de estimação, o brinquedo Tamagotchi representou uma solução alternativa para o desejo de ter um bichinho. Significando "ovinho bonitinho", o Tamagotchi é um brinquedo de plástico com um chip eletrônico embutido que emite sons de afeição baseados no comportamento do dono. Depois que uma criatura extraterrestre nasce do "ovo" de brinquedo, o dono pressiona os botões selecionados em uma pequena tela para alimentar, limpar e cuidar do pet virtual. O cuidado apropriado é recompensado com um som de afeição. A Bandai Company Ltd., criadora do produto, estimou as vendas iniciais em cerca de 300 mil Tamagotchi a US$ 16 cada um. Contudo, sem nenhuma propaganda e contando principalmente com o BB gerado pelas adolescentes e outros donos, o volume de vendas alcançou 23 milhões de unidades no Japão em pouco mais de um ano. Desde então a Bandai exportou o brinquedo para mais de 25 países.

O Tamagotchi é apenas um exemplo do poder *kuchikomi* das adolescentes japonesas. Muitas empresas japonesas de bens de consumo não esperam pelo início do comportamento boca a boca das garotas, mas pedem a opinião delas durante o desenvolvimento de um novo produto. As empresas japonesas recrutam meninas guias, como são chamadas, para testar novos produtos propostos e dar *feedback* sobre comerciais preliminares de TV. Elas também são pagas para divulgar novos produtos. Por exemplo, a Dentsu Eye, empresa de consultoria de marketing, pagou a estudantes para falar nas escolas sobre um produto ainda não conhecido. A percepção da marca cresceu rapidamente para 10% dos estudantes do ensino médio. Os executivos da Dentsu Eye estimaram que o uso da propaganda na TV para alcançar um nível comparável de percepção da marca teria custado pelo menos US$ 1,5 milhão em comparação com o valor inferior a $ 100 mil que realmente foi pago às estudantes.[57]

***Racionar o suprimento***: A escassez é uma força poderosa por trás dos esforços dos influentes para persuadir. Isso acontece porque em geral as pessoas querem aquilo que não podem ter. Os fabricantes de automóveis com frequência exploram essa realidade produzindo quantidades insuficientes para atender à demanda imediata quando um novo modelo é lançado, especialmente um que apresente um design exclusivo. A quantidade de iPhones da Apple também foi insuficiente para atender à demanda inicial. O pensamento é que as pessoas falarão mais sobre coisas que elas não podem ter de imediato. Assim, racionando o suprimento no início da introdução do produto, o nível de excitação aumenta e a rede BB é colocada em ação.

***Usar ícones famosos***: Talvez não exista melhor meio para gerar excitação em torno de um novo produto que colocá-lo em primeiro lugar nas mãos de uma celebridade. As escolhas de penteados, roupas e produtos feitas pelas celebridades são com frequência aceitas por grande número de pessoas, que imitam tal comportamento. No mundo do esporte, por exemplo, as celebridades costumam aparecer em anúncios ou *infomerciais* e destacar os benefícios de novos equipamentos e produtos correlatos. O endosso de Oprah Winfrey a livros e muitos outros produtos novos (como o Pontiac G6) praticamente garante o sucesso deles. O jogador de futebol Ronaldo ("Fenômeno") continua aparecendo em comerciais e eventos promovendo diversos produtos e até causas sociais, sempre com muito sucesso.

***Usar o poder das listas***: A mídia dissemina muitos tipos de listas com o objetivo de influenciar o comportamento do consumidor e direcionar ações. Por exemplo, jovens que aspiram a entrar na faculdade e seus pais leem publicações como o *Guia do Estudante*, que apresenta listas anuais das melhores faculdades e universidades. Os jornais regularmente trazem listas dos melhores fundos mútuos. As estações de rádio e websites costumam apresentar listas com os melhores filmes da semana. Alegou-se que "as listas são instrumentos potentes para a criação do *buzzmarketing* porque são sinalizações eficazes para consumidores que procuram informações e não sabem em que focar sua atenção".[58]

Em resumo, aparecer em uma lista com credibilidade praticamente equivale a se tornar o tópico de uma ampla discussão entre pessoas que estão interessadas no conteúdo da lista.

***Cultivar raízes***: Semelhante ao conceito do comportamento de líder de torcida, descrito, essa tática é baseada na ideia de fazer que as pessoas que adotam um produto convertam outras em usuários. Naturalmente, as pessoas que estão satisfeitas com um produto costumam encorajar os outros a usá-lo. Mas, em vez de apenas "deixar isso acontecer" (ou não), a noção de cultivar raízes envolve – como todas as táticas de criação de *buzzmarketing* – alguma forma de *esforço proativo* para motivar os atuais usuários do produto a recrutar novos membros ou consumidores, isso, é claro, se o nível de satisfação com a marca for alto. Os indivíduos que alcançaram sucesso com uma nova forma de dieta ou programa de exercícios, por exemplo, podem ser encorajados com incentivos a recrutar outros a adotar a mesma forma de comportamento. As academias de ginástica às vezes dão descontos a membros atuais quando eles atraem outros. Comunidades de marcas podem ser formadas (on-line ou de outra forma) de modo que os usuários atuais de um produto possam compartilhar seu entusiasmo e, espera-se, divulgá-lo a outras pessoas. Em resumo, cultivar raízes envolve um esforço proativo para tornarem os clientes atuais mais envolvidos com o produto, ficando assim mais dispostos a se tornar discípulos dele.

### Resumindo

Esperamos que esta seção tenha feito você entender que o momento BB pode ser gerenciado de maneira proativa, em vez de ser aceito como *fato consumado*. Além disso, deve ter ficado claro que nem todos os produtos e marcas são apropriados para os esforços de criação do *buzzmarketing*. Os princípios identificados aqui oferecem uma visão sobre quando e por que a criação do *buzzmarketing* é particularmente provável e mais eficaz.

Um número cada vez maior de empresas está se voltando para a criação do *buzzmarketing* – e de agências que se especializam nesse tipo de instrumento de comar – como um suplemento (ou mesmo uma alternativa) de baixo custo e eficaz da propaganda de mídia de massa. Portanto, será útil para você estudar este tópico em mais detalhes que foi possível colocar neste texto. Vários livros sobre o assunto foram publicados nos últimos anos. Consulte a seguinte nota de fim para uma lista de vários livros informativos e bem escritos a respeito do assunto[59] (Essa lista, de acordo com o princípio da DAE sobre o valor das listas, deve gerar comentários a respeito da criação de comentários).

# Resumo

Este capítulo abordou dois tópicos principais: as relações públicas de marketing e o gerenciamento do boca a boca, incluindo a criação do *buzzmarketing*. Foi feita uma importante distinção entre relações públicas institucionais (RP gerais), que lida com questões e problemas corporativos (como relações com acionistas, governo e funcionários), e relações públicas de marketing (RP de marketing), cujo principal instrumento é a publicidade, tema abordado com maior destaque neste capítulo.

As relações públicas de marketing consistem em relações públicas proativas e reativas. Relações públicas proativas, na forma de publicidade, são um instrumento cada vez mais importante, além da propaganda e das promoções de vendas, para melhorar o *brand equity* e a participação de mercado. As relações públicas proativas são ditadas pelos objetivos de marketing da empresa. Elas buscam oportunidades em vez de resolver problemas. As relações públicas reativas, por sua vez, reagem a pressões externas e lidam com mudanças que têm consequências negativas para uma organização. Lidar com a publicidade negativa e os rumores são duas áreas em que as RP reativas são mais necessárias.

A influência dos formadores de opinião e o boca a boca são elementos importantes para promover adoção e difusão mais rápidas do produto. Os formadores de opinião são indivíduos respeitados por seu conhecimento do produto e opiniões. Eles informam às outras pessoas (seguidores) sobre os novos produtos e serviços, dão conselhos e reduzem o risco corrido pelos seguidores ao comprar um produto novo e confirmam decisões que os seguidores já tinham tomado. A influência positiva do boca a boca é com frequência fundamental para o sucesso de um novo produto. Parece que as pessoas conversam acerca de novos produtos e serviços porque têm uma sensação de prestígio por serem portadoras de notícias. Os gerentes de comunicação de marketing podem tirar vantagem desse fator prestígio estimulando "líderes de torcida", que falarão de maneira favorável sobre o novo produto ou serviço.

A criação do *buzzmarketing* – também chamada de marketing viral, marketing de guerrilha e marketing de rua – é um fenômeno relativamente recente como prática de marketing proativo. As empresas contratam os serviços de unidades criadoras de *buzzmarketing* para gerar a adoção de novos produtos, recrutando os esforços de pessoas conectadas (influentes, formadores de opinião) que adotarão e falarão acerca dos novos produtos. A criação do *buzzmarketing* pode ser comparada a uma epidemia social. A geração do *buzzmarketing* on-line ocorre em um ritmo cada vez mais rápido com o advento de *chat rooms* e blogs.

# Questões para discussão

1. Imagine que você é o dono de um restaurante em sua faculdade ou universidade. Circulou um rumor acerca de seu negócio afirmando que seu principal cozinheiro tem Aids. Seu negócio está ruindo. Explique precisamente como você combateria tal rumor.
2. Quais são as vantagens da publicidade em comparação à propaganda?
3. Alguns profissionais de marketing consideram muito difícil controlar e medir a publicidade. Avalie essas críticas.
4. Alguns profissionais de marketing dizem que quaisquer notícias, positivas ou negativas, sobre uma marca é algo bom, pois permite que ela seja notada e encoraja as pessoas a falar sobre ela. Você concorda que a publi-

cidade negativa é sempre boa? Sob quais condições ela *não* seria boa?

5. Imagine que você é o diretor do departamento atlético de sua faculdade ou universidade. Uma história se espalha contando que vários de seus atletas receberam ajuda inapropriada para escrever trabalhos escolares. Supondo que a história seja falsa, que não seja nada mais que um rumor, como você lidaria com essa publicidade negativa?

6. Diante do rumor de que a cerveja Corona estava contaminada por urina (veja a discussão anterior no capítulo), que curso de ação você teria seguido se o distribuidor da Heineken em Reno não tivesse sido identificado como a fonte do rumor? Em outras palavras, se a fonte do rumor fosse desconhecida, que medidas você teria tomado?

7. Classifique os vários rumores apresentados no texto (por exemplo, o logo da P&G e a ligação da rede McDonald's com a Igreja de Satanás) como rumor de conspiração ou contaminação.

8. Descreva dois ou três rumores, ou lendas urbanas, comerciais além dos mencionados no capítulo. Identifique cada um como rumor de conspiração ou contaminação. Descreva como você acha que tais rumores começaram e por que as pessoas aparentemente os consideraram com valor de notícia suficiente para passá-los adiante. (Você pode acessar um site de lendas urbanas para ter algumas ideias. Veja, por exemplo, http://www.snopes.com.)

9. Imagine que você é o proprietário de uma nova loja de roupas localizada na sua comunidade universitária, que atende principalmente à população do campus. Sua nova loja ainda não pode arcar com as despesas de propaganda na mídia, por isso, para promovê-la, você precisa estimular as comunicações boca a boca positivas. Apresente uma estratégia específica para fazer isso.

10. Se você fosse o gerente da marca de carro Smart, o que faria para criar a demanda autogeradora explosiva?

11. Os pesquisadores que desenvolveram o conceito de perito de marketing criaram uma escala para medir as respostas dos consumidores aos seguintes itens:
    (1) Eu gosto de apresentar novos produtos e marcas aos meus amigos.
    (2) Eu gosto de ajudar as pessoas dando a elas informações sobre muitos tipos de produtos.
    (3) As pessoas me pedem informações sobre produtos, lugares para comprar, ou promoções.
    (4) Se alguém me perguntasse onde pode fazer as melhores compras de vários tipos de produtos, eu saberia como responder.
    (5) Meus amigos me consideram uma boa fonte de informação no que se refere a novos produtos ou promoções.
    (6) Pense em uma pessoa que tem informações sobre uma variedade de produtos e gosta de compartilhá-las com os outros. Essa pessoa sabe sobre produtos novos, promoções, lojas etc., mas não necessariamente sente que é um perito em um produto específico. Tal descrição se aplica bem a mim.

    Os participantes devem pontuar cada item em uma escala de sete pontos, desde "discordo totalmente" (1) a "concordo totalmente" (7), assim, as pontuações gerais variam de um mínimo de 6 ("discordo totalmente" em todos os itens) a 42 ("concordo totalmente" em todos os itens). Apresente a escala a dois amigos que você considera peritos em mercado. Veja se eles recebem pontuações previsivelmente mais altas que os não peritos.

12. Com referência aos princípios da demanda autogeradora explosiva (DAE), explique como você semearia um novo CD musical em um mercado específico de sua escolha. Seja específico em relação à natureza do público-alvo para o qual os seus esforços serão direcionados e às técnicas/métodos empregados para semear a vanguarda entre seu público-alvo.

13. Em sua opinião, por que os profissionais de marketing usam termos como *marketing de guerrilha*, *marketing viral* e *marketing de rua* em referência aos esforços para criar *buzzmarketing* para novos produtos e marcas?

14. Com referência à discussão acerca da demanda autogeradora explosiva, descreva um filme atual que *seria apropriado* para os esforços de criação de *buzzmarketing* e outro que *não seria*. Qual é a diferença entre esses filmes que torna apenas um adequado aos esforços de criação de *buzzmarketing*?

# Notas

1. Adaptado de Kate MacArthur, "Taco Hell: Rodent Video Signals New Era in PR Crises", *Advertising Age*, 26 de fevereiro de 2007, 1, 46.
2. A linha divisória entre RP de marketing e RP gerais não é perfeitamente clara, como foi muito bem descrito por Philip J. Kitchen e Danny Moss, "Marketing and Public Relations: The Relationship Revisited", *Journal of Marketing Communications* 1 (junho de 1995), 105-18.
3. Al Ries e Laura Ries, *The Fall of Advertising & The Rise of PR* (Nova York: HarperBusiness, 2002).
4. Paul Holmes, "Senior Marketers Are Sharply Divided about the Role of PR in the Overall Mix", *Advertising Age*, 24 de janeiro de 2005, C1.
5. Nicholas Casey, "Mattel Issues Third Major Recall", *The Wall Street Journal*, 5 de setembro de 2007, A3.
6. Jack Neff, "Pet-Food Industry Too Slow: Crisis-PR Gurus", *Advertising Age*, 26 de março de 2007, 29.
7. Rich Thomaselli, "Bausch & Lomb Shortsighted in Crisis", *Advertising Age*, 22 de maio de 2006, 3, 39.
8. Chad Terhune e Deborah Ball, "Dasani Recall Hurts Coke's Bid to Boost Water Sales in EU", *Wall Street Journal Online*, 22 de março de 2004, http://www.online.wsj.com, Chad Terhune, Betsy McKay e Deborah Ball, "Coke Table Dasani Plans in Europe", *Wall Street Journal Online*, 25 de março de 2004, www.online.wsj.com.
9. "FDA Public Health Advisory: Safety of Vioxx", 30 de setembro de 2004, http://www.fda.gov/cder/drug/infopage/vioxx/PHA_vioxx.htm (acesso em: 15 de maio de 2008).
10. Joanna Slater, "Coke, Pepsi Fight Charges of Product Contamination", *Wall Street Journal Online*, 15 de agosto de 2003, http://online.wsj.com.
11. Amie Smith, "Coke's European Resurgence", *Promo,* dezembro de 1999, 91.
12. Segundo informações do portal G1 disponíveis em http://g1.globo.com/Noticias/Brasil/0,,MUL56741-5598,00.html.
13. Rohini Ahluwalia, Robert E. Burnkrant e H. Rao Unnava, "Consumer Response to Negative Publicity: The Moderating Role of Commitment", *Journal of Marketing Research* 37 (maio de 2000), 203-14. Para outra descoberta relacionada, veja Niraj Dawar e Madan M. Pillutla, "Impact of Product-Harm Crises on Brand

equity: The Moderating Role of Consumer Expectations", *Journal of Marketing Research* 37 (maio de 2000), 215-26.
14. Brian Quinton citando Gene Grabowski, "Sticky Situations", *Promo*, outubro de 2007, 31.
15. Para uma abordagem teórica do comportamento de queixa do consumidor nos sites da Internet, veja James C. Ward e Amy L. Ostrom, "Complaining to the Masses: The Role of Protest Framing in Customer-Created Complaint Websites", *Journal of Consumer Research* 33 (setembro de 2006), 220-30.
16. Jean Halliday, "Firestone's Dilemma: Can This Brand Be Saved?" *Advertising Age*, 4 de setembro de 2000, 1, 54; William H. Holstein, "Guarding the Brand is Job 1", *U.S. News & World Report*, 11 de setembro de 2000; Karen Lundegaard, "The Web @ Work? Ford Motor Company", *Wall Street Journal Online*, 16 de outubro de 2000, http://online.wsj.com.
17. Dana James citando o profissional de RP Jack Bergen in "When Your Company Goes Code Blue", *Marketing News*, 6 de novembro de 2000, 1, 15.
18. Quinton citando Allen Adamson in "Sticky Situations", 34.
19. Para uma discussão perspicaz sobre as lendas urbanas e um interessante experimento que testa fatores que influenciam a probabilidade de que as lendas sejam transmitidas, veja D.Todd Donavan, John C. Mowen e Goutam Chakraborty, "Urban Legends: The Word-of-Mouth Communication of Morality through Negative Story Content", *Marketing Letters* 10 (fevereiro de 1999), 23-34.
20. Ibid.
21. Uma análise do conteúdo de 100 lendas urbanas, feita por Donavan et al., revelou que 45% delas incluíam referência a produtos, 12% envolviam alertas sobre inovações e tecnologia e 10% identificavam marcas específicas.
22. Essa definição é adaptada de Fredrick Koenig, *Rumor in the Marketplace: The Social Psychology of Commercial Hearsay* (Dover, Mass: Auburn House, 1985), 2.
23. Para um comentário sobre a literatura acadêmica relacionada a rumores e também uma análise de três estudos interessantes, veja Michael A. Kamins, Valerie S. Folkes e Lars Perner, "Consumer Responses to Rumors: Good News, Bad News", *Journal of Consumer Psychology* 6, nº 2 (1997), 165-87.
24. Ellen Joan Pollock, "Why Mountain Dew Is Now Grist for Fertile Teen Gossip", *Wall Street Journal Online*, 14 de outubro de 1999, http://online.wsj.com.
25. Esses rumores, todos falsos, entram e saem de circulação desde a década de 1970. Todos foram completamente documentados e analisados no fascinante livro de Koenig, *Rumor in the Marketplace*.
26. Koenig, *Rumor in the Marketplace*, 19.
27. Amy E. Gross, "How Popeyes and Reebok Confronted Product Rumors", *Adweek's Marketing Week*, 22 de outubro de 1990, 27.
28. Koenig, *Rumor in the Marketplace*, 167.
29. Essas recomendações são adaptadas de ibid., 172-3.
30. Dee T. Allsop, Bryce R. Bassett e James A. Hoskins, "Word-of-Mouth Research: Principles and Applications, *Journal of Advertising Research* 47 (dezembro de 2007), 398-411.
31. Ed Keller, "Unleashing the Power of Word of Mouth: Creating Brand Advocacy to Drive Growth", *Journal of Advertising Research* 47 (dezembro de 2007), 448-52.
32. Oosterwijk, Leon e Loeffen, Anneke (2005). *How to use buzz marketing effectively? A new marketing phenomenon eplained and made practical.* In: Vasteras (Suécia), Marketing School of Business of the University of Malardalen, www.buzzmarketinggenerator.point.nl/media/downloads/Full_text_Using_buzz%20marketing%20effectively_Loeff. Acesso em: 10 fev. 2006.
33. Por exemplo, verificou-se que o BB para filmes tem um impacto significativo sobre as bilheterias. Veja Yong Liu, "Word of Mouth for Movies: Its Dynamics and Impact on Box Office Revenue", *Journal of Marketing* 70 (julho de 2006), 74-89.
34. Para uma discussão adicional, veja Everett M. Rogers, *Diffusion of Innovations*, 5. ed. (Nova York: Free Press, 2003), capítulo 8, e Jacqueline Johnson Brown e Peter H. Reingen, "Social Ties and Word-of-Mouth Referral Behavior", *Journal of Consumer Research* 14 (dezembro de 1987), 350-62.
35. Além das descobertas de Brown e Reingen, ibid., veja também Jacob Goldenberg, Barak Libai e Eitan Muller, "Talk of the Network: A Complex Systems Look at the Underlying Process of Word-of-Mouth", *Marketing Letters* 12 (agosto de 2001), 211-24.
36. Para discussão e pesquisa de evidências adicionais, veja Jeffrey Graham e William Havlena, "Finding the 'Missing Link': Advertising's Impact on Word of Mouth, Web Searches, and Site Visits", *Journal of Advertising Research* 47 (dezembro de 2007), 427-35.
37. Rogers, *Diffusion of Innovations*.
38. Essa citação é do famoso pesquisador motivacional Ernest Dichter, em Eileen Prescott, "Word-of-Mouth: Playing on the Prestige Factor", *The Wall Street Journal*, 7 de fevereiro de 1984, 1.
39. Lawrence F. Feick e Linda L. Price, "The Market Maven: A Diffuser of Marketplace Information", *Journal of Marketing* 51 (janeiro de 1987), 83-97.
40. Keller, "Unleashing the Power of Word of Mouth".
41. Paul M. Herr, Frank R. Kardes e John Kim, "Effects of Word-of-Mouth and Product-Attribute Information on Persuasion: An Accessibility-Diagnosticity Perspective", *Journal of Consumer Research* 17 (março de 1991), 454-62; Richard J. Lutz, "Changing Brand Attitudes through Modification of Cognitive Structure", *Journal of Consumer Research* 1 (março de 1975), 49-59; Peter Wright, "The Harassed Decision Maker: Time Pressures, Distractions, and the Use of Evidence", *Journal of Applied Psychology* 59 (outubro de 1974), 555-61.
42. Marsha L. Richins, "Negative Word-of-Mouth by Dissatisfied Consumers: A Pilot Study", *Journal of Marketing* 47 (inverno de 1983), 76.
43. Kris Oser, "Microsoft's Halo2 Soars on Viral Push", *Advertising Age*, 25 de outubro de 2004, 46.
44. Jean Halliday, "Toyota Goes Guerilla to Roll Scion", *Advertising Age*, 11 de agosto de 2003, 4; Norihiko Shirouzu, "Scion Plays Hip-Hop Impresario to Impress Young Drivers", *The Wall Street Journal Online*, 5 de outubro de 2004, http://online.wsj.com.
45. T. L. Stanley, "Gibson on Mission to Market 'Passion'", *Advertising Age*, 16 de fevereiro de 2004, 27; Merissa Marr, "Publicity, PR, and 'Passion'", *The Wall Street Journal Online*, 20 de fevereiro de 2004, http://online.wsj.com.
46. John Lippman, "Sony's Word-of-Mouth Campaign Crates Buzz for 'Crouching Tiger'", *The Wall Street Journal Online*, 11 de janeiro de 2001, http://online.wsj.com.
47. Ellen Neuborne, "Ambush", *Agency*, primavera de 2001, 22-5.
48. Chris Woodyard, "JetBlue Turns to Beetles, Beaches, Bars", *USA Today*, 22 de agosto 2001, 3B.
49. Sholnn Freeman, "Oprah's GM Giveaway Was Stroke of Luck for Agency, Audience", *The Wall Street Journal Online*, 14 de setembro de 2004, http://online.wsj.com; Jean Halliday, e Claire Atkinson, "Pontiac Gets Major Mileage Out of $ 8 Million 'Oprah' Deal", *Advertising Age*, 20 de setembro de 2004, 12.
50. Albert-László Barabási e Eric Bonabeau, "Scale-free Networks", *Scientific American*, maio de 2003, 60-9.
51. A ideia de um "ponto de mudança" é baseada no conhecido livro do jornalista Malcolm Gladwell, *The Tipping Point* (Boston: Little, Brown and Company, 2000).
52. Ibid.
53. É importante observar que a noção de que apenas alguns influentes são suficientes para iniciar uma epidemia no mercado é questionada. Para uma abordagem sofisticada da questão, veja Duncan J. Watts e Peter Sheridan Dodds, "Influentials, Networks, and Public Opinion Formation", *Journal of Consumer Research* 34 (dezembro de 2007), 441-58.
54. Por exemplo, veja Judith A. Chevalier e Dina Mayzlin, "The Effect of Word of Mouth on Sales: Online Book Reviews", *Journal of Marketing Research* 43 (agosto de 2006), 345-54.
55. Renée Dye, "The Buzz on Buzz", *Harvard Business Review* (novembro/dezembro de 2000), 139-46.
56. Essa expressão foi atribuída a um profissional de marketing e citada por Justin Kirby, "Online Viral Marketing: The Strategic Sybthesis in Peer-to-Peer Brand Marketing", *Brand Channel White Paper*, 2004.
57. Aki Maita, "Tamagotchi", *Ad Age International*, dezembro de 1997, 10; Norihiko Shirouzu, "Japan's High-School Girls Excel in the Art of Setting Trends", *The Wall Street Journal Online*, 24 de abril de 1998, http://online.wsj.com.
58. Dye, "The Buzz on Buzz".
59. Emanuel Rosen, *The Anatomy of Buzz: How to Create Word-of-Mouth Marketing* (Nova York: Doubleday, 2000); Marian Salzman, Ira Matathia e Ann O'Reilly, *Buzz: Harness the Power of Influence and Create Demand* (Nova York: Wiley, 2003); John Berry e Ed Keller, *"The Influentials: One American in Ten Tells the Other Nine How to Vote, Where to Eat, and What to Buy* (Nova York: Free Press, 2003); Greg Stielstra, *Pyro Marketing* (Nova York: HarperCollins, 2005).

# 19
# Patrocínios de eventos e causas

Em primeiro lugar, uma explicação: a NASCAR, que significa National Association for Stock Car Auto Racing, é o órgão regulador que supervisiona diferentes tipos de corridas de automóveis nos Estados Unidos, mas que é mais conhecida pela Sprint Cup Series. Todos os anos há aproximadamente 35-40 eventos Sprint Cup que acontecem em diferentes pistas de corrida por todo o país, semanalmente, desde o início de fevereiro até o meio de novembro. A NASCAR é muito popular, perdendo apenas para a National Football Association no que se refere a índice de audiência de programas esportivos na TV nos Estados Unidos.[1]

A própria NASCAR tem muitos patrocinadores e cada um dos 40 pilotos que competem nos eventos Sprint Cup tem seus patrocinadores individuais. Veja o caso da Unilever, a enorme corporação multinacional que fabrica e vende muitas marcas conhecidas de bebidas, produtos de limpeza, alimentos e itens para cuidado pessoal. A Unilever começou a patrocinar a NASCAR e pilotos individuais no meio da década de 1990, mas parou por não alcançar os resultados adequados. Em 2004 a Unilever voltou a patrocinar 12 corridas NASCAR, utilizando, a princípio, três marcas de sua linha de alimentos. Em 2007, patrocinava 25 corridas, utilizando várias marcas na categoria de alimentos, cuidado pessoal e produtos de limpeza. Uma

pesquisa realizada pela ACNielsen revelou que as marcas da Unilever recebiam excelentes retornos sobre seus investimentos nos patrocínios da NASCAR.

O piloto da NASCAR Kasey Kahne representa nove marcas da empresa: Ragu, Hellmann's, Shedd's, Lipton, Lawry's, Wishbone, Wisk, Slim-Fast e o sorvete Klondike – a marca mais recente ligada à NASCAR. O patrocínio do Klondike é parte de um programa integrado de comar para essa marca. Além de apenas patrocinar a NASCAR, os gerentes de marca da Unilever aprenderam que devem apoiar suas marcas com outros programas de comar que ativem as vendas no varejo. Por exemplo, o gerente de marca do Klondike investe em várias iniciativas de CIM para gerar níveis de lucro nas vendas a varejo: (1) o patrocínio da NASCAR, pelo Klondike, é promovido em inserções na TV e Jumbotrons (enormes telas de TV) localizadas nas pistas, (2) amostras do sorvete são distribuídas em caminhões colocados perto de lojas e eventos relacionados às corridas e em áreas de camping próximas dos locais onde as corridas NASCAR acontecem e (3) a imagem de Kasey Kahne é incluída em embalagens do Klondike e em materiais nos pontos de venda. A Unilever aprendeu que as vendas têm um salto impressionante de 50% quando a imagem de um piloto estimado aparece nas embalagens de suas marcas.

Os fãs da NASCAR são muito fiéis aos pilotos e, por consequência, fortemente inclinados a comprar as marcas que patrocinam tais pilotos. Isso explica por que as despesas com patrocínio dos eventos NASCAR geram bons retornos sobre investimentos – desde que pelo menos duas condições sejam atendidas: (1) as marcas patrocinadoras se encaixem nas características demográficas dos fãs da NASCAR e (2) capital suficiente seja investido em outros instrumentos de comar (como os descritos para o Klondike), para que o patrocínio, em conjunto com essas outras iniciativas de CIM, possa ativar as vendas no varejo.[2]

## Objetivos do capítulo

*Após ler este capítulo, você será capaz de:*

1. Entender o patrocínio de eventos e como selecionar os eventos apropriados.
2. Entender as razões por trás do crescimento dos patrocínios de eventos.
3. Conhecer os fatores que uma empresa deve considerar quando seleciona um evento para patrocinar.
4. Entender como e por que as empresas trabalham o marketing de guerrilha.
5. Entender a importância de medir o desempenho do patrocínio.
6. Reconhecer a natureza e o papel do marketing relacionado à causa (MRC).
7. Entender os benefícios dos programas de MRC.
8. Entender que a prestação de contas é uma consideração-chave para os patrocínios orientados para as causas e os eventos.

>>Dica de comar:
Patrocínio da NASCAR pela Unilever.

# Introdução

Este capítulo explora o marketing de patrocínio e seu dois elementos constituintes, os patrocínios de eventos e causas. Os patrocínios são um aspecto crescente das comunicações de marketing e são considerados um importante instrumento de marketing pela maioria dos executivos da área, muito embora ainda relativamente pouco explorado. Mais de dois terços dos CMOs que responderam a uma pesquisa recente indicaram que o patrocínio de eventos é uma função vital de marketing.[3] Os patrocínios envolvem investimentos em eventos ou causas com o propósito de alcançar vários objetivos corporativos, em especial aqueles relacionados à promoção do *brand equity* e ao aumento das vendas. A definição a seguir capta a prática do marketing de patrocínio:

> *O patrocínio envolve duas atividades principais: (1) uma troca entre um patrocinador [como uma marca] e um patrocinado [como um evento esportivo], na qual este recebe uma taxa e o primeiro obtém o direito de se associar à atividade patrocinada e, (2) o marketing da associação pelo patrocinador. As duas atividades são necessárias para que a taxa do patrocínio seja um investimento significativo.*[4]

Pelo menos cinco fatores explicam o crescimento dos patrocínios:[5]

1. Associando seus nomes a eventos e causas especiais, as empresas são capazes de evitar a concentração inerente à mídia de massa. É importante notar que alguns eventos extensamente patrocinados, como os Jogos Olímpicos e a Copa do Mundo de Futebol da FIFA, tornaram-se também muito concentrados. Os patrocinadores que desejam associar suas marcas a eventos relativamente não concentrados – ou seja, aqueles com poucos patrocinadores – devem pagar altas taxas para obter direitos exclusivos de patrocínio ou selecionar eventos menores, menos conhecidos – mas, com menor repercussão – para patrocinar.
2. Os patrocínios ajudam as empresas a responder às mudanças de hábito de mídia por parte dos consumidores. Por exemplo, com o declínio da audiência da TV aberta, os patrocínios oferecem um meio potencialmente eficaz e eficiente em termos de custo para alcançar clientes.
3. Os patrocínios ajudam as empresas a obter aprovação de vários membros, incluindo acionistas, funcionários, e da sociedade como um todo. Ou seja, esses membros respondem de maneira favorável quando uma marca se associa a um evento ou causa desejáveis.
4. Os relacionamentos criados entre uma marca e um evento patrocinado podem servir para promover o *brand equity*, tanto pelo aumento da percepção da marca por parte dos consumidores, quando pela promoção de sua imagem.[6]
5. O patrocínio de eventos e causas especiais permite aos profissionais de marketing direcionar suas comunicações e esforços promocionais a regiões geográficas específicas, ou a grupos com aspectos demográficos e estilos de vida específicos. Por exemplo, muitas marcas bem conhecidas patrocinam ou patrocinaram os clubes brasileiros de futebol e/ou jogadores específicos. Por exemplo, o refrigerante Pepsi patrocinou o Corinthians e lançou uma lata comemorativa com o brasão do clube com o *slogan* "Pepsi é da Fiel" (Fiel é como é conhecida a fanática torcida do clube). A LG foi um dos principais patrocinadores do São Paulo Futebol Clube, tendo sua marca estampada na frente e nas costas da camisa dos jogadores até o início de 2010. A MRV Engenharia patrocinou a equipe do clube Atlético Mineiro. O patrocínio da Lubrax, marca da Petrobrás, com o clube Flamengo, equipe de maior torcida do país, é uma das mais longas nessa categoria. No vôlei o patrocínio do Banco do Brasil já está tão consolidado que é difícil imaginar essa modalidade esportiva sem as cores e a marca do banco. Esses e muitos outros patrocinadores são atraídos pela popularidade desses esportes (especialmente o futebol) que atingem todas as camadas da sociedade e pela possibilidade de segmentação de público, pois cada equipe ou atleta tem um público com características demográficas e geográficas bem definidas.

Agora que apresentamos uma visão geral das características gerais do marketing de patrocínio, as seções seguintes detalham a prática dos patrocínios orientados para eventos e causas, respectivamente.

# Patrocínio de eventos

Os patrocínios de eventos incluem o apoio a eventos esportivos (praticamente de todas as modalidades esportivas, desde as mais populares como futebol, automobilismo, jogos olímpicos, até esportes mais radicais e muito segmentados, como skate, iatismo e canoagem), turnês de entretenimento e atrações, instituições de arte e cultura, festivais e feiras, eventos anuais das mais diversas formas. *A priori*, qualquer tipo de evento pode ser patrocinado, desde que reúna as condições técnicas necessárias, como as discutidas neste capítulo.

Embora relativamente pequenas, quando comparadas aos dois principais componentes do *mix* de comar – ou seja, propaganda e promoções de vendas – as despesas com patrocínio de eventos estão crescendo. Em todo o mundo, estima-se que os divulgadores de marcas gastam perto de US$ 40 bilhões em patrocínios de eventos.[7] Apenas os profissionais de marketing dos Estados Unidos investiram aproximadamente US$ 15 bilhões patrocinando eventos em 2008.[8] Bem mais da metade dessa quantia foi direcionada ao patrocínio de vários eventos esportivos, como corridas (por exemplo, NASCAR), golfe e tênis, ligas e equipes esportivas profissionais e as Olimpíadas. Em 2003, apenas com patrocínios esportivos, foram investidos mais de R$ 900 milhões no Brasil[9] e esse valor certamente vem crescendo significativamente ao longo dos anos.

Milhares de empresas investem em alguma forma de **patrocínio de evento**, que é definido como uma forma de promoção da marca que a liga a um entretenimento atlético, cultural, social ou outro tipo de atividade que desperte grande interesse no público. O marketing de eventos é diferente da propaganda, da promoção, da divulgação no ponto de venda ou das relações públicas, mas em geral incorpora elementos de todos esses instrumentos de comunicação.

## Selecionando os eventos patrocinados

Os profissionais de marketing patrocinam eventos para desenvolver relacionamentos com os consumidores, promover o *brand equity* e fortalecer as ligações com o canal de distribuição. Os patrocínios de eventos bem-sucedidos requerem uma convergência significativa entre a marca, o evento e o mercado-alvo. Por exemplo, marcas como Dove e Salon Selectives patrocinam o Shecky's Girls Night Out (http://girlsnightout.sheckys.com), série anual de 35 eventos que acontecem nas principais cidades norte-americanas. O público-alvo desses eventos é formado por profissionais do mundo da moda que ganham mais de US$ 80.000 por ano. Os participantes pagam uma taxa modesta de US$ 10 para ver as exibições dos últimos lançamentos de *designers* novos e já famosos e recebem amostras grátis dos patrocinadores. A marca Dove, da Unilever, por exemplo, patrocina o evento como uma oportunidade de apresentar aos participantes suas novas marcas.[10]

A Ambev, por exemplo, seleciona diferentes tipos de eventos para serem associados com suas diferentes marcas de cerveja. A marca Skol patrocina eventos como as tradicionais festas de São João de Caruaru e Campina Grande, os carnavais de Recife e Olinda e eventos de música eletrônica em São Paulo, entre outros. Já a marca Brahma investe em eventos *country* há mais de 30 anos, patrocinando a realização de mais de 200 rodeios pelo país, como os de Limeira, Americana, Jaguariúna e o maior de todos, o de Barretos. A cerveja Stela Artois, por outro lado, patrocinou o Festival de Cinema de Gramado,[11] evento compatível com o posicionamento da marca e com o perfil de seu público-alvo.

### Fatores a considerar

Quais fatores específicos uma empresa deve considerar quando seleciona um evento? Os pontos mencionados a seguir identificam as questões-chave para avaliar se um evento representa uma associação adequada a uma marca:[12]

1. *Convergência de imagem* – o evento é consistente com a imagem da marca e a beneficiará? A Coleman Company, fabricante de churrasqueiras e outros equipamentos para atividades ao ar livre patrocina as corridas NASCAR, campeonatos de pesca e festivais de música *country*. Todos esses eventos coincidem apropriadamente com a imagem da Coleman e também representam locais propícios para seus consumidores-alvo. A cerveja Skol patrocina uma série de eventos relacionados à música por todo o Brasil, como carnavais, festivais de música, shows, festas de São João e, principalmente, o Skol Beats, maior festival de música eletrônica do país. Esses eventos estão relacionados com o posicionamento da marca, além de serem situações apropriadas para o consumo do produto. Ao que parece, esses eventos coincidem perfeitamente com as imagens das três marcas.
2. *Ajuste do público-alvo* – o evento oferece uma forte probabilidade de alcançar o público-alvo desejado? As lojas Walmart e a marca Hamburger Helper, da General Mills, patrocinaram as competições de pesca nos Estados Unidos, o que parece ser um evento limitado para o patrocínio dessas marcas até que percebamos que existem mais de 50 milhões de norte-americanos que são pescadores ativos.[13] O banco Bradesco patrocinou o show do ex-beatle Paul McCartney no Brasil em 2010. O show foi realizado nas cidades de São Paulo e Porto Alegre, sempre com ingressos esgotados já nos primeiros dias de venda. Clientes Bradesco tiveram preferência na compra de ingressos, a venda para clientes do banco ocorreu cinco dias antes do início das vendas para o público em geral. O patrocínio permitiu, portanto, divulgar a marca, apresentar uma vantagem em ser cliente do banco e estimulou o relacionamento do cliente com o banco.[14] Da mesma forma, o mesmo banco Bradesco e o cartão American Express patrocinaram apresentações do Cirque du Soleil no Brasil. O circo, além de ser muito procurado, é visto como um evento sofisticado, o que ajuda na criação de valor para a marca.
3. *Identificação errada do patrocinador* – o evento já foi patrocinado antes pela concorrência, e, portanto, existe o risco de o patrocínio ser visto como uma repetição e confundir o público-alvo no que se refere à identidade do patrocinador? A identificação errada do patrocinador não é uma questão banal.[15] Por exemplo, a Coca-Cola pagou US$ 250 milhões para ser o refrigerante oficial da National Football League (NFL) dos Estados Unidos por um período de cinco anos. Após vários anos de patrocínio da NFL pela Coca-Cola, uma pesquisa geral (não sobre a Coca-Cola em si) pediu aos fãs de futebol norte-americano que indicassem as marcas que patrocinavam a NFL: 35% dos participantes indicaram a Coca como um patrocinador da NFL, infelizmente (para a empresa), 34% erroneamente indicaram a Pepsi-Cola como patrocinador![16]

## foco c.i.m.

### O patrocínio e o esporte. Muito a ser explorado

Os esportes, em geral, envolvem grandes massas com grandes oportunidades de comunicação e muitas empresas parecem estar percebendo isso. A Parmalat é um exemplo de patrocínio de alto *recall* no Brasil. Na década de 1980, patrocinou a Brabham pilotada pelo brasileiro Nelson Piquet na Fórmula 1. Anos depois patrocinou o Palmeiras em uma bem-sucedida parceria com o time amealhando uma série de títulos, e a empresa conseguindo uma visibilidade e um faturamento nunca antes imaginados.

Empresas estatais no Brasil, que competem no mercado, têm usado patrocínio em suas estratégias de marketing, como a Petrobrás, os Correios e o Banco do Brasil. Elas sempre estão no topo das lembranças dos brasileiros quando o assunto se refere a patrocínio esportivo. O Banco do Brasil, por exemplo, é sempre lembrado no Brasil desde 1991 quando iniciou o patrocínio de vôlei. Esta estratégia foi inclusive muito bem-sucedida em atingir um público mais jovem, já que sua base de clientes era constituída de faixa etária mais alta. O Banco do Brasil era conhecido como um banco de pessoas mais velhas e de funcionários públicos, que recebiam seus salários por meio dele. O investimento do Banco do Brasil fez que ele se tornasse um paradigma no uso do patrocínio esportivo como estratégia de rejuvenescimento de marca.

A ampliação do interesse da mídia por esportes e as transmissões esportivas pela televisão aumentam o interesse pelo patrocínio esportivo. De um instrumento de comunicação de pouca expressão, o patrocínio esportivo pouco a pouco aparece como uma opção de comunicação eficaz.

O futebol, o esporte mais popular do Brasil, tem recebido anualmente somas vultosas. Somente o Campeonato Brasileiro de Futebol gerou, em 2010, mais de R$ 374 milhões em patrocínios. Clubes grandes e populares como o Corinthians e o Flamengo captaram cerca de R$ 60 milhões em 2010. Futebol é a modalidade que lidera com folga o *ranking* do patrocínio esportivo no Brasil, seguido do vôlei, com as outras modalidades recebendo apenas "migalhas". Um levantamento feito pelo Instituto Brasileiro de Marketing Esportivo concluiu que quase dois terços dos investimentos no esporte no país vão para o futebol.

Grandes marcas mundiais de artigos esportivos, como Nike, Adidas e Puma, patrocinam seleções nacionais, mas não têm grande representatividade entre os clubes. Há somente alguns casos de patrocínio de times e só daqueles com grande visibilidade. Por exemplo, a Nike tem patrocinado o Corinthians além da seleção brasileira, o que contribui para a sua alta lembrança. A Adidas tem focado sua estratégia no Fluminense e no Palmeiras, e a Puma tem se concentrado no Grêmio.

Os eventos esportivos de grande porte e grande visibilidade como a Copa do Mundo e as Olimpíadas são ótimas oportunidades para serem exploradas por parte das empresas que encontram aí grandes chances de terem suas marcas intensamente vistas e lembradas.

*A proposta deste case é servir de referência para reflexão e discussão sobre o tema e não para avaliar as estratégias adotadas.*

Caso elaborado pelo Prof. Dr. Marcos Cortez Campomar. Professor de Marketing e coordenador da área Marketing da FEA/USP. Coordenador do Promark e do MBA Marketing de Serviços da FIA.

4. *Concentração* – Como acontece com a maioria dos meios de comunicação da comar, um patrocinador de um evento normalmente concorre por sinalização e atenção com qualquer outra empresa que também patrocine o evento. Obviamente, faz pouco sentido patrocinar um evento a menos que seus espectadores (presentes ou pela TV) possam visualizar a sua marca e associá-la ao evento que ela está pagando para patrocinar. A NASCAR, por exemplo, atrai grande número de patrocinadores pelo extraordinário crescimento do índice de interesse dos fãs. Contudo, reconhecendo o problema com a concentração de patrocínios, um observador afirmou que, a menos que a marca seja uma das principais patrocinadoras da NASCAR, é muito fácil "se perder na multidão".[17] É comum os veículos venderem várias cotas de patrocínio para grandes eventos esportivos. Nas transmissões do Campeonato Brasileiro de Futebol, em rádio, é possível encontrar mais de dez patrocinadores. Embora o campeonato tenha grande audiência e dure praticamente o ano todo, nem todas as pessoas do público-alvo que acompanham as transmissões se lembram das marcas patrocinadoras espontaneamente. Quanto mais patrocinadores, menor a visibilidade.

Em comparação à concentração da NASCAR, considere um patrocínio inteligente empreendido pela marca Prilosec, medicamento contra azia, da Procter & Gamble. O Prilosec tornou-se patrocinador do Bunco World Championship (bunco é um tipo de jogo de dados) depois que pesquisas revelaram que milhões de mulheres são praticantes regulares desse jogo e que cerca de um terço das que jogam sofrem de azias frequentes.[18] O Prilosec experimentou uma arena de patrocínio sem concentração quando assinou o contrato para apoiar o Bunco World Championship.[19]

5. *Complementação com outros elementos da comar* – o evento complementa patrocínios existentes e se ajusta a outros programas de comar para a marca? Muitas marcas patrocinam vários eventos. No espírito das comunicações integradas de marketing, é importante que esses eventos "tenham um tema central, ou seja, falem com uma voz única". (Verifique no Capítulo 1 mais detalhes sobre tema central de CIM). Muitas empresas desperdiçam oportunidades de integrar os elementos da comar usando o patrocínio como elemento integrador. A Nestlé deu um bom exemplo dessa integração ao trocar ingressos de jogos de futebol por embalagens de produtos. Raramente o patrocínio de um evento não permite ações integradas de propaganda, publicidade e promoção de vendas. A marca Skol como patrocínio do Skol Beats (festival de música eletrônica) é um bom exemplo dessa integração, pois liga todas as ferramentas de comar ao evento; até as embalagens do produto, na época, são temáticas, reforçando o evento.
6. *Viabilidade econômica* – este último ponto traz a importante questão dos limites do orçamento. As empresas que patrocinam eventos devem apoiar esses patrocínios com propaganda, material no ponto de venda, promoções de venda e publicidade adequados para ativar as vendas no varejo.[20] Um profissional da área usa a regra prática de que duas ou três vezes o custo de um patrocínio deve ser gasto no apoio apropriado a ele, e deu o seguinte conselho:

*Um patrocínio é uma oportunidade de gastar dinheiro. Mas como um carro sem gasolina, o patrocínio sem fundos suficientes para maximizá-lo não vai a lugar nenhum. Aqui está o grande segredo de alavancar com sucesso patrocínio: não vale a pena gastar dinheiro com taxas de direitos a menos que você esteja preparado para bancar essa ação.*[21]

## Criando eventos customizados

Algumas empresas desenvolvem seus próprios eventos, em vez de patrocinar os já existentes. Por exemplo, os gerentes da marca de ração para cães Kibbles'n Bits desenvolveram a turnê "Do Your Bit for Kibbles and Bits", que cobriu 33 cidades dos Estados Unidos durante um período de três meses. O evento consistiu em fazer que os consumidores em cada uma dessas cidades inscrevessem seus cães em uma competição para determinar qual deles seria escolhido para o próximo comercial de TV da marca, com base na qualidade dos truques que o cão faria para receber Kibbles'n Bits. Mais de 11.000 pessoas participaram do evento e 2.500 cães foram inscritos. Durante o evento, a marca aumentou seu *share* de mercado de 1 a 4 pontos em todos os lugares onde aconteceu.[22] Da mesma forma, a cerveja Skol criou em São Paulo os eventos de música eletrônica Skol Beats e Skol Sensation. Trata-se de grandes festas de música eletrônica com DJs festejados. A edição de 2010 do festival Skol Sensation contou com a presença de 40 mil pessoas de diferentes lugares do país.[23] A rede de varejo Pão de Açúcar, por exemplo, criou seu próprio evento esportivo: a Maratona Pão de Açúcar de Revezamento. Trata-se de uma corrida de pedestres desenvolvida pela marca. A Maratona Pão de Açúcar de Revezamento ocorre atualmente em quatro cidades brasileiras.[24] De forma semelhante, a Nike também desenvolveu seu próprio evento de corrida de pedestres: a Nike 10K, uma corrida de 10 quilômetros que ocorre em diferentes cidades ao redor do mundo.

Em geral, há duas razões principais pelas quais os gerentes de marca decidem customizar seus próprios eventos em vez de patrocinar aqueles realizados por outra organização. Em primeiro lugar, um evento customizado permite que a marca tenha controle total sobre ele. Isso elimina exigências de tempo e outras limitações impostas de fora e também o problema da concentração por causa de uma quantidade muito grande de patrocinadores. Além disso, o evento customizado é desenvolvido para coincidir perfeitamente com o público-alvo da marca e maximizar a oportunidade de promover a imagem dela e as vendas. Uma segunda razão para a tendência à customização é que existe boa chance de que um evento especialmente planejado seja mais eficaz, e mais barato, que um já existente.

Seria uma atitude simplista concluir que os gerentes de marca ou os altos executivos de marketing devem deixar de lado eventos bem conhecidos e de prestígio. Patrocinar os Jogos Olímpicos, ou outro grande evento esportivo ou de entretenimento, pode promover muito a imagem da marca e impulsionar o volume de vendas. Na verdade, conseguir uma associação bem-sucedida com um evento altamente valorizado significa que o *status* dele pode ser transferido, pelo menos em parte, à marca patrocinadora. Contudo, alcançar tal resultado exige que uma ligação forte, durável e positiva seja estabelecida entre a marca patrocinadora e o evento. Com muita frequência, marcas individuais são engolidas por marcas patrocinadoras maiores e mais conhecidas, e nenhum elo sólido ou durável é formado. Sendo esse o caso, é duvidoso que o patrocínio represente bom retorno sobre os investimentos.[25]

O patrocínio de eventos ou de personalidades representa, sem dúvida, uma ótima opção para criar ou reforçar a imagem da marca (via transferência ou associação de imagens entre patrocinador e patrocinado), pois: apresenta inúmeras opções de evento a serem patrocinadas com ótima imagem perante o público e a sociedade, pode atingir públicos específicos ou de massa, é flexível para integrar todas as formas de comar e demanda investimentos menores que as tradicionais propagandas.

Porém, apesar de todos esses benefícios, o patrocínio também traz riscos. Um deles é o da imagem. Ao se associar a um evento ou personalidade, a imagem da marca fica condicionada – em maior ou menor intensidade – ao patrocinado. Caso a imagem do patrocinado sofra algum desgaste, a imagem da marca também sofrerá, ainda que não na mesma proporção. Veja o caso da Nike com o patrocínio da seleção brasileira de futebol na copa da França. Por causa do fracasso da equipe brasileira (a forma "estranha" como perdeu a final do campeonato) virou até tema de uma Comissão Parlamentar de Inquérito (CPI) no Congresso Nacional. Certamente, não era essa a expectativa da marca ao firmar o patrocínio. Outra desvantagem é que o patrocínio gera efeitos apenas de longo prazo. Patrocinar cada ano um evento diferente certamente não trará bons resultados. Existem marcas que patrocinam clubes ou torneios e que trocam o nome da equipe ou do torneio pelo nome da sua marca. Mas, depois de uma temporada cancelam o patrocínio e partem para outro tipo de patrocínio. Essa é a receita para o fracasso nessa forma de comar, pois não há transferência ou associação de imagem no curto prazo. O Banco do Brasil não obteve sucesso com o patrocínio do vôlei nem a Coca-Cola, com o festival de Parintins no Amazonas, agindo dessa forma.

## Marketing de guerrilha em eventos

Além da customização crescente, várias empresas em todo o mundo praticam o que é chamado de *marketing de guerrilha* ou *marketing de emboscada,* como também é conhecido esse tipo de ação.[26] A guerrilha ocorre quando empresas que *não* são as patrocinadoras oficiais de um evento fazem esforços de marketing para dar a impressão de que são.[27] Por exemplo, uma pesquisa que se seguiu aos Jogos Olímpicos determinou que 72% dos participantes identificaram a marca Visa como a patrocinadora oficial dos jogos e 54% identificaram a American Express como patrocinadora. A propósito, a Visa pagou US$ 40 milhões para patrocinar os Jogos Olímpicos, ao passo que a American Express simplesmente anunciou pesadamente durante a transmissão dos jogos.[28]

Em uma pesquisa associada às Olimpíadas de 2008, que aconteceram em Pequim, aproximadamente 1.600 consumidores em dez cidades chinesas foram entrevistados para determinar quais marcas eles associavam aos jogos. Em virtude dos esforços de guerrilha, 5 das 12 marcas mais citadas *não* eram patrocinadoras, incluindo PepsiCo, KFC e Nike.[29] Não há dúvida de que os esforços de guerrilha podem ser altamente eficazes quando benfeitos.

Podemos questionar se é ético **emboscar** o patrocínio de um evento por um concorrente, mas o contra-argumento é que essa prática é apenas um meio financeiramente prudente de impedir que o esforço de um concorrente obtenha vantagem sobre sua empresa ou marca. (Os aspectos éticos da guerrilha renderiam uma interessante discussão em classe.)

## Medindo o sucesso

Independentemente de participar como patrocinador oficial de um evento, customizar seu próprio evento ou emboscar o patrocínio de um concorrente, os resultados de todos esses esforços devem ser medidos para determinar a eficácia. Como sempre, a *prestação de contas* é a chave.

Os patrocínios não podem ser justificados a menos que existam provas de que o *brand equity* e os objetivos financeiros estão sendo alcançados. Todavia, os patrocínios representam uma área que, entre todas as atividades de comar, pode ser a mais difícil de prestar contas em termos da condução e pesquisas para determinar se o patrocínio de certo evento alcançou o *brand equity* e os objetivos financeiros. Dois profissionais fizeram a seguinte afirmação sobre a aferição do patrocínio:

> *Os patrocínios podem ser um desperdício enorme de dinheiro e uma drenagem no orçamento de marketing sem um caso e um plano de aferição bem estruturado. No que se refere a patrocínio, a questão-chave a ser feita é: como você faz patrocínios que gerem o* **brand equity** *e mantenham uma responsabilidade fiscal?*[30]

Muitos críticos afirmaram que os arranjos para patrocínios com frequência envolvem pouco mais que viagens do ego gerencial – ou seja, executivos-chave patrocinam eventos de alta qualidade como meio de encontrar atletas ou artistas famosos e obter boas entradas e acomodações luxuosas. Não é o nosso objetivo nesta obra comentar se essa perspectiva cínica está correta, mas a questão é que o bem-estar de uma marca não pode ser comprometido por causa de um capricho executivo.

Como sempre, aferir se um evento foi bem-sucedido requer, em primeiro lugar, que o divulgador da marca especifique o(s) objetivo(s) que o patrocínio deseja alcançar. Em segundo lugar, para medir os resultados, deve existir uma linha base com a qual comparar uma medida de resultado. Essa linha base é tipicamente uma pré-medida da percepção e associações da marca, ou atitudes anteriores ao patrocínio do evento. Em terceiro lugar, é necessário medir a mesma variável (percepção, associações etc.) depois do evento para determinar se houve uma mudança positiva a partir do nível da linha base.

As medidas usadas para aferir a eficácia do patrocínio são simples e diretas. A medida que as empresas usam com mais frequência é uma simples conta de quantas pessoas foram ao evento.[31] O custo total do evento é então dividido pelo número de participantes, obtendo-se, assim, uma medida de eficiência, que é útil para fazer comparações com os custos *per capita* de outros patrocínios.

Outras medidas frequentemente utilizadas incluem determinar quantos acessos ao site da marca ocorreram depois do evento, contar a quantidade de amostras ou cupons distribuídos, ou medir as mudanças na percepção e imagem da marca.

# Patrocínio de causas

Um aspecto relativamente pequeno, mas importante, dos patrocínios em geral: o marketing relacionado a causas envolve relações públicas, promoção de vendas e filantropia corporativa. Os patrocínios orientados para causas costumam envolver causas consideradas de interesse de alguma faceta da sociedade, como proteção ambiental e preservação da vida selvagem. Desde 2008, os profissionais de marketing norte-americanos gastam US$ 1,5 milhão em marketing relacionado a causas.[32] O **marketing relacionado a causas (MRC)** requer alianças que as empresas fazem com *organizações sem fins lucrativos* para promover seus interesses mútuos. As empresas desejam promover a imagem e a venda de suas marcas, e os parceiros sem fins lucrativos obtêm fundos adicionais alinhando suas causas a patrocinadores corporativos. Embora o MRC tenha se iniciado nos Estados Unidos no início da década de 1980, empresas em todo o mundo tornaram-se participantes ativas no apoio a causas. A seção *Foco Global* descreve o singular programa de licenças Product RED, que foi cofundado pelo roqueiro irlandês Bono e por Bobby Shriver (sobrinho de John F. Kennedy) e que apoia o Global Fund to Fight Aids, Tuberculosis, and Malaria [Fundo Global de Combate a Aids, Tuberculose e Malária].

Há muitas variedades de práticas relacionadas a causas, mas a forma mais comum de MRC envolve uma empresa que *contribui para uma causa designada todas as vezes que o cliente pratica uma ação que apoia a empresa e suas marcas.* A contribuição da empresa, em outras palavras, depende do comportamento do consumidor (tal como comprar um produto ou

## foco global
### O programa de MRC Product RED

Cofundado pelo vocalista da banda irlandesa U2, Bono, junto de Bobby Shriver – sobrinho de John F. Kennedy – e lançado em 2006, Product RED é uma singular iniciativa de marketing relacionado a causas (MRC). O típico programa MRC envolve uma empresa que distribui uma parte de suas rendas obtidas com as vendas de marca específica a uma causa designada. Em comparação, o programa MRC Product RED tem um modelo diferente de negócio. Em primeiro lugar, a organização sem fins lucrativos Product RED não vende nenhum produto, em vez disso, ela reúne proprietários – empresas como Apple, Converse, Gap, Giorgio Armani e Motorola – que trazem suas próprias versões de produtos RED em suas lojas físicas e virtuais. (Muitos, mas não todos, dos produtos desses proprietários têm a cor vermelha.) Os proprietários assinam um contrato de licença por cinco anos com a Product RED pelo qual obtêm exclusividade na categoria. Eles se comprometem a oferecer itens que tenham a mesma qualidade, ou superior, de seus produtos (não vermelhos) e também a vender tais produtos a preços razoáveis.

Em segundo lugar – e esta é uma importante diferença dos programas MRC típicos – os proprietários contribuem com parte de seus lucros (e não das receitas) com a venda dos produtos RED. A quantidade de lucro contribuída varia entre os proprietários. Por exemplo, a Armani contribui com 40% de seus lucros brutos e a Gap doa 50% de seus lucros depois de descontados os custos com marketing. Alguns críticos têm dúvidas quanto ao uso dos lucros em vez das receitas como base para determinar a quantidade de contribuição, argumentando que as contribuições com base nas receitas são mais transparentes em comparação às doações baseadas nos lucros, que são uma função das práticas de contabilidade de uma empresa. Por fim, todas as contribuições vão diretamente para o Global Fund to Fight Aids, Tuberculosis and Malaria.

Isso posto, a iniciativa Product RED fez contribuições substanciais ao Global Fund em seus esforços para combater várias doenças na África. No primeiro ano do programa, os consumidores no Reino Unido compraram o equivalente a US$ 200 milhões em produtos RED, dos quais US$ 10 milhões foram doados ao Global Fund. As contribuições iniciais dos Estados Unidos chegaram a um valor entre US$ 6 e US$ 7 milhões doados ao Global Fund.

Alguns críticos alegam que algumas empresas como a Gap e Motorola gastaram mais dinheiro divulgando suas próprias marcas que contribuindo para o Global Fund. Os defensores do Product RED afirmam, no entanto, que o programa é totalmente sincero, eficaz e sustentável. Além disso, todas as partes envolvidas no Product RED são beneficiárias desse programa: os proprietários beneficiam-se do aumento do tráfego nas lojas e das associações positivas que brotam da participação nessa causa de valor, os consumidores ganham com a sensação de fazer algo de bom ao comprar e usar produtos RED, e, mais importante, as pessoas na África são assistidas por fundos para combater a Aids, a tuberculose e a malária. Como acontece com todos os programas MRC de sucesso, o Product RED representa um ganho para todas as partes envolvidas.

*Fontes*: Adaptado de Betsy Spethmann, "The RED Brigade", *Promo*, janeiro de 2007, 18–25; Mya Frazier, "Costly Red Campaign Reaps Meager $18M", *Advertising Age*, 5 de março de 2007, 1, 43; Bobby Shriver, "CEO: Red's Raised Lots of Green", *Advertising Age*, 12 de março de 2007, 8.

figura 19.1
**Programa MRC da KitchenAid**

resgatar um cupom) que beneficia a empresa. Obviamente, as empresas que se aliam a causas específicas o fazem em parte com intenções filantrópicas, mas também com interesse em promover a imagem de suas marcas e, honestamente, vender mais produtos. Como sempre, a realização dos objetivos por meio dessas alianças depende muito dos aspectos específicos da situação – no caso, a natureza do produto envolvido e a magnitude da contribuição oferecida.[33] Os exemplos a seguir ilustram como o marketing relacionado a causas opera.

- A divisão KitchenAid, da Whirlpool Corporation, apoiou a Susan G. Komen Breast Cancer Foundation. Em um programa ímpar, a Whirlpoor doou US$ 50 à fundação para cada compra de um *mixer* cor de rosa (essa cor é o símbolo da luta contra o câncer de mama) realizada pelo site da empresa ou por um telefone, em ligação gratuita. A doação de US$ 50 representou uma generosa cifra de 17% da receita que a Whirlpool obteve com esse *mixer* colorido, ao preço de US$ 289,99. Em uma iniciativa mais recente, chamada Cook for the Cure, a KitchenAid doou um mínimo de US$ 1 milhão à Susan G. Komen for the Cure junto de sua coleção de produtos cor de rosa (veja Figura 19.1).
- A marca de iogurte Yoplait, da General Mills, também apoiou a Susan G. Komen Breast Cancer Foundation. Em sua promoção Save Lids to Save Lives, a Yoplait fez uma contribuição de 10 centavos para a Komen Foundation, totalizando US$ 1,5 milhão para cada tampa que os consumidores enviassem de volta à empresa.
- A Georgia-Pacific, fabricante dos lenços úmidos Quilted Northern Ultra (entre muitos outros produtos), contribuiu com 50 centavos de dólar para cada código de barra do Quilted Northern Ultra que os consumidores enviassem. A Georgia-Pacific prometeu que doaria até US$ 500 mil anualmente à Komen Foundation para ajudar no combate ao câncer de mama.
- Em apoio ao programa Share Our Strength, dedicado a reduzir a fome e a pobreza, a Tyson Foods doou mais seis milhões de quilos de frango e outros produtos alimentícios. Para cada pacote comprado a Tyson doou meio quilo de frango, carne vermelha ou de porco ao programa Share Our Strength – até 1,5 milhão de quilos.
- Há mais de 30 anos a Campbell Soup Company patrocina o programa Labels for Education, que ajuda as escolas a conseguir material de sala de aula, pedindo às famílias que reúnam os rótulos de várias marcas da Campbell. Desde que o programa começou, a Campbell contribuiu com itens que totalizam mais de US$ 100 bilhões a escolas e organizações em troca de milhões de rótulos apresentados.

figura 19.2
**Mc Dia Feliz**

- Para cada rótulo de comida para bebês Heinz enviada pelos consumidores, a H. J. Heinz Company contribuiu com 6 centavos de dólar a um hospital perto da casa do consumidor.
- A Nabisco Brands doou US$ 1 ao Juvenile Diabetes Research Foundation por certificado resgatado com uma prova de compra da marca Ritz.
- Anualmente o McDonald's promove o McDia Feliz. No último sábado do mês de agosto de cada ano, toda a receita gerada pela venda de Big Mac (descontados alguns impostos) é revertida para instituições (hoje são 58 instituições em todo o Brasil) que trabalham com crianças e adolescentes com câncer.[34] (Figura 19.2)
- O varejista Tommy Bahama obteve fundos significativos para o projeto The Garden of Hope & Courage doando uma porcentagem da venda de determinados itens de suas coleções de roupas e acessórios.
- A Reynolds Metals Company, fabricante de papel-alumínio e outros produtos para embalar alimentos, contribuiu com 5 centavos de dólar aos programas locais Meals on Wheels todas as vezes que três marcas da Reynolds eram compradas.
- Os gerentes de marca da Pedigree (marca de alimento para cães) apoiaram a causa de abrigar e alimentar cães abandonados. Para cada compra de um pacote de 10 quilos de sua marca de ração, a Pedigree doava um pacote de 10 quilos para abrigos de animais.

## Os benefícios do MRC

O marketing relacionado a causas é uma filantropia corporativa baseada em uma doação motivada por lucro. Além de ajudar causas merecedoras, as corporações satisfazem seus próprios objetivos táticos e estratégicos quando realizam esforços relacionados a causas. Ao apoiar uma causa merecedora, uma empresa pode (1) promover sua imagem corporativa ou da marca, (2) obstruir a publicidade negativa, (3) gerar aumento das vendas, (4) aumentar a percepção da marca, (5) ampliar sua base de consumidores, (6) alcançar novos segmentos de marketing e (7) aumentar a atividade de divulgação da marca no varejo.[35]

Pesquisas revelam que os consumidores têm atitudes favoráveis em relação aos esforços de marketing relacionado a causas. Um estudo constatou que a grande maioria dos norte-americanos (72%) considera aceitável para as empresas envolver uma causa em seu marketing. Além disso, uma proporção ainda maior de participantes dessa pesquisa (86%) indicou que estaria disposta a trocar de uma marca para outra de igual qualidade e preço se ela fosse associada a uma causa. Essa última porcentagem assume uma importância ainda maior quando observamos que, há uma década, a porcentagem de consumidores indicando que mudariam para uma marca que apoiasse uma causa era de apenas 66%.[36]

No Brasil, estudos apontam que 45% do público consumidor manifesta intenção de preferência de compra por produtos e marcas que atuam, de alguma forma, com ações de responsabilidade social. O grupo que, dentre os pesquisados, se mostrou com mais tendência a preferir marcas que desenvolvam ações sociais foram os consumidores da classe B, nível de instrução superior e idade entre 20 e 39 anos. Em segundo lugar aparece o grupo de consumidores da classe C, com nível de instrução secundário e idade entre 13 e 29 anos.[37] Por outro lado, cerca de metade dos participantes de outro estudo expressou atitudes negativas em relação ao MRC. Essa animosidade se deveu em grande parte ao ceticismo dos consumidores quanto à razão da empresa patrocinadora de servir a seus próprios interesses.[38] Pesquisas revelaram que as marcas podem não se beneficiar dos esforços de MRC se seus apoios forem vistos como tendo outras razões além de uma preocupação autêntica com a causa patrocinada.[39] Esse efeito negativo pode ser minimizado quando várias organizações apoiam uma causa em vez de apenas um único patrocinador.[40] Além do mais, os consumidores duvidam de programas MRC que são vagos ao dizer exatamente quanto será doado à causa e, de fato, a maioria das ofertas dos programas MRC é abstrata e incerta quanto à quantidade da contribuição (por exemplo: "uma parte dos lucros será doada").[41]

## A importância do ajuste

Como uma empresa deve decidir qual causa apoiar? Embora existam muitas causas merecedoras, apenas um subconjunto é relevante aos interesses da marca e seu público-alvo. Selecionar uma causa apropriada é uma questão de ajustar a marca a uma causa que seja naturalmente relacionada aos atributos, benefícios ou imagem da marca e que também se relacione intimamente com os interesses do público-alvo seu. Quando existe uma congruência natural entre o patrocinador e a causa, a marca patrocinadora é vista de maneira mais favorável e se beneficia de ser percebida como mais socialmente responsável.[42] A falta de um ajuste perfeito pode sugerir aos consumidores que a marca está patrocinando uma causa apenas para atender a seus próprios interesses. O programa Labels for Education, da Campbell Soup Company, ajusta-se muito bem ao público-alvo formado por crianças e seus pais que consomem os produtos da marca Campbell. Na verdade, o mesmo pode ser dito de todos os exemplos de programa MRC apresentados neste capítulo.

Apesar de alguns desafios e cuidados que essa forma de patrocínio oferece, sua tendência é de rápido desenvolvimento ao longo dos próximos anos, pois está intimamente relacionada a duas questões altamente sensíveis à sociedade moderna: sustentabilidade e responsabilidade social. À medida que a sensibilidade da sociedade, incluindo a dos consumidores, aumentar em relação ao papel das empresas, as ações de MRC tendem a se ampliar. Observe como esse tipo de ação é cada vez mais comum. Comparece com cinco ou dez anos atrás. Entretanto, o que certamente não terá mais espaço são ações de MRC oportunistas e mal planejadas.

## A prestação de contas é fundamental

Em uma análise final, os divulgadores de marcas são obrigados a mostrar que seus esforços de MRC rendem retornos suficientes sobre os investimentos, ou alcançam outros objetivos não financeiros importantes. A filantropia corporativa é algo maravilhoso, mas o marketing relacionado a causas não é necessário para esse propósito – as empresas podem contribuir a causas nobres sem ligar a contribuição à compra de determinada marca.[43] Todavia, quando uma empresa faz um esforço de marketing relacionado a causas, ela tem a intenção de atingir metas de marketing (como aumento das vendas ou promoção da imagem) e não apenas realizar suas aspirações filantrópicas. Portanto, um esforço de MRC deve ser baseado em objetivos específicos – assim como acontece com qualquer campanha de comar. A pesquisa – como coleta prévia e posterior de dados, como descrito nos patrocínios de eventos – é absolutamente essencial para determinar se um esforço de MRC alcançou seu objetivo e, por conseguinte, é estratégica e financeiramente explicável.

A Colgate-Palmolive aplicou uma forma simples e direta para medir a eficácia de um de seus patrocínios, no qual o programa MRC foi baseado no resgate de cupons por parte dos consumidores. Usando leitura ótica, a Colgate comparou as vendas de produtos em três semanas após uma distribuição de cupons à média de vendas dos seis meses anteriores. A diferença entre os números dos dois períodos foi multiplicada pela margem de lucro líquido da marca, e o custo do evento em uma base de custo por unidade foi subtraído para determinar o lucro incremental.[44] Esse procedimento tem a vantagem de ser logicamente sólido e fácil de implementar.

# Resumo

O marketing de patrocínio foi o assunto deste capítulo. Os patrocínios envolvem investimentos em eventos e causas para atingir vários objetivos corporativos. O marketing de eventos é uma faceta das comunicações de marketing que cresce rapidamente. Embora pequenas em comparação à propaganda e outros importantes elementos promocionais, as despesas no mundo todo com promoções de eventos superaram US$ 40 bilhões há pouco tempo. O marketing de eventos é uma forma de promoção da marca que a liga a uma atividade atlética, cultural, social ou outra, que tenha alto interesse público. O marketing de eventos está crescendo porque dá as empresas alternativas à mídia concentrada, uma habilidade para alcançar consumidores em uma base local ou regional e oportunidades para alcançar grupos com estilos de vida específicos cujo comportamento de consumo pode ser associado ao evento. Porém, o patrocínio traz alguns riscos inerentes e para ser bem-sucedido deve atender a algumas condições técnicas como convergência de imagem e mesmo público-alvo.

O marketing relacionado a causas (MRC) é um aspecto relativamente menor do patrocínio em geral, mas uma prática sem dúvida importante. Embora existam muitas variedades de programas MRC, a característica distinta da forma mais comum de MRC é que a contribuição da empresa a determinada causa está ligada ao envolvimento dos consumidores na geração de rendas para a empresa. O marketing relacionado a causas serve aos interesses corporativos ao mesmo tempo em que ajuda causas nobres. Programas MRC bem conduzidos representam uma situação em que todos ganham: as empresas patrocinadoras, as causas patrocinadas e os consumidores, que têm comportamentos que geram fundos para uma causa merecedora.

# Questões para discussão

1. Escolha uma marca, de preferência uma da qual você realmente gosta e compra regularmente. Presumindo que essa marca não está, no momento, envolvida em um patrocínio de causa, proponha uma organização sem fins lucrativos com a qual sua marca escolhida possa se associar. Recomende também um programa MRC específico para essa marca, que promoveria o volume de vendas dela e contribuiria para a causa.
2. A guerrilha é um tipo de marketing antiético, ou apenas esperto e obstinado?
3. Em 1999, o ano depois que Mark McGwire estabeleceu a marca recorde de 70 *home runs* – quebrado três anos depois por Barry Bonds –, a rede de café Starbucks contribuiu com US$ 5.000 para as causas de educação de crianças para cada *home run* que McGwire conseguisse. Explique por que, a seu ver, isso é, ou não, um bom programa MRC do ponto de vista da Starbucks.
4. Em relação à seção *Dica de comar*, no início do capítulo, qual é a sua opinião acerca do patrocínio dos eventos NASCAR e de corredores específicos? Em geral, que tipo de marcas seriam ou não apropriadas para patrocinar a NASCAR? Seja específico e esclareça quaisquer presunções necessárias para formular sua resposta a essas perguntas.
5. Uma pesquisa relatada na *Advertising Age* revela que as marcas favoritas de doces entre os estudantes universitários norte-americanos são Snickers e M&M's. Escolha uma dessas marcas e proponha (1) um *evento* e (2) uma *causa* apropriada para ela patrocinar. Justifique suas escolhas.
6. Com respeito a qualquer uma dessa marcas, Snickers ou M&M's, na questão 5, como especificamente você tentaria medir o sucesso do *evento* proposto para ser patrocinado?
7. Considerando o programa Product RED discutido na seção *Foco Global*, qual é a sua opinião sobre basear as contribuições nos lucros e não na receita?
8. Sua opinião sobre o marketing orientado para causas é positiva ou negativa? Explique sua resposta.
9. Como foi mencionado no capítulo, as despesas com patrocínio de eventos superam em muito os investimentos em patrocínios orientados para causas – é basicamente 10 vezes maior (US$ 15 bilhões *versus* US$ 1,5 bilhão, em 2008). Por que, em sua opinião, a diferença é tão grande? Em outras palavras, por que, em sua opinião, os divulgadores de marcas nos Estados Unidos preferem alocar seus orçamentos de comar ao patrocínio de eventos em vez de causas?
10. Suponha que você é o gerente de eventos de uma marca de sua escolha e deseja patrocinar um jogador de futebol específico para representá-la. Qual jogador você patrocinaria e por quê? Para justificar sua escolha descreva o público-alvo de sua marca e indique a imagem que deseja associar a ela.

# Notas

1. Esses detalhes são de Steve McCormick, "What is NASCAR?" http://nascar.about.com/od/nascar101/f/whatisnascar.htm (Acesso em: 18 de maio de 2008).
2. A informação sobre o patrocínio da NASCAR pela Unilever é adaptado de Patricia Odell, "Unilever's NASCAR Sponsorship Takes an Ice Cream Pit Stop", *Promo*, agosto de 2007, 8-9. Para um relato interessante sobre a eficácia do patrocínio aos eventos NASCAR, veja Stephen W. Pruitt, T. Bettina Cornwell e John M. Clark, "The NASCAR Phenomenon: Auto Racing Sponsorship and Shareholder Weath", *Journal of Advertising Research* 44 (setembro/outubro de 2004), 281-96.
3. Kate Maddox, "Report Finds Most CMOs View Events as 'Vital'", *BtoB*, 14 de março de 2005, 6.
4. T. Bettina Cornwell e Isabelle Maignan, "An International Review of Sponsorship Research", *Journal of Advertising* 27 (primavera de 1998), 11.
5. Os três primeiros fatores são adaptados de Meryl Paula Gardner e Phillip Joel Shuman, "Sponsorship: An Important Component of the Promotions *Mix*", *Journal of Advertising* 16, n. 1 (1987), 11-17.
6. T. Bettina Cornwell, Donald P. Roy e Edward A Steinard II, "Exploring Managers' Perceptions of the Impact of Sponsorship on Brand Equity", *Journal of Advertising* 30 (verão 2001), 41-42. Veja também

Angeline G. Close, R. Zachary Finney, Russell Z. Lacey e Julie Z. Sneath, "Engaging the Consumer through Event Marketing: Linking Attendees with the Sponsor, Community, and Brand", *Journal of Advertising Research* 46 (dezembro de 2006), 420-33.
7. "Events & Sponsorship", *Marketing News's 2007 Marketing Fact Book*, 15 de julho de 2007, 31.
8. "The Growth of Cause Marketing", baseado no IEG Sponsorhip Report, 2008, http://www.causemarketingforum.com/page.asp?ID=188 (Acesso em: 20 de maio de 2008).
9. Pesquisa realizada pela empresa Top Sports Venture e divulgada pelo jornal *Meio e Mensagem*. Disponível em http://www.meioemensagem.com.br/especiais/arquivos/especial1115.pdf
10. Amy Johannes, "Girl's Club", *Promo*, março de 2008, 8-9.
11. De acordo com informações disponíveis no site Ambev: http://www.ambev.com.br/pt-br/a-ambev/patrocinios/patrocinios-de--entretenimento. Consulta de novembro de 2010.
12. Adaptado de Mava Heffler, "Making Sure Sponsorships Meet All the Parameters", *Brandweek*, 16 de maio de 1994, 16.
13. Robert Marich, "Hunters, Anglers Lure the Big Bucks", *Advertising Age*, 14 de fevereiro de 2005, S-8.
14. Segundo matéria da revista EXAME disponível em http://app.exame.abril.com.br/marketing/noticias/bradesco-patrocina-shows paul-mccartney-brasil-602594.
15. Gita Venkataramani Johar, Michel Tuam Pham e Kirk L. Wakefield, "How Event Sponsors Are Really Identified: A (Baseball) Field Analysis", *Journal of Advertising Research* 46 (junho de 2006), 183-98.
16. James Crimmins e Martin Horn, "Sponsorship: From Management Ego Trip to Marketing Success", *Journal of Advertising Research* 36 (julho/agosto de 1996), 11-21.
17. Sam Walker, "NASCAR Gets Coup as Anheuser Is Set to Raise Sponsorship Role", *Wall Street Journal Online*, 13 de novembro de 1998, http://online.wsj.com.
18. *Bunco* é um jogo de dados simples, que costuma ser praticado em grupos de quatro pessoas, que se sentam em três mesas. Nos últimos anos o jogo se espalhou pelos Estados Unidos. A simplicidade do jogo permite que os participantes o pratiquem, comam e conversem ao mesmo tempo. Para mais detalhes, veja http://www.buncorules.com/whatis.html.
19. Ellen Byron, "An Old Dice Game Catches on Again, Pushed by P&G", *The Wall Street Journal*, 30 de janeiro de 2007, A1.
20. Para um exemplo da importância de promover adequadamente o patrocínio de eventos, veja Pascale G. Quester e Beverley Thompson, "Advertising and Promotion Leverage on Arts Sponsorship Effectiveness", *Journal of Advertising Research* 41 (janeiro/fevereiro de 2001), 33-47.
21. Heffler, "Making Sure Sponsorships Meet All the Parameters".
22. Wayne D'Orio, "The Main Event", *Promo*, maio de 1997, 19.
23. Segundo informações divulgadas pelo portal UOL, disponível em http://mtv.uol.com.br/noticias/skol-sensation-2010-40-mil-pessoas-lotam-o-anhembi.
24. http://www.grupopaodeacucar.com.br/responsabilidade-socioambiental/qualidade-de-vida/maratona-pao-de-acucar-de-revezamento.htm.
25. Leia os seguintes artigos que abordam a questão se o patrocínio dos Jogos Olímpicos é um investimento financeiro prudente: Kathleen Anne Farrell e W. Scott Frame, "The Value of Olympic Sponsorships: Who Is Capturing the Gold?" *Journal of Market Focused Management* 2 (1997), 171-82. Para uma perspectiva mais positiva, veja Anthony D. Miyazaki e Angela G. Morgan, "Assessing Market Value of Event Sponsoring: Corporate Olympic Sponsorhips", *Journal of Advertising Research* 41 (janeiro/fevereiro de 2001), 9-15.
26. Para comentários, veja Francis Farrelly, Pascale Quester e Stephen A. Greyser, "Defending the Co-Branding Benefits of Sponsorship B2B Partnerships: The Case of Ambush Marketing", *Journal of Advertising Research* 45 (setembro de 2005), 339-48.
27. Dennis M. Sandler e David Shani, "Olympic Sponsorship vs. 'Ambush' Marketing: Who Gets the Gold?", *Journal of Advertising Research* 29 (agosto/setembro de 1989), 9-14.
28. David Shani e Dennis Sandler, "Counter Attack: Heading Off Ambush Marketers", *Marketing News*, 18 de janeiro de 1999, 10.
29. Normandy Madden, "Ambush Marketing Could Hit New High at Beijing Olympics", *Advertising Age*, 23 de julho de 2007, 22.
30. John Nardone e Ed See, "Measure Sponsorships to Drive Sales", *Advertising Age*, 5 de março de 2007, 20.
31. Isso é baseado em uma pesquisa de marketing de eventos realizada pela revista *Promo* e publicada por Patricia Odell in "Crowd Control", *Promo*, janeiro de 2005, 22-9.
32. "The Growth of Cause Marketing".
33. Michael Strahilevitz, "The Effects of Product Type and Donation Magnitude on Willingness to Pay More for a Charity-Linked Brand", *Journal of Consumer Psychology* 8, n. 3 (1999), 215-41.
34. Segundo informações do instituto Ronald Mcdonalds disponíveis em http://www.instituto-ronald.org.br/index.php/informe--se/163-mobilizacao-mcdiafeliz-2010-campanha.
35. P. Rajan Varadarajan e Anil Menon, "Cause-Related Marketing: A Coalignment of Marketing Strategy and Corporate Philanthropy", *Journal of Marketing* 52 (julho de 1988), 58-74.
36. "2004 Cone Corporate Citizenship Study Results", Cause Marketing Forum, 8 de dezembro de 2004, http://www.causemarketingforum.com.
37. Segundo pesquisa desenvolvida pela empresa GfK e apresentada em reportagem pelo jornal *Meio e Mensagem*, disponível em http://www.mmonline.com.br/noticias!noticiasOpiniao.mm?idArtigo=3202.
38. Deborah J. Webb e Lois A Mohr, "A Typology of Consumer Responses to Cause-Related Marketing: From Skeptics to Socially Concerned", *Journal of Public Policy & Marketing* 17 (outono de 1988), 239-56.
39. Yeosun Yoon, Zeynep Gürhan-Canli e Norbert Schwarz, "The Effect of Corporate Social Responsibility (CRS) Activities on Companies with Bad Reputations", *Journal of Consumer Psychology* 16, n. 4 (2006), 377-90; Lisa R. Szykman, Paul N. Bloom e Jennifer Blazing, "Does Corporate Sponsorship of a Socially-Oriented Message Make a Difference? An Investigation of the Effects of Sponsorship Identity on Responses to an Anti-Drinking and Driving Message", *Journal of Consumer Psychology* 14, n. 1 e 2 (2004), 13-20.
40. Julie A. Ruth e Bernard L. Simonin, "The Power of Numbers: Investigating the Impact of Event Roster Size in Consumer Response to Sponsorship", *Journal of Advertising* 35 (inverno de 2006), 7-20.
41. John W. Pracejus, G. Douglas Olsen e Norman R. Brown, "On the Prevalence and Impact of Vague Quantifiers in the Advertising of Cause-Related Marketing (CRM)", *Journal of Advertising* 32 (inverno de 2003-2004), 19-28.
42. Debra Z. Basil e Paul M. Herr, "Attitudinal Balance and Cause--Related Marketing: An Empirical Application of Balance Theory", *Journal of Consumer Psychology* 16, n. 4 (2006), 391-403; T. Bettina Cronwell, Michael S. Humphreys, Angela M. Maguire, Clinton S. Weeks e Cassandra L. Tellegen, "Sponsorship-Linked Marketing: The Role of Articulation in Memory", *Journal of Consumer Research* 33 (dezembro de 2006), 312-21; Carolyn J. Simmons e Karen L. Becker-Olsen, "Achieving Marketing Objectives through Social Sponsorships", *Journal of Marketing* 70 (outubro de 2006), 154-69; Satya Menon e Barbara E. Kahn, "Corporate Sponsorships of Philanthropic Activities: When Do They Impact Perception of Sponsor Brand?", *Journal of Consumer Psychology* 13, n. 3 (2003), 316-27; Nora J. Rifon, Sejung Marina Choi, Carrie S. Trimble e Hairong Li, "Congruence Effects in Sponsorship: The Meditating Role of Sponsor Credibility and Consumer Attributions of Sponsor Motive", *Journal of Advertising* 33 (primavera de 2004), 29-42.
43. Argumentou-se que o marketing relacionado a causas pode servir para promover a boa vontade de uma empresa, mas talvez não melhore a capacidade dela em competir. Veja Michael E. Porter e Mark R. Kramer, "The Competitive Advantage of Corporate Philanthropy", *Harvard Business Review* (dezembro de 2002), 5-16.
44. Garin Levin, "Sponsors Put Pressure on for Accountability", *Advertising Age*, 21 de junho de 1993, S1.

# 20
# Mídia exterior e *merchandising* – comunicação dentro e fora do ponto de venda

A Stop & Shop Supermarket Company é uma grande rede de supermercados na Nova Inglaterra. Sempre atenta a modos de melhorar o desempenho financeiro e promover as experiências de compras dos consumidores, a rede colocou em uso experimental, em 16 de suas 300 lojas, um carrinho de compras "inteligente". Afetuosamente chamados de *shopping buddy* (colega de compra), os carrinhos foram equipados com um computador *touch-screen* sem fio da IBM, com um leitor a laser que permite aos compradores verificar os preços e buscar os produtos desejados. Os carrinhos calculavam o total de quanto o comprador estava gastando, o que facilitava o pagamento rápido na saída. Quando o comprador se aproximava dos produtos no corredor da loja, o carrinho de compras inteligente o alertava sobre quais itens estavam em promoção e quais ofertas estavam disponíveis na gôndola. Equipado com a tecnologia de identificação de frequência de rádio (RFID), o consumidor também podia requisitar ao *shopping buddy* a localização de um item na loja e ser direcionado até o local exato, por um caminho exibido na tela do computador.[1]

A experiência da Stop & Shop com o *shopping buddy* acabou não dando certo – presumivelmente por causa da inviabilidade financeira – e a rede de supermercados substituiu o carrinho de compras inteligente por um dispositivo manual chamado EasyShop. Todavia, como os carrinhos de compra inteligentes representam uma tecnologia capaz de servir aos interesses de todas as partes – consumidores, varejistas e fabricantes –, a experiência da Stop & Shop, certamente, não será a última. Na verdade, uma promissora empresa chamada MediaCart Holdings trabalhou com a Microsoft para desenvolver um carrinho de compras inteligente que promete viabilidade econômica e também funcionalidade.

Os MediaCarts são construídos com telas de vídeo na parte de trás dos carrinhos para permitir uma visibilidade máxima. Usando a tecnologia RFID, anúncios e promoções nas lojas são transmitidos às telas de vídeo quando os compradores se aproximam dos itens nos corredores, quase no momento exato em que estão tomando as decisões de seleção de produto e marca. Assim como o *shopping buddy*, o MediaCart permite aos compradores procurar produtos desejados e manter uma conta total de quanto foi comprado. Depois, no

fim das compras, o pagamento rápido é facilitado simplesmente transmitindo os dados dos MediaCarts para os computadores do supermercado. Além dessas vantagens aparentes, o MediaCart representa um valioso dado de pesquisa de mercado para os varejistas e fabricantes, que podem analisar o impacto sobre as vendas causado pelos anúncios nas lojas, e também porque permitem mais eficiência por parte dos funcionários, que não precisam verificar os preços de cada item adquirido.[2]

## Objetivos do capítulo

*Após ler este capítulo, você será capaz de:*

1. Entender o papel e a importância da sinalização comercial externa.
2. Comentar as várias formas e funções de sinalização externa à loja.
3. Entender o papel e a importância da comunicação externa (mídia externa).
4. Entender os pontos fortes e as limitações da comunicação em outdoors.
5. Entender o papel e a importância da comunicação no ponto de venda.
6. Comentar as evidências do papel do ponto de venda quanto à influência nas tomadas de decisões dos compradores dentro da loja.
7. Examinar evidências empíricas que revelam a eficácia da comunicação no ponto de venda (*merchandising*).
8. Entender a importância de aferir o tamanho do público e as características demográficas para as mensagens externas e dentro da loja.

>>Dica de comar:
Comunicação no carrinho de compras.

# Introdução

Este capítulo aborda tópicos que representam uma forma de comunicação, mas não no mesmo sentido em que pensamos sobre ela quando consideramos formas de mídia como televisão, rádio, revistas, jornais e Internet. O material abordado neste capítulo examina as comunicações com os consumidores no ponto de venda ou perto dele. Em particular, examinamos três formas gerais de comunicações de marketing: sinalização externa à loja (do lado de fora), comunicações externas (por exemplo, outdoors) e *merchandising* (mensagens internas no ponto de venda – PDV). Todos esses modos de comunicação tentam influenciar as decisões de seleção de loja ou marca por parte dos consumidores. A sinalização e os anúncios externos e as mensagens no ponto de venda representam formas relevantes de comunicação que servem de maneira muito importante para influenciar a percepção e as imagens que os consumidores têm do comércio varejista e das marcas vendidas.

Os tópicos abordados examinam em primeiro lugar as formas de transmissão de mensagem que estão, literalmente, colocadas fora das lojas. Distinguimos duas formas gerais de mensagens "externas" de comar e nos referimos a elas como (1) sinalização comercial externa à loja e (2) mídia exterior (*out-of-home*). A diferença entre a sinalização comercial externa à loja e os anúncios externos é que a primeira comunica informações sobre os produtos e serviços perto da loja, ao passo que a outra fornece informações sobre produtos e serviços disponíveis em outro lugar.[3] Após essa abordagem das comunicações "externas", voltamos nossa atenção para as formas de apresentação de mensagens, que são referidas como anúncios no ponto de venda, ou, para resumir, PDV.

# Sinalização comercial externa à loja

Esta seção analisa um tópico – a sinalização externa à loja, que também é chamada de layout externo da loja – que é comum e, portanto, pode ser considerado trivial. Estamos de fato cercados por uma variedade de peças de sinalização sobre as lojas. Todos os leitores deste texto já foram expostos a, literalmente, milhares de sinalizadores – muitos, se não a maioria, dos quais não chamaram muito a nossa atenção nem despertaram interesse. Porém, podemos colocar esse tópico na perspectiva correta quando observamos que a sinalização externa (ou seja, aqueles colocados no lado externo das lojas ou nos seus arredores) é considerada a forma de comunicação mais eficaz e eficiente, em termos de custo, disponível ao comércio varejista. A sinalização externa, combinada com um layout apropriado da área externa da construção, cria forte identidade visual do ponto de venda. Você pode estar em uma autoestrada ou em um lugar não muito familiar, mas identificará instantaneamente, quase que automaticamente, um posto de combustível preferido ou uma loja predileta de *fast-food*. Além dessa generalização, o valor dos sinalizadores externos foi descrito nos termos abaixo:

> Nenhuma quantia de dinheiro gasta em outras formas de comunicação de mídia se equiparará ao retorno sobre os investimentos de uma sinalização externa bem desenvolvida e visível. Pesquisas com novos consumidores/clientes revelam cada vez mais que a sinalização comercial externa deu ao novo cliente: (1) um primeiro conhecimento ou (2) a primeira impressão da empresa. Isso é verdade ainda que o cliente tenha tomado conhecimento da empresa por outro meio de comunicação, como as Páginas Amarelas, ou "boca a boca". Não é mais um exagero afirmar que a sinalização legível, colocada em um lugar de destaque, fácil de ser detectada e lida, dentro do campo de visão do público motorizado, é essencial para a sobrevivência das pequenas empresas.[4]

## Tipos de sinalização externa

Embora a sinalização externa inclua uma incrível diversidade de tipos de peças, limitada apenas pela criatividade do planejador e por regulamentações governamentais (no município de São Paulo, por exemplo, existem fortes restrições sobre esse tema), podemos identificar duas categorias gerais: *independente* e *fixada na estrutura*.[5] As peças de sinalização do tipo *independente* incluem totens, placas, painéis, infláveis e luminosos (*backlights*) e outras formas de sinalização que não estão *fixados* na estrutura da loja (veja a Figura 20.1). A sinalização *fixada na estrutura* inclui peças colocadas nas paredes, nos tetos e nas fachadas das lojas, como faixas, banners, murais, coberturas, toldos e também painéis (veja a Figura 20.2).

## O A-B-C da sinalização externa

Os sinalizadores externos permitem que o consumidor identifique e localize as empresas e podem influenciar as suas decisões quanto à escolha da loja e provocar a compra por impulso. Essas funções são convenientemente chamadas de o *ABC da sinalização externa à loja*. Ou seja, uma sinalização eficiente deve, no mínimo, realizar as seguintes funções:[6]

- Atrair novos consumidores.
- Buscar o local de varejo na mente dos consumidores.
- Criar decisões de compra por impulso.

É claro que as funções específicas realizadas e a importância de ter uma sinalização que seja atraente e chame a atenção dependem da natureza do negócio, se é um pequeno comércio varejista com uma clientela relativamente fixa – nesse caso, a sinalização é um pouco menos fundamental – ou um comércio que deve constantemente atrair novos consumidores. Nesse caso, a sinalização realiza uma função crítica porque, para que os varejistas continuem com seus negócios e potencialmente sejam bem-sucedidos, eles devem capturar viajantes, que são clientes ocasionais ou que passam pela loja uma vez.

figura 20.1

Ilustração de sinalização independente

Atrair novos clientes requer, antes e acima de tudo, que a sinalização na loja *chame a atenção do consumidor*. Isso não é um feito pequeno quando consideramos que o cenário varejista está, com frequência, repleto de peças de sinalização de concorrentes que tentam alcançar o mesmo resultado: atrair a atenção e causar uma impressão positiva. Os especialistas em criação de sinalização de loja usam um conceito, chamado conspicuidade, que se refere à habilidade de uma sinalização em chamar a atenção. Por definição, a conspicuidade envolve aquelas características de sinalização que fazem que as pessoas que estão a pé ou de carro distingam um sinal do ambiente que o cerca.[7] Isso requer que a sinalização tenha o tamanho suficiente e a informação contida nele seja clara, concisa, legível e possa ser diferenciada da sinalização concorrente.

## Procurar ajuda profissional

Esta seção apenas tangenciou o tópico da sinalização externa. Embora o material apresentado seja básico e descritivo, nunca é demais destacar o quão importante é a sinalização para o sucesso do varejo. A sinalização realiza uma função de comunicação extremamente importante, e é aconselhável procurar a ajuda de profissionais para certas determinações como, por exemplo, o melhor lugar para colocar uma peça de sinalização, o tamanho ideal, quais cores e gráficos são mais bem empregados etc. Isso tudo sem esquecer que é preciso estar adequado às legislações específicas para essa forma de comunicação, as quais variam conforme região, município e país.

O antigo ditado "aquele que representa a si mesmo tem um tolo por advogado" é tão aplicável à decisão de selecionar a sinalização externa quanto o é em todas as questões legais. Felizmente, a indústria da sinalização acumulou ampla experiência e conhecimento e os varejistas podem buscar empresas profissionais de sinalização para a ajuda necessária. As grandes redes varejistas incluem em suas equipes profissionais especializados em sinalização, mas os pequenos varejistas não têm essa oportunidade e, por isso, devem buscar a assistência de profissionais. Existem no mercado vários bons fornecedores e especialistas nesse assunto, incluindo conhecimento sobre legislação local.

figura 20.2

Ilustração de sinalização fixada na estrutura

# foco c.i.m.

## Lojas físicas e virtuais no setor do luxo

Os canais eletrônicos de marketing, cada vez mais, participam do ambiente competitivo das empresas, forçando-as a explorar novas formas de relacionamento com os consumidores. As marcas de luxo não estão imunes às mudanças tecnológicas e à sua poderosa influência no comportamento de consumo. No entanto, os produtos de luxo são fortemente ligados a fatores estéticos e sensoriais, cuja aura é trabalhada em grande parte na atmosfera das lojas de varejo e nos esforços de comunicação com o público-alvo.

Sendo assim, seria possível replicar o ambiente físico da loja de luxo na Internet? Esses produtos podem ser comprados on-line, sem perdas significativas da aura de sonho e sofisticação da marca?

A comunicação das marcas de luxo vincula-se intimamente ao sentimento de exclusividade, seja pela escolha de mídias elitistas, seja pelas mensagens metafóricas, associadas mais ao imaginário e à emoção que à razão.

Da mesma forma, considerando a variável distribuição do composto de marketing, existe por parte das empresas do setor uma obsessão com o controle dos pontos de venda, não só visando ao melhor gerenciamento das marcas e *merchandising*, como também com o intuito de controlar a oferta e garantir a autenticidade dos produtos. Além de manter a imagem da marca, a distribuição seletiva permite gerenciar melhor um aspecto crucial do consumo do luxo: a experiência de compra, marcada pela individualização e pelo atendimento diferenciado e pessoal no ponto de venda.

Em uma loja tradicional, a atmosfera é constituída por três elementos: o **ambiente** (condições que afetam os cinco sentidos humanos), o *design* (características visuais, funcionais e estéticas) e o **social** (número, apresentação e atendimento dos funcionários). A experiência do luxo relaciona-se, em grande parte, com a imersão no ambiente altamente estético, criativo e sofisticado da loja, que permite uma grande interação sensorial com os produtos. A Internet não oferece todas essas possibilidades sensoriais. No entanto, a utilização estratégica de alguns elementos cruciais no *design* e planejamento dos *sites* permite transferir as sensações e a atmosfera sofisticada para o ambiente virtual. São eles: elementos visuais (cores, imagens, vídeos), sons, facilidade de uso (navegabilidade e interatividade), personalização dos serviços e produtos.

Um estudo realizado na cidade de São Paulo com 19 marcas de luxo internacionais presentes no mercado local, nas categorias produtos de beleza, moda, acessórios, joalheria e comidas, comparou seus websites e suas lojas físicas[1]. Os resultados mostraram que as lojas físicas analisadas trabalham muito bem os elementos da arquitetura, do atendimento pessoal e os elementos visuais, táteis e sonoros, com o objetivo de criar uma atmosfera compatível com a sofisticação das marcas, atrair os consumidores, tornar a experiência presencial com a marca agradável e incentivar as vendas. As lojas físicas proporcionam uma forte interação com os clientes, graças ao atendimento presencial. No entanto, há pouca ênfase na loja como fonte de informações sobre a marca, seus eventos, propagandas ou lançamentos.

Em contrapartida, os websites exploram melhor a transmissão de informações para os consumidores, além de permitirem que os visitantes conheçam uma variedade maior de linhas de produtos e itens. Porém, eles ainda se mostram falhos no quesito interatividade: a maioria apresentou deficiências em sua navegabilidade e arquitetura, indicando que ainda há muito a explorar para tornar a experiência virtual, com a marca luxuosa, tão rica como a presencial. Alguns pontos poderiam ser mais bem explorados no site: oferecer oportunidades de contato (como atendimento em tempo real), participação em comunidades, registro dos visitantes e elaboração de seu perfil. Questões importantes para incentivar um uso mais intenso do canal Internet, como segurança e sigilo dos dados e a possibilidade de compra on-line no Brasil, também estão pouco presentes nos portais incluídos no estudo.

Como conclusão principal do estudo, vê-se que a Internet tem sido usada pelas empresas do setor mais como instrumento de comunicação da marca que propriamente de vendas. Sob esse aspecto, ela exerce um papel informativo e complementa a função dos veículos tradicionais na formação da imagem da marca, por meio do *design* e da estética dos sites. Sob o ponto de vista de vendas, eles podem complementar a variedade às vezes restrita de linhas e itens oferecidos pelas lojas visitadas.

A baixa exploração do potencial interativo e comercial da Internet indica que as marcas de luxo não estão oferecendo a seus consumidores uma experiência on-line mais completa.

A proposta deste *case* é servir de referência para reflexão e discussão sobre o tema e não para avaliar as estratégias adotadas. O *case* foi desenvolvido com base em informações divulgadas nos seguintes meios: Galhanone, R. F., Marques, J. A., Mazzon, J. A., Crocco, L. "O Varejo das Marcas de Luxo: Um estudo comparativo entre a atmosfera das lojas físicas e dos websites", *Anais do XII Semead*, Ago-2009; D'Angelo, A. *et al.* "A Influência da Atmosfera de Varejo sobre os Consumidores", *Anais do Enanpad*, 2003; Nueno, J. L. & Quelch, J. A., "The Mass Marketing of Luxury", *Business Horizons*, nov.-dez. 1998; Okonkwo, U. "Can the Luxury fashion brand store atmosphere be transferred to the Internet?" Abril 2005, ucheconsultforme@hotmail.com (acesso em: 29 de maio de 2009); Riley, F. D. O. & Lacroix, C. "Luxury branding on the Internet: Lost opportunity or impossibility?", *Marketing Intelligence & Planning*, 21, 2, 2003; Seringhaus, R. F. H. "Comparison of Website Usage of French and Italian Luxury Brands", *Journal of Euromarketing*, v. 14(4), 2005; Farias, S. A., "Atmosfera de loja on-line: o impacto do ambiente virtual na satisfação do consumidor e na atitude para com a compra", *Revista Administração*, São Paulo, v. 42, n. 1, jan./fev./mar. 2007.

Caso elaborado pela Profa. Me. Renata Fernandes Galhanone, doutoranda da FEA/USP, Profa. Dra. Jane A. Marques, EACH/USP, e Prof. Dr. Geraldo Luciano Toledo, FEA/USP.

---

[1] Marcas pesquisadas: H. Stern, L'Occitane, Nespresso, Bulgari, Cartier, Marc Jacobs, Mont Blanc, Neuhaus, Salvatore Ferragamo, Tiffany & Co, Roberto Cavalli, Christian Dior, Christian Louboutin, Emporio Armani, Ermenegildo Zegna, Giorgio Armani, Gucci, Louis Vuitton, Versace.

# Mídia exterior (anúncios externos)

A seção anterior abordou a comunicação externa à loja que os varejistas realizam, muitas vezes, de forma cooperada com seus fornecedores, para atrair a atenção e direcionar o tráfego para seus estabelecimentos. O tópico presente, mídia externa, trata da comunicação realizada por varejistas de produtos e serviços e fabricantes de marcas orientadas para o consumidor.

Embora a importância da mídia exterior empalideça quando comparada às mídias tradicionais, como a televisão, e seja considerada um meio complementar de comunicação, ela é uma forma muito importante de comunicação de marketing. A Outdoor Advertising Association of America, a associação comercial do setor, estima que as despesas com mídia externa nos Estados Unidos totalizaram US$ 7,3 bilhões há pouco tempo.[8] Já no Brasil, segundo dados do projeto IneterMeios, o investimento em mídia exterior (janeiro – agosto de 2010) foi de R$ 482 milhões, o que representa aproximadamente 2,9% do total investido em mídia.[9] Esse resultado é fortemente prejudicado – já há alguns anos – por uma rígida e muito restritiva legislação na cidade de São Paulo, justamente a praça de maior potencial para o setor. Trata-se da Lei Cidade Limpa, que está em vigor desde janeiro de 2007. De acordo com a lei, ficaram vetados na cidade todo tipo de mídia exterior, como outdoors, painéis em fachadas de prédios e a utilização de táxis, ônibus e bicicletas como mídia. Além disso, a lei também determinou padrões para as placas e painéis que identificam os estabelecimentos comerciais.[10]

A mídia exterior, ou fora da loja, é a forma mais antiga de anúncio, cujas origens remontam literalmente a milhares de anos. Embora o uso de outdoors seja o aspecto principal da mídia exterior, essa modalidade de comar abrange uma ampla variedade de peças e formas: painéis, placas, *backlights*, luminosos, display, infláveis, dirigíveis, envelopamento de veículos (ônibus, trens e táxis), paradas de ônibus, peças de mobiliário urbano como relógios, coletores de lixo e termômetros, grades protetoras de árvores, *busdoor*, totens no teto em táxis, mídia em elevadores, quiosques em parques, orlas e aeroportos. A lista é longa, e com os novos recursos tecnológicos a versatilidade e sofisticação das peças e formas também não param de evoluir. No caso específico dos aeroportos, com significativo crescimento do fluxo de passageiros, a comunicação está crescendo rapidamente. Por exemplo, um novo terminal (Terminal Cinco) no aeroporto Heathrow em Londres – o aeroporto internacional mais movimentado do mundo – está abarrotado com 333 outdoors e pôsteres e mais de 200 monitores de tela plana que transmitem anúncios curtos e sem som. Essa quantidade de veículos de mídia exterior pode parecer excessiva em apenas um terminal do aeroporto, mas espera-se que em seu primeiro ano de operação mais de 27 milhões de passageiros passem pelo Terminal Cinco do Heathrow.[11] Um estudo acadêmico recente oferece um exame profundo sobre o funcionamento e a eficácia da comunicação em aeroportos.[12]

Um ponto comum entre as várias mídias exteriores é que os consumidores as veem fora de suas casas (daí o nome) em contraste com televisão, revistas, jornais e rádio, que costumam ser recebidos em casa (ou em outros locais fechados). E alcançar os consumidores com mensagens de comunicação comercial fora de suas casas é especialmente importante quando a maioria das pessoas passa grande parte de seu tempo no trabalho ou fora de casa. Os norte-americanos têm uma locomoção média de mais de 482 quilômetros em um veículo durante uma semana típica, com uma média de locomoção ida e volta totalizando quase 55 minutos.[13] No Brasil, se considerados apenas os deslocamentos para o trabalho, a média de tempo gasto para ir ao escritório e voltar nas grandes cidades é de 2 horas e 36 minutos.[14] Fica evidente, com essas estatísticas, que a mídia externa alcança milhões de pessoas diariamente. Na verdade, o gasto global com mídia exterior passou de US$ 23 bilhões há pouco tempo.[15] (Veja na seção *Foco Global* uma discussão acerca das tendências de propaganda em outdoors em vários países.)

A *comunicação em outdoors* é o principal meio externo e responde por quase dois terços dos investimentos dessa forma de comar. O outdoor é hoje utilizado amplamente e existem mais de 27 mil cartazes espalhados por todo o Brasil.[16]

## Formas de anúncios em mídia exterior

Muito embora no Brasil o termo outdoor seja tradicionalmente usado para designar um único tipo de outdoor: um painel horizontal com moldura de madeira ou metal de 9 m x 3 m, de papel modular impresso em folhas montadas e coladas e renovado quinzenalmente, aqui o termo outdoor será empregado no sentido mais amplo, considerando também várias outras formas de comunicação exterior, tais como painéis pintados fixos, placas, *backlights*, luminosos, totens, porta cartazes etc., ou seja, o que em inglês é chamado de *billboards*.

### Painéis (outdoor)

Esses outdoors são aqueles que vemos regularmente nas rodovias e em outros locais de trânsito intenso. Os pôsteres são feitos em *silk-screen* (serigrafia) ou litografia e depois colados em folhas no outdoor. Alguns conglomerados de mídia (Clear Channel Outdoor, CBS Outdoor e Lamar Advertising) essencialmente controlam a indústria de outdoor norte-americana. No Brasil, existem diversas empresas de comercialização de outdoors espalhadas pelo país. Em geral, essas empresas têm atuação local. No estado do Rio de Janeiro, por exemplo, existem três diferentes empresas de comercialização de outdoors afiliadas à Central do Outdoor.[17]

## foco global

### Tendência da comunicação em outdoors nos países BRIC

Brasil, Rússia, Índia e China – os assim chamados países BRIC – estão mudando e progredindo economicamente com rapidez. A propaganda em outdoors nesses países está mudando com as transformações econômicas.

Em uma ação dramática no Brasil, a cidade de São Paulo recentemente impôs a proibição de outdoors, peças de néon e painéis eletrônicos, com a aprovação da lei "Cidade Limpa". A cidade do Rio de Janeiro considera criar proibição semelhante. A proibição referente aos outdoors em São Paulo resultou no fechamento de inúmeras empresas do setor. A lei, no entanto, não impede a propaganda em "objetos de rua", como pontos de ônibus, bancas de revistas e banheiros públicos. Os divulgadores de marcas, diante da impossibilidade de usar a comunicação em outdoors, estão recorrendo cada vez mais aos anúncios em objetos de rua, e também à propaganda no rádio e jornal.

Um segundo país BRIC, a Rússia, é conhecida pelo amplo uso de propaganda em outdoors em sua principal cidade, Moscou. As autoridades municipais de Moscou repetidamente discutem a restrição dos anúncios em outdoor, embora uma proibição completa como em São Paulo não esteja nos planos. Contudo, muitos outdoors foram diminuídos e outros removidos de proeminentes prédios históricos, como a Biblioteca Lênin. Moscou continua a ser um dos maiores mercados da Europa para os anúncios em outdoor.

Voltando nossa atenção para a China, as autoridades municipais de Pequim também impuseram restrições ao uso dos outdoors e outras formas de comunicação *out-of-home*. Ao que parece, essas restrições ocorreram porque muitos dos anúncios em outdoors em Pequim são direcionados à classe afluente da cidade, e as autoridades municipais desejam impedir apelos a uma vida de riqueza e luxo – mantendo-se assim fiéis aos ideais socialistas da China e ao desejo de manter a harmonia entre o povo.

Diferentemente do que acontece em outros países BRIC, a comunicação em outdoors está aumentando na Índia, por ser um meio notável de alcançar consumidores de todos os níveis de renda no país. Por um lado, os outdoors representam uma das poucas formas de mídia que chegam à população pobre do país, que não tem TV e raramente lê jornais ou revistas. Por outro lado, os anúncios em outdoors alcançam a classe mais afluente de indianos que com frequência se locomovem em carros com motoristas particulares e passam horas presos no trânsito das congestionadas cidades do país. Algumas restrições foram impostas à comunicação em outdoors em certas cidades na Índia, mas nada que tenha a magnitude das restrições nos outros países BRIC.

Alguns desenvolvimentos interessantes na comunicação em outdoor estão ocorrendo na Índia. Por exemplo, uma empresa do setor desenvolveu um caminhão outdoor que estaciona, ergue um outdoor a 6,10 m em um poste e depois gira a mensagem para que ela fique de frente para o trânsito. A empresa tem uma frota de 25 caminhões que seguem para locais onde serão vistos por um grande número de compradores potenciais das marcas anunciadas – por exemplo, nas estações de trem pela manhã e nos subúrbios à noite. Nas áreas rurais do país, as empresas de outdoor estão utilizando um vinil áspero que pode ser colado em superfícies irregulares como concreto, tijolo e madeira.

*Fonte*: Adaptado de Claudia Penteado e Andrew Hampp, "A Sign of Things to Come?" *Advertising Age*, 1 de outubro de 2007, 1, 45; Jason Leow, "Beijing Mystery: What's Happening to the Billboards?" *The Wall Street Journal*, 25 de junho de 2007, A1; Eric Bellman and Tariq Engineer, "More Signs of India's Growth," *The Wall Street Journal*, 26 de abril de 2007, B2.

Os pôsteres padrão têm um total de 16 ou 32 folhas, o que literalmente se refere à quantidade de papel necessária para preencher o espaço no outdoor. O pôster padrão mede 8,8m x 2,9m. No pôster de 16 folhas, cada folha mede 1,12m × 1,52m. Já no de 32 folhas, cada folha medirá 1,12m × 0,76m.[18]

### Painéis fixos

Os painéis fixos são pintados diretamente na peça por artistas contratados pelos proprietários dos painéis, ou – como é mais comum atualmente – são imagens em vinil geradas por computador, aplicada ao espaço do outdoor. O tamanho padrão para os painéis é 3,66 m de altura por 7,32 m de largura (26,7561 m² de espaço visual). Os anunciantes usam os painéis fixos por um período longo – de um a três anos – para obter presença consistente e relativamente permanente em lugares de movimento intenso. Comparados aos outdoors, os painéis são mais permanentes pela resistência à chuva e qualidades que impedem o desbotamento.

## Painéis eletrônicos (digitais)

Os painéis eletrônicos (também conhecidos como digitais) representam o maior desenvolvimento em mídia exterior em muitas décadas, talvez o maior da história. Essa nova forma de comunicação externa é remanescente de uma grande televisão de tela plana que gira anúncios a cada 4 a 10 segundos de maneira semelhante a uma apresentação de slides em PowerPoint. Grandes empresas do setor, como a Clear Channel Outdoor, estão maravilhadas com as perspectivas dos painéis digitais, porque pode haver a rotatividade de anúncios, já os outdoors tradicionais estão restritos a uma única mensagem durante o período do contrato – em geral de quatro semanas a um ano. Isso permitiu que as empresas de painéis aumentassem suas receitas substancialmente – talvez 6 a 10 vezes mais que com os painéis tradicionais, com base nos resultados da primeira geração dos outdoors digitais.[19]

A partir de 2007, aproximadamente 700 painéis digitais foram instalados pelos Estados Unidos e prevê-se que até 4 mil deles existirão em uma década.[20] No Brasil, apesar da escassez de dados, a tendência é a mesma e isso é visível ao andar pelas grandes cidades do país, com exceção a São Paulo, por causa da legislação. Pelo menos dois fatores limitam o crescimento dos outdoors eletrônicos. Em primeiro lugar, eles são caros para instalar e custam mais de US$ 250 mil cada.[21] Em segundo, várias cidades e mesmo estados se opõem a esse tipo de outdoor por que eles distraem os motoristas, produzem muita luz à noite e representam poluição visual. (A questão sobre a poluição visual e a falta de segurança dos outdoors digitais proporcionaria uma interessante discussão em sala de aula.)

Além de oferecer vantagens de renda para as empresas de painéis, os anunciantes individuais também se beneficiam da disponibilidade desse meio. Em primeiro lugar, os painéis digitais tornam possível mudar os anúncios sempre que necessário. Por exemplo, um anunciante pode divulgar uma venda ou promoção especial em uma semana, e depois na semana seguinte retornar a uma mensagem não promocional de vendas. Uma segunda vantagem desse tipo de outdoor é a habilidade para mudar as mensagens durante o dia. Por exemplo, um restaurante *fast-food* pode prover um item do café da manhã durante o período da manhã e depois anunciar outros itens em outras horas do dia. Uma terceira vantagem dos painéis eletrônicos é que eles permitem a integração – no melhor espírito dos dogmas das comunicações integradas de marketing – com outros anúncios digitais aos quais o consumidor pode ficar exposto durante o dia. Por exemplo, alguém pode ver um anúncio de determinada marca em um painel digital enquanto vai para o trabalho, depois ver o mesmo anúncio digital em um computador, e talvez mais uma vez na tela do celular.

## Painéis personalizados

Resultando do desejo de atrair a atenção do consumidor entre a enorme quantidade de mensagens de marketing que aglomeram o cenário nas áreas urbanas e ruas, os painéis específicos utilizam técnicas artísticas e gráficas diferentes para apresentar as mensagens de um modo atraente e criativo. Considere o painel interativo da PR Newswire na Times Square, usado por marcas líderes de consumo como a Pepsico e Neiman Marcus (Figura 20.3). O grande outdoor da Reuters é visto por cerca de 1.500 pessoas todos os dias. A Figura 20.4 mostra um exemplo de uma série de painéis personalizados, desenvolvidos para o Banco Itaú.

**figura 20.3**

**Painel interativo da Neiman Marcus**

## Compra de espaço em outdoors

A comunicação em outdoors é comprada de empresas proprietárias deles. Claro que o painel em si não é o grande negócio, mas sim o ponto, o local onde está instalado. Existem empresas que operam nesse mercado espalhadas por todo o país. No Brasil, as empresas de comercialização de outdoors têm, em geral, atuação local. Para simplificar a tarefa do anunciante nacional de comprar espaço em outdoors em mercados múltiplos, as organizações compradoras, ou agentes, facilitam a aquisição de espaço em locais em todo o país.

Os fornecedores de outdoors há tempos costumam vender espaços em pôsteres nos termos das chamadas *exibições*. Uma exibição é a porcentagem da população que é teoricamente exposta a uma mensagem em outdoor. As exibições são cotadas em incrementos de 25 e designadas #25, #50, #75 e #100. A designação #50, por exemplo, significa espera-se que 50% da população de determinado mercado passe diariamente pelos outdoors nos quais a mensagem do anunciante é colocada. Uma exibição de #100 é equivalente a dizer que praticamente toda a população de determinado mercado tem a oportunidade de ver (referida como OV) a mensagem do anunciante naquele mercado em particular.

**figura 20.4**
Outdoor de especialidade para um banco

Nos últimos anos as empresas de propaganda converteram *gross rating points* (*GRPs*) [pontos de audiência bruta] em medida para cotar os preços dos pôsteres. Como acontece com a mídia de massa (TV, revistas etc.), os GRPs representam a porcentagem e a frequência de um público que um veículo de propaganda está alcançando. Especificamente, um GRP externo significa alcançar 1% da população em determinado mercado uma única vez. Os GRPs externos são baseados no público diário duplicado (ou seja, uma pessoa pode ser exposta a múltiplas ocasiões a cada dia) como uma porcentagem do mercado potencial total. Por exemplo, se quatro outdoors em uma comunidade de 200 mil pessoas alcançam uma exposição total de 80 mil pessoas, o resultado é 40 *gross rating points*. Como acontece com as exibições tradicionais, os GRPs são vendidos em blocos de 25, sendo que 100 e 50 são os níveis mais comprados.

## Pontos fortes e limitações dos anúncios em outdoors

A comunicação em outdoors apresenta aos gerentes de comunicação de marketing vários pontos fortes singulares e alguns problemas.[22]

### Pontos fortes

Dois dos principais pontos fortes da propaganda em outdoors são seu *amplo alcance* e *altos níveis de frequência*. Os outdoors são eficazes para alcançar praticamente todos os segmentos da população. O número de exposições é especialmente alto quando os sinalizadores são localizados de modo estratégico, em áreas de tráfego intenso. Os anunciantes de automóveis são grandes usuários de mídia externa porque podem atingir grandes números de compradores potenciais com alta frequência. O mesmo pode ser dito acerca das empresas de telecomunicações (como a AT&T, Verizon e Cingular) e dos restaurantes *fast-food*.

Outra vantagem é a *flexibilidade geográfica*. A comunicação em outdoor pode ser posicionada de maneira estratégica para suplementar outros esforços de comunicação (por exemplo, anúncios em TV, rádio e jornais) em áreas geográficas selecionadas, onde esse apoio se faz muito necessário.

O *baixo custo por mil* é a terceira vantagem. A medida custo por mil (abreviada CPM) é literalmente o custo, em média, de expor mil pessoas a um anúncio. A propaganda em outdoor é o meio mais barato em uma base CPM. Todavia, como foi enfatizado no Capítulo 12, quando estudamos as vantagens relativas da mídia tradicional, as comparações de CPM entre mídias diferentes podem ser enganosas. Como as diversas mídias realizam funções diferentes, é inapropriado usar o CPM como a única base de avaliação.

O quarto ponto forte do outdoor é que a *identificação da marca é substancial*, porque os anúncios neles são literalmente maiores que tudo. A habilidade em usar grandes representações oferece aos profissionais de marketing oportunidades excelentes para a identificação da marca e da embalagem. Além disso, as empresas de outdoors estão se tornando cada vez mais talentosas na criação de outdoors que atraiam a atenção do público por meio do uso de técnicas criativas e visuais chamativos – como os mostrados nas Figuras 20.3 e 20.4. Considere também o anúncio criativo para a promoção dos produtos Adidas para futebol no Japão.

A mídia externa desempenha um papel bastante proeminente no Japão porque o residente médio em uma cidade como Tóquio leva 70 minutos para chegar ao trabalho, o que torna os outdoors e outras formas de mídia externa um meio atraente e relativamente barato de alcançá-lo. Porém, o gasto significativo com anúncios em outdoors criou um grande problema de aglomerado.

A fabricante de roupas e equipamentos esportivos Adidas apresentou uma solução inovadora: ela criou campos falsos de futebol em outdoors e suspendeu (por meio de cordas oscilantes) dois jogadores e uma bola a 12 andares do solo. Os dois jogadores suspensos disputavam partidas de 10 a 15 minutos em intervalos de uma hora, às tardes, enquanto centenas de pedestres se aglomeravam em baixo para assistir. É claro que enquanto eles assistiam às "partidas" de futebol, estavam continuamente expostos aos nomes e logo Adidas junto da mensagem transmitida no "campo" de futebol, dizendo: "Tenha paixão e você terá o jogo". É difícil imaginar um outdoor mais chamativo que o uso de jogadores de futebol ao vivo.[23]

A quinta vantagem do outdoor é que ele propicia uma excelente oportunidade de alcançar consumidores como um *último lembrete antes de fazer a compra*. Isso explica por que restaurantes e produtos como cerveja estão entre os maiores usuários de outdoors.

### Limitações

Um problema significativo com a comunicação em outdoor é a *não seletividade demográfica*. O anúncio em outdoor pode ser adaptado a grupos gerais de consumidores (digamos, moradores do centro das cidades), mas não pode selecionar segmentos específicos de marketing (digamos, profissionais liberais, do sexo masculino, na faixa etária entre 25 e 39 anos). Os anunciantes devem recorrer a outras formas de mídia (como revistas e rádio) para definir melhor a seleção do público. Contudo, com a tecnologia em desenvolvimento, a comunicação está em processo de aperfeiçoar sua habilidade para atingir clientes-alvo. Por exemplo, uma empresa da Califórnia, a Smart Sign Midia, introduziu uma tecnologia que ajusta os outdoors digitais às estações de rádio sintonizadas pelos veículos que passam perto deles. Usando a seleção da estação de rádio como um indicador de renda, a tecnologia da Smart Sign calcula a renda média das pessoas que passam pelo outdoor e então muda a mensagem para alcançar o maior aglomerado de pessoas que passam por determinado local onde o outdoor está localizado.[24]

A *exposição curta* é outra desvantagem. "Agora você vê, agora não" caracteriza de forma apropriada a tendência do modo como a comunicação externa chama a atenção do consumidor. Por essa razão, as mensagens em outdoor que precisam ser lidas são menos eficazes que as predominantemente visuais. Cores brilhantes, imagens vívidas e mensagens visuais são essenciais na comunicação eficaz em outdoor.

Uma terceira limitação do anúncio em outdoor envolve as *questões ambientais*. Os outdoors vêm sendo proibidos ou severamente regulados em várias cidades ao redor do mundo. Embora alguns concordem que outdoors atraentes podem dar vida e até embelezar vizinhanças e ruas com mensagens atraentes, outros consideram esse meio de comunicação feio e invasivo. Isso é em grande parte uma questão de gosto pessoal. Os artigos citados na nota de fim a seguir abordam a questão com mais profundidade, incluindo discussão do valor e perigos potenciais referentes ao uso crescente de sinalizadores mutáveis de mensagens – ou seja, os outdoors eletrônicos que variam a mensagem a cada 4 a 10 segundos.[25]

## Medindo o tamanho e as características do público dos outdoors

Ao colocar anúncios na mídia impressa (jornais e revistas) e mídia de transmissão (rádio e TV), os anunciantes têm acesso às assim chamadas fontes de dados sindicalizadas que os informam sobre (1) o tamanho do público a ser alcançado com o uso dessa mídia e (2) as características demográficas dos públicos alcançados pelos veículos de mídia, tais como as revistas individuais (por exemplo, *Revista Veja*) ou programas de TV (por exemplo, *Novela das 20h da Rede Globo*). As técnicas de medida de público para as mídias impressa e de transmissão foram descritas em detalhes no Capítulo 12. Essas informações são preciosas para o planejamento e a tomada de decisão de compra de mídia. Antes de comprar a mídia, o anunciante pode fazer uma estimativa da porcentagem do público-alvo que provavelmente será alcançado e da frequência média que os membros do público terão uma OV (oportunidade de ver, ler ou ouvir) uma mensagem durante, digamos, um período de planejamento de quatro semanas. A mídia impressa e de transmissão são, portanto, *mensuráveis*, e os anunciantes têm muita fé na precisão dos dados referentes ao público para essas mídias.

Comparativamente, não existe nenhum dado equivalente de medida de público para a indústria da mídia exterior, ao menos nas mesmas bases da mídia tradicional. Historicamente, esse setor dependeu de dados de trânsito, que apenas indicam quantas pessoas passam pelo local onde está a comunicação, como um outdoor. No entanto, não há nenhuma informação específica disponível quanto às características demográficas das pessoas que têm a oportunidade de ver as mensagens nos outdoors. A falta de dados verificados com relação às características do público é considerada uma dificuldade significativa, que deve ser superada se a comunicação em outdoor se tornar um meio de comunicação mais amplamente usado. Embora os dados de fluxo de tráfego indiquem o número de pessoas que podem ter a oportunidade de ver uma mensagem em outdoor, eles não fornecem absolutamente nenhuma informação sobre as características demográficas dessas pessoas, que é o tipo de informação de que os anunciantes necessitam para tomar decisões inteligentes de segmentação. Contudo, é possível ter uma base do perfil predominante do público pelas características do local. Por exemplo, um outdoor na área do aeroporto de Congonhas em São Paulo ou do Santos Dumont no Rio de Janeiro certamente atinge um bom número de executivos, assim como outro painel próximo a um estádio de futebol atinge pessoas que gostam de esportes, presumivelmente.

Essa falta de informação retardou o crescimento do setor de mídia exterior e impediu que muitos anunciantes investissem pesadamente nesse tipo de mídia. Relativamente, poucos anunciantes nacionais dedicam grandes porcentagens de seus orçamentos à mídia exterior. Será difícil mudar essa situação a menos que o setor de mídia externa desenvolva de algum modo medidas precisas de tamanho e características demográficas do público. Colocar anúncios na mídia sem um conhecimento exato das características do público é equivalente a comprar algo sem ver o que é. Ou seja, é imprudente comprar algo que está escondido, sem saber antes o que você está adquirindo.

### Dispositivos pessoais externos da Nielsen (Npods)

Felizmente, a Nielsen Media Research, empresa especializada na aferição de públicos de comunicação, está fazendo grandes progressos no desenvolvimento de meios que determinem as *características demográficas dos públicos externos*. O serviço da Nielsen envolve a seleção de amostra representativa de indivíduos, coletando deles informações demográficas pertinentes e equipando-os com medidores operados por bateria chamados *Npods* (Nielsen Personal *Outdoor Devices* – Dispositivos pessoais externos da Nielsen). Usando a tecnologia de satélite de posicionamento global (GPS), esses medidores Npods, automaticamente, acompanham os movimentos dos indivíduos desde a hora que deixam suas casas até o momento em que retornam. Com o conhecimento das características demográficas dos membros da amostra, e sabendo literalmente sua localização geográfica, é possível juntar esses dois conjuntos de dados e extrair conclusões acerca das características demográficas das pessoas que tiveram uma oportunidade de ver um anúncio colocado em determinada localização de outdoor.

Como o conhecimento das características demográficas das pessoas que passam por determinados locais de outdoors, ou de outros anúncios externos, é bem provável que os anunciantes aumentem o uso desse tipo de comunicação. Uma pesquisa inicial conduzida pela Nielsen Outdoor em Chicago revelou que homens entre 35 e 54 anos são os mais expostos à mídia exterior e os indivíduos que trabalham em tempo integral, nas categorias de renda mais alta, estão especialmente sujeitos à exposição aos anúncios externos.[26]

## Um estudo de caso da eficácia dos outdoors

A Adams Outdoor Advertising, grande empresa do setor, realizou uma campanha criativa para demonstrar a eficácia dos outdoors. Com a ajuda da Cognetix – uma agência de propaganda – um programa foi lançado para testar a eficácia do outdoor. As duas empresas lançaram uma campanha em outdoor para uma marca fictícia de água engarrafada com o nome de *Outhouse Springs*. Brincando com o conceito da incongruência (água engarrafada com o nome *Outhouse Springs, ou* Nascentes externas) e usando um tipo de humor exagerado, os anúncios foram colocados por todo o mercado durante quatro semanas, a um custo aproximado de US$ 25 mil e atingiram um índice expressivo de exposição. As mensagens incluíam frases engraçadas, embora inacreditáveis, como "A primeira água reciclável da América", "Originalmente em latas. Agora em garrafas", "L-M-N-O-...", e "É a nº 21, Não a nº 2" (veja a Figura 20.5).[27]

Para avaliar a eficácia da campanha, a percepção da marca, as atitudes e as intenções de compra foram medidas em intervalos semanais. Na terceira semana, 67% de uma grande amostra de consumidores indicou percepção da marca hipotética Outhouse Springs, 77% tiveram uma atitude neutra ou favorável para com essa marca de água engarrafada e 85% indicaram uma intenção de compra da marca.

Embora admitidamente um produto altamente singular e gerador de comentário (lembre-se da discussão sobre criação de rumos no Capítulo 19), essa campanha para uma marca fictícia de água engarrafada revela que grande número de pessoas está exposto aos anúncios em outdoors e pode ser influenciado favoravelmente. Parte do sucesso se deu, sem dúvida, ao fato de que o comentário gerou histórias na TV, no rádio e em artigos de jornais. Não obstante, esse teste de uma marca hipotética demonstra que as pessoas estão alertas às mensagens chamativas e memoráveis colocadas em outdoors. Para uma discussão mais apropriada do caso Outhouse Springs com outros exemplos de estudos de casos da eficácia da comunicação *out-of-home*, acesse o site da Outdoor Advertising Association of America's: http://www.oaaa.org/outdoor/research/audience.asp.

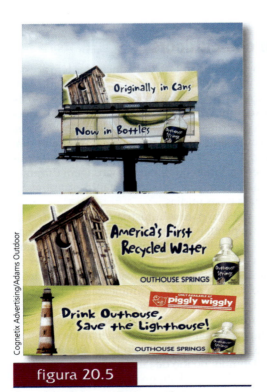

figura 20.5

Ilustrações da campanha em outdoor para a Outhouse Springs

## Outras formas de mídia exterior

Até aqui demos ênfase aos outdoors, que são a principal forma de comunicação externa. No entanto, como mencionamos antes, esse tipo de comunicação inclui várias formas de anúncios em trânsito (em ônibus, táxis e caminhões), em pontos de ônibus e outros mobiliários urbanos e uma variedade de formas de comunicação externa.

A criatividade e a eficácia potencial dessas formas de comunicação que não são outdoor são mais bem ilustradas com exemplos. A Figura 20.6 é um anúncio da empresa de telefonia Vivo, que foi inserido nos trens do metrô.

Como patrocinadora dos Jogos Olímpicos de Nagano, em 1998, a Eastman Kodak Company teve visibilidade de marketing com os consumidores japoneses que talvez jamais tivessem sido expostos aos produtos da empresa. Uma frota de doze ônibus urbanos foram completamente "envoltos" por imagens da Kodak ou das Olimpíadas, promovendo o envolvimento da empresa com os jogos. Os ônibus serviram como outdoors em movimento, chamando a atenção. A Figura 20.7 apresenta uma nova forma de mídia presente nos trens de metrô da cidade de São Paulo. Essa mídia é chamada de TV Minuto – são pequenos monitores fixados no interior dos trens do metrô que transmitem propagandas de diversos produtos. Essa mídia representa outra forma útil de comunicação direcionada a consumidores em trânsito.

**figura 20.6**

Um anúncio em trânsito para a Vivo

## *Merchandising* – comunicação no ponto de venda

Os nomes e as embalagens das marcas, tópicos do Capítulo 3, enfrentam, no ponto de venda, o árbitro supremo de sua eficácia – o consumidor. O ponto de venda (PDV), ou ambiente de loja, dá ao divulgador da marca a oportunidade final para afetar o comportamento do consumidor. Os gerentes de marca reconhecem o valor da comunicação no ponto de venda, chamada, no Brasil, de *merchandising* e de *point of purchase communication* (POP Comm) nos EUA. Na verdade, os profissionais de marketing nos Estados Unidos investem mais de US$ 20 bilhões em várias formas de comunicações no ponto de venda. No Brasil, esse tipo de comunicação também vem ganhando força.

O ponto de venda é o momento ideal para se comunicar com os consumidores porque é nesse momento que muitas decisões de escolha de produtos e marcas são tomadas. É o momento e o lugar no qual todos os elementos da venda (consumidor, dinheiro e produto) se juntam.[28] O comportamento do consumidor na loja foi descrito nos seguintes termos que destacam a importância da comunicação no ponto de venda:

> *Os compradores são exploradores. Eles estão em um safári, caçando barganhas, produtos novos e itens diferentes para acrescentar excitação a seu cotidiano. Três em cada quatro estão abertos a novas experiências enquanto passam pelos corredores dos supermercados e procuram barganhas em drogarias e grandes lojas.*[29]

Isso se traduz em uma oportunidade de provocar um impacto mensurável exatamente no momento em que os compradores estão mais receptivos a novas ideias de produtos e marcas alternativas. Os profissionais de marketing astutos percebem que o ambiente em loja é a última e melhor chance de fazer diferença. A comunicação no PDV, com frequência, representa o ponto culminante de um programa de CIM cuidadosamente integrado – no ponto de venda os consumidores relembram os anúncios previamente processados pela mídia de massa e, agora, têm a oportunidade de se beneficiar de uma oferta de promoção de vendas.

**figura 20.7**

TV Minuto

## O espectro dos materiais de *merchandising*

Os materiais do ponto de venda incluem uma grande variedade de tipos e formatos de peças, como displays de chão, de teto, de parede, fixos e móveis, móbiles, cartazes, *stopper*, faixa de gôndola, adesivos de chão, papel de forração etc. Os materiais utilizados também são variados: papelão, metal, plástico e acrílico. Alguns, mais sofisticados, com tecnologia digital embarcada como computadores e interatividade. Além de anúncios em rádio e TV internos das lojas.[30] Os representantes do setor classificam os materiais de PDV em quatro categorias:

- *Displays permanentes*: são displays usados por seis meses ou mais. (Note que a linha divisória de seis meses é uma convenção arbitral estabelecida pelo POPAI – The Global Association of Marketing at Retail. Um exemplo de display permanente para a Intel é apresentado na Figura 20.8.
- *Displays semipermanentes:* os displays de PDV semipermanentes têm um período de vida de menos de seis e mais de dois meses. A Figura 20.9 apresenta um display semipermanente para produtos da La Panier.
- *Displays temporários:* os displays de PDV temporários são usados por menos de dois meses. Um display temporário para os produtos Kodak Inkjet é apresentado na Figura 20.10.

**figura 20.8**
Ilustração de um display permanente

**figura 20.9**
Ilustração de um display semipermanente

**figura 20.10**
Ilustração de um display temporário

- *Mídia interna da loja:* a mídia interna da loja inclui materiais de propaganda e promoção como anúncios na rádio interna, display digital de varejo (como telas semelhantes às de TV em pontos-chave), anúncios nos carrinhos de compra (como vimos na seção *Dica de comar*), anúncios nas prateleiras (chamados faladores nas prateleiras) e imagens nos pisos (anúncios colocados nos pisos das lojas: veja um exemplo na Figura 20.11).

As organizações de varejo em geral terceirizam as atividades de mídia interna para uma empresa especializada. Os divulgadores da marca pagam preços de anúncios para obter tempo na rádio interna ou espaço no carrinho de compras e nas prateleiras, em uma base nacional ou em mercados específicos.

**figura 20.11**
Ilustração de anúncio nos pisos

## O que o *merchandising* realiza?

As empresas investem cada vez mais nos materiais de *merchandising*. Como mencionamos antes, as despesas com comunicação no PDV são significativas e crescem constantemente. Esse investimento é justificado porque os materiais dentro das lojas oferecem serviços úteis para todos os participantes do processo de marketing: fabricantes, varejistas e consumidores.

### Realizações para os fabricantes

Para os fabricantes, o ponto de venda (PDV) mantém o nome da empresa e da marca diante do consumidor e reforça uma imagem da marca que foi previamente estabelecida por meio da propaganda em mídia de massa e outros veículos. A sinalização e os displays no PDV também chamam a atenção paras as promoções de vendas e estimulam a compra por impulso.

### Serviço aos varejistas

O *merchandising* serve aos varejistas atraindo a atenção do consumidor, aumentando seu interesse em comprar e o período de tempo passado na loja – tudo isso leva ao aumento dos lucros e receitas do varejo. Além disso, os materiais de PDV realizam uma função crítica de divulgação ajudando os varejistas a maximizar o espaço disponível quando, por exemplo, vários produtos são exibidos na mesma unidade. Os displays de PDV também permitem aos varejistas reconhecer melhor os espaços na prateleira e no piso e aperfeiçoar o controle e a rotatividade do estoque.

### Valor para os consumidores

Os consumidores são servidos pelo *merchandising*, que fornece informações úteis e simplifica o processo de compra. Os displays de PDV permanentes, semipermanentes e temporários propiciam esse valor aos consumidores separando marcas específicas de itens semelhantes e simplificando o processo de seleção. Além do mais, a mídia dentro da loja informa aos consumidores sobre produtos e marcas novos.

Não obstante, existe uma desvantagem no uso crescente do *merchandising*: os consumidores, às vezes, são subjugados por estímulos no PDV em excesso. Um comentarista de marketing chegou a comparar o amplo uso dos materiais de comunicação dentro da loja ao spam on-line.[31] Como acontece com todas as mídias de comunicação, o ambiente dentro da loja sofre com o *aglomerado* de anúncios, o que pode irritar os consumidores e reduzir a eficácia dos esforços dos divulgadores de marca. Isso explica por que vários varejistas estão implementando políticas "pisos limpos", reduzindo a quantidade, o tamanho e a aparência dos displays, em um esforço para melhorar a experiência de compra dos consumidores.[32]

Além de beneficiar todos os participantes do processo de marketing, o ponto de venda desempenha outro papel importante: ele serve como toque final de um programa de CIM. O PDV em si pode ter um impacto limitado, mas quando usado em conjunto com os anúncios na mídia de massa e com as promoções, ele pode criar um efeito sinérgico. Pesquisas revelaram que quando o PDV reforça uma mensagem de propaganda de uma marca, o aumento no volume de vendas pode ser substancial. Exemplos dessa sinergia aparecem em uma seção posterior que apresenta evidências empíricas da eficácia do PDV.

## A influência do *merchandising* sobre o comportamento do consumidor

O *merchandising* no ponto de venda (PDV) influencia os consumidores de três modos gerais: (1) *informando-os* sobre itens específicos, (2) *relembrando-os* da informação adquirida por outras formas de mídia e (3) *encorajando-os* a selecionar marcas específicas, às vezes por impulso.

## Informar

Informar os consumidores é a função mais básica do *merchandising*. Os diversos materiais de comunicação dentro da loja alertam os consumidores para itens específicos e fornecem informações potencialmente úteis.

Os *displays móveis* são especialmente eficazes para esse propósito. Embora tipicamente mais caros que os estáticos, representam um investimento comercial potencialmente sólido se atraírem níveis significativamente mais altos de atenção dos compradores. Evidências de três estudos mostram que os displays móveis, com frequência, compensam a despesa extra.[33]

As pesquisas testaram a eficácia relativa dos displays móveis e estáticos para a cerveja Olympia, uma marca outrora bem-sucedida nos Estados Unidos, mas hoje inexistente, colocando os dois tipos de displays em uma amostra de teste nas lojas de bebidas e supermercados da Califórnia. Cada uma das lojas participantes recebeu displays móveis ou estáticos. Outra amostra de lojas, que serviu como grupo de controle, não recebeu nenhum display. Mais de 62 mil compras da cerveja Olympia foram registradas durante o período de teste de quatro semanas. Os displays estáticos nas lojas de bebidas aumentaram as vendas da Olympia em 56% a mais que as lojas sem displays (o grupo de controle). Nos supermercados, os displays estáticos aumentaram as vendas da marca em uma quantidade consideravelmente menor, embora ainda substancial (18%). Mais significativa, no entanto, foi a descoberta de que os displays móveis aumentaram as vendas da Olympia em 107% nas lojas de bebidas e 49% nos supermercados. Um segundo teste de eficácia dos displays móveis usou os *muffins* ingleses da S. B. Thomas como produto de foco. Dois grupos de 40 lojas cada tiveram o mesmo volume de produtos e seus consumidores apresentaram as mesmas características demográficas. Um grupo recebeu um sinalizador do *muffin* inglês da S. B. Thomas que se movia lateralmente. As outras 40 lojas usaram displays regulares estáticos. As vendas dos *muffins* da Thomas nas lojas equipadas com displays móveis foram 100% maiores que as das lojas com displays estáticos.

Um terceiro teste entre os dois tipos de display envolveu as pilhas Eveready em experimentos conduzidos em Atlanta e San Diego. Seis drogarias, seis supermercados, seis grandes varejistas foram divididos em dois grupos, como aconteceu no estudo do *muffin* da Thomas. Para as grandes redes de loja, os displays estáticos aumentaram as vendas durante o período de teste em 2,7% sobre o período base, mas, surpreendentemente, as vendas nas drogarias e lojas de alimentos que usaram os displays estáticos foram um pouco menores (1,6% mais baixas em cada um) que as verificadas nos estabelecimentos que não usaram esse tipo de display. Em comparação, os displays móveis aumentaram as vendas de modo uniforme em 3,7%, 9,1% e 15,7% nas drogarias, supermercados e grandes redes de loja, respectivamente.

Os três grupos de resultados demonstram a eficácia relativa dos displays móveis comparados aos estáticos. As razões do processamento de informação pelos consumidores são simples: (1) os displays móveis atraem a atenção, (2) a atenção, depois de atraída, é direcionada para características de destaque do produto, incluindo o reconhecimento do nome da marca exibida, (3) a informação sobre o nome da marca ativa a memória do consumidor referente às atitudes para com a marca previamente processada pela propaganda na mídia, (4) a informação sobre os atributos da marca, quando lembrada, fornece uma razão para o consumidor comprar a marca exibida. Também é possível que o simples fato de ver um display indique que a marca está em promoção, seja isso verdade ou não.[34]

Portanto, um display móvel realiza a função fundamental interna de ativar a memória quanto ao nome de uma marca. A probabilidade de comprar a marca aumenta, talvez de maneira substancial (como no caso dos *muffins* ingleses da S. B. Thomas), se o consumidor estiver favoravelmente disposto com relação a ela. O display da Eveready foi menos eficaz ao que parece porque a responsabilidade pela venda foi colocada quase exclusivamente sobre o display. Sem uma estimulação anterior de demanda por meio da propaganda, o display estático foi ineficaz e o display móvel não foi tão eficaz quanto poderia ter sido.

## Lembrar

Uma segunda função do *merchandising* é lembrar os consumidores das marcas que eles já conheceram anteriormente por meio da mídia de transmissão, impressa, ou outra. Esse papel de lembrete serve para complementar o trabalho já realizado pela propaganda antes que o consumidor entre na loja.

Para entender o papel de lembrete desempenhado pelos materiais do ponto de venda, é importante abordar um princípio-chave da psicologia cognitiva: o **princípio da especificidade da codificação**. Em termos simples, esse princípio afirma que a lembrança da informação é melhorada quando o contexto no qual as pessoas tentam recuperá-la é o mesmo ou semelhante àquele no qual elas originariamente codificaram a informação. (Codificar é colocar os itens da informação na memória.)

Um exemplo que não pertence ao marketing – e que pode trazer de volta algumas memórias desagradáveis – servirá para esclarecer o significado e a importância exatos do princípio. Lembre-se de uma prova muito importante que exigia habilidade para resolver problemas. Talvez você tenha ficado acordado até tarde da noite tentando resolver determinado problema difícil, talvez em contabilidade, cálculo ou estatística. Por fim, a solução apareceu e você se sentiu bem preparado para a prova no dia seguinte. Com certeza, a prova apresentou um problema muito parecido com aquele que você resolveu na noite anterior. Entretanto, para seu desespero, sua mente ficou em branco e você não conseguiu resolver o problema. Mas depois do teste, de volta ao seu quarto, a solução apareceu como que "caída do céu".

A especificidade de codificação é a "culpada". Especificamente, o contexto no qual você originalmente codificou a informação e formulou uma solução para o problema (ou seja, seu quarto) era diferente do contexto no qual, depois,

## foco c.i.m.

### REEBOK & SPFC (São Paulo Futebol Clube) *Concept Store*

**A primeira loja conceito – temática de futebol – implantada em um estádio no Brasil**

O futebol, considerado esporte das multidões dos países emergentes, vem consolidando-se como um dos negócios mais promissores nos últimos anos no mercado global. Este posicionamento vem sendo conquistado pelo volume crescente de adeptos praticantes (profissionais e amadores), pelo aperfeiçoamento tecnológico dos artigos esportivos (calçados, vestuário, acessórios, equipamentos), pela projeção dos jogadores-ídolos, alçados a celebridades-exemplos e pela profissionalização dos clubes, ampliando o escopo do futebol como negócio, resultando em projetos de estádios, arena, centros de treinamento, hotéis e atuação em atividades empresariais que complementam a organização e a viabilização do clube-empresa.

Mais especificamente no Brasil – país considerado o berço do futebol-arte e referência global da prática do esporte –, a dimensão do faturamento gerado pelo futebol fez surgir uma nova geração de executivos e gestores dos clubes (transformados em empresas) capazes de cumprir com objetivos e metas de faturamento estabelecidas pelo clube, utilizando como estratégia a conquista de patrocínio, nos mais diversos segmentos, a contratação de jogadores, a preparação dos novos talentos e a repercussão na mídia esportiva.

Dimensões do futebol e dos clubes aumentaram o contigente de torcedores, defensores vorazes das conquistas e vitórias do time e consumidores leais da marca-time em todas as suas manifestações, ou melhor, de toda a linha de produtos, fruto da extensão da marca-time.

**A Reebok & SPFC *Concept Store***

Com um cenário promissor para consumo e constatando que faltava ao torcedor de time de futebol um espaço de relacionamento e convivência com o time, a Reebok saiu na frente e, como patrocinadora oficial do São Paulo Futebol Clube – posicionado entre as cinco maiores torcidas do Brasil e com torcedores de alto poder aquisitivo em sua maioria –, propôs ao clube uma parceria para a criação de uma loja conceito temática de futebol, que seria implantada no estádio do Morumbi. Assim foi desenvolvido o projeto da loja conceito Reebok & SPFC no estádio do Morumbi, a primeira loja de futebol implantada em um estádio, fundamentada na seguinte estratégia:

1. Ser um espaço de relacionamento e convivência do torcedor tricolor, gerando proximidade maior entre os torcedores e deles com o time.
2. Apresentar a linha completa de produtos do time: vestuário, acessórios, *souvenirs*, propiciando o consumo e a identificação do torcedor.
3. Trazer o torcedor para dentro da "casa" do time, motivando-o a frequentar o estádio, não apenas em dia de jogos.
4. Ser referência – o primeiro patrocinador e time a implantar um varejo inovador, que viabilizasse um estádio também como um local de consumo no Brasil.

**O projeto**

Em uma área de 1.200 m², implantada no anel térreo do estádio Cícero Pompeu de Toledo – Morumbi, próximo ao gramado, a loja foi inaugurada em setembro de 2007, apresentando:

Espaço de relacionamento e convivência

Composto de camarote com capacidade para até 300 pessoas, prevendo espaço para cadeirantes, obesos e portadores de deficiência visual e bar exclusivo, com serviço de *buffet*, que atende aos convidados nos dias de jogos.

No local o convidado assiste à partida, com visão direta do campo e transmissão em tempo real pelo circuito interno de TV.

Em dias de jogos, esses espaços estão disponíveis somente para convidados, propiciando exclusividade e experiência, desfrutando de todos os serviços oferecidos nesses momentos.

Espaço de experiência

Além do camarote, o visitante pode ouvir a transmissão dos principais jogos de todos os tempos disputado pelo time, narrado por Osmar Santos ou Fiori Gigliotti, nos cones de som posicionados em dois pontos da loja e acionados por presença.

A loja possui também o minimemorial, espaço dedicado às principais conquistas do time, um local onde ficam expostos os troféus e as taças originais, que os visitantes podem fotografar e, em alguns casos, até tocar. É também um ponto de atração da loja.

Espaço de loja

Aberta diariamente ao público, apresenta a linha completa de produtos oficiais do time, acessórios e souvenirs, expostos no sistema de autosserviço e equipe treinada para assistir o cliente. A loja dispõe de serviço de personalização de camiseta, no qual o consumidor pode escolher seu número e sua posição, ou de seu jogador-ídolo e colocar o próprio nome.

*(Continua)*

> *(Continuação)*
>
> **Linha de produtos 90 minutos**
>
> Para este projeto foi desenvolvida uma linha especial de produtos casuais, que podem ser usados pelo torcedor, no seu dia a dia, como resposta à demanda por produtos que pudesse compor seu guarda-roupa habitual. A linha 90 Minutos é composta por polos, camisetas, jaquetas, shorts, acessórios, entre outros.
>
> A loja rapidamente passou a compor o Morumbi Tour, roteiro turístico pelo Estádio do Morumbi, habitualmente organizado para grupo de torcedores, comitiva de torcedores dirigentes de clubes internacionais, escolares, comunidades, entre outros.
>
> Com o resultado do projeto, em 2008 foi criada a rede de lojas temáticas SAO – parceria entre a Reebok e o SPFC, que possui sete lojas até o momento, implantadas em shopping centers.
>
> A proposta deste *case* é servir de referência para reflexão e discussão sobre o tema e não para avaliar as estratégias adotadas.
>
> Caso elaborado por Heloísa Omine, professora de Comunicação no PDV – Pós-graduação de Comunicação com o Mercado da ESPM.

você teve de solucionar um problema semelhante (sua sala de aula). Portanto, as dicas contextuais de recuperação não estavam presentes na sala de aula para ajudá-lo prontamente a se lembrar de como você solucionou o problema antes.

Voltando ao mercado, considere a situação na qual consumidores codificam informações de um comercial de TV acerca de uma marca e suas características e benefícios exclusivos. A expectativa do anunciante é que os consumidores consigam recuperar essa informação no ponto de venda e a usem para selecionar essa marca, em vez das ofertas concorrentes. No entanto, isso nem sempre funciona dessa maneira. Nossas memórias são falíveis, principalmente porque somos expostos a uma quantidade inacreditável de informação de propaganda. Embora possamos ter codificado essa informação alguma vez, talvez não sejamos capazes de recuperá-la sem uma dica/lembrete no ponto de venda.

Considere, por exemplo, a campanha do coelhinho tocando um tambor. Quase todas as pessoas conhecem essa campanha, mas muitos consumidores têm dificuldade para lembrar da marca anunciada. (Pense um pouco: qual é a marca?) Diante das marcas Duracell, Rayovac e Energizer na prateleira, o consumidor pode não associar a propaganda do coelhinho a nenhuma marca específica. É aqui que os materiais no ponto de venda desempenham um papel fundamental. A Duracell (a marca do coelhinho) pode promover a especificidade da codificação usando sinais na prateleira ou desenhos na embalagem que apresentem o coelhinho e o nome da marca juntos, assim como acontece nos anúncios. Assim, oferecendo aos consumidores dicas de recuperação da codificação, a chance é que se lembrem dos anúncios anteriores, de que a Duracell é a marca de pilha usada pelo coelhinho que nunca para de bater o tambor.

O ponto crucial é que a propaganda na mídia e o *merchandising* devem estar fortemente integrados para que as dicas/lembrete nas lojas possam capitalizar o trabalho de fundo realizado pela mídia de propaganda. Sinais, displays e mídia interna permitem a otimização de uma campanha de CIM e aumentam as chances de que os consumidores selecionarão uma marca em particular em vez das alternativas.

### Encorajar

Encorajar os consumidores a comprar um item ou marca específicos é a terceira função do *merchandising*. Materiais de PDV eficazes influenciam as escolhas do produto e da marca no ponto de venda e encorajam a compra não planejada e até por impulso. A seção a seguir aborda esse papel crucial da comunicação no PDV.

## Evidência da tomada de decisão dentro da loja

Estudos do comportamento de compra do consumidor revelaram que uma grande proporção de todas as compras não é planejada, em especial nos supermercados, drogarias, grandes redes de loja (como Carrefour ou Lojas Americanas). A *compra não planejada* significa que muitas decisões de escolha de produtos e marcas são feitas quando o consumidor está na loja, e não antes. Os materiais de *merchandising* desempenham um papel – talvez o principal – de influenciar a compra não planejada. A seção a seguir discute a pesquisa sobre a compra não planejada, e uma seção subsequente apresenta evidências do papel dos displays de PDV no aumento do volume de vendas.

### O Estudo dos hábitos de compra do consumidor realizado pela POPAI

A Global Association of Marketing at Retail (POPAI) conduziu esse importante estudo, que confirma que a mídia, a sinalização e os displays internos exercem uma forte influência sobre as decisões de compra dos consumidores.[35] O estudo coletou dados de 4.200 consumidores que estavam fazendo compras nas lojas de 22 redes líderes de supermercados e quatro grandes varejistas – Bradlees, Kmart, Target e Walmart – localizadas em 14 grandes mercados pelos Estados Unidos. O estudo foi realizado da seguinte forma:

- Os pesquisadores selecionaram consumidores com 16 anos de idade ou mais para determinar se eles estavam em uma "importante expedição de compra".

- Os pesquisadores entrevistaram compradores qualificados, antes que começassem suas compras (entrevistas de entrada) e depois que as completaram (entrevistas de saída). As entrevistas foram conduzidas durante todas as horas do dia e todos os dias da semana.
- Durante as entrevistas anteriores às compras, os pesquisadores usaram um formato de questionário sem ajuda para perguntar aos compradores sobre suas compras planejadas naquela ocasião específica e verificar as intenções de compra relacionadas à marca. Depois, nas entrevistas de saída, posteriores às compras, os pesquisadores verificaram as notas de caixa dos compradores, ou fisicamente examinaram os carrinhos de compra nas quatro grandes redes de loja.
- Comparando as compras planejadas dos consumidores, obtidas durante as entrevistas de entrada, às compras reais durante as entrevistas de saída, foi possível classificar cada compra de marca em um dos quatro tipos de comportamento de compra: especificamente planejadas, compras planejadas em geral, compras substitutas e compras não planejadas. Cada grupo é assim definido:

    1. *Especificamente planejadas:* essa categoria representa as compras de uma marca para a qual o consumidor indicou uma intenção de comprar. Por exemplo, a compra da Pepsi Diet seria considerada especificamente planejada se, durante a entrevista de entrada, um consumidor mencionasse sua intenção de adquirir essa marca e, de fato a comprasse. Segundo o *Estudo dos hábitos de compra do consumidor*, 30% das compras em supermercados e 26% das realizadas em grandes varejistas foram especificamente planejadas.
    2. *Planejadas em geral:* essa classificação se aplica às compras para as quais o consumidor indicou uma intenção de adquirir um produto em particular (por exemplo, um refrigerante), mas não tinha nenhuma marca específica em mente. As compras planejadas em geral representaram 6% das realizadas em supermercados e 18% nas grandes redes de loja.
    3. *Compras substitutas:* as compras em que o consumidor não adquire o produto ou marca indicados na entrevista de entrada constituem as compras substitutas. Por exemplo, se um consumidor disse que pretendia comprar Pepsi Diet, mas na verdade comprou Coca-Cola Zero, esse comportamento seria classificado como uma compra substituta. Elas representaram apenas 4% das compras realizadas em supermercados e 3% nos grandes varejistas.
    4. *Compras não planejadas:* nessa classificação encontram-se as compras para as quais o consumidor não tinha nenhuma intenção prévia. Se, por exemplo, um comprador adquire a Pepsi Diet sem ter informado ao entrevistador sobre sua intenção, tal comportamento seria registrado como uma compra não planejada. Sessenta por cento das compras em supermercados e 53% nos grandes varejistas foram classificadas como não planejadas.

Os índices de decisão dentro da loja são 70% e 74% para supermercados e grandes redes de loja, respectivamente. Essas porcentagens indicam que os fatores internos influenciam, aproximadamente, sete entre dez decisões de compra. Fica claro que os materiais de PDV representam um elemento determinante muito importante do comportamento de escolha de produto e marca por parte do consumidor!

É importante reconhecer que nem todas as compras que os entrevistadores registraram como não planejadas são de fato não planejadas. Às vezes algumas compras são registradas como não planejadas simplesmente porque os compradores não conseguiram, ou não quiseram, informar os entrevistadores a respeito de seus exatos planos de compra. Isso não significa que a pesquisa da POPAI apresenta falhas graves, mas sim que a aferição das compras não planejadas provavelmente é um tanto exagerada por causa da inevitável parcialidade que acabamos de descrever. Outras categorias também podem ser parciais. Por exemplo, seguindo a mesma lógica, a porcentagem de compras especificamente planejadas é talvez um tanto exagerada. De qualquer forma, as descobertas da POPAI são importantes, ainda que não precisamente corretas.

Os índices de decisões dentro da loja variam de maneira substancial de acordo com as categorias de produtos. Os produtos de supermercados que são praticamente gêneros de primeira necessidade (por exemplo, produtos alimentícios) e produtos de consumo de massa, que são itens essenciais e comprados com regularidade (por exemplo, fraldas descartáveis), têm os índices de decisão dentro da loja mais baixos, porque a maioria dos consumidores sabe que vai comprar tais itens quando vai à loja. Reciprocamente, produtos não essenciais e itens que em geral não ocupam o primeiro lugar na mente dos consumidores (por exemplo, itens de pronto-socorro e sacos de lixo) são especialmente suscetíveis à influência dos estímulos internos. Fica claro que, para esses tipos de produtos, os divulgadores da marca devem ter uma presença distinta no ponto de venda na esperança de atrair as decisões de compras para suas marcas.

**Fatores que influenciam as tomadas de decisão dentro da loja:** os pesquisadores acadêmicos tiveram acesso aos dados do *Estudo dos hábitos de compra do consumidor* da POPAI.[36] O objetivo deles era determinar qual o efeito que uma variedade de fatores relacionados à visita às lojas (número de pessoas que fazem compras juntas, uso de uma lista de compras, número de corredores visitados) e as características do consumidor (por exemplo, propensão a compras, compulsão, idade, gênero sexual e renda) têm sobre a compra não planejada.

Os pesquisadores determinaram que o índice de compras não planejadas é elevado quando os consumidores estão fazendo compras mais importantes, quando escolhem mais itens nos corredores das lojas, quando a família é maior e quando estão propensos a comprar. Talvez a implicação mais prática dessa pesquisa seja a de que os varejistas se beneficiam quando os consumidores compram por mais tempo e atravessam a loja mais vezes, aumentando as chances da compra de itens não planejados. Um modo de estimular isso é colocando itens comprados com frequência (por exemplo, pão e leite) em lugares que façam que os consumidores passem pelo maior número de itens possível.[37]

***Brand Lift:*** a POPAI e uma empresa de pesquisa colaboradora desenvolveram uma medida chamada *índice brand lift* – para aferir o aumento médio das decisões de compra dentro da loja quando ações de comunicação no PDV estão presentes e quando não estão.[38] (O termo *lift* [levantar, erguer] é usado em referência ao aumento das vendas na presença dos materiais de PDV.) O índice *brand lift* indica como os materiais PDV internos afetam a probabilidade de que os clientes comprem um produto que não tinham planejado especificamente comprar.

Por exemplo, o índice de 47,67 para filme e produtos de acabamento de fotos, nos grandes varejistas, indica que os consumidores estão 48 vezes mais propensos a tomar decisões dentro da loja para esses produtos quando eles são divulgados em displays que quando não existem displays. (Note que o índice de 47,67 *não* significa que as vendas de filme e outros itens de acabamento de fotos são 47% maiores quando um display é usado. O índice apenas revela que os consumidores estão 48 vezes mais propensos a tomar decisões dentro da loja na presença dos displays *versus* a ausência deles.) É desnecessário dizer que os displays exercem uma enorme influência sobre o comportamento do consumidor.

## Evidências da eficácia do display

Os profissionais estão muito interessados em saber se o custo dos displays especiais de PDV é justificado. Dois estudos importantes examinaram o impacto dos displays e apresentaram evidências que esclarecem a questão.

### O Estudo POPAI/Kmart/P&G

Esse estudo notável foi conduzido por um consórcio entre a POPAI, um grande varejista (Kmart) e um fabricante de bens de consumo (Procter & Gamble [P&G]).[39] O estudo investigou a impacto que os displays têm sobre as marcas da P&G em seis categorias de produto: toalha de papel, xampu, pasta de dente, desodorante, café e amaciante de roupas. O teste aconteceu por um período de quatro semanas, e as marcas da P&G foram anunciadas em grandes varejistas e vendidas a preços regulares durante todo o período. Setenta e cinco lojas Kmart nos Estados Unidos receberam a mesma quantidade de vendas da marca, volume de estoque e características demográficas dos compradores, depois, foram distribuídas em três painéis, ou grupos, de 25 lojas cada.

> *Grupo de controle:* as 25 lojas nesse grupo exibiram as marcas da P&G em suas posições normais nas prateleiras, sem nenhum display especial.
>
> *Grupo de teste 1:* essas 25 lojas exibiram as marcas anunciadas em display.
>
> *Grupo de teste 2:* as 25 lojas nesse grupo exibiram as marcas anunciadas em display, mas foram usados displays diferentes daqueles utilizados no grupo de teste 1, ou os mesmos displays foram usados, mas em locais diferentes na loja.

Ao comparar a porcentagem de aumento de vendas em cada conjunto de lojas de teste (com displays) com às lojas do grupo de controle onde as marcas da P&G foram vendidas em seus locais regulares nas prateleiras (não em displays), ficou evidente que os aumentos positivos nas vendas ocorreram para todos os produtos e em ambas as condições de display em comparação às lojas que constituíam o grupo de controle (sem displays). Em alguns casos, os aumentos foram bem grandes. As marcas de xampu e desodorante da P&G apresentaram aumentos modestos durante as quatro semanas de teste, apenas 18% (grupo de teste 1), ao passo que as toalhas de papel e o café apresentaram aumentos de três dígitos nas duas condições de display – aumento de vendas de 773,5% para toalhas de papel (grupo de teste 2) e 567,4% para café (grupo de teste 2).

### Os Estudos POPAI/Warner-Lambert Studies

Dois estudos adicionais estendem as descobertas do estudo POPAI/Kmart/P&G dos grandes varejistas nos Estados Unidos para as drogarias no Canadá.[40] A POPAI e Warner-Lambert Canada investigaram juntas a eficácia dos displays de PDV sobre as vendas de itens para cuidar da saúde. Oitenta lojas de quatro grandes redes de drogarias participaram do estudo (Shoppers Drug Mart, Jean Coutu, Cumberland e Pharmaprix), e os testes foram realizados em três cidades grandes: Toronto, Montreal e Vancouver. Duas marcas foram incluídas no teste: o xarope para tosse Benylin e o antisséptico bucal Listerine.

***O Estudo Benylin:*** para o teste com o Benylin, as lojas foram divididas em quatro grupos: as lojas do grupo 1 ofereceram o xarope com o preço regular, colocados em seus locais de prateleira costumeiros; as lojas do grupo 2 venderam o

Benylin na localização normal na prateleira, mas a um preço com desconto; as lojas do grupo 3 exibiram o produto com um preço com desconto em displays *endcap*, e as lojas do grupo 4 usaram displays de piso nos corredores com um preço com desconto. Os dados das vendas foram coletados durante um período de duas semanas em cada loja para aferir a eficácia.

A eficácia do preço com desconto e dos displays é determinada comparando-se o volume de vendas durante o período de teste nos grupos de loja 2 a 4 às vendas no grupo 1 – o grupo de base. Essas comparações revelam o seguinte:

- As lojas do grupo 2 (o Benylin localizado em sua posição regular na prateleira, mas com desconto no preço) apresentaram um volume de vendas 29% maior que as do grupo 1 (Benylin com o preço e a localização regulares). Esse aumento de 29% reflete, simplesmente, o efeito do preço com desconto, pois os dois grupos de loja venderam o produto em sua localização regular na prateleira.
- As lojas do grupo 3 (Benylin em um display *endcap* e com desconto no preço) apresentaram vendas 98% maiores que as do grupo 1. Esse aumento reflete o impacto substancial que a combinação do display *endcap* e o desconto no preço tiveram sobre a quantidade de unidades vendidas. O significativo aumento na porcentagem em comparação ao grupo 2 (ou seja, 98% *versus* 29%) reflete o impacto incremental da localização no display *endcap* sobre o efeito do desconto no preço em si.
- As lojas do grupo 4 (Benylin em display no corredor e com desconto no preço) alcançaram um volume de vendas 139% maior que das lojas linha de base, o que indica que essa localização, pelo menos para essa categoria de produto, é mais eficaz que o display *endcap*.

***O Estudo POPAI/Warner-Lambert/ Listerine:*** as lojas foram divididas em quatro grupos para esse teste: o grupo 1 vendeu o Listerine com seu preço e localização regulares; o grupo 2 apresentou o produto na localização normal na prateleira, mas com desconto no preço; as lojas do grupo 3 apresentaram o Listerine com desconto no preço em displays *endcap*, no *fundo* da loja, e o grupo 4 exibiu o produto com desconto no preço, em displays *endcap*, na parte *da frente* da loja. Os dados sobre as vendas foram coletados durante um período de duas semanas em cada loja para aferir a eficácia dos displays. Mais uma vez, a eficácia dos displays pode ser determinada comparando-se o volume de vendas dos grupos 2 a 4, às vendas do grupo linha de base 1:

- As lojas do grupo 2 (Listerine localizado em sua posição regular na prateleira, mas com desconto no preço) apresentaram um volume de vendas 11% maior que as lojas do grupo 1 (onde o Listerine foi oferecido com o preço e a localização regulares).
- As lojas do grupo 3 (Listerine no display *endcap* no fundo da loja e com desconto no preço) apresentaram um volume de vendas 141% maior que as lojas do grupo 1.
- As lojas do grupo 4 (Listerine no display *endcap* na parte da frente da loja, e com desconto no preço) alcançaram vendas 162% maiores que as lojas de linha de base.

Os dois grupos de resultados revelam que as duas marcas de produtos vendidos em drogarias – Benylin e Listerine – se beneficiaram muito quando foram oferecidas com desconto no preço e exibidas em localizações especiais. Entretanto, os resultados do estudo com o Listerine surpreenderam um pouco os observadores do setor, que esperavam que a vantagem da localização do display *endcap*, na parte da frente da loja, fosse substancialmente maior em comparação ao localizado no fundo da loja. O preço de destaque que os fabricantes pagam para colocar o produto no *endcap* da frente (comparando-se à posição no *endcap* do fundo) talvez não seja totalmente justificado diante de tais resultados. Pesquisas adicionais com outras categorias de produtos são necessárias antes que qualquer resposta definitiva seja possível.

## O uso ou não do *merchandising*

Embora o *merchandising* seja muito eficaz para os fabricantes e realize várias funções desejáveis para os varejistas, o fato é que talvez cerca de 40% a 50% desses materiais fornecidos pelos fabricantes jamais sejam usados pelos varejistas, ou são utilizados de modo errado.[41]

Com o advento dos chips de identificação de frequência de rádio (RFID) instalados nos displays, os fabricantes adquiriram uma visão profunda do uso, ou não uso, deles por parte dos varejistas. A tecnologia RFID permite aos fabricantes identificar a localização exata dos displays e saber quando as unidades são montadas e desmontadas. Em um estudo sobre o uso do display para sua marca de barbeadores elétricos, Braun's Cruzer, a Procter & Gamble descobriu que um terço dos varejistas não cumpria o acordo de montar um display para o produto. A P&G também descobriu que os varejistas montavam o display corretamente apenas 45% das vezes.[42] Uma pesquisa realizada pela Kimberly-Clark determinou que seus varejistas usavam os displays de PDV corretamente apenas 55% das vezes.[43] É evidente que os varejistas nem sempre seguem as instruções dos fabricantes quanto ao uso dos displays.

### Razões pelas quais os materiais de ponto de venda não são usados

Cinco razões principais explicam por que os varejistas decidem não usar os materiais de *merchandising*. Em primeiro lugar, não há incentivo para que eles os usem, porque esses materiais são desenvolvidos de modo inapropriado e não satisfazem às necessidades dos varejistas. Em segundo lugar, alguns displays tomam muito espaço para a quantidade de vendas gerada. Uma terceira razão é que alguns materiais são muito difíceis de lidar e montar, são muito fracos, ou apresentam outros defeitos de construção. Uma quarta razão pela qual muitos materiais de *merchandising* não são usados é que eles não têm apelo visual. Por fim, os varejistas preocupam-se com o fato de que os displays e outros materiais de PDV sirvam apenas para aumentar as vendas de uma marca específica do fabricante durante o período em que ela é exibida, mas que as vendas e lucros do varejista em relação à categoria completa de produto não sejam aumentados. Em outras palavras, o varejista tem pouco incentivo para montar os displays ou usar sinalização que sirva apenas para transferir as vendas de uma marca para outra, mas que não aumentem as vendas e os lucros gerais para a categoria de produto.

### Encorajando os varejistas a usar os materiais de PDV

Encorajar os varejistas a usar os materiais de PDV é uma questão de marketing básico. Persuadi-lo a usar com entusiasmo um display ou outro material PDV significa que o fabricante deve ver o material do ponto de vista do varejista. Acima de tudo, os materiais de PDV devem satisfazer as necessidades do varejista e do consumidor e não apenas as do fabricante. Essa é a essência do marketing e ela se aplica a encorajar o uso dos materiais de *merchandising* tanto quanto a promover a aceitação das próprias marcas do fabricante. Portanto, os fabricantes devem desenvolver materiais de PDV que preencham os seguintes requisitos:

- Tenham tamanho e formato corretos.
- Ajustem-se à decoração da loja.
- Facilitem a vida do usuário – isto é, sejam fáceis de montar e lidar.
- Sejam enviados às lojas quando necessários (por exemplo, na temporada correta de vendas).
- Sejam coordenados de maneira apropriada com outros aspectos do programa de comar (por exemplo, devem estar associados a uma propaganda ou programa de promoção de vendas atuais).
- Tenham tamanho e formato adequados ao tipo do PDV.
- Sejam atraentes, convenientes e úteis para os consumidores.[44]

## Medindo o público do *merchandising*

Anteriormente neste capítulo nós concluímos a seção sobre mídia exterior discutindo a aferição do tamanho e características do público e observando que, infelizmente, no passado, não havia dados precisos com relação às características do público dessa forma de comunicação. O mesmo pode ser dito quanto à comunicação no PDV. Porém, nos últimos anos a Global Association of Marketing at Retail (POPAI) empreendeu uma importante iniciativa, em conjunto com um consórcio de grandes divulgadores de marca e varejistas (por exemplo, Coca-Cola, Kellogg, P&G e Walmart), para desenvolver um meio de medir a eficácia das comunicações internas das lojas.[45] Essa iniciativa, chamada PRISM (*Pioneering Research for na In-Store Metric* [Pesquisa pioneira para uma medida interna]), criou um procedimento para obter diagnóstico padrão (alcance, frequência, pontos de audiência bruta etc.) com o objetivo de medir o desempenho da mídia dentro da loja. É apenas uma questão de tempo antes que os gerentes de marca possam planejar e avaliar a comunicação dentro da loja usando os mesmos procedimentos e disciplina utilizados durante décadas para avaliar a propaganda colocada na mídia impressa e de transmissão.

# Resumo

Este capítulo abordou as três formas de comunicação de marketing relativamente secundárias (em comparação à propaganda em mídia de massa), ou como apresentadas no Capítulo 1, complementares: sinalização comercial externa, mídia exterior (*out-of-home*) e *merchandising* (comunicação no ponto de venda). Os dois primeiros tópicos foram abordados brevemente, em comparação ao *merchandising* no ponto de venda, mas ressaltamos que as mensagens externas e internas realizam importantes funções e são capazes de influenciar a percepção dos consumidores quanto às lojas e marcas. As várias formas de mensagens externas e internas foram descritas e exemplos foram apresentados. Demos ênfase à comunicação em outdoors, cuja abordagem incluiu a descrição das diferentes formas de comunicação em outdoors (painéis, placas etc.), uma explicação sobre os pontos fortes e as limitações desse tipo de comunicação e uma discussão sobre o modo como os anúncios em outdoors são comprados e como sua eficácia é medida.

Uma cobertura mais ampla foi dedicada ao *merchandising*. O ponto de venda é o momento ideal para se comunicar com os consumidores. Assim, tudo aquilo a que o consumidor é exposto no ponto de venda pode realizar uma importante função de comunicação. Uma variedade de materiais de PDV –

displays, móbiles, faixa de gôndola e diferentes mídias internas – é usada para atrair a atenção dos consumidores para marcas específicas, fornecer informações, afetar as percepções e, por fim, influenciar o comportamento de compra. Os displays de PDV – que são classificados de modo geral como permanentes, semipermanentes ou temporários – realizam uma série de funções úteis para os fabricantes, varejistas e consumidores.

Pesquisas revelaram a alta incidência de decisões de compra dentro da loja e a correspondente importância do *merchandising* (materiais de comunicação no PDV) para essas decisões. O *Estudo dos hábitos de compra do consumidor*, realizado pela POPAI, classificou todas as compras dos consumidores em quatro categorias: especificamente planejadas, planejadas em geral, substitutas e não planejadas. A combinação das três últimas categorias representa as decisões dentro da loja que são influenciadas pelos displays de PDV e outras formas de comunicação interna. Estima-se que as decisões dentro da loja representam cerca de 70% das decisões de compras em supermercados e 74% das decisões de compra em grandes varejistas. Pesquisas sobre a eficácia dos displays – como o estudo conjunto realizado pela POPAI, Kmart e Procter & Gamble – fornecem evidências de que as marcas exibidas às vezes alcançam aumentos gigantescos, de três dígitos, no volume de vendas durante o período em que são exibidas em destaque.

## Questões para discussão

1. Qual é sua opinião sobre as vantagens e desvantagens de fazer compras em supermercado com carrinhos de compra inteligentes, como o *shopping buddy* e o MediaCart (veja *Dica de comar*)?

2. Nas décadas passadas, os anúncios de cigarros eram comumente veiculados em outdoors. O que existe no comportamento do consumidor relacionado a esse produto que tornaria o outdoor um meio de comunicação especialmente atraente?

3. Sinais com mensagens mutáveis são outdoors que variam a mensagem em intervalos de 4 a 10 segundos. Em sua opinião, qual é o valor dessa tecnologia para o anunciante e quais são os riscos potenciais para a sociedade?

4. O caso da água engarrafada Outhouse Springs ilustrou a aplicação eficaz da comunicação em outdoor. Referindo-se ao material sobre a "criação do comentário", abordada no Capítulo 18, o que existe nessa campanha em particular que possa fazer que esses resultados sejam atípicos e, portanto, não representativos de produtos mais comuns anunciados por meio dos outdoors?

5. Realize um exame informal da sinalização comercial externa em sua faculdade ou comunidade universitária. Selecione especificamente cinco exemplos de sinalização interna que você considera eficaz. Usando o material estudado no Capítulo 5 sobre os modelos MPC e MEH, explique por que suas escolhas têm uma boa chance de atrair a atenção do consumidor e influenciar seu comportamento.

6. Quais funções o *merchandising* pode realizar que a propaganda, em mídia de massa, não pode?

7. Explique por que o *Estudo dos hábitos de compra do consumidor*, da POPAI, provavelmente exagera a porcentagem de compras não planejadas e subestima a porcentagem das compras especificamente planejadas e planejadas em geral.

8. Embora não apresentado no capítulo, o *Estudo dos hábitos de compra do consumidor*, da POPAI, revelou que a porcentagem das decisões dentro da loja para café foi de 57,9%, enquanto a porcentagem comparável foi de 87,1% para um grupo de produtos do tipo "molho" (salsa, molho picante). O que explica a diferença de 29,2% nas decisões tomadas dentro da loja entre o café e os "molhos"? Vá além dessas duas categorias de produto e apresente uma generalização quanto aos fatores que determinam se certa categoria de produto alcançaria uma proporção baixa ou alta de tomada de decisão dentro da loja.

9. O *Estudo dos hábitos de compra do consumidor*, conduzido pela POPAI, também revelou que o índice *brand lift* mais alto da sinalização (em vez dos displays) nos grandes varejistas foi alcançado pelos detergentes para lavar louças, com um índice de 21,65%. Apresente uma interpretação exata desse valor de índice.

10. A discussão sobre o estudo do *muffin* inglês da S. B. Thomas ressaltou que nas lojas que usam displays móveis, as vendas aumentaram em mais de 100%. Em comparação, as vendas das pilhas Eveready, quando promovidas em displays móveis, aumentaram entre 3,7% e 15,7%, dependendo do tipo de loja na qual o display foi colocado. Apresente uma explicação para essa enorme disparidade nos impactos sobre as vendas provocadas pelos displays móveis nos dois produtos.

11. Por que os displays móveis e estáticos foram consideravelmente mais eficazes para aumentar a venda da cerveja Olympia nas lojas de bebidas que nos supermercados?

12. O MediaCart descrito na seção *Dica de comar* está sujeito a críticas com base no fato de que os caixas dos supermercados perderão seus empregos. Qual é a sua perspectiva sobre o assunto?

# Notas

1. Essa descrição é baseada em várias fontes: "We 'Check Out' Latest Supermarket 'Smart' Cart", MSNBC.com, 20 de julho de 2004, http://www.msnbc.com; "Stop & Shop to Roll Out New Intelligent Shopping Carts from IBM and Cuesol", *Yahoo! Finance*, 13 de outubro de 2004; Kelly Shermach, "IBM Builds High-Tech Grocery Cart", *CRMBuyer*, 16 de novembro de 2004.
2. Essa descrição do MediaCart é baseada em Jack Neff, "A Shopping-Cart-Ad Plan That Might Actually Work", *Advertising Age*, 5 de fevereiro de 2007; "Microsoft Comes to Grocery Aisle", *The Wall Street Journal*, 14 de janeiro de 2008; e na correspondência pessoal de Jon Kramer, CMO da MediaCart Holdings (17 de julho de 2006).
3. R. James Claus e Susan L. Claus, *Unmasking the Myths about Signs* (Alexandria, VA: International Sign Association, 2001), 16.
4. Claus e Claus, *Unmasking the Myths about Signs*, 9.
5. Essa distinção e os detalhes que seguem são de *The Signage Sourcebook: A Signage Handbook* (Washington, D.C.: U.S. Small Business Administration, 2003), 193.
6. Darrin Conroy, *What's Your Signage?* (Albany, N.Y.: The New York State Small Business Development Center, 2004), 8.
7. Ibid., 20.
8. Essa cifra é de 2007, o último ano disponível para despesas com propaganda quando este livro foi escrito, http://www.oaaa.org/outdoor/facts (Acesso em: 26 de maio de 2008).
9. Fonte: projeto InterMeios. Disponível em: http://www.projetointermeios.com.br/relatorios-de-investimento.
10. De acordo com dados divulgados pela Prefeitura da Cidade de São Paulo e disponíveis no site http://www.prefeitura.sp.gov.br.
11. Aaron O. Patrick, "Mass of Messages Lands at Heathrow", *The Wall Street Journal*, 14 de fevereiro de 2008, B3.
12. Rick T. Wilson e Brian D. Till, "Airport Advertising Effectiveness", *Journal of Advertising* 37 (primavera de 2008), 59-72.
13. Pierre Bouvard e Jacqueline Noel, "The Arbitron Outdoor Study", *Arbitron*, 2001, http://www.arbitron.com.
14. De acordo com reportagem divulgada pelo portal UOL, disponível em http://economia.uol.com.br/ultnot/2008/05/12/ult4294u1152.jhtm, e baseada na pesquisa Off the Beaten Path, desenvolvida pelo Citigroup em 2008.
15. Aaron O. Patrick, "Technology Boosts Outdoor Ads as Competition Becomes Fiercer", *The Wall Street Journal*, 28 de agosto de 2006, A1.
16. Segundo dados divulgados pela Central do Outdoor e disponíveis em http://www.centraldeoutdoor.com.br.
17. Segundo dados divulgados pela Central do Outdoor e disponíveis em http://www.centraldeoutdoor.com.br.
18. Segundo dados divulgados pela Central do Outdoor e disponíveis em http://www.centraldeoutdoor.com.br.
19. "Digital Outdoor Advertising", http://www.wikinvest.com/concept/digital_outdoor_advertising (Acesso em: 26 de maio de 2008).
20. A estimativa de 700 outdoors é de Joseph Popiolkowski, "Digital Billboards Get Green Light", 3 de dezembro de 2007, http:/www.stateline.org/live/details/story?contentID=260259 (Acesso em: 26 de maio de 2008). O número 4.000 é de Parick Condon, "Digital Billboards Face Challenges from Cities", *Marketing News*, 15 de março de 2007, 14.
21. Popiolkowski, "Digital Billboards Get Green Light".
22. Para opiniões adicionais sobre a razão porque as empresas usam a propaganda em outdoor, veja Charles R. Taylor, George R. Franke e Hae-Kyong Bang, "Use and Effectiveness of Billboards", *Journal of Advertising* 35 (inverno de 2006), 21-34.
23. Geoffrey A. Fowler e Sebastian Moffett, "Adidas's Billboard Ads Give Kick to Japanese Pedestrians", *The Wall Street Journal Online*, 29 de agosto de 2003, http://online.wsj.com; Normandy Madden, "Adidas Introduces Human Billboards", *Advertising Age*, 1 de setembro de 2003, 11.
24. Kimberly Palmer, "Highway Ads Take High-Tech Turn", *The Wall Street Journal Online*, 12 de setembro de 2003, http://online.wsj.com.
25. Myron Laible, "Changeable Message Signs: A Technology Whose Time Has Come", *Journal of Public Policy & Marketing* 16 (primavera de 1997), 173-76; Frank Vespe, "High-Tech Billboards: The Same Old Litter on a Stick", *Journal of Public Policy & Marketing* 16 (primavera de 1997), 176-79; Charles R. Taylor, "A Technology Whose Time Has Come or the Same Old Litter on a Stick? An Analysis of Changeable Message Boards", *Journal of Public Policy & Marketing* 16 (primavera de 1997), 179-86.
26. "First-ever U.S. Ratings Data from Nielsen Outdoor Show that Males 35-54 Have the Highest Exposure to Outdoor Advertising", *Nielsen Media Research*, 6 de dezembro de 2005, http://www.nielsenmedia.com (Acesso em: 26 de maio de 2008).
27. Uma ex-aluna, Brie Morrow, me informou sobre a campanha de outdoor da Outhouse Springs. Brie e dois colegas, Jason Darby e Erin Vance, forneceram as informações em um trabalho realizado para outra matéria, e também fontes adicionais de informação tais como Jeremy D'Entremont, "Outhouse Springs and Piggly Wiggly Help Save the Light", *Lighthouse Digest*, http://www.lighthousedepot.com.
28. John A. Quelch e Kristina Cannon-Bonventre, "Better Marketing at the Point-of-Purchase", *Harvard Business Review* (novembro/dezembro de 1983), 162-69.
29. "Impact in the Aisles: The Marketer's Last Best Chance", *Promo*, janeiro de 1996, 25.
30. Um inventário dos materiais PDV é apresentado por Robert Liljenwall e James Maskulka, *Marketing's Powerful Weapon: Point-of-Purchase Advertising* (Washington, D.C.: Point-of-Purchase Advertising International, 2001), 177-80.
31. Kate Fitzgerald, "In-store Media Ring Cash Register", *Advertising Age*, 9 de fevereiro de 2004, 43.
32. "Retail Goes Feng Shui", *Promo*, outubro de 2007, 16, 18.
33. *The Effect of Motion Displays on the Sales of Beer; The Effect of Motion Displays on Sales of Baked Goods; The Effect of Motion Displays on Sales of Batteries* (Englewood, N.J.: Point-of-Purchase Advertising Institute, s. d.).
34. J. Jeffrey Inam, Leigh McAlister e Wayne D. Hoyer, "Promotion Signal: Proxy for a Price Cut", *Journal of Consumer Research* 17 (junho de 1990), 74-81.
35. *Measuring the In-Store Decision Making of Supermarket and Mass Merchandise Store Shoppers* (Englewood, N.J.: Point-of-Purchase Advertising Insitute, 1995). Obs.: Depois dessa data a POPAI mudou de nome, de Point-of-Purchase Advertising Institute para Point-of-Purchase Advertising International.
36. J. Jeffrey Inman e Russel S. Winer, "Where the Rubber Meets the Road: A Model of In-Store Decision Making", *Marketing Science Institute Report* n. 98-122 (outubro de 1998).
37. Ibid.,26.
38. *Measuring the In-Store Decision Making of Supermarket and Mass Merchandise Store Shoppers*, 23.
39. POPAI/Kmart/Procter & Gamble Study of P-O-P Effectiveness in Mass *Merchandising* Stores (Englewood, N.J.: Point-of-Purchase Advertising Institute, 1993).
40. *POPAI/Warner-Lambert Canada P-O-P Effectiveness Study* (Englewood, N.J.: The Point-of-Purchase Advertising Institute, 1992).
41. John P. Murry Jr. e Jan B. Heide, "Managing Promotion Program Participation within Manufacture-Retailer Relationships", *Journal of Marketing* 62 (janeiro de 1998), 58. *POPAI/Progressive Grocer Supermarket Retailer Attitude Study* (Englewood, N.J.: Point-of-Purchase Advertising Institute, 1994), 2.
42. Amy Johannes, "RFID Ramp-Up", *Promo*, março de 2008, 14.
43. Amy Johannes, "Big Brother in the Aisles", *Promo*, maio de 2007, 14, 16.
44. Adaptado de Don E. Schultz e William A. Robinson, *Sales Promotion Management*, 278-79. Para uma abordagem adicional sobre como atrair a participação do varejista nos programas PDV, veja Murry Jr. e Heide (1998), "Managing Promotion Program Participation within Manufacturer-Retailer Relationships".
45. Doug Adams e Jim Spaeth, "In-Store Advertising Audience Measurement Principles" (Washington, D.C.: Poin-of-Purchase Advertising International, julho de 2003).

# CAPÍTULO 21

Questões éticas, regulamentares e ambientais

# Parte 6
## Limitações da comar

A parte seis consiste em um único capítulo, o 21, no qual abordamos as questões éticas, regulamentares e ambientais – para entender que os gestores de comunicação de marketing trabalham com limitações que restringem certas ações, mas que, por fim, beneficiam os mercados livres, as empresas e os clientes que deles participam. As questões éticas discutidas incluem a segmentação para grupos vulneráveis, a propaganda enganosa e as práticas antiéticas de comar.

São também abordadas as regulamentações governamentais, a autorregulamentação do setor quanto às práticas de comar e as questões ambientais relevantes às decisões de comar. Em um mundo caracterizado pelo aquecimento global, o aumento rápido dos custos do petróleo e a acelerada redução dos recursos naturais é fundamental que os gestores de comunicação de marketing façam sua parte para manter os recursos e preservar o meio ambiente.

# 21
# Questões éticas, regulamentares e ambientais

Equal, NutraSweet e Splenda são nomes muito conhecidos no mercado norte-americano de adoçantes artificiais que substituem o açúcar (no Brasil a marca Splenda não está entre as mais populares, embora existam produtos feitos à base de sucralose como o Splenda). Muitos consumidores conhecem essas marcas mais pelas cores das embalagens (azul, cor-de-rosa e amarelo) que pelos nomes das marcas. Qual delas você acha que tem o maior *market share*? A marca líder, Splenda, alcança vendas anuais quatro vezes maiores que qualquer outra marca conhecida.

A Splenda foi introduzida aos consumidores em 2000 e foi anunciada como sendo "Feita a partir do açúcar, por isso tem gosto de açúcar", seguida da frase "Mas não é açúcar". Essas afirmações ressoaram positivamente junto aos consumidores e a Splenda saltou para a posição de adoçante mais vendido nos Estados Unidos. Porém, a Merisant Company, fabricante das marcas concorrentes NutraSweet e Equal, alegaram em um processo judicial que a divulgadora da Splenda, a McNiel Nutritionals, deliberadamente confundiu os consumidores sugerindo que o adoçante Splenda é um produto natural. O processo movido pela Merisant mencionou que as vendas da Splenda aumentaram substancialmente depois que a propaganda da McNeil associou o produto ao açúcar retirando a frase "Mas não é açúcar" dos anúncios e usando outras imagens dando a entender que o adoçante Splenda é um produto natural, não artificial, feito à base de açúcar.[1]

A Merisant apresentou uma queixa junto à National Advertising Division e depois moveu um processo judicial contra a McNeil. As questões legais são técnicas e os fundamentos sobre os quais a Merisant alegou que o Splenda não é um produto natural à base de açúcar requerem uma formação em química para que sejam totalmente entendidos. Até a McNeil, fabricante da Splenda, reconheceu que o principal ingrediente não é natural. Contudo, a briga entre esses concorrentes do setor de adoçantes artificiais discutiu principalmente se a propaganda e as outras mensagens da Splenda representavam a marca como um produto "natural", à base de açúcar.

O processo entre a Merisant e a McNeil chegou a um ponto culminante surpreendente quando as duas partes fizeram um acordo confidencial encerrando a batalha judicial.[2] Curiosamente, quase na mesma época um tribunal em Paris declarou que o marketing da Splenda na França era enganoso para os consumidores e ordenou que as afirmações contidas na propaganda do produto cessassem.[3]

## Objetivos do capítulo

*Após ler este capítulo, você será capaz de:*

1. Entender as questões éticas associadas a propaganda, promoção de vendas e outras práticas de comar.

2. Entender por que a segmentação das comunicações de marketing para grupos vulneráveis é uma prática debatida com veemência.

3. Explicar o papel e a importância dos esforços governamentais para regular a comar.

4. Estar familiarizado com a propaganda enganosa e os elementos que orientam a determinação quanto a uma propaganda em particular ser ou não considerada enganosa.

5. Estar familiarizado com a regulamentação referente às práticas comerciais antiéticas e as principais áreas onde a doutrina da falta de ética é aplicada.

6. Conhecer o processo da autorregulamentação da propaganda.

7. Entender o papel das comunicações de marketing no marketing ambiental (verde).

8. Reconhecer os princípios que são aplicados a todos os esforços verdes de comar.

>> **Dica de comar:**
A batalha dos adoçantes.

# Introdução

Este capítulo examina três importantes tópicos: (1) as *questões éticas* nas comunicações de marketing; (2) a *regulamentação* das práticas de comar; e (3) as *questões ambientais* e suas implicações para as comunicações de marketing. Esses três tópicos estão inter-relacionados: às vezes os gestores de comunicação de marketing se deparam com questões éticas associadas a esforços de marketing ambiental e uma regulamentação (das autoridades federais, estaduais e do próprio setor) se faz necessária, devido, em grande parte, a algumas práticas antiéticas de comunicação de marketing.[4] O caso da Splenda, descrito anteriormente, representa uma situação que envolveu as questões da ética e regulamentação na propaganda.

# Questões éticas na comunicação de marketing

Os gestores de comunicação de marketing em suas várias atividades – como anunciantes, promotores de vendas, desenhistas de embalagens, relações públicas, desenvolvedores de ponto de venda etc. – costumam tomar decisões com ramificações éticas. Lapsos éticos de indiscrições morais ocorrem, às vezes, devido às pressões para cumprir as metas comerciais e satisfazer as exigências da comunidade financeira.

Como o entendimento sobre como as comunicações de marketing estão sujeitas à prática de ações antiéticas – por que os profissionais de comar às vezes *de fato* têm um comportamento inaceitável, embora provavelmente não mais que profissionais envolvidos em outras áreas da sociedade – você estará mais bem preparado para avaliar suas próprias ações planejadas, fazendo uma verificação moral e resistindo à tentação de realizar algo que pode ser fácil e recompensador em curto prazo, mas inapropriado e potencialmente custoso em longo prazo. Uma respeitada educadora explicou nos seguintes termos a importância de examinar as questões éticas:

> *Acredito que a maioria das pessoas – e os estudantes [universitários] não são diferentes – sabe diferenciar o certo do errado. Acredito que elas se preocupam em agir certo. Mas mesmo aqueles entre nós com uma sensibilidade moral rudimentar nem sempre são capazes de evocar esses princípios básicos quando lidam com decisões comerciais absolutamente rotineiras. Por exemplo, podemos nos entusiasmar com uma venda e prometer coisas que nossa empresa não está pronta para cumprir, ou podemos destacar os aspectos positivos de nossos produtos e diminuir a importância dos negativos. Talvez formulemos projeções financeiras para favorecer o resultado que queremos. É possível que ultrapassemos os limites ao anunciar para crianças, ou ao usar dados pessoais para alcançar consumidores... Os dilemas éticos não aparecem envoltos em luzes vermelhas. Não há um sinal que diga: "Você está para entrar em uma zona ética". Portanto, a educação ética não diz respeito a definir para os alunos o que é certo e o que é errado. A educação ética deve ter como objetivo sintonizar a antena de nossos alunos para que eles reconheçam as implicações éticas, os conflitos de interesse e os exercícios de poder assimétrico quando tais dilemas surgem sem avisar.*[5]

**Ética**, em nosso contexto, envolve questões de conduta certa e errada, ou *moral*, referentes a qualquer aspecto das comunicações de marketing. Para nossos propósitos os termos "ética" e "moralidade" serão usados alternadamente e considerados sinônimos das noções sociais de *honestidade, honra, virtude* e *integridade*. Embora seja relativamente fácil definir ética, no campo do marketing – assim como em qualquer outro na sociedade – não há um consenso sobre o que uma conduta ética de fato envolve.[6] Não obstante, podemos identificar práticas de comunicações de marketing que são especialmente suscetíveis a desafios éticos. As seções a seguir examinam, em ordem, as questões éticas referentes a: (1) segmentação das comunicações de marketing; (2) propaganda; (3) relações-públicas; (4) comunicações nas embalagens; (5) promoções de vendas; e (6) marketing na Internet.

## A ética da segmentação

Segundo ditames amplamente aceitos de sólidas estratégias de marketing, as empresas devem direcionar suas ofertas a segmentos específicos de clientes em vez de atirar para todos os lados. Entretanto, dilemas éticos, às vezes, ocorrem quando produtos especiais e os esforços de marketing correspondentes são direcionados a segmentos específicos. Uma questão especialmente aberta ao debate ético é a prática de direcionar produtos e esforços de comunicação a segmentos que, por várias razões psicossociais e econômicas, são vulneráveis às comunicações de marketing – como crianças e adolescentes.[7]

### Segmentação para crianças e adolescentes

Programas de marketing nas escolas, anúncios na mídia tradicional e mensagens na Internet continuamente estimulam as crianças a desejar vários produtos e serviços. Dados de mercado indicam que anualmente as empresas investem muitos recursos com propaganda e marketing de suas marcas para crianças de até 12 anos.[8] Os críticos alegam que muitos dos produtos direcionados a crianças são desnecessários e que as comunicações são manipuladoras, sendo a propaganda para crianças uma das responsáveis pelos problemas da má alimentação dos jovens. Como seria necessário envolver o debate de valores pessoais para discutir sobre o que as crianças precisam ou não, os exemplos a seguir apresentam a posição dos críticos e permitem que você tire suas próprias conclusões.[9]

***Segmentação de produtos alimentícios e bebidas:*** lembre-se das campanhas de redes de *fast-food*s como o McDonald's, que apresentam personagens infantis como o Ronald McDonald, por exemplo. Nutricionistas e outros críticos disseram que esse tipo de produto é desnecessário para crianças e que seu consumo em grande quantidade não deve ser estimulado. Se de fato os alimentos tipo *fast-food* não são benéficos para as crianças é ético induzi-las a encorajar os pais a adquirir o produto?

A obesidade infantil e o marketing de produtos alimentícios para crianças são tópicos muito debatidos. Segundo Centers for Disease Control and Prevention [Centros de Controle e Prevenção de Doenças], cerca de uma entre seis crianças é considerada obesa, um índice que equivale a um entre 16 casos de obesidade infantil há apenas 25 anos.[10] Muitos críticos consideram antiético anunciar produtos alimentícios para crianças, talvez, em especial, por meio de personagens de desenhos animados divulgando cereais com açúcar e salgadinhos que não são saudáveis.[11]

Vamos examinar os esforços de segmentação da famosa marca de achocolatado Nescau. Na década de 1950 o foco de comunicação da marca Nescau era as mães e não as crianças. Com isso a empresa buscava influenciar as mães a comprar o produto para seus filhos. Esse plano de segmentação, no entanto, foi se modificando ao longo dos anos e, na década de 1970, o foco da comunicação da marca passou claramente para as crianças. As peças de comunicação começaram a trabalhar apelos aspiracionais, associando o produto a super-heróis, seriados infantis e esportes radicais. Leite e produtos ricos em vitaminas são produtos muito bons em um programa de nutrição, sendo assim, a segmentação desses produtos para crianças é antiético?

Consideremos também um esforço de propaganda realizado pela rede de sanduíches Subway, que, nos Estados Unidos, alcançou muito sucesso usando como porta-voz Jared Fogle, que outrora sofria de obesidade mórbida e que, supostamente, perdeu quase 113 quilos com uma dieta baseada em sanduíches da Subway. A rede estendeu a campanha norte-americana há alguns anos em um esforço direcionado a crianças. Em um comercial um garoto na pré-adolescência era ouvido "em off" dizendo: "Quando meu irmão trazia os amigos em casa, eu ficava escondido no quarto com medo que eles me chamassem de gordo, ou algo parecido. Agora, eu não tenho mais medo. Comecei a correr e a comer melhor. Meu nome é Cody. Tenho 12 anos". Depois desse depoimento, Jared Fogle aparecia diante da câmera e declarava: "Mais que qualquer outra coisa, nós [Subway] queremos que seus filhos tenham uma vida longa e saudável". A mensagem sugere que comer os sanduíches da Subway, em vez dos produtos de outras redes de *fast-food* questionadas por nutricionistas é um meio para que as crianças diminuam de peso e melhorem sua qualidade de vida. Os críticos afirmaram que essa campanha era manipuladora.[12] Os defensores da propaganda da Subway alegaram que esse tipo de anúncio serve para aumentar a percepção das crianças quanto à importância de ingerir alimentos mais nutritivos e praticar exercícios. A Subway ultrapassou os limites da manipulação com essa campanha?

Devido a uma combinação da pressão exercida pelos críticos, o medo de mais regulamentações por parte de órgãos públicos como a Federal Trade Commission (EUA) e Anvisa (Brasil) e, talvez, a seus próprios padrões morais, onze das maiores empresas de alimentos e bebidas dos Estados Unidos (por exemplo, Campbell Soup, General Mills, Kellogg e PepsiCo) adotaram recentemente regras autoimpostas que limitam a propaganda a crianças com menos de 12 anos. Entre outras regras, as empresas se comprometem a descontinuar o uso de personagens autorizados em seus anúncios (por exemplo, personagens de programas de TV e filmes famosos), a menos que eles sejam utilizados para promover produtos saudáveis – como o uso do Bob Esponja Calça Quadrada, por parte da General Mills, nas embalagens para promover suas misturas de vegetais congelados. Além disso, as empresas concordaram em parar com a propaganda em escolas elementares.[13]

No Brasil, também houve esforços para controlar a comunicação voltada a crianças. O Conar – Conselho Nacional de Autorregulamentação Publicitária – em 2006, estipulou algumas novas limitações específicas para a comunicação de produtos infantis, das quais são signatárias empresas como AmBev, Batavo, Bob's, Burger King, Coca-Cola do Brasil, Danone, Garoto, General Mills Brasil, Kellogg's, Kraft Foods, Mars Brasil, McDonald´s, Nestlé, PepsiCo (bebidas e alimentos), Perdigão, Sadia e Unilever Brasil.

Dentre as recomendações do Conar pode-se destacar:

- Os anúncios não podem impor a noção de que o consumo do produto proporcionará superioridade ou, na sua falta, inferioridade; os anúncios não podem provocar situações de constrangimento aos pais ou responsáveis, ou molestar terceiros, com o propósito de impingir o consumo.

- Os anúncios não podem empregar crianças e adolescentes como modelos para vocalizar apelo direto, recomendação ou sugestão de uso ou consumo, admitida, entretanto, a participação deles nas demonstrações pertinentes de serviço ou produto.

- Os anúncios não podem utilizar formato jornalístico, a fim de evitar que o anúncio seja confundido com notícia.

- Os anúncios não podem apregoar que o produto destinado ao consumo por crianças e adolescentes contenha características peculiares que, na verdade, são encontradas em todos os similares.

- Os anúncios não podem utilizar situações de pressão psicológica ou violência que sejam capazes de infundir medo.

- Nenhum anúncio dirigirá apelo imperativo de consumo diretamente à criança.[14]

Além disso, o Conar também apresenta recomendações específicas para a comunicação de alimentos com altos teores de sódio, açúcar e gorduras. Para ter acesso à íntegra das recomendações do Conar acerca da comunicação destinada a crianças, visite o site: www.conar.org.br.

***Segmentação de cigarros e bebidas alcoólicas:*** os profissionais de marketing foram criticados por direcionar produtos de adultos a adolescentes e estudantes universitários. Nos Estados Unidos, a Miller Brewing Company, por exemplo, foi criticada por causa de um comercial de TV da marca Molson Ice, que focalizava um rótulo exibindo o teor alcoólico de 5.6, enquanto uma voz "em off" afirmava que a Molson Ice é uma bebida "mais audaz". Um porta-voz do Center for Science in the Public Interest [Centro de Ciência para o Interesse Público] afirmou que o comercial da Molson Ice apelava aos muito jovens porque "eles bebem para ficarem bêbados" e um conteúdo alcoólico mais alto é "o que eles querem em uma cerveja".[15] Espera-se que a própria indústria da cerveja se oponha a tal anúncio.

Em geral, há uma preocupação considerável no que diz respeito a divulgar cerveja e outras bebidas alcoólicas a adolescentes e jovens adultos.[16] Um estudo feito por observadores na Georgetown University relatou que um quarto dos anúncios de bebidas alcoólicas tinha mais probabilidade de ser visto por jovens que por adultos. Uma pesquisa realizada pelo Centers for Disease Control and Prevention monitorou mais de 67 mil inserções em rádio em 104 mercados nos Estados Unidos e concluiu que 49% desses anúncios foram transmitidos em programas voltados para jovens. O estudo concluiu que as companhias de cerveja e bebidas alcoólicas não seguem as restrições impostas por elas mesmas à propaganda direcionada a adolescentes.[17]

No Brasil, existem determinações legais sobre a comunicação de bebidas alcoólicas. As principais determinações da legislação nacional dizem respeito ao horário de veiculação de comunicação desse tipo de produto em mídia de massa tradicional (como televisão) e ao conteúdo da comunicação. Quanto ao horário, somente podem ser veiculadas propagandas entre as 21h e as 6h. Quanto ao conteúdo, peças de comar de produtos alcoólicos não podem associar o produto a esporte olímpico ou de competição, ao desempenho saudável de qualquer atividade, à condução de veículos e a imagens ou ideias de maior êxito ou sexualidade das pessoas.[18]

Existe também no Brasil uma série de determinações do Conar sobre a comunicação de bebidas alcoólicas. É importante destacar, no entanto, que as determinações do Conar não têm poder de lei. Trata-se de recomendações amplamente aceitas e, em geral, respeitadas pelo mercado. Mas o não cumprimento das recomendações não acarreta automaticamente punições legais como multas, por exemplo.

Sobre a comunicação desse tipo de produto, o Conar recomenda, dentre outros tópicos que:

- A comunicação deve dirigir-se exclusivamente a adultos. Para isso os apelos e as mídias devem ser voltados ao público adulto e, além disso, qualquer pessoa que apareça em peças de comunicação de bebidas alcoólicas deverá ser e parecer maior de 25 anos.
- A comunicação deve estimular o consumo responsável.[19]

Vários processos foram movidos contra grandes fabricantes de cerveja e outras empresas que anunciam produtos alcoólicos, alegando-se que sua propaganda e sua prática de marketing aumentam o consumo de bebida entre menores de idade.[20] Um grupo de defesa do consumidor, o Center for Science in the Public Interest, iniciou um esforço para reduzir a quantidade de anúncios de bebidas alcoólicas durante eventos esportivos televisionados. Lendas como Dean Smith (ex-técnico de basquetebol na University of North Carolina) e Tom Osborne (ex-técnico de futebol norte-americano, hoje Diretor Atlético na University of Nebraska) participaram do programa, e Ohio State University (OSU) se tornou a primeira grande universidade a se envolver no programa quando impediu que seus parceiros de mídia local exibissem comerciais de bebidas alcoólicas durante as transmissões dos eventos esportivos da OSU.[21] No Brasil, a pressão da sociedade contra as campanhas de comunicação protagonizadas por astros esportivos ainda não é muito forte, embora venha crescendo. Podemos ver o técnico da seleção brasileira de futebol (Mano Menezes) e o jogador Ronaldo "fenômeno" em comerciais de cerveja com frequência. Muito embora tenham uma mensagem sutil, não direta ao consumo e tenham também as advertências legais impostas por lei (a frase "se beber, não dirija"), não se pode negar que elas associam o produto ao esporte e estimulam o consumo.

Com certeza a maior controvérsia dos últimos anos envolveu alegações de segmentação antiética de cigarros para adolescentes por meio de anúncios e *product placement* em filmes. Essa questão preocupa muitos pais, defensores do consumidor e pesquisadores acadêmicos que sugeriram que a exposição a anúncios de cigarros faz com que os jovens vejam o produto como um símbolo positivo de consumo, levando-os a fumar.[22] (Outros pesquisadores questionaram se a evidência científica de fato leva à conclusão de que a propaganda aumente o índice de fumo entre os adolescentes.)[23] Um grupo de 41 membros do Congresso Nacional dos Estados Unidos enviou uma carta a 11 revistas femininas (por exemplo, *Cosmopolitan*, *Glamour* e *Vogue*) insistindo que elas não aceitassem mais anúncios de cigarros porque, segundo esses congressistas, as mulheres jovens representam uma grande parcela das leitoras dessas revistas e a saúde delas está ameaçada.[24] Os pesquisadores também estudaram se as campanhas antitabagismo são eficazes para reduzir o consumo de cigarros entre adolescentes e a probabilidade de que eles comecem a fumar, ou para fazê-los parar de fumar.[25]

No Brasil, por outro lado, a comunicação de marketing de cigarro é fortemente controlada. Veja a Figura 21.1. Segundo a legislação nacional, a comunicação de cigarros só pode ser feita no interior dos locais de venda desses produtos e mesmo assim já existe uma nova proposta da Anvisa para restringir a comunicação até nos pontos de venda. Seria a eliminação completa da divulgação de cigarros. Fora o ponto de venda, qualquer outro tipo de mídia como televisão, rádio, jornal ou internet não pode veicular comunicações de marketing desse tipo de produto. Marcas de cigarros também não podem patrocinar eventos esportivos ou culturais no país nem realizar ações de *product placement* em programas nacionais.[26]

*Segmentação de produtos variados:* outro aspecto criticado das comunicações de marketing direcionadas a crianças é a prática de direcionar pôsteres, capas de livros, revistas com distribuição gratuita e outros instrumentos de aprendizado para crianças. Disfarçados de material educacional, essa comunicações costumam ser pouco mais que tentativas de persuadir crianças em idade escolar a desejar os produtos e marcas anunciados. Os críticos dizem que tais métodos são antiéticos porque usam a confiança que as crianças têm nos materiais educacionais para divulgar produtos.

Os críticos também contestam a segmentação para crianças e adolescentes de produtos orientados para entretenimento adulto. A Federal Trade Commission (FTC) publicou uma série de relatórios, intitulados *Marketing Violent Entertainment to Children* [Divulgar Entretenimento Violento para Crianças], que critica a indústria do entretenimento por direcionar a crianças anúncios de filmes,

**figura 21.1**

Segmentação de cigarros

videogames e música violentos. Contudo, a FTC acredita que sua autoridade para regular esse tipo de propaganda é limitada, pois ela teria dificuldade em provar que estes anúncios são enganosos ou antiéticos, o que, como veremos em uma seção mais subsequente, são as duas doutrinas sob as quais a FTC regula a propaganda. A FTC requisitou à indústria do entretenimento que criasse regras autorreguladoras e aplicassem com rigor seus próprios códigos de conduta, embora existam sérias preocupações de que o setor não esteja muito motivado a limpar sua própria casa, nem seja capaz de fazer isso.[27] Um editor da *Advertising Age*, publicação muito lida por profissionais de propaganda e a voz da razão no setor, oferece a seguinte conclusão apropriada para a questão:

> *Os editores desta publicação... quase sempre ficam a favor da indústria de entretenimento quanto à preferência pela autorregulamentação à intervenção governamental. Mas a autorregulamentação é um privilégio obtido por meio do comportamento responsável e limitação voluntária. Na divulgação de produtos de entretenimento para crianças, os profissionais da área têm demonstrado pouca limitação. Se eles continuarem a agir com irresponsabilidade, acabarão por atrair a regulamentação governamental que desesperadamente desejam evitar.*[28]

### A segmentação é antiética ou apenas bom marketing?

A discussão anterior apontou exemplos onde a propaganda e outras formas de comunicações de marketing foram criticadas porque eram direcionadas a mercados-alvo específicos. Os defensores da segmentação respondem a essas críticas argumentando que a prática é mais benéfica que prejudicial aos consumidores. A segmentação, segundo os defensores, propicia aos consumidores produtos mais adequados a seus desejos e necessidades específicos. Sem a segmentação, ainda de acordo com os defensores, os consumidores têm de escolher um produto que se adapte melhor às necessidades de outra pessoa.[29]

A questão, claro, é mais complicada que apenas determinar se segmentação é bom ou ruim. Profissionais de marketing sofisticados e estudantes aceitam inteiramente a justificação da estratégia para a segmentação. Existe a possibilidade, porém, de que alguns casos de segmentação não sejam voltados a atender aos desejos e necessidades dos consumidores, mas sim a explorar as vulnerabilidades deles – de modo que o profissional de marketing ganhe enquanto a sociedade perde. Aqui está a questão ética que não pode ser descartada simplesmente alegando-se que segmentação é bom marketing.[30]

## Questões éticas na propaganda

O papel da propaganda na sociedade é debatido há séculos. A ética da propaganda é um tópico que chamou a atenção de filósofos, profissionais, acadêmicos e teólogos. Até os profissionais de propaganda se confundem no que se refere a percepção e preocupação com questões éticas na conduta diária do setor.[31] Apresentamos a seguir uma explicação sucinta, porém eloquente, sobre o motivo pelo qual a propaganda é tão ferozmente criticada:

> Como a voz da tecnologia, [a propaganda] está associada a muitas insatisfações do estado do setor. Como a voz da cultura de massa, ela atrai o ataque dos intelectuais. E como a forma mais visível de capitalismo ela serve como um para-raios da crítica social.[32]

Muitas críticas éticas foram feitas à propaganda. Como as questões são complexas é impossível abordar cada uma delas em detalhes. Por isso, a discussão a seguir apresenta algumas questões ilustrativas, na esperança de que cada uma leve a um pensamento mais profundo e, talvez, a uma discussão em sala de aula.[33]

### A propaganda é falsa e enganosa

Quase dois terços dos norte-americanos acreditam que a propaganda geralmente é falsa.[34] Como discutiremos em uma seção subsequente, o engano ocorre quando um anúncio representa de modo falso um produto e os consumidores acreditam nessa falsa representação. Por essa definição, é inegável que algumas propagandas *são* enganosas – a existência de regulamentação governamental e autorregulamentação do setor são provas desse fato. Seria ingênuo, no entanto, presumir que *a maioria* das propagandas é enganosa. A indústria da propaganda não é muito diferente de outras instituições em uma sociedade pluralista. Mentira, traição e fraude são universais e ocorrem nos mais altos níveis do governo e nos relacionamentos humanos mais básicos. A propaganda não está isenta de pecados, mas não detém o monopólio deles.

Não obstante, quando a propaganda *é* enganosa, os consumidores são prejudicados e até os concorrentes dos enganadores são afetados de forma negativa, porque consumidores enganados se tornam cada vez mais céticos e sua confiança na precisão de anúncios subsequentes diminui.[35] Profissionais de propaganda de produtos farmacêuticos vendidos diretamente ao consumidor (sem necessidade de receita médica) foram investigados há pouco tempo devido à magnitude de tais propagandas e à honestidade questionável de algumas das alegações feitas a respeito desses produtos. Por exemplo, o remédio para diminuir o colesterol, Vytorin, muito conhecido por seus anúncios que caracterizavam o colesterol como resultado de duas fontes – alimentação e hereditariedade – e retratava imagens de parentes mais velhos usando roupas que lembravam alimentos com altos níveis de colesterol, continuou a afirmar que o remédio é um agente eficiente para reduzir o colesterol, mesmo depois que um detalhado estudo científico conduzido pelo fabricante revelou que o Vytorin era ineficaz para reduzir a formação das placas nas artérias.[36]

No Brasil, de acordo com o Código de Defesa do Consumidor, qualquer prática de propaganda enganosa, ou de qualquer outro tipo de ferramenta de comunicação de marketing que divulgue informações falsas, é crime.[37]

### A propaganda é manipuladora

A crítica de manipulação afirma que a propaganda pode influenciar as pessoas a fazer coisas que elas não fariam se não fosse por causa da exposição à propaganda. Levada ao extremo, essa crítica sugere que a propaganda é capaz de fazer que as pessoas ajam contra a própria vontade. Mas, quando *conscientes* de que há tentativas sendo feitas para persuadi-las ou influenciá-las, as pessoas têm a capacidade cognitiva de resistir aos esforços de conduzi-las em uma direção para a qual elas não querem ir. Ou seja, os consumidores sabem como os gestores de comunicação de marketing tentam persuadi-los e possuem as defesas cognitivas para se proteger da coerção.[38] Isso não significa que, como consumidores, nós nunca tomamos decisões ruins, ou não somos, às vezes, levados a comprar coisas que depois lamentamos, entretanto, ser suscetível a influências persuasivas e tomar decisões ruins não é equivalente a ser manipulado. Podemos, então, concluir que os indivíduos que *são cognitivamente conscientes* de que uma tentativa está sendo feita para persuadi-los, são muito bons em se proteger contra fazer coisas que são contra seus melhores interesses.

Porém (e trata-se de um grande "porém") existem evidências cada vez maiores que o comportamento humano *não está sob controle consciente*. (Essa questão foi discutida anteriormente no Capítulo 9 no contexto da propaganda subliminar.) Muitas de nossas ações ocorrem praticamente de modo automático (sem a intervenção cognitiva), como se estivéssemos no piloto automático. Os comunicadores podem, por exemplo, ativar pensamentos subconscientes nas pessoas usando técnicas e mensagens subliminares. Por exemplo, as pessoas podem ser induzidas com o pensamento de "serem cooperativas" e, sem a percepção consciente, essas pessoas são inclinadas a agir de modo mais cooperativo, pelos menos temporariamente, em comparação a outro grupo de pessoas que não foram induzidas. Para que a indução subliminar seja eficaz, o tópico sugerido deve ser compatível com as necessidades atuais do indivíduo. Em outras palavras, ninguém pode ser induzido, de maneira subliminar, a agir de modo mais cooperativo a menos que tenha uma necessidade de cooperar.[39]

Em segundo lugar, um objetivo induzido não permanece como um motivador ativo de julgamentos e comportamentos por muito tempo, mas é limitado em sua duração como influência. Portanto, um anunciante pode ativar certo pensamento, mas o consumidor não agirá de acordo com esse pensamento se não estiver no mercado para comprar o produto relacionado. Seria de se esperar que a propaganda em mídia de massa tivesse pouca eficácia quanto a isso porque a exposição aos anúncios e as decisões de compra costumam ocorrer em momentos separados. Talvez, no entanto, a propaganda no ponto de venda (por exemplo, a programação das rádios internas) cria um meio oportuno, embora antiético, para induzir o consumidor, de forma subliminar, a adquirir produtos e marcas.

Em resumo, os profissionais de comunicação de marketing (junto de outros comunicadores em outros aspectos da vida) *são* capazes de influenciar os consumidores de modos muito sutis. Não sabemos se os anunciantes de fato empregam as técnicas de indução sutil conhecidas pelos psicólogos modernos, mas existem técnicas para influenciar consumidores de maneira que eles não percebam. Resumindo, os profissionais de propaganda dispõem dos meios necessários para manipular se assim o desejarem. Embora em teoria os gestores de comunicação de marketing possam usar sugestões subliminares e induções para influenciar sutilmente o comportamento dos consumidores, essa prática não é a mesma coisa que a lavagem cerebral ou inserir chips eletrônicos de computador no cérebro para controlar o comportamento das pessoas (como se elas fossem autômatos). O *Candidato da Manchúria,* caso você tenha lido essa obra clássica ou assistido ao filme, *não* é representativo do tipo de poder que os gestores de comunicação de marketing possuem (felizmente).

### A propaganda é ofensiva e de mau gosto

Os críticos da propaganda alegam que os anúncios são, às vezes, insultuosos à inteligência humana, vulgares e, em geral, ofensivos aos gostos de muitos consumidores. Os críticos têm em mente práticas como sexo explícito ou insinuado, humor bizarro e repetições excessivas do mesmo comercial. Muitos consumidores consideram os anúncios de remédios para disfunção erétil (como Cialis e Viagra) especialmente ofensivos, em particular, quando aparecem durante programas assistidos por crianças. No Brasil, a Anvisa tem uma legislação bem restritiva para a divulgação de medicamentos. No caso de produtos dessa categoria é permitida a abordagem do problema (o que acaba tendo, de certa forma, uma função educativa) e apenas a indicação para procurar um médico, sem mencionar o nome do produto, apenas do fabricante. A abordagem direta como se faz com produtos de consumo em geral não é permitida.

É inegável o fato de que muitos anúncios são desagradáveis e ofensivos.[40] Mas o mesmo pode ser dito para todas as formas de apresentações em mídia de massa. Por exemplo, muitos programas da TV aberta beiram a idiotice, os filmes são repletos de cenas de sexo e violência, os vídeos que os "jornalistas cidadãos" produzem e os sites da Internet, como o YouTube, são, com frequência, insultuosos. Isso com certeza não exime a propaganda da responsabilidade por seus excessos, mas uma visão equilibrada exige que as avaliações críticas sobre ela sejam feitas em um contexto mais amplo de cultura popular.

### A propaganda cria e perpetua estereótipos

Na base dessa crítica está a alegação de que a propaganda tende a retratar certos grupos de uma maneira muito limitada e previsível. Por exemplo, as minorias costumam ser retratadas de forma desproporcional como classe trabalhadora e não nas mais variadas posições que de fato ocupam, as mulheres são estereotipadas como objetos sexuais e pessoas idosas, às vezes, são caracterizadas como fracas e esquecidas. Embora a propaganda *seja* responsável por perpetuar esses estereótipos, seria injusto culpá-la por tê-los criado. Eles, na verdade, são perpetuados por todos os elementos da sociedade. Espalhar a culpa não minimiza a responsabilidade da propaganda, mas mostra que ela não é pior que o resto da sociedade.

### A propaganda persuade as pessoas a comprar coisas de que elas realmente não precisam

Uma crítica frequente sugere que a propaganda faz com que as pessoas adquiram itens ou serviços dos quais não precisam. Essa crítica é uma avaliação com base em juízo de valor. Você de fato precisa de outro par de sapatos? Você precisa de formação universitária? Quem pode dizer que você ou qualquer outra pessoa precisa?

A propaganda com certeza influencia os gostos do consumidor e encoraja as pessoas a fazer compras que talvez não fizessem em outra situação, mas isso é antiético? Em nossa opinião a propaganda é antiética apenas quando ilude, engana e tira vantagem de consumidores vulneráveis. Na verdade, o objetivo da propaganda é vender, e consumidores responsáveis nas sociedades capitalistas devem ter autocontrole e evitar adquirir itens dos quais não "necessitem" ou pelos quais não possam pagar.

### A propaganda faz uso dos medos e inseguranças das pessoas

Alguns anúncios apelam às consequências negativas de não comprar nem usar certos produtos – rejeição por parte dos outros, deixar a família desamparada se a pessoa morrer sem ter feito um seguro apropriado, não enviar uma contribuição para salvar crianças morrendo de fome etc. Alguns anúncios são responsáveis por influenciar o comportamento do consumidor apelando para emoções negativas como medo, culpa ou humilhação.

Contudo, mais uma vez, a propaganda não possui o monopólio dessa transgressão. Por exemplo, os teólogos às vezes fazem ameaças, afirmando que os descrentes irão para o inferno, os políticos afirmam que nosso destino será ainda pior se votarmos em seu oponente, os professores alertam que nosso futuro está em risco se não entregarmos os trabalhos no prazo, e os pais intimidam os filhos rotineiramente usando uma variedade de "apelos ao medo". Olhando a coisa por esse prisma, podemos concluir que os anunciantes são, em comparação, inocentes.

### Código de padrões éticos da associação comercial

Em resumo, a instituição da propagada com certeza não está isenta de críticas, mas ela na verdade reflete o resto da sociedade. Qualquer acusação feita à propaganda provavelmente se aplica à sociedade de modo geral. É duvidoso que os anunciantes e outros profissionais de marketing sejam menos éticos em suas práticas que o são outros elementos da sociedade.⁴¹ Os profissionais de propaganda responsáveis, sabendo que sua prática é particularmente suscetível a críticas, têm interesse em produzir anúncios legítimos.

É importante para a indústria da propaganda que seus membros atuem dentro da ética, pois assim ela evitará ser criticada e afastará as regulamentações governamentais. Desse modo, os profissionais de propaganda operam segundo códigos de conduta ética, como o Código Brasileiro de Autorregulamentação Publicitária, desenvolvido pelo Conar. Este foi criado no final dos anos 1970 como uma forma de controle das atividades de propaganda. Nesse período havia forte pressão governamental sobre o setor e a ameaça de desenvolvimento de leis que funcionariam como uma espécie de censura prévia à propaganda. Nesse cenário, a autorregulamentação surgiu como opção de manutenção da liberdade e flexibilidade dos gestores de comunicação de marketing, bem como o zelo pelos interesses dos demais públicos envolvidos.

Em 1978, o código já havia sido desenvolvido e os anunciantes, as agências e os veículos haviam subordinado seus interesses comerciais e criativos a ele. Em seguida foi fundado o Conar, Conselho Nacional de Autorregulamentação Publicitária, ONG responsável por fazer com que o Código Brasileiro de Autorregulamentação Publicitária fosse respeitado na prática.

Até hoje o Conar é bastante respeitado pelo mercado publicitário e, em geral, os comunicadores de marketing buscam seguir suas recomendações.

Segundo o Conar, os preceitos básicos que definem a ética publicitária são:

- *todo anúncio deve ser honesto e verdadeiro e respeitar as leis do país;*
- *deve ser preparado com o devido senso de responsabilidade social, evitando acentuar diferenciações sociais;*
- *deve ter presente a responsabilidade da cadeia de produção junto ao consumidor;*
- *deve respeitar o princípio da leal concorrência; e*
- *deve respeitar a atividade publicitária e não desmerecer a confiança do público nos serviços que a publicidade presta.*⁴²

## Questões éticas nas relações públicas

A *publicidade*, o aspecto das relações-públicas que se relaciona principalmente às comunicações de marketing, envolve a disseminação de informações positivas sobre uma empresa e seus produtos e também lida com a publicidade negativa quando as coisas dão errado. Como a publicidade é semelhante à propaganda no que se refere ao fato de ambas serem formas de comunicação de massa, muitas das mesmas questões éticas se aplicam e não precisam ser repetidas. Um aspecto distinto que merece uma discussão separada é a questão da *publicidade negativa*.

Nos últimos anos surgiram muitos casos ilustrativos nos quais as empresas foram muito criticadas por divulgar produtos perigosos. Por exemplo, a Merck & Co. foi criticada após um estudo científico revelar que os pacientes que tomavam Vioxx – o remédio para artrite e dores agudas – por 18 meses ou mais sofriam um risco duas vezes maior de ataques cardíacos ou derrames comparados a um grupo de controle que tomou placebo. O modo como as empresas confrontam a publicidade negativa tem importantes ramificações estratégicas e éticas. No Brasil, o laboratório Schering protagonizou um caso de grande repercussão ao tentar negar (mas depois confirmar) um caso de falha de um de seus produtos, a pílula Microvlar. A principal questão ética diz respeito ao fato de as empresas confessarem as falhas, reconhecendo os problemas, ou, pelo contrário, tentarem encobri-los.

## Questões éticas na embalagem e *branding*

Quatro aspectos da embalagem envolvem questões éticas: (1) as informações no rótulo; (2) os desenhos na embalagem; (3) a segurança; e (4) as implicações ambientais.⁴³ A *informação no rótulo* das embalagens pode enganar os consumidores fornecendo informações exageradas ou sugerindo, de maneira antiética, que um produto contém uma quantidade maior dos atributos desejados (por exemplo, elementos nutricionais), ou menor dos não desejados (por exemplo, gordura transgênica) que realmente apresenta. Os *desenhos na embalagem* são antiéticos quando a imagem não é uma representação verdadeira do conteúdo do produto (como quando um brinquedo para crianças parece ser muito maior na embalagem que realmente é ou um alimento mostrado com complementos que não o acompanham). Outro caso de embalagem potencialmente antiética acontece quando a marca própria é embalada de uma maneira que a faça parecer idêntica a uma marca nacional muito conhecida. Os problemas com a *embalagem sem segurança* são particularmente graves quando ela não é à prova de sabotagem e contém produtos perigosos para crianças. A informação na embalagem é enganosa e antiética quando sugere benefícios ambientais que na verdade não ocorrem.⁴⁴

Relacionado à ética na embalagem está o *nome da marca*. A escolha do nome da marca, por parte do divulgador, traz considerações éticas quando a nome escolhido sugere que a marca possui características de produto que na verdade não existem, ou produz benefícios que de fato não ocorrem. Em outras palavras, a marca é incapaz de atender às expectativas que o nome sugere e, portanto, é potencialmente enganosa. Considere, por exemplo, um brinquedo hipotético para crianças com o nome "Super Jato". Como o nome sugere que o brinquedo (um avião de plástico) tem uma fonte de energia, como um motor, os consumidores seriam enganados ao comprar a marca se, de fato, a única fonte de energia são as pessoas que têm de lançar o brinquedo ao ar.

Outra violação ética ocorre quando uma empresa toma emprestado (ou furta) o nome de uma marca mais conhecida e estabelecida. Na verdade, ao usar o nome conhecido da marca de outra empresa para seu próprio produto, o violador está capitalizando o poder da *alavancagem* descrito no Capítulo 2. O furto do nome conhecido de uma marca de outra empresa não é apenas antiético, mas ilegal. Uma forma global de pirataria referente ao nome da marca ocorre quando os divulgadores em um país usam nomes para seus produtos que são praticamente os mesmos de marcas estabelecidas em outro país.

## Questões éticas nas promoções de vendas

As considerações éticas estão envolvidas em todas as facetas das promoções de vendas, incluindo as promoções do fabricante direcionadas a atacadistas e varejistas e aos consumidores. Como vimos no Capítulo 15, os varejistas conquistaram um considerável poder de barganha junto aos fabricantes. As *taxas de espaço na prateleira* ilustram a troca de poder. Essa prática (discutida em detalhes no Capítulo 15) exige que os fabricantes, muitas vezes, paguem aos varejistas uma taxa por loja para que estes aceitem uma nova unidade de estoque do fabricante. Os críticos da taxa de espaço na prateleira afirmam que a prática representa uma forma de suborno e, portanto, é antiética.

As promoções orientadas para os consumidores (incluindo práticas como cupons, brindes, descontos, sorteios e concursos) são antiéticas – e muitas vezes ilegais, no Brasil – quando o promotor de vendas oferece ao consumidor uma recompensa por seu comportamento e tal recompensa jamais é entregue – por exemplo, deixar de enviar um prêmio ou conceder um vale desconto. Sorteios e concursos são potencialmente antiéticos quando os consumidores acreditam que suas chances de ganhar são muito maiores que realmente são.[45]

Por questão de equilíbrio, é importante observar que os profissionais de marketing não são os únicos culpados de comportamento antiético na área de promoção de vendas. Os consumidores também praticam atividades indesejáveis, como apresentar aos caixas cupons de itens que não foram comprados ou exigir abatimentos falsos.

## Questões éticas no marketing on-line

O uso da Internet como meio de comar está repleto de questões éticas, muitas das quais se sobrepõem às discussões anteriores envolvendo a ética da propaganda e promoções. Além das questões éticas gerais já abordadas, a invasão da *privacidade* do indivíduo deve ser ressaltada. Como os divulgadores on-line podem coletar um volume enorme de informações acerca das características pessoais dos indivíduos, do comportamento de compra on-line e uso de informação, fica fácil invadir os direitos de privacidade deles vendendo informações a outras fontes e divulgando informações confidenciais. Discutir em detalhes todas as questões pertinentes à invasão de privacidade está muito além do escopo deste livro, mas os leitores interessados podem examinar os artigos indicados na seguinte nota de fim.[46]

Outra violação ética no marketing on-line se refere ao uso de blogs. As empresas se comportam de forma antiética quando seus blogs incluem testemunhos positivos de consumidores falsos. As práticas antiéticas de *blogging* também são evidenciadas quando as empresas pagam a indivíduos para escrever blogs contendo avaliações positivas dos produtos de uma empresa. É desnecessário dizer que existe um grande potencial para que as informações em blogs sejam exageradas, se não totalmente erradas.

## Promover comunicações de marketing éticas

A responsabilidade principal para o comportamento ético se encontra em cada um de nós, quando assumimos os vários papéis do gestor de comunicação de marketing. Podemos tomar o caminho mais curto e fazer o que é mais fácil, ou seguir o caminho moral, mais elevado e tratar os consumidores da mesma maneira honesta que esperamos ser tratados. Em grande parte, trata-se de uma questão de nossa própria integridade pessoal. *Integridade* é talvez o conceito fundamental da natureza humana. Embora seja difícil de definir com precisão, integridade de modo geral significa ser honesto e não agir de maneira enganosa ou puramente conveniente.[47] Portanto, as comunicações de marketing em si não são éticas ou antiéticas – é o grau de integridade do profissional de comunicações que determina se o seu comportamento é ético ou antiético. Como exemplo, temos o caso descrito na seção *Foco CIM* que aborda uma promoção antiética para a Frozen Coke.

Colocar toda a responsabilidade sobre os ombros de indivíduos é, talvez, algo injusto, porque o modo como nos comportamos individualmente é, em grande parte, uma função da cultura organizacional na qual operamos. As empresas podem promover culturas éticas ou antiéticas estabelecendo *valores éticos centrais* para orientar o comportamento das comunicações de marketing. Dois valores centrais que promoveriam muito o comportamento ético são (1) tratar os consumidores com respeito, interesse; e honestidade – o modo como você gostaria de ser tratado ou como gostaria que tratassem sua família; e (2) tratar o meio ambiente como se fosse sua casa.[48]

## foco c.i.m.

### Uma promoção antiética para a Frozen Coke

Imagine que você é um executivo de marketing de nível médio e que está tentando melhorar seus negócios com um cliente importante. Você está tentando especificamente convencer o cliente que ele deveria organizar um concurso promocional nacionalmente, apresentando um de seus produtos. Tal concurso, caso seja bem-sucedido, aumentará as vendas de seu produto e impulsionará os lucros do cliente. Contudo, o cliente não está convencido de que a promoção será eficaz e deseja fazer um teste antes de lançá-la nacionalmente. O teste será feito comparando-se as vendas em uma cidade onde a promoção é feita (a cidade "teste") às vendas em outra cidade que não oferece a promoção (a cidade "controle"). Os resultados iniciais revelam que os negócios de seu cliente não aumentam muito na cidade teste *versus* cidade controle. A promoção nacional está em perigo. Seu status profissional está sendo ameaçado. O que fazer? Essa situação hipotética de fato aconteceu alguns anos atrás. Os executivos de nível médio da Coca-Cola Co. sugeriram à rede Burger King lançar uma promoção oferecendo uma Frozen Coke (produto consistindo em gelo esmagado misturado com Coca-Cola) de graça quando os consumidores comprassem uma "refeição de valor" em uma loja Burger King. O argumento apresentado à rede foi que a oferta de uma Frozen Coke gratuita aumentaria de modo significativo o tráfego de consumidores e, por conseguinte, as vendas das refeições de valor.

Os executivos da Burger King não estavam dispostos a se comprometer com uma promoção cara, em nível nacional, enquanto não tivessem alguma evidência de que ela aumentaria de modo significativo as vendas. Decidiram fazer um teste em uma cidade específica, onde a Frozen Coke seria oferecida toda vez que uma refeição de valor fosse comprada e comparar o número dessas compras nessa cidade, durante o período de teste, ao volume de vendas de refeição de valor em outra cidade (a cidade controle), onde a Frozen Coke não seria oferecida. Em outras palavras, o teste envolveu um simples experimento de campo onde a presença (uma cidade teste) ou ausência (cidade controle) da Frozen Coke foi o tratamento experimental.

Infelizmente, os primeiros resultados no início da promoção na cidade teste foram decepcionantes, pois o volume de vendas das refeições de valor nessa cidade não foi muito diferente do alcançado na cidade controle. Sob a pressão da ameaça de que a Burger King rejeitasse a ideia da promoção nacional, o que teria efeitos adversos para as vendas da Frozen Coke, alguns executivos de nível médio da Coca-Cola desenvolveram um esquema para aumentar as vendas das refeições de valor na cidade teste durante o resto do período de teste. Eles contrataram um consultor free-lancer e deram a ele US$ 9 mil para distribuir ao Boys & Girls Clubs. O consultor distribuiu o dinheiro entre os líderes desses clubes, que foram instruídos a dar às crianças as refeições de valor do Burger King. Embora essa quantia em dinheiro tenha representado menos de 1% da quantidade total de refeições de valor compradas durante o período de teste, ela desempenhou um papel importante para demonstrar que o volume de vendas desse tipo de refeição aumentou em 6% durante o período de teste, em comparação ao aumento das vendas em Tampa, que atingiu apenas 2%. Com base nessa diferença a rede Burger King decidiu lançar a promoção por todo o país.

É desnecessário dizer que a promoção antiética por fim chamou a atenção da Burger King, mas somente depois que a empresa já tinha investido na campanha nacional da Frozen Coke. Os altos executivos da Coca-Cola reconheceram que seus funcionários influenciaram de modo inapropriado os resultados dos testes, mas a empresa negou ter qualquer responsabilidade corporativa por isso e colocou a culpa nos executivos de nível médio, que planejaram os resultados antiéticos das vendas. A Coca-Cola concordou em pagar à Burger King até $ 21 milhões para compensá-la e às suas franquias por qualquer perda financeira.

Ao explicar seu comportamento a um supervisor, um dos executivos responsáveis pela fraude afirmou que a distribuição de dinheiro foi necessária na cidade teste para "'desclimatizar' os dados, obtendo assim uma medida precisa (da resposta das vendas)". Sua justificação foi, em outras palavras, que o clima era mais quente na cidade controle comparado à temperatura na cidade na época do teste, o que, segundo sua lógica, teria influenciado a quantidade maior de vendas na cidade controle que na cidade teste. Em resumo, esse executivo tentou legitimar o que parece ser um comportamento antiético, mas esse argumento só serve a ele mesmo e não é inteligente. Se ele realmente pensasse que as diferenças de temperatura tivessem influenciado os resultados do teste, então deveria ter convencido os executivos da Burger King a escolher uma cidade controle onde o clima fosse comparável ao de Richmond, em vez de selecionar Tampa.

Resumindo, os executivos de nível médio da Coca-Cola foram pegos em flagrante. Eles praticaram o que parece ser um comportamento antiético e foram expostos. A corporação alegou que não teve participação nessa atitude enganosa, mas os executivos, aparentemente, foram pressionados a fazer o que fosse necessário para produzir resultados. Esse caso é de pouca significância em comparação aos escândalos financeiros na Enron e em outros lugares, mas demonstra, mais uma vez, que os executivos acabam pagando por seus erros (antiéticos).

Fonte: Christina Cheddar Berk, "Executive at Coke Gives Up His Post in Scandal'sWake", *The Wall Street Journal Online*, 26 de agosto de 2003, http://online.wsj.com. (Acesso em: 26 de agosto de 2003), Chad Terhune e Richard Gibson, "Coke Agrees to Pay Burger King $10 Million to Resolve Dispute", *The Wall Street Journal Online*, 4 de agosto de 2003, http://online.wsj.com. (Acesso em: 4 de agosto de 2003). Chad Terhune, "How Coke Officials Beefed Up Results of a Marketing Test", *The Wall Street Journal Online*, 20 de agosto de 2004, http://online.wsj.com. (Acesso em: 20 de agosto de 2004).

As empresas podem promover o comportamento ético da comar encorajando seus funcionários a aplicar cada um dos testes descritos a seguir, quando se depararem com um comportamento antiético:[49]

1. Aja da maneira que você gostaria que os outros agissem com você (o *teste da Regra de Ouro*).
2. Só pratique ações que um grupo objetivo de seus colegas profissionais consideraria apropriadas (o *teste da ética profissional*).
3. Pergunte sempre: "Eu me sentiria confortável explicando essa ação na TV para o público em geral?" (o *teste da TV*).

Durante sua vida profissional (em outros aspectos da vida), você sem dúvida enfrentará problemas morais/éticos que exigirão tomar uma decisão após a outra. Pensamentos como estes passarão em sua mente: "Meu supervisor quer que eu faça isso e isso (preencha a lacuna), mas eu não tenho certeza de que é a coisa certa a fazer", "Eu poderia aumentar as vendas e lucros de minha marca se fizessem (preencha a lacuna), mas embora fazer isso seja conveniente, acredito que não seja a coisa certa". Diante de tais dilemas pare antes de agir. Aplique os três testes. Imagine-se diante de uma câmera de TV justificando seu comportamento. Pergunte a si mesmo se você gostaria de ser tratado assim. Pondere se outros profissionais endossariam seu comportamento. Em resumo, pense antes de agir. O mundo dos negócios pode ser duro. Conviver com suas próprias decisões ruins (aquelas que refletem qualquer outra coisa que não seja a mais alta integridade) pode ser terrível.

Concluímos esta seção apresentando os pensamentos de um profissional de marketing que pediu a seus colegas profissionais para conduzirem suas atividades de comar de maneira que elevasse o espírito humano em vez de apelar aos instintos mais básicos da natureza humana. Ele insiste que os profissionais de comar considerem quatro perguntas antes de criar e transmitir mensagens.[50] Essas questões merecem uma consideração cuidadosa.

- Qual será o impacto duradouro da mensagem sobre a marca se continuarmos a transmiti-la em longo prazo?
- Qual será o impacto duradouro, se houver, da mensagem sobre a sociedade em geral?
- Minha mensagem apela para o que há de melhor nas pessoas e tenta elevar o espírito humano?
- Que resposta estou tentando obter e que mensagem de comar sobre a nossa sociedade ela transmite?

# Regulamentação da comunicação de marketing

Anunciantes, gestores de marcas, gerentes de produtos, gerentes de promoção de vendas e outros profissionais de comar se deparam com uma variedade de regulamentações e restrições que influenciam sua liberdade de tomar decisões. O século passado mostrou que as regulamentações são necessárias para proteger os consumidores e concorrentes de práticas antiéticas, fraudulentas, enganosas e injustas que algumas empresas decidem perpetrar. Nas economias de mercado existe uma tensão inevitável entre os interesses das organizações comerciais e os direitos dos consumidores. Os órgãos reguladores tentam equilibrar os interesses das duas partes, ao mesmo tempo garantindo que um nível adequado de competição seja mantido.

## Quando a regulamentação é justificada?

Os defensores mais efusivos dos ideais da livre empresa argumentam que o governo deve interferir raramente nas atividades comerciais. Observadores mais moderados acreditam que a regulamentação é justificada em determinadas circunstâncias, em especial quando as decisões dos consumidores são baseadas em informações *falsas ou limitadas*.[51] Nessas circunstâncias, os consumidores tendem a tomar decisões que não tomariam de outra forma e, como resultado, sofrem um dano econômico, físico ou psicológico. Os concorrentes também são prejudicados, porque quando as empresas contra as quais eles competem apresentam informações falsas ou enganosas, eles perdem negócios que poderiam ter realizado.

Em teoria, a regulamentação é justificada se os *benefícios alcançados superarem os custos*. Quais são os benefícios e custos da regulamentação?[52]

### Benefícios

A regulamentação oferece três grandes benefícios. Em primeiro lugar, a *escolha do consumidor* entre as alternativas é melhorada quando ele é mais bem informado no mercado. Por exemplo, considere a legislação brasileira sobre a venda e divulgação de cigarros, que exige que os fabricantes coloquem um dos seguintes alertas em todas as peças de comar desse tipo de produto e em todas as embalagens de cigarros:

*"fumar causa mau hálito, perda de dentes e câncer de boca"*

*"fumar causa câncer de pulmão"*

*"fumar causa infarto do coração"*

*"fumar na gravidez prejudica o bebê"*

*"em gestantes, o cigarro provoca partos prematuros, o nascimento de crianças com peso abaixo do normal e facilidade de contrair asma"*

*"crianças começam a fumar ao verem os adultos fumando"*

*"a nicotina é droga e causa dependência"*

*"fumar causa impotência sexual"*[53]

Essa regulamentação informa ao consumidor que o consumo de cigarros produz consequências negativas. As mulheres grávidas, por exemplo, podem ajudar a si mesmas e especialmente a seus filhos ainda não nascidos prestando atenção a esse alerta e evitando consumir cigarros, embora seja improvável que apenas os rótulos com alertas sejam suficientes para provocar um impacto significativo na redução do consumo de cigarros entre as mulheres grávidas.[54]

Um segundo benefício da regulamentação é que quando os consumidores são mais bem informados, a *qualidade do produto tende a melhorar* em resposta às mudanças nas necessidades e preferências deles. Por exemplo, quando os consumidores começaram a descobrir os perigos da gordura e do colesterol durante a década de 1990, os fabricantes começaram a divulgar produtos alimentícios mais saudáveis, que agora são facilmente encontrados nos supermercados.

Um terceiro benefício da regulamentação são os *preços reduzidos*, que resultam de uma redução no "poder informativo do mercado". Por exemplo, os preços dos carros usados sem dúvida cairiam se as agências tivessem de informar aos compradores em potencial sobre seus defeitos, porque os consumidores não estariam dispostos a pagar o mesmo preço por automóveis com problemas.

## Custos

A regulamentação não é sem custos. As empresas, com frequência, incorrem no *custo de obedecer* a uma regulamentação. Por exemplo, as comunicações de bebidas alcoólicas no Brasil sempre apresentam a mensagem "beba com moderação" ou mensagens semelhantes que estimulem o consumo consciente de álcool. A inserção dessa mensagem gera um custo (por menor que seja), de inserção e de tempo de mídia. Os *custos de execução* nos quais as agências reguladoras incorrem e os contribuintes pagam representam uma segunda categoria de custo.

Os *efeitos colaterais não planejados* que podem resultar das regulamentações constituem um terceiro custo tanto para os compradores e vendedores. Há uma variedade de efeitos colaterais que não são previstos quando a legislação é escrita. Por exemplo, uma regulamentação pode não intencionalmente prejudicar os vendedores se os compradores mudarem para outros produtos ou reduzirem o nível de consumo depois que ela é imposta. O custo para os compradores pode aumentar se os vendedores repassarem, na forma de preços mais altos, os custos de obedecer à regulamentação. As duas situações são possíveis quando os fabricantes de alimentos decidem mudar do óleo hidrogenado ou continuar a fazer seus produtos com ele, com a exigência de que devem revelar no rótulo os níveis altos de gordura transgênica. Em resumo, a regulamentação é teoricamente justificada apenas se os benefícios superarem os custos.

Quando a regulamentação é justificada, as agências federais e estaduais, com o setor, trabalham para supervisionar a integridade das comunicações de marketing. As seções a seguir examinam as duas formas de regulamentação que afetam muitos aspectos das comunicações de marketing: a regulamentação governamental e a autorregulamentação.

## Regulamentação pelas agências federais

A regulamentação governamental acontece nos níveis federal e estadual. Todas as facetas das comunicações de marketing estão sujeitas à regulamentação, mas a propaganda é a área na qual as agências reguladoras são mais ativas. Isso acontece porque a propaganda é o aspecto mais conspícuo das comunicações de marketing. A discussão a seguir examina a regulamentação governamental federal da propaganda nos Estados Unidos, realizada por duas agências: a Federal Trade Commission (FTC) e a Food and Drug Administration (FDA). Os leitores que desejarem obter mais informações sobre a regulamentação da propaganda nos países da União Europeia devem se referir à fonte citada em nota de fim.[55]

No Brasil, a atividade de comunicação de mercado, em especial a propaganda acaba sendo controlada, de forma direta ou indireta, por várias leis federais, como o código de defesa do consumidor (Lei nº 8.078, de 11 de setembro de 1990, disponível em www.planalto.gov.br/ccivil_03/Leis/L8078.htm), a legislação da Agência Nacional de Vigilância Sanitária – Anvisa (http://www.anvisa.gov.br/legis/index.htm), além da legislação específica sobre promoção, discutida no Capítulo 15 e em última instância toda a legislação do país que garante os direitos básicos do cidadão. Os gestores de comar também devem atentar para a legislação estadual, pois cada estado pode editar leis que afetem a comunicação de marketing. Fora a esfera pública, o Conar – que não tem poder público – é entidade muito ativa, representativa e respeitada no setor e na sociedade e que tem papel relevante para a condução das atividades de comunicação dentro dos padrões éticos e morais de nossa sociedade, muitas vezes servindo como intermediadora de interesses públicos e das empresas. Por exemplo, o Conar tem forte atuação junto ao setor de bebidas alcoólicas e produtos para crianças procurando enquadrar as ações de comunicação das empresas às expectativas do poder público e da sociedade com relação a divulgação desses tipos de produtos. Além do Conar, várias outras associações setoriais desenvolvem seus próprios códigos de conduta com a mesma finalidade, ou seja, harmonizar as ações de comar dentro dos interesses setoriais e as demandas sociais. A Associação de Marketing Promocional (AMPRO) e Associação de Marketing Direto (ABEMD), ambas já citadas em capítulos anteriores, são dois exemplos.

Além das leis e das entidades setoriais, os gestores de comunicação devem também seguir as políticas internas da empresa. Muitas empresas, em geral as mais sensíveis às questões éticas e morais e ao seu relacionamento com a sociedade, estabelecem normas bem definidas sobre o que é permitido ou não nas comunicações de marketing. Muito embora alguns críticos questionem se essas regras são por princípios ideológicos ou por conveniência (evitar processos jurídicos, por exemplo), o fato é que elas, na prática, acabam contribuindo para a melhoria do processo. Porém, mesmo com todos essas restrições, muitas vezes os gestores de comar e suas agências cometem exageros. Mas devemos considerar que a situação já foi bem mais crítica no passado e que, de certa forma, as ações de comar seguem, naturalmente, as valores morais e culturais vigentes na sociedade onde elas são executadas, pois *a priori* não é a intenção de nenhum gestor de comar, independentemente de leis e regras, ter suas ações rejeitadas pelos consumidores.

## Autorregulamentação da propaganda

A **autorregulamentação**, como o nome sugere, é feita pela própria comunidade de propaganda (ou seja, anunciantes, associações comerciais do setor e mídia) em vez de pelas agências governamentais. A autorregulamentação é uma forma de *governo privado* onde as pessoas e empresas do setor estabelecem e aplicam regras voluntárias de comportamento.[56] A autorregulamentação da propaganda prosperou em países como Canadá, França, Reino Unido, Estados Unidos e Brasil.[57]

### Autorregulamentação pela mídia

O *processo de liberação da propaganda* é uma forma de autorregulamentação que a mídia faz nos bastidores, antes que um comercial ou outra propaganda chegue aos consumidores. Um anúncio em uma revista ou um comercial de TV passa por várias fases de liberação antes de ser de fato impresso ou ir ao ar, incluindo (1) a liberação pela agência; (2) aprovação do departamento legal do anunciante e talvez também de um escritório de advocacia independente; e (3) aprovação da mídia (como as diretrizes das redes de TV referentes a padrões de gosto).[58] Um anúncio finalizado que passa pelo processo de liberação e aparece na mídia fica então sujeito à possibilidade de regulamentação *post hoc* por parte do governo, da sociedade e de órgão de autorregulamentação.

### Conselho de Autorregulamentação Publicitária

Como apresentado anteriormente, o Conar foi criado no final da década de 1970, com o intuito de regular as atividades de comunicação de marketing no Brasil.

Sempre que alguém (seja consumidor, concorrente, autoridade pública) sentir-se prejudicado ou ofendido por algum tipo de comunicação de marketing veiculada no Brasil, essa pessoa (ou organização) poderá fazer uma queixa junto ao Conar. Além disso, o próprio Conar mantém um serviço de monitoramento das comunicações em veiculação para verificar o cumprimento das recomendações do Código de Autorregulamentação.

Sempre que o Conar recebe alguma queixa ou o monitoramento indica algum caso de descumprimento do código, é aberto um processo. Os processos são examinados pelo Conselho de Ética (formado por representantes das agências de publicidade, dos anunciantes, dos veículos e dos consumidores) para verificar sua procedência.

Caso a peça de comunicação julgada venha a ser condenada pelo conselho de ética, o Conar pede a alteração ou a exclusão do anúncio. A decisão pode ainda propor Advertência do Anunciante e/ou sua Agência e, excepcionalmente, a Divulgação Pública da reprovação do Conar. Este, no entanto, não tem poder de lei e não pode, portanto, aplicar multas ou determinar ordem de prisão. Porém, as decisões do Conar são amplamente respeitadas no mercado brasileiro. A quantidade de processos tratados pelo Conar varia de ano para ano. Em 2009, por exemplo, foram instaurados 343 processos. Desses, 83 foram iniciados por queixas de consumidores.

# Comunicação de Marketing Ambiental

As pessoas em todo o mundo estão preocupadas com a destruição dos recursos naturais e a degradação do ambiente físico. As emissões de carbono em todo o planeta aumentaram com o rápido desenvolvimento econômico da China e da Índia, acrescidas do enorme consumo de petróleo por países altamente industrializados como os Estados Unidos. Embora existam céticos, a comunidade científica em geral concorda que o aquecimento global é uma realidade, em grande parte, causada pelo homem e que medidas corretivas são necessárias. (Ver a seção *Foco Global* para uma discussão sobre o consumo ecologicamente sustentável em 14 países.)

Muitas empresas estão reagindo às preocupações com o meio ambiente introduzindo produtos ecologicamente orientados e desenvolvendo programas de comar para promovê-los. Essas ações são conhecidas como *marketing verde*.[59] Os esforços legítimos de marketing verde devem alcançar, no mínimo, dois objetivos: melhorar a qualidade do meio ambiente e satisfazer os consumidores.[60] Se esses dois objetivos não forem atingidos, o marketing ambiental é falso, conhecido como *ecobranqueamento* (ou *greenwashing*). A seção a seguir discute os esforços de comar que se inserem na categoria de marketing verde acreditável.

## Iniciativas de marketing verde

Motivados por razões como obedecer à regulamentação, ganhar uma vantagem competitiva, ser socialmente responsável, e seguir os compromissos da alta gerência, algumas empresas responderam com legitimidade aos problemas ambientais.[61] Essas respostas foram em sua maioria na forma de *produtos novos* ou *revisados*. Talvez a iniciativa de produto mais receptiva à questão ambiental tenha sido a introdução dos veículos híbridos movidos à eletricidade e gasolina, como o Toyota Prius. O Prius teve uma procura tão grande, em parte devido ao aumento dos preços da gasolina e ao fato de que os automóveis híbridos alcançam uma quilometragem melhor por litro que os convencionais, que a Toyota teve dificuldade em atender aos pedidos.

As lâmpadas fluorescentes compactas são cada vez mais procuradas porque duram mais e economizam mais energia que as tradicionais incandescentes. Até a Nike seguiu a onda verde com a introdução dos tênis Air Jordan XX3, que tem uma sola externa feita de material reciclado e colas praticamente sem elementos químicos.[62]

Embora essas inovações em produtos sejam importantes, os esforços de comar que apelam à sensibilidade ambiental são mais relevantes a este texto. Os principais esforços verdes de comunicações envolvem (1) anúncios que promovem os produtos verdes; (2) embalagens que não agridem o meio ambiente; (3) programas de selo de aprovação que promovem os produtos verdes; (4) esforços de comar orientados para causas e eventos que apoiem a consciência ambiental; (5) materiais de display no ponto de venda que sejam ecologicamente eficazes; (6) programas de marketing direto que reduzem o uso dos recursos, desenvolvendo solicitações mais eficazes; e (7) esforços de propaganda externa que reduzem o uso de materiais que prejudicam o meio ambiente.

### Propaganda verde

Os apelos ambientais na propaganda se tornaram comum, por um curto período de tempo, no começo da década de 1990, perderam a força e, agora, com a crescente onda de interesse pelo marketing verde e o consumo verde, os apelos ambientais reapareceram. A propaganda verde representa uma estratégia de marketing inteligente, mas apenas se os divulgadores da marca tiverem algo significativo para dizer referente à eficácia ecológica de suas marcas em comparação às concorrentes. Mais anunciantes, sem dúvida, seguiriam a tendência da propaganda verde se suas marcas oferecessem alguma vantagem ambiental.

Existem três tipos de apelos de propaganda verde: (1) anúncios que abordam um relacionamento entre um produto/serviço e o ambiente biofísico; (2) aqueles que promovem um estilo de vida verde sem destacar um produto ou serviço; e (3) os que representam uma imagem corporativa de responsabilidade ambiental.[63]

### Respostas das embalagens que não prejudicam o meio ambiente

Muitos esforços foram iniciados para melhorar a eficácia ambiental dos materiais das embalagens. Os primeiros esforços incluíram as embalagens de refrigerantes e muitos outros produtos em garrafas de plástico reciclável, mudando os recipientes de poliestireno para embalagens de papelão para hambúrgueres e outros sanduíches, e introduzindo detergentes concentrados para lavar roupas, com a intenção de diminuir o tamanho das embalagens e, assim, produzir menos material descartável a ser colocado nos já abarrotados aterros sanitários. Mais recentemente, vimos esforços por parte de empresas como a PepsiCo para reduzir a quantidade de plástico usada nas garrafas de algumas de suas bebidas que não são refrigerantes (por exemplo, o chá gelado Lipton e o suco Tropicana).[64] As latas da Pepsi e a Diet Pepsi, da PepsiCo, são hoje feitas com 40% de alumínio reciclado,[65] e a Coca-Cola apoia financeiramente a maior fábrica de reciclagem de garrafas do mundo, e prometeu reciclar 100% de suas latas de alumínio vendidas nos Estados Unidos, além disso, lançou recentemente a garrafa PlantBottle, que é 30% feita a base de materiais vegetais.[66]

## foco global

### Consumo ecologicamente sustentável em 14 países

A revista *National Geographic* junto com uma firma de pesquisa global mediu o progresso do consumidor em 14 países no que se refere ao consumo ecologicamente sustentável. O estudo incluiu 14 mil consumidores que responderam a perguntas sobre uso de energia, escolhas de meios de transporte, uso de alimentos, uso de produtos verdes *versus* tradicionais, atitudes para com o meio ambiente e conhecimento de questões ambientais. As respostas levaram à criação de um índice de comportamento do consumidor verde, ou Greendex, para cada um dos 14 países: Austrália, Brasil, Canadá, China, França, Alemanha, Grã-Bretanha, Hungria, Índia, Japão, México, Rússia, Espanha e Estados Unidos. Quanto mais alta a pontuação de um país no Greendex, mais ecologicamente sustentável é o comportamento de seu consumidor.

Os resultados da pesquisa revelaram que os consumidores no Brasil e na Índia empatavam, tendo a pontuação mais alta no Greendex – 60 pontos. Os consumidores da China (56,1), México (54,3), Hungria (53,2) e Rússia (52,4) ficaram em segundo lugar. Nos países ricos, Austrália, Alemanha e Grã-Bretanha os consumidores empataram, com 50,2 pontos, seguidos de perto pelos consumidores da Espanha (50) e Japão (49,1). Os consumidores com a pontuação mais baixa foram os da França (48,7), Canadá (48,5), e – em último lugar – os dos Estados Unidos (44,9).

Você pode calcular sua pontuação pessoal no Greendex acessando http://event.nationalgeographic.com/greendex. O acesso ao site permitirá que você veja por que cada um dos 14 países alcançou uma pontuação alta ou baixa. Por exemplo, o Brasil, o país com a pontuação mais alta junto com a Índia, alcançou esses pontos porque os consumidores (1) moram em casas pequenas; (2) raramente usam aquecedores em casa; (3) lavam as roupas com água fria; (4) estão bem abaixo da média (comparado a outros países) no consumo de veículos; (5) usam transporte público; e (6) são mais preocupados com problemas ambientais que os consumidores de outros países.

Comparativamente, os consumidores nos Estados Unidos alcançaram a pontuação mais baixa no Greendex porque (1) o uso de aquecedor e ar-condicionado é comum e as residências tendem a ser grandes; (2) uma pequena porcentagem dos consumidores norte-americanos usa transporte público; (3) uma pequena porcentagem de norte-americanos caminha ou anda de bicicleta todos os dias; (4) o consumo de alimentos nos Estados Unidos é o menos ecologicamente sustentável de todos os países (por exemplo, entre todos os consumidores pesquisados nos 14 países, os norte-americanos são os que menos apresentaram a tendência a consumir produtos cultivados regionalmente, e mais de um terço dos norte-americanos bebem água engarrafada todos os dias); e (5) os consumidores nos Estados Unidos (com os australianos e europeus) estão bem menos preocupados com os problemas ambientais que os das economias emergentes.

Felizmente, ou infelizmente, dependendo da perspectiva, as pessoas que moram em países ricos e participam das riquezas que esses países oferecem, sempre vão gerar mais carbono e gases estufa que aquelas em situação econômica menos vantajosa, que vivem em outros lugares do planeta. Não obstante, todos nós podemos fazer o melhor possível para reduzir o impacto que causamos no meio ambiente, alterando hábitos de consumo e fazendo escolhas que podem custar um pouco mais no curto prazo, mas que, a longo prazo, beneficiarão o meio ambiente e a sociedade em geral.

*Fonte*: Adaptado de "Consumer Choice and the Environment – A Worldwide Tracking Survey," http://event.nationalgeographic.com/greendex/index.html (Acesso em: 14 de maio de 2008).

Em uma das principais iniciativas para a criação de uma embalagem menos agressiva ao meio ambiente, a rede Walmart introduziu um programa de redução de embalagem que exige que seus 60 mil fornecedores em todo o mundo pontuem a si mesmos em relação a vários fatores relacionados às embalagens (por exemplo, proporção produto-embalagem, porcentagem do conteúdo reciclado e impermeabilidade dos paletes para transporte). Os fornecedores relatam suas pontuações à Walmart e acompanham o progresso de seus esforços para reduzir as embalagens. A Walmart usa essa informação como base para a seleção de fornecedores em categorias de produto concorrentes. O objetivo da rede Walmart é, em 2013, diminuir em 5% a quantidade de embalagens de produtos nas lojas. Uma redução de embalagens dessa magnitude equivale a salvar milhões de árvores e economizar milhões de barris de petróleo usados na produção dos materiais contidos nas embalagens.[67]

Contrário a esses desenvolvimentos positivos em relação às embalagens, há evidências de que os materiais usados nelas são com frequência desperdiçados devido a uma prática chamada *enchimento a menos*. Por exemplo, mais de 40% das embalagens de suco, leite, e derivados do leite, contêm uma quantidade menor do produto – de 1 a 6% menos – que o rótulo da embalagem afirma.[68] Esse problema de enchimento a menos se deve em parte à sonegação de lucros e também resulta, mais inocentemente, de erro na calibragem das máquinas embaladoras.

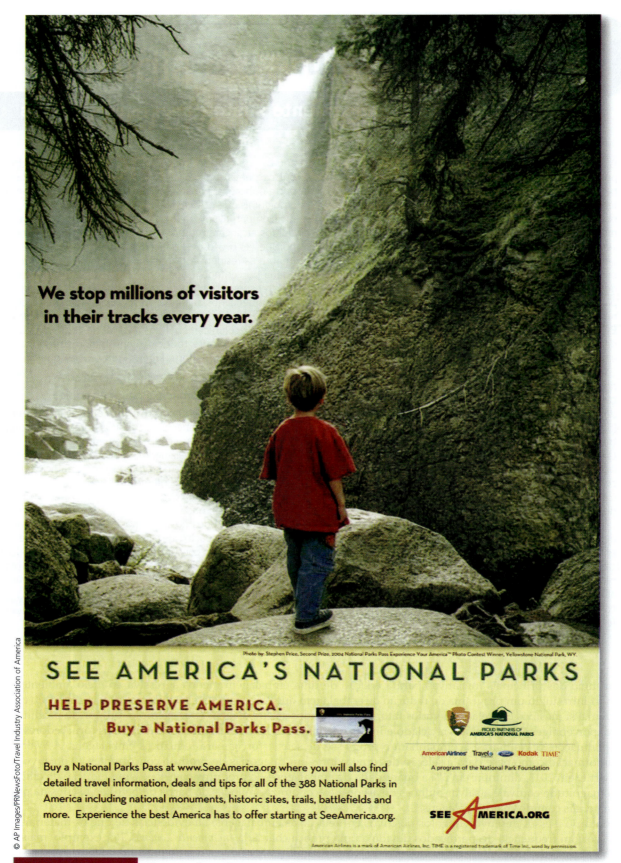

**figura 21.2** Propaganda verde promovendo um estilo de vida verde

Seja qual for a razão, permanece o fato de que o enchimento a menos resulta anualmente em milhares de toneladas de materiais de embalagens desperdiçados.

### Programas de selo de aprovação

Organizações em todo o mundo desenvolveram programas para ajudar os consumidores a identificar os produtos e marcas que não danificam o meio ambiente. Na Alemanha, por exemplo, o selo Blue Angel [Anjo Azul] representa uma promessa aos consumidores que o produto com a afirmação ecológica é legítimo. Três produtos para impressão da Samsung receberam há pouco tempo a certificação Blue Angel. A Green Seal, uma organização sem fins lucrativos, sediada em Washington, DC., criou padrões e premiou com selos de aprovação empresas que seguem esses padrões – que menos de 20% de todos os produtos na categoria conseguem alcançar. A General Electric, por exemplo, recebeu um selo por desenvolver as lâmpadas fluorescentes compactas. Além do Green Seal, existem vários programas de selo para categorias específicas de produtos. Por exemplo, a Eletrobrás, órgão do governo federal, criou o selo Procel de economia de energia e os produtos eletrodomésticos (geladeira, ar-condicionado etc.) que consumam menos energia podem ser identificados com esse selo, o qual indica não só que se trata de um produto certificado, mas também qual o nível de economia ele proporciona dentro da uma classificação específica. Outro exemplo é a 100% Recycled Paperboard Alliance – um grupo de fabricantes de papelão reciclado da América do Norte. Mais de 80 empresas receberam a certificação da 100% Recycled Paperboard Alliance.[69] Programas como esses dão aos consumidores a garantia de que os produtos contendo tais selos não agridem – ou agridem de forma menos intensa – o meio ambiente

**figura 21.3**

Propaganda verde apresentando uma imagem de responsabilidade ambiental

### Programas de patrocínio orientados para causa e evento

O marketing orientado para causas é praticado quando as empresas patrocinam ou apoiam programas ambientais ou sociais dignos (Capítulo 19). Ao fazer isso, o gestor de comunicação de marketing prevê que associar a empresa e suas marcas a uma causa digna gerará boa vontade. É por essa razão que as empresas patrocinam muitas causas ambientais. Por exemplo, o Bank of America introduziu um cartão de crédito ecológico e prometeu contribuir com US$ 1 para uma organização ambiental a cada dólar que os consumidores gastarem usando o cartão.[70] A vodka Absolut encorajou os consumidores a acessar seu site e escolher uma das três organizações ambientais (a Ocean Foundation, a Fruit Tree Planting Foundation e a Environmental Media Association) para a empresa contribuir com a quantia de US$ 1 até um total de $ 500 mil.[71] O Corinthians lançou em 2010 um programa inusitado, o *Jogando pelo meio ambiente*, no qual se comprometia plantar cem árvores a cada gol marcado pelo clube durante suas partidas de futebol. Segundo dados, foram plantadas 23 mil mudas.[72] Os programas orientados para causas podem ser eficazes se não forem usados em excesso, e se os consumidores perceberem que envolvimento da empresa em uma causa ambiental é sincero e não puro comércio.

Além dos patrocínios que promovem causas ambientais, as empresas também utilizam patrocínios de eventos relacionados ao meio ambiente. Por exemplo, a Ben & Jerry's patrocinou a "Campus Consciousness Tour", combinando um show de rock (com a banda Guster) e uma feira orientada para a ecologia para promover o entendimento dos estudantes sobre as questões ambientais. Os estudantes interessados receberam cartões-postais para enviar ao Congresso, encorajando os esforços de redução de emissão de gases por parte dos veículos, e o site da Ben & Jerry's (http://www.lickglobalwarming.com) apresentou um videogame no qual os participantes tinham de tomar decisões ambientais sensatas para receber passes para os bastidores do show da Guster.[73]

### Programas no ponto de venda

Bilhões de dólares são investidos em plástico, madeira, metal, papel e outros materiais de displays. Muitos dos displays que os fabricantes enviam aos varejistas jamais são usados e simplesmente terminam em aterros sanitários. Orientações mais próximas dos varejistas referentes às suas necessidades no ponto de venda resultariam em uma quantidade menor de displays não usados e descartados. Além disso, o aumento no uso dos displays permanentes (aqueles desenvolvidos para durar pelo menos seis meses) reduziria substancialmente o número de displays temporários que são rapidamente descartados. Como resultado, isso significaria um maior esforço de conservação e uma economia significativa para os fabricantes. O uso de papel e plástico reciclados é outro modo de reduzir o impacto negativo do grande volume de displays de ponto de venda que os divulgadores de produtos de consumo usam.

### Esforços de marketing direto

Os materiais de marketing direto, como brochuras, panfletos e, especialmente, catálogos, são muito grandes e exigem, é claro, um consumo maior de árvores e o uso de enormes quantidades de gás natural em sua produção. Infelizmente, pesquisas recentes revelaram que apenas 28% dos profissionais de marketing direto responderam que o meio ambiente é um fator frequente em seu processo de tomadas de decisões.[74] As empresas que usam o marketing direto em seus programas de comar podem melhorar sua atitude em relação ao meio ambiente fazendo um trabalho melhor na segmentação de consumidores e, portanto, reduzindo a circulação de material que será desperdiçado, por exemplo, com a remoção de compradores improváveis de sua lista de correspondência, e também reduzindo a frequência do envio de catálogos e outras solicitações a clientes em potencial.

### Respostas da propaganda externa

As rodovias e ruas da maioria das cidades estão inundadas com dezenas de milhares de sinais externos. Com exceção dos sinais eletrônicos (Capítulo 20), quase todos os outdoors são cobertos com cartazes feitos de cloreto de polivinila (PVC), um produto tóxico à base de petróleo, ou com papel grosso que não pode ser usado novamente nem reciclado. A remoção desses materiais dos outdoors gera uma enorme quantidade de desperdício que termina nos aterros sanitários. A CBS Outdoor, a segunda maior empresa de outdoors nos Estados Unidos, pretende interromper as folhas de PVC e substituí-las por um plástico reutilizável. A Lamar Advertising, a terceira maior firma de outdoor dos Estados Unidos, está em processo de substituir os painéis de papel mais grosso por um material mais fino e leve. Por fim, a líder em propaganda em outdoor nos Estados Unidos – a Clear Channel Outdoor – está reduzindo o consumo de energia em suas centenas de milhares de displays, utilizando lâmpadas mais econômicas.[75] De modo geral, a indústria da propaganda em outdoors está fazendo importantes esforços para "se tornar verde".

## Diretrizes para o marketing verde

A importância do problema ambiental exige que os gestores de comunicação de marketing façam tudo o que for possível para garantir que as afirmações verdes sejam críveis e realistas. Para ajudar as empresas a saberem quais afirmações ambientais podem e não podem ser comunicadas em anúncios, embalagens e em outros lugares, a FTC promulgou diretrizes para as afirmações de marketing ambiental, referidas como as Diretrizes Verdes.[76] Elas apresentam quatro princípios gerais que se aplicam a todas as afirmações de marketing ambiental: (1) as qualificações e revelações devem ser suficientemente claras e proeminentes para impedir o engano; (2) as afirmações devem deixar claro se são aplicáveis ao produto, à embalagem, ou a um componente de qualquer um dos dois; (3) as afirmações não devem exagerar um atributo ou benefício ambiental, expressa ou implicitamente; e (4) as afirmações comparativas devem ser apresentadas de maneira que a base de comparação esteja suficientemente clara para evitar o engano do consumidor. Quando este texto foi escrito, a FTC estava em processo de atualização das Diretrizes Verdes.

Além dessas diretrizes gerais, os profissionais da comar recebem quatro recomendações gerais para afirmações ambientais apropriadas: (1) fazer afirmações específicas; (2) usar afirmações que reflitam opções atuais para dispor do produto; (3) fazer afirmações substantivas; e (4) usar apenas afirmações que podem ser apoiadas.[77]

1. **Fazer afirmações específicas:** essa diretriz tem o objetivo de impedir que os gestores de comunicação de marketing usem afirmações sem sentido como "não agride o meio ambiente", ou "seguro para o meio ambiente". O uso de afirmações ambientais específicas capacita os consumidores a fazer escolhas informadas, reduz a probabilidade de que as afirmações sejam interpretadas de maneira errada, e minimiza as chances de levar os consumidores a acreditar que o produto é mais seguro para o meio ambiente do que realmente é. Em geral, é recomendado que as afirmações ambientais sejam as mais específicas possíveis – não gerais, vagas, incompletas ou muito amplas. Por exemplo, uma afirmação de que uma marca de detergente é "totalmente biodegradável" é mais precisa que a "bom para o meio ambiente".

2. **Refletir opções atuais para a disposição do produto:** essa recomendação objetiva impedir afirmações ambientais tecnicamente precisas, mas irrealizáveis do ponto de vista prático devido às práticas locais da disposição de lixo. Por exemplo, a maioria das comunidades se livra do lixo enterrando-o em aterros sanitários públicos. Como os produtos de papel e plástico não degradam quando enterrados, enganam as empresas ao fazer afirmações ambientais de que seus produtos são degradáveis, biodegradáveis ou fotodegradáveis.

3. **Fazer afirmações substantivas:** alguns gestores de comunicação de marketing usam afirmações ambientais triviais e irrelevantes para dar a impressão de que a marca promovida é ecologicamente benéfica. Um exemplo de uma afirmação não substantiva é a de uma empresa que promove seus copos de espuma de poliestireno com a seguinte

alegação: "preservando nossas árvores e florestas". Outra afirmação trivial ocorre quando produtos descartáveis, como pratos de papel, são referidos como "seguros para o meio ambiente". É claro que um prato de papel não é tão prejudicial ao meio ambiente quanto um elemento químico tóxico, porém, os pratos de papel e outros produtos descartáveis não beneficiam o meio ambiente, mas sim agravam o problema dos aterros.

4. **Usar afirmações que podem ser apoiadas:** essa recomendação é simples e direta – as afirmações ambientais devem ser apoiadas por evidências científicas competentes e confiáveis. O propósito dessa recomendação é encorajar as empresas a fazer apenas afirmações ambientais que possam ser apoiadas por fatos. A exigência para as empresas é clara: não faça afirmações, a menos que possa prová-las.

## Resumo

Este capítulo examinou uma variedade de questões relacionadas ao comportamento ético de comar, à regulamentação das comunicações de marketing e às iniciativas verdes de comar. A primeira seção examinou o comportamento ético das comunicações de marketing. A ética de cada uma das seguintes atividades de comar foi discutida: a segmentação dos esforços das comunicações de marketing, propaganda, relações-públicas, comunicações nas embalagens, promoções e comunicações de marketing on-line. Uma conclusão examinou como as empresas podem promover o comportamento ético.

A segunda seção examinou a regulamentação das atividades de comar. O ambiente regulador foi descrito com respeito à regulamentação governamental e à autorregulamentação do setor.

Na última seção, o marketing ambiental, ou verde, foi descrito, e foram abordadas implicações para as comunicações de marketing. Os gestores de comunicação de marketing responderam aos interesses ambientais da sociedade desenvolvendo embalagens mais seguras ao meio ambiente e outras iniciativas de comunicações. As recomendações para fazer afirmações ambientais apropriadas são: (1) fazer afirmações específicas; (2) usar afirmações que reflitam opções atuais para dispor do produto; (3) fazer afirmações substantivas; e (4) usar apenas afirmações que podem ser apoiadas por fatos.

## Questões para discussão

1. A rede Subway ultrapassou os limites da exploração quando direcionou seus produtos alimentícios a crianças obesas?

2. Qual é a sua opinião referente à ética do *product placement* em filmes para crianças? Identifique os argumentos dos dois lados da questão e dê sua opinião.

3. A segmentação é antiética ou apenas bom marketing? Identifique os argumentos dos dois lados da questão e opine.

4. Qual é a sua opinião a respeito do uso pelas marcas de cerveja brasileiras, durante muitos anos, de bichinhos animados em seus comerciais como pequenos caranguejos, por exemplo? Essa forma de propaganda é simplesmente uma execução maravilhosamente criativa, ou insidiosa em seu potencial de encorajar as crianças a apreciar o conceito de tomar cerveja? (Obs.: se você não se lembra desses comerciais, peça a seu professor para descrevê-los).

5. Você concorda com a exigência do governo federal quanto aos rótulos de produtos alimentícios, ou considera tais exigências uma invasão desnecessária no mercado livre? Justifique sua posição.

6. Ao discutir a crítica de que a propaganda é manipuladora, foi feita uma distinção entre esforços de persuasão dos quais os consumidores estão cognitivamente conscientes e aqueles que não são detectados. Em primeiro lugar, explique com suas palavras a distinção entre o potencial dos anunciantes em manipular os consumidores cognitiva e inconscientemente. Em segundo lugar, expresse seus pensamentos quanto às ramificações éticas do, digamos, potencial do varejista em usar a propaganda interna para transmitir mensagens subliminares.

7. Qual a sua opinião a respeito de uma proposta de lei que tramitou no congresso em 2006 que vetaria comerciais dirigidos a crianças das 7h às 21h e o uso de apresentadores e personagens infantis nas propagandas?

8. No fim da década de 1990, o Distilled Spirits Council dos Estados Unidos votou pelo cancelamento de sua proibição voluntária da propaganda de bebidas alcoólicas "pesadas" na televisão e no rádio – uma proibição autoimposta que durou por quase meio século. Em sua opinião, quais são os argumentos dos dois lados da questão referente ao cancelamento da proibição? Se você fosse um executivo do Distilled Spirits Council, teria defendido o retorno à mídia de transmissão? Esse retorno à propaganda das bebidas destiladas por meio da mídia eletrônica é antiético ou, pelo contrário, uma corajosa decisão comercial tomada pelo Distilled Spirits Council, que já deveria ter feito isso há muito tempo?

9. Qual sua opinião sobre a proibição brasileira de veiculação de propagandas de cigarros em mídias tradicionais?

10. Alguns consumidores são mais preocupados com o meio ambiente que outros. Apresente um perfil específico das características socioeconômicas e demográficas (ou seja, estilo de vida) que em sua opinião seriam apresentadas pelos consumidores "preocupados com o meio ambiente".

11. O texto mencionou – quando discutimos a ética nas embalagens – que uma infração ética pode ocorrer quando os profissionais de marketing criam para suas marcas embalagens quase idênticas às de marcas nacionais muito conhecidas. O que você pensa a respeito disso?

12. Segundo a sua experiência, a maioria das ações de marketing verde é legítima ou representa ecobranqueamento? Apoie sua resposta com exemplos.

13. A motivação por lucros e o marketing verde estão inerentemente em conflito?

# Notas

1. As declarações neste parágrafo e no seguinte são baseadas em Avery Johnson, "How Sweet It Isn't", *the Wall Street Journal*, 6 de abril de 2007, B1.
2. Lorraine Heller, "Merisant & McNeil Reach Quiet Settlement in Splenda Battle", *FoodUSA*, 14 de maio de 2007, http://www.foodnavigator-usa.com (Acesso em: 3 de junho de 2008).
3. Lorraine Heller, "Splenda Ad Slogans Banned in France", *Food USA*, 11 de maio de 2007, http://www.foodnavigator-usa.com (Acesso em: 3 de junho de 2008).
4. Para uma discussão interessante da inter-relação entre questões éticas e regulamentação, ver George M. Zinkhan, "Advertising Ethics: Emerging Methods and Trends", *Journal of Advertising* 23 (setembro de 1994), 1-4.
5. Carolyn Y. Yoo, "Personally Responsible", *BizEd*, maio/junho de 2003, 24.
6. O. C. Ferrel e Larry G. Gresham, "A Contingency Framework for Understanding Ethical Decision Making in Marketing", *Journal of Marketing* 49 (verão de 1985), 87-96.
7. Uma discussão provocante e informativa sobre a questão da vulnerabilidade é apresentada por N. Craig Smith e Elizabeth Cooper-Martin, "Ethics and Target Marketing: The Role of Product Harm and Consumer Vulnerability", *Journal of Marketing* 61 (julho de 1997), 1-20.
8. Sara Schaefer Munoz, "Nagging Issue: Pitching Junk to Kids", *The Wall Street Journal Online*, 11 de novembro de 2003, http://online.wsj.com (Acesso em: 11 de novembro de 2003).
9. Para aqueles que estiverem interessados em estudar mais sobre o modo como crianças e adolescentes são influenciados pelas mensagens de comar, os artigos a seguir, todos na mesma edição de um jornal, devem ser lidos: Louis J. Moses e Dare A. Baldwin, "What Can the Study of Cognitive Development Reveal about Children's Ability to Appreciate and Cope with Advertising?", *Journal of Public Policy & Marketing* 24 (outono de 2005), 186-201, Cornelia Pechmann, Linda Levine, Sandra Loughlin, e Frances Leslie, "Impulsive Self-Conscious: Adolescents' Vulnerability to Advertising and Promotion", *Journal of Public Policy & Marketing* 24 (outono de 2005), 202-21, e Peter Wright, Marian Friestad e David M. Boush, "The Development of Marketplace Persuasion Knowledge in Children, Adolescents, and Youung Adults", *Journal of Public Policy & Marketing* 24 (outono de 2005), 222-33.
10. Matthew Grimm, "Is Marketing to Kids Ethical?", *Brandweek*, 5 de abril de 2004, 44-8.
11. Joseph Pereira e Audrey Warren, "Coming Up Next..." *The Wall Street Journal Online*, 15 de março de 2004, http://online.wsj.com (Acesso em: 15 de março de 2004).
12. Janet Whitman, "Subway Weigh Television Ads on Childhood Obesity," *The Wall Street Journal Online*, 16 de junho de 2004, http://online.wsj.com (Acesso em: 17 de junho de 2004), Bob Garfield, "Subway Walks Line between Wellness, Child Exploitation", *Advertising Age*, 26 de julho de 2004, 29.
13. "U.S. Food Companies to Restrict Advertising Aimed at Children", 18 de julho de 2007, http://online.wsj.com (Acesso em: 18 de julho de 2007), Andrew Martin, "Kellogg to Phase Out Some Food Ads to Children", 14 de junho de 2007, http://www.nytimes.com (Acesso em: 17 de junho de 2004).
14. www.conar.org.br. Acesso em: 26 de março de 2012.
15. Eben Shapiro, "Molson Ice Ads Raise Hackles of Regulators", *The Wall Street Journal*, 25 de fevereiro de 1994, B1, B10.
16. Brian Steinberg e Suzanne Vranica, "Brewers Are Urged to Tone Down Ades", *The Wall Street Journal Online*, 23 de junho de 2003, http://online.wsj.com (Acesso em: 23 de junho de 2003).
17. "Alcohol Radio Ads Still Air on Programs with Teen Audiences", 1º de setembro de 2006, http://online.wsj.com (Acesso em: 1º de setembro de 2006).
18. http://www.planalto.gov.br/ccivil_03/leis/l9294.htm. Acesso em: 9 de maio de 2011.
19. http://www.conar.org.br/html/codigos/codigos%20e%20anexos_cap2_anexoA.htm. Acesso em: 26 de março de 2012.
20. Christopher Lawton, "Lawsuits Allege Alcohol Makers Target Youths", *The Wall Street Journal Online*, 5 de fevereiro de 2004, http://online.wsj.com (Acesso em: 5 de fevereiro de 2004).
21. Stefan Fatsis e Christopher Lawton, "Beer Ads on TV, College Sports: Explosive Mix?", *The Wall Street Journal Online*, 12 de novembro de 2003, http://online.wsj.com (Acesso em: 12 de novembro de 2003).
22. Ver, por exemplo, Lawrence C. Soley, "Smoke-filled Rooms and Research: A Response to Jean J. Boddewyn's Commentary", *Journal of Advertising* 22 (dezembro de 1993), 108-9, Richard W. Pollay, "Pertinent Research and Impertinent Opinions: Our Contributions to the Cigarette Advertising Policy Debate", *Journal of Advertising* 22 (dezembro de 1993), 110-7, Joel B. Cohen, "Playing to Win: Marketing and Public Policy at Odds over Joe Camel", *Journal of Public Policy & Marketing* 19 (outono de 2000), 155-167, Kathleen J. Kelly, Michael D. Slater e David Karan, "Image Advertisements' Influence on Adolescents' Perceptions of the Desirability of Beer and Cigarettes", *Journal of Public Policy & Marketing* 21 (outono de 2002), 295-304, Cornelia Pechmann e Susan J. Knight, "An Experimental Investigation of the Joint Effects of Advertising and Peers on Adolescents' Beliefs and Intentions about Cigarette Consumption", *Journal of Consumer Research* 29 (junho de 2002), 5-19, Marvin E. Goldberg, "American Media and the Smoking-related Behaviors of Asian Adolescents", *Journal of Advertising Research* 43 (março de 2003), 2-11, Marvin E. Goldberg, "Correlation, Causation, and Smoking Initiation among Youths", *Journal of Advertising Research* 43 (dezembro de 2003), 431-40.
23. Ver, por exemplo, Claude R. Martin Jr., "Ethical Advertising Research Standards: Three Case Studies", *Journal of Advertising* 23 (setembro de 1994), 17-29, Claude R. Martin Jr., "Pollay's Pertinent and Impertinent Opinions: 'Good' versus 'Bad' Research", *Journal of Advertising* 23 (março de 1994), 117-22, John E. Calfee, "The Historical Significance of Joe Camel", *Journal of Public Policy & Marketing*, 19 (outono de 2000), 168-82, Robert N. Reitter, "Comment: 'American Media and the Smoking-related Behaviors of Asian Adolescents'", *Journal of Advertising Research* 43 (março de 2003), 12-3, Charles R. Taylor e P. Greg Bonner, "Comment on 'American Media and the Smoking-related Behaviors of Asian Adolescents'", *Journal of Advertising Research* 43 (dezembro de 2003), 419-30.
24. "Women's Magazines Are Urged to Stop Accepting Tobbacco Ads", 6 de junho de 2007, http://online.wsj.com (Acesso em: 6 de junho de 2007).
25. Para um comentário mais profundo da literatura e um estudo provocante a respeito dessa questão, ver J. Craig Andrews, Richard G. Netemeyer, Scot Burton, D. Paul Moberg e Ann Christiansen, "Understanding Adolescent Intentions to Smoke: An Examination of Relationships among Social Influence, Prior

Trial Behavior, and Antitobacco Campaign Advertising", *Journal of Marketing* 68 (julho de 2004), 110-23.
26. http://www.planalto.gov.br/ccivil_03/leis/l9294.htm. Acesso em: maio de 2011.
27. Ira Teinowitz, "Filmmakers: Give Ad-practice Shifts a Chance to Work", *Advertising Age*, 2 de outubro de 2000, 6, David Finnigan, "Pounding the Kid Trail", *Brandweek*, 9 de outubro de 2000, 32-8, Betsy Spethmann, "Now Showing: Federal Scrutiny", *Promo*, novembro de 2000, 17.
28. Scott Donaton, "Why the Kids Marketing Fuss? Here's Why Parents Are Angry", *Advertising Age*, 16 de outubro de 2000, 48.
29. Ver John E. Calfee, "Targeting' the Problem: It Isn't Exploitation, It's Efficient Marketing", *Advertising Age*, 22 de julho de 1991, 18.
30. Para uma abordagem adicional da questão, ver Smith e Cooper-Martin, "Ethics and Target Marketing".
31. Para uma abordagem mais profunda da visão dos profissionais quanto à ética na propaganda, ver Minette E. Drumwright e Patrick E. Murphy, "How Advertising Practitioners View Ethics", *Journal of Advertising* 33 (verão de 2004), 7-24. Para uma abordagem adicional da visão dos profissionais sobre a moralidade na propaganda, ver Jeffrey J. Maciejewski, "From Bikinis to Basal Cell Carcinoma: Advertising Practicioners' Moral Assessments of Advertising Content", *Journal of Current Issues and Research in Advertising* 27 (outono de 2005), 107-115.
32. Ronald Berman, "Advertising and Social Change", *Advertising Age*, 30 de abril de 1980, 24.
33. Sugiro aos interessados a leitura dos três artigos mencionados a seguir, para uma abordagem extremamente detalhada e um debate provocante sobre o papel social e ético da propaganda na sociedade norte-americana. Richard W. Pollay, "The Distorted Mirror: Reflections on the Unintended Consequences of Advertising", *Journal of Marketing* 50 (abril de 1986), 18-36, Morris B. Holbrook, "Mirror, Mirror on the Wall, What's Unfair in the Reflections of Advertising?" *Journal of Marketing* 51 (julho de 1987), 95-103, Richard W. Pollay, "On the Value of Reflections on the Values in 'The Distorted Mirror'", *Journal of Marketing* (julho de 1987), 104-9. Pollay e Holbrook apresentam visões alternativas quanto à questão se a propaganda é um "espelho" que apenas reflete os valores e atitudes sociais, ou um "espelho distorcido", que é responsável por consequências sociais não planejadas e não desejadas.
34. John E. Calfee e Debra Jones Ringold, "The 70% Majority: Enduring Consumer Beliefs about Advertising", *Journal of Public Policy & Marketing* 13 (outono de 1994), 228-38.
35. Peter R. Darke e Robin J. B. Ritchie, "The Defensive Consumer: Advertising, Deception, Defensive Processing, and Distrust", *Journal of Marketing Research* 44 (fevereiro de 2007), 114-27.
36. Rich Thomaselli, "Vytorin Ad Shame Taints Entire Marketing Industry", *Advertising Age*, 21 de janeiro de 2008, 1, 33.
37. http://portal.mj.gov.br. Acesso em: março de 2012.
38. Marian Friestad e Peter Wright, "The Persuasion Knowledge Model: How People Cope with Persuasion Attempts", *Journal of Consumer Research* 21 (junho de 1994), 1-31, Marian Friestad e Peter Wright, "Persuasion Knowledge: Lay People's and Researchers' Beliefs about the Psychology of Advertising", *Journal of Consumer Research* 22 (junho de 1995), 62-74.
39. Para uma abordagem acessível acerca da questão da motivação e comportamentos automáticos, não controlados, ver John A. Bargh, "Losing Consciousness: Automatic Influences on Consumer Judgment, Behavior, and Motivation", *Journal of Consumer Research* 29 (setembro de 2002), 280-5. Ver também John A. Bargh e Tanya L. Chartrand, "The Unbearable Automaticity of Being", *American Psychologist* 54 (julho de 1999), 462-79, Johan C. Karremans, Wolfgang Stroebe e Jasper Claus, "Beyond Vicary's Fantasies: The Impact of Subliminal Priming and Brand Choice", *Journal of Experimental Social Psychology* 42 (novembro de 2006), 792-8.
40. Terence A. Shimp e Elnora W. Stuart, "The Role of Disgust as an Emotional Mediator of Advertising Effects", *Journal of Advertising* 33 (primavera de 2004), 43-54.
41. Stephen B. Castleberry, Warren French e Barbara A. Carlin, "The Ethical Framework of Advertising and Marketing Research Practitioners: A Moral Development Perspective", *Journal of Advertising* 22 (junho de 1993), 39-46. Indiretamente, a fonte citada a seguir apresenta um argumento sugerindo que a desonestidade está espalhada pela sociedade: Nina Mazar e Dan Ariely, "Dishonesty in Everyday Life and Its Policy Implications", *Journal of Public Policy & Marketing* 25 (primavera de 2006), 117-26.
42. http://www.conar.org.br. Acesso em: março de 2012.
43. Essas questões foram identificadas por Paula Fitzgerald Bone e Robert J. Corey, "Ethical Dilemmas in Packaging: Beliefs of Packaging Professionals" *Journal of Macro-marketing* 12 (n. 1, 1992), 45-54. A discussão a seguir é guiada por esse texto. Os autores identificaram um quinto aspecto ético da embalagem (o relacionamento entre uma embalagem e o preço do produto), que não é discutido aqui.
44. Para uma discussão interessante sobre percepções diferentes entre profissionais de embalagens, gerentes de marca e consumidores acerca da questão da ética na embalagem, ver Paula Fitzgerald Bone e Robert J. Corey, "Packaging Ethics: Perceptual Differences among Packaging Professionals, Brand Managers and Ethically-interested Consumers", *Journal of Business Ethics* 24 (abril de 2000), 199-213.
45. Para uma discussão profunda acerca das práticas de promoção de vendas e psicologia do consumidor a elas relacionada e que resulta em expectativas exageradas do ganhar, ver James C. Ward e Ronald Paul Hill, "Designing Effective Promotional Games: Opportunities and Problems", *Journal of Advertising* 20 (setembro de 1991), 69-81.
46. Uma edição especial do *Journal of Public Policy & Marketing* 19 (primavera de 2000) aborda as questões de privacidade e ética no marketing on-line. Ver os artigos nas páginas 1 a 73, dos seguintes autores: George R. Milne, Eve M. Caudill e Patrick E. Murphy, Mary J. Culnam, Joseph Phelps, Glen Nowak e Elizabeth Ferrell, Ross D. Petty, Anthony D. Miyazaki e Ana Fernandez, e Kim Bartel Sheehan e Mariea Grubbs Hoy.
47. Jeffrey P. Davidson, "The Elusive Nature of Integrity: People Know It When They See It, but Can't Explain It", *Marketing News*, 7 de novembro de 1986, 24.
48. Donald P. Robin e R. Eric Reindenbach, "Social Responsibility, Ethics, and Marketing Strategy: Closing the Gap between Concept and Application", *Journal of Marketing* 51 (janeiro de 1987), 44-58. Nesse contexto dois artigos adicionais que discutem as responsabilidades dos profissionais de marketing são os de autoria de Rhoda H. Karpatkin, "Toward a Fair and Just Marketplace for All Consumers: The Responsibilities of Marketing Professionals", *Journal of Public Policy & Marketing* 18 (primavera de 1999), 118-122, Gene R. Laczniak, "Distributive Justice, Catholic Social Teaching, and the Moral Responsibility of Marketers", *Journal of Public Policy & Marketing* 18 (primavera de 1999), 125-9.
49. Baseado em Gene R. Laczniak e Patrick E. Murphy, "Fostering Ethical Marketing Decisions", *Journal of Business Ethics* 10 (1991), 259-71.
50. Dave Dolak, "Let's Lift the Human Spirit", *Brandweek*, 28 de abril de 2003, 30.
51. Michael B. Mazis, Richard Staelin, Howard Beales e Steven Salop, "A Framework for Evaluating Consumer Information Regulation", *Journal of Marketing* 45 (inverno de 1981), 11-21.
52. A discussão a seguir é adaptada de Mazis, et al.
53. http://www.planalto.gov.br/ccivil_03/leis/l9294.htm. Acesso em: maio de 2011.
54. Um comentário detalhado da pesquisa sobre os rótulos com alertas é apresentado por David W. Stewart e Ingrid M. Martin, "Intended and Unintended Consequences of Warning Messages: A Review and Synthesis of Empirical Research", *Journal of Public Policy & Marketing* 13 (primavera de 1994), 1-19. Ver também Janet R. Hankin, James J. Sloan e Robert J. Sokol, "The Modest Impact of the Alcohol Beverage Warning Label on Drinking Pregnancy among a Sample of African-American Women", *Journal of Public Policy & Marketing* 17 (primavera de 1998), 61-9.
55. Ross D. Petty, "Advertising Law in the United States and European Union", *Journal of Public Policy & Marketing* 16 (primavera de 1997), 2-13.

56. Jean J. Boddewyin, "Advertising Self-Regulation: True Purpose and Limits", *Journal of Advertising* 18, n. 2 (1989), 19-27.
57. Jean J. Boddewyn, "Advertising Self-Regulation: Private Government and Agent of Public Policy", *Journal of Public Policy & Marketing* 4 (1985), 129-41.
58. Avery M. Abernethy e Jan LeBlanc Wicks, "Self-regulation and Television Advertising: A Replication and Extension", *Journal of Advertising Research* 41 (maio/junho de 2001), 31-7, Avery M. Abernethy, "Advertising Clearance Practices of Radio Stations: A Model of Advertising Self-Regulation", *Journal of Advertising* 22 (setembro de 1993), 15-26, Herbert J. Rotfeld, Avery M. Abernethy e Patrick R. Parsons, "Self-Regulation and Television Advertising", *Journal of Advertising* 19 (dezembro de 1990), 18-26, Eric J. Zanot, "Unseen but Effective Advertising Regulation: The Clearance Process", *Journal of Advertising* 14, n. 4 (1985), 44-51, 59.
59. O conceito de marketing verde tem várias dimensões além dessa explicação geral. Para um comentário das nuanças, ver William E. Kilbourne, "Green Advertising: Salvation or Oxymoron?" *Journal of Advertising* 24 (verão de 1995), 7-20.
60. Jacquelyn A. Ottman, Edwin R. Stafford e Cathy L. Hartman, "Avoiding Green Marketing Myopia", *Environment* 48 (n. 5, 2006), 23-36.
61. Subhabrata Bobby Banerjee, Easwar S. Iyer e Rajiv K. Kashyap, "Corporate Environmentalism: Antecedents and Influence of Industry Type", *Journal of Marketing* 67 (abril de 2003), 106-122, Pratima Bansal e Kendall Roth, "Why Companies Go Green: A Model of Ecological Responsiveness", *Academy of Management Journal* 43 n. 4 (2000), 717-36.
62. Nicholas Casey, "New Nike Sneaker Targets Jocks, Greens, Wall Street", *The Wall Street Journal*, 15 de fevereiro de 2008, B1.
63. Essa classificação é baseada em Subhabrata Banerjee, Charles S. Gulas e Easwar Iyer, "Shades of Green: A Multidimensional Analysis of Environmental Advertising", *Journal of Advertising* 24 (verão de 1995), 21-32. Para uma discussão adicional dos tipos de afirmações ambientais em propagandas e sua frequência de uso, ver Les Carlson, Stephen J. Grove e Norman Kangun, "A Content Analysis of Environmental Advertising Claims: A Matrix Method Approach", *Journal of Advertising* 22 (setembro de 1993), 27-39.
64. Betsy McKay, "Pepsi to Cut Plastic Used in Bottles", *The Wall Street Journal*, 6 de maio de 2008, B2.
65. "Coming around Again", *Marketing News*, 15 de maio de 2008, 4.
66. Michael Bush, "Sustainability and a Smile", *Advertising Age*, 25 de fevereiro de 2008, 1, 25.
67. Betsy Spethmann, "How Would You Do?", *Promo*, fevereiro de 2007, 18.
68. Para um comentário sobre um relatório acerca do problema do enchimento a menos, ver http://www.ftc.gov/opa/1997/07/milk.htm.
69. Para uma lista, ver http://www.rpa100.com/recycled/look-whos-using-the-rpa-100-symbol. (Acesso em: 1º de junho de 2008).
70. Baseado em um press release do Bank of America, http://newsroom.bankofamerica.com/index.php?s=press_releases&item=7697. (Acesso em: 1º de junho de 2008).
71. Brian Quinton, "Absolut Zero", *Promo*, abril de 2008, 10.
72. Informações disponíveis em http://webcache.googleusercontent.com/search?q=cache:MBlyczmhqu8J:esporte.ig.com.br/futebol/2010/12/17/corinthians%2Bplantou%2B23%2Bmil%2Barvores%2Bno%2Bano%2Bdo%2Bcentenario%2B%2B10330721.html+corinthians+cada+gol+vale+uma+%C3%A1rvore&cd=5&hl=pt-BR&ct=clnk&gl=br&source=www.google.com.br. (Acesso em: janeiro de 2011).
73. Stephanie Thompson, "Ben & Jerry's: A Green Pioneer", *Advertising Age*, 11 de junho de 2007, S-8.
74. Carol Krol, "Direct Marketers Not Feeling 'Green'", *BtoB*, 5 de maio de 2008, 14.
75. A informação nesta seção é adaptada de Shira Ovide, "Can Billboard Trade Go Green?" *The Wall Street Journal*, 19 de setembro de 2007, B2.
76. Publicado no *Federal Register* em 13 de agosto de 1992 [57 FR 36,363 (1992)]. Essas diretrizes também estão acessíveis on-line em http://www.ftc.gov/bcp/grnrule/green02.htm. Ver também Jason W. Gray-Lee, Debra L. Scammon e Robert N. Mayer, "Review of Legal Standards for Environmental Marketing Claims", *Journal of Public Policy & Marketing* 13 (primavera de 1994), 155-9.
77. Julie Vergeront (autor principal), *The Green Report: Findings and Preliminary Recommendations for Responsible Environmental Advertising* (St. Paul: Minnesota Attorney General's Office, novembro de 1990). A discussão a seguir é um resumo das recomendações em *The Green Report*. As diretrizes da Federal Trade Commission são similares ao determinar que as afirmações devem ser (1) substanciadas; (2) claras quanto ao fato das vantagens ambientais presumidas se aplicarem ao produto, embalagem, ou ambos; (3) evitar ser trivial; e (4) se comparações forem feitas, deixar claros os fundamentos delas.

# glossário

## A

**Abatimento por reembolso (rebate)**: os fabricantes oferecem descontos em dinheiro ou reembolsos a consumidores que apresentem provas de compra de suas marcas. Diferentemente dos cupons, que os consumidores resgatam no momento de pagar a conta, os abatimentos/reembolsos são obtidos com o envio pelo correio das provas de compra.

**Adequação**: um anúncio é adequado até o ponto em que a mensagem é direcionada ao alvo para transmitir a estratégia de posicionamento da marca e captar os pontos fortes e fracos relativos à marca em comparação às concorrentes.

*Advergaming*: utilização de jogos de vídeo-game como mídia de propaganda.

**Alcance**: a porcentagem do público-alvo de um anunciante exposta a pelo menos um anúncio durante período de tempo estabelecido (quatro semanas costuma ser o período típico para a maioria dos anunciantes). O alcance representa o número de clientes-alvo que vê ou ouve a mensagem do anunciante uma ou mais vezes durante o período de tempo. Também chamado *cobertura líquida*, *audiência não duplicada* ou *audiência cumulativa*.

**Alcance eficaz**: a ideia que um cronograma de propaganda é eficaz apenas se não alcançar os membros do público-alvo poucas vezes, ou em excesso, durante o período do cronograma de mídia, em geral quatro semanas. Em outras palavras, existe um alcance ótimo teórico de exposições a um anúncio com limites mínimos e máximos. Também chamado *frequência eficaz*.

**Análise das características**: o estágio inicial da codificação perceptual, em que um receptor examina as características básicas de um estímulo (claridade, profundidade, ângulos etc.) e com base nelas faz uma classificação primária.

**Antecipação de compra**: a prática na qual os varejistas se aproveitam das ofertas comerciais dos fabricantes, comprando quantidades maiores que as necessárias para um inventário normal. Os varejistas costumam comprar produtos suficientes em uma oferta para mantê-los até a próxima oferta programada do fabricante; por isso a antecipação de compra também é chamada *compra ponte*.

**Anúncios com aderência**: são anúncios nos quais o público entende a mensagem dos anunciantes; eles são lembrados e mudam a opinião ou o comportamento do público-alvo no que diz respeito à marca.

**Anúncios novos**: junto de outras formas de mensagens de comar, são anúncios singulares, novos e inesperados. A novidade atrai a atenção dos consumidores para um anúncio e, assim, eles se esforçam mais para processar as informações a respeito da marca.

**Anúncios on-line em vídeo**: são anúncios audiovídeos na Internet similares aos comerciais padrão de 30 segundos na TV, mas com frequência são reduzidos para 10 ou 15 segundos e comprimidos a um tamanho manejável de arquivo.

**Aparência**: é uma consideração-chave em muitos relacionamentos de endosso e envolve a beleza, o porte atlético e a sexualidade do endossante.

**Associações**: os pensamentos e sentimentos específicos que os consumidores ligaram na memória a uma marca em particular.

**Atenção involuntária**: uma das formas de atenção que requer pouco ou nenhum esforço da parte do receptor da mensagem; o estímulo atua sobre a consciência da pessoa mesmo que ela não o deseje. Veja também **Atenção voluntária**.

**Atenção voluntária**: uma das três formas de atenção que ocorre quando uma pessoa, por vontade própria, observa um estímulo. Veja também **Atenção involuntária**.

**Atenção**: um estágio do processamento de informações no qual o consumidor foca os recursos cognitivos e pensa na mensagem à qual foi exposto.

**Atratividade**: um atributo que inclui qualquer número de características virtuosas que os receptores podem perceber em um endossante. O conceito geral de atratividade consiste em três ideias relacionadas: *similaridade*, *atração física* e *respeito*.

**Atributos**: na conceituação meio-fim da estratégia de propaganda, os atributos são características ou aspectos do produto ou marca anunciados.

**Autorregulamentação**: regulamentação da propaganda feita pelos próprios anunciantes em vez de pelas agências governamentais estaduais ou federais.

## B

*Baby boom*: o nascimento de 75 milhões de norte-americanos entre 1946 e 1964.

**Batalhadores**: um dos oitos segmentos VALS do consumidor adulto norte-americano. Os Batalhadores seguem tendências e amam a diversão. Como são motivados por conquistas, eles se preocupam com a opinião e aprovação dos outros. O dinheiro define o sucesso para os batalhadores, que não têm o suficiente para realizar seus desejos. Veja também **Realizadores**, **Crentes**, **Experimentadores**, **Inovadores**, **Fazedores**, **Sobreviventes** e **Satisfeitos**.

**Benefícios**: o que os consumidores esperam receber ao consumir a marca

*Brand equity*: pode ser entendido como "ativo da marca", ou seja, o valor da marca como um ativo da empresa; a marca como patrimônio e não como, genericamente, "valor de marca".

*Brand placement*: prática conhecida como *product placement* – chamada de modo mais apropriado de *brand placement* – diz respeito à inserção de marcas em programas de TV ou filmes. *Brand placement* não é o mesmo que merchandising. No Brasil, alguns veículos de comunicação e até mesmo profissionais de mercado cometem esse equívoco, o que acaba gerando muita confusão nos meios acadêmicos e no próprio mercado

*Brief* (ou *Briefing*): o trabalho dos redatores é dirigido por essa estrutura, que é um documento com o objetivo de inspirá-los a canalizar seus esforços criativos em direção a uma solução que servirá aos interesses do cliente.

**Brindes**: artigos de mercadorias ou serviços oferecidos pelos fabricantes para induzir uma ação por parte da equipe de vendas, dos representantes comerciais ou consumidores.

**Brinde autoliquidante**: essa forma de prêmio requer que os consumidores apresentem uma quantidade estipulada de provas de compra com dinheiro suficiente para cobrir os custos do fabricante com compra, armazenagem e envio do item prêmio.

**Brinde com vínculo de compra**: é um brinde que os consumidores recebem gratuitamente (ou mediante pagamento de pequenas quantias, nesse caso, chamado de brinde de compra subsidiada) do fabricante patrocinador em troca da apresentação de uma quantidade requerida de provas de compra.

**Brinde dentro da embalagem**: é um item de brinde anexado à embalagem da marca, que o oferece como incentivo promocional.

**Brinde gratuito na compra**: essa forma de brinde costuma ser oferecida por marcas de produtos duráveis e envolve um produto grátis com a compra da marca.

**Brinde perto da embalagem**: uma oferta prêmio que dá ao comércio varejista brindes especialmente exibidos, que os varejistas então repassam aos consumidores que compram a marca promovida.

## C

**Capacidade de ser observada**: o grau no qual os indivíduos podem observar a propriedade e uso de novo produto por parte de outras pessoas. Quanto mais um comportamento de consumo puder ser sentido por outras pessoas, mais observável ele é e mais rápida é sua adoção.

**Categoria dos conscientes**: o primeiro passo na adoção do produto. Quatro variáveis de *mix* de marketing influenciam a classe de percepção: amostras, cupons, propaganda e distribuição do produto.

**Categoria dos repetidores**: esse terceiro estágio no processo de adoção é influenciado por quatro variáveis do *mix* de marketing: propaganda, preço, distribuição e satisfação com o produto.

**Categoria dos testadores**: o grupo de consumidores que realmente experimentam um novo produto; o segundo passo no qual

533

um indivíduo se torna consumidor de uma marca nova. Cupons, distribuição e preço são as variáveis que influenciam os consumidores a se tornarem testadores.

**Codificação perceptiva:** o processo de interpretar estímulos, que inclui dois estágios: análise das características e síntese ativa.

**Compatibilidade:** é o grau no qual uma inovação é percebida como se ajustando ao modo de a pessoa fazer as coisas; em geral um novo produto/marca é mais compatível até onde coincide com as necessidades, valores pessoais, crenças e práticas de consumo das pessoas.

**Complexidade:** o grau de dificuldade percebido de uma inovação. Quando mais difícil de entender ou usar uma inovação, mais baixo é o índice de adoção.

**Compreensão:** a habilidade para entender e criar significado com base em estímulos e símbolos.

**Comunicação cooperada:** são ações de comunicação feitas pelos varejistas com subsídios dos fornecedores (em geral, na forma de desconto ou em bonificação de produtos), nas quais são divulgadas ofertas de produtos promovidas conjuntamente pelo varejista e pelo fabricante.

**Comunicações integradas de marketing (CIM):** um processo de comunicação que compreende o planejamento, a integração e a implementação de diversas formas de comar (propaganda, promoções de vendas, *releases* publicitários, eventos etc.), em que todas as ferramentas de comunicação obedecem a um mesmo tema central e as peças de comunicação são apresentadas durante um tempo aos consumidores atuais e potenciais da marca.

**Concentração (ou *clutter*):** um estado ou condição de confusão ou desordem. A concentração de comar diz respeito ao aglomerado de comunicação, o que dificulta que uma dada comunicação seja percebida corretamente pelo consumidor.

**Concretização:** uma abordagem de marketing baseada na ideia que é mais fácil para as pessoas lembrar e recuperar informações *tangíveis* que *intangíveis*.

**Concurso:** uma forma de promoção de vendas orientada ao consumidor na qual ele tem a oportunidade de ganhar dinheiro, produtos ou viagens. A pessoa vence o concurso resolvendo um problema específico apresentado.

**Conexão:** diz respeito ao fato de um anúncio causar ou não empatia com as necessidades básicas e desejos do público-alvo no que se refere à escolha de uma marca em uma categoria de produto.

**Confiabilidade:** a honestidade, a integridade e a credibilidade de uma fonte.

**Consequências:** na conceituação meio-fim da estratégia de propaganda, as consequências representam os resultados desejáveis ou indesejáveis do consumo de determinado produto ou marca.

**Continuidade:** uma consideração de planejamento de mídia que envolve o modo como a propaganda deve ser alocada durante o curso de uma campanha.

**CPM:** abreviação de custo por mil, na qual o M representa o numeral romano equivalente a 1.000. O CPM é o custo de alcançar 1.000 pessoas.

**CPM-TM:** um refinamento de CPM, que mede o custo de alcançar 1.000 membros do mercado-alvo, excluindo as pessoas que já estão fora desse mercado.

**Crentes:** um dos oito segmentos VALS de consumidores adultos. Os crentes são motivados por ideias. São pessoas conservadoras e convencionais com crenças concretas baseadas em códigos tradicionais estabelecidos: família, religião, comunidade e nação. Veja também **Realizadores, Experimentadores, Inovadores, Fazedores, Batalhadores, Sobreviventes** e **Satisfeitos.**

**Criação do *buzzmarketing*:** o esforço sistemático e organizado para encorajar as pessoas a falar de modo favorável a respeito de determinado item (produto, serviço ou marca específica) e a recomendar seu uso a outros que fazem parte de sua rede social.

**Cronograma contínuo de propaganda:** em um cronograma contínuo, um número relativamente igual de dinheiro é investido nos anúncios durante a campanha.

**Cronograma em flyght:** refere-se a um cronograma no qual o anunciante varia as despesas durante a campanha e aloca despesas zero em alguns meses.

**Cronograma por onda:** refere-se a um cronograma em que alguns anúncios são usados durante cada período da campanha, mas a quantidade de propaganda varia de período a período.

**Cupom:** um dispositivo promocional que propicia descontos aos consumidores no momento do resgate.

## D

**Dados de fonte única:** consistem em informações demográficas sobre os lares; o comportamento de compra dos membros dos lares; e a exposição deles (mais tecnicamente, a oportunidade de ver) a novos comerciais de TV testados sob condições reais e de mercado.

**Dados psicográficos:** informações sobre atitudes, valores, motivação e estilo de vida dos consumidores em relação ao comportamento de compra em determinada categoria de produto.

***Data mining*:** envolve o processo de buscar bancos de dados para extrair informações e descobrir fatos potencialmente escondidos, mas úteis, sobre os clientes passados, presentes e potenciais.

**Declaração de posicionamento:** a ideia-chave que envolve o que a marca pretende representar na mente de seu público-alvo.

**Desconto no faturamento:** uma oferta apresentada periodicamente ao canal de distribuição que literalmente permite aos atacadistas e varejistas deduzir uma quantidade fixa na fatura.

**Desgaste:** refere-se à eficácia reduzida da propaganda com o passar do tempo.

**Desvio:** ocorre quando um fabricante restringe uma oferta a uma área geográfica limitada em vez de torná-la nacional, o que resulta nos varejistas comprando quantidades muito grandes pelo preço da oferta e depois vendendo, com uma pequena margem de lucro, as quantidades excedentes por meio de agentes em outras áreas geográficas.

## E

***Effective rating points* (ERPs):** igualam-se ao produto de alcance eficaz, ou mais três exposições, multiplicadas pela frequência.

**Elasticidade:** é uma medida de quão receptiva é a demanda para uma marca, como função das mudanças nas variáveis de marketing, tais como preço e propaganda.

***E-mail opt-in*:** é a prática dos profissionais de marketing que consiste em pedir e receber a permissão dos consumidores para o envio de mensagens sobre um tópico específico. O consumidor concorda em receber mensagens a respeito de tópicos de seu interesse em vez de receber mensagens não solicitadas.

**Embalagem bônus:** é uma forma de promoção de vendas na qual quantidades extras do produto são fornecidas ao consumidor ao preço regular da marca.

**Emboscar:** uma atividade que ocorre quando as empresas que não são os patrocinadores oficiais de um evento despendem esforços de marketing para dar a impressão de que o são (também denominado marketing de guerrilha).

**Estilo criativo de proposição única de venda (USP – do inglês *unique sale proposition*):** um estilo criativo de propaganda que promove um atributo do produto que representa um benefício significativo e distinto ao consumidor.

**Estilo criativo de ressonância:** *não* foca nas alegações sobre o produto ou na imagem da marca, mas procura apresentar circunstâncias ou situações que encontram uma contrapartida nas experiências reais ou imaginadas do público-alvo. A propaganda baseada nessa estratégia tenta equiparar "padrões" em um anúncio às experiências armazenadas do público-alvo.

**Estilo criativo emocional:** o uso da emoção na propaganda inclui uma série de emoções positivas e negativas, como apelos a romance, nostalgia, compaixão, excitação, alegria, medo, culpa, aversão e remorso.

**Estilo de imagem da marca:** um estilo criativo de propaganda que envolve diferenciação psicossocial em vez de física. O anunciante tenta desenvolver uma imagem para a marca associando-a a símbolos.

**Estilo genérico:** um estilo criativo de propaganda no qual o anunciante faz uma afirmação sobre sua marca que pode ser feita por qualquer empresa que divulga o produto.

**Estilo preemptivo:** um estilo criativo de propaganda no qual o anunciante que faz determinada afirmação efetivamente impede que os concorrentes façam a mesma declaração, sob risco de ser considerada imitação.

**Estratégia de propaganda:** um plano de ação orientado pelas estratégias corporativas de marketing que determinam o seguinte: quanto pode ser investido em propaganda; para quais mercados os esforços de propaganda precisam ser direcionados; como a propaganda deve ser coordenada com outros elementos de marketing; e, até certo ponto, como a propaganda deve ser executada. A estratégia de propaganda envolve objetivos, orçamento, mensagem e estratégias de mídia – se estende, assim, naturalmente com base na estratégia geral de marketing.

**Estratégia pull (puxar ou atrair)**: esforços de mercado direcionados ao consumidor final com a intenção de influenciar a aceitação da marca do fabricante. Os fabricantes esperam que os consumidores então encorajem os varejistas a trabalhar a marca. Costuma ser usado em conjunto com a *estratégia de empurrar*.

**Estratégia push (empurrar)**: os esforços de vendas e outros esforços promocionais do fabricante direcionados a obter o apoio do comércio atacadista e varejista a seus produtos.

**Ética**: no contexto de comunicações de marketing envolve questões de conduta certa, errada ou *moral*.

**Experimentadores**: um dos oitos segmentos VALS dos consumidores norte-americanos adultos. Os experimentadores são motivados pela autoexpressão. Como consumidores jovens, entusiasmados e impulsivos, os experimentadores rapidamente se entusiasmam com novas possibilidades, mas também se desinteressam com a mesma velocidade. Veja também **Realizadores**, **Crentes**, **Inovadores**, **Fazedores**, **Batalhadores**, **Sobreviventes**, e **Satisfeitos**.

*Expertise*: o conhecimento, a experiência ou a habilidade possuídos por endossante no que se refere ao tópico da comunicação.

**Exposição**: em termos de marketing, significa que os consumidores entram em contato com a mensagem do divulgador.

# F

**Fazedores**: um dos oito segmentos VALS do consumidor norte-americano adulto. Os Fazedores são motivados pela autoexpressão. Eles se expressam e experimentam o mundo trabalhando com ele – construindo uma casa, criando filhos, consertando um carro ou envasilhando vegetais – e têm habilidades e energia suficientes para realizar seus projetos com sucesso. Veja também **Realizadores**, **Crentes**, **Experimentadores**, **Inovadores**, **Batalhadores**, **Sobreviventes** e **Satisfeitos**.

**Formador de opinião**: é uma pessoa que com frequência influencia as atitudes e os comportamentos de outros indivíduos relacionados a produtos novos. Eles informam as outras pessoas (seguidores) sobre os novos produtos, reduzem o risco percebido pelos seguidores na compra desses produtos e confirmam as decisões que os seguidores já tomaram.

**Fraude do clique**: quando um concorrente ou outra parte clica em um *link* patrocinado repetidamente para prejudicar a eficácia de um anúncio.

**Frequência**: o número de vezes, em média, dentro de um período de quatro semanas, que os membros do público-alvo são expostos à mensagem do anunciante. Também chamada *frequência média*.

**Função de resposta das vendas à propaganda**: o relacionamento entre o dinheiro investido em propaganda e a resposta, ou *output*, desse investimento em termos de receita gerada.

# G

**Galvanômetro**: um dispositivo (também conhecido como psicogalvanômetro) para medir a *reação galvânica da pele*, ou *RGP*. O galvanômetro acessa indiretamente o grau de reação emocional a um anúncio, medindo minúsculas quantidades de transpiração.

**Geração X**: para evitar a sobreposição com a geração *baby boomer* e a Geração Y, este texto define a Geração X como aquelas pessoas nascidas entre 1965 e 1981. Veja também **Baby boom** e **Geração Y**.

**Geração Y**: pessoas nascidas entre 1982 e 1996.

*Gross rating points* **(GRPs)**: uma estatística que representa o produto matemático do alcance multiplicado pela frequência. O número de GRPs indica o peso total do anúncio durante um período de tempo, como quatro semanas. O número de GRPs indica a cobertura bruta ou audiência duplicada que é exposta a determinado cronograma de propaganda.

# H

**Hierarquia dos efeitos**: um modelo baseado na ideia que a propaganda move as pessoas de um estágio inicial de não percepção do produto/marca para um estágio final de compra desse produto/marca.

**Hipótese da variabilidade codificada**: uma hipótese que afirma que a memória das pessoas para informações é melhorada quando múltiplos caminhos, ou conexões, são criados entre o objeto a ser lembrado e a informação a respeito dele.

**Hipótese das três exposições**: diz respeito ao número *mínimo* de exposições necessárias para que um anúncio seja eficaz.

# I

**Identificação**: o processo pelo qual o atributo da atratividade da fonte influencia os receptores das mensagens; ou seja, eles percebem que uma fonte é atraente e, portanto, se identificam com ela e adotam atitudes, comportamentos, interesses ou preferências da fonte.

**Imagem da marca**: representa as associações que são ativadas na memória quando as pessoas pensam sobre uma marca específica.

**Infomercial**: um tipo de comercial de televisão que serve como alternativa inovadora à forma convencional de comerciais curtos. Infomerciais são comerciais de longa duração transmitidos na TV a cabo (às vezes na aberta) que costumam durar 30 minutos e combinam notícias sobre o produto e entretenimento.

**Inovadores**: um dos oitos segmentos VALS do consumidor norte-americano adulto. Os inovadores são pessoas bem-sucedidas, sofisticadas, que assumem responsabilidades e têm autoestima alta. Como têm tais recursos abundantes, exibem as três motivações primárias (ideais, realizações e autoexpressão) em graus variáveis. Veja também **Realizado-** **res**, **Crentes**, **Experimentadores**, **Fazedores**, **Batalhadores**, **Sobreviventes** e **Satisfeitos**.

**Internalização**: o atributo da credibilidade da fonte influencia o receptor da mensagem por meio de um processo de internalização; ou seja, os receptores percebem que uma fonte é crível e, por isso, aceitam a posição ou atitude dela como se fossem suas. As atitudes internalizadas tendem a ser mantidas mesmo quando a fonte da mensagem é esquecida, e mesmo quando muda para uma nova posição.

**Intersticiais**: uma forma de anúncio na Internet na qual as mensagens aparecem entre duas páginas de conteúdo da Web, em vez de dentro de uma página, como acontece com os anúncios *pop-up*.

# L

*Laddering*: uma técnica de pesquisa de marketing desenvolvida para identificar elos entre atributos, consequências e valores. Ela envolve entrevistas profundas, individuais, usando principalmente uma série de sondagens diretas.

# M

**Marca**: é a oferta especial, pela empresa, de um produto, serviço ou outro objeto de consumo. As marcas representam o foco dos esforços de comar.

*Market share* **(MS)**: representa a proporção de uma marca nas vendas gerais da categoria de produto.

**Marketing de** *key account*: termo descritivo que caracteriza a atividade promocional e de propaganda que um fabricante customiza para especificar contas no varejo; também chamado *comarketing*.

**Marketing relacionado a causas (MRC)**: um espaço relativamente estreito do patrocínio geral que envolve um conjunto de relações públicas, promoção de vendas e filantropia corporativa. A característica distinta do MRC é que a contribuição da empresa para uma causa designada é ligada ao envolvimento do cliente no intercâmbio receita-produção com a empresa.

**Mecanismos de testes psicológicos**: medem qualquer uma das várias reações autônomas aos anúncios. Como os indivíduos têm pouco controle voluntário sobre o sistema nervoso autônomo, os pesquisadores usam as mudanças nas funções fisiológicas para indicar a quantidade real, imparcial, de estimulação resultante dos anúncios.

**Medidas de autorrelatórios**: é um sistema que mede as reações emocionais dos consumidores a anúncios, pedindo a eles que relatem seus sentimentos. Tanto autorrelatórios verbais quanto visuais são usados com esse propósito.

**Meia-idade**: a faixa etária que começa aos 35 anos e termina aos 54 anos, quando a maturidade é alcançada.

**Mensagens novas**: são aquelas incomuns, distintas ou imprevisíveis. Tais mensagens tendem a gerar mais atenção do que as conhecidas e rotineiras.

**Merchandising**: ações de comunicação no ponto de venda (exposição de produtos, comunicação interna no varejo etc.).

**Metáfora:** forma de linguagem figurativa que aplica uma palavra ou frase a um conceito ou objeto, como uma marca, mas que não denota literalmente uma comparação com a marca (por exemplo, a Budweiser é a "rainha das cervejas").

**Método da porcentagem de vendas**: método orçamentário que envolve o estabelecimento de porcentagem fixa do volume de vendas passado ou previsto. Veja também **Método do objetivo e tarefa**.

**Método de paridade competitiva**: método orçamentário que estabelece o orçamento de propaganda basicamente seguindo o que os concorrentes estão fazendo. Também chamado: *método da coincidência com os concorrentes*.

**Método de recursos disponíveis**: método orçamentário que destina à propaganda os fundos que permanecem depois da alocação de todas as outras verbas.

**Método do objetivo e tarefa**: método orçamentário que determina as tarefas de comunicação que precisam ser estabelecidas. Veja também **Método da porcentagem de vendas**.

**Mídia**: os meios gerais de comunicação que transmitem mensagens de comunicação, ou seja: televisão, revistas, jornais etc.

**Modelo de processamento do consumidor (MPC)**: modelo *racional* de processamento do consumidor. O MPC vê o consumidor buscando objetivos como "conseguir a melhor compra", "conseguir o melhor aproveitamento do dinheiro", "maximizar a utilidade".

**Modelo experiencial hedônico (MEH)**: o ponto de vista MEH reconhece que as pessoas com frequência consomem produtos por simples prazer ou em busca de diversão, fantasias ou estimulação sensorial. Do ponto de vista hedônico, o consumo de um produto resulta na *antecipação* de se divertir, realizar fantasias ou ter sentimentos agradáveis.

# N

**Necessidades experienciais**: necessidades representa desejos por produtos que propiciam prazer sensorial, variedade e estímulo.

**Necessidades funcionais**: aquelas que envolvem problemas atuais relacionados ao consumo, problemas potenciais ou conflitos.

**Necessidades hedônicas**: necessidades como prazer, satisfeitas por mensagens que fazem que as pessoas se sintam bem. As pessoas têm forte inclinação a prestar atenção àqueles estímulos associados a recompensas e que se relacionam aos aspectos da vida por ela valorizados.

**Necessidades simbólicas**: necessidades internas dos consumidores, tais como o desejo de autoaprimoramento, posição ou participação em um grupo.

# O

**Objetivos da comar**: os objetivos aos quais os vários elementos da comar aspiram alcançar individual ou coletivamente durante período de tempo, como um trimestre comercial ou ano fiscal. Os objetivos fornecem a base para todas as decisões remanescentes.

**Oferta**: refere-se a qualquer forma de promoção de vendas que ofereça um preço reduzido ao consumidor. Descontos do varejista, ofertas de descontos dos fabricantes e o onipresente cupom são as formas mais comuns de oferta.

# P

**Pagamento por desempenho**: forma de aplicação da verba promocional que recompensa os varejistas por realizar a função primária que justifica o oferecimento de benefício por parte do fabricante.

**Palavras-chave**: uma das características da pesquisa por buscadores, as palavras-chave são palavras específicas ou frases curtas que descrevem a natureza, os atributos e os benefícios de uma oferta.

**Patrocínio de eventos**: uma forma de comunicação da marca que a liga a uma atividade social, atlética, cultural ou outro tipo de atividade de grande interesse público.

**Pesquisa da mensagem**: também conhecida como *teste do texto,* a pesquisa de mensagem é uma técnica que testa a eficácia das mensagens criativas. O teste do texto envolve tanto o pré-teste da mensagem durante seus estágios de desenvolvimento, quanto o pós-teste dela em relação à eficácia, depois que ela foi transmitida ou impressa.

**Pessoas maduras**: as acima de 55 anos.

*Phishing*: uma prática ilegal de envio de e-mail relacionada ao spam, na qual criminosos enviam mensagem de e-mail que parecem ser de corporações legítimas e direcionam os receptores a sites falsos criados para se parecerem com os sites reais das empresas. Esses sites falsos têm o objetivo de extrair dados pessoais, como número do cartão de crédito e a senha bancária.

**Planejamento de mídia**: é o desenvolvimento de uma estratégia que mostre como os investimentos em tempo e espaço de propaganda contribuirão para alcançar os objetivos de marketing. O desafio no planejamento de mídia é determinar como melhor alocar o orçamento de propaganda, para um período específico, entre as formas de mídia, os veículos dentro da mídia e o tempo.

**Planejamento de mídia**: uma abordagem que envolve o processo de desenvolver um cronograma que mostre como o tempo e a mídia de comunicação contribuirão para a realização dos objetivos.

**Pontos de audiência**: pontos de audiência são a base para conceitos como pontos eficazes, de audiência bruta e de direcionamento. Um único ponto de audiência simplesmente representa 1% de um grupo designado ou de uma população inteira exposta a um veículo de propaganda em particular, como um programa de TV.

**Pontos de contato**: canais potenciais de transmissão de mensagens capazes de alcançar o público-alvo e apresentar a marca do comunicador sob uma luz favorável. **Peso**: o volume de propaganda necessário para chegar aos objetivos.

*Pop-up*: são uma forma de anúncio na Internet na qual eles aparecem em uma janela separada que se materializa na tela, aparentemente do nada, quando uma página selecionada está carregando.

**Posicionamento**: característica, benefício ou imagem-chave que uma marca representa para a mente coletiva do público-alvo.

*Positioning advertising copy testing* [*teste de posicionamento do texto*] **(PACT)**: um conjunto de nove princípios de teste do texto desenvolvido pelas principais agências de propaganda dos Estados Unidos.

**Princípio da especificidade da codificação**: um princípio de psicologia cognitiva que afirma que a lembrança da informação é melhorada quando o contexto no qual a pessoa tenta recuperá-la é o mesmo contexto, ou semelhante, no qual ela originalmente codificou a informação.

**Princípio da recência**: também conhecido como modelo do espaço na prateleira para o planejamento de mídia, esse princípio é baseado na ideia de que chegar a um alto nível de alcance semanal para uma marca deve se sobrepor à aquisição de frequência pesada.

**Programa integrado ou** *combinado*: o uso de duas ou mais técnicas de promoção de vendas combinadas; também chamado *programa de combinação.*

**Programas de pagamento por desempenho**: uma forma de aplicação da verba promocional que recompensa os varejistas por desempenhar a função primária que justifica a oferta feita pelo fabricante – ou seja, a venda de quantidades maiores das marcas do fabricante aos consumidores.

**Promoção conjunta (copromoção ou promoção de** *cobrand***)**: a promoção simultânea de múltiplas marcas em um único esforço promocional; também chamada *promoção conjunta.*

**Promoção de desconto no preço**: também chamada kits promocionais de pacotes de preço, essa forma de promoção de vendas oferece uma redução no preço regular de uma marca.

**Promoção**: refere-se a qualquer *incentivo* usado por um fabricante para induzir o *canal de distribuição* (atacadistas, varejistas ou outros canais) e/ou os *consumidores* a comprar a marca e encorajar a *equipe de vendas* a vendê-la agressivamente.

**Promoções de fidelização**: recompensam a compra repetida de determinada marca conferindo pontos que levam a redução de preços ou mercadorias grátis.

**Propaganda antiética**: é um termo que define os atos ou práticas de propaganda que causam, ou podem causar, danos substanciais ao consumidor, que não é razoavelmente evitado pelos próprios consumidores; e não é compensado por benefícios aos consumidores ou concorrentes.

**Propaganda comparativa**: a prática na qual os anunciantes direta ou indiretamente comparam seus produtos às ofertas concorrentes, afirmando que o item promovido é superior em uma ou várias importantes considerações de compra. Os anúncios comparativos variam no que se refere à explicitação das comparações e com respeito a menção ou referência do nome em termos gerais do alvo de comparação.

**Propaganda da imagem corporativa:** tem o objetivo de aumentar o reconhecimento do nome de uma empresa, estabelecer boa vontade com a empresa e seus produtos ou identificar-se com alguma atividade social significativa e socialmente aceitável. Esse tipo de propaganda corporativa tem a preocupação de criar imagens favoráveis entre os públicos como consumidores, acionistas, funcionários, fornecedores e investidores em potencial.

**Propaganda de defesa:** uma forma de propaganda corporativa que assume uma posição sobre uma questão controversa de importância pública. Ela o faz de maneira que apoia a posição da empresa e seus melhores interesses.

**Propaganda ressonante:** busca apresentar circunstâncias ou situações que encontram equivalências nas experiências reais ou imaginadas do público-alvo. A propaganda baseada nessa estratégia tenta igualar os "padrões" em um anúncio às experiências armazenadas do público-alvo.

**Propaganda transformacional:** propaganda da imagem da marca que associa a experiência de usar uma marca anunciada com um conjunto singular de características psicológicas, que normalmente não estariam associadas à experiência da marca no mesmo grau, sem a exposição ao anúncio.

**Propaganda:** é uma ferramenta de comunicação impessoal (em geral de massa), paga (ocupa espaço específico dentro da mídia), repetitiva (o mesmo anúncio pode ser veiculado várias vezes), de conteúdo controlado (o emissor define o que será dito e mostrado) e tem emissor identificado (a empresa assina o anúncio, assumindo o conteúdo da mensagem)

**Proposição de valor:** é a essência de um anúncio ou outra mensagem de comar, e a recompensa ao consumidor por investir seu tempo prestando atenção à mensagem.

**Publicidade:** ferramenta de comunicação impessoal (veiculada em mídia de massa), não é paga (não pode ser comprada), não é repetitiva (pois está na forma de notícia e assim só aparece uma única vez), não tem o conteúdo controlado (ela pode ser favorável ou não; veja o caso de abertura deste capítulo) e não tem emissor identificado (quem assume a responsabilidade pelas informações é o veículo e não a marca).

**Pupilômetro:** é um dispositivo usado para conduzir testes pupilométricos, que medem a dilatação das pupilas dos participantes quando eles assistem a um comercial de TV ou focam em um anúncio impresso. As respostas a elementos específicos em um anúncio são usadas para indicar uma reação positiva (dilatação maior) ou negativa (dilatação menor).

# R

**Realizadores:** um dos oito segmentos VALS de consumidores adultos norte-americanos. motivados pelo desejo de alcançar coisas, os realizadores têm estilos de vidas orientados para metas e profundo comprometimento com a carreira e a família. Veja também **Crentes**, **Experimentadores**, **Inovadores**, **Fazedores**, **Batalhadores** e **Satisfeitos**.

**Reatância psicológica:** uma teoria que sugere que as pessoas reagem contra quaisquer esforços para reduzir suas liberdades ou escolhas. Quando os produtos parecem menos acessíveis, eles se tornam mais valiosos na mente do consumidor.

**Receita adicional:** diferencial da receito entre um item com marca e um item correspondente *sem marca*.

**Receita adicional:** o diferencial de receita entre um item de uma marca conhecida e um item correspondente sem marca.

**Relacionamento:** um *link* duradouro entre uma marca e seus consumidores. Os relacionamentos bem-sucedidos entre a marca e os consumidores levam a compras repetidas e, talvez, até à lealdade com a marca.

**Release de declaração executiva:** um *release* de notícia, citando os CEOs e outros executivos corporativos.

**Release de produto:** instrumento de publicidade que anuncia um produto, fornece informações relevantes a respeito de suas características e benefícios e explica aos ouvintes/leitores interessados como informações adicionais podem ser obtidas.

**Respeito:** é uma característica do endossante que representa a qualidade de ser admirado ou estimado pelas suas qualidades ou realizações pessoais.

**ROI-M:** a ideia do *retorno sobre investimentos* (ROI), bem conhecida nos círculos contábeis, financeiros ou de gerência econômica, é conhecida no marketing como ROI-M, ou *retorno sobre os investimentos de marketing*.

**RP proativas:** uma forma ofensiva de relações públicas de marketing orientadas e que busca oportunidades em vez de resolver problemas. Veja também **RP reativas**.

**RP reativas:** esforço empreendido como resultado de pressões externas e desafios trazidos por ações dos concorrentes, mudanças nas atitudes do consumidor, ou outras influências externas. Costuma lidar com mudanças que geram consequências negativas para a organização. Veja também **RP proativas**.

**Rumor comercial:** uma proposição amplamente circulada, mas não verificada, sobre um produto, marca, empresa, loja ou outro alvo comercial.

**Rumores de conspiração:** afirmações não confirmadas que envolvem supostas políticas ou práticas de uma empresa que sejam ameaçadoras ou ideologicamente indesejáveis aos consumidores.

**Rumores de contaminação:** afirmações não confirmadas a respeito de produtos ou características da loja indesejáveis ou prejudiciais.

# S

**Satisfeitos:** um dos oito segmentos VALS do consumidor adulto norte-americano. Os Satisfeitos são motivados por ideias. São pessoas maduras, satisfeitas, confortáveis e reflexivas, que valorizam a ordem, o conhecimento e a responsabilidade. Veja também **Realizadores**, **Crentes**, **Experimentadores**, **Inovadores**, **Fazedores**, **Batalhadores** e **Sobreviventes**.

**Semiótica:** o estudo dos sinais e a análise de eventos geradores de significado. Essa perspectiva vê o significado como um processo construtivo.

*Share of voice* **(SV):** representa a proporção de uma marca nas despesas gerais com comunicação em uma categoria de produto.

**Significado:** o conjunto de reações internas e as predisposições resultantes evocados em uma pessoa quando ela é exposta a um estímulo ou sinal.

**Similaridade:** representa o grau no qual um endossante se identifica com o público em termos de características como idade, gênero sexual e etnia, pertinentes à qualidade de um relacionamento de endosso.

**Sinal:** algo físico e perceptível por nossos sentidos que representa ou significa alguma coisa (a referência) para alguém (o intérprete) em certo contexto.

**Síntese ativa:** segundo estágio da codificação perceptual, a síntese ativa envolve uma percepção mais refinada de um estímulo que simplesmente um exame de suas características básicas. O contexto da situação no qual a informação é recebida desempenha papel principal na determinação do que é percebido e interpretado.

**Sistema de amostras:** o uso de vários métodos de distribuição para entregar produtos de tamanho real ou de teste aos consumidores. O propósito é iniciar o comportamento de teste de uso.

**Sistema** *Standardized advertising unit* **[Unidade padronizada de propaganda] (SAU):** sistema adotado na década de 1980, tornando possível aos anunciantes comprar qualquer um dos 56 tamanhos-padrão de anúncio para obedecer aos parâmetros de publicação de anúncios de todos os jornais nos Estados Unidos. No Brasil o sistema de colunagem também é padronizado, o formato padrão é seis colunas por 52 centímetros na parte de noticiário para inserção em página indeterminada e de dez colunas por 52 centímetros na parte de classificados.

**Sobreviventes:** um dos oito segmentos VALS do consumidor adulto norte-americano. Os sobreviventes têm vidas estreitamente focadas. Com poucos recursos, eles com frequência acreditam que o mundo está mudando muito depressa. Sentem-se confortáveis com as coisas conhecidas e estão principalmente preocupados com segurança pessoal e patrimonial. Como precisam focar em atender às necessidades em vez de realizar desejos, os sobreviventes não exibem uma forte motivação primária. Veja também **Realizadores**, **Crentes**, **Experimentadores**, **Inovadores**, **Fazedores**, **Batalhadores** e **Satisfeitos**.

**Sorteios:** uma forma de promoção de vendas orientada para o consumidor na qual os vencedores recebem prêmios em dinheiro, mercadorias ou viagem. Os vencedores são determinados apenas com base na sorte.

**Sugestões intensas e proeminentes:** sugestões que são mais altas, coloridas, brilhantes, maiores etc., aumentando, portanto, a probabilidade de atrair a atenção.

**Supersticiais**: são anúncios curtos e animados na Internet que aparecem sobre ou no topo de uma página.

# T

***Targeting rating points*** **(TRPs)**: adaptação de *gross rating points* (GRPs), os TRPs ajustam a pontuação de um veículo para refletir apenas aqueles indivíduos que coincidem com o público-alvo do anunciante.

**Taxa de saída**: *taxa de retirada* para cobrir os gastos de uma loja com a remoção de um item de seu centro de distribuição.

**Taxa por espaço na gôndola e em pontos extras**: a taxa que um fabricante paga a um supermercado ou outro varejista para que ofereça o produto novo do fabricante. A taxa recebe esse nome em referência à localização que o varejista deve deixar disponível em seu depósito para o produto do fabricante.

**Testabilidade**: ponto até onde uma inovação pode ser usada em bases limitadas. A testabilidade está intimamente ligada ao conceito do risco percebido. Em geral, os produtos que se sujeitam à testabilidade são adotados com mais rapidez.

# V

**Vale-brinde promocional**: é um brinde que os consumidores recebem gratuitamente do fabricante promotor em troca da apresentação de uma quantidade requerida de provas de compra.

**Valor vitalício do consumidor**: o valor presente líquido (VPL) do lucro que uma empresa procura realizar com respeito ao cliente médio durante determinado número de anos.

**Valores**: na conceituação meio-fim da estratégia de propaganda, os valores representam crenças importantes que as pessoas têm sobre si mesmas e que determinam o desejo relativo das consequências.

**Vantagem relativa**: o grau no qual uma inovação é vista como melhor que a ideia ou o objeto já existentes em termos de aumento no conforto, na economia de tempo ou no esforço, e no imediatismo da recompensa.

**Veículos**: os programas específicos de transmissão ou escolhas impressas nos quais os anúncios são colocados.

**Verbas promocionais**: também chamadas ofertas para o canal de distribuição, essas verbas promocionais são usadas pelos fabricantes para recompensar os atacadistas e varejistas pelo desempenho de atividades em apoio a suas marcas, como apresentação da marca em anúncios no varejo, ou a exibição dela em um local de destaque.

# W

**Wi-Fi**: abreviação de *wireless fidelity*. Essa tecnologia permite que computadores e outros dispositivos sem fio, como telefones celulares, sejam conectados à Internet por meio de sinais de rádio de baixa frequência, em vez de cabos. Portanto, os usuários podem ter acesso a Internet em estações base, chamadas *hotspots*, que são equipadas com Wi-Fi.

# Z

***Zapping***: ocorre quando os espectadores mudam de canal quando os comerciais são transmitidos.

***Zipping***: ocorre quando os comerciais que foram gravados junto dos programas, por meio do gravador digital de vídeo, são acelerados no momento em que os espectadores assistem ao material pré-gravado.

# índice remissivo

## A

20th Century Fox, 15
100% Recycled Paperboard Alliance, 527
AAAA, American Association of Advertising Agencies, 27
Abatimentos/reembolsos, 414, 431
   definição, 430
   descontos fantasma, 435
   fraude no resgate, 429
Abertura, 124, 152, 188-189, 191, 199, 286, 311, 454, 465, 537
Accenture, 70, 94
ACNielsen, 255, 261-262, 267, 396, 402, 408, 473
   ScanTrack da, 261-262, 267
ACP, Association of Coupon Professionals, 27
Acura, 66, 70, 81
Adams Outdoor Advertising, 494, 506
Adaptação, 29, 210, 215, 303, 317, 449, 538
   humana, 215
Adaptação humana, 215
Adequação, 189, 253-254, 533
   na propaganda, 533
Adidas, 26, 30, 42, 132, 222-223, 342, 476, 492-493, 506
Adoção, 56-57
   marca, Comar e., 56-57, 63, 177, 534
   *Ver também* Adoção da marca, produto
Adoção da marca, 56-57
   características da, 57
   promoção:, 57, 534
      capacidade de observação na, 61
      características da marca na, 57
      comar e, 57
      compatibilidade na, 63, 534
      complexidade na, 63, 534
      vantagem relativa na, 63
Adoção do produto, 57
AdSense, 350
Advergaming, 371, 374, 533
*Advertising Age*, 1, 12, 27, 29, 51-52, 82, 109, 111-112, 136, 146, 156, 165, 167, 173, 181, 183-184, 193, 210-211, 238-240, 245, 267-269, 302, 320, 330-331, 344, 355-356, 376-377, 395, 408, 427, 449, 462, 470-471, 479, 482-483, 490, 506, 515, 530-532

Advertising Research Foundation (ARF), 27, 247, 267
AdWords, 350
Agência de propaganda Young & Rubicam, 15, 294
Agências de promoções, 9, 20, 25, 27-28, 302, 362, 425-426, 434, 448, 536
   on-line, 425
   papéis das, 9, 124
Agências de promoções on-line, 425
Agências de propaganda, 175
   compensação das, 177
   gerência de conta, 195
   loja, 124, 465
   papel das, 28, 124, 182, 188, 273
   serviços de mídia, 20, 175, 177, 273
   serviços de pesquisa, 175-177
   Young & Rubicam, 15
Agências de serviços completos, 175
Agências federais, 445, 522, 533
   regulamentação pelas, 522, 533
Aglomerado, 226, 419, 492-493, 497, 534
   nos anúncios de TV., 226, 492-493, 497, 534
   nos anúncios em jornais, 492-493
   nos anúncios no rádio, 226, 492-493, 497
AirJordan, 524
Alcance, 276, 278-279, 282, 292, 315, 322, 353, 533
   amplo, 308
   definição, 21, 415, 430
   descrição, 303
   exemplo de, 12, 64, 272, 277-282, 287-289, 294, 297, 308, 312, 326, 347, 360, 415, 492
   no planejamento de mídia, 272, 276-277, 280-282, 287, 290, 302
   semanal, 281, 286-287, 294, 300, 536
Alcance amplo, 308
   nos anúncios em jornais, 297, 308, 492
Alcance eficaz, 282, 292, 533
   conceito de, 533
   planejamento para, 280-282, 287, 290, 302
Alcance semanal, 281, 286-287, 294, 300, 536
Alloy Media + Marketing, 410, 427
Alvos, 384
   promoção, 22, 384, 406

Ambiente, 15, 436-437
   B2B, 6, 24, 50
American Airlines, 14, 90, 111
*American Idol*, 280, 320, 323, 327, 370
*American Music Awards*, 299-300
América, percepção global da, 494
Amostra dentro da loja, 416
Amostra na Internet, 416
Amostra porta em porta, 388, 415, 421
Amostras, 56, 140, 362, 414-417, 431, 444
Amostra sobre ou dentro da embalagem, 414-415
ANA, Association of National Advertisers, 27, 48, 156
Análise das características, 314, 533
Análise do tempo de vida, 49, 376, 534
Análises, 34, 50, 205, 247, 253, 315, 318
   características, 34, 205, 318
Anheuser-Busch, 182, 254
*Animal Advice*, 343
*Animatics*, 245
Anúncio em trânsito, 228, 490, 493-495
Anúncios, 99, 136, 164, 189-190, 257, 292, 336-337, 339, 353, 533
   aderência, 190, 533
   e habilidade para os consumidores, 353
   oportunidade, 353
   processamento dos, 533
   promoção da motivação, 213-214, 219, 534
Anúncios em banner, na Internet, 339, 353
Anúncios em display (banners) na Internet, 337
Anúncios em vídeo, 336, 339, 353, 533
   on-line, 339
Anúncios em vídeo on-line, 339
Anúncios pop-up, na Internet, 353
Anúncios que aderem, 190, 466
*A Paixão de Cristo*, 464
Apelo emocional, na embalagem, 77-78, 80, 201
Apelos, 19, 158, 212, 215, 227-228
   à culpa do consumidor, 228
   à escassez, caso relacionado aos, 228
   aos medos dos consumidores:, 227, 517
      intensidade apropriada, 227
      lógica do apelo ao medo, 227

emocional, 201, 228
    na embalagem, 77, 201, 534
Apelos das mensagens, 214, 236. *Ver também* Apelos
Apple, 30-31, 37, 45, 58, 60-61, 64-65, 70-71, 167, 186-187, 189, 194, 210, 212, 299, 329, 346-347, 369, 377, 423, 437, 463, 467-468, 479
Aprendizado, 13, 17, 19-20, 219
    com base em exemplos, 218
    tipos de, 13, 20, 219
Aprendizado baseado no exemplo, 65, 236
Aquafina Alive, 90
Aquafresh, 73
Arbitron, 318, 329, 352, 377, 506
ARF, Advertising Research Foundation, 27, 247, 267
ARM, Modelo de Resposta, 253
Ashley Furniture, 443
ASI Market Research, 247, 255
Ásio-americanos, 110
Aspartame, 461
Assistir TV, 101, 242, 254-257, 304, 327-328, 347, 369, 418, 452
Associações comerciais, 533
    no campo da Comar, 27
Associações mentais, 34
Association of Coupon Professionals (ACP), 27
Association of National Advertisers (ANA), 27, 48, 156
AT&T, 6, 164-165, 167, 202, 259, 492
Atenção, 127, 346, 533
    consciente, 127
    definição, 85, 487
    involuntária, 533
    seletiva no MPC, 133
Atenção consciente, 127
Atenção involuntária, 533
Atitudes, 139
    formação das, 28, 63, 221
    reforço das, 139-140
Atratividade, 221, 223, 533
    endossantes, 221-222, 236
    marca, 533
Atratividade física, 533
Atributos da marca, 35, 533
Audiência, 288, 315
    da propaganda em outdoors:, 492, 504
        aferição do tamanho e características da, 504
        para a propaganda interna, 504
        público alvo:, 169, 189, 271, 280, 288, 301, 318, 321, 328, 476, 533
            adequado para, 533

    no patrocínio de eventos, 476, 536
    rádio: aferição da, 318, 352
    seleção do, 271, 323
    TV:, 315
        aferição da, 318, 327, 330, 352, 372
        *ver também* Propaganda na TV, aferição da audiência
Audiência da TV, 315
    efeitos sobre a propaganda na TV, 323, 369, 535
    erosão da, 323
Audiência do rádio, 315
    aferição da, 318, 352
Autodirecionamento, 204-205, 207
    exemplo de, 205
Autoliquidante, 379, 414-415, 423, 425-426, 431, 446, 533
Automóveis, 37, 388
    híbridos, 58, 60, 524
Automóveis híbridos, 58, 60, 524
Autorregulamentação, 100, 230, 234, 513, 518, 523, 533
    na mídia, 523
    na propaganda, 230, 234, 518, 523, 533
Autorrelatórios, 249
    das reações emocionais, 258, 535
    das reações emocionais: medidas de aferição dos, 249, 258
    visuais, 258, 535
Autorrelatórios visuais, 258, 535
    das reações emocionais, 258, 535
Avaliação do programa, 26, 446-447
Avaliações de marketing, 227, 459, 464
Avon, 30, 147, 166, 224, 326, 383

# B

Bancos de dados, 310, 365-367, 374, 428, 444, 534
    uso dos, 310, 367
Bandai Company Ltd., 468
Bayer, 69, 167
Beatrice Company, 434
    promoção Monday Night Football, 434
Be-Bratz.com, 343
Bed Bath & Beyond, 443
Beefeater Gin, 369
BehaviorScan, da IRI, 261-262, 264, 266-267
Benefícios, 35, 120, 203, 521, 533
    regulamentações da comar sobre, 521
Benevolência, 204
Benzeno, 458
    Perrier contaminada com, 458

*Better Homes & Gardens*, 313
Big Brown, 483
Birch Scarborough Research, 318
BlackBerry, 437, 454
Blockbuster, 416
Bloggers, 342, 459, 462
Blogs, 336, 340, 342, 355
    como formas de propaganda, 27, 299, 336, 342-343, 353, 455
    na Internet, 340
BMW, 61, 228, 294, 340, 362
Bohemian Mix, 94-95, 111
Bollé, 438
Booz Allen Hamilton, 168
Boys & Girls Clubs, 520
Brand equity, 32, 34-36, 51-52, 184, 457, 533
    benefícios, 21, 24, 65, 72, 119-120, 130, 179, 249, 382, 387, 455
    definição, 32, 63, 156, 474
    por meio da criação de mensagens atraentes, 40
    promoção da, 9, 24, 26, 31-32, 34, 50, 63, 247, 382, 387, 447, 474
Branding, 39, 51-52, 64, 82, 155, 407, 483
    360 graus, 13-14, 28
    ponto de venda e, 32, 488
    questões éticas no, 518
Bratz, 343, 355
Braun, 326, 503
BRC, Bruzzone Research, 250, 252
Bridgestone/Firestone, 457, 459
Bridgestone Corporation, 457
Brief, 196, 533
    criativo, 197
Brief criativo, 197
    estratégia para o, 197
    medidas do, 197
    meio para o, 197
    mensagem para o, 197
    objetivos do, 197
    posicionamento para o, 197
    público alvo para o, 197
    resultado comportamental do, 197
BriteVision, 15
Brooks Brothers, 349
Bubble Yum, 460
Budweiser, 181-182, 369, 536
Buick, 6, 29, 224, 428
Bunco World Championship, 476
Bureau of Alcohol, 398
Burger King, 13, 340, 466, 513, 520
Burroughs Wellcome Company, 458
Busca MSN, 349
Busca por palavras-chave, 348-351, 354, 536

Buscas, 27, 308, 337, 349-351, 353
    naturais, 349
    palavras-chave, 349-351
Buscas naturais, 349
Busch, 181-182, 254
*Business Week*, 6, 342, 355, 408, 449

## C

Cabela, 16, 103, 128, 191-192, 373, 416, 421
Cable News Network (CNN), 458
CACI (ACORN), 94
Cadbury, 390
Cadeias meio-fim, 205-207, 209
    aplicação na propaganda das, 205
    identificação das, 207
    questões práticas na, 207
Café Maxwell House, 440
Cálculos, 288
    ilustrativos, 288, 367
    no planejamento de mídia, 271, 284
Cálculos ilustrativos, 288, 367
Câmaras de compensação, 443
    no processo de resgate dos cupons, 443
Câmera digital zoom DC210, 326
Câmeras digitais, 58, 344
Campanha de propaganda, 195
Campanha Miss Clairol, 191-192
Campanha *Now What?*, 4
Campanha Pita Chip, da Stacy, 362
Campanhas, 8, 29, 39, 195, 433
Campanha Saab 9-5, 297, 303, 362-363
Camry, 25, 54
CAN, Conexão, adequação, e novidade, 189
CAN-SPAM, 345
Capacidade de direcionamento, 360, 363
    da propaganda via mala direta, 360, 363
Capacidade de processamento limitada, 127, 129
Características, consumidores, 17, 24, 40, 57-58, 64, 72, 80, 85, 87-88, 91-92, 94, 101, 104, 110-111, 119, 122-123, 127, 129, 131-133, 140, 170-171, 188, 191, 198, 200, 203, 209-210, 214-215, 221-222, 245, 249, 262, 265, 312, 314, 322, 325, 334, 353, 363, 368, 379, 382, 391, 415-416, 444, 451, 498, 500-501, 519, 529, 533-534, 537
Catalina Marketing Corporation, 441
Caterpillar, 361-362
    campanha do carregador industrial 414E, 361

CBS Outdoor, 489, 528
CD-ROM(s), propaganda em, 375-376
Celebridades, 39, 101, 191, 219-222, 224-226, 236-237, 245, 420, 468, 499
Celebridades endossantes, 219, 222, 225. *Ver também* Endossantes, celebridade.
Cellfire, 348, 443
Center for Science in the Public Interest, 514
Certificação, 527
    produto, 527
Certificação de produto, 527
Cerveja Miller, 181-182, 514
Cerveja Olympia, 498, 505
Charmin, 420-421
Chave de fenda sem fio Skil, 456
Checkout Coupon, 441
Checkout Direct, 441
Chevrolet, 81
*Chicago Sun-Times*, 307
*Chicago Tribune*, 307
Chiclete Bazooka, 390
Chips de identificação de frequência de rádio (RFID), 503
Chips RFID (Chips de identificação de frequência de rádio), 503
Chrysler, 326, 369
Ciência de foguetes, 160-161, 214
Cigarros, 77, 121, 200, 460, 505, 514-515, 521-522, 529
CIM (Comunicações Integradas de Marketing), 10, 477, 534
Cingular, 492
Clairol, 191-192, 326, 411
Classe de percepção, 124, 533
Classe de repetidores, 533
Classe dos testadores, 533
Clearasil, 411
Clear Channel Outdoor, 489, 491, 528
Clinique, 65
Clio Awards, nos Estados Unidos, 188
Clorox, 50, 52, 393-394, 408
Close-UP (pasta de dente), 34
CNN, 458
Cobertura da audiência de massa, 504
Coca-Cola, 30, 38-39, 68, 71, 73, 110, 146-147, 201, 230, 255-256, 294, 304, 369-370, 372, 383, 425, 427, 431, 457-458, 460-461, 475, 478, 501, 504, 513, 520, 524
Codificação, 534
    perceptual, 533, 537
Codificação perceptual, 533, 537
Cognetix, 494
Coincidência da imagem, 536
    no patrocínio de eventos, 536

Coisinhas bonitinhas, 242
    na propaganda, 242
Coleman Company, 475
Colgate, 34, 147, 166, 215-216, 262, 423-424, 481
Colgate-Palmolive Company, 481
Comar (Comunicações Integradas de Marketing), 10, 477, 534
    Comunicações de Marketing (Comar), 10, 477, 534
Comarketing, 403, 408, 535
Comerciais, 461. *Ver* produtos específicos, por exemplo, Pepsi
    características dos, 461
Comércio justo, 121-122
Comissões da mídia, 177
Compatibilidade, 58, 62, 534
    na promoção da adoção da marca, 63, 534
Compensação, 177, 184, 381, 390, 403, 443
    das agências de propaganda, 177
Competência, 37
    relacionada à marca, 37
Complexidade, 60, 62, 534
    na promoção da adoção da marca, 63, 534
Comportamento dos consumidores, 10, 13, 19-21, 26, 28, 32, 46, 59, 61, 74, 77-78, 88-92, 94, 101, 110, 125, 131-133, 141, 144, 155, 162, 168, 196, 203-204, 214, 219, 231-234, 246, 248, 256, 262, 324, 341, 350-352, 367, 374, 382, 387, 391, 400, 405-406, 413-414, 422, 426, 448, 451, 460, 463, 482, 495, 501, 505, 512, 516-517, 519, 525, 533-534
Comportamentos, 2, 11, 46, 61, 88, 90-91, 100, 105, 108, 125, 189, 221, 225, 227, 229-230, 239, 313, 382, 426, 432, 454, 482, 516, 531, 535
    efeitos das comunicações de marketing sobre os, 535
Compra, 49, 274, 276, 306-307, 309, 316, 349, 491, 501
    direta, 19, 26, 61, 88-89, 99, 104, 110, 127, 151, 159, 207, 214, 235, 360, 362-363, 367, 383, 388, 391, 400, 415, 440, 442, 448, 481
    ponte, 399, 533
Compra direta, 19, 26, 61, 88-89, 99, 104, 110, 127, 151, 159, 207, 214, 235, 360, 362-363, 367, 383, 388, 391, 400, 415, 440, 442, 448, 481
Compra imprudente, 25, 401, 494
Compra não planejada, 433, 500-501
Compra ponte, 399, 533
Compras, 501
    imprudentes, 25
    não planejadas, 24, 501, 505

Compras de teste, 24, 56, 81, 140, 261-262, 264, 287, 341, 363, 437, 464, 498, 520
Compras repetidas, 19, 56, 178, 374, 390-391, 393, 413, 415, 422, 426, 430-431, 439-440, 442, 537
   promoções de vendas no uso das, 426
Compreensão, 128, 534
   definição, 23, 85
   do que é pretendido, 226
   no COM, 128, 534
Compreensão errada, 128
Comunicações, 1, 38, 199, 534
   descrição, 85, 133, 463
   instrumentos das, 384, 451, 515
   integradas de marketing, 10, 477, 534, *ver também* Comunicações Integradas de Marketing (CIM)
Comunicações de Marketing (Comar), 10, 477, 534. *Ver também* Comunicações Integradas de Marketing (CIM)
   adoção da marca e, 534, *ver também* Adoção da marca
   dificuldade em, 534
   efeitos do comportamento, 10
   eficácia, 534
   elementos do, 477
   integração do: razões para, 477
   medida da eficácia, 534
   resultados do, 10, 534
   tipo de, 10
Comunicações Integradas de Marketing (CIM), 10, 477, 534. *Ver também* Comunicações de marketing (Comar)
   características da, 10, 534
   céticos da, 10
   definição, 10
   pontos de venda, 10, 477
   sinergia e, 10
Comunicações no ponto de venda, 22, 26, 72, 77, 80, 85, 360, 451, 477, 486, 495, 524
Comunidade de jogadores on-line, perfil da, 371
Comunidades, 469
Concordância, na determinação da eficácia da comar, 445
Concretizações, 218
Concretizar, 151, 218
Concretude, 190-191
   na propaganda, 191
Concursos, 436, 444
   on-line, 415, 431, 438, 448
Concursos on-line, 415, 431, 438, 448
Confiança, 26, 31, 45, 63, 73, 80, 164, 220, 309, 313, 355, 457, 459, 515-516, 518

Conformidade, 186, 204, 433
Congresso, dos Estados Unidos, 514
Congresso dos Estados Unidos, 514
Consciência, 20, 25, 32, 56, 88, 169, 245, 274, 276, 326, 353-354, 412, 524, 533
Consciência ecológica, 524
Consequências, 399, 534
   definição, 227
   marca, 534
Consequências da marca, 534
Consumidores, 11, 102-103, 105, 347, 366, 384-385, 488
   alcance na propaganda na TV, 12, 277, 282, 287, 317, 533
   características dos, 10, 17, 21, 34, 36, 57-58, 65, 80, 87-88, 91-92, 94, 101, 104, 110-111, 119, 121-123, 127, 129, 131-132, 140, 143, 152, 168, 170-171, 190, 205, 209, 215, 220-221, 227, 248-249, 262, 276, 299, 312, 314, 322, 354, 371, 379, 382, 391, 415, 451, 461, 474, 487-488, 498, 500, 518, 529, 533-534, 537
   comprar quantidades maiores:, 382, 392, 413, 439
      promoções de vendas para aumentar o uso do produto, 390, 392, 413
   compras teste por parte dos, 24, 140, 178, 287, 437, 537
   conhecimento sobre: no posicionamento, 16, 125, 129, 131, 132, 143, 236, 494, *ver também* Posicionamento
   da falta de percepção para a percepção, 13, 22, 42, 48, 128, 144, 226, 393, 481
   direcionamento aos, 351, 354, *ver também* Direcionamento
   e brand equity, 9, 21, 24, 26-27, 32-34, 38-40, 43, 45-46, 50, 54, 63, 71-72, 119, 208, 219, 249, 338, 345, 382, 387, 395, 448, 457, 474-475, 533
   informações sobre os produtos confiadas pelos, 164
   LOHAS, 122
   no controle, 11, 347
   promoções orientadas para os, 379, 384-385, 392, 394, 406, 413-414, 426, 455, 519
   significado da marca na memória dos, 69
Consumidores de meia-idade, 102
Consumidores LOHAS, 122
Consumidores maduros, 102-103
Consumidor sensato, 122
Consumo ecologicamente sustentável, 524-525

   em 14 países, 524-525
Contar história, na propaganda, 191
Contatos, 17, 28, 169, 176, 288, 309, 311, 343, 365, 383, 466
Conteúdo criativo, 12, 182, 265
   relacionamento entre peso da mídia e, 265
Continental, 65, 232
Continuidade, 284, 534
   no planejamento de mídia, 534
Converse, 34, 479
Cookies, 74, 90, 351, 353-354, 422
Copy Research Validity Project, da ARF, 247, 267-268
Cor, 8, 15, 25, 29, 39, 42, 51, 59, 65, 68, 81-82, 97, 122-124, 128, 143, 146, 152, 165, 181, 192, 211, 216, 219, 224, 226, 232, 234, 240, 253-254, 268, 303, 314, 341, 351, 355, 361, 367, 376, 383, 391, 422, 424, 440-441, 449, 457, 460-461, 470, 474, 476, 480, 482-484, 493, 527, 530-532
   na embalagem, 424, 460, 531
Corona, 181, 234, 461, 470
Correção, 365
   na propaganda, 365
Corvettes, 424
*Cosmopolitan*, 314, 514
Costco, 444
CPC (Custo por clique), 350
CPM-TM, 288-289, 301, 311, 534
Credibilidade, 191, 220, 223
   na propaganda, 191
   na propaganda comparativa, 235-236
   nos endosso de celebridades, 236
Crenças, 139
   reforço das, 139-140
Crentes, 92, 533-535, 537
   na estrutura VALS, 92-93, 533
Crest, 304
Criação do comentário, 214, 464-466, 469, 494, 505
   poder do contexto na, 467
   selecionar e semear a vanguarda na, 467
Crianças, 98-100, 515
Crianças em idade escolar, 98
Crível, 253-254
Crocs (sapatos de borracha), 66
Cronograma de propaganda contínua, 284, 286-287, 300
Cronograma em escala, 279, 299
Culpa, 13, 77, 195, 201, 213-214, 228-229, 236-237, 244, 459, 498, 517, 519-520, 534
   apelos à, 77, 201, 213-214, 228-229, 236-237, 517

dos consumidores, 77, 201, 214, 229, 237, 459, 519
Culpa dos consumidores, 77, 201, 214, 229, 237, 459, 519
  apelos aos, 77, 229, 237
Cupons, 389, 414, 426, 431, 441-443, 534
  como FSIs, 440
  custo dos, 534
  definição, 382, 415, 430
  dentro da embalagem, 414, 431
  *dias de cupom*, 443
  entregues pela mídia, 414, 431, 442
  entregues pelo correio, 414, 431, 442
  entregues por leitura ótica, 414
  fraude no resgate, 443, 448
  métodos de distribuição, 442, 448
  para os cupons dentro da embalagem, 414-415, 431, 442
  participantes do, 389
  processo de resgate: consequências do, 534
  resgatáveis instantaneamente, 441
  sobre a embalagem, 415, 441-442, 448, 533
  varejo, 443
Cupons dentro da embalagem, 414, 431
Cupons entregues pela mídia, 414, 431, 442
Cupons entregues pelo correio, 414, 431, 442
Cupons entregues por leitura ótica, 414
Cupons on-line, 414, 426, 431, 442
Cupons resgatáveis instantaneamente, 441
Cupons sobre a embalagem, 415, 441-442, 448, 533
Custo por clique (CPC), 350
Custo por impressão de mil, 361, 534
Custo por mil (CPM), 292
Custos, 366, 375, 522
  cupom, 440-441
  das ideias de promoções de vendas: avaliação dos, 446
  dos anúncios de TV, 312, 329
  dos comerciais, 342, 387, 512
  no patrocínio de eventos, 175, 478
  propaganda, 9, 25, 168, 171, 175, 177, 236, 273, 286, 308, 312, 317, 319, 327, 329, 342, 367, 387, 422, 512
  regulamentações da comar dos, 509, 521
Custos dos comerciais, 342, 387, 512

# D

Dados, 52, 166, 183, 302, 316, 319-320, 330-331, 355, 363, 377, 407, 512, 534
  fonte única, 534
  na determinação da eficácia da comar, 47
Dados de fonte única, 534
Dados precisos, 47-48, 62, 504
  na determinação da eficácia da comar, 47
Dasani, 457, 470
  no Reino Unido, 457
*DC*, 300, 372, 527
*Deal or No Deal*, 280
Decisões, 21, 23, 273
  fundamentais, 21
  implementação, 23
Decisões de comunicações de marketing, 3, 7, 20-22, 24-25, 28, 54, 85, 88, 110, 125, 138-139, 272, 300, 512
  fundamentais, 85, 138
Decisões de implementação, 23
Decisões fundamentais, 21
Declaração de posicionamento, 534
  definição, 22, 85
  marca, 534
Declaração do posicionamento da marca, 534
Definição dos objetivos, 84, 136
  critérios para, 139, 141, 150
  da perspectiva da prestação de contas, 145
  de alcançar a lealdade para com a marca, 138-139, 141
  de criar expectativas, 141, 145, 156
  de reforçar crenças e atitudes, 141
  introdução aos, 138, 188, 415, 430, 474
  método objetivo-e-tarefa, 85, 150, 155
  na hierarquia dos efeitos da comar, 85, 137, 139, 155
  requisitos para os, 85, 137, 155
  visão herética, 145
  visão tradicional, 145
DEHA, 461
Dell, 30-31, 165, 167, 186, 239
Delta, 65
Demanda, 9, 16, 25-26, 33, 43, 46-47, 122, 170, 175, 179-180, 202, 222, 228, 244, 300, 307-309, 323, 334, 385, 392, 398, 437, 466-468, 470, 477, 498, 500, 523, 534
  primária, 122, 170, 202
  secundária, 170
Demanda autogeradora explosiva, 466-467, 470
Demanda primária, 122, 170, 202
Demanda secundária, 170
Demográficos, 21, 87-88, 94-96, 102, 108, 110-111, 227, 235, 308-309, 313, 318, 321, 328-329, 372, 474

Dentsu Eye, 468
Departamento de Comércio, 1
Departamento de Justiça, 434
Desafio Pepsi, 12, 39, 457
Desastres, 195, 227
Desconto por reembolso, 414, 431
Descontos, 57, 386, 391, 414, 430-431, 536
  fantasmas, 435, 448
Descontos fantasmas, 435, 448
Descontos no faturamento, 173, 390, 396, 399-400, 402, 404, 406
  desvio devido aos, 400-401
Descontos no preço, 57, 386, 414, 430-431
Desempenho dos varejistas, 299, 396, 402, 405-406, 412, 484, 536
  melhoras no, 393
Desenho, 71, 75, 245
  na embalagem, 75
Desgaste, 534
Desodorante Axe, 372
Despesas, 49, 149, 165, 178
Despesas, 168, 342, 400. *Ver* Custos
Destaque, 318
  aumento, 136, 170-171, 192, 394, 503, 538
  propaganda para, 80, 110, 162, 171, 192, 282, 337, 368, 375, 394, 433, 454, 469, 498
Desvio, 400, 534
Diários escritos, 327-328
  do comportamento de assistir TV, 328
*Dick Clark's Rockin' New Years Eve*, 299
Diesel, 41
Diet Pepsi, 218, 294, 458, 501, 524
Diferenciação da marca, 65, 107, 200, 262, 299, 534
Dimensões da personalidade, 36, 51, 294
  relacionadas à marca, 36
Dimensões da personalidade relacionadas à marca, 36
Dinheiro, 309
  de rua, 262, 464
Dinheiro de rua, 262, 464
Direcionamento comportamental, 333, 336, 351-352, 354
  on-line, 351, 354
  questões de privacidade, 354
Direcionamento comportamental on-line, 351, 354
Direct Marketing Association (DMA), 27, 366
Direta, definição, 39
Diretrizes verdes, 528
  esforços de marketing direto nas, 528

Disney-ABC Domestic Television Company, 321
Displays, 496, 506
Displays móveis, 496, 498, 505
Dispositivos pessoais externos da Nielsen (Npods), 494
Disseminação da informação, 186, 463, 518
Distribuição, 56, 148, 278, 292, 416, 441
    conceito de, 16, 24, 76, 169, 292, 384, 403
    frequência, 278, 292
DKNY, 41, 201
DMA (Direct Marketing Association), 27, 366
Doentes sociáveis, 104
Donnelly Marketing (ClusterPlus), 94-95, 110
Dove, 68, 73, 129, 131, 201, 340, 397, 471, 475
Dr Pepper, 293-296, 303
Dunkin'Donuts, 374
DuPont, 41-42, 52, 218
Duracell, 234, 500
DVDs, propaganda em, 365

# E

Eastman Kodak Company, 495
EasyShop, 484
Eat My Dust, 361, 376
eBay, 454
EBoost, 420
Economia, 45, 309-310, 317, 325, 383
    na propaganda no rádio, 317, 538
Efeitos específicos, 48, 50, 141, 459
    na determinação da eficácia da comar, 47
Effective rating points (ERPs), 534
Eficácia, 446-447
    das ideias de promoção de vendas: avaliação da, 445-446
Eficiência, 363, 446-447
    da propaganda via mala direta, 363
    das ideias de promoção de vendas: avaliação da, 446
Elasticidade, 534
    definição, 162
    propaganda, 534
Elasticidade da propaganda, 534
Elasticidade de preço, 534
Elementos, 8, 69, 129, 277
    mistura, 21, 24
Elos, 462
    fortalecimento dos, 129
E-mail, 11, 27-28, 88-89, 106-107, 164, 251, 310, 333, 335-337, 343-346, 348, 353-356, 360, 367, 369, 373, 376, 428-429, 431, 438, 460, 464-465, 534, 536
    opt-in, 344, 353-354, 428, 438, 534
E-mail opt-in, 344, 353-354, 428, 438, 534
eMarketer, 339
Embalagem, 15, 71, 75-76, 373, 389, 534
    análise competitiva, 78-80, 133
    análise da categoria de produto, 78-81, 533-534
    avaliação da: apelo emocional na, 78-79
    cor na, 534
    criação da, 79-80, 492
    definição, 430
    determinação das prioridades de comunicação, 80
    estrutura da, 3, 17, 72, 79, 81
    funcionalidade na, 75, 77-78, 80
    imagem da, 534
    informações na, 72-75, 77-78, 80, 82, 518
    materiais físicos na, 72, 74, 80
    questões éticas na, 518
    requisitos para a, 3, 64, 80-81
    sugestões de desenho e forma na, 73, 80
    tamanho da, 35, 72-73, 75, 373, 421
    visibilidade na, 75, 80
Embalagem da marca, 3, 33, 71, 72, 73, 74, 75, 76, 77, 78, 79, 80, 81, 133, 138, 373, 415, 423, 424, 442, 518, 531, 533. *Ver também* Embalagem
Embalagem que não agride o meio ambiente, 528
Embalagens bônus, 414, 430-431
Emocionalismo, 191
    na propaganda, 191
Empresas de produtos de consumo diário, 348, 364, 382, 435, 439, 442
Empurrar, 384
Enchimento a menos, 525, 527, 532
Encorajamento, 20
Endossantes, 41, 219
    atributos das, 236
    celebridades: atratividade e, 221-222, 236
    considerações sobre a seleção, 222, 236
    considerações sobre o custo e, 222, 224
    credibilidade e, 129, 220, 222, 236
    fator de saturação e, 224, 236
    fator problema e, 222, 224, 237
    introdução aos, 214, 244
    pontuações Q e, 225
Endossantes das mensagens, 129, 158, 159, 191, 212, 213, 214, 215, 219, 236, 244, 265. *Ver também* Endossantes
Energizer, 73, 500
Engano, 421
    na propaganda, 180, 214, 336, 354, 510-511, 515-516
Entretenimento, 515
    marca, 14, 16, 47-48, 131, 294, 299, 322, 326, 337, 343, 345, 348, 368, 414, 444, 462, 474, 477
    nos comerciais de TV, 11, 14, 254, 299, 304, 322, 326, 368
Envenenamento, 458
    cianeto, 458
    Tylenol e, 458
Envenenamento por cianeto, 458
    Tylenol e, 458
Environmental Media Association, 527
Epidemias, 190, 342, 461, 466-467, 469, 471
    regras de, 466
Equal, 510
Equipe de vendas, 384, 420
    propaganda da TV: efeitos na, 47
Equity, 52, 82, 120, 156, 211, 482
    brand, 3, 21, 24, 26, 31, 32, 33, 34, 37, 38, 50, 51, 52, 69, 179, 478. *Ver também* Brand equity
Ermitões saudáveis, 104
ERPs (Effective rating points), 282
Erro das agências, 195
Erros do marketing, 195
Escassez, 228, 468, 491
    caso relacionado dos apelos à, 228
Escolha da marca, 51, 63, 65, 80-81, 267, 482
    influência, 145, 232, 501, 537
    mensagem subliminar e, 232-233
Escolha do nome da marca, 63, 80
    filosofia do vaso vazio, 69
    na propaganda, 38, 65, 70, 233
    processo da, 55, 63, 64, 66, 69, 70, 80, 81, 132, 138, 151, 172, 224, *ver também* Processo da escolha do nome da marca
    som e simbolismo e, 66
Escova de dentes, 216, 262, 424
Espaço de divulgação, 288, 371, 375, 417
    promoção de vendas no aumento do, 481, 497
Especificidade, 16, 77, 143, 196, 498, 500, 536
    codificação, 498, 500, 536
Especificidade da codificação, 498, 500, 536
ESPN, 290-291, 299-300, 321
Esquema de segmentação psicográfica, 92
    Yankelovich MindBase, 92

Esquema de segmentação psicográfica Yankelovich MindBase, 92
Estée Lauder, 166-167, 326
Estereótipos, 102, 232, 517
  na propaganda, 232, 517
Estilo criativo emocional, 201, 209, 534
Estilo criativo genérico, 201, 534
Estilo criativo preemptivo, 202, 534
Estimulação, 77, 121, 131, 205, 207, 229, 231, 258, 266, 387, 414, 498, 535-536
Estímulo condicionado, 234
Estímulo não condicionado, 234
Estímulos, 230
  à novidade, 215-216
Estoque, 25, 228, 286, 382, 385, 388, 390, 392, 394, 397, 399-400, 413, 430, 497, 502, 519
Estratégia criativa, 201, 294, 297
  ponto de alavancagem e, 209
Estratégia de marketing, 76, 274, 534-535
Estratégia de mídia, 274, 294, 297
Estratégia de propaganda, 172, 274, 534
  descrição, 200
  implementação, 138, 172
Estratégias, 385
  de propaganda: descrição, 29, 200, 210
  descrição, 29, 200, 210
  implementação das, 425
  mercado, 23, 43, 76, 107, 142-143, 169, 175, 200, 251, 273-274, 317, 325, 432-433, 500, 534-535
  mídia, 23, 127, 142, 154, 169, 199, 244, 273-274, 282, 315, 317, 385, 433, 476, 535
Estratégias de empurrar, 385
Estratégias de puxar, 385
Estruturas de conhecimento, 129, 217-218, 236
  habilidade para acessar as, 217-218, 236
  habilidade para criar as, 217-218, 236
Estrutura verbal, 218
Estudantes universitários, 465
Estudo Benylin da eficácia do display, 502-503
Estudo dos Hábitos de Compra do Consumidor, da POPAI, 500-501, 505
Esuvee-H, 290, 292-293
  ilustração hipotética, 290-291
Ética, 345, 512, 523, 535
  definição, 188, 227
*Every Day with Rachel Ray*, 415
Evian, 457-458
Executivas, 245, 455-456

Executivos de conta, 176, 208, 326, 335, 343, 458, 478, 537
Exemplar, 218-219, 309
Expectativas, 127, 139
  criação de, 156, 195-196
Experian (MOSAIC), 94, 105
Experimentadores, 92-94, 533-535, 537
  na estrutura VALS, 92-93, 533
Exposições, 278
  eficazes: quantidade de, 281
  para informação, 281
E-zines, 315, 336, 345, 353, 356

# F

Fabricantes, 326, 401, 437
Facebook, 11, 16, 27-28, 101, 340, 343, 355, 455, 463
Facilidade de execução das ideias das promoções de vendas, 446, 448
  avaliação das, 446
Familiaridade com a marca, 64, 170, 338
*Family Circus*, 312, 317, 330
Fat Free Pringles, 421
Fator de aderência, 466
Fator de saturação, 224, 236
  no endosso das celebridades, 224, 236
Fatores situacionais, 235
  na propaganda comparativa, 235
Fator problemas, 64, 224, 236-237, 313
  no endosso das celebridades, 224, 236
FCD (Fluxo de caixa descontado), 171
FDA (Food and Drug Administration), 458, 522
Federal Bureau of Investigation, 346, 434
Federal Trade Commission (FTC), 515, 522, 532
  regulamentação pela, 515, 522
Federal Trademark Dilution Act de, 65, 1995
FHM Comedy Fest, 411
Fiat Automóveis no Brasil, 388
Filmes, 433
  propaganda direta nos, 433
Filosofia do vaso vazio, 69
  nome da marca, 69
Firestone/Ford Explorer, 457, 459
Flexibilidade, 8, 307, 363
  da propaganda por mala direta, 360, 363
  na propaganda em jornais, 307-308, 492
Fluxo de caixa, descontado, 48, 52, 171

Fluxo de caixa descontado (FCD), 171
Foot Locker, 380-381, 386, 407
*Forbes*, 6, 39, 297, 302
Ford Explorer, 66, 81, 457, 459
Ford Five Hundred, 54
Ford Motor Company, 54, 164, 177, 424, 471
Ford Taurus, 54-55, 202
Forma, 105, 116, 140, 336, 355, 419, 471, 489, 535
  na embalagem, 33, 45, 66, 72-77, 80, 82, 138, 201, 373, 379, 389, 415, 423, 426, 442, 451, 460, 533
Formadores de opinião, 10, 15, 105, 251, 432, 463-464, 466-467, 469
  definição, 10, 464
Fornecimento, 122
Forrester Research, 304, 332, 337, 355
Fortalecimento dos elos, 129
Fracionamento, 322
  do público: nos anúncios no rádio, 322, 329
  nos comerciais de TV, 304, 323
Fracionamento da audiência, 304, 318, 323
  na propaganda na TV., 304, 318, 323
  na propaganda no rádio, 318
Fraldas Pampers, 420
Fraude, 535
  de clique, 350-351, 535
  no abatimento, 448
Fraude do clique, 350-351, 535
Fraude no resgate dos cupons, 443
Função de resposta das vendas à propaganda, 535
Funcionalidade, 77, 79
  nas embalagens, 78, 80

# G

Galvanômetro, 535
Gasto com investimento constante, 168
Gatorade, 28, 73, 170
GE (General Electric), 6, 96
Geico, 136, 152, 374
Gêmeos, 221, 324
General Electric (GE), 6, 96
General Mills, 71, 78, 165, 167-168, 348, 419, 443, 475, 480, 513
General Motors (GM), 6, 208, 273
Georgetown University, 514
Georgia-Pacific, 480
Geração baby-boom, 102-103, 535
Geração milênio, 101, 106
Geração X, 101-102, 111, 535
Geração Y, 101-102, 106, 111, 535
Gerber, 425, 460

Gerência de conta, 106, 195, 197, 244, 395, 459, 537
Gerência de propaganda, 131, 195-197, 244, 395, 421, 524
   agências de propaganda no, 140, 188, 195, 224, 244, 393, *ver também* Agências de propaganda
   estratégias de propaganda nas, 244
   introdução à, 131, 188, 244, 524
   perspectiva do cliente na, 188
   processo da, 197
Gerenciamento, 42, 159, 176, 379, 458
   de propaganda, 159
   visão geral do., 159
Gerentes, 447
   de conta, 13-14, 20, 176, 180, 226, 244, 326, 395, 416, 420
   papel na propaganda, 12, 454, 464
Gerentes de conta, 13-14, 20, 176, 180, 226, 244, 326, 395, 416, 420
Gerentes de marca, 447
Gestalt, 72, 217
GfK Custom Research North America, 249
Gillette, 62-63, 81, 200
GlaxoSmithKline, 146, 164-165, 167
Glenmorangie Distillery, 361
Glen Moray, 361
Global Fund to Fight AIDS, Tuberculosis and Malaria, 479
GM (General Motors), 6, 208, 273
Golfe, 6, 102-103, 196, 219, 294, 352, 426, 428, 475
Goody's, 444
Google, 64, 71, 89-90, 106, 309, 311, 334-335, 340, 342, 344, 348-351, 355-356, 366, 431
Grandes pirâmides, 74
*Grease*, 234
Green Seal, 527
GreenWise, 66
Grey Poupon, 369
Grupo Altria, 108
Gucci, 369, 460, 488
   lenda do ``Canguru da Gucci'', 460
Guinness Import Company, 419

# H

H.J. Heinz Company, 480
Hamburger Helper, da General Mills, 475
Hanes Smooth Illusions, 202
Harley-Davidson, 32, 49, 52, 102, 463
Harris Interactive, 30, 45, 51-52
Hartz Ultra Guard, 435
Healthy Choice, 65-66, 68, 449

Hedônico, 125, 131-132, 387, 414, 536
Hedonismo, 204, 206
   exemplo de, 205-206
Heineken, 73, 181, 183, 374, 461, 470
Heinz, 77-78, 216, 304, 444, 480
Hellmann's, 219, 339, 473
Hershey's Kisses, 15
Hewlett-Packard (HP), 403
Hipóteses, 25, 244, 393
Hispano-americanos (latinos), 109
Home Depot, 165
Honda Accord, 54, 117, 194
Honda Motor Company, 54, 117
Hoover, 326
Horário nobre, 295-296, 319
   na propaganda na TV, 282, 304, 320, 327, 368
Hormel Foods, 403
Hotspots, 346, 538
   localização dos, 538
Hot Wheels, 99
HP (Hewlett-Packard), 403
Hummer, 61, 206, 467
Hummer Alpha, 206
Humor, 238-239, 242
   na propaganda, 238-239, 242
   na TV, 238-239
   papel do, 213-214, 217

# I

IAB (Internet Advertising Bureau), 27-28, 338, 341, 355
Identificação errada do patrocinador, 475
   no patrocínio de eventos, 475
Identificação, processo de, 535
iMac, 60
Imagem cerebral, 249, 256
   neurociência e, 256
Imagem corporativa, 208
   propaganda e a, 208
Imagem da marca, 8, 35, 120, 199, 535
Imagem do usuário, 68, 119-120, 123-124, 132, 218, 347, 382, 413, 459
Imagem por ressonância magnética, 39, 256
Imagens, 373
   corporativa: propaganda e, 188, 208, 537
   da marca, 373
   uso das, 373
   usuários das, 60, 142
Incentivo financeiro, 362, 394
Incentivos, 27, 114, 311, 343, 345, 364, 382, 386-387, 390-391, 394, 408, 413, 469

definição, 382
Índice brand lift, 502, 505
Índices, 307
   descrição, 82, 96
Índices de resgate, 440, 442
   de cupons, 440, 442
   na embalagem, 442
Individualização, 334, 354
   da Internet, 334, 354
Infiniti, 294, 362
Influência, 488
   BB, 453-454, 462
Influência do BB, 453, 454, 462, 463, 467, 469. *Ver também* Boca a boca (BB)
   elos fortes e fracos relacionados ao, 462
   papel dos formadores de opinião, 463, 467
   processo de disseminação, 463
Influenciar, 170, 286
   anúncio para, 19-20, 91, 129, 162, 172, 214, 219, 221, 226, 229, 231-232, 244, 249, 335, 345, 360, 454, 486, 504, 513, 516
Infomercials, 331, 468
Informação, 75, 79
   armazenagem, 78, 129
   exposição à, 261, 281, 292, 302
   na embalagem, 75, 77-78, 80, 500, 518, 525, 532
   no MPC, 125, 133
Informação armazenada, 130
Informação codificada, 77, 153, 535
Informações no rótulo, 72, 80, 464, 518
   na propaganda, 45, 72, 80, 111, 518, 522
Informar, 138, 170, 498
   pela propaganda, 138, 498
Information Resources Inc. (IRI), 261, 267
   BehaviorScan da, 261, 267
Inovadores, 92, 94, 533-535, 537
   na estrutura VALS, 92-93, 533
Inseguranças, 517
   anúncios com apelos às, 517
Inserções, 61, 290
   livres, 442, 448
Instalações Potty Palooza, da P&G, 420
Integridade, 519
   na comar, 521
   promoção da, 519
Intensidade, 38, 227
   apropriada, 24, 227
Interatividade, 334, 354
   da Internet, 354
Interferência, 94, 153, 156-157, 317, 400

competitiva, 153, 156-157
  papel da, 153, 156
Interferência competitiva, 153, 156-157
Internalização, 220, 236, 535
  processo de, 220, 236, 535
International Advertising Bureau (IAB), 27
International Data, 211, 506
Internet, 348. *Ver também* Propaganda na Internet
  anúncios pop-up na, 339, 353
  como meio de propaganda, 334-335, 348, 353-354
  comparada a outras formas de mídia, 335
  individualização da, 333-334, 353
  interatividade da, 333-335, 353
  intersticiais na, 339, 353
  introdução à, 6, 162, 188, 272, 297, 306, 334, 360, 406, 454, 512
  supersticiais na, 339, 353
  Webisódios na, 339
Interpretação, 108
Intérprete, 116-117, 132, 198, 537
Intersticiais, 336, 535
  na Internet, 535
Intimidade, 93, 170, 317
  na propaganda de rádio, 317
Inveja, 65
Investimento, 147, 166, 174, 252
  em marketing, 3, 24, 28, 46, 48, 52, 56, 89, 102, 145-146, 149, 162, 169, 183, 274, 300, 321, 332, 350, 355, 360, 374, 384-385, 393-394, 403, 406, 417, 474, 476, 481-483, 497, 506, 536-537
  retorno sobre os, 46, 124, 224, 252, 351, 394, 420, 473, 537
Investimentos em marketing, 3, 24, 28, 46, 56, 89, 102, 145, 162, 169, 274, 300, 321, 360, 374, 384-385, 394, 403, 406, 474, 481-482, 536-537
  retorno sobre os, 394, 537
Investir, 264
  em propaganda, 264
Iogurte Go-Gurt, 78
iPhone, 11, 37, 65, 347, 437, 467-468
iPod, 11, 58, 64, 106, 194, 299, 317, 329-330, 423

## J

J&J (Johnson & Johnson), 458
Jeans Lee, 52, 238, 465
JetBlue, 65, 70-71, 82, 465-466, 471
Jetta, 151, 257
Jogos, 225, 371, 474, 477-478, 483, 495

promocionais, 474
Jogos Olímpicos, 225, 474, 477-478, 483, 495
Jogos Olímpicos de Nagano, de, 495, 1998
John Deere, 61, 361
Johnson & Johnson (J&J), 165, 458
Jornais, 164, 298, 300, 306, 308, 314-315, 415
  amostra por meio dos, 313, 415
  compra de espaço nos, 306
  porcentagem dos lares que recebem, 442
Jovens adultos, 99-100, 102
JP Morgan Chase, 202
*Junkyard Wars*, 162
Juvenile Diabetes Research Foundation, 480

## K

Kelly's Roast Beef, 428
Kentucky Fried Chicken (KFC), 460
KFC (Kentucky Fried Chicken), 460
Kibbles'n Bits, 477
Kidon Media-Link, 272
KitchenAid, 480
Kmart, 460, 500, 502, 505-506
KOA Kampground, 419
Kodak, 73, 297, 326, 331, 495-496
Kool-Aid, 403
Kraft Foods, 30, 146, 165, 273, 422, 513
Kroger, 348, 443
Kuchikomi, 467-468
L.L. Bean, 364
Laddering, 206, 211, 535
Lamar Advertising, 489, 528
Lâmina Gillette Sensor, 200
Lâmpadas fluorescentes compactas, 524, 527
Lâmpadas Softone, 391
Landor Associates, 70
Land Rover, 37, 61
Lares norte-americanos, 95, 101, 110, 270, 304, 306, 319, 321, 323
Latinos, 112
*Law and Order*, 280
Lead times, 52, 308
  curtos: nos anúncios de rádio, 308
  nos anúncios em revistas, 308
Lealdade, 139
  do consumidor, 18, 33, 45, 50, 138, 141, 281, 315-316, 367, 383, 385, 387, 406, 413, 422, 424, 429, 431, 438-439, 443-444, 447-448, 537
  para com a marca: alcance da, 281, 315-316, 383

Lei da demanda inversa, 179
Lei dos poucos, 466
Leitor elegível, 250
Leitores, elegíveis, 250
Lembrança, 257
  aferição da, 31, 249, 266, 331
  marca, 257
Lembrança da marca, 257
Lenços úmidos Quilted Northern Ultra, 480
Lendas urbanas, 460
Lever Brothers, 421
Levi Strauss & Co, 41, 372
Lexicon Branding, Inc., 64
Lexus, 66, 70, 81, 294, 315, 362
*Lexus Magazine*, 315
Ligações com a Ku Klux Klan, 461
Limites, 22-24, 26, 43, 60, 88, 95, 138, 160, 199, 224, 273, 275, 281, 287, 290, 335, 363, 371, 374, 393, 412, 457, 477, 512-513, 529, 533
Linhas de tempo, 366, 488
Linhas horizontais, 73
  nas embalagens, 73
Linhas inclinadas, 73
  nas embalagens, 73
Linhas verticais, 73
  na embalagem, 73
Lions International Advertising Festival, em Cannes, França, 188
Liquid-Plumr, 65
Listerine PocketPaks, 79
Livematics, 267
Livre de custos, 291, 509, 521
Lógica, 9, 18, 45, 52, 64, 121-122, 124, 137, 145, 148, 150, 154, 176, 205, 213, 221, 227, 271, 286-287, 301, 398, 501, 520
  do apelo ao medo, 227
Lógica do apelo ao medo, 227
Logo da marca, 252, 457
Logos, 82
  papel dos, 82
Lojas, 224, 257, 382, 488, 500
Longevidade, 96, 299
  dos anúncios em revistas, 299
*Lost*, 105, 184, 449, 488
Louis Vuitton, 369, 488
Lucent Technologies, 69
Lugares, 41
  alavancando associações dos, 40, 42
Lycra, 41, 52

## M

M&M's, 482
MacIntosh, 61, 186-188, 209

*Macy's Thanksgiving Day Parade*, 299
*Mad TV*, 14
Mala direta, 104, 415
   definição, 110, 415
Mantra, definição, 22
Marca Betty Crocker, 71
Marca Lipton Ice, 233
Marca Parmalat, 60, 425
Marca Ralph Lauren, 33, 71, 123
Marcas, 255, 372, 460. *Ver também* marcas específicas, por exemplo, Coca-Cola
   vendas, 255
Marcas conhecidas, 153, 265, 338
Marcas de classe mundial, 45
   características das, 45
Marcas menu, 116, 416, 457
   veneno de rato e, 457
Marcas novas, 55, 56, 57, 58, 265, 391, 397, 398. *Ver também* Marcas, novas
Marcas registradas, 65, 82
   registro, 65, 82
Marca Tommy Bahama, 480
Marea, 389
Marketing, 1, 5, 8, 16, 27-29, 32, 35, 50-52, 81-83, 90, 94-95, 106-107, 109, 111-112, 120, 133-134, 148, 155-157, 170, 174-175, 183-184, 199, 210-211, 225, 237-240, 245, 252, 255, 267-269, 302, 310, 325, 330-331, 335, 338, 344-346, 348, 355-356, 361, 365-366, 376-377, 395, 403-404, 407-410, 427, 433-434, 441, 445, 449, 470-471, 476, 478, 483, 488, 496, 500, 504, 506, 515, 520, 523-524, 530-532, 535
   análise do tempo de vida no, 49, 376, 534
   audiovisual, 188, 364-365
   B2B, na Internet, 6, 24, 162, 365, 454
   B2C, na Internet, 6, 162, 454
   banco de dados: data mining no, 367
   catálogo, 364, 375
   de conta específica, 20, 434
   direto, 1, 8, 16, 27-28, 148, 155, 175, 268, 302, 366
   no marketing verde, 532
   on-line, 8, 27, 106, 356, 376, 488, 531
   patrocínio, 473, 474, 475, 476, 477, 478, 481, 482, 527, *ver também* Patrocínios
   questões éticas no, 356, 523
   relacionado a causas, 483, 535
Marketing de banco de dados, 310, 366
   data mining no, 367
Marketing de conta específica, 20, 434
Marketing de patrocínio, 473, 474, 475, 476, 477, 478, 481, 482, 527. *Ver também* Patrocínios
   características do, 473-474
   definição, 474
Marketing direto, 1, 8, 16, 27-28, 148, 155, 175, 268, 302, 366
   no marketing verde, 524, 528
Marketing on-line, 8, 27, 106, 356, 376, 488, 531
   questões éticas no, 356, 519, 529
Marketing relacionado a causas (MRC), 535
   benefícios do, 473, 481
   importância do ajuste no, 481
   prestação de contas no, 473, 481
Marlboro, 200, 403
Mars, Inc., 17
*Marvel*, 372
MasterCard, 14, 23, 191
Materiais no ponto de venda, 8, 25, 500
   uso e não uso dos, 40, 77, 80, 497, 501, 504, 524, 528
Mattel, Inc., 343, 456
Mau gosto, na propaganda, 517
Maxima, 202
Mazola, 73
McCann Worldgroup, 13
McDonald's, 33-36, 110, 114-116, 122, 146, 165, 224, 295-296, 306, 416, 434, 460, 470, 480, 513
McKinsey & Company, 210, 304, 466-467
McNeil Nutritionals, 510
MeadWestvaco Corporation, 124
MediaCart Holdings, 484, 506
Mediamark Research, Inc. (MRI), 311
*Media Sexploitation*, 230, 240
Medida CPA, 353-354
Medida CPM, nos anúncios em revistas, 311, 353, 492
Medida CPM-TM, nos anúncios em revistas, 311
Medida custo por ação (CPA), 353-354
Medidas, 249, 256, 258-260, 279, 352, 535
   autorrelatório, 258, 535
   CPA, 353-354
   das reações emocionais, 249, 256, 535
   definição, 32, 48, 101, 145, 247
   na determinação da eficácia da comar, 47
   para aferira o desempenho da propaganda na Internet, 47, 352
Medidores de pessoas da Nielsen, 327, 352, 494
Medidores locais de pessoas da Nielsen, 328, 494
Medos, 227, 517
   do consumidor: apelos aos, 227, 517
   propaganda com apelo aos, 227
Medos dos consumidores, 227, 517
   apelos aos, 227, 517
Melhor compra, 138, 367
Memória, 11, 21, 34-36, 38, 46, 50-51, 65-66, 68-69, 117-118, 126, 128-131, 134, 153, 171, 179, 217, 220, 226, 237, 244, 249-250, 268, 368, 392, 417, 446, 461, 498, 500, 533, 535
   de curto prazo, 129, 392
   de longo prazo, 129, 179, 217, 392
   elementos da, 36, 50, 129
   funcionamento, 417
Memória de curto prazo, 129, 392
Memória de longo prazo (MLP), 129
Memória em funcionamento, 417
Mensagens, 12, 17, 25, 110, 138, 153, 159, 172, 188, 191, 214, 230, 236, 244, 258, 259, 273, 287, 336, 343, 345, 346, 347, 348, 354, 368, 372, 374, 436, 454, 534, 536. *Ver também* Mensagens de propaganda
   aferição da eficácia das, 172, 236, 258, 266, 354, 494, 504
   atenção às: motivação na, 214, 215, 219, 236, *ver também* Motivação, para prestar atenção às mensagens
   criação das, 172, 214, 273, 354
   eficazes e criativas, 188
   no céu, 374, 376
   novidade, 189, 209, 215, 533
   pós-teste das, 244, 247, 266, 536
   pré-teste das, 244, 247, 266, 536
   reconhecimento e lembrança das, 243, 266, 368
   subliminares, 213, 214, 230, 231, 232, 236, 516, 529, *ver também* Mensagens subliminares
Mensagens de propaganda, 158, 186, 536
   aderência, 191
   campanha Miss Clairol, 191
   cerveja Guinness, 194, 324
   concretude nas, 191, 194, 209
   contar uma história nas, 191
   credibilidade, 191, 236, 368, 454
   emocionalismo, 191, 194, 209
   exemplos de, 45, 209, 374, 512
   Honda, 117, 194
   imagem corporativa nas, 187-188, 534
   introdução às, 138, 188, 214, 244, 272, 360, 454, 512
   iPod, 194, 299, 317, 329
   Nike, 12, 26, 194, 353-354
   reconhecimento e lembrança, 243, 266, 368

simplicidade das, 191, 214
Mensagens no céu, 374, 376
Mensagens novas, 536
Mensagens subliminares, 230
    escolha da marca e, 231-232
    influência sobre a escolha da marca, 232
    variedade de símbolos ocultos nas, 231
Mensurabilidade, 143, 353, 363
    da propaganda via mala direta, 363
Mercado de massa, 10, 104, 140, 232, 368, 385, 387, 406, 426, 442, 466, 477, 514, 516
    fracionamento do, 329
Mercedes, 71, 127, 183, 211, 294, 362
Mercedes Benz, 71, 127
Merck & Co., 165, 457, 518
Merisant Company, 510
Meta, 129, 157, 240, 248, 267-269, 421, 480
Método da paridade competitiva, 152, 536
Método de Persuasão ARS, 249, 254, 259
Métodos de distribuição, 440
    criativos, 419, 440
MGA Entertainment, 343
Microsoft, 30, 45, 64, 66, 69, 71, 165, 167, 183, 341, 375, 464, 471, 484, 506
Mídia, 316. *Ver também* Mídia de propaganda
    alternativa: variedade de, 272, 321, 353, 372, 406
    comissões da, 177
    definição, 162
    de massa:, 104, 332, 360, 363, 371, 387
        dependência reduzida da, 12
        propaganda via, 360
    descrição, 196, 292, 294, 376, 463, 470, 504
    especificação dos objetivos da, 274, 276
    mensagens e, 13, 153, 172, 244, 273, 280, 322, 335, 358, 372, 387
    na Internet, 16, 104, 162, 272, 299, 306, 308, 318, 332-335, 352-353, 360, 368
    outra, 12, 153, 159, 162, 177, 244, 272-273, 281-282, 290, 300, 306, 308, 313, 317-318, 332, 358, 360, 363, 368, 371-372, 433, 495
    seleção da, 13, 175, 273-274, 300, 312, 514
Mídia de massa, 10, 12, 15, 20, 22, 28, 67, 104, 140, 163, 204, 220, 226, 232, 306, 309, 317, 323, 329, 332-333, 358-360, 362-363, 367-368, 371-372, 385, 387, 393, 415, 419, 442, 451, 454, 469, 474, 492, 495, 497, 504-505, 514, 516-517, 537
    dependência reduzida da, 12
Mídia de propaganda, 272, 313. *Ver também* Rádio; métodos específicos, por exemplo, Jornais
    alternativa, 272
    compra da, 313
    jornais, 272, 313
    mensagens e, 272
    revistas, 272, 313
    tradicional: introdução à, 272
Mídia rica, na Internet, 250
Miller Brewing Company, 514
Mini Cooper, da BMW, 61
*60 Minutos*, 281
MLP (Memória de longo prazo), 129
MMM (Modelo de mix de marketing), 48
Moda, 376
Modelo de processamento do consumidor (MPC), 536
    descrição, 131, 133
    exposição à informação, 133, 536
    prestar atenção, 125, 132, 536
Modelo de processo de adoção da marca, 3, 56-57
Modelo de Resposta ARM, da BRC, 253
Modelo do espaço na prateleira, 286-287, 294, 300-301, 536
Modelo marketing mix (MMM), 48
Modelo MECCAS, 187, 205, 209
    de propaganda, 187, 205, 209
Modelo VIEW, 74-75, 77-82, 156, 210, 239
    na avaliação das embalagens, 78
*Modern Marvels*, 162
Molson, 19, 514, 530
Molson Ice, 514, 530
Momento, 394
    definição, 117, 138, 148
Motivação, 92, 215, 217
    apelos às necessidades de informação e hedônicas, 215
    estímulo da novidade, 215
    para prestar atenção às mensagens, 215
    para processar mensagens, 217
    promoção da: ao processar anúncios, 213-214, 219
    sugestões intensas ou proeminentes, 215
Motorola, 42, 65, 68, 479
Mountain Dew, 460, 471
Movimento, uso do, 12, 18, 76, 199, 216, 339, 354, 494

MRI (Mediamark Research Inc.), 311
Mudança no equilíbrio do poder, 385
Muffins ingleses S.B.Thomas, 498
Multimedia Messaging Service (MMS), 346
Mundo culturalmente constituído, 40, 115, 117, 132-133, 200
Música, 242
    funções da, 232, 240
    na propaganda, 25, 213-214, 218, 232, 234, 240, 248, 265, 321, 358, 368, 419, 477, 515
MySpace, 11, 27-28, 101, 340, 343, 355

# N

Nabisco, 17, 29, 480
NAB (Newspaper Advertising Bureau), 306
NASCAR (National Association for Stock Car Auto Racing), 472
National Association for Stock Car Auto Racing (NASCAR), 472
National Basketball Association (NBA), 222-223
National Football League (NFL), 475
*National Geographic*, 112, 314, 321, 525
NBA (National Basketball Association), 222-223
Necessidades de informação, 11, 77, 133, 188-189, 215, 314
    apelos às, 77, 215
Necessidades experimentais, 18, 226
Necessidades hedônicas, 215, 536
    apelos às, 215
Necessidades simbólicas, 536
    com base no posicionamento, 132
Nescafé, 344
Nestlé, 30, 43, 71-72, 256, 343, 374, 388, 402, 423, 435-436, 477, 513
Neurociência, 39, 256, 258
    imagem cerebral e, 256
Neuromarketing, 39, 258
New Air, 70-71
New Balance, 103, 483
*New York Post*, 29
NFL (National Football League), 475
Nielsen, 43, 164, 249, 261, 266, 269, 280, 315, 327-331, 342, 352, 372, 377, 452, 494, 506
    novo desafiante da, 328
Nielsen BuzzMetrics, 342, 452
Nielsen Cinema, 315, 372, 377
Nielsen GamePlay Metrics, 372
Nielsen Media Research, 280, 327, 329-331, 372, 494, 506
*Nightline*, 458

Nike, 12, 26, 30, 34-35, 61, 71, 132, 193-194, 210, 223-225, 340-341, 353-354, 369, 380-381, 386, 407, 476-478, 524, 532
Nikon, 297
Nintendo, 58
Nissan, 146, 165, 167, 202, 257, 376
Nívea, 73
Nokia, 42
Nomes da marca, 65-66
    distinguir das marcas concorrentes, 64
    exceções às regras, 68-69
    logos e, 55, 65, 81-82
    sugestivos, 65-66
Nomes de marcas sugestivos, 65-66
Nordstrom, 349
Northwest Airlines, 65
Novidade, 189
    na propaganda, 171, 189, 209, 281, 533
Npods, 494
NutraSweet, 461, 510
NyQuil, 411

## O

Objetivo de afetar o comportamento, 10, 19-21, 132, 162
Objetivo de compra repetida, 414, 431
Objetivo final, 19-20, 58, 106, 125, 127, 145, 155, 162, 205, 207, 226, 244-245, 255, 267, 291, 382, 388, 413, 433, 535
    foco no, 245, 388
Objetivos, 5, 22, 28, 31, 55, 87, 115, 137-138, 144, 161, 187, 196, 213, 243, 271, 274, 297, 305, 333, 359, 381, 411, 413, 429, 453, 473, 485, 511, 536
    de compra repetida, 413-414, 426, 430, 536
    de comunicação, 138
    definição dos, 138
    de pré-vendas, 85, 141, 144-145
    do gerenciamento da marca, 20, 171-172, 176-177, 393, 469
    foco nos, 58, 131, 140, 245, 299, 388
Objetivos das comunicações, 28, 138
Objetivos de pré-vendas, 85, 141, 144-145
Objetivos do gerenciamento da marca, 20, 171-172, 176-177, 393, 469
Observadores, 49, 521
*O candidato da Manchúria*, 517
Ocean Foundation, 527
Ofertas, 311, 404, 444
    definição, 22, 415, 423
    os varejistas repassam menos de 100% das, 404

    pelo correio, 58, 414-415, 448
    preço especial, 444
Ofertas autoliquidantes, 415, 423, 425-426
Ofertas "Compre 1, Ganhe 1", 424, 426
Ofertas especiais de preço, 315, 396, 405, 429, 443-444
Ofertas pelos correio, 58, 414-415, 448
Operação de propaganda interna, 175, 310
Oportunidade de ver (OV), 6, 12, 14, 25, 58, 60-61, 92-93, 95, 101, 105, 151, 168, 198, 214, 217, 219, 227, 229, 236, 261-264, 276-278, 281-282, 288, 293, 308, 310, 317, 335, 338, 353, 361, 363, 368, 374, 386-387, 400, 405, 410, 415, 419, 424, 428, 434, 442, 448, 464, 469, 475-477, 491, 494-495, 534
Oportunidades, 14, 24-25, 90, 92, 95, 101, 105, 107, 141, 196, 198, 368, 387, 397, 400, 424, 455, 469, 476-477, 482, 488, 492, 537
    promoção das, 24, 387, 477, 492
Orçamento, 22, 146-147, 149, 155, 274
    BU, 22, 28
    interferência competitiva no, 153, 156-157
    método da paridade competitiva, 85, 149, 153, 155
    método da porcentagem de vendas, 85, 149-151, 154-155, 536
    na prática, 149
    na teoria, 147
    objetivo e tarefa, 13, 85, 149-151, 155, 289, 536
    para promoções: aumento das alocações, 384-385
    TD, 22, 28
Orçamento bottom-up (BU), 22, 28
Orçamento da porcentagem de vendas, 85, 149-151, 154-155, 536
Orçamento objetivo-e-tarefa, 13, 85, 149-151, 155, 289, 536
Orçamento TD, 22, 28
Oreos, 422
    na China, 422
Orientação, 199
    valor, 205, 209, 382, 406
Orientação de curto prazo, 382, 387, 406
Orientação para o valor, 205, 209, 382, 406
*O Tigre e o Dragão*, 464
Outdoor Advertising Association of América, 494
Outdoors digitais, 491, 493
Outdoors eletrônicos (digitais), 491, 493
*Outhouse Springs*, 494, 505-506
Outras mídias, 273

OV (Oportunidade de ver), 276, 282, 493

## P

P&G (Procter & Gamble), 50, 78, 86, 165, 177, 343, 395, 398, 434, 460, 502
Pacotes de organização de memória, 129
Pacotes de preços, 536
Pacotes de Testes em Campi, 410
PACT (Positioning Advertising Copy Testing), 246, 536
Painéis de diários da Nielsen, 328
Painéis pôsteres, 489-491
    propaganda em, 489-490
Países BRIC, propaganda em outdoor nos, 490
Palavras-chave, 536
Palm, 454
Palomar Medical Technologies, Inc., 62
Papel de poder de parada, 229
    do sexo, 229
Papel toalha Bounty, 415, 420
Parcela de mercado, 25, 31, 33, 38, 45, 50, 54, 60, 74, 85, 107, 109, 114, 124, 166, 182, 202, 260, 281, 409, 458
Paridade da marca, 67, 152-153, 385-386
Parker Hannifin, 162-163, 183
Partes do dia, 50, 96, 172, 249-250, 277, 289, 316, 353, 400, 484
    nos comerciais de TV, 249, 277
Patrocínio de causas, 479, 482. *Ver também* Marketing relacionado a causas (MRC)
Patrocínio de eventos, 450, 472, 474, 536
    aferir o sucesso em, 48, 478
    criar eventos customizados em, 477
    emboscar eventos, 478
    no marketing verde: programas para, 527
Patrocínios, 164, 450, 472
    crescimento do: razões para, 473
    de causas, 479, 482. *Ver também* Marketing relacionado a causas (MRC)
    de eventos, 450, 472
    introdução à, 474
Pedigree, 480
*People*, 134, 299-300, 327, 331, 343, 531
PepsiCo, 45, 51-52, 146, 165, 168, 434, 458, 478, 513, 524
    seringas na, 458
Percepção, 34-35, 139, 253-254
    da falta de percepção para, 13, 22, 42, 48, 128, 144-145, 226, 235, 244, 247, 267, 393, 481, 513

marca, 34-35
    seletiva, 127-128
    top-of-mind, 338
Percepção da marca, 34-35
Percepção seletiva, 127-128
    exemplo de, 127-128
Perfis, 91
    customizados, 91, 110
    propósito geral, 91, 94
    psicográficos, 88, 91, 110
Perfis psicográficos, 88, 91, 110
    customizados, 91, 110
    propósito geral, 91
Perícia, 51, 175
Perrier, 457-458
    contaminada com benzeno, 458
Personalidades, 16, 36, 65, 106, 124, 219, 221, 224, 314, 317, 325, 477
    locais, 317
    na propaganda no rádio, 317
Personalidades locais, 317
    na propaganda de rádio, 317
Peso, 261, 279, 447, 536
    conteúdo criativo e, 265
    mídia, 536
    não desperdiçado, 280
    no planejamento de mídia, 536
    relacionamento entre, 77
Peso da mídia, 536
    conteúdo criativo e, 265
    relacionamento entre, 77, 262, 265, 535
Peso não desperdiçado, 280
Pesquisa, 19, 22, 36, 45, 63, 65-66, 73, 81, 104, 109, 112, 128, 131, 151, 175, 194, 208, 229, 233, 235-236, 239, 247-248, 257, 268, 302, 318, 331, 337-338, 340, 344, 391-392, 401, 407, 410, 462, 481, 483, 486, 497, 503-505, 536
    de propaganda, 151, 159, 208, 210, 226, 227, 230, 231, 233, 235, 240, 244, 245, 246, 247, 248, 255, 256, 258, 264, 265, 266, 302, 514. *Ver também*Pesquisa de propaganda
    do texto, 65, 73, 318, 337, 391, 536
    Pesquisa de mensagem, 19, 159, 195, 210, 227, 233, 235, 244-249, 255, 275, 281, 331, 337, 344, 355, 483, 536
    qualitativa da mensagem, 195, 247-248
    quantitativa da mensagem, 247-248
Pesquisa de mensagem, 19, 109, 128, 194, 233, 235, 239, 247-248, 337, 344, 483, 497, 536
    formas de, 536
    padrões do setor para a, 245
    qualitativa, 195, 247-248

quantitativa, 247-248
    razões para a, 246
Pesquisa de propaganda, 45, 104, 109, 151, 175, 208, 229, 233, 235, 239, 302, 337-338, 401, 497, 504, 536
    componentes da, 27, 171, 474
    dificuldade da, 231, 255, 308, 372
    formas de, 45, 536
    introdução à, 398
    padrões do setor para a, 245, 313
Pesquisa de texto, 65, 73, 318, 337, 391, 536
Pesquisa EquiTrend, 45-46
Pesquisa *Melhores marcas*, 30-31
Pesquisa qualitativa de mensagem, 195, 247-248
Pesquisa quantitativa de mensagem, 247-248
Pessoas, alavancando associações das, 40, 42
Pesticidas, 66, 457
Pfizer, Inc., 79
Philadelphia Tribune, 437
Philips Lighting, 391
Phishing, 345, 536
Photomatics, 244-245, 259
Photosmart, 403
*Picnic*, 230
Pillsbury, 419
Pioneer, 95, 326, 532
*Piratas do Caribe*, 428
Planejadores, 154, 176, 196, 250, 270-272, 276-277, 279-281, 284, 287-290, 300-301, 309, 313-314, 329, 420, 434, 446
    de mídia, 176, 250, 270-272, 276-277, 279-281, 284, 287-290, 300-301, 309, 313-314, 329
Planejadores de mídia, 176, 250, 270-272, 276-277, 279-281, 284, 287-290, 300-301, 309, 313-314, 329
Planejamento, 154-155, 281, 286, 536
    alcance, 281
    de conta, 10, 142, 196, 210, 273, 282, 309, 341, 433
    de valor de frequência, 282, 284, 287
    eficaz, 281, 536
Planejamento de conta, 10, 142, 196, 210, 273, 282, 309, 341, 433
Planejamento de mídia, 536
    alcance no, 271, 276-277, 280, 282, 289-290, 300, 536
    considerações de custo no, 159
    continuidade no, 276, 289
    descrição, 196
    especificação dos objetivos de mídia no, 274, 276

frequência no, 264, 271, 276-277, 280, 282, 289, 300, 493, 536
    modelo do espaço na prateleira, 300
    necessidade de fazer trade-offs, 289
    peso, 264, 276, 280, 289, 341
    primeira exposição no, 281, 286-287
    processo do, 536
    público alvo no, 159, 271-272, 276-277, 280, 287, 300, 341, 493
    software para, 289, 315
Planejamento do alcance, 281
    eficaz, 281
Plano de mídia da câmera Olympus, 297
Plano de mídia da Diet Dr Pepper, 295-296
Playboys, 102
PlayStation, 369, 454
PMA (Promotion Marketing Association), 27, 434
Pneus Firestone, 457, 459
    capotagem de veículos e, 457
Pneus Michelin, 69, 228, 423
Podcast, 336, 342-343, 355
Podcasting, 343, 355
Poder, 204, 206, 324, 397, 467
    definição, 101, 156, 382
    exemplo de, 467
Poder do contexto, 467
    na criação do comentário, 467
PodNova, 342
Point-of-Purchase Advertising International (POPAI), 506
Pontiac, 465, 468, 471
Ponto de alavancagem, 169, 206, 209
    estratégia criativa e, 209
Pontos de contato, 13, 15, 536
    branding de 360 graus e, 13-14, 28
    eficácia dos, 17, 169
    exemplos de, 13-14, 169
Pontos fortes, 307-308, 312, 316-317, 322, 492
    da marca, 34, 203, 214, 262, 287, 329, 451, 492, 533
Pontos fortes da marca, 34, 203, 214, 262, 287, 329, 451, 492, 533
Pontuação do Método de Persuasão ARS, 254, 259
Pontuação Greendex, 525
Pontuações Q, 225-226
    papel das, 225-226
POPAI, 27-28, 451, 496, 500-506
    Estudo dos Hábitos de Compra do Consumidor, 500-501, 505
POPAI (Point-of-Purchase Advertising International), 506
Pop Rocks, 460

População dos Estados Unidos por grupo etário, 99
Populações étnicas, 85
Posicionamento: ações no, 8, 16, 21-23, 25, 27-28, 44, 67, 85, 94, 106, 110, 116-119, 124-127, 129, 132-133, 138, 142-143, 154, 198, 245, 251, 315, 341, 368, 382, 388, 412, 475, 499, 533
   atributo, 534
   baseado nas necessidades funcionais, 536
   benefícios, 21, 119, 132, 143, 341, 382
   componentes básicos do, 171
   estrutura para a marca, 138, 143
   introdução ao, 138, 382, 412
   MEH no, 536
   MPC no, 536, *ver também* Modelo de processamento do consumidor (MPC)
   na prática, 85
   na propaganda, 28, 110, 117, 124, 133, 138, 154, 315, 368, 533
   na teoria, 155, 412
   uso de imagens no, 21, 142
Posicionamento com base nos benefícios, 536
   baseado nas necessidades funcionais, 121, 132, 536
   baseado nas necessidades simbólicas, 121, 132, 536
Posicionamento da marca, 536
   estrutura do, 17, 119, 126, 129, 245, 436, 533
Posicionamento pelos atributos, 123
PowerPoint, 491
PPAI (Promotional Products Association International), 27
*Prairie Home Companion*, 194
Prática do data mining, 367, 534
Práticas antiéticas de propaganda, 511-512
Preço médio, 180
   elasticidades na propaganda e, 179-180
Preços, 307
   elasticidades na propaganda e, 180
   média, 180-182, 350, 401
Preguiçosos, 102
Prêmios, 30, 445
   definição, 188, 382
   grátis com a compra, 382
   introdução aos, 188, 382, 390
   ofertas pelo correio, 422
Prêmios dentro da embalagem, 389
Prêmios grátis com a compra, 382
Prêmios sobre a embalagem, 389
Prestação de contas, 363
   da propaganda via mala direta, 363

no patrocínio de eventos, 473, 478
realização das comunicações de marketing, 145
Prilosec, 476
Primeira exposição, 40, 281, 286-287, 458, 514
   poderosa, 286-287
Princípio da voz única, 17, 26
Pringles, 73, 421
*Prison Break*, 14
Processo bottom-up/top-down (BUTD), 22
Processo BUTD, 22
Processo construtivo, 115-116, 133, 537
Processo de adoção da marca, 3, 56-58, 80, 534
Processo de criação do nome da marca, 32, 55-56, 63, 79-80, 132, 155, 172, 177, 437, 466
   especificar objetivos para o nome da marca, 79
   selecionar o nome da marca, 80, 172
Processo de liberação da propaganda, 445, 523
Processo de tomada de decisão, 3, 5, 92, 125
   das comunicações de marketing, 3, 125
Processo TDBU, 22
Procter & Gamble (P&G), 50, 78, 86, 146-147, 165-166, 168, 177, 234, 324, 343, 395, 398, 408, 421, 434, 460, 502-503, 506
Produtos alimentícios e bebidas, 114, 513, 529
Produtos de consumo diário, 57, 81, 89, 226, 348, 364, 382, 386, 395, 412, 426, 435-436, 439, 442
Produtos Glad, 393
Programa de licença Product RED, 479
Programa Labels for Education, 480-481
Programa Priority Club, da Holiday Inn, 438
Programas baseados no resultado ou desempenho, 177
Programas de lealdade, 18-19, 367, 438-439, 444, 447
Programas de marketing experimentais, 18
Programas de pagamento por desempenho, 402, 536
Programas de selo de aprovação, 524, 527
   no marketing verde, 524, 527
Programas de sobreposição, 117
Programas de TV, 299-300, 323, 370
   brand placements nos, 360, 375-376

propaganda direta na, 28, 289, 358-360, 374, 391, 514, 517
Programas experimentais de marketing, 18
Programa Share Our Strength, 480
Progresso Soup, 419
Promoção da equity, 382, 446-447
   avaliação das ideias de promoção de vendas, 446
Promoção de vendas, 388, 412. *Ver também* tipos específicos e Promoções
   introdução às, 412, 430
   natureza das, 50, 388
   neutralizar a propaganda e as promoções de vendas concorrentes, 388
   reforçar a propaganda, 388
Promoção Monday Night Football, pela Beatrice Company, 434
Promoção Test Drive a Macintosh, 61
Promoções, 385. *Ver também* Promoções de vendas
   abatimentos/reembolsos, 414, 429-430, 447
   alvos das, 379, 384, 406
   aumento da paridade da marca e sensibilidade do preço e, 385-386
   aumento das alocações orçamentárias para as, 384
   capacidades das, 40, 389
   classificação dos métodos de, 414-415
   continuidade, 25, 534
   customização das, 477
   de desconto no preço, 24, 382, 406, 430, 448
   definição, 430
   estratégias empurrar e puxar nas, 384-385, 406
   fatores responsáveis pelas, 381, 384, 406
   generalizações sobre as, 379
   jogos, 50, 474, 477
   mudança do equilíbrio do poder e, 385
   orientação para curto prazo e, 382, 387, 406
   orientadas para o consumidor: razões para as, 392
   pacotes de bônus, 389
   papel do comércio, 455. *Ver também* Promoções para o comércio
   prêmios, 390
   razões para, 379, 392, 406
   redução da eficácia da mídia e, 406
   redução da lealdade para com a marca e, 406
   tipos específicos e, 412

usos das, 448
usuários das, 382, 390, 413, 430
varejista, 168, 380, 391, 394-396, 406, 426, 430, 448
vendas, 9, 24, 379, 385, 387, 392, 395, 406, 413, 426, 448. *Ver também* Promoções de vendas
Promoções ao comércio, 27, 138, 455
  escopo das, 138
  objetivos das, 27, 138, 455
  papel das, 27, 455
Promoções de continuidade, 25, 534
Promoções dos varejistas, 385, 443
  amostras, 384, 391, 426, 430
  cupons, 382, 384, 430, 448, 519
  ofertas de preço especial, 405, 426, 443-444
  prêmios, 382, 384
  programas para compradores frequentes, 443-444
Promoções orientadas para o consumidor, 138, 379, 382, 384-385, 390, 392, 394-395, 406-407, 412-414, 426, 430-431, 447, 451, 519
  razões para, 138, 379, 384, 392
Promotional Products Association International (PPAI), 27
Promotion Marketing Association (PMA), 27, 434
Propaganda a cabo, 320-321
Propaganda audiovisual, 188, 364-365
Propaganda comparativa, 240, 537
  avaliação da, 154
  eficácia da, 235-236, 240
  fatores situacionais na, 235
  questão da credibilidade na, 236
  vantagens da, 235
Propaganda corporativa, 208, 537
Propaganda corretiva, 26
Propaganda de defesa, 208, 537
Propaganda de questão corporativa (de defesa), 188, 209
Propaganda direcionada para o conteúdo, 352, 354, 514
Propaganda direta, 207, 360, 537
  nos filmes, 360
  via mala direta, 360, 364, 365, *ver também* Propaganda via mala direta
Propaganda direta ao consumidor, 207, 537
  regulamentação da, 522
Propaganda durante o Super Bowl, 270-271, 294, 299, 323
  custo da, 323
Propaganda eficaz, 207
  criação da, 207
  elementos CAN na, 189, 191, 214

Propaganda em e-mail, 343, 345
  e-zines, 336, 345, 353
  phishing, 345, 536
  sem fio, 345
Propaganda em outdoors, 451, 489-490, 492, 494, 504, 506, 528
  aferição do tamanho do público e características do, 494, 504
  compra, 494, 505
  de especialidade, 492
  eficácia da, 451, 494, 504
  estudo de caso, 451, 494
  forma de, 451, 489-490, 492, 504, 506
  limitações da, 451, 492, 504
  nos países BRIC, 490
  painéis pôsteres, 489-490
  ponto fortes da, 451, 492, 504
Propaganda em revistas, 6, 15, 25, 47-49, 111, 150, 159, 162, 171, 176, 182, 209, 216, 226, 229, 231, 236-237, 239, 242, 244, 249, 255, 272, 277, 282, 288, 290-292, 305-306, 308, 311-313, 329-330, 332, 337, 353, 360, 371-372, 415, 425, 437, 455, 465, 490, 492, 514, 536
  aferição do público, 329
  limitações da, 282, 290, 305, 312, 329
  pontos fortes da, 282, 305, 312, 329
Propaganda externa, 138, 175, 360, 451, 455, 469, 492, 494, 504, 524, 528
  anúncio em trânsito, 489, 494
  anúncios em outdoor, 489, 492, 494, 505, 528, *ver também* Propaganda em outdoor
  descrição, 504
  no marketing verde, 524, 528
Propaganda impressa, 6-7, 10, 104, 117, 162, 169, 193, 198, 216, 272, 299, 306, 308, 310, 329, 335, 353, 365, 370-371, 374-375, 393, 455, 504, 538
Propaganda interna, 9, 16, 156, 175, 188, 194, 222, 232, 236, 318, 353, 417, 451, 497-498, 500, 504, 506, 516, 529
  aferição do público da, 504
Propaganda nas páginas amarelas, 117, 159
Propaganda na TV, 320-322, 360, 537
  aberta, 320
  a cabo, 320-321
  aferição da audiência na, 327
  conclusões sobre a, 247, 262, 266, 269, 494
  distinção do texto do anúncio, 266
  efeitos da erosão da audiência na, 323
  efeitos do DVR na, 323, 331
  inserção, 323, 326, 368-369, 533
  limitações da, 282, 290, 322, 336, 513
  local, 320, 322

mais não é necessariamente melhor, 282
nos programas de TV, 162, 259, 272, 277, 279, 287, 294, 301, 321, 323-324, 326, 330, 370, 533
pontos fortes da, 282, 319, 322, 336, 354
Propaganda na TV aberta, 320
Propaganda no cinema, 360, 372
Propaganda no ponto de venda, 7, 22, 24-25, 50, 57, 72, 77, 80, 89, 124, 138, 148-149, 168, 177, 209, 231-232, 260, 288, 302, 326, 360, 406, 412, 415, 436, 441, 451, 475, 477, 488, 498, 500, 504, 516
Propaganda no rádio, 403
  aferição da audiência da, 318, 330, 352
  compra de tempo, 289, 318, 497
  limitações da, 282, 305, 329
  pontos fortes da, 282, 305, 319, 329
Propaganda nos jornais, 307
  compra de espaço, 307
  limitações da, 305, 307, 329
  local, 272, 306, 308
  pontos fortes da, 305, 307, 329
Propaganda ofensiva, 392, 517, 537
Propaganda orientada para a marca, 138, 201, 208-209, 337, 382, 384-385, 395, 406, 412, 451, 455, 534
Propaganda por buscadores, 336, 348
  compra de palavras-chave na, 349-351, 354, 536
  descrição, 349
  princípios fundamentais da, 333, 348
Propaganda por e-mail sem fio, 345
Propaganda ressonante, 200-201, 537
Propaganda transformacional, 200, 209, 537
Propaganda verde, 524, 526-527
Propaganda, 307 *Ver também* propaganda em jornal
  competitiva, 209, 397
    corporativa, 209
    criativa, 209
    custo da, 397
    estilo criativo de imagem da marca, 209
    estilo criativo emocional, 209
    questão corporativa, 209
    valores na, 209
  de defesa, 209
    orientada para a marca, 209
  dentro da loja, 397
  humor, 162, 239
    papel do, 162, 239
  interativa, 8, 342

Internet, 8, 162, 191, 272, 306, 308, 310, 313, 315, 323, 342, 454, 515
*ver também* Internet
   propaganda na Internet, 8, 162, 191, 272, 306, 308, 310, 313, 315, 323, 342, 454, 515
investir, 162, 179, 455
nos programas de TV, 279, 323
pelo telefone celular, 8
   cinema, 8
propaganda no ponto de venda, 8, 209, 515
   por exemplo, 209
questões éticas na, 515
Super Bowl, 302, 323
   aumento do custo no, 323
   na TV, 323 *ver também* propaganda nas redes de TV
Propaganda via mala direta, 360
   capacidade de direcionamento da, 360, 363
   características da, 104, 363
   eficácia da, 374
   exemplo de campanhas bem sucedidas de, 360
   fatores responsáveis pelo uso amplo da, 360
   flexibilidade da, 360, 363
   funções da, 364
   marketing por banco de dados, 360, 364, 374
   marketing por catálogo, 364
   prestação de contas, 363
   propaganda audiovisual, 364
   usuários da, 89, 374
Proporção propaganda-vendas, 150, 167
Proporções, 166-167
   propaganda-vendas, 150, 167
Proposição de valor, 195, 537
Proposições, 195
   de valor, 195
Psicográficos, 21, 88, 91, 110, 321, 534
Publicação, 44, 230, 250, 269, 273, 290-291, 307, 310, 313, 315, 454, 456, 515, 537
   customizada, 315
Publicação customizada, 315
Público alvo, 196
   características mensuráveis do, 88, 143, 493
   no patrocínio de eventos, 477
   para o brief criativo, 197
   seleção do, 13, 21, 126, 159, 176, 271-272, 274, 300-301, 312, 477, 493
Público alvo das promoções no nível da marca, 20, 25, 27, 141, 197, 388, 412, 536

Publix, 66, 444
Pudim JELL-O, 14
Puma, 15, 34, 68, 476
Pupilômetro, 259, 537
Purina, 218, 343, 364, 424, 439
Purina Points, 439
Puxar, 384

## Q

Quaker Oats, 364
Qualidade, 307
   nos anúncios em revistas, 312, 371
Questões ambientais, 508, 510
   iniciativas relacionadas ao marketing verde, 529, *ver também* Marketing verde
Questões éticas, 508, 510, 512, 515, 518-519
   na comar:, 356, 509, 511-512, 523, 530
      introdução à, 512
      promoção da, 511, 519, 523
   na embalagem, 518
   na marca, 510, 518-519
   na propaganda:, 515
      manipulação, 516
   nas promoções de vendas, 512, 519
   nas relações públicas, 512, 518, 529
   no marketing on-line, 356, 519, 529
Quiznos, 444

## R

RADAR (Radio's All Dimension Audience Research), 318
Rádio, 8, 164, 282, 306, 313, 315-316
   compra de tempo no, 177, 289, 316, 318, 346, 383, 497
Radio's All Dimension Audience Research (RADAR), 318
Ralston Purina, 364, 424
Rating points (pontos de audiência), 279, 492
   alvo, 279
   eficazes, 279, 492
   gross (bruta), 270, 279, 492
RAZR, 65, 68
Reação galvânica da pele, 266, 535
Reações, 71, 124, 229, 243-244, 246-249, 255-256, 258-259, 266, 326, 394, 535, 537
   aferição das, 249, 258, 266
   emocionais, 124, 243-244, 246, 248-249, 256, 258, 535
Reações autônomas, 258, 535
Reações das vendas, 124, 249, 256, 266
   BehaviorSCan da IRI, 249, 266

   medidas das, 249
   procedimento de teste, 255
Reações emocionais, 124, 243-244, 246, 248-249, 256, 258, 535
   aferição das: galvanômetro na, 258
   medida de autorrelatório na, 256
   neurociência e imagem cerebral na, 256
*Reader's Digest*, 415
Realizadores, 93-94, 533-535, 537
   na estrutura VALS, 93, 533
Realizadores, na estrutura VALS, 93, 533
Reatância psicológica, 228, 537
Reclusos frágeis, 104
Recompensas, 413
   aos consumidores, 413
Recompensas ao consumidor, 413
Recompensas posteriores, 414-415, 426, 442
Reconciliação, 288
Reconhecimento, 35-36, 249
   marca, 35-36, 249
   medidas de, 249
Reconhecimento da marca, 35-36, 249
Rede Caribou Coffee, 18
Rede de restaurantes Popeyes, 461
Redes, 331, 336, 342-343, 438
   de relacionamentos interpessoais, 462
   sociais, 336, 343
Redes sociais, 336, 343
   de relacionamentos interpessoais, 462
Reduções de preço, 387, 396, 404, 444
   temporárias, 404
   varejo, 396, 404, 444
Reduções de preço no varejo, 396, 404, 444
   temporárias, 404
Reebok, 26, 132, 471, 499-500
Reembolsos, 533. *Ver* Abatimentos/reembolsos
Regulamentação da comar, 511-512, 521, 524, 529-530
   contra práticas antiéticas, 521
   dos benefícios, 521, 533
   dos custos, 521, 533
   dos rótulos de produtos, 529
   informações, 462, 521, 533
   pelas agências estaduais, 533
   pelas agências federais, 533
Relacionamento(s), 537
   criação dos, 18, 44, 272-273, 475, 499
Relacionamentos interpessoais, 462
   redes sociais de, 462

Relações públicas, 450, 452, 455-456, 469
    questões éticas nas, 512, 518, 529
Relógios Rolex, 32, 205
Renaissance Hotels, 438
Renda, 105, 371
    definição, 91, 101, 110
    prêmio, 51
Reposicionamento, da marca, 16, 85, 124, 133, 417-418
Representação enganosa, 516, 518
    definição, 516
Resgate de cupons, 440-443, 448, 481
    processo de, 443, 448, 534
Resolve, 520
Respostas, 180, 398, 524, 528
    autônomas, 258
    das vendas, 459
Restaurantes KFC/Taco Bell, 453
Resultados das comunicações, 3, 21, 26-28, 51, 91, 111, 131, 145, 491
Resultados rápidos, 20, 394
Retenção, 18, 63, 129, 366-367, 375
Revista *Rolling Stone*, 299, 313
Revistas, 164, 282, 298, 300, 309, 314-315, 345
    amostra por, 249, 310, 313-314, 411, 415, 418, 425
    compra de espaço nas, 308, 318
    customizadas, 315-316
    e-mail, 164
Revistas eletrônicas (e-zines), 345, 353
Reynolds Metals Company, 480
Ripomatics, 245, 267
Ritmo, 242
    na propaganda, 242, 304, 469
Ritz, 480
*Road & Track*, 297, 363
Rumores, 460, 537
    comerciais, 460
    de conspiração, 461, 470, 537
    de contaminação, 537
    lidar com os, 451, 461-462, 469, 537
Rumores comerciais, 460
Rumores de conspiração, 461, 470, 537
Rumores de contaminação, 537

## S

Saatchi & Saatchi, 14, 173, 194
Sabão Safeguard, 420
Sacos de lixo Glad, 372
Salon Selectives, 475
Samsung Hue, 65
Samsung M300, 65
Samsung Sync, 65

Samuel Adams, 369
Sara Lee, 364
Save Lids to Save Lives, 480
ScanTrack, da ACNielsen, 261-262, 267
Sears, 110, 165
Secret Clues, 390
Seer, 342
Segurança, 204, 206
    definição, 63
    exemplo de, 6, 40, 94, 129, 205-206, 303, 337, 491, 518
Seguro Allstate, 136
Seguro Social, 92, 227, 460
Seletividade, 312
    na propaganda em revistas, 312-313, 329
Selo Blue Angel, 527
Sensibilidade do preço, 385-387
Série VX, da LG, 65
Serviços criativos, 176
Serviços de mídia, 176
Serviços de pesquisa, 176
Sexo, 96, 100, 111, 214-215, 227, 229-230, 237, 239, 250, 255, 257, 315, 319, 323, 418, 493, 517
    na propaganda: desvantagem potencial do, 230
    papel de poder de parada, 229
    papel do, 229
Shecky's Girls Night Out, 475
Shell Oil, 71
Shopping Buddy, 484, 505
Short Message System (SMS), 346
*Shrek terceiro*, 435
Significado, 537
    criativo, 188-189
    da marca na memória dos consumidores, 117-118
    definição, 10, 22, 85, 117, 188
    significado do, 40, 66, 69, 72-73, 115-118, 127, 132-133, 200, 226, 279, 466, 537
Significado contextual, 133
Significado criativo, 188-189
Significar, 66, 78, 116, 250, 279, 288, 303, 421, 466, 528
Simbolismo, 66
    do som, 66
    escolha do nome e, 66, 80, 132
Simbolismo do som, 66
    na escolha do nome da marca, 66
Símbolos ocultos, 213, 230-231
Similaridade, 52, 220, 537
Simmons Market Research Bureau (SMRB), 311
Simon Marketing, 210, 434

Simplicidade, na propaganda, 191
Sinais, 500, 505
    definição, 117
    do polegar para cima, 116
    independentes, 40
    significados dos, 116-117, 232
    tipos de, 115-116
Sinal do polegar para cima, 116
Sinal fixado na estrutura, 487
Sinalização, 486
    interna, 451, 486, 504-505
Sinalização externa, 486
Sinalização interna, 451, 486, 504-505
Sinceridade, 37
    relacionada à marca, 37
Sinergia, 3, 10, 28, 142, 251, 404-405, 497
    CIM e, 3
    definição, 10
Síntese, 145, 537
Síntese ativa, 537
Sistema de amostras, 378, 410, 537
    definição, 415
    eficácia do, 421, 447
    na Internet, 416
    por jornais, 415, 537
    por revistas, 411, 415
    porta em porta, 415, 421
    práticas no:, 416, 426, 537
Sistema de cupons, 440
    lucratividade do, 441
    on-line, 27, 440, 442, 448
    sem fio, 27, 348, 442
Sistema de cupons no ponto de venda, 441, 448
Sistema de cupons sem fio, 27, 348, 442
Sistema de taxa com base no trabalho, 177
Sistema SAU, 307, 537
Sistema SAU (Standardized Advertising Unit), 307, 537
Sistemas de fonte única, 249, 260-262, 266
Sites de redes sociais, 101, 355
    na Internet, 28, 101, 310, 343, 355
Skytypers, 374
Slogans, 39, 69, 77, 530
    na propaganda, 77, 197, 216
Smart Sign Media, 506
Smart Start, 423
SMRB (Simmons Market Research Bureau), 311
SMS (Short Message System), 346
Sobreviventes, 94, 533-535, 537
    na estrutura VALS, 93, 533
Sofisticação, 37, 192

relacionada à marca, 37
Software, 289, 310, 315, 345, 367, 374
   de cronograma de mídia, 289
Software para cronograma de mídia, 289
Soma zero, 332, 412
Song Airways, 65, 374
Sony, 30, 32, 60, 65, 146, 165, 234, 236, 297, 321, 369, 376, 462, 471
Sony Pictures Television, 321
Sony PlayStation, 369
Sorteios, 414, 431, 435, 438, 519, 538
Sorteios on-line, 438
Source Perrier, 458
Southwest Airlines, 14, 65
Spam, 344-345, 355-356
Spirit Airlines, 65
Splenda, 58, 510, 512, 530
*Sports Illustrated*, 290-292, 299-300, 309
Sprint Cup Series, 472
SRDS (Standard Rate and Data Service), 309
Standard Rate and Data Service (SRDS), 309
Starbucks, 45, 52, 71, 111, 114, 116, 122, 346, 454, 482
Starch Readership Service, 247, 249, 266-267
Steal-o matics, 245
Storyboards, 245, 267
Stylus Verve, 297, 299-300
Subaru, 66, 131, 134
Subaru Outback, 66, 131, 134
*Subliminal Seduction*, 230, 240
Subliminar, 213-214, 230-233, 236, 240, 516-517, 529
   definição, 516
Suburban Pioneers, 94-95, 111
Subway, 348, 513, 529-530
Suco Minute Maid, 73
Suco V8, 68, 431
Sudafed, 458
Sugestão, 44, 65, 170, 281, 513
Sugestões, 73, 538
   intensas e proeminentes, 215-216, 538
   uso das, 216
Sugestões intensas, 215-216, 538
   uso de, 215-216
Sugestões proeminentes, 215-216, 538
   uso das, 215-216
Super Bowl de, 268, 302, 466, 2004
Superioridade, 200, 202, 212, 234, 236, 280, 308, 312, 334, 513
Supersticiais, 336, 538
   na Internet, 538
Supervisores, 176

gerenciamento, 176
Supervisores de gerenciamento, 176
Surpresa, 76, 150, 198, 217, 226, 338, 395, 434
   na propaganda, 150, 226, 338, 395
*Survivor*, 320
Susan G. Komen Breast Cancer Foundation, 480
Swerve, 68

# T

Tachistoscope, 231
Taco Bell, 252-253, 452-453
Tamagotchi, 467-468, 471
Target rating points (TRPs), 280
Tarrant Apparel Group, 224
Taxa de cliques (CTR), 352
Taxa de espaço na prateleira, 397-398, 408, 519
Taxa de estoque, 397, 400, 519
Taxas, 177, 400, 407. Ver Custos
Taxas de retirada, 398, 406
Taxas de saída, 398, 406
Táxi, 70
Técnica Zaltman de Elicitação Metafórica (TZEM), 248
Tecnologia do medidor de pessoas, da Nielsen, 327-328
Ted Airlines, 65
Teenage Research Unlimited, 101
Tela plana, 58, 489, 491
Telefone celular LG, 66, 68
Telefones, 11, 42, 65, 164, 345-348, 353, 355, 442-443, 538
   celulares, 11, 42, 65, 164, 345-348, 353, 355, 442-443, 538
   LG, 42, 65
   na Índia, 347
   propaganda na Internet nos, 346
   propaganda nos, 164, 345-348, 353, 355
Telefones celulares, 11, 42, 65, 164, 345-348, 353, 355, 442-443, 538
   LG, 42, 65
   na Índia, 347
   propaganda na Internet nos, 346
   propaganda nos, 164, 345-348, 353, 355
   propaganda pela Internet nos, 346
Televisão (TV), 300, 331
   crescimento da, 321-322, 347, 370
   imagem da, 7-8, 215, 242, 326, 329, 347, 535-536
   interna, 536
Tempo de processamento, 208, 217, 533
   oportunidade para, 217, 236

redução do, 536
Teoria da codificação dupla, 131
Teoria de Einstein, 214, 412
Tequila Jose Cuervo Especial, 250
Terminal cinco, de Heathrow, 489
Testabilidade, 60, 62, 538
   na promoção da adoção da marca, 61, 63
Teste de lembrança do dia seguinte, 249
Testes de peso, 262
Testes do texto, 262
TexCover II, 124
The Body Shop, 454
*The Clam Plate Orgy*, 230, 240
*The Fall of Advertising & the Rise of PR*, 454, 470
The Fruit Label Company, 372
The Garden of Hope & Courage, 480
*The Grammys*, 299
*The Little Brown Book*, 315, 471
The Martin Agency, 297, 330, 376
*The Oprah Winfrey Show*, 465-466
The People's Choice, 531
The Pillsbury Company, 419
*The Wall Street Journal*, 29, 52, 59, 86, 90, 96, 111-112, 114, 122, 157, 210, 223, 237-238, 298-299, 302, 330-331, 347, 355-356, 376-377, 422, 427, 449, 470-471, 483, 490, 506, 520, 530, 532
Thrifty-Rent-A-Car, 70
*Time*, 15, 39, 52, 82, 112, 146, 164-165, 183, 210, 240, 297, 299-300, 307, 353, 355-356, 471, 491, 506
Time Warner, 146, 164-165, 506
Tinactin, 218
Tinta Dutch Boy, 78
TNS Media Research, 329
Tomada de decisão dentro da loja, 500-501, 505
   brand lift e, 505
   da POPAI, 500, 505
   Estudo dos Hábitos de Compra do Consumidor, 500, 505
   evidência da, 500
Toyota, 14, 25, 29-30, 32, 37, 54, 81, 110, 118, 123, 146, 165, 167, 464, 471, 524
Toyota Camry, 25, 54
Toyota Highlander, 123
Toyota Motor Corporation, 25
Toyota Motor Sales U.S.A, 25, 471
Toyota Prius, 32, 81, 524
Trade-offs, 289
   necessidade de fazer, 289
   no planejamento de mídia, 289
Tradição, 204
Transferência, de significado, 40, 117, 406

Transferência do significado, 40, 117, 406
Transmeta Corp, 65
TRPs (Targeting Rating Points), 538
True Blue, 70
TV interna, 106, 322, 325, 497, 500
   crescimento da, 368
TV (Televisão), 331
TWA, 65
Twinkies, 369
Tylenol, 73, 200, 458
Tyson, 225, 480
TZEM (Técnica Zaltman de Elicitação Metafórica), 248

## U

U.S. Census Bureau, 108, 112
U.S.News & World Report, 239, 356, 471
U.S. Trade Association, 408
Unidades de manutenção de estoque, 390, 397
Unidades de marketing da Internet, 338
   tipos e tamanhos, 338
Unilever, 13, 16, 58, 146-147, 164-167, 169-170, 201, 273, 372, 397-398, 407, 420, 454, 472-473, 475, 482, 513
United Airlines, 65
Universalismo, 204
Universal Studios, 431
University of Florida, 1
USA Today, 111, 297-300, 471
Uso de imagem, 24, 39, 43, 45, 66, 70, 80, 123, 131, 138, 156, 183, 202, 209, 217-218, 225, 326, 388, 414, 448, 488, 534
Uso do produto, 7, 14, 18, 21, 24, 27-28, 35, 40, 43-44, 50, 61-62, 65-66, 70, 73-74, 76-78, 80, 91, 96, 101, 121-123, 127, 131, 140, 162, 169, 183, 200-201, 203, 209, 214-215, 218, 226, 229, 234, 255, 267, 276, 282, 287, 313, 322, 325-326, 337, 341, 354, 360, 364-365, 370, 372-375, 387-388, 390, 392-393, 396-399, 407, 413-415, 419, 421, 432, 435, 440, 454, 457, 459, 462, 464-466, 479, 484, 488, 492-493, 498, 503, 513, 519, 525, 528-529, 533-534, 537
   aumento, 78, 121, 183, 341, 373, 387, 392, 479
   fazer com que os consumidores comprem mais, 101, 140, 219, 390, 430
US Open, 19, 299-300, 374
USTA National Tennis Center, 19
Usuários atuais da marca, 316, 343, 390, 430-431, 441, 469
   resgate dos cupons por parte dos, 391
Usuários da marca, 326
   atuais, 316, 343, 441, 469
   resgate de cupons pelos, 442

## V

Validade, 260
   das pontuações de Persuasão ARS, 260
   previsão de, 260
Validade de previsão, das pontuações da Persuasão ARS, 260
Valor de face, 36, 203, 440, 442-443, 455
Valor de intrusão, 322
   na propaganda na TV, 322
Valor do tempo de vida do cliente, 203, 352, 417
Valores, 62, 79, 166, 203, 252, 311, 538
   de face, 442
   definição, 313
   do tempo de vida do cliente, 110, 203, 417
   ética, 188, 198, 345
   na Comar, 48, 117, 523, 534
   na propaganda, 538
   na propaganda na TV, 188, 302
   natureza dos, 32, 80, 195, 204
   propaganda para agregar, 182
   relevantes para a propaganda, 204, 207, 209
   universais, 204
Valor presente líquido (VPL), 52, 366, 538
Vans, 32, 63, 82, 184, 234, 365, 380, 398, 408, 410, 441, 468, 496-497
Vantagem relativa, 58, 62, 538
   na promoção da adoção da marca, 63
Varejistas, 100, 384, 443
   nos programas de promoção ao comércio, 138
Veículo Ford F-150, 370
Veículos, 272, 314, 538
   compra de, 314
   seleção dos, 176, 273-274, 290, 300, 368, 493, 514
Vendas, 49, 150, 252
   objetivos da comar estabelecidos em termos de, 144, 445
Verbas promocionais, 538
   desconto no faturamento:, 396, 399, 406
   consequências indesejáveis do, 399
   taxa de espaço na prateleira, 406
   formas de, 406
   no faturamento, 396, 399, 406
   objetivos das, 396, 406, 536
   programas de pagamento por desempenho, 406, 536
   taxa de espaço na prateleira, 406
   taxas de retirada, 406
   taxas de saída, 406
Verizon, 70, 164-165, 167, 492
Vicks NyQuil, 411
Vioxx, 457, 470, 518
   ataques cardíacos/derrames e, 457, 518
Visa, 9, 41, 198-199, 478
Visibilidade, nas embalagens, 75
Visine, 202
Visualizações, 116-117, 317-318, 341
   na propaganda no rádio, 317-318
Viva, 217, 314, 415, 427
Vodka Absolut, 192
Vodka Three Olives, 229
Volkswagen (VW), 130, 151
Volkswagen (VW) Beetle, 130
Volvo, 294, 362, 428
Voz em off, 324, 513-514
   nos anúncios, 324, 513-514
VPL (Valor presente líquido), 52, 366, 538
VW (Volkswagen), 130, 151
Vytorin, 516, 531

## W

Wal-Mart, 33, 42-43, 65, 72, 108, 165, 437, 442, 475, 500, 504, 525
Walt Disney Company, 99, 164
Warner-Lambert, 419, 502-503, 506
Webisódios, 339
   na Internet, 339
Web sites, 90, 164, 334, 336, 339, 352, 355, 465, 471
   para propaganda na Internet, 339
Whirlpool Corp, 59
WiFi, 346
Wii, 58
World Series, 299-300
World Wide Web, 334, 465

## X

Xampu Herbal Essences, da Clairol, 411
Xbox, 360, 371
   jogos on-line, 371
   proprietários, 371

## Y

Yahoo!, 334, 339, 343, 349, 355, 506
Yoplait, 78, 480
Yoplait Express, 78

YouTube, 11, 16, 27-28, 452, 455, 463, 517

## Z

Zapping, 322, 331, 538
   na propaganda na TV, 304, 326, 369
Zipping, 331, 538
   na propaganda na TV, 326
Zune, 64, 66, 69, 82
Zune Marketplace, 64

 **CARBON FREE** | A Cengage Learning Edições aderiu ao Programa Carbon Free, que, pela utilização de metodologias aprovadas pela ONU e ferramentas de Análise de Ciclo de Vida, calculou as emissões de gases de efeito estufa referentes à produção desta obra (expressas em $CO_2$ equivalente). Com base no resultado, será realizado um plantio de árvores, que visa compensar essas emissões e minimizar o impacto ambiental da atuação da empresa no meio ambiente.